유하다요

JLPT
N2
문법·독해·청해

한 권 스피드 합격

유하다요

목차

JLPT 알아보기 004
이 책의 구성과 활용법 008
합격플랜 012

언어지식
문자 · 어휘

기출단어 집중 공략

- **문제1** 한자읽기 018
- **문제2** 표기 032
- **문제3** 단어형성 046
- **문제4** 문맥규정 060
- **문제5** 유의표현 074
- **문제6** 용법 094

핵심단어 집중 공략
핵심단어 리스트 108

언어지식
문법

문법 집중 공략

- **문제7** 문법형식 판단 202
- **문제8** 문장만들기 204
- **문제9** 글의 문법 206

필수 문법 워밍업
필수 문법 리스트 210

기출문법 집중 공략
기출문법 리스트 ... 256

핵심문법 집중 공략
핵심문법 리스트 ... 296

독해

독해 문제유형 집중 공략
- 문제10 단문 내용이해 ... 362
- 문제11 중문 내용이해 ... 382
- 문제12 통합이해 ... 406
- 문제13 주장이해 ... 422
- 문제14 정보검색 ... 438

청해

청해 집중 공략
- 문제1 과제이해 ... 462
- 문제2 포인트이해 ... 472
- 문제3 개요이해 ... 482
- 문제4 즉시응답 ... 490
- 문제5 통합이해 ... 496

부록: 실전모의고사 3회분 · 해설집 · JLPT N2 D-30일 체크북

JLPT 알아보기

▶ JLPT란?

JLPT(일본어능력시험)이란 **J**apanese-**L**anguage **P**roficiency **T**est의 앞 글자를 딴 말로, 일본어를 모국어로 하지 않는 사람의 일본어 능력을 측정하고 인정하는 세계 최대 규모의 일본어 자격 시험입니다. 또한 JLPT 합격증은 전 세계 거의 모든 기업 및 국내외 대학 제출이 가능하여 국제 공인성이 높습니다.

▶ JLPT 레벨

JLPT는 난이도가 쉬운 레벨부터 어려운 레벨까지 N5, N4, N3, N2, N1으로 나누어져 있습니다.

레벨	인정 기준
N1 (어려운 레벨)	**폭넓은 분야에서 사용되는 일본어를 이해할 수 있는 레벨** • 읽기 논리적으로 약간 복잡하고 추상도가 높은 신문의 논설, 평론 등을 읽고 구성이나 상세 내용을 이해할 수 있다. • 듣기 자연스러운 속도의 회화나 뉴스, 강의를 듣고 이야기의 흐름이나 상세 내용, 요점을 파악할 수 있다.
N2	**일상에서 사용되는 일본어를 수월하게 이해할 수 있는 레벨** • 읽기 논지가 명확한 잡지의 기사, 해설, 평론 등을 읽고 내용을 이해할 수 있다. • 듣기 자연스러운 속도의 회화나 뉴스를 듣고 등장인물 간의 관계를 이해하거나 이야기의 흐름과 요점을 파악할 수 있다.
N3	**일상에서 사용되는 일본어를 어느 정도 이해할 수 있는 레벨** • 읽기 일상적인 화제에 대해 구체적으로 쓰인 글을 읽고 이해할 수 있다. • 듣기 자연스러운 속도에 가까운 일상 회화를 듣고 이야기의 구체적인 내용을 등장인물 간의 관계 파악과 함께 거의 이해할 수 있다.
N4	**기초적인 일본어를 수월하게 이해할 수 있는 레벨** • 읽기 기본적인 어휘나 한자를 사용해서 쓰여진 일상적인 화제의 문장을 읽고 이해할 수 있다. • 듣기 비교적 느린 속도의 일상 회화라면 거의 이해할 수 있다.
N5 (쉬운 레벨)	**기초적인 일본어를 어느 정도 이해할 수 있는 레벨** • 읽기 히라가나, 카타카나, 일상생활에서 쓰이는 기초적인 한자로 쓰여진 정형화된 문장을 읽고 이해할 수 있다. • 듣기 느리고 짧은 회화에서 필요한 정보를 듣고 이해할 수 있다.

▶ JLPT 필수 정보

실시 횟수	매년 2회, 7월과 12월	
성적 발표	합격/불합격(점수 표시)	
유효기간	평생	
시험 접수	❶ 인터넷 접수	JLPT 홈페이지 https://www.jlpt.or.kr 를 통해 접수
	❷ 우편 접수	홈페이지를 통해 다운로드한 원서와 구비 서류(증명 사진 1매, 수험료)를 등기우편으로 발송 ※ 시험장 선택 불가능

※ 일반 접수 기간 이후 일주일 정도의 추가 접수 기간이 있습니다.

▶ JLPT 합격과 과락 기준점

모든 과목의 점수 합계가 합격 기준점을 넘어야 합격입니다. 다만, 한 가지 과목이라도 19점 미만으로 득점하면 불합격입니다.

레벨	합격 기준점	과목별 과락 기준점		
		언어지식 (문자·어휘, 문법)	독해	청해
N1	100점/180점	19점/60점	19점/60점	19점/60점
N2	90점/180점	19점/60점	19점/60점	19점/60점
N3	95점/180점	19점/60점	19점/60점	19점/60점
N4	90점/180점	38점/120점		19점/60점
N5	80점/180점	38점/120점		19점/60점

JLPT 알아보기

▶ N2 과목 구성과 시험 시간

교시	구성	문제유형	문제수	시간
1교시	언어지식 (문자·어휘)	한자읽기	5	105분
		표기	5	
		단어형성	3-5	
		문맥규정	7	
		유의표현	5	
		용법	5	
	언어지식 (문법)	문법형식의 판단	12	
		문장 만들기	5	
		글의 문법	4-5	
	독해	단문 내용이해	5	
		중문 내용이해	8	
		통합이해	2	
		주장이해	3	
		정보검색	2	
쉬는 시간 20분				
2교시	청해	과제이해	5	55분
		포인트이해	6	
		개요이해	5	
		즉시응답	12	
		통합이해	4	

▶ N2 합격 결과 발표

시험 결과는 인터넷으로 먼저 발표되고, 그 이후 성적표가 택배 발송됩니다.

	인터넷 발표	택배 배송
시기	• 1회시험-8월 말 • 2회시험-1월 말	• 1회시험-9월 말 • 2회시험-2월 말
성적 표시	• 합격/불합격 • 성적 점수 확인 가능	• 합격/불합격 • 성적 점수 확인 가능

[시험 결과 예시] 합격(Passed) 또는 불합격(Not Passed) 표시

구분별 득점			총점
언어지식	독해	청해	
52/60	60/60	52/60	164/180

▶ JLPT와 JPT 차이

일본어 학습자들이 많이들 궁금해하는 JLPT와 JPT의 차이는 다음과 같습니다. JLPT는 국제적으로 통용되지만, JPT는 국내 한정 자격증입니다. 또한 JLPT는 합격과 불합격으로 성적이 통지되지만, JPT는 점수로만 표시됩니다.

	JLPT	JPT
유효 범위/기한	• 전 세계/평생	• 국내/2년
주관	• 일본 문부과학성의 일본 국제 교류기금과 일본 국제 교육지원협회	• 국내 사설기관 YBM사
실시 횟수	• 매년 2회(7월, 12월)	• 매달 1회
성적 발표	• 합격/불합격(점수 표시)	• 990점 만점
레벨 유무	• N5-N1 구분	• 레벨 구분 없음

이 책의 구성과 활용법

각 파트별로 JLPT 합격을 위한 최적의 학습 커리큘럼으로 구성되어 있습니다.

▶ STEP 1 문자·어휘

① 문자·어휘 합격 공략 포인트 알아보기
N2 합격에 가까워지기 위한 문제 풀이 꿀팁과 노하우를 정리하였습니다. 문자·어휘 문제를 푸는 요령을 확인하고 정답률을 높여 보세요.

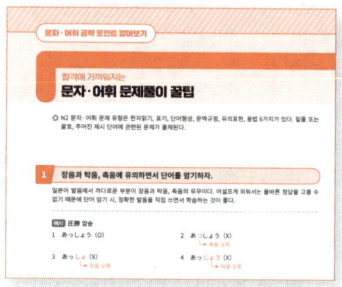

② 문제 유형 파악하기
JLPT 최신 출제 경향을 철저히 분석하여, N2 문자·어휘 각 문제 유형에 맞게 문제 풀이 공략법을 정리하였습니다. 각 문제 유형을 익혀 전략을 세워 보세요.

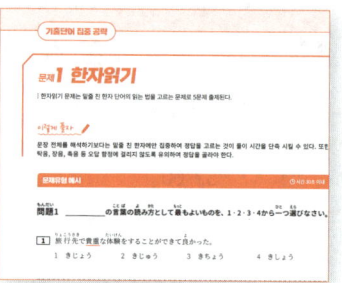

③ 단어 암기&복습하기
실제 N2에서 출제된 [기출단어]와 N2 레벨에서 반드시 익혀야 할 [핵심단어]로 분별하여 수록하였습니다. 꼼꼼하게 암기하여 실력을 쌓고 [기본 다지기]를 통해 암기한 단어를 체크하고 복습해 보세요.

④ 실전 감각 익히기
출제 경향에 딱 맞춘 실전 문제를 풀어봄으로써 시험에 대비할 수 있습니다. 학습한 내용을 적용하여 실제 시험에 대비해 보세요.

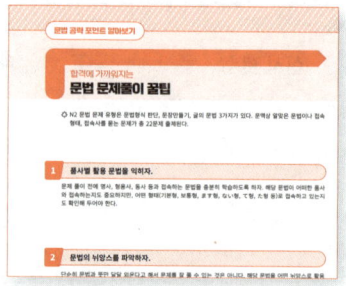

▶ STEP 2 문법

① 문법 합격 공략 포인트 알아보기
N2 합격에 가까워지기 위한 문제 풀이 꿀팁과 노하우를 정리하였습니다. 문법 문제를 푸는 요령을 확인하고 정답률을 높여 보세요.

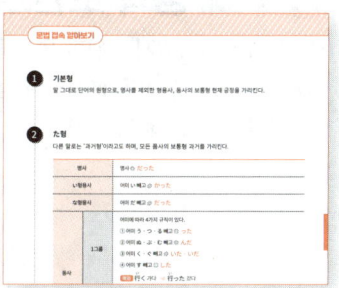

② 문제 유형 파악하기
JLPT 최신 출제 경향을 철저히 분석하여, N2 문법 각 문제 유형에 맞게 문제 풀이 공략법을 정리하였습니다. 각 문제 유형을 익혀 전략을 세워보세요.

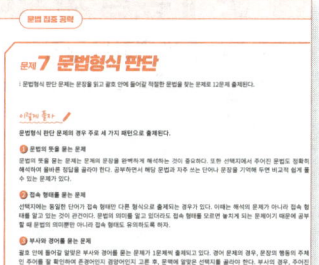

③ 문법 이론 학습하기
N2 합격을 위해 꼭 암기해야 할 문법을 [필수 문법]과 [기출문법], [핵심문법]으로 분별하여 수록하였습니다. 각 문법에 대한 해설과 접속, 예시로 꼼꼼하게 학습해 보세요.

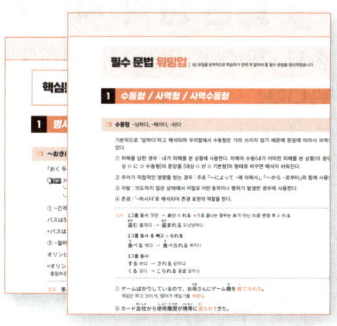

④ 실전 감각 익히기
출제 경향에 딱 맞춘 실전 문제를 풀어봄으로써 시험에 대비할 수 있습니다. 학습한 내용을 적용하여 실제 시험에 대비해 보세요.

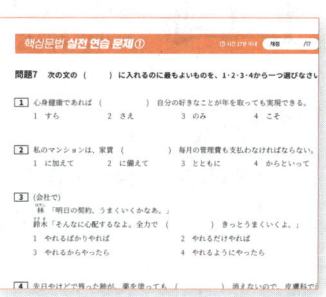

이 책의 구성과 활용법

▶ STEP 3 독해

① 독해 공략 포인트 알아보기
N2 합격에 가까워지기 위한 문제 풀이 꿀팁과 노하우, 그리고 N2 독해에서 자주 출제되는 질문 유형을 분석하여 정리하였습니다. 독해를 푸는 요령을 확인하고 정답률을 높여 보세요.

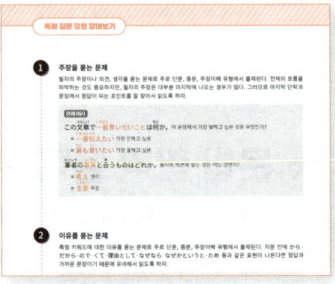

② 문제 유형 파악하기
JLPT 최신 출제 경향을 철저히 분석하여, N2 독해 각 문제 유형에 맞게 문제 풀이 공략법을 정리하였습니다. 각 문제 유형을 익혀 전략을 세워보세요.

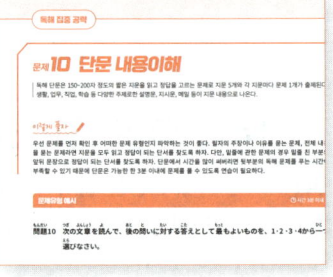

③ 실전 감각 익히기
출제 경향에 딱 맞춘 실전 문제를 집중적으로 풀어봄으로써 시험에 대비할 수 있습니다.

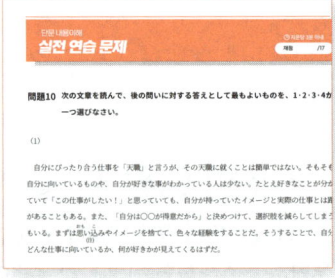

+ 부록

해설집
모든 문제에 대한 정답의 단서뿐만 아니라 오답에 대한 명쾌한 이유까지 알기 쉽게 풀이하였습니다. 상세한 해설과 직역에 가까운 해석으로 고득점까지 노려 보세요.

실전 모의고사
실제 시험과 똑같은 형태의 모의고사 2회+온라인 모의고사 1회로 실전 감각을 극대화할 수 있습니다. 모의고사까지 꼼꼼하게 챙겨 시험 직전 자신의 실력을 최종 점검해 보세요.

▶ STEP 4 청해

① 청해 공략 포인트 알아보기
N2 합격에 가까워지기 위한 문제 풀이 꿀팁과 노하우, 그리고 N2 청해에서 꼭 필요한 일본어 회화체를 포인트별로 정리하여 수록하였습니다. 회화체를 청해 문제 풀이 전에 학습하여 듣기 요령을 터득해 보세요.

② 문제 유형 파악하기
JLPT 최신 출제 경향을 철저히 분석하여, N2 청해 각 문제 유형에 맞게 문제 풀이 공략법을 정리하였습니다. 각 문제 유형을 익혀 전략을 세워 보세요.

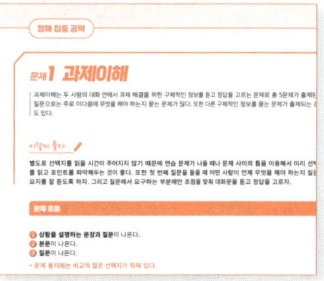

③ 실전 감각 익히기
출제 경향에 딱 맞춘 실전 문제를 집중적으로 풀어봄으로써 시험에 대비할 수 있습니다.

JLPT N2 D-30일 체크북
시험 30일 전에 출제 예상 단어와 문법을 체크할 수 있도록 정리하였습니다. 들고 다니면서 간편하게 학습해 보세요.

MP3 5종
정확한 원어민 발음을 들으면서 단어 학습을 할 수 있도록 [출제 예상 단어] 그리고 [출제 예상 문법] MP3와 기본, 배속, 시험장 버전의 청해 MP3를 수록하였습니다. 다운로드하여 반복 학습에 활용해 보세요.

학습플랜

▶ 30일 스피드 합격플랜

시험 30일 전에 시작하는 분을 위한 본 교재 최단기 학습플랜입니다.

1일	2일	3일	4일	5일	6일
[기출단어] 문제1-2 문제풀이	[기출단어] 문제3-4 문제풀이	[기출단어] 문제5-6 문제풀이	[핵심단어] 문제1-2 문제풀이	[핵심단어] 문제3-4 문제풀이	[핵심단어] 문제5-6 문제풀이
[D-30일 체크북] D-30일 암기	[D-30일 체크북] D-29일 암기	[D-30일 체크북] D-28일 암기	[D-30일 체크북] D-27일 암기	[D-30일 체크북] D-26일 암기	[D-30일 체크북] D-25일 암기
7일	**8일**	**9일**	**10일**	**11일**	**12일**
[필수 문법 워밍업] 1-2	[필수 문법 워밍업] 3-4	[필수 문법 워밍업] 5-7	[기출문법] 1-2	[기출문법] 3-4	[기출문법] 문제풀이
[D-30일 체크북] D-24일 암기	[D-30일 체크북] D-23일 암기	[D-30일 체크북] D-22일 암기	[D-30일 체크북] D-21일 암기	[D-30일 체크북] D-20일 암기	[D-30일 체크북] D-19일 암기
13일	**14일**	**15일**	**16일**	**17일**	**18일**
[핵심문법] 1	[핵심문법] 2	[핵심문법] 3	[핵심문법] 4	[핵심문법] 4	[핵심문법] 문제풀이
[D-30일 체크북] D-18일 암기	[D-30일 체크북] D-17일 암기	[D-30일 체크북] D-16일 암기	[D-30일 체크북] D-15일 암기	[D-30일 체크북] D-14일 암기	[D-30일 체크북] D-13일 암기
19일	**20일**	**21일**	**22일**	**23일**	**24일**
[독해] 문제10	[독해] 문제11	[독해] 문제12	[독해] 문제13	[독해] 문제14	[청해] 문제1
[D-30일 체크북] D-12일 암기	[D-30일 체크북] D-11일 암기	[D-30일 체크북] D-10일 암기	[D-30일 체크북] D-9일 암기	[D-30일 체크북] D-8일 암기	[D-30일 체크북] D-7일 암기
25일	**26일**	**27일**	**28일**	**29일**	**30일**
[청해] 문제2	[청해] 문제3	[청해] 문제4	[청해] 문제5	모의고사1	모의고사2
[D-30일 체크북] D-6일 암기	[D-30일 체크북] D-5일 암기	[D-30일 체크북] D-4일 암기	[D-30일 체크북] D-3일 암기	[D-30일 체크북] D-2일 암기	[D-30일 체크북] D-1일 암기

📅 개인별 수준에 따라 해당 학습플랜을 2번 반복하거나 각자 자신만의 학습 스타일에 맞게 학습 계획을 세워 보세요.

60일 완성 합격플랜

시험 60일 전에 시작하는 분을 위한 본 교재의 가장 이상적인 학습플랜입니다.

1일	2일	3일	4일	5일	6일
[문자·어휘] 문제1 기출단어1	[문자·어휘] 문제1 기출단어2-3	[문자·어휘] 문제2 기출단어1	[문자·어휘] 문제2 기출단어2-3	[문자·어휘] 문제3 기출단어1	[문자·어휘] 문제3 기출단어2-3
7일	8일	9일	10일	11일	12일
[문자·어휘] 문제4 기출단어1	[문자·어휘] 문제4 기출단어2-3	[문자·어휘] 문제5 기출단어1	[문자·어휘] 문제5 기출단어2-3	[문자·어휘] 문제6 기출단어1	[문자·어휘] 문제6 기출단어2-3
13일	14일	15일	16일	17일	18일
[문자·어휘] 핵심단어 1 암기	[문자·어휘] 핵심단어 1 암기	[문자·어휘] 핵심단어 1 암기	[문자·어휘] 핵심단어 2 암기	[문자·어휘] 핵심단어 3 암기	[문자·어휘] 핵심단어 4 암기
19일	20일	21일	22일	23일	24일
[문자·어휘] 핵심단어 4 암기	[문자·어휘] 핵심단어 5 암기	[문자·어휘] 핵심단어 6 암기	[문자·어휘] 핵심단어 7 암기	[문자·어휘] 핵심단어 8 암기	[문자·어휘] 핵심단어 8 암기
25일	26일	27일	28일	29일	30일
[문자·어휘] 핵심단어 문제풀이	[문자·어휘] 핵심단어 문제풀이	[문자·어휘] 전체 복습	[필수 문법 워밍업] 1-2	[필수 문법 워밍업] 3-4	[필수 문법 워밍업] 5
31일	32일	33일	34일	35일	36일
[필수 문법 워밍업] 6	[기출문법] 1	[기출문법] 2	[기출문법] 2	[기출문법] 3	[기출문법] 4
37일	38일	39일	40일	41일	42일
[기출문법] 문제풀이	[기출문법] 복습	[핵심문법] 1	[핵심문법] 2	[핵심문법] 3	[핵심문법] 4
43일	44일	45일	46일	47일	48일
[핵심문법] 문제풀이	[핵심문법] 복습	[독해] 문제10	[독해] 문제11	[독해] 문제12	[독해] 문제13
49일	50일	51일	52일	53일	54일
[독해] 문제14	[독해] 전체 복습	[청해] 문제1	[청해] 문제2	[청해] 문제3	[청해] 문제4
55일	56일	57일	58일	59일	60일
[청해] 문제5	[청해] 전체 복습	모의고사 1 문제풀이	모의고사1 복습	모의고사 2 문제풀이	모의고사2 복습

📖 개인별 수준에 따라 2일 치를 1일에 학습하거나 1일 치를 2일로 나눠 학습하는 등 자신만의 학습 스타일에 맞게 학습 계획을 세워 보세요.

N2

JLPT 합격노하우 **yuhadayo.com**

언어지식

문자·어휘

기출단어 집중 공략
- 문제1 한자읽기
- 문제2 표기
- 문제3 단어형성
- 문제4 문맥규정
- 문제5 유의표현
- 문제6 용법

핵심단어 집중 공략
핵심단어 리스트

문자·어휘 공략 포인트 알아보기

합격에 가까워지는
문자·어휘 문제풀이 꿀팁

⚙ N2 문자·어휘 문제 유형은 한자읽기, 표기, 단어형성, 문맥규정, 유의표현, 용법 6가지가 있다. 밑줄 또는 괄호, 주어진 제시 단어에 관련된 문제가 출제된다.

1 장음과 탁음, 촉음에 유의하면서 단어를 암기하자.

일본어 발음에서 까다로운 부분이 장음과 탁음, 촉음의 유무이다. 어설프게 외워서는 올바른 정답을 고를 수 없기 때문에 단어 암기 시, 정확한 발음을 직접 쓰면서 학습하는 것이 좋다.

예시 圧勝 압승

1 あっしょう (O)　　　　2 あつしょう (X)
　　　　　　　　　　　　　　　　↳ 촉음 오류

3 あっしょ (X)　　　　　4 あっじょう (X)
　　↳ 장음 오류　　　　　　　　　↳ 탁음 오류

2 부수가 비슷한 한자에 유의하자.

서로 비슷한 한자가 많기 때문에 한자 암기 시, 각 부수를 제대로 암기해 두는 것이 중요하다. JLPT 시험은 모두 객관식으로 출제되기 때문에 한자쓰기를 연습할 필요는 없지만, 눈으로 봤을 때 정확하게 한자를 고를 수 있도록 학습하는 것이 좋다.

예시 수출 ゆしゅつ

1 輸出 (O)　　　　　　2 諭出 (X)

3 輸出 (X)　　　　　　4 論出 (X)

3   단어의 뉘앙스를 확실하게 파악하자.

단어의 뜻은 물론 그 단어가 가진 뉘앙스까지 파악해두는 것이 좋다. 한국어 해석으로는 말이 되어도 일본어에서는 사용법이 틀린 경우가 있으니 유의하도록 하자.

예시 方針 방침

(○) 会社の新しい方針に従って仕事をする。   회사의 새로운 방침에 따라서 일을 한다.

(×) 今年の方針は漢字500字を覚えることだ。   올해 방침은 한자 500자를 외우는 것이다.
→ 目標 목표라는 단어를 사용해야 하는 문장이다.

4   모르는 단어가 나왔다면 과감히 포기하자.

잘 모르는 단어가 나왔다면 오랜 시간 끌지 말고 다음 문제로 넘어가도록 하자. 문법과 독해 문제까지 모든 문제를 풀고 정답을 마킹하기 전 시간이 남았다면 그때 다시 한번 확인해도 늦지 않다.

문제 1 한자읽기

| 한자읽기 문제는 밑줄 친 한자 단어의 읽는 법을 고르는 문제로 5문제 출제된다.

이렇게 풀자

문장 전체를 해석하기보다는 밑줄 친 한자에만 집중하여 정답을 고르는 것이 풀이 시간을 단축 시킬 수 있다. 또한 탁음, 장음, 촉음 등 오답 함정에 걸리지 않도록 유의하여 정답을 골라야 한다.

문제유형 예시 ⏱ 시간 30초 이내

もんだい
問題1 ＿＿＿＿＿の言葉の読み方として最もよいものを、1・2・3・4から一つ選びなさい。

りょこうさき　　たいけん　　　　　　　　　　　　よ
1 旅行先で貴重な体験をすることができて良かった。

　　1　きじょう　　　　2　きじゅう　　　　3　きちょう　　　　4　きしょう

문제 1 _____의 말의 읽는 법으로서 가장 알맞은 것을, 1·2·3·4에서 하나 고르세요.

| 정답 | ③

| 해석 | 여행지에서 귀중한 체험을 할 수가 있어서 좋았다.

| 해설 | 貴重는 3 きちょう라고 음독으로 읽는다. 重는 じゅう라는 음독도 있지만 貴重는 ちょう로 읽어야 한다.

| 단어 | 旅行先(りょこうさき) 여행지 | 貴重(きちょう)だ 귀중하다 | 体験(たいけん) 체험 | 良(よ)い 좋다

2020년~2025년 한자읽기 기출단어 1

2020년부터 2025년까지 출제된 한자읽기 기출 단어를 정리하였습니다.

2025년

- 収(おさ)まる 수습되다, 해결되다
- 辛(から)い 맵다
- 起床(きしょう) 기상
- 刑事(けいじ) 형사
- 才能(さいのう) 재능

2024년

- 鮮(あざ)やかだ 선명하다
- 衣装(いしょう) 의상
- 絡(から)まる 얽히다, 휘감기다
- 詳細(しょうさい) 상세, 자세한 내용
- 実践(じっせん) 실천
- 背骨(せぼね) 등뼈, 척추뼈
- 農薬(のうやく) 농약
- 分析(ぶんせき) 분석
- 迷(まよ)う 헤매다, 망설이다
- 優秀(ゆうしゅう)だ 우수하다

2023년

- 握手(あくしゅ) 악수
- 腕(うで) 팔
- 運賃(うんちん) 운임, 삯
- 幼(おさな)い 어리다
- 険(けわ)しい 험하다, 험상궂다
- 削除(さくじょ) 삭제
- 善良(ぜんりょう)だ 선량하다
- 平等(びょうどう) 평등
- 乱(みだ)れる 흐트러지다
- 模範(もはん) 모범

2022년

- 勇ましい (いさましい) 용감하다
- 偉い (えらい) 훌륭하다, 대단하다
- 記憶 (きおく) 기억
- 警備 (けいび) 경비
- 刺激 (しげき) 자극
- 世間 (せけん) 세간, 세상
- 素材 (そざい) 소재
- 務める (つとめる) (역할을) 맡다
- 途端に (とたんに) 찰나에, 그 순간에
- 外れる (はずれる) 빠지다, 벗어나다

2021년

- 焦る (あせる) 안달나다, 초조해하다
- 著しい (いちじるしい) 현저하다, 두드러지다
- 介護 (かいご) 간호, 간병
- 拡充 (かくじゅう) 확충
- 傾く (かたむく) 기울다
- 賛否 (さんぴ) 찬부, 찬반
- 情景 (じょうけい) 정경, 광경
- 声援 (せいえん) 성원
- 乏しい (とぼしい) 모자라다, 부족하다
- 破片 (はへん) 파편

2020년

- 下降 (かこう) 하강, 내려옴
- 険しい (けわしい) 험하다, 험상궂다
- 損害 (そんがい) 손해
- 倒す (たおす) 쓰러뜨리다, 넘어뜨리다
- 比較的 (ひかくてき) 비교적

한자읽기 기출단어
기본 다지기 ①

채점   /10

한자 단어의 읽는 법을 둘 중에서 하나 고르세요.

1 下降
  1 かこう   2 げこう

2 平等
  1 びょうどう   2 びょうとう

3 焦る
  1 こげる   2 あせる

4 運賃
  1 うちん   2 うんちん

5 倒す
  1 たおす   2 とうす

6 拡充
  1 かくちゅう   2 かくじゅう

7 乱れる
  1 みだれる   2 あばれる

8 模範
  1 もうはん   2 もはん

9 損害
  1 そんがい   2 そがい

10 握手
  1 あくしゅう   2 あくしゅ

해설집 p.2

정답 1① 2① 3② 4② 5① 6② 7① 8② 9① 10②

실전 연습 문제 ①

問題1 ＿＿＿＿の言葉の読み方として最もよいものを、1・2・3・4から一つ選びなさい。

1 本日、司会を務めます佐藤(さとう)と申します。よろしくお願いいたします。
　1　おさめます　　2　さだめます　　3　つとめます　　4　ためます

2 彼は問題を起こして世間から注目されているため、テレビ活動を中止している。
　1　よけん　　2　よかん　　3　せけん　　4　せかん

3 このテーマに対して私は知識が乏しいようです。もう一度調べ直してきます。
　1　まずしい　　2　とぼしい　　3　いちじるしい　　4　けわしい

4 今年は比較的に長い休暇を取ることができるので、家族と旅行をするつもりだ。
　1　ひかくてき　　2　あっとうてき　　3　ほんかくてき　　4　せっきょくてき

5 この議論について賛否両論があることはわかっている。
　1　さっぴ　　2　さんび　　3　さんひ　　4　さんぴ

정답　1 ③　2 ③　3 ②　4 ①　5 ④

2015년~2019년 한자읽기 기출단어 2

2015년부터 2019년까지 출제된 한자읽기 기출 단어를 정리하였습니다.

2019년

- 圧倒的だ (あっとうてき) 압도적이다
- 映る (うつ) 비치다
- 偶然 (ぐうぜん) 우연히
- 軽傷 (けいしょう) 경상
- 下旬 (げじゅん) 하순
- 刺激 (しげき) 자극
- 憎む (にく) 미워하다, 증오하다
- 恥 (はじ) 부끄러움, 수치
- 等しい (ひと) 같다, 동등하다
- 負担 (ふたん) 부담

2018년

- 企画 (きかく) 기획
- 怖い (こわ) 무섭다
- 再度 (さいど) 재차, 다시
- 湿る (しめ) 축축해지다, 습기차다
- 処理 (しょり) 처리
- 総額 (そうがく) 총액
- 抽選 (ちゅうせん) 추첨
- 和やかだ (なご) 온화하다, 화목하다
- 離れる (はな) 떨어지다, 멀어지다
- 冷蔵庫 (れいぞうこ) 냉장고

2017년

- 幼い (おさな) 어리다
- 抱える (かか) (껴)안다, 떠안다
- 求人 (きゅうじん) 구인
- 絞る (しぼ) (쥐어)짜다, 좁히다
- 柔軟に (じゅうなん) 유연하게
- 垂直 (すいちょく) 수직
- 強火 (つよび) 화력이 센 불
- 握る (にぎ) 쥐다, 잡다
- 乱れる (みだ) 흐트러지다
- 密閉 (みっぺい) 밀폐

2016년

- 怪(あや)しい 수상하다
- 納(おさ)める 납입하다, 납품하다
- 劣(おと)る 뒤떨어지다, (딴 것만) 못하다
- 願望(がんぼう) 바람, 소원
- 競(きそ)う 경쟁하다, 겨루다
- 貴重(きちょう)だ 귀중하다
- 治療(ちりょう) 치료
- 伴(ともな)う 동반하다
- 批評(ひひょう) 비평
- 容姿(ようし) 용모, 외모

2015년

- 囲(かこ)む 둘러싸다, 에워싸다
- 行事(ぎょうじ) 행사
- 拒否(きょひ) 거부
- 現象(げんしょう) 현상
- 省略(しょうりゃく) 생략
- 損害(そんがい) 손해
- 乏(とぼ)しい 모자라다, 부족하다
- 憎(にく)い 밉다
- 含(ふく)める 포함시키다
- 油断(ゆだん) 방심, 부주의

한자읽기 기출단어
기본 다지기 ②

채점 /10

한자 단어의 읽는 법을 둘 중에서 하나 고르세요.

1 圧倒的だ
   1 あつとうてきだ　　　2 あっとうてきだ

2 恥
   1 はじ　　　　　　　　2 はず

3 下旬
   1 げしゅん　　　　　　2 げじゅん

4 処理
   1 しょうり　　　　　　2 しょり

5 競う
   1 きそう　　　　　　　2 あらそう

6 憎い
   1 にくい　　　　　　　2 みにくい

7 抽選
   1 ちょうせん　　　　　2 ちゅうせん

8 強火
   1 つよび　　　　　　　2 つよひ

9 現象
   1 げんしょう　　　　　2 げんぞう

10 伴う
   1 おぎなう　　　　　　2 ともなう

해설집 p.3

정답 1 ② 2 ① 3 ② 4 ② 5 ① 6 ① 7 ② 8 ① 9 ① 10 ②

실전 연습 문제 ②

問題1 ＿＿＿＿の言葉の読み方として最もよいものを、1・2・3・4から一つ選びなさい。

1 電車で私の隣に座った人が、偶然小学校の同級生だった。
　　1　くうせん　　　2　ぐうぜん　　　3　くうぜん　　　4　ぐうせん

2 この道にはスピード違反を捕まえる警察官がいつも隠れている。
　　1　ちはん　　　　2　いはん　　　　3　ちばん　　　　4　いばん

3 湿った空気が流れているので、もうすぐこの地域は雨が降るかもしれない。
　　1　きらった　　　2　かわった　　　3　しめった　　　4　しぼった

4 この企画が通るかどうかは、明日のプレゼン次第だ。
　　1　きが　　　　　2　しかく　　　　3　けいかく　　　4　きかく

5 試合の後は、両チームが和やかな雰囲気で会見を行いました。
　　1　あざやか　　　2　なごやか　　　3　おだやか　　　4　にぎやか

정답　1② 2② 3③ 4④ 5②

2010년~2014년 한자읽기 기출단어 3

2010년부터 2014년까지 출제된 한자읽기 기출 단어를 정리하였습니다.

2014년

- □ 圧勝(あっしょう) 압승
- □ 傷む(いた) 상하다
- □ 大幅に(おおはば) 대폭으로
- □ 極端に(きょくたん) 극단적으로
- □ 悔しい(くや) 분하다
- □ 継続(けいぞく) 계속
- □ 除く(のぞ) 제거하다, 빼다
- □ 貿易(ぼうえき) 무역
- □ 戻す(もど) (원상태로) 되돌리다
- □ 幼稚だ(ようち) 유치하다

2013년

- □ 改めて(あらた) 다시, 딴 기회에
- □ 拡充(かくじゅう) 확충
- □ 隠す(かく) 감추다, 숨기다
- □ 勧誘(かんゆう) 권유
- □ 姿勢(しせい) 자세
- □ 清潔だ(せいけつ) 청결하다
- □ 積む(つ) 쌓다, 싣다
- □ 逃亡(とうぼう) 도망
- □ 模範(もはん) 모범
- □ 世の中(よ なか) 세상

2012년

- □ 削除(さくじょ) 삭제
- □ 撮影(さつえい) 촬영
- □ 占める(し) 차지하다
- □ 焦点(しょうてん) 초점
- □ 装置(そうち) 장치
- □ 抽象的だ(ちゅうしょうてき) 추상적이다
- □ 破片(はへん) 파편
- □ 針(はり) 바늘, 침
- □ 返却(へんきゃく) 반환, 반납
- □ 略す(りゃく) 간단히 하다, 생략하다

2011년

- 祝う(いわう) 축하하다
- 補う(おぎなう) 보충하다
- 至急(しきゅう) 시급, 매우 급히
- 地元(じもと) 생활 근거지, 고장
- 率直(そっちょく)だ 솔직하다
- 調節(ちょうせつ) 조절
- 豊富(ほうふ)だ 풍부하다
- 密接(みっせつ)だ 밀접하다
- 敗(やぶ)れる 지다, 패배하다
- 要求(ようきゅう) 요구

2010년

- 辛(から)い 맵다
- 規模(きぼ) 규모
- 景色(けしき) 경치
- 相互(そうご) 상호, 서로
- 備(そな)える 대비하다
- 尊重(そんちょう) 존중
- 治療(ちりょう) 치료
- 隣(となり) 이웃, 옆
- 触(ふ)れる 접촉하다, (문화에) 접하다
- 防災(ぼうさい) 방재, 재해를 방지함

한자읽기 기출단어
기본 다지기 ③

채점   /10

한자 단어의 읽는 법을 둘 중에서 하나 고르세요.

1 辛い
 1 さいわい   2 からい

2 撮影
 1 さつえい   2 さつえ

3 地元
 1 じげん   2 じもと

4 抽象的だ
 1 ちょうしょうてきだ   2 ちゅうしょうてきだ

5 占める
 1 しめる   2 つめる

6 敗れる
 1 おそれる   2 やぶれる

7 防災
 1 ぼうさい   2 ほうさい

8 戻す
 1 もどす   2 かえす

9 規模
 1 きぼ   2 きぼう

10 景色
 1 けいしき   2 けしき

정답 1 ② 2 ① 3 ② 4 ② 5 ① 6 ② 7 ① 8 ① 9 ① 10 ②

해설집 p.4

실전 연습 문제 ③

問題1 ＿＿＿＿＿の言葉の読み方として最もよいものを、1・2・3・4から一つ選びなさい。

1 一生懸命練習したのに、試合では全て出し切れず負けてしまって悔しい。
 1 くわしい　　2 くやしい　　3 ひとしい　　4 あやしい

2 殺人を犯した犯人が犯行直後に国外に逃亡した。
 1 ちょうぼう　2 とうもう　　3 ちょうもう　4 とうぼう

3 野菜不足を補うため、毎日野菜ジュースを飲むようにしています。
 1 おぎなう　　2 さそう　　　3 やしなう　　4 そろう

4 正しい姿勢で座らないと、体のいろいろな部分が痛くなる。
 1 しぜい　　　2 しせい　　　3 しりょく　　4 しぜ

5 冷蔵庫の中に食材が豊富なので、どんな料理も作ることができる。
 1 ゆうふく　　2 ほうふ　　　3 ほうふう　　4 ゆふく

정답　1② 2④ 3① 4② 5②

기출단어 집중 공략

문제 2 표기

| 표기 문제는 밑줄 친 히라가나를 한자로 표기했을 때 올바른 것을 찾는 문제로 총 5문제 출제된다.

이렇게 풀자

문장 전체를 해석하기보다는 밑줄 친 히라가나에만 집중하여 정답을 고르는 것이 풀이 시간을 단축 시킬 수 있다. 비슷한 모양의 한자나 실제로는 없는 단어를 만들어서 혼동을 주기 때문에 한자 모양을 꼼꼼히 확인해야 한다. 또한, 같은 음독과 훈독을 가지는 한자 단어가 함정으로 출제되는 경우도 있다. 그러므로 선택지에 따라서는 문장 전체를 정확히 읽어야 정답을 알 수 있는 문제가 있다는 것도 알아두자.

문제유형 예시

⏱ 시간 30초 이내

問題2 ＿＿＿＿＿の言葉を漢字で書くとき、最もよいものを1・2・3・4から一つ選びなさい。

1　りょうしゅうしょをもらったら、必ず会社に提出してください。

　　1　領修書　　　2　領収書　　　3　領収所　　　4　領修所

문제 2 _____의 말을 한자로 쓸 때, 가장 알맞은 것을 1·2·3·4에서 하나 고르세요.

정답 ②

해석 <u>영수증</u>을 받으면 반드시 회사에 제출해 주세요.

해설 りょうしゅうしょ는 '영수증'이라는 뜻의 명사로 2 領収書라고 표기한다. 1, 3, 4번은 없는 단어이다.

단어 領収書(りょうしゅうしょ) 영수증 | もらう 받다 | 必(かなら)ず 반드시 | 会社(かいしゃ) 회사 | 提出(ていしゅつ) 제출

2020년~2025년 표기 기출단어 1

> 2020년부터 2025년까지 출제된 표기 기출 단어를 정리하였습니다.

2025년

- ☐ 傾^{けいこう}向 경향
- ☐ 削^{けず}る 깎다, 삭감하다
- ☐ 視^{しさつ}察 시찰
- ☐ 施^{しせつ}設 시설
- ☐ 湿^{しめ}る 축축해지다, 습기차다

2024년

- ☐ 厚^{あつ}かましい 낯짝이 두껍다
- ☐ 敬^{うやま}う 존경하다, 공경하다
- ☐ 警^{けいび}備 경비
- ☐ 志^{しぼう}望 지망
- ☐ 受^{じゅこう}講 수강
- ☐ 短^{たんぺん}編 단편
- ☐ 散^ちる (흩어)지다
- ☐ 避^{ひなん}難 피난
- ☐ 疲^{ひろう}労 피로
- ☐ 柔^{やわ}らかい 부드럽다

2023년

- ☐ 抱^{かか}える (껴)안다, 떠안다
- ☐ 管^{かんり}理 관리
- ☐ 機^{きげん}嫌 기분, 비위
- ☐ 研^{けんしゅう}修 연수
- ☐ 捨^すてる 버리다
- ☐ 損^{そんしつ}失 손실
- ☐ 絶^たえず 늘, 끊임없이
- ☐ 投^{とうひょう}票 투표
- ☐ 布^{ぬの} 천
- ☐ 福^{ふくし}祉 복지

2022년

- 診断(しんだん) 진단
- 住居(じゅうきょ) 주거
- 垂直に(すいちょくに) 수직으로
- 備える(そなえる) 대비하다
- 典型的だ(てんけいてきだ) 전형적이다
- 昇る(のぼる) 떠오르다, 높이 올라가다
- 俳優(はいゆう) 배우
- 離れる(はなれる) 떨어지다, 멀어지다
- 等しい(ひとしい) 같다, 동등하다
- 欲(よく) 욕심

2021년

- 永久に(えいきゅうに) 영구히
- 勧誘(かんゆう) 권유
- 競う(きそう) 경쟁하다, 겨루다
- 弱点(じゃくてん) 약점
- 順調に(じゅんちょうに) 순조롭게
- 積もる(つもる) 쌓이다
- 返品(へんぴん) 반품
- 任せる(まかせる) 맡기다
- 豊かだ(ゆたかだ) 풍족하다, 풍부하다
- 乱暴に(らんぼうに) 난폭하게

2020년

- 鮮やかだ(あざやかだ) 선명하다
- 異色だ(いしょくだ) 이색적이다
- 帰省(きせい) 귀성
- 実践(じっせん) 실천
- 縮める(ちぢめる) 줄이다, 움츠리다

표기 기출단어
기본 다지기 ①

채점   /10

히라가나를 한자로 표기했을 때 올바른 것을 둘 중에서 하나 고르세요.

1 まかせる
   1　仕せる　　　　　　　2　任せる

2 すてる
   1　拾てる　　　　　　　2　捨てる

3 とうひょう
   1　投票　　　　　　　　2　投標

4 えいきゅうに
   1　泳久に　　　　　　　2　永久に

5 そんしつ
   1　損失　　　　　　　　2　損矢

6 はいゆう
   1　俳優　　　　　　　　2　非優

7 ちぢめる
   1　宿める　　　　　　　2　縮める

8 じっせん
   1　実践　　　　　　　　2　実浅

9 ぬの
   1　市　　　　　　　　　2　布

10 かんゆう
   1　勧誘　　　　　　　　2　勧秀

해설집 p.5

정답　1②　2②　3①　4②　5①　6①　7②　8①　9②　10①

실전 연습 문제 ①

표기 기출단어

시간 2분 30초 이내
채점 /5

問題2 ＿＿＿＿＿の言葉を漢字で書くとき、最もよいものを1・2・3・4から一つ選びなさい。

1 ヘリコプターであれば、すいちょくに離陸や着陸を行うことができる。
　　1　乗直に　　　2　垂直に　　　3　垂真に　　　4　乗真に

2 彼らの学力は、今のところほぼひとしいと言える。
　　1　詳しい　　　2　悔しい　　　3　貧しい　　　4　等しい

3 相手のじゃくてんがわかれば、この試合も十分に勝つことができる。
　　1　弱点　　　　2　若点　　　　3　幼点　　　　4　低点

4 この調子で雪が降れば、明日の朝までかなりつもるだろう。
　　1　積もる　　　2　績もる　　　3　債もる　　　4　潰もる

5 彼女の絵は、あざやかな色で描かれているという特徴がある。
　　1　和やかな　　2　穏やかな　　3　鮮やかな　　4　賑やかな

해설집 p.5

정답　1② 2④ 3① 4① 5③

2015년~2019년 표기 기출단어 2

2015년부터 2019년까지 출제된 표기 기출 단어를 정리하였습니다.

2019년

- 勇ましい (いさましい) 용감하다
- 違反 (いはん) 위반
- 演技 (えんぎ) 연기
- 拡張 (かくちょう) 확장
- 濃い (こい) 짙다, 진하다
- 趣味 (しゅみ) 취미
- 損 (そん) 손해
- 混じる (まじる) 섞이다
- 見逃す (みのがす) 못 보다, 놓치다
- 陽気だ (ようきだ) 쾌활하다

2018년

- 介護 (かいご) 간호, 간병
- 系統 (けいとう) 계통
- 警備 (けいび) 경비
- 精算 (せいさん) 정산
- 束ねる (たばねる) 묶다, 통솔하다
- 省く (はぶく) 생략하다, 줄이다
- 破片 (はへん) 파편
- 迎え (むかえ) 마중
- 養う (やしなう) 기르다, 양육하다
- 豊かだ (ゆたかだ) 풍족하다, 풍부하다

2017년

- 荒い (あらい) 거칠다, 난폭하다
- 永久に (えいきゅうに) 영구히
- 好調 (こうちょう) 호조, 순조
- 凍る (こおる) 얼다, 얼어붙다
- 在籍 (ざいせき) 재적
- 従う (したがう) 따르다
- 救う (すくう) 구하다, 구원하다
- 討論 (とうろん) 토론
- 福祉 (ふくし) 복지
- 領収書 (りょうしゅうしょ) 영수증

2016년

- 簡潔に(かんけつ) 간결하게
- 硬貨(こうか) 금속 화폐, 동전
- 焦げる(こ) 타다, 눋다
- 快い(こころよ) 기분 좋다, 흔쾌하다
- 参照(さんしょう) 참조
- 症状(しょうじょう) 증상
- 製造(せいぞう) 제조
- 保証(ほしょう) 보증
- 招く(まね) 초대하다, 초래하다
- 催し(もよお) 모임, 행사

2015년

- 鮮やかだ(あざ) 선명하다
- 争う(あらそ) 다투다
- 腕(うで) 팔
- 驚かせる(おどろ) 놀래키다
- 距離(きょり) 거리
- 講師(こうし) 강사
- 混乱(こんらん) 혼란
- 指摘(してき) 지적
- 順調に(じゅんちょう) 순조롭게
- 恵まれる(めぐ) 베풂을 받다, 복받다

표기 기출단어
기본 다지기 ②

채점　/10

히라가나를 한자로 표기했을 때 올바른 것을 둘 중에서 하나 고르세요.

1. えんぎ
   1. 演枝
   2. 演技

2. しゅみ
   1. 趣未
   2. 趣味

3. まじる
   1. 混じる
   2. 昆じる

4. せいさん
   1. 晴算
   2. 精算

5. とうろん
   1. 討輪
   2. 討論

6. りょうしゅうしょ
   1. 領収書
   2. 領収章

7. こうし
   1. 構師
   2. 講師

8. したがう
   1. 徒う
   2. 従う

9. さんしょう
   1. 参昭
   2. 参照

10. してき
    1. 指摘
    2. 指適

해설집 p.5

정답　1 ②　2 ②　3 ①　4 ②　5 ②　6 ①　7 ②　8 ②　9 ②　10 ①

표기 기출단어
실전 연습 문제 ❷

시간 2분 30초 이내
채점 /5

問題2 ＿＿＿＿の言葉を漢字で書くとき、最もよいものを1・2・3・4から一つ選びなさい。

1 医者から「味が<u>こい</u>料理ばかり食べるのは健康によくない」と言われた。
　　1　震い　　　　　2　振い　　　　　3　農い　　　　　4　濃い

2 湖に<u>うつった</u>富士山(ふじさん)がとても美しかった。
　　1　映った　　　　2　尖った　　　　3　凍った　　　　4　救った

3 今年のチームは<u>こうちょう</u>で、6連勝中だ。
　　1　高調　　　　　2　好長　　　　　3　好調　　　　　4　高長

4 この大学は1,000人以上の学生が<u>ざいせき</u>している。
　　1　存席　　　　　2　在席　　　　　3　存籍　　　　　4　在籍

5 同僚はプロジェクトの調査を<u>こころよく</u>引き受けてくれた。
　　1　惜く　　　　　2　快く　　　　　3　鋭く　　　　　4　憎く

해설집 p.6

정답　1 ④　2 ①　3 ③　4 ④　5 ②

2010년~2014년
표기 기출단어 3
2010년부터 2014년까지 출제된 표기 기출 단어를 정리하였습니다.

2014년

- ☐ 援助(えんじょ) 원조
- ☐ 劣る(おとる) 뒤떨어지다
- ☐ 詳しい(くわしい) 상세하다, 잘 알다
- ☐ 逆らう(さからう) 거스르다, 거역하다
- ☐ 湿っぽい(しめっぽい) 축축하다, 눅눅하다
- ☐ 接続(せつぞく) 접속
- ☐ 批判(ひはん) 비판
- ☐ 拾う(ひろう) (떨어진 것을) 줍다
- ☐ 面倒だ(めんどうだ) 성가시다, 귀찮다
- ☐ 破れる(やぶれる) 찢어지다, 깨지다

2013년

- ☐ 傾く(かたむく) 기울다
- ☐ 寄付(きふ) 기부
- ☐ 削る(けずる) 깎다, 삭감하다
- ☐ 講義(こうぎ) 강의
- ☐ 招待(しょうたい) 초대
- ☐ 真剣に(しんけんに) 진지하게
- ☐ 責める(せめる) 비난하다, 나무라다
- ☐ 即座に(そくざに) 즉석에서
- ☐ 努める(つとめる) 힘쓰다, 노력하다
- ☐ 果たす(はたす) 완수하다, 다하다

2012년

- ☐ 扱う(あつかう) 다루다, 취급하다
- ☐ 勢い(いきおい) 기세
- ☐ 至る(いたる) 이르다, 도달하다
- ☐ 訪れる(おとずれる) 방문하다, 찾아오다
- ☐ 肩(かた) 어깨
- ☐ 収穫(しゅうかく) 수확
- ☐ 積極的に(せっきょくてきに) 적극적으로
- ☐ 組織(そしき) 조직
- ☐ 抵抗(ていこう) 저항
- ☐ 導く(みちびく) 안내하다, 인도하다

2011년

- あた
  与える 주다, 수여하다
- かんり
  管理 관리
- さそ
  誘う 꾀다, 권유하다
- しょうちょう
  象徴 상징
- ぞく
  属する (범위 안에) 속하다
- とうろく
  登録 등록
- とうろん
  討論 토론
- はげ
  激しい 격하다, 격렬하다
- ふくし
  福祉 복지
- へんこう
  変更 변경

2010년

- あせ
  焦る 안달나다, 초조해하다
- うんちん
  運賃 운임, 삯
- かいさい
  開催 개최
- く
  暮らす 살다, 생활하다
- さつえい
  撮影 촬영
- しゅっせ
  出世 출세
- たよ
  頼り 의지
- でんとう
  伝統 전통
- みだ
  乱れる 흐트러지다
- れいぎ
  礼儀 예의

표기 기출단어
기본 다지기 ③

채점 /10

히라가나를 한자로 표기했을 때 올바른 것을 둘 중에서 하나 고르세요.

1. えんじょ
   1. 媛助
   2. 援助

2. かた
   1. 背
   2. 肩

3. さからう
   1. 逆らう
   2. 造らう

4. しんけんに
   1. 真剣に
   2. 真険に

5. たより
   1. 瀬り
   2. 頼り

6. そくざに
   1. 速座に
   2. 即座に

7. いたる
   1. 室る
   2. 至る

8. とうろく
   1. 登録
   2. 登緑

9. かいさい
   1. 開催
   2. 閉催

10. せめる
    1. 償める
    2. 責める

해설집 p.6

정답 1② 2② 3① 4① 5② 6② 7② 8① 9① 10②

표기 기출단어
실전 연습 문제 ③

시간 2분 30초 이내
채점 /5

問題2 ＿＿＿＿＿の言葉を漢字で書くとき、最もよいものを1・2・3・4から一つ選びなさい。

1 この機械とせつぞくするには、別のケーブルが必要だ。
　　1 接続　　　　2 接属　　　　3 設続　　　　4 設属

2 向こうの壁に飾ってある絵が、少しかたむいているようだ。
　　1 効いて　　　2 浮いて　　　3 傾いて　　　4 咲いて

3 そのそしきは20年も前に作られたものだが、今でも有名だ。
　　1 組識　　　　2 組織　　　　3 祖織　　　　4 祖識

4 私の夢は、英語が話せるようになって海外でくらすことだ。
　　1 墓らす　　　2 暮らす　　　3 幕らす　　　4 募らす

5 あの家にはもう誰も住んでいないので、今は私たちがかんりしている。
　　1 環理　　　　2 監理　　　　3 官理　　　　4 管理

해설집 p.7

정답　1 ①　2 ③　3 ②　4 ②　5 ④

기출단어 집중 공략

문제 3 단어형성

단어형성 문제는 N2에서만 출제되는 유형으로 괄호 안에 들어갈 알맞은 접두어나 접미어를 찾는 문제로 총 3~5문제 출제되지만, 최근 경향으로는 3문제 출제되고 있다.

이렇게 풀자 ✏️

우선 괄호의 앞이나 뒤에 나오는 단어를 잘 확인하여 문장의 연결이 가장 자연스러운 접두어 또는 접미어를 정답으로 고른다. 대부분 복합명사나 파생어가 출제되며, 문장에 따라서는 문장 전체를 읽어야 하는 경우도 있다.

문제유형 예시　　　　　　　　　　　　　　　　　🕐 시간 30초 이내

問題3 （　　　）に入れるのに、最もよいものを、1・2・3・4から一つ選びなさい。

1　私は旅行に行くときは（　　　）計画で行くタイプだ。
　1　無　　　　　2　未　　　　　3　不　　　　　4　非

문제 3 ( )에 넣기에 가장 알맞은 것을, 1·2·3·4에서 하나 고르세요.

|정답| ①

|해석| 나는 여행하러 갈 때는 (무) 계획으로 가는 타입이다.

|해설| 괄호 뒤의 단어 計画(계획)와 함께 써서 無計画(무계획)를 만드는 1번이 정답이다. 2번 未(미), 3번 不(불, 부)도 접두어지만 計画이라는 단어와 함께 쓰지 않는다. 4번 否는 접두어가 아니다.

|단어| 旅行(りょこう) 여행 | 行(い)く 가다 | とき 때 | 無計画(むけいかく) 무계획 | タイプ 타입

2020년~2025년
단어형성 기출단어 1
2020년부터 2025년까지 출제된 단어형성 기출 단어를 정리하였습니다.

2025년
- ☐ 悪条件(あくじょうけん) 악조건
- ☐ 教育論(きょういくろん) 교육론
- ☐ 食(た)べづらい 먹기 어렵다

2024년
- ☐ 決定権(けっていけん) 결정권
- ☐ 最接近(さいせっきん) 최접근
- ☐ 主原料(しゅげんりょう) 주원료
- ☐ 読書離(どくしょばな)れ 독서를 멀리함
- ☐ 名選手(めいせんしゅ) 명선수
- ☐ 私宛(わたしあ)て 내 앞, 제 앞

2023년
- ☐ 壁際(かべぎわ) 벽가, 벽 옆
- ☐ 諸手続(しょてつづ)き 여러 절차
- ☐ 対抗心(たいこうしん) 대항심
- ☐ 日本風(にほんふう) 일본풍
- ☐ 二人連(ふたりづ)れ (일행인) 두 사람
- ☐ 無回答(むかいとう) 무회답, 무응답

2022년
- ☐ 異分野(いぶんや) 이분야, 다른 분야
- ☐ 貴団体(きだんたい) 귀 단체
- ☐ 現制度(げんせいど) 현 제도
- ☐ 写真付(しゃしんつ)き 사진 첨부
- ☐ 低価格(ていかかく) 저가
- ☐ 用心深(ようじんぶか)い 신중하다, 조심성 있다

2021년
- ☐ 仮登録(かりとうろく) 가등록, 임시 등록
- ☐ 現社長(げんしゃちょう) 현 사장
- ☐ 食(た)べ頃(ごろ) 먹기 적당한 때
- ☐ 同意見(どういけん) 동의견, 같은 의견
- ☐ 別会場(べつかいじょう) 별회장, 다른 회장
- ☐ ボール状(じょう) 공 모양, 둥근 모양

2020년
- ☐ 再提出(さいていしゅつ) 재제출
- ☐ 都会育(とかいそだ)ち 도시에서 자람
- ☐ 一仕事(ひとしごと) 한 가지 일, 조금 일을 함

단어형성 기출단어
기본 다지기 ①

채점　/10

괄호 안에 들어갈 알맞은 어휘를 둘 중에서 하나 고르세요.

1　相手のチームに対抗（　　　）を持つ。
　1　気　　　　　　　　　2　心

2　課題はまた来週に（　　　）提出してください。
　1　未　　　　　　　　　2　再

3　布団を（　　　）価格で販売しています。
　1　低　　　　　　　　　2　安

4　授業の（　　　）登録をした。
　1　先　　　　　　　　　2　仮

5　（　　　）社長は前の社長の息子だ。
　1　今　　　　　　　　　2　現

6 私も彼と（　　　）意見です。
　　1　同　　　　　　　　2　異

7 壁（　　　）にソファーを置く。
　　1　上　　　　　　　　2　際

8 説明会は（　　　）会場で行います。
　　1　別　　　　　　　　2　離

9 彼女は都会（　　　）なので農業をしたことがない。
　　1　育ち　　　　　　　2　過ごし

10 このメロンは今が食べ（　　　）です。
　　1　期　　　　　　　　2　頃

정답　1② 2② 3① 4② 5② 6① 7② 8① 9① 10②

단어형성 기출단어
실전 연습 문제 ①

시간 2분 30초 이내
채점 /5

問題3 (　　　)に入れるのに最もよいものを、1・2・3・4から一つ選びなさい。

1 受付はこちらですが、面接は（　　　）会場で行っております。
　　1　別　　　　　2　異　　　　　3　多　　　　　4　遠

2 技術の発展により、高機能の商品が（　　　）価格で購入できるようになった。
　　1　短　　　　　2　好　　　　　3　新　　　　　4　低

3 店長は用心（　　　）人で、金庫の鍵をいくつもかけている。
　　1　重い　　　　2　濃い　　　　3　深い　　　　4　低い

4 幸運にも彼女とほぼ（　　　）意見になることが多いので、私たちは喧嘩が少ない。
　　1　諸　　　　　2　他　　　　　3　同　　　　　4　心

5 論文を修正し、来週までに（　　　）提出してください。
　　1　更　　　　　2　再　　　　　3　未　　　　　4　来

정답　1 ①　2 ④　3 ③　4 ③　5 ②

2015년~2019년
단어형성 기출단어 2

2015년부터 2019년까지 출제된 단어형성 기출 단어를 정리하였습니다.

2019년

- ☐ 悪影響(あくえいきょう) 악영향
- ☐ アメリカ流(りゅう) 미국류, 미국식
- ☐ 政治色(せいじしょく) 정치색
- ☐ 前町長(ぜんちょうちょう) 전 읍장, 전 이장
- ☐ 頼(たの)みづらい 부탁하기 어렵다
- ☐ 別(わか)れ際(ぎわ) 헤어지려고 할 때

2018년

- ☐ 学年別(がくねんべつ) 학년별
- ☐ 進学率(しんがくりつ) 진학률
- ☐ スキー場(じょう) 스키장
- ☐ 送信元(そうしんもと) 송신원, 발신지
- ☐ 働(はたら)き手(て) 일꾼
- ☐ 副大臣(ふくだいじん) 부대신, 부장관
- ☐ 無計画(むけいかく) 무계획
- ☐ 来学期(らいがっき) 다음 학기

2017년

- ☐ 会員制(かいいんせい) 회원제
- ☐ 会社員風(かいしゃいんふう) 회사원풍
- ☐ 家族連(かぞくづ)れ 가족 동반
- ☐ 諸外国(しょがいこく) 여러 외국
- ☐ 初年度(しょねんど) 초년도, 첫 해
- ☐ 住宅街(じゅうたくがい) 주택가
- ☐ 前社長(ぜんしゃちょう) 전 사장
- ☐ 低(てい)カロリー 저칼로리
- ☐ 不正確(ふせいかく)だ 부정확하다
- ☐ 真後(まうし)ろ 바로 뒤

2016년

- ☐ 異文化(いぶんか) 이문화
- ☐ 管理下(かんりか) 관리하
- ☐ 結婚観(けっこんかん) 결혼관
- ☐ 高水準(こうすいじゅん) 고수준, 높은 수준
- ☐ 再開発(さいかいはつ) 재개발
- ☐ 主成分(しゅせいぶん) 주성분
- ☐ 日本式(にほんしき) 일본식
- ☐ 年代順(ねんだいじゅん) 연대순
- ☐ 勉強漬(べんきょうづ)け 공부에 열중함
- ☐ 未使用(みしよう) 미사용

2015년

- □ <ruby>悪影響<rt>あくえいきょう</rt></ruby> 악영향
- □ <ruby>応援団<rt>おうえんだん</rt></ruby> 응원단
- □ <ruby>現実離れ<rt>げんじつばな</rt></ruby> 현실과 동떨어짐
- □ こども<ruby>連れ<rt>づ</rt></ruby> 아이 동반
- □ <ruby>招待状<rt>しょうたいじょう</rt></ruby> 초대장
- □ <ruby>成功率<rt>せいこうりつ</rt></ruby> 성공률
- □ <ruby>副社長<rt>ふくしゃちょう</rt></ruby> 부사장
- □ <ruby>真新しい<rt>まあたら</rt></ruby> 아주 새롭다
- □ <ruby>無責任だ<rt>むせきにん</rt></ruby> 무책임하다
- □ ヨーロッパ<ruby>風<rt>ふう</rt></ruby> 유럽풍

단어형성 기출단어
기본 다지기 ②

채점　/5

괄호 안에 들어갈 알맞은 어휘를 둘 중에서 하나 고르세요.

1 この施設は市の管理（　　　）にある。
1　原　　　　　　　　　　2　下

2 働き（　　　）不足の問題が深刻だ。
1　足　　　　　　　　　　2　手

3 彼女は私の（　　　）後ろにいた。
1　真　　　　　　　　　　2　本

4 送信（　　　）がわからないメールは開かないほうがいい。
1　元　　　　　　　　　　2　根

5 今年は進学（　　　）がとても高かった。
1　値　　　　　　　　　　2　率

정답　1② 2② 3① 4① 5②

실전 연습 문제 ②

問題3 （　　　）に入れるのに最もよいものを、1・2・3・4から一つ選びなさい。

1 そのゲームは子供に（　　　）影響を及ぼすとして、問題になったことがある。
　　1　反　　　　　2　悪　　　　　3　負　　　　　4　毒

2 毎年冬休みになると、家族でスキー（　　　）に行っている。
　　1　場　　　　　2　園　　　　　3　地　　　　　4　館

3 実験に（　　　）正確な部分があるので、このデータは信用できない。
　　1　未　　　　　2　非　　　　　3　不　　　　　4　無

4 この大学では、（　　　）文化理解の授業がとても人気がある。
　　1　違　　　　　2　異　　　　　3　他　　　　　4　別

5 最近では、海外でも日本（　　　）の家に関心が高まっているらしい。
　　1　的　　　　　2　法　　　　　3　系　　　　　4　式

정답　1②　2①　3③　4②　5④

2010년~2014년
単語形成 기출단어 3

2010년부터 2014년까지 출제된 단어형성 기출 단어를 정리하였습니다.

2014년

- 一日おきに (いちにちおきに) 하루걸러, 격일로
- 期限切れ (きげんぎれ) 기한 만료
- 危険性 (きけんせい) 위험성
- 高性能 (こうせいのう) 고성능
- 作品集 (さくひんしゅう) 작품집
- 諸問題 (しょもんだい) 여러 문제
- 路線沿い (ろせんぞい) 기찻길, 선로변
- 電車賃 (でんしゃちん) 전철 요금
- 未経験 (みけいけん) 미경험
- ムード一色 (ムードいっしょく) 분위기 일색

2013년

- 薄暗い (うすぐらい) 좀 어둡다, 어둑어둑하다
- 親子連れ (おやこづれ) 부모와 자식 동반
- 音楽全般 (おんがくぜんぱん) 음악 전반
- 風邪気味 (かぜぎみ) 감기 기운
- 再提出 (さいていしゅつ) 재제출
- 最有力 (さいゆうりょく) 가장 유력함
- 準決勝 (じゅんけっしょう) 준결승
- 食器類 (しょっきるい) 식기류
- 東京駅発 (とうきょうえきはつ) 도쿄역발
- 夏休み明け (なつやすみあけ) 여름방학이 끝난 직후

2012년

- アルファベット順 (アルファベットじゅん) 알파벳 순(서)
- 仮採用 (かりさいよう) 임시 채용
- 国際色 (こくさいしょく) 국제색
- 諸外国 (しょがいこく) 여러 외국
- 低価格 (ていかかく) 저가
- 投票率 (とうひょうりつ) 투표율
- 日本流 (にほんりゅう) 일본류, 일본식
- 半透明 (はんとうめい) 반투명
- ビジネスマン風 (ビジネスマンふう) 비즈니스맨 풍
- 真夜中 (まよなか) 한밤중

2011년

- 悪条件 (あくじょうけん) 악조건
- 医学界 (いがくかい) 의학계
- 一日おきに (いちにち) 하루걸러, 격일로
- クリーム状 (じょう) 크림(과 같은) 상태
- 現段階 (げんだんかい) 현단계
- 準優勝 (じゅんゆうしょう) 준우승
- 総売上 (そううりあげ) 총매출
- 非公式 (ひこうしき) 비공식
- 文学賞 (ぶんがくしょう) 문학상
- 来シーズン (らい) 다음 시즌

2010년

- 旧制度 (きゅうせいど) 구제도(옛 제도)
- 高収入 (こうしゅうにゅう) 고수입
- 再放送 (さいほうそう) 재방송
- 就職率 (しゅうしょくりつ) 취직률, 취업률
- 集中力 (しゅうちゅうりょく) 집중력
- 商店街 (しょうてんがい) 상점가
- 諸問題 (しょもんだい) 여러 문제
- 2対1 (たい) 2대1
- 副社長 (ふくしゃちょう) 부사장
- 予約制 (よやくせい) 예약제

단어형성 기출단어
기본 다지기 ③

채점 /5

괄호 안에 들어갈 알맞은 어휘를 둘 중에서 하나 고르세요.

1 薬による危険（　　　）を理解する。
1　性　　　　　　　　2　力

2 期限（　　　）のポイントカードは使えません。
1　折れ　　　　　　　2　切れ

3 昨日、（　　　）夜中に地震があった。
1　真　　　　　　　　2　実

4 全てのデータはアルファベット（　　　）に整理されています。
1　番　　　　　　　　2　順

5 部屋の中が見えないように（　　　）透明のガラスにしてください。
1　半　　　　　　　　2　中

해설집 p.9

정답　1① 2② 3① 4② 5①

단어형성 기출단어
실전 연습 문제 ③

시간 2분 30초 이내
채점 　 /5

問題3 （　　　）に入れるのに最もよいものを、1・2・3・4から一つ選びなさい。

1 ある国では電車（　　　）が無料になる時期があるとニュースで言っていた。
　1　額　　　　　2　料　　　　　3　賃　　　　　4　金

2 ほとんどの求人は（　　　）経験でも可能だと書いてある。
　1　不　　　　　2　未　　　　　3　小　　　　　4　少

3 この試合に勝てば（　　　）決勝で最大のライバルと戦うことになる。
　1　準　　　　　2　次　　　　　3　本　　　　　4　予

4 東京駅（　　　）大阪行きの新幹線はまもなく出発致します。
　1　進　　　　　2　離　　　　　3　出　　　　　4　発

5 外国語大学は国際（　　　）の豊かな大学なので、私は様々な国の友達ができた。
　1　派　　　　　2　化　　　　　3　率　　　　　4　色

정답　1 ③　2 ②　3 ①　4 ④　5 ④

기출단어 집중 공략

문제 4 문맥규정

문맥규정 문제는 괄호 안에 들어갈 알맞은 단어를 찾는 문제로 총 7문제 출제됩니다.

이렇게 풀자

우선 문장 전체를 읽은 후, 괄호 앞뒤의 내용을 잘 확인하여 문장을 가장 자연스럽게 이어주는 단어를 정답으로 고른다. 문맥규정에서는 거의 모든 품사가 골고루 출제되며 기본형뿐만 아니라 다양한 변형 형태로 출제된다. 그리고 직역이 어려운 관용 표현 등이 출제되는 경우도 있으므로 단어 암기 시, 관용 표현은 반드시 유의해서 암기하도록 하자.

문제유형 예시 ⏱ 시간 1분 이내

問題4 （　　　）に入れるのに最もよいものを、1・2・3・4から一つ選びなさい。

1 このホテルは郊外にあるが、（　　　）がよくてリラックスできる。

　　1　建設　　　　2　設備　　　　3　設計　　　　4　装置

문제 4 ( )에 넣기에 가장 알맞은 것을, 1·2·3·4에서 하나 고르세요.

| 정답 | ②

| 해석 | 이 호텔은 교외에 있지만, (설비) 가 좋아서 릴랙스 할 수 있다.
   1 건설   2 설비   3 설계   4 장치

| 해설 | 선택지는 모두 명사이다. 그중 문맥상 가장 자연스러운 것은 2 設備이다. 1번은 건설, 3번은 설계, 4번은 장치라는 뜻이므로 문맥과 맞지 않아 정답이 아니다.

| 단어 | ホテル 호텔 | 郊外(こうがい) 교외 | 設備(せつび) 설비 | いい 좋다 | リラックス 릴랙스 | できる 할 수 있다 | 建設(けんせつ) 건설 | 設計(せっけい) 설계 | 装置(そうち) 장치

2020년~2025년 문맥규정 기출단어 1

2020년부터 2025년까지 출제된 문맥규정 기출 단어를 정리하였습니다.

2025년

- ☐ 一時的に 일시적으로
- ☐ 追い払う 내쫓다, 떨쳐내다
- ☐ 関与 관여
- ☐ スタイル 스타일, 몸매
- ☐ 誓う 맹세하다
- ☐ 反則 반칙
- ☐ べたべた 끈적끈적, 물건이 들러붙는 모양

2024년

- ☐ インパクト 임팩트
- ☐ 衰える 쇠약해지다, 쇠퇴하다
- ☐ 思い込む 깊이 마음먹다, 꼭 믿다
- ☐ 完了 완료
- ☐ 口調 어조
- ☐ 省略 생략
- ☐ 図々しい 뻔뻔하다
- ☐ そそっかしい 덜렁대다
- ☐ 多大だ 다대하다, 많고도 크다
- ☐ 通過 통과
- ☐ 溶け込む 녹아들다
- ☐ 報道 보도
- ☐ もてなす 대접하다
- ☐ 役目 임무, 책임, 역할

2023년

- ☐ かさかさ 꺼칠꺼칠
- ☐ 求人 구인
- ☐ 後悔 후회
- ☐ 好調 호조, 순조
- ☐ こそこそ 살금살금, 소곤소곤
- ☐ 誤解 오해
- ☐ 節約 절약
- ☐ 頼もしい 믿음직스럽다
- ☐ 特定 특정
- ☐ 飛びつく 달려들다, 덤벼들다
- ☐ 真似る 흉내내다
- ☐ 盛り上がる 솟아오르다, 고조되다
- ☐ リハーサル 리허설
- ☐ 話題 화제

2022년

- いだく (마음 속에) 품다
- 違反(いはん) 위반
- 劣る(おとる) 뒤떨어지다
- ぎっしり 잔뜩, 가득
- 苦情(くじょう) 불만, 고충
- クリアする 클리어하다, 해내다
- 劇的に(げきてきに) 극적으로
- 交渉(こうしょう) 교섭
- 締め切る(しめきる) 마감하다
- 進出(しんしゅつ) 진출
- 接続(せつぞく) 접속
- 設備(せつび) 설비
- ぞろぞろ (다수가 잇달아 움직임) 줄줄
- まれだ 드물다

2021년

- 思い切って(おもいきって) 과감히, 큰맘 먹고
- 開設(かいせつ) 개설
- 解約(かいやく) 해약
- 固める(かためる) 굳히다
- 格好(かっこう) 모습, 꼴
- 気軽に(きがるに) 부담 없이, 가볍게
- ぎりぎり 빠듯함, 아슬아슬
- 限界(げんかい) 한계
- 上昇(じょうしょう) 상승
- じろじろ 빤히, 유심히
- タイミング 타이밍
- 添付(てんぷ) 첨부
- ニーズ 니즈, 요구
- やとう 고용하다

2020년

- 争う(あらそう) 다투다
- いい加減だ(いいかげんだ) 적당하다, 무책임하다
- 気配(けはい) 기미, 기색
- 尊重(そんちょう) 존중
- ターゲット 타깃, 표적
- 独特(どくとく) 독특
- 評価(ひょうか) 평가

문맥규정 기출단어
기본 다지기 ①

채점 /5

괄호 안에 들어갈 알맞은 어휘를 둘 중에서 하나 고르세요.

1 新製品の売れ行きが（　　　）だ。
　　1　好調　　　　　　　　2　定評

2 コンサートが終わると観客は（　　　）と会場を出ていった。
　　1　ぞろぞろ　　　　　　2　のろのろ

3 彼女のファッションはとても（　　　）だ。
　　1　独占　　　　　　　　2　独特

4 各チームが優勝を（　　　）います。
　　1　救って　　　　　　　2　争って

5 後ろから人の（　　　）がした。
　　1　気配　　　　　　　　2　気温

해설집 p.10

정답 1① 2① 3② 4② 5①

실전 연습 문제 ①

問題4　(　　　)に入れるのに最もよいものを、1·2·3·4から一つ選びなさい。

1 地球温暖化の影響で気温が（　　　）し、異常気象が続いている。
　1　頂上　　　　2　向上　　　　3　増加　　　　4　上昇

2 ご質問やお問い合わせに関しては（　　　）サービスセンターまでご連絡お願いします。
　1　気軽に　　　2　密接に　　　3　次第に　　　4　一斉に

3 お客様の（　　　）に合わせた商品開発をすることが成功のかぎだ。
　1　スペース　　2　タイミング　3　ニーズ　　　4　ターゲット

4 社長は毎日多忙で朝から晩までスケジュールが（　　　）詰まっている。
　1　ぞろぞろ　　2　にっこり　　3　じろじろ　　4　ぎっしり

5 この仕事で一番のストレスは、お客様の（　　　）に対応しなければならないことだ。
　1　苦情　　　　2　限界　　　　3　評価　　　　4　契機

6 海外へ（　　　）するためには市場調査と戦略が不可欠だ。
　1　発揮　　　　2　進出　　　　3　接続　　　　4　分担

7 彼はいつも（　　　）やり方で仕事をしていたので会社を首になった。
　1　おしゃれな　2　いい加減な　3　独特な　　　4　まれな

해설집 p.11

정답　1 ④　2 ①　3 ③　4 ④　5 ①　6 ②　7 ②

2015년~2019년 문맥규정 기출단어 2

2015년부터 2019년까지 출제된 문맥규정 기출 단어를 정리하였습니다.

2019년

- ☐ あいまいだ 애매하다
- ☐ あこがれ 동경
- ☐ うなずく 수긍하다, 끄덕이다
- ☐ おとろえる 쇠약하다, 쇠퇴하다
- ☐ ごちゃごちゃ 뒤섞인 모양, 뒤죽박죽
- ☐ 栽培(さいばい) 재배
- ☐ 転勤(てんきん) 전근
- ☐ 不安定(ふあんてい)だ 불안정하다
- ☐ ふさわしい 어울리다, 걸맞다
- ☐ 分担(ぶんたん) 분담
- ☐ プレッシャー 압력, 압박
- ☐ 本物(ほんもの) 진짜, 실물
- ☐ 面倒(めんどう)だ 성가시다, 귀찮다
- ☐ 油断(ゆだん) 방심, 부주의

2018년

- ☐ アレンジ 어레인지, 재구성
- ☐ 欠(か)かす 빠뜨리다, 거르다
- ☐ 地元(じもと) 생활 근거지, 고장
- ☐ スペース 스페이스, 공간
- ☐ 続出(ぞくしゅつ) 속출
- ☐ 達(たっ)する 달하다, 도달하다
- ☐ 着々(ちゃくちゃく)と 척척, 순조롭게
- ☐ でたらめに 함부로, 마구
- ☐ 点検(てんけん) 점검
- ☐ 独特(どくとく) 독특
- ☐ 飛(と)び散(ち)る 사방에 흩날리다, 튀다
- ☐ にっこり 생긋, 방긋
- ☐ 発揮(はっき) 발휘
- ☐ 敏感(びんかん)だ 민감하다

2017년

- ☐ アピール 어필, 호소
- ☐ 打(う)ち消(け)す 부정하다
- ☐ 穏(おだ)やかだ 온화하다
- ☐ 確保(かくほ) 확보
- ☐ ぎりぎり 빠듯빠듯함, 아슬아슬
- ☐ 苦情(くじょう) 불만, 고충
- ☐ 悔(く)やむ 후회하다, 원통하다
- ☐ 契機(けいき) 계기
- ☐ そそっかしい 덜렁대다

- ☐ バランス 밸런스, 균형
- ☐ ひそひそ 소곤소곤
- ☐ 豊富に(ほうふ) 풍부하게
- ☐ 名所(めいしょ) 명소
- ☐ 有利(ゆうり) 유리(함)

2016년

- ☐ 安易に(あんい) 쉽게, 안이하게
- ☐ 活発に(かっぱつ) 활발하게
- ☐ ぐったり (지쳐서) 축 늘어짐
- ☐ 邪魔(じゃま) 방해
- ☐ 収穫(しゅうかく) 수확
- ☐ ショック 쇼크, 충격
- ☐ たのもしい 믿음직스럽다
- ☐ 提供(ていきょう) 제공
- ☐ なだらかだ 반듯하다, 완만하다
- ☐ のんびり 유유히, 한가롭게
- ☐ 引き止める(ひ と) 만류하다, 말리다
- ☐ 普及(ふきゅう) 보급
- ☐ リーダー 리더, 지도자
- ☐ 割り込む(わ こ) 끼어들다, 새치기하다

2015년

- ☐ 輝かしい(かがや) 빛나다, 찬란하다
- ☐ 完了(かんりょう) 완료
- ☐ 時間をつぶす(じかん) 시간을 때우다
- ☐ 柔軟だ(じゅうなん) 유연하다
- ☐ するどい 날카롭다, 예리하다
- ☐ 相違(そうい) 상위, 다름
- ☐ たっぷり 듬뿍
- ☐ デザイン 디자인
- ☐ 特色(とくしょく) 특색
- ☐ にごる 탁해지다, 흐려지다
- ☐ バランス 밸런스, 균형
- ☐ びっしょり 전부 젖은 모양, 흠뻑
- ☐ 面する(めん) 면하다, 마주 대하다
- ☐ 予測(よそく) 예측

문맥규정 기출단어
기본 다지기 ②

채점 /5

괄호 안에 들어갈 알맞은 어휘를 둘 중에서 하나 고르세요.

1 彼はパーティーに来るのか来ないのか、(　　　) 返事をした。
　1　あらたな　　　　　　　　2　あいまいな

2 ゴール直前で (　　　) したため、負けてしまった。
　1　油断　　　　　　　　　　2　横断

3 彼女は同僚と結婚するという、うわさを (　　　)。
　1　打ち合わせた　　　　　　2　打ち消した

4 上司に「今年も期待してるよ」と (　　　) をかけられた。
　1　アプローチ　　　　　　　2　プレッシャー

5 私は (　　　) 性格で、忘れ物がいつも多い。
　1　そそっかしい　　　　　　2　たくましい

정답　1 ②　2 ①　3 ②　4 ②　5 ①

해설집 p.12

실전 연습 문제 ②

問題4 ( )に入れるのに最もよいものを、1・2・3・4から一つ選びなさい。

1 課長はやはりこのプロジェクトの責任者に（　　　）人だった。
　1　さわがしい　　2　あつかましい　　3　ひとしい　　4　ふさわしい

2 残った材料を使って（　　　）した料理を作ってみたら意外においしくできた。
　1　デザイン　　2　アレンジ　　3　アピール　　4　バランス

3 流行について（　　　）彼女に対して私は全く興味がない。
　1　あいまいな　　2　面倒な　　3　敏感な　　4　でたらめな

4 京都は観光（　　　）がたくさんあるので、毎年多くの観光客が訪れる。
　1　名所　　2　特色　　3　地元　　4　邪魔

5 コーヒーが（　　　）買ったばかりの白い服が汚れてしまった。
　1　思い切って　　2　飛び散って　　3　打ち消して　　4　引き止めて

6 クラスの女子達が集まって何か（　　　）話をしていた。
　1　ひそひそ　　2　ぎりぎり　　3　ごちゃごちゃ　　4　うとうと

7 まだ知られていない様々なスポーツをオリンピックを通して世界中に（　　　）させたい。
　1　続出　　2　予測　　3　普及　　4　提供

정답　1 ④　2 ②　3 ③　4 ①　5 ②　6 ①　7 ③

2010년~2014년
문맥규정 기출단어 3
2010년부터 2014년까지 출제된 문맥규정 기출 단어를 정리하였습니다.

2014년

- [ ] あらかじめ 미리, 사전에
- [ ] 一気(いっき)に 단숨에
- [ ] うとうと 조는 모양, 꾸벅꾸벅
- [ ] 思(おも)い切(き)って 과감히, 큰맘 먹고
- [ ] 差(さ)し支(つか)える 지장이 있다
- [ ] 体格(たいかく) 체격
- [ ] 蓄(たくわ)える 비축하다
- [ ] 訂正(ていせい) 정정
- [ ] 導入(どうにゅう) 도입
- [ ] 腹(はら)を立(た)てる 화를 내다
- [ ] パンクする 펑크 나다
- [ ] めざす 지향하다, 목표로 하다
- [ ] やかましい 시끄럽다, 요란하다
- [ ] リラックス 릴랙스, 긴장을 풀고 쉼

2013년

- [ ] あいにく 공교롭게(도), 때마침
- [ ] 意欲(いよく) 의욕
- [ ] 解散(かいさん) 해산
- [ ] 格好(かっこう) 모습, 꼴
- [ ] 見当(けんとう)がつく 짐작이 가다
- [ ] すっきりする 시원하다, 후련하다
- [ ] スムーズに 순조롭게
- [ ] 贅沢(ぜいたく)だ 사치스럽다
- [ ] 専念(せんねん) 전념
- [ ] 中継(ちゅうけい) 중계
- [ ] つまずく 발에 걸려 넘어지다, 좌절하다
- [ ] つらい 고통스럽다, 괴롭다
- [ ] 比例(ひれい) 비례
- [ ] 呼(よ)び止(と)める 불러서 멈춰 세우다

2012년

- [ ] いらいらする 짜증나다
- [ ] 得(え)る 얻다, 획득하다
- [ ] 改正(かいせい) 개정
- [ ] 抱(かか)える (껴)안다, 떠안다
- [ ] かたよる 치우치다, 쏠리다
- [ ] ぐち 푸념
- [ ] ごろごろする 빈둥거리다
- [ ] 辞退(じたい) 사퇴, 사양
- [ ] 成長(せいちょう) 성장

- ☐ 着々と(ちゃくちゃくと) 척척, 순조롭게
- ☐ 散らかる(ちらかる) 흩어지다, 어질러지다
- ☐ 適度だ(てきどだ) 적당하다, 알맞다
- ☐ 場面(ばめん) 장면
- ☐ 夢中になる(むちゅうになる) 열중하다

2011년

- ☐ 解消(かいしょう) 해소
- ☐ 改善(かいぜん) 개선
- ☐ 活気(かっき) 활기
- ☐ 機能(きのう) 기능
- ☐ さっぱりする 개운하다, 후련하다
- ☐ 視野(しや) 시야
- ☐ 迫る(せまる) 다가오다, 육박하다
- ☐ つまる 가득 차다, 막히다
- ☐ 強み(つよみ) 강점, 유리한 점
- ☐ 反映(はんえい) 반영
- ☐ ぶらぶらする 어슬렁거리다
- ☐ 分析(ぶんせき) 분석
- ☐ ぼんやり 어렴풋이, 멍하니
- ☐ わりと 비교적

2010년

- ☐ 相次いで(あいついで) 연달아, 잇따라
- ☐ あいまいだ 애매하다
- ☐ 温厚だ(おんこうだ) 온후하다
- ☐ シーズン 시즌
- ☐ 上昇(じょうしょう) 상승
- ☐ 徐々に(じょじょに) 서서히
- ☐ 通じる(つうじる) 통하다
- ☐ 尽きる(つきる) 다하다, 떨어지다
- ☐ のんびり 유유히, 한가로이
- ☐ 発揮(はっき) 발휘
- ☐ 評判(ひょうばん) (세상의) 평판
- ☐ 含む(ふくむ) 포함하다
- ☐ マイペース 마이 페이스, 자기 방식
- ☐ 有効だ(ゆうこうだ) 유효하다

문맥규정 기출단어
기본 다지기 ③

채점 /5

괄호 안에 들어갈 알맞은 어휘를 둘 중에서 하나 고르세요.

1 夜遅く寝たせいで、授業中に（　　　）してしまった。
　　1　うとうと　　　　　　　2　いきいき

2 イベントには、サンタクロースの（　　　）をした人がたくさん集まった。
　　1　体格　　　　　　　　　2　格好

3 ありがたい提案だったが、今回は（　　　）することにした。
　　1　退職　　　　　　　　　2　辞退

4 書類提出の期限が（　　　）きた。
　　1　迫って　　　　　　　　2　追って

5 村の人口は（　　　）減ってきている。
　　1　軽々と　　　　　　　　2　徐々に

정답 1 ① 2 ② 3 ② 4 ① 5 ②

실전 연습 문제 ③

問題4 (　　　)に入れるのに最もよいものを、1・2・3・4から一つ選びなさい。

1 最近はとても疲れていたが、温泉に入ったら（　　　）することができた。
　1　リハビリ　　　2　リラックス　　　3　リサイクル　　　4　リハーサル

2 工事現場の音が、朝早くから夜遅くまで（　　　）ので困っている。
　1　そそっかしい　2　するどい　　　3　やかましい　　　4　たのもしい

3 人気絶頂のグループなのに、（　　　）してしまうと聞いてとても驚いた。
　1　解散　　　　　2　招待　　　　　3　解放　　　　　4　集合

4 授業中に（　　　）と窓の外を見ていた生徒を、先生が注意した。
　1　ぼんやり　　　2　ふんわり　　　3　たっぷり　　　4　すっきり

5 この会社では、働いている年数に（　　　）して給料が上がっていくらしい。
　1　分析　　　　　2　交渉　　　　　3　比例　　　　　4　改正

6 6ヶ月以内に発行された（　　　）証明書を提出しなければならない。
　1　無限な　　　　2　無事な　　　　3　有利な　　　　4　有効な

7 私の場合は、運動してストレスを（　　　）することが多い。
　1　改善　　　　　2　解消　　　　　3　回復　　　　　4　開始

정답　1 ②　2 ③　3 ①　4 ①　5 ③　6 ④　7 ②

문제 5 유의표현

| 유의표현 문제는 밑줄 친 단어나 문장과 가장 비슷한 표현을 찾는 문제로 총 5문제 출제된다.

이렇게 풀자

밑줄 친 부분의 동의어나 의미가 비슷하게 쓰여진 문장을 정답으로 고른다. 그리고 자신이 고른 정답을 문장에 대입해 보아도 문맥이 변하지 않는지 확인해 보는 것이 좋다. 유의표현 문제의 경우는 밑줄 친 부분과 선택지의 의미를 모두 알고 있어야 풀이가 가능하므로, 단어 암기 시 비슷한 뜻을 가진 어휘끼리 묶어서 외우도록 하자.

문제유형 예시

⏱ 시간 1분 이내

問題5 （　　　）の言葉に意味が最も近いものを、1・2・3・4から一つ選びなさい。

1. いつ災害が起こるかわからないので、常に<u>用心して</u>おこう。

　　1　気付いて　　　2　気を付けて　　　3　逃亡して　　　4　用意して

문제 5 _____의 말에 의미가 가장 가까운 것을, 1·2·3·4에서 하나 고르세요.

| 정답 | ②

| 해석 | 언제 재해가 일어날지 모르기 때문에 항상 조심해 두자.
　　　1 눈치채고　　2 조심하고　　3 도망치고　　4 준비하고

| 해설 | 用心して(조심하고, 주의하고)는 2 気をを付けて(조심하고)와 의미가 가장 가깝다. 1번은 '눈치채다' 3번은 '도망치다' 4번은 '준비하다'라는 뜻이므로 정답이 아니다.

| 단어 | いつ 언제 | 災害(さいがい) 재해 | 起(お)こる 일어나다 | わかる 알다, 이해하다 | 常(つね)に 항상 | 用心(ようじん)する 조심하다, 주의하다 | ～ておく ~해 두다 | 気付(きづ)く 눈치채다, 깨닫다 | 気(き)を付(つ)ける 조심하다 | 逃亡(とうぼう)する 도망치다 | 用意(ようい)する 준비하다

2020년~2025년
유의표현 기출단어 1

2020년부터 2025년까지 출제된 유의표현 기출 단어를 정리하였습니다.

2025년

☐ いきなり 갑자기, 느닷없이	≒	突然(とつぜん) 돌연, 갑자기
☐ 帰省(きせい) 귀성	≒	ふるさとに戻(もど)る 고향에 되돌아가다
☐ 相当(そうとう) 상당히	≒	かなり 꽤, 제법
☐ 妙(みょう)だ 묘하다	≒	不思議(ふしぎ)だ 이상하다, 신기하다
☐ やかましい 시끄럽다, 요란하다	≒	うるさい 시끄럽다

2024년

☐ 威張(いば)る 뽐내다, 으스대다	≒	偉(えら)そうにする 잘난 듯이 하다
☐ おおよそ 대체로, 대략	≒	だいたい 대체로, 대략
☐ ガイド 가이드, 안내	≒	案内(あんない) 안내
☐ 行儀(ぎょうぎ) 예의	≒	マナー 매너
☐ 仕草(しぐさ) 행위, 몸짓	≒	動作(どうさ) 동작
☐ 修正(しゅうせい)する 수정하다	≒	直(なお)す 고치다
☐ 収納(しゅうのう)する 수납하다	≒	しまう 정리하다, 챙겨 넣다
☐ 徐々(じょじょ)に 서서히	≒	次第(しだい)に 차츰, 차차
☐ 剥(は)げる (칠, 껍질 등이) 벗겨지다	≒	取(と)れる 떨어지다, 빠지다, 벗겨지다
☐ 不平(ふへい) 불평	≒	文句(もんく) 불평

2023년

☐ うつむいて 고개를 떨구고	≒	下を向いて 아래를 향하고
☐ 惜しい 아깝다, 아쉽다	≒	もったいない 아깝다
☐ 各自 각자	≒	一人一人 한 사람 한 사람
☐ 概要 개요	≒	大体の内容 대략의 내용
☐ 仕上げる 일을 끝내다, 마무리하다	≒	完成させる 완성시키다
☐ 深刻だ 심각하다	≒	重大だ 중대하다
☐ たちまち 금세, 갑자기	≒	すぐに 곧, 즉시
☐ たちまち 금세, 갑자기	≒	すぐに 곧, 즉시
☐ テンポ 템포	≒	速さ 빠름, 속도
☐ 同僚 동료	≒	同じ会社の人 같은 회사의 사람
☐ 油断していた 방심하고 있었다	≒	気を付けていなかった 조심하고 있지 않았다

2022년

☐ 一転する 싹 바뀌다, 완전히 바뀌다	≒	すっかり変わる 완전히 바뀌다
☐ お勘定 계산	≒	会計 회계, 계산
☐ くだらない 시시하다	≒	価値がない 가치가 없다
☐ 再三 재삼, 두 번 세 번, 여러번	≒	何度も 몇 번이나
☐ さわがしい 소란하다, 떠들썩하다	≒	うるさい 시끄럽다
☐ 衝突する 충돌하다	≒	ぶつかる 부딪(치)다, 충돌하다
☐ 書籍 서적	≒	本 책
☐ テクニック 테크닉	≒	技術 기술
☐ でたらめ 엉터리, 허튼소리	≒	うそ 거짓말
☐ とがる (끝이) 뾰족해지다, 예민해지다	≒	細くなる 가늘어지다

2021년

- [ ] 案の定 예측대로, 아니나다를까 ≒ やっぱり 역시
- [ ] 依然として 여전히 ≒ まだ 아직, 지금까지도
- [ ] 欠かせない 빠뜨릴 수 없다 ≒ ないと困る 없으면 곤란하다
- [ ] くるむ (감)싸다, 둘러싸다 ≒ 包む 싸다, 포장하다
- [ ] 指図 지시, 지적 ≒ 命令 명령
- [ ] 仕事にとりかかる 일에 착수하다 ≒ 仕事を始める 일을 시작하다
- [ ] 失望する 실망하다 ≒ がっかりする 실망하다, 낙심하다
- [ ] 人柄 인품 ≒ 性格 성격
- [ ] 最寄りの 가장 가까운, 근처의 ≒ 一番近い 가장 가까운
- [ ] レンタルする 렌털하다, 대여하다 ≒ 借りる 빌리다

2020년

- [ ] いじる 만지작거리다, 만지다 ≒ 触る 만지다
- [ ] ガイドする 가이드하다, 안내하다 ≒ 案内する 안내하다
- [ ] 終日 (온)종일 ≒ 一日中 하루 종일
- [ ] 真剣に 진지하게 ≒ まじめに 성실하게
- [ ] まれだ 드물다 ≒ あまりいない 거의 없다

유의표현 기출단어
기본 다지기 ①

채점 　/5

밑줄 친 단어나 문장과 가장 비슷한 표현을 둘 중에서 하나 고르세요.

1 彼は<u>人柄</u>の良さが感じられる。
　1　性格　　　　　　　　2　外見

2 当店は<u>終日</u>禁煙となっております。
　1　毎日　　　　　　　　2　一日中

3 彼女のような美人は<u>まれだ</u>。
　1　あまりいない　　　　2　たくさんいる

4 日本語の勉強に辞書は<u>欠かせない</u>。
　1　ないと困る　　　　　2　なくても良い

5 期待していた映画だったが非常に<u>くだらない</u>内容だった。
　1　とんでもない　　　　2　価値がない

6 一度勝ったくらいで威張るな。
　　1　偉そうにする　　　　　2　暇そうにする

7 これから今回の事件の概要を説明します。
　　1　最終的な目的　　　　　2　大体の内容

8 食べ物を口に入れたまましゃべるのは行儀が悪いよ。
　　1　サービス　　　　　　　2　マナー

9 彼女はずっと髪をいじっていた。
　　1　触って　　　　　　　　2　乾かして

10 彼は同僚からの信頼が厚い人です。
　　1　同じ会社の人　　　　　2　同じクラスの人

정답　1①　2②　3①　4①　5②　6①　7②　8②　9①　10①

유의표현 기출단어
실전 연습 문제 ①

⏱ 시간 5분 이내
채점 　　/5

問題5 ＿＿＿＿＿の言葉に意味が最も近いものを、1・2・3・4から一つ選びなさい。

1 でたらめばかり言っていると、そのうち友達が一人もいなくなる。
　　1　誇り　　　　　2　うそ　　　　　3　事実　　　　　4　不満

2 その知らせを聞いて彼女はかなり失望した様子だった。
　　1　喜んだ　　　　2　希望を持った　　3　がっかりした　　4　ぐったりした

3 彼のあわれな姿を思い出すたびに、涙が出そうになる。
　　1　かわいそうな　　2　嬉しそうな　　3　つらそうな　　4　幸せそうな

4 契約を取るためには商品の知識のみならず魅力的な会話のテクニックが必要だ。
　　1　能力　　　　　2　鋭さ　　　　　3　速さ　　　　　4　技術

5 彼がお勘定を済ませてくれたので、コーヒーは私がおごることにした。
　　1　注文　　　　　2　会計　　　　　3　仕事　　　　　4　予約

해설집 p.15

정답　1②　2③　3①　4④　5②

2015년~2019년 유의표현 기출단어 2

2015년부터 2019년까지 출제된 유의표현 기출 단어를 정리하였습니다.

2019년

- 一層 (いっそう) 한층 더, 더욱더 ≒ もっと 더, 더욱, 좀더
- 落ち込む (おちこむ) 침울해지다 ≒ がっかりする 실망하다, 낙심하다
- かかりつけの病院 (びょういん) 언제나 그 의사의 진찰·치료를 받는 병원 ≒ いつも行く病院 (いびょういん) 언제나 가는 병원
- 定める (さだめる) 정하다, 결정하다 ≒ 決める (きめる) 정하다, 결정하다
- 精いっぱい (せいいっぱい) 최대한, 힘껏 ≒ 一生懸命 (いっしょうけんめい) 열심히, 목숨걸고 일을 함
- 同情する (どうじょうする) 동정하다 ≒ かわいそうだと思う (おもう) 불쌍하다고 생각하다
- 動揺する (どうようする) 동요하다 ≒ 不安になる (ふあんになる) 불안해지다
- ハードだ 하드하다, 엄격하고 고되다 ≒ 大変だ (たいへんだ) 힘들다, 큰일이다
- 引き返す (ひきかえす) 되돌아가(오)다 ≒ 戻る (もどる) 되돌아가(오)다
- 物騒になってくる (ぶっそうになってくる) 뒤숭숭해지다, 흉흉해지다 ≒ 安全じゃなくなってくる (あんぜんじゃなくなってくる) 안전하지 않게 되다

2018년

- 当てる (あてる) 맞히다, 명중시키다 ≒ ぶつける 맞히다, 부딪다
- 哀れだ (あわれだ) 가엾다 ≒ かわいそうだ 불쌍하다
- 一転する (いってんする) 완전히 바뀌다 ≒ すっかり変わる (かわる) 완전히 바뀌다
- うつむく 고개를 떨구다 ≒ 下を向く (したをむく) 아래를 향하다, 밑을 보다
- くどい 지루할 정도로 장황하다, 끈덕지다, (맛이) 느끼하다 ≒ しつこい 끈질기다, 집요하다
- じたばたする 버둥거리다 ≒ 慌てる (あわてる) 당황하다, 허둥대다

☐ テクニック 테크닉	≒	技術(ぎじゅつ) 기술
☐ 当分(とうぶん) 당분간, 잠시 동안	≒	しばらく 잠깐, 한동안
☐ 用心(ようじん)する 조심하다	≒	気(き)をつける 조심하다, 주의하다
☐ 利口(りこう)だ 영리하다, 똑똑하다	≒	頭(あたま)がいい 머리가 좋다

2017년

☐ あやまり 틀림, 실수	≒	間違(まちが)っているところ 틀린 부분
☐ 臆病(おくびょう)だ 겁이 많다	≒	何(なん)でも怖(こわ)がる 무엇이든지 무서워하다
☐ 過剰(かじょう)である 과잉이다	≒	多(おお)すぎる 너무 많다
☐ 勝手(かって)だ 제멋대로다	≒	わがままだ 제멋대로다, 버릇없다
☐ 記憶(きおく)する 기억하다	≒	覚(おぼ)える 느끼다, 기억하다, 외우다
☐ とっくに 훨씬 전에, 진작에	≒	ずっと前(まえ)に 훨씬 전에
☐ 不平(ふへい) 불평	≒	文句(もんく) 불평
☐ まれだ 드물다	≒	ほとんどない 거의 없다
☐ むかつく 화나다, 화가 치밀다	≒	怒(おこ)る 화내다
☐ 譲(ゆず)る 양도하다, 물려주다	≒	あげる 주다

2016년

☐ 息抜(いきぬ)きする 숨을 돌리다	≒	休(やす)む 쉬다
☐ 直(じか)に 직접	≒	直接(ちょくせつ) 직접
☐ 衝突(しょうとつ)する 충돌하다	≒	ぶつかる 부딪(치)다, 충돌하다
☐ たびたび 번번이, 여러 번	≒	何度(なんど)も 몇 번이나
☐ 注目(ちゅうもく)する 주목하다	≒	関心(かんしん)を持(も)つ 관심을 갖다

☐ ついている 운이 좋다	≒	運がよい 운이 좋다
☐ 常に 늘, 항상, 언제나	≒	いつも 언제나, 늘
☐ ひきょうだ 비겁하다	≒	ずるい 교활하다, 능글맞다
☐ やむをえない 어쩔 수 없다, 부득이하다	≒	仕方ない 하는 수 없다, 어쩔 수 없다
☐ 愉快だ 유쾌하다	≒	面白い 재미있다

2015년

☐ おそらく 아마, 어쩌면	≒	たぶん 아마
☐ かつて 일찍이, 예전부터	≒	以前 이전
☐ 小柄だ 몸집이 작다	≒	体が小さい 몸(집)이 작다
☐ ささやくように 속삭이는 것처럼, 소곤거리 듯이	≒	小声で 작은 (목)소리로
☐ 収納する 수납하다	≒	しまう 정리하다, 챙겨 넣다
☐ 所有する 소유하다	≒	持つ 가지다
☐ テンポ 템포	≒	速さ 빠름, 속도
☐ 妙だ 묘하다	≒	変だ 이상하다
☐ 無口だ 과묵하다	≒	あまり話さない 그다지 말(을) 하지 않는다
☐ やや 약간, 좀	≒	少し 조금

밑줄 친 단어나 문장과 가장 비슷한 표현을 둘 중에서 하나 고르세요.

1 冬になり、寒さが一層厳しくなった。
   1 少し   2 もっと

2 試合でうまくいかなくて落ち込んだ。
   1 びっくりした   2 がっかりした

3 この仕事はとてもハードだ。
   1 大変だ   2 簡単だ

4 あの選手は小柄だけど、実力は世界一だ。
   1 体が小さい   2 体が大きい

5 この店のラーメンは味がくどい。
   1 しつこい   2 渋い

6 あまり勝手なことはしないでください。
    1　めちゃくちゃな　　　　　2　わがままな

7 私が記憶する限り、この店は30年以上も前からやっている。
    1　覚える　　　　　　　　　2　予想する

8 今日はとてもついている日だ。
    1　気分がいい　　　　　　　2　運がいい

9 彼女はかつてロンドンに住んでいた。
    1　以前　　　　　　　　　　2　現在

10 もう少しテンポを上げて話す練習をしてみよう。
    1　正確さ　　　　　　　　　2　速さ

정답　1② 2② 3① 4① 5① 6② 7① 8② 9① 10②

유의표현 기출단어
실전 연습 문제 ②

⏱ 시간 5분 이내
채점 /5

問題5 ＿＿＿＿の言葉に意味が最も近いものを、1・2・3・4から一つ選びなさい。

1 近頃は物騒になってきたので、夜は外に出ないようにしている。
1　人が多くなってきた　　　　　2　利口になってきた
3　安全じゃなくなってきた　　　4　不安じゃなくなってきた

2 じかに会って話を聞いてきたので、この情報は正確なはずだ。
1　偶然　　　　2　直接　　　　3　こっそり　　　　4　すぐに

3 このマンガは愉快な主人公が旅をする話だ。
1　あきっぽい　　2　おおげさな　　3　おもしろい　　4　いじわるな

4 引っ越したばかりで荷物を収納するための棚がまだない。
1　しまう　　　　2　飾る　　　　3　備える　　　　4　まとめる

5 彼はたびたび仕事に遅刻するので出世するのは難しいだろう。
1　しばらく　　　2　少し　　　　3　いつも　　　　4　何度も

해설집 p.17

정답　1 ③　2 ②　3 ③　4 ①　5 ④

2010년~2014년
유의표현 기출단어 3
2010년부터 2014년까지 출제된 유의표현 기출 단어를 정리하였습니다.

2014년

☐ 明(あき)らかな 분명한, 명백한	≒	はっきりした 분명한, 확실한
☐ お勘定(かんじょう)を済(す)ませる 계산을 끝내다	≒	お金(かね)を払(はら)う 돈을 지불하다
☐ 買(か)いしめる 사재기하다(물건을 몰아서 사들이다)	≒	全部買(ぜんぶか)う 전부 사다
☐ ことなる 다르다, 같지 않다	≒	違(ちが)う 다르다, 틀리다
☐ そろえる 갖추다, 가지런히하다	≒	同(おな)じにする 같게 하다
☐ そうぞうしい 떠들썩하다, 시끌시끌하다	≒	うるさい 시끄럽다
☐ たちまち 금세, 갑자기	≒	すぐに 곧, 즉시, 곧바로
☐ たまたま 가끔, 이따금, 우연히	≒	偶然(ぐうぜん) 우연히
☐ 間際(まぎわ) 직전, 막 ~하려는 찰나	≒	直前(ちょくぜん) 직전
☐ 用心(ようじん)する 조심하다	≒	注意(ちゅうい)する 주의하다

2013년

☐ あいまいだ 애매하다	≒	はっきりしない 분명하지 않다, 확실하지 않다
☐ 依然(いぜん)として 여전히	≒	相変(あいか)わらず 변함없이, 여전히
☐ 思(おも)いがけない 예상치 못하다, 뜻밖이다	≒	意外(いがい)だ 의외다
☐ およそ 대강, 대략	≒	だいたい 대체로, 대략
☐ 済(す)ます 끝내다, 마치다	≒	終(お)える 끝내다
☐ そろう 갖추어지다, 모이다	≒	集(あつ)まる 모이다
☐ 必死(ひっし)だ 필사적이다	≒	一生懸命(いっしょうけんめい)だ 매우 열심이다

- ☐ プラン 플랜, 계획 ≒ 計画 계획
- ☐ みずから 몸소, 스스로 ≒ 自分で 스스로
- ☐ 山のふもと 산기슭 ≒ 山の下のほう 산의 아래쪽

2012년

- ☐ あやまる 잘못되다, 틀리다 ≒ 正しくない 옳지 않다
- ☐ かさかさしている 꺼칠꺼칠하다 ≒ 乾燥している 건조하다
- ☐ 奇妙だ 기묘하다 ≒ 変だ 이상하다
- ☐ 仕上げる 일을 끝내다, 마무리하다 ≒ 完成させる 완성시키다
- ☐ じっとする 가만히 있다 ≒ 動かない 움직이지 않다
- ☐ しめっている 축축해져 있다 ≒ まだ乾いていない 아직 마르지 않았다
- ☐ そうとう 상당(히) ≒ かなり 꽤, 제법
- ☐ 直ちに 바로, 즉각 ≒ すぐに 곧, 즉시
- ☐ 追加する 추가하다 ≒ たす 더하다, 보태다
- ☐ 日中 낮, 대낮 ≒ 昼間 주간, 낮

2011년

- ☐ いきなり 갑자기, 느닷없이 ≒ とつぜん 갑자기, 돌연
- ☐ うつむく 고개를 떨구다 ≒ 下を向く 아래를 향하다, 밑을 보다
- ☐ 回復する 회복하다 ≒ よくなる 좋아지다
- ☐ くたくたになる 녹초가 되다 ≒ ひどく疲れる 몹시 지치다
- ☐ 慎重に 신중하게 ≒ 十分注意して 충분히 주의하여
- ☐ ちぢむ 줄어들다, 쪼그라들다 ≒ 小さくなる 작아지다

☐ ブーム 붐, 유행	≒	流行(りゅうこう) 유행
☐ ほぼ 거의, 대부분	≒	だいたい 대체로, 대략
☐ 優秀(ゆうしゅう)だ 우수하다	≒	あたまがよい 머리가 좋다
☐ わずかに 간신히, 겨우	≒	少(すこ)し 조금

2010년

☐ 大(おお)げさだ 허풍스럽다, 요란스럽다	≒	オーバーだ 오버하다, 과하다
☐ かしこい 현명하다, 영리하다	≒	頭(あたま)がいい 머리가 좋다
☐ 勝手(かって)だ 제멋대로다	≒	わがままだ 제멋대로다, 버릇없다
☐ 見解(けんかい) 견해	≒	考(かんが)え方(かた) 사고방식
☐ 雑談(ざつだん) 잡담	≒	おしゃべり 수다
☐ たびたび 번번이, 여러 번	≒	何度(なんど)も 몇 번이나
☐ とりあえず 우선, 일단	≒	一応(いちおう) 우선, 일단
☐ ぶかぶかだ 헐렁헐렁하다	≒	とても大(おお)きい 매우 크다
☐ 安(やす)くゆずる 싸게 양도하다	≒	安(やす)く売(う)る 싸게 팔다
☐ レンタルする 렌털하다, 대여하다	≒	借(か)りる 빌리다

밑줄 친 단어나 문장과 가장 비슷한 표현을 둘 중에서 하나 고르세요.

1. 相手がトイレに行っている間に、お勘定を済ませる。
   1　料理を注文する　　　　2　お金を払う

2. 出かける間際に、友達から電話がかかってきた。
   1　直前　　　　　　　　　2　当日

3. 薬を飲んだらたちまち体調がよくなった。
   1　すぐに　　　　　　　　2　すっかり

4. 道を歩いていたら、急に思いがけない人に声をかけられた。
   1　知らない　　　　　　　2　意外な

5. 猫がずっと、窓際でじっとしている。
   1　動かないでいる　　　　2　こちらを見ている

6 今日はそうとう酔っぱらった。
　　1　やはり　　　　　　　2　かなり

7 ベンチにうつむいて座っている田中(たなか)さんが見えた。
　　1　横を向いて　　　　　2　下を向いて

8 その音楽に合わせて踊るのが、ブームになっているらしい。
　　1　効果　　　　　　　　2　流行

9 取材に対し、専門家は次のような見解を述べた。
　　1　考え方　　　　　　　2　教え方

10 親戚からもらった服は、この子にはぶかぶかだ。
　　1　とても大きい　　　　2　とても小さい

정답　1② 2① 3① 4② 5① 6② 7② 8② 9① 10①

유의표현 기출단어 실전 연습 문제 ③

問題5 ＿＿＿＿＿の言葉に意味が最も近いものを、1・2・3・4から一つ選びなさい。

1 ずっと探していた物を売っているお店が見つかったので、買いしめた。
　1　全部買った　　　　　　　　　2　安く買った
　3　さっそく買った　　　　　　　4　こっそり買った

2 久しぶりに祖父の家で親戚がそろって新年を迎えることができた。
　1　暮らして　　2　相次いで　　3　祝って　　4　集まって

3 富士山のふもとにある小さなカフェは全国から観光客が訪れる人気のお店だ。
　1　頂上　　　　2　向こう　　　3　下のほう　　4　上のほう

4 うちの犬はとてもかしこい犬としてテレビに出たことがある。
　1　頭がよい　　2　足が速い　　3　顔がかわいい　　4　毛が長い

5 たまたま買った宝くじが当たって家族を海外旅行へ連れていくことができた。
　1　相当　　　　2　偶然　　　　3　突然　　　　4　早速

정답　1 ①　2 ④　3 ③　4 ①　5 ②

기출단어 집중 공략

문제 6 용법

용법 문제는 제시 단어를 올바르게 사용한 문장을 고르는 문제로 5문제 출제된다.

이렇게 풀자 ✏️

제시 단어의 의미와 품사를 정확하게 파악하고 있어야 한다. 제시 단어의 의미를 모른다면 모든 문장을 읽고 품사의 쓰임이 가장 자연스러운 것을 고르면 된다. 다만 이 방법이 통하지 않는 경우가 많으니 시험에 자주 출제되는 품사별 단어를 암기해두자.

문제유형 예시 　　　　　　　　　　　　　　　　⏱ 시간 1분 이내

問題6　次の言葉の使い方として最もよいものを、1・2・3・4から一つ選びなさい。

1 ほっとする
　1　仕事で疲れていても家族の顔を見るとほっとする。
　2　祖父と話すときはいつも世代の違いをほっとする。
　3　彼女は彼と最近別れたようだ。ほっとしておこう。
　4　いきなり車が飛び出してきてほっとした。

문제 6 다음 말의 사용법으로서 가장 알맞은 것을, 1·2·3·4에서 하나 고르세요.

정답 ①

해석 1 일로 지쳐 있어도 가족 얼굴을 보면 <u>마음이 놓인다</u>.
2 할아버지와 이야기할 때는 항상 세대 차이를 <u>마음이 놓인다</u>.
3 그녀는 그와 최근 헤어진 것 같다. <u>마음이 놓이게 두자</u>.
4 갑자기 차가 튀어 나와서 <u>마음이 놓였다</u>.

해설 ほっとする(마음이 놓인다)를 가장 올바르게 사용한 것은 1번이다. 2번은 しみじみ感じる(절실히 느끼다), 3번은 そっとする(가만히 두다), 4번은 はっとする(깜짝 놀라다)를 사용하는 것이 알맞다.

단어 ほっとする 마음이 놓이다, 안심하다, 긴장이 풀리다 | 仕事(しごと) 일 | 疲(つか)れる 지치다, 피곤하다 | 家族(かぞく) 가족 | 顔(かお) 얼굴 | 祖父(そふ) 조부, 할아버지 | 話(はな)す 이야기하다 | いつも 언제나, 늘 | 世代(せだい) 세대 | 違(ちが)い 차이 | 彼女(かのじょ) 그녀 | 彼(かれ) 그 | 最近(さいきん) 최근 | 別(わか)れる 헤어지다 | ～ようだ ~인 것 같다 | ～ておく ~해 두다 | いきなり 갑자기, 느닷없이 | 車(くるま) 차 | 飛(と)び出(だ)す 튀어 나오다

2020년~2025년 용법 기출단어 1

| 2020년부터 2025년까지 출제된 용법 기출 단어를 정리하였습니다.

2025년

- ☐ 愛着(あいちゃく) 애착
- ☐ 粗末(そまつ)だ 변변치 않다
- ☐ 潰(つぶ)す 으깨다
- ☐ 和(なご)やかだ 온화하다, 화목하다
- ☐ 熱中(ねっちゅう) 열중

2024년

- ☐ 薄(うす)める 옅게 하다
- ☐ 鑑賞(かんしょう) 감상
- ☐ 共有(きょうゆう) 공유
- ☐ 充実(じゅうじつ) 충실
- ☐ 鋭(するど)い 날카롭다, 예리하다
- ☐ 鮮明(せんめい)だ 선명하다
- ☐ 着々(ちゃくちゃく)と 척척, 순조롭게
- ☐ 定年(ていねん) 정년
- ☐ はきはき 시원시원, 또박또박
- ☐ ふもと 기슭

2023년

- ☐ 偉大(いだい)だ 위대하다
- ☐ 暮(く)れ 저묾, 저물 때
- ☐ さまたげる 방해하다
- ☐ 残高(ざんだか) 잔고, 잔액
- ☐ 印(しるし) 표, 표시
- ☐ 上達(じょうたつ)する (솜씨가) 늘다, 숙달되다
- ☐ 早期(そうき) 조기
- ☐ 続出(ぞくしゅつ) 속출
- ☐ 廃止(はいし) 폐지
- ☐ 腫(は)れる (다리 등이) 붓다

2022년

- 荒(あ)れる 거칠어지다, 험악해지다
- 打(う)ち合(あ)わせ (사전) 협의, 미팅
- 温厚(おんこう) 온후
- 頑固(がんこ) 완고, 외고집
- 生(しょう)じる 생기다
- 世代(せだい) 세대
- 中断(ちゅうだん) 중단
- 濁(にご)る 탁해지다
- 普及(ふきゅう) 보급
- ベテラン 베테랑, 숙련자

2021년

- 引用(いんよう) 인용
- かばう 감싸다, (감)싸고돌다
- 急激(きゅうげき) 급격
- 傾向(けいこう) 경향
- 栽培(さいばい) 재배
- さっさと 얼른, 빨랑빨랑
- 妥当(だとう) 타당
- 展開(てんかい) 전개
- ほっと 한숨 쉬거나 안심하는 모양
- 漏(も)れる (물·빛·가스 등이) 새다, 누설되다

2020년

- 引退(いんたい) 은퇴
- 打(う)ち明(あ)ける (속마음을) 털어 놓다
- ぎっしり 잔뜩, 가득
- 欠陥(けっかん) 결함
- 初期(しょき) 초기

용법 기출단어
기본 다지기 ①

채점 /5

제시 단어를 올바르게 사용한 문장을 둘 중에서 하나 고르세요.

1. 早期
   1. 新しいパソコンの早期設定をしなければならない。
   2. 早期退職をして第二の人生を楽しもうと考えている。

2. 頑固
   1. 祖父は心身ともに頑固で80歳になった今もとても元気だ。
   2. 私の父は一度決めたことは何があっても変えない頑固な性格です。

3. 傾向
   1. 最近は、結婚するのが遅い傾向にある。
   2. この坂は傾向がきつくて登るのが大変だ。

4. ぎっしり
   1. 本棚には漫画がぎっしり詰まっていた。
   2. この靴は私の足にぎっしり合います。

5. 普及
   1. 携帯電話の普及により固定電話を持たない家庭が増えた。
   2. システムトラブルのため普及には時間がかかりそうだ。

해설집 p.19

정답 1② 2② 3① 4① 5①

용법 기출단어
실전 연습 문제 ①

⏱ 시간 5분 이내
채점　　/5

問題6 次の言葉の使い方として最もよいものを、1・2・3・4から一つ選びなさい。

1 温厚
1　この料理はまだ温厚ですから、火傷に気を付けてください。
2　彼女は親切で温厚な性格なので誰からも愛されている。
3　山の頂上は温厚な雲に覆われて、今にも雨が降りそうだ。
4　社内の環境改善についての会議は温厚な雰囲気で終えることができた。

2 中断
1　テレビ局はスポーツを生中断して多くの人に見てもらいたいと考えている。
2　このセミナーを受講する人数が少ない場合は中断することがあります。
3　彼は大学を中断して、ヨーロッパへ留学に行くそうだ。
4　少し前から雨が降り出したので、野球の試合は一時中断された。

3 ベテラン
1　彼はドライバー歴30年のベテランなので、東京(とうきょう)の道についてかなり詳しい。
2　あの医者は手術のベテランがあって、全国から患者が訪れている。
3　今の季節はイチゴがベテランです。ぜひ食べてみてください。
4　健康な体を保つには食事のベテランが大切です。

4 さっさと
1　夏はさっさとした料理が食べたくなるので、冷たい麺(めん)をよく食べる。
2　日本語能力試験が無事に終わって、さっさとした。
3　友達と遊びに行く前に宿題をさっさと終わらせよう。
4　母は一日中さっさと家事をしながら働いている。

5 欠陥
1　この商品はただいま欠陥しておりますので、商品が届くまでしばらくお待ちください。
2　両親と相談した欠陥、大学に進学せずに就職することにした。
3　体調不良などにより会議を欠陥する場合は、あらかじめご連絡をお願いします。
4　この掃除機は欠陥商品で、買ったばかりなのにもう壊れてしまった。

해설집 p.19

정답　1 ②　2 ④　3 ①　4 ③　5 ④

2015년~2019년 용법 기출단어 2

2015년부터 2019년까지 출제된 용법 기출 단어를 정리하였습니다.

2019년

- ☐ しみる 스며들다, 번지다
- ☐ 充満(じゅうまん) 충만, 가득함
- ☐ 初歩(しょほ) 초보
- ☐ 即座(そくざ)に 즉석에서
- ☐ 素材(そざい) 소재
- ☐ だらしない 칠칠맞지 못하다
- ☐ 尽(つ)きる 다하다, 떨어지다
- ☐ 特殊(とくしゅ) 특수
- ☐ 廃止(はいし) 폐지
- ☐ めくる 넘기다, 젖히다

2018년

- ☐ 演説(えんぜつ) 연설
- ☐ 解約(かいやく) 해약
- ☐ きっぱり 딱 잘라, 단호히
- ☐ 多彩(たさい) 다채로움
- ☐ 日課(にっか) 일과
- ☐ 鈍(にぶ)い 둔하다, 굼뜨다
- ☐ 乗(の)り継(つ)ぐ 갈아타다
- ☐ 保存(ほぞん) 보존, 저장
- ☐ 最寄(もよ)り 가장 가까움, 근처
- ☐ 役目(やくめ) 임무, 책임, 역할

2017년

- ☐ いっせいに 일제히
- ☐ 覆(おお)う 덮다, 씌우다
- ☐ 限定(げんてい) 한정
- ☐ 節約(せつやく) 절약
- ☐ 頂上(ちょうじょう) 정상
- ☐ 散(ち)らかす 흩뜨리다, 어지르다
- ☐ 分解(ぶんかい) 분해
- ☐ 破(やぶ)れる 찢어지다, 깨지다
- ☐ 略(りゃく)す 간단히 하다, 생략하다
- ☐ 論争(ろんそう) 논쟁

2016년

- □ 引退(いんたい) 은퇴
- □ 延長(えんちょう) 연장
- □ 大(おお)げさ 과장, 허풍을 떪
- □ きっかけ 계기
- □ さびる 녹슬다
- □ 順調(じゅんちょう) 순조
- □ 生(しょう)じる 생기다
- □ 発達(はったつ) 발달
- □ 反省(はんせい) 반성
- □ 目上(めうえ) 윗사람, 연장자

2015년

- □ 甘(あま)やかす 응석을 받아주다
- □ いったん 일단
- □ 思(おも)いつく 문득 생각이 떠오르다
- □ 温暖(おんだん) 온난
- □ 作成(さくせい) 작성
- □ たくましい 늠름하다, 씩씩하다
- □ 中断(ちゅうだん) 중단
- □ 振(ふ)り向(む)く 뒤돌아보다
- □ 行方(ゆくえ) 행방
- □ 用途(ようと) 용도

용법 기출단어

기본 다지기 ②

채점　　/5

제시 단어를 올바르게 사용한 문장을 둘 중에서 하나 고르세요.

1 素材
1　この商品は天然素材で作られた。
2　素材が足りなくて料理ができない。

2 きっぱり
1　この仕事のやり方がきっぱりわからない。
2　彼からのデートの誘いをきっぱり断った。

3 覆う
1　富士山(ふじさん)の頂上は雪で覆われています。
2　この村は山と海に覆われています。

4 たくましい
1　山田さんは仕事の経験が多いのでたくましい。
2　久しぶりに会った祖母に「たくましくなったね」と言われた。

5 引退
1　10年後に会社を引退して、田舎でのんびり過ごすことにした。
2　彼はプロ野球選手を引退すると突然発表した。

해설집 p.20

정답　1① 2② 3① 4② 5②

용법 기출단어
실전 연습 문제 ❷

시간 5분 이내
채점　　　/5

問題6　次の言葉の使い方として最もよいものを、1・2・3・4から一つ選びなさい。

1　だらしない
　1　上司はだらしなく急に会議を始めようとすることがある。
　2　彼はだらしない体で、スタイルも良いのでクラスの人気者だ。
　3　学生の頃はいつもだらしない格好ばかりしていたのでよく母に怒られていた。
　4　私は勉強は得意だが、運動に関してはかなりだらしない。

2　最寄り
　1　今度の試合で最寄りのライバルと戦うことになって、今から緊張している。
　2　私のアパートは最寄りの駅から徒歩5分で便利な一方、家賃はかなり高い。
　3　最寄りのアニメを見つけて毎日寝ずに見続けている。
　4　すぐに使いますから最寄りに置いておいてください。

3　いっせいに
　1　もういっせいに寝る時間だよ。明日も朝早くから仕事があるでしょ。
　2　食事の時は、いっせいに食べないでよく噛んでゆっくり食べましょう。
　3　道を渡る時は、いっせいに止まって安全を確認してから渡らなければならない。
　4　指揮者の合図に合わせて学生達はいっせいに歌い始めた。

4　甘やかす
　1　祖父母は孫を甘やかすことがあるが、子供にとって良くないことだ。
　2　最後に砂糖を入れて甘やかすと、よりおいしくなりますよ。
　3　この道は夜とても暗いので、住民の安全を甘やかすおそれがある。
　4　実は彼は彼女の事が好きなのだが、冗談を言って甘やかすことがある。

5　振り向く
　1　他社の携帯電話に振り向いてから、料金が安くなった。
　2　思わず振り向いてしまうほどスタイルがいい人が街を歩いている。
　3　そのリモコンは電池がありませんよ。振り向いてから使ってください。
　4　新しい家は服を振り向くことができる部屋があったらいいな。

해설집 p.21

정답　1 ③　2 ②　3 ④　4 ①　5 ②

2010년~2014년
용법 기출단어 3
2010년부터 2014년까지 출제된 용법 기출 단어를 정리하였습니다.

2014년

- 合図(あいず) (눈짓·몸짓 등의) 신호
- 言(い)い訳(わけ) 변명, 핑계
- 会見(かいけん) 회견
- 頑丈(がんじょう) 옹골참, 튼튼하고 짱짱함
- こつこつ 꾸준히
- 支持(しじ) 지지
- 質素(しっそ) 검소
- 畳(たた)む 개다, 접다
- 縮(ちぢ)む 줄어들다, 쪼그라들다
- 手軽(てがる) 손쉬움, 거뜬함

2013년

- あわただしい 분주하다
- 生(い)き生(い)き 생생한 모양
- かすか 희미함, 어렴풋함
- 掲示(けいじ) 게시
- 快(こころよ)い 기분 좋다, 흔쾌하다
- 催促(さいそく) 재촉, 독촉
- 分野(ぶんや) 분야
- 隔(へだ)てる 사이에 두다, 가로막다
- 補足(ほそく) 보족, 보충
- 物足(ものた)りない 어딘가 부족하다

2012년

- 交代(こうたい) 교체, 교대
- 合同(ごうどう) 합동
- 心強(こころづよ)い 마음 든든하다
- さっさと 얼른, 빨랑빨랑
- 問(と)い合(あ)わせる 문의하다
- とぼしい 모자라다, 부족하다
- 廃止(はいし) 폐지
- ふさぐ 막다, 틀어막다
- 矛盾(むじゅん) 모순
- 冷静(れいせい) 냉정

2011년

- 違反(いはん) 위반
- 受(う)け入(い)れる 받아들이다
- 叶(かな)う 이루어지다
- 質素(しっそ) 검소
- 世間(せけん) 세간, 세상
- せめて 적어도, 하다못해
- とっくに 훨씬 전에, 진작에
- 範囲(はんい) 범위
- 方針(ほうしん) 방침
- 利益(りえき) 이익

2010년

- 外見(がいけん) 외견, 겉보기
- きっかけ 계기
- 取材(しゅざい) 취재
- 深刻(しんこく) 심각
- 続出(ぞくしゅつ) 속출
- 保(たも)つ 지키다, 유지하다
- 注目(ちゅうもく) 주목
- 外(はず)す 떼다, 떼어 내다
- 普及(ふきゅう) 보급
- ふさわしい 어울리다, 걸맞다

용법 기출단어
기본 다지기 ③

채점 /5

제시 단어를 올바르게 사용한 문장을 둘 중에서 하나 고르세요.

1 質素
1 彼は家では、ご飯とみそ汁の質素な食事をしているらしい。
2 彼女は幼いころから、歌手になる質素があると言われてきた。

2 あわただしい
1 先生はあわただしい学生たちに静かにするように言った。
2 急な用事ができて、あわただしい一日だった。

3 廃止
1 横断歩道の前では、車を一旦廃止させなければならない。
2 古くからあった規則が廃止されることに決まった。

4 受け入れる
1 その大学は、たくさんの留学生を受け入れています。
2 申し込みは電話やメールで受け入れています。

5 保つ
1 試合で保つ経験をすることは、勝つことほど大切な経験だ。
2 身体の健康を保つためにバランスの良い食事をする。

해설집 p.21

정답 1① 2② 3② 4① 5②

실전 연습 문제 ③

問題6 次の言葉の使い方として最もよいものを、1・2・3・4から一つ選びなさい。

1 合図
1. 上司の合図に従って、まずは実際に現場に行ってみることにした。
2. 合図を見ながら歩いてきたのに、変な場所に出てしまった。
3. 私は、誰かにあれこれ合図されるのは好きではない。
4. 合図に合わせて一斉にスタートし、一番先にゴールした人に賞金がある。

2 隔てる
1. 幼なじみは、道を隔てた反対側にある赤い屋根の家に住んでいる。
2. お菓子が一つしかないので、二人で隔てて食べることにした。
3. 彼女は複雑な感情のまま、今までの思い出の写真を全て隔てて捨てた。
4. 少し隔てた所にいる夫を大声で呼んだが、気づいてくれなかった。

3 冷静
1. とても冷静に勉強しているので、その学生を助けたくなった。
2. 混乱するのはわかるが、まず冷静になって考える必要がある。
3. 遊んでいないで、そろそろ冷静に取り組んだほうがいいと思う。
4. 彼の願いは、みんなが冷静な生活を送れるようになることだけだ。

4 こつこつ
1. こつこつ到着してもいい時間なのに、まだ何の連絡も来ない。
2. こつこつと勉強した結果、第一希望の大学に進学することができた。
3. 積極的に会話をしていたので、日本語がこつこつ上達した。
4. 雪が降ったせいで、どの車もこつこつと運転している。

5 会見
1. 今日は会社を休んだので、会見の内容は同僚にメールで送ってもらった。
2. 相手がトイレに行っている間に、先に会見を済ませて店を出た。
3. その会見の様子は生中継され、多くの人が関心を寄せていた。
4. そのような事件が起きていたことを、二人の会見を聞いて初めて知った。

정답 1 ④ 2 ① 3 ② 4 ② 5 ③

핵심단어 집중 공략
핵심단어 리스트

2010년부터 최신 JLPT까지의 출제 문제 내 모든 어휘를 분석하여 N2 레벨의 출제 예상 핵심 단어를 품사별로 정리하였습니다.

1 명사
출제 예상 핵심 명사를 히라가나 순으로 정리하였습니다.

あ행

☐ 相性(あいしょう) 궁합이 맞음	☐ 愛情(あいじょう) 애정	☐ 合間(あいま) 틈, 짬
☐ 赤字(あかじ) 적자	☐ 明(あ)かり 밝은 빛	☐ 空(あ)き地(ち) 빈터, 공터
☐ 悪意(あくい) 악의	☐ 悪天候(あくてんこう) 악천후	☐ 悪魔(あくま) 악마
☐ 足元(あしもと) 발밑	☐ 味付(あじつ)け (양념하여) 맛을 냄	☐ 辺(あた)り 근처, 부근
☐ 圧力(あつりょく) 압력	☐ 悪化(あっか) 악화	☐ 圧縮(あっしゅく) 압축
☐ 跡(あと) 자취, 자국	☐ 穴(あな) 구멍	☐ 編(あ)み物(もの) 뜨개질
☐ 過(あやま)ち 잘못, 과오	☐ 誤(あやま)り 틀림, 실수	☐ 嵐(あらし) 폭풍, 폭풍우
☐ あらすじ 대충의 줄거리, 개요	☐ 案(あん) 안, 생각	☐ 暗証番号(あんしょうばんごう) 비밀번호
☐ 安定(あんてい) 안정	☐ 胃(い) 위	☐ 委員(いいん) 위원
☐ 息(いき) 숨, 호흡	☐ 勢(いきお)い 기세	☐ 生(い)きがい 사는 보람, 삶의 보람
☐ 意義(いぎ) 의의	☐ 育成(いくせい) 육성	☐ 移行(いこう) 이행
☐ 居心地(いごこち) 어떤 자리에서의 느낌	☐ 遺産(いさん) 유산	☐ 医師(いし) 의사
☐ 意志(いし) 의지	☐ 意思(いし) 의사	☐ 意識(いしき) 의식
☐ 維持(いじ) 유지	☐ 移住(いじゅう) 이주	☐ 泉(いずみ) 샘, 샘물
☐ いたずら (짓궂은) 장난	☐ 位置(いち) 위치	☐ 一面(いちめん) 일면, 한쪽 면
☐ 一流(いちりゅう) 일류	☐ 一括払(いっかつばら)い 일시불	☐ 一瞬(いっしゅん) 한순간, 짧은 순간
☐ 一体感(いったいかん) 일체감	☐ 一致(いっち) 일치	☐ 一定(いってい) 일정
☐ 一般(いっぱん) 일반	☐ 遺伝(いでん) 유전	☐ 意図(いと) 의도

☐ 移動_{いどう} 이동	☐ 衣服_{いふく} 의복	☐ 依頼_{いらい} 의뢰
☐ 医療_{いりょう} 의료	☐ 印刷_{いんさつ} 인쇄	☐ 動き_{うご} 움직임
☐ 宇宙_{うちゅう} 우주	☐ 器_{うつわ} 그릇, 용기	☐ 腕_{うで} 팔
☐ 海沿い_{うみぞ} 해안, 바닷가	☐ 海辺_{うみべ} 해변	☐ 有無_{うむ} 유무
☐ 占い_{うらな} 점, 점쟁이	☐ 売れ行き_{う ゆ} 팔리는 상태	☐ 運営_{うんえい} 운영
☐ 運命_{うんめい} 운명	☐ 永久_{えいきゅう} 영구	☐ 影響_{えいきょう} 영향
☐ 衛生_{えいせい} 위생	☐ 衛星_{えいせい} 위성	☐ 映像_{えいぞう} 영상
☐ 液体_{えきたい} 액체	☐ 餌_{えさ} 모이, 먹이, 사료	☐ 絵の具_{え ぐ} 그림물감
☐ 延期_{えんき} (일정의) 연기	☐ 演劇_{えんげき} 연극	☐ 演説_{えんぜつ} 연설
☐ 応援_{おうえん} 응원	☐ 応接_{おうせつ} 응접, 접대	☐ 欧米_{おうべい} 유럽과 미국
☐ 応用_{おうよう} 응용	☐ 往来_{おうらい} 왕래	☐ 大型_{おおがた} 대형
☐ 大声_{おおごえ} 큰소리	☐ 大手企業_{おおて きぎょう} 업계 탑기업	☐ 大昔_{おおむかし} 아주 먼 옛날
☐ 丘_{おか} 언덕	☐ お代わり_か 한 그릇 더, 리필	☐ 悪寒_{おかん} 오한
☐ 沖_{おき} 먼 바다	☐ お気に入り_{き い} 마음에 듦	☐ 奥底_{おくそこ} 깊은 속, 속마음
☐ お札_{さつ} 지폐	☐ お辞儀_{じぎ} (머리 숙여) 인사함, 절함	
☐ お世辞_{せじ} 아첨, 겉치레 말	☐ 汚染_{おせん} 오염	☐ 恐れ_{おそ} 두려움
☐ 落ち葉_{お ば} 낙엽	☐ 鬼_{おに} 도깨비, 귀신	☐ 帯_{おび} 띠
☐ お負け_ま 덤, 경품	☐ 親子_{おやこ} 부모와 자식	☐ おやつ 간식
☐ 折り畳み傘_{お たた がさ} 접이식 우산	☐ 恩恵_{おんけい} 은혜	☐ 温暖化_{おんだんか} 온난화

か행

☐ 蚊_か 모기	☐ 貝_{かい} 조개	☐ 開会_{かいかい} 개회
☐ 改札_{かいさつ} 개찰	☐ 開始_{かいし} 개시	☐ 解釈_{かいしゃく} 해석
☐ 回数_{かいすう} 횟수	☐ 快晴_{かいせい} 쾌청	☐ 快速_{かいそく} 쾌속

☐ かいぞう 改造 개조	☐ かいてん 回転 회전	☐ かいとう 回答 회답, 대답
☐ かいとう 解答 해답	☐ かぬし 飼い主 동물 기르는 주인	☐ かいはつ 開発 개발
☐ かいひ 会費 회비	☐ かいふう 開封 개봉	☐ かいほう 解放 해방
☐ かいまく 開幕 개막	☐ かいやく 解約 해약	☐ かおく 家屋 가옥
☐ かおつき 顔付き 얼굴 생김새	☐ かお 香り 향기	☐ かくう 架空 가공(상상해 만든 것)
☐ かくご 覚悟 각오	☐ かくじゅう 拡充 확충	☐ かくしん 確信 확신
☐ かくしん 核心 핵심	☐ かくだい 拡大 확대	☐ かくち 各地 각지
☐ かくてい 確定 확정	☐ かくとく 獲得 획득	☐ かくど 角度 각도
☐ かくりつ 確率 확률	☐ かげ 陰 그늘	☐ かこう 加工 가공
☐ かざん 火山 화산	☐ かし 歌詞 가사	☐ かしつ 過失 과실
☐ かしょ 箇所 군데, 곳, 부분	☐ かじ 家事 가사, 집안 일	☐ かじつ 果実 과실, 열매
☐ かず 数 수	☐ かそく 加速 가속	☐ かたな 刀 큰 칼, 검
☐ かたほう 片方 한쪽, 한편	☐ かつやく 活躍 활약	☐ かつよう 活用 활용
☐ かつりょく 活力 활력	☐ かてい 仮定 가정	☐ かてい 過程 과정
☐ かとう 下等 하등	☐ かね 鐘 종	☐ かねつ 加熱 가열
☐ かび 곰팡이	☐ かふんしょう 花粉症 꽃가루 알레르기	☐ かぶ 株 주식
☐ かみがた 髪型 헤어스타일	☐ かみさま 神様 신	☐ かみなり 雷 천둥
☐ かみぶくろ 紙袋 종이 봉지	☐ かもつ 貨物 화물	☐ かようきょく 歌謡曲 가요곡, 가요
☐ かわ 皮 가죽	☐ かわせ 為替 환율	☐ かんかく 間隔 간격
☐ かんき 換気 환기	☐ かんきゃく 観客 관객	☐ かんげい 歓迎 환영
☐ かんげき 感激 감격	☐ かんご 看護 간호	☐ かんさつ 観察 관찰
☐ かんさん 換算 환산	☐ かんしょう 鑑賞 감상	☐ かんそく 観測 관측
☐ かんちがい 勘違い 착각, 잘못 생각함	☐ かんづめ 缶詰 통조림	☐ かんてん 観点 관점

☐ かんとく 監督 감독	☐ かんばん 看板 간판	☐ かんびょう 看病 간병
☐ かんりゃく 簡略 간략	☐ かんれん 関連 관련	☐ がい 害 해, 방해, 지장
☐ がいこう 外交 외교	☐ がくねん 学年 학년	☐ が まん 我慢 참음, 자제
☐ がら 柄 무늬	☐ がん 癌 암	☐ がんじつ 元日 1월 1일
☐ きあつ 気圧 기압	☐ き いろ 黄色 황색, 노란색	☐ き かん 機関 기관
☐ き き 危機 위기	☐ きぎょう 企業 기업	☐ き ぐ 器具 기구
☐ きげん 期限 기한	☐ き こう 気候 기후	☐ き ごう 記号 기호
☐ きし 岸 물가, 벼랑	☐ きしょう 気象 기상	☐ き じ 生地 생지, 옷감
☐ きじつ 期日 기일	☐ きじゅん 基準 기준	☐ き そ 基礎 기초
☐ きたはんきゅう 北半球 북반구	☐ き ち 基地 기지	☐ きちょう 機長 (항공기의) 기장
☐ きてい 規定 규정	☐ きにゅう 記入 기입	☐ き ふ 寄付 기부
☐ き ばん 基盤 기반	☐ きゅうけい 休憩 휴게, 휴식	☐ きゅうこう 休講 휴강
☐ きゅうしゅう 吸収 흡수	☐ きゅうじょ 救助 구조	☐ きゅうそく 休息 휴식
☐ きゅうよう 急用 급한 용무	☐ きょうかい 境界 경계	☐ きょうきゅう 供給 공급
☐ きょう ぎ 競技 경기	☐ きょうしゅく 恐縮 죄송스럽게 여김	☐ きょうどう 共同 공동
☐ きょう ふ 恐怖 공포	☐ きょうよう 共用 공용	☐ きょうよう 教養 교양
☐ きょ か 許可 허가	☐ きょ ひ 拒否 거부	☐ きり 霧 안개
☐ きりつ 規律 규율	☐ きりょく 気力 기력	☐ きんがく 金額 금액
☐ きん こ 金庫 금고	☐ きんしょう 金賞 금상	☐ きんせん 金銭 금전, 돈
☐ きんぞく 金属 금속	☐ きんちょう 緊張 긴장	☐ きんとう 均等 균등
☐ きんにく 筋肉 근육	☐ きん む 勤務 근무	☐ きんゆう 金融 금융
☐ ぎ しき 儀式 의식	☐ ぎ む 義務 의무	☐ ぎょうせき 業績 업적
☐ ぎょう む 業務 업무	☐ ぎょうれつ 行列 행렬, 줄(을 섬)	☐ ぎょぎょう 漁業 어업

☐ 議^ぎ論^{ろん} 의논, 논의	☐ 空^{くう}間^{かん} 공간	☐ 空^{くう}想^{そう} 공상
☐ 釘^{くぎ} 못	☐ 区^く切^ぎり 단락	☐ 鎖^{くさり} 사슬
☐ くず 쓰레기, 부스러기	☐ 唇^{くちびる} 입술	☐ 苦^く痛^{つう} 고통
☐ 苦^く難^{なん} 고난	☐ 工^く夫^{ふう} 궁리, 고안	☐ 区^く分^{ぶん} 구분
☐ 組^{くみ} 조, 반, 학급	☐ 組^{くみ}合^{あい} (노동) 조합	☐ 組^くみ合^あわせ 조합, 짜 맞춤
☐ 暗^{くら}闇^{やみ} 어둠, 어두운 곳	☐ 黒^{くろ}字^じ 흑자, 이익	☐ 訓^{くん}練^{れん} 훈련
☐ 軍^{ぐん}隊^{たい} 군대	☐ 敬^{けい}意^い 경의	☐ 景^{けい}気^き 경기
☐ 警^{けい}告^{こく} 경고	☐ 敬^{けい}語^ご 경어, 높임말	☐ 掲^{けい}載^{さい} 게재
☐ 形^{けい}式^{しき} 형식	☐ 形^{けい}成^{せい} 형성	☐ 系^{けい}統^{とう} 계통
☐ 競^{けい}馬^ば 경마	☐ 経^{けい}費^ひ 경비	☐ 警^{けい}備^び 경비
☐ 経^{けい}由^ゆ 경유	☐ 形^{けいよう}容詞^し 형용사	☐ 化^け粧^{しょう}品^{ひん} 화장품
☐ 血^{けつ}圧^{あつ} 혈압	☐ 決^{けつ}断^{だん} 결단	☐ 結^{けつ}末^{まつ} 결말
☐ 傑^{けっ}作^{さく} 걸작, 뛰어난 작품	☐ 決^{けっ}勝^{しょう} 결승	☐ 決^{けっしょう}勝戦^{せん} 결승전
☐ 気^け配^{はい} 기미, 기색	☐ 見^{けん}学^{がく} 견학	☐ 検^{けん}索^{さく} 검색
☐ 検^{けん}診^{しん} 검진	☐ 謙^{けん}遜^{そん} 겸손	☐ 建^{けん}築^{ちく} 건축
☐ 検^{けん}討^{とう} 검토	☐ 見^{けん}当^{とう} 짐작, 예상	☐ 顕^{けん}微^び鏡^{きょう} 현미경
☐ 憲^{けん}法^{ぽう} 헌법	☐ 権^{けん}利^り 권리	☐ 外^げ科^か 외과
☐ 劇^{げき}場^{じょう} 극장	☐ 下^げ車^{しゃ} 하차	☐ 原^{げん}稿^{こう} 원고
☐ 厳^{げん}守^{しゅ} 엄수	☐ 減^{げん}少^{しょう} 감소	☐ 原^{げん}子^し力^{りょく} 원자력
☐ 現^{げん}状^{じょう} 현상, 현재 상태	☐ 限^{げん}度^ど 한도	☐ 現^{げん}場^ば 현장
☐ 原^{げん}理^り 원리	☐ 原^{げん}料^{りょう} 원료	☐ 減^{げん}量^{りょう} 감량
☐ 行^{こう}為^い 행위	☐ 幸^{こう}運^{うん} 행운	☐ 講^{こう}演^{えん} 강연
☐ 高^{こう}価^か 고가, 값이 비쌈	☐ 交^{こう}換^{かん} 교환	☐ 公^{こう}害^{がい} 공해

☐ <ruby>高額<rt>こうがく</rt></ruby> 고액	☐ <ruby>好奇心<rt>こうきしん</rt></ruby> 호기심	☐ <ruby>公共<rt>こうきょう</rt></ruby> 공공
☐ <ruby>航空<rt>こうくう</rt></ruby> 항공	☐ <ruby>貢献<rt>こうけん</rt></ruby> 공헌	☐ <ruby>工芸<rt>こうげい</rt></ruby> 공예
☐ <ruby>攻撃<rt>こうげき</rt></ruby> 공격	☐ <ruby>工作<rt>こうさく</rt></ruby> 공작, 만듦	☐ <ruby>口座<rt>こうざ</rt></ruby> 계좌
☐ <ruby>講座<rt>こうざ</rt></ruby> 강좌	☐ <ruby>公式<rt>こうしき</rt></ruby> 공식	☐ <ruby>後者<rt>こうしゃ</rt></ruby> 후자
☐ <ruby>更新<rt>こうしん</rt></ruby> 갱신	☐ <ruby>口実<rt>こうじつ</rt></ruby> 구실, 핑계	☐ <ruby>向上<rt>こうじょう</rt></ruby> 향상
☐ <ruby>香水<rt>こうすい</rt></ruby> 향수	☐ <ruby>構成<rt>こうせい</rt></ruby> 구성	☐ <ruby>高層<rt>こうそう</rt></ruby> 고층
☐ <ruby>高速<rt>こうそく</rt></ruby> 고속	☐ <ruby>構造<rt>こうぞう</rt></ruby> 구조	☐ <ruby>交替<rt>こうたい</rt></ruby> 교체, 교대
☐ <ruby>交代<rt>こうたい</rt></ruby> 교체, 교대	☐ <ruby>抗体<rt>こうたい</rt></ruby> 항체	☐ <ruby>肯定<rt>こうてい</rt></ruby> 긍정
☐ <ruby>高度<rt>こうど</rt></ruby> 고도, 높은 정도	☐ <ruby>購入<rt>こうにゅう</rt></ruby> 구입	☐ <ruby>鉱物<rt>こうぶつ</rt></ruby> 광물
☐ <ruby>候補<rt>こうほ</rt></ruby> 후보	☐ <ruby>項目<rt>こうもく</rt></ruby> 항목	☐ <ruby>効用<rt>こうよう</rt></ruby> 효용, 효능
☐ <ruby>交流<rt>こうりゅう</rt></ruby> 교류	☐ <ruby>考慮<rt>こうりょ</rt></ruby> 고려	☐ <ruby>効力<rt>こうりょく</rt></ruby> 효력
☐ <ruby>高齢化<rt>こうれいか</rt></ruby> 고령화	☐ <ruby>小型<rt>こがた</rt></ruby> 소형	☐ <ruby>顧客<rt>こきゃく</rt></ruby> 고객
☐ <ruby>呼吸<rt>こきゅう</rt></ruby> 호흡	☐ <ruby>故郷<rt>こきょう</rt></ruby> 고향	☐ <ruby>国王<rt>こくおう</rt></ruby> 국왕
☐ <ruby>国籍<rt>こくせき</rt></ruby> 국적	☐ <ruby>克服<rt>こくふく</rt></ruby> 극복	☐ <ruby>穀物<rt>こくもつ</rt></ruby> 곡물
☐ <ruby>心当たり<rt>こころあ</rt></ruby> 짐작 가는 곳	☐ <ruby>小声<rt>こごえ</rt></ruby> 작은 목소리	☐ <ruby>小言<rt>こごと</rt></ruby> 잔소리, 꾸중
☐ <ruby>個体<rt>こたい</rt></ruby> 개체	☐ <ruby>国境<rt>こっきょう</rt></ruby> 국경	☐ <ruby>骨折<rt>こっせつ</rt></ruby> 골절
☐ <ruby>古典<rt>こてん</rt></ruby> 고전	☐ <ruby>言葉遣い<rt>ことばづか</rt></ruby> 말씨, 말투	☐ ことわざ 속담
☐ <ruby>粉<rt>こな</rt></ruby> 가루, 분말	☐ <ruby>小麦<rt>こむぎ</rt></ruby> 소맥, 밀	☐ <ruby>孤立<rt>こりつ</rt></ruby> 고립
☐ <ruby>根気<rt>こんき</rt></ruby> 끈기, 근성	☐ <ruby>献立<rt>こんだて</rt></ruby> 식단, 메뉴	☐ <ruby>困難<rt>こんなん</rt></ruby> 곤란
☐ <ruby>今日<rt>こんにち</rt></ruby> 금일, 오늘날	☐ <ruby>根本<rt>こんぽん</rt></ruby> 근본	☐ <ruby>婚約<rt>こんやく</rt></ruby> 혼약, 약혼
☐ <ruby>合計<rt>ごうけい</rt></ruby> 합계	☐ <ruby>強盗<rt>ごうとう</rt></ruby> 강도	☐ <ruby>後日<rt>ごじつ</rt></ruby> 후일
☐ ご<ruby>無沙汰<rt>ぶさた</rt></ruby> 한동안 격조함	☐ <ruby>娯楽<rt>ごらく</rt></ruby> 오락	

さ행

☐ 差 차, 차이	☐ 差異 차이	☐ 再会 재회
☐ 再開 재개	☐ 災害 재해	☐ 細菌 세균
☐ 採集 채집	☐ 災難 재난	☐ 才能 재능
☐ 再発 재발	☐ 裁判 재판	☐ 細胞 세포
☐ 採用 채용	☐ 境 경계, 기로	☐ 境目 경계(선), 갈림길
☐ 作業 작업	☐ 作物 작물, 농작물	☐ 差し支え 지장, 장애
☐ 作動 작동	☐ 砂漠 사막	☐ 差別 차별
☐ 作法 예의범절	☐ 左右 좌우	☐ 参観 참관
☐ 参考 참고	☐ 酸素 산소	☐ 山頂 산꼭대기, 정상
☐ 山林 산림	☐ 在学 재학	☐ 財産 재산
☐ 材質 재질	☐ 在籍 재적	☐ 座席 좌석
☐ 座布団 방석	☐ 氏 ~씨(성씨)	☐ 支援 지원
☐ 鹿 사슴	☐ 四角 사각	☐ 視覚 시각
☐ 資格 자격(증)	☐ 志願 지원	☐ 四季 사계절
☐ 色彩 색채, 빛깔	☐ 支給 지급	☐ 仕組み 짜임새, 구조
☐ 試験官 시험관	☐ 資源 자원	☐ 思考 사고
☐ 私語 사어, 사담	☐ 視察 시찰	☐ 支社 지사
☐ 支出 지출	☐ 市場 시장	☐ 施設 시설
☐ 視線 시선	☐ 思想 사상	☐ 子孫 자손
☐ 死体 사체, 시체	☐ 視聴者 시청자	☐ 質 질
☐ 失格 실격	☐ 湿気 습기	☐ しっぽ 꼬리
☐ 視点 시점	☐ 品切れ 품절	☐ 支配 지배

☐ 始発(しはつ) 시발, 첫 출발	☐ 芝居(しばい) 연극, 연기	☐ 芝生(しばふ) 잔디밭
☐ 紙幣(しへい) 지폐	☐ 資本(しほん) 자본	☐ 志望(しぼう) 지망
☐ 縞(しま) 줄무늬	☐ 霜(しも) 서리	☐ しゃっくり 딸꾹질
☐ 車両(しゃりょう) 차량	☐ しゃれ 멋부림	☐ 州(しゅう) 주, 행정 구획의 하나
☐ 周囲(しゅうい) 주위	☐ 集会(しゅうかい) 집회	☐ 宗教(しゅうきょう) 종교
☐ 集合(しゅうごう) 집합	☐ 収集(しゅうしゅう) 수집	☐ 修正(しゅうせい) 수정
☐ 集団(しゅうだん) 집단	☐ 集中(しゅうちゅう) 집중	☐ 就任(しゅうにん) 취임
☐ 周辺(しゅうへん) 주변	☐ 終了(しゅうりょう) 종료	☐ 主義(しゅぎ) 주의
☐ 縮小(しゅくしょう) 축소	☐ 宿泊(しゅくはく) 숙박	☐ 主語(しゅご) 주어
☐ 首相(しゅしょう) 수상	☐ 主人公(しゅじんこう) 주인공	☐ 出願(しゅつがん) 출원
☐ 出産(しゅっさん) 출산	☐ 出張(しゅっちょう) 출장	☐ 取得(しゅとく) 취득
☐ 手話(しゅわ) 수화	☐ 瞬間(しゅんかん) 순간	☐ 消化(しょうか) 소화
☐ 障害(しょうがい) 장애	☐ 奨学金(しょうがくきん) 장학금	☐ 賞金(しょうきん) 상금
☐ 将棋(しょうぎ) 장기	☐ 証拠(しょうこ) 증거	☐ 詳細(しょうさい) 상세, 자세한 내용
☐ 商社(しょうしゃ) 상사(회사)	☐ 症状(しょうじょう) 증상	☐ 少数(しょうすう) 소수
☐ 承知(しょうち) 알아들음	☐ 消毒(しょうどく) 소독	☐ 承認(しょうにん) 승인
☐ 勝敗(しょうはい) 승패	☐ 勝負(しょうぶ) 승부	☐ 賞味期限(しょうみきげん) 유통 기한
☐ 照明(しょうめい) 조명	☐ 消耗(しょうもう) 소모	☐ 食卓(しょくたく) 식탁
☐ 職場(しょくば) 직장	☐ 植物(しょくぶつ) 식물	☐ 所在(しょざい) 소재, 거처
☐ 初旬(しょじゅん) 초순	☐ 書籍(しょせき) 서적	☐ 所属(しょぞく) 소속
☐ 処置(しょち) 처치, 조치	☐ 書道(しょどう) 서도, 서예	☐ 処分(しょぶん) 처분
☐ 初歩(しょほ) 초보	☐ 署名(しょめい) 서명	☐ 書物(しょもつ) 서책, 도서
☐ 汁(しる) 즙, 국	☐ 城(しろ) 성	☐ 素人(しろうと) 아마추어, 풋내기

문자·어휘 | 핵심단어 집중 공략

□ しわ 주름, 구김살	□ 芯 (연필 등의) 심	□ 心境 심경
□ 神経 신경	□ 信仰 신앙	□ 進行 진행
□ 申告 신고	□ 診察 진찰	□ 心身 심신, 마음과 몸
□ 新人 신인, 신참	□ 心臓 심장	□ 診断 진단
□ 侵入 침입	□ 新入生 신입생	□ 審判 심판
□ 信用 신용	□ 信頼 신뢰	□ 森林 삼림
□ 進路 진로	□ 神話 신화	□ 時期 시기
□ 時給 시급	□ 事業 사업	□ 時差 시차
□ 自殺 자살	□ 持参 지참, 가지고 옴	□ 磁石 자석
□ 事実 사실	□ 持続 지속	□ 自体 자체
□ 自治体 자치체	□ 実現 실현	□ 実物 실물
□ 実務 실무	□ 実感 실감	□ 実験 실험
□ 実施 실시	□ 実績 실적	□ 児童 아동
□ 銃 총	□ 重視 중시	□ 充実 충실
□ 渋滞 (교통) 정체	□ 重点 중점	□ 充電 충전
□ 柔道 유도	□ 重量 중량, 무게	□ 重力 중력
□ 熟成 숙성	□ 受験 수험	□ 受験生 수험생
□ 受賞 수상	□ 受診 진찰을 받음	□ 寿命 수명
□ 需要 수요	□ 順位 순위	□ 順序 순서
□ 情 정	□ 上映 상영	□ 蒸気 증기
□ 状況 상황	□ 上京 상경	□ 上昇 상승
□ 状態 상태	□ 蒸発 증발	□ 女王 여왕
□ 助手 조수, 조교	□ 人件費 인건비	□ 人工 인공

☐ じんこうえいせい 人工衛星 인공위성	☐ じんざい 人材 인재	☐ じんじ 人事 인사
☐ じんるい 人類 인류	☐ す 酢 식초	☐ す がら 吸い殻 담배꽁초
☐ すいさん 水産 수산	☐ すいじゅん 水準 수준	☐ すいじょうき 水蒸気 수증기, 김
☐ すいせん 推薦 추천	☐ すいそく 推測 추측	☐ すいたい 衰退 쇠퇴
☐ すいぶん 水分 수분	☐ すいへい 水平 수평	☐ すいめん 水面 수면, 물 표면
☐ すうじ 数字 숫자	☐ すうち 数値 수치	☐ すうにん 数人 몇 사람
☐ すえ 末 끝, 마지막	☐ すがた 姿 모습	☐ す きら 好き嫌い 호불호, 좋고 싫음
☐ すきま 隙間 (빈)틈, 짬	☐ すじ 筋 줄기, 줄거리	☐ すべ ど 滑り止め 미끄럼방지, 안전빵
☐ すみ 炭 숯	☐ すみずみ 隅々 구석구석	☐ すもう 相撲 씨름, 스모
☐ ず 図 도면, 그림	☐ ずつう 頭痛 두통	☐ ずのう 頭脳 두뇌
☐ ずひょう 図表 도표, 그래프	☐ せいか 成果 성과	☐ せいかい 正解 정답
☐ せいき 世紀 세기	☐ せいきゅう 請求 청구	☐ せいげん 制限 제한
☐ せいさく 制作 (예술 작품 등) 제작	☐ せいさく 製作 (실용품 등) 제작	☐ せいしん 精神 정신
☐ せいそう 清掃 청소	☐ せいぞん 生存 생존	☐ せいとう 政党 정당
☐ せいど 制度 제도	☐ せいのう 性能 성능	☐ せいび 整備 정비
☐ せいふ 政府 정부	☐ せいぶつ 生物 생물	☐ せいぶん 成分 성분
☐ せいべつ 性別 성별	☐ せいめい 生命 생명	☐ せいもん 正門 정문
☐ せいりつ 成立 성립	☐ せきどう 赤道 적도	☐ せっきゃく 接客 접객, 서빙
☐ せっきん 接近 접근	☐ せっけい 設計 설계	☐ せっち 設置 설치
☐ せってい 設定 설정	☐ せっとく 説得 설득	☐ せりふ 台詞 대사
☐ せん 栓 마개	☐ せんこう 専攻 전공	☐ せんしゅつ 選出 선출
☐ せんしんこく 先進国 선진국	☐ せんぞ 先祖 선조, 조상	☐ せんぞく 専属 전속
☐ せんたん 先端 첨단, 시대·유행의 선두	☐ せんちゃくじゅん 先着順 선착순	☐ せんとう 先頭 선두

☐ <ruby>選別<rt>せんべつ</rt></ruby> 선별	☐ <ruby>洗面<rt>せんめん</rt></ruby> 세면, 세수	☐ <ruby>専用<rt>せんよう</rt></ruby> 전용
☐ <ruby>戦略<rt>せんりゃく</rt></ruby> 전략	☐ <ruby>贅沢<rt>ぜいたく</rt></ruby> 사치	☐ <ruby>絶滅<rt>ぜつめつ</rt></ruby> 멸종
☐ <ruby>絶好調<rt>ぜっこうちょう</rt></ruby> 절정, 최상의 컨디션	☐ <ruby>前期<rt>ぜんき</rt></ruby> 전기	☐ <ruby>前後<rt>ぜんご</rt></ruby> 전후, 앞뒤
☐ <ruby>前進<rt>ぜんしん</rt></ruby> 전진	☐ <ruby>全身<rt>ぜんしん</rt></ruby> 전신, 온몸	☐ <ruby>全般<rt>ぜんぱん</rt></ruby> 전반
☐ <ruby>全力<rt>ぜんりょく</rt></ruby> 전력	☐ <ruby>騒音<rt>そうおん</rt></ruby> 소음	☐ <ruby>倉庫<rt>そうこ</rt></ruby> 창고
☐ <ruby>相互<rt>そうご</rt></ruby> 상호, 서로	☐ <ruby>総合<rt>そうごう</rt></ruby> 종합	☐ <ruby>操作<rt>そうさ</rt></ruby> 조작
☐ <ruby>捜査<rt>そうさ</rt></ruby> 수사	☐ <ruby>創作<rt>そうさく</rt></ruby> 창작	☐ <ruby>葬式<rt>そうしき</rt></ruby> 장례식
☐ <ruby>創造<rt>そうぞう</rt></ruby> 창조	☐ <ruby>想定<rt>そうてい</rt></ruby> 상정, 예상	☐ <ruby>遭難<rt>そうなん</rt></ruby> 조난
☐ <ruby>相反<rt>そうはん</rt></ruby> 상반, 서로 반대임	☐ <ruby>創立<rt>そうりつ</rt></ruby> 창립	☐ <ruby>送料<rt>そうりょう</rt></ruby> (배)송료
☐ <ruby>測定<rt>そくてい</rt></ruby> 측정	☐ <ruby>側面<rt>そくめん</rt></ruby> 측면	☐ <ruby>速力<rt>そくりょく</rt></ruby> 속력
☐ <ruby>素質<rt>そしつ</rt></ruby> 소질	☐ <ruby>尊敬<rt>そんけい</rt></ruby> 존경	☐ <ruby>存在<rt>そんざい</rt></ruby> 존재
☐ <ruby>損得<rt>そんとく</rt></ruby> 손실과 이득	☐ <ruby>象<rt>ぞう</rt></ruby> 코끼리	☐ <ruby>増加<rt>ぞうか</rt></ruby> 증가
☐ <ruby>増減<rt>ぞうげん</rt></ruby> 증감	☐ <ruby>増大<rt>ぞうだい</rt></ruby> 증대	☐ <ruby>続行<rt>ぞっこう</rt></ruby> 속행

た행

☐ <ruby>対応<rt>たいおう</rt></ruby> 대응	☐ <ruby>対決<rt>たいけつ</rt></ruby> 대결	☐ <ruby>体験<rt>たいけん</rt></ruby> 체험
☐ <ruby>太鼓<rt>たいこ</rt></ruby> 북	☐ <ruby>対抗<rt>たいこう</rt></ruby> 대항	☐ <ruby>対策<rt>たいさく</rt></ruby> 대책
☐ <ruby>滞在<rt>たいざい</rt></ruby> 체류	☐ <ruby>大使館<rt>たいしかん</rt></ruby> 대사관	☐ <ruby>退出<rt>たいしゅつ</rt></ruby> 퇴출
☐ <ruby>対処<rt>たいしょ</rt></ruby> 대처	☐ <ruby>対象<rt>たいしょう</rt></ruby> 대상	☐ <ruby>対照<rt>たいしょう</rt></ruby> 대조
☐ <ruby>退場<rt>たいじょう</rt></ruby> 퇴장	☐ <ruby>体制<rt>たいせい</rt></ruby> 체제	☐ <ruby>対戦<rt>たいせん</rt></ruby> 대전
☐ <ruby>体操<rt>たいそう</rt></ruby> 체조	☐ <ruby>体調<rt>たいちょう</rt></ruby> 몸의 상태, 컨디션	☐ <ruby>態度<rt>たいど</rt></ruby> 태도
☐ <ruby>太陽<rt>たいよう</rt></ruby> 태양	☐ <ruby>大陸<rt>たいりく</rt></ruby> 대륙	☐ <ruby>対立<rt>たいりつ</rt></ruby> 대립
☐ <ruby>宝くじ<rt>たから</rt></ruby> 복권	☐ <ruby>滝<rt>たき</rt></ruby> 폭포	☐ <ruby>只<rt>ただ</rt></ruby> 공짜, 무료
☐ <ruby>立場<rt>たちば</rt></ruby> 입장, 처지	☐ <ruby>達成<rt>たっせい</rt></ruby> 달성	☐ <ruby>谷<rt>たに</rt></ruby> 산골짜기

☐ 種 종자, 씨	☐ 田畑 논밭	☐ 束 다발
☐ 旅 여행	☐ ため息 한숨	☐ 試し 시험, 시도
☐ 便り 근황 소식, 편지	☐ 単位 단위, 학점	☐ 短縮 단축
☐ たんす 옷장, 장롱	☐ 担任 담임	☐ 短編 단편
☐ 第一印象 첫인상	☐ 大学院 대학원	☐ 大企業 대기업
☐ 大臣 대신, 장관	☐ 大豆 대두, 콩	☐ 代理 대리
☐ 段階 단계	☐ 男女 남녀	☐ 地位 지위
☐ 地域 지역	☐ 知恵 지혜	☐ 蓄積 축적
☐ 知識 지식	☐ 地帯 지대	☐ 中旬 중순
☐ 中世 중세	☐ 中立 중립	☐ 駐輪場 자전거 주차장
☐ 兆 조(숫자 단위)	☐ 超過 초과	☐ 長官 장관
☐ 彫刻 조각	☐ 調整 조정	☐ 頂戴 받음, 주세요
☐ 頂点 정점, 꼭대기	☐ 調味料 조미료	☐ 調理 조리
☐ 直線 직선	☐ 著者 저자, 작자	☐ 著書 저서
☐ 貯蔵 저장	☐ 直径 직경, 지름	☐ 直結 직결
☐ 賃貸 임대	☐ 通過 통과	☐ 通貨 통화
☐ 通常 통상, 보통	☐ 通達 통달	☐ 通知 통지, 알림
☐ 通訳 통역	☐ 通用 통용	☐ 通路 통로
☐ 通話 통화	☐ 使い捨て 1회용	☐ 疲れ 피로
☐ 突き当たり 막다른 곳	☐ 務め 임무, 책무, 본분	☐ 綱 밧줄
☐ 唾 침	☐ 翼 날개	☐ 粒 알, 알갱이
☐ 罪 죄	☐ 鶴 학, 두루미	☐ 手当て 수당, 급여, 치료
☐ 庭園 정원	☐ 低下 저하	☐ 定価 정가

☐ ていし 停止 정지	☐ ていせい 訂正 정정	☐ ていちゃく 定着 정착
☐ ていど 程度 정도	☐ ていりゅうじょ 停留所 정류장	☐ てき 敵 적
☐ てきよう 適用 적용	☐ てじな 手品 마술, 요술	☐ てすうりょう 手数料 수수료
☐ てちょう 手帳 수첩	☐ てつ 鉄 철, 쇠	☐ てつがく 哲学 철학
☐ てつづき 手続き 수속, 절차	☐ てつや 徹夜 철야, 밤새움	☐ てづくり 手作り 손수 만듦, 수제
☐ てま 手間 수고, 시간	☐ てまえ 手前 바로 앞, 자기 앞	☐ てんか 添加 첨가
☐ てんかん 転換 전환	☐ てんこう 天候 기후, 날씨	☐ てんこう 転校 전학
☐ てんしょく 転職 이직	☐ てんしょく 天職 천직	☐ てんじかい 展示会 전시회
☐ てんじょう 天井 천정, 천장	☐ てんねん 天然 천연	☐ できあがり 出来上がり 완성함
☐ でし 弟子 제자	☐ でむかえ 出迎え 마중	☐ でんげん 電源 전원
☐ でんし 電子 전자	☐ でんしょう 伝承 전승	☐ でんじゅ 伝授 전수
☐ でんせん 伝染 전염	☐ でんたつ 伝達 전달	☐ でんち 電池 전지
☐ でんりゅう 電流 전류	☐ でんりょく 電力 전력	☐ とい 問い 물음, 질문
☐ とう 塔 탑	☐ とういつ 統一 통일	☐ とうかく 頭角 두각
☐ とうざい 東西 동서	☐ とうじ 当時 당시	☐ とうじつ 当日 당일
☐ とうせん 当選 당선	☐ とうたつ 到達 도달	☐ とうなん 盗難 도난
☐ とうばん 当番 당번	☐ とうめい 透明 투명	☐ とかい 都会 도시
☐ とくぎ 特技 특기	☐ とくちょう 特徴 특징	☐ とくちょう 特長 특별한 장점
☐ とくてん 得点 득점	☐ としより 年寄り 노인, 어르신	☐ とほう 途方 수단, 방도
☐ とみ 富 부, 재산	☐ ともばたらき 共働き 맞벌이	☐ どうい 同意 동의
☐ どうき 動機 동기	☐ どうきょ 同居 동거	☐ どうさ 動作 동작
☐ どうとく 道徳 도덕	☐ どうわ 童話 동화	☐ どく 毒 독
☐ どくりつ 独立 독립	☐ どくせん 独占 독점	☐ どだい 土台 토대, 기초

な행

- 半ば 절반, 반
- 仲間 한패, 한무리
- 中身 속, 알맹이
- 長生き 장수
- 長年 오랜 세월
- 眺め 바라봄, 조망
- 流れ 흐름
- 無し 없음
- 謎 수수께끼, 불가사의
- 納得 납득
- 斜め 기욺, 경사짐
- 鍋 냄비
- 生もの 날것, 생것
- 悩み 괴로움, 고민
- 縄 줄, 포승줄
- 南極 남극
- 南米 남미
- 肉類 육류
- 二酸化炭素 이산화탄소
- 虹 무지개
- 日光 일광, 햇볕
- 入荷 입하
- 入手 입수
- 乳製品 유제품
- 認識 인식
- 温もり 온기, 따스함
- 値 값, 값어치
- 根 뿌리, 근본
- ねじ 나사
- 熱意 열의
- 熱帯 열대
- 熱中症 열사병, 일사병
- 値引き 값을 깎음
- 寝不足 수면 부족
- 狙い 겨냥, 표적
- 年齢 연령
- 脳 뇌
- 農家 농가
- 納期 납기, 납입 기한
- 農業 농업
- 農作物 농작물
- 納税 납세
- 濃度 농도
- 農薬 농약
- 能率 능률
- 残り 남은 것, 나머지
- 望み 소망
- のり 풀

は행

- 灰 재
- 背景 배경
- 廃止 폐지
- 配布 배포
- 配分 배분
- 墓 묘, 무덤
- 博士 박사
- 吐き気 구역질
- 歯車 톱니바퀴
- はさみ 가위
- 破産 파산
- 端 끝, 가장자리
- はしご 사다리
- 旗 깃발
- 肌 피부, 살

☐ 裸(はだか) 알몸, 맨몸	☐ 発言(はつげん) 발언	☐ 発揮(はっき) 발휘
☐ 発行(はっこう) 발행	☐ 発射(はっしゃ) 발사	☐ 発生(はっせい) 발생
☐ 発想(はっそう) 발상	☐ 鼻水(はなみず) 콧물	☐ 原(はら) 들, 벌판
☐ 反感(はんかん) 반감	☐ 半額(はんがく) 반액	☐ 半減(はんげん) 반감
☐ 判子(はんこ) 도장	☐ 反抗(はんこう) 반항	☐ 犯罪(はんざい) 범죄
☐ 半袖(はんそで) 반팔	☐ 判断(はんだん) 판단	☐ 半島(はんとう) 반도
☐ 反応(はんのう) 반응	☐ 反発(はんぱつ) 반발	☐ 反面(はんめん) 반면
☐ 反論(はんろん) 반론	☐ 爆発(ばくはつ) 폭발	☐ 罰金(ばっきん) 벌금
☐ 万歳(ばんざい) 만세	☐ 日当たり(ひあたり) 햇볕, 볕이 듦	☐ 比較(ひかく) 비교
☐ 日陰(ひかげ) 응달, 그늘	☐ 日帰り(ひがえり) 당일치기	☐ 引き分け(ひきわけ) 비김, 무승부
☐ 日頃(ひごろ) 평소, 평상시	☐ ひざ 무릎	☐ 日差し(ひざし) 햇살, 햇빛
☐ ひじ 팔꿈치	☐ 非常(ひじょう) 비상	☐ 額(ひたい) 이마
☐ 必需品(ひつじゅひん) 필수품	☐ 筆者(ひっしゃ) 필자	☐ 否定(ひてい) 부정
☐ 人柄(ひとがら) 인품	☐ 一口(ひとくち) 한 입, 한 모금	☐ 一言(ひとこと) 한마디 말
☐ 人通り(ひとどおり) 사람의 왕래	☐ 瞳(ひとみ) 눈동자, 동공	☐ 一休み(ひとやすみ) 잠깐 쉼
☐ 独り(ひとり) 혼자, 독신	☐ 独り言(ひとりごと) 혼잣말	☐ 非難(ひなん) 비난
☐ 皮肉(ひにく) 빈정거림, 비꼼	☐ 日の入り(ひのいり) 일몰	☐ 日の出(ひので) 일출, 해돋이
☐ 批判(ひはん) 비판	☐ 皮膚(ひふ) 피부	☐ 秘密(ひみつ) 비밀
☐ 紐(ひも) 끈	☐ 費用(ひよう) 비용	☐ 表現(ひょうげん) 표현
☐ 標準(ひょうじゅん) 표준	☐ 評論(ひょうろん) 평론	☐ 疲労(ひろう) 피로
☐ 広場(ひろば) 광장	☐ 貧困(ひんこん) 빈곤	☐ 品質(ひんしつ) 품질
☐ 瓶(びん) 병	☐ 不安(ふあん) 불안	☐ 風船(ふうせん) 풍선
☐ 笛(ふえ) 피리	☐ 不可(ふか) 불가	☐ 付近(ふきん) 부근

☐ 普及 보급	☐ 福 복	☐ 副詞 부사
☐ 福祉 복지	☐ 服従 복종	☐ 複数 복수
☐ 服装 복장	☐ 袋 주머니, 봉투	☐ 不祥事 불상사
☐ 婦人 부인, 여성	☐ 不正 부정	☐ 付属 부속
☐ 双子 쌍둥이	☐ 不注意 부주의	☐ 船便 배편
☐ 吹雪 눈보라	☐ 不用品 불용품	☐ 古里 고향, 시골
☐ 雰囲気 분위기	☐ 噴火 분화	☐ 噴水 분수
☐ 武器 무기	☐ 武士 무사	☐ 部署 부서
☐ 舞台 무대	☐ 物質 물질	☐ 部門 부문
☐ 分割払い 할부	☐ 分配 분배	☐ 分布 분포
☐ 分別 분별	☐ 文明 문명	☐ 分量 분량
☐ 分類 분류	☐ 平面 평면	☐ へそ 배꼽
☐ 変換 변환	☐ 編集 편집	☐ 返答 대답, 응답
☐ 別荘 별장	☐ 方角 방위, 방향	☐ ほうき 비, 빗자루
☐ 放棄 포기	☐ 方言 방언, 사투리	☐ 放出 방출
☐ 包装 포장	☐ 法則 법칙	☐ 包帯 붕대
☐ 包丁 식칼	☐ 訪問 방문	☐ 頬 볼, 뺨
☐ 保険 보험	☐ 歩行者 보행자	☐ 埃 먼지
☐ 誇り 자랑, 긍지	☐ 保護者 보호자	☐ 補助 보조
☐ 補正 보정	☐ 北極 북극	☐ 仏 부처
☐ 炎 불꽃, 불길	☐ 本質 본질	☐ 本来 본래
☐ 本論 본론	☐ 棒 막대기, 봉	☐ 望遠鏡 망원경
☐ 冒険 모험	☐ 暴行 폭행	☐ 防止 방지

☐ 防犯(ぼうはん) 방범	☐ 暴力(ぼうりょく) 폭력	☐ 募金(ぼきん) 모금
☐ 牧場(ぼくじょう) 목장	☐ 募集(ぼしゅう) 모집	☐ ぼろ 허술한 데, 결점

ま・や・ら・わ행

☐ 枕(まくら) 베개	☐ 摩擦(まさつ) 마찰	☐ 待ち合わせ(まちあわせ) 약속
☐ 窓際(まどぎわ) 창가	☐ 間取り(まどり) 방의 배치	☐ 真夏(まなつ) 한여름
☐ 真冬(まふゆ) 한겨울	☐ まぶた 눈꺼풀	☐ 魔法(まほう) 마법
☐ 万引き(まんびき) 도둑질	☐ 実(み) 열매, 과실	☐ 見かけ(みかけ) 외관, 겉보기
☐ 味方(みかた) 자기 편, 아군	☐ 三日月(みかづき) 초승달	☐ 味噌(みそ) 된장
☐ 見積書(みつもりしょ) 견적서	☐ 密着(みっちゃく) 밀착	☐ 身の回り(みのまわり) 신변
☐ 身振り(みぶり) 몸짓	☐ 身分(みぶん) 신분	☐ 身分証明証(みぶんしょうめいしょう) 신분증
☐ 見本(みほん) 견본, 샘플	☐ 未満(みまん) 미만	☐ 身元(みもと) 신원
☐ 名字(みょうじ) 성씨, 성	☐ 魅力(みりょく) 매력	☐ 民族(みんぞく) 민족
☐ 無視(むし) 무시	☐ 無断(むだん) 무단	☐ 紫(むらさき) 보라(색)
☐ 群れ(むれ) 떼, 무리	☐ 芽(め) 싹	☐ 姪(めい) 조카 딸
☐ 名詞(めいし) 명사	☐ 迷信(めいしん) 미신	☐ 明示(めいじ) 명시
☐ 名物(めいぶつ) 명물	☐ 迷路(めいろ) 미로	☐ 迷惑行為(めいわくこうい) 민폐 행위
☐ 恵み(めぐみ) 은혜, 은총	☐ 目印(めじるし) 안표, 표시	☐ 目安(めやす) 기준
☐ 免疫(めんえき) 면역	☐ 面積(めんせき) 면적	☐ 申し訳(もうしわけ) 변명, 해명
☐ 目次(もくじ) 목차	☐ 木製(もくせい) 목제	☐ 模型(もけい) 모형
☐ 持ち主(もちぬし) 소유자	☐ 元(もと) 원래 상태, 본래	☐ 求め(もとめ) 요구
☐ 物事(ものごと) 세상만사의 일	☐ 物差し(ものさし) 자, 척도, 기준	☐ 物まね(ものまね) 흉내
☐ 紅葉(もみじ) 단풍*こうよう 라고도 함	☐ 役者(やくしゃ) 배우, 연기자	☐ 役人(やくにん) 관리, 공무원
☐ 薬品(やくひん) 약품	☐ 役割(やくわり) 역할	☐ 火傷(やけど) 화상

☐ 夜行(やこう) 야행	☐ 矢印(やじるし) 화살표	☐ 野生(やせい) 야생
☐ 野党(やとう) 야당	☐ 宿(やど) 묵을 곳, 숙소	☐ 屋根(やね) 지붕
☐ 唯一(ゆいいつ) 유일	☐ 遺言(ゆいごん) 유언	☐ 憂鬱(ゆううつ) 우울
☐ 優勝(ゆうしょう) 우승	☐ 優先(ゆうせん) 우선	☐ 郵送(ゆうそう) 우송, 우편
☐ 優良(ゆうりょう) 우량, 우수	☐ 浴衣(ゆかた) 유카타, 무명 홑옷	☐ 輸血(ゆけつ) 수혈
☐ 湯気(ゆげ) 김, 수증기	☐ 輸送(ゆそう) 수송	☐ 夜明け(よあけ) 새벽
☐ 溶岩(ようがん) 용암	☐ 容器(ようき) 용기	☐ 用語(ようご) 용어
☐ 用紙(ようし) 용지	☐ 要旨(ようし) 요지	☐ 要所(ようしょ) 요소, 요점
☐ 幼児(ようじ) 유아	☐ 用心(ようじん) 조심, 주의	☐ 様子(ようす) 모양, 상태, 상황
☐ 養成(ようせい) 양성	☐ 要素(ようそ) 요소	☐ 幼稚(ようち) 유치
☐ 要点(ようてん) 요점	☐ 用品(ようひん) 용품	☐ 容量(ようりょう) 용량
☐ 要領(ようりょう) 요령	☐ 予感(よかん) 예감	☐ 予期(よき) 예기
☐ 翌朝(よくあさ) 다음날 아침	☐ 予告(よこく) 예고	☐ 横道(よこみち) 샛길로 빠짐, 옆길
☐ 汚れ(よごれ) 오점, 더러움	☐ 予算(よさん) 예산	☐ 予選(よせん) 예선
☐ 予測(よそく) 예측	☐ よそ者(もの) 외지 사람	☐ 夜空(よぞら) 밤하늘
☐ 欲求(よっきゅう) 욕구	☐ 酔っ払い(よっぱらい) 술 취한 사람, 술주정꾼	
☐ 与党(よとう) 여당	☐ 予備(よび) 예비	☐ 呼び名(よびな) 호칭
☐ 読み手(よみて) 읽는 이(사람)	☐ 嫁(よめ) 며느리	☐ 余裕(よゆう) 여유
☐ 世論(よろん) 여론	☐ 弱み(よわみ) 취약점, 약점	☐ 来場者(らいじょうしゃ) 그 장소에 온 사람
☐ 落語(らくご) 만담	☐ 落第(らくだい) 낙제, 불합격	☐ 理想(りそう) 이상
☐ 利点(りてん) 이점	☐ 寮(りょう) 기숙사	☐ 良好(りょうこう) 양호
☐ 漁師(りょうし) 어부	☐ 良性(りょうせい) 양성	☐ 緑茶(りょくちゃ) 녹차
☐ 理論(りろん) 이론	☐ 臨時(りんじ) 임시	☐ 例(れい) 예

☐ 礼(れい) 예의, 사례	☐ 列島(れっとう) 열도	☐ 恋愛(れんあい) 연애
☐ れんが 벽돌	☐ 連合(れんごう) 연합	☐ 連想(れんそう) 연상
☐ 連続(れんぞく) 연속	☐ ろうそく 초, 양초	☐ 労働(ろうどう) 노동
☐ 露出(ろしゅつ) 노출	☐ 路線(ろせん) 노선	☐ 論文(ろんぶん) 논문
☐ 輪(わ) 원형, 바퀴	☐ わが社(しゃ) 우리(저희) 회사	☐ 脇(わき) 겨드랑이, 옆, 곁
☐ 脇道(わきみち) 곁길, 옆길	☐ 技(わざ) 기술, 재주	☐ 綿(わた) 목화, 솜
☐ 割合(わりあい) 비율	☐ 割り勘(わりかん) 더치 페이	☐ 悪口(わるぐち) 욕
☐ 我々(われわれ) 우리들		

2 い형용사
출제 예상 핵심 い형용사를 히라가나 순으로 정리하였습니다.

- 厚(あつ)かましい 낯짝이 두껍다
- 危(あや)うい 위태롭다
- 荒(あら)い 거칠다, 난폭하다
- 粗(あら)い 조잡하다, 엉성하다
- ありがたい 감사하다, 고맙다
- 淡(あわ)い 엷다, 희미하다
- 著(いちじる)しい 현저하다, 두드러지다
- 上手(うま)い 잘하다
- 幼(おさな)い 어리다
- 惜(お)しい 아깝다, 아쉽다
- 賢(かしこ)い 현명하다, 똑똑하다
- 硬(かた)い 딱딱하다, 단단하다
- 重苦(おもくる)しい 답답하다, 짓눌리는 것같이 괴롭다
- 規則正(きそくただ)しい 규칙적이다
- 気恥(きは)ずかしい 부끄럽다, 멋쩍다
- 清(きよ)い 맑다
- くだらない 시시하다
- くどい 지루할 정도로 장황하다, 끈덕지다, (맛이) 느끼하다
- 煙(けむ)たい 매캐하다, 거북하다
- 険(けわ)しい 험하다, 험상궂다
- 心細(こころぼそ)い 불안하다, 쓸쓸하다
- しつこい 끈질기다, 집요하다
- 渋(しぶ)い 떫다
- しょっぱい 짜다
- 酸(す)っぱい 시다, 시큼하다
- 鋭(するど)い 날카롭다, 예리하다
- 図々(ずうずう)しい 뻔뻔하다
- 騒々(そうぞう)しい 떠들썩하다, 시끌시끌하다
- そそっかしい 덜렁대다
- 空々(そらぞら)しい 모른체하다, 속이 보이다
- 激(はげ)しい 격하다, 격렬하다
- 力強(ちからづよ)い 든든하다, 힘차다
- 茶色(ちゃいろ)い 갈색이다
- 注意深(ちゅういぶか)い 매우 조심스럽다
- とんでもない 터무니없다
- 仲良(なかよ)い 사이좋다
- 永(なが)い 아주 오래다, 영원하다
- 情(なさ)けない 한심하다
- 懐(なつ)かしい 그립다
- 何気(なにげ)ない 태연하다, 무심하다
- 憎(にく)らしい 밉살스럽다, 얄밉다
- 鈍(のろ)い 더디다, 재빠르지 않다
- 甚(はなは)だしい (정도가) 심하다
- ばかばかしい 너무 바보같다
- 分厚(ぶあつ)い 두껍다, 두툼하다
- 真(ま)っ白(しろ)い 새하얗다
- みっともない 보기 흉하다
- むなしい 허무하다, 공허하다
- めでたい 경사스럽다
- 申(もう)し訳(わけ)ない 면목 없다, 죄송하다
- 物凄(ものすご)い 엄청나다
- 易(やす)い 쉽다, 간단하다
- やむを得(え)ない 어쩔 수 없다, 부득이하다
- 軟(やわ)らかい 연하다
- 弱々(よわよわ)しい 연약하다
- 礼儀正(れいぎただ)しい 예의 바르다

3 な형용사

출제 예상 핵심 な형용사를 히라가나 순으로 정리하였습니다.

- ☐ 曖昧だ 애매하다
- ☐ あやふやだ 애매하다, 모호하다
- ☐ 新ただ 새롭다
- ☐ ありがちだ (세상에) 흔히 있다
- ☐ 安易だ 안이하다, 쉽다
- ☐ 異常だ 이상하다
- ☐ 薄っぺらだ 얄팍하다
- ☐ 円満だ 원만하다
- ☐ 大まかだ 대략적이다
- ☐ 穏やかだ 온화하다
- ☐ 主だ 주요하다
- ☐ 快調だ 쾌조이다, 호조이다
- ☐ 快適だ 쾌적하다
- ☐ 確実だ 확실하다
- ☐ 格別だ 각별하다
- ☐ 過激だ 과격하다
- ☐ 活発だ 활발하다
- ☐ 過度だ 과하다, 과도하다
- ☐ かわいそうだ 불쌍하다
- ☐ 簡潔だ 간결하다
- ☐ 頑固だ 완고하다
- ☐ 気の毒だ 딱하다, 가엾다
- ☐ 客観的だ 객관적이다
- ☐ 急激だ 급격하다
- ☐ 器用だ 손재주가 있다
- ☐ 強大だ 강대하다
- ☐ 強力だ 강력하다
- ☐ 強烈だ 강렬하다
- ☐ 巨大だ 거대하다
- ☐ 気楽だ 편하다, 홀가분하다
- ☐ 具体的だ 구체적이다
- ☐ 謙虚だ 겸허하다
- ☐ 堅実だ 견실하다
- ☐ 懸命だ 열심히 하다
- ☐ 賢明だ 현명하다
- ☐ 厳重だ 엄중하다
- ☐ 効果的だ 효과적이다
- ☐ 公正だ 공정하다
- ☐ 肯定的だ 긍정적이다
- ☐ 公平だ 공평하다
- ☐ 豪華だ 호화롭다
- ☐ 合理的だ 합리적이다
- ☐ 最適だ 최적이다
- ☐ 幸いだ 다행이다
- ☐ ささやかだ 조촐하다, 사소하다
- ☐ 様々だ 다양하다
- ☐ 爽やかだ 상쾌하다, 상큼하다
- ☐ 質素だ 검소하다
- ☐ 主観的だ 주관적이다
- ☐ 主要だ 주요하다
- ☐ 象徴的だ 상징적이다
- ☐ 神経質だ 신경질적이다
- ☐ 真剣だ 진지하다
- ☐ 慎重だ 신중하다
- ☐ 実用的だ 실용적이다
- ☐ 地味だ 수수하다
- ☐ 純粋だ 순수하다
- ☐ 順調だ 순조롭다
- ☐ 常識的だ 상식적이다
- ☐ 上等だ 고급이다, 훌륭하다
- ☐ 素直だ 고분고분하다, 솔직하다
- ☐ 正式だ 정식이다
- ☐ 誠実だ 성실하다
- ☐ 積極的だ 적극적이다

☐ 率直(そっちょく)だ 솔직하다	☐ 素朴(そぼく)だ 소박하다	☐ 粗末(そまつ)だ 변변치 않다
☐ 退屈(たいくつ)だ 지루하다	☐ 対等(たいとう)だ 대등하다	☐ 平(たい)らだ 평평하다
☐ 多彩(たさい)だ 다채롭다	☐ 多様(たよう)だ 다양하다	☐ 短気(たんき)だ 성질이 급하다
☐ 単純(たんじゅん)だ 단순하다	☐ 妥当(だとう)だ 타당하다	☐ 着実(ちゃくじつ)だ 착실하다
☐ 手軽(てがる)だ 손쉽다, 간편하다	☐ 的確(てきかく)だ 딱 들어맞다, 정확하다	☐ 適切(てきせつ)だ 적절하다
☐ 徹底的(てっていてき)だ 철저하다	☐ でたらめだ 엉터리다, 아무렇게나 하다	
☐ 当然(とうぜん)だ 당연하다, 마땅하다	☐ 特殊(とくしゅ)だ 특수하다	☐ 同一(どういつ)だ 동일하다
☐ 同様(どうよう)だ 같은 모양이다, 같다	☐ 独特(どくとく)だ 독특하다	☐ 鈍感(どんかん)だ 둔감하다
☐ 生意気(なまいき)だ 건방지다	☐ 滑(なめ)らかだ 매끄럽다	☐ 賑(にぎ)やかだ 활기차다, 번화하다
☐ 濃厚(のうこう)だ 농후하다	☐ 呑気(のんき)だ 느긋하다, 태평하다	☐ 派手(はで)だ 화려하다
☐ 莫大(ばくだい)だ 막대하다	☐ 必死(ひっし)だ 필사적이다	☐ 批判的(ひはんてき)だ 비판적이다
☐ 微妙(びみょう)だ 미묘하다	☐ 不快(ふかい)だ 불쾌하다	☐ 不可欠(ふかけつ)だ 불가결하다
☐ 不完全(ふかんぜん)だ 불완전하다	☐ 不規則(ふきそく)だ 불규칙하다	☐ 不潔(ふけつ)だ 불결하다
☐ 不幸(ふこう)だ 불행하다	☐ 不公平(ふこうへい)だ 불공평하다	☐ 不思議(ふしぎ)だ 이상하다, 신기하다
☐ 不自由(ふじゆう)だ 자유롭지 못하다	☐ 不十分(ふじゅうぶん)だ 불충분하다	
☐ 不都合(ふつごう)だ 형편이 안 좋다, 무례하다		☐ 不愉快(ふゆかい)だ 불쾌하다
☐ 不利(ふり)だ 불리하다	☐ 無愛想(ぶあいそう)だ 퉁명하다, 무뚝뚝하다	
☐ 無事(ぶじ)だ 무사하다	☐ 平凡(へいぼん)だ 평범하다	☐ 朗(ほが)らかだ 쾌활하다, 명랑하다
☐ 保守的(ほしゅてき)だ 보수적이다	☐ 膨大(ぼうだい)だ 방대하다	☐ 見事(みごと)だ 훌륭하다, 볼 만하다
☐ 身近(みぢか)だ 가깝다, 친근하다	☐ 惨(みじ)めだ 비참하다	☐ 密(みつ)だ 빽빽하다, 꽉 들어차다
☐ 無限(むげん)だ 무한하다	☐ 明確(めいかく)だ 명확하다	☐ めちゃくちゃだ 엉망진창이다
☐ 有利(ゆうり)だ 유리하다	☐ 緩(ゆる)やかだ 완만하다	☐ 容易(ようい)だ 용이하다, 손쉽다
☐ 陽気(ようき)だ 쾌활하다	☐ 余計(よけい)だ 쓸데없다	☐ 楽天的(らくてんてき)だ 낙천적이다

- ☐ 楽観的だ(らっかんてき) 낙관적이다
- ☐ 乱暴だ(らんぼう) 난폭하다
- ☐ 連続的だ(れんぞくてき) 연속적이다
- ☐ 論理的だ(ろんりてき) 논리적이다
- ☐ わずかだ 근소하다

4 동사

출제 예상 핵심 동사 단어를 히라가나 순으로 정리하였습니다.

あ행

- 遭う (어떤 일을) 당하다, 겪다
- 扇ぐ 부채질하다
- 呆れる 어이없다
- 挙げる 들다, 거행하다
- 憧れる 동경하다
- 味わう 맛보다, 음미하다
- 宛てる (편지나 메일 등을) 보내다
- 暴く 파헤치다, (비밀을)폭로하다
- 暴れる 난폭하게 굴다
- 溢れる 넘치다
- 甘える 응석 부리다
- 余る 남다
- 編む 엮다, 짜다, 뜨다
- 歩む 걷다, 전진하다
- 改まる 개선되다
- 改める 고치다, 개선하다
- 生かす 살리다
- 痛む 아프다, 앓다
- 傷む 상하다
- 飢える 굶주리다
- 浮かぶ 뜨다, 떠오르다
- 浮かべる 띄우다, 떠올리다
- 承る 삼가 듣다, 삼가 받다
- 失う 잃다
- 薄める 옅게 하다
- 薄れる 엷어지다, 희미해지다
- 疑う 의심하다
- 撃つ (총 등을) 쏘다
- うつむく 고개를 떨구다
- 訴える 고소하다, 호소하다
- 促す 재촉하다, 독촉하다
- うなずく 수긍하다, 끄덕이다
- 奪う 빼앗다
- 埋まる 메워지다, 가득 차다
- 敬う 존경하다, 공경하다
- 占う 점치다
- 恨む 원망하다
- 羨む 부러워하다
- 描く 그리다, 묘사하다
- 演じる 연기하다
- 負う (책임을)지다, (피해를)입다
- 応じる 응하다, 응답하다
- 犯す 범하다, 저지르다
- 侵す 침범하다, 침해하다
- 贈る 보내다, 선사하다
- 抑える 억누르다
- 収める 거두다, 손에 넣다
- 治める 다스리다, 수습하다
- 襲う 습격하다, 덮치다
- 恐れる 두려워하다, 겁내다
- 脅かす 겁주다
- 溺れる (물에) 빠지다
- 及ぼす 끼치다
- 折る 접다

か행

- 換える 바꾸다, 교환하다
- 代える 대신하다
- 替える 바꾸다, 교체하다

☐ 抱える (껴)안다, 떠안다	☐ 係わる 관계되다	☐ 輝く (눈부시게) 빛나다
☐ 限る 제한하다, 한정하다	☐ 描く 그리다	☐ 嗅ぐ 냄새 맡다
☐ 欠ける 결여되다, 빠지다	☐ かじる 갉아먹다	☐ 課す 과하다, 부과하다
☐ 稼ぐ (돈·시간 등을) 벌다	☐ 固まる 굳다, 딱딱해지다	☐ 傾ける 기울이다
☐ 固める 굳히다	☐ 語る 이야기하다	☐ 担ぐ 메다, 짊어지다
☐ かっとする 발끈하다	☐ 悲しむ 슬퍼하다	☐ 兼ねる 겸하다
☐ かばう 감싸다, (감)싸고돌다	☐ 被せる 덮다, 씌우다	☐ 構う 상관하다
☐ からかう 조롱하다, 놀리다	☐ 枯らす 시들게 하다	☐ 枯れる 마르다, 시들다
☐ 可愛がる 귀여워하다	☐ 渇く 목이 마르다	☐ 代わる 대신하다
☐ 関する 관계하다	☐ 刻む 잘게 썰다, 새기다	☐ 築く 쌓아올리다, 구축하다
☐ 傷つく 상처를 입다	☐ 鍛える 단련하다	☐ 嫌う 싫어하다
☐ 切れる 끊어지다, 떨어지다	☐ 崩す 무너뜨리다	☐ 崩れる 무너지다
☐ くたくたになる 녹초가 되다	☐ くたびれる 지치다	☐ 砕く 부수다, 빻다
☐ 組む 짜다, 꼬다, 끼다	☐ 狂う 미치다	☐ 苦しめる 괴롭히다
☐ 包む 감싸다, 둘러싸다	☐ 加える 가하다, 더하다	☐ 加わる 가해지다, 더해지다
☐ 越える (장소, 시간 등을) 넘다	☐ 超える (수량, 기준 등을) 넘다	☐ 凍る 얼다, 얼어붙다
☐ 焦げる 타다, 눋다	☐ 凍える (추위로 손, 발이) 얼다	☐ 擦る 문지르다, 비비다
☐ こだわる 연연하다, 고집하다	☐ 好む 좋아하다, 즐기다	☐ 拒む 거부하다
☐ 込める 속에 담다	☐ 転がす 굴리다	☐ 転がる 굴러가다

さ행

☐ 遡る 거슬러 올라가다	☐ 探る 뒤지다, 찾다	☐ 避ける 피하다
☐ 支える 지탱하다	☐ ささやく 속삭이다	☐ 刺さる 박히다, 꽂히다
☐ 指す 가리키다, 지적하다	☐ 挿す 꽂다, 끼우다	☐ 刺す 찌르다, 쏘다

- ☐ 授かる (내려) 주시다
- ☐ さびる 녹슬다
- ☐ 去る 떠나다
- ☐ 敷く 깔다, 밑에 펴다
- ☐ 静める 가라앉히다
- ☐ 縛る 묶다, 매다
- ☐ 痺れる 저리다, 마비되다
- ☐ しぼむ 시들다, 오므라지다
- ☐ しゃがむ 웅크리다, 쭈그리다
- ☐ しゃべる 수다떨다
- ☐ じたばたする 버둥거리다
- ☐ 救う 구하다, 구원하다
- ☐ 優れる 뛰어나다, 우수하다
- ☐ すすぐ 헹구다
- ☐ 勧める 권하다
- ☐ ずらす (겹치지 않게) 비켜 놓다
- ☐ ずれる 어긋나다, 벗어나다
- ☐ 接する 접촉하다
- ☐ 迫る 다가오다, 육박하다
- ☐ 攻める 공격하다
- ☐ 沿う 따르다
- ☐ 染まる 물들다
- ☐ 染める 물들이다, 염색하다
- ☐ 逸れる 빗나가다, 벗어나다
- ☐ ぞっとする 오싹하다

た행

- ☐ 耕す 경작하다
- ☐ 炊く 밥을 짓다
- ☐ 尋ねる 묻다, 찾다
- ☐ 戦う 싸우다, 전쟁하다
- ☐ 経つ 지나다, 경과하다
- ☐ 例える 예를 들다
- ☐ 耐える 견디다, 참다
- ☐ 束ねる 묶다, 통솔하다
- ☐ 試す 시험하다, 시도하다
- ☐ ためらう 주저하다, 망설이다
- ☐ 貯める 모으다, 저축하다
- ☐ 頼る 의지하다
- ☐ 黙る 침묵하다
- ☐ 誓う 맹세하다
- ☐ 縮れる 오그라들다
- ☐ 散らばる 흩어지다
- ☐ 費やす 소비하다
- ☐ 尽きる 다하다, 떨어지다
- ☐ 就く 취임하다
- ☐ 突く 찌르다
- ☐ 造る 만들다, 창조하다
- ☐ 次ぐ 뒤를 잇다
- ☐ 注ぐ 붓다, 따르다
- ☐ 繋がる 이어지다, 연결되다
- ☐ 潰す 으깨다
- ☐ 潰れる 찌부러지다, 망하다
- ☐ 詰める 채워 넣다
- ☐ 適する 알맞다, 적합하다
- ☐ 照らす 비추다, 비추어 보다
- ☐ 照る 비치다
- ☐ 問う 묻다, 질문하다
- ☐ 通す 통하게 하다, 뚫다
- ☐ 解く (문제 등을) 풀다
- ☐ 溶ける 녹다
- ☐ 解ける 풀리다, 해제되다
- ☐ 整う 정돈되다
- ☐ 整える 정돈하다
- ☐ 止まる 머물다, 멈추다
- ☐ 留まる 머물다, 고정되다

☐ 跳ぶ (と) 뛰다, 도약하다	☐ 捉える (とら) 잡다, 파악하다	☐ 採る (と) 뽑다, 채집하다
☐ 摂る (と) 섭취하다	☐ 怒鳴る (どな) 고함치다, 호통치다	

な행

☐ 眺める (なが) 바라보다, 조망하다	☐ 慰める (なぐさ) 위로하다, 달래다	☐ 殴る (なぐ) 때리다
☐ 撫でる (な) 쓰다듬다	☐ 怠ける (なま) 게으름 피우다	☐ 成る (な) 되다, 이루어지다
☐ 匂う (にお) 좋은 냄새가 나다	☐ 逃がす (に) 놓아 주다	☐ 濁す (にご) 탁하게 하다
☐ 担う (にな) 짊어지다, 떠맡다	☐ 睨む (にら) 노려보다	☐ 縫う (ぬ) 바느질하다
☐ ねじる 비틀다, 쥐어짜다	☐ 狙う (ねら) 겨누다	☐ 逃す (のが) 놓치다
☐ 逃れる (のが) 달아나다, 벗어나다	☐ 除く (のぞ) 제거하다, 빼다	☐ 望む (のぞ) 바라다, 소망하다
☐ 述べる (の) 서술하다, 말하다		

は행

☐ 生える (は) 나다	☐ 計る (はか) (수량, 시간 등을) 재다	☐ 量る (はか) (무게, 양 등을) 재다
☐ 剥がす (は) 벗기다, 떼다	☐ 吐く (は) 토하다, 내뱉다	☐ 挟まる (はさ) 틈에 끼이다
☐ 挟む (はさ) 끼우다	☐ 離す (はな) 떼다	☐ 放す (はな) 놓다, 놓아주다
☐ 放れる (はな) 놓이다, 풀리다	☐ 跳ねる (は) 튀어오르다	☐ 省く (はぶ) 생략하다, 줄이다
☐ 嵌める (は) 끼우다	☐ 流行る (はや) 유행하다	☐ 控える (ひか) 삼가다
☐ 惹く (ひ) (이목을) 끌다	☐ 捻る (ひね) 비틀다	☐ 響く (ひび) 울리다
☐ 広がる (ひろ) 넓어지다	☐ 膨らむ (ふく) 부풀다	☐ 更ける (ふ) (밤 등이) 깊어지다
☐ 塞がる (ふさ) 막히다	☐ ふざける 까불다	☐ 防ぐ (ふせ) 막다
☐ 震える (ふる) 흔들리다	☐ 凹む (へこ) 움푹 패다	☐ 隔たる (へだ) 멀어지다, 가로막히다
☐ 放る (ほう) 멀리 내던지다	☐ 吠える (ほ) 짖다	☐ 誇る (ほこ) 자랑하다, 뽐내다
☐ ほっとする 안심하다	☐ 褒める (ほ) 칭찬하다	☐ 掘る (ほ) 파다, 캐다
☐ 彫る (ほ) 새기다, 조각하다		

ま・や・ら・わ행

- ☐ 混ぜる 뒤섞다, 혼합하다
- ☐ 祭る 제사 지내다
- ☐ 招く 초대하다, 초래하다
- ☐ 回す 돌리다, 회전시키다
- ☐ 満たす 가득 채우다, 만족시키다
- ☐ 乱す 어지럽히다, 흩뜨리다
- ☐ 導く 안내하다, 인도하다
- ☐ 満ちる 가득 차다
- ☐ 認める 인정하다
- ☐ 実る 열매(결실)를 맺다
- ☐ 向かう 향하다
- ☐ 向ける 향하다, 돌리다
- ☐ 命じる 명하다, 명령하다
- ☐ 巡る 돌다, 순회하다
- ☐ 目覚める 눈뜨다, 깨어나다
- ☐ 目立つ 눈에 띄다, 두드러지다
- ☐ 儲かる 벌이가 되다
- ☐ 儲ける 벌다
- ☐ 潜る 잠수하다, 잠입하다
- ☐ 用いる 사용하다
- ☐ 求める 구하다, 바라다
- ☐ 漏らす 누설하다
- ☐ 雇う 고용하다
- ☐ 寄せる 밀려오다, 옆에 붙다
- ☐ 論ずる 논하다
- ☐ 湧く (샘)솟다
- ☐ 詫びる 사죄하다, 사과하다

5 복합 동사
출제 예상 핵심 복합 동사를 히라가나 순으로 정리하였습니다.

- ☐ 相_{あい}次_つぐ 연달다, 잇따르다
- ☐ 当_あてはめる 맞게 하다, 적용하다
- ☐ 言_いい付_つける 고자질하다
- ☐ 威_い張_ばる 뽐내다, 으스대다
- ☐ 受_うけ持_もつ 맡다, 담당하다
- ☐ 生_うみ出_だす 새로 만들어 내다
- ☐ 裏_{うら}切_ぎる 배신하다
- ☐ 上_{うわ}回_{まわ}る 웃돌다
- ☐ 追_おい掛_かける 뒤쫓아 가다
- ☐ 追_おい出_だす 내쫓다, 몰아내다
- ☐ 押_おし寄_よせる 몰려들다, 밀어닥치다
- ☐ 思_{おも}い浮_うかぶ 떠오르다, 생각나다
- ☐ 思_{おも}い切_きる 단념하다
- ☐ 貸_かし出_だす 대출하다, 빌려주다
- ☐ 考_{かんが}え込_こむ 골똘히 생각하다
- ☐ 着_き替_がえる 옷을 갈아 입다
- ☐ 聞_きき出_だす 캐물어 알아내다
- ☐ 切_きり替_かえる 달리 바꾸다, 전환하다
- ☐ 区_く切_ぎる 구획 짓다
- ☐ くっ付_つける 착 붙이다
- ☐ 繰_くり返_{かえ}す 반복하다
- ☐ 腰_{こし}掛_かける 걸터앉다

- ☐ 当_あてはまる 들어맞다, 적합하다
- ☐ 言_いい換_かえる 바꿔 말하다
- ☐ 行_いき着_つく 도착하다, 다다르다
- ☐ 入_いれ替_かえる 바꿔 넣다, 갈아 넣다
- ☐ 打_うち明_あける (속마음을) 털어놓다
- ☐ 裏_{うら}返_{がえ}す 뒤집다
- ☐ 売_うり切_きれる 매진되다
- ☐ 追_おい返_{かえ}す 물리치다, 돌려보내다
- ☐ 追_おい込_こむ 몰아넣다
- ☐ 追_おい付_つく 따라잡다, 따라붙다
- ☐ 落_おち着_つく 안정되다, 진정되다
- ☐ 思_{おも}い返_{かえ}す (지난 일을) 다시 생각하다
- ☐ 書_かき込_こむ 써넣다, 기입하다
- ☐ 噛_かみつく 덥석 물다, 물고 늘어지다
- ☐ 感_{かん}じとる 감지하다
- ☐ 聞_きき返_{かえ}す 되묻다
- ☐ 聞_きき取_とる 알아듣다
- ☐ 切_きり捨_すてる 잘라서 버리다
- ☐ くっ付_つく 착 들러붙다
- ☐ 組_くみ立_たてる 조립하다
- ☐ 心_{こころ}得_える 알다, 납득하다
- ☐ 差_さし引_ひく 빼다, 공제하다

☐ 仕上がる 완성되다	☐ 染み込む 깊이 스며들다
☐ 締めくくる 꼭 묶다, 결말을 짓다	☐ 透き通る 비쳐 보이다, 투명하다
☐ 背負う 짊어지다, 업다	☐ 立ち上がる 일어서다, 일어나다
☐ 立ち上げる 가동하다, 세우다	☐ 立ち止まる 멈추어 서다
☐ 立ち並ぶ 줄지어 서다, 견주다	☐ 立ち寄る 들르다
☐ 近寄る 접근하다, 가까이 가다	☐ 力づく 기운이 나다, 용기가 나다
☐ 力づける 힘을 북돋우다, 격려하다	☐ 突き当たる 부딪치다, 봉착하다
☐ 作り出す 만들어 내다	☐ 付け加える 보태다, 덧붙이다
☐ 突っ込む 돌입하다, 추궁하다	☐ 積み重なる 겹쳐 쌓이다, 겹쳐지다
☐ 積み重ねる 겹겹이 쌓다	☐ 詰め込む (가득) 채우다, 처넣다
☐ 釣り合う 균형이 잡히다, 어울리다	☐ 連れ出す 데리고 나가다, 꾀다
☐ 出来上がる 완성되다	☐ 出くわす 만나다, 맞닥뜨리다
☐ 問い掛ける 묻다, 질문을 던지다	☐ 通りかかる (우연히) 지나가다
☐ 溶け込む 녹아들다	☐ 飛び上がる 날아오르다, 뛰어넘다
☐ 飛び降りる 뛰어내리다	☐ 飛び越える (단계 등을) 뛰어넘다
☐ 飛び立つ 날아가다, 날아오르다	☐ 飛び回る 날아다니다, 뛰어다니다
☐ 取り上げる 집어 들다	☐ 取り扱う 다루다, 취급하다
☐ 取り入れる 도입하다, 받아들이다	☐ 取り掛かる (일, 사업 등에) 착수하다
☐ 取り囲む 둘러싸다, 포위하다	☐ 取り組む 임하다, 맞붙다
☐ 取り消す 취소하다	☐ 取り出す 꺼내다, 빼내다
☐ 取り付ける 설치하다, 달다	☐ 取り払う (모조리) 치우다, 없애다
☐ 取り戻す 되찾다, 만회하다	☐ 長引く 오래 끌다, 지연되다
☐ 投げ出す 내던지다, 팽개치다	☐ 鳴り出す 울리기 시작하다

☐ 話し掛ける	이야기를 걸다	☐ 払い戻す	(되)돌려 주다, 환불하다
☐ 張り切る	팽팽해지다, 활기차다	☐ 冷え込む	몹시 차가워지다
☐ 引き受ける	(떠)맡다	☐ 引き離す	떼어 놓다, 갈라 놓다
☐ 引き分ける	비기다, 무승부다	☐ 引っ掛かる	(무언가에) 걸리다
☐ ひっくり返す	뒤집다, 뒤바꾸다	☐ ひっくり返る	뒤집히다, 뒤바뀌다
☐ 引っ込む	안으로 들어가다, 틀어박히다	☐ 引っ張り出す	끌어내다
☐ 引っ張る	잡아 끌다, 끌어 당기다	☐ 振り返る	돌아보다, 회고하다
☐ 振り込む	입금하다	☐ 振舞う	행동하다, 대접하다
☐ ぶら下がる	매달리다, 늘어지다	☐ ぶら下げる	늘어뜨리다, 매달다
☐ 放り出す	때려치우다	☐ 微笑む	미소짓다
☐ 舞い上がる	날아올라가다	☐ 巻き込む	말려들게 하다
☐ 見合わせる	마주 보다, 보류하다	☐ 見送る	배웅하다
☐ 見下ろす	내려다보다, 얕보다	☐ 見つけ出す	찾아 내다, 알아 내다
☐ 見詰める	응시하다, 주시하다	☐ 見直す	다시 보다, 재검토하다
☐ 見慣れる	봐서 익숙하다, 낯익다	☐ 見張る	망보다, 지키다, 감시하다
☐ 見舞う	문병하다, (재난 등이) 덮치다	☐ 見分ける	분별하다, 분간하다
☐ 見渡す	멀리 바라보다, 전망하다	☐ 持ち出す	가지고 나오다
☐ 持ち寄る	각자가 가지고 모이다	☐ 盛り上がる	솟아오르다, 고조되다
☐ やっ付ける	해치우다, 혼내 주다	☐ やってくる	다가오다, 찾아오다
☐ 横切る	가로지르다, 횡단하다	☐ 呼び掛ける	호소하다
☐ 呼び込む	불러오다, 끌어들이다	☐ 呼び出す	호출하다, 불러내다
☐ 読みとる	간파하다, 알아차리다	☐ 割り込む	끼어들다, 새치기하다

6 부사
출제 예상 핵심 부사 단어를 히라가나 순으로 정리하였습니다.

あ행

- 明(あき)らかに 명백히, 분명히
- あちこち 여기저기, 이곳저곳
- あまりにも 너무나도
- ある 어떤, 어느
- あんまり 그다지, 별로
- いきなり 갑자기, 느닷없이
- いずれも 어느 것도, 아무거나
- 一段(いちだん)と 한층, 더욱
- いつの間(ま)にか 어느새인가
- 一層(いっそう) 한층 더, 더욱더
- いまいち 조금 모자란 모양
- いまだに 아직도
- 今(いま)にも 당장이라도, 지금이라도
- 以来(いらい) 이래, 이후
- いわゆる 소위, 이른바
- うじゃうじゃ 우글우글, 득실득실
- うっすら 아주 엷게, 희미하게
- うろうろ 우왕좌왕, 어슬렁어슬렁
- 永遠(えいえん)に 영원히
- おおよそ 대체로, 대략
- 各々(おのおの) 각각, 각기

- あくまで 어디까지나, 철저하게
- あっさり 담백하게, 산뜻하게
- あらゆる 모든, 일체의, 온갖
- 案(あん)の定(じょう) 예측대로, 아니나 다를까
- 意外(いがい)に 의외로, 예상외로
- いずれ 결국, 어느 것
- 一時的(いちじてき)に 일시적으로
- 一度(いちど)に 한꺼번에
- いつまでも 언제까지나, 영원히
- 一方的(いっぽうてき)に 일방적으로
- 今頃(いまごろ) 이제 (와서)
- いまどき 요즘, 요즘 세상
- いよいよ 드디어
- いわば 말하자면, 비유해서 말한다면
- うかうかと 얼떨결에, 무심코
- うっかり 깜박, 무심코
- うっとり 마음이 사로 잡혀 멍한 모양
- うんと 정도나 분량이 많은 모양, 엄청, 몹시
- 円満(えんまん)に 원만하게
- おそらく 아마, 어쩌면
- 思(おも)い切(き)って 과감히, 큰맘 먹고

- ☐ 思い切り 마음껏, 실컷
- ☐ 主に 주로

か행

- ☐ かえって 도리어, 오히려
- ☐ 確実に 확실히
- ☐ 勝手に 함부로, 마음대로
- ☐ 必ずしも 반드시
- ☐ 仮に 만일, 가령
- ☐ 軽々 가뿐히, 거뜬히
- ☐ がっしり 탄탄하게 꽉 짜여 있는 모양, 탄탄히
- ☐ がらがら 텅텅 비어있는 모양, 텅텅
- ☐ 頑固に 완고하게
- ☐ きちんと 정확히, 제대로, 깔끔히
- ☐ ぎっしり 잔뜩, 가득
- ☐ 急速に 급속히
- ☐ きらきら 반짝반짝
- ☐ ぎざぎざ 들쭉날쭉, 삐죽삐죽
- ☐ ぎしぎし 삐걱삐걱
- ☐ くれぐれも 부디
- ☐ ぐずぐず 흐물흐물, 우물쭈물
- ☐ ぐっすり 깊이 잠든 모양, 푹
- ☐ ぐらぐら 크게 흔들리는 모양, 흔들흔들
- ☐ ぐるぐる 빙빙, 뱅글뱅글
- ☐ ぐんぐん 부쩍부쩍, 쭉쭉, 힘차게 성장하는 모양
- ☐ 現に 실제로
- ☐ 肯定的に 긍정적으로
- ☐ こっそり 몰래, 살짝
- ☐ この度 이번, 금번(격식차린 말씨)
- ☐ 細々と 세세하게, 세심하게
- ☐ 今後 차후, 앞으로
- ☐ 強引に 강제로, 억지로
- ☐ 極 극히, 대단히
- ☐ ごくごく 꿀꺽꿀꺽, 극히, 몹시

さ행

- ☐ 幸いに 다행히
- ☐ 逆様に 거꾸로
- ☐ 先ほど 아까, 조금 전
- ☐ さすが 역시, 과연
- ☐ 早速 즉시
- ☐ さっと 잽싸게, 휙
- ☐ さっぱり 산뜻한 모양, 전혀
- ☐ さらさら 습기가 없고 끈적끈적하지 않은 모양
- ☐ ざっと 대충, 대강
- ☐ しいんと 쥐 죽은 듯이

☐ しきりに 자꾸만, 계속적으로		☐ 次第に 차츰, 차차	
☐ しっかり 확실히, 꼭		☐ しっとり 촉촉히, 습기찬 모양	
☐ しばしば 자주, 여러 번		☐ 瞬間的に 순간적으로	
☐ しょっちゅう 늘, 언제나		☐ 知らず知らず 모르는 사이에, 어느새	
☐ 直に 곧, 바로		☐ 事前に 사전에	
☐ 実に 실로, 참으로, 정말		☐ じめじめ 축축, 찐득찐득	
☐ じりじり 착실히, 해가 쨍쨍 비추는 모양		☐ じろじろ 빤히, 유심히	
☐ すいすい 획획, 쓱쓱, 가볍게 움직이는 모양		☐ すっかり 아주, 완전히, 몽땅	
☐ すっきり 깔끔히		☐ すっと 쑥, 쓱, 발딱	
☐ 既に 이미, 벌써		☐ すらすら 술술, 막힘없이 원활히 진행되는 모양	
☐ ずらりと 여럿이 늘어선 모양, 즐비하게, 쭉		☐ 精いっぱい 최대한, 힘껏	
☐ 精々 힘 있는 한, 기껏해야, 겨우		☐ せっかく 모처럼	
☐ せっせと 부지런히		☐ ぜひとも 꼭, 무슨 일이 있어도	
☐ 全面的に 전면적으로		☐ 相互に 상호로, 서로 번갈아	
☐ 続々と 잇달아, 끊임없이		☐ 早急に 조속히 *さっきゅうに 라고도 함	

た행

☐ たいした 대단한, 엄청난		☐ 大半 태반, 대부분	
☐ 多少 다소		☐ たった 단, 겨우	
☐ 単に 그저, 단지		☐ 大部分 대부분, 거의	
☐ だぶだぶ 헐렁헐렁		☐ 段階的に 단계적으로	
☐ 近頃 요즘, 근래		☐ 近々 머지않아	
☐ ちゃんと 제대로, 확실히		☐ ちゃんとした 제대로 된	
☐ ちょっとした 약간의, 별것 아닌		☐ つい 무심결에	

☐ ついつい 자신도 모르게 그만, 무의식중에	☐ つくづく 곰곰이, 지그시, 절실히
☐ 常(つね)に 늘, 항상, 언제나	☐ 定期的(ていきてき)に 정기적으로
☐ 手軽(てがる)に 손쉽게	☐ 凸凹(でこぼこ) 울퉁불퉁
☐ 到底(とうてい) 도저히	☐ 所々(ところどころ) 여기저기, 곳곳
☐ 共(とも)に 함께, 같이	☐ どうか 제발, 부디, 아무쪼록
☐ どうせ 어차피	☐ どうにか 그런 대로, 어떻게(든)
☐ 同様(どうよう)に 다름없이, 마찬가지로	
☐ どしどし 척척(쉴 새 없이 계속되는 모양), 쿵쿵(소리 내어 걷는 모양), 거리낌없이	
☐ どっしり 묵직이, 듬직히	☐ どっと 우르르, 덜컥, 왈칵

な・は행

☐ 何分(なにぶん) 아무쪼록, 아무래도	☐ 何(なに)もかも 무엇이든, 모든 게
☐ 何(なん)だか 왜 그런지, 어쩐지	☐ 何(なん)とか 어떻게든
☐ 何(なん)となく 왠지 모르게, 어쩐지	☐ 何(なん)とも 무어라고, 뭐라고
☐ にこにこ 생긋생긋, 싱글벙글	☐ 二度(にど)と 두번 다시
☐ にやにや 히쭉히쭉, 싱글싱글	☐ 念(ねん)のため 만일을 위해서
☐ 能率的(のうりつてき)に 능률적으로	☐ 残(のこ)らず 남김없이
☐ 後(のち)に 나중에, 훗날	☐ 後(のち)ほど 조금 지난 뒤, 나중에
☐ のろのろ 꾸물꾸물, 느릿느릿	☐ はらはら 조마조마
☐ はるかに 훨씬, 아득히	☐ ばっさり 한칼에 베는 모양, 싹둑
☐ ばったり 딱(만나다), 푹(쓰러지다), 뚝(끊기다)	☐ ばらばら 뿔뿔이, 제각각
☐ ばりばり 일을 척척 해 나가는 모양	☐ 非常(ひじょう)に 매우, 상당히, 대단히
☐ ひたすら 오로지, 한결같이	☐ 一通(ひととお)り 대강, 얼추
☐ 一人一人(ひとりひとり) 한 사람 한 사람	☐ びしょびしょ 흠뻑 젖은 모양, 흠뻑

- [ ] びりびり 갈기갈기, 찍찍
- [ ] ぴかぴか 반짝반짝, 번쩍번쩍
- [ ] ぴったり 딱, 꼭 들어맞는 모양
- [ ] 再(ふたた)び 두 번, 재차, 다시
- [ ] ふと 문득, 퍼뜩
- [ ] ふらふら 휘청휘청, 비틀비틀
- [ ] ふわふわ 둥실둥실, 푹신푹신
- [ ] ふんわり 살짝, 사뿐히, 폭신폭신
- [ ] ぶらぶら 어슬렁어슬렁, 빈둥빈둥
- [ ] ほかほか 따끈따끈
- [ ] 細々(ほそぼそ)と 가느다랗게, 근근이, 겨우
- [ ] ほぼ 거의, 대부분
- [ ] 本格的(ほんかくてき)に 본격적으로
- [ ] ほんの 극히, 그저
- [ ] ぽい 홱, 휙

ま·や·ら·わ행

- [ ] まあまあ 그럭저럭
- [ ] 前向(まえむ)きに 긍정적으로
- [ ] まさに 바로, 틀림없이
- [ ] 真面目(まじめ)に 성실하게
- [ ] ますます 점점 더, 더욱더
- [ ] 真(ま)っ先(さき) 맨 앞, 맨 먼저
- [ ] 間(ま)もなく 이윽고, 곧, 머지않아
- [ ] まるで 마치, 꼭, 전혀
- [ ] 万一(まんいち) 만일
- [ ] 万(まん)が一(いち) 만에 하나, 만일
- [ ] 自(みずか)ら 스스로
- [ ] むしろ 차라리, 오히려
- [ ] めっきり 뚜렷이, 현저히
- [ ] めったに 거의, 좀처럼(+부정문)
- [ ] 最(もっと)も (무엇보다도) 가장
- [ ] 元々(もともと) 본디부터, 원래
- [ ] やがて 얼마 안 있어, 곧, 이윽고
- [ ] やっと 겨우
- [ ] ゆったり 낙낙하게, 마음 편히, 느긋하게
- [ ] ようやく 겨우, 간신히
- [ ] 余計(よけい)に 쓸데없이, 괜히
- [ ] 冷静(れいせい)に 냉정히
- [ ] わくわく (설렐 때) 두근두근
- [ ] わざと 고의로, 일부러
- [ ] わざわざ 일부러, 수고스럽게
- [ ] わりと 비교적

7 카타카나어

출제 예상 핵심 카타카나어를 히라가나 순으로 정리하였습니다.

ア행

- ☐ アイデア 아이디어
- ☐ アクシデント 엑시던트, 사고
- ☐ アクション 액션, 행동, 동작
- ☐ アクセント 악센트
- ☐ アドバイス 어드바이스, 조언
- ☐ アドレス 주소
- ☐ アプローチ 접근(방법)
- ☐ アリバイ 알리바이
- ☐ アルファベット 알파벳
- ☐ アレルギー 알레르기
- ☐ アンコール 앙코르
- ☐ アンテナ 안테나
- ☐ イベント 이벤트
- ☐ イラスト 일러스트, 삽화
- ☐ インストール 설치
- ☐ インテリア 인테리어, 실내 장식
- ☐ インパクト 임팩트
- ☐ インフルエンザ 인플루엔자, 유행성 감기
- ☐ インフレ(ーション) 인플레(이션)
- ☐ ウィーク 위크, 일주일
- ☐ ウエスト 허리
- ☐ ウェブページ 웹 페이지
- ☐ エコノミー 이코노미, 경제
- ☐ エピソード 에피소드, 일화
- ☐ エラー 에러, 잘못, 실패
- ☐ オーケストラ 오케스트라, 관현악단
- ☐ オープン 오픈
- ☐ オス 수컷
- ☐ オリエンテーション 오리엔테이션
- ☐ オリジナル 오리지널, 원작, 원본
- ☐ オリンピック 올림픽
- ☐ オルガン 오르간, 풍금

カ행

- ☐ カーシェアリング 카셰어링
- ☐ カウンセラー 상담원
- ☐ カウンセリング 상담 지도
- ☐ カウンター 카운터
- ☐ カタログ 카탈로그
- ☐ カット 컷, 절단
- ☐ カリキュラム 커리큘럼, 교육과정
- ☐ カルシウム 칼슘

- [ ] カルチャーショック 컬처 쇼크, 문화 충격
- [ ] カロリー 칼로리
- [ ] ガードマン 가드맨, 경비원
- [ ] ガイド 가이드, 안내
- [ ] キー 키, 열쇠, 실마리
- [ ] キャッシュ 캐시, 현금
- [ ] キャッチ 캐치, 잡음
- [ ] キャプテン 캡틴, 주장
- [ ] キャラクター 캐릭터
- [ ] キャリア 커리어, 경력
- [ ] キャンセル 캔슬, 취소
- [ ] ギャップ 갭, 간격, 차이
- [ ] クラシック 클래식, 고전
- [ ] クレーム 클레임, 불만 제기
- [ ] クレジットカード 신용카드
- [ ] グラフ 그래프, 도표
- [ ] ケア 케어, 보살핌, 돌봄
- [ ] ゲスト 게스트
- [ ] 高層マンション(こうそう) 고층 아파트
- [ ] コード 코드
- [ ] コーナー 코너, 구석
- [ ] コスト 비용
- [ ] コメント 코멘트, 댓글
- [ ] コラム 칼럼
- [ ] コレクション 수집(품)
- [ ] コンクリート 콘크리트, 시멘트
- [ ] コンセント 콘센트
- [ ] コントロール 컨트롤, 통제
- [ ] ゴール 골, 목표
- [ ] ゴム 고무

サ행

- [ ] サークル 동아리, 동호회
- [ ] サイレン 사이렌
- [ ] サポート 서포트, 지지, 후원
- [ ] サンプル 샘플, 견본
- [ ] システム 시스템, 체계
- [ ] シャッター (사진기의) 셔터
- [ ] シリーズ 시리즈, 연속물
- [ ] シングル 싱글, 일인용(의 것)
- [ ] シンプル 심플, 간단함
- [ ] シンポジウム 토론회
- [ ] ジョギング 조깅
- [ ] スープ 스프
- [ ] スキー 스키
- [ ] スター 스타, 인기인

- [ ] スタッフ 스태프, 담당자
- [ ] スタンプ 스탬프, 도장
- [ ] ステーション 정거장
- [ ] ステージ 스테이지, 무대
- [ ] ストップ 스톱, 정지
- [ ] ストライキ 동맹 파업
- [ ] ストレート 스트레이트, 곧음
- [ ] スポーツクラブ 스포츠 클럽
- [ ] スマート 스마트
- [ ] スリップ (눈・비로 자동차 등이) 미끄러짐
- [ ] セールス 세일즈
- [ ] セミナー 세미나, 강습회
- [ ] セロテープ 셀로판 테이프, 접착용 테이프
- [ ] センス 센스, 미묘한 감각
- [ ] センター 센터
- [ ] ゼミ 세미나, 교수의 지도 하에 연구하는 것

タ・ナ행

- [ ] ターゲット 타깃, 표적
- [ ] タイマー 타이머
- [ ] タイム 타임, 시간
- [ ] タイヤ 타이어
- [ ] ダイヤ 열차 운행표
- [ ] ダウン 다운, 아래
- [ ] ダッシュする 대시하다, 돌진하다
- [ ] ダム 댐
- [ ] チーズ 치즈
- [ ] チーム 팀
- [ ] チェックアウト 체크아웃
- [ ] チェックイン 체크인
- [ ] チャージ 차지, 충전
- [ ] チャレンジ 챌린지, 도전
- [ ] チューインガム 추잉검, 껌
- [ ] チラシ 전단지, 광고지
- [ ] チンパンジー 침팬지
- [ ] ツアー 투어, 관광 여행
- [ ] ツアー客(きゃく) 투어객, 여행객
- [ ] ティッシュペーパー 화장지
- [ ] テーマ 테마, 주제
- [ ] デコレーション 데코레이션, 장식
- [ ] デスクトップ 데스크톱
- [ ] デメリット 디메리트, 결점
- [ ] デモ 데모
- [ ] 電気(でんき)ポット 전기 포트
- [ ] トラブル 트러블, 말썽

ハ행

- ハイキング 하이킹, 등산
- ハト 비둘기
- バザー 바자(회)
- バスケットボール 농구(공)
- バリア 장벽
- パス 패스, 합격, 통과
- パスタ 파스타
- パターン 패턴, 유형
- パワーポイント 파워포인트
- パンフレット 팸플릿, 간단한 카탈로그
- ヒーター 히터, 난방 장치
- ビジネスマン 비즈니스맨
- ビジョン 비전
- ビタミン 비타민
- ピーク 피크, 최고조, 절정
- ピーマン 피망
- ビュッフェ 뷔페
- ファイル 파일
- ファッション 패션
- ファン 팬
- フェア 페어, 공정, 전시회
- フリー 프리, 자유로움
- フレッシュ 프레시, 신선함
- フロア 플로어, 마루, (빌딩 등의) 층
- フロント 프런트, 호텔 등의 접수처
- ブラッシュ 브러시, 솔 *ブラシ라고도 함
- ブレーキ 브레이크, 제동
- ブロッコリー 브로콜리
- プール 풀, 수영장
- プライド 프라이드, 자부심, 자존심
- プラスチック 플라스틱
- プラン 플랜, 계획
- プリンター 프린터
- プレゼン(テーション) 프레젠테이션, 발표
- プログラム 프로그램
- プロセス 프로세스, 과정
- ヘアドライヤー 헤어드라이어
- ベスト 베스트
- ベンチ 벤치, 긴 의자
- ペア 페어, 쌍, 짝
- ペンキ 페인트
- ホームページ 홈페이지
- ボトル 보틀, 병
- ボランティア 자원봉사(자)

- ☐ ポイント 포인트

マ・ヤ・ラ・ワ행

- ☐ マスター 마스터
- ☐ ミス 실수
- ☐ ムード 무드, 기분, 분위기
- ☐ メーター 미터
- ☐ メール 메일
- ☐ メス 암컷
- ☐ メディア 미디어
- ☐ メリット 메리트, 이점
- ☐ モダン 모던, 현대적
- ☐ モデル 모델
- ☐ モニター 모니터
- ☐ ユニーク 유니크, 독특
- ☐ ヨーロッパ 유럽
- ☐ ライバル 라이벌
- ☐ ライフスタイル 라이프스타일
- ☐ ラップ 랩
- ☐ リード 리드, 지도
- ☐ リスト 리스트, 목록
- ☐ リズム 리듬, 운율
- ☐ リゾート 리조트, 휴양지
- ☐ リハビリ 재활치료
- ☐ リビング 리빙, 생활
- ☐ リポーター 리포터, 취재 기자
- ☐ レギュラー 레귤러, 정규의
- ☐ レシピ 레시피, 조리법
- ☐ レッスン 레슨
- ☐ レンタルする 렌털하다, 대여하다
- ☐ ロケット 로켓
- ☐ ロス 로스, 손실
- ☐ ロッカー 로커, 보관함
- ☐ ワールド 월드, 세계

8 기타

출제 예상 핵심 관용 표현과 접두어, 접미어 등을 히라가나 순으로 정리하였습니다.

관용 표현

- □ 胃がもたれる 위가 거북하다
- □ 一石二鳥 일석이조
- □ 居眠りをする 앉아서 졸다
- □ お金を下ろす 돈을 인출하다
- □ 敬意を払う 경의를 표하다
- □ 印をつける 표시를 하다
- □ 筋が通る 이치에 맞다
- □ たいして~ない 그다지 (~안 한다)
- □ 種をまく 씨를 뿌리다
- □ 寝付きが悪い 잠이 잘 안 온다
- □ 根付く 뿌리내리다, 뿌리박다
- □ ノートを取る 노트에 필기하다
- □ 腹が立つ 화가 나다
- □ 品がある 품위가 있다
- □ 不満に思う 못마땅히 여기다
- □ ふりをする 척하다, 체하다
- □ ボタンを留める 단추를 채우다
- □ 目が覚める 눈뜨다, 잠이 깨다, 정신 차리다
- □ 物心がつく 철이 들다

접두어

悪~ 악~	□ 悪影響 악영향	□ 悪感情 악감정	□ 悪条件 악조건
異~ 이~	□ 異国 이국, 외국	□ 異文化 이문화	□ 異分野 이분야, 다른 분야
薄~ 엷게~	□ 薄明るい 희미하게 밝다	□ 薄味 엷은 맛, 싱거운 맛	□ 薄暗い 좀 어둡다, 어둑어둑하다
仮~ 가(임시)~	□ 仮契約 가계약	□ 仮採用 임시 채용	□ 仮登録 가등록, 임시 등록
貴~ 귀~	□ 貴校 귀교, 상대방 학교의 높임말	□ 貴社 귀사, 상대방 회사의 높임말	□ 貴団体 귀 단체
旧~ 구(옛)~	□ 旧正月 구정월, 음력 설	□ 旧制度 구제도(옛 제도)	□ 旧暦 음력
急~ 급~	□ 急カーブ 급커브	□ 急上昇 급상승	□ 急ブレーキ 급브레이크

접두어			
ぎゃく 逆~ 역~	ぎゃくこうか ☐ 逆効果 역효과	ぎゃくさべつ ☐ 逆差別 역차별	ぎゃくゆにゅう ☐ 逆輸入 역수입
げん 現~ 현~	げんしゃちょう ☐ 現社長 현 사장	げんせいど ☐ 現制度 현 제도	げんだんかい ☐ 現段階 현단계
こう 高~ 고~	こうしゅうにゅう ☐ 高収入 고수입	こうすいじゅん ☐ 高水準 고수준, 높은 수준	こうせいのう ☐ 高性能 고성능
さい 最~ 최(가장)~	さいこうきゅう ☐ 最高級 최고급	さいゆうせん ☐ 最優先 최우선	さいゆうりょく ☐ 最有力 가장 유력함
さい 再~ 재~	さいかいはつ ☐ 再開発 재개발	さいていしゅつ ☐ 再提出 재제출	さいほうそう ☐ 再放送 재방송
しゅ 主~ 주~	しゅげんいん ☐ 主原因 주원인	しゅせいぶん ☐ 主成分 주성분	
しょ 初~ 초~	しょたいめん ☐ 初対面 첫대면	しょにち ☐ 初日 초일, 첫날	しょねんど ☐ 初年度 초년도, 첫 해
しょ 諸~ 제(여러)~	しょがいこく ☐ 諸外国 여러 외국	しょじじょう ☐ 諸事情 여러 사정	しょもんだい ☐ 諸問題 여러 문제
じゅん 準~ 준~	じゅんかいいん ☐ 準会員 준회원	じゅんけっしょう ☐ 準決勝 준결승	じゅんゆうしょう ☐ 準優勝 준우승
ぜん 前~ 전~	ぜんしゃちょう ☐ 前社長 전 사장	ぜんちょうちょう ☐ 前町長 전 읍장, 전 이장	ぜんねんど ☐ 前年度 전년도
そう 総~ 총~	そううりあげ ☐ 総売上 총매출	そうせんきょ ☐ 総選挙 총선거	そうどういん ☐ 総動員 총동원
た 多~ 다~	たきのう ☐ 多機能 다기능	たこくせき ☐ 多国籍 다국적	たほうめん ☐ 多方面 다방면
てい 低~ 저~	ていかかく ☐ 低価格 저가, 저가격	てい ☐ 低カロリー 저칼로리	ていきあつ ☐ 低気圧 저기압
どう 同~ 동~	どういけん ☐ 同意見 동의견, 같은 의견	どうじだい ☐ 同時代 동시대	どうねんだい ☐ 同年代 동년대, 동년배
はん 半~ 반~	はんえいきゅう ☐ 半永久 반영구	はんそで ☐ 半袖 반소매, 반팔	はんとうめい ☐ 半透明 반투명
ひ 非~ 비~	ひこうかい ☐ 非公開 비공개	ひこうしき ☐ 非公式 비공식	ひじょうしき ☐ 非常識 비상식, 몰상식

접두어			
不~ 부, 불~	ふこうへい □ **不**公平 불공평	ふじゅうぶん □ **不**十分 불충분	ふせいかく □ **不**正確 부정확
	ぶきみ □ **不**気味だ 섬뜩하다, 으스스하다	ぶきよう □ **不**器用だ 손재주가 없다	ぶさいく □ **不**細工だ 못생기다
副~ 부~	ふくさよう □ **副**作用 부작용	ふくしゃちょう □ **副**社長 부사장	ふくだいじん □ **副**大臣 부대신, 부장관
無~ 무~	ぶあいそう □ **無**愛想だ 퉁명하다, 무뚝뚝하다	ぶさほう □ **無**作法だ 버릇이 없다, 무례하다	
	むいしき □ **無**意識 무의식	むけいかく □ **無**計画 무계획	むせきにん □ **無**責任 무책임
別~ 별(다른)~	べつかいじょう □ **別**会場 별회장, 다른 회장	べつもんだい □ **別**問題 별문제, 다른 문제	べっせかい □ **別**世界 별세계, 다른 세계
真~ 진(진짜, 정말)~	まうし □ **真**後ろ 바로 뒤	まなつ □ **真**夏 한여름	まよなか □ **真**夜中 한밤중
未~ 미~	みかいけつ □ **未**解決 미해결	みけいけん □ **未**経験 미경험	みしよう □ **未**使用 미사용
名~ 명~	めいえんぎ □ **名**演技 명연기	めい □ **名**コンビ 명콤비, 손발이 잘 맞는 단짝	めいばめん □ **名**場面 명장면
元~ 전~	もとかれ □ **元**彼 전 남친	もとしゅしょう □ **元**首相 전 수상	もとだいとうりょう □ **元**大統領 전 대통령
来~ 래(다음)~	らいがっき □ **来**学期 다음 학기	らい □ **来**シーズン 다음 시즌	

접미어

~明け ~기간이 끝남	つゆあ □ 梅雨**明け** 장마철이 끝남	としあ □ 年**明け** 새해가 됨, 신년	なつやすあ □ 夏休み**明け** 여름방학이 끝난 직후
~一色 ~일색	しょうさんいっしょく □ 称賛**一色** 칭찬 일색	しろいっしょく □ 白**一色** 온통 새하얀 모양임	いっしょく □ ムード**一色** 분위기 일색
~員 ~원	かかりいん □ 係**員** 담당자	しゃいん □ 社**員** 사원	じゅうぎょういん □ 従業**員** 종업원
~おきに ~걸러, 간격으로	いちにち □ 一日**おきに** 하루걸러, 격일로	ぷん □ 30分**おきに** 30분 간격으로	

접미어	예1	예2	예3
~下 ~하	□ 管理下 (かんりか) 관리하	□ 支配下 (しはいか) 지배하	□ 制度下 (せいどか) 제도하
~家 ~가	□ 努力家 (どりょくか) 노력가	□ 法律家 (ほうりつか) 법률가	□ 冒険家 (ぼうけんか) 모험가
~界 ~계	□ 医学界 (いがくかい) 의학계	□ 業界 (ぎょうかい) 업계	□ 芸能界 (げいのうかい) 예능계, 연예계
~感 ~감	□ 開放感 (かいほうかん) 개방감	□ 緊張感 (きんちょうかん) 긴장감	□ 達成感 (たっせいかん) 달성감, 성취감
~観 ~관	□ 価値観 (かちかん) 가치관	□ 結婚観 (けっこんかん) 결혼관	□ 世界観 (せかいかん) 세계관
~街 ~가	□ オフィス街 (がい) 오피스가	□ 商店街 (しょうてんがい) 상점가	□ 住宅街 (じゅうたくがい) 주택가
~金 ~금	□ 奨学金 (しょうがくきん) 장학금	□ 罰金 (ばっきん) 벌금	□ 保証金 (ほしょうきん) 보증금
~気味 ~기운, 기색	□ 風邪気味 (かぜぎみ) 감기 기운	□ 疲れ気味 (つかれぎみ) 피곤한 기색	□ 寝不足気味 (ねぶそくぎみ) 잠이 부족한 기색
~切れ ~끝남, 소진	□ 息切れ (いきぎれ) 숨이 참, 헐떡임	□ 期限切れ (きげんぎれ) 기한 만료	□ 時間切れ (じかんぎれ) 시간 종료
~際 ~가, 옆, ~하려고 할 때	□ 壁際 (かべぎわ) 벽가, 벽 옆	□ 間際 (まぎわ) 직전, 막 ~하려는 찰나	□ 窓際 (まどぎわ) 창가
	□ 帰り際 (かえりぎわ) 돌아가려는 때	□ 寝際 (ねぎわ) 자려고 할 때	□ 別れ際 (わかれぎわ) 헤어질 때
~頃 ~할 때, 쯤	□ 今頃 (いまごろ) 지금쯤, 이맘때	□ 食べ頃 (たべごろ) 먹기 적당한 때	□ 見頃 (みごろ) 보기 좋은 때
~先 ~처(~하는 곳)	□ 宛先 (あてさき) 수신인(의 주소)	□ 宿泊先 (しゅくはくさき) 숙박처	□ 行き先 (ゆきさき) 행선지, 목적지
~盛り 한창 ~때	□ 育ち盛り (そだちざかり) (어린이가) 한창 자랄 때	□ 食べ盛り (たべざかり) 한창 먹을 때	□ 働き盛り (はたらきざかり) 한창 일할 때
~師 ~사	□ 看護師 (かんごし) 간호사	□ 詐欺師 (さぎし) 사기꾼	□ 薬剤師 (やくざいし) 약(제)사
~誌 ~지	□ 月刊誌 (げっかんし) 월간지	□ 週刊誌 (しゅうかんし) 주간지	

~式 ~식	☐ 開会式 (かいかいしき) 개회식	☐ 授与式 (じゅよしき) 수여식	☐ 日本式 (にほんしき) 일본식
~集 ~집	☐ 作品集 (さくひんしゅう) 작품집	☐ 写真集 (しゃしんしゅう) 사진집	☐ 用語集 (ようごしゅう) 용어집
~署 ~서	☐ 警察署 (けいさつしょ) 경찰서	☐ 消防署 (しょうぼうしょ) 소방서	☐ 税務署 (ぜいむしょ) 세무서
~所 ~소(장소)	☐ 区役所 (くやくしょ) 구청	☐ 裁判所 (さいばんしょ) 법원	☐ 市役所 (しやくしょ) 시청
	☐ 案内所 (あんないじょ) 안내소	☐ 研究所 (けんきゅうじょ) 연구소	☐ 洗面所 (せんめんじょ) 세면대가 있는 장소
~賞 ~상	☐ 皆勤賞 (かいきんしょう) 개근상	☐ 参加賞 (さんかしょう) 참가상	☐ 文学賞 (ぶんがくしょう) 문학상
~症 ~증	☐ 炎症 (えんしょう) 염증	☐ 花粉症 (かふんしょう) 화분증, 꽃가루 알레르기	☐ 後遺症 (こういしょう) 후유증
~証 ~증	☐ 運転免許証 (うんてんめんきょしょう) 운전면허증	☐ 健康保険証 (けんこうほけんしょう) 건강보험증	☐ 身分証明証 (みぶんしょうめいしょう) 신분증명증, 신분증
~色 ~색	☐ 国際色 (こくさいしょく) 국제색	☐ 政治色 (せいじしょく) 정치색	☐ 地方色 (ちほうしょく) 지방색
~心 ~심	☐ 競争心 (きょうそうしん) 경쟁심	☐ 好奇心 (こうきしん) 호기심	☐ 対抗心 (たいこうしん) 대항심
~順 ~순(서)	☐ アルファベット順 (じゅん) 알파벳 순(서)	☐ 年代順 (ねんだいじゅん) 연대순	☐ ひらがな順 (じゅん) 히라가나 순(서)
~上 ~상	☐ 事実上 (じじつじょう) 사실상	☐ 法律上 (ほうりつじょう) 법률상	☐ 歴史上 (れきしじょう) 역사상
~場 ~장	☐ 宴会場 (えんかいじょう) 연회장	☐ 競技場 (きょうぎじょう) 경기장	☐ スキー場 (じょう) 스키장
~状 ~장/ ~상태, 모양	☐ 案内状 (あんないじょう) 안내장	☐ 委任状 (いにんじょう) 위임장	☐ 催促状 (さいそくじょう) 독촉장
	☐ ボール状 (じょう) 공 모양	☐ クリーム状 (じょう) 크림(과 같은) 상태	☐ 泥状 (でいじょう) 진흙 같은 상태
~済み (이미)~완료, 끝남	☐ 使用済み (しようずみ) 사용 완료	☐ 登録済み (とうろくずみ) 등록 완료	☐ 予約済み (よやくずみ) 예약 완료

접미어	예1	예2	예3
~生 ~생	医学生 의대생	研修生 연수생, 연습생	交換留学生 교환학생
~性 ~성	可能性 가능성	危険性 위험성	協調性 협조성
~制 ~제	会員制 회원제	四年制 4년제(대학)	予約制 예약제
~全般 ~전반	音楽全般 음악 전반	生活全般 생활 전반	社会全般 사회 전반
~育ち ~에서 자람, 또는 그 사람	田舎育ち 시골에서 자람	東京育ち 도쿄에서 자람	都会育ち 도시에서 자람
~沿い ~가, 변	川沿い 강가	道沿い 길가	路線沿い 전철 노선변
~たて 갓 ~함	出来たて 갓 만듦	採りたて 갓 채취함	焼きたて 갓 구움
~代 ~비용	修理代 수리비	食事代 식사비	電気代 전기세
~団 ~단	応援団 응원단	消防団 소방단	バレエ団 발레단
~賃 ~임금, 요금	乗車賃 승차 요금	電車賃 전철 요금	
~付き ~붙음, 포함	写真付き 사진 첨부	条件付き 조건 붙음	朝食付き 조식 포함
~漬け ~절인것(열중함)	薬漬け 약을 과복용시킴	醤油漬け 간장 절임	勉強漬け 공부에 열중함
~づらい ~하기 어렵다	断りづらい 거절하기 어렵다	頼みづらい 부탁하기 어렵다	話しづらい 말하기 어렵다
~連れ ~동행, 동반	親子連れ 부모와 자식 동반	家族連れ 가족 동반	子供連れ 아이 동반
~手 ~수, 일·역할을 하는 사람	書き手 쓰는 사람, 필자	聞き手 듣는 사람	働き手 일꾼

접미어	예시1	예시2	예시3
~派(は) ~파	印象派(いんしょうは) 인상파	演技派(えんぎは) 연기파	慎重派(しんちょうは) 신중파
~発(はつ) ~발(출발)	ソウル発(はつ) 서울발	東京駅発(とうきょうえきはつ) 도쿄역발	成田空港発(なりたくうこうはつ) 나리타 공항발
~離れ(ばなれ) ~멀어짐(기피함)	活字離れ(かつじばなれ) 활자를 멀리함	現実離れ(げんじつばなれ) 현실과 동떨어짐	車離れ(くるまばなれ) 차 소비를 기피함
~版(ばん) ~판	英語版(えいごばん) 영어판	劇場版(げきじょうばん) 극장판	限定版(げんていばん) 한정판
~費(ひ) ~비	交通費(こうつうひ) 교통비	人件費(じんけんひ) 인건비	生活費(せいかつひ) 생활비
~品(ひん) ~품	衣料品(いりょうひん) 의료품	貴重品(きちょうひん) 귀중품	不良品(ふりょうひん) 불량품
~風(ふう) ~풍	会社員風(かいしゃいんふう) 회사원풍	ビジネスマン風(ふう) 비즈니스맨풍	ヨーロッパ風(ふう) 유럽풍
~不明(ふめい) ~불명	原因不明(げんいんふめい) 원인 불명	行方不明(ゆくえふめい) 행방불명	意識不明(いしきふめい) 의식 불명
~別(べつ) ~별	学年別(がくねんべつ) 학년별	職業別(しょくぎょうべつ) 직업별	年収別(ねんしゅうべつ) 연수입별
~放題(ほうだい) ~무제한	かけ放題(ほうだい) 통화 무제한	食べ放題(たべほうだい) 먹기 무제한	飲み放題(のみほうだい) 마시기 무제한
~末(まつ) ~말	後始末(あとしまつ) 뒤처리, 뒷수습	学期末(がっきまつ) 학기말	世紀末(せいきまつ) 세기말
~向け(むけ) ~용	一般向け(いっぱんむけ) 일반용	大人向け(おとなむけ) 어른용	子供向け(こどもむけ) 아이용
~元(もと) ~원	送信元(そうしんもと) 송신원, 발신지	発信元(はっしんもと) 발신원	販売元(はんばいもと) 판매원
~率(りつ) ~률, 율	合格率(ごうかくりつ) 합격률	就職率(しゅうしょくりつ) 취직률	進学率(しんがくりつ) 진학률
	成功率(せいこうりつ) 성공률	生存率(せいぞんりつ) 생존률	投票率(とうひょうりつ) 투표율
~流(りゅう) ~류	アメリカ流(りゅう) 미국류, 미국식	自己流(じこりゅう) 자기류, 자기 방식	日本流(にほんりゅう) 일본류, 일본식

~料 ~료	□ 使用料 しようりょう 사용료	□ 手数料 てすうりょう 수수료	□ 保険料 ほけんりょう 보험료
~量 ~량, 양	□ 降水量 こうすいりょう 강수량	□ 収穫量 しゅうかくりょう 수확량	□ 生産量 せいさんりょう 생산량
~力 ~력	□ 記憶力 きおくりょく 기억력	□ 語学力 ごがくりょく 어학(능)력	□ 集中力 しゅうちゅうりょく 집중력
~類 ~류	□ 魚介類 ぎょかいるい 어패류	□ 甲殻類 こうかくるい 갑각류	□ 食器類 しょっきるい 식기류

그 외

単なる たんなる 단순한		
~対~ ~대~	□ 1対1 たい 1대1	□ 2対1 たい 2대1

문자·어휘 | 핵심단어 집중 공략

기본 다지기

한자읽기 핵심단어

채점 /10

한자 단어의 읽는 법을 둘 중에서 하나 고르세요.

1 公正だ
1 こうせいだ　　　2 こうしょうだ

2 移行
1 いぎょう　　　2 いこう

3 黙る
1 たまる　　　2 だまる

4 固める
1 かためる　　　2 かこめる

5 客観的だ
1 きゃくかんてきだ　　　2 きゃっかんてきだ

6 嵐
1 あらし　　　2 かぜ

7 激しい
1 はげしい　　　2 きびしい

8 演説
1 えんせつ　　　2 えんぜつ

9 往来
1 じゅうらい　　　2 おうらい

10 活発だ
1 かっぱつだ　　　2 かつはつだ

정답　1① 2② 3② 4① 5② 6① 7① 8② 9② 10①

해설집 p.23

한자읽기 핵심단어 실전 연습 문제 ①

問題1 ＿＿＿の言葉の読み方として最もよいものを、1・2・3・4から一つ選びなさい。

1 大学在学中は質素な生活や食事をして少しでも貯金を増やしたい。
　　1　しちそ　　　　2　しっそう　　　　3　しつそ　　　　4　しっそ

2 父は家族を養うために、毎日遅くまで残業ばかりしている。
　　1　ともなう　　　2　おおう　　　　　3　やしなう　　　4　になう

3 彼は減量するために、毎日運動するようにしている。
　　1　げんりょう　　2　へんりょう　　　3　げんりゅう　　4　けんりょう

4 友達は次こそは試験に合格しようと毎日必死に勉強している。
　　1　ひつし　　　　2　ひっし　　　　　3　びっし　　　　4　ひつじ

5 ニュースで鋭いナイフを持った犯人が逃げていると言っていた。
　　1　あらい　　　　2　にぶい　　　　　3　かしこい　　　4　するどい

정답　1 ④　2 ③　3 ①　4 ②　5 ④

한자읽기 핵심단어 **실전 연습 문제 ❷**

시간 2분 30초 이내   채점 /5

問題1 ＿＿＿＿の言葉の読み方として最もよいものを、1・2・3・4から一つ選びなさい。

1 幼い頃はよく夏休みを利用して田舎の祖父母の家へ遊びに行っていた。
　　1　あやうい　　　2　おさない　　　3　にくい　　　4　えらい

2 京都（きょうと）で飲んだ抹茶（まっちゃ）はとても濃厚な味で今でも忘れられない。
　　1　のうこう　　　2　のうあつ　　　3　こいあつ　　　4　こうあつ

3 彼女は外国人の私を目的の場所に導いてくれた。
　　1　ささやいて　　2　かたむいて　　3　まねいて　　　4　みちびいて

4 新作の商品は勢いよく売れてしまって、生産が追いつかない。
　　1　たたかい　　　2　いきおい　　　3　あつかい　　　4　したがい

5 今日は波が荒いので泳ぐのはやめたほうがいいでしょう。
　　1　かたい　　　　2　こわい　　　　3　あらい　　　　4　おしい

해설집 p.24

정답　1②　2①　3④　4②　5③

한자읽기 핵심단어 실전 연습 문제 ③

問題1 _____の言葉の読み方として最もよいものを、1・2・3・4から一つ選びなさい。

1 文化の違いが相互理解の障害になることがよくある。
　　1　そうごう　　　2　そうこ　　　3　そうご　　　4　そうこう

2 近年の急激なインターネットの普及により、私たちの生活は大きく変わった。
　　1　ふつきゅう　　2　ふきゅう　　3　ふっきゅう　　4　ふうきゅう

3 私は健康管理のため、毎年1回健康診断を受けています。
　　1　しんだん　　　2　しゅうだん　　3　じんだん　　4　じゅうだん

4 一週間の有給休暇を取得してヨーロッパ旅行を楽しんできた。
　　1　しゅうとく　　2　じゅとく　　3　しゅうどく　　4　しゅとく

5 子どもの登校拒否に悩む家庭が増えている。
　　1　きょうひ　　　2　きょひ　　　3　きょび　　　4　きょい

정답　1 ③　2 ②　3 ①　4 ④　5 ②

한자읽기 핵심단어 실전 연습 문제 ④

問題1 ＿＿＿＿＿の言葉の読み方として最もよいものを、1・2・3・4から一つ選びなさい。

1 深くまで<u>潜れる</u>ようにダイビングの免許を取った。
　　1　あふれる　　2　はずれる　　3　もぐれる　　4　かくれる

2 教授のアドバイスを参考にして、<u>志望</u>理由を書いてみることにした。
　　1　しもう　　2　しぼう　　3　じぼう　　4　じもう

3 論文を作成するために、<u>分厚い</u>本を何冊も読んでいた。
　　1　ぶんあつい　　2　ぶあつい　　3　ふんあつい　　4　ぷあつい

4 あのレストランは<u>多彩</u>な料理を提供することで雑誌に紹介された。
　　1　たざい　　2　たせい　　3　たいさい　　4　たさい

5 一人暮らしの女性を<u>狙った</u>犯罪が最近相次いで発生している。
　　1　ねらった　　2　なぐった　　3　くるった　　4　たまった

정답　1 ③　2 ②　3 ②　4 ④　5 ①

한자읽기 핵심단어 실전 연습 문제 ⑤

問題1 _____の言葉の読み方として最もよいものを、1・2・3・4から一つ選びなさい。

1 笑顔は伝染し、人に良い影響を与える。
　　1　てんせん　　　2　でんしょく　　　3　てんしょく　　　4　でんせん

2 事業好調のため、工場を拡充しなければならない。
　　1　かくじゅう　　2　こうじゅう　　　3　かくじゅ　　　　4　こうじゅ

3 春の陽気な天気に誘われてチョウが飛んでいる。
　　1　ようぎ　　　　2　ようけ　　　　　3　ようき　　　　　4　ようげ

4 行動する上で慎重さは必要だが、時には大胆さも必要な時がある。
　　1　しんじゅう　　2　しんちょう　　　3　じんじゅう　　　4　じんちょう

5 世界的な気温上昇のため、厳しい夏になりそうだ。
　　1　しょうじょう　2　じょうしょう　　3　しょうしょう　　4　じょうしょ

정답　1 ④　2 ①　3 ③　4 ②　5 ②

표기 핵심단어
기본 다지기

채점   /10

히라가나를 한자로 표기했을 때 올바른 것을 둘 중에서 하나 고르세요.

1 あいまいだ
　1　曖昧だ　　　　　　　　2　愛昧だ

2 いちじるしい
　1　者しい　　　　　　　　2　著しい

3 いし
　1　医士　　　　　　　　　2　医師

4 いさん
　1　遺産　　　　　　　　　2　貴産

5 うばう
　1　撃う　　　　　　　　　2　奪う

6 けんきょだ
　1　謙虚だ　　　　　　　　2　兼虚だ

7 おさえる
　1　迎える　　　　　　　　2　抑える

8 いっかつばらい
　1　一活払い　　　　　　　2　一括払い

9 おだやかだ
　1　穏やかだ　　　　　　　2　隠やかだ

10 かんかく
　1　関隔　　　　　　　　　2　間隔

해설집 p.26

정답　1① 2② 3② 4① 5② 6① 7② 8② 9① 10②

표기 핵심단어 실전 연습 문제 ①

問題2 ＿＿＿＿の言葉を漢字で書くとき、最もよいものを1・2・3・4から一つ選びなさい。

1 テレビで貧しい人をすくうために募金を呼びかけていた。
　　1　競う　　　　2　助う　　　　3　求う　　　　4　救う

2 私は昔のおさつを集めることに夢中だ。
　　1　お皿　　　　2　お札　　　　3　お礼　　　　4　お冊

3 あの有名人は毎年病気の子供たちのために多額のきふをしている。
　　1　奇府　　　　2　寄府　　　　3　寄付　　　　4　奇付

4 このレポートは長すぎるので、不要な部分をはぶく必要がある。
　　1　抜く　　　　2　省く　　　　3　略く　　　　4　除く

5 溜まった雑誌はひもでたばねてから捨てなければならない。
　　1　束ねて　　　2　結ねて　　　3　訪ねて　　　4　重ねて

정답　1 ④　2 ②　3 ③　4 ②　5 ①

표기 핵심단어 **실전 연습 문제 ❷**

問題2 ＿＿＿＿の言葉を漢字で書くとき、最もよいものを1・2・3・4から一つ選びなさい。

1 この町は社会ふくしが充実しているので住みやすい町だ。
　　1　福祉　　　2　複止　　　3　幅止　　　4　福止

2 友人をまねいて家でパーティーを開いた。
　　1　抱いて　　2　招いて　　3　築いて　　4　湧いて

3 この情報は相手にゆうりな情報だ。
　　1　優利　　　2　有利　　　3　有梨　　　4　優梨

4 強火で肉を焼いたら肉がこげて食べられなかった。
　　1　挙げて　　2　逃げて　　3　煮げて　　4　焦げて

5 彼はれいぎ正しく毎日挨拶をしてくれる。
　　1　札儀　　　2　礼儀　　　3　札義　　　4　礼義

정답　1 ①　2 ②　3 ②　4 ④　5 ②

표기 핵심단어 실전 연습 문제 ❸

問題2 ＿＿＿＿の言葉を漢字で書くとき、最もよいものを1・2・3・4から一つ選びなさい。

1 その曲を聞くと昔のなつかしい記憶が思い出される。
　　1　恋かしい　　2　懐かしい　　3　壊かしい　　4　勇かしい

2 彼はけいび会社に勤めてもう10年のベテランだ。
　　1　敬偏　　2　警偏　　3　警備　　4　敬備

3 うちの近くのスーパーは祝日をのぞいて毎日営業している。
　　1　徐いて　　2　途いて　　3　斜いて　　4　除いて

4 報告書をていせいしたら、今日中に部長に送付してください。
　　1　証正　　2　訂正　　3　訂整　　4　証整

5 サッカーの試合中に転んでうでを骨折してしまった。
　　1　肺　　2　胸　　3　腰　　4　腕

정답　1 ②　2 ③　3 ④　4 ②　5 ④

표기 핵심단어 실전 연습 문제 ④

問題2 _____ の言葉を漢字で書くとき、最もよいものを1・2・3・4から一つ選びなさい。

1 ここはとてもいごこちのいい住みやすい町だ。
　　1　居心地　　　2　居処地　　　3　居心池　　　4　居住地

2 アレルギーなので春になると鼻水などのしょうじょうが出る。
　　1　症上　　　　2　症状　　　　3　症犬　　　　4　賞状

3 へいぼんな毎日を明るく過ごすために毎日花を買っている。
　　1　来丹　　　　2　来風　　　　3　平丹　　　　4　平凡

4 木のみを拾いに近くの広い公園へ行った。
　　1　実　　　　　2　美　　　　　3　未　　　　　4　森

5 あの川のはしからはしまでどのくらいの距離があるんだろう。
　　1　走　　　　　2　瑞　　　　　3　端　　　　　4　橋

정답　1① 2② 3④ 4① 5③

표기 핵심단어 실전 연습 문제 ⑤

問題2 ＿＿＿＿＿の言葉を漢字で書くとき、最もよいものを1・2・3・4から一つ選びなさい。

1 レポートの提出期日がせまっているのに、まだ書き始めてもいない。
　1　退って　　　2　巡って　　　3　迫って　　　4　追って

2 彼とはファッションのけいとうが似ているので、デートの時はよく一緒に買い物に行く。
　1　系純　　　2　系統　　　3　形統　　　4　形純

3 プレゼンでは要点をまとめてかんけつに伝えることが大事だ。
　1　完潔　　　2　簡結　　　3　完結　　　4　簡潔

4 こおるような冷たい風が毎晩吹いて風邪を引きそうだ。
　1　冷る　　　2　凍る　　　3　東る　　　4　永る

5 しょうさいについては明日の会議でさらに議論することになった。
　1　詳細　　　2　訴細　　　3　詳畑　　　4　訴畑

정답　1 ③　2 ②　3 ④　4 ②　5 ①

단어형성 핵심단어
기본 다지기

채점 　/5

괄호 안에 들어갈 알맞은 어휘를 둘 중에서 하나 고르세요.

1 彼女はいつも遅くまで練習をしていて、本当に努力（　　　）だ。
　　1 人　　　　　　　　　2 家

2 人がいきなり出てきて（　　　）ブレーキをかけた。
　　1 速　　　　　　　　　2 急

3 案内（　　　）で道を尋ねる。
　　1 場　　　　　　　　　2 所

4 結婚をするなら価値（　　　）が似た人が良いだろう。
　　1 観　　　　　　　　　2 感

5 この世の中には（　　　）解決の事件がたくさんある。
　　1 未　　　　　　　　　2 否

해설집 p.28

정답　1② 2② 3② 4① 5①

단어형성 핵심단어 **실전 연습 문제** ①

問題3 (　　　)に入れるのに最もよいものを、1・2・3・4から一つ選びなさい。

1 突然、仕事を辞めるなんて（　　　）責任だ。
　　1　非　　　　2　不　　　　3　無　　　　4　否

2 今回の選挙の投票（　　　）は過去最低を記録した。
　　1　率　　　　2　回　　　　3　卒　　　　4　差

3 たこ焼きを上手に焼く方法は綺麗なボール（　　　）にすることだ。
　　1　形　　　　2　状　　　　3　様　　　　4　型

4 青かったバナナが軟らかくなって食べ（　　　）になった。
　　1　時　　　　2　位　　　　3　期　　　　4　頃

5 夏休みはハワイの会員（　　　）のリゾートホテルに宿泊予定だ。
　　1　剤　　　　2　制　　　　3　性　　　　4　製

정답　1 ③　2 ①　3 ②　4 ④　5 ②

단어형성 핵심단어 **실전 연습 문제 ②**

問題3 (　　　)に入れるのに最もよいものを、1・2・3・4から一つ選びなさい。

1 商品の交換や返品に対応できるのは、(　　　) 使用のものだけだ。
　　1 非　　　　2 未　　　　3 仮　　　　4 初

2 大型連休ということもあり、その施設は親子 (　　　) で混んでいた。
　　1 連れ　　　2 付き　　　3 込み　　　4 有り

3 この地域は、大雨で通行止めになる危険 (　　　) が高い。
　　1 感　　　　2 心　　　　3 性　　　　4 率

4 体をつくる (　　　) 成分と言われるのが、タンパク質である。
　　1 大　　　　2 主　　　　3 半　　　　4 多

5 来月からは、(　　　) 社長の息子が新社長として就任するらしい。
　　1 真　　　　2 名　　　　3 今　　　　4 現

정답　1② 2① 3③ 4② 5④

단어형성 핵심단어 **실전 연습 문제 ③**

問題3 （　　　）に入れるのに最もよいものを、1・2・3・4から一つ選びなさい。

1 （　　　）段階では事件の詳細はわかっていません。
　　1　今　　　　2　元　　　　3　原　　　　4　現

2 時代の変化や性別による結婚（　　　）の違いは否定できない。
　　1　観　　　　2　感　　　　3　視　　　　4　勘

3 今年度の（　　　）売上は昨年度の3割を上回り好調だ。
　　1　合　　　　2　総　　　　3　全　　　　4　統

4 結婚祝いの一つとして食器（　　　）セットを揃えた。
　　1　類　　　　2　種　　　　3　集　　　　4　派

5 受験生なので志望校に合格するため、勉強（　　　）の毎日を送っている。
　　1　盛り　　　2　放題　　　3　漬け　　　4　済み

정답　1 ④　2 ①　3 ②　4 ①　5 ③

단어형성 핵심단어 실전 연습 문제 ④

問題3 (　　　)に入れるのに最もよいものを、1・2・3・4から一つ選びなさい。

1 会社員（　　　）の男性に、駅前で道を聞かれた。
　　1　式　　　　2　界　　　　3　型　　　　4　風

2 コンビニでのコピー（　　　）は、後で会社に請求することにする。
　　1　費　　　　2　料　　　　3　代　　　　4　賃

3 この路線（　　　）には大学が多いため、学生がたくさん住んでいる。
　　1　沿い　　　2　全般　　　3　気味　　　4　明け

4 就職したいと思っていた会社から、（　　　）採用の通知が来た。
　　1　臨　　　　2　仮　　　　3　試　　　　4　副

5 応援（　　　）の踊りは、選手たちにとって大きな力となった。
　　1　団　　　　2　師　　　　3　屋　　　　4　員

정답　1 ④　2 ③　3 ①　4 ②　5 ①

단어형성 핵심단어 실전 연습 문제 ⑤

問題3 (　　)に入れるのに最もよいものを、1・2・3・4から一つ選びなさい。

1　自信があった問題だったのに、(　　)正解だった。
　　1　不　　　　2　違　　　　3　誤　　　　4　非

2　社長が変わり、経営方針も (　　) 社長とは大きく変わったようだ。
　　1　旧　　　　2　現　　　　3　昔　　　　4　前

3　あの人の考えは、いつも現実 (　　) していて参考にならない。
　　1　流れ　　　2　避け　　　3　離れ　　　4　逃げ

4　その大学は、就職 (　　) がとても高いことで有名だ。
　　1　量　　　　2　度　　　　3　率　　　　4　力

5　この辺りは住宅 (　　) なので、とても静かだ。
　　1　署　　　　2　街　　　　3　所　　　　4　場

정답　1 ①　2 ④　3 ③　4 ③　5 ②

문맥규정 핵심단어
기본 다지기

채점 /5

괄호 안에 들어갈 알맞은 어휘를 둘 중에서 하나 고르세요.

1. ワールドカップの （　　　） 戦はフランス対アメリカだそうだ。
   1 開幕　　　　　　　　　2 開催

2. 学生時代に頑張ったことについての （　　　） を教えてください。
   1 エピソード　　　　　　2 クラシック

3. 都市開発について （　　　） 感想を聞かせてください。
   1 素朴な　　　　　　　　2 率直な

4. テレビで （　　　） 犬として紹介された。
   1 賢い　　　　　　　　　2 快い

5. 相手の意見に同意して （　　　）。
   1 ふりむく　　　　　　　2 うなずく

정답　1 ①　2 ①　3 ②　4 ①　5 ②

문맥규정 핵심단어 실전 연습 문제 ①

시간 7분 이내　채점　/7

問題4 （　　　）に入れるのに最もよいものを、1・2・3・4から一つ選びなさい。

1　A社での契約を（　　　）してB社の安いプランに変更した。
　1　延長　　　　2　維持　　　　3　解約　　　　4　解決

2　その料理はもう（　　　）いるから食べないほうがいいですよ。
　1　含んで　　　2　達して　　　3　劣って　　　4　傷んで

3　彼女は（　　　）見えるが、実はとても活発で明るい人だ。
　1　余計に　　　2　地味に　　　3　格別に　　　4　派手に

4　（　　　）音楽を聞くと、頭が痛くなるのでクラシックを聞くようにしている。
　1　ずうずうしい　2　よわよわしい　3　そらぞらしい　4　そうぞうしい

5　うちの玄関には「（　　　）お断り」の札がかけてある。
　1　プレッシャー　2　セールス　　3　フロア　　　4　リーダー

6　荷物を積んでいるトラックの前に（　　　）なんて危険ですよ。
　1　割り込む　　2　乗り継ぐ　　3　振り向く　　4　立ち寄る

7　誤解を（　　　）ような発言をしてしまい、申し訳ありませんでした。
　1　省く　　　　2　傾く　　　　3　招く　　　　4　除く

해설집 p.32

정답　1 ③　2 ④　3 ②　4 ④　5 ②　6 ①　7 ③

문맥규정 핵심단어 **실전 연습 문제 ②**

問題4 (　　　)に入れるのに最もよいものを、1・2・3・4から一つ選びなさい。

1 解決しなければならない問題を　(　　　)　いる国はたくさんある。
　　1　抱えて　　　　2　解いて　　　　3　努めて　　　　4　荒れて

2 結果より　(　　　)　が大事だ。
　　1　ゴール　　　　2　プログラム　　3　プロセス　　　4　プレッシャー

3 棚に本が　(　　　)　詰め込まれている。
　　1　ぎっしり　　　2　ばっさり　　　3　さっぱり　　　4　ぴったり

4 今日は祭りで踊るので、踊れる　(　　　)　をして行った。
　　1　気候　　　　　2　浴衣　　　　　3　気配　　　　　4　格好

5 労働者たちが労働条件の改善を要求し、(　　　)　を起こした。
　　1　ストライキ　　2　インパクト　　3　チャージ　　　4　アンコール

6 不景気のためか歴史の長い企業でさえ　(　　　)　しまった。
　　1　くだいて　　　2　あきれて　　　3　さからって　　4　つぶれて

7 松下さんとは初めて会ったが、同じ大学出身ということもあって、話が　(　　　)。
　　1　打ち明けた　　2　盛り上がった　3　行き過ぎた　　4　飛び降りた

정답　1① 2③ 3① 4④ 5① 6④ 7②

문맥규정 핵심단어 실전 연습 문제 ③

問題4 （　　　）に入れるのに最もよいものを、1・2・3・4から一つ選びなさい。

1 小さい頃から親と離れて暮らしているなんて（　　　）。
　　1　強引だ　　　　2　さわやかだ　　　3　安易だ　　　　4　かわいそうだ

2 今回の試験は（　　　）うまくいったような気がする。
　　1　じきに　　　　2　わりと　　　　　3　とっくに　　　4　さっさと

3 私は昔から（　　　）感がなくて音楽だけは苦手だ。
　　1　シーズン　　　2　リズム　　　　　3　コラム　　　　4　アクセント

4 面接の際は、はきはきした（　　　）で答えると合格する可能性が高い。
　　1　態度　　　　　2　外見　　　　　　3　役割　　　　　4　礼儀

5 一人でずっと悩んでいたが、昨日友達に（　　　）相談してみた。
　　1　直ちに　　　　2　頑固に　　　　　3　やがて　　　　4　思い切って

6 勝手な行動で人に（　　　）思いをさせてはいけない。
　　1　愉快な　　　　2　みじめな　　　　3　不快な　　　　4　おおまかな

7 （　　　）ことに先輩の紹介でバイトさせてもらえることになった。
　　1　いさましい　　2　ありがたい　　　3　ずるい　　　　4　めでたい

정답　1 ④　2 ②　3 ②　4 ①　5 ④　6 ③　7 ②

問題4 (　　　)に入れるのに最もよいものを、1・2・3・4から一つ選びなさい。

1 この会社は残業が多いので、来年（　　　）するつもりだ。
　1 移住　　2 願望　　3 批評　　4 転職

2 品質から見て（　　　）金額だと思う。
　1 妙な　　2 妥当な　　3 貴重な　　4 柔軟な

3 最近（　　　）迷惑メールに困っている。
　1 しつこい　　2 なさけない　　3 はげしい　　4 なかよい

4 大事な会議なのに（　　　）してしまい、一日中反省している。
　1 セット　　2 ミス　　3 アドバイス　　4 チャレンジ

5 生徒たちの提案によって厳しい服装規定が（　　　）された。
　1 開幕　　2 圧縮　　3 催促　　4 廃止

6 家にある包丁が（　　　）使えなくなったので、新しいものを購入した。
　1 へこんで　　2 にごって　　3 におって　　4 さびて

7 晴れているのに雨が降ってきて（　　　）雷も鳴り出した。
　1 いきなり　　2 あいにく　　3 おそらく　　4 しきりに

정답　1 ④　2 ②　3 ①　4 ②　5 ④　6 ④　7 ①

문맥규정 핵심단어 실전 연습 문제 ⑤

問題4 (　　　) に入れるのに最もよいものを、1・2・3・4から一つ選びなさい。

1 都会では（　　　）輝く星が見えないので将来は田舎に住みたい。
　　1　きらきら　　　2　かさかさ　　　3　のろのろ　　　4　はらはら

2 大学では（　　　）に入らず、就職のために資格の勉強をしようと思う。
　　1　メディア　　　2　マイペース　　　3　サークル　　　4　プログラム

3 いつかは世代（　　　）の時期が必ず来るだろう。
　　1　創造　　　2　交代　　　3　合同　　　4　生存

4 休日のバイトは店が混んでいて仕事の後はいつも（　　　）。
　　1　乱れる　　　2　くたびれる　　　3　のがれる　　　4　暴れる

5 （　　　）山を登ると頂上には素晴らしい景色が待っている。
　　1　険しい　　　2　ふさわしい　　　3　大人しい　　　4　あわただしい

6 自信を持って（　　　）進んで行動してください。
　　1　せっせと　　　2　くれぐれも　　　3　あくまで　　　4　みずから

7 今回の選挙の結果を（　　　）するのは、本当に難しいと思う。
　　1　投票　　　2　測定　　　3　予測　　　4　特定

정답 1 ①　2 ③　3 ②　4 ②　5 ①　6 ④　7 ③

유의표현 핵심단어
기본 다지기

채점   /5

밑줄 친 단어나 문장과 가장 비슷한 표현을 둘 중에서 하나 고르세요.

1 あの有名俳優が40歳で亡くなったのは<u>惜しい</u>。
    1　つまらない　　　　　　2　もったいない

2 先生は漢字の<u>あやまり</u>を直してくれた。
    1　分からないところ　　　2　間違っているところ

3 私はケータイを<u>つね</u>に持っていないと不安になる。
    1　いつも　　　　　　　　2　毎日

4 夏休み最終日に、今さら<u>じたばたしても</u>仕方がない。
    1　慌てても　　　　　　　2　心配しても

5 毎日厳しい練習ばかりで<u>くたくたになっている</u>。
    1　ひどく疲れて　　　　　2　とても役に立って

정답　1② 2② 3① 4① 5①

유의표현 핵심단어 실전 연습 문제 ①

問題5 _____の言葉に意味が最も近いものを、1・2・3・4から一つ選びなさい。

1 花粉症に効く新薬の開発が着々と進んでいる。
　1　正確に　　　　2　順調に　　　　3　豊富に　　　　4　慎重に

2 高木(たかぎ)さんと会うのは久しぶりだったので、いくら話しても話が尽きなかった。
　1　続かなかった　2　通じなかった　3　終わらなかった　4　破れなかった

3 日本のアニメを見ることは、日本語の会話を学ぶのに適しているのでおすすめだ。
　1　良い　　　　　2　悪い　　　　　3　楽しい　　　　4　面白い

4 日本の伝統産業を守るためには職人の技術が不可欠だ。
　1　絶対に必要だ　　　　　　　　　2　必要かもしれない
　3　必要ではない　　　　　　　　　4　必要でも不要でもない

5 雪が降って寒さが一層厳しくなった。
　1　やや　　　　　2　ようやく　　　3　ついに　　　　4　ますます

정답　1 ②　2 ③　3 ①　4 ①　5 ④

유의표현 핵심단어 **실전 연습 문제 ❷**

시간 5분 이내 | 채점 /5

問題5 ＿＿＿＿の言葉に意味が最も近いものを、1・2・3・4から一つ選びなさい。

1　私は旅行関連の書籍を編集する仕事をしている。
　　1　領収書　　　2　契約書　　　3　書類　　　4　本

2　運動した後はいつも汗でびしょびしょなので、すぐにシャワーを浴びている。
　　1　あきれている様子　　　　2　もれている様子
　　3　あふれている様子　　　　4　ぬれている様子

3　くだらないことばかり話していないで、早く仕事を終わらせなさい。
　　1　責任感がない　　2　返事がない　　3　価値がない　　4　意見がない

4　こんな結果になることは容易に想像できただろう。
　　1　簡単に　　　2　永久に　　　3　あいまいに　　　4　妥当に

5　このブランドのターゲットは収入の安定してきた30代の女性たちだ。
　　1　関心　　　2　目的　　　3　流行　　　4　対象

정답　1 ④　2 ④　3 ③　4 ①　5 ④

해설집 p.37

유의표현 핵심단어 실전 연습 문제 ③

問題5 ＿＿＿の言葉に意味が最も近いものを、1・2・3・4から一つ選びなさい。

1 海外移住のための<u>プラン</u>を立てているところだ。
　　1　結果　　　　2　計画　　　　3　動機　　　　4　段階

2 彼とは人生に対する価値観が<u>一致する</u>。
　　1　同様だ　　　2　異なる　　　3　合わない　　4　似ている

3 第一志望の大学に合格するため、<u>精いっぱい</u>努力しなければならない。
　　1　もう少し　　2　できるだけ　3　きちんと　　4　徐々に

4 急に空が暗くなったと思ったら<u>案の定</u>、勢いよく雨が降ってきた。
　　1　しっかり　　2　ようやく　　3　はっきり　　4　やっぱり

5 近頃の若者たちは車を買わずに必要な時に<u>レンタル</u>する人が増えている。
　　1　修理する　　2　借りる　　　3　預ける　　　4　検査する

정답　1 ②　2 ①　3 ②　4 ④　5 ②

유의표현 핵심단어 실전 연습 문제 ④

問題5 ＿＿＿＿の言葉に意味が最も近いものを、1・2・3・4から一つ選びなさい。

1 家から逃げ出した猫が見つかってほっとした。
　　1　心配した　　　2　安心した　　　3　感動した　　　4　注目した

2 どんなに遅れても、来年の春には工事がほぼ終わっているはずだ。
　　1　一応　　　　　2　多少　　　　　3　だいたい　　　4　とっくに

3 世界大会で10連勝をしているので、このスポーツが世間で盛り上がっている。
　　1　評判がよくなっている　　　　　2　話題になっている
　　3　信じられている　　　　　　　　4　ほめられている

4 やむをえない事情が生じた場合はお早めにお知らせください。
　　1　なさけない　　2　こころよい　　3　もったいない　4　しかたない

5 車を運転するときは、歩行者の安全を確認しながら運転しなければならない。
　　1　走る人たち　　2　歩く人たち　　3　遊ぶ人たち　　4　乗る人たち

정답 1② 2③ 3② 4④ 5②

유의표현 핵심단어 실전 연습 문제 ⑤

시간 5분 이내 | 채점 /5

問題5 ＿＿＿＿の言葉に意味が最も近いものを、1・2・3・4から一つ選びなさい。

1 前に座っている人がさっきからうつむいている。
　　1　上を向いて　　2　下を向いて　　3　横を向いて　　4　後を向いて

2 海外で言葉が通じなくても身振りでどうにかなるものだ。
　　1　ジェスチャー　　2　アドバイス　　3　チャレンジ　　4　パワー

3 台風6号はおそらく日本を通り過ぎるだろう。
　　1　しばらく　　2　かなり　　3　わざと　　4　たぶん

4 この展覧会では、平和をテーマにした様々な作品が展示されている。
　　1　流行　　2　主題　　3　基本　　4　始め

5 顔を見ればその人の人柄がいいかどうかだいたいわかる。
　　1　特徴　　2　気持ち　　3　性格　　4　長所

정답　1② 2① 3④ 4② 5③

용법 핵심단어
기본 다지기

채점   /5

제시 단어를 올바르게 사용한 문장을 둘 중에서 하나 고르세요.

1 覚悟
1 悩んだあげく、覚悟を決めて親に0点のテストを見せた。
2 相手チームが弱いと思って、覚悟したら負けてしまった。

2 重苦しい
1 彼女は重苦しい性格でいつも本を読んでいる。
2 重苦しい雰囲気の中で会議が始まった。

3 粗末
1 お粗末ですが、当日は出張の予定があり参加できません。
2 お粗末なものですが、よろしければお召し上がりください。

4 就く
1 教師という仕事に就いてからやりがいを感じるようになった。
2 両親が離婚する際、弟は母親に就いて行った。

5 かばう
1 記者として世の中の不正や真実をかばう。
2 先輩が私のミスをかばってくれた。

정답   1① 2② 3② 4① 5②

용법 핵심단어 실전 연습 문제 ①

問題6 次の言葉の使い方として最もよいものを、1・2・3・4から一つ選びなさい。

1 調整
1. 今日は体の調整が良くないので、早めに寝ることにする。
2. 急な予定が入ってしまったので、スケジュールを調整する必要がある。
3. 読みたい本の場所がすぐにわかるように、本棚を調整しなければならない。
4. 資料に誤りがあったので、すぐに調整して新しいものを用意した。

2 プライド
1. 皆の前で彼にひどいことを言われて、私のプライドが傷ついた。
2. あの人はかなりのプライドなので、何でも教えてくれるはずだ。
3. 仕事と私生活のプライドを上手くとることが大切だと言われている。
4. 将来の夢は、自分のプライドの服を作って有名になることだ。

3 打ち明ける
1. この箱を二人で打ち明けようとしたが、重くて無理だった。
2. 失敗してしまったが、気持ちを打ち明けてまた頑張ろうと思う。
3. 製品の部分を打ち明けるところまで、サービスに含まれているようだ。
4. 先輩に仕事の悩みを打ち明けたら、色々とアドバイスをしてくれた。

4 意外に
1. 彼意外にも、活躍が期待できる素晴らしい選手がたくさんいる。
2. 予想していた意外に人が集まり、コンサートは大成功となった。
3. 今年の夏は意外に暑くて屋外でのイベントは中止になったものもあった。
4. 実は全く期待していなかったが、その映画は意外に面白かった。

5 じろじろ
1. 家の前をずっとじろじろしている人がいたので、警察に連絡した。
2. 休みの日は、家でじろじろしながら過ごすのが最高だ。
3. 知らない人をじろじろ見るのは、失礼だからやめたほうがいい。
4. 雪が降っているせいか、どの車もじろじろ走っている。

정답 1 ② 2 ① 3 ④ 4 ④ 5 ③

용법 핵심단어 실전 연습 문제 ❷

問題6 次の言葉の使い方として最もよいものを、1・2・3・4から一つ選びなさい。

[1] 支援
1 わが社はボランティア活動に対して積極的に支援している。
2 この意見を支援する人が反対する人より多かった。
3 体調を崩して日常生活に支援が出てしまった。
4 このバイトは昼食も支援されるので、助かっている。

[2] ひたすら
1 運動した後はのどが渇いて水をひたすら飲んだ。
2 あの転校生はひたすら笑って僕の前を通り過ぎた。
3 今年の夏休みはひたすら受験勉強に力を入れなければならない。
4 同僚がひたすら話しているのが偶然聞こえてしまった。

[3] 引き離す
1 今日は大事な契約があるので、気を引き離して頑張ります。
2 担任の先生はあの学生を悪い友達から引き離そうと努力していた。
3 友人の結婚式の司会を引き離すことになって緊張している。
4 夏祭りのくじ引きで1等を引き離して今年一番の運を使った気分だ。

[4] そそっかしい
1 息子はそそっかしい性格で幼い頃から一人で本を読むことが好きだった。
2 今日は会議をしたり出張をしたりとそそっかしい一日だった。
3 他人の部屋でも構わずに休むなんてそそっかしい証拠だ。
4 私はよく財布を落とすので周りからそそっかしい人だと言われている。

[5] 縛る
1 読み終わった雑誌や本はひもで縛ってから捨てるのが規則だ。
2 洗い終わった皿はそこに縛って置いてください。
3 事前に情報を集めて必要な知識を縛っておく。
4 新サービスに対してなぜか自信が縛ってきた。

정답 1① 2③ 3② 4④ 5①

용법 핵심단어 실전 연습 문제 ③

問題6 次の言葉の使い方として最もよいものを、1・2・3・4から一つ選びなさい。

1 在籍
1. 私は今、東京にオフィスがある会社に在籍している。
2. その生き物を私は見たことがないが、確実に在籍するらしい。
3. 今日の同窓会には、1年1組だった30名全員が在籍している。
4. 山田さんは体調が悪いようで、明日は在籍すると連絡が来た。

2 コスト
1. だいぶ慣れてきたので、上級者向けのコストにチャレンジすることにした。
2. コストがかかるという理由で、その案は採用されなかった。
3. テーブルに貼ってあるコストを読み取ると、スマホから注文ができる。
4. この商品は本当にコストが良いので、とても人気がある。

3 雇う
1. 来週から、家の近くのコンビニで雇うことになった。
2. このアパートは、2年の契約で雇って住んでいる。
3. 儲かっていなくて、アルバイトを雇う余裕もないのが現状だ。
4. 外国に行ったら、その国の文化や習慣に雇うのが一番だ。

4 いまだに
1. 困ったことがあったら、いまだに連絡してください。
2. 何度聞いても、私はその話をいまだに信じることができない。
3. いとこから洋服をもらったが、いまだに可愛くなかった。
4. ここまで来たのに、いまだにそんなことを言われても困る。

5 ほかほか
1. 春が近づくと新しいことが始まりそうでほかほかする。
2. 駅前にあるカフェのパンケーキが、とてもほかほかで大人気なようだ。
3. 細かい所まで丁寧に掃除したので、ほかほかになった。
4. ほかほかのお弁当がおいしくて、いつもこのお店で買っている。

정답 1① 2② 3③ 4② 5④

問題6 次の言葉の使い方として最もよいものを、1・2・3・4から一つ選びなさい。

[1] 担う
1 仕事を担ってから夕飯を作る気力がなくてお菓子を食べた。
2 引退した父の後を継ぎ、私が会社の責任を担う立場になった。
3 試験の前は合格を担ってトンカツを食べるようにしている。
4 新しい会社は家賃の一部を担ってくれるそうだ。

[2] ぞっとする
1 変な人が家の周りをぞっとしていたので、警察に通報した。
2 試験勉強に集中したいのに、隣の部屋がうるさくてぞっとした。
3 旅行で友達から聞いたぞっとする話のせいで眠れなかった。
4 布団の中でしばらくぞっとしていたらだいぶ心が落ち着いた。

[3] 発揮
1 この仕事は私の長所を発揮することができる最高の仕事だ。
2 部長は忙しそうだ。どうやら問題が発揮したらしい。
3 バスが急に発揮して乗客がけがをしそうになった。
4 人気歌手のコンサートチケットが発揮されたが、すぐに完売した。

[4] 切り替える
1 ガイドラインに沿ってハサミで切り替えるだけで作品が完成する。
2 彼氏が結婚について話を切り替えるまで10年もかかった。
3 この問題は小数点以下は切り替えて計算したほうがいいですよ。
4 環境保護のためにガソリン車から電気車へ切り替えた。

[5] くどい
1 多くの契約を結ぶためには多少くどくないと無理だよ。
2 くどいようですが、明日は必ず7時までに集合してください。
3 日本語を勉強するために、ドラマやアニメを毎日見ているなんてくどいですね。
4 あの教授は声がくどいので、マイクなしでも十分に聞こえる。

정답　1 ②　2 ③　3 ①　4 ④　5 ②

용법 핵심단어 실전 연습 문제 ⑤

시간 5분 이내 채점 /5

問題6 次の言葉の使い方として最もよいものを、1・2・3・4から一つ選びなさい。

1 初歩
1 そんなに遠い距離ではないので、私は初歩で移動するつもりだ。
2 明日は朝早い初歩なので、今日は早めに寝たほうがいいと思う。
3 楽しみにしているアニメの初歩の放送は、来週の月曜日だ。
4 まだ初歩の段階だが、とても難しくて続けられるか不安になった。

2 批判
1 そのときの彼の言葉や行動は、多くの人から批判を浴びた。
2 昔と現在の批判によって、生活習慣の健康への影響がわかってきた。
3 他人が自分をどう批判するかを過剰に気にしてはいけない。
4 インタビューで、引退の理由は結婚だといううわさを完全に批判した。

3 力づける
1 二人で力づけて、その問題を解決することができた。
2 私が落ち込んだ時、彼女はいつも温かい言葉で力づけてくれた。
3 力づけていた選手が優勝したので、とても嬉しかった。
4 健康診断の結果を見て、タバコをやめて運動するように力づけた。

4 あいまい
1 父が帰宅する車の音が、あいまいに聞こえたような気がした。
2 アインシュタインはあいまいな科学者として知られている。
3 彼に何度聞いてみても、あいまいな返事しかしなかった。
4 この記事を読めばあいまいな流れがわかるようになると思う。

5 ぎざぎざ
1 明日から初めての海外旅行に行くので、ぎざぎざしている。
2 あの子はまだ幼いので、ぎざぎざの線をはさみで切るのは難しい。
3 この机はぎざぎざして危ないので、他の机と交換したほうがいい。
4 たくさん遊んでのどが渇いたのか、お茶をぎざぎざ飲んでいた。

해설집 p.44

정답 1 ④ 2 ① 3 ② 4 ③ 5 ②

N2

JLPT 합격노하우 **yuhadayo.com**

언어지식

문법

문법 집중 공략
- 문제7 문법형식 판단
- 문제8 문장만들기
- 문제9 글의 문법

필수 문법 워밍업

기출문법 집중 공략

핵심문법 집중 공략

문법 공략 포인트 알아보기

합격에 가까워지는
문법 문제풀이 꿀팁

⚙ N2 문법 문제 유형은 문법형식 판단, 문장만들기, 글의 문법 3가지가 있다. 문맥상 알맞은 문법이나 접속 형태, 접속사를 묻는 문제가 총 22문제 출제된다.

1 품사별 활용 문법을 익히자.

문제 풀이 전에 명사, 형용사, 동사 등과 접속하는 문법을 충분히 학습하도록 하자. 해당 문법이 어떠한 품사와 접속하는지도 중요하지만, 어떤 형태(기본형, 보통형, ます형, ない형, て형, た형 등)로 접속하고 있는지도 확인해 두어야 한다.

2 문법의 뉘앙스를 파악하자.

단순히 문법과 뜻만 달달 외운다고 해서 문제를 잘 풀 수 있는 것은 아니다. 해당 문법을 어떤 뉘앙스로 활용하는지 예문을 확인하면서 파악하는 것이 중요하다.

3 문제의 문장 전체를 확인하자.

모든 문법 문제의 경우는 문제 문장 전체를 읽고 의미를 확인해야지 문제를 풀 수 있다. 그러므로 괄호 또는 밑줄, 빈칸이 있는 앞뒤 문장의 내용과 문맥을 잘 이해해야 할 뿐만 아니라 접속 형태도 잘 파악하는 것이 중요하다.

문법 접속 알아보기

1 기본형

말 그대로 단어의 원형으로, 명사를 제외한 형용사, 동사의 보통형 현재 긍정을 가리킨다.

2 た형

다른 말로는 '과거형'이라고도 하며, 모든 품사의 보통형 과거를 가리킨다.

명사		명사 ➕ だった
い형용사		어미 い 빼고 ➕ かった
な형용사		어미 だ 빼고 ➕ だった
동사	1그룹	어미에 따라 4가지 규칙이 있다. ① 어미 う・つ・る 빼고 ➕ った ② 어미 ぬ・ぶ・む 빼고 ➕ んだ ③ 어미 く・ぐ 빼고 ➕ いた・いだ ④ 어미 す 빼고 ➕ した **예외** 行(い)く 가다 → 行(い)った 갔다
	2그룹	어미 る 빼고 ➕ た
	3그룹	① する 하다 → した 했다 ② 来(く)る 오다 → 来(き)た 왔다

3 ない형

다른 말로는 '부정형'이라고도 하며, 보통형 현재 부정을 가리킨다.

명사		명사 ➕ じゃない・ではない
い형용사		어미 い 빼고 ➕ くない
な형용사		어미 だ 빼고 ➕ じゃない・ではない
동사	1그룹	어미 う단 ➡ あ단 ➕ ない *う로 끝나는 경우는 あ가 아닌 わ로 변경 후 ➕ ない
	2그룹	어미 る 빼고 ➕ ない
	3그룹	する 하다 ➡ しない 하지 않는다 来(く)る 오다 ➡ 来(こ)ない 오지 않는다

4 て형

다른 말로는 '연결형'이라고도 하며, '~하고, ~해서'라고 해석된다.

명사		명사 ➕ で
い형용사		어미 い 빼고 ➕ くて
な형용사		어미 だ 빼고 ➕ で
동사	1그룹	어미에 따라 4가지 규칙이 있다. ① 어미 う・つ・る 빼고 ➕ って ② 어미 ぬ・ぶ・む 빼고 ➕ んで ③ 어미 く・ぐ 빼고 ➕ いて・いで ④ 어미 す 빼고 ➕ して [예외] 行(い)く 가다 ➡ 行(い)って 가고, 가서
	2그룹	어미 る 빼고 ➕ て
	3그룹	する 하다 ➡ して 하고, 해서 来(く)る 오다 ➡ 来(き)て 오고, 와서

5 보통형

보통형은 반말 표현으로 각 품사별 형태가 다르다. 각 품사별 예시 단어를 통해 형태를 알아보자.

품사		시제	현재		과거	
			긍정(기본형)	부정(ない형)	긍정(た형)	부정
명사			やす 休みだ 휴일이다	やす 休みじゃない 휴일이 아니다	やす 休みだった 휴일이었다	やす 休みじゃなかった 휴일이 아니었다
い형용사			あつ 暑い 덥다	あつ 暑くない 덥지 않다	あつ 暑かった 더웠다	あつ 暑くなかった 덥지 않았다
な형용사			ひま 暇だ 한가하다	ひま 暇じゃない 한가하지 않다	ひま 暇だった 한가했다	ひま 暇じゃなかった 한가하지 않았다
동사	1그룹		い 行く 가다	い 行かない 가지 않는다	い 行った 갔다	い 行かなかった 가지 않았다
	2그룹		た 食べる 먹다	た 食べない 먹지 않는다	た 食べた 먹었다	た 食べなかった 먹지 않았다
	3그룹		する 하다	しない 하지 않는다	した 했다	しなかった 하지 않았다
			く 来る 오다	こ 来ない 오지 않는다	き 来た 왔다	こ 来なかった 오지 않았다

6 가정형

다른 말로는 'ば형'이라고도 하며, '~하면'이라고 해석된다.

명사		명사 ➕ ならば
い형용사		어미 い 빼고 ➕ ければ
な형용사		어미 だ 빼고 ➕ ならば
동사	1그룹	기본형 어미 う단 ➡ え단 ➕ ば
	2그룹	기본형 어미 る 빼고 ➕ れば
	3그룹	する 하다 ➡ すれば 하면 く 来る 오다 ➡ く 来れば 오면

7 동사 ます형

동사의 정중형인 「〜ます ~합니다」의 접속 형태를 가리킨다. 각 그룹별로 ます형이 다르기 때문에 확인해두자.

1그룹 동사	기본형 어미 う단 ➡ い단
2그룹 동사	기본형 어미 る 빼기
3그룹 동사	する 하다 ➡ し 来る 오다 ➡ 来(き)

8 동사 진행형

동사 て형과 접속하는 「〜ている ~하고 있다」 형태를 가리킨다.

9 동사 의지형

'~하자, ~해야지'라고 해석되며 각 그룹별로 의지형이 다르기 때문에 확인해두자.

1그룹 동사	기본형 어미 う단 ➡ お단 ⊕ う
2그룹 동사	기본형 어미 る 빼고 ⊕ よう
3그룹 동사	する 하다 ➡ しよう 하자, 해야지 来(く)る 오다 ➡ 来(こ)よう 오자, 와야지

10 동사 가능형

'~할 수 있다'라고 해석되며 각 그룹별로 가능형이 다르기 때문에 확인해두자.

1그룹 동사	기본형 어미 う단 ➡ え단 ➕ る
2그룹 동사	기본형 어미 る 빼고 ➕ られる
3그룹 동사	する 하다 ➡ できる 할 수 있다 来る(く) 오다 ➡ 来られる(こ) 올 수 있다

11 형용사 어간

변형되지 않는 부분을 어간이라고 표현한다.

い형용사 어간	기본형 어미 い 빼기 かわいい 귀엽다 ➡ かわい
な형용사 어간	기본형 어미 だ 빼기 好きだ(す) 좋아하다 ➡ 好き(す)

문제 7 문법형식 판단

문법형식 판단 문제는 문장을 읽고 괄호 안에 들어갈 적절한 문법을 찾는 문제로 12문제 출제된다.

이렇게 풀자

문법형식 판단 문제의 경우 주로 세 가지 패턴으로 출제된다.

① 문법의 뜻을 묻는 문제

문법의 뜻을 묻는 문제는 문제의 문장을 완벽하게 해석하는 것이 중요하다. 또한 선택지에서 주어진 문법도 정확히 해석하여 올바른 정답을 골라야 한다. 공부하면서 해당 문법과 자주 쓰는 단어나 문장을 기억해 두면 비교적 쉽게 풀 수 있는 문제가 있다.

② 접속 형태를 묻는 문제

선택지에는 동일한 단어가 접속 형태만 다른 형식으로 출제되는 경우가 있다. 이때는 해석의 문제가 아니라 접속 형태를 알고 있는 것이 관건이다. 문법의 의미를 알고 있더라도 접속 형태를 모르면 놓치게 되는 문제이기 때문에 공부할 때 문법의 의미뿐만 아니라 접속 형태도 유의하도록 하자.

③ 부사와 경어를 묻는 문제

괄호 안에 들어갈 알맞은 부사와 경어를 묻는 문제가 1문제씩 출제되고 있다. 경어 문제의 경우, 문장의 행동의 주체인 주어를 잘 확인하여 존경어인지 겸양어인지 고른 후, 문맥에 알맞은 선택지를 골라야 한다. 부사의 경우, 주어진 문장의 앞뒤 문맥과 선택지의 부사의 뜻과 쓰임새를 잘 파악하여 정답을 골라야 한다.

문제유형 예시

⏱ 시간 1분 이내

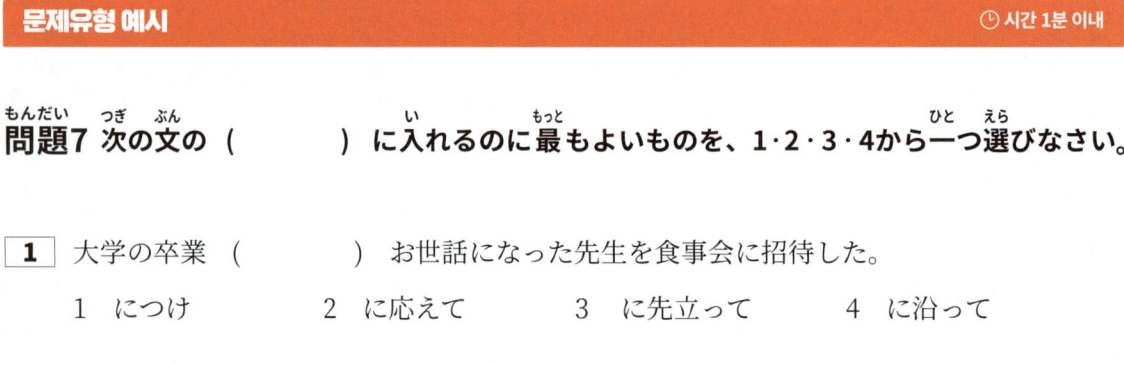

問題7 次の文の（　　）に入れるのに最もよいものを、1・2・3・4から一つ選びなさい。

1　大学の卒業（　　）お世話になった先生を食事会に招待した。

　　1　につけ　　　2　に応えて　　　3　に先立って　　　4　に沿って

문제 7 다음 문장의 (   )에 넣기에 가장 알맞은 것을 1·2·3·4에서 하나 고르세요.

| 정답 | ③

| 해석 | 대학 졸업 (   ) 신세를 진 선생님을 식사회에 초대했다.
1 ~할 때마다   2 ~에 부응해서   3 ~에 앞서서   4 ~에 따라서

| 해설 | 문맥상 알맞은 표현은 3 に先立って이다. 모두 명사와 접속이 되는 문법이지만, 뒤 문장과 자연스럽게 연결되기 위해서는 명사 ⊕ に先立って(~에 앞서서)라는 문법이 가장 적합하다.

| 단어 | 大学(だいがく) 대학 | 卒業(そつぎょう) 졸업 | ～に先立(さきだ)って ~에 앞서서 | お世話(せわ)になる 신세를 지다 | 先生(せんせい) 선생님 | 食事会(しょくじかい) 식사회 | 招待(しょうたい) 초대 | ～につけ ~할 때마다 | ～に応(こた)えて ~에 부응해서, ~에 힘입어 | ～に沿(そ)って ~에 따라서, ~을/를 따라서

문법 집중 공략

문제 8 문장만들기

문장만들기 문제는 문장 구성력을 판단하기 위한 문제로 5문제 출제된다. 선택지에 나와있는 표현들을 문법상 올바른 문장이 되도록 나열한 뒤, 별표에 들어가는 표현을 고르는 문제이다.

이렇게 풀자

문장만들기 문제의 경우, 해석에 초점을 두면 오답을 고를 확률이 높다. 우선은 문장 전체가 아닌 선택지의 조합을 먼저 확인하는 것이 좋다. 선택지에서 문법이나 의미적으로 묶이는 것들이 있다면 하나로 묶어둔 후에 전체를 확인하도록 하자. 또한 빈칸 앞뒤의 품사를 확인하면 의미 해석이 어려운 경우에도 문제를 풀 수 있는 경우가 있으므로 품사 확인에 유의하도록 하자.

문제유형 예시　　　　　　　　　　　　　　　　　　　　　시간 1분 이내

問題8 次の文の＿＿＿★＿＿＿に入る最もよいものを、1・2・3・4から一つ選びなさい。

1　今日は飲み会なんだから、みんなで楽しく ＿＿＿ ＿＿＿ ★ ＿＿＿ 。

　　1　飲もう　　　　2　じゃないか　　　3　仕事のことは　　4　忘れて

문제 8 다음 문장의 ___★___ 에 들어갈 가장 알맞은 것을 1·2·3·4에서 하나 고르세요.

| 정답 | ① 3-4-1-2

| 해석 | 오늘은 회식이니까, 모두 함께 즐겁게 일은 잊고 ★마시지 않겠는가?
　　　1 마시자(동사 의지형)　　2 하지 않겠는가　　3 일은　　4 잊고

| 해설 | 4번 '잊다'라는 동사 앞에는 어떠한 것을 잊는지 목적어가 나와야 한다. 앞 문장에서 목적어를 찾을 수 없기 때문에 선택지 안에 목적어가 있다는 것을 알 수 있다. '일은 잊고'가 자연스럽기 때문에 3-4번으로 연결된다. 동사 의지형 ◎ (よ)うじゃないか는 '(함께) ~하지 않겠는가?'라는 의미이므로 1-2번으로 연결된다. 따라서 3-4-1-2로 문장을 만들면 1 飲もう가 정답이다.

| 단어 | 今日(きょう) 오늘 | 飲(の)み会(かい) 회식, 술자리 | みんなで 모두 함께 | 楽(たの)しく 즐겁게 | 仕事(しごと) 일 | 忘(わす)れる 잊다 | 飲(の)む 마시다 | ~(よ)うじゃないか (함께) ~하지 않겠는가?

문법 집중 공략

문제 9 글의 문법

글의 문법 문제는 주어진 하나의 글(500자 내외)을 읽어가며 빈칸에 들어갈 올바른 표현을 찾는 문제로 4~5문제 출제되지만, 최근 경향으로는 4문제 출제되고 있다. 문법을 묻는 문제뿐만 아니라 문맥상 적절한 뜻을 묻는 문제 그리고 접속사를 묻는 문제가 출제된다.

이렇게 풀자

글의 문법 문제의 경우 독해처럼 느껴질 수 있지만 어디까지나 문법 문제라는 것을 잊으면 안 된다. 기본적으로 글의 전체를 이해해야 하는 점은 맞지만 해당 문제의 경우 문제로 출제되어 있는 해당 문장과 그 앞, 뒤만 확인하더라도 풀 수 있는 문제들이다. 만약 긴 글을 읽는 것이 부담되는 경우에는 문제로 출제되어 있는 문장 주변 해석에 집중하도록 하자. 또한 지시어와 접속사도 매 회 출제되고 있으므로 놓치지 않고 확인하도록 하자.

문제유형 예시   ⏱ 시간 10분 이내

問題9 次の文章を読んで、文章全体の内容を考えて、 18 から 22 の中に入る最もよいものを、1·2·3·4から一つ選びなさい。

下の文章は、コラムである。

時間の使い方

　私が若かった頃、「男性は外で働き、女性は家庭を守る」という考え方はごく一般的でした。現代でそんなことを言えば、本当に時代遅れでしょう。私は当時、主婦として平日や休日 18 家事をし、自分の時間はほとんどありませんでした。
　時代の変化とともに、女性も社会に出るのが当たり前になりました。 19 代わりに家事をしてくれるこのサービスが生まれたのです。このサービスは1990年前後に開始され、今ではライフスタイルに合わせて、掃除や洗濯、料理などの日常的な様々な家事を代わりにしてくれるそうです。
　もし、私が若かった頃にこのサービスがあったら、私は当然のように利用したと思います。もちろん自分のためでもありますが、 20 ではありません。これは家族との時

間を増やすためでもあります。子供と一緒に遊ぶ時間、夫とゆっくり話をする時間など、自分の時間や気持ちに余裕が　21　、家族としっかり向き合えるのだと思います。

　しかし、この便利なサービスを　22　、家事の手抜きをするわけではありません。そして、仕事で忙しく、家事をする時間がない人たちだけが利用するわけでもありません。自分のため、そして家族のため、限られた時間を効率よく使うための手段の一つなのです。時間の使い方を考える際、皆さんもぜひこのようなサービスを上手く活用してはいかがでしょうか。

18
1　を問わず　　　2　はもとより　　　3　を除いて　　　4　を通して

19
1　ところが　　　2　ただし　　　　　3　あるいは　　　4　そこで

20
1　あれだけ　　　2　それだけ　　　　3　ここだけ　　　4　どれだけ

21
1　生まれてこそ　　　　　　　　　　2　生まれつつも
3　生まれたとたん　　　　　　　　　4　生まれるどころか

22
1　利用するのみならず　　　　　　　2　利用するだけあって
3　利用するからといって　　　　　　4　利用するくらいなら

문제 3 다음 문장을 읽고, 문장 전체 내용을 생각해서, 18 부터 22 안에 들어갈 가장 알맞은 것을, 1·2·3·4에서 하나 고르세요.

정답 18 ①　19 ④　20 ②　21 ①　22 ③

해석 아래 문장은 칼럼이다.

시간의 사용법

　제가 젊었을 적, '남성은 밖에서 일하고, 여성은 가정을 지킨다'라고 하는 사고방식은 극히 일반적이었습니다. 현대에서 그런 말을 하면 정말 시대에 뒤떨어진 것이겠죠. 저는 당시, 주부로서 평일이나 휴일 18 가사를 하고, 자신의 시간은 대부분 없었습니다.
　시대의 변화와 함께 여성도 사회에 나오는 것이 당연해졌습니다. 19 대신에 가사를 해 주는 이 서비스가 생겨난 것입니다. 이 서비스는 1990년 전후에 개발되어, 지금은 라이프 스타일에 맞춰서 청소나 세탁, 요리 등 일상적인 다양한 가사를 대신에 해 준다고 합니다.
　만약 제가 젊었을 적에 이 서비스가 있었다면, 저는 당연한 듯이 이용했을 거라고 생각합니다. 물론 자신을 위해서이기도 하지만, 20 이 아닙니다. 이것은 가족과의 시간을 늘리기 위해서이기도 합니다. 아이와 함께 놀 시간, 남편과 느긋하게 이야기를 할 시간 등, 자신의 시간이나 기분에 여유가 21 , 가족과 제대로 마주 볼 수 있는 것이라고 생각합니다.
　하지만 이 편리한 서비스를 22 , 가사의 수고를 더는 것은 아닙니다. 그리고 일로 바쁘고, 가사를 할 시간이 없는 사람들만이 이용하는 것도 아닙니다. 스스로를 위해 그리고 가족을 위해 한정된 시간을 효율 좋게 사용하기 위한 수단의 하나인 것입니다. 시간의 사용법을 생각할 때, 여러분들도 부디 이러한 서비스를 잘 활용하는 건 어떠신가요?

해설 18

1 ~을/를 불문하고　2 ~은/는 물론　3 ~을/를 제외하고　4 ~을/를 통해서

문맥에 맞는 문법 표현을 고르는 문제이다. 빈칸 앞부분에 평일이나 휴일이라는 말이 있고 뒷부분에는 家事をし、自分の時間はほとんどありませんでした。(가사를 하고, 자신의 시간은 대부분 없었습니다.)라고 했다. 문맥상 평일이나 휴일을 불문하고 가사를 했다는 말이 오는 것이 가장 자연스럽다. 따라서 1 を問わず(~을/를 불문하고)가 정답이다.

표현 정리　～を問(と)わず ~을/를 불문하고 | ～はもとより ~은/는 물론 | ～を除(のぞ)いて ~을/를 제외하고 | ～を通(とお)して ~을/를 통해서

19

1 하지만　2 다만　3 혹은　4 그래서

문맥에 맞는 접속사를 고르는 문제이다. 빈칸 앞부분에서 원래 가사를 하던 여성들이 시대의 변화와 함께 여성도 사회에 나오는 것이 당연해졌다고 말하고 있다. 그리고 빈칸 뒷부분에서 대신에 대신에 가사를 해주는 서비스가 태어났다고 말하고 있다. 사회로 나오는 여성이 많아진 원인으로 이 서비스가 태어났다고 말하는 것이 자연스럽다. 따라서 4 そこで(그래서)가 정답이다.

표현 정리　ところが 하지만 | ただし 다만 | あるいは 혹은 | そこで 그래서

20

1 저것뿐　　2 그것뿐　　3 여기뿐　　4 얼마만큼

문맥에 맞는 지시어를 고르는 문제이다. 빈칸 앞부분에서 물론 자신을 위해서이기도 하지만이라고 하면서 가족과 시간을 늘리기 위해서도 이 서비스를 이용하였을 것이라고 덧붙여 말하고 있다. 추가적인 내용 앞에는 그뿐이 아니라는 말이 오는 것이 자연스럽다. 따라서 2 それだけ(그것뿐)이 정답이다.

> **표현 정리**　あれ 저것 | ～だけ ~만,~뿐 | それ 그것 | ここ 여기 | どれだけ 얼마만큼

21

1 생기고서야 비로소　　2 생겨나면서도　　3 생겨나자마자　　4 생겨나기는커녕

문맥에 맞는 문법 표현을 고르는 문제이다. 빈칸 앞부분에서 가족과 보내는 시간과 여유로운 기분에 대해서 말했고, 뒷부분에 家族としっかり向き合えるのだと思います(가족과 제대로 마주 볼 수 있는 거라고 생각합니다)라고 말했다. 여유로운 시간이 생기고서야 비로소 가족과 제대로 마주 볼 수 있다고 말을 이어나가는 것이 자연스럽다. 따라서 1 生まれてこそ(생기고서야 비로소)가 정답이다.

> **표현 정리**　生(う)まれる 생기다, 태어나다 | ～てこそ ~하고서야 (비로소) | ～つつ(も) ~하면서(도) | ～たとたん ~하자마자 | ～どころか ~은/는커녕

22

1 이용할 뿐만 아니라　　2 이용하는 만큼　　3 이용한다고 해서　　4 이용할 정도라면

문맥에 맞는 문법 표현을 고르는 문제이다. 빈칸 앞부분에서 하지만 이 편리한 서비스를이라고 하면서 말이 끊겼고, 뒷부분에서 家事の手抜きをするわけではありません。(가사의 수고를 던다는 것은 아닙니다.)라고 했다. 이 편리한 서비스를 이용한다고 해서 가사의 수고를 더는 것은 아니라고 말을 잇는 것이 자연스럽다. 따라서 3 利用するからといって(이용한다고 해서)가 정답이다.

> **표현 정리**　利用(りよう)する 이용하다 | ～のみならず ~뿐만 아니라 | ～だけあって ~한 만큼, ~인 만큼 | ～からといって ~라고 해서 | ～くらいない ~정도라면, ~할 바에는

단어 使(つか)い方(かた) 사용법 | 若(わか)い 젊다 | ～頃(ころ) ~할 때, ~쯤 | 男性(だんせい) 남성 | 働(はたら)く 일하다 | 女性(じょせい) 여성 | 家庭(かてい) 가정 | 守(まも)る 지키다 | 考(かんが)え方(かた) 사고방식 | ごく 극히 | 一般的(いっぱんてき)だ 일반적이다 | 現代(げんだい) 현대 | 時代遅(じだいおく)れ 시대 뒤처짐 | 当時(とうじ) 당시 | 主婦(しゅふ) 주부 | ～として ~로서 | 平日(へいじつ) 평일 | 休日(きゅうじつ) 휴일 | 家事(かじ) 가사, 집안일 | ほとんど 거의, 대부분 | 時代(じだい) 시대 | 変化(へんか) 변화 | ～とともに ~와/과 함께 | 社会(しゃかい) 사회 | 当(あ)たり前(まえ)だ 당연하다 | 代(か)わりに 대신에 | サービス 서비스 | 生(う)まれる 생겨나다, 태어나다 | 前後(ぜんご) 전후 | 開始(かいし) 개시 | ライフスタイル 라이프스타일 | 合(あ)わせる 맞추다 | 掃除(そうじ) 청소 | 洗濯(せんたく) 세탁 | 日常的(にちじょうてき)だ 일상적이다 | 様々(さまざま)だ 다양하다 | もし 만약 | 当然(とうぜん) 당연 | 増(ふ)やす 늘리다 | 余裕(よゆう) 여유 | しっかり 확실히, 제대로 | 向(む)き合(あ)う 마주 보다 | 手抜(てぬ)き 수고를 덞 | 限(かぎ)る 한정하다 | 効率(こうりつ) 효율 | 手段(しゅだん) 수단 | ～際(さい) ~때 | ぜひ 부디, 제발 | 上手(うま)く 잘 | 活用(かつよう) 활용

필수 문법 워밍업 | N2 문법을 본격적으로 학습하기 전에 꼭 알아야 할 필수 문법을 정리하였습니다.

1 수동형 / 사역형 / 사역수동형

01 수동형 ~당하다, ~해지다, ~되다

기본적으로 '당하다'라고 해석되며 우리말에서 수동형은 거의 쓰이지 않기 때문에 문장에 따라서 의역될 수 있다.

① 피해를 당한 경우 : 내가 피해를 본 상황에 사용한다. 피해의 수동(내가 어떠한 피해를 본 상황)의 경우 [대상 ➕ に ➕ 수동형]의 문장을 [대상 ➕ が ➕ 기본형]의 형태로 바꾸면 해석이 쉬워진다.

② 주어가 직접적인 영향을 받는 경우 : 주로 「〜によって ~에 의해서」, 「〜から ~로부터」와 함께 사용한다.

③ 자발 : 의도하지 않은 상태에서 저절로 어떤 동작이나 행위가 발생한 경우에 사용한다.

④ 존경 : '~하시다'로 해석되어 존경 표현의 역할을 한다.

접속 1그룹 동사 う단 ➡ あ단 ➕ れる ★ う로 끝나는 경우는 あ가 아닌 わ로 변경 후 ➕ れる
　　　盗む(ぬす) 훔치다 ➡ 盗まれる(ぬす) 도난당하다

　　　2그룹 동사 る 빼고 ➕ られる
　　　食べる(た) 먹다 ➡ 食べられる(た) 먹히다

　　　3그룹 동사
　　　する 하다 ➡ される 당하다
　　　くる 오다 ➡ こられる 옴을 당하다

---

① ゲームばかりしているので、お母(かあ)さんにゲーム機(き)を捨(す)てられた。
　게임만 하고 있어서, 엄마가 게임기를 **버렸다**.

② カード会社(がいしゃ)から使用履歴(しようりれき)が携帯(けいたい)に送(おく)られてきた。
　카드회사로부터 사용 이력이 핸드폰으로 **보내져** 왔다.

③ お父(とう)さんはいつも冷(つめ)たい言(い)い方(かた)をするが、彼(かれ)の行動(こうどう)から家族(かぞく)を思(おも)っていることが感(かん)じられた。
　아빠는 언제나 차가운 말투를 쓰지만, 그의 행동으로부터 가족을 생각하고 있다는 것이 **느껴졌다**.

④ 祖母(そぼ)は久(ひさ)しぶりに私(わたし)の家(いえ)に来(こ)られて、お茶(ちゃ)だけ召(め)し上(あ)がって帰(かえ)られた。
　할머니는 오랜만에 나의 집에 **오셔서**, 차만 드시고 **돌아가셨다**.

02 사역형 ~시키다, ~하게 하다

상대방에게 어떤 행동을 시킬 때 사용하는 표현이다. 주로 명령이나 허락, 감정 유발의 의미로 사용한다.

접속　1그룹 동사 う단 → あ단 + せる ★う로 끝나는 경우는 あ가 아닌 わ로 변경 후 + せる
　　　習う 배우다 → 習わせる 배우게 하다

　　　2그룹 동사 る 빼고 + させる
　　　覚える 외우다 → 覚えさせる 외우게 하다

　　　3그룹 동사
　　　する 하다 → させる 시키다
　　　くる 오다 → こさせる 오게 하다

夕飯を食べる前までに宿題を**終わらせなさい**。 저녁밥을 먹기 전까지 숙제를 **끝내놓으렴**. (명령)
この子まだ4歳だけど、アイスクリーム**食べさせても**大丈夫？
얘 아직 4살인데, 아이스크림 **먹게 해도** 괜찮아? (허락)
映画の最後に主人公の親が亡くなるシーンは私を**泣かせた**。
영화의 마지막에 주인공의 부모가 돌아가시는 장면은 나를 **울게 했다**. (감정 유발)

03 사역수동형 억지로 ~하다(어쩔 수 없이 ~하다), ~하게 되다

말하는 사람의 의지와는 상관없이 누군가가 시켜 마지못해 행동을 하는 경우에 사용한다. 또는 외부의 자극에 의해 어떤 행동을 하게 된다는 의미로 사용한다.

접속　1그룹 동사 う단 → あ단 + せられる·される
　　　★す로 끝나는 경우는 される로 변형되지 않음
　　　★う로 끝나는 경우는 あ가 아닌 わ로 변경 후 + せられる·される
　　　払う 지불하다 → 払わせられる·払わされる 억지로 지불하다

　　　2그룹 동사 る 빼고 + させられる
　　　着る 입다 → 着させられる 억지로 입다

　　　3그룹 동사
　　　する 하다 → させられる 어쩔 수 없이 하다
　　　くる 오다 → こさせられる 어쩔 수 없이 오다

子供の頃はいろんな塾に**通わされた**ものだ。 어릴 때는 여러 가지 학원에 **억지로 다니곤** 했다.
熱もあって咳もひどくて、先生に**早退させられました**。
열도 있고 기침도 심해서 선생님이 **조퇴하게 했습니다**.
彼女は天才だと**認めさせられる**テクニックを持っていた。
그녀는 천재라고 **인정하게 되는** 테크닉을 가지고 있었다.

2 추측/전문 표현

추측 표현이란?
추측 표현이란 어떠한 근거로 미래를 예상하거나 불확실한 판단을 표현하는 말을 가리킨다. 일본어에서는 뉘앙스에 따라 4가지 표현으로 구분하여 사용한다.

전문 표현이란?
전문 표현이란 남에게 들은 것이나 어떤 매체를 통하여 얻은 사실이나 정보를 전달하는 것을 가리킨다.

01 ～そうだ (전문) ~라고 한다

타인이나 매체를 통해 얻은 정보를 그대로 전달할 때 사용한다. 종조사 よ를 붙이거나 정중형(そうです)으로만 활용이 가능하다. 그 외의 な형용사 활용은 불가하다.

접속

동사 보통형	い형용사 보통형
食べるそうだ 먹는다고 한다	おいしいそうだ 맛있다고 한다
な형용사 보통형	**명사 보통형**
まれだそうだ 드물다고 한다	映画だそうだ 영화라고 한다

父が近くを通るついでに、孫の顔を見に家に**寄るそうだ**。
아버지가 근처를 지나가는 김에 손자의 얼굴을 보러 집에 **들른다고 한다**.

これは戦争の生存者とのインタビューを記録した貴重な**映像だそうだ**。
이것은 전쟁의 생존자와의 인터뷰를 기록한 귀중한 **영상이라고 한다**.

02 ～そうだ (양태) ~일(할) 것 같다, ~처럼 보인다

어떤 대상을 보자마자 느낀 생각이나 무언가 일어날 가능성을 표현할 때 사용한다. な형용사처럼 활용이 가능하다.

접속

긍정	부정
동사 ます형	동사 ない형 ⊕ なさそうだ
来そうだ 올 것 같다	降らなさそうだ 내리지 않을 것 같다
い형용사 어간	**い형용사 어간 ⊕ くなさそうだ**
楽しそうだ 즐거워 보인다	辛くなさそうだ 맵지 않을 것 같다
★ いい·よい 좋다 → よさそうだ 좋아 보인다	
ない 없다 → なさそうだ 없을 것 같다	
な형용사 어간	**な형용사 어간 ⊕ じゃ(では)なさそうだ**
無口そうだ 과묵한 것 같다	平じゃなさそうだ 평평하지 않은 것 같다

💡**TIP** 동사의 경우 동사 ます형 ⊕ そうにない·そうもない·そうにもない로도 부정형을 표현할 수 있다.

この試合ではどうやらAチームが2対1で**勝ちそうだ**。 이 시합에서는 아무래도 A팀이 2대1로 **이길 것 같다**.
彼女は今にも**泣きそうな**顔をしている。 그녀는 당장이라도 **울 것 같은** 얼굴을 하고 있다.

03 ～ようだ ~인(한) 것 같다

어떤 대상을 보고 주관적인 근거와 생각에 의해 판단한 내용을 표현할 때 사용한다. な형용사처럼 활용이 가능하다.

TIP 「(まるで)명사 + のようだ (마치) ~인 것 같다」의 형태로 어떤 사물에 비유하여 표현할 수 있다.

접속	동사 보통형	い형용사 보통형
	人気_{にんき}があるようだ 인기가 있는 것 같다	暑_{あつ}いようだ 더운 것 같다
	な형용사 보통형 ★현재 긍정의 경우 だ 빼고 + な·である	명사 보통형 ★현재 긍정의 경우 だ 빼고 + の·である
	確実_{かくじつ}なようだ 확실한 것 같다	優勝_{ゆうしょう}のようだ 우승인 것 같다

鼻水_{はなみず}が止_とまらなくて目_めがかゆい症状_{しょうじょう}をみると、花粉症_{かふんしょう}のようだ。
콧물이 멈추지 않고 눈이 가려운 증상을 보면, **꽃가루 알레르기인 것 같다**.

昨日_{きのう}は体調_{たいちょう}が悪_{わる}いようだったが、今日_{きょう}は大丈夫_{だいじょうぶ}そうだ。
어제는 몸 상태가 **나쁜 것 같았**지만, 오늘은 괜찮을 것 같다.

カフェで一番_{いちばん}好_すきな歌手_{かしゅ}に出会_{であ}うなんて、まるで夢_{ゆめ}のようだ。
카페에서 가장 좋아하는 가수를 만나다니 마치 **꿈인 것 같다**.

04 ～みたいだ ~인(한) 것 같다

「ようだ」의 회화체로 의미상의 차이가 없다. 다만, 접속 형태가 다르므로 접속에 주의하자. 또한 な형용사처럼 활용이 가능하다.

TIP 「(まるで)명사 + みたいだ (마치) ~인 것 같다」의 형태로 어떤 사물에 비유하여 표현할 수 있다.

접속	동사 보통형	い형용사 보통형
	足_たりるみたいだ 충분한 것 같다	悔_{くや}しいみたいだ 분한 것 같다
	な형용사 보통형 ★현재 긍정의 경우 だ 빼고 접속	명사 보통형 ★현재 긍정의 경우 だ 빼고 접속
	意外_{いがい}みたいだ 의외인 것 같다	月_{つき}みたいだ 달인 것 같다

電車_{でんしゃ}のベルが鳴_なっている。もうすぐ出発_{しゅっぱつ}するみたいだ。 전철의 벨이 울리고 있다. 곧 **출발할 것 같다**.

あのラーメン屋_やはいつも人_{ひと}が並_{なら}んでいて、おいしいみたいだ。
저 라멘 가게는 항상 사람이 줄 서있고 **맛있는 것 같다**.

私_{わたし}の犬_{いぬ}は触_{さわ}られると逃_にげたり、一人_{ひとり}でどこかに行_いったりするから、まるで猫_{ねこ}みたいだ。
우리 개는 만지면 도망치거나, 혼자서 어디론가 가거나 하기 때문에 마치 **고양이 같다**.

05 ~らしい (전문) ~라고 한다

어디선가 전해 들은 말 등의 다소 객관적인 근거, 정보를 바탕으로 말을 전달할 때 사용한다. 화제에 대한 화자의 관심도가 낮고, 낮은 확신으로 말을 전달하는 것이 특징이며, い형용사처럼 활용이 가능하다.

접속	동사 보통형	い형용사 보통형
	遊ぶらしい 논다고 한다	危ないらしい 위험하다고 한다

	な형용사 보통형 ★현재 긍정의 경우 だ 빼고 접속	명사 보통형 ★현재 긍정의 경우 だ 빼고 접속
	豊からしい 풍부하다고 한다	試験らしい 시험이라고 한다

中山さんは怪我をして学校を**休んだらしい**。 나카야마 씨는 다쳐서 학교를 **쉬었다고 한다**.
先生に聞いたら、今日の給食は**カレーらしい**。 선생님한테 물어봤더니 오늘의 급식은 **카레라고 한다**.

06 ~らしい (추측) ~한 것 같다

어디선가 전해 들은 말 등의 다소 객관적인 근거, 정보를 바탕으로 불확실한 추측을 하는 경우에 사용한다. 책임감이나 부담감을 동반하지 않는 가벼운 추측형 발언을 할 때 사용되는 것이 특징이다.

> **TIP** 명사와 접속할 경우 '~답다'라고 해석되는 경우도 있다.

접속	동사 보통형	い형용사 보통형
	渡すらしい 건네는 것 같다	賢いらしい 현명한 것 같다

	な형용사 보통형 ★현재 긍정의 경우 だ 빼고 접속	명사 보통형 ★현재 긍정의 경우 だ 빼고 접속
	下手らしい 못하는 것 같다	ブランドらしい 브랜드인 것 같다

塾にも行かないで一人で勉強して東京大学だなんて、頭がすごく**いいらしい**。
학원에도 안 가고 혼자서 공부해서 도쿄대학이라니 머리가 엄청 **좋은 것 같다**.

お腹でゴロゴロと音がする。アイスクリームを**食べすぎたらしい**。
배에서 꼬르륵하고 소리가 난다. 아이스크림을 **너무 많이 먹은 것 같다**.

誰が何と言おうと判断を曲げないのは**彼らしい**選択だ。
누가 뭐라고 하든지 판단을 꺾지 않는 것은 **그 다운** 선택이다.

3 가정 표현

가정 표현이란?
가정 표현이란 '~면'이라고 해석되는 표현으로, 사실이 아니거나 아직 일어나지 않은 일 또는 조건 등을 표현하는 말이다. 일본어에서는 뉘앙스에 따라 4가지 표현으로 구분하여 사용한다.

01 ～と ~하면(반드시), ~했더니

주로 자연 현상, 불변의 진리, 필연적인 사실, 반복적인 습관 등 당연한 일에 사용한다. 그래서 '~하면 반드시 ~한다'라는 뉘앙스가 있다. 단 뒤 문장이 과거형으로 올 경우, '~했더니'로 해석한다.

접속	동사 보통형 현재	い형용사 보통형 현재
	舐めると 핥으면	難しいと 어려우면
	な형용사 보통형 현재	명사 보통형 현재
	静かだと 조용하면	豚肉だと 돼지고기면

ストレスが**溜まると**甘いものが食べたくなる。 스트레스가 **쌓이면** 단것이 먹고 싶어진다.
机の中に手を**入れると**、私宛の手紙が入っていたのでびっくりした。
책상 안에 손을 **넣었더니** 나한테 보내는 편지가 들어있어서 놀랐다.

02 ～ば ~하면(조건)

'A하면 B한다'라고 조건을 내걸지만, 그 안에는 'A하지 않으면 B 안 한다'는 뜻을 내포한다. 주로 예상 가능한 2가지 상황 중, 어느 쪽을 선택할지 결정하지 못한 상황에서 사용하며, 또한 속담이나 실제로 일어나기 어려운 일을 예로 들 때에도 사용한다.

접속	동사 가정형	い형용사 가정형
	置けば 두면	うるさければ 시끄러우면
	な형용사 가정형	명사 가정형
	元気ならば 건강하면	花ならば 꽃이라면

次の電車に**乗れば**なんとか約束の時間に間に合います。
다음 전철을 **타면** 어떻게든 약속 시간에 맞출 수 있어요.
金持ちになっているこの状況が**夢ならば**、覚めないでほしい。
부자가 되어 있는 이 상황이 **꿈이라면** 깨지 않았으면 좋겠다.

03 ～なら ~라면

상대방이 말한 내용에 대해서 조언, 추천, 제안, 권유를 할 때 주로 사용한다. 또 상대방이 말한 화제에 대해서 언급할 때나, 한정할 때도 사용한다.

> **TIP** 1인칭 주어인 「私」와 붙어 「私なら 나라면」의 형태로 쓰기도 하지만, 「私なら」의 경우 윗사람에게 사용하지 않는 것이 좋다.

접속
동사 보통형
忘れるなら 잊는다면

い형용사 보통형
詳しいなら 잘 안다면

な형용사 보통형 ★현재 긍정의 경우 だ 빼고 접속
有名なら 유명하다면

명사 보통형 ★현재 긍정의 경우 だ 빼고 접속
仕事なら 일이라면

明日**空いているなら**一緒に映画見に行かない？ 내일 **비어 있으면** 같이 영화 보러 가지 않을래?
ご飯はないけど、**ラーメンなら**いっぱいあるよ。食べる？ 밥은 없지만, **라멘이라면** 많이 있어. 먹을래?

04 ～たら ~면, ~하고 나서, ~했더니

'A라는 상황이 완료된다면 B다'를 나타내는 표현으로, 가정 표현 중 가장 폭넓게 쓰는 구어체 표현이다. 과거형으로 접속하지만 이때 의미는 '~면'이며, '~하고 나서'로 해석해도 이상하지 않다. 단, 뒤 문장이 과거형으로 올 경우, 'A했더니 B했다'로 해석하며 이미 일어난 일에 대해 말하는 표현이 된다.

접속
동사 보통형 과거
開けたら 열면

い형용사 보통형 과거
重かったら 무거우면

な형용사 보통형 과거
不便だったら 불편하면

명사 보통형 과거
教室だったら 교실이면

夜一人で帰るのが**心細かったら**一緒に行ってあげようか？ 밤에 혼자 돌아가는 것이 **불안하면** 같이 가줄까?
息子の部屋のドアを**開けたら**、あちこちに物が散らかっていた。
아들 방 문을 **열었더니**, 여기저기에 물건이 어질러져 있었다.

4 경어

경어란?
경어는 일본식 표현으로 존경어 ⊕ 겸양어 ⊕ 정중어(です・ます)를 가리키는 말이다.

존경어 | 상대방을 높여주는 말로 한국어로 예를 들면 하시다, 드시다 등이 있다.
겸양어 | 나를 낮추는 말로 한국어 겸양어가 거의 없지만 예를 들면 드리다, 여쭤다 등이 있다.

01 특수 경어 표현

특수 경어란 기본형의 형태가 사라지고 완전히 새로운 단어가 되는 존경어와 겸양어를 가리킨다. 이런 특수 경어는 규칙이 없기 때문에 통째로 암기를 해야 한다.

💡**TIP** ます변형에 예외가 있는 동사가 있으므로 주의하자.

존경어 (상대를 높임)	기본형	겸양어 (나를 낮춤)
いらっしゃる 계시다 `기출`	いる 있다	おる 있다
いらっしゃる 가시다 `기출`	行(い)く 가다	参(まい)る 가다 伺(うかが)う 찾아뵙다 `기출`
いらっしゃる `기출` おいでになる `기출` お越(こ)しになる `기출` お見(み)えになる 오시다	来(く)る 오다	参(まい)る 오다
おっしゃる 말씀하시다	言(い)う 말하다	申(もう)す・申(もう)し上(あ)げる 말씀드리다 `기출`
ご覧(らん)になる 보시다 `기출`	見(み)る 보다	拝見(はいけん)する 보다
召(め)し上(あ)がる 드시다	食(た)べる 먹다 飲(の)む 마시다	いただく 먹다, 마시다
なさる 하시다	する 하다	致(いた)す 하다
ご存(ぞん)じだ 아시다 `기출`	知(し)る 알다	存(ぞん)じる 알다
―	思(おも)う 생각하다	存(ぞん)じる 생각하다
―	会(あ)う 만나다	お目(め)にかかる 뵙다 `기출`

존경어 (상대를 높임)	기본형	겸양어 (나를 낮춤)
—	聞く 듣다, 묻다 訪ねる 찾다, 방문하다	伺う 여쭙다, 찾아뵙다 `기출`
—	もらう 받다	いただく 받다 `기출`
—	あげる 주다	差し上げる 드리다
くださる 주시다 `기출`	くれる 주다	—

教授は部屋に**いらっしゃらなかった**。 교수님은 방에 **안 계셨다**. (존경어)

部長、受付にA社の中川様が**お越しになりました**。 부장님, 접수처에 A사의 나카가와 님이 **오셨습니다**. (존경어)

私の説明で分かりづらい点がありましたら、**おっしゃって**ください。
제 설명에서 알기 어려운 점이 있으시면 **말씀해** 주세요. (존경어)

色んな部屋を**ご覧になりました**が、気に入ったところはありますか。
여러 가지 방을 **보셨습니다**만, 마음에 드신 곳은 있습니까? (존경어)

今日釣ってきたばかりの新鮮な魚ですので、**召し上(あ)がって**みてください。
오늘 막 낚아온 신선한 생선이니 **드셔** 봐 주세요. (존경어)

1円を1枚作るためには3円がかかるってこと、**ご存知でしたか**。
1엔을 1장 만들기 위해서는 3엔이 필요하다는 것 **아셨나요?** (존경어)

天気が悪い中、結婚式に来て**くださり**、感謝**申し上げます**。
날씨가 안 좋은 가운데, 결혼식에 와**주셔서** 감사 **말씀 드립니다**. (존경어, 겸양어)

ただいま、田中は外出中で席に**おりません**。 지금 다나카는 외출 중이라서 자리에 **없습니다**. (겸양어)

こちらの仕事が終わり次第、すぐにそちらに**伺います**。
이쪽 일이 끝나는 대로 바로 그쪽으로 **찾아뵙겠습니다**. (겸양어)

飛行機のチケットとパスポートを**拝見します**。 비행기 티켓과 여권을 **보겠습니다**. (겸양어)

この度、**お目にかかる**ことができて、大変光栄です。 이번에 **뵙게** 되어서 대단히 영광입니다. (겸양어)

企画を成功させるために、アンケートは必要だと**存じます**。
기획을 성공시키기 위해서 앙케트는 필요하다고 **생각합니다**. (겸양어)

誕生日プレゼントだとしても、こんなに高価なものは**いただけません**。
생일 선물이라고 해도, 이렇게 고가의 물건은 **받을 수 없습니다**. (겸양어)

02 ～られる ~하시다(존경어)

동사 수동형 형태의 경우는 존경어로도 활용이 가능하다.

접속 1그룹 동사 う단 ➡ あ단 ⊕ れる ★ う로 끝나는 경우는 あ가 아닌 わ로 변경 후 ⊕ れる
行く 가다 ➡ 行かれる 가시다
買う 사다 ➡ 買われる 사시다

2그룹 동사 る 빼고 ⊕ られる
見る 보다 ➡ 見られる 보시다

3그룹 동사
する 하다 ➡ される 하시다 / くる 오다 ➡ こられる 오시다

部長は昼に外出**されて**からまだ**戻られて**いません。
부장님은 낮에 외출**하시고** 나서 아직 **돌아오시지** 않았습니다.

その本は母が若かったときに**書かれた**日記です。그 책은 어머니가 젊었을 때 **쓰신** 일기입니다.

03 お(ご)⊕동사 ます형/명사 ⊕ になる ~하시다(존경어)

상대방이 어떠한 행동을 하는 것을 높여 표현할 때 사용한다. 주의할 점은 조사 「に」를 함께 쓴다는 점이다.

접속 동사 ます형
お探しになる 찾으시다

명사
ご来店になる 내점하시다

料理を**お作りになる**前に、手をしっかり洗ってください。요리를 **만드시기** 전에 손을 꼭 씻어주세요.
プール施設を**ご利用になる**場合は、必ず注意事項を読んでからご利用ください。
수영장 시설을 **이용하실** 경우에는 반드시 주의사항을 읽고 나서 이용해 주십시오.

04 お(ご)⊕동사 ます형/명사 ⊕ ください ~해 주십시오(존경어)

「～てください ~해 주세요」보다 정중하게 말할 때 사용한다.

접속 동사 ます형
お聞きください 물어봐 주십시오

명사
ご注意ください 주의해 주십시오

しゃぶしゃぶの汁とお肉の量を**お選びください**。샤부샤부의 국물과 고기의 양을 **선택해 주십시오**.
こちらにお名前とご住所を**ご記入ください**。여기에 성함과 주소를 **기입해 주십시오**.

5 お(ご) ➕ 동사 ます형/명사 ➕ です ~십니다(존경어) 〔기출〕

존경 표현으로 현재의 상태나 앞으로 일어날 상태를 나타낼 때 사용한다.

💡 **TIP** 의문문일 때는 더욱 정중하게 「お(ご) ➕ ます형/명사 ➕ でしょうか ~십니까?」를 활용하기도 한다.

접속	동사 ます형	명사
	お呼びです 부르십니다	ご意見です 의견이십니다

ご家族お揃いになって、どちらへお出かけですか。 가족 모두 모이셔서 어디에 **나가십니까?**
お客様からの**ご要望です**ので、至急に対応をお願いします。
고객님으로부터의 **요구이시기** 때문에 시급히 대응을 부탁드립니다.

6 お(ご) ➕ 동사 ます형/명사 ➕ する・いたす ~해 드리다(겸양어)

겸양 표현으로 윗사람 앞이나 격식을 차리는 자리에서 나의 행동을 낮출 때 사용한다. 「する」보다 「いたす」가 더 정중한 표현이다.

접속	동사 ます형	명사
	お待ちする 기다려 드리다	ご送付する 송부해 드리다

重そうなので、おばあちゃんの荷物を家まで**お持ちする**。
무거워 보이기 때문에 할머니의 짐을 집까지 **들어 드린다**.
今月の目標が達成できたことを、**ご報告いたします**。
이번 달의 목표를 달성할 수 있었다는 것을 **보고드립니다**.

7 お(ご) ➕ 동사 ます형/명사 ➕ いただく ~해 받다, ~해주시다(겸양어) 〔기출〕

「~てもらう ~해 받다」의 겸양 표현으로 상대방이 나에게 어떤 행동을 해줄 것을 정중하게 말할 때 사용한다. 또한 뒷부분을 いただきたい로 변경하여 '~해 받고 싶다, (상대방이) ~해주었으면 좋겠다'라는 뉘앙스로도 활용이 가능하다.

💡 **TIP** 과거 기출문제에서 「ご覧いただく 봐 주시다」로 출제된 적이 있다.

접속	동사 ます형	명사
	お待ちいただく 기다려주시다	ご購入いただく 구입해주시다

早速**ご返事いただき**ありがとうございます。 즉시 **답변해 주셔서** 감사합니다.
乗車券をなくした場合は、再度始発駅からの運賃を**お支払いいただきます**。
승차권을 잃어버린 경우는 재차 출발역부터의 운임을 **지불해 받겠습니다**.
この動画を**ご覧いただき**ありがとうございます。 이 동영상을 **봐 주셔서** 감사합니다.

08 ～させてください ~하게 해 주세요(겸양어) 기출

자신이 원하는 어떠한 행동을 하기 위해서 상대방의 허락을 구하는 표현이다.

접속　동사 사역형
　　　歌わせてください 노래하게 해 주세요

この件については、是非私に**やらせてください**。 이 건에 관해서는 부디 저에게 **시켜 주세요**.
プレゼントもいただいたので、食事は私に**払わせてください**。
선물도 받았으니 식사는 제가 **지불하게 해 주세요**.

09 ～させてもらう・～させていただく ~하게 해 받다, ~하겠다(겸양어) 기출

'~하게 하다(사역형)'와 '받다'가 결합된 표현으로 직역하면 '~하게 함을 받다'가 된다. 즉, 내가 어떠한 행동을 하는 것에 대해 상대방의 허락을 받겠다는 정중한 뉘앙스로 사용된다.

💡TIP 「もらう」보다 정중하게 이야기할 때에는 「いただく」를 사용한다.

접속　동사 사역형
　　　発表させてもらう 발표하겠다

大変申し訳ないですが、本日の打ち合わせを**キャンセルさせていただきます**。
대단히 죄송합니다만, 오늘의 사전 미팅을 **취소하겠습니다**.
来週に開催される国際展示会に**行かせていただきます**。 다음 주에 개최되는 국제 전시회에 **가겠습니다**.

10 ～させていただけませんか ~하게 해 줄 수 없겠습니까?(겸양어) 기출

상대방에게 정중하게 부탁할 때 사용하는 표현이다.

💡TIP 과거 기출에서는 해당 문법의 좀 더 심화된 표현「～させていただけないでしょうか (나에게) ~하게 해 주실 수 없겠습니까?」로 출제된 적도 있다.

접속　동사 사역형
　　　聞かせていただけませんか 들려줄 수 없겠습니까?

差し支えなければ、会議の日程を再度**調整させていただけませんか**。
지장이 없으시다면 회의의 일정을 다시 **조정하게 해 줄 수 없겠습니까?**
ユーチューブの撮影をしているんですけど、お店の中をちょっと**撮らせていただけませんか**。
유튜브 촬영을 하고 있는데요, 가게 안을 조금 **찍게 해 줄 수 없겠습니까?**

11 ございます 있습니다(정중어) 〔기출〕

「ある 있다」의 정중어 「ござる」에서 파생된 표현이다. ます형태는 「ござります」가 아닌 「ございます」라는 것에 유의하자.

접속 　誤^{あやま}りがございます 실수가 있습니다

先週作成^{せんしゅうさくせい}していただいたこの見積書^{みつもりしょ}に変更^{へんこう}をお願^{ねが}いしたい点^{てん}が**ございます**。
지난주 작성해 주신 이 견적서에 변경하고 싶은 점이 **있습니다**.

言語別^{げんごべつ}にパンフレットが**ございます**ので、ご自由^{じゆう}にお取^とりください。
언어별로 팸플릿이 **있으**니 자유롭게 가져가 주세요.

12 ～でございます ~입니다(정중어)

「～です ~입니다」의 정중한 표현으로 격식을 차리는 자리 혹은 윗사람에게 이야기하는 경우에 사용한다.

접속 　명사
　　　新商品^{しんしょうひん}でございます 신상품입니다

このテーブルを担当^{たんとう}させていただいております、中村^{なかむら}でございます。
이 테이블을 담당하고 있는 나카무라**입니다**.

お手洗^{てあら}いはエレベーターの右側^{みぎがわ}でございます。 화장실은 엘리베이터의 우측**입니다**.

13 お(ご)＋동사 ます형/명사＋願^{ねが}う ~부탁드리다(정중어)

정중하게 상대방에게 부탁할 때 쓸 수 있는 표현이다. 의문형으로 「～願^{ねが}えますか ~부탁드릴 수 있을까요?」로도 활용할 수 있다.

접속 　동사 ます형　　　　　　　　　　　　　　　명사
　　　お確^{たし}かめ願^{ねが}う 확인 부탁드리다　　　　　ご協力^{きょうりょく}願^{ねが}う 협력 부탁드리다

携帯電話^{けいたいでんわ}のご使用^{しよう}は**お控^{ひか}え願^{ねが}います**。 휴대폰 사용은 **삼가 부탁드립니다**.

日程^{にってい}が決^きまり次第^{しだい}、**ご連絡願^{れんらくねが}えますか**。 일정이 정해지는 대로 **연락 부탁드릴 수 있을까요?**

5 중급 필수 문법

N2 레벨 학습 전에 기본적으로 알고 넘어가야 할 문법을 정리하고 알아보자.

01 ～から～にかけて ~부터 ~에 걸쳐서

어떤 사건이 일어나는 범위의 시작과 끝을 나타낸다. 정확한 시점을 알 수 없는「～にわたって ~에 걸쳐서」와 구분하도록 하자.

접속　명사
　　　15時から18時にかけて 15시부터 18시에 걸쳐서

今夜**から**明日**にかけて**蒸し暑くなるでしょう。 오늘 밤**부터** 내일**에 걸쳐서** 무더워지겠습니다.
この地域は8月**から**9月**にかけて**台風がよく発生する。 이 지역은 8월**부터** 9월**에 걸쳐서** 태풍이 자주 발생한다.

02 ～として ~(으)로서 [기출]

신분이나 입장, 자격, 위치 등에서의 생각이나 행동, 자격, 책임 등을 나타낼 때 사용한다.

접속　명사
　　　学者として 학자로서

今年からエンジニア**として**、日本の企業で働くことになった。
올해부터 엔지니어**로서** 일본의 기업에서 일하게 되었다.
オリンピック選手**として**、初めて代表に選ばれた。 올림픽 선수**로서** 처음으로 대표로 선발되었다.

03 ～に比べ(て) ~에 비해(서)

「比べる 비교하다」라는 동사에서 파생된 문법으로, 대립관계에 있는 A와 B를 비교하여 정도의 차이를 나타낼 때 사용한다.

💡TIP 「～と比べ(て)」는 동등한 대상이나, 다양한 대상을 서로 비교하는 경우에 사용한다.
　　　女性に比べて男性のほうが美容に対する興味が薄い。 여성에 비해서 남성이 미용에 대한 흥미가 적다.
　　　➡ 대립관계의 대비를 나타냄
　　　日本語は中国語と比べて漢字の画数が少ない。 일본어는 중국어와 비교하여 한자 획수가 적다.
　　　➡ 동등한 대상의 비교를 나타냄

접속　명사
　　　去年に比べ(て) 작년에 비해서

都会**に比べて**田舎は物価が安い。 도시**에 비해서** 시골은 물가가 싸다.
私**に比べて**妹はかわいいし、頭もいい。 나**에 비해서** 여동생은 귀엽고 머리도 좋다.

04 〜につき ① ~당 ② ~이므로(원인, 이유)

① 수량을 나타내는 명사에 붙어 단위나 간격의 기준을 나타낸다.
② 게시판, 공고문 등에서 사용되는 문어체로 객관적인 원인과 이유를 나타낼 때 사용한다.

접속 명사
　　1時間につき 1시간당 / 定休日につき 정기 휴일이므로

① スタンプ10個につきコーヒー一杯が無料です。 스탬프 10개당 커피 1잔이 무료입니다.
② 店内の工事中につき、オープンは来月の予定です。 점내 공사 중이므로 오픈은 다음 달 예정입니다.

05 〜にとって ~에(게) 있어서, ~에게

명사의 위치(시점)에서의 의견이나 생각, 입장을 나타낼 때 사용한다.

접속 명사
　　小学生にとって 초등학생에게 있어서

入学祝いのプレゼントでもらった時計は、私にとって一番大切な宝物だ。
입학 축하 선물로 받은 시계는 나에게 있어서 제일 소중한 보물이다.
誰かにとってお金は目的だが、また誰かにとっては手段である。
누군가에게 돈은 목적이지만, 또 누군가에게 있어서는 수단이다.

06 〜を込めて ~을/를 담아(서)

주로 「愛 사랑」, 「思い 생각」, 「心 마음」, 「力 힘」, 「願い 바람」 등의 명사에 접속하여 추상적인 무언가를 충분히 넣어 어떠한 동작을 하는 것을 나타낼 때 사용한다.

접속 명사
　　心を込めて 마음을 담아서

感謝の気持ちを込めて、母に花をプレゼントした。 감사의 마음을 담아서 엄마에게 꽃을 선물했다.
私は毎朝愛情を込めて弁当を作っている。 나는 매일 아침 애정을 담아 도시락을 만들고 있다.

07 ～ことになる ~하게 되다, ~하는 셈이 된다

자신의 의지와는 상관없이 어떤 일이 결정되거나 이미 정해져 있는 경우에 사용한다. 또 자신의 의지로 결정된 것을 겸손하게 말할 때도 사용한다. 「～ことになっている ~하기로 되어 있다」, 「～ことになった ~하기로 되었다」 등으로 활용할 수 있다.

접속　동사 기본형
　　　行(い)くことになる 가게 되다

カンニングしている人(ひと)を見(み)ても申告(しんこく)しなかったら、その人(ひと)を**助(たす)けたことになります**。
커닝을 한 사람을 봐도 신고하지 않는다면 그 사람을 **도와준 셈이 됩니다**.

今(いま)勉強(べんきょう)をしておかなければ、もっと辛(つら)い人生(じんせい)の道(みち)を**歩(あゆ)むことになる**。
지금 공부해두지 않으면 더 고된 인생의 길을 **걷게 된다**.

08 ～ことはない ~할 필요는 없다 기출

어떠한 동작을 하는 것이 불필요하여 그에 대한 조언, 충고 등을 하는 경우에 사용한다.

접속　동사 기본형
　　　(わざわざ)行(い)くことはない (일부러) 갈 필요는 없다

あれだけ練習(れんしゅう)したんだから、試合(しあい)に負(ま)けても**後悔(こうかい)することはないよ**。
그만큼 연습했기 때문에 시합에 져도 **후회할 필요는 없어**.

スーパーまで歩(ある)いてすぐだから、わざわざ**化粧(けしょう)することはない**。
슈퍼까지 걸어서 금방이니까 일부러 **화장할 필요는 없다**.

09 ～べきだ ~해야 한다

법이나 규칙으로 정해져 있는 사항은 아니나, 상식적으로 어떠한 행동하는 것이 당연한 경우를 나타낼 때 사용한다.

접속　동사 기본형 ★する는 するべきだ・すべきだ 모두 가능
　　　返(かえ)すべきだ 돌려줘야 한다

電車(でんしゃ)やバスの中(なか)ではお年寄(としよ)りに席(せき)を**譲(ゆず)るべきだ**。 전철이나 버스의 안에서는 노인에게 자리를 **양보해야 한다**.

早(はや)く友達(ともだち)と遊(あそ)びに行(い)きたいなら、宿題(しゅくだい)を**終(お)わらせるべきだ**。
빨리 친구와 놀러 가고 싶다면 숙제를 **끝내야 한다**.

10　～べきではない　~해서는 안 된다

금지된 행동은 아니나 어떠한 동작을 하는 것이 바람직하지 않은 경우에 사용한다. 상대방의 행동에 대해 이야기하는 경우 충고나 조언의 의미를 갖기도 한다.

접속　동사 기본형 ★する는 するべきではない・すべきではない 모두 가능
　　　判断するべきではない 판단해서는 안 된다

自分がされて嫌なことは、他の人に**するべきではない**。
자신이 당해서 싫은 것은 다른 사람에게 **해서는 안 된다**.
親はどんなことがあっても子供を**殴るべきではない**。 부모는 어떤 일이 있어도 아이를 **때려서는 안 된다**.

11　～(より)ほかない　~할 수밖에 없다

언급된 내용 이외에는 달리 방법이 없어 단념하는 마음으로 이야기할 때 사용한다.

접속　동사 기본형
　　　泊まるほかない 묵을 수밖에 없다

バスもタクシーも来ないなら、歩いて**帰るほかない**。
버스도 택시도 오지 않는다면 걸어서 **돌아갈 수밖에 없다**.
試験に合格したいなら、一生懸命に**勉強するよりほかない**。
시험에 합격하고 싶다면 열심히 **공부할 수밖에 없다**.

12　～かける/～かけの　① ~하다 말다 / ~하다 만 ② ~할 뻔하다 / ~할 뻔한 ③ ~하기 시작하다 / ~하기 시작한 〔기출〕

① 어떤 동작을 하다 일시 중지된 상태를 나타낼 때 사용한다.
② 어떤 동작을 할 뻔한 직전의 상태를 말할 때 사용한다.
③ 이제 막 어떤 동작을 시작 한 경우 사용한다.

💡TIP 시험에서는 ①의 의미가 주로 출제된다.

접속　동사 ます형
　　　食べかけのケーキ 먹다만 케이크

① 息子の部屋には**飲みかけの**ジュースのボトルがあちこちに落ちている。
　아들의 방에는 **마시다 만** 주스의 병이 여기저기에 떨어져 있다.
② もうダメだと**諦めかけた**時、奇跡が起きた。 이제 안돼라고 **포기할 뻔했을** 때, 기적이 일어났다.
③ その料理、**腐りかけている**から食べたらお腹を壊すよ。
　그 요리, **썩어가기 시작하고 있**으니까 먹으면 배탈이 날 거야.

13 ～がたい ~하기 어렵다 [기출]

한자로는 「難い」라고 표기하며, 현재 상황에서는 심리적으로 어떤 행동을 하려고 해도 하기 어려운 경우에 사용한다. 다만, 능력적으로 불가능하다는 의미로는 사용하지 않는다.

💡**TIP** 능력이나 어떠한 사정에 의해 하기 어려운 경우에는 「동사 ます형 ➕ にくい ~하기 어렵다」를 사용한다.

접속　동사 ます형
　　　信じがたい 믿기 어렵다

あの人はいつも怖い顔をしていて、**近寄りがたい**。
저 사람은 항상 무서운 얼굴을 하고 있어서 **가까이 가기 어렵다**.

この製品、デザインは優れているけど、実用的とは**言い難い**。
이 제품, 디자인은 뛰어나지만, 실용적이라고는 **말하기 어렵다**.

14 ～きる ① 다 ~하다, 끝까지 ~하다 ② 매우 ~하다 [기출]

한자로는 「切る」라고 표기한다. 두 가지 의미로 사용되는 문법으로 ①어떠한 행동을 전부 끝마쳤을 때나 ②어떠한 상태가 극한에 이르렀을 때 사용한다.

💡**TIP** 시험에서는 ①의 의미가 주로 출제된다.

접속　동사 ます형
　　　走りきる 끝까지 달리다

① 給料をもらったばかりなのに、すぐに**使いきる**人はいつまで経ってもお金が貯まらない。
　 급여를 받은 지 얼마 되지 않았는데, 바로 **다 사용하는** 사람은 언제까지 지나도 돈이 모이지 않는다.
② 彼女はどうしたらいいのかわからなくて、**困りきっている**ようだ。
　 그녀는 어떻게 하면 좋을지 몰라서 **매우 곤란해하고 있는** 것 같다.

15 ～きれる / ～きれない 다 ~할 수 있다 / 다 ~할 수 없다 [기출]

한자로는 「切れる/切れない」라고 표기한다. 「～きる 다 ~하다, 매우 ~하다」의 가능형으로 주어진 범위의 내용을 전부 해결한 경우나 그렇지 못한 경우에 사용한다.

💡**TIP** 「売り切れる 매진되다, 다 팔리다」는 하나의 단어로서 외워두자.

접속　동사 ます형
　　　食べきれる 다 먹을 수 있다 / 数えきれない 다 셀 수 없다

プレゼンはとても緊張したが、準備してきたことは最後まで**話しきれた**。
발표는 엄청 긴장했지만, 준비해 온 것은 끝까지 **다 이야기할 수 있었다**.

クラスの女の子たちからかばんに全部**入りきれない**ほどのチョコレートをもらった。
반 여자아이들에게 가방에 전부 **다 들어갈 수 없을** 정도의 초콜릿을 받았다.

16 ~っこない (절대로) ~할 리가 없다 [기출]

강한 확신을 갖고 어떠한 일이 절대로 일어나지 않는다고 부정하는 경우에 사용한다.

> **TIP** 주로 '~할 수 있을 리가 없다'라는 뜻으로 동사 가능형과 접속하는 경우가 많다.

접속 동사 ます형
　　　分(わ)かりっこない 알 리가 없다

こんなに太(ふと)っていたらモデルに**なれっこないよ**。 이렇게 뚱뚱하면 모델이 **될 수 있을 리가 없어**.
こんな環境(かんきょう)で集中(しゅうちゅう)なんて、**できっこない**。 이런 환경에서 집중이라니 **할 수 있을 리가 없다**.

17 ~たことがある / ~たことがない ~한 적이 있다 / ~한 적이 없다

과거 경험의 유무를 나타내는 표현이다. 문장 끝을 의문형으로 바꿔 쓸 수도 있다.

접속 동사 た형
　　　登(のぼ)ったことがある 오른 적이 있다

父(ちち)は30年間運転(ねんかんうんてん)しているが、事故(じこ)に**遭(あ)ったことがない**。
아버지는 30년간 운전을 하고 있지만, 사고 **당한 적이 없다**.
小(ちい)さい頃(ころ)に、山登(やまのぼ)りの途中(とちゅう)でくまを**見(み)たことがある**。 어렸을 적에 등산 도중에 곰을 **본 적이 있다**.

18 ~たとたん(に) ~하자마자, ~한순간

어떠한 일이 끝나자마자 곧바로 다른 일이 발생할 때 사용한다. 앞뒤 행동, 동작은 거의 시간 차가 없이 발생하고 예기치 못한 상태에서 일어난다.

접속 동사 た형
　　　出(で)かけたとたん(に) 외출하자마자

家(いえ)を**出(で)たとたん**、急(きゅう)に雨(あめ)が降(ふ)ってきた。 집을 **나오자마자** 갑자기 비가 내리기 시작했다.
立(た)ち上(あ)がったとたん、目(め)の前(まえ)が真(ま)っ暗(くら)になった。 **일어선 순간** 눈앞이 캄캄해졌다.

19 ～たばかりだ 막 ~했다, ~한지 얼마 안 되다 [기출]

주관적인 관점에서 동작을 마친지 얼마 되지 않았음을 나타낼 때 사용한다.

접속 동사 た형
　　　着いたばかりだ 막 도착한 참이다

日本へ来たばかりなので、日本語は全然話せません。
일본에 **온 지 얼마 안 되었기** 때문에 일본어는 전혀 말할 수 없습니다.

さっき食べたばかりなのに、まだ何か食べたくてしかたがない。
아까 **먹은 지 얼마 안 되었**는데, 아직 뭔가 먹고 싶어서 견딜 수가 없다.

20 たとえ～ても 설령 ~해도

실제로 일어나지 않은 일에 대해서 말할 때 쓰는 가정 조건 표현이다. 만약 그 일이 발생하더라도 뒤 문장 내용에는 영향이 없는 경우에 사용한다.

접속 동사 て형　　　　　　　　　　　　　い형용사 て형
　　　たとえ失敗しても 설령 실패해도　　　たとえ重くても 설령 무거워도

　　　な형용사 て형　　　　　　　　　　　명사 て형
　　　たとえ不便でも 설령 불편해도　　　　たとえ雨でも 설령 비여도

たとえ手術したとしても、病気が治ることはないでしょう。
설령 수술했다고 **하더라도**, 병이 낫는 것은 아닐 것입니다.

たとえ生活が苦しくても幸せに暮らしています。 **설령** 생활이 **힘들어도** 행복하게 살고 있습니다.

21 ～て以来 ~한 이래(로 계속) [기출]

어떠한 상태나 동작이 시행되고 나서 그 상태가 유지되거나, 동작이 계속되는 경우에 사용한다. 가까운 과거에는 사용하지 않는다는 점에 주의하자.

접속 동사 て형
　　　卒業して以来 졸업한 이래

息子が生まれて以来、夫の帰宅時間が早くなりました。
아들이 **태어난 이래** 남편의 귀가 시간이 빨라졌습니다.

日本へ来て以来、毎日家族とテレビ電話をしている。 일본에 **온 이래** 매일 가족과 화상 전화를 하고 있다.

22 ~てからでないと・~てからでなければ ~하고 나서가 아니면 〔기출〕

앞의 내용이 달성 혹은 성립되지 않으면 뒷부분의 내용은 불가능하다는 것을 나타낸다. 따라서 주로 뒷부분에는 부정 표현이 온다.

접속 동사 て형
(宿題を)してからでないと (숙제를) 하고 나서가 아니면

母に聞いてからでないと、その日に遊んでもいいか決められない。
엄마에게 **물어보고 나서가 아니면** 그날에 놀아도 괜찮은지 정할 수 없다.

この資料を完成させてからでないと、今日は帰ることができない。
이 자료를 **완성시키고 나서가 아니면** 오늘은 돌아갈 수가 없다.

23 ~てはじめて ~나서야 비로소, ~해서 처음으로 〔기출〕

앞 문장에서 서술한 것을 경험하거나 이루고 나서야, 뒷부분에서 서술한 내용을 처음으로 하게 되었다는 의미로, 주로 무언가를 깨닫거나 새로 알게 된 경우에 사용한다.

접속 동사 て형
親になってはじめて 부모가 되어서야 비로소

病気になってはじめて、健康の大切さに気付いた。 **병에 걸리고 나서야 비로소** 건강의 소중함을 깨달았다.

彼女と別れてはじめて自分の本当の気持ちがわかった。
그녀와 **헤어지고 나서야 비로소** 자신의 진정한 마음을 알았다.

24 ~ないうちに ~하기 전에, ~하지 않는 동안에 〔기출〕

현재의 상태가 다른 상태로 바뀌기 전에 어떠한 동작을 할 때 사용한다.

접속 동사 ない형
降らないうちに (비가) 내리기 전에

忘れないうちに会議の時間が変更になったことを伝えておくよ。
잊기 전에 회의의 시간이 변경된 것을 전해 둘게.

知らないうちにかばんから財布が盗まれていた。 **모르는 동안에** 가방에서 지갑이 도난당해 있었다.

25 〜なければならない ~하지 않으면 안 된다

법이나 규칙, 의무 등 일반적인 판단이나 사회적인 상식으로 규정되어 있는 사실을 나타낼 때 사용하며, 문어체이다. 좀 더 구어체적인 표현으로는 「〜なければいけない」라고 하며, 회화에서는 「なければ」 부분을 「なきゃ」로 바꾸어 「〜なきゃいけない」로 말하는 경우도 있다.

> **TIP** 개인적인 판단으로 당연히 어떠한 행동을 해야 한다는 필요성을 강하게 나타낼 때, 「〜なくてはならない・〜なくてはいけない」를 사용한다.

접속 동사 ない형
　　　伝えなければならない 전하지 않으면 안 된다

例え明日気絶するとしても、今日課題を全部**終わらせなければならない**。
설령 내일 기절한다고 해도, 오늘 과제를 전부 **끝내지 않으면 안 된다**.

成長したいならば、今の状態に満足せずに努力を**しなければならない**。
성장하고 싶다면 지금 상태에 만족하지 않고 노력을 **하지 않으면 안 된다**.

26 〜(よ)うとする ~하려고 하다

① 어떠한 동작을 하고자 마음을 먹은 상태로, 노력을 하는 단계에 사용할 수 있다.
② 어떠한 동작을 하기 바로 직전의 상태를 나타낸다.

접속 동사 의지형
　　　減らそうとする 줄이려고 하다

彼は周りの話を全く聞かずに、自分の意見だけを**言おうとする**。
그는 주변의 말을 전혀 듣지 않고 자기의 의견만을 **말하려고 한다**.

先月も予算オーバーして買い物をしたのに、また買い物を**しようとしている**。
지난달도 예산 오버해서 쇼핑을 했는데, 또 쇼핑을 **하려고 하고 있다**.

27 〜させてやる・〜させてあげる ~하게 해 주다 [기출]

다른 사람이 어떠한 동작을 하는 데 있어 허락이 필요하거나 도움이 필요한 경우에 사용한다.

접속 동사 사역형
　　　行かせてやる 가게 해 주다 / 飲ませてあげる 마시게 해 주다

寒いのに子供が公園へ行きたいというので、公園で**遊ばせてやった**。
추운데 아이가 공원에 가고 싶다고 해서 공원에서 **놀게 해 주었다**.

娘がピアノを習いたがっていたので、**習わせてあげました**。
딸이 피아노를 배우고 싶어 했기 때문에 **배우게 해 주었습니다**.

28 ～ことがある ~하는 경우가 있다

항상 그러한 것은 아니지만 가끔 어떠한 동작을 습관적 혹은 반복적으로 하는 경우를 나타낸다. 조사만 바꿔서 「～こともある ~하는 경우도 있다」라고 활용되기도 한다.

접속　동사 보통형 현재

作ることがある 만드는 경우가 있다 / 寝られないこともある 자지 못하는 경우도 있다

長年働いた仕事のプロもたまにはミスを**することがある**。
오랜 세월 일한 일의 프로도 가끔은 실수를 하는 경우가 있다.

教師でも生徒の質問に**答えられないことがある**。 교사라도 학생의 질문에 대답할 수 없는 경우가 있다.

29 ～ことにする ~하기로 하다

본인이 결정하여 어떠한 동작을 하거나 할 예정인 경우에 사용한다. 진행형으로 쓸 경우, 현재 반복적으로 하는 일이나 습관을 나타내기도 한다.

접속　동사 보통형 현재

辞めることにする 그만두기로 하다 / 会わないことにする 만나지 않기로 하다

最近、家事やら育児やらで忙しいので明日の飲み会は**行かないことにしました**。
최근에 가사며 육아며 바빠서 내일 회식은 안 가기로 했습니다.

遊びに行く人が一人足りなかったため、そんなに仲良くはない子も**呼ぶことにした**。
놀러 갈 사람이 한 명 부족했기 때문에 그렇게 사이가 좋지 않은 애도 부르기로 했다.

30 ～ように ~하도록

목표에 도달하거나 예정된 일을 실현시키기 위해 어떠한 동작을 하려고 할 때 사용한다.

접속　동사 보통형 현재

見えるように 보이도록 / 失敗しないように 실패하지 않도록

この行動は危ないので幼い子供は絶対に**真似しないように**してください。
이 행동은 위험하기 때문에 어린아이들은 절대로 흉내 내지 않도록 해 주세요.

天国にいるお祖父ちゃんにも**届くように**、大きな声で手紙を読む。
천국에 있는 할아버지한테도 닿도록 큰 소리로 편지를 읽는다.

31 ～わけにはいかない ~할 수는 없다

주로 사회 통념상 혹은 도의적인 이유로 ①어떠한 행동을 하고 싶지만 할 수 없는 경우나 ②꼭 해야만 하는 경우에 사용한다. 단순히 능력의 부족 등으로 할 수 없다고 하는 표현이 아니라는 것에 주의하자.

접속 ① 동사 기본형
　　　死ぬわけにはいかない
　　　죽을 수는 없다

　　　② 동사 ない형
　　　出席しないわけにはいかない
　　　출석하지 않을 수는 없다

① まだ予選なのに、こんなところで負けるわけにはいかない。 아직 예선인데, 이런 곳에서 **질 수는 없다**.
② みんな私を待っているので、行かないわけにはいかない。
　　모두 나를 기다리고 있기 때문에 **가지 않을 수는 없다**.

32 ～でしかない ~에 불과하다, ~일뿐이다 `기출`

강조의 문형으로「～だ ~이다」와 동일하게 해석한다. 주로 명사에 접속하며 부정적인 뉘앙스로 사용할 때가 많다.

접속 な형용사 어간
　　　邪魔でしかない 방해일 뿐이다

　　　명사
　　　言い訳でしかない 변명에 불과하다

子供にとっては宝物かもしれないが、私にとってはただのゴミでしかない。
아이에게 있어서는 보물일지 모르지만, 나에게 있어서는 그저 **쓰레기에 불과하다**.
数学が苦手なのでテストの点数が不安でしかない。 수학을 잘 못하기 때문에 시험의 점수가 **불안할 뿐이다**.

33 ～途中で・～途中に ~도중에 `기출`

어떤 행동이 이루어지는 도중을 나타내는 문법이다.「途中で」는 뒷부분에 도중에 한 동작이 오고,「途中に」는 뒷부분에 존재 동사(ある/いる)와 함께 쓰는 경우가 많다.

접속 동사 기본형
　　　行く途中で 가는 도중에

　　　명사 ➕ の
　　　旅の途中で 여행 도중에

家に帰る途中に新しくできた映画館がある。 집에 **돌아가는 도중에** 새로 생긴 영화관이 있다.
通勤の途中で大学時代のクラスメイトに偶然会った。 **통근 도중에** 대학시절의 반 친구를 우연히 만났다.

34 ～にしたがって・～にしたがい ~에 따라(서)

「従う 따르다」라는 동사에서 파생된 문법으로, 앞 문장의 내용이 변화함에 따라 점점 뒤 문장의 내용도 바뀌는 경우에 사용한다. 동사의 의미 그대로 '(지시나 명령 등)에 따라'라는 쓰임새를 가지기도 한다.

접속	동사 기본형	명사
	暗くなるにしたがって 어두워짐에 따라서	指示にしたがって 지시에 따라서

夏に**なるにしたがって**、エアコンの使用率も上がっている。
여름이 **됨에 따라서** 에어컨 사용률도 올라가고 있다.

自治体の**ルールにしたがい**、指定された曜日にごみを捨てる。
자치체의 **룰에 따라** 지정된 요일에 쓰레기를 버린다.

35 ～がちだ 자주 ~하다, ~하는 경향이 있다 기출

바람직하지 못한 경향이 발생하기 쉽다는 뜻으로, 어떤 동작이 비교적 자주 발생하거나 한쪽으로 치우치는 것을 나타낸다.

접속	동사 ます형	명사
	遅れがちだ 늦는 경향이 있다	病気がちだ 자주 아프다

外食ばかりしていると野菜が**不足しがち**なので、サラダを積極的に食べるようにしている。
외식만 하고 있으면 야채가 **부족한 경향이 있기** 때문에, 샐러드를 적극적으로 먹으려고 하고 있다.

最近仕事が忙しくて英会話のレッスンを**休みがちだ**。
요즘 일이 바빠서 영어회화 레슨을 **자주 쉰다**.

36 ～最中に (한창) ~중에

어떤 현상이나 동작이 가장 활발하게 진행 중인 상황을 나타낸다. 주로 그 상황에 예기치 못한 일이 발생한 경우에 사용한다.

접속	동사 진행형	명사 ➕ の
	寝ている最中に 한창 자고 있는 중에	会議の最中に 한창 회의 중에

彼女と電話を**している最中に**母が部屋に入ってきた。 그녀와 전화를 **하고 있는 중에** 엄마가 방으로 들어왔다.
テニスの**練習の最中に**、雨が降ってきた。 테니스 **연습 중에** 비가 내리기 시작했다.

37 ～ついでに ~하는 김에

어떤 행동을 할 때 그것을 기회로 다른 행동도 함께 한다는 것을 나타내는 표현이다. 이때 뒤 문장은 부수적인 행동일 뿐, 주된 목적은 앞 문장이 나타낸다.

접속	동사 기본형, 동사 た형	명사 ➕ の
	作るついでに 만드는 김에	出張のついでに 출장 간 김에
	買ったついでに 산 김에	

コンビニに**行くついでに**、私の分のアイスクリームも買ってきて!
편의점에 **가는 김에** 내 몫의 아이스크림도 사 와!

宿題のついでに来週までのレポートも書いておこう。 **숙제하는 김에** 다음 주까지의 리포트도 써 두 자.

38 ～通り(に) ~(하는) 대로 〔기출〕

앞부분에 언급되는 예상, 말, 계획 등에 따라 행동하는 것을 나타낸다.

💡**TIP** 명사와 바로 접속하는 경우는「명사 ➕ 通り(に)」라고 발음한다는 점을 주의하자.

접속	동사 기본형, 동사 た형	명사 ➕ の ➕ とおり(に), 명사 ➕ どおり(に)
	書いてある通り(に) 적혀 있는 대로	マニュアルのとおり(に) 매뉴얼대로
	おっしゃった通り(に) 말씀하셨던 대로	説明どおり(に) 설명대로

今日は、私が**作る通りに**真似して和食を作ってみましょう。
오늘은 제가 **만드는 대로** 따라 해서 일본 음식을 만들어 봅시다.

指示通り、このグラフを作成して提出してください。 **지시대로** 이 그래프를 작성해서 제출해 주세요.

39 〜ても仕方がない・〜てもしょうがない ~해도 어쩔 수 없다, ~해도 소용없다

어떠한 일을 하는 것이 의미가 없거나 쓸모없음을 나타낸다.

TIP 주로 「今更 이제 와서」, 「今になって 이제야」와 함께 사용한다.

접속
동사 て형
泣いても仕方がない 울어도 어쩔 수 없다

い형용사 て형
低くても仕方がない 낮아도 어쩔 수 없다

な형용사 て형
変でも仕方がない 이상해도 어쩔 수 없다

部長は頑固だから、何を言ってもしょうがないよ。 부장님은 고집이 세기 때문에 무엇을 말해도 소용없어.
こんなに安いランチセットならおいしくなくても仕方がない。
이렇게 저렴한 런치세트라면 맛이 없어도 어쩔 수 없다.

40 〜さえ〜ば ~만 ~(하)면 기출

앞부분에 제시된 조건만 갖추면 뒷부분이 성립하는 경우에 사용한다.

접속
동사 ます형 ⊕ さえすれば
謝りさえすれば 사과하기만 하면

い형용사 어간 ⊕ くさえあれば
おいしくさえあれば 맛있기만 하면

な형용사 어간 ⊕ (で)さえあれば
きれい(で)さえあれば 깨끗하기만 하면

명사 ⊕ さえ ⊕ 가정형
時間さえあれば 시간만 있으면

息子は暇さえあれば、いつもゲームばかりしている。 아들은 틈만 나면 항상 게임만 하고 있다.
スマホさえあればいつでも買い物できるし、映画も見られる。
스마트폰만 있으면 언제든지 쇼핑할 수 있고 영화도 볼 수 있다.

41 ～かのようだ / ～かのような / ～かのように 마치 ~인 것 같다 / 마치 ~인 것 같은 / 마치 ~인 것처럼

실제로는 그렇지 않지만 마치 그러한 것 같다고 생각되는 경우에 사용한다. 또한 비유 표현으로도 사용한다.

접속

동사 보통형
知っているかのようだ 알고 있는 것 같다

い형용사 보통형
貧しいかのようだ 가난한 것 같다

な형용사 보통형 ★현재 긍정의 경우 だ 빼고 ➕ である
有名であるかのようだ 유명한 것 같다

명사 보통형 ★현재 긍정의 경우 だ 빼고 접속(➕である)
セレブ(である)かのようだ 셀럽인 것 같다

彼は私が貸した消しゴムをまるで自分の**物であるかのように**使っている。
그는 내가 빌려준 지우개를 마치 자신의 **물건인 것처럼** 사용하고 있다.

もう3月なのに、真冬に**戻ったかのような**寒さですね。 벌써 3월인데, 한겨울로 **되돌아간 것 같은** 추위네요.

42 ～からこそ ~이기 때문에 기출

다른 이유나 원인이 아닌 오직 이것 때문이라는 것을 특히 강조할 때 사용한다.

접속

동사 보통형
留学したからこそ 유학했기 때문에

い형용사 보통형
忙しいからこそ 바쁘기 때문에

な형용사 보통형
にぎやかだからこそ 번화하기 때문에

명사 보통형
友達だからこそ 친구이기 때문에

毎日たくさん**勉強したからこそ**、N1合格という目標に達したと思う。
매일 많이 **공부했기 때문에** N1 합격이라고 하는 목표에 도달했다고 생각한다.

料理が**好きだからこそ**自分の店を持つと決めたんです。
요리를 **좋아하기 때문에** 자신의 가게를 가지겠다고 결정한 것입니다.

43 ～ことから ~(으)로 인해, ~때문에 기출

어떠한 일이 발생한 근거를 설명하거나 유래를 설명할 때 사용한다.

접속

동사 보통형
(道が)濡れていることから (길이) 젖어 있기 때문에

い형용사 보통형
(顔色が)いいことから (안색이) 좋기 때문에

な형용사 보통형 ★현재 긍정의 경우 だ 빼고 ➕ な・である
真剣なことから 진지하기 때문에

명사 보통형 ★현재 긍정의 경우 だ 빼고 ➕ である
服装であることから 복장으로 인해

部長は外国語が**話せることから**海外事業部へ移動することになった。
부장은 외국어를 **말할 수 있는 것으로 인해** 해외 사업부로 이동하게 되었다.

彼はやさしくて、**ハンサムなことから**クラスの人気者になりました。
그는 친절하고 **잘생겼기 때문에** 반의 인기인이 되었습니다.

44 ～だろう ~일 것이다, ~겠지

① 불확실한 상황에 대해 말할 때나 추측하는 경우에 사용한다.
② 상대방에게 확인, 동의나 공감을 구하는 경우에 사용한다.

> **TIP** 「だろう」보다 공손한 표현으로 「でしょう ~일 것입니다, ~겠지요」가 있으나, 정중한 정도가 높지 않으므로 격식을 차리는 자리나 윗사람에게 사용하기에는 적합하지 않다.

접속	동사 보통형	い형용사 보통형
	降(ふ)るだろう 내릴 것이다	おいしいだろう 맛있을 것이다
	な형용사 보통형 ★현재 긍정의 경우 だ 빼고 접속	명사 보통형 ★현재 긍정의 경우 だ 빼고 접속
	地味(じみ)だろう 수수할 것이다	外国人(がいこくじん)だろう 외국인일 것이다

アイドルは二十歳(はたち)を過(す)ぎて準備(じゅんび)を始(はじ)めたら**遅(おそ)過ぎるだろう**。
아이돌은 스무 살을 넘기고 준비를 시작하면 **너무 늦을 것이다**.

今(いま)東京(とうきょう)が午後(ごご)9時(じ)だから、ニューヨークは午前(ごぜん)**8時(じ)だろう**。
지금 도쿄가 오후 9시니까 뉴욕은 오전 **8시일 것이다**.

45 ～というより ~라기보다

어떤 대상이나 사건에 대해 앞 문장이라고 표현할 수도 있지만, 굳이 말하자면 뒤 문장에 더 가깝다고 할 때 사용한다.

접속	동사 보통형	い형용사 보통형
	買(か)うというより 산다라기보다	悔(くや)しいというより 분하다기보다
	な형용사 보통형 ★현재 긍정의 경우 だ 빼고 접속 가능	명사 보통형 ★현재 긍정의 경우 だ 빼고 접속 가능
	きれい(だ)というより 예쁘다기보다	お酒(さけ)(だ)というより 술이라기보다

今日(きょう)は**暖(あたた)かいというより**、暑(あつ)いくらいだ。오늘은 **따뜻하다기보다** 더울 정도다.
掃除(そうじ)することは**嫌(きら)いというより**、面倒(めんどう)くさい。청소하는 것은 **싫어한다기보다** 귀찮다.

46 〜といっても ~라고 해도

앞 문장의 내용이 실제와 다르거나 그 정도에 차이가 있다는 것을 나타낼 때 사용한다.

접속
동사 보통형
痩(や)せたといっても 살 빠졌다고 해도

い형용사 보통형
古(ふる)いといっても 오래되었다고 해도

な형용사 보통형 ★현재 긍정의 경우 だ 빼고 접속 가능
格別(かくべつ)(だ)といっても 각별하다고 해도

명사 보통형 ★현재 긍정의 경우 だ 빼고 접속 가능
お金持(かねも)ち(だ)といっても 부자라고 해도

会社(かいしゃ)を**作(つく)ったといっても**、社員(しゃいん)は私(わたし)と夫(おっと)だけです。 회사를 **만들었다고 해도**, 사원은 나와 남편뿐입니다.
セールだといっても、5%割引(わりびき)するだけです。 **세일이라고 해도**, 5% 할인할 뿐입니다.

47 〜とのことだ ~라고 한다 [기출]

외부에 의해 얻게 된 정보나 내용을 화자의 생각을 더하지 않고 그대로 인용하여 전달할 때 사용한다.

접속
동사 보통형
枯(か)れたとのことだ 시들었다고 한다

い형용사 보통형
難(むずか)しいとのことだ 어렵다고 한다

な형용사 보통형 ★현재 긍정의 경우 だ 빼고 접속 가능
便利(べんり)(だ)とのことだ 편리하다고 한다

명사 보통형 ★현재 긍정의 경우 だ 빼고 접속 가능
事故(じこ)(だ)とのことだ 사고라고 한다

田中(たなか)さんが寝坊(ねぼう)をして少(すこ)し**遅(おく)れるとのことです**。 다나카 씨가 늦잠을 자서 조금 **늦어진다고 합니다**.
テレビの特集(とくしゅう)によると、地震(じしん)に備(そな)えて非常食(ひじょうしょく)などの準備(じゅんび)をして**おかなければならないとのことだ**。
TV 특집에 따르면 지진에 대비해서 비상식 등의 준비를 해 **두지 않으면 안 된다고 한다**.

48 〜とは限(かぎ)らない (반드시) ~라고는 할 수 없다

어떤 상황에 대해서 단정 지을 수 없으며 예외 상황이 있을 수 있음을 나타낸다.

💡 **TIP** 앞부분에「必(かなら)ずしも 꼭, 반드시」,「絶対(ぜったい) 절대」,「すべて 전부」 등과 함께 사용한다.

접속
동사 보통형
成功(せいこう)するとは限(かぎ)らない 성공한다고는 할 수 없다

い형용사 보통형
正(ただ)しいとは限(かぎ)らない 올바르다고는 할 수 없다

な형용사 보통형
優秀(ゆうしゅう)だとは限(かぎ)らない 우수하다고는 할 수 없다

명사 보통형
嘘(うそ)だとは限(かぎ)らない 거짓말이라고는 할 수 없다

結婚(けっこん)した人(ひと)が必(かなら)ずしも**幸(しあわ)せだとは限(かぎ)らない**。 결혼한 사람이 반드시 **행복하다고는 할 수 없다**.
テレビのニュースが全部(ぜんぶ)**真実(しんじつ)だとは限(かぎ)らない**。 TV 뉴스가 전부 **진실이라고는 할 수 없다**.

49 ~に決まっている 반드시 ~이다, ~임에 틀림없다

추측 표현이나 화자가 강한 확신을 갖고 이야기할 때 사용하는 표현으로, 결과는 당연하고 뻔하다는 것을 나타낸다.

접속	동사 보통형	い형용사 보통형
	受かるに決まっている 반드시 합격할 것이다	かわいいに決まっている 반드시 귀여울 것이다
	な형용사 보통형 ★현재 긍정의 경우 だ 빼고 접속	명사 보통형 ★현재 긍정의 경우 だ 빼고 접속
	でたらめに決まっている 엉터리임에 틀림없다	嘘に決まっている 거짓말임에 틀림없다

ジュースを買うならコンビニよりスーパーの方が**安いに決まっている**。
주스를 산다면 편의점보다 슈퍼 쪽이 **저렴할 것임에 틀림없다**.

今週中に課題を終わらせるなんて**無理に決まっている**。 이번 주 중에 과제를 끝내다니 **무리임에 틀림없다**.

50 ~のだろうか ~인 것인가, ~인 것일까 [기출]

확신할 수 없는 상황에서 과연 그러한 것인지 의문을 갖는 경우에 사용한다.

접속	동사 보통형	い형용사 보통형
	勝てるのだろうか 이길 수 있는 것인가	欲しいのだろうか 갖고 싶은 것일까
	な형용사 보통형 ★현재 긍정의 경우 だ 빼고 + な・である	명사 보통형 ★현재 긍정의 경우 だ 빼고 + な・である
	大丈夫なのだろうか 괜찮을 것일까	弁護士なのだろうか 변호사인 것일까

息子は遊んでばかりなのに、いい成績が**取れるのだろうか**。
아들은 놀기만 하는데, 좋은 성적을 **딸 수 있는 것일까?**

彼女は今日授業を休んでいるが、具合が**悪いのだろうか**。
그녀는 오늘 수업을 쉬고 있는데, 상태가 **나쁜 것인가?**

51 ~はずだ ~일 것이다, ~임이 분명하다, ~임이 확실하다 [기출]

어떠한 근거를 바탕으로 강한 확신을 갖고 추측하는 경우에 사용한다. 「~だろう ~일 것이다」보다 더 딱 잘라 말하는 느낌을 준다.

접속	동사 보통형	い형용사 보통형
	合格できるはずだ 합격할 수 있을 것이다	広いはずだ 넓을 것이다
	な형용사 보통형 ★현재 긍정의 경우 だ 빼고 + な・である	명사 보통형 ★현재 긍정의 경우 だ 빼고 + の・である
	上手なはずだ 잘할 것이다	休みのはずだ 쉬는 날일 것이다

明日は日曜日だから郵便局は**閉まっているはずだよ**。 내일은 일요일이니까 우체국은 **닫혀있을 거야**.

彼は東京大学を卒業したんだから、頭が**いいはずだ**。 그는 도쿄대학을 졸업했으니까 머리가 **좋을 것이다**.

52 ～はずがない ~일 리가 없다 〔기출〕

말하는 사람이 강한 확신을 가지고 '절대 ~일리 없다'라고 가능성을 부정할 때 사용한다.

접속

동사 보통형
当たるはずがない 맞을 리가 없다

い형용사 보통형
安いはずがない 저렴할 리가 없다

な형용사 보통형 ★현재 긍정의 경우 だ 빼고 ➕ な・である
静かなはずがない 조용할 리가 없다

명사 보통형 ★현재 긍정의 경우 だ 빼고 ➕ の・である
上司のはずがない 상사일 리가 없다

あんなまずい料理でお客さんが**来るはずがない**。 저런 맛없는 요리로 손님이 **올 리가 없다**.
髪の毛は金色で目も青いのに**日本人のはずがないよ**。 머리카락은 금색이고 눈도 파란데 **일본인일 리가 없어**.

53 ～まま ~한 채로, ~그대로 〔기출〕

어떠한 상태가 변함없이 계속 유지되고 있는 경우에 사용한다.

접속

동사 た형, 동사 ない형
開けたまま 연 채로

わからないまま 모른 채로

い형용사 기본형
汚いまま 더러운 채로

な형용사 어간 ➕ な
きれいなまま 깨끗한 채로

명사 ➕ の
昔のまま 옛날 그대로

あまりにも疲れていたので、電気を**つけたまま**寝てしまった。
너무나도 피곤했기 때문에 전기를 **켠 채로** 자 버렸다.

この町は昔と変わらず空気がきれいで、人も**親切なまま**だ。
이 마을은 옛날과 변함없이 공기가 깨끗하고 사람도 **친절한 채로** 있다.

54 〜わけがない ~할 리가 없다 [기출]

어떠한 일이나 상황이 절대 그렇게 될 가능성이 없음을 강하게 부정할 때 사용한다. 비슷한 표현으로 「〜はずがない ~일 리가 없다」가 있다. 다만 〜はずがない가 명확한 이유나 근거를 바탕으로 사용하는 반면, 〜わけがない는 이유나 근거가 없어도 사용 가능하다.

접속

동사 보통형
売(う)れるわけがない 팔릴 리가 없다

い형용사 보통형
面白(おもしろ)くないわけがない 재미있지 않을 리가 없다

な형용사 보통형 ★현재 긍정의 경우 だ 빼고 + な・である
元気(げんき)なわけがない 건강할 리가 없다

명사 보통형 ★현재 긍정의 경우 だ 빼고 + の・である
韓国人(かんこくじん)のわけがない 한국인일 리가 없다

宝(たから)くじに当(あ)たるなんて、そんなラッキーなことが**起(お)こるわけがない**。
복권에 당첨되다니 그런 운 좋은 일이 **일어날 리가 없다**.

部長(ぶちょう)はとっくに帰(かえ)ったんだから、あそこにいる人(ひと)が**部長(ぶちょう)のわけがない**。
부장님은 훨씬 전에 돌아갔으니까 저기에 있는 사람이 **부장님일 리가 없다**.

55 〜わけだ ~할 만도 하다, (당연히) ~인 것이다

근거나 이유를 바탕으로 어떠한 상황에 대해 납득하거나 이해하는 경우에 사용한다. 주로 「なるほど 과연」, 「だから 그래서」, 「どうりで 어쩐지」와 같이 사용한다.

💡**TIP** 뜻대로 해석하면 부자연스러운 경우가 많으므로 뉘앙스에 주의하여 문장의 의미를 파악하자.

접속

동사 보통형
起(お)こるわけだ 일어날 만도 하다

い형용사 보통형
暑(あつ)いわけだ 더울 만도 하다

な형용사 보통형 ★현재 긍정의 경우 だ 빼고 + な・である
下手(へた)なわけだ 못할 만도 하다

명사 보통형 ★현재 긍정의 경우 だ 빼고 + な・である
始(はじ)まりなわけだ 시작일 만도 하다

A「今日(きょう)は近(ちか)くで祭(まつ)りがあるみたい。」 오늘 근처에서 축제가 있는 것 같아.
B「だからこんなに混(こ)んでいる**わけだね**。」 그래서 이렇게 **붐비고 있는 것이구나**.

A「彼女(かのじょ)は昔(むかし)歌手(かしゅ)として活躍(かつやく)していたらしいよ。」 그녀는 옛날에 가수로서 활약했었다고 해.
B「なるほど！だから、歌(うた)が**うまいわけだね**。」 그렇구나! 그래서 노래를 **잘하는 것이구나**.

56 〜わけでは(じゃ)ない (반드시) ~인 것은 아니다 〔기출〕

반드시, 항상, 꼭 그러한 것은 아니라는 의미로, 어떠한 일을 단정할 수 없는 경우에 사용하며 주로 부분 부정의 역할을 한다.

💡TIP 「〜わけでもない (반드시) ~인 것도 아니다」라는 표현도 함께 알아두자.

접속
- 동사 보통형
  困(こま)るわけではない 곤란한 것은 아니다
- い형용사 보통형
  悪(わる)いわけではない 나쁜 것은 아니다
- な형용사 보통형 ★현재 긍정의 경우 だ 빼고 ＋ な・である
  不可能(ふかのう)なわけではない 불가능한 것은 아니다
- 명사 보통형 ★현재 긍정의 경우 だ 빼고 ＋ な・である
  病気(びょうき)であるわけではない 병인 것은 아니다

大学(だいがく)に落(お)ちたからといって、人生(じんせい)が**終(お)わるわけではない**。
대학에 떨어졌다고 해서 인생이 **끝나는 것은 아니다**.

ネットに書(か)かれた情報(じょうほう)が全(すべ)て**正(ただ)しいわけではない**。 인터넷에 적힌 정보가 모두 **올바른 것은 아니다**.

57 〜わりに(は) ~치고(는)

긍정, 부정에 상관없이 예상과는 다른 결과인 경우에 사용한다. 추상적인 내용에도 사용 가능하다.

접속
- 동사 보통형
  落(お)ち込(こ)んでいるわりには 풀 죽어 있는 것치고는
- い형용사 보통형
  高(たか)いわりには 비싼 것치고는
- な형용사 보통형 ★현재 긍정의 경우 だ 빼고 ＋ な・である
  大変(たいへん)なわりには 힘든 것치고는
- 명사 보통형 ★현재 긍정의 경우 だ 빼고 ＋ の・である
  小学生(しょうがくせい)のわりには 초등학생 치고는

彼女(かのじょ)は留学経験(りゅうがくけいけん)が**ないわりには**、きれいな発音(はつおん)で話(はな)す。
그녀는 유학 경험이 **없는 것치고는** 깨끗한 발음으로 이야기한다.
祖母(そぼ)は**年齢(ねんれい)のわりには**元気(げんき)で健康(けんこう)だ。 할머니는 **나이치고는** 기운이 있고 건강하다.

6 부사

부사란?
부사란 문장에서 동사나 형용사를 꾸며주거나 더 자세하게 설명하기 위해서 사용하는 품사이다.

いずれ 결국, 얼마 안 있어

今人間がやっている多くの仕事は、**いずれ**ロボットがするようになるだろう。
지금 인간이 하고 있는 많은 일은 **얼마 안 있어** 로봇이 하게 될 것이다.

いつの間にか 어느새인가

最近、毎日仕事終わりにビールを飲んでいたら、**いつの間にか**4キロも太っていた。
최근 매일 일 끝난 후에 맥주를 마셨더니 **어느새인가** 4킬로나 살쪄 있었다.

いったい 도대체

彼女は**いったい**村上さんのどこがいいんだろう。
그녀는 **도대체** 무라카미 씨의 어디가 좋은 걸까?

いまにも 당장이라도, 지금이라도

マラソンを走りきった彼は**いまにも**倒れそうだ。
마라톤을 다 달린 그는 **당장이라도** 쓰러질 것 같다.

おそらく 아마, 어쩌면

彼は**おそらく**大学に進学しないと思います。
그는 **아마** 대학에 진학하지 않을 것이라고 생각합니다.

かえって 도리어, 오히려

セールしていたから購入したが、故障が多くて修理するのに**かえって**お金がかかった。
세일하고 있어서 구입했지만, 고장이 많아서 수리하는 데에 **오히려** 돈이 들었다.

必ずしも~ない 반드시 ~아니다

行列ができている店だからといって**必ずしも**おいしいとは限ら**ない**。
행렬이 생겨 있는 가게라고 해서 **반드시** 맛있다고는 할 수 **없다**.

かりに 가령, 만일

かりに戦争が起こったら、どうしますか。
가령 전쟁이 일어난다면 어떻게 할 거예요?

決して～ない 결코 ~않다

ここは危険ですので、**決して**許可なしに入ら**ない**でください。
여기는 위험하기 때문에, **결코** 허가 없이 들어가지 **말아** 주세요.

少しも～ない 조금도 ~않다

たしか昨夜、雪が降ったはずなのに**少しも**雪が積もってい**ない**。
분명 어젯밤, 눈이 내렸을 것인데 **조금도** 눈이 쌓이지 **않았다**.

せっかく 모처럼

せっかくの連休だから温泉にでも行こうよ。
모처럼의 연휴니까 온천에라도 가자.

せめて 적어도, 하다못해

せめて日常会話ができるくらいのレベルになりたいです。
적어도 일상 회화를 할 수 있을 정도의 레벨이 되고 싶습니다.

そのうち 머지않아

このプロジェクトに関する詳細は**そのうち**報告いたします。
이 프로젝트에 관한 상세 내용은 **머지않아** 보고드리겠습니다.

ちっとも～ない 조금도, 전혀 ~않다

私の言うことを**ちっとも**聞いてくれ**ない**ので寂しい。
내가 말하는 말을 **조금도** 들어 주지 **않기** 때문에 서운하다.

ついに 드디어, 마침내

3年間頑張った結果、**ついに**弁護士になりました。
3년간 열심히 한 결과, **드디어** 변호사가 되었습니다.

とうとう 드디어, 마침내, 끝내

待ち合わせ場所で1時間以上待ったが、彼女は**とうとう**現れなかった。
약속 장소에서 1시간 이상 기다렸지만, 그녀는 **끝내** 나타나지 않았다.

とても～ない 도저히 ~없다

明日までに100個の漢字を全部覚えるなんて、**とて**も**でき**ない。
내일까지 100개의 한자를 전부 외우라니 **도저히** 할 수 **없다**.

どうか 제발, 부디, 아무쪼록

どうかこの幸せな夢が覚めないで続きますように。
제발 이 행복한 꿈이 깨지 않고 계속되기를.

どうも 어쩐지, 도무지

どうも近頃、夫の様子がおかしい。浮気でもしているのだろうか。
어쩐지 근래, 남편의 모습이 이상하다. 바람이라도 피고 있는 걸까?

どうやら 아무래도

どうやら自分の行動が誤解を招いてしまったようです。
아무래도 저의 행동이 오해를 초래해 버린 것 같습니다.

なかなか～ない 좀처럼 ~않다

毎日ジムに通っているのに、**なかなか**効果が出**ない**。
매일 헬스장에 다니고 있는데, **좀처럼** 효과가 나오지 **않는다**.

なぜか 왠지

この犬は、**なぜか**外に出るのを嫌がります。
이 개는 **왠지** 밖에 나가는 것을 싫어합니다.

果たして 과연

明日は大統領選挙がある。**果たして**誰が選ばれるのだろうか。
내일은 대통령 선거가 있다. **과연** 누가 뽑힐 것인가?

まさか 설마

まさか私がこんな大きな賞を受賞するとは思わなかったです。
설마 제가 이런 큰 상을 수상할 거라고는 생각하지 못했어요.

まもなく 곧, 머지않아

まもなく大阪行きの電車が参ります。 **곧** 오사카행 전철이 옵니다.

むしろ 오히려

私は大人しい人より**むしろ**おしゃべりで陽気な人が好きです。
저는 얌전한 사람보다 **오히려** 수다쟁이이고 쾌활한 사람을 좋아합니다.

めったに～ない 거의, 좀처럼 ~않다

この地域は年中暑く、**めったに**雨が降ら**ない**。
이 지역은 연중 덥고 **좀처럼** 비가 내리지 **않는다**.

やがて 얼마 안 있어, 곧, 이윽고

彼はまだ新人ですが、**やがて**この国を代表する選手になるでしょう。
그는 아직 신인입니다만, **이윽고** 이 나라를 대표하는 선수가 될 것입니다.

ようやく 겨우, 간신히

わからなかった部分が、教授の講義を聞いて**ようやく**理解できました。
몰랐던 부분을, 교수님의 강의를 듣고 **겨우** 이해할 수 있었습니다.

7 接続詞 | 글의 문법 유형에서 접속사를 고르는 문제가 자주 출제되므로 뉘앙스별로 의미를 잘 파악해두자.

접속사란?
접속사란 문장과 문장, 또는 구절과 구절, 단어와 단어를 서로 자연스럽게 연결하기 위해서 사용하는 품사이다.
접속사는 뉘앙스에 따라 크게 순접, 역접, 보충, 조건, 선택, 결론, 전환 등과 같이 구분하여 사용한다.

01 순접

いずれにしても 어느 쪽이든, 어쨌든

ジムの契約を継続するかどうか、**いずれにしても**今日中に連絡しなければならない。
헬스장 계약을 계속할지 어떨지 **어느 쪽이든** 오늘 중으로 연락하지 않으면 안 된다.

結局 결국

待ち合わせの場所に彼女は現れなかった。**結局**、3時間も損をした。
약속 장소에 그녀는 나타나지 않았다. **결국** 3시간이나 손해를 봤다.

こうして 이렇게 해서

話せば話すほど、共通点が多かった。**こうして**二人は友達になったのだ。
말하면 말할수록 공통점이 많았다. **이렇게 해서** 둘은 친구가 된 것이다.

したがって 따라서

彼は以前アナウンサーだった。**したがって**発音がとても綺麗だ。
그는 이전에 아나운서였다. **따라서** 발음이 매우 깨끗하다.

すると 그러자

10年ぶりに故郷に帰った。**すると**、母が迎えに来てくれた。
10년 만에 고향에 돌아왔다. **그러자** 엄마가 마중하러 와주었다.

そこで 그래서

清掃会社による床のクリーニング作業が来週行われます。**そこで**、週末まで荷物をロッカーに移動してください。
청소회사에 의한 바닥 클리닝 작업이 다음 주 행해집니다. **그래서** 주말까지 짐을 로커에 이동해 주세요.

そして 그리고

彼は10年間朝から晩まで働いた。**そして**、会社を立ち上げた。
그는 10년간 아침부터 밤까지 일했다. **그리고** 회사를 설립했다.

そのため 그렇기 때문에

台風の影響で飛行機は飛ばなかった。**そのため**、空港に泊まった。
태풍의 영향으로 비행기는 날지 않았다. **그렇기 때문에** 공항에 묵었다.

それゆえ 그러므로

正月は新年の挨拶をしに神社へ行く人が多い。**それゆえ**、神社は賑やかだ。
설날에는 새해 인사를 하러 신사에 가는 사람이 많다. **그러므로** 신사는 북적인다.

だから 그래서

大雪の影響で電車が止まった。**だから**、今日は会社に出勤できない。
폭설의 영향으로 전철이 멈췄다. **그래서** 오늘은 회사에 출근할 수 없다.

では 그럼

人事報告は以上です。**では**、次の課題に移ります。
인사 보고는 이상입니다. **그럼** 다음 과제로 넘어가겠습니다.

とにかく 하여간, 어쨌든

彼女に振られた。**とにかく**、今は一人になりたい。
여자친구에게 차였다. **하여간** 지금은 혼자가 되고 싶다.

ともかく 여하튼, 어쨌든

あれこれ考えても仕方がない。**ともかく**、前に進もう。
이것저것 생각해도 어쩔 수가 없다. **여하튼** 앞으로 나아가자.

どうりで 어쩐지, 그래서

A「高橋さんは早退しました。」 타카하시 씨는 조퇴했어요.
B「**どうりで**、今日は体調が悪そうに見えたよ。」 **어쩐지** 오늘은 몸 상태가 안 좋아 보였어.

まず 우선, 일단

これから順に説明します。**まず**、参加者の名前と企業名を確認してください。
이제부터 차례로 설명하겠습니다. **우선** 참가자의 이름과 기업명을 확인해 주세요.

よって 따라서

少子化が何年も続いている。**よって**、高齢者の世話の問題が課題となっている。
저출산이 몇 년이나 계속되고 있다. **따라서** 고령자 보살핌 문제가 과제가 되고 있다.

02 역접

一方で 한편으로

人工知能には効率的で素晴らしい面がある。**一方で**、問題点も多い。
인공지능에는 효율적이고 훌륭한 면이 있다. **한편으로** 문제점도 많다.

かえって 오히려

ご心配おかけして**かえって**申し訳ないです。 걱정 끼쳐서 **오히려** 죄송합니다.

かといって 그렇다고 해서

テスト前なのに、全く問題が解けない。**かといって**勉強しないわけにはいかない。
시험 전인데, 전혀 문제를 풀 수 없다. **그렇다고 해서** 공부 안 할 수는 없다.

けれども 하지만

睡眠時間を減らして頑張った。**けれども**、締め切りに間に合わなかった。
수면시간을 줄여서 열심히 했다. **하지만** 마감 시간에 맞지 않았다.

しかし 그러나

若い頃父はマラソンの選手だった。**しかし**、今は運動もしないでゴロゴロしている。
젊을 적 아버지는 마라톤 선수였다. **그러나** 지금은 운동도 안 하고 빈둥거리고 있다.

そのくせ 그런데도

彼女は礼儀正しくて、賢くて仕事ができる。**そのくせ**、整理が苦手のようだ。
그녀는 예의 바르고, 똑똑해서 일을 잘한다. **그런데도** 정리를 잘 못하는 것 같다.

それでも 그래도

寝坊したのでタクシーで会社に行った。**それでも**遅刻してしまった。
늦잠을 잤기 때문에 택시로 회사에 갔다. **그래도** 지각해 버렸다.

それどころか 그렇기는커녕, 그건 고사하고

A「間違えは何問ありましたか。」틀린 건 몇 문제 있었나요?
B「あなたねえ、**それどころか**全問間違えだよ。」당신 말이야, **그건 고사하고** 모든 문제를 다 틀렸어.

それなのに 그런데도

必死で説明した。**それなのに**、笑われた。 필사적으로 설명했다. **그런데도** 웃음거리가 되었다.

それにしては 그런 것치고는

この家は一億円で売っているらしい。**それにしては**、古い家だなあ。
이 집은 1억 엔으로 팔고 있다고 한다. **그런 것치고는** 낡은 집이네.

それにしても 그렇다 치더라도

近所で道路工事をしている。**それにしても**、うるさくて寝られない。
근처에서 도로공사를 하고 있다. **그렇다 치더라도** 시끄러워서 잘 수 없다.

ただし・ただ 단, 다만

ここの映画館の料金は2,000円だ。**ただし**、夫婦で行けば割引制度がある。
이곳의 영화관 요금은 2,000엔이다. **단** 부부끼리 가면 할인 제도가 있다.

だからといって 그렇다고 해서

彼女は会社に来るのが遅い。**だからといって**、遅刻ではない。
그녀는 회사에 오는 것이 늦다. **그렇다고 해서** 지각은 아니다.

だが 그러나

子供の時からずっと牛乳を飲んでいた。**だが**、身長は伸びなかった。
어릴 때부터 계속 우유를 마셨었다. **그러나** 키는 크지 않았다.

でも 근데

早起きをして弁当を作った。**でも**、家に置いてきてしまった。
일찍 일어나서 도시락을 만들었다. **근데** 집에 두고 와 버렸다.

ところが 그런데

先月出張に行く予定だった。**ところが**、延期になった。
지난달 출장을 갈 예정이었다. **그런데** 연기가 되었다.

とはいうものの 그렇다 하더라도

明日から旅行だ。**とはいうものの**、熱があっては楽しめない。
내일부터 여행이다. **그렇다 하더라도** 열이 있어서는 즐길 수 없다.

とはいえ 그렇다 하더라도

この部屋の家賃は安い。**とはいえ**、かなり狭い。 이 방의 집세는 싸다. **그렇다 하더라도** 꽤 좁다.

03 보충

おまけに 게다가, 그 위에
酔っ払いが大きな声で歌を歌っていた。**おまけに**犬が吠えて寝られなかった。
취객이 큰 목소리로 노래를 부르고 있었다. 게다가 개가 짖어서 잘 수 없었다.

および 및
朝4時から、パンの製造**および**販売をしてくれる人を募集しています。
아침 4시부터 빵 제조 및 판매를 해 줄 사람을 모집하고 있습니다.

さらに(は) 게다가
天気予報によると、今日は雨が降るそうだ。**さらに**、風も強く吹くそうだ。
일기예보에 의하면 오늘은 비가 내린다고 한다. 게다가 바람도 강하게 분다고 한다.

しかも 게다가
この薬は苦い。**しかも**、3粒も飲まないといけないらしい。
이 약은 쓰다. 게다가 3알이나 먹지 않으면 안 된다고 한다.

そのうえ 게다가
外はマイナス5度だ。**そのうえ**風も強いから外出したくない。
밖은 마이너스 5도이다. 게다가 바람도 세니까 외출하고 싶지 않다.

それに 게다가
年末に旅行へ行くなんて、どこも混んでいるよ。**それに**、宿泊費用が高くなるよ。
연말에 여행에 가다니 어느 곳도 다 붐빌 거야. 게다가 숙박 비용이 비싸질 거야.

ちなみに 참고로, 덧붙여서 말하면
明日は遠足です。**ちなみに**、お弁当は各自で持ってきてください。
내일은 소풍입니다. 참고로 각자 도시락을 가져와 주세요.

なお 또한
こちらのパソコンは昨年のモデルです。**なお**、新しいモデルは春に販売されます。
이 컴퓨터는 작년 모델입니다. 또한 새로운 모델은 봄에 판매됩니다.

まして 하물며
妻は料理が下手で卵焼きも作れない。**まして**、パスタなんて無理に決まっている。
아내는 요리를 잘 못해서 달걀말이도 못 만든다. 하물며 파스타라니 무리임에 틀림없다.

04 설명

実(じつ)は 실은

A「あれ、ゆいちゃんお昼(ひる)食(た)べに行(い)かないの?」 어라, 유이 짱 점심 먹으러 안 가니?
B「実(じつ)は、今日(きょう)お財布(さいふ)を忘(わす)れちゃって。」 실은 오늘 지갑을 잊어버려서.

すなわち 즉, 곧

あそこに座(すわ)っている人(ひと)は、私(わたし)の母(はは)の兄(あに)。すなわち、おじです。
저기에 앉아 있는 사람은, 제 어머니의 오빠. 즉 삼촌입니다.

例(たと)えば 예를 들면

日本(にほん)では好(この)んで使(つか)う数字(すうじ)があります。例(たと)えば、7や8です。
일본에서는 선호해서 사용하는 숫자가 있습니다. 예를 들면 7이나 8입니다.

だって 왜냐하면, 그렇지만

A「まだ食器(しょっき)洗(あら)ってないの?」 아직 식기 안 씻었어?
B「だって、さっきあなたがやるって言(い)ったじゃない。」 왜냐하면 아까 당신이 한다고 말했잖아.

つまり 즉

A「お腹(なか)も痛(いた)いし気持(きも)ちも悪(わる)いし頭(あたま)も痛(いた)い。」 배도 아프고 속도 안 좋고 머리도 아파.
B「さっきまで元気(げんき)だったでしょ。つまり、水泳教室(すいえいきょうしつ)に行(い)きたくないのね。」
아까까지 건강했잖아. 즉 수영 학원에 가기 싫은 거지.

なぜなら 왜냐하면

毎朝(まいあさ)5時(じ)に起(お)きています。なぜなら、出勤前(しゅっきんまえ)に運動(うんどう)をしているからです。
매일 아침 5시에 일어나고 있습니다. 왜냐하면 출근 전에 운동을 하고 있기 때문입니다.

要(よう)するに 요컨대, 결국

教養(きょうよう)は自然(しぜん)に身(み)につかない。要(よう)するに勉強(べんきょう)しろということです。
교양은 저절로 몸에 배지 않는다. 요컨대 공부하라는 것입니다.

05 조건

仮に 만일

仮に、10代に戻れたら何をしますか。 만일 10대로 되돌아갈 수 있다면 무엇을 할 거예요?

そうすれば 그렇게 하면

A「テスト二週間前だから今日からゲームはしないよ。」 시험 2주 전이니까 오늘부터 게임은 안 할 거야.
B「そうね。そうすれば、成績が少し上がるかもね。」
그러네. 그렇게 하면 성적이 조금 오를지도 모르겠네.

それなら 그렇다면

A「来週スキーに行かない?」 다음 주 스키 타러 안 갈래?
B「来週はちょっと予定があって…」 다음 주는 좀 예정이 있어서...
A「それなら、再来週はどう?」 그렇다면, 다다음 주는 어때?

06 선택

あるいは 혹은

語学留学をするなら、イギリスあるいはオーストラリアに行きたい。
어학연수를 한다면 영국 혹은 호주에 가고 싶다.

それとも 그렇지 않으면, 아니면

計画はこのまま進行してよろしいでしょうか。それとも、中止になさいますか。
계획은 이대로 진행해도 괜찮으실까요? 그렇지 않으면 중지로 하시겠어요?

または 또는

パーティーへの参加は、ピンクまたは紺色の服でお越しください。
파티에의 참가는 핑크 또는 남색 옷으로 와 주십시오.

もしくは 혹은

ギリギリ、もしくは遅刻して会議に出席することになるかもしれない。
아슬아슬 혹은 지각해서 회의에 참석하게 될지도 모른다.

07 전환

さて 자, 그런데

そろそろ子供(こども)が帰宅(きたく)する時間(じかん)だ。**さて**、夕飯(ゆうはん)は何(なに)を作(つく)ろう。
슬슬 아이가 귀가할 시간이다. **그런데** 저녁밥은 무엇을 만들지.

ときに 자, 그건 그렇고

おばあさんはお元気(げんき)そうですね。**ときに**おいくつになられましたか。
할머니는 건강하신 것 같네요. **그건 그렇고** 몇 살이 되셨지요?

ところで 그런데, 그건 그렇고

忘年会(ぼうねんかい)はまだ続(つづ)きそうですね。**ところで**、カラオケは好(す)きですか。
망년회는 아직 계속될 것 같네요. **그런데** 노래방은 좋아하나요?

기출문법 집중 공략

| 2010년부터 최신 JLPT까지 출제된 N2 기출 문법 접속 품사별로 정리하였습니다.

1 명사와 접속

01 ~次第(しだい)だ ~에 달려 있다, ~나름이다

문법에 접속하는 명사에 따라 일의 진행 방향이나 결과가 달라진다는 것을 나타낸다.

TIP 「~次第(しだい)で ~에 따라서, ~나름으로」라고 문장을 연결할 수도 있다.

접속	명사
	天気次第(てんきしだい)だ 날씨에 달려 있다

このアパートに住(す)むかどうかは家賃(やちん)次第(しだい)だ。 이 아파트에 살 것인지 어떻게 할지는 집세**에 달려 있다**.
言葉(ことば)は使(つか)い方(かた)次第(しだい)で、相手(あいて)を怒(おこ)らせてしまうこともある。
말은 사용하는 방법**에 따라서**, 상대를 화나게 해 버리는 경우도 있다.

02 ~上(じょう) ~상

「上(じょう)」 앞에 붙는 명사의 관점, 상황 혹은 입장을 나타낼 때 사용한다. 「上」를 활용한 다른 문법의 경우 「うえ」라고 읽으나, 해당 문법은 「じょう」라고 발음하므로 이에 주의하자.

접속	명사
	健康上(けんこうじょう) 건강상

法律(ほうりつ)上(じょう)、20歳(さい)にならないとお酒(さけ)とたばこは禁止(きんし)されている。
법률**상**, 20세가 되지 않으면 술과 담배는 금지되어 있다.
この番組(ばんぐみ)は教育(きょういく)上(じょう)、子供(こども)に見(み)せないほうがいい。 이 프로그램은 교육**상**, 아이에게 보여주지 않는 편이 좋다.

03 ～において / ～における ➕ 명사 ~에서 / ~에서의

조사 「で」와 비슷한 역할을 하는 문어체로 동작이나 상태가 행해지는 시간, 장소, 상황 등을 나타낼 때 사용한다.

접속　명사
　　　東京(とうきょう)において 도쿄에서

韓国(かんこく)において、日本食(にほんしょく)レストランが増(ふ)えてきている。 한국에서 일식 레스토랑이 증가하고 있다.
車内(しゃない)における通話(つうわ)はご遠慮(えんりょ)くださいますよう、お願(ねが)い致(いた)します。
차내에서의 통화는 삼가 주시도록 부탁드리겠습니다.

04 ～に応(おう)じて ~에 따라서, ~에 맞춰서

「応(おう)じる 대응하다」라는 동사에서 파생된 문법으로, 어떠한 상황이나 변화에 맞춰서 뒤 문장도 변함을 나타낼 때 사용한다.

접속　명사
　　　レベルに応(おう)じて 레벨에 따라서

学年(がくねん)に応(おう)じて教材(きょうざい)が異(こと)なる。 학년에 따라서 교재가 다르다.
忘年会(ぼうねんかい)に参加(さんか)する人数(にんずう)に応(おう)じて、お店(みせ)を決(き)める。 망년회에 참가하는 인원수에 따라서 가게를 정한다.

05 ～に欠(か)かせない ~에 빠뜨릴 수 없다

화자의 관점에서 절대적으로 없어서는 안 되는 존재를 나타낼 때 사용한다.

접속　명사
　　　パーティーに欠(か)かせない 파티에 빠뜨릴 수 없다

ケーキはクリスマスに欠(か)かせないものだ。 케이크는 크리스마스에 빠뜨릴 수 없는 것이다.
優(やさ)しさがあるかどうかは、結婚相手(けっこんあいて)に求(もと)める条件(じょうけん)に欠(か)かせない。
상냥함이 있는지 어떤지는 결혼 상대에게 요구하는 조건에 빠뜨릴 수 없다.

06 ～に限(かぎ)って ~에 한해서, ~만

「限る 한하다」라는 동사에서 파생된 문법으로, 언급된 대상 혹은 범위에서만 어떠한 행동이 이루어지거나, 특정 대상의 예외를 나타낼 때 사용한다.

접속 명사

うちの子(こ)に限(かぎ)って 우리 아이에 한해서

遠足(えんそく)の日(ひ)に限(かぎ)って、毎回雨(まいかいあめ)が降(ふ)るんだよね。 소풍날에 한해서 매번 비가 오는 거 있지.
彼女(かのじょ)に限(かぎ)って遅刻(ちこく)するなんて、何(なに)かあったとしか考(かんが)えられない。
그녀만 지각하다니, 무슨 일이 있었다고 밖에 생각할 수 없다.

07 ～に限(かぎ)らず ~에 한하지 않고, ~뿐만 아니라

「限る 한하다」라는 동사에서 파생된 문법으로, 어떠한 대상이나 상황에만 해당하는 것이 아니라 그 외의 다른 내용도 적용, 포함되는 경우를 나타낸다.

접속 명사

週末(しゅうまつ)に限(かぎ)らず 주말에 한하지 않고

このアニメは子供(こども)に限(かぎ)らず、大人(おとな)でも楽(たの)しめると話題(わだい)です。
이 애니메이션은 어린이에 한하지 않고, 어른이라도 즐길 수 있다고 화제입니다.
最近(さいきん)は女性(じょせい)に限(かぎ)らず男性(だんせい)も積極的(せっきょくてき)に育児(いくじ)に参加(さんか)するようになってきた。
최근에는 여성뿐만 아니라 남성도 적극적으로 육아에 참가하게 되었다.

08 ～にかけては ~에 있어서는, ~에 관한 것만큼은

어떠한 분야에 있어서 지식이나 기술 등의 능력이 우수하거나 최고인 경우에 사용한다. 주로 자신의 능력을 자랑하거나 상대의 능력을 칭찬할 때 사용한다.

접속 명사

数学(すうがく)にかけては 수학에 있어서는

歌(うた)のうまさにかけては、彼女(かのじょ)を越(こ)える人(ひと)はいないだろう。
노래 솜씨에 있어서는 그녀를 넘는 사람은 없을 것이다.
私(わたし)は車(くるま)の知識(ちしき)にかけては誰(だれ)よりも詳(くわ)しい。 나는 자동차의 지식에 관한 것만큼은 누구보다도 잘 안다.

09 ～に応えて ~에 부응해서, ~에 힘입어

「応える (상대의 기대나 희망에) 부응하다」라는 동사에서 파생된 문법이다. 요청이나 바람, 기대 등에 부응하는 경우에 사용한다.

접속 명사

ニーズに応えて 니즈에 부응해서

お客様のご希望に応えて、新しい機能を追加いたしました。
고객의 희망에 부응해서 새로운 기능을 추가했습니다.

ファンのリクエストに応えてファンミーティングを開催する予定だ。
팬의 요청에 힘입어 팬미팅을 개최할 예정이다.

10 ～によらず ~에 관계없이, ~에 영향을 받지 않고

언급된 대상이나 내용에 의해 어떠한 영향도 받지 않을 경우에 사용한다. 뒤에 오는 내용이 문장의 핵심이 된다.

접속 명사

場所によらず 장소에 관계없이

彼は見かけによらず、とても優しくて親切だ。 그는 겉모습에 관계없이, 매우 상냥하고 친절하다.
うちの会社は年齢によらず、能力が高ければ昇進することができる。
우리 회사는 연령에 관계없이, 능력이 높으면 승진할 수 있다.

11 ～にわたり / ～にわたって / ～にわたる ➕ 명사 ~에 걸쳐 / ~에 걸쳐서 / ~에 걸친

어떠한 일이나 현상 등이 전체 범위에 영향을 미치는 것을 나타낸다. 시간적 범위, 공간적 범위 모두를 포함한다.

💡**TIP** 비슷한 표현으로 명확한 범위의 시작과 끝을 나타내는 「～から～にかけて ~부터 ~에 걸쳐서」가 있다.
🔍 p.223 중급 필수 문법

접속 명사

1ヶ月にわたり 1개월에 걸쳐

西日本から東日本にわたり、大雨の影響で交通が混雑している。
서일본부터 동일본에 걸쳐 호우의 영향으로 교통이 혼잡하다.
一年にわたる海外研修も今日で終わりだ。 1년에 걸친 해외연수도 오늘로 끝이다.

12 ～はともかく(として) ~은/는 어찌 됐든, ~은/는 그렇다 치고

앞의 내용을 생각하거나 문제 삼을 것 없이, 뒤의 내용이 중요하다는 것을 나타낸다.

> **TIP** 「～かどうか ~일지 어떨지」와 함께 사용하여 「～かどうかはともかく(として) ~일지 어떨지는 어찌 됐든」의 형태로 사용할 수도 있다.

접속 명사
　　　味はともかく(として) 맛은 어찌 됐든

旦那にするなら顔はともかくとして、優しい人がいい。
남편으로 한다면 얼굴은 어찌 됐든 상냥한 사람이 좋다.

母の料理は見た目はともかく、味は最高においしい。
어머니의 요리는 겉보기는 그렇다 치고 맛은 최고로 맛있다.

13 ～は別として・～は別にして ~은/는 제쳐두고, ~은/는 그렇다 치고

앞에 언급된 내용은 중요하지 않고 뒤에 오는 내용이 핵심일 때 사용한다.

> **TIP** 「～かどうか ~일지 어떨지」와 함께 사용하여 「～かどうかは別として ~일지 어떨지는 제쳐두고」의 형태로 시험에 자주 등장한다.

접속 명사
　　　勝ち負けは別として 승패는 제쳐두고

成功するかどうかは別として、チャレンジしてみることは大切だ。
성공할지 어떨지는 제쳐두고 도전해 보는 것은 중요하다.

うちの会社は給料は別にして、社内の雰囲気や労働環境はとても良い。
우리 회사는 급여는 그렇다 치고 사내의 분위기나 노동 환경은 매우 좋다.

14 ～はもとより ~은/는 물론

「～はもちろん ~은/는 물론」의 문어체로, 어떠한 사항은 말할 필요가 없을 정도로 당연하고 그 밖에도 물론 당연하다고 말할 때 사용한다. 「もとより」는 단독으로 사용하지 않는다는 점에 주의하자.

접속 명사
　　　国内はもとより 국내는 물론

毎日忙しくて、彼女とデートはもとよりゆっくり休む時間もない。
매일 바빠서 그녀와 데이트는 물론 느긋하게 쉴 시간도 없다.

最近の若者は新聞はもとより本さえあまり読まないという。
요즘 젊은이들은 신문은 물론 책조차 별로 안 읽는다고 한다.

15 ～を～とする / として / とした ~을/를 ~으로 하다 / ~하고 / ~한

무언가를 ~와 같이 여기거나 생각할 때 사용하는 표현이다.

접속 명사
高齢者を対象とする 고령자를 대상으로 하다

社員旅行は社員同士の交流を目的として行われている。
사원 여행은 사원끼리의 교류를 목적으로 하여 행해지고 있다.

日本語を母国語とする人はこの試験を受けることができません。
일본어를 모국어로 하는 사람은 이 시험을 칠 수 없습니다.

16 ～を問わず ~을/를 불문하고, ~에 상관없이

「問う 묻다」의 부정 형태를 활용한 문법으로, 기준이나 조건을 묻지 않고 어떠한 행위가 이루어지는 경우에 사용한다. 「経験 경험」, 「性別 성별」, 「学歴 학력」과 같은 명사에 접속한다.

접속 명사
男女を問わず 남녀를 불문하고

この仕事は年齢や性別を問わず、どなたでもご応募できます。
이 일은 연령이나 성별을 불문하고 누구든지 응모하실 수 있습니다.

このサイトは購入金額を問わず全品送料無料で発送するそうだ。
이 사이트는 구입 금액에 상관없이 전품 무료 배송으로 발송한다고 한다.

17 ～を始め(として) ~을/를 시작으로, ~을/를 비롯하여

어떤 분야, 그룹의 대표적인 것을 시작으로 다른 것들도 그러하다고 설명하는 경우에 사용한다. 중요한 것은 앞에 언급되는 대상과 뒤에 오는 대상은 동일한 카테고리의 내용이어야 한다.

접속 명사
ソウルを始め(として) 서울을 시작으로

この小説はアメリカを始め、世界各国で愛されている。
이 소설은 미국을 비롯하여 세계 각국에서 사랑받고 있다.

日本のスポーツは相撲を始め、柔道、剣道などがあげられる。
일본의 스포츠는 스모를 시작으로 유도, 검도 등을 꼽을 수 있다.

2 동사와 접속

18 〜かねる ~하기 어렵다, ~할 수 없다

어떠한 사정이 있어서 동작을 하기 어려운 경우에 사용한다. 비교적 딱딱한 표현으로 비즈니스, 안내문 등에서 거절 의사나 불가능의 의사 표현을 완곡하게 나타낼 때 주로 사용하며 경어체와 함께 쓰는 경우가 많다.

접속　동사 ます형
　　　納得(なっとく)しかねる 납득하기 어렵다

その質問(しつもん)に関(かん)しましては、現段階(げんだんかい)ではお答(こた)え致(いた)しかねます。
그 질문에 관해서는 현단계에서는 **대답해 드리기 어렵습니다**.

私(わたし)にはわかりかねますので、あちらの窓口(まどぐち)でお聞(き)きください。
저에게는 **알기 어렵기 때문에** 저쪽의 창구에서 물어봐 주십시오.

19 〜くらいなら ~정도라면, ~할 바에는

어떠한 동작이나 대상을 할 바에는 차라리 다른 것을 택하는 것이 낫다고 이야기하는 경우에 사용한다.

> **TIP** 주로 뒤에 「〜ほうがいい ~하는 편이 좋다」, 「〜ほうがましだ ~하는 편이 낫다」라는 말과 함께 사용한다.

접속　동사 기본형
　　　公開(こうかい)するくらいなら 공개할 바에는

あの人(ひと)と結婚(けっこん)するくらいなら、一生独身(いっしょうどくしん)のままでいい。 그 사람과 **결혼할 바에는** 평생 독신인 채로 괜찮다.
あの先生(せんせい)の授業(じゅぎょう)を受(う)けるくらいなら自分(じぶん)で勉強(べんきょう)したほうがいい。
저 선생님의 수업을 **들을 바에는** 스스로 공부하는 편이 좋다.

20 〜ざるを得(え)ない ~하지 않을 수 없다, ~하지 않으면 안 된다

가능한 피하고 싶지만 이것 외에 다른 선택지나 방법이 없는 경우에 사용하며 문어체 표현이다.

접속　동사 ない형 ★する는 しざるを得ない가 아니라 せざるを得ない로 활용
　　　行(い)かざるを得ない 가지 않을 수 없다

台風(たいふう)が近(ちか)づいているので、イベントを中止(ちゅうし)せざるを得(え)ない。
태풍이 다가오고 있기 때문에 이벤트를 **중지하지 않을 수 없다**.
母(はは)が入院(にゅういん)しているので、私(わたし)が面倒(めんどう)を見(み)ざるを得(え)ない。
엄마가 입원해 있기 때문에 내가 **돌보지 않으면 안 된다**.

21 ～次第 ~하는 대로

어떠한 동작이 끝나고 곧바로 다음의 동작을 진행하겠다는 것을 나타낸다. 격식 차린 회화에서 자주 사용한다.

접속　동사 ます형
　　　決まり次第 결정되는 대로

定員に**なり次第**、受付を締め切らせていただきます。 정원이 **되는 대로** 접수를 마감하겠습니다.
会議が**終わり次第**、すぐに伺います。 회의가 **끝나는 대로** 바로 찾아뵙겠습니다.

22 ～そうになる ~할 것처럼 되다, ~할 뻔하다

조금만 더 하면 ~하기 직전이었다는 의미로 어떠한 동작이나 사건이 발생할 것 같았으나 실제로는 그렇지 않은 경우에 사용한다.

접속　동사 ます형
　　　(涙が)出そうになる (눈물이) 나올 뻔하다

ゆっくり朝ご飯を食べていたら、会社に**遅刻しそうになった**。
천천히 아침밥을 먹었더니 회사에 **지각할 뻔했다**.
久しぶりに運転したら危うく電柱に**ぶつかりそうになった**。
오랜만에 운전했더니 하마터면 전봇대에 **부딪힐 뻔했다**.

23 ～たいだけ ~하고 싶은 만큼

앞뒤로 동일한 동사를 사용하며, 마음이 내킬 때까지 혹은 만족할 때까지 어떠한 동작을 계속하는 경우에 사용한다. 본인이 하고 싶은 일에 국한하지 않고 제3자에 대해서도 나타낼 수 있다.

접속　동사 ます형
　　　やりたいだけ 하고 싶은 만큼

飲みたいだけお酒を飲んでいたので、病気になってしまった。
마시고 싶은 만큼 술을 마셨기 때문에 병이 나 버렸다.
遊びたいだけ遊んでいつ勉強するんだよ。 **놀고 싶은 만큼** 놀고 언제 공부할 거야.

24 ～たところ ~했더니, ~한 결과

주로 어떠한 동작을 통해 새로운 사실을 알게 된 경우나 놀란 경우에 사용한다.

접속 동사 た형
調べたところ 조사했더니

久しぶりに故郷へ帰ったところ、昔とすっかり変わっていて残念だった。
오랜만에 고향에 **돌아왔더니** 옛날과 완전히 달라져 있어서 유감이었다.

就職活動について先輩に相談したところ、丁寧にアドバイスをしてくれた。
취직 활동에 대해 선배에게 **상담한 결과**, 정성껏 조언을 해 주었다.

25 ～つつある ~하고 있다(진행)

문어체로 동작이나 상태가 아직 현저하진 않지만 서서히 어떠한 방향으로 변화하고 있음을 나타낸다. 주로「変わる 바뀌다」,「なる 되다」,「上がる 오르다」,「減る 줄다」와 같은 변화동사에 접속하거나「死ぬ 죽다」,「消える 사라지다」,「無くなる 없어지다」와 같은 순간동사와 접속한다.

> **TIP** 진행을 나타내는「～ている ~하고 있다」와의 다른 점을 비교해 보자.
> 桜が咲いている。 벚꽃이 펴 있다.(지금 펴 있는 상태를 나타냄)
> 桜が咲きつつある。 벚꽃이 (서서히) 피고 있다.(차츰 피는 상태에 가까워지고 있음을 나타냄)

접속 동사 ます형
増えつつある 증가하고 있다

事故にあって大けがをしたが、今は回復しつつある。 사고를 당해서 크게 다쳤지만, 지금은 **회복하고 있다**.
数年前から海外へ留学する学生が減りつつある。 수년 전부터 해외로 유학하는 학생이 **줄고 있다**.

26 ～つつ(も) ~하면서(도)

① 두 가지 일을 동시에 할 때 사용한다.
② 상반되는 동작이나 성질을 동시에 할 때 역접의 의미로 사용한다. 이때 뒷부분에는 주로 반성과 후회의 문장이 온다.

> **TIP** 명사, 동사, 형용사 모두에 접속 가능한「～ながら(も) ~하면서(도)」에 비해 딱딱한 문어체 표현이다.

접속 동사 ます형
思いつつも 생각하면서도

① ソウルの夜景を眺めつつ、ディナーを食べる。 서울의 야경을 **바라보면서** 디너를 먹는다.
② 健康に良くないと知りつつも、お酒とたばこがやめられない。
건강에 좋지 않다고 **알면서도**, 술과 담배를 끊을 수 없다.

27 ~ても ~なくても ~해도 ~하지 않아도

어떠한 동작을 하든 하지 않든, 결과가 크게 달라지지 않거나 별다른 영향이 없는 경우에 사용한다.

접속　동사 て형 ＋ ても / 동사 ない형 ＋ なくても
　　　言っても言わなくても 말해도 말하지 않아도

この講義は、出席してもしなくても単位がもらえる。 이 강의는 **출석해도 하지 않아도** 학점을 받을 수 있다.
私は、結婚してもしなくてもどちらでもいい。 나는 **결혼해도 하지 않아도** 어느 쪽이든 좋다.

28 ~ないでもない ~하지 않는 것도 아니다

상황에 따라서는 어떠한 행동을 할 수도 있을 것이라는 막연한 가능성을 나타낼 때 사용한다.

접속　동사 ない형
　　　読まないでもない 읽지 않는 것도 아니다

このかばんは少し高いが、買えないでもない。 이 가방은 조금 비싸지만, **사지 못하는 것도 아니다**.
映画館に行かないでもないですが、ネットフリックスで見ることが多いです。
영화관에 **가지 않는 것도 아닙니다**만, 넷플릭스로 보는 일이 많습니다.

29 ~ばかりだ ~할 뿐이다, ~하기만 하다

변화가 점점 부정적인 상황으로 계속 진행되거나 커지는 경우를 나타낼 때 사용한다.

접속　동사 기본형
　　　悪くなるばかりだ 나빠질 뿐이다

薬を飲んでいるのに、咳がひどくなるばかりだ。 약을 먹고 있는데, 기침이 **심해질 뿐이다**.
台風の影響で、野菜の値段は上がるばかりだ。 태풍의 영향으로 야채의 가격은 **오르기만 하다**.

30 ~まい ① ~하지 않겠다(부정의 의지) ② ~하지 않을 것이다(부정의 추측)

① 어떠한 동작을 하지 않겠다는 자신의 강한 부정 의지를 나타내며「もう 이제」,「二度と 두 번 다시」,「決して 결코」등의 부사와 함께 잘 사용한다.
②「~ないだろう ~하지 않을 것이다」와 가장 비슷한 뉘앙스로 추측의 표현이다.

접속　동사 1그룹 : 기본형
　　　行くまい 가지 않겠다, 가지 않을 것이다

　　　동사 2그룹 : 기본형, 동사 ます형
　　　食べ(る)まい 먹지 않겠다, 먹지 않을 것이다

　　　동사 3그룹 : するまい・しまい・すまい 하지 않겠다, 하지 않을 것이다
　　　来るまい・来まい・来まい 오지 않겠다, 오지 않을 것이다

① サービスも最悪だし値段も高いので、あの店にはもう**行くまい**。
　서비스도 최악이고 가격도 비싸기 때문에 저 가게에는 이제 **가지 않겠다**.
② もう頭痛もなく熱もずいぶん下がったので、心配する必要は**あるまい**。
　이제 두통도 없고 열도 꽤나 내렸기 때문에 걱정할 필요는 **없을 것이다**.

31 ~ものなら ① ~할 수(만) 있다면 ② ~했다가는

① 가정 표현으로 실제로 일어나기 어렵거나 당장은 실현할 가능성이 희박한 경우에 사용한다.
② 조건 표현으로 만약 A한다면 B라는 안 좋은 결과가 된다는 의미로 주의 및 경고를 나타낼 때 사용한다.

접속　① 동사 가능형　　　　　　　　　② 동사 의지형
　　　行けるものなら 갈 수 있다면　　　買おうものなら 샀다가는

① **辞められるものなら**今すぐにでも会社を辞めたいが、そう簡単な問題じゃない。
　그만둘 수 있다면 지금 당장이라도 회사를 그만두고 싶지만, 그렇게 간단한 문제가 아니다.
② 大事な結婚記念日を**忘れようものなら**、奥さんに叱られる。
　중요한 결혼기념일을 **잊었다가는** 부인에게 야단맞는다.

32 ~ようがない / ~ようもない ~할 수가 없다 / ~할 수도 없다

「~ようがない」의「よう」는 '방법'을 의미한다. 즉, 어떠한 일을 하고자 해도 할 수 있는 수단 및 방법이 없기 때문에 못 한다는 것을 나타낸다.

접속　동사 ます형
　　　伝えようがない 전달할 수가 없다

台風でバスも電車も運休になって、会社に**行きようがない**。
태풍으로 버스도 전철도 운행 중지가 되어서 회사에 **갈 수가 없다**.
敵に囲まれてしまって、これ以上逃げようもない。 적에게 둘러싸여 버려서 이 이상 **도망갈 수도 없다**.

3 품사 2개와 접속

33 ～一方だ ~하기만 하다, ~할 뿐이다

어떠한 변화가 한 방향으로만 계속 진행되는 경우에 사용한다. 부정의 뉘앙스로 쓰이는 「～ばかりだ ~하기만 하다」와 달리 「～一方だ」는 긍정, 부정 모두 사용할 수 있다.

접속	동사 기본형	명사 ➕ の
	下がる一方だ 내려가기만 하다	衰退の一方だ 쇠퇴하기만 하다

新しいリーダーへの期待は**高まる一方だ**。 새로운 리더에 대한 기대는 **높아지기만 한다**.
この頃仕事が忙しく、家族と過ごす時間が**減る一方だ**。
요즘 일이 바빠서 가족과 보낼 시간이 **줄어들기만 한다**.

34 ～上で ① ~하는 데 있어서, ~할 때, ~하는 경우 ② ~한 후에

① 어떠한 행동이나 목적을 달성하기 위해서는 뒤 문장의 내용이 필요하거나 중요하다고 할 때 사용한다.
② '우선 A를 끝마친 후에 B를 한다'라는 일의 순서를 강조하는 표현으로 비즈니스 상황에서 자주 사용한다.

접속	① 동사 기본형, ② 동사 た형	①② 명사 ➕ の
	働く上で 일하는 데 있어서	成功の上で 성공하는 데 있어서
	確認した上で 확인한 후에	記入の上で 기입한 후에

① このイベントを**開催する上で**、地域住民の協力は不可欠だ。
　이 이벤트를 **개최하는 데 있어서** 지역 주민의 협력은 불가결하다.
② 説明書をよく**読んだ上で**、組み立てを始めてください。 설명서를 잘 **읽은 후에** 조립을 시작해 주세요.

35 ～末(に) ~한 끝에

결과까지의 과정에 있어 어려움이나 문제가 있었던 경우에 사용한다. 뒷부분에는 결과가 오며 긍정, 부정에 상관없이 쓸 수 있다. 단, 짧은 시간의 과정에 대해서는 쓸 수 없다.

접속	동사 た형	명사 ➕ の
	悩んだ末に 고민한 끝에	説得の末に 설득한 끝에

色々と**考えた末に**、進学せずに就職することにした。
여러 가지로 **생각한 끝에** 진학하지 않고 취직하기로 했다.
10年間の**苦労の末**、彼女はついに夢をかなえた。 10년간 **고생 끝에** 그녀는 드디어 꿈을 이뤘다.

36 ~(っ)きり ① ~한 채 ② ~뿐, 만

① 어떠한 동작이 끝나거나 중지된 채로 그 상태가 지속되거나 그 이후의 변화가 없는 경우에 사용한다. 또한 뒤 문장에는 주로 부정문이 온다.

② 수사나 지시어 뒤에 붙어 범위를 한정하는 의미로 사용한다.

접속　① 동사 た형　　　　　　　　　　　　② 명사 ➕ きり
　　　3年前に会ったきり 3년 전에 만난 채　　一度きり 한 번뿐
　　　ねんまえ　　　あ　　　　　　　　　　　　　いちど

① 娘は友達に会いに行ったきり、まだ帰ってきていない。 딸은 친구를 만나러 간 채 아직 돌아오지 않았다.
　 むすめ　ともだち　あ　　い　　　　　　　　　かえ

② 高級レストランで二人っきりになったとき、彼からプロポーズされました。
　 こうきゅう　　　　ふたり　　　　　　　　　かれ
　 고급 레스토랑에서 **둘만**이 되었을 때, 그로부터 프러포즈 받았습니다.

4 여러 품사와 접속

37 ~あまり(に) (너무) ~한 나머지

감정이나 상태가 극에 달하여 예상치 못하거나 의외의 결과가 초래된 경우에 사용한다.

> **TIP** い형용사의 경우는 「い형용사의 명사화(어간 ➕ さ) ➕ の」의 형태로 접속되는 경우가 많다.
> 嬉(うれ)しさのあまり(に) 너무 기쁜 나머지

접속

동사 기본형, 동사 た형
緊張(きんちょう)したあまり(に) 너무 긴장한 나머지

い형용사 기본형
美(うつく)しいあまり(に) 너무 아름다운 나머지

な형용사 어간 ➕ な
きれいなあまり(に) 너무 예쁜 나머지

명사 ➕ の
恐怖(きょうふ)のあまり(に) 너무 공포인 나머지

今朝(けさ)は寝坊(ねぼう)して急(いそ)いでいたあまり、家(いえ)に大事(だいじ)な資料(しりょう)を忘(わす)れてきてしまった。
오늘 아침은 늦잠을 자서 **너무 서둘렀던 나머지** 집에 중요한 자료를 잊고 와 버렸다.

試験(しけん)に合格(ごうかく)し、嬉(うれ)しさのあまり涙(なみだ)が止(と)まらなかった。
시험에 합격하여 **너무 기쁜 나머지** 눈물이 멈추지 않았다.

38 ~ことに ~하게도

화자가 느끼는 감정에 대해서 강조하는 표현으로 주로 감정을 나타내는 단어와 함께 사용한다.

> **TIP** 자주 사용하는 표현인「嬉(うれ)しいことに 기쁘게도」,「悲(かな)しいことに 슬프게도」,「ありがたいことに 고맙게도」는 암기해 두자.

접속

동사 た형
困(こま)ったことに 곤란하게도

동사 가능형 ない형
信(しん)じられないことに 믿을 수 없게도

い형용사 기본형
悔(くや)しいことに 분하게도

な형용사 어간 ➕ な
残念(ざんねん)なことに 유감스럽게도

驚(おどろ)いたことにクラスメートの田中(たなか)さんは、私(わたし)の遠(とお)い親戚(しんせき)だった。
놀랍게도 반 친구인 다나카 씨는 나의 먼 친척이었다.

嬉(うれ)しいことに来年(らいねん)交換留学生(こうかんりゅうがくせい)としてアメリカの大学(だいがく)へ行(い)けることになった。
기쁘게도 내년 교환 유학생으로서 미국의 대학에 갈 수 있게 되었다.

39 ～たら～たで・～なら～で ~하면 ~한 대로

발생한 일에 대해 좋지 않은 상황이 되거나, 반대로 큰 문제가 아니라고 말할 때 사용한다. 또 발생한 일에 대해 어떻게 대처할지 혹은 어떻게 생각하는지에 대해서 말할 때도 사용한다.

> **TIP** な형용사와 명사의 경우 주로 「～なら～で ~라면 ~대로」의 형태로 잘 사용한다.

접속
동사 た형 ➕ たら ➕ 동사 た형 ➕ で
あったらあったで 있으면 있는 대로

い형용사 た형 ➕ たら ➕ い형용사 た형 ➕ で
安かったら安かったで 싸면 싼 대로

な형용사 어간 ➕ なら ➕ な형용사 어간 ➕ で
暇なら暇で 한가하면 한가한 대로

명사 ➕ なら ➕ 명사 ➕ で
男の子なら男の子で 남자아이라면 남자아이인 대로

受験に**失敗したら失敗したで**、来年もう一度チャレンジすればいいよ。
수험에 **실패하면 실패하는 대로** 내년에 다시 한번 도전하면 돼.

反対なら反対でしっかりと理由を説明してください。
반대라면 반대인 대로 확실하게 이유를 설명해 주세요.

40 ～だけに ① ~한 만큼, ~인 만큼 ② ~이기 때문에 (더욱)

① 어떠한 사실에 걸맞게 일어날 것이라고 예상되는 결과 혹은 현상을 말할 때 사용한다.
② 어떠한 이유가 있기에 오히려 더욱 ~하다라고 강조해서 말할 때 사용한다.

> **TIP** 비슷한 표현인「～だけあって ~인 만큼」과의 다른 점은 뒷부분에 부정적인 평가나 기대와 반대되는 결과가 올 수도 있다는 점이다. 🔍 p.322 핵심문법

접속
동사 보통형
準備しただけに 준비한 만큼

い형용사 보통형
若いだけに 젊은 만큼

な형용사 보통형 ★현재 긍정의 경우 だ 빼고 ➕ な・である
繊細なだけに 섬세한 만큼

명사 보통형 ★현재 긍정의 경우 だ 빼고 ➕ な・である
ブランド品なだけに 브랜드 제품인 만큼

① 10年も日本語を**教えているだけに**、あの先生の授業は分かりやすい。
10년이나 일본어를 **가르치고 있는 만큼** 저 선생님의 수업은 이해하기 쉽다.

② **連休なだけに**、道路はいつも以上に混雑していた。**연휴이기 때문에** 도로는 평소 이상으로 혼잡했다.

41 ～つもりで ~(한) 셈 치고, ~했다고 생각하고

실제로 그렇지는 않지만, 자신이 이미 어떠한 행동을 했다고 가정하거나 기분이 그렇게 된 셈으로 간주하는 경우에 사용한다.

💡TIP 동사의 경우 주로 동사 た형에 접속하는 형태로 사용한다.

접속

동사 진행형, 동사 た형
歩(ある)いているつもりで 걷고 있다고 생각하고
だまされたつもりで 속는 셈 치고

い형용사 기본형
若(わか)いつもり(で) 젊은 셈 치고

な형용사 어간 ➕ な
有名(ゆうめい)なつもり(で) 유명한 셈 치고

명사 ➕ の
学生(がくせい)のつもり(で) 학생인 셈 치고

カラオケではいつも歌手(かしゅ)に**なったつもりで**歌(うた)っている。 노래방에서는 항상 가수가 **된 셈 치고** 노래하고 있다.
冗談(じょうだん)の**つもりで**言(い)った言葉(ことば)で友人(ゆうじん)を傷(きず)つけた。 **농담인 셈 치고** 말한 말로 친구에게 상처를 주었다.

42 ～とはいえ ~라고는 해도, ~라고는 하나

비교적 딱딱한 표현으로, 앞에 말한 내용과 반대되는 내용이나 예외를 말하는 경우에 사용한다.

접속

동사 보통형
頑張(がんば)ったとはいえ 열심히 했다고는 해도

い형용사 보통형
険(けわ)しいとはいえ 험하다고 해도

な형용사 보통형 ★현재 긍정의 경우 だ 빼고 접속 가능
無駄(むだ)(だ)とはいえ 소용없다고 해도

명사 보통형 ★현재 긍정의 경우 だ 빼고 접속 가능
専門学校(せんもんがっこう)(だ)とはいえ 전문학교라고 해도

体調(たいちょう)が**悪(わる)かったとはいえ**、事前(じぜん)に会社(かいしゃ)に連絡(れんらく)するべきだった。
몸 상태가 **나빴다고는 해도**, 사전에 회사에 연락해야 했다.
親(した)しい**関係(かんけい)だとはいえ**、最低限(さいていげん)のマナーは必要(ひつよう)だ。 친한 **관계라고는 하나**, 최소한의 매너는 필요하다.

43 ～ないことには ~하지 않고서는, ~하지 않으면

앞 문장의 조건을 충족해야만 뒤 문장이 성립한다는 것을 나타내며 뒤 문장에는 반드시 부정문이 온다.

접속

동사 ない형
やってみないことには 해 보지 않고서는

い형용사 ない형
広(ひろ)くないことには 넓지 않고서는

な형용사 어간 ➕ で
安全(あんぜん)でないことには 안전하지 않고서는

명사 ➕ で
保護者(ほごしゃ)でないことには 보호자가 아니고서는

社長(しゃちょう)が**来(こ)ないことには**、会議(かいぎ)を始(はじ)めることができない。 사장님이 **오지 않고서는** 회의를 시작할 수 없다.
準備(じゅんび)が**完璧(かんぺき)でないことには**、また失敗(しっぱい)することになるだろう。 준비가 **완벽하지 않지 않으면** 또 실패하게 될 것이다.

44 〜ながら(も) ~하면서(도), ~이지만

동시에 2가지 이상의 동작을 할 때 사용한다. 또한 역접의 의미로도 사용하며, 이때 も를 생략할 수도 있다.

접속

동사 ます형
言(い)いながら(も) 말하면서(도)

い형용사 기본형
高(たか)いながら(も) 비싸면서(도)

な형용사 어간(➕であり)
素直(すなお)(であり)ながら(も) 솔직하면서(도)

명사(➕であり)
芸能人(げいのうじん)(であり)ながら(も) 연예인이면서(도)

お酒(さけ)とたばこは健康(けんこう)に悪(わる)いと**知(し)りながらも**、辞(や)めるのは簡単(かんたん)じゃない。
술과 담배는 건강에 나쁘다고 **알면서도**, 그만두는 것은 간단하지 않다.

長女(ちょうじょ)は**子供(こども)ながらも**、弟(おとうと)たちの面倒(めんどう)をよく見(み)てくれている。
장녀는 **어린아이이면서도**, 동생들을 잘 돌봐주고 있다.

45 〜なり(に) / 〜なりの ~나름대로 / ~나름(대로)의

언급된 사람, 상황, 성질 등에 어울리는 정도나 상태임을 나타낸다. 주로 만족스러운 결과나 성과는 아니지만 그에 임한 태도를 긍정적으로 평가할 때 사용한다.

접속

동사 보통형
増(ふ)えたなりに 늘어난 대로

い형용사 보통형
貧(まず)しいなりに 가난한 대로

な형용사 어간
下手(へた)なりに 못하는 대로

명사
彼(かれ)なり 그 나름대로

お金(かね)がなくても、**ないなりに**生活(せいかつ)していけばいい。 돈이 없어도, **없는 대로** 생활해 가면 된다.
自分(じぶん)なりの信念(しんねん)と使命感(しめいかん)を持(も)って仕事(しごと)をしている。 **자기 나름대로의** 신념과 사명감을 가지고 일을 하고 있다.

46 〜に関わらず・〜に関わりなく ~에 관계(상관)없이

어떠한 내용이 오든 영향을 받지 않는다는 것을 나타낼 때 사용한다. 「〜か〜ないか ~지 ~아닐지」 혹은 「〜かどうか ~지 어떨지」의 형태로 쓰는 경우도 많다.

TIP 「好き嫌い 호불호」, 「有無 유무」, 「大小 대소」와 같이 상반되는 단어 조합 또는 「性別 성별」, 「距離 거리」, 「能力 능력」, 「所得 소득」과 같은 단어와 함께 잘 사용한다.

접속 **동사 기본형 ＋ ない형**
料理するしないに関わらず
요리한다 안 한다에 관계없이

い형용사 기본형 ＋ ない형
多い多くないに関わらず
많다 많지 않다에 관계없이

な형용사 어간 ＋ な형용사 어간
上手下手に関わらず 잘한다 못한다에 관계없이

명사
年齢に関わらず 연령에 관계없이

病院に行ったことがあるかないかに関わらず、保険料を毎月払っている。
병원에 간 적이 있는지 없는지에 상관없이, 보험료를 매달 지불하고 있다.

金額に関わらず、新型の携帯が発売されたら購入するつもりだ。
금액에 관계없이, 신형 휴대폰이 발매되면 구입할 생각이다.

47 〜にも関わらず ~(임)에도 불구하고

예상과는 다른 일에 대한 상황이나 결과에 대해 화자의 놀람, 의외, 불만, 비난 등을 나타낼 때 사용하는 표현이다.

TIP '~에 관계(상관)없이'란 뜻의 「〜に関わらず・〜に関わりなく」와 의미를 혼동하지 않도록 주의하자.

접속 **동사 보통형**
約束したにも関わらず 약속했음에도 불구하고

い형용사 보통형
忙しいにも関わらず 바쁜데도 불구하고

な형용사 보통형 ★현재 긍정의 경우 だ 빼고 접속(＋である)
簡単(である)にも関わらず 간단한데도 불구하고

명사 보통형 ★현재 긍정의 경우 だ 빼고 접속(＋である)
雨(である)にも関わらず 비에도 불구하고

ダイエット中にも関わらず、ついケーキを食べてしまった。
다이어트 중에도 불구하고, 무심코 케이크를 먹어 버렸다.

この機械は実用的であるにも関わらず、操作が難しいためあまり売れていない。
이 기계는 실용적임에도 불구하고, 조작이 어렵기 때문에 별로 팔리지 않는다.

48 ~にすぎない ~에 지나지 않는다, ~에 불과하다

어떠한 대상에 대해서 그 정도가 대단치 않거나 일정 기준에 도달하지 않는다는 것을 강조할 때 사용한다.

> **TIP** 주로 동사와 명사에 접속하여 사용하는 표현으로, い형용사에 접속할 경우 「~たい/~ない」 등의 형태로 사용하는 경향이 있다.

접속

동사 보통형
真似(まね)したにすぎない
따라 한 것에 지나지 않는다

い형용사 보통형
認(みと)められたいにすぎない
인정받고 싶은 것에 지나지 않는다

な형용사 보통형 ★현재 긍정의 경우 だ 빼고 접속(➕である)
消極的(しょうきょくてき)(である)にすぎない
소극적인 것에 지나지 않는다

명사 보통형 ★현재 긍정의 경우 だ 빼고 접속(➕である)
妄想(もうそう)(である)にすぎない 망상에 지나지 않는다

私(わたし)は冗談(じょうだん)を言(い)ったにすぎないが、彼女(かのじょ)を傷(きず)つけてしまったようだ。
나는 농담을 **말한 것에 불과**하지만, 그녀를 상처 입혀 버린 것 같다.

仕事(しごと)は生活(せいかつ)するための手段(しゅだん)にすぎないと考(かんが)える人(ひと)もいる。
일은 생활하기 위한 **수단에 지나지 않는다**고 생각하는 사람도 있다.

49 ~もかまわず ~도 개의치 않고, ~도 아랑곳하지 않고

「構(かま)う 상관하다」라는 동사에서 파생된 문법으로, 보통은 신경 쓰이고 염두에 둘 사항에 해당하나, 그러한 것들을 무시하고 다른 무언가를 진행하는 경우에 사용한다.

접속

동사 보통형 ➕ の
濡(ぬ)れるのもかまわず 젖는 것도 개의치 않고

い형용사 보통형 ➕ の
遅(おそ)いのもかまわず 늦은 것도 개의치 않고

な형용사 보통형
★현재 긍정의 경우 だ 빼고 ➕ な・である ➕ の
危険(きけん)なのもかまわず 위험한 것도 개의치 않고

명사 보통형
★현재 긍정의 경우 だ 빼고 접속(➕ な・である ➕ の)
病院(びょういん)(であるの)もかまわず 병원인데도 개의치 않고

あの女性(じょせい)は人目(ひとめ)もかまわず電車(でんしゃ)の中(なか)で化粧(けしょう)をしている。
저 여자는 **남의 눈도 개의치 않고** 전철 안에서 화장을 하고 있다.

子供(こども)は服(ふく)が汚(よご)れるのもかまわず、公園(こうえん)で泥(どろ)だらけになって遊(あそ)んでいる。
아이는 옷이 **더러워지는 것도 아랑곳하지 않고** 공원에서 진흙투성이가 되어 놀고 있다.

50 〜ものだ ① ~하는 법이다, ~하는 것이 당연하다 ② ~하곤 했다(회상) ③ ~(하는)구나(감탄)

① 일반적 또는 상식적으로 그렇게 하는 것이 마땅하고 당연하다고 할 때 쓰는 표현으로 충고 및 의무를 나타낸다.

💡**TIP** 부정형으로 쓰는 「〜ものではない ~하는 것이 아니다」도 함께 알아두자. ❓ p.310 핵심문법

② '그랬었지'라는 뉘앙스로, 과거의 일을 회상하거나 그리워할 때 사용한다.

③ 기본적인 의미는 '하다'이지만 문장 끝에 종조사 ね 또는 な를 넣어서 '하구나'의 형태로, 강하게 느낀 감정을 표현할 때 사용한다. 주로 놀라거나 감탄할 때 쓰지만, 「よくも〜たものだ 잘도 ~하는구나」처럼 반어법으로 비아냥거릴 때에도 사용하므로 쓰임새에 주의하자.

💡**TIP** 회화체는 「〜もんだ」이고, 시험에서는 주로 ①의 의미로 출제된다.

접속
① 동사 기본형・ない형
慌(あわ)てるものだ 당황하는 법이다

② 동사 た형
喧嘩(けんか)したものだ 싸우곤 했다

③ 동사 보통형
覚(おぼ)えてきたものだ 외워 왔구나

① な형용사 어간 ➕ な
嫌(いや)なものだ 싫은 법이다

③ な형용사 보통형 ★현재 긍정의 경우 だ 빼고 ➕ な
幸(しあわ)せなものだ 행복하구나

① い형용사 기본형
怖(こわ)いものだ 무서운 법이다

③ い형용사 보통형
頼(たの)もしいものだ 믿음직하구나

① 本当(ほんとう)に強(つよ)い人(ひと)は弱(よわ)い人(ひと)を**助(たす)けるものだ**。 정말로 강한 사람은 약한 사람을 **돕는 법이다**.
② 子供(こども)の頃(ころ)よくこの公園(こうえん)で**遊(あそ)んだものだ**。 어릴 적 자주 이 공원에서 **놀곤 했다**.
③ 若(わか)い人(ひと)たちの服装(ふくそう)を見(み)ていると、時代(じだい)は**変(か)わったものだ**と思う。
  젊은 사람들의 복장을 보고 있으면 시대는 **바뀌었구나**라고 생각한다.

51 〜ものの ~기는 하지만(역접)

비록 과거의 사건이나 지금의 상황은 사실이지만, 그것과는 상반되는 일이 전개될 때 사용하는 역접의 표현이다.

접속
동사 보통형
話(はな)したものの 이야기했기는 하지만

な형용사 보통형 ★현재 긍정의 경우 だ 빼고 ➕ な・である
便利(べんり)なものの 편리하기는 하지만

い형용사 보통형
おいしいものの 맛있기는 하지만

명사 보통형 ★현재 긍정의 경우 だ 빼고 ➕ である
有名人(ゆうめいじん)であるものの 유명인이긴 하지만

大学(だいがく)を**卒業(そつぎょう)したものの**就職先(しゅうしょくさき)が見(み)つからない。 대학을 **졸업했기는 하지만** 일자리가 찾아지지 않는다.
実家(じっか)は**貧(まず)しかったものの**、両親(りょうしん)は私達(わたしたち)を一生懸命(いっしょうけんめい)に育(そだ)ててくれた。
본가는 **가난했기는 하지만**, 부모님은 우리들을 열심히 키워 주셨다.

52 ～ようなら(ば)・～ようだったら・～ようであれば ~할 것 같으면

「～ようだ ~(인)한 것 같다」를 활용한 문법으로 어떠한 상황이 되었을 때를 가정하는 표현이다.

> **TIP** 「～ようであれば」는 딱딱한 문어체 표현으로 である가 이미 포함되어 있기 때문에 な형용사와 명사에 접속할 경우, である를 중복으로 사용하여 접속하지 않도록 주의하자.

접속
동사 보통형
守(まも)れないようなら 지킬 수 없을 것 같으면

い형용사 보통형
忙(いそが)しいようなら 바쁠 것 같으면

な형용사 보통형 ★현재 긍정의 경우 だ 빼고 ➕ な・である
わがままなようなら 제멋대로일 것 같으면

명사 보통형 ★현재 긍정의 경우 だ 빼고 ➕ の・である
風邪(かぜ)のようなら 감기일 것 같으면

到着(とうちゃく)が**遅(おく)れるようなら**、連絡(れんらく)をいただけると幸(さいわ)いです。
도착이 **늦어질 것 같으면** 연락을 주시면 감사하겠습니다.

今(いま)すぐに決(き)めるのが**難(むずか)しいようであれば**、来週(らいしゅう)までゆっくり考(かんが)えていただいても構(かま)いません。
지금 바로 정하는 것이 **어려울 것 같으면** 다음 주까지 천천히 생각해 주셔도 상관없습니다.

실전 연습 문제①

시간 27분 이내
채점   /17

問題7 次の文の（　　）に入れるのに最もよいものを、1・2・3・4から一つ選びなさい。

1 娘は出かけた（　　）、夜になっても帰ってこないので心配だ。
　　1　だけに　　　2　きり　　　3　つつ　　　4　ように

2 原子力発電所の建設に対して私は反対です。（　　）脅かされることがあっても、意見を変えません。
　　1　せっかく　　2　まさか　　3　かりに　　4　ついに

3 政治家でありながらそんな差別的なことを言うなんて、信じ（　　）。
　　1　がちだ　　　2　がたい　　3　やすい　　4　すぎる

4 このパンは100個限定である（　　）、毎朝お店の前には行列ができている。
　　1　ことから　　2　うえで　　3　ことに　　4　ものの

5 成人でない（　　）お酒を飲んではいけないと法律で決められている。
　　1　ものなら　　2　とはいえ　　3　ことには　　4　からこそ

6 限られた時間を意味のあるものにできるかどうかは、自分の行動（　　）。
　　1　ばかりだ　　2　ものだ　　3　はずだ　　4　しだいだ

7 書類にお名前と住所をご記入の（　　）、私に渡してください。
　　1　途中で　　　2　末に　　　3　一方で　　　4　上で

8 (卒業式で)

卒業生「卒業生を代表して挨拶させていただきます。在学中は、校長先生（　　　　）先生方に大変お世話になりました。」

1　をとわず　　　2　にしたがって　　　3　をはじめ　　　4　において

9 先日申し上げたプレゼンの件なんですが、ぜひ私に（　　　　　）。

1　やってもよろしいでしょうか　　　2　やっていただけないでしょうか
3　やってくださいますでしょうか　　4　やらせていただけないでしょうか

10 (家で)

妻「今日、近所にオープンしたお店でデザート買ってきたよ。」
夫「このデザート、ちょっと変な形しているね。」
妻「形（　　　　）本当においしいから、食べてみて。」

1　はもとより　　2　はともかく　　3　にかぎらず　　4　もかまわず

11 成績は良くないけど、絵の上手さ（　　　　　）私がクラスで一番だと思う。

1　にかけては　　2　に応じては　　3　にわたっては　　4　は別としては

12 その技術の導入による効果については、現時点では（　　　　　）。

1　わかるべきです　　　　　　2　わかりかねます
3　わかったにすぎません　　　4　わからざるを得ないです

정답　1②　2③　3②　4①　5③　6④　7④　8③　9④　10②　11①　12②

問題8 次の文の ___★___ に入る最もよいものを、1・2・3・4から一つ選びなさい。

（問題例）

つくえの ____ ____ __★__ ____ あります。

1 が　　　2 に　　　3 下　　　4 かばん

（解答のしかた）

1. 正しい答えはこうなります。

つくえの _____ _____ __★__ _____ あります。
3 下　2 に　4 かばん　1 が

2. __★__ に入る番号を解答用紙にマークします。

（解答用紙）　（例）　①　②　③　●

---

13 夜一人で歩いていた彼女は後ろから襲われ、____ ____ __★__ ____ 。

1 叫ぶことも　　2 恐怖　　3 できなかった　　4 のあまり

14 美術展を見るか ____ __★__ ____ ____ にはお金を払わなければならない。

1 見ないか　　2 に入る　　3 にかかわらず　　4 あの美術館

15 重い荷物を持って電車に乗ったら、____ ____ __★__ ____ だけ空いていたので、座ることができた。

1 一つ　　2 ことに　　3 ラッキーな　　4 座席が

16 息子はベルが＿＿＿ ＿＿＿ ★ ＿＿＿ 残して、友達と遊びに行ってしまった。
1 宿題を　　　2 やりかけの　　3 と同時に　　4 鳴る

17 人気の商品が発売されたので、＿＿＿ ＿＿＿ ★ ＿＿＿ 。
1 予約　　　2 売り切れる　　3 せざるを得ない　　4 前に

問題9 次の文章を読んで、文章全体の内容を考えて、 18 から 22 の中に入る最もよいものを、1・2・3・4から一つ選びなさい。

以下は、農業について書かれた文章である。

スマート農業

　私の実家は祖父が元気でいた時まで米や野菜を栽培する農家だった。それでよく収穫時期には親戚が集まって手伝った　18　。それがきっかけで私は将来、最先端の農業を広める活動をしたいと考えている。私がこの学校に入学したのも、学習できる農産物の種類が多いほか、生産、販売、マネージメントに至る豊富な知識や技術を学べるからだ。特に関心がある分野は、ICT(情報通信技術)という先端技術を活用した農業だ。これはスマート農業と言い、これから現代社会の人手不足を　19　。

　さらに詳しく説明すると、この技術はAIやロボットを用いて農業に関する情報をデータ化し、分析することで、農作物の生産性を上げることができるのだ。おそらく、この技術を導入し、自動運転農業機械や収穫ロボットなどによって自動化すれば、人件費を減らすことが可能になる。たとえ完全に自動化が　20　、遠くからスマートフォンなどで操作して上手に活用すればコストを削ることができるはずだ。

　　21　、これからいろんな国で農業の後継者不足問題が続くだろう。しかし、　22　を上手く用いた新しい農業を広めていけば、将来はもっと気軽で快適な農業の産業化を図ることができるのではないだろうか。

18
1 ばかりだ　　　2 ところだ　　　3 ものだ　　　4 ことだ

19
1 解消するに相違ない　　　2 解消したにすぎない
3 解消したとは限らない　　　4 解消するべきではない

20
1 できるとすると　　　2 できるくらいなら
3 できないまま　　　4 できなくても

21
1 しかも　　　2 とはいえ　　　3 あるいは　　　4 ちなみに

22
1 ある技術　　　2 こういった技術
3 どういう技術　　　4 かつての技術

실전 연습 문제②

問題7 次の文の（　　）に入れるのに最もよいものを、1・2・3・4から一つ選びなさい。

1 彼はまだ幼い子供（　　　　）、マラソンを最後まで走りきった。
　1　を問わず　　　2　に応えて　　　3　を通して　　　4　にも関わらず

2 いつも週末に登山をしている（　　　　）、誰にも負けないくらいの体力がある。
　1　つもりで　　　2　ながらも　　　3　だけに　　　　4　ものの

3 明らかにルールの違反なのに、審判は認めていない。（　　　　）納得がいかない判定だ。
　1　いずれ　　　　2　いつの間にか　　3　どうか　　　　4　どうも

4 A「しばらく会わない（　　　　）、ずいぶん日本語が上達しましたね。」
　B「いえいえ、まだまだです。でも、そのように言っていただけて嬉しいです。」
　1　うちに　　　　2　までに　　　　3　ために　　　　4　ことに

5 この会社は（　　　　）以来、業績が伸びず、続く赤字で苦しんでいる。
　1　設立させて　　2　設立した　　　3　設立する　　　4　設立されて

6 彼女がいくら優秀だ（　　　　）、まだ新人なので大きな仕事を任せるには早すぎる。
　1　からこそ　　　2　とはいえ　　　3　というより　　4　としたら

7 女性（　　　　）男性も化粧をする時代になりつつあるようだ。
　1　に限らず　　　2　に限って　　　3　にしたがって　4　によらず

8 (会社で)
田中「部長、少し前に山田さんからお電話がありました。」
部長「どんな内容の電話だった？」
田中「ミーティングの日時を変更したい（　　　　）。」
1　ほかないです　　　　　　　　2　とのことでした
3　ことになりました　　　　　　4　ほどではないです

9 高橋さんは我が社（　　　　）存在に成長したと思いませんか。
1　に決まっている　2　にすぎない　3　に欠かせない　4　にわたる

10 良い出会いもないし、来年は結婚を目的（　　　　）パーティーに出席しようかな。
1　くらいなら　　2　うえで　　3　とする　　4　通りに

11 昨夜は、相当飲んだから頭も痛いし、気持ちも悪い。もう二度とあんなに飲み過ぎ（　　　　）。
1　ようがない　　2　がたい　　3　がちだ　　4　まい

12 受付「取引先の鈴木様がお見えになりました。ただいまあちらのお部屋で（　　　　）。」
　　林　「わかりました。すぐ行きます。」
1　お待ちです　　　　　　　　　2　お待ちください
3　待っております　　　　　　　4　待っていただけませんか

정답　1④　2③　3④　4①　5④　6②　7①　8②　9③　10③　11④　12①

問題8 次の文の ___★___ に入る最もよいものを、1・2・3・4から一つ選びなさい。

(問題例)

つくえの ＿＿＿ ＿＿＿ ★ ＿＿＿ あります。

1 が　　　2 に　　　3 下　　　4 かばん

(解答のしかた)

1. 正しい答えはこうなります。

つくえの ＿＿＿ ＿＿＿ ★ ＿＿＿ あります。
3 下　　2 に　　4 かばん　　1 が

2. ___★___ に入る番号を解答用紙にマークします。

(解答用紙)　(例)　① ② ③ ●

---

13 予定がある ＿＿＿ ＿＿＿ ★ ＿＿＿ 参加できなさそうだ。

1 同窓会には　　2 ながら　　3 ので　　4 残念

14 自分の ＿＿＿ ＿＿＿ ★ ＿＿＿ 、いくらでも変えることができます。

1 自分の　　2 将来は　　3 努力　　4 次第で

15 全員と ＿＿＿ ★ ＿＿＿ ＿＿＿ を決めるつもりなので、結果発表まで少々お待ちください。

1 上で　　2 面接した　　3 採用するか　　4 誰を

16 3時間 ＿＿＿ ＿＿＿ ★ ＿＿＿ そのプロジェクトを承認した。
   1 社員たちは　　2 議論した　　3 にわたり　　4 末

17 英語は小学生の時から学んだから簡単な ＿＿＿ ＿＿＿ ★ ＿＿＿ わけではない。
   1 得意な　　　　2 通訳ができるほど
   3 話せるものの　4 英語は

問題9 次の文章を読んで、文章全体の内容を考えて、 18 から 22 の中に入る最もよいものを、1・2・3・4から一つ選びなさい。

地球温暖化と四季

　私が最も好きな季節は秋だ。理由は、何をするにも最高だから。「○○の秋」という表現を聞いたことがあるはずだ。食欲の秋、スポーツの秋、読書の秋、芸術の秋など、たくさん挙げられる。このことからも、秋は様々な分野において最高の時期だと 18 。特に、晴れた空の下で散歩をしたり、夜に虫たちの素敵な声を聞いたり、私はそのような時間が大好きなのだ。毎年秋になると、この幸せな時間がずっと長く続けばいいのにと願う。

　 19 、その大好きな秋がだんだん短くなってきていると感じる。その原因は、地球温暖化による気候の変化だと言われている。近年は異常な天気も多く、何かがおかしいと感じている人も少なくないだろう。このままでは、秋 20 、はっきりとした四季が無くなってしまうのではないかと恐怖を感じている。

　今まで、地球や未来のことなど何も考えずに生きてきたくせに、大好きな秋が短くなっているのを 21 急に真剣になるなど、ずいぶん勝手な考え方かもしれない。

　 22 、今からでも私たちにできることはあるのだろうか。変えられることはきっとたくさんあるはずだ。真剣に考え、できることから行動していく必要があると思う。

　皆さんの好きな季節はいつだろう。その季節を守るため、皆さんも一緒にできることから始めようではないか。

18
1 言いそうになる   2 言わざるを得ない
3 言いかねる   4 言うはずがない

19
1 しかし   2 そのうえ   3 したがって   4 すなわち

20
1 は別として   2 にも関わらず   3 に限って   4 に限らず

21
1 感じている最中に   2 感じたとたんに
3 感られるものなら   4 感じているわりには

22
1 ああだとしても   2 そうだとしても
3 これだとしても   4 どれだとしても

기출문법
실전 연습 문제 ③

시간 27분 이내
채점   /17

問題7 次の文の（　　）に入れるのに最もよいものを、1・2・3・4から一つ選びなさい。

1 その企業は、消費者のニーズ（　　　）たくさんのヒット商品を生み出した。
1　に応えて　　2　にとって　　3　において　　4　に比べて

2 入社してから給料は変わらないのに、仕事量は（　　　）。
1　増えるべきだ　　2　増えたにすぎない
3　増えそうにない　　4　増えるばかりだ

3 A「すみません、注文をお願いします。サラダと、ピザ2枚とパスタ大盛りとハンバーガー3つください。」
B「えっ？そんなに（　　　）。」
1　食べられっこないよ　　2　食べられるはずだよ
3　食べようもないよ　　4　食べる一方だよ

4 遅刻しそうで電車の代わりにタクシーに乗ったが、（　　　）時間がかかってしまった。
1　少しも　　2　めったに　　3　かえって　　4　決して

5 (館内の案内文)
忘れ物は、事務所にて保管しております。3週間以内に受け取りにいらっしゃらない場合は、（　　　）。
1　処分してくださいます　　2　ご処分ください
3　ご処分願います　　4　処分させていただきます

6 何もせずに後悔する（　　　）、失敗しても行動したほうがいい。
1　とはいえ　　2　つつも　　3　くらいなら　　4　だけに

7 (学校で)
まりな「明日の行事、参加するの面倒くさい。」
みき　「一緒に行くって約束したじゃん！行ったら（　　　）楽しいかもしれないよ！」
1　行っても　　　2　行ったで　　　3　行ったのに　　　4　行かなくても

8 その講義は出席（　　　　）、試験さえできれば問題ないらしい。
1　すればするほど
2　するとかしないとか
3　してもしなくても
4　しようとすることから

9 その施設には、年齢（　　　　）たくさんの人が訪れる。
1　もかまわず　　2　を問わず　　3　を通じて　　4　につき

10 ありがたい（　　　　）、最近は大きな仕事を任せてもらえるようになった。
1　かのように　　2　ことに　　3　なりに　　4　ようなら

11 (家の玄関で)
田中「本日は、お招きいただきありがとうございます。」
山田「こちらこそ、お越しいただきありがとうございます。（　　　　）あまり片付いていませんが、どうぞお入りください。」
1　引っ越してきたところ
2　引っ越してきたあまりに
3　引っ越してきた末に
4　引っ越してきたばかりで

12 彼の気持ちも（　　　　）が、それでもあの態度は良くなかったと思う。
1　わかりようがない
2　わかるわけではない
3　わからないでもない
4　わかることはない

정답　1①　2④　3①　4③　5④　6③　7②　8③　9②　10②　11④　12③

問題8 次の文の ＿★＿ に入る最もよいものを、1・2・3・4から一つ選びなさい。

（問題例）

　　つくえの ＿＿＿ ＿＿＿ ＿★＿ ＿＿＿ あります。

　　　1　が　　　2　に　　　3　下　　　4　かばん

（解答のしかた）

1．正しい答えはこうなります。

つくえの ＿＿＿ ＿＿＿ ＿★＿ ＿＿＿ あります。
3　下　　2　に　　4　かばん　　1　が

2．＿★＿ に入る番号を解答用紙にマークします。

（解答用紙）　（例）　①　②　③　●

[13] 年を重ねていくにつれて、＿＿＿ ＿＿＿ ＿★＿ ＿＿＿ と実感した。
　　1　衰えは　　　2　早い　　　3　ものだ　　　4　身体の

[14] 前から楽しみにしていたのに、主人公を演じた俳優が ＿＿＿ ＿★＿ ＿＿＿ 公開は延期となった。
　　1　事件を　　　2　ことから　　　3　その映画の　　　4　起こした

[15] 旅行先の沖縄で台風にあってしまい、観光を ＿＿＿ ＿＿＿ ＿★＿ ＿＿＿ 。
　　1　滞在するより　　2　ほかなかった　　3　あきらめて　　4　ホテルに

16 運転免許は持っているが、左右が反対の外国で ____ ____ ★ ____ 。
　　1　いまだに　　　2　しかない　　　3　恐怖で　　　4　運転するのは

17 久しぶりの日本旅行で ____ ____ ★ ____ しまったが、持ち帰ることができて安心した。
　　1　量の　　　　　2　料理を　　　　3　食べきれない　　4　注文して

問題9 次の文章を読んで、文章全体の内容を考えて、 18 から 22 の中に入る最もよいものを、1・2・3・4から一つ選びなさい。

下の文章は、高校時代の先生に書いた手紙である。

山田先生へ

　山田先生、お久しぶりです。お元気ですか。高校3年生の時にお世話になった田中です。今は大学院で文学の研究をしています。報告させていただきたいことがあり、お手紙を差し上げました。

　実は先日、全国からたくさんの人が集まる大きな学会で、私が大学院でずっと研究を続けてきた内容の論文を 18 。学会は教授の推薦もあり、参加することができました。その学会は、私が大学生の頃から何度か見に行ったことがあり、いつか発表してみたいと思っていた目標の場所でもあったので、本当に嬉しかったです。今回、このような素晴らしい経験ができたのも、高校生の頃、進路に悩む私に先生が声をかけてくださったおかげだと思っています。 19 先生の一言がきっかけで、私は幼い頃から好きだった文学の道に進む決心がつきました。この感謝の気持ちを全て 20 が、改めてお礼申し上げます。本当にありがとうございました。

　 21 、もう一つ報告がございます。実は3月に大学院を卒業してから、結婚することになりました。結婚式には、ぜひ先生にも来ていただきたいです。また近くなりましたら、招待状をお送りいたします。

　だんだん寒い日が増えてきましたね。私の周りでは風邪気味だという人が 22 。先生もくれぐれも体調にお気をつけてお過ごしください。

18
1 発表させてあげました
2 発表させていただきました
3 発表していただきました
4 ご発表になりました

19
1 あの時の
2 こんな時の
3 あんな時の
4 この時の

20
1 伝えるわけがないです
2 伝えようともしません
3 伝えようがありません
4 伝えるとのことです

21
1 さらに
2 こうして
3 すると
4 もしくは

22
1 増えるはずがないです
2 増えてもしょうがないです
3 増えなければなりません
4 増えてきています

정답 18 ② 19 ① 20 ③ 21 ① 22 ④

핵심문법 집중 공략

2010년부터 최신 JLPT까지의 출제 문제 내 모든 문법을 분석하여 N2 레벨의 출제 예상 핵심 문법을 품사별로 정리하였습니다.

1 명사와 접속

01 ～おきに ① ~간격으로 ② ~걸러

「おく 두다」를 활용한 문법으로, 일정 기간이나 거리, 간격을 두고 어떠한 동작이 이루어지는 경우에 사용한다.

> **TIP** 거리(km, m) 및 시간, 분, 초를 나타낼 때는 「〜ごとに ~(할 때)마다」와 같은 쓰임새를 가지므로 '~간격으로'라고 해석된다. 하지만 연, 월, 주, 일을 표현할 때는 「ごとに」와 다른 쓰임새를 가지므로 '~걸러'로 외워두자.

① ~간격으로
バスは5分(ふん)ごとに来(く)る。 버스는 5분마다 온다.
＝バスは5分(ふん)おきに来(く)る 。 버스는 5분 간격으로 온다.

② ~걸러
オリンピックは4年(ねん)ごとに開(ひら)かれる。 올림픽은 4년마다 열린다.(4년을 주기로 한 번 한다는 의미)
＝オリンピックは3年(ねん)おきに開(ひら)かれる。
  올림픽은 3년 걸러 열린다.(한 번 개최하면 그 해로부터 3년의 공백을 두고 이듬해에 한다는 의미)

접속   명사(시간, 거리, 기간)
1kmおきに 1km 간격으로 / 3年(ねん)おきに 3년 걸러

① 国内線(こくないせん)から国際線(こくさいせん)までのシャトルバスは10分(ぷん)**おきに**運行(うんこう)されています。
  국내선에서 국제선까지의 셔틀버스는 10분 **간격으로** 운행되고 있습니다.
② 一人暮(ひとりぐ)らしだとそんなに洗濯物(せんたくもの)が出(で)ないので、1日(にち)**おきに**洗濯機(せんたくき)を回(まわ)している。
  자취이면 그렇게 세탁물이 나오지 않기 때문에 하루 **걸러** 세탁기를 돌리고 있다.

02 〜からいうと・〜からいえば・〜からいって ① ~(입장)에서 보면 ② ~(으)로 보아

① 어떤 입장이나 관점에서 생각해서 판단이나 평가를 내릴 때 사용한다. 단 사람이나 조직을 나타내는 주어와는 직접적으로 함께 사용하지 않는다.
② 어떠한 근거를 기준으로 추측이나 판단을 할 때 사용한다.

💡**TIP** 시각적인 근거를 통한 추측이나 판단에는 잘 사용하지 않는다.

접속 명사
立場（たちば）からいうと 입장에서 보면 / 成績（せいせき）からいうと 성적으로 보아

① 海（うみ）の近（ちか）くに住（す）んでいる人（ひと）の側（がわ）**からいえば**、海（うみ）を見（み）ても楽（たの）しいとは思（おも）わない。
　바다 근처에 살고 있는 사람 측**에서 보면** 바다를 봐도 즐겁다고는 생각하지 않는다.
② 模擬試験（もぎしけん）の結果（けっか）**からいって**、今回（こんかい）は合格（ごうかく）できそうだ。
　모의시험의 결과**로 보아** 이번에는 합격할 수 있을 것 같다.

03 〜からして ① ~부터(가) ② ~(으)로 보아

① 무언가 하나를 예로 들어 이것도 이러니 다른 것도 당연히 그러할 것이라고 하는 경우에 사용한다.
② 어떠한 근거로부터 생각하면 어떠할 것이라고 추측하거나 평가할 때 사용한다. 주로 부정적인 평가를 할 때 사용하는 경우가 많다.

💡**TIP** 어떤 입장이나 관점에서 생각해서 판단이나 평가를 내릴 때는 사용하지 않는다.

접속 명사
発音（はつおん）からして 발음부터가 / 服装（ふくそう）からして 복장으로 보아

① このドラマはタイトル**からして**面白（おもしろ）そうだ。 이 드라마는 제목**부터가** 재미있을 것 같다.
② この先生（せんせい）は顔（かお）**からして**怖（こわ）そうだ。 이 선생님은 얼굴**로 보아** 무서울 것 같다.

04 〜からすると・〜からすれば ① ~(입장)에서 보면 ② ~(으)로 보아

① 어떤 입장이나 관점으로 생각해서 판단이나 평가를 내릴 때 사용한다.
② 어떠한 근거로부터 생각하면 어떠할 것이라고 추측할 때도 사용할 수 있다.

접속 명사
私（わたし）からすると 나의 입장에서 보면 / 態度（たいど）からすると 태도로 보아

① 韓国人（かんこくじん）**からすると**、靴（くつ）を履（は）いて部屋（へや）に入（はい）るなんて考（かんが）えられない。
　한국인 **입장에서 보면** 신발을 신고 방에 들어가는 건 생각할 수 없다.
② 彼（かれ）の性格（せいかく）**からすると**、無断（むだん）で会社（かいしゃ）を休（やす）むようなことはしないだろう。
　그의 성격**으로 보아** 무단으로 회사를 쉬는 것 같은 일은 하지 않을 것이다.

05 〜からみると・〜からみれば・〜からみて　① ~(입장)으로부터 보면 ② ~(으)로 보아

① 어떤 입장이나 관점으로 생각해서 판단이나 평가를 내릴 때 사용한다.
② 어떠한 근거로부터 생각하면 어떠할 것이라고 추측할 때도 사용할 수 있다.

> **TIP** 이 표현은 「見る 보다」라는 동사를 활용한 문법이기 때문에 눈으로 보고 판단할 때 주로 사용한다. 시각을 통한 판단이 아니거나 그외의 감각(후각, 촉각, 청각)에 의한 추측 표현에는 사용하지 않는다.

접속　명사
　　　親からみると 부모로부터 보면 / 見た目からみると 외견으로 보아

① 素人の目からみれば、どれが本物なのか区別がつかない。
　아마추어 눈으로 보면 어느 것이 진품인지 구별이 안 된다.
② この症状からみると、インフルエンザにかかったようです。 이 증상으로 보아 독감에 걸린 것 같습니다.

06 〜(で)すら　~조차

앞에 오는 대상을 강조하는 표현으로, 'A조차 ~이니까 당연히 B도 ~이다'라고 극단적인 예를 들거나, '어떠한 것조차 ~하지 못하다'라는 쓰임새로 부정문과 함께 사용하는 경우가 많다. 해당 대상에 대한 놀라움, 경시, 멸시 등의 감정을 나타낼 수 있는 표현이다. 「〜ですら」는 앞에 오는 명사가 사람이나 동물 등 어떠한 동사를 할 수 있는 명사인 경우에 한해서 강조 표현으로 쓸 수 있다.

> **TIP** 동일한 뜻의 「さえ」에 비하여 딱딱한 문어체 표현이며 「〜さえ〜ば ~만 ~하면」라는 정해진 문형에 대체해서 사용할 수는 없다. 또한, 앞부분에 조사 に를 붙인 「〜にすら ~에게 조차」도 있으니 함께 외워두자.
> 彼女にすら話したことがない。 여자친구에게조차 말한 적이 없다.

접속　명사(➕ 조사)
　　　電話番号すら 전화번호조차

トムさんは日本に5年以上住んでいるにも関わらず、簡単な挨拶すらできない。
톰 씨는 일본에 5년 이상 살고 있음에도 불구하고, 간단한 인사조차 못한다.
いじめが悪いことであるのは、小さい子供ですら知っている。
따돌림이 나쁜 것인 것은 어린아이조차 알고 있다.

07 ～といった ~와/과 같은

예시를 들어 설명할 때 사용한다. 여러 가지를 거론하는 경우에는 「～や～といった ~이나 ~와/과 같은」의 형태로 사용하기도 한다.

접속　명사
　　　天ぷらといった 튀김과 같은

ハワイやバリ島といった場所は、新婚旅行先として人気がある。
하와이나 발리와 같은 장소는 신혼여행지로서 인기가 있다.
この町にはベトナム料理やタイ料理といった東南アジア料理を扱うレストランが増えてきている。
이 동네에는 베트남 요리나 태국 요리와 같은 동남아시아 요리를 다루는 레스토랑이 늘어나고 있다.

08 ～に関しまして(は) ~에 관해서(는)

「～に関して ~에 관해서」보다 딱딱한 표현으로 언급된 대상에 관련된 내용을 설명할 때 사용하며 격식을 차린 장면, 연설 등에서 주로 사용한다.

접속　명사
　　　内容に関しましては 내용에 관해서는

人事に関しましては、人事部にご相談ください。 인사에 관해서는 인사부에 상담해 주십시오.
詳しい日時に関しましては、後ほどご連絡致します。 자세한 일시에 관해서는 추후 연락드리겠습니다.

09 ～に加えて ~에 더해서

「加える 더하다」라는 동사에서 파생된 문법으로, 앞 문장의 내용에 더불어 비슷한 상황이 있는 경우나 앞 문장의 내용뿐만 아니라 뒤 문장의 내용도 추가로 있다는 것을 나타낼 때 사용한다.

접속　명사
　　　テストに加えて 테스트에 더해서

来月からレストランのバイトに加えてカフェでも働くことにした。
다음 달부터 레스토랑 아르바이트에 더해서 카페에서도 일하기로 했다.
部長は貿易に関する専門知識に加えて経験も豊富である。
부장은 무역에 관한 전문지식에 더해서 경험도 풍부하다.

10 ～に沿って ① ~에 따라서 ② ~을/를 따라서

「沿う 따르다, 따라가다」라는 동사에서 파생된 문법으로, 2가지 의미가 있다.

① 규칙, 기대, 이념, 흐름 등 어떠한 기준에 맞춰서 행동하는 경우에 사용한다.
② 길게 뻗어 있는 대상을 기준으로(길, 강, 해안가, 선 등) 그것과 평행하게 혹은 그 기준과 맞춰서 이동하거나 또는 존재하는 경우에 사용한다.

접속　명사
　　　計画に沿って 계획에 따라서 / 川に沿って 강을 따라서

① 取引先の要求に沿って、製品を改造する。 거래처의 요구에 따라서 제품을 개조한다.
② この道に沿ってまっすぐ行くと、右側に郵便局があります。
　이 길을 따라서 똑바로 가면 오른쪽에 우체국이 있습니다.

11 ～に備えて ~에 대비하여

「備える 대비하다」라는 동사에서 파생된 문법으로, 접속하는 명사는 주로 사건, 사고, 자연재해 등으로 뒤 문장에는 해결 방법이나 조언, 충고 등의 문장이 온다.

접속　명사
　　　地震に備えて 지진에 대비하여

冬に備えて、暖房の設備を確認しておこう。 겨울에 대비하여 난방 설비를 확인해 두자.
老後に備えて20代からこつこつ貯金している。 노후에 대비하여 20대부터 꾸준히 저금하고 있다.

12 ～につきまして(は) ~에 대해서(는)

「～について ~에 대해서」의 정중한 표현으로 다루고 있는 주제나 관련된 대상을 나타내는 표현이다.

접속　명사
　　　この件につきまして(は) 이 건에 대해서(는)

この対策につきましては、現在検討中でございます。 이 대책에 대해서는 현재 검토 중입니다.
詳しい内容につきましては、添付資料をご覧ください。 자세한 내용에 대해서는 첨부자료를 봐 주십시오.

13 ～に反して / ～に反する ➕ 명사　~에 반해서, ~와/과는 반대로 / ~에 반하는

앞의 내용과 다르거나 반대되는 상황에 사용한다.

> **TIP**　「予想 예상」, 「期待 기대」, 「意図 의도」, 「意見 의견」, 「希望 희망」 등의 명사와 함께 잘 사용한다.

접속　명사
　　　期待に反して 기대에 반해서 / 意見に反する 의견에 반하는

予想に反して試験がとても難しかった。 예상과는 반대로 시험이 매우 어려웠다.
法律に反することなので、私は同意できません。 법률에 반하는 것이기 때문에 저는 동의할 수 없습니다.

14 ～にほかならない　다름 아닌 ~이다, 바로 ~이다

문어체로 다른 것이 아니라 바로 이것이라고 단정할 때 사용한다.

> **TIP**　어떤 상황이 발생한 원인이나 이유를 설명할 때에는 「～からにほかならない 바로 ~이기 때문이다」의 형태로 사용한다. 이때 접속은 から에 맞춰야 하므로 각 품사의 보통형에 접속하는 점에 유의하자.

접속　명사
　　　努力の結果にほかならない 다름 아닌 노력의 결과이다

外国でビザなしで働くのは犯罪にほかならない。 외국에서 비자 없이 일하는 것은 바로 범죄이다.
この計画がうまくいったのは、同僚の協力があったからにほかならない。
이 계획이 잘 된 것은 바로 동료의 협력이 있었기 때문이다.

15 ～に向けて　~을/를 향해서

「向ける 향하다」라는 동사에서 파생된 문법으로, ①이동하고자 하는 방향 ②목적지 ③어떠한 행동을 하는 상대 ④목표로 하는 대상을 나타낼 때 사용한다.

> **TIP**　조사 「に」 대신 「へ」를 사용하여 방향성의 뉘앙스를 담아 전달할 수도 있다.

접속　명사
　　　合格に向けて 합격을 향해서

明け方に、山頂に向けて出発したが、まだ着いていない。
새벽에 산 정상을 향해서 출발했지만, 아직 도착하지 않았다.
最近はスピーチコンテストに向けて、毎日話す練習をしている。
요즘에는 스피치 콘테스트를 향해서 매일 말하는 연습을 하고 있다.

16 ～に基づいて ~에 의거하여, ~에 기반하여

「基づく 의거하다」라는 동사에서 파생된 문법으로, 언급된 명사를 기준이나 근거로 삼아 어떠한 행동을 할 때 사용한다. 「事実 사실」, 「方針 방침」, 「計画 계획」, 「結果 결과」 등의 명사와 함께 잘 사용한다.

💡TIP 명사를 수식하는 「～に基づく・～に基づいた ~에 의거한」도 함께 알아두자.

접속　명사
　　　証拠に基づいて 증거에 의거하여

これは実験の結果に基づいて作成した資料です。 이것은 실험 결과에 의거하여 작성한 자료입니다.
成果に基づいて、適切な給与を支給するつもりです。 성과에 의거하여 적절한 급여를 지급할 생각입니다.

17 ～ぬきで(は)・～をぬきにして(は) ~빼고(는), ~을/를 제외하고(는)

「抜く 빼다」라는 동사에서 파생된 문법으로, 특정 대상, 사물 등이 없이 뒤 문장의 내용을 진행할 때 사용한다. 보통 있을 거라고 예상되는 것을 제외하고자 하는 경우에 쓰는 표현이다.

💡TIP 명사를 수식하는 「～ぬきの ~뺀, ~제외한」도 함께 알아두자.

접속　명사
　　　朝食ぬきで 조식 빼고

すみません、わさびぬきでお願いします。 죄송합니다, 고추냉이 빼고 부탁드립니다.
監督の熱心な指導をぬきにしては、優勝することはできなかった。
감독의 열정적인 지도를 제외하고는 우승할 수는 없었다.

18 ～のことだから (다른 것도 아닌) ~이기 때문에

모두가 잘 알고 있는 언급된 대상의 성격, 특징 등을 근거로 하여 다른 것도 아닌 이것 때문이라고 이유를 강조할 때 사용하는 표현이다.

접속　명사(주로 사람)
　　　忙しい彼のことだから 바쁜 그이기 때문에

真面目な田中さんのことだから、成功するに違いない。
성실한 다나카 씨이기 때문에 성공할 것임에 틀림없다.
頑固な父のことだから、彼との結婚は許してくれないだろう。
완고한 아버지이기 때문에 그와의 결혼은 허락해 주지 않겠지.

19 ～のもとで / ～のもとに ~밑에서, ~하에서 / ~하에

① 「～のもとで」는 어떠한 대상의 영향력이 미치는 범위 밑에서라는 의미로 그 대상에는 주로 사람이 오는 경우가 많다. 또한 어떠한 상황이나 환경하에서 무언가를 할 때에도 사용한다.
② 「～のもとに」는 주로 「合意 합의」, 「管理 관리」, 「法 법」, 「了承 승낙, 양해」 등의 명사와 잘 사용하며 이러한 조건이나 상황에서 동작이 이루어지는 경우에 사용한다.

TIP 「～の名のもとに ~의 명목하에」라는 관용 표현도 함께 알아두자.

접속 **명사**
上司のもとで 상사 밑에서 / 契約条件のもとに 계약 조건 하에

① 教授の指導**のもとで**、日本文化について研究しています。
   교수의 지도**하에서** 일본 문화에 대해 연구하고 있습니다.
② 法律**のもとに**、この国は平和である。 법률**하에** 이 나라는 평화롭다.

20 ～を契機に / ～を契機として ~을/를 계기로 / ~을/를 계기로 하여

문어체로 특정 사건이 기회가 되어 어떠한 일을 하게 된 경우에 사용한다. 뒷부분에 긍정적인 말이 오는 경우가 많다.

접속 **명사**
海外旅行を契機に 해외여행을 계기로 / 退職を契機として 퇴직을 계기로 하여

入院**を契機に**、今後は運動することにした。 입원**을 계기로** 앞으로는 운동하기로 했다.
転職**を契機として**、これからは自分の好きな仕事をしようと思った。
이직**을 계기로 하여** 앞으로는 자신이 좋아하는 일을 하려고 생각했다.

21 ～を除いて ~을/를 제외하고

「除く 제외하다, 제거하다」라는 동사에서 파생된 문법으로, 어느 그룹 내에서 일부를 빼는 경우에 사용하거나 접속한 명사를 제외하는 경우의 상황을 나타내기도 한다.

TIP 「ぬきで(は)・～をぬきにして(は) ~빼고(는), ~을/를 제외하고(는)」과 의미상 큰 차이는 없다.
→ p.302 핵심문법

접속 **명사**
限定商品を除いて 한정 상품을 제외하고

日曜日**を除いて**だいたい空いています。 일요일**을 제외하고** 대체로 비어 있습니다.
教室に私**を除いて**一人しか来ていない。 교실에 나**를 빼고** 한 명밖에 오지 않았다.

22 ～をめぐって ~을/를 둘러싸고

「巡る 둘러싸다」라는 동사에서 파생된 문법으로, 특정 대상을 중심으로 주변에서 의논, 분쟁, 의견 대립 등이 발생한 경우에 사용하는 표현이다. 뒤 문장에는 주로 「起こる 일어나다」, 「戦う 싸우다」, 「争う 다투다」 등의 동사가 온다.

접속　명사
　　　事件をめぐって 사건을 둘러싸고

ショッピングセンターの建設をめぐって地元住民が反対デモをしている。
쇼핑센터의 건설을 둘러싸고 지역 주민이 반대 데모를 하고 있다.

祖父の遺産をめぐって親戚たちと争っている。 할아버지의 유산을 둘러싸고 친척들과 다투고 있다.

2 동사와 접속

23 ~上は ~하는(한) 이상은

문어체로 '어떤 상황이기 때문에 당연히 ~해야 한다'라는 의미이다. 뒷부분에는 화자의 큰 결단이나 굳은 결심 등을 나타내는 표현이 주로 온다.

> **TIP** 뒷부분에 「～べきだ ~해야 한다」, 「～つもりだ ~할 생각, 예정이다」, 「～しかない ~할 수밖에 없다」, 「～なければならない ~하지 않으면 안 된다」 등의 표현을 함께 잘 사용한다. 또한 上は의 は는 생략 불가하다는 점에 유의하자.

접속 동사 기본형, 동사 た형
始める上は 시작하는 이상은 / 約束した上は 약속한 이상은

今年から禁煙すると**決めた上は**、絶対にたばこには手を出さないつもりです。
올해부터 금연하겠다고 **결정한 이상은** 절대로 담배에는 손을 대지 않을 생각입니다.

キャプテンに**選ばれた上は**、優勝を目指して頑張ります。
캡틴으로 **뽑힌 이상은** 우승을 목표로 해서 열심히 하겠습니다.

24 ~得る / ~得ない ~할 수 있다, ~할 가능성이 있다 / ~할 수 없다, ~할 가능성이 없다

실현 가능성이 있는 상황에 대해서 사용한다. 또한 「得る」는 기본형으로 사용할 때만 「うる 또는 える」로 발음 가능하며, 그 외 활용 시 「得ます」는 「えます」, 「得ない」는 「えない」로 발음한다. 자주 사용하는 표현인 「あり得ない 있을 수 없다」는 통째로 암기하자.

> **TIP** 다만, 단순한 능력을 나타내는 경우에는 사용할 수 없다. 그때는 동사 가능형을 사용한다.
> (X) 漢字を読み得る 한자를 읽을 수 있다
> (O) 漢字が読める 한자를 읽을 수 있다

접속 동사 ます형
原因になり得る 원인이 될 수 있다

事故はいつでも**起こり得る**ことなので、運転する時は常に気をつけなければならない。
사고는 언제든지 **일어날 수 있기** 때문에 운전할 때는 항상 조심하지 않으면 안 된다.

宇宙人がいるなんて**あり得ない**と思う。외계인이 있다니 **있을 수 없다**고 생각한다.

25 ～かと思うと・～かと思ったら ~라고 생각했더니, ~했나 싶더니

앞 동작이 끝나자마자 곧바로 뒤 동작이 시작되는 경우에 사용한다. 주로 예상 밖의 상황에서 놀란 화자의 기분을 나타낸다. 다만, 본인의 행동에 대해서는 쓸 수 없다는 점에 주의하자. 또한 의지, 명령, 부정문에는 사용할 수 없다.

💡 **TIP** 「～かと思ったら」에 비해 「～かと思うと」는 딱딱한 문어체 표현이다.

접속　동사 た형

戻ったかと思うと 되돌아왔다고 생각했더니

空が光ったかと思うと、大きな雷の音がした。 하늘이 빛났다고 생각했더니 큰 천둥소리가 났다.
子供が帰ってきたかと思ったら、すぐに遊びに行ってしまった。
아이가 돌아왔나 싶더니 바로 놀러 가 버렸다.

26 ～か～ないかのうちに ~하자마자

앞 동작이 채 끝나기도 전에 뒤 동작이 시작되거나, 혹은 앞 동작이 끝나자마자 거의 동시에 뒤 동작이 시작되는 경우에 사용한다. 이미 발생한 일에 사용하므로 문장은 반드시 과거형으로 끝난다.

💡 **TIP** 앞뒤에 접속하는 2개의 동사는 동일한 동사이다.

접속　동사 기본형, 동사 た형 ➕ か ➕ 동사 ない형 ➕ ないかのうちに

チャイムが鳴るか鳴らないかのうちに 종이 울리자마자
先生が出たか出ないかのうちに 선생님이 나가자마자

映画が終わるか終わらないかのうちに観客が帰り始めた。 영화가 끝나자마자 관객이 돌아가기 시작했다.
飛行機が着いたか着かないかのうちに、乗客たちは降りる準備を始めた。
비행기가 도착하자마자 승객들은 내릴 준비를 했다.

27 ～かねない ~할지도 모른다

안 좋은 일이나 나쁜 결과가 일어날 가능성이 있다는 의미의 문어체 표현이다. 화자의 개인적인 판단으로 걱정, 불안, 경계, 우려의 기분을 나타낼 때 사용하며, 문법에 「ない」가 포함되어 있어 부정의 뜻으로 해석해 버리는 실수를 범하기 쉬우니 주의해야 한다.

💡 **TIP** 비슷한 형태인 「～かねる ~하기 어렵다, ~할 수 없다」와 혼동하지 않도록 주의하자. 🔍 p.262 기출문법

접속　동사 ます형

傷つけかねない 상처 줄지도 모른다

外食ばかりしていると、体を壊しかねないよ。 외식만 하고 있으면 몸을 망가트릴 수도 있어.
そんなに乱暴に運転をしていたら、いつか事故を起こしかねません。
그렇게 난폭하게 운전을 하고 있으면 언젠가 사고를 일으킬지도 모릅니다.

28 ～ことだ ~하는 것이다, ~하는 것이 상책이다

화자의 개인적인 생각이나 판단으로 상대방에게 조언하거나 충고, 주의할 때 사용한다. 윗사람에게는 사용하지 않는 표현이다.

접속　동사 보통형 현재
　　　話すことだ 이야기하는 것이다 / 吸わないことだ 피우지 않는 것이다

ダイエットを成功したいなら、まず夜中に食べるのを**辞めることだ**。
다이어트를 성공하고 싶다면 우선 한밤중에 먹는 것을 **그만두는 것이다**.

日本語が上手になりたければ、日本人の友達を**作ることだ**。
일본어를 잘하고 싶다면 일본인 친구를 **만드는 것이 상책이다**.

29 ～ことなく ~하는 일 없이, ~하지 않고

「～ないで ~하지 않고」와 비슷한 의미이나 「～ことなく」는 문어체로 일상적인 일에는 잘 사용하지 않는다. 원래라면 어떤 동작을 하는 것이 일반적이지만, 이번에는 그 동작을 하지 않고 일을 진행한다고 할 때 사용한다.

접속　동사 기본형
　　　止まることなく 멈추지 않고

納期が近いので、残業をするのはもちろん、休日も**休むことなく**働いている。
납기가 가깝기 때문에 야근을 하는 것은 물론 휴일도 **쉬지 않고** 일하고 있다.

同僚は誰にも**相談することなく**、突然会社を辞めてしまった。
동료는 누구에게도 **상담하지 않고** 돌연 회사를 그만둬버렸다.

30 ～たことにする ~한 것으로 하다, ~했던 걸로 하다

실제로는 그렇지 않으나, 사실과는 다르게 어떠한 동작을 한 걸로 치는 경우에 사용한다. 자주 사용하는 관용 표현으로는 「なかったことにする 없던 일로 하다」가 있다.

접속　동사 た형
　　　見なかったことにする 보지 않은 것으로 하다

その話は**聞かなかったことにして**おこう。그 이야기는 **안 들은 것으로 해** 두자.

友人に手伝ってもらった宿題だが、自分で**やったことにして**提出した。
친구에게 도움받은 숙제지만, 스스로 **한 것으로 하고** 제출했다.

31 ～たて 막(갓) ~함, ~한지 얼마 안 됨

동작이 끝난지 얼마 안 된 상태를 나타내며 새로움과 신선함을 강조한 표현이다. 「～たての ⊕ 명사 갓 ~한」 형태로 명사(물건)를 수식할 때 사용한다.

접속 동사 ます형
塗りたて 갓 칠함

このスーパーは朝10時になると、焼きたてのパンが店に並ぶ。
이 슈퍼는 아침 10시가 되면 **갓 구운** 빵이 가게에 진열된다.
彼はまだ入社したてで、会社のことを何も知らない。
그는 아직 **입사한 지 얼마 안 돼**서 회사 일을 아무것도 모른다.

32 ～だけ ~할 수 있는 만큼 (최대한 ~하다)

동작을 하는 주체가 동작을 할 수 있는 최대치까지 하는 경우에 사용한다. 또한 예외적으로 な형용사와 접속하는 관용 표현 「好きなだけ 원하는 만큼」과 「できるだけ 가능한 한, 되도록」은 따로 암기가 필요하다.

💡**TIP** 비슷한 표현인 「～たいだけ ~하고 싶은 만큼」과 마찬가지로 앞뒤로 동일한 동사를 사용한다. 다만, 접속 형태가 다르다는 것에 유의하자. 🔍 p.263 기출문법

접속 동사 가능형 ⊕ だけ
遊べるだけ 놀 수 있는 만큼

明日は休みだから、今日中にやれるだけやっておこう。
내일은 쉬는 날이니까 오늘 중에 **할 수 있는 만큼** 해 두자.
いつも断られるけど誘えるだけ誘ってみるよ。 항상 거절당하지만 **권유할 수 있는 만큼** 권유해 볼게.

33 ～てこそ ~하고서야 (비로소)

어떠한 조건이 충족되었을 때 처음으로 무언가를 하게 되거나 알 수 있게 된다는 의미로 주로 좋은 결과가 발생할 때 사용한다.

💡**TIP** 「～てはじめて ~나서야 비로소」와 비슷한 의미이나 「～てこそ」는 앞으로의 일에 사용하는 표현이기 때문에 이미 일어난 일에는 쓸 수 없다는 점에 주의하자. 🔍 p.230 기출문법

접속 동사 て형
聞いてこそ 들어서야 비로소

親になってこそ、子育ての大変さが理解できる。 **부모가 되고서야 비로소** 육아의 어려움을 이해할 수 있다.
留学してこそ、その国の文化や言語について深く学べる。
유학하고서야 비로소 그 나라의 문화나 언어에 대해서 깊이 배울 수 있다.

34 ～てはいられない ~하고(만) 있을 수는 없다

어떠한 상태 그대로 계속 있을 수 없거나 참고 견딜만한 시간적, 정신적 여유가 없는 경우에 사용한다. 당장 어떠한 행동을 하려고 하는 의지를 나타낸다.

> **TIP** 회화체로「ては」를「ちゃ・じゃ」로 바꿔서「～ちゃいられない・～じゃいられない」로 하거나 は와 い를 생략하여「～てられない」라고 사용하기도 한다.

접속　동사 て형
　　　　黙ってはいられない 침묵하고만 있을 수 없다

もう1時間も待っているのに、まだ来ないなんてこれ以上は**待っていられない**。
벌써 1시간이나 기다리고 있는데, 아직 오지 않다니 이 이상은 **기다리고만 있을 수는 없다**.

もう成人だし、いつまでも親に**頼ってはいられない**。
이제 성인이고 언제까지나 부모님에게 **의지하고만 있을 수는 없다**.

35 ～ところだった ~할 뻔했다

실제로는 일어나지 않았지만 그 일이 일어나기 직전까지 갔었다는 것을 의미한다. 좋은 결과가 될 뻔하였는데 그렇지 못한 경우의 아쉬운 감정을 나타내거나 자칫하면 안 좋은 결과를 초래할 가능성이 있었던 상황에 사용한다.

> **TIP** 회화에서는 ところ를 とこ로 줄여서 말하기도 한다. 또한「～そうになる ~할 것처럼 되다, ~할 뻔하다」와 비슷한 쓰임새를 가지므로 함께 알아두자. ▶p.263 기출문법

접속　동사 보통형 현재
　　　　完成するところだった 완성할 뻔했다 / 乗れないところだった 타지 못할 뻔했다

妻からの連絡がなかったら、娘を迎えに行くことを**忘れるところだった**。
아내로부터의 연락이 없었다면 딸을 마중하러 가는 것을 **잊을 뻔했다**.

課題のデータが全部消えて、レポートを**提出できないところだった**。
과제 데이터가 전부 지워져서 리포트를 **제출하지 못할 뻔했다**.

36 ～ぬく 끝까지 ~하다

부단한 노력으로 최종 목적지에 도달했거나 어려움을 극복하고 끝까지 해 낸 경우에 사용한다.

접속　동사 ます형
　　　　守りぬく 끝까지 지키다

足を怪我したが、マラソンを**走りぬく**ことができた。 다리를 다쳤지만, 마라톤을 **끝까지 달릴** 수가 있었다.

辛い練習を**耐えぬいた**結果、大会で優勝することができた。
힘든 연습을 **끝까지 견딘** 결과, 대회에서 우승할 수가 있었다.

37 ~ものではない・~もんじゃない ~하는 것이 아니다

일반적 또는 상식적인 측면에서 어떠한 행동이 바람직하지 않기 때문에 해서는 안 된다고 할 때 사용한다. 상대방의 행동에 대해 충고, 조언하는 뉘앙스가 있다.

> **TIP** 「~もんじゃない」는 회화체이다.

접속 동사 기본형
残(のこ)すものではない 남기는 것이 아니다

知(し)らない人(ひと)の話(はなし)を簡単(かんたん)に信用(しんよう)するものではない。 모르는 사람의 이야기를 간단히 **신용하는 것이 아니다**.

近所迷惑(きんじょめいわく)になるので、夜遅(よるおそ)くに騒(さわ)ぐものではない。
이웃사람에게 민폐가 되기 때문에 밤늦게에 **떠드는 것이 아니다**.

38 ~(よ)うか~まいか ~할지 ~말지

어떠한 행동을 하는 데 있어 망설이는 경우에 사용한다.

> **TIP** 「~まいか」의 접속은 「~まい」 문법의 접속 형태와 동일하다. ◉ p.266 기출문법

접속 동사 의지형 ➕ (よ)うか ➕ まい형 ➕ まいか
話(はな)そうか話(はな)すまいか 이야기할지 이야기하지 말지

夏休(なつやす)みに国(くに)へ帰(かえ)ろうか帰(かえ)るまいか悩(なや)んでいる。 여름 방학 때 고향에 **돌아갈지 돌아가지 말지** 고민하고 있다.
時間(じかん)が遅(おそ)いのでドラマを続(つづ)けて見(み)ようか見(み)まいか迷(まよ)っている。
시간이 늦기 때문에 드라마를 계속해서 **볼지 안 볼지** 망설이고 있다.

39 ~(よ)うではないか・~(よ)うじゃないか ~하지 않겠는가?, (함께) ~하자

상대방에게 어떠한 행동을 함께하자고 권유하는 표현이다. 상대방이 한 명일 때도 쓸 수 있지만, 주로 이 표현은 연설, 발표 등에서 다수에게 제안하거나 호소할 때 주로 사용한다.

> **TIP** 「~(よ)うではないか」는 주로 남자들이 쓰는 말투로 남녀 모두 사용할 때는 「~(よ)うではありませんか ~하지 않으시겠습니까?」의 형태로 사용한다.

접속 동사 의지형
見(み)ようではないか 보지 않겠는가?

最後(さいご)の1個(こ)はじゃんけんで決(き)めようではないか。 마지막 1개는 가위바위보로 **정하지 않겠는가?**
今年(ことし)こそ頑張(がんば)って優勝(ゆうしょう)しようじゃないか。 올해야말로 열심히 해서 **우승해 보자**.

40 ～ようになっている ~하도록 되어 있다, ~하게 되어 있다

규칙, 규범, 제도, 구조 등 외부에 의해 정해진 행동이나 사항에 대해서 이야기할 때 사용한다. 동사 가능형과 함께 사용하는 경우가 많다.

접속 동사 기본형, 동사 ない형, 동사 가능형

着(き)るようになっている 입게 되어 있다
書(か)かないようになっている 쓰지 않게 되어 있다
読(よ)めるようになっている 읽을 수 있게 되어 있다

この携帯電話(けいたいでんわ)は水(みず)に濡(ぬ)れても**壊(こわ)れないようになっています**。
이 휴대폰은 물에 젖어도 **고장 나지 않도록 되어 있습니다**.

当店(とうてん)では現金(げんきん)のみならず、ポイントでも**支払(しはら)えるようになっています**。
저희 가게에서는 현금뿐만 아니라 포인트로도 **지불할 수 있게 되어 있습니다**.

3 품사 2개와 접속

41 ～あげく ~한 끝에

오랜 시간 또는 여러모로 무언가를 해 봤지만 결국은 좋지 않은 결과가 되었음을 나타내는 표현이다. 아쉽거나 유감스럽다는 뉘앙스가 담겨있다.

> **TIP** 뒷부분에 긍정과 부정의 문장을 모두 쓸 수 있는 「～末(に) ~한 끝에」와 다르다는 점에 유의하자.
> p.267 기출문법

접속　동사 た형　　　　　　　　　　　　　　　명사 ➕ の
　　　　悩んだあげく 고민한 끝에　　　　　　　ケンカのあげく 싸움 끝에

1時間も**待たせたあげく**、結局彼は来なかった。 1시간이나 **기다리게 한 끝에** 결국 그는 오지 않았다.
長時間の**会議のあげく**、このシステムの開発は中止になった。
장시간의 회의 끝에 이 시스템 개발은 중지가 되었다.

42 ～おそれがある ~할 우려가 있다

한자로는 「恐れがある」라고 표기하며, 화자의 두려움, 공포, 걱정이 담긴 표현으로 좋지 않은 사건이 일어날 가능성이 있다고 말할 때 사용한다.

접속　동사 보통형 현재　　　　　　　　　　　명사 ➕ の
　　　　倒れるおそれがある 쓰러질 우려가 있다　副作用のおそれがある 부작용일 우려가 있다

不景気で、有名大学を卒業しても**就職できないおそれがある**。
불경기로 유명 대학을 졸업해도 **취직하지 못할 우려가 있다**.
この鳥は**絶滅のおそれがある**ので、保護しなければならない。
이 새는 **멸종의 우려가 있기** 때문에 보호하지 않으면 안 된다.

43 ～気味 ~하는 기미, 기운, 기색, 느낌

평소와는 달리 어떠한 상태나 증상 등의 느낌이 있을 때 사용한다. 주로 부정적인 뉘앙스의 문장에서 사용한다.

접속　동사 ます형　　　　　　　　　　　　　명사
　　　　疲れ気味 지친 기색　　　　　　　　　　風邪気味 감기 기운

最近**太り気味**だから、ピラティスに通い始めた。 요즘 **살이 찌는 느낌**이라서 필라테스에 다니기 시작했다.
彼はみんなの前で発表する時、**緊張気味**だった。 그는 모두의 앞에서 발표할 때 **긴장한 기색**이었다.

44 ～際(に) / ～際は ~할 때(에), ~할 즈음(에) / ~할 때에는, ~할 즈음에는

「～時に/～時は ~할 때에/~할 때는」보다 딱딱한 표현으로 주로 손님이나 윗사람에게 특정한 때에 어떠한 일을 해달라고 부탁할 때 사용하는 경우가 많다.

💡**TIP** 격식 있게 말할 때 「お ➕ 동사 ます형 ➕ の際」의 형태로 사용할 수 있다. 자주 사용하는 표현으로는 「お帰りの際 돌아가(오)실 때」, 「お越しの際 오실 때」, 「お困りの際 곤란하실 때」, 「お降りの際 내리실 때」 등이 있다.

접속 동사 보통형   　　　　　　　　　　　　　명사 ➕ の
乗る際 탈 때 　　　　　　　　　　　　　　　　ご来店の際 가게에 방문하실 때

バスが発車する際に揺れることがありますので、お気をつけください。
버스가 발차할 때에 흔들리는 경우가 있기 때문에 조심해 주십시오.

電車をお降りの際はお足元にご注意ください。 전철을 내리실 때는 발밑에 주의해 주세요.

45 ～どころではない・～どころじゃない ~할 상황이 아니다

어떠한 행동을 할 여유가 없거나, 그 밖에 더 중요한 것이 있다는 것을 나타낼 때 사용한다.

💡**TIP** 일반적으로는 동사와 명사에 접속하지만, 예외적인 관용 표현 「それどころではな・それどころじゃない 그럴 상황이 아니다」도 있다는 것도 함께 알아 두자.

접속 동사 기본형 　　　　　　　　　　　　　명사
遊ぶどころではない 놀 상황이 아니다 　　　　　合コンどころではない 미팅할 상황이 아니다

今日はお客さんが多くて休憩を取るどころではない。 오늘은 손님이 많아서 휴식을 취할 상황이 아니다.
旅行へ行こうと誘われたけれど、宿題が終わらなくてそれどころじゃない。
여행을 가자고 권유받았지만, 숙제가 끝나지 않아서 그럴 상황이 아니다.

46 ～にあたって ~데 있어서, ~에 앞서

중요한 행사나 특별한 때(시기)에 그 기본이 되는 전제조건이나 필요한 준비를 미리 해 두어야 한다고 할 때 사용하며 그에 임하는 적극적인 태도나 행위를 나타내는 표현이다.

TIP 「入学 입학」, 「卒業 졸업」, 「発表 발표」, 「結婚 결혼」 등의 명사와 함께 잘 사용한다. 단 「入院 입원」과 같은 부정적인 뉘앙스의 단어는 사용이 불가하다.

접속 동사 기본형
面接するにあたって 면접하는 데 있어서

명사
卒業にあたって 졸업에 앞서

今から試験を**受けるにあたって**、注意点を説明いたします。
지금부터 시험을 **치르는 데 있어서** 주의점을 설명드리겠습니다.

結婚にあたり、事前に将来の計画を話し合うことが大切だ。
결혼에 앞서 사전에 장래의 계획을 서로 이야기하는 것이 중요하다.

47 ～に限る ~(하는 것)이/가 제일이다, ~(하는 것)이/가 최고다

「限る 한하다, 한정하다」라는 동사에서 파생된 문법으로, 화자의 주관적인 판단이나 경험을 토대로 가장 좋은 것을 나타낼 때 사용한다. 객관적 사실에는 사용하지 않는다. 「やっぱり 역시」와 함께 잘 사용한다.

접속 동사 보통형 현재
休むに限る 쉬는 것이 최고다

명사
カラオケに限る 노래방이 최고다

暑い夏の仕事終わりには、冷えた**ビールに限る**。 더운 여름의 일 끝난 후에는 차가워진 **맥주가 제일이다**.
寒い冬はやっぱりこたつで**ゴロゴロするに限る**。 추운 겨울은 역시 코타츠에서 **빈둥거리는 것이 최고다**.

48 ～に際して ~할 때, ~에 즈음하여

중요한 일이나 특별한 일을 시작하는 시점에서 또는 그 일이 진행 중인 시점에서라는 뜻이다. 긍정적인 단어뿐만 아니라 부정적인 뉘앙스의 단어 「離婚 이혼」, 「倒産 도산」 등과 함께 사용할 수 있다.

TIP 비슷한 표현인 「～にあたって ~데 있어서, ~에 앞서」가 무언가를 맞이하기에 미리 해 두는 행동에 사용하는 반면, 「～に際して」는 무언가를 시작할 때와 직면했을 때 사용한다는 점에서 차이가 있다.

접속 동사 기본형
導入するに際して 도입할 때

명사
会議に際して 회의할 때

国の大切なお客様を**迎えるに際して**、その国の文化や習慣をきちんと知っておかなければならない。
나라의 중요한 손님을 **맞이할 때** 그 나라의 문화나 습관을 제대로 알아두지 않으면 안 된다.

当サイトの**利用に際して**、まず利用方法や注意点をお読みください。
당 사이트 **이용에 즈음하여** 우선 이용 방법이나 주의점을 읽어주십시오.

49 ～に先立って ~에 앞서

「先立つ 앞서다」라는 동사에서 파생된 문법으로, 특별하거나 중요한 일을 시작하기 전에 필요한 사전 행위나 준비를 나타낼 때 사용한다.

접속	동사 기본형	명사
	公開するに先立って 공개하기에 앞서	開催に先立って 개최에 앞서

大手術に先立って、患者の家族は心の準備をした。 대수술에 앞서 환자 가족은 마음의 준비를 했다.
結婚するに先立って、私は恋人の両親とレストランで食事をした。
결혼에 앞서 나는 애인의 부모님과 레스토랑에서 식사를 했다.

50 ～にしては ~치고는

화자가 예상했던 것보다 다른 상황이거나 뜻밖의 결과일 때 사용한다. 다른 사람이나 사물에 대해 평가 혹은 비판을 할 때 사용하며 1인칭 주어에는 잘 사용하지 않는다.

> **TIP** 비슷한 표현인 「～わりに(は) ~치고(는)」은 일반적인 기준에서 예상과 어긋났을 때 사용하며, 「～にしては」와 다르게 앞부분에 길이, 무게, 키, 가격, 연령, 성적 등의 척도를 나타내는 단어가 올 수 있다. 또한 형용사에도 접속이 가능하다는 점에서 차이가 있다. ♀ p.243 중급 필수 문법

접속	동사 보통형	명사 ★현재 긍정의 경우 だ 빼고 접속(➕である)
	勉強しなかったにしては 공부 안 했던 것치고는	未経験者(である)にしては 미경험자 치고는

初めて作ったにしては、思ったよりもおいしくできた。 처음 만든 것치고는 생각보다도 맛있게 완성되었다.
彼は新人社員にしては仕事が早い方だ。 그는 신입사원 치고는 일이 빠른 편이다.

51 ～につけ(て) ~할 때마다

어떠한 동작을 할 때마다 항상 동일하거나 비슷한 기분이 들 때 또는 마음에 변화가 일어날 때 사용한다. 관용 표현으로 「何かにつけ(て) 기회가 있을 때마다, 걸핏하면」이 출제될 가능성이 높으므로 암기해 두자.

> **TIP** 「～につけ(て)」는 기분이나 마음의 상태가 변할 때만 사용하는 반면, 비슷한 표현인 「～たびに ~할 때마다」의 경우 기분이나 마음에 변화가 일어나는 상황은 물론 단순한 행동을 할 때도 사용한다.

접속	동사 기본형	명사(주로 관용표현)
	考えるにつけ 생각할 때마다	何事につけ 무슨 일이 있을 때마다, 무슨 일이든

あの音楽を聞くにつけ、子供の頃を思い出す。 저 음악을 들을 때마다 어릴 적을 떠올린다.
恋人は何かにつけて、私を褒めてくれるので、とても嬉しい。
애인은 기회가 있을 때마다 나를 칭찬해 주기 때문에 매우 기쁘다.

52 〜につれ(て) ~(함)에 따라(서)

앞 문장의 내용이 변화하면 그것이 이유가 되어 뒤 문장의 내용도 함께 점점 변화하는 것을 나타낸다. 곧바로 변화하는 것이 아닌 점차 변화하는 경우에 사용한다.

접속　**동사 기본형**　　　　　　　　　　　　　　　　**명사**
　　　　進_{すす}むにつれて 진행됨에 따라　　　　　　　接近_{せっきん}につれて 접근에 따라서

物価_{ぶっか}の**上昇_{じょうしょう}につれ**、食_たべたいものを気軽_{きがる}に買_かえなくなってきた。
물가 **상승에 따라** 먹고 싶은 것을 쉽게 살 수 없게 되었다.

卒業_{そつぎょう}が**近_{ちか}づくにつれて**、友達_{ともだち}との別_{わか}れが寂_{さび}しくなってきた。
졸업이 **가까워짐에 따라서** 친구와의 이별이 쓸쓸해졌다.

53 〜にともなって / 〜にともなう ➕ 명사　① ~에 따라서 / ~에 따른　② ~와/과 함께

「伴_{とも}う 동반하다, 따르다」라는 동사에서 파생된 문법으로 2가지 의미가 있다.

① 앞 문장 내용의 변화에 따라 뒤 문장 내용도 점차적 또는 순간적으로 바뀌는 경우에 사용한다. 주로 사회적 현상에 사용하는 경우가 많다.
② 어떠한 일이 일어나면 부수적으로 다른 일도 함께 일어난다고 할 때 사용한다. 즉 앞부분의 내용이 원인이 되어 뒷부분의 내용이 일어나게 된다는 의미이다.

접속　**동사 기본형**　　　　　　　　　　　　　　　　**명사**
　　　　普及_{ふきゅう}するにともなって 보급에 따라서　　　留学_{りゅうがく}にともなって 유학과 함께

① 地球温暖化_{ちきゅうおんだんか}が**進_{すす}むにともなって**、年々気温_{ねんねんきおん}が上昇_{じょうしょう}している。
　　지구 온난화가 **진행됨에 따라서** 해마다 기온이 상승하고 있다.
② **大学進学_{だいがくしんがく}にともなって**東京_{とうきょう}に引_ひっ越_こした。**대학 진학과 함께** 도쿄에 이사했다.

54 〜をきっかけに / 〜がきっかけで　~을/를 계기로 / ~이/가 계기가 되어

특정 사건이나 일을 동기로 이전에는 하지 않았던 행동을 하거나 어떠한 일이 시작되었을 때 사용한다.

💡**TIP**　「〜をきっかけとして ~을/를 계기로 하여」의 형태로도 사용할 수 있다. 비슷한 표현이지만 좀 더 딱딱한 표현인 「〜を契機_{けいき}に・〜を契機_{けいき}として ~을/를 계기로 (하여)」도 함께 알아두자. 🔍 p.303 핵심문법

접속　**동사 た형 ➕ こと**　　　　　　　　　　　　　　**명사**
　　　　会_あったことをきっかけに 만난 것을 계기로　　　事故_{じこ}をきっかけに 사고를 계기로
　　　　言_いわれたことがきっかけで 들은 것이 계기가 되어　結婚_{けっこん}がきっかけで 결혼이 계기가 되어

子供_{こども}が**生_うまれたことをきっかけに**、車_{くるま}を買_かいました。아이가 **태어난 것을 계기로** 차를 샀습니다.

アニメがきっかけで、日本語_{にほんご}に興味_{きょうみ}を持_もつようになりました。
애니메이션이 계기가 되어 일본어에 흥미를 가지게 되었습니다.

4 여러 품사와 접속

55 ～以上(は) ~하는(한) 이상(은)

① 화자가 어떠한 상황이기 때문에 당연히 ~해야 한다는 의미이다. 뒤 문장에는 화자의 의지나 결의를 나타내는 표현이 주로 온다.
② 어떠한 상태가 변하지 않고서야 결과는 달라지지 않는다는 조건을 나타낸다.

> **TIP** 문어체로도 회화체로도 사용하는 표현이다. 화자의 의지와 결의를 나타내는 비슷한 표현인 「～上は ~하는(한) 이상은」, 「～からには ~하는(한) 이상에는」도 함께 알아두자. ⓟp.305, 320 핵심문법

접속　**동사 보통형**
(やると)決めた以上は (한다고) 결정한 이상은

い형용사 보통형
暗い以上は 어두운 이상은

な형용사 보통형 ★현재 긍정의 경우 だ 빼고 ⊕ である
有名である以上は 유명한 이상은

명사 보통형 ★현재 긍정의 경우 だ 빼고 ⊕ である
先生である以上は 선생님인 이상은

① 契約書に**サインした以上は**、成果を出さなければならない。
　계약서에 **서명한 이상은** 성과를 내지 않으면 안 된다.
② 地震が相次いで**発生している以上**、電車に乗るのは危険だ。
　지진이 잇달아 **발생하고 있는 이상**, 전철을 타는 것은 위험하다.

56 ～一方(で) ~한편(으로)

① 서로 대비되거나 반대되는 것을 나타낼 때 사용한다.
② 두 가지의 일이 동시에 진행되는 경우에 사용한다.

> **TIP** 「～一方だ ~하기만 한다」와 혼동하지 않도록 주의하자. ⓟp.267 기출문법

접속　**동사 보통형**
増加する一方で 증가하는 한편으로

い형용사 보통형
嬉しい一方で 기쁜 한편으로

な형용사 보통형 ★현재 긍정의 경우 だ 빼고 ⊕ な・である
便利である一方で 편리한 한편으로

명사 보통형 ★현재 긍정의 경우 だ 빼고 ⊕ の・である
作家である一方で 작가인 한편으로

オンラインでの売上が**上がる一方で**、店舗での売上は下がっている。
온라인에서의 매출이 **오르는 한편으로**, 점포에서의 매출은 내려가고 있다.
会社では自分の仕事を**する一方**、部下の指導もしています。
회사에서는 자신의 일을 **하는 한편**, 부하의 지도도 하고 있습니다.

57 ~上(に) ~한(인) 데다(가)

앞 문장에 추가로 내용을 덧붙일 때 사용한다. 이때 앞 문장이 긍정적인 내용이면 뒤 문장도 긍정적인 내용이어야 하며, 앞 문장이 부정적인 내용이면 뒤 문장도 부정적인 내용이어야 한다.

접속

동사 보통형
優れている上に 우수한 데다가

い형용사 보통형
忙しい上に 바쁜 데다가

な형용사 보통형 ★현재 긍정의 경우 だ 빼고 ➕ な・である
わがままな上に 제멋대로인 데다가

명사 보통형 ★현재 긍정의 경우 だ 빼고 ➕ の・である
アイドルである上に 아이돌인 데다가

調味料を間違えた上、材料も焦げてしまった。 조미료를 **틀린 데다** 재료도 타 버렸다.
北海道は海鮮が安い上に新鮮だ。 홋카이도는 해산물이 **싼 데다가** 신선하다.

58 ~限り / ~ない限り ~하는 한 / ~하지 않는 한

「限る 한하다, 한정하다」라는 동사에서 파생된 문법으로, 앞 문장 내용에서 서술하는 동작이나 상태가 계속되고 있는 동안에는 뒤 문장 내용이 성립한다는 것을 나타낸다.

💡 **TIP** 최대한 전력을 다해 어떠한 일을 할 때에는 '~을/를 다하여'라는 의미로도 사용한다. 잘 쓰는 표현인 「できる限り 가능한 한」, 「力の限り 있는 힘을 다하여」, 「命の限り 목숨을 다하여」, 「声の限り 목청껏」은 암기해 두자.

접속

동사 보통형 현재
働く限り 일하는 한

い형용사 보통형 현재
ない限り 없는 한

な형용사 보통형 현재 ★현재 긍정의 경우 だ 빼고 ➕ な・である
元気な限り 건강한 한

명사 보통형 현재 ★현재 긍정의 경우 だ 빼고 ➕ の・である
父親である限り 아버지인 한

ドイツに住んでいる限り、ドイツのルールを守らなければならない。
독일에 **살고 있는 한** 독일의 룰을 지키지 않으면 안 된다.
急用が入らない限り、明日のミーティングに参加できます。
급한 용무가 **들어오지 않는 한** 내일의 미팅에 참가할 수 있습니다.

59 〜かというと・〜かといえば ~하는가 하면, ~하냐 하면

① 앞부분의 내용에 대해서 사실은 그렇지 않다고 부정할 때 사용한다. 뒷부분에는 부정문이 온다.
② 의문사와 접속하거나 의문사를 문장에 사용하여 의문을 제시하고 의문에 대해서 설명할 때 사용한다.

💡 **TIP** 자주 사용하는 의문사 조합을 알아두자.
「何をするかというと 무엇을 하는가 하면」, 「どうしてかというと 왜인가 하면」, 「どちらかというと 어느 쪽인가 하면」, 「いつかというと 언제인가 하면」

접속
동사 보통형(➕の)
後悔する(の)かというと 후회하는가 하면

い형용사 보통형(➕の)
忙しい(の)かというと 바쁜가 하면

な형용사 보통형
★현재 긍정의 경우 だ 빼고 접속(➕な·である ➕の)
好き(なの)かというと 좋아하는가 하면

명사 보통형
★현재 긍정의 경우 だ 빼고 접속(➕な·である ➕の)
うそ(であるの)かというと 거짓말인가 하면

① 歌が上手であれば誰でも歌手に**なれるかというと**、そうではない。
노래를 잘하면 누구든지 가수가 **될 수 있는가 하면** 그렇지 않다.

② 私は**どちらかといえば**、社交的な人だと思う。 나는 **어느 쪽인가 하면** 사교적인 사람이라고 생각한다.

60 〜からといって ~라고 해서

앞 문장의 내용이 뒤 문장에 오는 행동이나 상황에 대한 이유나 근거가 될 수 없다는 것을 말할 때 사용한다. 뒷부분에는 주로 「〜わけではない (반드시) ~인 것은 아니다」, 「〜とは限(かぎ)らない ~라고는 할 수 없다」, 「〜とは言(い)えない ~라고는 말할 수 없다」 등이 주로 온다.

💡 **TIP** 비슷한 뜻으로 사용되는 접속사인 「だからといって 그렇다고 해서」도 함께 알아두자.

접속
동사 보통형
(時間が)あるからといって (시간이) 있다고 해서

い형용사 보통형
もったいないからといって 아깝다고 해서

な형용사 보통형
暇だからといって 한가하다고 해서

명사 보통형
プロだからといって 프로라고 해서

日本語が**話せるからといって**、教えられるとは限らない。
일본어를 **말할 수 있다고 해서** 가르칠 수 있다고는 할 수 없다.

若いからといって仕事ができないわけではない。 **젊다고 해서** 일을 못하는 것은 아니다.

61 ~からには ~하는(한) 이상에는

어떤 상황이기 때문에 당연히 ~해야 한다는 의지, 결단, 의무 등을 나타내는 표현이다. 그래서 뒤 문장에서는 의지, 결단, 의무 등을 나타낼 수 있는 「~なければならない ~하지 않으면 안 된다」, 「~たい ~하고 싶다」, 「~つもりだ ~할 생각, 예정이다」 등의 표현들을 잘 사용한다.

> **TIP** 보다 딱딱한 표현인 앞서 배운 「~上は ~하는(한) 이상은」, 「~以上(は) ~하는(한) 이상(은)」도 함께 알아두자. p.305, 317 핵심문법

접속

동사 보통형
(試合に)出るからには (시합에) 나가는 이상에는

い형용사 보통형
幼いからには 어린 이상에는

な형용사 보통형 ★현재 긍정의 경우 だ 빼고 ➕ である
有名であるからには 유명한 이상에는

명사 보통형 ★현재 긍정의 경우 だ 빼고 ➕ である
先輩であるからには 선배인 이상에는

一度引き受けたからには最後までやってもらわないと、困りますよ。
한 번 맡은 이상에는 끝까지 해주지 않으면 곤란해요.

学生であるからには学業を何より優先すべきだ。 학생인 이상에는 학업을 무엇보다 우선해야 한다.

62 ~くせに・~くせして ~(인) 주제에, ~(이)면서도

상대방을 비난하거나 깔보면서 불만을 나타낼 때 사용한다. 나를 대상으로는 잘 사용하지 않는다.

> **TIP** 「くせして」는 아주 캐주얼한 회화체이다.

접속

동사 보통형
ミスしたくせに 실수한 주제에

い형용사 보통형
小さいくせに 작은 주제에

な형용사 보통형 ★현재 긍정의 경우 だ 빼고 ➕ な・である
下手なくせに 못하는 주제에

명사 보통형 ★현재 긍정의 경우 だ 빼고 ➕ の・である
素人のくせに 아마추어(인) 주제에

たくさん勉強したくせに、いつも「してない」と言うからむかつく。
많이 공부한 주제에 항상 '안 했어'라고 하니까 화가 난다.

あの人は歌手のくせに歌がとても下手だ。 저 사람은 가수이면서도 노래를 엄청 못한다.

63 〜げ ~한 듯, ~한 듯한 모양

내가 보고 있는 다른 사람의 기분이나 상태를 나타낼 사용하는 표현으로 주로 감정을 나타내는 단어와 함께 사용한다. 희망 표현「〜たい」와 접속하여「〜たげだ ~하고 싶어 하는 듯하다」라고 사용하기도 하며, 명사를 수식할 때는「〜げな ~한 듯한」, 부사로 사용될 때는「〜げに ~한 듯이」, た형은「〜げだった ~한 듯했다」로 활용하여 사용한다. 자신과 윗사람에 대해서는 잘 사용하지 않으므로 주의하자.

💡**TIP** い형용사와 な형용사의 활용이 대부분인 문법으로 명사와는 거의 접속하지 않지만「大人(おとな)げない 어른스럽지 않다」라는 관용 표현은 기억해두자.

접속

동사 ます형
自信(じしん)ありげ 자신 있는 듯

な형용사 어간
不安(ふあん)げ 불안한 듯

い형용사 어간
★いい·よい 좋다→よさげ 좋은 듯
ない 없다→なさげ 없는 듯
悲(かな)しげ 슬픈 듯

명사
自慢(じまん)げ 자랑하듯

さっきから**怪(あや)しげな**人(ひと)が私(わたし)の後(あと)を付(つ)いてきている気(き)がする。
아까부터 **수상한 듯한** 사람이 내 뒤를 따라오고 있는 기분이 든다.

学校(がっこう)から帰(かえ)った息子(むすこ)はテストの結果(けっか)を**得意(とくい)げに**報告(ほうこく)してきた。
학교에서 돌아온 아들은 테스트 결과를 **의기양양하게** 보고하기 시작했다.

会議中(かいぎちゅう)、彼(かれ)はずっと何(なに)か**言(い)いたげだった**が、結局(けっきょく)何(なに)も言(い)わなかった。
회의 중, 그는 계속 뭔가 **말하고 싶어 하는 듯했**지만, 결국 아무것도 말하지 않았다.

64 〜ことか ~한가, ~던지, ~말인가(감정)

어떠한 감정을 강하게 느낄 때 사용할 수 있는 표현이다. 주로 혼잣말처럼 '얼마나 ~던가'라며 감탄이나 한탄 등을 표현하는 경우가 많다. 앞부분에 '얼마나'의 의미를 갖는 의문사「どれだけ」,「どんなに」,「どれほど」,「なんと」등과 함께 잘 사용한다.

접속

동사 보통형
感動(かんどう)したことか 감동했던지

な형용사 보통형 ★현재 긍정의 경우 だ 빼고 ➕ な・である
幸(しあわ)せなことか 행복한가

い형용사 보통형
辛(つら)かったことか 괴로웠던지

명사 보통형 ★현재 긍정의 경우 だ 빼고 ➕ である
建物(たてもの)であることか 건물이란 말인가

一流企業(いちりゅうきぎょう)に就職(しゅうしょく)できる日(ひ)をどれほど**待(ま)ったことか**。일류 기업에 취직할 수 있는 날을 얼마나 **기다렸던가**.

いつまでも君(きみ)と一緒(いっしょ)にいられたらなんと**素敵(すてき)なことか**。언제까지나 너와 함께 있을 수 있다면 얼마나 **멋진가**.

65 (ただ)〜のみ (그저, 단지) ~뿐, 만

「〜だけ ~만, 뿐」보다 딱딱한 표현으로 오직 그것만이라고 하거나 언급한 것 외에는 없다고 강조할 때 사용한다. 「する 하다」의 경우 「するのみ」 외에 「あるのみ」의 형태로도 사용하는 점에 주의하자.

(O) ただ練習するのみだ。 그저 연습할 뿐이다.

(O) ただ練習あるのみだ。 그저 연습만이 있다.(연습만이 살 길이다라는 뉘앙스)

> **TIP** 한정의 의미로 사용할 때 '~뿐, 만'이라는 의미로 「のみ」 대신에 「だけ」를 사용할 수 있다. 하지만 「だけ」에는 정도를 나타내는 '~만큼'의 의미가 있으며 이 경우 「のみ」는 사용이 불가하다.

접속

동사 기본형
ただ待つのみ 단지 기다릴 뿐

い형용사 기본형
面白いのみ 재미있을 뿐

な형용사 어간 ➕ である
頻繁であるのみ 빈번할 뿐

명사
部屋のみ 방뿐

私は**ただ**、みなさんの無事を**祈るのみ**です。 저는 **단지** 여러분의 무사를 **바랄 뿐**입니다.
当店でのお会計は**現金のみ**取り扱っております。 저희 가게에서의 계산은 **현금만** 취급하고 있습니다.

66 〜だけあって ~인 만큼

능력, 노력, 지위, 직업, 특징으로 인해 이루어진 결과나 상황이 적합하다고 동감하거나 납득했을 때 사용한다. 앞부분에 「さすが 역시」와 함께 사용하여 칭찬하는 말로 사용하는 경우가 많다. 또한, 문말 표현 「〜だけのことはある ~인 만큼의 가치는 있다」도 있으니 함께 알아두자.

> **TIP** 비슷한 표현인 「〜だけに ~인 만큼」과 다른 점은 뒷부분에 긍정적인 내용만 온다는 점이다.
> p.270 기출문법

접속

동사 보통형
留学しただけあって 유학했던 만큼

い형용사 보통형
若いだけあって 젊은 만큼

な형용사 보통형 ★현재 긍정의 경우 だ 빼고 ➕ な・である
有名なだけあって 유명한 만큼

명사 보통형 ★현재 긍정의 경우 だ 빼고 접속(➕である)
一流ホテル(である)だけあって 일류 호텔인 만큼

彼は世界一周した経験が**あるだけあって**、世界の地名に詳しい。
그는 세계 일주한 경험이 **있는 만큼** 세계의 지명에 대해 잘 안다.

このレストランは**5つ星だけあって**、サービスもとても良い。
이 레스토랑은 **별 5개인 만큼** 서비스도 매우 좋다.

このリンゴは甘くてとてもおいしい。値段が**高かっただけのことはある**。
이 사과는 달고 매우 맛있다. 가격이 **비쌌던 만큼의 가치는 있다**.

67 〜だけましだ ~인 것만으로도 다행이다

현재 상황도 썩 좋다고는 할 수 없지만 최악의 상황보다는 낫다고 생각하는 경우에 사용한다. 혹은 안 좋은 상황 속에서 좋다고 여길 수 있는 무언가가 있는 경우에도 쓸 수 있다.

접속

동사 보통형
(ボーナスが)あるだけましだ
(보너스가) 있는 것만으로도 다행이다

い형용사 보통형
安いだけましだ 싼 것만으로도 다행이다

な형용사 보통형 ★현재 긍정의 경우 だ 빼고 ➕ な・である
静かなだけましだ 조용한 것만으로도 다행이다

명사 보통형 ★현재 긍정의 경우 だ 빼고 ➕ である
休みであるだけましだ
쉬는 날인 것만으로도 다행이다

この部屋は狭くて家賃も高いが、駅が**近いだけましだ**。
이 방은 좁고 집세도 비싸지만, 역이 **가까운 것만으로도 다행이다**.

祖母が入院することになったが、大きな**病気じゃないだけましだ**。
할머니가 입원하게 되었지만, 큰 **병이 아닌 것만으로도 다행이다**.

68 〜てたまらない ~해서 견딜 수 없다, 너무 ~하다

「堪る 참다, 견디다」라는 동사에서 파생된 문법으로, 격한 감각이나 감정을 억누를 수 없을 때 사용한다. 긍정적인 문장과 부정적인 문장 모두 사용할 수 있다.

💡**TIP** 저절로 생겨나는 자발적인 감각이나 감정에는 사용하지 않는다. 이때는 같은 의미인 「〜てしかたがない・〜てしょうがない」를 사용한다는 것을 알아두자.
(X) 昨日のことを思うと笑えてたまらない。 어제의 일을 생각하면 너무 웃기다.
(O) 昨日のことを思うと笑えてしょうがない。
　　어제의 일을 생각하면 너무 웃기다.(어제 일을 생각하면 의도하지 않았지만 그냥 웃기다라는 의미)

접속

동사 て형
お腹がすいてたまらない 배가 고파서 견딜 수 없다

い형용사 て형
忙しくてたまらない 바빠서 견딜 수 없다

な형용사 て형
不便でたまらない 불편해서 견딜 수 없다

もう1年も国に帰っていないので、家族に**会いたくてたまらない**。
벌써 1년이나 고향에 돌아가지 않았기 때문에 가족을 **보고 싶어서 견딜 수 없다**.

薬を飲んだせいで、**眠くてたまらない**。 약을 먹은 탓에 **너무 졸리다**.

69 ~てならない ~해서 견딜 수 없다, 너무 ~하다

강한 감각이나 감정이 생겨나서 억누를 수 없을 때 사용한다. 긍정, 부정적인 문장 모두 사용하지만, 부정적인 상황에 사용하는 경우가 많다.

> **TIP** 앞서 배운 「~てたまらない」와 의미가 같지만, 저절로 생겨나는 자발적인 감각이나 감정에도 사용할 수 있다. 자발의 의미를 갖는 단어인 「思える 생각되다」, 「泣ける 눈물이 나오다」, 「気がする 느낌이 들다」, 「気になる 신경이 쓰이다」는 암기해 두자.

접속　동사 て형
　　　　気になってならない 신경이 쓰여서 견딜 수 없다

　　　　い형용사 て형
　　　　寂しくてならない 외로워서 견딜 수 없다

　　　　な형용사 て형
　　　　不安でならない 불안해서 견딜 수 없다

この道は街灯がないので、夜は**危なくてならない**。 이 길은 가로등이 없기 때문에 밤은 **너무 위험하다**.
息子は大学をやめて、カフェを開くと言っているが、うまくいくか**心配でならない**。
아들은 대학을 그만두고 카페를 연다고 말하고 있지만, 잘 될지 **걱정돼서 견딜 수 없다**.

70 ~というものだ ~라는 것이다, 정말 ~다

화자의 생각을 주관적인 것이 아닌 일반적으로 또는 상식적으로 생각해도 그러하다고 강하게 주장하거나 설명하고 싶을 때 사용한다. 상대가 모르거나 알고 있을 수도 있지만 알려주겠다는 뉘앙스를 포함하기도 한다.

접속　동사 보통형
　　　　甲斐があるというものだ 정말 보람이 있다

　　　　い형용사 보통형
　　　　嬉しいというものだ 정말 기쁘다

　　　　な형용사 보통형 ★현재 긍정의 경우 だ 빼고 접속
　　　　無駄というものだ 정말 소용없다

　　　　명사 보통형 ★현재 긍정의 경우 だ 빼고 접속
　　　　人生というものだ 인생이라는 것이다

勝手に人の物を使うなんて、**図々しいというものだ**。
마음대로 다른 사람의 물건을 사용하다니 **정말 뻔뻔하다**.
絶対見てはいけないと言われたら、余計に見たくなるのが人間の**本能というものだ**。
절대 보면 안 된다고 들으면 괜히 보고 싶어지는 것이 인간의 **본능이라는 것이다**.

71 ～というものではない (반드시) ~라는 것은 아니다

화자의 주관적인 생각을 나타내는 표현으로, 어떠한 대상이나 일이 일반적일지언정 그것에 대해 100% 단정 지을 수 없거나 그것이 항상 그러한 것은 아니라고 할 때 사용한다.

TIP 「～というものでもない (반드시) ~라는 것도 아니다」라는 표현도 함께 알아두자.

접속 **동사 보통형**
話(はな)せるというものではない
이야기할 수 있다는 것은 아니다

い형용사 보통형
いいというものではない 좋다는 것은 아니다

な형용사 보통형 ★현재 긍정의 경우 だ 빼고 접속 가능
幸(しあわ)せ(だ)というものではない
행복하다는 것은 아니다

명사 보통형 ★현재 긍정의 경우 だ 빼고 접속 가능
正解(せいかい)(だ)というものではない
정답이라는 것은 아니다

プレゼントは高(たか)ければ**いいというものではなく**、相手(あいて)への気持(きも)ちが大事(だいじ)だ。
선물은 비싸면 **반드시 좋다는 것이 아니라**, 상대방에 대한 마음이 중요하다.

ただ練習(れんしゅう)すれば試合(しあい)に**勝(か)てるというものでもない**。 단지 연습한다고 시합에 **반드시 이길 수 있는 것도 아니다**.

72 ～とか ①~라든지, ~라든가 ②~라며

① 어느 그룹, 카테고리 내에서 대표적인 것을 예로 들며 이야기할 때 사용한다. 「～とか ～とか」와 같이 열거의 형태로도 쓸 수 있는 가벼운 회화체이다.
② 출처가 확실하지 않은 정보를 전달하는 전문의 의미로 사용하기도 한다. 문장 중간에 들어갈 때에는 で를 붙여서 「～とかで」의 형태로 쓰이기도 한다.

접속 **동사 보통형**
行(い)くとか 간다라든지, 간다라며

い형용사 보통형
悪(わる)いとか 나쁘다라든지, 나쁘다라며

な형용사 보통형 ★현재 긍정의 경우 だ 빼고 접속 가능
真剣(しんけん)(だ)とか 진지하다라든지, 진지하다라며

명사 보통형 ★현재 긍정의 경우 だ 빼고 접속 가능
寝不足(ねぶそく)(だ)とか 수면 부족이라든지, 수면 부족이라며

① 休日(きゅうじつ)は、**ゲームとか買(か)い物(もの)とか**したりします。 휴일은 **게임이라든가 쇼핑이라든가** 하거나 합니다.
② 山田(やまだ)さんは熱(ねつ)が**あるとかで**今日休(きょうやす)むらしいです。 야마사 씨는 열이 **있다며** 오늘은 쉰다고 합니다.

73 ～としたら・～とすれば・～とすると ~라고 하면

모두 가정 표현으로 해석은 동일하나 뉘앙스와 쓰임새가 조금씩 다르다.

① 「としたら」는 가장 많이 사용하는 표현으로, 뒷부분에 의문문이나 희망 표현, 추측 표현이 온다.
② 「とすれば」는 'A라고 가정하면 B가 될 것이다'처럼 앞의 조건이 충족되면 충분히 B에 도달한다는 논리의 조건문 문장에 사용한다.
③ 「とすると」는 어떠한 가정에 따른 결과나 결론이 보편적이고 당연한 상황에서 주로 사용한다.

접속　동사 보통형
働くとしたら 일한다고 하면

い형용사 보통형
暖かいとしたら 따뜻하다고 하면

な형용사 보통형
新鮮だとしたら 신선하다고 하면

명사 보통형
嘘だとしたら 거짓말이라고 하면

① 夏休みに旅行に**行くとしたら**どこに行きたい? 여름방학 때 여행을 **간다고 하면** 어디로 가고 싶어?
② あの言葉が**嘘じゃないとすれば**、今回の契約はうまくいきそうだ。
　저 말이 **거짓말이 아니라고 하면** 이번 계약은 잘 될 것 같다.
③ 週末、雨が**降るとすると**、花火大会は延期になる。 주말에 비가 **내린다고 하면** 불꽃놀이는 연기가 된다.

74 ～としても・～としたって ~라고 해도, ~라고 하더라도

설령 앞 문장의 조건이 성립된다 하더라도 뒤 문장 내용에는 어떠한 영향도 없다고 가정할 때 사용한다. 「～としたって」는 「～としても」의 회화체이다.

접속　동사 보통형
雇うとしても 고용한다고 해도

い형용사 보통형
親しいとしても 친하다고 해도

な형용사 보통형
好きだとしても 좋아한다고 해도

명사 보통형
仲間だとしても 동료라고 해도

N1を**持っているとしても**、会話が上手だとは限らない。
N1을 **가지고 있다고 해도**, 회화를 잘한다고는 할 수 없다.
友達だとしても最低限のマナーや礼儀は守るべきだ。
친구라고 하더라도 최저한의 매너나 예의는 지켜야 한다.

75 ～とともに ① ~와/과 함께 ② ~함에 따라 ③ ~임과/와 동시에

한자로는 「と共に」라고 표기한다.
① 「～と一緒に ~와/과 함께」로 바꾸어 말할 수 있다. 명사와 접속하여 사용한다.
② 앞 문장 내용의 변화에 따라 뒤 문장의 내용도 함께 바뀌는 경우에 사용한다. 동사 기본형과 명사와 접속하여 사용한다.
③ 또한 두 가지 일이나 상태가 동시에 존재하거나 발생하는 경우를 나타내기도 한다. 동사 기본형, い형용사 기본형, な형용사 어간 ➕ である, 명사(➕ である)와 접속하여 사용한다.

접속　②③ 동사 기본형
　　　(時間が)経つとともに (시간이) 지남에 따라
　　　始まるとともに 시작됨과 동시에

　　　③ な형용사 어간 ➕ である
　　　危険であるとともに 위험함과 동시에

　　　③ い형용사 기본형
　　　羨ましいとともに 부러움과 동시에

　　　①② 명사
　　　自然とともに 자연과 함께
　　　(スマホの)普及とともに (스마트폰의) 보급함에 따라

　　　③ 명사(➕ である)
　　　拠点(である)とともに 거점임과 동시에

① 友人とともに沖縄旅行に行く予定を立てる。 친구와 함께 오키나와 여행에 갈 예정을 세우다.
② 秋になるとともに、紅葉の色がきれいになってきた。 가을이 됨에 따라 단풍 색이 예뻐지기 시작했다.
③ 田中は親友であるとともに、子どもの頃からのライバルでもある。
　　다나카는 친한 친구임과 동시에 어릴 적부터의 라이벌이기도 하다.

76 ～どころか ~은/는커녕

기본적으로 화자가 놀라거나 의외라고 생각하거나 어처구니없다고 생각하는 뉘앙스가 있으며 두 가지의 쓰임새가 있다.

① 화자가 기대하거나 생각했던 것과는 전혀 다른 사실이 벌어짐을 나타낼 때 사용한다.
② 'A뿐만이 아니라 B도 ~하다'라는 뜻으로 그 정도나 상황이 더욱 심하다고 말할 때 사용한다.

💡TIP 시험에서는 주로 ①의 의미로 출제된다.

접속　동사 보통형
　　　着くどころか 도착하기는커녕

　　　な형용사 보통형
　　　★현재 긍정의 경우 だ 빼고 접속(➕ な · である)
　　　楽(な)どころか 편하기는커녕

　　　い형용사 보통형
　　　楽しいどころか 즐겁기는커녕

　　　명사 보통형
　　　★현재 긍정의 경우 だ 빼고 접속
　　　漢字どころか 한자는커녕

① 薬を飲んでいるのに、良くなるどころか悪化している気がする。
　　약을 먹고 있는데, 좋아지기는커녕 악화되고 있는 기분이 든다.
② けがをして歩くどころか立つことすら辛く感じる。 다쳐서 걷기는커녕 서는 것조차 괴롭게 느낀다.

77 ～ないことはない ~(하)지 않는 것은 아니다

어떠한 일에 대해 확실하게 '이거다'라고 단정하지 않고 다른 가능성이 있을지도 모른다고 돌려 말할 때 사용한다. 이중 부정의 형태로 긍정은 하지만 내키지 않다는 것을 돌려 말할 때도 사용한다.

> **TIP** 「～ないこともない ~(하)지 않는 것도 아니다」라는 표현도 함께 알아두자.

접속 　동사 ない형　　　　　　　　　　　　　　　 い형용사 ない형

できないことはない 할 수 없는 것은 아니다　　眠くないことはない 졸리지 않는 것은 아니다

な형용사 어간 ❶ で　　　　　　　　　　　　 명사 ❶ で

真面目でないことはない 성실하지 않은 것은 아니다　美人でないことはない 미인이 아닌 것은 아니다

ここの牛丼は、**おいしくないことはない**けど、家の近くにある店の方が安くておいしい。
이곳의 규동은 **맛있지 않은 것은 아니**지만, 집 근처에 있는 가게 쪽이 더 싸고 맛있다.

このお菓子は賞味期限が切れているけど、**食べられないこともない**。
이 과자는 유통기한이 지나있지만, **먹을 수 없는 것도 아니다**.

78 ～にしても・～にしろ・～にせよ ~라고 해도, ~라고 한들

'앞 문장의 상황을 감안하더라도 ~다'라는 뜻으로 사용한다. 뒤 문장에는 앞 문장에 대해 판단, 의견, 의심, 비난, 추측 등의 내용이 온다. 단 「～にしても」의 경우 앞서 배운 「～としても ~라고 해도」처럼 '만약 ~라고 가정해도'라는 가정 조건의 쓰임새로도 사용할 수 있다.

> **TIP** 「～にせよ 〉～にしろ 〉～にしても」 순으로 딱딱한 표현이다.

접속 　동사 보통형　　　　　　　　　　　　　　　 い형용사 보통형

残業するにしても 야근한다고 해도　　　　　　いいにしても 좋다고 해도

な형용사 보통형 ★현재 긍정의 경우 だ 빼고 접속(❶である)　명사 보통형 ★현재 긍정의 경우 だ 빼고 접속(❶である)

有名(である)にしても 유명하다고 해도　　　　上司(である)にしても 상사라고 해도

いくらゲームが**楽しいにしても**睡眠もとらずにプレイし続けるのは体に毒だ。
아무리 게임이 **즐겁다고 해도** 수면도 취하지 않고 계속 플레이하는 것은 몸에 독이다.

3時に家を**出るにしろ**、4時までに空港に到着するのは無理だ。
3시에 집을 **나간다고 해도**, 4시까지 공항에 도착하는 것은 무리이다.

たとえ**冗談にせよ**、言ってもいいことと言ってはいけないことがある。
설령 **농담이라 한들**, 말해도 되는 것과 말하면 안 되는 것이 있다.

79 〜にしても〜にしても・〜にしろ〜にしろ・〜にせよ〜にせよ ~(하)든 ~(하)든

같은 성질의 두 가지 혹은 반대되는 두 가지를 제시하여 그 어느 쪽이든 상관없다는 것을 나타낼 때 사용한다.

접속　**동사 보통형**
行くにしても行かないにしても 가든 안 가든

い형용사 보통형
広いにしても狭いにしても 넓든 좁든

な형용사 보통형 ★현재 긍정의 경우 だ 빼고 접속(+である)
好きにしても嫌いにしても 좋아하든 싫어하든

명사 보통형 ★현재 긍정의 경우 だ 빼고 접속(+である)
夏にしても冬にしても 여름이든 겨울이든

試合に**出るにしても、出ないにしても**朝の練習に参加してください。
시합에 **나가든 나가지 않든** 아침 연습에 참가해 주세요.

昇進するにしろ、しないにしろ、この会社は今月で退職する予定だ。
승진하든 안 하든 이 회사는 이번 달로 퇴직할 예정이다.

犬にせよ、猫にせよ、このマンションでは飼うことが禁止されている。
개든 고양이든 이 맨션에서는 기르는 것이 금지되어 있다.

80 〜のみならず ~뿐만 아니라

문어체로 앞 내용에 더불어 뒤 내용도 있다고 이야기하는 경우에 사용한다. '~뿐만 아니라 ~도'라는 표현으로 뒷부분에 「〜も ~도」를 함께 잘 사용한다.

💡 **TIP** 같은 의미인 회화체로는 「〜だけでなく・〜ばかりでなく」가 있다.

접속　**동사 보통형**
失恋したのみならず 실연했을 뿐만 아니라

い형용사 보통형
美しいのみならず 아름다울 뿐만 아니라

な형용사 보통형 ★현재 긍정의 경우 だ 빼고 +である
面倒であるのみならず
귀찮을 뿐만 아니라

명사 보통형 ★현재 긍정의 경우 だ 빼고 접속(+である)
フランス語(である)のみならず
프랑스어뿐만 아니라

この商品は**安いのみならず**、質もいい。 이 상품은 **저렴할 뿐만 아니라** 질도 좋다.
その映画は**若者のみならず**、高齢の人にも人気がある。
그 영화는 **젊은이뿐만 아니라** 고령의 사람에게도 인기가 있다.

81 〜半面・〜反面 ~인(한) 반면

다른 2가지 경향이나 상황을 나타낼 때 사용한다. 「半面」은 '다른 절반의 면'이라는 의미로 같은 주제에 대한 다른 두 가지 성질이 있다고 말할 때 사용한다. 「反面」은 '반대의 면'이라는 의미로 같은 주제에 대한 대립되거나 반대되는 성질을 말할 때 사용한다.

접속 동사 보통형
　　　増える反面 늘어난 반면

　　　い형용사 보통형
　　　面白い反面 재미있는 반면

　　　な형용사 보통형 ★현재 긍정의 경우 だ 빼고 ➕ な・である
　　　楽な反面 편한 반면

　　　명사 보통형 ★현재 긍정의 경우 だ 빼고 ➕ の・である
　　　学者である反面 학자인 반면

部屋を片付けるのは**面倒な半面**、きれいになると気持ちがいい。
방을 정리하는 것은 **귀찮은 반면**, 깨끗해지면 기분이 좋다.

残業をすれば、給料が増えて**嬉しい反面**、家族に会えないので悲しい。
야근을 하면 급여가 늘어서 **기쁜 반면**, 가족을 못 만나서 슬프다.

82 〜ばかりに ~하는 바람에, ~탓에

일이 발생한 원인이나 근거를 나타낼 때 사용한다. 좋지 않은 결과가 발생한 것에 대한 화자의 후회나 안타까운 마음을 나타낸다.

💡**TIP** 비슷한 표현「〜せいで ~탓으로」는 주로 비난하거나 자책할 때 사용하므로 뉘앙스가 다르다.

접속 동사 보통형
　　　寝坊したばかりに 늦잠 잔 바람에

　　　い형용사 보통형
　　　難しいばかりに 어려운 바람에

　　　な형용사 보통형 ★현재 긍정의 경우 だ 빼고 ➕ な・である
　　　短気なばかりに 급한 성격인 바람에

　　　명사 보통형 ★현재 긍정의 경우 だ 빼고 ➕ である
　　　有名人であるばかりに 유명인인 바람에

新しい携帯を**買ったばかりに**、お金が一気になくなってしまった。
새 휴대폰을 **산 바람에** 돈이 단숨에 없어져 버렸다.

経験が**ないばかりに**上司に迷惑をかけてしまった。 경험이 **없는 탓에** 상사에게 민폐를 끼쳐 버렸다.

83 〜ばこそ ~이기 때문에

주관적인 원인과 이유를 강조할 때 사용하는 표현으로 앞 문장의 조건이 충족되었기 때문에 뒤 문장이 성립한 다는 의미이다. 뒷부분에는 긍정문만 오며 부정문과 과거형이 올 수 없다.

> **TIP** 「〜からこそ ~이기 때문에」보다 딱딱한 문어체로 「〜からこそ」는 뒤 문장에는 과거형이 올 수 있는 반면, 「〜ばこそ」 뒤 문장에는 과거형이 올 수 없다. ♀ p.237 중급 필수 문법

접속
- 동사 가정형
  考えればこそ 생각하기 때문에
- い형용사 가정
  忙しければこそ 바쁘기 때문에
- な형용사 어간 ➕ であれば
  素直であればこそ 솔직하기 때문에
- 명사 ➕ であれば
  唯一であればこそ 유일하기 때문에

子供の将来を思えばこそ、厳しく教育している。 아이 장래를 생각하기 때문에 엄하게 교육하고 있다.
冷静であればこそ、正しい判断が下せるというものだ。
냉정하기 때문에 올바른 판단을 내릴 수 있다는 것이다.

84 〜ぶる ~인 척하다, ~처럼 행동하다

원래는 그렇지 않지만 일부러 어떠한 모습으로 보이기 위해 행동하거나 태도를 취하는 경우에 사용한다. 주로 상대방을 비난할 때 사용한다.

> **TIP** 「〜ぶっている ~인 척하고 있다」 형태로 잘 사용한다.

접속
- い형용사 어간
  偉ぶる 대단한 척하다
- な형용사 어간
  真面目ぶる 성실한 척하다
- 명사
  かわいい子ぶる 귀여운 아이인 척하다

彼はいい人ぶっているが、裏では他人の悪口を言っている。
그는 좋은 사람인 척하고 있지만, 뒤에서는 타인의 욕을 하고 있다.
姉は人の前では上品ぶっているけど、家では全然上品じゃない。
누나는 남 앞에서는 품위가 있는 것처럼 행동하고 있지만, 집에서는 전혀 품위가 있지 않다.

85 ~ものか・~もんか ~할까 보냐

절대로 특정 행동을 하지 않겠다는 화자의 의지를 보여주거나 어떤 대상을 강하게 부정할 때 사용한다. 또한 상대방의 의사나 생각에 반대하는 경우에도 사용한다.

> **TIP** 「~もんか」는 회화체이다.

접속

동사 기본형
行くものか 갈까 보냐

い형용사 기본형
嬉しいものか 기쁠까 보냐

な형용사 어간 ➕ な
好きなものか 좋아할까 보냐

명사 ➕ な
友達なものか 친구일까 보냐

こんな店員の態度の悪い店、二度と**来るものか**。 이런 점원 태도가 나쁜 가게, 두 번 다시 **올까 보냐**.
幽霊を本当に見たんだ。ホラー映画なんて**怖いものか**。
유령을 정말로 봤어. 호러 영화 따위 **무서워할까 보냐**.

86 ~ものがある ~하는 데가 있다, ~하는 점이 있다

화자의 기분이나 감정을 나타내는 표현으로 뭐라고 정의를 내리기는 어렵지만, 왠지 그러한 느낌이나 특징이 있다고 말하고 싶을 때 사용한다.

접속

동사 보통형 현재
(心を)動かすものがある (마음을) 움직이는 데가 있다

い형용사 보통형 현재
ひどいものがある 심한 데가 있다

な형용사 보통형 현재 ★현재 긍정의 경우 だ 빼고 ➕ な
不自然なものがある 부자연스러운 데가 있다

プロの演奏はどこか、心に**響くものがあった**。 프로의 연주는 어딘가 마음에 **울리는 데가 있었다**.
明日までにその量の仕事を終わらせるのは**無理なものがある**。
내일까지 그 양의 일을 끝내는 것은 **무리인 데가 있다**.

87 〜ものだから・〜もので ~이기 때문에

원하지 않았지만 이러한 상황이 된 것에 대해서 개인적인 이유를 말하거나 변명을 할 때 사용한다. 회화체로는 「〜もんだから・〜もんで」라고 한다.

> **TIP** 비슷한 표현 「〜のことだから ~이기 때문에」는 모두가 잘 알고 있는 대상의 성격, 특징 등을 근거로 이유를 강조할 때 쓰는 표현이므로 혼동하지 말자. ❓ p.302 핵심문법

접속
동사 보통형
(事故に)遭ったものだから (사고를) 당했기 때문에

い형용사 보통형
狭いものだから 좁기 때문에

な형용사 보통형 ★현재 긍정의 경우 だ 빼고 ➕ な
無口なものだから 과묵하기 때문에

명사 보통형 ★현재 긍정의 경우 だ 빼고 ➕ な
(まだ)初心者なものだから (아직) 초보자이기 때문에

セール期間なものだから、ついたくさん買ってしまった。 세일 기간이기 때문에 무심결에 많이 사 버렸다.
忙しかったもので連絡するのが遅くなりました。 바빴기 때문에 연락하는 것이 늦어졌습니다.

88 〜も〜ば〜も ~도 ~하고(하거니와) ~도

긍정에는 긍정의 말을, 부정에는 부정의 말을 덧붙여서 열거할 때 사용한다. 또는 서로 같은 종류의 것이나 대조적인 것을 나열하여 여러 성질 및 상태인 것을 강조할 때 사용한다.

> **TIP** 「〜ば」에 접속할 때 な형용사와 명사는 「〜なら」의 형태로 접속한다.

접속
명사 ➕ も ➕ 동사 가정형 ➕ 명사 ➕ も
勉強もできればスポーツもできる
공부도 잘하고 스포츠도 잘한다

명사 ➕ も ➕ い형용사 가정형 ➕ 명사 ➕ も
性格もよければ頭もいい
성격도 좋거니와 머리도 좋다

명사 ➕ も ➕ な형용사 어간 ➕ なら ➕ 명사 ➕ も
甘いものも好きなら辛いものも好きだ
단것도 좋아하고 매운 것도 좋아한다

명사 ➕ も ➕ 명사 ➕ なら ➕ 명사 ➕ も
これも赤色ならあれも赤色だ
이것도 빨간색이고 저것도 빨간색이다

どこかへ旅行に行きたいが、時間もなければ、お金もない。
어딘가로 여행을 가고 싶지만, 시간도 없거니와 돈도 없다.
恋人もいなければ友達もいないので、いつも一人で寂しくゲームばかりしている。
애인도 없고 친구도 없기 때문에 항상 혼자서 외롭게 게임만 하고 있다.

89 ～もの・んだもの ~인(한)걸, ~란 말이야

주관적인 원인이나 이유를 나타낼 때 사용하며, 유치한 느낌을 주는 표현으로 비교적 여성 혹은 아이들이 많이 사용하는 회화체이다. 「だって 왜냐하면, 그렇지만」과 함께 잘 사용한다.

> **TIP** 회화체로는 「～もん・～んだもん」라고 하므로 함께 암기해 두자. 「んだ」가 있으면 조금 더 강한 감정 또는 이유에 대해 조금 더 강조를 하는 뉘앙스이다.

접속

동사 보통형 ✚ もの・んだもの
できるもの 할 수 있는 걸
知(し)らなかったんだもの 몰랐단 말이야

い형용사 보통형 ✚ もの・んだもの
つまらないもの 재미없는걸
怖(こわ)いんだもの 무섭단 말이야

な형용사 보통형 ✚ もの・んだもの
★현재 긍정의 경우 だ 빼고 ✚ な ✚ んだもの
不便(ふべん)だもの 불편한걸
嫌(きら)いなんだもの 싫어한단 말이야

명사 보통형 ✚ もの・んだもの
★현재 긍정의 경우 だ 빼고 ✚ な ✚ んだもの
女(おんな)だもの 여자인걸
男(おとこ)なんだもの 남자란 말이야

だって新商品(しんしょうひん)のお菓子(かし)、**おいしいんだもの**。つい食(た)べすぎちゃうよ。
그렇지만 신상품인 과자 **맛있는걸**. 무심결에 너무 많이 먹어버려.

週末(しゅうまつ)は混(こ)んでるんだもん。平日(へいじつ)に行こうよ。 주말은 **붐비고 있단 말이야**. 평일에 가자.

90 ～やら～やら ~하고 ~하고, ~하며 ~하며

여러 가지 예시 중에서 대표적인 두 가지를 나열할 때 사용한다. 주로 여러 가지 일이 있어 힘든 상태인 것을 나타내거나 복잡한 감정이라는 것을 말할 때 사용하는 표현이다. 두 번째로 오는 「やら」 뒤에 「で」가 자주 쓰이는데 '~해서'라고 해석하면 자연스럽다.

> **TIP** 어떠한 하나를 예시로 들기 힘들 때는 「何(なに)やら 뭐하고」라고 쓸 수도 있다.

접속

동사 기본형
仕事(しごと)をするやら家事(かじ)をするやら
일을 하고 가사를 하고

い형용사 기본형
嬉(うれ)しいやら悲(かな)しいやら 기쁘고 슬프고

명사
勉強(べんきょう)やらバイトやら 공부며 알바며

年末(ねんまつ)は掃除(そうじ)を**するやら**、年賀状(ねんがじょう)を**書(か)くやらで**忙(いそが)しい。 연말은 청소를 **하고** 연하장을 **쓰고 해서** 바쁘다.

プレゼンで失敗(しっぱい)してしまい、**恥(は)ずかしいやら情(なさ)けないやらで**涙(なみだ)が出(で)てきた。
발표에서 실수해 버려서 **부끄럽고 한심하고 해서** 눈물이 나왔다.

91 ～ようでは・～ようじゃ　~해서는, ~ (그러한 상태)로는

어떠한 상황이나 상태로는 부정적인 결과가 발생할 수 있다는 것을 나타낸다. 뒤 문장에는「駄目^{だめ}だ 안 된다」,「無理^{むり}だ 무리다」,「よくない 좋지 않다」등 부정적인 표현이 주로 온다.

💡**TIP**　「ようじゃ」는 회화체이다.

접속　**동사 보통형**
諦^{あきら}めるようでは 포기해서는

な형용사 보통형 ★현재 긍정의 경우 だ 빼고 ➕ な・である
嫌^{きら}いなようでは 싫어해서는

い형용사 보통형
怖^{こわ}いようでは 무서워서는

명사 보통형 ★현재 긍정의 경우 だ 빼고 ➕ の・である
内容^{ないよう}であるようでは 내용이어서는

彼^{かれ}に話^{はな}しかけられただけで**緊張^{きんちょう}するようでは**、告白^{こくはく}なんて絶対^{ぜったい}に無理^{むり}だ。
그가 말 걸어준 것만으로 **긴장해서는** 고백 따위 절대로 무리다.

自己^{じこ}管理^{かんり}も**できないようじゃ**、代表^{だいひょう}選手^{せんしゅ}に選^{えら}ばれるわけがないよ。
자기 관리도 **못하는 상태로는** 대표 선수로 뽑힐 리가 없어.

핵심문법 실전 연습 문제 ①

시간 27분 이내　채점　/17

問題7 次の文の（　）に入れるのに最もよいものを、1・2・3・4から一つ選びなさい。

1　心身健康であれば（　　　）自分の好きなことが年を取っても実現できる。
　　1　すら　　　　　2　さえ　　　　　3　のみ　　　　　4　こそ

2　私のマンションは、家賃（　　　）毎月の管理費も支払わなければならない。
　　1　に加えて　　　2　に備えて　　　3　とともに　　　4　からといって

3　(会社で)
　　林「明日の契約、うまくいくかなあ。」
　　鈴木「そんなに心配するなよ。全力で（　　　）きっとうまくいくよ。」
　　1　やれるばかりやれば　　　　　　2　やれるだけやれば
　　3　やれるからやったら　　　　　　4　やれるようにやったら

4　先日やけどで残った跡が、薬を塗っても（　　　）消えないので、皮膚科で治療することにした。
　　1　いまにも　　　2　おそらく　　　3　必ずしも　　　4　なかなか

5　祖母「誕生日のプレゼントは何が欲しいの？」
　　孫娘「高級ブランドの香水が欲しい。」
　　祖母「えっ？中学生の（　　　）大人が使うような物を欲しがるのね。」
　　1　からして　　　2　うえに　　　　3　くせに　　　　4　あげく

6　書類の提出期限が迫っているので休みの日も（　　　）。
　　1　休むようになっている　　　　　2　休まずにはいられない
　　3　休まなくても構わない　　　　　4　休んではいられない

7 (デパートで)

店員「お客様、本日いくつかの商品を　（　　　　）　が、ご希望に合うものはございましたか。」

客「最後のものが一番いいと思うんですが、値段はいくらですか。」

1　拝見しました　　　　　　　　　2　ご覧いただきました
3　参りました　　　　　　　　　　4　お越しになりました

8 ただいまより、焼き　（　　　　）　のパンを半額で販売いたします。

1　かけの　　　2　がたい　　　3　ぬく　　　4　たて

9 (食事中)

母「なんでピーマンだけ残すの？ちゃんと野菜と肉をバランスよく食べないと。」

子「だって、形も嫌だし、いくら小さく刻んでも苦い　（　　　　）。」

1　んだもん　　　2　もんか　　　3　べきだよ　　　4　ことか

10 イベント企画の件　（　　　　）　は、新しい情報が入り次第、ご連絡いたします。

1　に関しまして　　2　にともなって　　3　に沿って　　4　に基づいて

11 彼は真剣に説明しているのだから、からかう　（　　　　）。

1　に違いない　　2　ものがある　　3　もんじゃない　　4　だけましだ

12 いよいよ明日は大学の受験だ。緊張　（　　　　）　食欲が湧かない。

1　うちに　　　2　げに　　　3　気味で　　　4　向けに

정답　1 ④　2 ①　3 ②　4 ④　5 ③　6 ④　7 ②　8 ④　9 ①　10 ①　11 ③　12 ③

問題8 次の文の ___★___ に入る最もよいものを、1・2・3・4から一つ選びなさい。

(問題例)

つくえの ___ ___ _★_ ___ あります。

1 が　　2 に　　3 下　　4 かばん

(解答のしかた)

1. 正しい答えはこうなります。

| つくえの ___ ___ _★_ ___ あります。 |
| 3 下　2 に　4 かばん　1 が |

2. ___★___ に入る番号を解答用紙にマークします。

(解答用紙) | (例) | ① | ② | ③ | ● |

---

13 乗客たちは飛行機が ___ ___ _★_ ___ まとめてベルトを外す準備をした。

1 しないか　　2 荷物を　　3 のうちに　　4 着陸するか

14 あの会社は、医療機器を ___ ___ _★_ ___ も製造している。

1 一方で　　2 パソコンの　　3 部品　　4 製造している

15 交通事故は ___ ___ _★_ ___ 、日頃から十分に注意をしたほうがいい。

1 起こり　　2 誰にでも　　3 ことなので　　4 得る

16 友達から送られてきた日常会話程度の ＿＿＿ ★ ＿＿＿ ＿＿＿ 求められる仕事なんてできっこない。
1 訳せないようでは　　　　2 通訳スキルが
3 ビジネスレベルの　　　　4 手紙の内容も

17 今まで育ててきた娘が独立してしまうのが、＿＿＿ ＿＿＿ ★ ＿＿＿ 気持ちだ。
1 嬉しい　　2 やら　　3 複雑な　　4 悲しいやらで

問題9 次の文章を読んで、文章全体の内容を考えて、 18 から 22 の中に入る最もよいものを、1・2・3・4から一つ選びなさい。

以下は、留学生が書いた作文である。

航空券を安く買う方法

　最近、留学や旅行などで外国へ行く人が 18 。そこで、本日は皆さんに航空券を安く手に入れる方法を紹介したいと思います。まずは、飛行機に乗る1か月以上前に航空券を買う方法です。これはすでに旅行のスケジュールが決まっている場合にお勧めです。次は、旅行会社でホテルとセットになっている航空券を購入する方法です。これは全体の旅行費用を安く抑えたいときにお勧めの方法です。最後に、格安航空会社を利用する方法です。セールなどもたびたび行われているので、さらにお得な運賃で利用することができます。

　ただし、航空券を買う 19 、注意しなければならないこともあります。それは、キャンセル料金に気を付けることです。もしインターネットのサイトを通して購入したらキャンセル料 20 、手数料などの航空券以外のお金もかかってしまいます。 21 、代金のほとんどが戻ってこないことになってしまうのです。

　それから、航空券を安く買うとポイントが貯まらない、事前に座席指定ができないということもあります。そのため、安い 22 、とりあえず航空券を買うことには気を付けないといけません。このような点にだけ注意すると、航空券を安い値段で購入した分、食事や観光など他の費用に使うことができて、もっと楽しい旅ができると思います。

18
1　増えるわけでもないです　　2　増えかねません
3　増えざるを得ません　　　　4　増えつつあります

19
1　に際して　　2　にも関わらず　　3　に限って　　4　につれて

20
1　につきまして　　2　をきっかけに　　3　のみならず　　4　をぬきにして

21
1　そこで　　2　つまり　　3　たとえば　　4　しかも

22
1　あまりに　　2　以上は　　3　からといって　　4　とすれば

정답　18 ④　19 ①　20 ③　21 ②　22 ③

핵심문법 실전 연습 문제 ②

問題7 次の文の（　　　）に入れるのに最もよいものを、1・2・3・4から一つ選びなさい。

1 18世紀に始まった産業の発展（　　　　）、世界の歴史は語れない。
　　1　をぬきにして　　2　をめぐって　　3　を契機として　　4　を込めて

2 明日、この地域を通過する台風は、大きな被害を（　　　　）。
　　1　与えてならない　　　　　　　　2　与えるところだった
　　3　与えるばかりだ　　　　　　　　4　与えるおそれがある

3 支持率4割を占めている彼のことだから、（　　　　）当選するだろう。
　　1　おそらく　　2　いったい　　3　せめて　　4　とても

4 安さ（　　　　）こちらの製品の方が良いが、性能は別の製品の方が良い。
　　1　からの　　2　からには　　3　からいうと　　4　からといって

5 林「田中さん、不満（　　　　）な顔をしているけど、何かあったの？」
　　田中「会社から給料を下げると言われたの。」
　　1　がちな　　2　ぎみな　　3　げな　　4　っぽい

6 彼女はどんなに辛いことがあっても諦める（　　　　）、努力を続けて成果を収めた。
　　1　上は　　2　ことなく　　3　にあたって　　4　にしては

7 (病院で)
　　医者「今日は、どうなさいましたか。」
　　患者「薬を飲んでも、熱は下がる（　　　　）、上がる一方です。」
　　医者「それは大変ですね。ちょっと診てみますね。」
　　1　ものの　　2　のみ　　3　どころか　　4　かというと

8 みなみ「海外旅行に行く（　　　　）、どんなことがしたい？」
　　さちの「食べるのが大好きだから、色々な国を回って現地のごはんを楽しみたい。」
　　1　としたら　　　2　反面　　　　3　というより　　　4　ものだから

9 食糧危機（　　　　）、代わりの食品として虫が検討されている。
　　1　に向けて　　　2　に備えて　　3　に関して　　　　4　に反して

10 (電話で)
　　客　「もしもし、先日加入した保険を解約したいんですが。」
　　店員「かしこまりました。お名前と生年月日をお願いします。そして差し支えなければ、解約の理由を（　　　　）。」
　　1　お聞きしましょうか　　　　　2　お聞きになりますか
　　3　伺ってもよろしいでしょうか　4　伺ったらいかがでしょうか

11 新作ゲームの発売（　　　　）体験できるイベントが開催された。
　　1　に基づいて　　2　に先立って　3　に従って　　　　4　に沿って

12 期末試験で0点だったのは、勉強不足（　　　　）。
　　1　どころではない　2　とは限らない　3　にほかならない　4　ものではない

問題8 次の文の ___★___ に入る最もよいものを、1・2・3・4から一つ選びなさい。

(問題例)

つくえの ___ ___ _★_ ___ あります。

1　が　　　2　に　　　3　下　　　4　かばん

(解答のしかた)

1. 正しい答えはこうなります。

   つくえの ___ ___ _★_ ___ あります。
   　　　　3　下　2　に　4　かばん　1　が

2. ___★___ に入る番号を解答用紙にマークします。

   (解答用紙)　(例)　①　②　③　●

---

13 最初はこの映画に全然興味がなかったが、みんなにこの映画を ___ ___ _★_ ___ 。

　　1　勧めるなら　　2　そんなに　　3　ではないか　　4　一度見てみよう

14 ___ ___ _★_ ___ 、発表会でみんなに笑われるのではないかと心配だ。

　　1　苦手な　　2　人前で　　3　ばかりに　　4　話すのが

15 ___ _★_ ___ ___ きたので、同期よりも成長することができた。

　　1　のもとで　　2　上司　　3　指導を受けて　　4　厳しく

16 このホテルは一流のホテルだけあって、景色が ＿＿＿ ＿＿＿ ★ ＿＿＿ おいしい。
　　1　のみならず　　　2　部屋も広く　　　3　料理も　　　4　素晴らしい

17 この国家試験は難しいけど、就職に ＿＿＿ ＿＿＿ ★ ＿＿＿ 迷っている。
　　1　しようか　　　2　なるから　　　3　有利に　　　4　しまいか

問題9 次の文章を読んで、文章全体の内容を考えて、 18 から 22 の中に入る最もよいものを、1・2・3・4から一つ選びなさい。

以下は、日本で働いている外国人が書いた日記である。

8月30日

　今日、会社の同僚の西村さんにある相談をされた。彼は週末のパーティーに参加しようかしまいか迷っているというのだ。 18 パーティーといっても、ただのパーティーではなく県が開催するお見合いパーティーだからだ。毎週土曜日に開かれるこのパーティーに彼は10回も参加したが、全てうまくいかなかったそうだ。

　初めにお見合いパーティーの話を持ってきたのは、西村さんの父親だった。あまり興味を示さない本人に代わり、本人 19 両親がパーティーに行ったらしい。 20 子供に結婚してほしいと両親が考えるのには理由があるそうだ。実は、彼の家は江戸時代から続く豆腐屋で彼が結婚しないと、この仕事を続ける人がいないらしい。だからせっかく何百年も続いた店をここで 21 、両親は必死なのだ。しかし、西村さんはそんな両親の気持ちもわからなくないと言いながらも、今は結婚して家業を継ぐより自分の夢に向かって進みたいと悩んでいた。

　そんな同僚に私はなんとアドバイスをしたらいいのかわからなかった。私も同じ独身だが、私自身も結婚したいと思ったことはなく、今はキャリアアップすることが重要だと考えているからだ。いつか私にも同じような悩みができるのかと 22 。

18
1 なお　　　2 なぜなら　　　3 さて　　　4 どうりで

19
1 気味で　　　2 次第で　　　3 ぬきで　　　4 なりに

20
1 そうまでして　　2 それにしては　　3 それなのに　　4 そうすれば

21
1 辞めるわけではないと　　　　2 辞めずにはいられないと
3 辞めなければならないと　　　4 辞めるわけにはいかないと

22
1 考えるに違いなかった　　　　2 考えざるを得なかった
3 考えるものではなかった　　　4 考えるはずがなかった

정답　18 ②　19 ③　20 ①　21 ④　22 ②

핵심문법 실전 연습 문제 ③

問題7 次の文の（　　）に入れるのに最もよいものを、1・2・3・4から一つ選びなさい。

1 店で30分も悩んだ（　　　）、今回は新品を買わずに中古のテレビを買うことにした。
　1　どころか　　　2　あげく　　　3　とたん　　　4　だけあって

2 （病院で）
患者「先生、この前の薬が全然効かないんですが…。」
医者「しっかり食事や睡眠をとらないと、もっとひどい病気に（　　　）よ。」
　1　なるかのようです　　　　　　2　なりつつあります
　3　なるべきです　　　　　　　　4　なりかねません

3 深くお詫び申し上げる（　　　）、再発防止のために全力を尽くします。
　1　かと思うと　　2　とともに　　3　一方で　　4　につれて

4 （　　　）こんな都会に、野生の熊が出るとは思わなかったから、びっくりした。
　1　なぜか　　　2　果たして　　　3　どうやら　　　4　まさか

5 私「えっ、ずっとダイエットしてるのに体重が減らないんだけど…。」
友人「痩せたいなら夜中に間食するのをやめる（　　　）ね。」
　1　ことだ　　2　おそれがある　　3　ものがある　　4　のみだ

6 この問題（　　　）、再度検討したうえで次回の会議にて議論しましょう。
　1　のことだから　　2　につけ　　3　につきましては　　4　の際は

7 交差点で車とぶつかってバイクが壊れてしまったが、怪我をしなかった（　　　）。
　1　ところだった　　2　ことだろう　　3　に決まっている　　4　だけましだ

8 このブランドの服は、比較的安い（　　　　）質も良いので人気が高い。
1　おきに　　　　2　上に　　　　3　末に　　　　4　だけに

9 子供を産む（　　　　）、絶対にその子には金銭的な苦労をさせたくない。
1　からして　　　2　からには　　3　からいうと　　4　からすると

10 この動画を見れば、操作の仕方が全て（　　　　）なっている。
1　わかるように　　　　　　　　2　わかるくらいに
3　わかるばかりに　　　　　　　4　わかるみたいに

11 先週、富士山の頂上まで登ったが、夏にも関わらず雪が積もっていて（　　　　）。
1　寒くなくてよかった　　　　　2　寒いというものだった
3　寒くてたまらなかった　　　　4　寒いわけがなかった

12 この商品の数量には限りがございますので、ご購入を希望の方はお早めに（　　　　）。
1　お申込みになります　　　　　2　お申込みさせてください
3　お申込み願います　　　　　　4　お申込みいたします

정답　1 ②　2 ④　3 ②　4 ④　5 ①　6 ③　7 ④　8 ②　9 ②　10 ①　11 ③　12 ③

問題8 次の文の ___★___ に入る最もよいものを、1・2・3・4から一つ選びなさい。

(問題例)

　　つくえの ___　___ ___　___ ___★___ ___　___ あります。

　　　1　が　　　2　に　　　3　下　　　4　かばん

(解答のしかた)

1. 正しい答えはこうなります。

　　つくえの ___　___ ___　___ ___★___ ___　___ あります。
　　　　　　3　下　　2　に　　4　かばん　　1　が

2. ___★___ に入る番号を解答用紙にマークします。

(解答用紙)　(例)　①　②　③　●

13　引き受けた仕事を最後までやらずに ___　___ ___　___ ___★___ ___　___ だ。

　　1　無責任　　　　　　　　　　2　途中で投げ出したり
　　3　諦めたりするのは　　　　　4　というもの

14　新しい仕事を ___　___ ___　___ ___★___ ___　___ 点がいくつかあります。

　　1　にあたって　　2　気を付けて　　3　いただきたい　　4　始める

15　大気汚染にしろ、 ___　___ ___★___ ___　___ ___　___ 起こされた問題である。

　　1　人類によって　　2　自然破壊　　3　どれも　　4　にしろ

16 テレビで被災地の ＿＿＿ ＿＿＿ ★ ＿＿＿ も何か力になりたいと思う。

1　見るにつけ　　　2　自分　　　　3　伝える報道を　　4　様子を

17 新規事業部の ＿＿＿ ＿＿＿ ★ ＿＿＿ ことになりました。

1　にともない　　　2　部長に就任する　3　丸山(まるやま)が　　4　立ち上げ

問題9 次の文章を読んで、文章全体の内容を考えて、 18 から 22 の中に入る最もよいものを、1・2・3・4から一つ選びなさい。

飢えと食品ロス

　日本人の一般的なイメージとして「飢えで苦しむ」と聞くと少し遠い国の話のように感じる人が多いようです。しかし、日本で貧しい生活をしている人は7人に1人、 18 飢えを経験した人は20人に一人と言われています。つまり、すでに遠い国の話とは言えないのです。いわゆる人々の栄養状態に大きな差があると言えます。

　このような現状にともなって、「子供食堂」が作られました。子供食堂は無料または安価で栄養バランスを考えた食事を出していて、家族とともに食事ができない子供や経済的に苦しい家庭などを支える場として知られています。

　 19 、食品ロスが社会課題となっています。「食品ロス」とは、まだ食べられるのに捨てられてしまう食品のことを言います。主に食品ロスが多い場所は、レストラン、スーパー、食品製造業、家庭などです。しかもこれらの場所で、まだ賞味期限が過ぎていない 20 、捨ててしまうこともあるそうです。

　この問題を受け、食品の再利用や再資源化の動きがあります。たとえば、リサイクル食品は作物の栄養やブタや牛のエサなどに加工されたりします。ともかく、第一に私達が 21 、食品ロスをなくし飢えのない世界を実現することです。そのために、地域のみならず国際機関まで輪が広がっている 22 、私達個人個人が食に意識を向ける必要があるのではないでしょうか。

18
1 だから   2 さらに   3 よって   4 ところが

19
1 一方で   2 なぜなら   3 したがって   4 それでも

20
1 をめぐり   2 を問わず   3 にも関わらず   4 に限り

21
1 考えないことはないのは   2 考えようがないのは
3 考えるべきではないのは   4 考えなければならないのは

22
1 今だからといって   2 今どころか
3 今だとしても   4 今だからこそ

해설집 p.67

정답 18 ② 19 ① 20 ③ 21 ④ 22 ④

N2

JLPT 합격노하우 **yuhadayo.com**

독해

독해 집중 공략

문제10 단문 내용이해

문제11 중문 내용이해

문제12 통합이해

문제13 주장이해

문제14 정보검색

독해 공략 포인트 알아보기

합격에 가까워지는
독해 문제풀이 꿀팁

⚙ N2 독해 문제 유형은 크게 내용이해, 통합이해, 주장이해, 정보 검색 4가지로 각 지문마다 1개~3개의 문제가 출제된다.

1 지문부터 무작정 읽지 않도록 하자.

지문의 내용을 파악하는 것도 중요하지만, 문제의 정답을 맞추는 것이 우선이라는 것을 기억하자. 그러므로 문제를 먼저 읽고 질문의 요지를 파악한 뒤, 지문을 읽는 것이 가장 효율적이다. 그리고 질문의 핵심 키워드를 잘 파악하여 지문에서 그 핵심 키워드가 등장하는 구간을 집중하여 읽어 문제를 풀도록 하자.

2 독해 문제풀이에 충분한 시간을 배분하자.

문자·어휘와 문법 문제를 빠르게 풀이 한 뒤, 독해파트의 시간을 적절히 배분하는 것이 중요하다. 지문 읽기에 충분한 시간을 할애하여 차근차근 지문의 내용을 파악한 뒤 문제를 풀어나가야 한다.

3 접속사에 유의하면서 지문을 읽자.

접속사는 문맥의 흐름을 바꾸는 중요한 키워드이다. 특히 필자의 주장을 말하는 문장 앞에는 しかし 하지만·ところが 그런데·だから 그래서·したがって 따라서·つまり 즉 등과 같은 접속사가 나오는 경우가 많으니 특히 주의해서 읽도록 하자.

4 선택지 함정을 조심하자.

지문에 언급이 없는 선택지는 대부분 오답이다. 그리고 극단적인 이야기를 하는 선택지 또한 오답일 확률이 높다. 또한 선택지에서 유의어로 대체된 부분을 잘 확인하자. 지문에 나온 단어와 비슷한 의미를 가진 단어가 선택지에 나오는 경우가 있다는 것도 잘 알아두자.

독해 질문 유형 알아보기

1 **주장을 묻는 문제**

필자의 주장이나 의견, 생각을 묻는 문제로 주로 단문, 중문, 주장이해 유형에서 출제된다. 전체의 흐름을 파악하는 것도 중요하지만, 필자의 주장은 대부분 마지막에 나오는 경우가 많다. 그러므로 마지막 단락과 문장에서 정답이 되는 포인트를 잘 찾아서 읽도록 하자.

> **문제 예시**
> この文章で一番言いたいことは何か。 이 문장에서 가장 말하고 싶은 것은 무엇인가?
>   = 一番伝えたい 가장 전하고 싶은
>   = 最も言いたい 가장 말하고 싶은
>
> 筆者の意見と合うものはどれか。 필자의 의견과 맞는 것은 어느 것인가?
>   = 考え 생각
>   = 主張 주장

2 **이유를 묻는 문제**

특정 키워드에 대한 이유를 묻는 문제로 주로 단문, 중문, 주장이해 유형에서 출제된다. 지문 안에 から·だから·ので·くて·理由として·なぜなら·なぜかというと·ため 등과 같은 표현이 나온다면 정답과 가까운 문장이기 때문에 유의해서 읽도록 하자.

> **문제 예시**
> なぜコンビニが増えていると言っているか。 왜 편의점이 늘어나고 있다고 말하고 있는가?
>   = どうして 왜, 어째서
>
> 商品が売れていない理由は何か。 상품이 팔리지 않는 이유는 무엇인가?

3 밑줄에 관한 문제

지문 안에 밑줄 친 부분에 대한 의미를 찾는 문제로 주로 단문, 중문, 주장이해 유형에서 출제된다. 밑줄 위치와 의미를 정확히 파악하고 앞뒤 문장을 잘 살펴 정답이 되는 포인트를 찾도록 하자.

> **문제 예시**
>
> 始(はじ)めましたとあるが、何(なに)を始(はじ)めたのか。 시작했습니다라고 있는데, 무엇을 시작했는가?
>
> 同感(どうかん)だとあるが、どういう意味(いみ)か。 동감이다라고 있는데, 어떠한 의미인가?

4 OX 문제

지문의 내용에 맞는 것과 맞지 않는 것, 그리고 올바른 것과 올바르지 않은 것을 고르는 문제로 주로 단문, 중문, 주장이해 유형에서 출제된다. 선택지와 지문의 내용을 비교하면서 소거법으로 정답을 고르도록 하자. 또한 지문에 언급이 없는 내용은 오답일 확률이 높다는 것도 함께 알아두자.

> **문제 예시**
>
> 本文(ほんぶん)の内容(ないよう)と合(あ)っているものは何(なに)か。 본문의 내용과 맞는 것은 무엇인가?
> 　　⇔ 合(あ)っていない 맞지 않는
> 　　⇔ 間違(まちが)っている 틀린, 잘못된
>
> この文章(ぶんしょう)について正(ただ)しくないのはどれか。 이 문장에 대해서 올바르지 않은 것은 어느 것인가?
> 　　⇔ 正(ただ)しい 올바른

⑤ 정보 파악 문제

지문 안의 정보를 파악하여 정답을 고르는 문제로 주로 정보검색 유형에서 출제된다. 전체적인 내용을 파악해야 하는 경우도 있지만, 특정 키워드에 대한 정보만을 묻는 문제가 대부분이다. 그러므로 지문에서 그 조건에 해당하는 부분만 읽어도 문제를 풀 수 있다.

> **문제 예시**
>
> キムさんが**最初**にすることは**何**か。 김 씨가 처음에 하는 일은 무엇인가?
>
> 子供一人は**いくら**払うか。 어린이 1명은 얼마 지불하는가?
>
> 申し込みするためには**どうすればいいのか**。 신청하기 위해서는 어떻게 하면 좋은가?
> =**何をしなければいけないか** 무엇을 하지 않으면 안 되는가?
> =**どうしなければならないか** 어떻게 하지 않으면 안 되는가?

⑥ 차이점을 묻는 문제

서로 다른 주장글에 대한 차이점을 고르는 문제로 주로 통합이해 파트에서 출제된다. 각기 다른 주장을 하는 지문을 비교하면서 서로 다른 부분이 무엇인지 전체적인 내용부터 세세한 부분까지 파악하면서 읽어나가자.

> **문제 예시**
>
> 服を選ぶことについて、AとBは**どのように考えているか**。
> 옷을 고르는 것에 대해서 A와 B는 **어떻게 생각하고 있는가?**
>
> 公立図書館の役割について、AとBは**どのように述べているか**。
> 공립 도서관 역할에 대해서 A와 B는 **어떻게 서술하고 있는가?**
>
> AとBは**どのようなことが重要だ**と述べているか。
> A와 B는 **어떠한 것이 중요하다고** 서술하고 있는가?

7. 공통점을 묻는 문제

서로 다른 주장글에 대한 공통점을 고르는 문제로 주로 통합이해 파트에서 출제된다. 각기 다른 주장을 하는 지문을 비교하면서 서로 같은 부분이 무엇인지 전체적인 내용부터 세세한 부분까지 파악하면서 읽어나가자.

> **문제 예시**
>
> 演劇（えんげき）について、AとBで**共通（きょうつう）して述（の）べられていること**は何（なに）か。
> 연극에 대해서 A와 B에서 **공통해서 서술되고 있는 것**은 무엇인가?
>
> 子育（こそだ）てについて、AとBで**共通（きょうつう）して必要（ひつよう）だと述（の）べていること**は何（なに）か。
> 육아에 대해서 A와 B에서 **공통해서 필요하다고 서술하고 있는 것**은 무엇인가?
>
> AとBの**意見（いけん）が一致（いっち）している**のはどれか。 A와 B 의견이 **일치하고 있는 것**은 어느 것인가?

독해 집중 공략

문제 10 단문 내용이해

독해 단문은 150~200자 정도의 짧은 지문을 읽고 정답을 고르는 문제로 지문 5개와 각 지문마다 문제 1개가 출제된다. 생활, 업무, 직업, 학습 등 다양한 주제로 한 설명문, 지시문, 메일 등이 지문 내용으로 나온다.

이렇게 풀자

우선 문제를 먼저 확인 후 어떠한 문제 유형인지 파악하는 것이 좋다. 필자의 주장이나 이유를 묻는 문제, 전체 내용을 묻는 문제라면 지문을 모두 읽고 정답이 되는 단서를 찾도록 하자. 다만, 밑줄에 관한 문제의 경우 밑줄 친 부분의 앞뒤 문장으로 정답이 되는 단서를 찾도록 하자. 단문에서 시간을 많이 써버리면 뒷부분의 독해 문제를 푸는 시간이 부족할 수 있기 때문에 단문은 가능한 한 3분 이내에 문제를 풀 수 있도록 연습이 필요하다.

문제유형 예시

⏱ 시간 3분 이내

問題10 次の文章を読んで、後の問いに対する答えとして最もよいものを、1・2・3・4から一つ選びなさい。

　　ゴールデンウィークとは、4月下旬から5月上旬にある連休のことだ。日本でお正月やお盆休み以外で長く休みが取れる期間と言えば、ゴールデンウィークぐらいだろう。昔は大型連休と呼ばれていたが、この連休がある週に映画館の入場者数が激増したため、映画業界が「黄金週間」と名付けたそうだ。今では、ゴールデンウィークという呼び方が一般的になった。それに対して、近年、9月中旬にも大型連休ができると、その週はシルバーウィークと呼ばれるようになった。

1　この文章の内容について正しいものはどれか。

1　映画館の入場者数が増えた週はゴールデンウィークと呼ばれている。
2　4月と5月はゴールデンウィークと呼ばれ、連休が多い期間だ。
3　9月下旬から10月上旬にある連休はシルバーウィークと呼ばれている。
4　ゴールデンウィークとシルバーウィークという大型連休がある。

문제 10 다음 문장을 읽고, 뒤의 물음에 대한 답으로서 가장 알맞은 것을, 1·2·3·4에서 하나 고르세요.

| 정답 | ④

| 해석 |
> 골든위크라는 것은, 4월 하순에서 5월 초순에 있는 연휴를 말한다. 일본에서 설날이나 오봉 연휴 이외에 길게 휴가를 낼 수 있는 기간이라고 하면 골든위크정도일 것이다. 옛날에는 대형 연휴라고 불렸었지만, 이 연휴가 있는 주에 영화관 입장자 수가 격증했기 때문에 영화업계가 '황금 주간'이라고 이름 지었다고 한다. 지금은 골든위크라는 호칭이 일반적이게 되었다. 그에 대조되어 근래 9월 중순에도 대형 연휴가 생기자 그 주는 실버위크라고 불리게 되었다.

1 이 글의 내용에 대해 올바른 것은 무엇인가?

　　1 영화관 입장자 수가 늘어난 주는 골든위크라고 불리고 있다.
　　2 4월과 5월은 골든위크라고 불리며 연휴가 많은 기간이다.
　　3 9월 말부터 10월 초에 있는 연휴는 실버위크라고 불리고 있다.
　　4 골든위크와 실버위크라는 대형 연휴가 있다.

| 해설 | 지문에서는 골든위크와 실버위크라는 2가지 대형 연휴에 대해 설명하고 있으므로 4번이 정답이다. 연휴 때 영화관의 입장자 수가 급증해서 골든위크라고 불리기 시작했지만, 영화관 입장자 수가 많은 주를 전부 골든위크라고 부르는 것은 아니기 때문에 1번은 정답이 아니다. 골든위크는 4월 말에서 5월 초에 있는 연휴이기 때문에 2번은 정답이 아니다. 실버위크는 9월 중순에 있는 대형 연휴를 뜻하므로 3번도 정답이 아니다.

| 단어 | ゴールデンウィーク 골든위크 | 下旬(げじゅん) 말, 하순 | 上旬(じょうじゅん) 초, 상순 | 連休(れんきゅう) 연휴 | お正月(しょうがつ) 정월, 설 | お盆(ぼん) 오봉, 백중 맞이(음력 7월 보름) | 休(やす)みを取(と)る 휴가를 얻다 | 大型(おおがた) 대형 | 入場者数(にゅうじょうしゃすう) 입장객 수 | 激増(げきぞう) 격증 | 業界(ぎょうかい) 업계 | 黄金(おうごん) 황금 | 週間(しゅうかん) 주간 | 名付(なづ)ける 이름을 짓다 | 呼(よ)び方(かた) 호칭 | 一般的(いっぱんてき)だ 일반적이다 | 近年(きんねん) 근년, 근래 | 中旬(ちゅうじゅん) 중순 | シルバーウィーク 실버위크

단문 내용이해
실전 연습 문제

⏱ 지문당 3분 이내
채점 　/17

問題10 次の文章を読んで、後の問いに対する答えとして最もよいものを、1・2・3・4から一つ選びなさい。

（1）

　自分にぴったり合う仕事を「天職」と言うが、その天職に就くことは簡単ではない。そもそも、自分に向いているものや、自分が好きな事がわかっている人は少ない。たとえ好きなことが分かっていて「この仕事がしたい！」と思っていても、自分が持っていたイメージと実際の仕事とは距離があることもある。また、「自分は〇〇が得意だから」と決めつけて、選択肢を減らしてしまう人もいる。まずは思い込みやイメージを捨てて、色々な経験をすることだ。そうすることで、自分がどんな仕事に向いているか、何が好きかが見えてくるはずだ。

（注）思い込み：自分が考えたことが正しいと信じること

1 次のうち、筆者が一番言いたいことは何か。

1　自分の好きな事や、自分の性質がわかっていない人は、天職に就けない。
2　自分が持っている仕事のイメージと、実際の仕事とは違うものだ。
3　多様な経験を積んでいくことで、自分の天職がわかってくる。
4　天職を見つけるには、自分の得意なことを決めて、選択肢を広げることが大事だ。

(2)

宛先：moritatomoyo@mail.com
件名：ご注文いただいた商品の発送日について
送信日：9月17日

森田(もりた)様

いつもペットの楽園をご利用いただき、ありがとうございます。9月2日にご注文いただいた「小型犬用浴衣Sサイズ」についてお知らせします。先日メーカーからの入荷が遅れていることについてご連絡いたしましたが、10月1日に入荷予定となりました。長い期間お待たせしてしまい、大変申し訳ございません。入荷次第、順次(じゅんじ)発送いたします。もしご注文をキャンセルされる場合は、ウェブサイトの「注文履歴(りれき)」からお手続きください。
お客様にはご迷惑をおかけしますが、どうぞよろしくお願いいたします。

ペットの楽園　お客様係　担当　山田(やまだ)

2 このメールで伝えたいことは何か。

1　商品の入荷が遅れていること
2　注文した商品の入荷の予定がわかったこと
3　商品を発送し終えたこと
4　注文を取り消してほしいこと

(3)

ご利用者様へ

　さくら町図書館は、館内整理のため9月1日(水)から3日(金)まで臨時休館いたします。臨時休館の間は、資料の貸出は行っておりません。資料の返却については、通常の休館日と同様、返却ポストに資料をご返却ください。ただし、CDやDVDなどの資料については、窓口での直接返却のみとなりますので、4日(土)以降に窓口にお持ちください。
　ご迷惑をおかけしますが、ご理解のほど、よろしくお願いいたします。

さくら町図書館

3 この文章について、正しく述べているものはどれか。

1　図書館が休みの間、視聴覚資料を返すことができない。
2　図書館が休みの間でも、全ての資料の返却ができる。
3　図書館が休みの間でも、書籍を借りることができる。
4　全ての資料の返却は、窓口でしか受け付けない。

(4)

　最近は、コンビニのスイーツも専門店に負けないくらいおしゃれでおいしくなってきた。うちの近くのコンビニに寄るとつい、大した値段ではないので買ってしまう。しかし、コンビニに行く度に買っていてはお財布にも健康にも悪いし、毎回同じ物を買っていると飽きてくる。「いい加減、甘い物を買うのはやめておこう」と決意したときに限って、タイミングよく、おいしそうな新商品のスイーツが発売される。こうして、コンビニの戦略におどらされて、また買ってしまうのだ。

（注）スイーツ：ケーキやプリンなどのお菓子

4 筆者が、甘い物を買うのをやめられないのはなぜか。

1　「もう甘い物は買わない」という筆者の決意があまり強くないから
2　専門店と同じくらいの値段で、おしゃれでおいしいものが買えるから
3　コンビニがうちの近くにあって、つい用もないのに寄ってしまうから
4　同じ商品に飽きたころに、ちょうど新商品が発売されるから

(5)

　昔は相手を敬って呼ぶ言い方だった「貴様」や「お前」は、今は相手を見下す言葉へと変わってしまった。「貴様」も「お前」も、本来「あなた様」と同様の意味で使われていたのだが、使われ続けるうちにその価値が下がってしまったという。逆に、現代語の「やばい」のように、かつてはマイナスの意味を持っていたものが、「すごい」という、プラスの意味で使われるようになる場合もある。とすると、100年後には、「かわいい」も「つらい」も違う意味になっていても不思議ではない。

（注）見下す：自分の方が上だと思って相手を軽く見る

[5] 筆者の言いたいことは何か。

1 「貴様」という言葉の価値が下がってしまい、残念だ。
2 否定的な意味を持った言葉は、そのうち消えていくだろう。
3 同じ言葉でも時代によってその意味は変化していく。
4 意味が変化していく言葉は不思議である。

(6)

営業部社員各位

　最近、営業部で共用している自動車を、事前申告なしで使用している事例が見られます。
　申告のない日には、車のメンテナンス（注）や別部署への貸出などを行うことになっているので、当日車が使えないと業務に影響を及ぼし、困る人が出てきます。
　自動車を使用する場合は、部署内にある『営業車使用カレンダー』の当てはまる日付に、名前と使用する時間帯を前日までに記入することになっていますので、もう一度ご確認ください。業務を良好に進めるため、皆さんのご協力をお願いいたします。

（注）メンテナンス：機械やシステムなどを正常な状態に保つこと

6 このお知らせは何のために作られたか。

1　車を修理する時や別部署の人が車を使う時に、車に乗れなくて困る人を出さないため
2　営業部で使っている車を他の部署の人に勝手に使われて困ることをなくすため
3　営業部の社員に、車を使う際には社内のカレンダーに事前申告する規則を厳守させるため
4　新しく作った、車の予定を書き込むカレンダーの使用方法を、営業部の人に知らせるため

(7)

「できるリーダー」と聞くと、強い信念(注)を持ってメンバーを引っ張っていくようなイメージを持つ人が多い。しかし、そういったリーダーの場合、リーダーがいなくなったとたんに、その組織は崩壊する可能性が高い。なぜならチームの力を引き出し、導いてくれる人がいなくなるからだ。だからメンバーの成長を促し、リーダーが交替しても機能する組織づくりができるようなリーダーの方が私はいいと思う。自分がトップに立つのではなく、周りを輝かせる人間の方がリーダーには向いているのではないか。

(注) 信念：正しいと信じる自分の考え

7 筆者によると、「できるリーダー」とはどんな人か。

1 強い信念を持ち、自分が先頭に立ってチームを導く力を持っている人
2 メンバーと競争しながら、自分も成長していく向上心のある人
3 みんなを引っ張るより、むしろ自分以外の人の能力を伸ばせる人
4 自分がいなくなっても組織が機能するように、チームを引っ張る次のリーダーを育てられる人

(8)

やちよスーパーのご担当者様

はじめてメールします。やちよスーパーひまわり町店をいつも利用しているのですが、そこの冷房が強すぎるのが気になります。

買い物の途中で足元が冷えて、お腹が痛くなるほどで、知人もよく「あそこのスーパーは寒い」と言っています。従業員の方も、6月なのに制服の上にセーターを着ていました。

いくら食材を扱っているとはいえ、ちょっと冷やしすぎではないでしょうか。外との温度差も激しく、具合が悪くなりそうです。お店の人に言っても聞いてもらえなかったので、メールしました。

参考いただければ幸いです。

対応をお願いします。

8 このメールで最も伝えたいことは何か。

1　店内と外の温度差を調節してほしいということ
2　店員が制服の上にセーターを着ていたので、やめさせてほしいということ
3　店のエアコンのせいで、体調が悪化したということ
4　食材を冷やしすぎているということ

(9)

　誰かに悩みを話していると、自分がどうして悩んでいたのか、これからどうすればいいのかが整理されて、すっきりすることがある。では、悩みを一人で整理するにはどうしたらいいだろうか。まずは紙に悩みを書き出し、その後、書き出した内容を自分でコントロールできることと、できないことに分ける。そのうえで、自分でできることから悩みの解決に取り組めばいい。また、自分では解決できないことは他の人に助けを求めたり、時にはあきらめたりすることも必要だろう。悩みから抜け出したい人は、悩みを整理することから始めてみよう。

9　この文章で筆者が最も伝えたいことは何か。

1　悩みがある時は誰かに悩みについて話せば解決できる。
2　自分で解決できそうにない場合、様々な方法を試すことも重要だ。
3　悩みは一度紙に書き出すことで自然に整理されていく。
4　自分でコントロールできる悩みこそ解決すべきだ。

(10)

「幸せホルモン」と呼ばれるホルモン(注1)はいくつかあるが、その中でストレスを減らしてくれる働きをするのが、セロトニンだ。セロトニンの分泌が活性化されれば、ストレスを感じにくい体になるという。セロトニンは規則正しい生活を送ること、太陽の下で適度に運動することで分泌(注2)される。つまり、体に良いことをしていれば、自然とセロトニンが分泌されて、ストレスが少なくなるのだ。ストレスを抱えている人は自分が健康的な生活をしているか、一度考えてみよう。

(注1) ホルモン：体のさまざまな働きを調節する化学物質
(注2) 分泌：細胞から体内や体外に物質が出ること

[10] 筆者はストレスについてどのように言っているか。

1 体に良い事をしてストレスを減らすことでセロトニンが分泌されやすくなる。
2 適度な運動をしないからストレスを抱えることになる。
3 規則正しい生活を送ることで細胞が活性化してストレスを感じやすくなる。
4 太陽の光を浴びたり、早寝早起きをすることでストレスは少なくなる。

(11)

　あくびは、大きく口を開けて空気をたっぷり吸い込む行為である。あくびが出る仕組みはまだ正確に分かっていないが、脳内に酸素が足りない時に起こる生理現象だということは分かっている。それゆえ、あくびを我慢することは、体が必要とする酸素が得られない、体に良くない行為とも言える。それでも、あくびを我慢しなければいけない時は、口を大きく開けて息を吸う代わりに、鼻から大きく息を吸ってみよう。そうすることである程度あくびを抑えることができるだろう。

11　この文章のあくびに関する説明で最も合うものはどれか。

　　1　あくびがどのように出るのかという仕組みはすでに明らかになっている。
　　2　あくびをすると困る時は口ではなく、鼻から酸素を取り入れればいい。
　　3　あくびをすると口から酸素が逃げてしまい、酸素が足りなくなる。
　　4　体が必要とする酸素が得られない時ほど、あくびを我慢すべきだ。

(12)

件名：「春の日帰り京都ツアー」

日時：3月1日　9：30

山川さちこ　様　（予約番号：123000099）

この度は、KYOTOツアーズをご利用いただきありがとうございます。

お申込みのご旅行の予約が以下のように完了しましたのでお知らせいたします。

つきましては、お申込み内容をご確認のうえ、ご旅行代金のお支払いをお願いいたします。

・ツアー名：「春の日帰り京都ツアー」（昼食付）
　　　　　　高岡田駅前出発
・ご旅行予定日時：3月27日(土)　9：00～17：00
・ご旅行代金：大人1名あたり12,000円×2名

【ご請求金額合計】24,000円　（お支払い期限　3月8日(月)）

お支払い方法はホームページからご確認ください。

なお、期日までにご入金が確認できない場合は、ご予約を取り消しにさせていただきます。

KYOTOツアーズ

12 このメールを読んだ後、山川さんは旅行に行くために何をすべきか。

1　KYOTOツアーズの窓口で直接予約内容を確定させる。

2　KYOTOツアーズのホームページから予約の取り消しをする。

3　このメールに返信して3月8日までに支払金額を確定させる。

4　ホームページを参考に、3月8日までに旅行代金の支払いをする。

(13)

件名：【重要】ご注文いただいた商品について

送信日時：10月3日　12：00

安田(やすだ)かなえ様

いつも靴下ショップをご利用くださいまして、ありがとうございます。

10月1日にご注文いただいた商品「靴下　白」が数量不足していた件について、色を白から黒に変更とのことを承りました。

品切れでご不便をおかけして、申し訳ございません。他の商品は数に余裕がありますので、「靴下　黒」と合わせて、ご注文通り発送いたします。

ご迷惑をおかけして大変申し訳ございませんでした。今後とも、変わらず靴下ショップをご利用くださいますよう、お願い申し上げます。

何かございましたら、10月4日の発送前にご連絡ください。

靴下ショップ　担当　岩本(いわもと)

---

13 このメールは客に何を知らせるためのものか。

1　注文していた靴下の色を、他の色に変更したことを店が受け付けたこと
2　注文した靴下の色が売り切れていたので、店が白から黒に色を変更したこと
3　色を変更した靴下と一緒に、注文を受けた全ての商品を発送したこと
4　黒い靴下が品切れだったので、代わりに別の色の靴下の注文を承ったこと

(14)

マンション北町(きたまち)の住民の皆様　　　　　　　　　　　　　　　　　9月1日

工事のお知らせ

9月10日よりマンションの外壁の工事を行います。
工事期間中は終日、南側駐車場の一部が使用できなくなります。詳細は該当(がいとう)する駐車場を(注)お使いの皆様には個別にご連絡いたします。ご迷惑をおかけいたしますが、安全優先で作業を行いますので、ご理解、ご協力をお願いいたします。

工事期間：9月10日～11月25日
作業時間：午前9時～午後4時
(土日・祝日を除く)

問い合わせ先：マンション北町(きたまち)管理人　前川(まえがわ)　070-345-6789

(注)該当(がいとう)：ある条件や例に当てはまること

---

14 このお知らせの内容として最も適切なものはどれか。

1　工事期間中は毎日、作業時間中に駐車場の利用を控えて欲しい。
2　9月10日～11月25日の午前9時～午後4時まで毎日工事が行われる。
3　北側駐車場を利用している全員に工事前に駐車場に関する詳しい説明会がある。
4　南側駐車場を利用している一部の人に工事期間中の駐車場に関する連絡がある。

(15)

　先日、知人に「地震はいつ来るかわからないから、備えが必要だね」と言ったら、「そんなことに毎日心配していたら、生活できないよ」と言われた。確かに、大地震は怖いが、訳(わけ)もわからずただ怖がるのと地震が起きた際のリスクを予想して備えるのとは、本当に起きた時の結果が違うのではないだろうか。地震から逃げることはできない。しかし、現実から目をそらすのではなく、現実をしっかり向き合って対処をしておくことで、その後のリスクを減らすことができるはずだ。

[15] 筆者によると、リスクを減らすにはどうしたらいいか。

1 地震を恐れて、不安を抱えながら生活する。
2 現実をしっかり見つめて、毎日をいつものように過ごす。
3 地震から逃げられるように対処しておく。
4 万が一の時のことを考えて、備える。

(16)

秋の特別感謝セールのご案内

いつも「ホンダ・ブックス」をご利用いただき、ありがとうございます。
「ホンダ・ブックス」会員のお客様にお得なセールのご案内です。
10月1日(水)～10月15日(水)まで対象商品に限り、割引価格でお求めいただけます。読書の秋にぴったりな本をたくさんご用意しております。
ご注文方法につきましては、ホームページをご確認ください。

セール内容：
対象シールの付いている全ての小説・ビジネス書：20%割引
対象シールの付いている全てのマンガ・雑誌：10%割引
対象マークの付いている全ての電子書籍：10%割引
(ホンダ・ブックスオンラインのページから購入したものに限る)

なお、雑誌を定期購読(こうどく)されている場合は割引の対象外となりますのでご注意ください。

「ホンダ・ブックス」http://honda_books.jp/

16 この案内で紹介されているセールについて正しいものはどれか。

1 セール期間中は全ての電子書籍を割引価格で購入できる。
2 店で書籍を買っても電子書籍を買っても割引率は変わらない。
3 対象シールがついているマンガ、雑誌、電子書籍は一割引きで購入できる。
4 電子書籍で雑誌を定期購読(こうどく)している場合に限り、割引を受けることができる。

(17)

休講のお知らせ

受講者の皆様へ

さくら大学オンライン公開講座『アメリカの歴史を学ぶ』を受講されている方にお知らせします。
8月19日の第5回の講座は、講師の佐藤(さとう)先生が急病につき、休講といたします。
そのため、休講になった回は翌週の8月26日に行います。また、最終回まで1回分ずつ後ろにずれますので、最終回は9月9日となります。その日に受講できない方は、講座の録画ビデオを翌日に公開いたしますので、そちらをご覧ください。
皆様にはご迷惑をおかけし、大変申し訳ありませんが、ご理解のほど、よろしくお願いいたします。

なお、講座の録画ビデオは、何回でも見られますが、1ヶ月間限定の公開となります。

さくら大学　公開講座担当　桜木(さくらぎ)

---

17 次のうち、メールの内容に合うものはどれか。

1　10月の上旬までに、最終回の講座の録画ビデオを見ることができる。
2　講座の録画ビデオを1ヶ月間に限り、一人1回ずつ見ることができる。
3　休講になった回は、ビデオに録画されて最終回から1ヶ月間公開されることになった。
4　最終回に講座を受けられなかった人は、当日公開された録画ビデオで受講すればいい。

독해 집중 공략

문제 11 중문 내용이해

독해 중문은 단문보다 조금 긴 600자 정도의 지문을 읽고 정답을 고르는 문제로 2021년 말까지 지문 3개와 각 지문마다 문제 3개가 출제되었지만 2022년 7월에는 지문 3개와 각 지문마다 문제 2개, 3개, 3개로 총 8개의 문제가 출시되었다. 최근 출제 경향으로는 지문 4개와 각 지문마다 문제 2개가 출제된다. 평론, 해설, 에세이 등이 지문으로 나오며 세부 내용 또는 인과 관계, 필자의 주장을 묻는 문제가 많이 출제된다.

이렇게 풀자

각 단락의 내용을 무엇인지 정확히 이해하는 것이 중요하다. 그리고 인과 관계나 이유를 묻는 문제가 꼭 출제되기 때문에 문장의 연결과 문맥의 뉘앙스를 잘 파악하며 지문을 읽어나가도록 하자. 또한 필자의 생각이나 주장을 묻는 문제의 경우는 마지막 단락을 유의깊게 읽으면 정답의 단서를 발견할 수 있다.

문제유형 예시

⏱ 시간 5분 이내

問題11　次の文章を読んで、後の問いに対する答えとして最もよいものを、1・2・3・4から一つ選びなさい。

以下は、大学生に向けて書かれた文章である。

論文を書く際には、様々なことに気を付けなければなりません。例えば、論文の形式は学会や授業によって異なり、フォントの大きさや文字数などが細かく定められてます。これを守らなければ、論文の内容や文章が読み手にわかりやすいかどうかという点より先に、著者がルールを守れない人だと判断され、論文の価値を下げてしまう可能性があります。

また、論文というのは、新規性がなければなりません。新規性というのは、新たな発見があるということです。他人の研究をまとめただけでは、単なるレポートにしかなりません。調査にせよ、実験にせよ、あるいは分析にせよ、著者による新しい発見がなければ、論文としては認められることができません。

そして何より大切なのは、他人の研究と自分の意見をはっきりと書き分けることです。他人が言ったことを引用元を載せずに書いてしまったり、他人の研究をまるで自分が発見したかのように書

いてしまったりすると、それは「剽窃」と言って、論文のどろぼうと同じことになります。「剽窃」をすると、研究者であれば信頼を失い、学生であれば単位を落とすことになります。他人の研究を引用するときは必ず、誰が、いつ、どの論文で述べたことなのかを示すのが、論文を書く上でのルールです。映画や音楽と同じように、論文にも「他人のものを盗んではいけない」というルールがあるのです。

（注1）フォント：コンピュータで使う字
（注2）引用元：誰がどこでそう言っているのかを示すもの

1 筆者によると、論文として認められるために大切なことは何か。

1　決められた文字のサイズと文字数で書くこと
2　読み手にわかるように読みやすく書くこと
3　他人の研究をきちんと調査し、まとめて書くこと
4　今までなかった個人的な視点に基づいて書くこと

2 「剽窃」をすることについて、筆者はどのように考えているか。

1　他人の研究を上手にまとめて自分の研究の参考にする行為だ。
2　他人の研究を無断で自分のものとする行為だ。
3　他人の研究に自分の意見を加えることで許される行為だ。
4　単位を落とす程度の比較的軽い行為だ。

문제 11 다음 문장을 읽고, 뒤의 물음에 대한 답으로서 가장 알맞은 것을, 1·2·3·4에서 하나 고르세요.

| 정답 | **1** ④　**2** ②

| 해석 |

이하는, 대학생을 대상으로 쓰여진 문장이다.

　논문을 쓸 때에는 다양한 것에 조심하지 않으면 안 됩니다. 예를 들면 논문의 형식은 학회나 수업에 따라 다르고, 폰트의 크기나 글자 수 등이 세세하게 정해져 있습니다. 이것을 지키지 않으면 논문의 내용이나 문장이 읽는 이에게 알기 쉬운지 어떤지라는 점보다도 먼저 저자가 룰을 지키지 못하는 사람이라고 판단되어 논문의 가치를 떨어뜨려 버릴 가능성이 있습니다.
(주석1)
　또한 논문이라는 것은 신규성이 없으면 안 됩니다. 신규성이라는 것은 새로운 발견이 있다는 것입니다. 타인의 연구를 정리하는 것만으로는 단순한 리포트밖에 되지 않습니다. 조사든 실험이든 혹은 분석이든 저자에 의한 새로운 발견이 없으면 논문으로서는 인정받을 수 없습니다.
　그리고 무엇보다 중요한 것은 타인의 연구와 자신의 의견을 확실히 구별하여 쓰는 것입니다. 타인이 말한 것을 인용원을 게재하지 않고 써 버리거나 타인의 연구를 마치 자신이 발견한 것처럼 써버리거나 하면 그것은 '표절'이
(주석2)
라고 해서 논문 도둑과 같아지게 됩니다. '표절'을 하면 연구자라면 신뢰를 잃고 학생이라면 학점을 떨어뜨리게 됩니다. 타인의 연구를 인용할 때는 반드시 누가, 언제, 어느 논문에서 서술한 것인지를 나타내는 것이 논문을 쓸 때의 룰입니다. 영화나 음악과 마찬가지로 논문에도 '타인의 것을 훔치면 안 된다'라는 룰이 있는 것입니다.

(주석1) 폰트 : 컴퓨터에서 사용하는 글자
(주석2) 인용원 : 누가 어디서 그렇게 말하고 있는지를 나타내는 것

1 필자에 의하면 논문으로서 인정받기 위해서 중요한 것은 무엇인가?

　1 정해진 문자 크기와 문자 수로 쓰는 것
　2 읽는 이가 알 수 있도록 읽기 쉽게 쓰는 것
　3 타인의 연구를 제대로 조사하고 정리해서 쓰는 것
　4 지금까지 없었던 개인적인 시점에 의거하여 쓰는 것

2 '표절'을 하는 것에 대해서 필자는 어떻게 생각하고 있는가?

　1 타인의 연구를 잘 정리해서 자신의 연구의 참고로 하는 행위이다.
　2 타인의 연구를 무단으로 자신의 것으로 하는 행위이다.
　3 타인의 연구에 자신의 의견을 더하는 것으로 용서받을 행위이다.
　4 학점을 떨어뜨릴 정도의 비교적 가벼운 행위이다.

| 해설 | **1** 필자는 조사든 실험이든 혹은 분석이든 저자에 의한 새로운 발견이 없으면 논문으로서 인정받을 수 없다고 이야기하고 있으므로 4번이 정답이다. 논문의 폰트 크기나 글자 수 등이 세세하게 정해져 있지만 논문의 가치와 관련된 부분이므로 1번은 정답이 아니다. 논문의 내용이나 읽는 이가 알기 쉬운 점도 중요한 점은 아니므로 2번도 정답이 아니다. 타인의 연구를 정리하는 것은 단순한 리포트밖에 되지 않는다고 했으므로 4번도 정답이 아니다.

2 본문에서 타인이 말한 것을 인용원을 게재하지 않거나 타인의 연구를 자신이 발견한 것처럼 쓰면 표절이 된다고 하였다. 따라서 타인의 연구를 무단으로 자신의 것으로 하는 행위라고 한 2번이 정답이다. 본문에서 언급하지 않은 내용이므로 1, 3번은 정답이 아니고, 표절을 할 경우에 연구자는 신뢰를 잃고 학생은 학점을 떨어뜨리게 된다고 했으므로 4번도 정답이 아니다.

| 단어 | 論文(ろんぶん) 논문 | ~際(さい)(に) ~할 때(에), ~할 즈음(에) | 様々(さまざま)だ 다양하다 | 気(き)を付(つ)ける 조심하다, 정신 차리다 | 例(たと)えば 예를 들면 | 形式(けいしき) 형식 | 学会(がっかい) 학회 | 異(こと)なる 다르다 | フォント 폰트, 글꼴 | 大(おお)きさ 크기 | 文字数(もじすう) 문자 수 | 細(こま)かい 자세하다, 잘다, 세세하다 | 定(さだ)める 정하다, 결정하다 | 守(まも)る 지키다, 보호하다 | 内容(ないよう) 내용 | 文章(ぶんしょう) 문장 | 読(よ)み手(て) 읽는 이, 독자 | 先(さき)に 먼저, 앞서 | 著者(ちょしゃ) 저자 | ルール 룰, 규칙 | 判断(はんだん) 판단 | 価値(かち) 가치 | 下(さ)げる 떨어뜨리다 | 可能性(かのうせい) 가능성 | 新規性(しんきせい) 신규성 | 新(あら)ただ 새롭다 | 発見(はっけん) 발견 | 他人(たにん) 타인 | 研究(けんきゅう) 연구 | まとめる 하나로 모으다, 정리하다 | 単(たん)なる 단순한 | 調査(ちょうさ) 조사 | ~にせよ~にせよ ~(하)든 ~(하)든 | 実験(じっけん) 실험 | あるいは 혹은 | 分析(ぶんせき) 분석 | ~による ~에 의한 | 認(みと)める 인정하다 | はっきりと 분명히, 확실히 | 書(か)き分(わ)ける 구별해서 쓰다 | 引用元(いんようもと) 인용원, 출처 | 載(の)せる 게재하다 | まるで 마치, 꼭, 전혀 | ~かのように 마치 ~인 것처럼 | 剽窃(ひょうせつ) 표절 | どろぼう 도둑 | 研究者(けんきゅうしゃ) 연구자 | 信頼(しんらい) 신뢰 | 失(うしな)う 잃다 | 単位(たんい) 단위, 학점 | 述(の)べる 서술하다, 말하다 | 示(しめ)す 가리키다, 보이다, 나타내다 | ~上(うえ)で ~하는 데 있어서, ~할 때, ~하는 경우, ~한 후에 | 盗(ぬす)む 훔치다 | 字(じ) 글자 | サイズ 사이즈 | きちんと 정확히, 제대로, 깔끔히 | 個人的(こじんてき)だ 개인적이다 | 視点(してん) 시점 | ~に基(もと)づいて ~에 의거하여, ~에 기반하여 | 参考(さんこう) 참고 | 行為(こうい) 행위 | 無断(むだん) 무단 | 加(くわ)える 가하다, 더하다 | 許(ゆる)す 용서하다, 허락하다 | 程度(ていど) 정도 | 比較的(ひかくてき) 비교적

問題11 次の文章を読んで、後の問いに対する答えとして最もよいものを、1・2・3・4から一つ選びなさい。

(1)

以下は、貯蓄(注1)について書かれた文章である。

財産を築くためにはまず貯金することが大切です。しかし、貯金をしたいからといって、むやみに節約(注2)すればいいというものではありません。たった数十円、数百円のために時間をかけて、節約生活をするのは精神的にも健康的にも負担があるでしょう。貯金する前に、最初にやるべきことは、自分の支出の状況を確認することです。貯金ができない人は、大体の場合、買うつもりのなかった物をつい買ってしまったり、たった100円のコーヒーだからといって小さな支出を繰り返していたりするものです。

自分のお金の使い方が分かったら、次に必要なのは支出のうち固定費が節約できるかどうか考えることです。固定費というのは、毎月必ずかかるお金のことです。これらをできるだけ減らすことによって、大きな節約につながる可能性があります。固定費は、家賃や通信費など、家計に占める割合が大きいものであることが多いからです。例えば、スマホのプランを格安のものにしたとします。それまで5,000円だった毎月の料金が3,000円になれば、それだけで年間24,000円も節約になります。買い物の回数を減らして節約しようとしていては達成するのに時間がかかる金額でも、固定費を見直すことで年間で換算すると大きな節約になり得ると言えるでしょう。つまり、節約においてもコスパを重視しなければならないのです。(注3)

(中略)

ただし、忘れてはいけないことがあります。それは、ただ支出を絞ってはいけないというのと同様に、何のために貯金するのかを考えずに貯めるのも控えたほうがいいということです。結局のところ、お金は何かを買うためのものであります。目的の無い貯金は、ゴールの無いマラソンと同じ

です。自分で設定したゴールに向かって進んでいくからこそ、やりがいも達成感も生まれ、継続していけるのです。

(注1) 貯蓄：将来のためにお金や価値のあるものをたくわえておくこと
(注2) むやみに：深く考えずに行動すること
(注3) コスパ：コストパフォーマンスの略。ここでは、節約にかけた時間や作業量に対して効果が高いかどうかということ

1 筆者によると、貯金をするときは最初に何をすればいいか。

1　給料が毎月いくら入ってくるか把握する。
2　銀行口座に残っている預金残高を確認する。
3　毎月いくら消費しているのかを知る。
4　毎月の買い物の回数を数えておく。

2 貯金することについて、筆者の考えに合うのはどれか。

1　支出を絞ることだけを考えて貯金額を増やしていかなければならない。
2　固定費を再検討して、お金を貯めることを第一に考えなければならない。
3　目標を設定して、それに基づく貯金計画を立てなければならない。
4　貯金を続けるためにも目標意識を持たなければならない。

(2)

　最近ではコンビニや大手(おおて)スーパー、飲食店など、電子マネーが使える店が増えてきている。現金がなくてもスマートフォンで決済ができたり、銀行に行かなくても好きな時に家族や友達に送金することができる。このような電子マネーは、若い人を中心に利用者が増加する一方で、これほど広まった背景にはいくつかの理由があると考えられる。

　まず、キャッシュレス(注1)決済の利便性(注2)が挙げられる。財布を持ち歩く必要がないうえに、現金を出し入れする手間を省けるし、小銭を探す面倒もなくなる。これは忙しい現代人にとっては大きなメリットである。

　次に、ポイント制度の充実も電子マネーの普及を後押ししている。多くの電子マネーサービスはユーザー獲得のために利用金額に応じてポイントを与えている。ユーザーは貯まったポイントを次の支払いで現金と同じように使うことができ、得した気分を味わえる。

　そして考えられるもう一つの理由は、セキュリティ面で安全だということである。多額の現金を持ち歩く際の不安感を電子マナーのような決済手段が解消してくれる。最近ではセキュリティ対策も日々進化しており、不正利用のリスク(注3)も減少しつつある。

　しかし、電子マネーの普及にはメリットがある反面、課題もある。特に高齢者や機械の操作に不慣れな人には利用方法が複雑に感じられることがある。またシステム障害が発生した場合、一時的に決済ができなくなるリスクも考慮しなければならない。今後の重要な決済手段であるからこそ誰もが利用できるようにサポートしたり、利用方法を簡略化したりと課題に真剣に取り組む必要があると考える。

（注1）キャッシュレス：現金を使わないで取引する方法
（注2）利便性：便利であること
（注3）リスク：危険

3 これほど広まった背景にはいくつかの理由があるとあるが、筆者はどういう理由があると考えているか。

1 支払いのたびにポイントが貯まっていくのが楽しみになる点
2 現金で決済する際に不便さを解消し、スムーズに支払いができる点
3 セキュリティ対策が完璧(かんぺき)になって現金を携帯する際の心配がなくなる点
4 機械に不慣れな人でも簡単に使えるようになる点

4 筆者によると、電子マネーの今後の課題は何か。

1 今後の重要な決済手段なので、セキュリティを強化すること
2 システム障害の原因を徹底(てってい)的に調べること
3 誰でも利用できるようにシステムを整備すること
4 現金を使わない社会を実現するために、政府が普及を促すこと

(3)

　世の中には、いろいろな依存症がある。例えば、お酒を飲まずにはいられないアルコール依存症、タバコを我慢できないニコチン依存症、買い物がやめられない買い物依存症、インターネットがないといられないインターネット依存症などだ。

　依存はなぜ起こるのだろうか。それは、「報酬系」と呼ばれる脳の一部の働きが関係しているそうだ。「報酬系」というのは、欲求が満たされた時に、幸せな気持ちにさせる神経のことだ。目標を達成して嬉しいと感じるのも、人に感謝されて満足感を得るのも、この「報酬系」の働きが関わっている。そして、この満ちた感覚を求めて、人は様々な工夫をしながら同じような行動を繰り返そうとする。

　これが正常に働いていれば問題はないのだが、お酒やタバコ、インターネットやギャンブルなどにより、強い刺激が報酬系に与えられると、その快感が忘れられなくなり、やめようとしても、やめることができなくなってしまうのだという。

　依存症を伴う欲求は非常に強く、家庭が壊れたり、病気になったりしても、簡単にはやめられないという。そして、一度依存症になると、その状態から抜け出すには長い時間と努力が必要だそうだ。さらに、依存症は何の問題もない人でもなり得る病気であるという点も特に恐れるべきであり、注意しなければならない。つまり、依存症の危険性があるものには、普段からできるだけ関わらないに越したことはないのだ。

（注1）依存症：やめたくてもやめられず、それがないと心や体の安定が保てなくなること

（注2）ギャンブル(Gamble)：ゲームなどで当たりが出たり、1等になったら、出した金額の何倍ものお金がもらえるもの

（注3）関わらないに越したことはない：関わらないほうがいい

5 この文章によると、人が依存症になる原因は何か。

1 満ちた感覚を得て、やめたいと思わなくなること
2 目標を達成することが、満ちた感覚だと感じること
3 脳が強い刺激を覚え、その満ちた感覚が忘れられなくなること
4 人は脳の欲求に逆らうことが不可能であること

6 筆者によると、依存症に注意しなければならないのはなぜか。

1 精神的に異常がなくても依存症になることは珍しくないから
2 普段から簡単に無視することができず、どうしても関係してしまうから
3 家庭が壊れたり、健康状態が悪化したりすることが多いから
4 どんなに時間や努力をかけても治らない場合があるから

(4)

以下は、議論について書かれた文章である。

　現代社会には、解決すべき複雑な問題が多く存在し、それらを解決するには多様な意見を出し合い、深く考える議論が不可欠である。議論は、賛成と反対に分かれてお互い対立するような討論とは異なり、みんなが納得できる解決策を導き出すものである。どちらの意見が正しいか正しくないかを決めるというよりも、より良い結論や新たな視点を生み出すための重要なプロセスなのである。

　対立した関係のなかで話し合いをすると相手を論理で制圧しようとしたり攻撃的になりがちであり、感情的な対立からひどい場合には争いにまでに発展しかねない。しかし、同じ目標を持つ一つのチームだという認識のもとで、様々な角度から意見を出し合うことで、個人の視点では見落としていた側面に冷静に気づけるようになる。また、問題を口に出して共有することで曖昧だった論理が整理され、問題の全体像がより鮮明に把握できるようになる。

　議論においては、相手の主張の矛盾点を見つけ出し、痛いところを突く必要がない。むしろ、相手の話を聞いたらまず受け入れようとする姿勢が重要となる。この姿勢さえ整っていれば、話す人も安心して意見を述べることができ、どんなに小さなことでも言いやすい環境をつくることができる。その結果、一人の発想だけでは思いつかないような新鮮なアイデアが生まれ、多様な意見からそれぞれの良い点を組み合わせることで、より包括的で効果的な解決策へとつながるのである。

（注1）見落としていた：見ていながら気づかなかった
（注2）包括的で：ここでは、皆の意見をうまくまとめて

7 筆者によると、議論とはどのようなものか。

1　新たな視点を生み出すために、山積みの問題を一気に解決するもの

2　みんなが納得できるように、賛否に分かれて結果を導き出すもの

3　みんなが納得できるように、深く考えたり意見を交換するもの

4　新たな視点を生み出すために、個人の視点で考えてみるもの

8 痛いところを突く必要がないとあるが、なぜか。

1　議論では矛盾している論理であっても目立たないから

2　相手を指摘すると不安になって自由に話せなくなるから

3　小さなことを気にすると良い解決策につながらないから

4　受け入れる姿勢で誰も思いつかなかった発想が生まれるから

(5)

　最近は栄養のために食事よりサプリメントを取り入れる人が多くなりました。日常生活では、ダイエット、野菜や果物の価格の上昇、または自分でメニューを決めることができない食事会など、様々な理由で十分な栄養が摂れず、その代わりになるものに頼らざるを得ない状況も少なくありません。また、「いい食事」がとれる場合でも、栄養のバランスに優れた健康的なメニューの中に子供の頃から偏食してきた食材が含まれているため、それを避けている人もいるでしょう。このような状況が続き、結果としてサプリメントを飲むようになって、その中にはサプリメントのみで食事を済ませている事例も珍しくありません。

　サプリメントを飲むことが悪いわけではありませんが、注意が必要です。たくさん飲めば必要な栄養素を全て補えると思うかもしれませんが、それらを食事の代わりにすることは決して健康的だとは言えません。なぜなら、大量のサプリメントは私たちの体内で完全に消化吸収されないからです。また、サプリメントには特定の栄養素しか入っていないため、普段の食事から意識せずに摂っていた様々な栄養素を補うことはできません。それに、栄養素同士の相互作用も考えないといけないですが、一般の人にはなかなか判断が難しいため、できればかかりつけ医(注)に相談してからサプリメントを飲むようにしましょう。

　サプリメントは、食事の代わりになるものではなく、あくまでも食事で不足する栄養素を補うための手段であることを忘れずに利用しなければなりません。

（注）かかりつけ医：健康相談ができる身近な医師

9　サプリメントを取り入れることについて、筆者の考えに合うのはどれか。

1　事情がよくなるといい食事をとる人が増えるようになる。
2　サプリメント中心の食生活を送ると栄養の偏(かたよ)りがなくなる。
3　十分な栄養を摂らないということは、偏食をし続けるのと同じ結果になる。
4　栄養が色々な理由で不足しがちなため、サプリメントに頼るようになる。

10　サプリメントについて、筆者が言いたいことは何か。

1　医者に相談して飲むなら、量を気にせずに飲んでもいい。
2　普段の食事で必要な栄養が摂れるため、サプリメントは飲まなくてもいい。
3　一般人には効果が分かりづらいため、サプリメントより食事を意識したほうがいい。
4　サプリメントは控えめにし、食事をメインにして栄養を摂ったほうがいい。

(6)

　私たちの周りには、常に非常に多くの情報があふれています。その膨大な情報の中には、不確かな情報や嘘の情報、すなわち「デマ」などが混じっていて、我々を動揺させることもあります。

　実は最近の調査で、インターネットを通じて日本中に広まったデマは、たった数十の個人や団体から広まっていったことが明らかになりました。つまり、一人がデマを流すと、数百万人、数千万人に広がってしまう可能性があるということです。昔、①こんな事件がありました。ある銀行が倒産しそうだという噂が近所に広まりました。すると、それを信じた人々が自分たちの貯金を下ろそうと銀行に殺到しました。銀行が「倒産はしない」といくら説明しても、②人々は信じませんでした。その結果、2週間で14億円ものお金が下ろされてしまい、銀行は本当に倒産しそうになってしまいました。警察が噂の出所を調査したところ、そのきっかけは電車の中で3人の女子高生が言った冗談だったことが分かりました。

　人は、直接相手が言ったことよりも、誰かから伝え聞いたことのほうが信じやすいそうです。つまり、ばかばかしいことに、噂の対象になっている本人から聞いた情報よりも、自分の周りの誰かが言ったことのほうを正しいと思い込んでしまうのです。デマに流されないためには、情報を広げずに、まずはその情報がどこから出ているのか確かめることが大切です。そして、その情報に疑問を持って自分で真実かどうかを判断できない場合には、本人に直接確認することも良いと思います。

（注1）倒産：会社がだめになって、つぶれること
（注2）殺到：多くの人や注文などが一度に来ること

11 ①こんな事件とは何か。

1 根拠のない情報や嘘の情報に動揺してしまい、人々が混乱した事件
2 インターネットで、数十の個人・団体から数千万人にまで噂が広がってしまった事件
3 嘘の情報を信じた人々が、次々と銀行で預貯金を下ろした事件
4 噂の対象になっている本人の説明が、デマとして広がった事件

12 ②人々は信じませんでしたとあるが、なぜか。

1 インターネットで流れていた噂だったから
2 銀行から直接聞いた話だったから
3 近所の人や知り合いから聞いた噂だったから
4 どこから出た情報か分からなかったから

(7)

　社会人として、ヒールのある靴を履くのは当然であるかのように考えられてきたが、そのハイヒールが、最近議論を呼んでいる。会社や社会にハイヒールを強要（注1）されるのは、女性差別だという声が出てきたのだ。こうした反対運動は社会運動となり、女性の足の健康や働き方を改めて見直すきっかけとなった。

　「職場ではハイヒールを履かなければならない」、「ハイヒールを履くことが礼儀だ」などというのは、これまで常識のように言われてきたことだが、ハイヒールは、決して履き心地の良いものではない。足の指先が痛くなり、足が疲れ、夕方になると立っているのさえ辛くなる。しかも、走りにくく転びやすいので、安全面からも優れているとは言いがたい。また、長期間にわたるハイヒールの着用によって、足の健康を失ったという人も多い。

　筆者からすれば、足が長くきれいに見えるという点を除いて、ハイヒールの利点はあまり見当たらない。もちろん、足がきれいに見えるから、デザインが好きだからという理由で、ハイヒールを好んで履いている人もいるだろうが、それはその人の自由だ。しかし、それ以外の女性は履く靴を選ぶ権利があるのではないだろうか。今は、社会全体が、女性はハイヒールを履くものだと勝手なイメージを押しつけているように見える。ハイヒールに限らず、社会的な理由をつけて他人に身体的な苦痛を与えることは、多様性を認める現代社会の考え方には反する行為ではないか。

（注1）ハイヒール：靴の底が高い婦人靴
（注2）強要：無理に押しつけること

13 筆者によると、ハイヒールが問題になるのは何か。

1 ハイヒールを強要して、個人の自由を害すること
2 ハイヒールの強要が女性差別だという意見があること
3 ハイヒールは履き心地が悪く、仕事に集中できないこと
4 ハイヒールは安全性が低く、事故につながる可能性があること

14 ハイヒールを履くことについて、筆者の考えに合うものはどれか。

1 足の健康を損ねてしまうので、控えるべきだ。
2 体に負担をかけるが、デザインが好きなら履くべきだ。
3 社会的な理由で着用を義務付けるのは見直されるべきだ。
4 多様性を認めて誰もが履ける環境をつくるべきだ。

(8)

　お酒を飲んで失敗をすると、よく「あれは酔った勢いだった」、「アルコールのせいだ」と言う人がいる。しかし、最近の研究で、アルコールはその人の道徳観(注1)には影響を与えないことが分かった。その研究とは、VR(注2)を使って、ある複数の人たちを助けるために、一人の人を切り捨てることができるかどうかを判断させる実験だった。それぞれ、お酒に酔った状態とそうでない状態で行った結果、どちらの状態でも、参加者の選択は変わらなかった。この実験の結果で、「アルコールは人の道徳観に影響を及ぼさない」ということが証明されたと言える。これは、酔って何か迷惑なことをする人は、もともとその人がそういう人だったということでもある。

　この実験に基づくと、昔から「お酒を飲んだら、その人の本当の性格が現れる」と言って、よく婚約の前に相手にお酒を飲ませることも一理ある(注3)話だ。お酒が入ってないときはいい人のふりをしていても、お酒が入ると判断力が低下し、その人が本来持っている道徳観が表に出て(注4)しまう可能性があるからだ。また、この実験が示すように、失敗してもお酒のせいにすることはできない。相手が酔ったとしても本音(注5)を隠して最後まで接したのであれば、それは相手がそれほど気遣いができる人だと捉えることができるので、それはそれで良いと言えるだろう。

　お酒は、程よい状態まで飲んで楽しめば、気分転換や人間関係を深めることに役立つのは確かだ。ただ、「お酒を飲んでも、飲まれるな」という言葉があるように、言動がコントロールできなくなるまで飲むことには十分気を付けなければならない。

（注1）道徳観：人としてやっていいことと、いけないことの考え方
（注2）VR(Virtual Reality)：コンピューターによって作られた実際にはない空間
（注3）一理ある：もっともな理由がある
（注4）表に出て：内部にあるものが外に現れて
（注5）本音：ここでは、心の中で思っていること

[15] 筆者によると、実験で分かったことは何か。

1　お酒を飲んだら、失敗する確率が高くなること
2　お酒を飲んだら、迷わず人に害を与えてしまうこと
3　人の道徳観は、アルコールの量によって変わること
4　お酒を飲んで失敗しても、アルコールのせいではないこと

[16] 筆者が最も言いたいことは何か。

1　お酒は人の性格を変えるので、本当の性格を知るためにお酒を飲ませても意味がない。
2　お酒は人の道徳観には影響を与えないので、その人を知るいい機会になる。
3　本当の性格が出るかもしれないので、お酒を飲まされる場は避けたほうがいい。
4　本当の性格が出るかもしれないので、最後まで親切なふりをしなければならない。

(9)

　イヌは、人間にとっていなくてはならないパートナーでもあり、友達でもあり、家族でもある。イヌは長い間、人間と一緒に暮らしてきて、1万5000年ほど前にはすでに家畜化されていたと言われている。イヌはオオカミやキツネなどと違い、目の表情を作る顔の筋肉の一部が発達しているため、表情が豊かで、感情が人間に伝わりやすい。また、人間と目と目を合わせることを好むと知られている。そのため、<u>イヌは人間とのコミュニケーションに優れている</u>と考えられる。それでは、なぜイヌは他の動物と違い、人間と仲良くできるのだろうか。

　ロシアの研究者が行ったキツネの研究に面白いものがある。彼らは、人間に友好的な性格を持つキツネと、人間に攻撃的な性格を持つキツネを選び分けて、それぞれ子孫を増やしたのだ。驚くべきことに、人間に友好的なキツネには、犬のような特徴が現れたという。耳がたれ、しっぽが丸くなったのだ。さらに、毛の色にも変化が見られ、もともとの黒かった毛の一部が白く変化したそうだ。そればかりか、人間に対して喜びを表すときにしっぽを振ったり、人間に甘えたりするキツネも出てきたという。これは、友好的な行動に関するDNAが、身体的な変化にも関わっている可能性が高いということが明らかになった。まだ他の原因の可能性も否定されてはいないが、この研究結果で、大昔の人間もこのように友好的なイヌだけを選び、増やしたのではないかとも考えられている。

（注1）家畜：牛や馬などのように、家庭や農園で飼われる動物
（注2）友好：相手に近づき仲良くなろうとすること

[17] イヌは人間とのコミュニケーションに優れているとあるが、なぜか。

1　大昔から人間と一緒に暮らしながら訓練されてきたから
2　喜ぶときはしっぽを丸くして人間に甘えてくるから
3　目の表情が豊富で、目と目を合わせることが好きだから
4　性格や見た目に影響を与えるDNAが関係しているから

[18] イヌが家畜化した過程について、筆者の考えに合うのはどれか。

1　行動に関するDNAだけがイヌの家畜化に関係する。
2　友好的なキツネの子孫とイヌは共通の祖先を持つ。
3　古代の人間が、人間を攻撃しない犬を増やした可能性がある。
4　自ら人間に近づいてきて徐々に生活の一部になったと考えられる。

(10)

　一般的にはミスをして怒鳴られることを意識したり、自分がもらっている給料分しか働きたくないなどの理由で与えられた仕事だけに集中する人が多いです。しかし、仕事ができる人は無理をする人が多いです。それは、単なる自己満足ではなく、より高い成果を上げるために、指示された以上に業務に積極的に取り組むからです。その背景には、成長したいという欲求が誰よりも強いからなのでしょう。そのため、現実的に実現できる範囲内に目標を立てつつも、常に多少無理をして背伸びしないと達成できないものを選ぶことが多いのです。目標を定めたら、達成のために必要な手段や資源、期日などを細かく計画し、その計画に沿って実行します。自分一人ではできないと判断したら、周りの人にすぐ助けを求めます。困難な目標を設定した分、高いコミュニケーション能力でチームをうまくまとめて、最終的には成功へと導きます。

　これができるのは、もちろん実力が不可欠ですが、それに加えて彼らの人格が影響していると考えられます。彼らは基本的に人を見下すことなく、人の欠点よりも良い点を見つけようとする人が多いです。また、誰に対しても失礼のない態度をとるのは、相手を敬う気持ちを持っているからでしょう。この気持ちは、周囲の人に協力を求める際に自然と伝わります。そのため、協力者たちも敬意の気持ちを抱いたり、少なくとも嫌な感情を持たずにその人に協力しようという気持ちになるのです。こうしたコミュニケーションを通じてチームは一体となり、一人の能力を超えた成果を出し、成功へ繋がるのです。

[19] 仕事ができる人とはどのような人か。

1　必要以上の労働を避けるため、任された仕事だけをこなす人
2　目標達成のために周りの人に多少の無理を強いる人
3　自分の成長よりもチームワークを重視し、成果を出す人
4　多少の無理をしても、常に高い目標を設定して求める人

[20] 仕事ができる人の人格について、筆者の考えに合うのはどれか。

1　相手を敬う気持ちを持っているため、コミュニケーションがうまくいく。
2　他人が敬ってくれているため、人を見下すような態度をとらない。
3　嫌われる態度をとらないため、尊敬の気持ちが相手に伝わる。
4　人を敬う気持ちさえ持っていれば、チームを成功に導くことができる。

문제 12 통합이해

독해 통합이해는 총 600자 정도의 A와 B, 2개 지문을 읽고 정답을 고르는 문제로 지문 2개와 문제 2개가 출제된다. 출제되는 2개의 지문은 같은 주제에 대해 쓰여진 글이지만, 서로 다른 주장과 의견을 말하는 에세이이다. 주로 문제에서는 2개의 지문의 공통점과 차이점, 각각의 주장을 묻는 문제가 출제된다.

이렇게 풀자

우선 각 지문의 일치하는 핵심 키워드를 확인하도록 하자. 그리고 2개 지문을 모두 읽고 내용을 비교, 통합하여 공통되는 점이 무엇인지, 다른 점이 무엇인지를 빠르게 파악하면서 문제를 풀어나가야 한다. 지문을 읽으면서 2지문의 핵심 어구나 정답 키워드가 될만한 부분은 표시해두는 것도 좋다.

문제유형 예시 　　　　　　　　　　　　　　　　　　　　　　　시간 5분 이내

問題12　次のAとBの文章を読んで、後の問いに対する答えとして最もよいものを、1・2・3・4から一つ選びなさい。

A

　今日、地球温暖化への対策が我々の大きな課題となっている。そのために手軽にできることは、家庭内でのエネルギーの消費量を減らすことである。家庭からの用途別のCO2排出量(注1)を見ると、照明、自家用車、暖房の順にCO2排出量が多い。そこでCO2排出量を減らす効果的な方法として、使用していない電気製品のコンセントをこまめに抜くなどの待機電力(注2)を削ることが挙げられる。他にも、エアコンや冷房の温度を上げる、シャワーの流しっぱなしをやめるといった方法も有効である。そして、自家用車より自転車や歩きで移動することもCO2排出量を減らす一つの方法であろう。このように家庭内でのエネルギー消費量を減らすことが地球温暖化への対策につながるのだ。

B

　地球温暖化への有効な対策として、自動車からのCO_2排出量を減らすことが挙げられる。近年、自動車会社は水素自動車や電気自動車など、CO_2を排出しない自動車の開発に力を入れている。各国の政府もこれらの開発に金銭を援助するなどして協力している。ところが現状では、これらの自動車は価格が非常に高いという問題がある。では、我々一人一人が自動車からのCO_2排出量を減らすために何ができるか。自家用車に関しては、無理にスピードを出さないなどのことはもちろんだが、それに加えて近所へ出かける際は徒歩や自転車、遠方へは電車などの公共交通機関を利用することで、CO_2の排出量が抑えられるだろう。

（注1）排出量：外に出る量
（注2）待機電力：コンセントに接続された状態に消費する、ごく少ない電力

1 AとBどちらの文章でも触れていない点は何か。

1　家庭内でのエネルギー消費量
2　電気自動車の問題点
3　エアコンの問題点
4　自家用車のCO_2排出量

2 AとBの文章で共通して述べられている点は何か。

1　政府が地球温暖化への対策に力を入れていること
2　家庭内でのエネルギーの消費量を減らすことが地球温暖化への対策につながること
3　自動車からのCO_2排出量を減らすことが地球温暖化への対策につながること
4　公共交通機関の利用が地球温暖化への対策につながること

문제 12 다음 A와 B 문장을 읽고, 뒤의 물음에 대한 답으로서 가장 알맞은 것을, 1·2·3·4에서 하나 고르세요.

|정답| **1** ③　　**2** ③

|해석| A

> 오늘날, 지구온난화에 대한 대책이 우리의 큰 과제가 되고 있다. 그 때문에 손쉽게 할 수 있는 것은 가정 내에서의 에너지 소비량을 줄이는 것이다. 가정에서의 용도별 CO_2 배출량을 보면 조명, 자가용차, 난방 순으로 CO_2 배출량이 많다. 그래서 CO_2 배출량을 줄일 효과적 방법으로서 사용하지 않는 전기 제품의 콘센트를 수시로 뽑는 등의 대기전력(주석2)을 깎는 것을 예로 들 수 있다. 그 외에도 에어컨이나 냉방 온도를 높이거나 샤워기를 계속 틀어놓는 것을 그만둔다는 방법도 유효하다. 그리고 자가용차보다 자전거나 걷기로 이동하는 것도 CO_2 배출량을 줄이는 하나의 방법일 것이다. 이처럼 가정 내에서의 에너지 소비량을 줄이는 것이 지구온난화에 대한 대책으로 이어지는 것이다. (주석1)

B

> 지구온난화에 대한 유효한 대책으로서 자동차로부터의 CO_2 배출량을 줄이는 것을 들 수 있다. 근래에 자동차 회사는 수소 자동차나 전기 자동차 등 CO_2를 배출하지 않는 자동차 개발에 힘을 쏟고 있다. 각국 정부도 이것들의 개발에 자금을 원조하는 등 해서 협력하고 있다. 그런데 현재 상태에서는 이것들의 자동차는 가격이 매우 비싸다는 문제가 있다. 그럼 우리 한 사람 한 사람이 자동차로부터의 CO_2 배출량을 줄이기 위해서 무엇을 할 수 있을까? 자가용차에 관해서는 무리하게 스피드를 내지 않는 등의 일은 물론이지만, 그것에 더하여 근처에 외출할 때는 도보나 자전거, 먼 곳으로는 전철 등의 대중교통 기관을 이용하는 것으로 CO_2 배출량을 억제할 수 있을 것이다.

(주석1) 배출량 : 밖으로 나오는 양
(주석2) 대기전력 : 콘센트에 접속된 상태로 소비되는 극히 적은 전력

1 A와 B 어느 쪽의 문장에서도 언급하고 있지 않는 점은 무엇인가?
　1 가정 내에서의 에너지 소비량
　2 전기 자동차의 문제점
　3 에어컨의 문제점
　4 자가용차의 CO_2 배출량

2 A와 B의 문장에서 공통해서 서술하고 있는 점은 무엇인가?
　1 정부가 지구온난화에 대한 대책에 힘을 쏟고 있는 것
　2 가정 내에서의 에너지 소비량을 줄이는 것이 지구온난화에 대한 대책으로 이어지는 것
　3 자동차로부터의 CO_2 배출량을 줄이는 것이 지구온난화에 대한 대책으로 이어지는 것
　4 대중교통 기관 이용이 지구온난화에 대한 대책으로 이어지는 것

| 해설 | **1** A와 B 모두에서 언급하지 않은 내용을 고르는 문제이다. 1번은 A에서 지구온난화에 대한 대책으로 언급했고, 2번은 B에서 가격이 비싼 점을 문제점으로 언급했다. 4번은 A와 B 양쪽에서 모두에서 언급했다. 다만 에어컨 문제점은 어느 쪽에서도 언급하지 않았다. 따라서 3번이 정답이다.

2 A는 지구온난화에 대한 대책으로 가정 내에서의 CO_2 배출량을 줄이는 것을 주장하며, 그 예시로 전자제품의 대기전력 삭감과 자가용차 사용을 줄이는 것을 예로 들고 있다. B는 지구온난화에 대한 유효한 대책으로 자동차로부터의 CO_2 배출량을 줄이는 것을 설명하고 있다. 두 지문 모두에서 자동차로부터의 CO_2 배출량을 줄이는 것을 언급했기 때문에 3번이 정답이다. 1, 4번은 B에서만 언급한 내용이고, 2번은 A에서만 언급한 내용이므로 정답이 아니다.

| 단어 | 今日(こんにち) 오늘날 | 地球温暖化(ちきゅうおんだんか) 지구온난화 | 対策(たいさく) 대책 | 我々(われわれ) 우리들 | 課題(かだい) 과제 | 手軽(てがる)に 손쉽게 | 家庭(かてい) 가정 | エネルギー 에너지 | 消費量(しょうひりょう) 소비량 | 減(へ)らす 줄이다 | 用途別(ようとべつ) 용도별 | CO_2(シーオーツー) 이산화탄소 | 排出量(はいしゅつりょう) 배출량 | 照明(しょうめい) 조명 | 自家用車(じかようしゃ) 자가용 | 暖房(だんぼう) 난방 | ~順(じゅん)に ~순으로 | 効果的(こうかてき)だ 효과적이다 | 電気製品(でんきせいひん) 전기 제품 | コンセント 콘센트 | こまめに 수시로, 자주 | 抜(ぬ)く 빼다 | 待機電力(たいきでんりょく) 대기 전력 | 削(けず)る 깎다, 삭감하다 | 挙(あ)げる 예를 들다, 거행하다 | 冷房(れいぼう) 냉방 | 温度(おんど) 온도 | 有効(ゆうこう)だ 유효하다 | 移動(いどう) 이동 | つながる 이어지다, 연결되다 | 接続(せつぞく) 접속 | ごく 극히 | 近年(きんねん) 근년, 근래 | 水素(すいそ) 수소 | 開発(かいはつ) 개발 | 力(ちから)を入(い)れる 힘을 쏟다 | 各国(かっこく) 각국 | 政府(せいふ) 정부 | 金銭(きんせん) 금전 | 援助(えんじょ) 원조 | 協力(きょうりょく) 협력 | 現状(げんじょう) 현재, 현재 상태 | 価格(かかく) 가격 | 非常(ひじょう)に 매우 | ~に関(かん)しては ~에 관해서는 | スピード 스피드 | ~に加(くわ)えて ~에 더해서 | 近所(きんじょ) 근처 | 際(さい) 때 | 徒歩(とほ) 도보 | 遠方(えんぽう) 먼 곳 | 公共交通機関(こうきょうこうつうきかん) 대중교통 기관 | 抑(おさ)える 억제하다 | 触(ふ)れる 접촉하다, 언급하다 | 共通(きょうつう) 공통

실전 연습 문제

問題12 次のAとBの文章を読んで、後の問いに対する答えとして最もよいものを、1・2・3・4から一つ選びなさい。

(1)

A

　最近は、結婚式を挙げないカップルが増えているそうだ。式を挙げるとお金がかかるからとか、式を挙げなくても結婚したい気持ちに変わりはないからといったことが理由で、結婚記念の写真だけ撮るという人も多いらしい。しかし、結婚式にはお祝いのパーティーの意味だけではなく、周りの人に「結婚しました。これから夫婦として頑張っていきますので、見守り続けてください。」と挨拶する意味もある。式を挙げたことによってその覚悟をし、いい夫婦になろうと努力できるのではないだろうか。何より、一生の記念になることなのだから、結婚する上で多少お金がかかっても、自分たちや周りのために式は挙げたほうがいいだろう。

B

　日本の結婚式費用は「200万円〜400万円」くらいである。一方、日本のビジネスマンの平均年収は2022年で403万円だ。つまり、平均的には一年の収入とほとんど同じ金額を結婚式で使うことになる。しかし、最近は結婚式をしない、式は家族だけで行うなどといった夫婦も多い。たった1日の結婚式のために数百万円のお金を使うくらいなら、贅沢な新婚旅行や質の良い家具などにお金を使いたいということだ。そもそも結婚式より最も大事なのは、結婚する2人の気持ちである。だから、いろいろな悩みが生じることであれば無理して挙げなくてもいいのではないだろうか。

[1] AとBの意見で、共通している点は何か。

1　結婚式は周りの人に挨拶をするためのものでもあること
2　結婚式は挙げるのに費用が高すぎること
3　最近は結婚式をしないカップルが増えていること
4　結婚式は会社がお金を儲けるためのビジネスになりつつあること

[2] 結婚式について、AとBはどのように述べているか。

1　AもBも、結婚式は挙げなくてもいいと述べている。
2　AもBも、結婚式は挙げたほうがいいと述べている。
3　Aは結婚式はお金がかかっても挙げたほうがいいと述べ、Bは結婚式は必ず家族だけで行うべきだと述べている。
4　Aは結婚式は挙げるべきだと述べ、Bは形式を気にしなくてもいいと述べている。

(2)

A

　　昔は英語教育を中学生の頃からさせていたが、最近では、小学校5年生からの英語教育が必修化し、必ず行わなければならない教科になった。「活動」と言われる正式な教科ではないものも含め、小学校3年生から英語に触れるようになった。これは、近年進む国際化の波に乗り遅れないために、日本でも早くから英語教育を始めたほうがいいという考えによるものだ。英語をネイティブ・スピーカーのように話せるようになるには、中学校で勉強を始めたのでは遅い。英語学習を始める時期は早ければ早いほどいいだろう。世界で通用する人材にするためには、小さい頃から英語に慣れ親しむことが重要だ。

B

　　日本では、英語を習い始める時期は早いほうがいいという意見をよく耳にする。たしかに、外国語をネイティブ・スピーカーのように習得できる時期は子供時代に限られているという研究もある。しかし、大人になってから外国語を習い始め、上手に話せるようになった人も決して少なくない。けれども、日本人が英語を話せるようにならないのは、言葉に出して話せるようになるための練習が学校でされないためだ。ただ文法を説明して、翻訳させるだけの授業では運用能力は身につかない。外国語の運用には練習が必要なのだ。学校の教師が効果的な教え方や練習方法を知らないのに、学生が話せるようになるわけがない。外国語教育は早ければ早いほどいいというものではなく、適切で効果的な教え方が重要なのだ。

（注1）必修化：ある科目の授業を必ず受けるように定めること
（注2）運用：働かせて用いること

3 日本の英語教育について、AとBで共通して述べられている点は何か。

1 英語は中学校から正式な科目として取り入れられている。
2 英語が話せなければ、国際化が進む社会で生きていけない。
3 外国語を上手に話せるようになるのは、子供時代に勉強を始めた人だけだ。
4 早いうちから英語の学習を始めたほうがいいと考える傾向がある。

4 英語教育について、AとBはどのように述べているか。

1 AもBも、英語教育を始めるのは早いほうがいいと述べている。
2 AもBも、英語教育はいつ始めてもいいと述べている。
3 Aはなるべく早く始めたほうが効果的だと述べ、Bは早く始めても適切に行わなければ効果がないと述べている。
4 Aは小学校から始めるのは遅すぎると述べ、Bは大人になってから始めても遅くないと述べている。

(3)

A

　　春の行事といえば、お花見だ。お花見の楽しみは、何と言っても桜の木の下で、みんなでおいしいものを食べて、お酒を飲みながら楽しく過ごすことだ。もちろん、一人で桜を眺めるのもいいが、せっかくの機会なのだから大勢で楽しんだほうがいい。桜を見ながら飲めば、コミュニケーションが盛んになって交流も深められるし、お酒や食べ物もおいしく感じられるというものだ。何より、あのにぎやかで開放(かいほう)的な雰囲気がなんとも言えず良い。こんな絶好の機会を、一人で桜を見て終わらせるなんてもったいなさ過ぎる。花見は普段の嫌なことから開放(かいほう)されるいい機会である分、仲間と一緒に楽しんだほうがいい。

B

　　毎年お花見の季節になると、公園や川沿いの桜の木の下でピクニックをしながら娯楽を楽しむ人々がたくさんいる。みんなでお酒を飲んだり、おいしいお弁当を食べたりしながらのんびりと過ごすのは、お花見の時期に見られる一般的な風景の一つだ。その他に、花そのものを楽しむお花見もある。私のお勧めは大きな庭園(ていえん)に行くことだ。庭園(ていえん)にある植物は、周りの景色との調和(ちょうわ)を図(はか)り、きれいに見えるように計算されて植えてある。周りの植物と桜を一緒に眺めたり、種類によって少しずつ色や咲き方が違う桜の花をじっくり観察したりしているだけでも楽しい気分になる。高性能のカメラを持ってきて一人で写真を撮るのもいいし、友達と会話を楽しみながら桜を見るのもいいのだ。桜の木の下で飲み会をするのもいいが、一年の間でほんの一、二週間しか咲かない花なのだから、その美しさをじっくり見て楽しみたいものだ。

5 お花見を誰と見に行くかについて、AとBはどのように述べているか。

1　AもBも、誰かと一緒に見たほうがいいと述べている。
2　AもBも、一人でのんびり見たほうがいいと述べている。
3　Aはどちらでもいいと述べ、Bは一人のほうがいいと述べている。
4　Aは連れがいたほうがいいと述べ、Bはどちらでもいいと述べている。

6 お花見の魅力について、AとBはどのように述べているか。

1　AもBも、公園や川沿いの桜の下で、にぎやかに飲み会をすることを勧めている。
2　AもBも、庭園（ていえん）に行って花をゆっくり観察することを勧めている。
3　Aはお花見の雰囲気を楽しむ立場から、Bは景色や花そのものを楽しむ立場から魅力を述べている。
4　Aは仲間とお酒を飲めるところがいいと述べ、Bはカメラの性能を試せるところがいいと述べている。

(4)

A

　ひと昔前までは、一度その会社に入ったら退職の時期が来るまで働くというのがごく普通の考え方で、転職を何度もして会社を転々とするのはよくないことだと考える人が多かった。しかし、最近では経験や技術を伸ばすための転職に関しては、肯定的に見られることが多くなった。転職した分だけそれぞれの会社のいい部分を学んでいけるし、人との繋がりも広げられる。一つの会社に居たのでは見えてこなかった部分が色々と見えてくるのだ。もちろん、一つの会社にとどまって、会社や仕事への理解を深めることも大事だ。ただ、ずっと同じ会社にいることで、それだけが社会の常識だと思ってしまい、自分の考えが狭くなってしまうという可能性もある。すぐに辞めてしまうのはよくないが、もっと多様なことを学びたいと思ったら、別の会社を探してみてもいいのではないか。

B

　転職には様々な理由がある。会社をやめることに対して、「辛いからといって逃げてはいけない」と転職を否定的に考える人もいる。もちろん、残業代が出ないような、おかしな会社に入ってしまった場合や、職場の環境が悪い場合には、話は別だ。しかし、そこがきちんとした会社だったら、向いていない、合わないと思っていても3年くらいは我慢して働いてみたほうがいい。時間の無駄のように思われるかもしれないが、向いていない仕事の中でも、何か一つくらいは学べることがあるはずだ。それに、なかなか思い通りにならない中で、我慢する力もつくだろう。3年頑張って、「もう十分やった。次に行こう。」と思えたら、そこで転職すればいいのではないだろうか。

7 転職について、AとBの意見で共通している点は何か。

1 転職は、今の現状から逃げることだということ
2 転職をすることで、色々な考え方ができるようになること
3 前向きな理由で転職することは悪いことではないということ
4 会社や仕事の理解を深めてから、転職したほうがいいということ

8 転職について、AとBはどのように述べているか。

1 AもBも、転職の印象が良くないため、できるだけしないほうがいいと述べている。
2 Aは転職することで色々なことが学べると述べ、Bは同じ会社にいるほうが色々なことが学べると述べている。
3 AもBも、一定期間同じところで働いてから、転職したほうがいいと述べている。
4 Aはできるだけ転職をしたほうがいいと述べ、Bは転職せずに、今いる職場で我慢して働くべきだと述べている。

(5)

A

　最近では、2ヶ国語以上の外国語を習うこともめずらしいことではなくなってきた。自分の国で最初に習う外国語といえば、英語だと答える人は多いだろう。なぜかというと英語は世界で一番多く話されている言語だからだ。身に付けておけば、海外旅行に行く時も便利だ。英語の他には、中国語や韓国語を学ぶ人も多い。中国人や韓国人は日本にもたくさんいるので、使う機会も多く、比較的に身近な言語と言える。やはり、外国語を習うなら、身近で使う機会が多い、実用的な言語がいいだろう。また、そのほうがやる気も出るし、教材もたくさんあると思う。習うからには、使えなければ意味がない。

B

　インターネットの普及で、世界中の様々な言語にふれる機会が多くなってきた。英語や中国語など主流なものはもちろん、フィンランド語やインドネシア語など、日本ではあまり知られていない言語などの本も目にするようになった。めずらしい言語を勉強しているというと、「そんなのいつ使うの」「役に立たないのに勉強してるの」などと言われることも多いが、使うことだけが外国語学習の目的ではない。外国語を学ぶことで、日本語との違いや共通点を通して、新たな考え方やものの見方を発見し、視野を広げることに繋がる。そして、言語の持つ色々な面を知り、人間の思考の複雑さにふれることもできる。そういったところが、外国語学習の面白さではないだろうか。

9　外国語について、AとBのどちらでも述べられている点は何か。

1　中国語や韓国語は、日本人にとって身近な外国語だ。
2　英語は、世界で多くの人に話されている。
3　英語が話せると、旅行などで便利だ。
4　インターネットが普及してから、様々な外国語を目にするようになった。

10　外国語学習について、AとBはどのように述べているか。

1　Aは身近な言語を学ぶほうがいいと述べ、Bはめずらしい言語を学ぶほうがいいと述べている。
2　Aは外国語学習の実用性について、Bは外国語学習の面白さについて述べている。
3　Aは教材が多い外国語を、Bは日本語との違いが多い外国語を勧めている。
4　Aは外国語学習は役に立つと述べ、Bはあまり役には立たないと述べている。

(6)

A

　高齢の運転手が起こす自動車事故が問題になっている。年を取ると判断力や反応の速度などが鈍くなり、運転で事故を起こしやすくなる。本人は「自分はまだ大丈夫、若い頃と同じように運転できる」と思い込んでいても、実際にはそうではないのだ。多くの運転教習所では、70歳以上の高齢者を対象に、運動能力や判断力、認識能力が基準に達しているかの運転テストを行っている。しかし、それでも高齢者の事故はなくならない。これ以上事故を増やさないためには、ある一定の年齢になったら免許を取り消す法律を作るべきだ。たしかに、「車がないとスーパーにも行けない」「車がないと生活ができない」という意見もあるが、若い人に乗せて行ってもらったり、公共交通機関を利用したりして、高齢者は免許を返却したほうが良いと考える。

B

　田舎では、車は大切な交通手段だ。バスや電車が通っていない地域も多く、車がないと買い物さえもできないという人も多い。近年は、高齢者の運転事故が問題になっており、高齢者は運転をやめるべきだという声があるが、決して全ての高齢者が望んで運転しているわけではない。実際には生活のために、不安を抱きながらも仕方なくハンドルを握る高齢者も多くいるのが現状である。車を諦めて、住み慣れた土地から都会に引っ越せばいいと言う人もいるが、それも費用や体力面での負担が大きく、そう簡単にはいかない。こういった問題に、政府がきちんと応じ、田舎で運行するバスに補助金を出したり、タクシーの割引券を配ったりして、車がなくても安心して生活できる環境を築いていかなければならない。

[11] 高齢者が自動車を運転することについて、AとBが共通して述べている点は何か。

1　高齢者は車の学校で講習を受けることになっている。

2　高齢者は自分の運転に自信を持っている。

3　高齢でも運転を続けても構わない人もいる。

4　高齢者は運転をしないほうがいい。

[12] 高齢者が運転を続けることについて、AとBはどのように述べているか。

1　AもBも、高齢者はすぐに運転をやめるべきだと述べている。

2　Aは強引に運転をやめさせるべきだと考え、Bは高齢者が運転しなくてもいいようにするべきだと述べている。

3　Aは高齢者の能力面から、Bは高齢者の経済的な問題から車の運転はしないほうがいいと述べている。

4　Aは車がないと生活できない高齢者の立場、Bは高齢者の運転が迷惑だという人の立場から述べている。

문제 13 주장이해

독해 주장이해는 900자 정도의 긴 지문을 읽고 정답을 고르는 문제로 지문 1개와 문제 3개가 출제된다. 사설, 논평 등 논리적인 글이 지문으로 출제되며 필자의 주장과 생각, 의도를 묻는 문제가 많이 출제된다.

이렇게 풀자

각 문단을 순서대로 읽으면서 세부적인 내용을 파악하면서 문제를 풀어나가자. 그리고 전체적인 흐름과 함께 필자가 전달하고자 하는 메시지와 주장이 무엇인지 파악하면서 읽도록 하자. 만일 문제풀이 시간이 부족하다면, 문제를 먼저 읽고 질문의 의도를 파악한 다음 지문을 읽도록 하자.

문제유형 예시

⏱ 시간 8분 이내

問題13　次の文章を読んで、後の問いに対する答えとして最もよいものを、1・2・3・4から一つ選びなさい。

　学校や先生に頼らずに、本や実践から自分で学ぶことを「独学」と言う。学校に行く暇やお金がない、住んでいるところの近くに学べる場所がないなどの理由で、独学を選ぶ人も多い。しかし、独学と聞くと、大変なのではないか、なかなか上達しないのではないかという意見もある。たしかに、楽器やダンスなど、先生に教わらないと形にならないようなものもあるが、勉強やものづくり、絵のように、独学でもできるものもある。学校に行けば、あるいは先生に教われば、基礎からしっかりと教えてもらえて、質問にも答えてもらえるので成長が速いと思う人もいるだろう。

　一方で、独学はどうしたらいいのか、何が正しいのかを予測しながら失敗を繰り返し、学んでいく、いわば「回り道」のやり方もある。分からないことがあっても、それを教えてくれる先生はいないので大変だし、なかなか上達しない場合もある。しかし、自分で考えて、試していく中に「なるほど、こういうことか。」、「そうか、こういう理由で、うまくいかなかったんだ。」という気づきがある。正しい答えを見つけるまでには時間も手間もかかるが、それは自分で獲得したものだ。学校に行って、先生から「与えられた」知識ではなく、自分の力で「探し出した」ものだから絶対
（注1）

に忘れないし、やり方に納得できる。自然と理解も深くなり、しっかり自分の身につくのだ。こういったところが、独学(どくがく)の素晴らしさと言えるところだ。

　本やインターネットは独学(どくがく)をする人の強い味方になってくれる。今は絵の描き方の本、服づくりの本、料理の本など、ありとあらゆる(注2)種類の書籍を誰でも簡単に手に入れることができる。しかも、最近はインターネットで「○○のやり方」と検索すると無料で見られる動画も多くある。もし一人でやってみて、どうしても分からないことがあれば、インターネットで誰かに聞くこともできる。そういう場合も、何もやらずに「○○のやり方を教えてください」などと聞くのではなく、自分で考えるなり、試すなりしてから、その方法で正しいのか、どこが問題点なのかを聞いてみよう。与えられるのを待つのではなく、つまずきながらも答えを探し求める姿勢が独学(どくがく)では一番大事な姿勢である。

（注1）獲得(かくとく)：努力して手に入れること
（注2）ありとあらゆる：色々な、全ての

1 次のうち、筆者の意見と合うものはどれか。

1　今は本やインターネットで何でも学べる時代なので、学校に行く必要はない。
2　学校の方が合理的に学べるので、行ける人は学校に行ったほうがいい。
3　昔と比べて、今は独学(どくがく)で学ぶ人が多くなった。
4　先生に教わらないと上手くできないものもあるが、独学(どくがく)で学べることもある。

2 筆者によると、独学(どくがく)の良い点は何か。

1　基本からしっかりと教えてもらえて、成長が速いところ
2　遠回りのやり方で、何でも聞ける先生がいないので、自分で解決できるようになるところ
3　自分で努力して知識や技術を得るので、しっかりと身につくところ
4　教科書やインターネットが頼もしい味方になるところ

3 この文章で、筆者が一番言いたいことは何か。

1 独学には教科書やインターネットが欠かせない。
2 独学は自分で努力して知識や技術を得ることだ。
3 学校で習ったものは独学で得た知識よりも忘れやすい。
4 独学は学校で教わるより上達が遅いが、楽しい。

문제 13 다음 문장을 읽고, 뒤의 물음에 대한 답으로서 가장 알맞은 것을, 1·2·3·4에서 하나 고르세요.

정답 1 ④   2 ③   3 ②

해석

학교나 선생님에게 의지하지 않고, 책이나 실천으로부터 스스로 배우는 것을 '독학'이라고 한다. 학교에 갈 틈이나 돈이 없다, 사는 곳 근처에 배울 수 있는 곳이 없다 등의 이유로 독학을 택하는 사람도 많다. 하지만 독학이라고 들으면 힘든 것 아닌가 좀처럼 숙달되지 않는 것 아닌가라는 의견도 있다. 확실히 악기나 댄스 등, 선생님께 배우지 않으면 형태가 갖춰지지 않을 것 같은 것도 있지만, 공부나 만들기, 그림처럼 독학으로도 할 수 있는 것도 있다. 학교에 가면 혹은 선생님에게 배우면 기초부터 제대로 배울 수 있고 질문에도 답변 받을 수 있기 때문에 성장이 빠르다고 생각하는 사람도 있을 것이다.

한편으로 독학은 어떻게 해야 하는지, 무엇이 옳은지를 예측하면서 실패를 반복하고 배워 가는 이른바 '돌아가는 길'의 방법도 있다. 모르는 것이 있어도, 그것을 가르쳐 주는 선생님은 없기 때문에 힘들고 좀처럼 숙달되지 않는 경우도 있다. 하지만 스스로 생각하고 시험해 나가는 중에 '과연 이런 것인가.' '그렇구나, 이런 이유로 잘 안된 거구나.'라고 하는 깨달음이 있다. 올바른 답을 찾기까지는 시간도 수고도 걸리지만, 그것은 스스로 획득한 것이다. 학교에 가서 선생님으로부터 '주어진' 지식이 아니라, 자신의 힘으로 '찾아낸' 것이기 때문에 절대 잊지 않을 것이고 방법에 납득할 수 있다. 자연스럽게 이해도 깊어지고 제대로 자신의 몸에 익는 것이다. 이러한 점이 독학의 훌륭함이라고 말할 수 있는 점이다.

책이나 인터넷은 독학을 하는 사람의 강한 내 편이 되어준다. 지금은 그림 그리는 법의 책, 옷 만들기의 책, 요리의 책 등, 온갖 종류의 서적을 누구라도 간단히 손에 넣을 수 있다. 게다가 요즘에는 인터넷으로 '○○ 하는 법'이라고 검색하면 무료로 볼 수 있는 동영상도 많이 있다. 만약 혼자서 해보고 아무리 해도 모르는 것이 있다면 인터넷에서 누군가에게 물어볼 수도 있다. 그런 경우에도 아무것도 하지 말고 '○○ 하는 법을 가르쳐 주세요' 등으로 물어보는 것이 아니라, 스스로 생각하든 시도하든 하고 나서 그 방법이 올바른지, 어디가 문제점인지를 물어보자. 주어지는 것을 기다리는 것이 아니라, 넘어질 듯 비틀거리면서도 답을 찾아다니는 자세가 독학에서는 가장 중요한 자세이다.

(주석1) 획득 : 노력해서 손에 넣는 것
(주석2) 온갖 : 여러 가지, 모든

1 다음 중, 필자의 의견과 맞는 것은 어느 것인가?
  1 지금은 책이나 인터넷으로 무엇이든 배울 수 있는 시대이기 때문에 학교에 갈 필요는 없다.
  2 학교가 더 합리적으로 배울 수 있기 때문에 갈 수 있는 사람은 학교에 가는 편이 좋다.
  3 옛날과 비교해서 지금은 독학으로 배우는 사람이 많아졌다.
  4 선생님께 배우지 않으면 잘할 수 없는 것도 있지만, 독학으로 배울 수 있는 것도 있다.

2 필자에 의하면 독학의 좋은 점은 무엇인가?
  1 기본부터 제대로 배울 수 있고 성장이 빠른 점
  2 우회 방식으로 무엇이든 물을 수 있는 선생님이 없기 때문에 스스로 해결할 수 있게 되는 점
  3 스스로 노력해서 지식이나 기술을 얻기 때문에 확실히 몸에 익는 점
  4 교과서나 인터넷이 믿음직스러운 내 편이 되는 점

3 이 문장에서 필자가 가장 말하고 싶은 것은 무엇인가?
  1 독학에는 교과서나 인터넷을 빠뜨릴 수 없다.
  2 독학은 스스로 노력해서 지식과 기술을 얻는 것이다.
  3 학교에서 배운 것은 독학으로 얻은 지식보다 잊기 쉽다.
  4 독학은 학교에서 배우는 것보다 숙달이 느리지만, 즐겁다.

| 해설 | **1** 악기나 댄스 등, 선생님께 배우지 않으면 형태가 갖춰지지 않을지도 모르지만, 공부나 만들기, 그림처럼 독학으로도 할 수 있는 것도 있다고 서술하고 있다. 따라서 4번이 정답이다. 1, 3번은 본문에서 언급하지 않은 내용이기 때문에 정답이 아니다. 그리고 계속하여 독학의 이점을 설명하고 있기 때문에 2번 또한 정답이 아니다.

2 학교에 가서 선생님께 주어진 지식이 아니라, 자신의 힘으로 찾아낸 것이기 때문에 절대 잊지 않을 것이고 납득할 수 있다고 했다. 또 자연스럽게 이해도 깊어져 제대로 자신의 몸에 배어나는 것이 독학의 훌륭함이라고 말했다. 따라서 3번이 정답이다.

3 독학은 스스로 생각하고 시험해 나가는 중에 깨달음을 얻는 것이라고 설명하고 있다. 따라서 2번이 정답이다.

| 단어 | 頼(たよ)る 의지하다, 믿다 | 実践(じっせん) 실천 | 学(まな)ぶ 배우다 | 独学(どくがく) 독학 | 暇(ひま) 틈 | なかなか 좀처럼 | 上達(じょうたつ)する (솜씨 등이) 늘다, 숙달되다 | たしかに 확실히 | 楽器(がっき) 악기 | 教(おそ)わる 배우다 | 形(かたち) 형태, 모양 | あるいは 혹은 | 基礎(きそ) 기초 | しっかりと 확실히, 제대로 | 成長(せいちょう) 성장 | ～一方(いっぽう)で ~한편으로 | 予測(よそく) 예측 | 繰(く)り返(かえ)す 되풀이하다, 반복하다 | いわば 이른바, 소위 | 回(まわ)り道(みち) 돌아가는 길 | 試(ため)す 시험하다 | 気(き)づき 깨달음 | 手間(てま)がかかる 수고가 걸리다 | 獲得(かくとく) 획득 | 与(あた)える 주다 | 知識(ちしき) 지식 | 探(さが)し出(だ)す 찾아내다 | 絶対(ぜったい)に 절대로 | 納得(なっとく) 납득 | 自然(しぜん)と 자연스럽게 | 理解(りかい) 이해 | 味方(みかた) 내 편, 아군 | 描(か)き方(かた) 그리는 법 | ありとあらゆる 온갖 | 種類(しゅるい) 종류 | 書籍(しょせき) 서적 | 手(て)に入(い)れる 손에 넣다 | しかも 게다가 | 検索(けんさく) 검색 | 無料(むりょう) 무료 | 動画(どうが) 동영상 | つまずく 넘어질 듯 비틀거리다, 좌절하다 | 探(さが)し求(もと)める 찾아다니다 | 姿勢(しせい) 자세 | 努力(どりょく) 노력 | 筆者(ひっしゃ) 필자 | 合理的(ごうりてき)だ 합리적이다 | 基本(きほん) 기본 | 遠回(とおまわ)り 우회 | 解決(かいけつ) 해결 | 頼(たの)もしい 믿음직하다 | 欠(か)かす 빠뜨리다, 거르다

주장이해
실전 연습 문제

⏱ 지문당 8분 이내
채점 /30

問題13 次の文章を読んで、後の問いに対する答えとして最もよいものを、1・2・3・4から一つ選びなさい。

(1)

　日本で生活するうえで便利なことは何かと聞かれたら、おそらくコンビニが24時間営業していることだと答える人が多いのではないだろうか。ところが、最近深夜営業をやめるコンビニが現れ始めている。一体なぜこのようなことが起きているのだろうか。それは深夜営業をする欠点が深刻だからだ。

　昼も夜も人が多い場所などを除いて、深夜は客が少ないため売り上げも少ない。また深夜に営業すれば当たり前に電気代などの費用がかかる。その分エネルギーの無駄遣いをしているのである。電気を使えば使うほど、CO2が多く出て地球温暖化が進む。加えて深夜は給料を高くしないと働く人が集まらないため、人件費(注1)も増える。さらに夜に働くことは、働く人の健康への悪い影響も及ぼしかねない。だからといって、働く人を減らすと、その分一人が長く働かなければならないため、一層健康に悪い。このように深夜営業は売り上げにつながらないばかりでなく、電気代や人件費の費用がかかる上、地球環境への負担につながり、働く人の健康にも悪い影響を与えると考えられる。では、なぜ今まで多くのコンビニが深夜営業を続けてきたのか。最大の理由は、やはり利用者にとって深夜に営業している店があると便利だからであろう。コンビニが24時間営業しているおかげで、夜中でも欲しいものを買うことができる。夜中に何か食べたくなったらコンビニへ行けばいいし、外出した時にトイレに行きたくなったら、コンビニに寄ればいい。さらに、深夜に働く人にとってもコンビニは便利な所だ。実際深夜営業をする店は、いつでも営業しているという安心感から、客が増える効果があるという報告もある。しかし、我々は<u>このような便利さ</u>に慣れてしまったせいで、深夜営業のデメリットに目が向いていないのではないか。我々がコンビニの深夜営業のおかげで便利に暮らせる裏で、働く人が重い負担を強いられ(注2)、費用やエネルギーの無駄遣いが起きている。

だから、深夜営業をするコンビニは減らす必要があるだろう。もちろん全てのコンビニではなく、深夜の売り上げが少ない、営業をする必要性が低い店のみを対象にすればいい。曜日によって深夜の客の数が異なるなら、深夜営業をする曜日を決めておくといった方法でもいいだろう。それでも問題があるなら、同じ地域の店で深夜営業する曜日をそれぞれ決めておいて、順番に営業するといったこともできるのではないだろうか。

（注1）人件費：企業が働く人に支払う、給与などの費用
（注2）強いる：相手の気持ちを無視して、無理にやらせること

1　次のうち、この文章の内容と合うものはどれか。

1　トイレのためにコンビニに寄るのは悪いことだ。
2　深夜は給料が高いので、働く人が増える。
3　コンビニの数を減らす必要がある。
4　深夜営業をすると、環境に負担がかかる。

2　このような便利さとは何か。

1　いつでもコンビニで買い物ができること
2　コンビニで色々なサービスを受けられること
3　深夜は働く人の給料が高いこと
4　コンビニがあちこちにあること

3　次のうち、筆者が一番言いたいことは何か。

1　深夜営業をする曜日は、休日に決めておいたほうがいい。
2　働く人や環境への負担を減らすために、全てのコンビニは深夜営業はやめるべきだ。
3　深夜営業をする必要性が低い店は、深夜営業を減らすべきだ。
4　同じ地域にあるコンビニなら決められた同じ曜日に深夜営業をしたほうがいい。

(2)

　ここ十数年の間に、インターネットを通じて買い物をする人がますます増えている。最近では「フリマアプリ」という、自分が不要なものを必要としている人に売るためのアプリが人気だ。不用品を売りたい人が商品を載せ、欲しい人がこのアプリを通じて買うというシステムだ。面倒な手続きは一切なく、お金の支払いはアプリを通じて簡単にできるという手軽さが人気の理由だ。

　これまで中古品を売買するとなると、リサイクルショップや公園などで行われるフリーマーケットを利用することが多かったが、これらは取引の場所まで行かないと取引ができない上、物を売る時には値段が安くなってしまうことが問題だった。一方、フリマアプリは、時間や場所にかかわらず、好きな時に売買ができる。また、値段設定も自由なので売る時は高く、買う時は安く買えるというメリットがある。

　このように、手軽に中古の物が手に入るとなると、新しい商品を買わずに、フリマアプリで買えばいいという人も多くなっている。本や洋服などは、新品のものを定価で買うよりも、フリマアプリでまだきれいなものを買ったほうがずっとお得だからだ。しかし、みんながフリマアプリで買い物をするようになると、今まで売れていた新品のものが売れなくなるのではないかという疑問がわく。たしかに、新しいものが売れないと、企業や工場が困るのではないかと心配になるが、それは不要な心配だと思う。新品でなければ買いたくないという人は必ずいるからだ。では、そういう人にはフリマアプリが役に立っていないかというと、そうでもない。

　例えば、ある商品が気になり、それを買おうかどうか迷っているとする。中古ではない新品を購入したものの、もし想像していた物と違ったら困ってしまう。だが、「気に入らなかったらフリマアプリで売る」という手段があれば、その商品を買う気持ちを後押ししてくれる。もし何千円か払って失敗しても、売れば100％ではないにしろ、ある程度の額が戻ってくる可能性があるという安心感が、消費につながるのだ。また、ちょっと試しに履いてみたい靴があったとする。そういう時は、フリマアプリで安く買って試してみて、気に入れば同じ商品の新品を買うことだってできる。

　そう考えると、フリマアプリは中古品の売買を通して、新たな消費を作り出していると言えるのではないか。

（注）フリマ：フリーマーケットの略。不要になったものを一般人が売買できるイベント

4 筆者によると、「フリマアプリ」のメリットは何か。

1　場所や時間を問わず、安く買えて高く売れること
2　新しい洋服や本が安く買えること
3　売ったり買ったりすることで、経済がよくなること
4　アプリ限定で販売している貴重な商品があること

5 次のうち、そういう人とはどういう人か。

1　新品しか買いたくないから、フリマアプリは使わない人
2　経済を回すために、できるだけ新品を買うようにしている人
3　なるべく安く中古品を買おうとしている人
4　新品のものをフリマアプリで買うようにしている人

6 この文章で、筆者が言いたいことは何か。

1　買おうかどうか迷っている商品があったら、まずはフリマアプリで調べたほうがいい。
2　リサイクルショップやフリーマーケットよりフリマアプリを使うべきだ。
3　フリマアプリによって、新品が売れないことが問題になっている。
4　フリマアプリは、中古品を売ることによって新品の消費も助けている。

(3)

　知り合いや同僚が何かの専門知識を持っていたり、得意だったりすると「じゃあ、今度教えてよ」とか「得意なら、今度作ってほしい」などと気軽にお願いする人がいる。得意なんだから簡単だろう、友達なんだからやってくれるのは当然だと考えている人が多いようだ。しかし、本当にそれでいいのだろうか。

　例えば、絵を描くのが得意な人がいたとする。その人は、最初から絵が得意だったわけではない。何十時間も何百時間も練習を積み重ねて、ときにはお金を払って習ったり、参考書を買ったりして上手くなったのだ。絵が上手いのは、その人が努力して、時間をかけて手に入れたスキルと言っていい。つまり、その人は絵が上手くなるために時間と努力という「コスト」を費やしたのだ。さらに言えば、お願いされた絵を描くのにも、時間と労力(注1)がかかるわけだ。

　この論理は絵だけではなく、外国語やパソコンの知識、写真などどの分野にも適応できる。時間や労力をかけずに得られる技術や知識はない。誰かに「〇〇が得意なんだってね。今度やってよ」とお願いするなら、それに合った報酬(注2)をお願いした人が出すべきであって、タダでもらおう、タダで使おうなどという考え方は少々図々しいのではないだろうか。もちろん、親しい友人であれば、「お礼はいいよ」と言ってくれるかもしれない。しかし、そうではない場合、知り合いだからと無料でやってもらおうと思うのなら、それはその人の努力や費やした時間を無視し、わがままを言っていることと相違ない。

　得意だとか専門知識があるといっても、プロではないのだから、お金を取るのは大げさだという意見もあるだろう。たしかに、お願いする側はプロのようなレベルの高い完成度を望んでいるわけではない。簡単にささっとやってくれればいいと思っているだろう。しかし、それでも報酬は支払うべきだ。お金でなくても自分の気持ちを伝えられるものであればいい。食事をご馳走するのでもいいし、自分が得意なことでお礼をしてもいい。また、お金や交換できるスキルがなければ、何か手伝いをするのも良いだろう。大切なのは、その人が技術や知識を得るために費やした努力や時間、費用に対して、お願いする側が尊重する気持ちを持つことではないだろうか。

（注1）労力：労働力、何かをするのに要する体力
（注2）報酬：払うお金やお礼

[7] 筆者は、何かが得意な人に無料でお願いするのは、どんなことだと述べているか。

1　友達の頼みなので、親切にやってあげるのは当然の行い
2　頼む相手の努力や時間を無視した、厚かましい行い
3　相手の知識や技術を高く評価する気持ちを表す行い
4　相手のことを信頼し、尊重する行い

[8] それに合った報酬とあるが、それとは何か。

1　頼まれた人が、その知識や技術を身に付けるために使ったコスト
2　頼まれた人が、自分の能力に応じて決めた料金
3　頼んだ人が判断した、頼まれた人の能力の程度
4　頼んだ人と、頼まれた人がどれだけ親しいかの程度

[9] 次のうち、筆者が一番言いたいことは何か。

1　知識や技術を身に付けたいなら、時間や労力などを費やすべきだ。
2　親友なら、無料で自分の技術や知識を使うべきだ。
3　相手の技術や知識を利用する時はお礼をするべきだ。
4　プロに仕事を頼む時は、その人の努力や費やした時間を尊重するべきだ。

(4)

　ときどき、「私の国の言語は世界で一番難しいと言われています」ということを耳にする。果たして、世界一難しい言語とは何語だろうか。

　中国語と日本語には漢字がある。さらに、日本語は漢字に加えてひらがな、カタカナ各46文字を使う。一方で、英語は26文字、イタリア語は21文字と文字の種類は少ない。この点からいえば、他の言語と比べて日本語と中国語はかなり難しい言語だと言える。

　では、発音はどうだろうか。日本語には母音が5つしかないが、カザフ語という言語には9つある。ジョージア語という言語には「放出音」(注1)というとてもめずらしい子音(注2)があるし、エストニア語は、母音の長さが3種類に区別される。また、中国語には声調と呼ばれる音の上がり下がりがあり、同じ音の並びでも、この声調によって意味が変わってしまう。この中では、日本語が比較的簡単で、カザフ語やジョージア語、中国語は難しそうだ。

　活用の面から見ると、日本語や韓国語は「する・した」「おいしい・おいしくない」のように、動詞と形容詞の形が変化する。フランス語やイタリア語も、主語や時制によって動詞が変化する。一方、中国語やベトナム語にはそういった語形の変化はない。活用で難しさを語る限りは、日本語や韓国語、ヨーロッパの言語のほうが面倒かもしれない。

　このように比較してみると、難しいといっても多様な難しさがある。言語の難しさは、どんな点を見るかによって異なってくるのだ。総合的に、どの言語が難しい言語なのかを決めるのは、はっきり言って不可能である。

　ただ、第2言語として外国語を勉強する場合、どの言語が難しいかは、その人の話す母語が何かによって決まると言っていい。英語が母語の人にとって、習得に時間がかかるのは日本語、韓国語、中国語、アラビア語などだという。それは、英語とこれらの言語があまり似ていないからだ。逆に、日本語を母語とする人にとっても、英語は習得に時間がかかる。一方で、日本語と韓国語は似た構造を持つ言語なので、日本人にとって韓国語はそれほど習得が難しくなく、またその逆も同じだ。言語の難しさは色々な面から語ることができ、習得する時の大変さは、その人の母語によって違う。要するに、誰でも納得できるような「世界一難しい言語」というのは存在しないというわけだ。

（注1）母音：口の開け方や、舌の位置で決まる音、日本語はa・i・u・e・oの5つ
（注2）子音：くちびるや舌などを使って作る音、d・f・m・k・sなどの音

10 それぞれの言語の難しさについて、筆者はどのように述べているか。

1 日本語は文字は多いが、発音は他の言語と比べてそれほど難しくはない。
2 日本語や韓国語は語の形が変化するが、ヨーロッパの言語は変化しないので難しくない。
3 エストニア語には、他の言語にはあまり見られない子音（しいん）がある。
4 カザフ語は日本語に比べて、発音の種類が少ないため、簡単だ。

11 またその逆も同じだとは、どういう意味か

1 韓国人にとって、日本語は他の言語ほど難しくない。
2 韓国人にとっては、日本語は他の言語より難しい。
3 日本語と韓国語はあまり似ていない。
4 韓国語を話す人は、日本語の習得に時間がかかる。

12 筆者がこの文章で言いたいことは何か。

1 この世界に難しい言語というものはない。
2 どの言語が難しいかは、人や場合によって異なる。
3 世界で最も難しい言語は日本語だ。
4 自分の言語と似ている言語は習得しにくい。

(5)

　私は子供のころから漫画好きだ。好きな漫画の新刊(注1)が発売されるたびに、こつこつ貯めたお小遣いを手にして書店へ向かったものだ。ところが、親からすると漫画はあまりいいものではないらしい。さらには、漫画は子供に悪い影響を与えるからといって、子供に漫画を読ませない親までいると聞いたことがある。漫画には下品な表現や暴力的な表現が多くあることや、漫画を読むと子供が小説など、文字だけの本を読まなくなる恐れがあることがよく親から心配されがちな理由である。では、漫画は本当に子供に悪い影響ばかり与えるのだろうか。

　確かに下品な表現や暴力的な表現を含む漫画も少なくない。しかし私は、漫画は子供に多くのいい影響を与えると考える。例えば、漫画は子供が言葉を覚えるのに非常に役立つ。漫画には普段子供が家族や友達、学校の先生と会話する時には使わないような敬語などが多く出てくる。子供が日常で敬語を耳にする機会は、そう多くないのではないだろうか。大人になれば使わざるを得ない敬語に、子供のうちに触れておくのは意義深い(注2)だろう。また、漫画からは様々な分野の知識を手に入れることができる。子供が日常生活で宇宙や科学、歴史など専門的な分野の話題に触れることは少ないと思われるが、これらの分野を扱った漫画を読むことで、知識を豊かにすることができる。そして、漫画を読むことは子供が趣味や将来の夢を持つきっかけにもなる。スポーツ漫画を読んでスポーツを始める子供や、医療漫画を読んで医者になりたいという夢を持つようになる子供もいるだろう。

　このように、漫画は子供に多くのいい影響をもたらすと考えられる。だから、ただ漫画を否定するのではなく、漫画との付き合い方を考えることが大切なのではないだろうか。確かに先に述べた理由で、漫画を良く思わない親たちもいるが、決してそのような漫画ばかりではない。もし、小さい子供がそういった漫画を読もうとするなら、親がその漫画を読ませないなどの対策もある。また、漫画を読むと子供が文字だけの本を読まなくなる可能性も否定できない。しかし、漫画が小説化されることは多いため、好きな漫画が小説になれば、普段小説を読まない子供も小説に興味を持つかもしれない。そうすれば、逆に漫画が小説を読むきっかけになるのではないかと考える。

（注1）新刊：新しく出版された書物
（注2）意義深い：価値がある

13 次のうち、下品な表現や暴力的な表現が多くある漫画への筆者の意見として、正しいものはどれか。

1　これらの漫画は、子供が言葉を覚えるのに役立つ。
2　実際はこれらの漫画は少ない。
3　これらの漫画を否定するのではないが、子供に読ませるべきだ。
4　子供が小さいうちは、これらの漫画を読ませなければいい。

14 筆者によると、漫画が子供に与えるいい影響とは何か。

1　普段から敬語を使うようになる。
2　知識が豊かになる。
3　友達を作るきっかけになる。
4　将来の夢を実現させるのに役立つ。

15 この文章で筆者が一番言いたいことは何か。

1　漫画は子供に悪い影響を与えるので、子供に漫画を読ませない親がいる。
2　子供が小さいうちは、否定的な影響力を及ぼしかねないような漫画は読ませないなどの対策ができる。
3　漫画は様々な肯定的要素があるため、子供にたくさん読ませたい。
4　漫画は子供にいい影響も悪い影響も与えるので、漫画との付き合い方を考えることが大切だ。

(6)

　「日本語の乱れ」という言葉がある。現在標準だとされている日本語から外れた表現のことをこう呼ぶという。例えば、「食べれる」などの「ら」抜きの言葉は標準でないとされ、ニュース番組や新聞などでは使うことがためらわれるようだ。ら抜き言葉以外にも乱れた言葉を使う人が増えつつあるため、「正しい日本語を使うべきだ」と主張する人がいる。しかし、彼らの言う「正しい日本語」とは何だろうか。私はこの問いに対して、答えは一つでないと考えている。なぜなら、ある言葉が正しいかどうかは、その言葉を使う人の「正しい日本語」の基準によって異なるからだ。

　言葉は時間とともに変化するものである。例えば、千年前の日本語と現代の日本語を比べると、言葉の意味も文法もまるで違う。実際、①現代の日本人が平安時代(注1)の古典文学をそのまま読んだら、大半の人はその内容を半分も理解できないと思う。もっと身近な例で考えても、若い人と年配(注2)の人では使用言語に違いが見られる。言葉が時間とともに変化する例として、ある時代に「日本語の乱れ」とされている言葉が、時間が経つとともに市民権(注3)を得て、「日本語の乱れ」として扱われなくなった言葉がある。例えば「お伺いする」は、謙譲語「お〜する」と「行く」の謙譲語「伺う」が組み合わさった、いわゆる二重敬語であり、正しい敬語ではないという声が多かった。ところが、最近②「お伺いする」をはじめとした二重敬語の表現を日常生活でたびたび耳にするようになったことから、市民権を得つつあると言えるだろう。現在「日本語の乱れ」とされている表現も、使われ続けていくうちに「正しい日本語」になる可能性は十分考えられる。

　このように、言葉が変化するのは当然のことである。はじめに紹介した「ら」抜き言葉の「食べれる」は年配の人にとっては「言葉の乱れ」でも、若い人にとっては「正しい日本語」と思われているかも知れない。これらの例から、同じ時代を生きる人達でさえ、年代によって使われる言葉や言葉についての考え方がまるで異なっているため、「正しい日本語」とは何かと問うのはかなり難しい問いではないだろうか。だから私は「正しい日本語」という観念を気にしてなければ、「正しい日本語を使うべきだ」とも考えていない。

（注1）平安時代：日本の歴史時代の一部分（794年〜1192年の間）
（注2）年配：お年寄り
（注3）市民権を得て：ここでは、一部だけで行われていたものが、世間に認められて一般化して

16 筆者が①のように述べている理由は何か。

1　現代の日本語と平安時代の日本語では、意味が異なる言葉が多いから
2　現代の日本語と平安時代の日本語では、文字が異なるから
3　現代の日本語と平安時代の日本語は、別の言語だから
4　平安時代の日本語は「正しい日本語」ではないから

17 ②「お伺いする」が「言葉の乱れ」と扱われなくなってきている理由は何か。

1　二つの謙譲語が組み合わさった、いわゆる二重敬語だから
2　「お伺いする」の使用が普及し、一般化しつつあるから
3　「日本語の乱れ」とされている表現はどれも、将来「正しい日本語」になるから
4　ニュース番組や新聞でよく使われるから

18 筆者がこの文章で一番言いたいことは何か。

1　言葉は時間とともに変化していくので、「言葉の乱れ」という表現は使わないほうがいい。
2　「正しい日本語を使うべきだ」と主張する人たちは、間違っている。
3　現在「日本語の乱れ」とされているものは、将来「正しい日本語」になる。
4　「正しい日本語」の基準は人によって違うので、「正しい日本語」とは何かという問いへの答えが一つとは限らない。

독해 집중 공략

문제 14 정보검색

독해 정보검색은 700자 정도의 광고, 팸플릿, 전단지, 안내문 등의 지문을 읽고 필요한 정보를 찾아 정답을 고르는 문제로 지문 1개와 문제 2개가 출제된다. 문제 유형 중에서는 숫자 계산을 해야 정답을 찾을 수 있는 문제도 빈번히 출제된다는 점도 기억해두자.

이렇게 풀자

지문 전체를 읽을 필요는 없다. 주로 문제에는 주어진 상황이나 조건이 나오기 때문에 지문에서 문제와 선택지에 나와있는 키워드를 얼마나 빨리 찾아서 정답을 고르는지가 중요하다. 예를 들어 가격에 대해 묻는 문제라면 지문에서 가격 정보 부분만 확인하면 된다. 다만, 지문에서 ※・★・*・注・ただし・のみ・以外・必ず 등과 같은 기호나 표현이 나온다면 정답에 관련된 정보일 수 있으므로 주의해서 읽도록 하자.

문제유형 예시   ⏱ 시간 5분 이내

問題14 右のページは、外国人向けの作文コンテストのお知らせである。下の問いに対する答えとして最もよいものを、1・2・3・4から一つ選びなさい。

1 27歳のリンさんは留学生として東京にある専門学校に入る予定だ。リンさんが応募できる部はどれか。

1 A 大学生の部
2 B 日本語学校の部
3 C 高校生の部
4 D 海外・社会人の部

2 この作文コンテストに応募するために必要なものは何か。

1 メールアドレスと申込用紙、身分証明書
2 メールアドレスと応募番号、大学規定の用紙
3 住所と応募番号、申込用紙
4 住所と応募番号、大学規定の用紙

東西大学
留学生作文コンテスト募集のお知らせ

今年も以下の通り、日本語を勉強している人を対象に、留学生作文コンテストを開催いたします。コンテストは、4つの部門に分かれます。

共通テーマ「AIと現代社会」

【応募締切】5月15日
【応募方法】
①大学のホームページから応募登録を行ってください。入力したメールアドレスに大学から応募番号が届きます。
②大学のホームページから、大学規定の用紙を印刷して手書きで書くか、パソコンで入力してください。また、用紙の氏名欄の右側に応募番号を記入してください。
③書いた作文を下記住所まで郵送するか、データファイルをメールで送信してください。

住所:東京都東西市東西町5-1-1　東西大学　留学生課　作文コンテスト係
メールアドレス:sakubun_ryugakusei@touzai.mail

A　大学生の部
【応募資格】日本国内の大学および専門学校に在籍する留学生。18歳~30歳

B　日本語学校の部
【応募資格】日本での大学進学を目指して日本国内の日本語学校で学ぶ留学生、および大学の入学のための日本語準備コースに在籍する留学生。18歳~25歳

C　高校生の部
【応募資格】日本の高校および高等専門学校に在籍する留学生。15歳~20歳

D　海外・社会人の部
【応募資格】日本国内外で日本語を学んでいる人。年齢は問いません。

문제 14 오른쪽 페이지는, 외국인을 위한 작문 콘테스트 공지이다. 아래의 물음에 대한 답으로서 가장 알맞은 것을, 1·2·3·4에서 하나 고르세요.

|정답| 1 ④   2 ②

|해석|

1 27세의 린 씨는 유학생으로서 도쿄에 있는 전문학교에 들어갈 예정이다. 린 씨가 응모할 수 있는 부는 어느 것인가?

1 A 대학생 부
2 B 일본어 학교 부
3 C 고교생 부
4 D 해외·사회인 부

2 이 작문 콘테스트에 응모하기 위해서 필요한 것은 무엇인가?

1 메일 주소와 신청 용지, 신분증
2 메일 주소와 응모 번호, 대학 규정 용지
3 주소와 응모 번호, 신청 용지
4 주소와 응모 번호, 대학 규정 용지

동서 대학
유학생 작문 콘테스트 모집 공지

올해도 아래와 같이 일본어를 공부하고 있는 사람을 대상으로 유학생 작문 콘테스트를 개최합니다. 콘테스트는 4개의 부로 나뉩니다.

공통 테마 'AI와 현대 사회'

【응모 마감】5월 15일
【응모 방법】
① 대학 홈페이지에서 응모 등록을 해 주세요. 입력한 메일 주소로 대학에서 응모 번호가 도착합니다.
② 대학 홈페이지에서 대학 규정 용지를 인쇄하여 수기로 쓰던지 컴퓨터로 입력해 주세요. 또한 용지의 이름 란 우측에 응모 번호를 기입해 주세요.
③ 작성한 작문을 하기 주소로 우편으로 보내거나 데이터 파일을 메일로 송신해 주세요.

주소 : 도쿄도 동서 시 동서 마치 5-1-1 동서 대학 유학생과 작문 콘테스트 담당
메일 주소 : sakubun_ryugakusei@touzai.mail

A 대학생 부
【응모 자격】일본 국내 대학 및 전문학교에 재적하는 유학생. 18세~30세

B 일본어 학교 부
【응모 자격】일본에서의 대학 진학을 목표로 하고 일본 국내의 일본어 학교에서 배우는 유학생 및 대학 입학을 위한 일본어 준비 코스에 재적하는 유학생. 18세~25세

C 고등학생 부
【응모 자격】일본 고등학교 및 고등 전문학교에 재적하는 유학생. 15세~20세

> D 해외・사회인 부
> 【응모 자격】 일본 국내 외에서 일본어를 배우는 사람. 연령은 불문합니다.

| 해설 | **1** 27세인 린 씨의 나이로는 A 대학생 부(18세~30세)와 D 해외・사회인(나이 불문)의 부로 우선 응모할 수 있는 부가 줄여진다. 다만 린 씨는 아직 일본에 있는 대학이나 전문학교에 재적하지 않고 유학을 할 예정이기 때문에 D 해외・사회인의 부에 응모가 가능하다. 따라서 4번이 정답이다.

2 응모 방법에서 이메일 주소를 입력하면 응모 번호를 받을 수 있고, 대학 규정의 용지를 홈페이지에서 인쇄하여 응모 번호를 기입할 필요가 있기 때문에 2번이 정답이다.

| 단어 | ~向(む)け ~대상, ~을/를 위한 | 作文(さくぶん) 작문 | コンテスト 콘테스트, 경연 대회 | お知(し)らせ 공지, 안내 | 問(と)い 물음 | 留学生(りゅうがくせい) 유학생 | 専門学校(せんもんがっこう) 전문학교 | 応募(おうぼ) 응모 | 社会人(しゃかいじん) 사회인 | メールアドレス 메일 주소 | 申込用紙(もうしこみようし) 신청 용지 | 身分証明書(みぶんしょうめいしょ) 신분증 | 番号(ばんごう) 번호 | 規定(きてい) 규정 | 用紙(ようし) 용지 | 東西(とうざい) 동서 | 募集(ぼしゅう) 모집 | 対象(たいしょう) 대상 | 開催(かいさい) 개최 | 部門(ぶもん) 부문 | 共通(きょうつう) 공통 | テーマ 테마, 제목 | 現代社会(げんだいしゃかい) 현대 사회 | 締切(しめきり) 마감 | 登録(とうろく) 등록 | 入力(にゅうりょく) 입력 | 届(とど)く 도착하다 | 印刷(いんさつ) 인쇄 | 手書(てが)き 수기 | 氏名(しめい) 성명, 이름 | ~欄(らん) ~란 | 右側(みぎがわ) 오른쪽 | 記入(きにゅう) 기입 | 下記(かき) 하기 | 郵送(ゆうそう)する 우편을 보내다 | データファイル 데이터 파일 | 送信(そうしん) 송신 | ~課(か) ~과 | ~係(かかり) ~담당 | 資格(しかく) 자격 | および 및 | 在籍(ざいせき) 재적 | 目指(めざ)す 목표로 하다 | 学(まな)ぶ 배우다 | コース 코스 | 海外(かいがい) 해외 | 年齢(ねんれい) 연령 | 問(と)う 묻다

問題14　右のページは、キャンプ場の利用案内である。下の問いに対する答えとして最も
　　　　よいものを、1・2・3・4から一つ選びなさい。

（1）

[1]　山本さんは妻と小学生の2人の子供、友人夫婦とペットの犬一匹を連れ、車二台でキャンプ場を利用しようと考えている。山本さんの利用希望日は9月10日である。山本さんはいくら料金を支払うか。

　　1　6,100円
　　2　7,100円
　　3　8,100円
　　4　9,100円

[2]　小林さんはキャンプ場を9月15日に予約していたが、9月14日の夜に足をけがしたためキャンセルすることにした。現在9月14日の20時である。小林さんはこれからどうするか。

　　1　電話でキャンセルすると伝えて、料金の50%を支払う。
　　2　電話でキャンセルすると伝えて、料金の100%を支払う。
　　3　電話でキャンセルすると伝えて、キャンセル料を支払う必要はない。
　　4　ネットでキャンセルすると伝えて、料金の50%を支払う。

【入場料】

大人一名　700円

高校生以下一名　500円

ペット一匹　300円

チェックイン　PM11:30

チェックアウト　AM11:00

【キャンプ場利用料】

キャンプ場 (車一台の場合)	7～8月	4,000円
	5～6、9～10月	3,000円
	11～4月	2,000円

※車二台目以降は一台につき1,000円を追加でお支払いいただきます。

【お得な情報】

ご利用希望日が9/1～9/16日の期間内の場合、キャンプ場利用料が1,000円引きとなります。

9/1～9/16日の期間内の日程にご予約いただいたお客様は、お電話いただいた場合のみ、前日までのキャンセル料が無料になります。

【ご予約の方法】

ご予約はネットおよびお電話でお申し込みいただけます。お申し込みの受付時間は、9時から17時までとなります。

【お支払方法】

料金のお支払いは現金のみとなります。当日受付で料金をお支払いください。

【ご予約のキャンセルについて】

ご予約のキャンセルはメールまたはお電話で、ご予約受付時間内にご連絡ください。前日または当日のキャンセルはお電話でのみ承っております。

また、ご予約した日の前日または前々日にキャンセルした場合は料金の50%、当日は100%をお支払いいただきます。

問題14 右のページは、図書館のコピーサービスの案内である。下の問いに対する答えとして最もよいものを、1・2・3・4から一つ選びなさい。

(2)

3 田中さんは2階にある図書の11ページから20ページまでを1枚ずつ白黒コピーしたい。どこでいくら払うか。

1 窓口で250円払う。
2 窓口で100円払う。
3 コピー機のところで250円払う。
4 コピー機のところで100円払う。

4 次のうち、この図書館でコピーができるものはどれか。

1 自分で買った最新号の全80ページの雑誌の3ページから5ページまで
2 1階に置いてある全140ページの図書の31ページから120ページまで
3 全部で150ページある去年の雑誌の25ページから50ページまで
4 2階に置いてあるA5サイズの図書の拡大コピー

本図書館では、資料のコピーサービスを行っています。コピーを希望の方は、以下の手順に従って申し込んでください。

利用者様本人がコピー機を使ってコピーするセルフサービスで行うか、職員にお声掛けください。

【受付時間】

月～金　9:00～19:30

土日・祝日　9:00～16:30

【コピー料金】

白黒：サイズを問わず1枚25円(セルフサービスの場合1枚10円)

カラー：B4サイズ以下1枚55円 / A3サイズ1枚130円(セルフサービスの場合B4以下1枚30円、
　　　　A3サイズ1枚100円)

【申し込みの流れ】

◆職員がコピーする場合	◆セルフサービスでコピーする場合
①コピー申込書にコピーしたい資料名とコピーするページ番号、および申込者の氏名、利用者番号を記入してください。 ②コピー申込書とコピーしたい資料を受付窓口に提出してください。この際、番号札をお渡しします。 ③コピーが終わったら、番号でお呼びします。呼ばれたら、窓口に番号札を提出してください。 ④窓口で料金を支払ってください。	①コピー申込書にコピーしたい資料名とコピーするページ番号、および申込者の氏名、利用者番号を記入してください。 ②コピー機に料金を入れ、コピーを行ってください。 ③コピーした資料と申込書を窓口までお持ちください。職員がページ数を確認いたします。

※注意

・利用者様がセルフサービスでコピーする場合、コピーできる資料は1階の図書に限られます。

・コピーサイズの縮小・拡大はできません。

・法律により、図書は全体の半分のページ数までしかコピーできません。

・当日の新聞および雑誌の最新号はコピーできません。

・本図書館に置いてある資料以外のものはコピーの対象外となっています。

問題14 右のページは、市民会館を借りる際の案内である。下の問いに対する答えとして最もよいものを、1・2・3・4から一つ選びなさい。

(3)

5 ふじやま市に住んでいるピアニストの花田(はなだ)さんは、生まれ育ったさくら市の市民会館でコンサートを開こうと思っている。コンサートは有料で、500人くらいを集めて行う予定である。準備や片付けも含めて、夜5時から9時までの4時間借りると、使用料はいくらになるか。

1　27,000円
2　54,000円
3　81,000円
4　108,000円

6 さくら市に住んでいる丸山(まるやま)さんは、10月10日に無料の勉強会を開くために第2会議室を午後2時から4時まで予約した。市民会館から使用許可の電話が来たので、手続きを進めたいと思っている。丸山(まるやま)さんはこれから何をしなければならないか。

1　10月3日までに窓口に行って、使用申込書を出し、使用許可証をもらう。
2　10月3日までに窓口に行って、使用料1,300円を現金で払い、使用許可証をもらう。
3　10月1日までにインターネットで使用料1,300円を払い、窓口で使用許可証をもらう。
4　10月1日までにインターネットで申し込みをして、3日までに使用料650円を払う。

さくら市民会館の利用料金

場所	面積	最大人数	使用料 (17：00まで)	使用料 (17：00〜21：00)
大ホール	1718m²	750人	9,000円	13,500円
中ホール	848m²	360人	4,500円	6,750円
小ホール	312m²	170人	2,200円	3,300円
第1会議室	55m²	30人	1,000円	1,500円
第2会議室	39m²	20人	650円	980円
第1和室	42m²	20人	400円	600円
第2和室	25m²	10人	300円	450円

※使用料は1時間あたりの料金です。

【さくら市に住んでいる方】
・入場料を取る場合、上記の使用料に50％を引いた料金をお支払いいただきます。

【さくら市以外の市に住んでいる方】
・入場料を取る場合は上記の料金の2倍の料金になります。

【ご利用までの流れ】

①ネットか電話で、希望する部屋の空き状況をご確認の上、予約をしてください。

②予約後に、1階の窓口に使用申込書を提出してください。申込書は窓口でお受け取りください。また、インターネットでダウンロードも可能です。

③申込書の内容を確認した上で、使用許可の連絡をいたします。使用目的の内容によっては、使用をおことわりする場合がございます。

④使用日の1週間前までに、窓口で使用料金をお支払いください。使用料金の支払いと身分証明書の確認をした上で、使用許可証をお渡しします。支払い方法は現金に限ります。

⑤使用当日は、使用許可証と身分証明書をお持ちください。

問題14 右のページは、あるスポーツジムの入会方法についての案内である。下の問いに対する答えとして最もよいものを、1・2・3・4から一つ選びなさい。

(4)

[7] ロスさんは必ず週2回ジムに通いたいと考えている。ロスさんは月曜日と水曜日の18時からと、金曜日の午前、週末にジムに通う時間があるが、金曜日は不定期でサークルの活動があるため、毎週通えるかは分からない。ロスさんはどのプランを申し込むか。

1　Aプラン
2　Bプラン
3　Cプラン
4　Dプラン

[8] フランコさんは19歳の学生である。フランコさんが入会の申し込みに必要なものは何か。

1　クレジットカードと本人確認書類
2　クレジットカードと現金4,400円
3　本人確認書類と現金4,400円
4　現金4,400円とクレジットカードと本人確認書類

入会のご案内

【事前のご確認】
・入会いただけるのは18歳以上の方のみとなります。
・入会時に入会金として3,300円(税込)が発生します。
・毎週水曜日は休館日となります。

【お申し込み方法】
・直接ご来店いただくか、以下のQRコードもしくはURLから、インターネットの申し込み用
　ページにてお申し込みください。
・直接ご来店される際の受付時間は9：00～22：00の間です。
・なお、インターネットでのお申し込みは20歳以上の方のみに限ります。20歳未満の方は直接
　ご来店してお申し込みください。

◆お申し込みにあたり、料金プランを以下の4種類の中からお選びください。

Aプラン	6,000円/月	平日の10時から18時までの間ご利用いただけます。ご利用は週2回までとなります。
Bプラン	7,000円/月	平日の18時から22時までの間ご利用いただけます。ご利用は週2回までとなります。
Cプラン	8,000円/月	平日の全ての時間にご利用いただけます。ご利用は週2回までとなります。
Dプラン	9,500円/月	土曜日と日曜日の全ての時間にご利用いただけます。

【お申し込みに必要なもの】
①入会金3,300円(税込)　　　　　　②会員カード発行手数料1,100円(税込)
③クレジットカード　　　　　　　　④ご本人確認書類(ご来店される方のみ)

【入会金のお支払い方法】
お申し込み確認後、1週間以内にお手持ちのクレジットカードにてお支払いください。
直接ご来店いただく場合は、その場でお支払いください。現金のお取り扱いはしておりません。
お支払方法の詳細は、メールまたは受付にてお知らせいたします。

問題14 右のページは、ある大学の公開講座のお知らせである。下の問いに対する答えとして最もよいものを、1・2・3・4から一つ選びなさい。

(5)

9 山田さんは平日に何か外国語の講座を受けようと思っている。初めての人でも受けられる講座で、夜7時からのアルバイトと重ならない時間帯に受けたいと考えている。山田さんが受けられるのはどの講座か。

1 中国語の講座
2 フランス語の講座
3 スワヒリ語の講座
4 トルコ語の講座

10 山田さんは講座に申し込むことに決めた。どのように申し込めばいいか。

1 8月31日までにメールで申し込み、事務局の指示に従って9月15日までにカードで支払う。
2 8月31日までにインターネットの専用ページで申し込み、9月15日までに銀行かカードで支払う。
3 9月15日までに銀行かカードで支払いをしてから、インターネットの専用ページで申し込む。
4 9月15日までに大学の受付窓口で申し込み、同時にクレジットカードで支払う。

北山大学　外国語公開講座のお知らせ

講座名	日程	時間	料金
中国語中級	10/1～12/24 (毎週金曜日・全12回)	18:30～20:30	25,000円
フランス語初級	10/2～12/11 (毎週土曜日・全11回)	10:00～12:00	22,000円
スワヒリ語初級	10/7～12/13 (毎週木曜日・全12回)	19:30～21:00	25,000円
トルコ語初級	10/4～12/21 (毎週月曜日・全12回)	16:00～17:30	25,000円
インドネシア語初級	10/2～12/18 (毎週土曜日・全12回)	14:00～15:30	24,000円

場所：北山大学　さくら町キャンパス　A館

申し込み締め切り：8月31日(火曜日)

対象：18歳以上の方でしたら、どなたでも参加可能です。

申し込み方法

以下のQRコードもしくはURLから、インターネットの申し込み専用ページにてお申し込みください。お電話やメールでのお申込みは受け付けておりません。(メールでの問い合わせには返信いたします。)

支払い方法

申し込み確認後、9月15日までに銀行振り込みかクレジットカードでお支払いください。方法につきましては、事務局からメールにてご連絡いたします。大学の受付窓口ではお支払いできませんので、ご注意ください。

※教科書などの費用は授業料に含まれていません。
※指定の日時までに受講料をお支払いいただけなかった場合、キャンセルとなりますのでご注意ください。

問題14 右のページは、予約制美術館の利用案内である。下の問いに対する答えとして最もよいものを、1・2・3・4から一つ選びなさい。

(6)

[11] 本田さんは、妻と小学生の子供2人と、家族4人でこの美術館を訪問する予定である。仕事と子供の学校関係のことを考慮すると、土日のどちらかにしか行けない。本田さんが予約できるのは、いつか。

1　15日の12：00~15：00と16日の9：00~12：00
2　16日の12：00~15：00と15：00~17：30
3　16日の12：00~15：00と17日の12：00~15：00
4　16日の12：00~15：00と17日の15：00~17：00

[12] 安本さんは、14日の午後に美術館に行く予定だったが、14日は10時から18時まで仕事が入り、行けなくなったため、13日の今日、行くことにした。現在午前11時である。今から予約できるチケットはどれか。

1　9：00~12：00のチケット
2　12：00~15：00のチケット
3　15：00~17：00のチケット
4　17：00~18：30のチケット

当館は日時指定の予約制となっております。入場は閉館時間の30分前までとなっております。予約カレンダーで空き状況をご確認の上、チケットをご予約ください。

【予約カレンダー】

希望日	空き状況	希望日	空き状況
10/13(水)	9：00~12：00 残数19 12：00~15：00 残数14 15：00~17：00 残数3 17：00~18：30 売り切れ	10/16(土)	9：00~12：00 売り切れ 12：00~15：00 残数7 15：00~17：00 売り切れ 17：00~18：30 売り切れ
10/14(木)	9：00~12：00 残数26 12：00~15：00 残数19 15：00~17：00 残数2 17：00~18：30 売り切れ	10/17(日)	9：00~12：00 売り切れ 12：00~15：00 売り切れ 15：00~17：00 残数5 17：00~18：30 残数2
10/15(金)	9：00~12：00 残数18 12：00~15：00 残数9 15：00~17：00 残数11 17：00~18：30 売り切れ		

【チケット料金】

大人(中学生以上)1,800円

子供(小学生)900円

幼児(小学生未満)200円

【開館時間】

毎日9:00~19:00/月・火 定休日

※注意事項

・チケットは、おひとり様1枚になります。

・ご利用を希望する日の2時間前までにご予約ください。

・入館後は、閉館まで時間の制限なくご利用いただけます。

・ご予約後の日時の変更はできません。一度キャンセルして、再度希望の日時で予約をし直してください。

N2

JLPT 합격노하우 **yuhadayo.com**

청해

청해 집중 공략

- **문제1** 과제이해
- **문제2** 포인트이해
- **문제3** 개요이해
- **문제4** 즉시응답
- **문제5** 통합이해

청해 공략 포인트 알아보기

합격에 가까워지는
청해 문제풀이 꿀팁

⚙ N2 청해 문제 유형은 과제이해, 포인트이해, 개요이해, 즉시응답, 통합이해 5가지가 있다. 다양한 주제에 관한 회화나 강의, 뉴스가 듣고 질문에 대한 답을 찾는 문제가 출제된다. N3와 비교하여 좀 더 속도감이 있기 때문에 이야기의 흐름과 주장, 상세 내용 등을 놓치지 않도록 유의하면서 들어야 한다.

1 회화체에 대해서 알아두자.

일본어에는 문서상에서 많이 사용하는 문어체와 회화에서 많이 사용하는 회화체(구어체)가 있다. 특히 구어체를 이해하지 못하면 청해 문제를 푸는 데 있어서 어려움이 있을 수 있으니 이러한 구어체를 잘 학습해 두도록 하자.

2 중요한 포인트가 되는 부분은 들으면서 메모를 해두자.

어떤 문제 유형이든 중요한 포인트가 되는 부분, 예를 들어 성별과 먼저 하는 행동인지 나중에 하는 행동인지, 핵심 단어 등을 적어두면 헷갈리지 않고 수월하게 정답을 찾을 수 있다.

3 선택지를 미리 읽어두도록 하자.

모든 문제 유형은 처음에 문제에 대한 설명과 연습문제가 나온다. 이미 문제 유형을 모두 파악하고 있다면 이 시간에 문제 용지에 나오는 선택지를 미리 파악해두는 것이 좋다.

| 4 | 답은 문제가 끝남과 동시에 답안지에 마킹하자. |

청해의 경우는 마킹하는 시간이 따로 주어지지 않기 때문에 문제가 끝나는 동시에 답안지에 마킹해야 한다. 헷갈리는 문제라도 우선 마킹하고 다음 문제에 집중하는 것이 좋다.

| 5 | 못 들은 부분은 과감히 포기하자. |

듣지 못한 부분 때문에 한 문제를 잡고 있는 것은 다음 문제에 안 좋은 영향을 끼칠 수 있다. 과감히 그 문제는 넘기고 다음 문제를 집중해서 듣는 것이 득점으로 이어진다.

청해에 잘 나오는 회화체 알아보기

1 축약어

회화에서는 말을 짧게 줄여 말하는 경우가 많다. 이런 축약어의 경우는 형태와 발음이 변하기 때문에 유의해서 듣고 의미를 잘 파악해야 한다.

01 ている・でいる ➡ てる・でる ~하고 있다

今何<u>している</u>？ ➡ 今何<u>してる</u>？ 지금 뭐 하고 있어?
ソファーで休ん<u>でいる</u> ➡ ソファーで休ん<u>でる</u> 소파에서 쉬고 있다

02 ておく・でおく ➡ とく・どく ~해 두다, ~해 놓다

事前に調べ<u>ておく</u> ➡ 事前に調べ<u>とく</u> 사전에 조사해 두다
薬を飲ん<u>でおく</u> ➡ 薬を飲ん<u>どく</u> 약을 먹어 두다

03 てしまう・でしまう ➡ ちゃう・じゃう ~해 버리다

つい買っ<u>てしまう</u> ➡ つい買っ<u>ちゃう</u> 무심결에 사 버리다
全部飲ん<u>でしまう</u> ➡ 全部飲ん<u>じゃう</u> 전부 마셔 버리다

04 ていく・でいく ➡ てく・でく ~해 가다

体重が増え<u>ていく</u> ➡ 体重が増え<u>てく</u> 체중이 늘어 가다
海の底へ沈ん<u>でいく</u> ➡ 海の底へ沈ん<u>でく</u> 바다 밑바닥으로 가라앉아 가다

05 なければならない ➡ なきゃ ~하지 않으면 안 된다

お金を貯め<u>なければならない</u> ➡ お金を貯め<u>なきゃ</u> 돈을 모으지 않으면 안 된다

06 なくてはいけない ➡ なくちゃ ~하지 않으면 안 된다

約束は守ら<u>なくてはいけない</u> ➡ 約束は守ら<u>なくちゃ</u> 약속은 지키지 않으면 안 된다

07 かもしれない ➡ かも ~일지도 모른다

電車が遅れる<u>かもしれない</u> ➡ 電車が遅れる<u>かも</u> 전철이 늦을지도 모른다

2 촉음 っ으로 발음 변화

회화체에서는 기존의 발음이 촉음이 되어 발음되는 경우가 있다.

01 こちら・そちら・あちら・どちら
→ こっち・そっち・あっち・どっち 이쪽·그쪽·저쪽·어느 쪽

02 そうか → そっか 그렇구나

03 やはり → やっぱり 역시

04 ばかり → ばっか 만, 뿐

3 회화 리액션

일본어에는 우리말과 다른 다양한 맞장구 표현이나 상대방의 말에 대한 반응을 나타내는 리액션이 있기 때문에 해당 리액션의 의미를 잘 파악해두는 것이 중요하다.

01 놀랄 때

へえ 우와, 헐, 저런
へえ、初めて聞いた！ 우와~, 처음 들었어!

えっ・え 어, 응?
えっ、うそだろ？ 어, 거짓말이지?

02 말을 뜸 들이거나 생각할 때

あのう 저기…
あのう、すみません。저기…, 실례합니다.

うーん・んー 어…
うーん、覚えてない。어…기억 안 나.

ええと 음
ええと、何だっけ？ 음, 뭐였지?

ふうん 흠
ふうん、私、テニス苦手だからな。흠, 나 테스트 못 치니까.

03 긍정과 부정의 대답

ええ 네(긍정의 대답)
ええ、いいですよ。네, 좋아요.

ううん 아니(부정의 대답)
ううん、まだ買っていない。아니, 아직 안 샀어.

4 악센트에 따른 의미 변화

01 でしょう

できるでしょう↘ 할 수 있을 것입니다, 할 수 있겠죠 (추측)

できるでしょう↗ 할 수 있지?! (확인)

02 だろう

試験に受かっただろう↘ 시험에 붙었을 것이다, 시험에 붙었겠죠 (추측)
試験に受かっただろう↗ 시험에 붙었지?! (확인)

03 ～?

借りてもいい？↗ 빌려도 돼? (허락 구할 때)
借りてもいい。↘ 빌려도 돼. (허락할 때)

電気、消してくれる？↗ 불 꺼 줄래? (의문문)
電気、消してくれる。↘ 불 꺼 준다. (평서문)

5 기타 회화체

01 동사 가능형 ら 생략

食(た)べられる ➡ 食(た)べれる 먹을 수 있다

02 いう ➡ ゆう 말하다

名前(なまえ)はなんというの？ ➡ 名前(なまえ)はなんとゆうの？ 이름은 뭐라고 말해?

03 のです ➡ んです ~거예요(이유, 강조)

好(す)きなのです ➡ 好(す)きなんです 좋아하거든요

どうしたのですか ➡ どうしたんですか 무슨 일이에요?

04 では ➡ じゃ

それでは ➡ それじゃ 그럼
彼氏(かれし)ではありません ➡ 彼氏(かれし)じゃありません 남자친구가 아닙니다

05 と・は ➡ って ~라고, ~은/는

人気(にんき)だと言(い)ってたよ ➡ 人気(にんき)だって言(い)ってたよ 인기라고 말했었어
夢(ゆめ)は何(なん)ですか ➡ 夢(ゆめ)って何(なん)ですか 꿈은 무엇입니까?

06 そうだ・らしい ~라고 한다 ➡ って ~래 (전문)

山田(やまだ)くんは今日(きょう)休(やす)むそうだ 야마다 군은 오늘 쉰다고 한다
➡ 山田(やまだ)くんは今日(きょう)休(やす)むって 야마다 군은 오늘 쉰 대

あそこのパン屋(や)はおいしいそうだ 저기 빵집은 맛있다고 한다
➡ あそこのパン屋(や)おいしいんだって 저기 빵집 맛있대

청해 집중 공략

문제 1 과제이해

과제이해는 두 사람의 대화 안에서 과제 해결을 위한 구체적인 정보를 듣고 정답을 고르는 문제로 총 5문제가 출제된다. 질문으로는 주로 이다음에 무엇을 해야 하는지 묻는 문제가 많다. 또한 다른 구체적인 정보를 묻는 문제가 출제되는 경우도 있다.

이렇게 풀자

별도로 선택지를 읽을 시간이 주어지지 않기 때문에 연습 문제가 나올 때나 문제 사이의 틈을 이용해서 미리 선택지를 읽고 포인트를 파악해두는 것이 좋다. 또한 첫 번째 질문을 들을 때 어떤 사람이 언제 무엇을 해야 하는지 질문의 요지를 잘 듣도록 하자. 그리고 질문에서 요구하는 부분에만 초점을 맞춰 대화문을 듣고 정답을 고르자.

문제 흐름

① **상황을 설명하는 문장과 질문**이 나온다.
② **본문**이 나온다.
③ **질문**이 나온다.

* 문제 용지에는 비교적 짧은 선택지가 적혀 있다.

질문유형 예시

상황 설명문

会社で男の人と女の人が話しています。 회사에서 남자와 여자가 이야기하고 있습니다.

① 이다음에 무엇을 해야 하는지 묻는 문제

男の人は**このあとまず何をしますか**。 남자는 이다음에 먼저 무엇을 합니까?
女の人は**このあと何をしなければなりませんか**。 여자는 이다음에 무엇을 하지 않으면 안 됩니까?
女の学生は**これから何をしますか**。 여자 학생은 이제부터 무엇을 합니까?

② 다른 구체적인 정보 묻는 문제

女の人は**全部でいくら支払いますか**。 여자는 전부 해서 얼마를 지불합니까?
男の人は資料を**どのように直さなければなりませんか**。 남자는 자료를 어떻게 고치지 않으면 안 됩니까?

문제유형 예시

問題1

問題1では、まず質問を聞いてください。それから話を聞いて、問題用紙の1から4の中から、最もよいものを一つ選んでください。

1番

 과제이해_문제유형_예시.mp3

1　月曜日
2　火曜日
3　木曜日
4　土曜日

문제 1 문제 1에서는, 먼저 질문을 들어주세요. 그리고 이야기를 듣고, 문제 용지의 1부터 4 중에서, 가장 알맞은 것을 하나 고르세요.

정답 ④

해석

男の人と女の人が話しています。二人はいつ会うことにしましたか。

M：今度のテニスの練習、いつにしようか。
F：私、月曜日か水曜日なら午後空いてるよ。
M：あ、ごめん。僕、月水は午後の授業があるんだ。木曜日と土曜日なら一日中暇だけど、どうかな。

남자와 여자가 이야기하고 있습니다. 두 사람은 언제 만나기로 했습니까?

M : 다음 테니스 연습, 언제로 할까?
F : 나 월요일이나 수요일이라면 오후에 비어 있어.
M : 아, 미안. 나 월수는 오후 수업이 있어. 목요일과 토요일이라면 하루 종일 한가한데, 어때?
F : 목요일이라면 비어 있어. 토요일은 오전 중이라면 예정은 없는데, 휴일이니까 푹 자고 싶어.
M : 그럼, 목요일로 할래?

F：木曜日(もくようび)なら空(あ)いてる。土曜日(どようび)は、午前中(ごぜんちゅう)なら予定(てい)はないけど、休(やす)みの日(ひ)だから、ゆっくり寝(ね)たいんだよね。
M：じゃあ、木曜日(もくようび)にする？
F：そうしようか。じゃあ、ネットで予約(よやく)して…。あ、だめだ。
M：何(なに)？
F：木曜日(もくようび)は、テニスコートが借(か)りられなかったんだ。
M：残念(ざんねん)、じゃあ、朝(あさ)がんばって起(お)きるしかないね。

F：그럴까? 그럼, 인터넷으로 예약을 해서…. 아, 안되겠다.
M：뭐야?
F：목요일은 테니스장을 빌릴 수 없었어.
M：아쉽네, 그럼, 아침에 힘내서 일어나는 수밖에 없겠네.

두 사람은 언제 만나기로 했습니까?
1 월요일
2 수요일
3 목요일
4 토요일

二人(ふたり)はいつ会(あ)うことにしましたか。
1 月曜日(げつようび)
2 水曜日(すいようび)
3 木曜日(もくようび)
4 土曜日(どようび)

| 해설 | 여자가 木曜日なら空いてる。土曜日は、午前中なら予定ないけど、休みの日だから、ゆっくり寝たいんだよね。(목요일이라면 비어 있어. 토요일은 오전 중이라면 예정이 없는데, 휴일이니까 푹 자고 싶어.)라고 하였으나 목요일은 테니스장을 빌릴 수 없다고 고쳐 말하였고, 남자가 마지막에 じゃあ、朝がんばって起きるしかないね。(그럼, 아침에 힘내서 일어나는 수밖에 없겠네.)라고 했으므로 두 사람은 토요일에 만나는 것을 알 수 있다. 따라서 4번이 정답이다. 1, 2번은 남성이 수업이 있는 날이므로 정답이 아니다.

| 단어 | 今度(こんど) 이번, 다음 번 | テニス 테니스 | 練習(れんしゅう) 연습 | 月曜日(げつようび) 월요일 | 水曜日(すいようび) 수요일 | 午後(ごご) 오후 | 空(あ)く 비다 | 月水(げっすい) 월수 | 授業(じゅぎょう) 수업 | 木曜日(もくようび) 목요일 | 土曜日(どようび) 토요일 | 一日中(いちにちじゅう) 하루 종일 | 暇(ひま)だ 한가하다 | 午前中(ごぜんちゅう) 오전 중 | 予定(よてい) 예정 | ゆっくり寝(ね)る 푹 자다 | ネット 인터넷 | 予約(よやく) 예약 | だめだ 안 된다 | テニスコート 테니스장 | 借(か)りる 빌리다 | 残念(ざんねん)だ 유감이다, 아쉽다 | がんばる 힘내다 | 起(お)きる 일어나다 | ～しかない ~할 수밖에 없다

과제이해
실전 연습 문제

채점 /10

기본 버전 MP3

배속 버전 MP3

問題1

問題1では、まず質問を聞いてください。それから話を聞いて、問題用紙の1から4の中から、最もよいものを一つ選んでください。

1番

🎧 과제이해_실전연습문제_1번.mp3

1　契約の条件を確認する
2　モデルのキャリアを調べる
3　撮影場所と日程を決める
4　モデルのスケジュールを聞く

2番

1 他の体育館を探す
2 サークルのメンバーに連絡する
3 駅前の運動場を予約する
4 市役所の隣の体育館を予約する

3番

1 お菓子とお酒
2 お菓子と鏡
3 お菓子とネックレス
4 お菓子とマグカップ

4番

1 管理人に直してもらう
2 自転車を捨てる
3 自転車屋へ持っていく
4 店に買い取ってもらう

5番

1 会議に出席する
2 取引先に向かう
3 デパートで買い物をする
4 コーヒーや紅茶を買う

6番

1　2,700円
2　3,000円
3　5,400円
4　6,000円

7番

1　直接病院に行く
2　保険証を再発行する
3　病院に受診予約をする
4　ホームページを確認する

8番

🎧 과제이해_실전연습문제_8번.mp3

1　原稿の構成を修正する
2　パワーポイントの構成を修正する
3　発表の練習をする
4　先生にメールを送る

9番

🎧 과제이해_실전연습문제_9번.mp3

1　本を探しに語学コーナーに行く
2　係員にカードを作ってもらう
3　身分証を取りに家に帰る
4　預かった本をもらいに図書館に行く

10番

1 計画案の最終チェックをする
2 データの分析を終わらせる
3 報告書を印刷する
4 プロジェクトの予算を調整する

청해 집중 공략

문제 2 포인트이해

포인트이해는 두 사람의 대화 또는 한 사람의 음성을 듣고 질문에서 요구하는 핵심 포인트를 이해하고 정답을 고르는 문제로 총 6문제가 출제된다. 질문으로는 주로 왜(どうして)라는 의문사가 사용되어 이유를 묻는 문제가 많다. 그리고 무엇(何), 어디(どこ), 어떤(どんな), 언제(いつ) 등과 같은 의문사가 사용되어 질문 형태가 다양하다.

이렇게 풀자

첫 질문이 나올 때에 질문에서 요구하는 것이 무엇인지 잘 듣도록 하자. 포인트이해 문제는 선택지 읽는 시간이 주어지기 때문에 그 시간동안 정확하게 읽고 내용을 잘 파악해두어야 한다. 그 후 이야기를 들으면서 정답을 유추하여 고르면 된다. 또한 이야기에서 구체적인 정보가 나올 경우는 메모를 해두면서 듣는 습관을 기르도록 하자.

문제 흐름

① **상황을 설명하는 문장과 질문**이 나온다.
② **선택지를 읽는 시간(20초)**이 주어진다.
③ **본문**이 나온다.
④ **질문**이 나온다.

* 문제 용지에는 선택지가 적혀 있다.

질문유형 예시

상황 설명문

_{だいがく} _{おとこ} _{がくせい} _{おんな} _{がくせい} _{はな}
大学で男の学生と女の学生が話しています。 대학에서 남자 학생과 여자 학생이 이야기하고 있습니다.

❶ 이유를 묻는 문제

_{おとこ} _{ひと} _{き ぶん} _{わる}
男の人は**どうして**気分が悪いですか。 남자는 왜 기분이 안 좋습니까?
_{かいじょう} _{へんこう} _{り ゆう} _{なん}
パーティーの会場が変更になった**理由**は何ですか。 파티 회장이 변경된 이유는 무엇입니까?
_{おとこ} _{がくせい} _{いえ} _{けいさつ} _き _{もくてき} _{なん}
男の学生の家に警察が来た**目的**は何ですか。 남자 학생 집에 경찰이 온 목적은 무엇입니까?

❷ 다른 의문사를 사용한 문제

_{おんな} _{ひと} _{しんぱい} _い
女の人は**どんなことが**心配だと言っていますか。 여자는 어떤 것이 걱정이라고 말하고 있습니까?
_{ふたり} _{しごと} _お _{よ てい}
二人はこの仕事を**いつ**終わらせる予定ですか。 두 사람은 이 일을 언제 끝낼 예정입니까?
_{しょうひん} _{なに} _い
この商品の**何がいい**と言っていますか。 이 상품의 무엇이 좋다고 말하고 있습니까?
_{おとこ} _{がくせい} _{きょう} _{ちょう し}
男の学生の**今日の調子**はどうですか。 남자 학생의 오늘 상태는 어떻습니까?

문제유형 예시

もんだい
問題2

問題2では、まず質問を聞いてください。そのあと、問題用紙のせんたくしを読んでください。読む時間があります。それから話を聞いて、問題用紙の1から4の中から、最もよいものを一つ選んでください。

1番

 포인트이해_문제유형_예시.mp3

1　学校に行くから
2　給料が安いから
3　友だちの会社で働くから
4　家から遠いから

문제 2　문제2에서는, 먼저 질문을 들어주세요. 그 후, 문제 용지의 선택지를 읽으세요. 읽을 시간이 있습니다. 그리고 이야기를 듣고, 문제 용지의 1부터 4 중에서, 가장 알맞은 것을 하나 고르세요.

| 정답 | ② |

해석

男の人と女の人が話しています。女の人はどうして会社を辞めるのですか。

M：メール見たよ。今の会社、辞めるんだって？
F：うん。悩んだんだけど、やっぱり辞めることにした。
M：色々悩んだ末に決めたことなら、それでいいと思う。

남자와 여자가 이야기하고 있습니다. 여자는 왜 회사를 그만두는 것입니까?

M : 메일 봤어. 지금 다니는 회사, 그만둔다면서?
F : 응. 고민했지만, 역시 그만두기로 했어.
M : 여러 가지 고민한 끝에 정한 거라면 그걸로 좋다고 생각해.
F : 회사 쪽에는 좀 더 자신의 능력을 늘리고 싶어서 학교에 간다고 말했지만, 뭐 사실대로 말하자면 급여가 너무 적어.
M : 아, 저금할 수 없다고 말했었지?

F : 会社のほうには、もっと自分の能力を伸ばしたいから、学校に行くって言ったんだけど、まあ、本当のことを言うと、給料が少なすぎるんだよね。
M : ああ、貯金ができないって言ってたよね。
F : そう。誰でもできる仕事じゃないのに、他の社員と同じなんだもん。友だちに相談したら、その子の会社は同じ仕事内容なのに私のところより5万円も多くもらってるんだって。
M : へえ、そんなに違うんだ。そこで人は募集してないの？
F : ううん、今は足りてるみたい。それに、その会社は、私の家から遠いから、別の会社を探してるところだよ。
M : そうなんだ。早くいいところ見つかるといいね。

女の人はどうして会社を辞めるのですか。
1 学校に行くから
2 給料が少ないから
3 友だちの会社で働くから
4 家から遠いから

F : 맞아. 아무나 할 수 있는 일이 아닌데, 다른 사원과 똑같은 걸. 친구한테 상담했더니 그 아이 회사는 같은 일 내용인데 내가 다니는 곳보다 5만 엔이나 많이 받고 있대.
M : 아, 그렇게 다르구나. 거기에서 사람은 모집하지 않아?
F : 아니, 지금은 충분한 것 같아. 게다가 그 회사는 우리 집에서 멀어서 다른 회사를 찾는 중이야.
M : 그렇구나. 빨리 좋은 곳 찾았으면 좋겠어.

여자는 왜 회사를 그만두는 것입니까?
1 학교에 가기 때문에
2 급여가 적기 때문에
3 친구 회사에서 일하기 때문에
4 집에서 멀기 때문에

| 해설 | 여자는 本当のこと言うと、給料が安すぎるんだよね。(사실대로 말하자면 월급이 너무 적어.)라고 말하고 있으므로 2번이 정답이다. 1번은 회사에 표면적으로 말한 이유이고, 3번은 친구 회사는 이미 사람이 충분해서 일할 수 없기 때문에 정답이 아니다. 그리고 4번은 친구네 회사에 대한 이야기로 정답이 아니다.

| 단어 | 辞(や)める 그만두다 | 悩(なや)む 고민하다 | やっぱり 역시 | 色々(いろいろ) 여러 가지 | ～末(すえ)に ~한 끝에 | 能力(のうりょく) 능력 | 伸(の)ばす 늘리다 | 給料(きゅうりょう) 급여 | 少(すく)ない 적다 | 貯金(ちょきん) 저금 | 社員(しゃいん) 사원 | 同(おな)じだ 같다 | 相談(そうだん) 상담 | 内容(ないよう) 내용 | 募集(ぼしゅう) 모집 | 足(た)りる 충분하다 | 探(さが)す 찾다 | 見(み)つかる 발견하다, 찾다

실전 연습 문제

포인트이해

채점　/11

기본 버전 MP3

배속 버전 MP3

問題2

問題2では、まず質問を聞いてください。そのあと、問題用紙のせんたくしを読んでください。読む時間があります。それから話を聞いて、問題用紙の1から4の中から、最もよいものを一つ選んでください。

1番

🎧 포인트이해_실전연습문제_1번.mp3

1　具合が悪かったから
2　友だちを病院に連れて行ったから
3　友だちに連絡を取っていたから
4　電車が遅れていたから

2番

1 本の場所を覚えること
2 お客さんからの問い合わせが多いこと
3 仕事中に座れないこと
4 重い本を運ぶこと

3番

1 来週の月曜日
2 来週の火曜日
3 来週の水曜日
4 来週の木曜日

4番

1　男性がスーツを着るから
2　着物の方が雰囲気にふさわしいから
3　お祝いの雰囲気に合わないから
4　動きやすい服装が好きだから

5番

1　入社の手続きをしなければならないから
2　書類を提出しなければならないから
3　説明会に参加しなければならないから
4　先輩とのふれあい会に参加しなければならないから

6番

🎧 포인트이해_실전연습문제_6번.mp3

1　共通の趣味を持っている人
2　容姿が整っている人
3　家事と育児を助けてくれる人
4　経済力がある人

7番

🎧 포인트이해_실전연습문제_7번.mp3

1　モニターを自由に動かせる機能
2　長時間撮影できる機能
3　距離調整できる機能
4　連続で撮影ができる機能

8番
🎧 포인트이해_실전연습문제_8번.mp3

1 料理が口に合わなかったこと
2 お腹を壊したこと
3 肌荒れをしたこと
4 いきなり雨が降ったこと

9番
🎧 포인트이해_실전연습문제_9번.mp3

1 健康になるため
2 いい出会いを見つけるため
3 よく寝られるようになるため
4 スタイルがよくなるため

10番

🎧 포인트이해_실전연습문제_10번.mp3

1 芝居、歌、ダンス全て楽しめるから
2 夢の世界にいるような体験ができるから
3 有名な原作を舞台にしているから
4 好きな俳優ができたから

11番

🎧 포인트이해_실전연습문제_11번.mp3

1 移動時間で疲れるから
2 費用がかかるから
3 家の状況が分からないから
4 子供のことが心配だから

해설집 p.110~119

청해 집중 공략

문제 3 개요이해

개요이해는 한 사람의 음성 또는 두 사람의 대화를 듣고 이야기하는 사람의 주장이나 생각을 파악하는 문제로 총 5문제가 출제된다. 문제지에 아무 것도 나와있지 않고 음성으로만 나오기 때문에 난이도가 높다. 질문에는 무엇에 대해서 이야기 하고 있는지, 어떻게 생각하고 있는지 등 전체 내용의 개요를 묻는 문제가 많다.

이렇게 풀자

질문과 선택지는 마지막에 단 한 번만 음성으로 나오기 때문에 집중해서 잘 들어야 한다. 질문은 구체적인 부분을 묻는 것이 아닌 이야기 내용의 주제와 말하는 이의 주장을 묻는 문제가 주로 출제된다. 그러므로 이야기의 전체적인 흐름을 잘 이해하면서 듣도록 하자.

문제 흐름

① **상황을 설명하는 문장**이 나온다.
② **본문**이 나온다
③ **질문**이 나온다.
④ **선택지(4개)**가 나온다.

질문과 선택지는 음성으로만 나온다는 점에 유의하자.
*문제 용지에는 아무것도 적혀 있지 않다.

질문유형 예시

상황 설명문

テレビでアナウンサーが話(はな)しています。 텔레비전에서 아나운서가 이야기하고 있습니다.

① 전체 내용의 개요를 묻는 문제

男(おとこ)の人(ひと)は**何(なに)について話(はな)していますか**。 남자는 무엇에 대해서 이야기하고 있습니까?
女(おんな)の人(ひと)は**何(なに)について紹介(しょうかい)**していますか。 여자는 무엇에 대해서 소개하고 있습니까?
この講演会(こうえんかい)の**テーマは何(なん)**ですか。 이 강연회의 테마는 무엇입니까?
調査(ちょうさ)の結果(けっか)について**どう思(おも)っていますか**。 조사 결과에 대해서 어떻게 생각하고 있습니까?
医者(いしゃ)は**何(なん)の話(はなし)**をしていますか。 의사는 무슨 이야기를 하고 있습니까?

문제유형 예시

もんだい
問題3

問題3では、問題用紙に何もいんさつされていません。この問題は、全体としてどんな内容か聞く問題です。話の前に質問はありません。まず話を聞いてください。それから、質問とせんたくしを聞いて、1から4の中から、最もよいものを一つ選んでください。

🎧 개요이해_문제유형_예시.mp3

ーメモー

문제 3 문제3에서는, 문제 용지에 아무것도 인쇄되어 있지 않습니다. 이 문제는, 전체로서 어떤 내용인지를 듣는 문제입니다. 이야기 전에 질문은 없습니다. 먼저 이야기를 들어주세요. 그리고, 질문과 선택지를 듣고, 1부터 4 중에서, 가장 알맞은 것을 하나 고르세요.

정답 ②

해석

女の人が制服に関する調査について話しています。

F : 皆さんは学校の制服についてどう思っていますか。学校の制服は、時代の変化と共にデザインや機能なども変化しています。最近は生徒の自由を尊重し、服装の自由化を進めている学校が増えているそうです。それでは、実際に着る立場の高校生たちは学校の制服についてどう思っているのでしょうか。全国の高校生1年生から3年生男女1,000人を対象に制服について調査したところ、「毎日の服装に悩まなくていい」「学生らしく見える」「服装による個人差が出なくていい」「どこの学校なのか一目で分かる」など多くの意見が出されました。

制服の何についての調査ですか。
1 時代による制服の変化
2 制服の必要性
3 男女の制服の違い
4 制服を着る方法

여자가 교복에 관한 조사에 대해서 이야기하고 있습니다.

F : 여러분은 학교 교복에 대해서 어떻게 생각하고 있습니까? 학교 교복은 시대의 변화와 함께 디자인이나 기능 등도 변화하고 있습니다. 최근에는 학생의 자유를 존중하여 복장 자유화를 진행하고 있는 학교가 늘고 있다고 합니다. 그러면 실제로 입는 입장의 고등학생들은 학교 교복에 대해서 어떻게 생각하고 있을까요? 전국 고등학생 1학년부터 3학년 남녀 1,000명을 대상으로 교복에 대해서 조사했더니, "매일 복장에 고민하지 않아도 된다" "학생답게 보인다" "복장에 의한 개인차가 안 나와서 좋다" "어디 학교인지 한눈에 알 수 있다" 등 많은 의견이 나왔습니다.

교복의 무엇에 대한 조사입니까?
1 시대에 의한 교복의 변화
2 교복의 필요성
3 남녀 교복의 차이
4 교복을 입는 방법

해설 고등학생들의 의견은 전부 교복에 대한 긍정적인 의견들이다. 따라서 학교 교복은 필요하다고 유추해볼 수 있으므로 2번이 정답이다. 1번은 시대의 변화에 따라서 디자인이나 기능이 변화했다는 언급은 있지만, 조사와는 관계없다. 그리고 3, 4번은 본문에서 언급하지 않은 내용이기 때문에 정답이 아니다.

단어 制服(せいふく) 교복 | ~に関(かん)する ~에 관한 | 調査(ちょうさ) 조사 | 時代(じだい) 시대 | 変化(へんか) 변화 | ~と共(とも)に ~와/과 함께 | デザイン 디자인 | 機能(きのう) 기능 | 生徒(せいと) 학생, 중고생 | 自由(じゆう) 자유 | 尊重(そんちょう) 존중 | 服装(ふくそう) 복장 | 自由化(じゆうか) 자유화 | 進(すす)める 진행하다, 나아가다 | 実際(じっさい) 실제 | 立場(たちば) 입장 | 全国(ぜんこく) 전국 | 男女(だんじょ) 남녀 | 対象(たいしょう) 대상 | ~たところ ~했더니 | 個人差(こじんさ) 개인차 | 一目(ひとめ) 한눈 | ~による ~에 의한 | 必要性(ひつようせい) 필요성 | 違(ちが)い 차이

問題3

問題3では、問題用紙に何もいんさつされていません。この問題は、全体としてどんな内容か聞く問題です。話の前に質問はありません。まず話を聞いてください。それから質問とせんたくしを聞いて、1から4の中から、最もよいものを一つ選んでください。

―メモ―

1   🎧 개요이해_실전연습문제_1번.mp3

2   🎧 개요이해_실전연습문제_2번.mp3

3   🎧 개요이해_실전연습문제_3번.mp3

4   🎧 개요이해_실전연습문제_4번.mp3

5   🎧 개요이해_실전연습문제_5번.mp3

6   🎧 개요이해_실전연습문제_6번.mp3

7   🎧 개요이해_실전연습문제_7번.mp3

8 🎧 개요이해_실전연습문제_8번.mp3

9 🎧 개요이해_실전연습문제_9번.mp3

10 🎧 개요이해_실전연습문제_10번.mp3

해설집 p.119~126

> 청해 집중 공략

문제 4 즉시응답

즉시응답은 두 사람의 대화로 구성되어 있으며 대화가 자연스럽게 이어질 수 있도록 나머지 한 사람의 대답을 고르는 문제로 총 12문제가 출제된다. 문제지에 아무것도 나와있지 않으며 음성만을 듣고 문제를 골라야 한다. 또한 빠른 템포로 문제가 이어지기 때문에 순간 집중력과 빠른 판단이 요구된다.

이렇게 풀자 ✏️

AB형식의 짧은 대화이기 때문에 첫 번째 말하는 사람의 말을 잘 듣고 짧은 순간에 상황을 잘 파악해야 한다. 그리고 이어지는 3개의 대답을 듣고 바로 정답을 골라야 한다. 헷갈린다고 해도 고민할 시간이 없기 때문에 그 문제는 감으로 찍고 다음 문제로 넘어가도록 하자. 그래야 다음 문제를 놓치지 않을 수 있다.
*경어나 인사말과 같은 정해진 문구가 출제되고 있기 때문에 평소에 꾸준히 경어와 인사말을 학습해 두도록 하자.

문제 흐름

❶ **한 사람의 말**이 나온다.
❷ **선택지(3개)**가 나온다.

모두 음성으로만 나온다는 점에 유의하자.
*문제 용지에는 아무것도 적혀 있지 않다.

문제유형 예시

もんだい
問題4

問題4では、問題用紙に何もいんさつされていません。まず文を聞いてください。それから、それに対する返事を聞いて、1から3の中から、最もよいものを一つ選んでください。

🎧 즉시응답_문제유형_예시.mp3

ーメモー

| 문제 4 | 문제4에서는, 문제 용지에 아무것도 인쇄되어 있지 않습니다. 먼저 문장을 들어 주세요. 그리고, 그것에 대한 대답을 듣고, 1부터 3 중에서, 가장 알맞은 것을 하나 고르세요.

| 정답 | ②

| 해석 |

今日(きょう)もたくさん勉強(べんきょう)したよ。試験(しけん)、合格(ごうかく)できるといいんだけど。	오늘도 많이 공부했어. 시험, 합격할 수 있으면 좋겠는데.
1 そんなに落(お)ち込(こ)まないでよ、次(つぎ)頑張(がんば)ればいいから。 2 きっとうまくいくに決(き)まってるよ。 3 次(つぎ)、合格(ごうかく)に向(む)けて頑張(がんば)ろう。	1 그렇게 침울해 하지 마, 다음에 열심히 하면 되니까. 2 분명 잘 될 것임에 틀림없어. 3 다음, 합격을 향해서 열심히 하자.

| 해설 | 아직 시험을 응시하지 않았고, 시험에 합격하고 싶은 상대방에게 적절한 대답은 2번이다. 1번은 침울해 있는 사람을 격려하는 말이기 때문에 정답이 아니고, 시험에 합격했는지 안 했는지 아직 모르기 때문에 다음 시험에 대해서 언급하는 3번도 정답이 아니다.

| 단어 | 試験(しけん) 시험 | 合格(ごうかく) 합격 | 落(お)ち込(こ)む 침울해하다 | 次(つぎ) 다음 | 頑張(がんば)る 힘내다, 열심히 하다 | きっと 분명 | うまくいく 잘 되다 | ~に決(き)まってる ~임에 틀림없다 | ~向(む)けて ~을/를 향해서

실전 연습 문제

問題4

問題4では、問題用紙に何もいんさつされていません。まず文を聞いてください。それから、それに対する返事を聞いて、1から3の中から、最もよいものを一つ選んでください。

―メモ―

| 1 | 🎧 즉시응답_실전연습문제_1번.mp3 |

| 2 | 🎧 즉시응답_실전연습문제_2번.mp3 |

| 3 | 🎧 즉시응답_실전연습문제_3번.mp3 |

| 4 | 🎧 즉시응답_실전연습문제_4번.mp3 |

| 5 | 🎧 즉시응답_실전연습문제_5번.mp3 |

| 6 | 🎧 즉시응답_실전연습문제_6번.mp3 |

| 7 | 🎧 즉시응답_실전연습문제_7번.mp3 |

| 8 | 🎧 즉시응답_실전연습문제_8번.mp3 |

| 9 | 🎧 즉시응답_실전연습문제_9번.mp3 |

| 10 | 🎧 즉시응답_실전연습문제_10번.mp3 |

| 11 | 🎧 즉시응답_실전연습문제_11번.mp3 |

| 12 | 🎧 즉시응답_실전연습문제_12번.mp3 |

| 13 | 🎧 즉시응답_실전연습문제_13번.mp3 |

| 14 | 🎧 즉시응답_실전연습문제_14번.mp3 |

| 15 | 🎧 즉시응답_실전연습문제_15번.mp3 |

| 16 | 🎧 즉시응답_실전연습문제_16번.mp3 |

| 17 | 🎧 즉시응답_실전연습문제_17번.mp3 |

| 18 | 🎧 즉시응답_실전연습문제_18번.mp3 |

| 19 | 🎧 즉시응답_실전연습문제_19번.mp3 |

| 20 | 🎧 즉시응답_실전연습문제_20번.mp3 |

해설집 p.126~130

> 청해 집중 공략

문제 5 통합이해

통합이해는 두 사람의 대화를 듣고 그중 한 사람의 의견을 고르는 문제가 1문제, 세 사람의 대화를 듣고 각각의 의견을 통합하여 결정된 내용을 고르는 문제가 1문제, 어떤 주제에 대해서 설명하는 긴 안내문, 소개 글, 뉴스 등 긴 음성과 그것을 들은 두 사람의 대화를 연이어 듣고 두 사람이 각각 최종적으로 선택한 것을 고르는 문제가 2문제 출제된다.

이렇게 풀자

질문이 마지막에 나오기 때문에 각각 사람의 의견을 비교 구분하면서 들어야 한다. 그리고 음성이 다소 길기 때문에 중요한 포인트는 메모하면서 듣는 것이 좋다. 선택지는 비교적 짧기 때문에 머릿속에서 내용을 잘 정리하고 중요한 포인트를 꼼꼼히 메모하며 들었다면 정답을 쉽게 찾을 수 있다.

문제 흐름

문제 유형 1   두 사람의 대화를 듣고 한 사람의 의견을 고르는 문제

① **상황을 설명하는 문장**이 나온다.
② **본문**이 나온다.
③ **질문**이 나온다.
④ **선택지(4개)**가 나온다.

질문과 선택지는 음성으로만 나온다는 점에 유의하자. 선택지는 본문에서 언급한 명사로 구성되어 있다. 최근 경향으로는 해당 유형이 출제되지 않는 경우가 많다.
*문제 용지에는 아무것도 적혀 있지 않다.

문제 유형 2   세 사람 또는 최종 결정한 내용을 고르는 문제

① **상황을 설명하는 문장**이 나온다.
② **본문**이 나온다.
③ **질문**이 나온다.
④ **선택지(4개)**가 나온다.

질문과 선택지는 음성으로만 나온다는 점에 유의하자. 선택지는 본문에서 언급한 문장으로 구성되어 있다.
*문제 용지에는 아무것도 적혀 있지 않다.

| 문제 유형 3 | 남녀 각각 어떤 것을 선택하는지 고르는 문제 |

❶ **상황을 설명하는 문장**이 나온다.
❷ **한 사람의 이야기**가 나온다.
❸ **두 사람의 대화**가 나온다.
❹ **질문1과 질문2**가 순서대로 나온다.

선택지는 본문에서 언급한 명사로 구성되어 있다.
문제 용지에는 선택지가 적혀 있다.

질문유형 예시

상황 설명문

家(いえ)で妻(つま)と夫(おっと)が話(はな)しています。 집에서 부인과 남편이 이야기하고 있습니다.

学生(がくせい)3人(にん)がレポートについて話(はな)しています。 학생 3명이 리포트에 대해서 이야기하고 있습니다.

交通安全(こうつうあんぜん)の説明(せつめい)を聞(き)いて、男(おとこ)の人(ひと)と女(おんな)の人(ひと)が話(はな)しています。
교통안전 설명을 듣고 남자와 여자가 이야기하고 있습니다.

❶ 한 사람의 최종 결정을 묻는 문제

女(おんな)の人(ひと)はどのコースにしますか。 여자는 어느 코스로 합니까?
男(おとこ)の人(ひと)はどれを選(えら)びますか。 남자는 어느 것을 고릅니까?
女(おんな)の人(ひと)はどの服(ふく)を買(か)いますか。 여자는 어느 옷을 삽니까?
男(おとこ)の人(ひと)はどこへ行(い)く予定(よてい)ですか。 남자는 어디에 갈 예정입니까?

❷ 모두의 최종 결정을 묻는 문제

3人(にん)は明日(あした)何(なに)をすることにしましたか。 3명은 내일 무엇을 하기로 했습니까?
二人(ふたり)は一緒(いっしょ)にどこへ行(い)こうと言(い)っていますか。 두 사람은 같이 어디에 가자고 말하고 있습니까?
売上(うりあげ)を上(あ)げるために何(なに)をすることに決(き)めましたか。 매출을 올리기 위해서 무엇을 하기로 결정했습니까?
問題(もんだい)を解決(かいけつ)するためにどうすることにしましたか。 문제를 해결하기 위해서 어떻게 하기로 했습니까?

문제유형 예시

기본 버전 MP3　　배속 버전 MP3

問題5

問題5では、長めの話を聞きます。この問題には練習はありません。
問題用紙にメモをとってもかまいません。

1番、2番

問題用紙に何もいんさつされていません。まず話を聞いてください。それから、質問とせんたくしを聞いて、1から4の中から、最もよいものを一つ選んでください。

🎧 통합이해_문제유형_예시_1번.mp3
　통합이해_문제유형_예시_2번.mp3

―メモ―

3番

まず話を聞いてください。それから、二つの質問を聞いて、それぞれ問題用紙の1から4の中から、最もよいものを一つ選んでください。

🎧 통합이해_문제유형_예시_3번.mp3

質問1

1　Aプラン
2　Bプラン
3　Cプラン
4　Dプラン

質問2

1　Aプラン
2　Bプラン
3　Cプラン
4　Dプラン

문제 5 문제5에서는, 긴 이야기를 듣습니다. 이 문제에는 연습은 없습니다. 문제 용지에 메모를 해도 상관없습니다.

1번, 2번 문제 용지에 아무것도 인쇄되어 있지 않습니다. 먼저 이야기를 들어 주세요. 그리고, 질문과 선택지를 듣고, 1부터 4중에서, 가장 알맞은 것을 하나 고르세요.

| 해석 |

1番
学校で男の人と女の人が話しています。
M：何か新しいクラブ活動を始めたいんだけど、お勧めある？
F：ええと、話題のクラブは4つぐらいあるよ。まず、1番目のクラブはみんなでダンスを考えて一つの作品を作るから楽しいと思う。ダンスを発表するイベントもたくさんあって、やりがいもありそうだね。それから、2番目のクラブは、山に登ったりキャンプに行ったり、いろんな人と交流ができるのが長所だね。
M：どちらも体を動かせるから楽しそうだね。
F：比較的に体をあまり動かさない3番目のクラブもあるよ。コップとか花瓶とか、日常生活で使える物が作れるから実用的でいいと思う。
M：なるほど。確かにすごく経済的だね。
F：4番目のクラブは地域の安全や環境のためにゴミ拾いをしたり、高齢者施設を訪問して、お年寄りのお手伝いをする活動をしてるらしい。こんなの簡単には経験できないから貴重だね。
M：そうだね、人のためになると同時に自分のためにもなるから魅力的だな。でも、僕は汗をかくことは好きじゃないからなあ。やっぱり実用的な物を創作するこのクラブの説明会に行ってみるよ。

男の人はどのクラブ説明会に行きますか。
1　1番目のクラブ
2　2番目のクラブ
3　3番目のクラブ
4　4番目のクラブ

1번
학교에서 남자와 여자가 이야기하고 있습니다.
M：뭔가 새로운 동아리 활동을 시작하고 싶은데, 추천 있어?
F：음, 화제인 동아리는 4개 정도 있어. 먼저 1번째 동아리는 모두 함께 댄스를 생각해서 하나의 작품을 만들기 때문에 즐거울 거라고 생각해. 댄스를 발표하는 이벤트도 많이 있어서 보람도 있을 것 같아. 그리고 2번째 동아리는 산에 올라가거나 캠프에 가거나 여러 사람과 교류를 할 수 있는 것이 장점이야.
M：어느 쪽도 몸을 움직일 수 있으니까 즐거울 것 같네.
F：비교적 몸을 별로 움직이지 않는 3번째 동아리도 있어. 컵이라든지 화병이라든지 일상생활에서 사용할 수 있는 물건을 만들 수 있기 때문에 실용적이고 좋다고 생각해.
M：그렇구나. 확실히 굉장히 경제적이네.
F：4번째 동아리는 지역 안전이나 환경을 위해서 쓰레기 줍기를 하거나 고령자 시설을 방문해서 노인을 도와주는 활동을 하고 있다고 해. 이런 거 쉽게 할 수 없는 경험이니까 귀중하지.
M：그렇네, 타인을 위함이 됨과 동시에 자신의 위함도 되기 때문에 매력적이네. 하지만, 나는 땀을 흘리는 것은 좋아하지 않으니까 말이야. 역시 실용적인 물건을 창작하는 이 동아리의 설명회에 가 볼게.

남자는 어느 동아리 설명회에 갑니까?
1　1번째 동아리
2　2번째 동아리
3　3번째 동아리
4　4번째 동아리

| 정답 | ③

| 해설 | 남자가 어느 동아리의 설명회에 가는지 묻는 문제이다. 남자는 마지막에 やっぱり実用的な物を創作するこのクラブの説明会に行ってみるよ。(역시 실용적인 물건을 창작하는 이 동아리의 설명회에 가 볼게.)라고 했다. 앞서 여자가 3번째 동아리에 대해 설명할 때 日常生活で使える物が作れるから実用的でいいと思う。(일상생활에서 사용할 수 있는 물건을 만들 수 있기 때문에 실용적이고 좋다고 생각해.)라고 했기 때문에 남자는 3번째 동아리의 설명회에 간다는 것을 알 수 있다. 따라서 3번이 정답이다.

| 단어 | 新(あたら)しい 새롭다 | クラブ 동아리 | 活動(かつどう) 활동 | 始(はじ)める 시작하다 | お勧(すす)め 추천 | 話題(わだい) 화제 | ダンス 댄스 | 作品(さくひん) 작품 | 発表(はっぴょう) 발표 | イベント 이벤트 | やりがい 보람 | キャンプ 캠프 | いろんな 여러 가지, 다양한 | 交流(こうりゅう) 교류 | 長所(ちょうしょ) 장점 | 体(からだ) 몸 | 動(うご)かす 움직이다 | 比較的(ひかくてき)に 비교적으로 | コップ 컵 | 花瓶(かびん) 화병, 꽃병 | 日常生活(にちじょうせいかつ) 일상생활 | 実用的(じつようてき)だ 실용적이다 | 経済的(けいざいてき)だ 경제적이다 | 地域(ちいき) 지역 | 安全(あんぜん) 안전 | 環境(かんきょう) 환경 | ゴミ拾(ひろ)い 쓰레기 줍기 | 高齢者(こうれいしゃ) 고령자 | 施設(しせつ) 시설 | 訪問(ほうもん) 방문 | お年寄(としよ)り 노인 | お手伝(てつだ)いをする 도와주다 | 経験(けいけん) 경험 | 貴重(きちょう)だ 귀중하다 | ~と同時(どうじ)に ~임과 동시에 | 魅力的(みりょくてき)だ 매력적이다 | 汗(あせ)をかく 땀을 흘리다 | 創作(そうさく) 창작 | 説明会(せつめいかい) 설명회

| 해석 |

2番
レストランで店長とアルバイトの二人が売り上げについて話しています。

M1 : 最近、売り上げが落ちてるんだけど、何かいいアイデアないかな。
F : SNSを活用すると効果があると思います。この店のおすすめのメニューをSNSに上げるのはどうですか。
M1 : 僕もやってみようと思ったんだけど、難しそうでまだ試してないんだ。
M2 : それか、ちょっと地味かもしれないですけど、駅前とか人が多い場所でチラシを配るっていうのはどうですか。
F : そんなことしても、みんな忙しいからもらってくれないと思うよ。印刷代もかかるし…。
M1 : 何か特徴的で、みんなが興味を持ってくれそうなものが、うちの店にあればいいんだけどね。
M2 : そういえばこの前テレビで猫カフェが人気あるって言ってました。猫を見るためにお客さんがたくさん並んでるんですって。
F : 猫かあ。猫好きにはたまらないね。

2번
레스토랑에서 점장과 아르바이트생 2명이 매출에 대해서 이야기하고 있습니다.

M1 : 요즘, 매출이 떨어지고 있는데, 뭔가 좋은 아이디어 없을까?
F : SNS를 활용하면 효과가 있을 거라고 생각해요. 이 가게 추천 메뉴를 SNS에 올리는 건 어때요?
M1 : 나도 해보려고 했는데, 어려울 것 같아서 아직 시도하지 않았어.
M2 : 그게 아니면, 조금 평범할지 모르겠지만, 역 앞이라든지 사람이 많은 장소에서 전단지를 나눠주는 것은 어때요?
F : 그런 걸 해도, 다들 바쁘니까 받아 주지 않을 거라고 생각해. 인쇄비도 들고….
M1 : 뭔가 특징적이고 모두가 관심을 가져 줄 만한 것이 우리 가게에 있으면 좋겠는데 말이지.
M2 : 그러고 보니 얼마 전 TV에서 고양이 카페가 인기 있다고 말했어요. 고양이를 보기 위해서 손님이 많이 줄 서고 있다고 해요.
F : 고양이 말이지. 고양이 좋아하는 사람은 참을 수 없겠네.
M1 : 다만, 누가 고양이를 돌볼 거야? 가게 안에서 키울 수도 없고.
F : 확실히. 그것도 그렇네요. 그럼 동물은 그만둡시다. 가게 안을 외국 같은 분위기로 하는 것은 어때요?
M1 : 공사하는 것에 몇 십만이나 필요할 거라고 생각해. 그렇게 비용은 사용할 수 없어.
M2 : 음, 역시 인터넷을 사용하는 것이 가장 돈이 들지 않고 빠르지 않아요?
F : 저도 사진이라든지 찍는 것을 좋아하기 때문에 도움이 될 수 있을 거라고 생각해요.

M1：ただ、誰が猫の世話をするの？店の中で飼うわけにもいかないし。
F：確かに、それもそうですよね。じゃあ、動物はやめましょう。店の中を外国みたいな雰囲気にするのはどうですか。
M1：工事するのに何十万も要ると思う。そんなに費用は使えないよ。
M2：うーん、やっぱりネットを使うのが一番お金がかからなくて早いんじゃないですか。
F：私も写真とか撮るのが好きなので、役に立てると思います。
M1：二人とも頼もしいな。じゃあ、お願いしていい？

お店の売り上げのために何をすることにしましたか。
1 SNSを始める
2 猫を飼う
3 外国風に店を変える
4 チラシを配る

M1：둘 다 믿음직스럽네. 그럼, 부탁해도 돼?

가게 매출을 위해서 무엇을 하기로 했습니까?
1 SNS를 시작한다
2 고양이를 기른다
3 외국풍으로 가게를 바꾼다
4 전단지를 나누어준다

| 정답 | ①

| 해설 | 남자 아르바이트생이 やっぱりネットを使うのが一番お金がかからなくて早いんじゃないですか。(역시 인터넷을 사용하는 것이 가장 돈이 들지 않고 빠르지 않아요?)라고 하자 여자 아르바이트생은 사진 찍는 것을 좋아해서 도움이 될 거라고 했고, 점장은 그럼 부탁한다고 했다. 따라서 점장은 아직 시도해 보지 않은 SNS를 시작한다는 것을 알 수 있으므로 1번이 정답이다. 2번은 고양이를 돌봐 줄 사람이 없기 때문에 정답이 아니고, 3번은 몇 십만 엔이라는 비용을 사용할 수 없다고 했으므로 정답이 아니다. 그리고 4번은 다들 바빠서 전단지를 받아주지 않고 인쇄비도 들기 때문에 정답이 아니다.

| 단어 | 店長(てんちょう) 점장 | 売(う)り上(あ)げ 매출 | アイデア 아이디어 | 活用(かつよう) 활용 | 効果(こうか) 효과 | おすすめ 추천 | メニュー 메뉴 | 試(ため)す 시도하다, 시험하다 | 地味(じみ)だ 평범하다, 수수하다 | チラシ 전단지 | 配(くば)る 나누어주다, 배부하다 | 印刷代(いんさつだい) 인쇄비 | 特徴的(とくちょうてき)だ 특징적이다 | 興味(きょうみ) 흥미 | 並(なら)ぶ 줄 서다 | 猫好(ねこず)き 고양이를 좋아함 또는 그런 사람 | たまる 견디다, 참다 | 世話(せわ)をする 돌보다 | 飼(か)う 키우다, 기르다 | ~わけにもいかない ~할 수도 없다 | 動物(どうぶつ) 동물 | 雰囲気(ふんいき) 분위기 | 工事(こうじ) 공사 | 要(い)る 필요하다 | 費用(ひよう) 비용 | ネット 인터넷 | 写真(しゃしん) 사진 | 撮(と)る 찍다 | 役(やく)に立(た)つ 도움이 되다 | 頼(たの)もしい 믿음직스럽다 | 外国風(がいこくふう) 외국풍

3번 먼저 이야기를 들어 주세요. 그리고, 2개의 질문을 듣고, 각각 문제 용지의 1부터 4 중에서, 가장 알맞은 것을 하나 고르세요.

| 해석 |

3番
販売員が携帯電話の料金プランについて話しています。

F1：携帯電話の料金プランについて説明させていただきます。プランは全部で4つあります。今からご説明しますので、この中からどのプランに入りたいのかをお決めください。まずAプランは、1か月あたり3,500円で1ギガバイト分のインターネットがご利用できます。電話は5分まで無料です。次はBプランです。このプランは1か月あたり5,000円で、インターネットが1ギガバイト分なのはAプランと同じですが、電話が30分まで無料になっています。次のCプランは、1か月あたり8,000円です。2ギガバイト分までインターネットをご利用いただけます。また、電話料金は、5分まで無料でございます。最後に1か月あたり12,000円のDプランですが、こちらはインターネットが4ギガバイト分、電話料金は使い放題です。

M：うーん、電車で映画をよく見るから、インターネットが3ギガバイト以上使えるプランがいいなあ。
F2：1ギガバイトや2ギガバイトだとすぐに使っちゃうもんね。私は家と学校にはWi-Fiがあるし、一番安いプランにしようかな。
M：でも、普段、結構電話使ってるよね。30分まで電話ができるこのプランのほうがいいんじゃない？
F2：たしかに、結構電話してるかも。でも、Wi-Fiさえあれば電話はただでできるアプリがあるから、5分無料で十分だよ。

3번
판매원이 휴대전화 요금 플랜에 대해서 이야기하고 있습니다.

F1: 휴대전화 요금 플랜에 대해서 설명드리겠습니다. 플랜은 전부 4가지 있습니다. 지금부터 설명드릴 테니까 이 중에서 어느 플랜에 들어가고 싶은지를 정해 주십시오. 먼저 A플랜은 1개월 당 3,500엔으로 1기가 바이트 분량의 인터넷을 이용하실 수 있습니다. 전화는 5분까지 무료입니다. 다음은 B플랜입니다. 이 플랜은 1개월 당 5,000엔으로 인터넷이 1기가 바이트 분량인 것은 A플랜과 동일하지만, 전화가 30분까지 무료입니다. 다음 C플랜은 1개월 당 8,000엔입니다. 2기가 바이트 분량까지 인터넷을 이용하실 수 있습니다. 또한 전화 요금은 5분까지 무료입니다. 마지막으로 1개월 당 12,000엔의 D플랜입니다만, 이쪽은 인터넷이 4기가 바이트 분량, 전화 요금은 사용 무제한입니다.

M : 음, 전철에서 영화를 자주 보기 때문에 인터넷이 3기가 바이트 이상 사용할 수 있는 플랜이 좋아.
F2: 1기가 바이트나 2기가 바이트라면 금방 사용해 버리지. 나는 집이랑 학교에는 Wi-Fi가 있으니까 가장 저렴한 플랜으로 할까나?
M : 근데 평소에 꽤 전화를 사용하고 있잖아. 30분까지 전화를 할 수 있는 이 플랜 쪽이 좋지 않아?
F2: 확실히 꽤 전화를 하고 있을지도 몰라. 하지만 Wi-Fi만 있으면 전화는 무료로 할 수 있는 앱이 있으니까 5분 무료로 충분해.
M : 그렇구나. 음, 내가 들어가고 싶은 플랜은 너무 비싸네. 나 같은 학생에게 있어서 달에 1만 엔 이상은 부담이 커.
F2: 영화는 자택에서 보면 되지 않아? 전철도 그렇게 오랜 시간 타지 않으니까 이동 중 정도 참는 게 어때?
M : 그렇네. 인터넷 이용 시간을 절반으로 하고 참을까? 대신에 책을 읽도록 할게.

질문1 여자는 어느 플랜에 들어갑니까?

1 A플랜
2 B플랜
3 C플랜
4 D플랜

M：そっか。うーん、僕が入りたいプランは高すぎるな。僕みたいな学生にとって月に1万円以上は負担が大きいよ。

F2：映画は自宅で見ればいいんじゃない？電車だってそんなに長い時間乗ってないんだし、移動中くらい、我慢したら？

M：そうだな。インターネット利用時間を半分にして我慢するか。代わりに本を読むようにするよ。

質問1 女の人はどのプランに入りますか。

1　Aプラン
2　Bプラン
3　Cプラン
4　Dプラン

質問2 男の人はどのプランに入りますか。

1　Aプラン
2　Bプラン
3　Cプラン
4　Dプラン

질문2 남자는 어느 플랜에 들어갑니까?

1 A플랜
2 B플랜
3 C플랜
4 D플랜

| 정답 | 질문1 ①　질문2 ③

| 해설 | **질문1** 여자는 私は家と学校にはWi-Fiがあるし、一番安いプランにしようかな。(나는 집이랑 학교에는 Wi-Fi가 있으니까 가장 저렴한 플랜으로 할까나?)라고 했다. 뒤에 남자가 평소에 꽤 전화를 이용하지 않느냐고 했지만, 와이파이만 있으면 전화는 무료로 할 수 있는 앱이 있다며 전화는 5분으로 충분하다고 했다. 따라서 4가지 플랜 중 제일 저렴하고 전화 5분 무료인 A플랜에 들어간다는 것을 알 수 있으므로 1번이 정답이다.

질문2 남자는 인터넷을 많이 사용할 수 있는 플랜이 좋겠다고 말했지만, D플랜은 너무 비싸다고 생각하고 있다. 또한 마지막에 インターネット利用時間を半分にして我慢するか。(인터넷 이용 시간을 절반으로 하고 참을까?)라고 했으므로 D플랜(4기가 바이트)에 비해 인터넷 분량이 절반인 C플랜(2기가 바이트)에 들어가려는 것을 알 수 있다. 따라서 3번이 정답이다.

| 단어 | 販売員(はんばいいん) 판매원 | 携帯電話(けいたいでんわ) 휴대전화 | 料金(りょうきん) 요금 | プラン 플랜, 계획 | 説明(せつめい) 설명 | ~あたり ~당 | ギガバイト 기가 바이트(GB, 데이터량) | 利用(りよう) 이용 | 無料(むりょう) 무료 | 同(おな)じだ 같다 | 使(つか)い放題(ほうだい) 사용 무제한 | 以上(いじょう) 이상 | すぐに 금방, 바로 | 普段(ふだん) 평소(에) | 結構(けっこう) 꽤, 상당히 | ただ 무료 | アプリ 앱 | 十分(じゅうぶん)だ 충분하다 | ~にとって ~에(게) 있어서 | 負担(ふたん) 부담 | 自宅(じたく) 자택 | 移動中(いどうちゅう) 이동 중 | 我慢(がまん)する 참다 | 半分(はんぶん) 절반 | 代(か)わりに 대신에

問題5

問題5では、長めの話を聞きます。この問題には練習はありません。
問題用紙にメモをとってもかまいません。

1番、2番

問題用紙に何もいんさつされていません。まず話を聞いてください。それから、質問とせんたくしを聞いて、1から4の中から、最もよいものを一つ選んでください。

🎧 통합이해_실전연습문제_1번.mp3
　통합이해_실전연습문제_2번.mp3

ーメモー

3番

まず話を聞いてください。それから、二つの質問を聞いて、それぞれ問題用紙の1から4の中から、最もよいものを一つ選んでください。

🎧 통합이해_실전연습문제_3번.mp3

質問1

1 北海道
2 兵庫県
3 鹿児島県
4 愛媛県

質問2

1 北海道
2 兵庫県
3 鹿児島県
4 愛媛県

4番、5番

問題用紙に何もいんさつされていません。まず話を聞いてください。それから、質問とせんたくしを聞いて、1から4の中から、最もよいものを一つ選んでください。

🎧 통합이해_실전연습문제_4번.mp3
통합이해_실전연습문제_5번.mp3

ーメモー

6番

まず話を聞いてください。それから、二つの質問を聞いて、それぞれ問題用紙の1から4の中から、最もよいものを一つ選んでください。

🎧 통합이해_실전연습문제_6번.mp3

質問1

1 A授業
2 B授業
3 C授業
4 D授業

質問2

1 A授業
2 B授業
3 C授業
4 D授業

7番、8番

問題用紙に何もいんさつされていません。まず話を聞いてください。それから、質問とせんたくしを聞いて、1から4の中から、最もよいものを一つ選んでください。

🎧 통합이해_실전연습문제_7번.mp3
통합이해_실전연습문제_8번.mp3

ーメモー

9番

まず話を聞いてください。それから、二つの質問を聞いて、それぞれ問題用紙の1から4の中から、最もよいものを一つ選んでください。

質問1

1　1番目の栄養剤
2　2番目の栄養剤
3　3番目の栄養剤
4　4番目の栄養剤

質問2

1　1番目の栄養剤
2　2番目の栄養剤
3　3番目の栄養剤
4　4番目の栄養剤

초판 1쇄 발행 2024년 9월 2일
2쇄 발행 2025년 8월 1일

지은이 유하다요컨텐츠개발팀
펴낸곳 ㈜유하다요
펴낸이 전유하
책임편집 정설
디자인 최한솔

정가 26,800원
ISBN 979-11-91687-35-4(03730)

Copyright ⓒ ㈜유하다요
이 책에 대한 저작권은 주식회사 유하다요에 있으므로 무단 전재, 배포, 복제 및 사용을 금합니다.이 책의 전부 또는 일부를 인용 및 발췌하여 사용하려면 저작권자 주식회사 유하다요의 서면 동의를 받아야 합니다.잘못 만든 책은 구입한 서점 또는 본사에서 바꿔드립니다.

주소 서울특별시 송파구 풍성로 77, C동 3층
홈페이지 https://yuhadayo.com/
교재 관련 문의 02)470-6845

일본어는 유하다요로 끝내세요!

일본어 전문 인강 유하다요의
체계적인 학습 커리큘럼

기초

기초 입문 부터, 회화, 단어 복습까지 체계적인 3-STEP 커리큘럼

STEP 1 기초 입문 히라가나부터 기초 표현 배우기
STEP 2 회화 연습 실제로 쓰이는 기초 회화 연습하기
STEP 3 단어 복습 철저한 반복 학습으로 단어 외우기

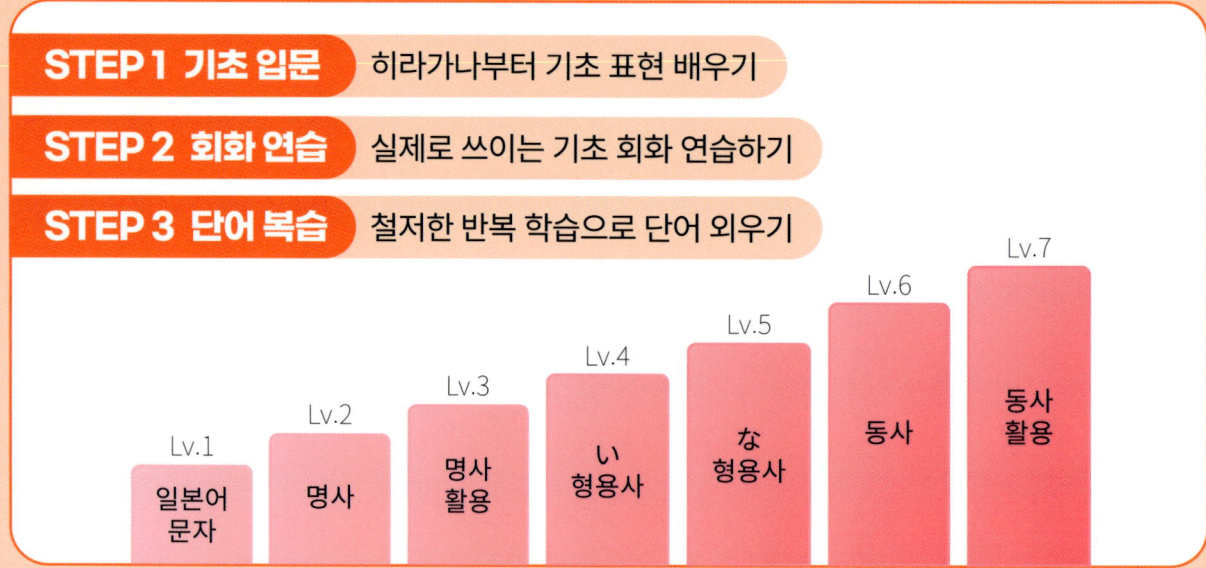

- Lv.1 일본어 문자
- Lv.2 명사
- Lv.3 명사 활용
- Lv.4 い형용사
- Lv.5 な형용사
- Lv.6 동사
- Lv.7 동사 활용

한자

기초부터 실전까지 일본어 상용한자 1026자 30일 완성 커리큘럼

쉽게 배우는 일본어 유하다요 yuhadayo.com

최신경향
종합서

유하다요

JLPT
N2

문자·어휘와 문법

한 권 스피드 합격

해설집

유하다요

유하다요

JLPT
N2

일본어능력시험

한 권 스피드 합격

해설집

문자어휘

한자읽기

한자읽기 기출단어 기본 다지기① 22p

1 ①	2 ①	3 ②	4 ②	5 ①
6 ②	7 ①	8 ②	9 ①	10 ②

1 하강
해설 下降는 **1 かこう**라고 음독으로 읽는다.

2 평등
해설 平等는 **1 びょうどう**라고 음독으로 읽는다. 平는 へい라는 음독도 있지만, 平等는 びょう로 읽어야 한다.

3 초조해하다
해설 焦る는 **2 あせる**라고 훈독으로 읽는다. 焦는 こ(げる)라는 훈독도 있지만, 焦る는 あせる로 읽어야 한다.

4 운임
해설 運賃은 **2 うんちん**이라고 음독으로 읽는다.

5 쓰러뜨리다
해설 倒す는 **1 たおす**라고 훈독으로 읽는다.

6 확충
해설 拡充는 **2 かくじゅう**라고 음독으로 읽는다.

7 흐트러지다
해설 乱れる는 **1 みだれる**라고 훈독으로 읽는다. 2번은 暴(あば)れる 난폭하게 굴다라는 단어이다.

8 모범
해설 模範은 **2 もはん**이라고 음독으로 읽는다.

9 손해
해설 損害는 **1 そんがい**라고 음독으로 읽는다.

10 악수
해설 握手는 **2 あくしゅ**라고 음독으로 읽는다.

한자읽기 기출단어 실전 연습 문제① 23p

1 ③	2 ③	3 ②	4 ①	5 ④

문제1 _____의 말의 읽는 법으로서 가장 알맞은 것을, 1·2·3·4에서 하나 고르세요.

1 오늘 사회를 맡겠습니다 사토라고 합니다. 잘 부탁드립니다.
해설 務めます는 **3 つとめます**라고 훈독으로 읽고 동사 정중형이다.
단어 本日(ほんじつ) 오늘, 금일 | 司会(しかい) 사회 | 務(つと)める (역할을) 맡다 | 申(もう)す 말하다(겸양어) | 納(おさ)める 납입하다, 납품하다 | 収(おさ)める 거두다, 손에 넣다 | 定(さだ)める 정하다, 결정하다 | 貯(た)める 모으다, 저축하다 | 溜(た)める 담아 두다

2 그는 문제를 일으켜서 세간으로부터 주목받고 있기 때문에 TV 활동을 중지하고 있다.
해설 世間은 **3 せけん**이라고 음독으로 읽는다. 間은 かん이라는 음독도 있지만, 世間은 けん으로 읽어야 한다.
단어 世間(せけん) 세간, 세상 | 注目(ちゅうもく) 주목 | 活動(かつどう) 활동 | 中止(ちゅうし) 중지 | 予感(よかん) 예감

3 이 주제에 대해서 저는 지식이 부족한 것 같습니다. 한 번 더 다시 조사하고 오겠습니다.
해설 乏しいは **2 とぼしい**라고 훈독으로 읽는다.
단어 テーマ 테마, 주제 | ~に対(たい)して ~에 대해서 | 知識(ちしき) 지식 | 乏(とぼ)しい 모자라다, 부족하다 | 調(しら)べ直(なお)す 다시 조사하다 | 貧(まず)しい 가난하다 | 著(いちじる)しい 현저하다, 두드러지다 | 険(けわ)しい 험하다, 험상궂다

4 올해는 비교적으로 긴 휴가를 낼 수 있기 때문에 가족들과 여행을 할 생각이다.
해설 比較的는 **1 ひかくてき**라고 음독으로 읽는다.
단어 比較的(ひかくてき)だ 비교적이다 | 休暇(きゅうか)を取(と)る 휴가를 내다 | 圧倒的(あっとうてき)だ 압도적이다 | 本格的(ほんかくてき)だ 본격적이다 | 積極的(せっきょくてき)だ 적극적이다

5 이 의논에 대해서 찬반양론이 있는 것은 알고 있다.
해설 賛否는 **4 さんぴ**라고 음독으로 읽는다. 否의 음독은 ひ지만, 賛否는 ぴ라는 반탁음이 된다.
단어 議論(ぎろん) 의논 | ~について ~에 대해서 | 賛否両論(さんぴりょうろん) 찬반양론 | 賛美(さんび) 찬미

한자읽기 기출단어 기본 다지기② 26p

| 1 ② | 2 ① | 3 ② | 4 ② | 5 ① |
| 6 ① | 7 ② | 8 ① | 9 ① | 10 ② |

1 압도적이다

해설 圧倒的だは **2 あっとうてきだ**라고 음독으로 읽는다. 圧의 음독은 あつ지만, 圧倒的だは あっ이라는 촉음으로 읽어야 한다.

2 부끄러움, 수치

해설 恥는 **1 はじ**라고 훈독으로 읽는다.

3 하순

해설 下旬은 **2 げじゅん**이라고 음독으로 읽는다. 下는 か라는 음독도 있지만, 下旬은 げ로 읽어야 한다.

4 처리

해설 処理는 **2 しょり**라고 음독으로 읽는다.

5 경쟁하다, 겨루다

해설 競う는 **1 きそう**라고 훈독으로 읽는다. 2번은 争(あらそ)う 다투다라는 단어이다.

6 미워하다, 증오하다

해설 憎い는 **1 にくい**라고 훈독으로 읽는다. 2번은 みにくい 추하다는 단어이다.

7 추첨

해설 抽選은 **2 ちゅうせん**이라고 음독으로 읽는다.

8 강불

해설 強火는 **1 つよび**라고 훈독으로 읽는다.

9 현상

해설 現象는 **1 げんしょう**라고 음독으로 읽는다. 象는 ぞう라는 음독도 있지만, 現象는 しょう로 읽어야 한다.

10 동반하다

해설 伴う는 **2 ともなう**라고 훈독으로 읽는다. 1번은 補(おぎな)う 보충하다라는 단어이다.

한자읽기 기출단어 실전 연습 문제② 27p

| 1 ② | 2 ② | 3 ③ | 4 ④ | 5 ② |

문제 _____의 말의 읽는 법으로서 가장 알맞은 것을, 1·2·3·4에서 하나 고르세요.

1 전철에서 내 옆에 앉은 사람이 <u>우연히</u> 초등학교 동급생이었다.

해설 偶然은 **2 ぐうぜん**이라고 음독으로 읽는다.

단어 隣(となり) 옆 | 偶然(ぐうぜん) 우연히 | 同級生(どうきゅうせい) 동급생 | 空船(くうせん) 공선 | 空戦(くうせん) 공중전 | 空前(くうぜん) 공전

2 이 길에는 스피드 <u>위반</u>을 잡는 경찰관이 항상 숨어 있다.

해설 違反은 **2 いはん**이라고 음독으로 읽는다.

단어 違反(いはん) 위반 | 捕(つか)まえる 잡다 | 警察官(けいさつかん) 경찰관 | 隠(かく)れる 숨다 | 地番(ちばん) 지번

3 <u>습기 찬</u> 공기가 흐르고 있기 때문에 이제 곧 이 지역은 비가 내릴지도 모른다.

해설 湿った는 **3 しめった**라고 훈독으로 읽고 동사 과거형이다.

단어 湿(しめ)る 축축해지다, 습기 차다 | 流(なが)れる 흐르다 | 地域(ちいき) 지역 | 嫌(きら)う 싫어하다 | 変(か)わる 변하다, 바뀌다 | 絞(しぼ)る (쥐어)짜다

4 이 <u>기획</u>이 통과할지 어떨지는 내일 프레젠테이션 나름이다.

해설 企画는 **4 きかく**라고 음독으로 읽는다.

단어 企画(きかく) 기획 | 通(とお)る 통과하다 | プレゼン 프레젠테이션, 발표(プレゼンテーション의 줄임말) | 〜次第(しだい)だ ~에 달려 있다, 나름이다 | 飢餓(きが) 기아 | 四角(しかく) 사각, 네모꼴 | 視覚(しかく) 시각 | 資格(しかく) 자격 | 計画(けいかく) 계획

5 시합 후는 양 팀이 <u>온화</u>한 분위기에서 회견을 행하였습니다.

해설 和やかは **2 なごやか**라고 훈독으로 읽고 な형용사의 어간이다.

단어 和(なご)やかだ 온화하다, 화목하다 | 雰囲気(ふんいき) 분위기 | 会見(かいけん) 회견 | 鮮(あざ)やかだ 선명하다 | 穏(おだ)やかだ 온화하다 | 賑(にぎ)やかだ 번화하다, 활기차다

한자읽기 기출단어 기본 다지기③ 30p

1 ② 2 ① 3 ② 4 ② 5 ①
6 ② 7 ① 8 ① 9 ① 10 ②

1 맵다
해설 辛い는 **2 からい**라고 훈독으로 읽는다.

2 촬영
해설 撮影는 **1 さつえい**라고 음독으로 읽는다.

3 생활 근거지, 고향
해설 地元는 **2 じもと**라고 음독+훈독 조합으로 읽는다. 地는 ち라는 음독도 있지만, 地元는 じ로 읽어야 한다.

4 추상적이다
해설 抽象的だ는 **2 ちゅうしょうてきだ**라고 음독으로 읽는다.

5 차지하다
해설 占める는 **1 しめる**라고 훈독으로 읽는다. 2번은 詰(つ)める 채우다라는 단어이다.

6 패배하다
해설 敗れる는 **2 やぶれる**라고 훈독으로 읽는다. 2번은 恐(おそ)れる 두려워하다라는 단어이다.

7 방재, 재해 방지
해설 防災는 **1 ぼうさい**라고 음독으로 읽는다. 탁음에 주의하자.

8 (원상태로) 되돌리다
해설 戻す는 **1 もどす**라고 훈독으로 읽는다. 2번은 返(かえ)す 돌려주다라는 단어이다.

9 규모
해설 規模는 **1 きぼ**라고 음독으로 읽는다. 2번은 希望(きぼう) 희망이라는 단어이다.

10 경치
해설 景色는 **2 けしき**라고 음독으로 읽는다. 1번은 形式(けいしき) 형식이라는 단어이다.

한자읽기 기출단어 실전 연습 문제③ 31p

1 ② 2 ④ 3 ① 4 ② 5 ②

문제1 _____의 말의 읽는 법으로서 가장 알맞은 것을, 1·2·3·4에서 하나 고르세요.

1 열심히 연습했는데, 시합에서는 전부 다 발휘하지 못하고 져버려서 <u>분하다</u>.

해설 悔しい는 **2 くやしい**라고 훈독으로 읽는다.
단어 一生懸命(いっしょうけんめい) 열심히 | 試合(しあい) 시합 | 出(だ)し切(き)る (있는 것을) 전부 내다, (실력을) 다 발휘하다 | 負(ま)ける 지다 | 悔(くや)しい 분하다 | 詳(くわ)しい 상세하다, 잘 알다 | 等(ひと)しい 같다, 동등하다 | 怪(あや)しい 수상하다

2 살인을 저지른 범인이 범행 직후에 국외로 <u>도망쳤다</u>.

해설 逃亡는 **4 とうぼう**라고 음독으로 읽는다.
단어 殺人(さつじん) 살인 | 犯(おか)す 범하다, 저지르다 | 犯人(はんにん) 범인 | 犯行(はんこう) 범행 | 直後(ちょくご) 직후 | 国外(こくがい) 국외 | 逃亡(とうぼう) 도망 | 眺望(ちょうぼう) 조망 | 長毛(ちょうもう) 장모

3 채소 부족을 <u>보충하기</u> 위해 매일 채소 주스를 마시도록 하고 있습니다.

해설 補う는 **1 おぎなう**라고 훈독으로 읽는다.
단어 不足(ふそく) 부족 | 補(おぎな)う 보충하다 | 誘(さそ)う 권유하다 | 養(やしな)う 기르다, 양육하다 | 揃(そろ)う 갖추어지다, 모이다

4 바른 <u>자세</u>로 앉지 않으면 몸의 여러 가지 부분이 아파진다.

해설 姿勢는 **2 せい**라고 음독으로 읽는다.
단어 姿勢(しせい) 자세 | いろいろな 여러 가지 | 部分(ぶぶん) 부분 | 市税(しぜい) 시세 | 視力(しりょく) 시력

5 냉장고 안에 식재료가 <u>풍부하기</u> 때문에 어떤 요리도 만들 수 있다.

해설 豊富는 **2 ほうふ**라고 음독으로 읽는다.
단어 食材(しょくざい) 식재료 | 豊富(ほうふ)だ 풍부하다 | 裕福(ゆうふく)だ 유복하다

표기

표기 기출단어 기본 다지기 ①   36p

| 1 ② | 2 ② | 3 ① | 4 ② | 5 ① |
| 6 ① | 7 ② | 8 ① | 9 ② | 10 ① |

1 맡기다
해설   まかせる는 **2 任せる**라고 표기한다.

2 버리다
해설   すてる는 **2 捨てる**라고 표기한다.

3 투표
해설   とうひょう는 **1 投票**라고 표기한다.

4 영구히
해설   えいきゅうに는 **2 永久**に라고 표기한다.

5 손실
해설   そんしつ는 **1 損失**라고 표기한다.

6 배우
해설   はいゆう는 **1 俳優**라고 표기한다.

7 줄이다, 움츠리다
해설   ちぢめる는 **2 縮める**라고 표기한다.

8 실천
해설   じっせん은 **1 実践**이라고 표기한다.

9 천
해설   ぬの는 **2 布**라고 표기한다. 1번은 市(し) 시라는 단어이다.

10 권유
해설   かんゆう는 **1 勧誘**라고 표기한다.

표기 기출단어 실전 연습 문제 ①   37p

| 1 ② | 2 ④ | 3 ① | 4 ④ | 5 ③ |

문제2 _____의 말을 한자로 쓸 때, 가장 알맞은 것을 1·2·3·4에서 하나 고르세요.

1 헬리콥터라면 수직으로 이륙이나 착륙을 행할 수 있다.

해설   すいちょくに는 **2 垂直**이라고 표기한다. 1, 3, 4번은 없는 단어이다.
단어   ヘリコプター 헬리콥터 | 垂直(すいちょく)に 수직으로 | 離陸(りりく) 이륙 | 着陸(ちゃくりく) 착륙 | 行(おこな)う 실시하다, 행하다

2 그들의 학력은 현재로선 거의 동등하다고 말할 수 있다.

해설   ひとしい는 **4 等しい**라고 표기한다.
단어   学力(がくりょく) 학력 | 今(いま)のところ 현재로선, 지금으로서는 | ほぼ 거의 | 等(ひと)しい 같다, 동등하다 | 詳(くわ)しい 상세하다, 잘 알다 | 悔(くや)しい 분하다 | 貧(まず)しい 가난하다

3 상대의 약점을 알면 이 시합도 충분히 이길 수 있다.

해설   じゃくてん은 **1 弱点**이라고 표기한다. 2, 3, 4번은 없는 단어이다.
단어   相手(あいて) 상대 | 弱点(じゃくてん) 약점 | 十分(じゅうぶん)だ 충분하다 | 勝(か)つ 이기다

4 이 상태로 눈이 내리면 내일 아침까지 꽤 쌓일 것이다.

해설   つもる는 **1 積もる**라고 표기한다. 2, 3, 4번 없는 단어이다.
단어   調子(ちょうし) 상태 | かなり 꽤 | 積(つ)もる 쌓이다

5 그녀의 그림은 선명한 색으로 그려져 있다는 특징이 있다.

해설   あざやかな는 **3 鮮やかな**라고 표기하고 な형용사의 명사 수식형이다.
단어   鮮(あざ)やかだ 선명하다 | 描(か)く 그리다 | 特徴(とくちょう) 특징 | 和(なご)やかだ 온화하다, 화목하다 | 穏(おだ)やかだ 온화하다 | 賑(にぎ)やかだ 활기차다

표기 기출단어 기본 다지기 ②   40p

| 1 ② | 2 ② | 3 ① | 4 ② | 5 ② |
| 6 ① | 7 ② | 8 ② | 9 ② | 10 ① |

1 연기
해설   えんぎ는 **2 演技**라고 표기한다.

2 취미

해설　しゅみ는 **2 趣味**라고 표기한다.

3　섞이다

해설　まじる는 **1 混じる**라고 표기한다.

4　정산

해설　せいさん은 **2 精算**이라고 표기한다.

5　토론

해설　とうろん은 **2 討論**이라고 표기한다.

6　영수증

해설　りょうしゅうしょ는 **1 領収書**라고 표기한다.

7　강사

해설　こうし는 **2 講師**라고 표기한다.

8　따르다

해설　したがう는 **2 従う**라고 표기한다.

9　참조

해설　さんしょう는 **2 参照**라고 표기한다.

10　지적

해설　してき는 **1 指摘**라고 표기한다.

표기 기출단어 실전 연습 문제② 　41p

| 1 ④ | 2 ① | 3 ③ | 4 ④ | 5 ② |

문제2　_____의 말을 한자로 쓸 때, 가장 알맞은 것을 1・2・3・4 에서 하나 고르세요.

1　의사로부터 '맛이 진한 요리만 먹는 것은 건강에 좋지 않다'고 들었다.

해설　こい는 **4 濃い**라고 표기한다. 1, 2, 3번은 없는 단어이다.
단어　濃(こ)い 진하다 | 健康(けんこう) 건강

2　호수에 비친 후지산이 매우 아름다웠다.

해설　うつった는 **1 映った**라고 표기하고 동사 과거형이다.
단어　湖(みずうみ) 호수 | 映(うつ)る 비치다 | 尖(とが)る 뾰족해지다, 예민해지다 | 凍(こお)る 얼다, 얼어붙다 | 救(すく)う 구하다, 구원하다

3　올해 팀은 호조로 6연승 중이다.

해설　こうちょう는 **3 好調**라고 표기한다. 2, 4번은 없는 단어이다.
단어　連勝(れんしょう) 연승 | 好調(こうちょう) 호조 | 高調(こうちょう) 고조

4　이 대학은 1,000명 이상의 학생이 재적하고 있다.

해설　ざいせき는 **4 在籍**라고 표기한다. 1, 3번은 없는 단어이다.
단어　在籍(ざいせき) 재적 | 在席(ざいせき) 자리에 있음

5　동료는 프로젝트 조사를 흔쾌히 떠맡아 주었다.

해설　こころよく는 **2 快く**라고 표기한다.
단어　同僚(どうりょう) 동료 | プロジェクト 프로젝트 | 調査(ちょうさ) 조사 | 快(こころよ)く 기분 좋게, 흔쾌히 | 引(ひ)き受(う)ける (떠)맡다 | 惜(お)しい 아깝다, 아쉽다 | 鋭(するど)い 날카롭다, 예리하다 | 憎(にく)い 밉다

표기 기출단어 기본 다지기③ 　44p

| 1 ② | 2 ② | 3 ① | 4 ① | 5 ② |
| 6 ② | 7 ② | 8 ① | 9 ① | 10 ② |

1　원조

해설　えんじょ는 **2 援助**라고 표기한다.

2　어깨

해설　かた는 **2 肩**라고 표기한다. 1번은 背(せ) 등이라는 단어이다.

3　거스르다, 거역하다

해설　さからう는 **1 逆らう**라고 표기한다.

4　진지하게

해설　しんけんに는 **1 真剣に**라고 표기한다.

5　의지

해설　たより는 **2 頼り**라고 표기한다.

6　즉석에서

해설　そくざに는 **2 即座に**라고 표기한다.

7　이르다, 도달하다

해설　いたる는 **2 至る**라고 표기한다.

8 등록

해설 とうろく는 **1 登録**라고 표기한다.

9 개최

해설 かいさい는 **1 開催**라고 표기한다.

10 비난하다, 꾸짖다

해설 せめる는 **2 責める**라고 표기한다.

표기 기출단어 실전 연습 문제③ 45p

| 1 ① | 2 ③ | 3 ② | 4 ② | 5 ④ |

문제2 _____의 말을 한자로 쓸 때, 가장 알맞은 것을 1·2·3·4에서 하나 고르세요.

1 이 기계와 접속하기 위해서는 다른 케이블이 필요하다.

해설 せつぞく는 **1 接続**라고 표기한다. 2, 3, 4번은 없는 단어이다.

단어 機械(きかい) 기계 | 接続(せつぞく) 접속 | 別(べつ)の 다른, 딴 | ケーブル 케이블

2 맞은편 벽에 장식되어 있는 그림이 조금 기울어져 있는 것 같다.

해설 かたむいて는 **3 傾いて**라고 표기하고 동사 て형이다.

단어 向(む)こう 맞은편 | 飾(かざ)る 장식하다, 꾸미다 | 傾(かたむ)く 기울다, 한쪽으로 쏠리다 | 効(き)く 효과가 있다 | 浮(う)く 뜨다 | 咲(さ)く (꽃이) 피다

3 그 조직은 20년도 전에 만들어진 것이지만, 지금도 유명하다.

해설 そしき는 **2 組織**라고 표기한다. 1, 3, 4번은 없는 단어이다.

단어 組織(そしき) 조직 | 今(いま)でも 지금도, 현재도

4 나의 꿈은 영어를 말할 수 있게 되어서 해외에서 생활하는 것이다.

해설 くらす는 **2 暮らす**라고 표기한다. 1, 3, 4번은 없는 단어이다.

단어 海外(かいがい) 해외 | 暮(く)らす 생활하다

5 저 집에는 이제 아무도 살지 않기 때문에 지금은 우리들이 관리하고 있다.

해설 かんり는 **4 管理**라고 표기한다. 1, 3번은 없는 단어이다.

단어 管理(かんり) 관리 | 監理(かんり) 감리, 감독하고 관리함

단어형성

단어형성 기출단어 기본 다지기① 49p

| 1 ② | 2 ② | 3 ① | 4 ② | 5 ② |
| 6 ① | 7 ② | 8 ① | 9 ① | 10 ② |

1 상대팀에게 대항 (심)을 갖다.

1 ~기　　　　　　　　　2 ~심

해설 선택지는 모두 접미어이다. 문맥상 가장 자연스러운 것은 **2 心**이다.

단어 相手(あいて) 상대 | チーム 팀 | 対抗心(たいこうしん) 대항심 | ~気(き) ~기 | ~心(しん) ~심

2 과제는 다음 주에 다시 (재) 제출해 주세요.

1 미~　　　　　　　　　2 재~

해설 선택지는 모두 접두어이다. 문맥상 가장 자연스러운 것은 **2 再**이다.

단어 課題(かだい) 과제 | 再提出(さいていしゅつ) 재제출 | 未(み)~ 미~ | 再(さい)~ 재~

3 이불을 (저) 가격으로 판매하고 있습니다.

1 저~　　　　　　　　　2 안

해설 문맥상 가장 자연스러운 것은 **1 低**이다.

단어 布団(ふとん) 이불 | 低価格(ていかかく) 저가격, 저가 | 販売(はんばい) 판매

4 수업의 (가) 등록을 했다.

1 선~　　　　　　　　　2 가(임시)~

해설 선택지는 모두 접두어이다. 문맥상 가장 자연스러운 것은 **2 仮**이다.

단어 仮登録(かりとうろく) 가등록, 임시 등록 | 先(せん)~ 선~ | 仮(かり) 가(임시)~

5 (현) 사장은 전 사장의 아들이다.

1 금(이번)~　　　　　　　2 현~

해설 선택지는 모두 접두어이다. 문맥상 가장 자연스러운 것은 **2 現**이다.

단어 現社長(げんしゃちょう) 현 사장 | 息子(むすこ) 아들 | 今(こん)~ 금(이번)~ | 現(げん)~ 현~

6 저도 그와 (동) 의견입니다.

1 동~　　　　　　　　　2 이~

해설 선택지는 모두 접두어이다. 문맥상 가장 자연스러운 것은 **1 同**이다.

단어 同意見(どういけん) 동의견 | 同(どう)~ 동~ | 異(い)~ 이~

7 벽 (가) 에 소파를 놓다.

1 ~상　　　　　　　　　　**2 ~가, 옆**

해설　선택지는 모두 접미어이다. 문맥상 가장 자연스러운 것은 **2 際**이다.

단어　壁際(かべぎわ) 벽가, 벽 옆 | ソファー 소파 | ~上(じょう) ~상 | ~際(ぎわ) ~가, 옆

8 설명회는 (다른) 회장에서 진행합니다.

1 별(다른)~　　　　　　　2 이

해설　문맥상 가장 자연스러운 것은 **1 別**이다.

단어　説明会(せつめいかい) 설명회 | 別会場(べつかいじょう) 별회장, 다른 회장 | 行(おこな)う 행하다 | 別(べつ)~ 별(다른)~

9 그녀는 도시 (에서 자란 사람) 이라서 농업을 한 적이 없다.

1 ~에서 자람, 또는 그 사람　　　2 지냄

해설　문맥상 가장 자연스러운 것은 **1 育ち**이다.

단어　都会育(とかいそだ)ち 도시에서 자람, 또는 그 사람 | ~育(そだ)ち ~에서 자람, 또는 그 사람 | 農業(のうぎょう) 농업 | 過(す)ごし 지냄

10 이 멜론은 지금 먹기 (적당한 때) 입니다.

1 ~기　　　　　　　　**2 ~할 때, 쯤**

해설　선택지는 모두 접미어이다. 문맥상 가장 자연스러운 것은 **2 頃**이다.

단어　メロン 멜론 | 食(た)べ頃(ごろ) 먹기 적당한 때 | ~期(き) ~기 | ~頃(ごろ) ~할 때, 쯤

단어형성 기출단어 실전 연습 문제① 　51p

1 ①　**2** ④　**3** ③　**4** ③　**5** ②

문제3　( )에 넣기에 가장 알맞은 것을, 1・2・3・4에서 하나 고르세요.

1 접수는 이쪽입니다만, 면접은 (다른) 회장에서 실시하고 있습니다.

1 별(다른)~　　　　　　　2 이~
3 다~　　　　　　　　　　4 원~

해설　선택지는 모두 접두어이다. 문맥상 가장 자연스러운 것은 **1 別**이다.

단어　受付(うけつけ) 접수 | 面接(めんせつ) 면접 | 別会場(べつかいじょう) 별회장, 다른 회장 | 別(べつ)~ 별(다른)~ | 異(い)~ 이~ | 多(た)~ 다~ | 遠(えん)~ 원~

2 기술의 발전에 의해 고기능인 상품을 (저) 가격으로 구입할 수 있게 되었다.

1 단~　　　　　　　　　　2 호~

3 신~　　　　　　　　　　**4 저~**

해설　선택지는 모두 접두어이다. 문맥상 가장 자연스러운 것은 **4 低**이다.

단어　技術(ぎじゅつ) 기술 | 商品(しょうひん) 상품 | 低価格(ていかかく) 저가격, 저가 | 購入(こうにゅう) 구입 | 短(たん)~ 단~ | 好(こう)~ 호~ | 新(しん)~ 신~ | 低(てい)~ 저~

3 점장은 조심 (성 있는) 사람으로 금고의 열쇠를 몇 개나 채우고 있다.

1 무겁다　　　　　　　　2 진하다, 짙다
3 깊다　　　　　　　　　4 낮다

해설　문맥상 가장 자연스러운 것은 **3 深い**이다.

단어　用心深(ようじんぶか)い 신중하다, 조심성 있다 | 金庫(きんこ) 금고 | 鍵(かぎ) 열쇠 | 重(おも)い 무겁다 | 濃(こ)い 진하다, 짙다 | 深(ふか)い 깊다 | 低(ひく)い 낮다

4 운 좋게도 그녀와 거의 (동) 의견이 되는 경우가 많기 때문에 우리들은 싸움이 적다.

1 여러~　　　　　　　　　2 타~
3 동~　　　　　　　　　4 ~심

해설　1, 2, 3번은 접두어이고 4번은 접미어이다. 문맥상 가장 자연스러운 것은 **3 同**이다.

단어　幸運(こううん)にも 운 좋게도 | ほぼ 거의 | 同意見(どういけん) 동의견, 같은 의견 | 諸(しょ)~ 여러~ | 他(た)~ 타~ | 同(どう)~ 동~ | ~心(しん) ~심

5 논문을 수정해서 다음 주까지 (재) 제출해 주세요.

1 갱　　　　　　　　　　**2 재~**
3 미~　　　　　　　　　4 래(다음)~

해설　2, 3, 4번은 접두어이다. 문맥상 가장 자연스러운 것은 **2 再**이다.

단어　論文(ろんぶん) 논문 | 修正(しゅうせい) 수정 | 再提出(さいていしゅつ) 재제출 | 再(さい)~ ~재~ | 未(み)~ ~미~ | 来(らい)~ ~래(다음)~

단어형성 기출단어 기본 다지기② 　54p

1 ②　**2** ②　**3** ①　**4** ①　**5** ②

1 이 시설은 시의 관리 (하) 에 있다.

1 원~　　　　　　　　　　**2 ~하**

해설　1번은 접두어이고 2번은 접미어이다. 문맥상 가장 자연스러운 것은 **2 下**이다.

단어　施設(しせつ) 시설 | 市(し) 시 | 管理下(かんりか) 관리하 | ~下

(か)~하 | 原(げん)~ 원~

2 일 (꾼) 부족의 문제가 심각하다.

1 발　　　　　　　　　　**2 ~수, 일·역할을 하는 사람**
해설　문맥상 가장 자연스러운 것은 **2 手**이다.
단어　働(はたら)き手(て) 일꾼 | ~手(て) ~수, 일·역할을 하는 사람 | 不足(ふそく) 부족 | 深刻(しんこく)だ 심각하다 | 足(あし) 발

3 그녀는 나의 (바로) 뒤에 있었다.

1 진(진짜, 정말)~　　　　　2 본~
해설　선택지는 모두 접두어이다. 문맥상 가장 자연스러운 것은 **1 真**이다.
단어　真後(まうし)ろ 바로 뒤 | 真(ま)~ 진(진짜, 정말) | 本(ほん)~ 본~

4 송신 (원) 을 모르는 메일은 열지 않는 편이 좋다.

1 ~원　　　　　　　　　2 근
해설　문맥상 가장 자연스러운 것은 **1 元**이다.
단어　送信元(そうしんもと) 송신원, 발신지 | ~元(もと) ~원 | 根(ね) 근, 뿌리

5 올해는 진학 (률) 이 매우 높았다.

1 ~치　　　　　　　　　**2 ~률, 율**
해설　선택지는 모두 접미어이다. 문맥상 가장 자연스러운 것은 **2 率**이다.
단어　進学率(しんがくりつ) 진학률 | ~値(ち) ~치 | ~率(りつ) ~률, 율

단어형성 기출단어 실전 연습 문제② 55p

1 ②　　2 ①　　3 ③　　4 ②　　5 ④

문제3 (　　)에 넣기에 가장 알맞은 것을, 1·2·3·4에서 하나 고르세요.

1 그 게임은 아이에게 (악) 영향을 끼친다고 해서 문제가 된 적이 있다.

1 반~　　　　　　　　　**2 악~**
3 부　　　　　　　　　　4 독
해설　1, 2번은 접두어이다. 문맥상 가장 자연스러운 것은 **2 悪**이다.
단어　悪影響(あくえいきょう) 악영향 | 及(およ)ぼす 끼치다 | 反(はん)~ 반~ | 悪(あく)~ 악~ | 毒(どく) 독

2 매년 겨울방학이 되면 가족끼리 스키 (장) 에 가고 있다.

1 ~장　　　　　　　　　2 ~원
3 ~지　　　　　　　　　　4 ~관

해설　선택지는 모두 접미어이다. 문맥상 가장 자연스러운 것은 **1 場**이다.
단어　冬休(ふゆやす)み 겨울방학 | スキー場(じょう) 스키장 | ~場(じょう) ~장 | ~園(えん) ~원 | ~地(ち) ~지 | ~館(かん) ~관

3 실험에 (부) 정확한 부분이 있기 때문에 이 데이터는 신용할 수 없다.

1 미~　　　　　　　　　2 비~
3 부, 불~　　　　　　　4 무~

해설　선택지는 모두 접두어이다. 문맥상 가장 자연스러운 것은 **3 不**이다.
단어　実験(じっけん) 실험 | 不正確(ふせいかく)だ 부정확하다 | データ 데이터 | 信用(しんよう) 신용 | 未(み)~ 미~ | 非(ひ)~ 비~ | 不(ふ·ぶ)~ 부, 불~ | 無(ぶ·む)~ 무~

4 이 대학에서는 (이) 문화 이해 수업이 매우 인기가 있다.

1 위　　　　　　　　　　**2 이~**
3 타~　　　　　　　　　4 별

해설　2, 3, 4번은 접두어이다. 문맥상 가장 자연스러운 것은 **2 異**이다.
단어　異文化(いぶんか) 이문화 | 理解(りかい) 이해 | 異(い)~ 이~ | 他(た)~ 타~ | 別(べつ)~ 별(다른)~

5 최근에는 해외에서도 일본 (식) 의 집에 관심이 높아지고 있다고 한다.

1 ~적　　　　　　　　　2 ~법
3 ~계, 계열　　　　　　　**4 ~식**

해설　선택지는 모두 접미어이다. 문맥상 가장 자연스러운 것은 **4 式**이다.
단어　海外(かいがい) 해외 | 日本式(にほんしき) 일본식 | 関心(かんしん) 관심 | 高(たか)まる 높아지다 | ~的(てき) ~적 | ~法(ほう) ~법 | ~系(けい) ~계, 계열 | ~式(しき) ~식

단어형성 기출단어 기본 다지기③ 58p

1 ①　　2 ②　　3 ①　　4 ②　　5 ①

1 약에 의한 위험 (성) 을 이해한다.

1 ~성　　　　　　　　　2 ~력
해설　선택지는 모두 접미어이다. 문맥상 가장 자연스러운 것은 **1 性**이다.
단어　危険性(きけんせい) 위험성 | 理解(りかい) 이해 | ~性(せい) ~성 | ~力(りょく) ~력

2 기한 (만료) 된 포인트 카드는 사용할 수 없습니다.

1 ~꺾임　　　　　　　　**2 ~끝남, 소진**

해설 선택지는 모두 접미어이다. 문맥상 가장 자연스러운 것은 **2切れ**이다.
단어 期限切(きげんぎ)れ 기한 만료 | ~切(ぎ)れ ~끝남, 소진 | ポイントカード 포인트 카드 | ~折(お)れ ~꺾임

3 어제, (한) 밤중에 지진이 있었다.
1 진(진짜, 정말)~　　　2 실, 사실
해설 문맥상 가장 자연스러운 것은 **1 真**이다.
단어 真夜中(まよなか) 한밤중 | 地震(じしん) 지진 | 真(ま)~ 진(진짜, 정말)~ | 実(じつ) 실, 사실

4 모든 데이터는 알파벳 (순)으로 정리되어 있습니다.
1 ~번　　　**2 ~순**
해설 선택지는 모두 접미어이다. 문맥상 가장 자연스러운 것은 **2 順**이다.
단어 アルファベット順(じゅん) 알파벳 순 | ~番(ばん) ~번 | ~順(じゅん) ~순(서)

5 방 안이 보이지 않게 (반) 투명 유리로 해주세요.
1 반~　　　2 ~중
해설 1번은 접두어이고 2번은 접미어이다. 문맥상 가장 자연스러운 것은 **1 半**이다.
단어 半透明(はんとうめい) 반투명 | ガラス 유리 | 半(はん)~ 반~ | ~中(なか) ~중

단어형성 기출단어 실전 연습 문제③　59p

1 ③　2 ②　3 ①　4 ④　5 ④

문제3 ( )에 넣기에 가장 알맞은 것을, 1・2・3・4에서 하나 고르세요.

1 어떤 나라에서는 전철 (요금)이 무료가 되는 시기가 있다고 뉴스에서 말했다.
1 ~액　　　2 ~료
3 ~임금, 요금　　　4 ~금
해설 선택지는 모두 접미어이다. 문맥상 가장 자연스러운 것은 **3 賃**이다.
단어 電車賃(でんしゃちん) 전철 요금 | 無料(むりょう) 무료 | 時期(じき) 시기 | ~額(がく) ~액 | ~料(りょう) ~료 | ~賃(ちん) ~임금, 요금 | ~金(きん) ~금

2 대부분의 구인은 (미) 경험으로도 가능하다고 쓰여 있다.
1 부, 불~　　　**2 미~**
3 소~　　　4 소~
해설 선택지는 모두 접두어이다. 문맥상 가장 자연스러운 것은 **2 未**이다.
단어 求人(きゅうじん) 구인 | 未経験(みけいけん) 미경험 | 可能(かのう)だ 가능하다 | 不(ふ・ぶ)~ 부, 불~ | 未(み)~ 미~ | 小(しょう)~ 소(작은)~ | 少(しょう)~ 소(적은)~

3 이 시합에 이기면 (준) 결승에서 최대 라이벌과 겨루게 된다.
1 준~　　　2 ~차
3 본~　　　4 예
해설 1, 3번은 접두어이고 2번은 접미어이다. 문맥상 가장 자연스러운 것은 **1 準**이다.
단어 勝(か)つ 이기다 | 準決勝(じゅんけっしょう) 준결승 | 最大(さいだい) 최대 | ライバル 라이벌 | 戦(たたか)う 싸우다, 겨루다 | 準(じゅん)~ 준~ | ~次(じ) ~차 | 本(ほん)~ 본~

4 도쿄역 (출발) 오사카행 신칸센은 곧 출발하겠습니다.
1 진　　　2 리(이)
3 출　　　**4 ~발(출발)**
해설 문맥상 가장 자연스러운 것은 **4 発**이다.
단어 東京駅発(とうきょうえきはつ) 도쿄역 출발 | 大阪(おおさか) 오사카(일본 지명) | ~行(ゆ)き ~행 | 新幹線(しんかんせん) 신칸센(일본 고속 열차) | まもなく 곧, 머지않아 | 致(いた)す 하다(겸양어) | ~発(はつ) ~발(출발)

5 외국어 대학은 국제 (색)이 풍부한 대학이기 때문에 나는 다양한 나라의 친구가 생겼다.
1 ~파　　　2 ~화
3 ~률, 율　　　**4 ~색**
해설 선택지는 모두 접미어이다. 문맥상 가장 자연스러운 것은 **4 色**이다.
단어 外国語(がいこくご) 외국어 | 国際色(こくさいしょく) 국제색 | 豊(ゆた)かだ 풍부하다 | 様々(さまざま)だ 다양하다 | ~派(は)~ 파 | ~化(か) ~화 | ~率(りつ) ~율, 률 | ~色(しょく) ~색

문맥규정

문맥규정 기출단어 기본 다지기①　64p

1 ①　2 ①　3 ②　4 ②　5 ①

1 신제품의 팔림새가 (호조)다.
1 호조　　　2 정평

해설	선택지는 모두 명사이다. 문맥상 가장 자연스러운 것은 **1 好調**이다. 2번은 문맥상 어색하다.
단어	新製品(しんせいひん) 신제품	売(う)れ行(ゆ)き 팔리는 상태, 팔림새	好調(こうちょう) 호조, 순조	定評(ていひょう) 정평

2 콘서트가 끝나자 관객들은 (줄줄이) 공연장을 나갔다.

1 줄줄　　　　　2 느릿느릿

해설	선택지는 모두 부사이다. 문맥상 가장 자연스러운 것은 **1 ぞろぞろ**이다. 2번은 문맥상 어색하다.
단어	コンサート 콘서트	観客(かんきゃく) 관객	ぞろぞろ (다수가 잇달아 움직임) 줄줄	のろのろ 꾸물꾸물, 느릿느릿

3 그녀의 패션은 매우 (독특) 하다.

1 독점　　　　　**2 독특**

해설	선택지는 모두 명사이다. 문맥상 가장 자연스러운 것은 **2 独特**이다. 1번은 문맥상 어색하다.
단어	ファッション 패션	独特(どくとく) 독특	独占(どくせん) 독점

4 각 팀이 우승을 (다투고) 있습니다.

1 구하고　　　　**2 다투고**

해설	선택지는 모두 동사 て형이다. 문맥상 가장 자연스러운 것은 **2 争って**이다. 1번은 문맥상 어색하다.
단어	各(かく) 각	優勝(ゆうしょう) 우승	争(あらそ)う 다투다	救(すく)う 구하다, 구원하다

5 뒤에서 사람의 (낌새) 가 났다.

1 기미, 기색, 낌새　　2 기온

해설	선택지는 모두 명사이다. 문맥상 가장 자연스러운 것은 **1 気配**이다. 2번은 문맥상 어색하다.
단어	気配(けはい) 기미, 기색	気温(きおん) 기온

문맥규정 기출단어 실전 연습 문제① 65p

1 ④	2 ①	3 ③	4 ④	5 ①
6 ②	7 ②			

문제4 ( )에 넣기에 가장 알맞은 것을, 1·2·3·4에서 하나 고르세요.

1 지구 온난화의 영향으로 기온이 (상승) 하여 이상기후가 계속되고 있다.

1 정상　　　　　2 향상
3 증가　　　　　**4 상승**

해설	선택지는 모두 명사이다. 문맥상 가장 자연스러운 것은 **4 上昇**이다. 1, 2, 3번은 문맥상 어색하다.
단어	地球温暖化(ちきゅうおんだんか) 지구온난화	影響(えいきょう) 영향	気温(きおん) 기온	上昇(じょうしょう) 상승	異常気象(いじょうきしょう) 이상기상, 이상기후	頂上(ちょうじょう) 정상	向上(こうじょう) 향상	増加(ぞうか) 증가

2 질문이나 문의에 관해서는 (부담 없이) 서비스센터까지 연락 부탁드립니다.

1 부담 없이, 가볍게　　2 밀접하게
3 차츰, 차차　　　　　　4 일제히

해설	선택지는 모두 부사이다. 문맥상 가장 자연스러운 것은 **1 気軽に**이다. 2, 3, 4번은 문맥상 어색하다.
단어	問(と)い合(あ)わせ 문의	~に関(かん)して ~에 관해서	気軽(きがる)に 부담 없이, 가볍게	密接(みっせつ)に 밀접하게	次第(しだい)に 차츰, 차차	一斉(いっせい)に 일제히

3 고객님의 (니즈) 에 맞춘 상품 개발을 하는 것이 성공의 열쇠다.

1 스페이스　　　2 타이밍
3 니즈　　　　　4 타깃

해설	선택지는 모두 카타카나어이다. 문맥상 가장 자연스러운 것은 **3 ニーズ**이다. 1, 2, 4번은 문맥상 어색하다.
단어	ニーズ 니즈, 요구	商品開発(しょうひんかいはつ) 상품 개발	成功(せいこう) 성공	かぎ 열쇠	スペース 스페이스, 공간	タイミング 타이밍	ターゲット 타깃, 대상

4 사장은 매일 매우 바빠서 아침부터 저녁까지 스케줄이 (가득) 차 있다.

1 줄줄　　　　　2 생긋, 방긋
3 빤히　　　　　**4 가득**

해설	선택지는 모두 부사이다. 가장 자연스러운 것은 **4 ぎっしり**이다. 1, 2, 3번은 문맥상 어색하다.
단어	多忙(たぼう)だ 매우 바쁘다	晩(ばん) 밤	ぎっしり 잔뜩, 가득	詰(つ)まる 가득 차다, 막히다	ぞろぞろ (다수가 잇달아 움직임) 줄줄	にっこり 생긋, 방긋	じろじろ 빤히, 유심히

5 이 일에서 가장 스트레스는 고객의 (불평) 에 대응하지 않으면 안 되는 것이다.

1 불평　　　　　2 한계
3 평가　　　　　4 계기

해설	선택지는 모두 명사이다. 문맥상 가장 자연스러운 것은 **1 苦情**이다. 2, 3, 4번은 문맥상 어색하다.
단어	ストレス 스트레스	苦情(くじょう) 불평, 클레임	対応(たいお

う) 대응 | 限界(げんかい) 한계 | 評価(ひょうか) 평가 | 契機(けいき) 계기

6 해외로 (진출) 하기 위해서는 시장 조사와 전략이 불가결하다.

1 발휘
3 접속
2 진출
4 분담

해설 선택지는 모두 명사이다. 문맥상 가장 자연스러운 것은 **2 進出**이다. 1, 3, 4번은 문맥상 어색하다.

단어 海外(かいがい) 해외 | 進出(しんしゅつ) 진출 | 市場調査(しじょうちょうさ) 시장 조사 | 戦略(せんりゃく) 전략 | 不可欠(ふかけつ)だ 불가결하다 | 発揮(はっき) 발휘 | 接続(せつぞく) 접속 | 分担(ぶんたん) 분담

7 그는 항상 (무책임한) 방식으로 일을 하고 있었기 때문에 회사에서 해고되었다.

1 멋부리는
3 독특한
2 무책임한
4 드문

해설 선택지는 모두 な형용사의 명사 수식형이다. 문맥상 가장 자연스러운 것은 **2 いい加減な**이다. 1, 3, 4번은 문맥상 어색하다.

단어 いい加減(かげん)だ 적당하다, 무책임하다(부정적인 뉘앙스) | 首(くび)になる 해고되다 | おしゃれだ 멋부리다, 세련되다 | 独特(どくとく)だ 독특하다 | まれだ 드물다

문맥규정 기출단어 기본 다지기②   68p

1 ②   2 ①   3 ②   4 ②   5 ①

1 그는 파티에 올 것인지 안 올 것인지 (애매한) 대답을 했다.

1 새로운   **2 애매한**

해설 선택지는 모두 な형용사의 명사 수식형이다. 문맥상 가장 자연스러운 것은 **2 あいまいな**이다. 1번은 문맥상 어색하다.

단어 パーティー 파티 | あいまいだ 애매하다 | あらただ 새롭다

2 골 직전에서 (방심) 했기 때문에 지고 말았다.

1 방심   2 횡단

해설 선택지는 모두 명사이다. 문맥상 가장 자연스러운 것은 **1 油断**이다. 2번은 문맥상 어색하다.

단어 ゴール 골 | 直前(ちょくぜん) 직전 | 油断(ゆだん) 방심 | 横断(おうだん) 횡단

3 그녀는 동료와 결혼한다는 소문을 (부정했다).

1 미리 의논했다   **2 부정했다**

해설 선택지는 모두 동사 과거형이다. 문맥상 가장 자연스러운 것은 **2 打ち消した**이다. 1번은 문맥상 어색하다.

단어 同僚(どうりょう) 동료 | うわさ 소문 | 打(う)ち消(け)す 부정하다 | 打(う)ち合(あ)わせる 미리 의논하다

4 상사에게 '올해도 기대하고 있어'라고 (압박) 을 받았다.

1 접근(방법)   **2 압력, 압박**

해설 선택지는 모두 카타카나이이다. 문맥상 가장 자연스러운 것은 **2 プレッシャー**이다. 1번은 문맥상 어색하다.

단어 上司(じょうし) 상사 | 期待(きたい) 기대 | プレッシャー 압력, 압박 | アプローチ 접근(방법)

5 나는 (덜렁대는) 성격으로 잊는 물건이 항상 많다.

1 덜렁대는   2 씩씩한

해설 선택지는 모두 い형용사이다. 문맥상 가장 자연스러운 것은 **1 そそっかしい**이다. 2번은 문맥상 어색하다.

단어 忘(わす)れ物(もの) 물건을 깜빡 잊고 옴, 잊은 물건 | そそっかしい 덜렁대다 | たくましい 늠름하다, 씩씩하다

문맥규정 기출단어 실전 연습 문제②   69p

1 ④   2 ②   3 ③   4 ①   5 ②
6 ①   7 ③

문제4 (　　)에 넣기에 가장 알맞은 것을, 1・2・3・4에서 하나 고르세요.

1 과장은 역시 이 프로젝트의 책임자에 (걸맞은) 사람이었다.

1 소란한   2 낯짝이 두꺼운
3 동등한   **4 걸맞은**

해설 선택지는 모두 い형용사이다. 문맥상 가장 자연스러운 것은 **4 ふさわしい**이다. 1, 2, 3번은 문맥상 어색하다.

단어 プロジェクト 프로젝트 | 責任者(せきにんしゃ) 책임자 | ふさわしい 어울리다, 걸맞다 | さわがしい 소란하다, 떠들썩하다 | あつかましい 낯짝이 두껍다 | ひとしい 같다, 동등하다

2 남은 재료를 사용하여 (어레인지) 한 요리를 만들어 봤더니 의외로 맛있게 되었다.

1 디자인   **2 어레인지**
3 어필   4 밸런스

해설 선택지는 모두 카타카나이이다. 문맥상 가장 자연스러운 것은 **2 アレンジ**이다. 1, 3, 4번은 문맥상 어색하다.

단어 残(のこ)る 남다 | 材料(ざいりょう) 재료 | アレンジ 어레인지, 재구성 | 意外(いがい)に 의외로 | デザイン 디자인 | アピール 어필 | バランス 밸런스, 균형

3 유행에 대해서 (민감한) 그녀에 비해서 나는 전혀 흥미가 없다.

1 애매한　　　　　2 귀찮은
3 민감한　　　　　4 엉터리인

해설　선택지는 모두 な형용사의 명사 수식형이다. 문맥상 가장 자연스러운 것은 **3 敏感な**이다. 1, 2, 4번은 문맥상 어색하다.

단어　流行(りゅうこう) 유행 | 〜について ~에 대해서 | 敏感(びんかん)だ 민감하다 | 〜に対(たい)して ~에 대해서, ~에 비해서 | あいまいだ 애매하다 | 面倒(めんどう)だ 번거롭다, 성가시다, 귀찮다 | でたらめだ 엉터리다, 허튼소리다

4 교토는 관광 (명소)가 많이 있기 때문에 매년 많은 관광객이 방문한다.

1 명소　　　　　2 특색
3 생활 근거지　　　4 방해

해설　선택지는 모두 명사이다. 문맥상 가장 자연스러운 것은 **1 名所**이다. 2, 3, 4번은 문맥상 어색하다.

단어　京都(きょうと) 교토(일본 지명) | 観光名所(かんこうめいしょ) 관광 명소 | 訪(おとず)れる 방문하다, 찾다 | 特色(とくしょく) 특색 | 地元(じもと) 생활 근거지, 고장 | 邪魔(じゃま) 방해

5 커피가 (튀어) 산지 얼마 안 된 흰옷이 더러워져 버렸다.

1 단념하여　　　　**2 튀어**
3 부정하여　　　　4 만류하여

해설　선택지는 모두 동사 て형이다. 문맥상 가장 자연스러운 것은 **2 飛び散って**이다. 1, 3, 4번은 문맥상 어색하다.

단어　飛(と)び散(ち)る 사방에 흩날리다, 튀다 | 〜たばかりだ ~한 지 얼마 안 되다 | 汚(よご)れる 더러워지다 | 思(おも)い切(き)る 단념하다 | 打(う)ち消(け)す 부정하다 | 引(ひ)き止(と)める 만류하다, 말리다

6 클래스의 여자들이 모여서 무언가 (소곤소곤) 이야기를 하고 있었다.

1 소곤소곤　　　2 아슬아슬
3 뒤죽박죽　　　　4 꾸벅꾸벅

해설　선택지는 모두 부사이다. 문맥상 가장 자연스러운 것은 **1 ひそひそ**이다. 2, 3, 4번은 문맥상 어색하다.

단어　ひそひそ 소곤소곤 | ぎりぎり 빠듯함, 아슬아슬 | ごちゃごちゃ 뒤섞인 모양, 뒤죽박죽 | うとうと 조는 모양, 꾸벅꾸벅

7 아직 알려지지 않은 다양한 스포츠를 올림픽을 통해서 전 세계에 (보급) 시키고 싶다.

1 속출　　　　　　2 예측
3 보급　　　　　4 제공

해설　선택지는 모두 명사이다. 문맥상 자연스러운 것은 **3 普及**이다. 1, 2, 4번은 문맥상 어색하다.

단어　様々(さまざま)だ 다양하다 | オリンピック 올림픽 | 〜を通(とお)して ~을/를 통해서 | 普及(ふきゅう) 보급 | 続出(ぞくしゅつ) 속출 | 予測(よそく) 예측 | 提供(ていきょう) 제공

문맥규정 기출단어 기본 다지기③　　72p

1 ①　　2 ②　　3 ②　　4 ①　　5 ②

1 밤늦게 자는 바람에 수업 중에 (꾸벅꾸벅) 해 버렸다.

1 꾸벅꾸벅　　　　2 활기찬 모양

해설　선택지는 모두 부사이다. 문맥상 가장 자연스러운 것은 **1 うとうと**이다. 2번은 문맥상 어색하다.

단어　うとうと 조는 모양, 꾸벅꾸벅 | いきいき 활기찬 모양

2 이벤트에는 산타클로스의 (모습)을 한 사람이 많이 모였다.

1 체형　　　　　　**2 모습**

해설　선택지는 모두 명사이다. 문맥상 가장 자연스러운 것은 **2 格好**이다. 1번은 문맥상 어색하다.

단어　サンタクロース 산타클로스 | 格好(かっこう) 모습, 꼴 | 体格(たいかく) 체격

3 고마운 제안이었지만, 이번에는 (사양)하기로 했다.

1 퇴직　　　　　　**2 사퇴, 사양**

해설　선택지는 모두 명사이다. 문맥상 가장 자연스러운 것은 **2 辞退**이다. 1번은 문맥상 어색하다.

단어　ありがたい 고맙다 | 提案(ていあん) 제안 | 辞退(じたい) 사퇴, 사양 | 退職(たいしょく) 퇴직

4 서류 제출 기한이 (다가) 왔다.

1 다가　　　　　2 뒤쫓아

해설　선택지는 모두 동사 て형이다. 문맥상 가장 자연스러운 것은 **1 迫って**이다. 2번은 문맥상 어색하다.

단어　書類(しょるい) 서류 | 提出(ていしゅつ) 제출 | 期限(きげん) 기한 | 迫(せま)る 다가오다, 육박하다 | 追(お)う 뒤쫓다

5 마을의 인구는 (서서히) 줄고 있다.

1 가뿐히　　　　　**2 서서히**

해설　선택지는 모두 부사이다. 문맥상 가장 자연스러운 것은 **2 徐々に**이다. 1번은 문맥상 어색하다.

단어　人口(じんこう) 인구 | 徐々(じょじょ)に 서서히 | 減(へ)る 줄다 | 軽々(かるがる)と 가뿐히, 거뜬히

문맥규정 기출단어 실전 연습 문제③ — 73p

1 ②　2 ③　3 ①　4 ①　5 ③
6 ④　7 ②

문제4 (　　)에 넣기에 가장 알맞은 것을, 1·2·3·4에서 하나 고르세요.

1 요즘은 매우 지쳐있었지만, 온천에 들어갔더니 (릴랙스) 할 수 있었다.
1 재활치료　　2 릴랙스
3 리사이클　　4 리허설

해설 선택지는 모두 카타카나이이다. 문맥상 가장 자연스러운 것은 **2 리랙스**이다. 1, 3, 4번은 문맥상 어색하다.

단어 温泉(おんせん) 온천 | リラックス 릴랙스 | リハビリ 재활치료 | リサイクル 리사이클, 재활용 | リハーサル 리허설

2 공사 현장 소리가 아침 일찍부터 밤늦게까지 (시끄럽기) 때문에 곤란해하고 있다.
1 덜렁대기　　2 날카롭기
3 시끄럽기　　4 믿음직스럽기

해설 선택지는 모두 い형용사이다. 문맥상 가장 자연스러운 것은 **3 やかましい**이다. 1, 2, 4번은 문맥상 어색하다.

단어 工事現場(こうじげんば) 공사 현장 | やかましい 시끄럽다, 요란하다 | そそっかしい 덜렁대다 | 鋭(するど)い 날카롭다, 예리하다 | 頼(たの)もしい 믿음직스럽다

3 인기 절정의 그룹인데, (해산) 해 버린다는 말을 듣고 매우 놀랐다.
1 해산　　2 초대
3 해방　　4 집합

해설 선택지는 모두 명사이다. 문맥상 가장 자연스러운 것은 **1 解散**이다. 우리나라에서는 해체라고 표현하지만 일본에서는 解散이라고 표현한다. 2, 3, 4번은 문맥상 어색하다.

단어 人気絶頂(にんきぜっちょう) 인기 절정 | 解散(かいさん) 해산 | 招待(しょうたい) 초대 | 解放(かいほう) 해방 | 集合(しゅうごう) 집합

4 수업 중에 (멍하니) 창밖을 보고 있던 학생을 선생님이 주의했다.
1 어렴풋이, 멍하니　　2 살짝, 사뿐히, 폭신폭신
3 듬뿍　　4 깔끔히

해설 선택지는 모두 부사이다. 문맥상 가장 자연스러운 것은 **1 ぼんやり**이다. 2, 3, 4번은 문맥상 어색하다.

단어 ぼんやり 어렴풋이, 멍하니 | ふんわり 살짝, 사뿐히, 폭신폭신 | たっぷり 듬뿍, 많이 | すっきり 깔끔히

5 이 회사에서는 일하고 있는 연수에 (비례) 해서 월급이 올라간다고 한다.
1 분석　　2 교섭
3 비례　　4 개정

해설 선택지는 모두 명사이다. 문맥상 가장 자연스러운 것은 **3 比例**이다. 1, 2, 4번은 문맥상 어색하다.

단어 年数(ねんすう) 연수 | 比例(ひれい) 비례 | 給料(きゅうりょう) 급여, 월급 | 分析(ぶんせき) 분석 | 交渉(こうしょう) 교섭 | 改正(かいせい) 개정

6 6개월 이내에 발행된 (유효한) 증명서를 제출하지 않으면 안 된다.
1 무한한　　2 무사한
3 유리한　　4 유효한

해설 선택지는 모두 な형용사의 명사 수식형이다. 문맥상 가장 자연스러운 것은 **4 有効な**이다. 1, 2, 3번은 문맥상 어색하다.

단어 発行(はっこう) 발행 | 有効(ゆうこう)だ 유효하다 | 証明書(しょうめいしょ) 증명서 | 無限(むげん)だ 무한하다 | 無事(ぶじ)だ 무사하다 | 有利(ゆうり)だ 유리하다

7 나의 경우는 운동해서 스트레스를 (해소) 하는 경우가 많다.
1 개선　　2 해소
3 회복　　4 개시

해설 선택지는 모두 명사이다. 문맥상 자연스러운 것은 **2 解消**이다. 1, 3, 4번은 문맥상 어색하다.

단어 解消(かいしょう) 해소 | 改善(かいぜん) 개선 | 回復(かいふく) 회복 | 開始(かいし) 개시

유의표현

유의표현 기출단어 기본 다지기① — 79p

1 ①　2 ②　3 ①　4 ①　5 ②
6 ①　7 ②　8 ①　9 ①　10 ①

1 그는 인품의 좋음이 느껴진다.
1 성격　　2 외견

해설 人柄(인품)는 **1 性格(성격)**와 의미가 가장 가깝다.

단어　人柄(ひとがら) 인품 | 性格(せいかく) 성격 | 外見(がいけん) 외견, 외관, 겉보기

2　저희 매장은 <u>종일</u> 금연입니다.

1 매일　　　　　　　　　**2 하루 종일**

해설　終日(종일)는 **2 一日中(하루 종일)**와 의미가 가장 가깝다

단어　当店(とうてん) 해당 매장 | 終日(しゅうじつ) (온)종일 | 毎日(まいにち) 매일 | 一日中(いちにちじゅう) 하루 종일

3　그녀와 같은 미인은 <u>드물다</u>.

1 별로 없다　　　　　2 많이 있다

해설　まれだ(드물다)는 **1 あまりいない(별로 없다)**와 의미가 가장 가깝다.

단어　美人(びじん) 미인 | まれだ 드물다

4　일본어 공부에 사전은 <u>빠뜨릴 수 없다</u>.

1 없으면 곤란하다　　2 없어도 좋다

해설　欠かせない(빠뜨릴 수 없다)는 **1 ないと困る(없으면 곤란하다)**와 의미가 가장 가깝다.

단어　欠(か)かす 빠뜨리다, 거르다

5　기대했던 영화였는데 굉장히 <u>시시한</u> 내용이었다.

1 터무니없다　　　　　**2 가치가 없다**

해설　くだらない(시시하다)는 **2 価値がない(가치가 없다)**와 의미가 가장 가깝다.

단어　期待(きたい) 기대 | くだらない 시시하다 | とんでもない 터무니없다 | 価値(かち) 가치

6　한 번 이긴 것 정도로 <u>으스대지마</u>.

1 잘난 듯이 하다　　　2 한가한 듯이 하다

해설　威張る(으스대다)는 **1 偉そうにする(잘난 듯이 하다)**와 의미가 가장 가깝다.

단어　一度(いちど) 한 번 | 勝(か)つ 이기다 | 威張(いば)る 뽐내다, 으스대다 | 偉(えら)い 훌륭하다, 대단하다 | 暇(ひま)だ 한가하다

7　지금부터 이번 사건의 <u>개요</u>를 설명하겠습니다.

1 최종적인 목적　　　　**2 대략의 내용**

해설　概要(개요)는 **2 大体の内容(대략의 내용)**와 의미가 가장 가깝다

단어　今回(こんかい) 이번 | 事件(じけん) 사건 | 概要(がいよう) 개요 | 説明(せつめい) 설명 | 最終的(さいしゅうてき)だ 최종적이다 | 目的(もくてき) 목적 | 大体(だいたい) 대체로, 대략 | 内容(ないよう) 내용

8　음식을 입에 넣은 채로 수다떠는 것은 <u>예의</u>가 안 좋아.

1 서비스　　　　　　　**2 매너**

해설　行儀(예의)는 **2 マナー(매너)**와 의미가 가장 가깝다.

단어　~まま ~한 채로 | しゃべる 수다떨다 | 行儀(ぎょうぎ) 예의 | サービス 서비스 | マナー 매너

9　그녀는 계속 머리카락을 <u>만지작거리고</u> 있었다.

1 만지고　　　　　　　2 말리고

해설　いじって(만지작거리고)는 **1 触って(만지고)**와 의미가 가장 가깝다.

단어　髪(かみ) 머리카락 | いじる 만지작거리다, 만지다 | 触(さわ)る 만지다 | 乾(かわ)かす 말리다

10　그는 동료로부터의 신뢰가 두터운 사람입니다.

1 같은 회사 사람　　　2 같은 반 사람

해설　同僚(동료)는 **1 同じ会社の人(같은 회사 사람)**와 의미가 가장 가깝다.

단어　同僚(どうりょう) 동료 | 信頼(しんらい) 신뢰 | 厚(あつ)い 두껍다, 두텁다

유의표현 기출단어 실전 연습 문제①　　81p

1 ②　　2 ③　　3 ①　　4 ④　　5 ②

문제5　_____의 말에 의미가 가장 가까운 것을, 1·2·3·4에서 하나 고르세요.

1　<u>허튼소리</u>만 하고 있으면 머지않아 친구가 한 명도 없어진다.

1 자랑　　　　　　　　**2 거짓말**
3 사실　　　　　　　　4 불만

해설　でたらめ(허튼소리)는 **2 うそ(거짓말)**와 의미가 가장 가깝다.

단어　でたらめ 엉터리, 허튼소리 | 誇(ほこ)り 자랑, 긍지 | うそ 거짓말 | 事実(じじつ) 사실 | 不満(ふまん) 불만

2　그 소식을 듣고 그녀는 꽤 <u>실망한</u> 모양이었다.

1 기뻐한　　　　　　　2 희망을 가진
3 실망한　　　　　　4 축 늘어진

해설　失望した(실망했다)는 **3 がっかりした(실망했다)**와 의미가 가장 가깝다.

단어　かなり 꽤, 제법 | 失望(しつぼう)する 실망하다 | 様子(ようす) 모양, 모습 | 喜(よろこ)ぶ 기뻐하다 | 希望(きぼう) 희망 | がっかりする 실망하다 | ぐったりする (지쳐서) 축 늘어지다

3　그의 <u>가여운</u> 모습을 떠올릴 때마다 눈물이 날 것 같아진다.

1 불쌍한　　　　　　　2 기쁜 듯한
3 힘들어하는　　　　　4 행복해 보이는

해설 あわれな(가여운)는 **1 かわいそうな(불쌍한)**와 의미가 가장 가깝다.
단어 あわれだ 가엾다 | 姿(すがた) 모습 | ~たびに ~할 때마다 | 涙(なみだ) 눈물 | かわいそうだ 불쌍하다 | 嬉(うれ)しい 기쁘다 | 辛(つら)い 괴롭다, 힘들다 | 幸(しあわ)せだ 행복하다

4 계약을 따기 위해서는 상품 지식뿐만 아니라 매력적인 회화 테크닉이 필요하다.
1 능력　　　　　　　　2 날카로움
3 속력　　　　　　　　**4 기술**

해설 テクニック(테크닉)는 **4 技術(기술)**와 의미가 가장 가깝다.
단어 契約(けいやく) 계약 | 商品(しょうひん) 상품 | 知識(ちしき) 지식 | ~のみならず ~뿐만 아니라 | 魅力的(みりょくてき)だ 매력적이다 | テクニック 테크닉 | 能力(のうりょく) 능력 | 鋭(するど)さ 날카로움, 예리함 | 速(はや)さ 속력, 스피드 | 技術(ぎじゅつ) 기술

5 그가 계산을 끝내주었기 때문에 커피는 내가 한턱내기로 했다.
1 주문　　　　　　　　**2 회계, 계산**
3 일　　　　　　　　　4 예약

해설 お勘定(계산)는 **2 会計(회계, 계산)**과 의미가 가장 가깝다.
단어 勘定(かんじょう) 계산 | 済(す)ませる 끝내다, 마치다 | おごる 한턱내다 | 注文(ちゅうもん) 주문 | 会計(かいけい) 회계, 계산 | 仕事(しごと) 일 | 予約(よやく) 예약

유의표현 기출단어 기본 다지기② 85p

1 ②	2 ②	3 ①	4 ①	5 ①
6 ②	7 ①	8 ②	9 ①	10 ②

1 겨울이 되고 추위가 한층 더 혹독해졌다.
1 조금　　　　　　　　**2 더**

해설 一層(한층 더)는 **2 もっと(더)**와 의미가 가장 가깝다.
단어 一層(いっそう) 한층 더, 더욱더 | 厳(きび)しい 엄격하다, 혹독하다 | 少(すこ)し 조금 | もっと 더

2 시합에서 잘되지 않아서 침울해졌다.
1 깜짝 놀랐다　　　　　**2 실망했다**

해설 落ち込んだ(침울해졌다)는 **2 がっかりした(실망했다)**와 의미가 가장 가깝다.
단어 落(お)ち込(こ)む 침울해지다 | びっくりする 깜짝 놀라다 | がっかりする 실망하다

3 이 일은 매우 고되다.
1 힘들다　　　　　　　2 간단하다

해설 ハードだ(고되다)는 **1 大変だ(힘들다)**와 의미가 가장 가깝다.
단어 ハードだ 하드하다, 고되다 | 大変(たいへん)だ 힘들다 | 簡単(かんたん)だ 간단하다

4 저 선수는 몸집이 작지만, 실력은 세계 제일이다.
1 몸이 작다　　　　　2 몸이 크다

해설 小柄だ(몸집이 작다)는 **1 体が小さい(몸이 작다)**와 의미가 가장 가깝다.
단어 選手(せんしゅ) 선수 | 小柄(こがら)だ 몸집이 작다 | 実力(じつりょく) 실력 | 世界一(せかいいち) 세계 제일 | 体(からだ) 몸 | 小(ちい)さい 작다 | 大(おお)きい 크다

5 이 가게의 라면은 맛이 느끼하다.
1 짙다　　　　　　　　2 떫다

해설 くどい(느끼하다)는 **1 しつこい(짙다)**와 의미가 가장 가깝다.
단어 くどい 지루할 정도로 장황하다, 끈덕지다, (맛이) 느끼하다 | しつこい 끈질기다, 집요하다, (맛이) 짙다 | 渋(しぶ)い 떫다

6 너무 제멋대로인 일은 하지 마세요.
1 엉망진창인　　　　　　**2 제멋대로인**

해설 勝手な(제멋대로인)는 **2 わがままな(제멋대로인)**와 의미가 가장 가깝다.
단어 勝手(かって)だ 제멋대로다 | めちゃくちゃだ 엉망진창이다 | わがままだ 제멋대로다, 버릇없다

7 내가 기억하는 한, 이 가게는 30년 이상 전부터 하고 있다.
1 기억하다　　　　　　2 예상하다

해설 記憶する(기억하다)는 **1 覚える(기억하다)**와 의미가 가장 가깝다.
단어 記憶(きおく)する 기억하다 | ~限(かぎ)り ~하는 한 | 覚(おぼ)える 기억하다, 외우다 | 予想(よそう) 예상

8 오늘은 아주 운이 좋은 날이다.
1 기분이 좋은　　　　　　**2 운이 좋은**

해설 ついている(운이 좋은)는 **2 運がいい(운이 좋은)**와 의미가 가장 가깝다.
단어 ついている 운이 좋다 | 気分(きぶん) 기분 | 運(うん) 운

9 그녀는 예전에 런던에 살았다.
1 이전　　　　　　　　2 현재

해설 かつて(예전에)는 **1 以前(이전)**과 의미가 가장 가깝다.
단어 かつて 일찍이, 예전에 | 以前(いぜん) 이전 | 現在(げんざい) 현재

10 좀 더 템포를 높여서 말하는 연습을 해보자.
1 정확성　　　　　　　　**2 속도**

해설 テンポ(템포)는 **2 速さ(속도)**와 의미가 가장 가깝다.

단어 テンポ 템포 | 正確(せいかく)さ 정확성 | 速(はや)さ 빠름, 속도

유의표현 기출단어 실전 연습 문제② 87p

| 1 ③ | 2 ② | 3 ③ | 4 ① | 5 ④ |

문제5 _____ 의 말에 의미가 가장 가까운 것을, 1・2・3・4에서 하나 고르세요.

1 요즘은 흉흉해져왔기 때문에 밤에는 밖에 나가지 않도록 하고 있다.

1 사람이 많아지기 시작했다 2 영리해져왔다
3 안전하지 않게 되어왔다 4 불안하지 않게 되어왔다

해설 物騒になってきた(흉흉해져오다)는 **3 安全じゃなくなってきた(안전하지 않게 되어왔다)**와 의미가 가장 가깝다.
단어 近頃(ちかごろ) 요즘, 근래 | 物騒(ぶっそう)だ 뒤숭숭하다, 흉흉하다 | 利口(りこう)だ 영리하다, 똑똑하다 | 安全(あんぜん)だ 안전하다 | 不安(ふあん)だ 불안하다

2 직접 만나서 이야기를 듣고 왔기 때문에 이 정보는 정확할 것이다.

1 우연히 **2 직접**
3 몰래 4 바로

해설 じかに(직접)는 **2 直接(직접)**와 의미가 가장 가깝다.
단어 じかに 직접 | 情報(じょうほう) 정보 | 正確(せいかく)だ 정확하다 | ~はずだ ~일 것이다 | 偶然(ぐうぜん) 우연히 | 直接(ちょくせつ) 직접 | こっそり 몰래 | すぐに 바로

3 이 만화는 유쾌한 주인공이 여행을 하는 이야기다.

1 싫증을 잘 내는 2 허풍스러운
3 재미있는 4 심술궂은

해설 愉快な(유쾌한)는 **3 おもしろい(재미있는)**와 의미가 가장 가깝다.
단어 愉快(ゆかい)だ 유쾌하다 | 主人公(しゅじんこう) 주인공 | 旅(たび) 여행 | あきっぽい 싫증을 잘 내다 | おおげさだ 허풍스럽다, 요란스럽다 | おもしろい 재미있다 | いじわるだ 심술궂다

4 이사한 지 얼마 안 돼서 짐을 수납하기 위한 선반이 아직 없다.

1 정리하다, 챙겨 넣다 2 장식하다
3 대비하다 4 하나로 모으다

해설 収納する(수납하다)는 **1 しまう(정리하다, 챙겨 넣다)**와 의미가 가장 가깝다.
단어 引(ひ)っ越(こ)す 이사하다 | 収納(しゅうのう)する 수납하다 | しまう 정리하다, 챙겨 넣다 | 飾(かざ)る 장식하다, 꾸미다 | 備(そな)える 대비하다 | まとめる 하나로 모으다, 정리하다

5 그는 번번이 일에 지각하기 때문에 출세하는 것은 어려울 것이다.

1 한동안 2 조금
3 언제나 **4 몇 번이나**

해설 たびたび(번번이)는 **4 何度も(몇 번이나)**와 의미가 가장 가깝다.
단어 たびたび 번번이, 여러 번 | 遅刻(ちこく) 지각 | 出世(しゅっせ) 출세 | しばらく 한동안 | 少(すこ)し 조금 | いつも 언제나 | 何度(なんど)も 몇 번이나

유의표현 기출단어 기본 다지기③ 91p

| 1 ② | 2 ① | 3 ① | 4 ② | 5 ① |
| 6 ② | 7 ② | 8 ② | 9 ① | 10 ① |

1 상대방이 화장실에 가 있는 동안 계산을 마치다.

1 요리를 주문하다 **2 돈을 지불하다**

해설 お勘定を済ませる(계산을 마치다)는 **2 お金を払う(돈을 지불하다)**와 의미가 가장 가깝다.
단어 お勘定(かんじょう) 계산 | 済(す)ます 끝내다, 마치다 | 料理(りょうり) 요리 | 注文(ちゅうもん) 주문 | お金(かね) 돈 | 払(はら)う 지불하다

2 나가기 직전에 친구에게서 전화가 왔다.

1 직전 2 당일

해설 間際(직전)는 **1 直前(직전)**과 의미가 가장 가깝다
단어 間際(まぎわ) 직전, 막 ~하려는 찰나 | 直前(ちょくぜん) 직전 | 当日(とうじつ) 당일

3 약을 먹었더니 금세 몸 상태가 좋아졌다.

1 바로 2 아주, 몽땅, 완전히

해설 たちまち(금세)는 **1 すぐに(바로)**와 의미가 가장 가깝다.
단어 たちまち 금세, 갑자기 | すぐに 바로 | すっかり 아주, 완전히, 몽땅

4 길을 걷고 있었더니 갑자기 뜻밖의 사람이 말을 걸어왔다.

1 모르는 **2 의외의**

해설 思いがけない(뜻밖의)는 **2 意外な(의외의)**와 의미가 가장 가깝다.
단어 思(おも)いがけない 예상치 못하다, 뜻밖이다 | 声(こえ)をかける 말을 걸다 | 意外(いがい)だ 의외다

5 고양이가 계속 창가에서 가만히 있다.

1 움직이지 않고 있다 2 이쪽을 보고 있다

해설 じっとしている(가만히 있다)는 **1 動かないでいる(움직이지 않고 있다)**와 의미가 가장 가깝다.
단어 窓際(まどぎわ) 창가 | じっとする 가만히 있다

6 오늘은 <u>상당히</u> 많이 취했다.

1 역시   **2 꽤**

해설   相当(상당히)는 **2 かなり(꽤)**와 의미가 가장 가깝다.
단어   相当(そうとう) 상당(히) | 酔(よ)っぱらう 술 취하다 | やはり 역시 | かなり 꽤, 제법

7 벤치에서 <u>고개를 떨구고</u> 앉아 있는 다나카 씨가 보였다.

1 옆을 보고   **2 아래를 보고**

해설   うつむいて(고개를 떨구고)는 **2 下を向いて(아래를 보고)**와 의미가 가장 가깝다.
단어   うつむく 고개를 떨구다 | 横(よこ) 옆 | 下(した) 아래, 밑 | 向(む)く 보다, 향하다

8 그 음악에 맞춰 춤을 추는 것이 <u>붐</u>이 되고 있다고 한다.

1 효과   **2 유행**

해설   ブーム(붐)는 **2 流行(유행)**와 의미가 가장 가깝다.
단어   ブーム 붐 | 効果(こうか) 효과 | 流行(りゅうこう) 유행

9 취재에 대해 전문가는 다음과 같은 <u>견해</u>를 서술했다.

1 사고방식   2 가르치는 법

해설   見解(견해)는 **1 考え方(사고방식)**와 의미가 가장 가깝다.
단어   取材(しゅざい) 취재 | 専門家(せんもんか) 전문가 | 見解(けんかい) 견해 | 述(の)べる 서술하다 | 考(かんが)え方(かた) 사고방식

10 친척에게서 받은 옷은 이 아이에게는 <u>헐렁헐렁하다</u>.

1 매우 크다   2 매우 작다

해설   ぶかぶかだ(헐렁헐렁하다)는 **1 とても大きい(매우 크다)**와 의미가 가장 가깝다.
단어   親戚(しんせき) 친척 | ぶかぶか 헐렁헐렁 | 大(おお)きい 크다 | 小(ちい)さい 작다

유의표현 기출단어 실전 연습 문제③   93p

1 ①   2 ④   3 ③   4 ①   5 ②

문제5 _____ 의 말에 의미가 가장 가까운 것을, 1·2·3·4에서 하나 고르세요.

1 계속 찾고 있던 물건을 파는 가게가 발견되었기 때문에 <u>사재기했다</u>.

1 전부 샀다   2 싸게 샀다
3 즉시 샀다   4 몰래 샀다

해설   買いしめた(사재기했다)는 **1 全部買った(전부 샀다)**와 의미가 가장 가깝다.
단어   買(か)いしめる 사재기하다 | 全部(ぜんぶ) 전부 | さっそく 즉시 | こっそり 몰래

2 오랜만에 할아버지 집에서 친척이 <u>모여서</u> 새해를 맞이할 수 있었다.

1 살아서   2 연달아서
3 축하해서   **4 모여서**

해설   そろって(모여서)는 **4 集まって(모여서)**와 의미가 가장 가깝다.
단어   祖父(そふ) 조부, 할아버지 | 親戚(しんせき) 친척 | そろう 갖추어지다, 모이다 | 迎(むか)える 맞이하다 | 暮(く)らす 생활하다 | 相次(あいつ)ぐ 연달다, 잇따르다 | 祝(いわ)う 축하하다 | 集(あつ)める 모으다

3 후지산<u>기슭</u>에 있는 작은 카페는 전국에서 관광객이 방문하는 인기 가게이다.

1 정상   2 저편
3 아래쪽   4 위쪽

해설   ふもと(기슭)는 **3 下のほう(아래쪽)**와 의미가 가장 가깝다.
단어   富士山(ふじさん) 후지산(일본에서 가장 높은 산) | ふもと 기슭 | 全国(ぜんこく) 전국 | 観光客(かんこうきゃく) 관광객 | 訪(おと)ずれる 방문하다 | 頂上(ちょうじょう) 정상 | 向(む)こう 저편 | 下(した) 아래 | 上(うえ) 위

4 우리 개는 아주 <u>똑똑한</u> 개로서 TV에 나온 적이 있다.

1 머리가 좋다   2 발이 빠르다
3 얼굴이 귀엽다   4 털이 길다

해설   かしこい(똑똑하다)는 **1 頭がよい(머리가 좋다)**와 의미가 가장 가깝다.
단어   かしこい 현명하다, 똑똑하다 | 頭(あたま) 머리 | よい 좋다 | 足(あし) 발 | 早(はや)い 빠르다 | 顔(かお) 얼굴 | かわいい 귀엽다 | 毛(け) 털 | 長(なが)い 길다

5 <u>우연히</u> 산 복권이 당첨되어서 가족을 해외여행에 데려갈 수 있었다.

1 상당히   **2 우연히**
3 갑자기   4 즉시

해설   たまたま(우연히)는 **2 偶然(우연히)**과 의미가 가장 가깝다.
단어   たまたま 우연히 | 宝(たから)くじ 복권 | 連(つ)れていく 데려가다 | 相当(そうとう) 상당히 | 偶然(ぐうぜん) 우연히 | 突然(とつぜん) 돌연, 갑자기 | 早速(さっそく) 즉시

용법

용법 기출단어 기본 다지기① 98p

1 ②   2 ②   3 ①   4 ①   5 ①

1 조기
1 새 컴퓨터의 <u>조기</u> 설정을 하지 않으면 안 된다.
2 <u>조기</u> 퇴직을 해서 제2의 인생을 즐기려고 생각하고 있다.

해설 早期(조기)를 가장 올바르게 사용한 것은 **2번**이다. 1번은 初期(초기)를 사용하는 것이 알맞다.

단어 早期(そうき) 조기 | 設定(せってい) 설정 | 退職(たいしょく) 퇴직 | 第二(だいに) 제2 | 初期(しょき) 초기

2 완고
1 할아버지는 심신이 <u>완고</u>해서 80세가 된 지금도 아주 건강하다.
2 제 아버지는 한 번 결정한 것은 무슨 일이 있어도 바꾸지 않는 <u>완고</u>한 성격입니다.

해설 頑固(완고)를 가장 올바르게 사용한 것은 **2번**이다. 1번은 健康(건강)를 사용하는 것이 알맞다.

단어 心身(しんしん) 심신 | 頑固(がんこ) 완고, 외고집 | 健康(けんこう) 건강 | 性格(せいかく) 성격

3 경향
1 최근에는 결혼하는 것이 늦는 <u>경향</u>에 있다.
2 이 언덕은 <u>경향</u>이 심해서 오르기가 힘들다.

해설 傾向(경향)를 가장 올바르게 사용한 것은 **1번**이다. 2번은 傾斜(경사)를 사용하는 것이 알맞다.

단어 傾向(けいこう) 경향 | 坂(さか) 언덕 | きつい (정도가) 심하다 | 登(のぼ)る 오르다 | 傾斜(けいしゃ) 경사

4 가득
1 책장에는 만화가 <u>가득</u> 채워져 있었다.
2 이 신발은 제 발에 <u>가득</u> 맞습니다.

해설 ぎっしり(가득)를 가장 올바르게 사용한 것은 **1번**이다. 2번은 ぴったり(꼭)를 사용하는 것이 알맞다.

단어 ぎっしり 잔뜩, 가득 | 本棚(ほんだな) 책장 | 漫画(まんが) 만화(책) | 詰(つ)まる 가득 차다, 막히다 | 靴(くつ) 신발 | ぴったり 딱, 꼭 들어맞는 모양

5 보급
1 휴대전화의 <u>보급</u>으로 인해 고정 전화를 가지지 않는 가정이 늘었다.
2 시스템 트러블 때문에 <u>보급</u>에는 시간이 걸릴 것 같다.

해설 普及(보급)를 가장 올바르게 사용한 것은 **1번**이다. 2번은 修理(수리)를 사용하는 것이 알맞다.

단어 普及(ふきゅう) 보급 | ～により ~에 의해 | 固定電話(こていでんわ) 고정 전화 | システム 시스템 | トラブル 트러블 | 時間(じかん)がかかる 시간이 걸리다 | 修理(しゅうり) 수리

용법 기출단어 실전 연습 문제① 99p

1 ②   2 ④   3 ①   4 ③   5 ④

문제6 다음 말의 사용법으로서 가장 알맞은 것을, 1・2・3・4에서 하나 고르세요.

1 온후
1 이 요리는 아직 <u>온후</u>하기 때문에 화상에 조심하세요.
2 그녀는 친절하고 <u>온후</u>한 성격이기 때문에 누구에게나 사랑받고 있다.
3 산 정상은 <u>온후</u>한 구름으로 덮여서 금방이라도 비가 내릴 것 같다.
4 사내 환경 개선에 대한 회의는 <u>온후</u>한 분위기로 끝낼 수 있었다.

해설 温厚(온후)를 가장 올바르게 사용한 것은 **2번**이다. 1번은 温かい(따뜻하다), 3번은 厚い(두껍다), 4번은 和やかだ(온화하다)를 사용하는 것이 알맞다.

단어 温厚(おんこう) 온후 | 火傷(やけど) 화상 | 愛(あい)される 사랑받다 | 頂上(ちょうじょう) 정상 | 雲(くも) 구름 | 覆(おお)う 덮다 | 今(いま)にも 금방이라도 | 社内(しゃない) 사내 | 環境(かんきょう) 환경 | 改善(かいぜん) 개선 | 雰囲気(ふんいき) 분위기 | 終(お)える 끝내다 | 温(あたた)かい 따뜻하다 | 厚(あつ)い 두껍다 | 和(なご)やかだ 온화하다

2 중단
1 방송국은 스포츠를 생<u>중단</u>해서 많은 사람들이 봐줬으면 한다고 생각하고 있다.
2 이 세미나를 수강하는 인원수가 적을 경우는 <u>중단</u>하는 경우가 있습니다.
3 그는 대학을 <u>중단</u>하고 유럽으로 유학을 간다고 한다.
4 조금 전부터 비가 내리기 시작했기 때문에 야구 시합은 일시 <u>중단</u>되었다.

해설 中断(중단)을 가장 올바르게 사용한 것은 **4번**이다. 1번은 中継(중계), 2번은 中止(중지), 3번은 中退(중퇴)를 사용하는 것이 알맞다.

단어 中断(ちゅうだん) 중단 | テレビ局(きょく) 방송국 | セミナー 세미나 | 受講(じゅこう) 수강 | ヨーロッパ 유럽 | 留学(りゅうがく) 유학 | 野球(やきゅう) 야구 | 中継(ちゅうけい) 중계 | 中止(ちゅうし) 중지 | 中退(ちゅうたい) 중퇴

3 베테랑
1 그는 드라이버 경력 30년의 <u>베테랑</u>이기 때문에 도쿄의 길에 대해서 꽤 잘 알고 있다.

2 그 의사는 수술의 베테랑이 있어서 전국에서 환자가 방문하고 있다.
3 지금 계절은 딸기가 베테랑입니다. 꼭 먹어 봐 주세요.
4 건강한 몸을 유지하기 위해서는 식사 베테랑이 중요합니다.

해설　ベテラン(베테랑)을 가장 올바르게 사용한 것은 **1번**이다. 2번은 テクニック(테크닉), 3번은 シーズン(시즌), 4번은 バランス(밸런스)를 사용하는 것이 알맞다.

단어　ベテラン 베테랑, 숙련자｜ドライバー 드라이버, 운전수｜詳(くわ)しい 상세하다, 잘 알다｜手術(しゅじゅつ) 수술｜患者(かんじゃ) 환자｜訪(おとず)れる 방문하다｜季節(きせつ) 계절｜イチゴ 딸기｜健康(けんこう)だ 건강하다｜保(たも)つ 지키다, 유지하다｜テクニック 테크닉, 기술｜シーズン 시즌｜バランス 밸런스, 균형

4　얼른, 빨랑빨랑

1 여름에는 얼른 한 요리가 먹고 싶어지기 때문에 차가운 면을 자주 먹는다.
2 일본어 능력 시험이 무사히 끝나서 얼른 했다.
3 친구들과 놀러 가기 전에 숙제를 얼른 끝내자.
4 어머니는 하루 종일 얼른 집안일을 하면서 일하고 있다.

해설　さっさと(얼른)를 가장 올바르게 사용한 것은 **3번**이다. 1번은 さっぱり(산뜻한 모양), 2번은 ほっと(한숨 쉬거나 안심하는 모양), 4번은 せっせと(부지런히)를 사용하는 것이 알맞다.

단어　さっさと 얼른, 빨랑빨랑｜麺(めん) 면｜日本語能力試験(にほんごのうりょくしけん) 일본어 능력 시험｜無事(ぶじ)に 무사히｜家事(かじ) 가사, 집안일｜さっぱり 산뜻한 모양, 개운한 모양｜ほっとする 안심하다｜せっせと 부지런히

5　결함

1 이 상품은 지금 결함하고 있으므로 상품이 도착할 때까지 잠시 기다려 주십시오.
2 부모님과 상의한 결함, 대학에 진학하지 않고 취직하기로 했다.
3 컨디션 불량 등으로 인해 회의를 결함할 경우는 미리 연락을 부탁드립니다.
4 이 성소기는 결함 상품으로 산지 얼마 안 되었는데 벌써 고장 나 버렸다.

해설　欠陥(결함)을 가장 올바르게 사용한 것은 **4번**이다. 1번은 欠品(결품), 2번은 結果(결과), 3번은 欠席(결석)를 사용하는 것이 알맞다.

단어　欠陥(けっかん) 결함｜ただいま 지금｜進学(しんがく) 진학｜就職(しゅうしょく) 취직｜体調不良(たいちょうふりょう) 컨디션 불량｜あらかじめ 미리, 사전에｜掃除機(そうじき) 청소기｜~たばかりだ ~한지 얼마 안 되다｜壊(こわ)れる 고장 나다｜欠品(けっぴん) 결품｜結果(けっか) 결과｜欠席(けっせき) 결석

1　소재

1 이 상품은 천연 소재로 만들어졌다.
2 소재가 부족해서 요리를 할 수 없다.

해설　素材(소재)를 가장 올바르게 사용한 것은 **1번**이다. 2번은 材料(재료)를 사용하는 것이 알맞다.

단어　素材(そざい) 소재｜天然(てんねん) 천연｜足(た)りる 충분하다｜材料(ざいりょう) 재료

2　단호히

1 이 일의 방식을 단호히 모르겠다.
2 그의 데이트 신청을 단호히 거절했다.

해설　きっぱり(단호히)를 가장 올바르게 사용한 것은 **2번**이다. 1번은 さっぱり(전혀)를 사용하는 것이 알맞다.

단어　きっぱり 딱 잘라, 단호히｜やり方(かた) 하는 법｜誘(さそ)い 꾐, 권유｜さっぱり 산뜻한 모양, 전혀

3　덮다

1 후지산의 정상은 눈으로 덮여 있습니다.
2 이 마을은 산과 바다에 덮여 있어요.

해설　覆う(덮다)를 가장 올바르게 사용한 것은 **1번**이다. 2번은 囲む(둘러싸다)를 사용하는 것이 알맞다.

단어　覆(おお)う 덮다, 씌우다｜富士山(ふじさん) 후지산(일본에서 가장 높은 산)｜頂上(ちょうじょう) 정상｜村(むら) 마을｜囲(かこ)む 둘러싸다

4　늠름하다

1 야마다 씨는 일 경험이 많기 때문에 늠름하다.
2 오랜만에 만난 할머니에게 '늠름해졌네'라고 들었다.

해설　たくましい(늠름하다)를 가장 올바르게 사용한 것은 **2번**이다. 1번은 頼もしい(믿음직스럽다)를 사용하는 것이 알맞다.

단어　たくましい 늠름하다, 씩씩하다｜経験(けいけん) 경험｜祖母(そぼ) 조모, 할머니｜頼(たの)もしい 믿음직스럽다

5　은퇴

1 10년 후에 회사를 은퇴하고 시골에서 한가롭게 지내기로 했다.
2 그는 프로야구 선수를 은퇴하겠다고 갑자기 발표했다.

해설　引退(은퇴)를 가장 올바르게 사용한 것은 **2번**이다. 1번은 退職(퇴직)를 사용하는 것이 알맞다.

단어　引退(いんたい) 은퇴｜田舎(いなか) 시골｜のんびり 유유히, 한가롭게｜過(す)ごす 지내다｜プロ 프로｜野球(やきゅう) 야구｜選手(せんしゅ) 선수｜突然(とつぜん) 돌연, 갑자기｜退職(たいしょく) 퇴직

용법 기출단어 기본 다지기②				102p
1 ①	2 ②	3 ①	4 ①	5 ②

용법 기출단어 실전 연습 문제② 103p

1 ③   **2** ②   **3** ④   **4** ①   **5** ②

문제6 다음 말의 사용법으로서 가장 알맞은 것을, 1·2·3·4에서 하나 고르세요.

1 칠칠맞지 못하다

1 상사는 칠칠맞지 못하게 갑자기 회의를 시작하려는 경우가 있다.
2 그는 칠칠맞지 못한 몸으로 몸매도 좋기 때문에 클래스의 인기인이다.
3 학생 시절은 항상 칠칠맞지 못한 모습만 하고 있어서 자주 엄마에게 혼났었다.
4 나는 공부는 잘하지만, 운동에 관해서는 꽤 칠칠맞지 못하다.

해설   だらしない(칠칠맞지 못하다)를 가장 올바르게 사용한 것은 **3번**이다. 1번은 思いがけない(예상치 못하다), 2번은 たくましい(늠름하다), 4번은 鈍い(둔하다)를 사용하는 것이 알맞다.

단어   だらしない 칠칠맞지 못하다 | 上司(じょうし) 상사 | 急(きゅう)に 갑자기 | 人気者(にんきもの) 인기인 | 格好(かっこう) 모습, 꼴 | 得意(とくい)だ 잘하다 | ~に関(かん)して ~에 관해서 | 思(おも)いがけない 예상치 못하다 | たくましい 늠름하다, 씩씩하다 | 鈍(にぶ)い 둔하다, 굼뜨다

2 가장 가까움

1 이번 시합에서 가장 가까운 라이벌과 싸우게 되어서 지금부터 긴장하고 있다.
2 나의 아파트는 가장 가까운 역에서 도보 5분으로 편리한 한편, 집세는 꽤 비싸다.
3 가장 가까운 애니메이션을 발견해서 매일 자지 않고 계속 보고 있다.
4 바로 사용할 거니까 가장 가까운 곳에 놓아두세요.

해설   最寄り(가장 가까움)를 가장 알맞게 사용한 것은 **2번**이다. 1번은 最大(최대), 3번은 最高(최고), 4번은 近く(근처)를 사용하는 것이 알맞다.

단어   最寄(もよ)り 가장 가까움 | ライバル 라이벌 | 戦(たたか)う 싸우다 | 緊張(きんちょう) 긴장 | 徒歩(とほ) 도보 | ~一方(いっぽう) ~한편 | 家賃(やちん) 집세 | 最大(さいだい) 최대 | 最高(さいこう) 최고 | 近(ちか)く 근처

3 일제히

1 이제 일제히 잘 시간이야. 내일도 아침 일찍부터 일이 있잖아.
2 식사 때는 일제히 먹지 말고 잘 씹어서 천천히 먹읍시다.
3 길을 건널 때는 일제히 멈춰서 안전을 확인하고 나서 건너지 않으면 안 된다.
4 지휘자의 신호에 맞춰서 학생들은 일제히 노래 부르기 시작했다.

해설   いっせいに(일제히)를 가장 알맞게 사용한 것은 **4번**이다. 1번은 とっくに(진작에), 2번은 一気に(한 번에), 3번은 一旦(일단)을 사용하는 것이 알맞다.

단어   いっせいに 일제히 | 噛(か)む 씹다 | 指揮者(しきしゃ) 지휘자 | 合図(あいず) (눈짓·몸짓 등의) 신호 | とっくに 훨씬 전에, 진작에 | 一気(いっき)に 한 번에 | 一旦(いったん) 일단

4 응석을 받아주다

1 조부모는 손자를 응석을 받아주는 경우가 있는데, 아이에게 좋지 않은 일이다.
2 마지막으로 설탕을 넣고 응석을 받아주면 한결 맛있어져요.
3 이 길은 밤에 매우 어둡기 때문에 주민들의 안전을 응석을 받아주는 우려가 있다.
4 실은 그는 그녀를 좋아하는 거지만, 농담을 하고 응석을 받아주는 경우가 있다.

해설   甘やかす(응석을 받아주다)를 가장 바르게 사용한 것은 **1번**이다. 2번은 甘くする(달게 하다), 3번은 おびやかす(위협하다), 4번은 冷やかす(놀리다)를 사용하는 것이 알맞다.

단어   甘(あま)やかす 응석을 받아주다 | 祖父母(そふぼ) 조부모 | 孫(まご) 손자 | 砂糖(さとう) 설탕 | 住民(じゅうみん) 주민 | 安全(あんぜん) 안전 | ~おそれがある ~할 우려가 있다 | 冗談(じょうだん)を言(い)う 농담을 하다 | おびやかす 위협하다, 협박하다 | 冷(ひ)やかす 놀리다, 식히다

5 뒤돌아보다

1 타사의 휴대전화로 뒤돌아보고 나서 요금이 싸졌다.
2 무심코 뒤돌아봐 버릴 정도로 몸매가 좋은 사람이 거리를 걷고 있다.
3 그 리모컨은 배터리가 없어요. 뒤돌아보고 나서 사용해 주세요.
4 새 집은 옷을 뒤돌아볼 수 있는 방이 있었으면 좋겠다.

해설   振り向く(뒤돌아보다)를 가장 올바르게 사용한 것은 **2번**이다. 1번은 乗り換える(갈아타다), 3번은 入れ替える(교체하다), 4번은 着替える(갈아입다)를 사용하는 것이 가장 알맞다.

단어   振(ふ)り向(む)く 뒤돌아보다 | 他社(たしゃ) 타사 | 携帯電話(けいたいでんわ) 휴대전화 | 料金(りょうきん) 요금 | スタイルがいい 몸매가 좋다, 비율이 좋다 | 街(まち) 거리 | 電池(でんち) 배터리, 전지 | 乗(の)り換(か)える 갈아타다 | 入(い)れ替(か)える 교체하다 | 着替(きが)える 갈아입다

용법 기출단어 기본 다지기③ 106p

1 ①   **2** ②   **3** ②   **4** ①   **5** ②

1 검소

1 그는 집에서는 밥과 된장국의 검소한 식사를 하고 있다고 한다.
2 그녀는 어렸을 적부터 가수가 될 검소가 있다고 말해져 왔다.

해설   質素(검소)를 가장 올바르게 사용한 것은 **1번**이다. 2번은 素質(소질)를 사용하는 것이 알맞다.

단어   質素(しっそ) 검소 | みそ汁(しる) 된장국 | 幼(おさな)い 어리다 | 素質(そしつ) 소질

2 분주하다

1 선생님은 <u>분주한</u> 학생들에게 조용히 하라고 말했다.
2 급한 볼일이 생겨서 <u>분주한</u> 하루였다.

해설 あわただしい(분주하다)를 가장 올바르게 사용한 것은 **2번**이다. 1번은 うるさい(시끄럽다)를 사용하는 것이 알맞다.

단어 あわただしい 분주하다 | 急(きゅう)だ 급하다 | 用事(ようじ) 볼일, 용무 | うるさい 시끄럽다

3 폐지

1 횡단보도 앞에서는 차를 일단 <u>폐지</u>시키지 않으면 안 된다.
2 오래전부터 있었던 규칙이 <u>폐지</u>되는 것으로 결정되었다.

해설 廃止(폐지)를 가장 올바르게 사용한 것은 **2번**이다. 1번은 停止(정지)를 사용하는 것이 알맞다.

단어 廃止(はいし) 폐지 | 横断歩道(おうだんほどう) 횡단보도 | 一旦(いったん) 일단 | 規則(きそく) 규칙 | 停止(ていし) 정지

4 받아들이다

1 그 대학은 많은 유학생을 <u>받아들이고</u> 있습니다.
2 신청은 전화나 메일로 <u>받아들이고</u> 있습니다.

해설 受け入れる(받아들이다)를 가장 올바르게 사용한 것은 **1번**이다. 2번은 受け付ける(접수하다)를 사용하는 것이 알맞다.

단어 受(う)け入(い)れる 받아들이다 | 留学生(りゅうがくせい) 유학생 | 申(もう)し込(こ)み 신청 | 受(う)け付(つ)ける 접수하다

5 유지하다

1 경기에서 <u>유지하는</u> 경험을 하는 것은 이기는 것만큼 소중한 경험이다.
2 신체의 건강을 <u>유지하기</u> 위해서 균형 잡힌 식사를 한다.

해설 保つ(유지하다)를 가장 올바르게 사용한 것은 **2번**이다. 1번은 敗れる(패배하다)를 사용하는 것이 알맞다.

단어 保(たも)つ 지키다, 유지하다 | 試合(しあい) 시합 | 経験(けいけん) 경험 | 身体(しんたい) 신체 | 健康(けんこう) 건강 | バランス 밸런스 | 敗(やぶ)れる 지다, 패배하다

용법 기출단어 실전 연습 문제③   107p

1 ④   2 ①   3 ②   4 ②   5 ③

問題6 다음 말의 사용법으로서 가장 알맞은 것을, 1·2·3·4에서 하나 고르세요.

1 신호

1 상사의 <u>신호</u>에 따라서 우선은 실제로 현장에 가보기로 했다.
2 <u>신호</u>를 보면서 걸어왔는데, 이상한 장소로 나와버렸다.
3 나는 누군가에게 이것저것 <u>신호</u> 받는 것을 좋아하지 않는다.
4 <u>신호</u>에 맞춰 일제히 시작해 가장 먼저 결승선을 통과한 사람에게 상금이 있다.

해설 合図(신호)를 가장 올바르게 사용한 것은 **4번**이다. 1번은 指示(지시), 2번은 地図(지도), 3번은 命令(명령)·指図(지시)를 사용하는 것이 알맞다.

단어 合図(あいず) (눈짓·몸짓 등의) 신호 | ~に従(したが)って ~에 따라서 | 現場(げんば) 현장 | あれこれ 이것저것 | 一斉(いっせい)に 일제히 | 賞金(しょうきん) 상금 | 指示(しじ) 지시 | 地図(ちず) 지도 | 命令(めいれい) 명령 | 指図(さしず) 지시

2 사이에 두다

1 소꿉친구는 길을 <u>사이에 둔</u> 반대편에 있는 빨간 지붕의 집에 살고 있다.
2 과자가 하나밖에 없기 때문에 둘이서 <u>사이에 두고</u> 먹기로 했다.
3 그녀는 복잡한 감정인 채로 지금까지의 추억의 사진을 모두 <u>사이에 두고</u> 버렸다.
4 조금 <u>사이에 둔</u> 곳에 있는 남편을 큰 소리로 불렀지만, 알아차려주지 않았다.

해설 隔てる(사이에 두다)를 가장 올바르게 사용한 것은 **1번**이다. 2번은 分ける(나누다), 3번은 破る(찢다), 4번은 離れる(떨어지다)를 사용하는 것이 알맞다.

단어 隔(へだ)てる 사이에 두다, 가로막다 | 幼(おさな)なじみ 소꿉친구 | 反対側(はんたいがわ) 반대편 | 屋根(やね) 지붕 | 感情(かんじょう) 감정 | ~まま ~한 채로 | 思(おも)い出(で) 추억 | 大声(おおごえ) 큰소리 | 分(わ)ける 나누다 | 破(やぶ)る 깨다, 찢다 | 離(はな)れる 떨어지다

3 냉정

1 매우 <u>냉정</u>하게 공부하고 있기 때문에 그 학생을 돕고 싶어졌다.
2 혼란스러운 것은 알지만, 우선 <u>냉정</u>해져서 생각할 필요가 있다.
3 놀고 있지 말고 슬슬 <u>냉정</u>하게 임하는 것이 좋다고 생각한다.
4 그의 소원은 모두가 <u>냉정</u>한 생활을 보낼 수 있게 되는 것뿐이다.

해설 冷静(냉정)를 가장 올바르게 사용한 것은 **2번**이다. 1번은 熱心に(열심히), 3번은 真剣に(진지하게), 4번은 平和だ(평화롭다)를 사용하는 것이 알맞다.

단어 冷静(れいせい) 냉정 | 助(たす)ける 돕다 | 混乱(こんらん) 혼란 | そろそろ 슬슬 | 取(と)り組(く)む 임하다, 맞붙다 | 願(ねが)い 소원 | 熱心(ねっしん)に 열심히 | 真剣(しんけん)に 진지하게 | 平和(へいわ)だ 평화롭다

4 꾸준히(노력하는 모양)

1 <u>꾸준히</u> 도착해도 될 시간인데, 아직 아무 연락이 오지 않는다.
2 <u>꾸준히</u> 공부한 결과, 제1지망의 대학에 진학할 수 있었다.
3 적극적으로 회화를 하고 있었기 때문에 일본어가 <u>꾸준히</u> 향상되었다.

4 눈이 내린 탓에 어느 차도 꾸준히 운전하고 있다.

해설 こつこつ(꾸준히)를 가장 알맞게 사용한 것은 **2번**이다. 1번은 そろそろ(슬슬), 3번은 どんどん(점점), 4번은 のろのろ(느릿느릿)를 사용하는 것이 알맞다.

단어 こつこつ 꾸준히(노력하는 모양) | 到着(とうちゃく) 도착 | 結果(けっか) 결과 | 第一希望(だいいちきぼう) 제1지망 | 進学(しんがく) 진학 | 積極的(せっきょくてき)だ 적극적이다 | 上達(じょうたつ)する 솜씨가 늘다, 숙달되다 | そろそろ 슬슬 | どんどん 점점 | のろのろ 꾸물꾸물, 느릿느릿

5 회견

1 오늘은 회사를 쉬었기 때문에 회견의 내용은 동료가 메일로 보내 주었다.
2 상대가 화장실에 가 있는 사이에 먼저 회견을 끝내고 가게를 나왔다.
3 그 회견의 상황은 생중계되어 많은 사람이 관심을 기울이고 있었다.
4 그러한 사건이 일어나고 있었던 것을 두 사람의 회견을 듣고 나서야 비로소 알았다.

해설 会見(회견)을 가장 올바르게 사용한 것은 **3번**이다. 1번은 会議(회의), 2번은 会計(계산), 4번은 会話(회화)를 사용하는 것이 알맞다.

단어 会見(かいけん) 회견 | 同僚(どうりょう) 동료 | 済(す)ませる 끝내다, 마치다 | 様子(ようす) 상황, 모습 | 生中継(なまちゅうけい) 생중계 | 関心(かんしん)を寄(よ)せる 관심을 기울이다 | 事件(じけん) 사건 | 会議(かいぎ) 회의 | 会計(かいけい) 계산 | 会話(かいわ) 회화

한자읽기

한자읽기 핵심단어 기본 다지기 158p

| 1 ① | 2 ② | 3 ② | 4 ① | 5 ② |
| 6 ① | 7 ① | 8 ② | 9 ② | 10 ① |

1 공정하다

해설 公正だは **1 こうせいだ**라고 음독으로 읽는다. 正는 しょう라는 음독도 있지만, 公正だ는 せい로 읽어야 한다.

2 이행

해설 移行는 **2 いこう**라고 음독으로 읽는다. 行는 ぎょう라는 음독도 있지만, 移行는 こう로 읽어야 한다.

3 침묵하다

해설 黙る는 **2 だまる**라고 훈독으로 읽는다. 1번은 貯(た)まる 쌓이다라는 단어이다.

4 굳히다, 단단하게 하다

해설 固める는 **1 かためる**라고 훈독으로 읽는다.

5 객관적이다

해설 客観的だ는 **2 きゃっかんてきだ**라고 음독으로 읽는다. 客의 음독은 きゃく지만, 客観的だ는 きゃっ이라는 촉음이 된다.

6 폭풍, 폭풍우

해설 嵐는 **1 あらし**라고 훈독으로 읽는다. 2번은 風(かぜ) 바람이라는 단어이다.

7 격하다, 격렬하다

해설 激しい는 **1 はげしい**라고 훈독으로 읽는다. 2번은 厳(きび)しい 엄격하다라는 단어이다.

8 연설

해설 演説는 **2 えんぜつ**라고 음독으로 읽는다. 説의 음독은 せつ지만, 演説는 ぜつ라는 탁음이 된다.

9 왕래

해설 往来는 **2 おうらい**라고 음독으로 읽는다.

10 활발하다

해설 活発だ는 **1 かっぱつだ**라고 음독으로 읽는다. 発의 음독은 はつ지만, 活発だ는 ぱつ라는 반탁음이 된다.

한자읽기 핵심단어 실전 연습 문제① 159p

| 1 ④ | 2 ③ | 3 ① | 4 ② | 5 ④ |

문제1 _____의 말의 읽는 법으로서 가장 알맞은 것을, 1·2·3·4에서 하나 고르세요.

1 대학 재학 중에는 검소한 생활이나 식사를 해서 조금이라도 저금을 늘리고 싶다.

해설 質素는 **4 しっそ**라고 음독으로 읽는다. 質의 음독은 しつ지만, 質素는 しっ이라는 촉음이 된다.

단어 在学(ざいがく) 재학 | 質素(しっそ)だ 검소하다 | 貯金(ちょきん) 저금 | 増(ふ)やす 늘리다 | 失踪(しっそう) 실종

2 아버지는 가족을 부양하기 위해서 매일 늦게까지 야근만 하고 있다.

해설 養うは 3 やしなう라고 훈독으로 읽는다.
단어 養(やしな)う 기르다, 양육하다, 부양하다 | 残業(ざんぎょう) 야근, 잔업 | 伴(ともな)う 동반하다 | 覆(おお)う 덮다, 씌우다 | 担(にな)う 짊어지다, 떠맡다

3 그는 감량하기 위해서 매일 운동하도록 하고 있다.

해설 減量은 1 げんりょう라고 음독으로 읽는다.
단어 減量(げんりょう) 감량 | 変量(へんりょう) 변량 | 源流(げんりゅう) 원류 | 見料(けんりょう) 관람료 | 検量(けんりょう) 검량 | 賢良(けんりょう) 현량

4 친구는 다음에야말로는 시험에 합격하려고 매일 필사적으로 공부하고 있다.

해설 必死는 2 ひっし라고 음독으로 읽는다. 必의 음독은 ひつ지만 必死는 ひっ이라는 촉음이 된다.
단어 ～こそ ~야말로 | 試験(しけん) 시험 | 合格(ごうかく) 합격 | 必死(ひっし)だ 필사적이다 | 羊(ひつじ) 양

5 뉴스에서 날카로운 칼을 가진 범인이 도망치고 있다고 말하고 있었다.

해설 鋭いは 4 するどい라고 훈독으로 읽는다.
단어 鋭(するど)い 날카롭다 | 犯人(はんにん) 범인 | 逃(に)げる 도망치다 | 荒(あら)い 거칠다, 난폭하다 | 鈍(にぶ)い 둔하다, 굼뜨다 | 賢(かしこ)い 현명하다

한자읽기 핵심단어 실전 연습 문제② 160p

1 ② 2 ① 3 ④ 4 ② 5 ③

문제 _____의 말의 읽는 법으로서 가장 알맞은 것을, 1・2・3・4 에서 하나 고르세요.

1 어렸을 적에는 자주 여름방학을 이용해서 시골 조부모님의 집에 놀러 갔었다.

해설 幼いは 2 おさない라고 훈독으로 읽는다.
단어 幼(おさな)い 어리다 | 頃(ころ) 쯤 | 夏休(なつやす)み 여름방학 | 田舎(いなか) 시골 | 祖父母(そふぼ) 조부모 | 危(あや)うい 위태롭다 | 憎(にく)い 밉다 | 偉(えら)い 훌륭하다, 대단하다

2 교토에서 마신 말차는 매우 농후한 맛으로 지금도 잊을 수 없다.

해설 濃厚는 1 のうこう라고 음독으로 읽고 な형용사 어간이다.

단어 京都(きょうと) 교토(일본 지명) | 抹茶(まっちゃ) 말차, 가루녹차 | 濃厚(のうこう)だ 농후하다 | 脳圧(のうあつ) 뇌압 | 高圧(こうあつ) 고압

3 그녀는 외국인인 나를 목적 장소로 안내해 주었다.

해설 導いては 4 みちびいて라고 훈독으로 읽고 동사 て형이다.
단어 目的(もくてき) 목적 | 導(みちび)く 안내하다, 인도하다 | 囁(ささや)く 속삭이다 | 傾(かたむ)く 기울다 | 招(まね)く 초대하다, 초래하다

4 신상 상품은 기세 좋게 팔려 버려서 생산이 따라잡지 못한다.

해설 勢いは 2 いきおい라고 훈독으로 읽는다.
단어 新作(しんさく) 신작, 신상 | 商品(しょうひん) 상품 | 勢(いきお)い 기세 | 生産(せいさん) 생산 | 追(お)いつく 따라잡다, 따라붙다 | 戦(たたか)い 싸움 | 扱(あつか)い 취급 | 従(したが)う 따르다

5 오늘은 파도가 거칠기 때문에 수영하는 것은 그만두는 게 좋겠죠.

해설 荒いは 3 あらい라고 훈독으로 읽는다.
단어 波(なみ) 파도 | 荒(あら)い 거칠다, 난폭하다 | 硬(かた)い 딱딱하다 | 固(かた)い 단단하다 | 堅(かた)い 단단하다 | 怖(こわ)い 무섭다 | 惜(お)しい 아깝다, 아쉽다

한자읽기 핵심단어 실전 연습 문제③ 161p

1 ③ 2 ② 3 ① 4 ④ 5 ②

문제 _____의 말의 읽는 법으로서 가장 알맞은 것을, 1・2・3・4 에서 하나 고르세요.

1 문화 차이가 상호 이해의 장애가 되는 경우가 자주 있다.

해설 相互는 3 そうご라고 음독으로 읽는다.
단어 違(ちが)い 차이 | 相互理解(そうごりかい) 상호 이해 | 障害(しょうがい) 장애 | 総合(そうごう) 종합 | 倉庫(そうこ) 창고 | 走行(そうこう) 주행

2 근래의 급격한 인터넷 보급에 의해 우리들의 생활은 크게 변했다.

해설 普及는 2 ふきゅう라고 음독으로 읽는다.
단어 近年(きんねん) 근년, 근래 | 急激(きゅうげき)だ 급격하다 | 普及(ふきゅう) 보급 | 復旧(ふっきゅう) 복구

3 저는 건강관리를 위해 매년 1회 건강진단을 받고 있습니다.

해설 　診断은 **1 しんだん**이라고 음독으로 읽는다.
단어 　健康管理(けんこうかんり) 건강관리 | 毎年(まいとし) 매년 | 健康診断(けんこうしんだん) 건강진단(건강검진) | 集団(しゅうだん) 집단 | 銃弾(じゅうだん) 총탄, 탄환 | 縦断(じゅうだん) 종단

4 일주일간의 유급 휴가를 취득해서 유럽 여행을 즐기고 왔다.

해설 　取得는 **4 しゅとく**라고 음독으로 읽는다.
단어 　有給休暇(ゆうきゅうきゅうか) 유급 휴가 | 取得(しゅとく) 취득 | 旅行(りょこう) 여행 | 習得(しゅうとく) 습득

5 아이의 등교 거부에 고민하는 가정이 늘고 있다.

해설 　拒否는 **2 きょひ**라고 음독으로 읽는다.
단어 　登校拒否(とうこうきょひ) 등교 거부 | 悩(なや)む 고민하다 | 家庭(かてい) 가정 | 虚位(きょい) 허위, 실권이 없는 자리

한자읽기 핵심단어 실전 연습 문제④　162p

1 ③　　2 ②　　3 ②　　4 ④　　5 ①

문제1 　_____의 말의 읽는 법으로서 가장 알맞은 것을, 1・2・3・4에서 하나 고르세요.

1 깊게까지 잠수할 수 있도록 다이빙 면허를 땄다.

해설 　潜れる는 **3 もぐれる**라고 훈독으로 읽고 동사 가능형이다.
단어 　潜(もぐ)る 잠수하다, 잠입하다 | ダイビング 다이빙 | 免許(めんきょ) 면허 | 溢(あふ)れる 넘치다 | 外(はず)れる 빠지다, 벗어나다 | 隠(かく)れる 숨다

2 교수의 어드바이스를 참고로 해서 지망 이유를 적어보기로 했다.

해설 　志望는 **2 しぼう**라고 음독으로 읽는다.
단어 　教授(きょうじゅ) 교수 | アドバイス 어드바이스, 조언 | 参考(さんこう) 참고 | 志望理由(しぼうりゆう) 지망 이유 | 刺毛(しもう) 자모, 가시털 | 自暴(じぼう) 자포 | 自毛(じもう) 자모

3 논문을 작성하기 위해서 두툼한 책을 몇 권이나 읽고 있었다.

해설 　分厚い는 **2 ぶあつい**라고 음독+훈독으로 읽는다.
단어 　論文(ろんぶん) 논문 | 作成(さくせい) 작성 | 分厚(ぶあつ)い 두껍다, 두툼하다 | ～冊(さつ) ~권

4 저 레스토랑은 다채로운 요리를 제공하는 것으로 잡지에 소개되었다.

해설 　多彩는 **4 たさい**라고 음독으로 읽고 な형용사의 어간이다.
단어 　雑誌(ざっし) 잡지 | 多彩(たさい)だ 다채롭다 | 提供(ていきょう) 제공 | 多罪(たざい) 죄가 많음 | 他姓(たせい) 남의 성 | 大祭(たいさい) 대제

5 혼자 사는 여성을 노린 범죄가 최근 잇따라 발생하고 있다.

해설 　狙った는 **1 ねらった**라고 훈독으로 읽고 동사 과거형이다.
단어 　一人(ひとり)暮(ぐ)らし 혼자 삶, 자취 생활 | 女性(じょせい) 여성 | 狙(ねら)う 겨누다, 노리다 | 犯罪(はんざい) 범죄 | 相次(あいつ)いで 연달아, 잇따라 | 発生(はっせい) 발생 | 殴(なぐ)る 때리다 | 狂(くる)う 미치다 | 溜(た)まる (한 곳에) 모이다, 쌓이다 | 貯(た)まる (재산이) 모이다

한자읽기 핵심단어 실전 연습 문제⑤　163p

1 ④　　2 ①　　3 ③　　4 ②　　5 ②

문제1 　_____의 말의 읽는 법으로서 가장 알맞은 것을, 1・2・3・4에서 하나 고르세요.

1 웃는 얼굴은 전염되어 사람에게 좋은 영향을 준다.

해설 　伝染은 **4 でんせん**이라고 음독으로 읽는다.
단어 　笑顔(えがお) 웃는 얼굴 | 伝染(でんせん) 전염 | 影響(えいきょう) 영향 | 与(あた)える 주다 | 点線(てんせん) 점선 | 電飾(でんしょく) 전식, 전구를 이용한 장식 | 天職(てんしょく) 천직 | 転職(てんしょく) 이직

2 사업 호조이기 때문에 공장을 확충하지 않으면 안 된다.

해설 　拡充는 **1 かくじゅう**라고 음독으로 읽는다.
단어 　事業(じぎょう) 사업 | 好調(こうちょう) 호조 | 工場(こうじょう) 공장 | 拡充(かくじゅう) 확충 | 口授(こうじゅ) 구수, 말로써 가르쳐 줌

3 봄의 쾌활한 날씨에 끌려서 나비가 날고 있다.

해설 　陽気는 **3 ようき**라고 음독으로 읽고 な형용사의 어간이다.
단어 　陽気(ようき)だ 쾌활하다 | 誘(さそ)う 권하다, 꾀다 | チョウ 나비 | 飛(と)ぶ 날다 | 容疑(ようぎ) 용의

| 4 | 행동하는 데 있어서 <u>신중함</u>은 필요하지만, 때로는 대담함도 필요할 때가 있다. |

해설　慎重는 **2 しんちょう**라고 음독으로 읽는다. 重는 じゅう라는 음독도 있지만, 慎重는 ちょう로 읽어야 한다.

단어　行動(こうどう) 행동 | ～上(うえ)で ~하는 데 있어서, ~한 후에 | 慎重(しんちょう)さ 신중함 | 大胆(だいたん)だ 대담하다 | 心中(しんじゅう) 동반 자살함

| 5 | 세계적인 기온 <u>상승</u> 때문에 혹독한 여름이 될 것 같다. |

해설　上昇는 **2 じょうしょう**라고 음독으로 읽는다. 上는 しょう라는 음독도 있지만, 上昇는 じょう로 읽어야 한다.

단어　気温(きおん) 기온 | 上昇(じょうしょう) 상승 | 厳(きび)しい 엄격하다, 혹독하다 | 夏(なつ) 여름 | 症状(しょうじょう) 증상 | 少々(しょうしょう) 조금, 잠시만 | 上書(じょうしょ) 상서 | 浄書(じょうしょ) 정서 | 条書(じょうしょ) 한 조목씩 쓴 문서

표기

표기 핵심단어 기본 다지기　　164p

| 1 ① | 2 ② | 3 ② | 4 ① | 5 ② |
| 6 ① | 7 ② | 8 ② | 9 ① | 10 ② |

| 1 | 애매하다 |

해설　あいまいだ는 **1 曖昧だ**라고 표기한다.

| 2 | 현저하다, 두드러지다 |

해설　いちじるしい는 **2 著しい**라고 표기한다.

| 3 | 의사 |

해설　いしは **2 医師**라고 표기한다.

| 4 | 유산 |

해설　いさん은 **1 遺産**이라고 표기한다.

| 5 | 빼앗다 |

해설　うばう는 **2 奪う**라고 표기한다.

| 6 | 겸허하다 |

해설　けんきょだ는 **1 謙虚だ**라고 표기한다.

| 7 | 억누르다 |

해설　おさえる는 **2 抑える**라고 표기한다. 1번은 迎(むか)える 마중하다, 맞이하다라는 단어이다.

| 8 | 일시불 |

해설　いっかつばらい는 **2 一括払い**라고 표기한다.

| 9 | 온화하다 |

해설　おだやかだ는 **1 穏やかだ**라고 표기한다.

| 10 | 간격 |

해설　かんかく는 **2 間隔**이라고 표기한다.

표기 핵심단어 실전 연습 문제①　　165p

| 1 ④ | 2 ② | 3 ③ | 4 ② | 5 ① |

문제2　_____의 말을 한자로 쓸 때, 가장 알맞은 것을 1・2・3・4에서 하나 고르세요.

| 1 | 텔레비전에서 가난한 사람을 <u>구하기</u> 위해서 모금을 호소하고 있었다. |

해설　すくう는 **4 救う**라고 표기한다. 2, 3번은 없는 단어이다.

단어　貧(まず)しい 가난하다 | 救(すく)う 구하다, 구원하다 | 募金(ぼきん) 모금 | 呼(よ)びかける 호소하다 | 競(きそ)う 경쟁하다, 겨루다

| 2 | 나는 옛날의 <u>지폐</u>를 모으는 것에 열중하고 있다. |

해설　おさつ는 **2 お札**라고 표기한다.

단어　昔(むかし) 옛날 | お札(さつ) 지폐 | 集(あつ)める 모으다 | 夢中(むちゅう)だ 열중하다 | お皿(さら) 그릇 | お礼(れい) 사례 | ～冊(さつ) ~권(책을 세는 단위)

| 3 | 저 유명인은 매년 병든 아이들을 위해서 다액의 <u>기부</u>를 하고 있다. |

해설　きふ는 **3 寄付**라고 표기한다. 1, 2, 4번은 없는 단어이다.

단어　有名人(ゆうめいじん) 유명인 | 毎年(まいとし) 매년 | 病気(びょうき) 병 | 多額(たがく) 다액 | 寄付(きふ) 기부

| 4 | 이 리포트는 너무 길기 때문에 불필요한 부분을 <u>생략</u>할 필요가 있다. |

해설　はぶく는 **2 省く**라고 표기한다. 3번은 없는 단어이다.

단어　レポート 리포트 | 長(なが)い 길다 | ～すぎる 너무 ~하다 | 不要

(ふよう)だ 불필요하다 | 部分(ぶぶん) 부분 | 省(はぶ)く 생략하다, 줄이다 | 必要(ひつよう) 필요 | 抜(ぬ)く 빼다 | 除(のぞ)く 제거하다

5 쌓인 잡지는 끈으로 묶고 나서 버리지 않으면 안 된다.

해설 たばねては **1 束ねて**라고 표기하고 동사 て형이다. 2번은 없는 단어이다.

단어 溜(た)まる (한 곳에) 모이다, 쌓이다 | 雑誌(ざっし) 잡지 | 束(たば)ねる 묶다, 동솔하다 | 捨(す)てる 버리다 | 訪(たず)ねる 방문하다 | 重(かさ)ねる 포개다

표기 핵심단어 실전 연습 문제② 166p

1 ①　**2** ②　**3** ②　**4** ④　**5** ②

문제2 _____의 말을 한자로 쓸 때, 가장 알맞은 것을 1·2·3·4에서 하나 고르세요.

1 이 동네는 사회복지가 충실해있기 때문에 살기 좋은 동네다.

해설 ふくしは **1 福祉**라고 표기한다. 2, 3, 4번은 없는 단어이다.

단어 町(まち) 동네 | 社会福祉(しゃかいふくし) 사회복지 | 充実(じゅうじつ) 충실

2 친구를 초대하여 집에서 파티를 열었다.

해설 まねいては **2 招いて**라고 표기하고 동사 て형이다.

단어 友人(ゆうじん) 친구 | 招(まね)く 초대하다, 초래하다 | 抱(いだ)く (마음속에) 품다 | 築(きず)く 쌓아 올리다 | 湧(わ)く 솟아나다

3 이 정보는 상대방에게 유리한 정보다.

해설 ゆうりは **2 有利**라고 표기하고 な형용사의 명사 수식형이다. 1, 3, 4번은 없는 단어이다.

단어 情報(じょうほう) 정보 | 有利(ゆうり)だ 유리하다

4 센 불로 고기를 구웠더니 고기가 타서 먹을 수 없었다.

해설 こげては **4 焦げて**라고 표기하고 동사 て형이다. 3번은 없는 단어이다.

단어 強火(つよび) 센 불 | 焼(や)く 굽다 | 焦(こ)げる 타다, 눋다 | 挙(あ)げる 들다, 거행하다 | 逃(に)げる 도망치다

5 그는 예의 바르게 매일 인사를 해준다.

해설 れいぎは **2 礼儀**라고 표기한다. 1, 3, 4번은 없는 단어이다.

단어 礼儀正(れいぎただ)しい 예의 바르다

표기 핵심단어 실전 연습 문제③ 167p

1 ②　**2** ③　**3** ④　**4** ②　**5** ④

문제2 _____의 말을 한자로 쓸 때, 가장 알맞은 것을 1·2·3·4에서 하나 고르세요.

1 그 곡을 들으면 옛날의 그리운 기억이 떠오른다.

해설 なつかしいは **2 懐かしい**라고 표기한다. 1, 3, 4번은 없는 단어이다.

단어 曲(きょく) 곡 | 懐(なつ)かしい 그립다 | 記憶(きおく) 기억

2 그는 경비 회사에 근무하고 벌써 10년의 베테랑이다.

해설 けいびは **3 警備**라고 표기한다. 1, 2, 4번은 없는 단어이다.

단어 警備(けいび) 경비 | 勤(つと)める 근무하다 | ベテラン 베테랑, 숙련자

3 우리 집 근처의 슈퍼마켓은 공휴일을 빼고 매일 영업하고 있다.

해설 のぞいては **4 除いて**라고 표기하고 동사 て형이다. 1, 2, 3번은 없는 단어이다.

단어 祝日(しゅくじつ) 축일, 공휴일 | 除(のぞ)く 제거하다, 빼다

4 보고서를 정정하면 오늘 중에 부장님께 송부해 주세요.

해설 ていせいは **2 訂正**라고 표기한다. 1, 3, 4번은 없는 단어이다.

단어 報告書(ほうこくしょ) 보고서 | 訂正(ていせい) 정정 | 送付(そうふ) 송부

5 축구 시합 중에 굴러서 팔을 골절 해 버렸다.

해설 うでは **4 腕**라고 표기한다.

단어 腕(うで) 팔 | 骨折(こっせつ) 골절 | 肺(はい) 폐 | 胸(むね) 가슴 | 腰(こし) 허리

표기 핵심단어 실전 연습 문제④ 168p

1 ①　**2** ②　**3** ④　**4** ①　**5** ③

문제2 _____의 말을 한자로 쓸 때, 가장 알맞은 것을 1·2·3·4에서 하나 고르세요.

1 여기는 아주 있기에 편한 살기 좋은 동네다.

해설 いごこちは **1 居心地**라고 표기한다. 2, 3번은 없는 단어이다.
단어 居心地(いごこち) 어떤 자리의 느낌 | 居心地(いごこち)の良(よ)い (있기에) 편하다 | 居住地(きょじゅうち) 거주지

2 알레르기라서 봄이 되면 콧물 등의 증상이 나온다.

해설 しょうじょうは **2 症状**라고 표기한다. 1, 3번은 없는 단어이다.
단어 アレルギー 알레르기 | 鼻水(はなみず) 콧물 | 症状(しょうじょう) 증상 | 賞状(しょうじょう) 상장

3 평범한 매일을 밝게 지내기 위해서 매일 꽃을 사고 있다.

해설 へいぼんは **4 平凡**이라고 표기한다. 1, 2, 3번은 없는 단어이다.
단어 平凡(へいぼん)だ 평범하다 | 過(す)ごす 지내다

4 나무 열매를 주우러 근처의 넓은 공원에 갔다.

해설 みは **1 実**라고 표기한다.
단어 実(み) 열매 | 拾(ひろ)う 줍다 | 公園(こうえん) 공원 | 美(び) 미, 아름다움 | 未(み)~ 미~ | 森(もり) 숲

5 저 강의 끝부터 끝까지 어느 정도 거리가 있는 걸까.

해설 はしは **3 端**라고 표기한다.
단어 端(はし) 끝, 가장자리 | 距離(きょり) 거리 | ~走(そう) ~주(달리기) | 瑞(ずい) 서조, 길조 | 橋(はし) 다리

표기 핵심단어 실전 연습 문제⑤　　169p

| 1 ③ | 2 ② | 3 ④ | 4 ② | 5 ① |

문제2 _____의 말을 한자로 쓸 때, 가장 알맞은 것을 1·2·3·4에서 하나 고르세요.

1 리포트 제출 기일이 다가오고 있는데, 아직 쓰기 시작하지도 않았다.

해설 せまっては **3 迫って**라고 표기하고 동사 て형이다. 1번은 없는 단어이다.
단어 提出期日(ていしゅつきじつ) 제출 기일 | 迫(せま)る 다가오다,

육박하다 | 巡(めぐ)る 돌다, 순회하다 | 追(お)う 쫓다

2 그와는 패션 계통이 닮아있기 때문에 데이트 때는 자주 같이 쇼핑하러 간다.

해설 けいとうは **2 系統**라고 표기한다. 1, 3, 4번은 없는 단어이다.
단어 ファッション 패션 | 系統(けいとう) 계통 | 似(に)る 닮다

3 발표에서는 요점을 정리해서 간결하게 전하는 것이 중요하다.

해설 かんけつは **4 簡潔**라고 표기한다. 1, 2번은 없는 단어이다.
단어 プレゼン 프레젠테이션, 발표(プレゼンテーション의 줄임말) | 要点(ようてん) 요점 | まとめる 하나로 모으다, 정리하다 | 簡潔(かんけつ)に 간결하게 | 伝(つた)える 전(달)하다 | 完結(かんけつ) 완결

4 얼 것 같은 차가운 바람이 매일 밤 불어서 감기에 걸릴 것 같다.

해설 こおるは **2 凍る**라고 표기한다. 1, 3, 4번은 없는 단어이다.
단어 凍(こお)る 얼다, 얼어붙다 | 冷(つめ)たい 차갑다 | 吹(ふ)く 불다 | 風邪(かぜ)を引(ひ)く 감기에 걸리다

5 자세한 내용에 대해서는 내일 회의에서 보다 더 논의하게 되었다.

해설 しょうさいは **1 詳細**라고 표기한다. 2, 3, 4번은 없는 단어이다.
단어 詳細(しょうさい) 상세, 자세한 내용 | 会議(かいぎ) 회의 | さらに 더욱이, 게다가 | 議論(ぎろん) 의논, 논의

단어형성

단어형성 핵심단어 기본 다지기　　170p

| 1 ② | 2 ② | 3 ② | 4 ① | 5 ① |

1 그녀는 항상 늦게까지 연습을 하고 있고, 정말 노력(가)이다.

1 ~인　　　　　　　　　　2 ~가

해설 선택지는 모두 접미어이다. 문맥상 가장 자연스러운 것은 **2 家**이다.
단어 練習(れんしゅう) 연습 | 努力家(どりょくか) 노력가 | ~家(か) ~가 | ~人(じん) ~인

2 사람이 갑자기 나와서 (급) 브레이크를 밟았다.

1 속　　　　　　　　　　　2 급~

해설 문맥상 가장 자연스러운 것은 **2 急**이다.

단어 いきなり 갑자기 | 出(で)てくる 나오다 | 急(きゅう)ブレーキ 급브레이크 | 急(きゅう)~ 급~

3 안내 (소)에서 길을 묻다.

1 ~장　　　　　　　　　**2 ~소(장소)**
3 ~님　　　　　　　　　4 ~형

해설 선택지는 모두 접미어이다. 문맥상 가장 자연스러운 것은 **2 所**이다.
단어 案内所(あんないじょ) 안내소 | 尋(たず)ねる 묻다, 찾다 | ~場(じょう) ~장 | ~所(じょ) ~소(장소)

4 결혼을 한다면 가치 (관)이 비슷한 사람이 좋을 것이다.

1 ~관　　　　　　　　2 ~감
3 ~님　　　　　　　　　4 ~형

해설 선택지는 모두 접미어이다. 문맥상 가장 자연스러운 것은 **1 観**이다.
단어 結婚(けっこん) 결혼 | 価値観(かちかん) 가치관 | 似(に)る 닮다 | ~観(かん) ~관 | ~感(かん) ~감

5 이 세상에는 (미)해결의 사건이 많이 있다.

1 미~　　　　　　　　2 부, 비

해설 문맥상 가장 자연스러운 것은 **1 未**이다.
단어 世(よ)の中(なか) 세상 | 未解決(みかいけつ) 미해결 | 事件(じけん) 사건 | 未(み)~ 미~

단어형성 핵심단어 실전 연습 문제① 171p

| 1 ③ | 2 ① | 3 ② | 4 ④ | 5 ② |

문제3 (　　)에 넣기에 가장 알맞은 것을, 1·2·3·4에서 하나 고르세요.

1 갑자기 일을 그만두다니 (무)책임하다.

1 비~　　　　　　　　2 부, 불~
3 무~　　　　　　　　4 부

해설 1, 2, 3번은 접두어이다. 문맥상 가장 자연스러운 것은 **3 無**이다.
단어 突然(とつぜん) 돌연, 갑자기 | 辞(や)める 그만두다 | 無責任(むせきにん)だ 무책임하다 | 非(ひ)~ 비~ | 不(ふ・ぶ)~ 부, 불~ | 無(ぶ・む)~ 무~

2 이번 선거의 투표 (율)은 과거 최저를 기록했다.

1 ~률, 율　　　　　　　2 ~회
3 졸　　　　　　　　　4 ~차

해설 1, 2, 4번은 접미어이다. 문맥상 가장 자연스러운 것은 **1 率**이다.
단어 選挙(せんきょ) 선거 | 投票率(とうひょうりつ) 투표율 | 過去(かこ) 과거 | 最低(さいてい) 최저, 최하 | 記録(きろく) 기록 | ~率(りつ) ~률, 율 | ~回(かい) ~회 | ~差(さ) ~차

3 타코야키를 잘 굽는 방법은 예쁜 공 (모양)으로 만드는 것이다.

1 ~형　　　　　　　　　**2 ~장, 상태, 모양**
3 ~님　　　　　　　　　4 ~형

해설 선택지는 모두 접미어이다. 문맥상 가장 자연스러운 것은 **2 状**이다.
단어 たこ焼(や)き 타코야키(일본식 문어 빵) | 方法(ほうほう) 방법 | 綺麗(きれい)だ 예쁘다, 깨끗하다 | ボール状(じょう) 공 모양, 둥근 모양 | ~形(けい) ~형 | ~状(じょう) ~장, 상태, 모양 | ~様(さま) ~님 | ~型(がた) ~형

4 푸르던 바나나가 부드러워져서 먹기 (적당한 때)가 되었다.

1 ~시　　　　　　　　　2 ~위
3 ~기　　　　　　　　　**4 ~할 때, 무렵**

해설 선택지는 모두 접미어이다. 문맥상 가장 자연스러운 것은 **4 頃**이다.
단어 青(あお)い 푸르다 | バナナ 바나나 | 軟(やわ)らかい 부드럽다 | 食(た)べ頃(ごろ) 먹기 적당한 때 | ~時(じ) ~시 | ~位(い) ~위 | ~期(き) ~기 | ~頃(ころ) ~할 때, 무렵

5 여름방학은 하와이의 회원 (제)의 리조트호텔에 숙박 예정이다.

1 ~제　　　　　　　　　**2 ~제**
3 ~성　　　　　　　　　4 ~제

해설 선택지는 모두 접미어이다. 문맥상 가장 자연스러운 것은 **2 制**이다.
단어 ハワイ 하와이 | 会員制(かいいんせい) 회원제 | リゾートホテル 리조트호텔 | 宿泊(しゅくはく) 숙박 | ~剤(ざい) ~제 | ~制(せい) ~제 | ~性(せい) ~성 | ~製(せい) ~제

단어형성 핵심단어 실전 연습 문제② 172p

| 1 ② | 2 ① | 3 ③ | 4 ② | 5 ④ |

문제3 (　　)에 넣기에 가장 알맞은 것을, 1·2·3·4에서 하나 고르세요.

1 상품의 교환이나 반품에 대응할 수 있는 것은 (미)사용의 것뿐이다.

1 비~　　　　　　　　　**2 미~**
3 가(임시)~　　　　　　4 초~

해설 선택지는 모두 접두어이다. 문맥상 가장 자연스러운 것은 **2 未**이다.
단어 商品(しょうひん) 상품 | 交換(こうかん) 교환 | 返品(へんぴん) 반품 | 対応(たいおう) 대응 | 未使用(みしよう) 미사용 | 非(ひ)

~비~ | 未(み)~ 미~ | ~仮(かり)~ 가(임시)~ | 初(しょ)~ 초~

2 대형 연휴라고 하는 것도 있어서 그 시설은 부모와 자식 (동반) 으로 붐볐다.

1 ~동반   2 ~포함
3 ~포함   4 ~있음

해설 선택지는 모두 접미어이다. 문맥상 가장 자연스러운 것은 **1 連れ**이다.
단어 大型連休(おおがたれんきゅう) 대형 연휴 | 施設(しせつ) 시설 | 親子連(おやこづ)れ 부모와 자식 동반 | 混(こ)む 붐비다 | ~連(づ)れ ~동반 | ~付(つ)き ~포함 | ~込(こ)み ~포함 | ~有(あ)り ~있음

3 이 지역은 폭우로 통행금지가 될 위험 (성) 이 높다.

1 ~감   2 ~심
3 ~성   4 ~률, 율

해설 선택지는 모두 접미어이다. 문맥상 가장 자연스러운 것은 **3 性**이다.
단어 地域(ちいき) 지역 | 通行止(つうこうど)め 통행금지 | 危険性(きけんせい) 위험성 | ~感(かん) ~감 | ~心(しん) ~심 | ~性(せい) ~성 | ~率(りつ) ~률, 율

4 몸을 만드는 (주) 성분이라고 불리는 것이 단백질이다.

1 대~   **2 주~**
3 반~   4 다~

해설 선택지는 모두 접두어이다. 문맥상 가장 자연스러운 것은 **2 主**이다.
단어 主成分(しゅせいぶん) 주성분 | タンパク質(しつ) 단백질 | 大(だい)~ 대~ | 主(しゅ)~ 주~ | 半(はん)~ 반~ | 多(た)~ 다~

5 다음 달부터는 (현) 사장의 아들이 새 사장으로 취임한다고 한다.

1 진(진짜, 정말)~   2 명~
3 금(이번)~   **4 현~**

해설 선택지는 모두 접두어이다. 문맥상 가장 자연스러운 것은 **4 現**이다.
단어 現社長(げんしゃちょう) 현 사장 | 息子(むすこ) 아들 | 就任(しゅうにん) 취임 | 真(ま)~ 진(진짜, 정말)~ | 名(めい)~ 명~ | 今(こん)~ 금(이번)~ | 現(げん)~ 현~

단어형성 핵심단어 실전 연습 문제③   173p

1 ④   2 ①   3 ②   4 ①   5 ③

문제3 (   )에 넣기에 가장 알맞은 것을, 1·2·3·4에서 하나 고르세요.

---

1 (현) 단계에서는 사건의 자세한 내용은 모르고 있습니다.

1 금(이번)~   2 전~
3 원   **4 현~**

해설 1, 2, 4번은 접두어이다. 문맥상 가장 자연스러운 것은 **4 現**이다.
단어 現段階(げんだんかい) 현 단계 | 事件(じけん) 사건 | 詳細(しょうさい) 상세, 자세한 내용 | 今(こん)~ 금(이번)~ | 元(もと)~ 전~ | 現(げん)~ 현~

2 시대의 변화나 성별에 따른 결혼 (관) 의 차이는 부정할 수 없다.

1 ~관   2 ~감
3 시   4 감

해설 1, 2번은 접미어이다. 문맥상 가장 자연스러운 것은 **1 観**이다.
단어 変化(へんか) 변화 | 性別(せいべつ) 성별 | 結婚観(けっこんかん) 결혼관 | 違(ちが)い 차이 | 否定(ひてい) 부정 | ~観(かん) ~관 | ~感(かん) ~감

3 금년도의 (총) 매출은 작년도의 3할을 웃돌아 호조다.

1 합   **2 총~**
3 전~   4 통

해설 2, 3번은 접두어이다. 문맥상 가장 자연스러운 것은 **2 総**이다.
단어 今年度(こんねんど) 금년도 | 総売上(そううりあげ) 총 매상, 총 매출 | 昨年度(さくねんど) 작년도 | 上回(うわまわ)る 웃돌다 | 好調(こうちょう) 호조 | 総(そう)~ 총~ | 全(ぜん)~ 전~

4 결혼 축하의 하나로서 식기 (류) 세트를 갖추었다.

1 ~류   2 ~종
3 ~집   4 ~파

해설 선택지는 모두 접미어이다. 문맥상 가장 자연스러운 것은 **1 類**이다.
단어 結婚祝(けっこんいわ)い 결혼 축하 | 食器類(しょっきるい) 식기류 | 揃(そろ)える 갖추다 | ~類(るい) ~류 | ~種(しゅ) ~종 | ~集(しゅう) ~집 | ~派(は) ~파

5 수험생이기 때문에 지망 학교에 합격하기 위해 공부 (에 열중하) 는 매일을 보내고 있다.

1 한창 ~때   2 ~무제한
3 ~절임(열중함)   4 ~끝남

해설 선택지는 모두 접미어이다. 문맥상 가장 자연스러운 것은 **3 漬け**이다.
단어 受験生(じゅけんせい) 수험생 | 志望校(しぼうこう) 지망 학교 | 合格(ごうかく) 합격 | 勉強漬(べんきょうづ)け 공부에 열중함 | ~盛(ざか)り 한창 ~때 | ~放題(ほうだい) ~무제한 | ~漬(づ)け ~절임(열중함) | ~済(す)み ~끝남

단어형성 핵심단어 실전 연습 문제④   174p

1 ④   2 ③   3 ①   4 ②   5 ①

문제3 (   )에 넣기에 가장 알맞은 것을, 1·2·3·4에서 하나 고르세요.

1 회사원 (풍) 의 남성에게 역 앞에서 길을 질문받았다.
1 ~식   2 ~계
3 ~형   **4 ~풍**

해설 선택지는 모두 접미어이다. 문맥상 가장 자연스러운 것은 **4 風**이다.
단어 会社員風(かいしゃいんふう) 회사원풍 | 男性(だんせい) 남성 | 駅前(えきまえ) 역 앞 | 〜式(しき) ~식 | 〜界(かい) ~계 | 〜型(がた) ~형 | 〜風(ふう) ~풍

2 편의점에서의 복사 (비용) 은 나중에 회사에 청구하기로 한다.
1 ~비   2 ~료
3 ~대, 비용   4 ~임금, 요금

해설 선택지는 모두 접미어이다. 문맥상 가장 자연스러운 것은 **3 代**이다.
단어 コピー代(だい) 복사 비용 | 請求(せいきゅう) 청구 | 〜費(ひ) ~비 | 〜料(りょう) ~료 | 〜代(だい) ~대, 비용 | 〜賃(ちん) ~임금, 요금

3 이 노선 (변) 에는 대학이 많기 때문에 학생이 많이 살고 있다.
1 ~가, 변   2 ~전반
3 ~기운   4 ~기간이 끝남

해설 선택지는 모두 접미어이다. 문맥상 가장 자연스러운 것은 **1 沿い**이다.
단어 路線沿(ろせんぞ)い 전철 노선변 | 〜沿(そ・ぞ)い ~가, 변 | 〜全般(ぜんぱん) ~전반 | 〜気味(ぎみ) ~기운 | 〜明(あ)け 기간이 끝남

4 취직하고 싶다고 생각하고 있었던 회사로부터 (가) 채용 통지가 왔다.
1 임   **2 가(임시)~**
3 시   4 부~

해설 2, 4번은 접두어이다. 문맥상 가장 자연스러운 것은 **2 仮**이다.
단어 就職(しゅうしょく) 취직 | 仮採用(かりさいよう) 가채용 | 通知(つうち) 통지 | 仮(かり)〜 가(임시)~ | 副(ふく)〜 부~

5 응원 (단) 의 춤은 선수들에게 있어서 큰 힘이 되었다.
1 ~단   2 ~사
3 ~가게   4 ~원

해설 선택지는 모두 접미어이다. 문맥상 가장 자연스러운 것은 **1 団**이다.
단어 応援団(おうえんだん) 응원단 | 踊(おど)り 춤, 무용 | 選手(せんしゅ) 선수 | 〜にとって ~에(게) 있어서 | 大(おお)きな 큰 | 〜団(だん) ~단 | 〜師(し) ~사 | 〜屋(や) ~가게 | 〜員(いん) ~원

단어형성 핵심단어 실전 연습 문제⑤   175p

1 ①   2 ④   3 ③   4 ③   5 ②

문제3 (   )에 넣기에 가장 알맞은 것을, 1·2·3·4에서 하나 고르세요.

1 자신이 있는 문제였는데, (부) 정답이었다.
1 부, 불~   2 위
3 오   4 비~

해설 1번은 접두어이고 4번은 접미어이다. 문맥상 가장 자연스러운 것은 **1 不**이다.
단어 自信(じしん) 자신 | 不正解(ふせいかい) 부정답, 오답 | 不(ふ・ぶ)〜 부, 불~ | 非(ひ)〜 비~

2 사장이 바뀌고, 경영 방침도 (전) 사장과는 크게 달라진 것 같다.
1 구~   2 현~
3 옛날   **4 전~**

해설 1, 2, 4번은 접두어이다. 문맥상 가장 자연스러운 것은 **4 前**이다.
단어 経営方針(けいえいほうしん) 경영 방침 | 前社長(ぜんしゃちょう) 전 사장 | 旧(きゅう)〜 구~ | 現(げん)〜 현~ | 昔(むかし) 옛날 | 前(ぜん)〜 전~

3 저 사람의 생각은 항상 현실과 (동떨어져) 있어서 참고가 되지 않는다.
1 흐름   2 피함
3 ~동떨어짐   4 도망

해설 3번은 접미어이다. 문맥상 가장 자연스러운 것은 **3 離れ**이다.
단어 現実離(げんじつばな)れ 현실과 동떨어짐 | 参考(さんこう) 참고 | 流(なが)れ 흐름 | 避(さ)け 피함 | 〜離(ばな)れ ~동떨어짐 | 逃(に)げ 도망

4 그 대학은 취직 (률) 이 매우 높은 것으로 유명하다.
1 ~량, 양   2 ~도
3 ~률, 율   4 ~력

해설 선택지는 모두 접미어이다. 문맥상 가장 자연스러운 것은 **3 率**이다.

단어 就職率(しゅうしょくりつ) 취직률 | ~量(りょう) ~량, 양 | ~度(ど) ~도 | ~率(りつ) ~률, 율 | ~力(りょく) ~력

5 이 근처는 주택 (가)이기 때문에 매우 조용하다.

1 ~서   **2 ~가**
3 ~소(장소)   4 ~장

해설 선택지는 모두 접미어이다. 문맥상 가장 자연스러운 것은 **2 街**이다.

단어 辺(あた)り 근처, 부근 | 住宅街(じゅうたくがい) 주택가 | ~署(しょ) ~서 | ~街(がい) ~가 | ~所(しょ・じょ) ~소(장소) | ~場(じょう) ~장

문맥규정

문맥규정 핵심단어 기본 다지기   176p

1 ①   2 ①   3 ②   4 ①   5 ②

1 월드컵의 (개막) 전은 프랑스 대 미국이라고 한다.

1 개막   2 개최

해설 선택지는 모두 명사이다. 문맥상 가장 자연스러운 것은 **1 開幕**이다. 2번은 문맥상 어색하다.

단어 ワールドカップ 월드컵 | 開幕戦(かいまくせん) 개막전 | フランス 프랑스 | アメリカ 미국 | 開催(かいさい) 개최

2 학창 시절에 열심히 한 일에 대한 (에피소드)를 가르쳐 주세요.

1 에피소드   2 클래식

해설 선택지는 모두 카타카나어이다. 문맥상 가장 자연스러운 것은 **1 エピソード**이다. 2번은 문맥상 어색하다.

단어 エピソード 에피소드 | クラシック 클래식

3 도시 개발에 대해서 (솔직한) 소감을 들려주세요.

1 소박한   **2 솔직한**

해설 선택지는 모두 な형용사의 명사 수식형이다. 문맥상 가장 자연스러운 것은 **2 率直な**이다. 1번은 문맥상 어색하다.

단어 都市(とし) 도시 | 開発(かいはつ) 개발 | 率直(そっちょく)だ 솔직하다 | 感想(かんそう) 감상, 소감 | 素朴(そぼく)だ 소박하다

4 텔레비전에서 (똑똑한) 개로서 소개되었다.

1 똑똑한   2 기분 좋은

해설 선택지는 모두 い형용사이다. 문맥상 가장 자연스러운 것은 **1 賢い**이다. 2번은 문맥상 어색하다.

단어 賢(かしこ)い 현명하다, 똑똑하다 | 紹介(しょうかい) 소개 | 快(こころよ)い 기분 좋다, 흔쾌하다

5 상대방의 의견에 동의하고 (끄덕이다).

1 뒤돌아보다   **2 끄덕이다**

해설 선택지는 모두 동사이다. 문맥상 가장 자연스러운 것은 **2 うなずく**이다. 1번은 문맥상 어색하다.

단어 意見(いけん) 의견 | 同意(どうい) 동의 | うなずく 수긍하다, 끄덕이다 | 振(ふ)り向(む)く 뒤돌아보다

문맥규정 핵심단어 실전 연습 문제①   177p

1 ③   2 ④   3 ②   4 ④   5 ②
6 ①   7 ③

문제4 ( )에 넣기에 가장 알맞은 것을, 1·2·3·4에서 하나 고르세요.

1 A사에서의 계약을 (해약)하고 B사의 싼 플랜으로 변경했다.

1 연장   2 유지
3 해약   4 해결

해설 선택지는 모두 명사이다. 문맥상 가장 자연스러운 것은 **3 解約**이다. 1, 2, 4번은 문맥상 어색하다.

단어 契約(けいやく) 계약 | 解約(かいやく) 해약 | 変更(へんこう) 변경 | 延長(えんちょう) 연장 | 維持(いじ) 유지 | 解決(かいけつ) 해결

2 그 요리는 이미 (상해) 있으니까 먹지 않는 편이 좋아요.

1 포함하고   2 도달해
3 뒤떨어져   **4 상해**

해설 선택지는 모두 동사 て형이다. 문맥상 가장 자연스러운 것은 **4 傷んで**이다. 1, 2, 3번은 문맥상 어색하다.

단어 傷(いた)む 상하다 | 含(ふく)む 포함하다 | 達(たっ)する 달하다, 도달하다 | 劣(おと)る 뒤떨어지다

3 그녀는 (수수하게) 보이지만, 실은 매우 활발하고 밝은 사람이다.

1 쓸데없게   **2 수수하게**
3 각별하게   4 화려하게

해설 선택지는 모두 부사이다. 문맥상 가장 자연스러운 것은 **2 地味に**이다. 1, 3, 4번은 문맥상 어색하다.

단어 地味(じみ)に 수수하게 | 活発(かっぱつ)だ 활발하다 | 余計(よけい)に 쓸데없게, 쓸데없이 | 格別(かくべつ)に 각별하게 | 派手(はで)に 화려하게

4	(떠들썩한) 음악을 들으면 머리가 아프기 때문에 클래식을 듣도록 하고 있다.
1 뻔뻔한	2 연약한
3 모른체하는	**4 떠들썩한**

해설 선택지는 모두 い형용사이다. 문맥상 가장 자연스러운 것은 **4 そうぞうしい**이다. 1, 2, 3번은 문맥상 어색하다.

단어 騒々(そうぞう)しい 떠들썩하다, 시끌시끌하다 | クラシック 클래식 | 図々(ずうずう)しい 뻔뻔하다 | 弱々(よわよわ)しい 연약하다 | 空々(そらぞら)しい 모른체하다, 속이 보이다

5	우리 집 현관에는 '(세일즈) 사절' 팻말이 걸려 있다.
1 압력, 압박	**2 세일즈**
3 플로어, 마루	4 리더

해설 선택지는 모두 카타카나어이다. 문맥상 가장 자연스러운 것은 **2 セールス**이다. 1, 3, 4번은 문맥상 어색하다.

단어 玄関(げんかん) 현관 | セールス 세일즈 | お断(ことわ)り 사절, 거절 | 札(ふだ) 팻말 | プレッシャー 압력, 압박 | フロア 플로어, 마루, (빌딩 등의) 층 | リーダー 리더

6	짐을 싣고 있는 트럭 앞에 (끼어들) 다니 위험해요.
1 끼어들	2 갈아타
3 뒤돌아보	4 들르

해설 선택지는 모두 동사이다. 문맥상 가장 자연스러운 것은 **1 割り込む**이다. 2, 3, 4번은 문맥상 어색하다.

단어 積(つ)む 쌓다, 싣다 | トラック 트럭 | 割(わ)り込(こ)む 끼어들다, 새치기하다 | 乗(の)り継(つ)ぐ 갈아타다 | 振(ふ)り向(む)く 뒤돌아보다 | 立(た)ち寄(よ)る 들르다

7	오해를 (부를) 것 같은 발언을 해 버려 죄송했습니다.

해설 선택지는 모두 동사이다. 문맥상 가장 자연스러운 것은 **3 招く**이다. 1, 2, 4번은 문맥상 어색하다.

단어 誤解(ごかい)を招(まね)く 오해를 부르다 | 発言(はつげん) 발언 | 省(はぶ)く 생략하다, 줄이다 | 傾(かたむ)く 기울다 | 除(のぞ)く 제거하다, 빼다

문맥규정 핵심단어 실전 연습 문제② 178p

1 ①	2 ③	3 ①	4 ④	5 ①
6 ④	7 ②			

문제4 ( )에 넣기에 가장 알맞은 것을, 1·2·3·4에서 하나 고르세요.

1	해결하지 않으면 안 되는 문제를 (안고) 있는 나라는 많이 있다.
1 (껴)안고	2 풀고
3 노력하고	4 거칠어지고

해설 선택지는 모두 동사 て형이다. 문맥상 가장 자연스러운 것은 **1 抱えて**이다. 2, 3, 4번은 문맥상 어색하다.

단어 解決(かいけつ) 해결 | 抱(かか)える (껴)안다, 떠안다 | 解(と)く (문제 등을) 풀다 | 努(つと)める 노력하다 | 荒(あ)れる 거칠어지다, 험악해지다

2	결과보다 (과정)이 중요하다.
1 골	2 프로그램
3 프로세스, 과정	4 압력, 압박

해설 선택지는 모두 카타카나어이다. 문맥상 가장 자연스러운 것은 **3 プロセス**이다. 1, 2, 4번은 문맥상 어색하다.

단어 結果(けっか) 결과 | プロセス 프로세스, 과정 | ゴール 골, 목표 | プログラム 프로그램 | プレッシャー 압력, 압박

3	책장에 책이 (잔뜩) 채워져 있다.
1 잔뜩	2 싹둑
3 산뜻한 모양	4 딱

해설 선택지는 모두 부사이다. 문맥상 가장 자연스러운 것은 **1 ぎっしり**이다. 2, 3, 4번은 문맥상 어색하다.

단어 棚(たな) 책장 | ぎっしり 잔뜩, 가득 | 詰(つ)め込(こ)む (가득) 채우다 | ばっさり 싹둑 | さっぱり 산뜻한 모양 | ぴったり 딱

4	오늘은 축제에서 춤을 추기 때문에 춤을 출 수 있는 (모습)을 하고 갔다.
1 기후	2 유카타
3 기미	**4 모습**

해설 선택지는 모두 명사이다. 문맥상 가장 자연스러운 것은 **4 格好**이다. 1, 2, 3번은 문맥상 어색하다.

단어 祭(まつ)り 축제 | 気候(きこう) 기후 | 浴衣(ゆかた) 유카타, 무명 홑옷 | 気配(けはい) 기미, 기색, 낌새

5	노동자들이 노동 조건의 개선을 요구하여 (동맹 파업)을 일으켰다.
1 동맹 파업	2 임팩트
3 충전	4 앙코르

해설 선택지는 모두 카타카나어이다. 문맥상 가장 자연스러운 것은 **1 ストライキ**이다. 2, 3, 4번은 문맥상 어색하다.

단어 労働者(ろうどうしゃ) 노동자 | 労働(ろうどう) 노동 | 条件(じょうけん) 조건 | 改善(かいぜん) 개선 | 要求(ようきゅう) 요구

ストライキ 동맹 파업 | 起(お)こす 일으키다 | インパクト 임팩트 | チャージ 충전 | アンコール 앙코르

6 불경기인 탓인지 역사가 긴 기업조차 (망해) 버렸다.

1 부숴, 빻아 2 어이없어
3 거슬러 **4 망해**

해설 선택지는 모두 동사 て형이다. 문맥상 가장 자연스러운 것은 **4 つぶれて**이다. 1, 2, 3번은 문맥상 어색하다.

단어 不景気(ふけいき) 불경기 | 企業(きぎょう) 기업 | ~でさえ ~조차 | つぶれる 찌그러지다, 망하다 | 砕(くだ)く 부수다, 빻다 | 呆(あき)れる 어이없다 | 逆(さか)らう 거스르다, 거역하다

7 마츠시타 씨와는 처음 만났지만, 같은 대학 출신이라는 것도 있어서 이야기가 (고조되었다).

1 (속마음을) 털어놓았다 **2 고조되었다**
3 지나쳤다 4 뛰어내렸다

해설 선택지는 모두 동사 과거형이다. 문맥상 가장 자연스러운 것은 **2 盛り上がった**이다. 1, 3, 4번은 문맥상 어색하다.

단어 出身(しゅっしん) 출신 | 盛(も)り上(あ)がる 솟아오르다, 고조되다 | 打(う)ち明(あ)ける (속마음을) 털어놓다 | 行(い)き過(す)ぎる 지나치다 | 飛(と)び降(お)りる 뛰어내리다

문맥규정 핵심단어 실전 연습 문제③ 179p

| 1 ④ | 2 ② | 3 ② | 4 ① | 5 ④ |
| 6 ③ | 7 ② |

問題4 (   )에 넣기에 가장 알맞은 것을, 1·2·3·4에서 하나 고르세요.

1 어릴 적부터 부모님과 떨어져서 생활하고 있다니 (불쌍하다).

1 강제적이다 2 상쾌하다
3 안이하다 **4 불쌍하다**

해설 선택지는 모두 な형용사이다. 문맥상 가장 자연스러운 것은 **4 かわいそうだ**이다. 1, 2, 3번은 문맥상 어색하다.

단어 かわいそうだ 불쌍하다 | 強引(ごういん)だ 강제적이다 | さわやかだ 상쾌하다, 상큼하다 | 安易(あんい)だ 안이하다

2 이번 시험은 (비교적) 잘 본 것 같은 느낌이 든다.

1 곧, 바로 **2 비교적**
3 진작에 4 얼른

해설 선택지는 모두 부사이다. 문맥상 가장 자연스러운 것은 **2 わりと**이다. 1, 3, 4번은 문맥상 어색하다.

단어 わりと 비교적 | 気(き)がする 느낌이 들다 | じきに 곧, 바로 | とっくに 훨씬 전에, 진작에 | さっさと 얼른, 빨랑빨랑

3 나는 옛날부터 (리듬) 감이 없어서 음악만은 잘 못한다.

1 시즌 **2 리듬**
3 칼럼 4 악센트

해설 선택지는 모두 카타카나어이다. 문맥상 가장 자연스러운 것은 **2 リズム**이다. 1, 3, 4번은 문맥상 어색하다.

단어 リズム感(かん) 리듬감 | シーズン 시즌 | コラム 칼럼 | アクセント 악센트

4 면접 때는 시원시원한 (태도)로 대답하면 합격할 가능성이 높다.

1 태도 2 외견
3 역할 4 예의

해설 선택지는 모두 명사이다. 문맥상 가장 자연스러운 것은 **1 態度**이다. 2, 3, 4번은 문맥상 어색하다.

단어 面接(めんせつ) 면접 | 際(さい) 때 | はきはき 시원시원 | 態度(たいど) 태도 | 合格(ごうかく) 합격 | 可能性(かのうせい) 가능성 | 外見(がいけん) 외견, 겉보기 | 役割(やくわり) 역할 | 礼儀(れいぎ) 예의

5 혼자서 계속 고민하고 있었지만, 어제 친구에게 (큰맘 먹고) 상담해 봤다.

1 바로 2 완고하게
3 곧, 이윽고 **4 큰맘 먹고**

해설 선택지는 모두 부사이다. 문맥상 가장 자연스러운 것은 **4 思い切って**이다. 1, 2, 3번은 문맥상 어색하다.

단어 悩(なや)む 고민하다 | 思(おも)い切(き)って 과감히, 큰맘 먹고 | 直(ただ)ちに 바로, 즉각 | 頑固(がんこ)に 완고하게 | やがて 얼마 안 있어, 곧, 이윽고

6 제멋대로인 행동으로 남에게 (불쾌한) 기분을 느끼게 해서는 안 된다.

1 유쾌한 2 비참한
3 불쾌한 4 대략적인

해설 선택지는 모두 な형용사의 명사 수식형이다. 문맥상 가장 자연스러운 것은 **3 不快な**이다. 1, 2, 4번은 문맥상 어색하다.

단어 勝手(かって)だ 제멋대로다 | 行動(こうどう) 행동 | 不快(ふかい)だ 불쾌하다 | 思(おも)いをする 기분을 느끼다 | 愉快(ゆかい)

だ 유쾌하다 | 惨(みじ)めだ 비참하다 | おおまかだ 대략적이다

7 (고맙)게도 선배의 소개로 아르바이트를 하게 되었다.

1 용감하 2 **고맙**
3 교활하 4 경사스럽

해설 선택지는 모두 い형용사이다. 문맥상 가장 자연스러운 것은 **2 ありがたい**이다. 1, 3, 4번은 문맥상 어색하다.

단어 ありがたい 감사하다, 고맙다 | 先輩(せんぱい) 선배 | 紹介(しょうかい) 소개 | 勇(いさ)ましい 용감하다 | ずるい 교활하다, 치사하다 | めでたい 경사스럽다

문맥규정 핵심단어 실전 연습 문제④   180p

1 ④ 2 ② 3 ① 4 ② 5 ④
6 ④ 7 ①

문제4 ( )에 넣기에 가장 알맞은 것을, 1·2·3·4에서 하나 고르세요.

1 이 회사는 야근이 많기 때문에 내년에 (이직) 할 생각이다.

1 이주 2 바람, 소망
3 비평 4 **이직**

해설 선택지는 모두 명사이다. 문맥상 가장 자연스러운 것은 **4 転職**이다. 1, 2, 3번은 문맥상 어색하다.

단어 残業(ざんぎょう) 야근, 잔업 | 転職(てんしょく) 이직 | 移住(いじゅう) 이주 | 願望(がんぼう) 바람, 소망 | 批評(ひひょう) 비평

2 품질로 보아 (타당한) 금액이라고 생각한다.

1 묘한 2 **타당한**
3 귀중한 4 유연한

해설 선택지는 모두 な형용사의 명사 수식형이다. 문맥상 가장 자연스러운 것은 **2 妥当な**이다. 1, 3, 4번은 문맥상 어색하다.

단어 品質(ひんしつ) 품질 | 妥当(だとう)だ 타당하다 | 金額(きんがく) 금액 | 妙(みょう)だ 묘하다 | 貴重(きちょう)だ 귀중하다 | 柔軟(じゅうなん)だ 유연하다

3 최근 (끈질긴) 스팸 메일에 곤란을 겪고 있다.

1 **끈질긴** 2 한심한
3 격한 4 사이좋은

해설 선택지는 모두 い형용사이다. 문맥상 가장 자연스러운 것은 **1 しつこい**이다. 2, 3, 4번은 문맥상 어색하다.

단어 しつこい 끈질기다 | 迷惑(めいわく)メール 스팸 메일 | 情(なさ)けない 한심하다 | 激(はげ)しい 격하다, 격렬하다 | 仲良(なかよ)い 사이좋다

4 중요한 회의인데 (실수) 해 버려서 하루 종일 반성하고 있다.

1 세트 2 **미스, 실수**
3 조언 4 도전

해설 선택지는 모두 카타카나어이다. 문맥상 가장 자연스러운 것은 **2 ミス**이다. 1, 3, 4번은 문맥상 어색하다.

단어 ミス 미스, 실수 | 反省(はんせい) 반성 | セット 세트 | アドバイス 어드바이스, 조언 | チャレンジ 챌린지, 도전

5 학생들의 제안에 의해서 엄한 복장 규정이 (폐지) 되었다.

1 개막 2 압축
3 재촉 4 **폐지**

해설 선택지는 모두 명사이다. 문맥상 가장 자연스러운 것은 **4 廃止**이다. 1, 2, 3번은 문맥상 어색하다.

단어 生徒(せいと) 학생, 중고생 | 提案(ていあん) 제안 | ~によって ~에 의해서 | 服装(ふくそう) 복장 | 規定(きてい) 규정 | 廃止(はいし) 폐지 | 開幕(かいまく) 개막 | 圧縮(あっしゅく) 압축 | 催促(さいそく) 재촉, 독촉

6 집에 있는 식칼이 (녹슬어서) 못 쓰게 되었기 때문에 새것을 구입했다.

1 움푹 패서 2 탁해져서
3 좋은 냄새가 나서 4 **녹슬어서**

해설 선택지는 모두 동사 て형이다. 문맥상 가장 자연스러운 것은 **4 さびて**이다. 1, 2, 3번은 문맥상 어색하다.

단어 包丁(ほうちょう) 식칼 | さびる 녹슬다 | 購入(こうにゅう) 구입 | 凹(へこ)む 움푹 패다 | 濁(にご)る 탁해지다 | 匂(にお)う 좋은 냄새가 나다

7 맑은데 비가 내리기 시작하고 (갑자기) 천둥도 울리기 시작했다.

1 **갑자기** 2 공교롭게도
3 아마 4 자꾸만

해설 선택지는 모두 부사이다. 문맥상 가장 자연스러운 것은 **1 いきなり**이다. 2, 3, 4번은 문맥상 어색하다.

단어 いきなり 갑자기, 느닷없이 | 雷(かみなり)が鳴(な)る 천둥이 치다 | ~出(だ)す ~하기 시작하다 | あいにく 공교롭게도 | おそらく 아마, 어쩌면 | しきりに 자꾸만, 계속적으로

문맥규정 핵심단어 실전 연습 문제⑤ 181p

1 ①　2 ③　3 ②　4 ②　5 ①
6 ④　7 ③

문제4 (　　　)에 넣기에 가장 알맞은 것을, 1·2·3·4에서 하나 고르세요.

1 도시에서는 (반짝반짝) 빛나는 별이 보이지 않기 때문에 장래에는 시골에 살고 싶다.

1 반짝반짝　　　　2 꺼칠꺼칠
3 느릿느릿　　　　4 조마조마

해설　선택지는 모두 부사이다. 문맥상 가장 자연스러운 것은 **1 きらきら**이다. 2, 3, 4번은 문맥상 어색하다.

단어　都会(とかい) 도시 | きらきら 반짝반짝 | 輝(かがや)く 빛나다 | かさかさ 꺼칠꺼칠 | のろのろ 꾸물꾸물, 느릿느릿 | はらはら 조마조마

2 대학에서는 (동아리)에 들어가지 않고 취업을 위해서 자격증의 공부를 하려고 생각한다.

1 미디어　　　　　2 자기 방식
3 동아리　　　　　4 프로그램

해설　선택지는 모두 카타카나어이다. 문맥상 가장 자연스러운 것은 **3 サークル**이다. 1, 2, 4번은 문맥상 어색하다.

단어　サークル 동아리, 동호회 | 就職(しゅうしょく) 취직 | 資格(しかく) 자격(증) | メディア 미디어 | マイペース 마이페이스, 자기 방식 | プログラム 프로그램

3 언젠가는 세대 (교체)의 시기가 반드시 올 것이다.

1 창조　　　　　　2 교체
3 합동　　　　　　4 생존

해설　선택지는 모두 명사이다. 문맥상 가장 자연스러운 것은 **2 交代**이다. 1, 3, 4번은 문맥상 어색하다.

단어　世代交代(せだいこうたい) 세대교체 | 時期(じき) 시기 | 創造(そうぞう) 창조 | 合同(ごうどう) 합동 | 生存(せいぞん) 생존

4 휴일의 아르바이트는 가게가 붐비고 있어서 일 끝난 후에는 항상 (지친다).

1 흐트러지다　　　2 지치다
3 달아나다　　　　4 난폭하게 굴다

해설　선택지는 모두 동사이다. 문맥상 가장 자연스러운 것은 **2 くたびれる**이다. 1, 3, 4번은 문맥상 어색하다.

단어　休日(きゅうじつ) 휴일 | 混(こ)む 붐비다 | くたびれる 지치다 | 乱(みだ)れる 흐트러지다 | のがれる 달아나다, 벗어나다 | 暴(あば)れる 난폭하게 굴다

5 (험한) 산을 오르면 정상에는 훌륭한 경치가 기다리고 있다.

1 험한　　　　　　2 어울리는
3 얌전한　　　　　4 분주한

해설　선택지는 모두 い형용사이다. 문맥상 가장 자연스러운 것은 **1 険しい**이다. 2, 3, 4번은 문맥상 어색하다.

단어　険(けわ)しい 험하다, 험상궂다 | 頂上(ちょうじょう) 정상 | 素晴(すば)らしい 훌륭하다 | 景色(けしき) 경치 | ふさわしい 어울리다, 걸맞다 | 大人(おとな)しい 얌전하다 | あわただしい 분주하다

6 자신감을 가지고 (스스로) 자진하여 행동해 주세요.

1 부지런히　　　　2 부디
3 어디까지나　　　4 스스로

해설　선택지는 모두 부사이다. 문맥상 가장 자연스러운 것은 **4 みずから**이다. 1, 2, 3번은 문맥상 어색하다.

단어　自信(じしん)を持(も)つ 자신감을 가지다 | 自(みずか)ら 스스로 | 進(すす)んで 자신하여 | せっせと 부지런히 | くれぐれも 부디 | あくまで 어디까지나, 철저하게

7 이번 선거의 결과를 (예측)하는 것은 정말로 어렵다고 생각한다.

1 투표　　　　　　2 측정
3 예측　　　　　　4 특정

해설　선택지는 모두 명사이다. 문맥상 가장 자연스러운 것은 **3 予測**이다. 1, 2, 4번은 문맥상 어색하다.

단어　選挙(せんきょ) 선거 | 結果(けっか) 결과 | 予測(よそく) 예측 | 投票(とうひょう) 투표 | 測定(そくてい) 측정 | 特定(とくてい) 특정

유의표현

유의표현 핵심단어 기본 다지기 182p

1 ②　2 ②　3 ①　4 ①　5 ①

1 그 유명 배우가 40살에 죽은 것은 <u>아깝다</u>.

1 시시하다　　　　2 아깝다

해설　惜しい(아깝다)는 **2 もったいない(아깝다)**와 의미가 가장 가깝다.

단어　亡(な)くなる 죽다 | 惜(お)しい 아깝다 | つまらない 시시하다, 별

거 아니다 | もったいない 아깝다

2 선생님은 한자의 <u>실수</u>를 고쳐 주었다.

1 모르는 곳　　　　　　　　**2 틀린 곳**

해설　誤り(실수)는 **2 間違っているところ(틀린 곳)**와 의미가 가장 가깝다.

단어　誤(あやま)り 틀림, 실수

3 나는 핸드폰을 <u>항상</u> 가지고 있지 않으면 불안해진다.

1 항상　　　　　　　　　2 매일

해설　常に(항상)는 **1 いつも(항상)**와 의미가 가장 가깝다.

단어　常(つね)に 늘, 항상, 언제나 | いつも 항상, 언제나 | 毎日(まいにち) 매일

4 여름방학 마지막 날에 이제 와서 <u>버둥거려도</u> 어쩔 수 없다.

1 허둥대도　　　　　　　　2 걱정해도

해설　じたばたしても(버둥거려도)는 **1 慌てても(허둥대도)**와 의미가 가장 가깝다.

단어　最終日(さいしゅうび) 최종일, 마지막 날 | 今(いま)さら 이제 와서 | じたばたする 버둥거리다 | 仕方(しかた)がない 어쩔 수 없다 | 慌(あわ)てる 당황하다, 허둥대다

5 매일 힘든 연습만 해서 <u>녹초가 되어</u> 있다.

1 몹시 지쳐서　　　　　　　2 매우 도움이 돼서

해설　くたくたになって(녹초가 되어)는 **1 ひどく疲れて(몹시 지쳐서)**와 의미가 가장 가깝다.

단어　厳(きび)しい 엄격하다 | くたくたになる 녹초가 되다 | 疲(つか)れる 지치다 | 役(やく)に立(た)つ 도움이 되다

유의표현 핵심단어 실전 연습 문제① 183p

1 ②　2 ③　3 ①　4 ①　5 ④

문제5 ＿＿＿＿＿ 의 말에 의미가 가장 가까운 것을, 1・2・3・4에서 하나 고르세요.

1 꽃가루 알레르기에 효과가 있는 신약 개발이 <u>척척</u> 진행되고 있다.

1 정확히　　　　　　　**2 순조롭게**
3 풍부하게　　　　　　4 신중하게

해설　着々と(척척)는 **2 順調に(순조롭게)**와 의미가 가장 가깝다.

단어　花粉症(かふんしょう) 꽃가루 알레르기 | 効(き)く 효과가 있다 | 新薬(しんやく) 신약 | 開発(かいはつ) 개발 | 着々(ちゃくちゃく)と 척척, 순조롭게 | 正確(せいかく)に 정확하게, 정확히 | 順調(じゅんちょう)に 순조롭게 | 豊富(ほうふ)に 풍부하게 | 慎重(しんちょう)に 신중하게

2 타카기 씨와 만나는 건 오랜만이었기 때문에 아무리 이야기해도 이야기가 <u>끝나지 않았다</u>.

1 계속되지 않았다　　　　2 통하지 않았다
3 끝나지 않았다　　　　4 찢어지지 않았다

해설　尽きなかった(끝나지 않았다)는 **3 終わらなかった(끝나지 않았다)**와 의미가 가장 가깝다.

단어　話(はなし) 이야기 | 尽(つ)きる 다하다, 떨어지다 | 続(つづ)く 계속되다 | 通(つう)じる 통하다 | 終(お)わる 끝나다 | 破(やぶ)れる 찢어지다

3 일본 애니메이션을 보는 것은 일본어 회화를 배우는데 <u>적합하기</u> 때문에 추천한다.

1 좋다　　　　　　　　2 나쁘다
3 즐겁다　　　　　　　4 재미있다

해설　適する(적합하다)는 **1 良い(좋다)**와 의미가 가장 가깝다.

단어　アニメ 애니메이션 | 適(てき)する 알맞다, 적합하다 | お勧(すす)め 추천 | 良(よ)い 좋다 | 悪(わる)い 나쁘다 | 楽(たの)しい 즐겁다 | 面白(おもしろ)い 재미있다

4 일본 전통산업을 지키기 위해서는 장인의 기술이 <u>불가결하다</u>.

1 꼭 필요하다　　　　　2 필요할지도 모른다
3 필요하지 않다　　　　　4 필요하지도 불필요하지도 않다

해설　不可欠だ(불가결하다)는 **1 絶対に必要だ(꼭 필요하다)**와 의미가 가장 가깝다.

단어　伝統産業(でんとうさんぎょう) 전통산업 | 職人(しょくにん) 장인 | 不可欠(ふかけつ)だ 불가결하다 | 絶対(ぜったい) 절대, 꼭 | 必要(ひつよう)だ 필요하다 | 不要(ふよう)だ 불필요하다

5 눈이 와서 추위가 <u>한층 더</u> 혹독해졌다.

1 약간　　　　　　　　　2 겨우
3 마침내　　　　　　　　**4 더욱더**

해설　一層(한층 더)는 **4 ますます(더욱더)**와 의미가 가장 가깝다.

단어　一層(いっそう) 한층 더, 더욱더 | 厳(きび)しい 엄격하다, 혹독하다 | やや 약간, 좀 | ようやく 겨우, 간신히 | ついに 드디어, 마침내 | ますます 더욱더

유의표현 핵심단어 실전 연습 문제② 184p

1 ④　2 ④　3 ③　4 ①　5 ④

문제5 _____ 의 말에 의미가 가장 가까운 것을, 1·2·3·4에서 하나 고르세요.

1 나는 여행 관련 서적을 편집하는 일을 하고 있다.

1 영수증　　2 계약서
3 서류　　　**4 책**

해설　書籍(서적)는 **4本(책)**과 의미가 가장 가깝다.
단어　関連(かんれん) 관련｜書籍(しょせき) 서적｜編集(へんしゅう) 편집｜領収書(りょうしゅうしょ) 영수증｜契約書(けいやくしょ) 계약서｜書類(しょるい) 서류｜本(ほん) 책

2 운동한 후는 항상 땀으로 흠뻑이기 때문에 바로 샤워를 하고 있다.

1 어이없어하는 모양　　2 새고 있는 모양
3 넘치고 있는 모양　　　**4 젖어 있는 모양**

해설　びしょびしょ(흠뻑)는 **4 ぬれている(젖어 있다)**와 의미가 가장 가깝다.
단어　びしょびしょ 흠뻑 젖은 모양, 흠뻑｜シャワーを浴(あ)びる 샤워를 하다｜呆(あき)れる 어이없다｜様子(ようす) 모양, 모습｜漏(も)れる 새다, 누설되다｜溢(あふ)れる 넘치다｜濡(ぬ)れる 젖다

3 시시한 것만 말하고 있지 말고 빨리 일을 끝내렴.

1 책임감이 없다　　2 대답이 없다
3 가치가 없다　　4 의견이 없다

해설　くだらない(시시하다)는 **3 価値がない(가치가 없다)**와 의미가 가장 가깝다.
단어　くだらない 시시하다｜責任感(せきにんかん) 책임감｜返事(へんじ) 대답｜価値(かち) 가치｜意見(いけん) 의견

4 이런 결과가 되는 것은 쉽게 상상할 수 있을 것이다.

1 간단하게　　2 영구히
3 애매하게　　4 타당하게

해설　容易に(쉽게)는 **1 簡単に(간단하게)**와 의미가 가장 가깝다.
단어　容易(ようい)に 쉽게, 용이하게｜想像(そうぞう) 상상｜簡単(かんたん)に 간단하게｜永久(えいきゅう)に 영구히｜曖昧(あいまい)に 애매하게｜妥当(だとう)に 타당하게

5 이 브랜드의 타깃은 수입이 안정되게 된 30대 여성들이다.

1 관심　　2 목적
3 유행　　**4 대상**

해설　ターゲット(타깃)는 **4 対象(대상)**와 의미가 가장 가깝다.
단어　ブランド 브랜드｜ターゲット 타깃, 표적｜収入(しゅうにゅう) 수입｜安定(あんてい) 안정｜関心(かんしん) 관심｜目的(もくてき) 목적｜流行(りゅうこう) 유행｜対象(たいしょう) 대상

유의표현 핵심단어 실전 연습 문제③　　185p

1 ②　　2 ①　　3 ②　　4 ④　　5 ②

문제5 _____ 의 말에 의미가 가장 가까운 것을, 1·2·3·4에서 하나 고르세요.

1 해외 이주를 위한 플랜을 세우고 있는 중이다.

1 결과　　**2 계획**
3 동기　　4 단계

해설　プラン(플랜)은 **2 計画(계획)**와 의미가 가장 가깝다.
단어　海外移住(かいがいいじゅう) 해외 이주｜プラン 플랜｜結果(けっか) 결과｜計画(けいかく) 계획｜動機(どうき) 동기｜段階(だんかい) 단계

2 그와는 인생에 대한 가치관이 일치한다.

1 같다　　2 다르다
3 맞지 않다　　4 닮아 있다

해설　一致する(일치하다)는 **1 同様だ(같다)**와 의미가 가장 가깝다.
단어　人生(じんせい) 인생｜価値観(かちかん) 가치관｜一致(いっち)する 일치하다｜同様(どうよう) 같은 모양이다, 같다｜異(こと)なる 다르다｜合(あ)う 맞다｜似(に)る 닮다

3 제1지망 대학에 합격하기 위해 최대한 노력하지 않으면 안 된다.

1 조금 더　　**2 가능한 한**
3 정확히　　4 서서히

해설　精いっぱい(최대한)는 **2 できるだけ(가능한 한)**와 의미가 가장 가깝다.
단어　第一志望(だいいちしぼう) 제1지망｜合格(ごうかく) 합격｜精(せい)いっぱい 최대한, 힘껏｜努力(どりょく) 노력｜もう少(すこ)し 조금 더｜できるだけ 가능한 한｜きちんと 정확히, 제대로, 깔끔히｜徐々(じょじょ)に 서서히

4 갑자기 하늘이 어두워졌다고 생각했더니 아니나 다를까 기세 좋게 비가 내리기 시작했다.

1 확실히　　2 겨우
3 분명히　　**4 역시**

해설　案の定(아니나 다를까)는 **4 やっぱり(역시)**와 의미가 가장 가깝다.

단어 案(あん)の定(じょう) 예측대로, 아니나 다를까 | 勢(いきお)い 기세 | しっかり 확실히, 꼭 | ようやく 겨우, 간신히 | はっきり 분명히 | やっぱり 역시

5 요즘 젊은이들은 차를 사지 않고 필요할 때에 <u>렌털하는</u> 사람이 늘고 있다.

1 수리하다　　　　　　　　**2 빌리다**
3 맡기다　　　　　　　　　4 검사하다

해설 レンタルする(렌털하다)는 **2 借りる(빌리다)**와 의미가 가장 가깝다.

단어 近頃(ちかごろ) 요즘 | 若者(わかもの) 젊은이 | レンタルする 렌털하다 | 増(ふ)える 늘다 | 修理(しゅうり)する 수리하다 | 借(か)りる 빌리다 | 預(あず)ける 맡기다 | 検査(けんさ)する 검사하다

유의표현 핵심단어 실전 연습 문제④　186p

1 ②　　2 ③　　3 ②　　4 ④　　5 ②

문제5 _____ 의 말에 의미가 가장 가까운 것을, 1·2·3·4에서 하나 고르세요.

1 집에서 도망쳐 나온 고양이가 발견되어 <u>안심했다</u>.

1 걱정했다　　　　　　　　**2 안심했다**
3 감동했다　　　　　　　　4 주목했다

해설 ほっとした(안심했다)는 **2 安心した(안심했다)**와 의미가 가장 가깝다.

단어 逃(に)げ出(だ)す 도망쳐 나오다 | ほっとする 안심하다 | 心配(しんぱい)する 걱정하다 | 安心(あんしん)する 안심하다 | 感動(かんどう)する 감동하다 | 注目(ちゅうもく)する 주목하다

2 아무리 늦어도 내년 봄에는 공사가 <u>거의</u> 끝나 있을 것이다.

1 일단　　　　　　　　　　2 다소
3 대체로　　　　　　　　4 훨씬 전에

해설 ほぼ(거의)는 **3 だいたい(대체로)**와 의미가 가장 가깝다.

단어 遅(おく)れる 늦다 | 春(はる) 봄 | 工事(こうじ) 공사 | ほぼ 거의, 대부분 | 一応(いちおう) 우선, 일단 | 多少(たしょう) 다소 | だいたい 대체로, 대략 | とっくに 훨씬 전에, 진작에

3 세계 대회에서 10연승을 하고 있기 때문에 이 스포츠가 세간에서 <u>고조되고 있다</u>.

1 평판이 좋아지고 있다　　**2 화제가 되고 있다**
3 믿음 받고 있다　　　　　4 칭찬받고 있다

해설 盛り上がっている(고조되고 있다)는 **2 話題になっている(화제가 되고 있다)**와 의미가 가장 가깝다.

단어 世界大会(せかいたいかい) 세계 대회 | 連勝(れんしょう) 연승 | スポーツ 스포츠 | 世間(せけん) 세간, 세상 | 盛(も)り上(あ)がる 솟아오르다, 고조되다 | 評判(ひょうばん) 평판 | 話題(わだい) 화제 | 信(しん)じる 믿다 | ほめる 칭찬하다

4 <u>부득이한</u> 사정이 생겼을 경우에는 빨리 알려 주십시오.

1 한심하다　　　　　　　　2 기분 좋다
3 아깝다　　　　　　　　　**4 어쩔 수 없다**

해설 やむをえない(부득이하다)는 **4 しかたない(어쩔 수 없다)**와 의미가 가장 가깝다.

단어 やむを得(え)ない 어쩔 수 없다, 부득이하다 | 事情(じじょう) 사정 | 生(しょう)じる 생기다 | 早(はや)めに 빨리, 일찌감치 | 知(し)らせる 알리다 | 情(なさ)けない 한심하다 | 快(こころよ)い 기분 좋다, 흔쾌하다 | もったいない 아깝다 | 仕方(しかた)ない 어쩔 수 없다

5 차를 운전할 때는 <u>보행자</u>의 안전을 확인하면서 운전하지 않으면 안 된다.

1 달리는 사람들　　　　　　**2 걷는 사람들**
3 노는 사람들　　　　　　　4 타는 사람들

해설 歩行者(보행자)는 **2 歩く人たち(걷는 사람들)**와 의미가 가장 가깝다.

단어 歩行者(ほこうしゃ) 보행자 | 確認(かくにん) 확인 | 走(はし)る 달리다 | 歩(ある)く 걷다 | 遊(あそ)ぶ 놀다 | 乗(の)る 타다

유의표현 핵심단어 실전 연습 문제⑤　187p

1 ②　　2 ①　　3 ④　　4 ②　　5 ③

문제5 _____ 의 말에 의미가 가장 가까운 것을, 1·2·3·4에서 하나 고르세요.

1 앞에 앉아 있는 사람이 아까부터 <u>고개를 떨구고</u> 있다.

1 위를 향하고　　　　　　　**2 아래를 향하고**
3 옆을 향하고　　　　　　　4 뒤를 향하고

해설 うつむいて(고개를 떨구고)는 **2 下を向いて(아래를 향하고)**와 의미가 가장 가깝다.

단어 さっき 아까 | うつむく 고개를 떨구다 | 上(うえ) 위 | 向(む)く 향하다 | 下(した) 아래 | 横(よこ) 옆 | 後(うしろ) 뒤

2 해외에서 말이 통하지 않아도 <u>몸짓</u>으로 어떻게든 되는 법이다.

1 제스처　　　　　　　　　2 어드바이스

3 챌린지　　　　　　　　4 파워

해설　身振り(몸짓)는 1 ジェスチャー(제스처)와 의미가 가장 가깝다.
단어　海外(かいがい) 해외 | 通(つう)じる 통하다 | 身振(みぶ)り 몸짓 | ジェスチャー 제스처 | アドバイス 어드바이스, 조언 | チャレンジ 챌린지, 도전 | パワー 파워

3 태풍 6호는 아마 일본을 지나갈 것이다.
1 잠시　　　　　　　　2 꽤
3 일부러　　　　　　　4 아마

해설　おそらく(아마)는 4 たぶん(아마)와 의미가 가장 가깝다.
단어　おそらく 아마, 어쩌면 | 通(とお)り過(す)ぎる 지나가다 | しばらく 잠시, 한동안 | かなり 꽤 | わざと 일부러 | たぶん 아마

4 이 전람회에서는 평화를 테마로 한 다양한 작품이 전시되어 있다.
1 유행　　　　　　　　2 주제
3 기본　　　　　　　　4 시작

해설　テーマ(테마)는 2 主題(주제)와 의미가 가장 가깝다.
단어　平和(へいわ) 평화 | テーマ 테마 | 様々(さまざま)だ 다양하다 | 展示(てんじ) 전시 | 流行(りゅうこう) 유행 | 主題(しゅだい) 주제 | 基本(きほん) 기본 | 始(はじ)め 처음, 시작

5 얼굴을 보면 그 사람의 인품이 좋은지 아닌지 대체로 안다.
1 특징　　　　　　　　2 기분
3 성격　　　　　　　　4 장점

해설　人柄(인품)는 3 性格(성격)와 의미가 가장 가깝다.
단어　人柄(ひとがら) 인품 | だいたい 대체로, 대략 | 特徴(とくちょう) 특징 | 気持(きも)ち 기분 | 性格(せいかく) 성격 | 長所(ちょうしょ) 장점

용법

용법 핵심단어 기본 다지기　　　188p

| 1 ① | 2 ② | 3 ③ | 4 ① | 5 ② |

1　각오
1 고민 끝에 각오를 정하고 부모에게 0점의 시험을 보여줬다.
2 상대팀이 약하다고 생각해서 각오했더니 지고 말았다.
해설　覚悟(각오)를 가장 올바르게 사용한 것은 1번이다. 2번은 油断(방심)을 사용하는 것이 알맞다.
단어　覚悟(かくご) 각오 | 悩(なや)む 고민하다 | ～あげく ~한 끝에 | 油断(ゆだん) 방심, 부주의

2　답답하다
1 그녀는 답답한 성격으로 항상 책을 읽고 있다.
2 답답한 분위기 속에서 회의가 시작되었다.

해설　重苦しい(답답하다)를 가장 올바르게 사용한 것은 2번이다. 1번은 大人しい(얌전하다)를 사용하는 것이 알맞다.
단어　重苦(おもくる)しい 답답하다, 짓눌리는 것같이 괴롭다 | 性格(せいかく) 성격 | 雰囲気(ふんいき) 분위기 | 大人(おとな)しい 얌전하다

3　변변치 않음
1 변변치 않지만, 당일 출장 예정이 있어 참석할 수 없습니다.
2 변변치 않은 것입니다만, 괜찮으시다면 드십시오.
해설　粗末(변변치 않음)를 가장 올바르게 사용한 것은 2번이다. 1번은 あいにく(공교롭게도)를 사용하는 것이 알맞다.
단어　粗末(そまつ) 변변치 않음, 조잡함 | 当日(とうじつ) 당일 | 召(め)し上(あ)がる 드시다(존경어) | あいにく 공교롭게도

4　취임하다
1 교사라는 일에 취임하고 나서 보람을 느끼게 되었다.
2 부모님이 이혼할 때 동생은 어머니를 취임해 갔다.
해설　就く(취임하다)를 가장 올바르게 사용한 것은 1번이다. 2번은 ついて行く(따라가다)를 사용하는 것이 알맞다.
단어　就(つ)く 취임하다 | 教師(きょうし) 교사 | やりがい 보람 | 両親(りょうしん) 양친, 부모님 | 離婚(りこん) 이혼 | ついて行(い)く 따라가다

5　감싸다
1 기자로서 세상의 부정과 진실을 감싸다.
2 선배가 내 실수를 감싸줬다.
해설　かばう(감싸다)를 가장 올바르게 사용한 것은 2번이다. 1번은 暴く(폭로하다)를 사용하는 것이 알맞다.
단어　かばう 감싸다, (감)싸고돌다 | 記者(きしゃ) 기자 | 世(よ)の中(なか) 세상 | 不正(ふせい) 부정 | 真実(しんじつ) 진실 | ミス 미스, 실수 | 暴(あば)く 파헤치다, (비밀을) 폭로하다

용법 핵심단어 실전 연습 문제①　　　189p

| 1 ② | 2 ① | 3 ④ | 4 ④ | 5 ③ |

문제6 다음 말의 사용법으로서 가장 알맞은 것을, 1・2・3・4에서 하나 고르세요.

1 조정

1 오늘은 몸의 조정이 좋지 않기 때문에 일찌감치 자기로 한다.
2 급한 예정이 잡혀 버렸기 때문에 스케줄을 조정할 필요가 있다.
3 읽고 싶은 책의 장소를 바로 알 수 있도록 책장을 조정하지 않으면 안 된다.
4 자료에 실수가 있었기 때문에 바로 조정해서 새것을 준비했다.

해설 調整(조정)를 가장 올바르게 사용한 것은 **2번**이다. 1번은 調子(상태), 3번은 整理(정리), 4번은 修正(수정)를 사용하는 것이 알맞다.

단어 調整(ちょうせい) 조정 | 早(はや)めに 빨리, 일찌감치 | 予定(よてい)が入(はい)る 예정이 잡히다 | スケジュール 스케줄 | 本棚(ほんだな) 책장 | 資料(しりょう) 자료 | 誤(あやま)り 틀림, 실수 | 用意(ようい) 준비 | 調子(ちょうし) 상태 | 整理(せいり) 정리 | 修正(しゅうせい) 수정

2 프라이드

1 모두 앞에서 그에게 심한 말을 들어서 나의 프라이드가 상처를 입었다.
2 저 사람은 상당한 프라이드이기 때문에 무엇이든 가르쳐 줄 것이다.
3 일과 사생활의 프라이드를 잘 맞추는 것이 중요하다고 말해지고 있다.
4 장래의 꿈은 자신의 프라이드의 옷을 만들어서 유명해지는 것이다.

해설 プライド(프라이드)를 가장 올바르게 사용한 것은 **1번**이다. 2번은 ベテラン(베테랑), 3번은 バランス(밸런스), 4번은 ブランド(브랜드)를 사용하는 것이 알맞다.

단어 プライド 프라이드, 자부심, 자존심 | 傷(きず)つく 상처를 입다 | 私生活(しせいかつ) 사생활 | 将来(しょうらい) 장래 | ベテラン 베테랑, 숙련자 | バランス 밸런스 | バランスをとる 밸런스를 맞추다 | ブランド 브랜드

3 (속마음을) 털어놓다

1 이 상자를 둘이서 털어놓으려 했지만, 무거워서 무리였다.
2 실패해 버렸지만, 기분을 털어놓고 또 힘내려고 생각한다.
3 제품의 부분을 털어놓는 데까지 서비스에 포함되어 있는 것 같다.
4 선배에게 일 고민을 털어놓았더니 여러 가지 어드바이스를 해 주었다.

해설 打ち明ける(털어놓다)를 가장 올바르게 사용한 것은 **4번**이다. 1번은 持ち上げる(들어 올리다), 2번은 切り替える(전환하다), 3번은 取り付ける(설치하다)를 사용하는 것이 알맞다.

단어 打(う)ち明(あ)ける (속마음을) 털어놓다 | 箱(はこ) 상자 | 製品(せいひん) 제품 | サービス 서비스 | 含(ふく)む 포함하다 | 悩(なや)み 고민 | 色々(いろいろ)と 여러 가지 | アドバイス 어드바이스, 조언 | 持(も)ち上(あ)げる 들어 올리다 | 切(き)り替(か)える 달리 바꾸다, 전환하다 | 取(と)り付(つ)ける 설치하다

4 의외로

1 그 의외로도 활약을 기대할 수 있는 훌륭한 선수가 많이 있다.
2 예상했던 의외로 사람들이 모여 공연은 대성공이 되었다.
3 올해 여름은 의외로 더워서 옥외에서의 이벤트는 중지된 것도 있었다.
4 실은 전혀 기대하지 않았지만, 그 영화는 의외로 재미있었다.

해설 意外に(의외로)를 가장 올바르게 사용한 것은 **4번**이다. 1번은 以外に(이외에), 2번은 以上に(이상으로), 3번은 異常に(이상하게)를 사용하는 것이 알맞다.

단어 意外(いがい)に 의외로, 예상외로 | 活躍(かつやく) 활약 | 期待(きたい) 기대 | 素晴(すば)らしい 훌륭하다 | 予想(よそう) 예상 | 大成功(だいせいこう) 대성공 | 屋外(おくがい) 옥외 | イベント 이벤트 | 全(まった)く 전혀 | 以外(いがい)に 이외에 | 以上(いじょう)に 이상으로 | 異常(いじょう)に 이상하게

5 빤히

1 집 앞을 계속 빤히 하는 사람이 있었기 때문에 경찰에 연락했다.
2 쉬는 날은 집에서 빤히 하면서 지내는 게 최고다.
3 모르는 사람을 빤히 보는 것은 실례니까 그만두는 편이 좋다.
4 눈이 내리고 있는 탓인지 어느 차도 빤히 달리고 있다.

해설 じろじろ(빤히)를 가장 올바르게 사용한 것은 **3번**이다. 1번은 うろうろ(어슬렁어슬렁), 2번은 ごろごろ(빈둥빈둥), 4번은 のろのろ(느릿느릿)를 사용하는 것이 알맞다.

단어 じろじろ 빤히, 유심히 | 警察(けいさつ) 경찰 | 過(す)ごす 지내다 | 最高(さいこう) 최고 | 失礼(しつれい) 실례 | ~せいか ~탓인지 | うろうろ 우왕좌왕, 어슬렁어슬렁 | ごろごろ 빈둥빈둥 | のろのろ 꾸물꾸물, 느릿느릿

용법 핵심단어 실전 연습 문제② 190p

| 1 ① | 2 ③ | 3 ② | 4 ④ | 5 ① |

문제6 다음 말의 사용법으로서 가장 알맞은 것을, 1·2·3·4에서 하나 고르세요.

1 지원

1 우리 회사는 자원봉사 활동에 대해서 적극적으로 지원하고 있다.
2 이 의견을 지원하는 사람이 반대하는 사람보다 많았다.
3 몸 컨디션이 나빠져 일상생활에 지원이 나와버렸다.
4 이 아르바이트는 점심 식사도 지원되기 때문에 도움이 되고 있다.

해설 支援(지원)을 가장 올바르게 사용한 것은 **1번**이다. 2번은 支持(지지), 3번은 差し支え(지장), 4번은 支給(지급)를 사용하는 것이 알맞다.

단어 支援(しえん) 지원 | ボランティア活動(かつどう) 자원봉사 활동 | ~に対(たい)して ~에 대해서 | 積極的(せっきょくてき)に 적극적으로 | 体調(たいちょう)を崩(くず)す 몸 컨디션이 나빠지다 | 日常生活(にちじょうせいかつ) 일상생활 | 昼食(ちゅうしょく) 점심 식사 | 助(たす)かる 도움이 되다 | 支持(しじ) 지지 | 差(さ)し支(つか)え 지장, 장애 | 支給(しきゅう) 지급

2 오로지

1 운동한 후에는 목이 말라서 물을 <u>오로지</u> 마셨다.
2 그 전학생은 <u>오로지</u> 웃고 내 앞을 지나갔다.
3 올해 여름방학은 <u>오로지</u> 수험공부에 힘을 쏟지 않으면 안 된다.
4 동료가 <u>오로지</u> 이야기하는 것이 우연히 들려버렸다.

해설 ひたすら(오로지)를 가장 올바르게 사용한 것은 **3번**이다. 1번은 ごくごく(꿀꺽꿀꺽), 2번은 にっこり(방긋), 4번은 ひそひそ(소곤소곤)를 사용하는 것이 가장 알맞다.

단어 ひたすら 오로지, 한결같이 | のどが渇(かわ)く 목이 마르다 | 転校生(てんこうせい) 전학생 | 通(とお)り過(す)ぎる 지나가다 | 受験勉強(じゅけんべんきょう) 수험공부 | 力(ちから)を入(い)れる 힘을 쏟다 | 同僚(どうりょう) 동료 | 偶然(ぐうぜん) 우연히 | ごくごく 꿀꺽꿀꺽 | にっこり 방긋 | ひそひそ 소곤소곤

3 떼어 놓다

1 오늘은 중요한 계약이 있기 때문에 정신을 <u>떼어 놓고</u> 힘내겠습니다.
2 담임 선생님은 저 학생을 나쁜 친구로부터 <u>떼어 놓으려고</u> 노력하고 있었다.
3 친구의 결혼식 사회를 <u>떼어 놓게</u> 되어서 긴장하고 있다.
4 여름 축제의 제비뽑기에서 1등을 <u>떼어 놓아서</u> 올해 제일의 운을 쓴 기분이다.

해설 引き離す(떼어 놓다)를 가장 올바르게 사용한 것은 **2번**이다. 1번은 気を引き締める(정신을 똑바로 차리다), 3번은 引き受ける(떠맡다), 4번은 引き当てる(당첨되다)를 사용하는 것이 알맞다.

단어 引(ひ)き離(はな)す 떼어 놓다, 갈라 놓다 | 契約(けいやく) 계약 | 担任(たんにん) 담임 | 努力(どりょく) 노력 | 友人(ゆうじん) 친구 | 結婚式(けっこんしき) 결혼식 | 司会(しかい) 사회 | 緊張(きんちょう) 긴장 | くじ引(び)き 제비뽑기 | 気(き)を引(ひ)き締(し)める 정신을 똑바로 차리다 | 引(ひ)き受(う)ける 떠맡다 | 引(ひ)き当(あ)てる 당첨되다, 제비를 뽑아 맞히다

4 덜렁대다

1 아들은 <u>덜렁대는</u> 성격으로 어린 시절부터 혼자서 책을 읽는 것을 좋아했다.
2 오늘은 회의를 하거나 출장을 가거나 하는 <u>덜렁대는</u> 하루였다.
3 남의 방에서도 상관없이 쉬다니 <u>덜렁대는</u> 증거다.
4 나는 자주 지갑을 잃어버리기 때문에 주위에서 <u>덜렁대는</u> 사람이라고 말해지고 있다.

해설 そそっかしい(덜렁대다)를 가장 올바르게 사용한 것은 **4번**이다. 1번은 大人しい(얌전하다), 2번은 慌ただしい(분주하다), 3번은 厚かましい(낯짝이 두껍다)를 사용하는 것이 알맞다.

단어 そそっかしい 덜렁대다 | 性格(せいかく) 성격 | 幼(おさな)い 어리다 | 構(かま)う 상관하다 | 証拠(しょうこ) 증거 | 財布(さいふ)を落(お)とす 지갑을 잃어버리다 | 周(まわ)り 주위 | 大人(おとな)しい 얌전하다 | 慌(あわ)ただしい 분주하다 | 厚(あつ)かましい 낯짝이 두껍다

5 묶다

1 다 읽은 잡지나 책은 끈으로 <u>묶고</u> 나서 버리는 것이 규칙이다.
2 다 씻은 접시는 거기에 <u>묶어</u> 놓아 주세요.
3 사전에 정보를 모아서 필요한 지식을 <u>묶어</u> 두다.
4 새 서비스에 대해서 왜인지 자신감이 <u>묶어</u> 왔다.

해설 縛る(묶다)를 가장 올바르게 사용한 것은 **1번**이다. 2번은 重ねる(포개다), 3번은 蓄える(비축하다), 4번은 湧く(솟다)를 사용하는 것이 알맞다.

단어 縛(しば)る 묶다, 매다 | ひも 끈 | 規則(きそく) 규칙 | 皿(さら) 접시 | 事前(じぜん)に 사전에 | 情報(じょうほう) 정보 | 知識(ちしき) 지식 | サービス 서비스 | ~に対(たい)して ~에 대해서 | なぜか 왠지 | 自信(じしん) 자신(감) | 重(かさ)ねる 포개다 | 蓄(たくわ)える 비축하다 | 湧(わ)く (샘)솟다

용법 핵심단어 실전 연습 문제③   191p

1 ①   2 ②   3 ③   4 ②   5 ④

문제6 다음 말의 사용법으로서 가장 알맞은 것을, 1·2·3·4에서 하나 고르세요.

1 재적

1 나는 지금 도쿄에 오피스가 있는 회사에 <u>재적</u>하고 있다.
2 그 생물을 나는 본 적이 없지만, 확실히 <u>재적</u>하는 것 같다.
3 오늘 동창회에는 1학년 1반이었던 30명 전원이 <u>재적</u>하고 있다.
4 야마다 씨는 몸 컨디션이 나쁜 것 같아서 내일은 <u>재적</u>한다고 연락이 왔다.

해설 在籍(재적)를 가장 올바르게 사용한 것은 **1번**이다. 2번은 存在(존재), 3번은 出席(출석), 4번은 欠席(결석)를 사용하는 것이 알맞다.

단어 在籍(ざいせき) 재적 | オフィス 오피스 | 生(い)き物(もの) 생물 | 確実(かくじつ)だ 확실하다 | 同窓会(どうそうかい) 동창회 | 全員(ぜんいん) 전원 | 体調(たいちょう) 몸의 상태 | 存在(そんざい) 존재 | 出席(しゅっせき) 출석 | 欠席(けっせき) 결석

2 코스트, 비용

1 꽤 익숙해졌기 때문에 상급자용의 <u>코스트</u>에 도전하기로 했다.
2 <u>코스트</u>가 든다는 이유로 그 안은 채용되지 않았다.
3 테이블에 붙여져 있는 <u>코스트</u>를 읽으면 스마트폰에서 주문을 할 수 있다.
4 이 상품은 정말 <u>코스트</u>가 좋기 때문에 매우 인기가 있다.

해설 コスト(코스트, 비용)를 가장 올바르게 사용한 것은 **2번**이다. 1번은 コース(코스), 3번은 コード(코드), 4번은 コスパ(가성비)를 사용하는 것이 알맞다.

단어 コスト 코스트, 비용 | だいぶ 꽤 | 慣(な)れる 익숙해지다 | 上級者(じょうきゅうしゃ) 상급자 | ~向(む)け ~용 | チャレンジ 챌

린지, 도전 | 案(あん) 안 | 採用(さいよう) 채용 | テーブル 테이블 | 貼(は)る 붙이다 | 読(よ)み取(と)る 읽다, 판독하다 | スマホ 스마트폰 | 注文(ちゅうもん) 주문 | 商品(しょうひん) 상품 | コース 코스 | コード 코드 | コスパ 가성비

3 고용하다

1 다음 주부터 집 근처의 편의점에서 <u>고용</u>하게 되었다.
2 이 아파트는 2년 계약으로 <u>고용</u>하여 살고 있다.
3 벌이가 되지 않아서 아르바이트를 <u>고용</u>할 여유도 없는 것이 현재 상황이다.
4 외국에 가면 그 나라의 문화나 습관에 <u>고용</u>하는 것이 제일이다.

해설　雇う(고용하다)를 가장 올바르게 사용한 것은 **3번**이다. 1번은 働く(일하다), 2번은 借りる(빌리다), 4번은 従う(따르다)를 사용하는 것이 알맞다.

단어　雇(やと)う 고용하다 | コンビニ 편의점 | 契約(けいやく) 계약 | 儲(もう)かる 벌이가 되다 | 余裕(よゆう) 여유 | 現状(げんじょう) 현상, 현재 상태 | 習慣(しゅうかん) 습관 | 働(はたら)く 일하다 | 借(か)りる 빌리다 | 従(したが)う 따르다

4 아직도

1 곤란한 일이 있으면 <u>아직도</u> 연락해 주세요.
2 몇 번 들어도 나는 그 이야기를 <u>아직도</u> 믿을 수가 없다.
3 사촌에게 옷을 받았지만, <u>아직도</u> 귀엽지 않았다.
4 여기까지 왔는데, <u>아직도</u> 그런 말을 들어도 곤란하다.

해설　いまだに(아직도)를 가장 올바르게 사용한 것은 **2번**이다. 1번은 いつでも(언제든지), 3번은 いまいち(뭔가 좀 모자란 모양), 4번은 いまさら(이제 와서)를 사용하는 것이 알맞다.

단어　いまだに 아직도 | 信(しん)じる 믿다 | いとこ 사촌 | 洋服(ようふく) 옷 | いつでも 언제든지 | いまいち 뭔가 좀 모자란 모양 | いまさら 이제 와서

5 따끈따끈

1 봄이 가까워지면 새로운 일이 시작될 것 같아서 <u>따끈따끈</u>하다.
2 역 앞에 있는 카페의 팬케이크가 매우 <u>따끈따끈</u>해서 큰 인기인 것 같다.
3 세세한 곳까지 정성껏 청소했기 때문에 <u>따끈따끈</u> 해졌다.
4 <u>따끈따끈</u>한 도시락이 맛있어서 항상 이 가게에서 사고 있다.

해설　ほかほか(따끈따끈)를 가장 올바르게 사용한 것은 **4번**이다. 1번은 わくわく(두근두근), 2번은 ふわふわ(폭신폭신), 3번은 ぴかぴか(반짝반짝)를 사용하는 것이 알맞다.

단어　ほかほか 따끈따끈 | 近(ちか)づく 가까워지다 | パンケーキ 팬케이크 | 大人気(だいにんき) 큰 인기 | 細(こま)かい 세세하다 | 丁寧(ていねい)に 정성껏 | お弁当(べんとう) 도시락 | わくわく (설렐 때) 두근두근 | ふわふわ 폭신폭신 | ぴかぴか 반짝반짝

용법 핵심단어 실전 연습 문제④　192p

1 ②　2 ③　3 ①　4 ④　5 ②

문제6　다음 말의 사용법으로서 가장 알맞은 것을, 1・2・3・4에서 하나 고르세요.

1 떠맡다

1 일을 <u>떠맡</u>고 나서 저녁밥을 만들 기력이 없어서 과자를 먹었다.
2 은퇴한 아버지의 뒤를 이어 내가 회사의 책임을 <u>떠맡</u>는 입장이 되었다.
3 시험 전은 합격을 <u>떠맡</u>아서 돈가스를 먹도록 하고 있다.
4 새로운 회사는 집세의 일부를 <u>떠맡</u>아 준다고 한다.

해설　担う(떠맡다)를 가장 올바르게 사용한 것은 **2번**이다. 1번은 背負う(짊어지다), 3번은 願う(바라다), 4번은 負担する(부담하다)를 사용하는 것이 알맞다. 1번도 한국어 해석상 정답이 될 것 같지만, 担う는 책임감 등을 짊어지다라는 뉘앙스이기 때문에 정답이 아니다.

단어　担(にな)う 짊어지다, 떠맡다 | 夕飯(ゆうはん) 저녁밥 | 気力(きりょく) 기력 | 引退(いんたい) 은퇴 | 継(つ)ぐ 잇다, 계승하다 | 責任(せきにん) 책임 | 立場(たちば) 입장 | 合格(ごうかく) 합격 | トンカツ 돈가스 | 家賃(やちん) 집세 | 一部(いちぶ) 일부 | 背負(せお)う (혼자서, 독박으로) 짊어지다 | 願(ねが)う 바라다, 기원하다 | 負担(ふたん) 부담

2 오싹하다

1 이상한 사람이 집 주위를 <u>오싹</u>하게 하고 있었기 때문에 경찰에 신고했다.
2 시험공부에 집중하고 싶은데, 옆방이 시끄러워서 <u>오싹</u>했다.
3 여행에서 친구에게 들은 <u>오싹</u>한 이야기 탓에 잠잘 수 없었다.
4 이불 속에서 한동안 오싹해 있었더니 꽤 마음이 안정되었다.

해설　ぞっとする(오싹하다)를 가장 올바르게 사용한 것은 **3번**이다. 1번은 うろうろ(어슬렁어슬렁), 2번은 いらいらする(짜증 나다), 4번은 じっとする(가만히 있다)를 사용하는 것이 알맞다.

단어　ぞっとする 오싹하다 | 周(まわ)り 주위 | 通報(つうほう) 통보, 신고 | 試験勉強(しけんべんきょう) 시험공부 | 集中(しゅうちゅう) 집중 | しばらく 잠깐, 한동안 | だいぶ 꽤, 제법 | 落(お)ち着(つ)く 안정되다, 진정되다 | うろうろ 우왕좌왕, 어슬렁어슬렁 | いらいらする 짜증 나다 | じっとする 가만히 있다

3 발휘

1 이 일은 나의 장점을 <u>발휘</u>할 수 있는 최고의 일이다.
2 부장은 바쁜 것 같다. 아무래도 문제가 <u>발휘</u>한 것 같다.
3 버스가 갑자기 <u>발휘</u>하여 승객이 다칠 뻔했다.
4 인기 가수의 콘서트 티켓이 <u>발휘</u>되었지만, 바로 완매되었다.

해설　発揮(발휘)를 가장 올바르게 사용한 것은 **1번**이다. 2번은 発生(발

생), 3번은 発進(발진), 4번은 発売(발매)를 사용하는 것이 알맞다.

단어 発揮(はっき) 발휘 | 長所(ちょうしょ) 장점 | どうやら 아무래도 | 急(きゅう)に 갑자기 | 乗客(じょうきゃく) 승객 | 怪我(けが)をする 다치다 | コンサート 콘서트 | チケット 티켓 | すぐに 바로, 즉시 | 完売(かんばい) 완매, 매진 | 発生(はっせい) 발생 | 発進(はっしん) 발진 | 発売(はつばい) 발매

4 달리 바꾸다

1 가이드라인에 따라 가위로 달리 바꾸는 것만으로 작품이 완성된다.
2 남자친구가 결혼에 대해서 이야기를 달리 바꾸기까지 10년이나 걸렸다.
3 이 문제는 소수점 이하는 달리 바꾸고 계산하는 편이 좋아요.
4 환경 보호를 위해서 가솔린차에서 전기차로 달리 바꿨다.

해설 切り替える(달리 바꾸다)를 가장 올바르게 사용한 것은 **4번**이다. 1번은 切り取る(오려내다), 2번은 切り出す(꺼내다), 3번은 切り捨てる(잘라 버리다)를 사용하는 것이 알맞다.

단어 切(き)り替(か)える 달리 바꾸다, 전환하다 | ガイドライン 가이드라인 | ~に沿(そ)って ~에 따라(서) | 完成(かんせい) 완성 | 小数点(しょうすうてん) 소수점 | 計算(けいさん) 계산 | 環境保護(かんきょうほご) 환경 보호 | ガソリン車(しゃ) 가솔린차 | 電気車(でんきしゃ) 전기차 | 切(き)り取(と)る 오려내다 | 切(き)り出(だ)す 꺼내다 | 切(き)り捨(す)てる 잘라 버리다

5 끈덕지다

1 많은 계약을 맺기 위해서는 다소 끈덕지지 않으면 무리야.
2 끈덕진 것 같지만, 내일은 반드시 7시까지 집합해 주세요.
3 일본어를 공부하기 위해서 드라마나 애니메이션을 매일 보고 있다니 끈덕지네요.
4 저 교수님은 목소리가 끈덕지기 때문에 마이크 없이도 충분히 들린다.

해설 くどい(끈덕지다)를 가장 올바르게 사용한 것은 **2번**이다. 1번은 厚かましい(낯짝이 두껍다), 3번은 偉い(훌륭하다), 4번은 大きい(크다)를 사용하는 것이 알맞다.

단어 くどい 끈덕지다, 장황하다 | 契約(けいやく) 계약 | 結(むす)ぶ 맺다 | 多少(たしょう) 다소 | 集合(しゅうごう) 집합 | 教授(きょうじゅ) 교수 | マイク 마이크 | ~なしでも ~없이도 | 厚(あつ)かましい 낯짝이 두껍다 | 偉(えら)い 훌륭하다, 대단하다

용법 핵심단어 실전 연습 문제⑤ 193p

1 ④ 2 ① 3 ② 4 ③ 5 ②

문제6 다음 말의 사용법으로서 가장 알맞은 것을, 1・2・3・4에서 하나 고르세요.

1 초보

1 그렇게 먼 거리가 아니기 때문에 나는 초보로 이동할 생각이다.
2 내일은 아침 빠른 초보이기 때문에 오늘은 빨리 자는 편이 좋다고 생각한다.
3 기대하고 있는 애니메이션의 초보 방송은 다음 주 월요일이다.
4 아직 초보 단계지만, 매우 어려워서 계속할 수 있을지 불안해졌다.

해설 初歩(초보)를 가장 올바르게 사용한 것은 **4번**이다. 1번은 徒歩(도보), 2번은 出発(출발), 3번은 初回(첫 회)를 사용하는 것이 알맞다.

단어 初歩(しょほ) 초보 | 距離(きょり) 거리 | 移動(いどう) 이동 | 早(はや)めに 빨리, 일찌감치 | 段階(だんかい) 단계 | 不安(ふあん) 불안 | 徒歩(とほ) 도보 | 出発(しゅっぱつ) 출발 | 初回(しょかい) 첫 회

2 비판

1 그때 그의 말과 행동은 많은 사람들로부터 비판을 받았다.
2 옛날과 현재의 비판에 의하여 생활습관이 건강으로의 영향을 알게 되었다.
3 타인이 자신을 어떻게 비판하는지를 과잉하게 신경 써서는 안 된다.
4 인터뷰에서 은퇴 이유는 결혼이라는 소문을 완전히 비판했다.

해설 批判(비판)을 가장 올바르게 사용한 것은 **1번**이다. 2번은 比較(비교), 3번은 評価(평가), 4번은 否定(부정)을 사용하는 것이 알맞다.

단어 批判(ひはん) 비판 | 行動(こうどう) 행동 | 批判(ひはん)を浴(あ)びる 비판을 받다 | 生活習慣(せいかつしゅうかん) 생활습관 | 健康(けんこう) 건강 | 影響(えいきょう) 영향 | 他人(たにん) 타인 | 過剰(かじょう) 과잉 | インタビュー 인터뷰 | 引退(いんたい) 은퇴 | うわさ 소문 | 完全(かんぜん)に 완전히 | 比較(ひかく) 비교 | 評価(ひょうか) 평가 | 否定(ひてい) 부정

3 힘을 북돋우다

1 둘이서 힘을 북돋아서 그 문제를 해결할 수 있었다.
2 내가 우울했을 때, 그녀는 항상 따뜻한 말로 힘을 북돋아 주었다.
3 힘을 북돋우던 선수가 우승했기 때문에 너무 기뻤다.
4 건강진단 결과를 보고 담배를 끊고 운동하도록 힘을 북돋았다.

해설 力づける(힘을 북돋우다)를 가장 올바르게 사용한 것은 **2번**이다. 1번은 力を合わせる(힘을 합치다), 3번은 応援する(응원하다), 4번은 勧める(권하다)를 사용하는 것이 알맞다.

단어 力(ちから)づける 힘을 북돋우다, 격려하다 | 解決(かいけつ) 해결 | 落(お)ち込(こ)む 우울하다 | 温(あたた)かい 따뜻하다 | 優勝(ゆうしょう) 우승 | 健康診断(けんこうしんだん) 건강진단 | 結果(けっか) 결과 | 力(ちから)を合(あ)わせる 힘을 합치다 | 応援(おうえん) 응원 | 勧(すす)める 권하다, 권유하다

4 애매

1 아버지가 귀가하는 차 소리가 애매하게 들린 것 같은 느낌이 들었다.
2 아인슈타인은 애매한 과학자로서 알려져 있다.
3 그에게 여러 번 물어봐도 애매한 대답밖에 하지 않았다.
4 이 기사를 읽으면 애매한 흐름을 알 수 있게 된다고 생각한다.

해설 あいまい(애매)를 가장 올바르게 사용한 것은 **3번**이다. 1번은 かす

かだ(희미하다), 2번은 偉大だ(위대하다), 4번은 大まかだ(대략적이다)를 사용하는 것이 알맞다.

단어 曖昧(あいまい)だ 애매하다 | 帰宅(きたく) 귀가 | 気(き)がする 느낌이 들다 | アインシュタイン 아인슈타인 | 科学者(かがくしゃ) 과학자 | 記事(きじ) 기사 | 流(なが)れ 흐름 | かすかだ 희미하다, 어렴풋하다 | 偉大(いだい)だ 위대하다 | 大(おお)まかだ 대략적이다

5 들쑥날쑥

1 내일부터 첫 해외여행을 가기 때문에 들쑥날쑥하고 있다.
2 그 아이는 아직 어리기 때문에 들쑥날쑥한 선을 가위로 자르는 것은 어렵다.
3 이 책상은 들쑥날쑥해서 위험하기 때문에 다른 책상과 교환하는 편이 좋다.
4 많이 놀아서 목이 말랐던 건지 차를 들쑥날쑥 마시고 있었다.

해설 ぎざぎざ(들쑥날쑥)를 가장 올바르게 사용한 것은 **2번**이다. 1번은 わくわく(두근두근), 3번은 ぐらぐら(흔들흔들), 4번은 ごくごく(꿀꺽꿀꺽)를 사용하는 것이 알맞다.

단어 ぎざぎざ 들쑥날쑥 | 幼(おさな)い 어리다 | 交換(こうかん) 교환 | のどが渇(かわ)く 목이 마르다 | わくわく(설렐 때) 두근두근 | ぐらぐら 흔들흔들 | ごくごく 꿀꺽꿀꺽

문법

기출문법 실전 연습 문제① 278p

문제7
1 ②	2 ③	3 ②	4 ①	5 ③
6 ④	7 ④	8 ③	9 ④	10 ②
11 ①	12 ③			

문제8
| 13 ① | 14 ② | 15 ④ | 16 ② | 17 ① |

문제9
| 18 ③ | 19 ① | 20 ④ | 21 ② | 22 ② |

문제7 다음 문장의 (　　)에 넣기에 가장 알맞은 것을, 1・2・3・4 에서 하나 고르세요.

1 딸은 외출한 (채), 밤이 되어도 돌아오지 않기 때문에 걱정이다.

1 ~인 만큼   **2 ~한 채**
3 ~하면서(도)   4 ~하도록

해설　문맥상 알맞은 표현은 **2 きり**이다. 1, 2번은 동사 た형과 접속이 되는 문법이지만, 앞뒤 문장과 자연스럽게 연결되기 위해서는 ~きり(~한 채)라는 문법이 가장 적합하다. 3번은 동사 ます형과 접속하는 문법이고, 4번은 동사 기본형, ない형과 접속하는 문법이므로 정답이 아니다.

단어　娘(むすめ) 딸 | 出(で)かける 외출하다 | ~きり ~한 채 | ~だけに ~인 만큼 | ~つつ ~하면서(도) | ~ように ~하도록

2 원자력 발전소 건설에 대해서 저는 반대입니다. (가령) 협박 당하는 일이 있어도, 의견을 바꾸지 않습니다.

1 모처럼   2 설마
3 가령, 만일   4 드디어, 마침내

해설　문맥상 알맞은 표현은 **3 かりに**이다. 원자력 발전소 건설에 반대 의견을 가지고 있기 때문에 협박당하는 일이 있어도 의견을 바꾸지 않겠다는 문장에 가장 적합한 부사는 かりに(가령, 만일)이다.

단어　原子力発電所(げんしりょくはつでんしょ) 원자력 발전소 | 建設(けんせつ) 건설 | ~に対(たい)して ~에 대해서 | 反対(はんたい) 반대 | かりに 가령, 만일 | 脅(おど)かす 겁주다, 협박하다 | 意見(いけん) 의견 | せっかく 모처럼 | まさか 설마 | ついに 드디어, 마침내

3 정치가이면서 그런 차별적인 말을 하다니 믿기 (어렵).

1 자주 ~하다   **2 ~하기 어렵다**
3 ~하기 쉽다   4 너무 ~하다

해설　문맥상 알맞은 표현은 **2 がたい**이다. 모두 동사 ます형과 접속이 되는 문법이지만, 앞 문장과 자연스럽게 연결되기 위해서는 ~がたい(~하기 어렵다)라는 문법이 가장 적합하다.

단어　政治家(せいじか) 정치가 | ~ながら ~하면서 | 差別的(さべつてき)だ 차별적이다 | 信(しん)じる 믿다 | ~がたい ~하기 어렵다 | ~がちだ 자주 ~하다, ~하는 경향이 있다 | ~やすい ~하기 쉽다 | ~すぎる 너무 ~하다

4 이 빵은 100개 한정이기 (때문에), 매일 아침 가게 앞에는 행 렬이 생겨 있다.

1 ~(으)로 인해, ~때문에   2 ~하는 데 있어서, ~한 후에
3 ~하게도   4 ~기는 하지만

해설　문맥상 알맞은 표현은 **1 ことから**이다. 1, 4번은 명사+である 형태와 접속이 되는 문법이지만, 앞뒤 문장과 자연스럽게 연결되기 위해서는 ~ことから(~(으)로 인해, ~때문에)라는 문법이 가장 적합하다. 2번은 명사+の 형태와 접속하는 문법이고, 3번은 명사와 접속하지 않는 문법이므로 정답이 아니다.

단어　~個(こ) ~개 | 限定(げんてい) 한정 | ~ことから ~(으)로 인해, ~때문에 | 行列(ぎょうれつ) 행렬 | ~うえで ~하는 데 있어서, ~한 후에 | ~ことに ~하게도 | ~ものの ~기는 하지만

5 성인이지 않 (고서는) 술을 마셔서는 안 된다고 법률로 정해 져 있다.

1 ~할 수 (만) 있다면, ~했다가는   2 ~라고는 해도, ~라고는 하나
3 ~고서는   4 ~이기 때문에

해설　문맥상 알맞은 표현은 **3 ことには**이다. 2, 3, 4번은 명사 ない형과 접속이 되는 문법이지만, 앞뒤 문장과 자연스럽게 연결되기 위해서는 ~ことには(~하지 않고서는)라는 문법이 가장 적합하다. 1번은 동사 기본형이나 동사 의지형과 접속하는 문법이므로 정답이 아니다.

단어　成人(せいじん) 성인 | ~ないことには ~하지 않고서는, ~하지 않으면 | 法律(ほうりつ) 법률 | ~ものなら ~할 수 (만) 있다면, ~했다가는 | ~とはいえ ~라고는 해도, ~라고는 하나 | ~からこそ ~이기 때문에

6 한정된 시간을 의미 있는 것으로 할 수 있을지 어떨지는 자신의 행동 (에 달려 있다).

1 ~만, 뿐이다   2 ~하는 법이다
3 ~일 것이다, ~임이 분명하다   **4 ~에 달려 있다**

해설　문맥상 알맞은 표현은 **4 しだいだ**이다. 1, 4번은 명사와 접속이 되는

문법이지만, 앞 문장과 자연스럽게 연결되기 위해서는 ~しだいだ (~에 달려 있다)라는 문법이 가장 적합하다. 2번은 명사와 접속을 하지 않는 문법이고, 3번은 명사+の・である 형태와 접속하는 문법이므로 정답이 아니다.

단어 限(かぎ)る 한정하다 | 行動(こうどう) 행동 | ~しだいだ ~에 달려 있다 | ~ばかりだ ~만, 뿐이다 | ~ものだ ~하는 법이다 | ~はずだ ~일 것이다, ~임이 분명하다

---

7 서류에 성함과 주소를 기입하신 (후에), 저에게 건네주세요.

1 ~도중에
2 ~한 끝에
3 ~하는 한편으로
4 ~한 후에

해설 문맥상 알맞은 표현은 **4 上で**이다. 모두 명사+の 형태와 접속이 되는 문법이지만, 앞뒤 문장과 자연스럽게 연결되기 위해서는 ~上で(~한 후에)라는 문법이 가장 적합하다.

단어 書類(しょるい) 서류 | 記入(きにゅう) 기입 | ~上(うえ)で ~하는 데 있어서, ~한 후에 | ~途中(とちゅう)で ~도중에 | ~末(すえ)に ~한 끝에 | ~一方(いっぽう)(で) ~하는 한편(으로)

---

8 (졸업식에서)
졸업생 "졸업생을 대표해서 인사하겠습니다. 재학 중에는 교장선생님 (을 비롯하여) 선생님들에게 대단히 신세를 졌습니다."

1 ~을/를 불문하고
2 ~에 따라서
3 ~을/를 시작으로, ~을/를 비롯하여
4 ~에서

해설 문맥상 알맞은 표현은 **3 をはじめ**이다. 모두 명사와 접속이 되는 문법이지만, 앞뒤 문장과 자연스럽게 연결되기 위해서는 ~をはじめ (~을/를 시작으로, ~을/를 비롯하여)라는 문법이 가장 적합하다.

단어 卒業式(そつぎょうしき) 졸업식 | 卒業生(そつぎょうせい) 졸업생 | 代表(だいひょう) 대표 | 挨拶(あいさつ) 인사 | ~させていただく ~하겠다 | 在学中(ざいがくちゅう) 재학 중 | ~をはじめ ~을/를 시작으로, ~을/를 비롯하여 | 先生方(せんせいがた) 선생님들 | 大変(たいへん) 대단히, 매우 | お世話(せわ)になる 신세를 지다 | ~をとわず ~을/를 불문하고 | ~にしたがって ~에 따라서 | ~において ~에서

---

9 얼마 전 말씀드린 발표 건 말인데요, 부디 저에게 (시켜주실 수 없겠습니까?)

1 해도 좋으실까요?
2 해 주실 수 없으신가요?
3 해 주시겠어요?
4 시켜주실 수 없을까요?

해설 문맥상 알맞은 표현은 **4 やらせていただけないでしょうか**이다. 모두 정중한 문법이지만, 앞 문장과 자연스럽게 연결되기 위해서는 동사 사역형+させていただけないでしょうか(~하게 해 주실 수 없을까요?)라는 문법이 가장 적합하다.

단어 先日(せんじつ) 얼마 전, 요전에 | 申(もう)し上(あ)げる 말씀드리다 (겸양어) | プレゼン 프레젠테이션, 발표(プレゼンテーション의 줄임말) | 件(けん) 건 | ぜひ 부디, 꼭 | やる 하다 | ~させていただく ~하게 해 받다 (겸양어) | ~てもよろしい ~해도 좋다 (정중어) |

~ていただく ~해 받다 (겸양어) | ~てくださる ~해 주시다 (존경어)

---

10 (집에서)
아내 "오늘, 근처에 오픈한 가게에서 디저트 사 왔어."
남편 "이 디저트, 조금 이상한 모양이네."
아내 "모양 (은 어찌 됐든) 정말 맛있으니까 먹어 봐."

1 ~은/는 물론
2 ~은/는 어찌 됐든
3 ~에 한하지 않고
4 ~도 개의치 않고, ~도 아랑곳하지 않고

해설 문맥상 알맞은 표현은 **2 はともかく**이다. 모두 명사와 접속이 되는 문법이지만, 앞뒤 문장과 자연스럽게 연결되기 위해서는 ~はともかく(~은/는 어찌 됐든)라는 문법이 가장 적합하다.

단어 近所(きんじょ) 근처 | オープン 오픈 | デザート 디저트 | 形(かたち) 모양, 형태 | ~はともかく ~은/는 어찌 됐든 | ~はもとより ~은/는 물론 | ~にかぎらず ~에 한하지 않고 | ~もかまわず ~도 개의치 않고, ~도 아랑곳하지 않고

---

11 성적은 좋지 않지만, 그림의 잘하는 정도 (에 있어서는) 내가 반에서 일등이라고 생각한다.

1 ~에 있어서는
2 ~에 따라서는, ~에 맞춰서는
3 ~에 걸쳐서는
4 ~은/는 제쳐두고는

해설 문맥상 알맞은 표현은 **1 にかけては**이다. 모두 명사와 접속이 되는 문법이지만, 앞뒤 문장과 자연스럽게 연결되기 위해서는 ~にかけては(~에 있어서는)라는 문법이 가장 적합하다.

단어 成績(せいせき) 성적 | 絵(え) 그림 | 上手(うま)さ 잘하는 정도 | ~にかけては ~에 있어서는 | クラス 클래스, 반 | ~に応(おう)じて ~에 따라서, ~에 맞춰서 | ~にわたって ~에 걸쳐서 | ~は別(べつ)として ~은/는 제쳐두고

---

12 그 기술의 도입에 따른 효과에 대해서는 현시점에서는 (알기 어렵습니다).

1 알아야 합니다
2 알기 어렵습니다, 알 수 없습니다
3 아는 것에 지나지 않습니다
4 모를 수 없습니다

해설 문맥상 알맞은 표현은 **2 わかりかねます**이다. 앞 문장과 자연스럽게 연결되기 위해서는 동사 ます형+かねる(~하기 어렵다, ~할 수 없다)라는 문법이 가장 적합하다.

단어 技術(ぎじゅつ) 기술 | 導入(どうにゅう) 도입 | ~による ~에 따른, ~에 의한 | 効果(こうか) 효과 | ~について ~에 대해서 | 現時点(げんじてん) 현시점 | わかる 알다, 이해하다 | ~べきだ ~해야 한다 | ~かねる ~하기 어렵다, ~할 수 없다 | ~にすぎない ~에 지나지 않는다, ~에 불과하다 | ~ざるを得(え)ない ~하지 않을 수 없다

문제13 다음 문장의 ____★____ 에 들어갈 가장 알맞은 것을, 1・2・3・4에서 하나 고르세요.

> **13** 밤에 혼자 걷고 있던 그녀는 뒤에서 습격당해서, 공포 인 나머지 ★소리 지르는 것도 할 수 없었다.
>
> **1 소리 지르는 것도**　　2 공포
> 3 할 수 없었다　　　　　4 한 나머지

해설　4의 あまり의 앞에 올 수 있는 품사는 명사이므로 2-4번으로 연결된다. 그리고 문맥상 叫ぶこともできなかった(소리 지르는 것도 할 수 없었다)로 이어지는 것이 자연스럽기 때문에 1-3번으로 연결된다. 따라서 2-4-1-3으로 문장을 만들면 **1 叫ぶことも**가 정답이다.

단어　襲(おそ)う 습격하다, 덮치다 | 恐怖(きょうふ) 공포 | ~あまり(너무) ~한 나머지 | 叫(さけ)ぶ 소리 지르다, 외치다

> **14** 미술전을 볼지 보지 않을지 ★에 관계없이 저 미술관 에 들어가기 위해서는 돈을 내지 않으면 안 된다.
>
> 1 보지 않을지　　　　　2 에 들어가다
> **3 에 관계없이**　　　　4 저 미술관

해설　앞 문장 見るか(볼지)는 ～か～ないか(~할지 안 할지)라는 문법으로 1번이 제일 먼저 나온다. 그리고 문맥상 見るか見ないかにかかわらず(볼지 보지 않을지에 관계없이)로 이어지는 것이 자연스럽기 때문에 1-3번으로 연결된다. 2 に入る의 앞에 명사가 오는 것이 적절하므로 4-2번으로 연결된다. 따라서 1-3-4-2로 문장을 만들면 **3 にかかわらず**가 정답이다.

단어　美術展(びじゅつてん) 미술전 | ～か～ないか ~할지 안 할지 | ～にかかわらず ~에 관계없이 | 美術館(びじゅつかん) 미술관 | 払(はら)う 지불하다 | ～なければならない ~하지 않으면 안 된다

> **15** 무거운 짐을 들고 전철에 탔더니, 운이 좋 게도 ★좌석이 하나만 비어 있었기 때문에 앉을 수 있었다.
>
> 1 하나　　　　　　　　　2 하게도
> 3 운이 좋은　　　　　　**4 좌석이**

해설　2 ことに의 앞에 な형용사의 명사 수식형으로 오는 것이 적절하므로 3-2번으로 연결된다. 뒤 문장 だけ의 앞에는 1 一つ가 와서 一つだけ(하나만)으로 연결되는 것이 자연스럽기 때문에 4-1번으로 연결된다. 따라서 3-2-4-1로 문장을 만들면 **4 座席が**가 정답이다.

단어　荷物(にもつ) 짐 | ラッキーだ 럭키다, 운이 좋다 | ～ことに ~하게도 | 座席(ざせき) 좌석

> **16** 아들은 초인종이 울리는 것과 동시에 ★하다 만 숙제를 남기고, 친구랑 놀러 가 버렸다.
>
> 1 숙제를　　　　　　　　**2 하다 만**
> 3 와/과 동시에　　　　　4 울리다

해설　'초인종이 울리다'는 ベルが鳴る이기 때문에 4번이 제일 먼저 나온다. 그리고 3 と同時에 앞에는 동사 기본형이 오기 때문에 4-3번으로 연결된다. 2 やりかけ의 뒤에는 명사가 와야 하기 때문에 2-1번으로 연결된다. 따라서 4-3-2-1로 문장을 만들면 **2 やりかけの**가 정답이다.

단어　息子(むすこ) 아들 | ベルが鳴(な)る 초인종이 울리다 | ～と同時(どうじ)に ~와/과 동시에 | ～かけの ~하다만 | 残(のこ)す 남기다

> **17** 인기인 상품이 발매되었기 때문에 매진되기 전에 ★예약 하지 않을 수 없다.
>
> **1 예약**　　　　　　　　2 매진되다
> 3 하지 않을 수 없다　　　4 전에

해설　문맥상 売り切れる前に(매진되기 전에)로 이어지는 것이 자연스럽기 때문에 2-4번으로 연결된다. 그리고 3 せざるを得ない는 しない+ざるを得ない 형태로 앞에 명사가 올 수 있고 문맥상 予約せざるを得ない(예약하지 않을 수 없다)로 이어지는 것이 자연스럽기 때문에 1-3번으로 연결된다. 따라서 2-4-1-3으로 문장을 만들면 **1 予約**가 정답이다.

단어　人気(にんき) 인기 | 商品(しょうひん) 상품 | 発売(はつばい) 발매 | 売(う)り切(き)れる 매진되다, 다 팔리다 | ～ざるを得(え)ない ~하지 않을 수 없다

문제13　다음 문장을 읽고, 문장 전체 내용을 생각해서, 18 부터 22 안에 들어갈 가장 알맞은 것을, 1・2・3・4에서 하나 고르세요.

> 이하는 농업에 대해서 쓰여진 문장이다.
>
> ### 스마트 농업
>
> 　나의 본가는 할아버지가 건강했던 때까지 쌀이나 야채를 재배하는 농가였다. 그래서 자주 수확 시기에는 친척이 모여서 도와 주 18 . 그것을 계기로 나는 장래, 최첨단 농업을 확산시키는 활동을 하고 싶다고 생각하고 있다. 내가 이 학교에 입학한 것도 학습할 수 있는 농산물의 종류가 많은 것 이외에도 생산, 판매, 매니지먼트에 이르는 풍부한 지식이나 기술을 배울 수 있기 때문이다. 특히 관심이 있는 분야는 ICT(정보통신기술)이라는 첨단 기술을 활용한 농업이다. 이것은 스마트 농업이라고 말하여 앞으로 현대사회의 인력 부족 19 .
> 　더욱더 자세히 설명하면 이 기술은 AI나 로봇을 사용해서 농업에 관한 정보를 데이터화하고 분석하는 것으로 농작물의 생산성을 높일 수 있는 것이다. 아마 이 기술을 도입해서 자동 운전 농업 기계나 수확 로봇 등에 의해서 자동화하면 인건비를 줄이는 것이 가능해진다. 설령 완전히 자동화를 20 멀리서 스마트폰 등으로 조작해서 잘 활용하면 비용을 삭감할 수 있을 것이다.
> 　 21 , 앞으로 여러 나라에서 농업의 후계자 부족 문제가 계속될 것이다. 하지만 22 을 잘 이용한 새로운 농업을 넓혀 나가면, 장래에는 더욱 편하고 쾌적한 농업 산업화를 도모할 수 있는 것은 아닐까?

> **18**　1 ~한지 얼마 안 되었다　　2 막~했다
> **3 ~하곤 했다**　　　　　　　4 ~하는 것이다

해설　문맥에 맞는 문법 표현을 고르는 문제이다. 앞부분은 동사 과거형으로 끝났고 문맥상 수확 시기에 대한 과거 이야기라는 것을 알 수 있으므로 手伝ったものだ(도와주곤 했었다)라고 말을 이어가는 것이 자

연스럽다. 따라서 **3 ものだ**가 정답이다.

표현 ～ばかりだ 막 ~했다, ~한지 얼마 안 되었다 | ～ところだ 막 ~했다 | ～ものだ ~하곤 했다 | ～ことだ ~하는 것이다

19 1 해소할 것임이 틀림없다   2 해소한 것에 지나지 않는다
      3 해소했다고는 할 수 없다   4 해소해서는 안 된다

해설 문맥에 맞는 문법 표현을 고르는 문제이다. 빈칸 앞부분에서 ICT에 대해서 소개하면서 뒷부분에서도 이에 대해서 긍정적인 의견을 말하고 있다. 그러므로 현대사회의 인력 부족을 해소할 것임이 틀림없다고 긍정적으로 말을 이어가는 것이 자연스럽다. 따라서 **1 解消するに相違ない**가 정답이다.

표현 解消(かいしょう) 해소 | ～に相違(そうい)ない ~임이 틀림없다 | ～にすぎない ~에 지나지 않는다, ~에 불과하다 | ～とは限(かぎ)らない (반드시) ~라고는 할 수 없다 | ～べきではない ~해서는 안 된다

20 1 할 수 있다고 하면   2 할 수 있을 정도라면
      3 할 수 없는 채로   **4 할 수 없더라도**

해설 문맥에 맞는 문법 표현을 고르는 문제이다. 빈칸 앞부분에서 たとえ(설령)라는 표현이 나왔기 때문에 たとえ～ても(설령 ~해도)라고 연결하는 것이 자연스럽고, 문맥상 자동화를 할 수 없더라도라고 말을 이어가는 것이 적절하다. 따라서 **4 できなくても**가 정답이다.

표현 できる 할 수 있다 | ～とすると ~라고 하면 | ～くらいなら ~정도라면, ~할 바에는 | ～まま ~한 채로 | たとえ～ても 설령 ~해도

21 1 게다가   **2 그렇다 하더라도**
      3 혹은   4 참고로

해설 문맥에 맞는 접속사를 고르는 문제이다. 앞부분에서 ICT에 의해 농작물의 생산성을 훨씬 높일 수 있다고 긍정적인 의견을 말한 후, 빈칸 뒷부분에서 앞으로 후계자 부족 문제는 계속될 것이라고 농업에 대한 부정적인 상황을 설명했다. 따라서 빈칸에 들어갈 접속사로 알맞은 것은 **2 とはいえ**이다.

표현 しかも 게다가 | とはいえ 그렇다 하더라도 | あるいは 혹은 | ちなみに 참고로

22 1 어느 기술   **2 이러한 기술**
      3 어떠한 기술   4 옛날 기술

해설 문맥에 맞는 지시어를 고르는 문제이다. 빈칸 앞부분에서 계속 ICT라는 첨단 기술에 대한 이야기를 했으므로 이 기술을 가리키는 지시어로 알맞은 것은 **2 こういった技術**이다.

표현 ある 어느 | こういった 이러한 | どういう 어떠한 | かつて 옛날 | 技術(ぎじゅつ) 기술

단어 スマート農業(のうぎょう) 스마트 농업 | 実家(じっか) 본가 | 祖父(そふ) 할아버지 | 米(こめ) 쌀 | 栽培(さいばい) 재배 | 農家(のうか) 농가 | 収穫(しゅうかく) 수확 | 時期(じき) 시기 | 親戚(しんせき) 친척 | 最先端(さいせんたん) 최첨단 | 農業(のうぎ

ょう) 농업 | 広(ひろ)める 넓히다 | 活動(かつどう) 활동 | 農産物(のうさんぶつ) 농산물 | 種類(しゅるい) 종류 | ほか 외 | 生産(せいさん) 생산 | 販売(はんばい) 판매 | マネージメント 매니지먼트, 경영 | 至(いた)る 이르다 | 豊富(ほうふ)だ 풍부하다 | 知識(ちしき) 지식 | 技術(ぎじゅつ) 기술 | 学(まな)ぶ 배우다 | 関心(かんしん) 관심 | 分野(ぶんや) 분야 | 情報(じょうほう) 정보 | 通信(つうしん) 통신 | 先端(せんたん) 첨단 | 活用(かつよう) 활용 | 現代社会(げんだいしゃかい) 현대 사회 | 人手不足(ひとでぶそく) 인력 부족, 인력난 | さらに 더욱이, 게다가 | 詳(くわ)しい 상세하다, 잘 알다 | ロボット 로봇 | 用(もち)いる 사용하다, 이용하다 | データ化(か) 데이터화 | 分析(ぶんせき) 분석 | 農作物(のうさくぶつ) 농작물 | 生産性(せいさんせい) 생산성 | おそらく 아마 | 導入(どうにゅう) 도입 | 自動(じどう) 자동 | 機械(きかい) 기계 | 自動化(じどうか) 자동화 | 人件費(じんけんひ) 인건비 | 減(へ)らす 줄이다 | 可能(かのう) 가능 | 完全(かんぜん)に 완전히 | スマートフォン 스마트폰 | 操作(そうさ) 조작 | コスト 코스트, 비용 | 削(けず)る 삭감하다, 줄이다 | 後継者(こうけいしゃ) 후계자 | 気軽(きがる)だ 편하다, 부담 없다 | 快適(かいてき)だ 쾌적하다 | 産業化(さんぎょうか) 산업화 | 図(はか)る 도모하다

기출문법 실전 연습 문제② 284p

문제7
1 ④ | 2 ③ | 3 ④ | 4 ① | 5 ④
6 ② | 7 ① | 8 ② | 9 ③ | 10 ③
11 ④ | 12 ①

문제8
13 ② | 14 ③ | 15 ① | 16 ④ | 17 ②

문제9
18 ② | 19 ① | 20 ④ | 21 ② | 22 ②

문제7 다음 문장의 (   )에 넣기에 가장 알맞은 것을, 1·2·3·4에서 하나 고르세요.

1 그는 아직 어린아이 (임에도 불구하고), 마라톤을 끝까지 다 달렸다.
1 ~을/를 불문하고   2 ~에 부응해서, ~에 힘입어
3 ~을/를 통해서   **4 ~(임)에도 불구하고**

해설 문맥상 알맞은 표현은 **4 にも関わらず**이다. 모두 명사와 접속이 되는 문법이지만, 앞뒤 문장과 자연스럽게 연결되기 위해서는 ～にも関わらず(~(임)에도 불구하고)라는 문법이 가장 적합하다. 1번도 한국어 해석상 정답이 될 것 같지만, 기준이나 조건을 불문하고 어떤 행위가 이루어지는 경우에 사용하기 때문에 정답이 아니다.

단어 幼(おさな)い 어리다 | ～にも関(かか)わらず ~(임)에도 불구하고 | マラソン 마라톤 | 走(はし)りきる 끝까지 다 달리다 | ～を問(と)わず ~을/를 불문하고 | ～に応(こた)えて ~에 부응해서, ~에

힘입어 | ~を通(とお)して ~을/를 통해서

2 항상 주말에 등산을 하고 있(는 만큼), 누구에게도 지지 않을 만큼의 체력이 있다.
1 ~한 셈 치고, ~했다고 생각하고　　2 ~하면서도, ~이지만
3 ~인 만큼　　4 ~기는 하지만

해설　문맥상 알맞은 표현은 **3 だけに**이다. 1, 3, 4번은 동사 보통형과 접속이 되는 문법이지만, 앞뒤 문장과 자연스럽게 연결되기 위해서는 ~だけに(~인 만큼)라는 문법이 가장 적합하다. 2번은 동사 ます형과 접속하는 문법이므로 정답이 아니다.

단어　登山(とざん) 등산 | ~だけに ~인 만큼 | 負(ま)ける 지다 | 体力(たいりょく) 체력 | ~つもりで ~(한) 셈 치고, ~했다고 생각하고 | ~ながらも ~하면서도, ~이지만 | ~ものの ~기는 하지만

3 명백하게 룰 위반인데, 심판은 인정하지 않는다. (도무지) 납득이 가지 않는 판정이다.
1 결국, 얼마 안 있어　　2 어느새인가
3 제발, 부디, 아무쪼록　　**4 어쩐지, 도무지**

해설　문맥상 알맞은 표현은 **4 どうも**이다. 룰 위반인데 심판이 인정하지 않아서 납득이 가지 않는 판정이라는 문장에 가장 적합한 부사는 どうも(어쩐지, 도무지)이다.

단어　明(あきら)かだ 명백하다 | ルール 룰, 규칙 | 違反(いはん) 위반 | 審判(しんぱん) 심판 | 認(みと)める 인정하다 | どうも 어쩐지, 도무지 | 納得(なっとく) 납득 | 判定(はんてい) 판정 | いずれ 결국, 얼마 안 있어 | いつの間(ま)にか 어느새인가 | どうか 제발, 부디, 아무쪼록

4 A "잠깐 만나지 않은 (사이에) 꽤 일본어가 늘었네요."
B "아뇨, 아직이에요. 그래도 그렇게 말해 주셔서 기뻐요."
1 ~동안에　　2 ~까지
3 ~하기 위해서　　4 ~하게도

해설　문맥상 알맞은 표현은 **1 うちに**이다. 1, 3번은 동사 ない형과 접속하는 문법이지만, 앞뒤 문장과 자연스럽게 연결되기 위해서는 ~ないうちに(~하지 않는 동안에)라는 문법이 가장 적합하다. 3번은 동사 기본형과 접속하는 문법이고, 4번은 동사 た형과 접속하는 문법이므로 정답이 아니다.

단어　しばらく 잠깐, 당분간 | ~ないうちに ~하지 않는 동안에 | ずいぶん 꽤 | 上達(じょうたつ)する 솜씨가 늘다, 숙달되다 | まだまだ 아직 | ~までに ~까지 | ~ために ~하기 위해서 | ~ことに ~하게도

5 이 회사는 (설립된) 이래, 업적이 늘지 않고 계속되는 적자로 괴로워하고 있다.
1 설립시키고(동사 사역형의 て형)　　2 설립했고(동사 た형)
3 설립하다(동사 기본형)　　**4 설립되고(동사 수동형의 て형)**

해설　以来의 앞부분의 접속 형태를 묻는 문제로 以来는 동사 て형과 접속

한다. 따라서 1, 4번이 접속이 가능하지만 문맥상 알맞은 표현은 수동형을 사용한 **4 設立されて**이다.

단어　設立(せつりつ) 설립 | ~て以来(いらい) ~한 이래 | 業績(ぎょうせき) 업적 | 伸(の)びる 늘다 | 続(つづ)く 계속되다 | 赤字(あかじ) 적자 | 苦(くる)しむ 괴로워하다

6 그녀가 아무리 우수하다 (라고는 해도), 아직 신입이기 때문에 큰일을 맡기기에는 너무 이르다.
1 ~이기 때문에　　**2 ~라고는 해도, ~라고는 하나**
3 ~라기보다　　4 ~라고 하면

해설　문맥상 알맞은 표현은 **2 とはいえ**이다. 모두 な형용사 보통형과 접속이 되는 문법이지만, 앞뒤 문장과 자연스럽게 연결되기 위해서는 ~とはいえ(~라고는 해도, ~라고는 하나)라는 문법이 가장 적합하다.

단어　優秀(ゆうしゅう)だ 우수하다 | ~とはいえ ~라고는 해도, ~라고는 하나 | 新人(しんじん) 신입 | 大(おお)きな 큰 | 任(まか)せる 맡기다 | ~からこそ ~이기 때문에 | ~というより ~라기보다 | ~としたら ~라고 하면

7 여성 (에 한하지 않고) 남성도 화장을 하는 시대가 되어 가고 있는 것 같다.
1 ~에 한하지 않고　　2 ~에 한해서
3 ~에 따라서　　4 ~에 관계없이

해설　문맥상 알맞은 표현은 **1 に限らず**이다. 모두 명사와 접속이 되는 문법이지만, 앞뒤 문장과 자연스럽게 연결되기 위해서는 ~に限らず(~에 한하지 않고)라는 문법이 가장 적합하다.

단어　女性(じょせい) 여성 | ~に限(かぎ)らず ~에 한하지 않고, ~뿐만 아니라 | 男性(だんせい) 남성 | 化粧(けしょう) 화장 | 時代(じだい) 시대 | ~つつある ~하고 있다 | ~に限(かぎ)って ~에 한해서 | ~にしたがって ~에 따라서 | ~によらず ~에 관계없이, ~에 영향을 받지 않고

8 (회사에서)
다나카 "부장님, 조금 전에 야마다 씨로부터 전화가 있었습니다."
부장 "어떤 내용의 전화였어?"
다나카 "미팅의 일시를 변경하고 싶다 (고 했습니다)."

1 ~할 수밖에 없습니다　　**2 ~라고 했습니다**
3 ~하게 되었습니다　　4 ~정도는 아닙니다

해설　문맥상 알맞은 표현은 **2 とのことでした**이다. 2, 4번은 い형용사 보통형과 접속이 되는 문법이지만, 앞 문장과 자연스럽게 연결되기 위해서는 과거 시제로 말이 끝나야 하며 ~とのことだ(~라고 한다)라는 문법이 가장 적합하다. 1, 3번은 동사 기본형과 접속하는 문법이므로 정답이 아니다.

단어　部長(ぶちょう) 부장 | 内容(ないよう) 내용 | ミーティング 미팅 | 日時(にちじ) 일시 | 変更(へんこう) 변경 | ~とのことだ ~라고 한다 | ~ほかない ~할 수밖에 없다 | ~ことになる ~하게 되다, ~하는 셈이 된다 | ~ほどではない ~정도는 아니다

| 9 | 타카하시 씨는 우리 회사 (에 빠뜨릴 수 없는) 존재로 성장했다고 생각하지 않습니까? |

1 반드시 ~이다, ~임이 틀림없다 2 ~에 지나지 않는다
3 ~에 빠뜨릴 수 없다 4 ~에 걸친

해설 문맥상 알맞은 표현은 **3 に欠かせない**이다. 모두 명사와 접속이 되는 문법이지만, 앞뒤 문장과 자연스럽게 연결되기 위해서는 ~に欠かせない(~에 빠뜨릴 수 없다)라는 문법이 가장 적합하다.

단어 我(わ)が社(しゃ) 우리 회사 | ~に欠(か)かせない ~에 빠뜨릴 수 없다 | 存在(そんざい) 존재 | 成長(せいちょう) 성장 | ~に決(き)まっている 반드시 ~이다, ~임이 틀림없다 | ~にすぎない ~에 지나지 않는다, ~에 불과하다 | ~にわたる~에 걸친

| 10 | 좋은 만남도 없고, 내년은 결혼을 목적 (으로 하는) 파티에 참석해 볼까? |

1 ~정도라면, ~할 바에는 2 ~하는 데 있어서, ~한 후에
3 ~으로 하다 4 ~(하는)대로

해설 문맥상 알맞은 표현은 **3 とする**이다. 3, 4번은 명사와 접속이 되는 문법이지만, 앞뒤 문장과 자연스럽게 연결되기 위해서는 ~を~とする(~을/를 ~으로 하다)라는 문법이 가장 적합하다. 1번은 동사 기본형과 접속하는 문법이고 2번은 명사+の 형태로 접속하는 문법이므로 정답이 아니다.

단어 出会(であ)い 만남 | 目的(もくてき) 목적 | ~を~とする ~을/를 ~으로 하다 | パーティー 파티 | 出席(しゅっせき) 출석 | ~くらいなら ~정도라면, ~할 바에는 | ~うえで ~하는 데 있어서, ~한 후에 | ~通(どお)りに ~(하는)대로

| 11 | 어젯밤은 상당히 마셨기 때문에 머리도 아프고 속도 안 좋다. 이제 두 번 다시는 과음 (하지 않겠다). |

1 ~할 수가 없다
2 ~하기 어렵다
3 자주 ~하다, ~하는 경향이 있다
4 ~하지 않겠다, ~하지 않을 것이다

해설 문맥상 알맞은 표현은 **4 まい**이다. 모두 동사 ます형과 접속이 되는 문법이지만, 앞 문장과 자연스럽게 연결되기 위해서는 ~まい(~하지 않겠다, ~하지 않을 것이다)라는 문법이 가장 적합하다.

단어 昨夜(さくや) 어젯밤 | 相当(そうとう) 상당히 | 頭(あたま) 머리 | 痛(いた)い 아프다 | 気持(きも)ち悪(わる)い 기분이 나쁘다, 속이 안 좋다 | 二度(にど)と 두 번 다시는 | ~過(す)ぎる 너무 ~하다 | ~まい ~하지 않겠다, ~하지 않을 것이다 | ~ようがない ~할 수가 없다 | ~がたい ~하기 어렵다 | ~がちだ 자주 ~하다, ~하는 경향이 있다

| 12 | 접수처 "거래처의 스즈키 님이 오셨습니다. 지금 저쪽 방에서 (기다리십니다)."
하야시 "알겠습니다. 금방 가겠습니다." |

1 기다리십니다(존경어)
2 기다려 주십시오(존경어)
3 기다리고 있습니다(겸양어)
4 기다려주실 수 없겠습니까?(겸양어)

해설 문맥상 알맞은 표현은 **1 お待ちです**이다. 거래처의 스즈키 님이 기다리고 있는 상황이므로, 대화 흐름 상 자연스럽게 연결되기 위해서는 お+동사 ます형+です(~하십니다)라는 존경어가 가장 적합하다. 2번은 상황과 맞지 않고, 3, 4번은 겸양어이므로 정답이 아니다.

단어 受付(うけつけ) 접수(처) | 取引先(とりひきさき) 거래처 | ~様(さま) ~님 | お見(み)えになる 오시다(존경어) | ただいま 지금 | お+동사 ます형+です ~하십니다(존경어) | お+동사 ます형+ください ~해 주십시오(존경어) | おる 있다(겸양어) | ~ていただけませんか ~해 주실 수 없겠습니까?(겸양어)

문제8 다음 문장의 ____★____ 에 들어갈 가장 알맞은 것을, 1·2·3·4에서 하나 고르세요.

| 13 | 예정이 있기 때문에 유감 ★이지만 동창회에는 참가할 수 없을 것 같다. |

1 동창회에는 **2 이지만**
3 때문에 4 유감

해설 앞 문장 予定がある(예정이 있다)의 뒤에 3 ので가 와서 予定があるので(예정이 있기 때문에)로 연결되므로 3번이 제일 먼저 나온다. 그리고 4 残念과 2 ながら가 이어져서 残念ながら(유감스럽지만)라는 뜻이 되므로 3-4-2번으로 연결된다. 뒤 문장 参加できなさそうだ(참가할 수 없을 것 같다)의 앞에 어디에 참가할 수 없는지 주어가 있어야 하므로 1 同窓会には가 제일 마지막에 온다. 따라서 3-4-2-1로 문장을 만들면 **2 ながら**가 정답이다.

단어 予定(よてい) 예정 | 残念(ざんねん)だ 유감이다 | ~ながら ~하면서, ~이지만 | 同窓会(どうそうかい) 동창회 | 参加(さんか) 참가 | ~そうだ ~일(할) 것 같다

| 14 | 자신의 장래는 자신의 ★노력 에 따라서 얼마든지 바꿀 수가 있습니다. |

1 자신의 2 장래는
3 노력 4 에 따라서

해설 앞 문장 自分の(자신의)의 뒤에는 명사가 와야 하고 문맥상 自分の将来は(자신의 장래는)로 연결되는 것이 자연스럽기 때문에 2번이 제일 먼저 나온다. 그리고 1 自分の 뒤에는 명사가 와야 하고 4 次第での 앞에도 명사가 와야 하므로 1-3-4번으로 연결된다. 따라서 2-1-3-4로 문장을 만들면 **3 努力**가 정답이다.

단어 将来(しょうらい) 장래 | 努力(どりょく) 노력 | ~次第(しだい)で ~에 따라서 | いくらでも 얼마든지 | 変(か)える 바꾸다

| 15 | 전원과 면접한 ★후에 누구를 채용할지 를 결정할 예정이기 때문에 결과 발표까지 잠시만 기다려 주세요. |

1 후에	2 면접한
3 채용할지	4 누구를

해설 1上での 앞에는 동사 기본형이나 た형이 오는 것이 적절하므로 2-1번으로 연결된다. 그리고 4誰を의 뒤에는 동사가 와야 하므로 4-3번으로 연결된다. 따라서 2-1-4-3으로 문장을 만들면 **1上で**가 정답이다.

단어 全員(ぜんいん) 전원 | 面接(めんせつ) 면접 | ～上(うえ)で ~하는 데 있어서, ~한 후에 | 採用(さいよう) 채용 | 決(き)める 결정하다 | ～つもりだ ~할 예정이다 | 結果(けっか) 결과 | 発表(はっぴょう) 발표 | 少々(しょうしょう) 잠시만

---

16 3시간 에 걸쳐 의논한 ★끝에 사원들은 그 프로젝트를 승인했다.

1 사원들은	2 의논한
3 에 걸쳐	**4 끝에**

해설 3にわたり의 앞에는 명사가 와야 하므로 3번이 제일 먼저 나온다. 그리고 4末の 앞에는 동사 た형이 와야 하므로 3-2-4번으로 연결된다. 뒤 문장은 문맥상 社員たちはそのプロジェクトを(사원들은 그 프로젝트를)로 연결되는 것이 자연스럽기 때문에 1社員たちは가 제일 마지막에 온다. 따라서 3-2-4-1로 문장을 만들면 **4末**가 정답이다.

단어 ～にわたり ~에 걸쳐 | 議論(ぎろん) 의논 | ～末(すえ) ~한 끝에 | 社員(しゃいん) 사원 | プロジェクト 프로젝트 | 承認(しょうにん) 승인

---

17 영어는 초등학생 때부터 배웠기 때문에 간단한 영어는 말할 수 있기는 하지만 ★통역이 가능할 정도로 잘하는 것은 아니다.

1 잘하는	**2 통역이 가능할 정도로**
3 말할 수 있기는 하지만	4 영어는

해설 앞 문장 簡単な(간단한)의 뒤에는 명사가 와야 하므로 4번이 제일 먼저 나온다. 그리고 簡単な英語は話せるものの(간단한 영어는 말할 수 있기는 하지만)로 이어지는 것이 자연스럽기 때문에 4-3번으로 연결된다. ものの 뒤에는 반대되는 내용이 와야 하고, 뒤 문장 わけではない(~인 것은 아니다)의 앞에는 な형용사 명사 수식형으로 접속을 하기 때문에 2-1번으로 연결된다. 따라서 4-3-2-1으로 문장을 만들면 **2通訳ができるほど**가 정답이다.

단어 小学生(しょうがくせい) 초등학생 | 学(まな)ぶ 배우다 | 簡単(かんたん)だ 간단하다 | ～ものの ~기는 하지만 | 通訳(つうやく) 통역 | 得意(とくい)だ 잘하다, 숙련되어 있다 | ～わけではない (반드시) ~인 것은 아니다

문제9 다음 문장을 읽고, 문장 전체 내용을 생각해서, 18 부터 22 안에 들어갈 가장 알맞은 것을, 1·2·3·4에서 하나 고르세요.

지구 온난화와 사계절

내가 가장 좋아하는 계절은 가을이다. 이유는 무엇을 하기에도 최고이기 때문에. '○○의 가을'이라는 표현을 들어본 적이 있을 것이다. 식욕의 가을, 스포츠의 가을, 독서의 가을, 예술의 가을 등 많이 예를 들 수 있다. 이것으로부터도 가을은 다양한 분야에서 최고의 시기라고 18 . 특히 맑은 하늘의 아래에서 산책을 하거나 밤에 벌레들의 멋진 소리를 듣거나, 나는 그런 시간이 매우 좋다. 매년 가을이 되면 이 행복한 시간이 훨씬 길게 이어지면 좋을 텐데라고 바란다.

19 , 그 매우 좋아하는 가을이 점점 짧아지고 있다고 느낀다. 그 원인은 지구 온난화에 의한 기후의 변화라고 말해지고 있다. 근년에는 이상한 날씨도 많아 무언가가 이상하다고 느끼고 있는 사람도 적지 않을 것이다. 이대로는 가을 20 , 뚜렷한 사계절이 없어져 버리지 않을까 하고 공포를 느끼고 있다.

지금까지 지구나 미래의 일 등 아무것도 생각하지 않고 살아온 주제에, 매우 좋아하는 가을이 짧아지는 것을 21 갑자기 진지해지는 등 상당히 제멋대로인 사고방식일지도 모른다. 22 , 지금부터라도 우리가 할 수 있는 일이 있을까? 바꿀 수 있는 것은 분명 많이 있을 것이다. 진지하게 생각하고 할 수 있는 것부터 행동해 나갈 필요가 있다고 생각한다.

여러분이 좋아하는 계절은 언제일까? 그 계절을 지키기 위해서 여러분들도 함께 할 수 있는 것부터 시작하지 않겠는가?

---

18 1 말할 것처럼 되다	**2 말하지 않을 수 없다**
3 말하기 어렵다	4 말할 리가 없다

해설 문맥에 맞는 문법 표현을 고르는 문제이다. 빈칸 앞부분의 このことからも、秋は様々な分野において最高の時期だと(이것으로부터도 가을은 다양한 분야에 있어서 최고의 시기라고)를 보면 문맥상 최고의 시기라고 말하지 않을 수 없다고 하는 것이 자연스럽다. 따라서 **2言わざるを得ない**가 정답이다.

표현 言(い)う 말하다 | ～そうになる ~할 것처럼 되다, ~할 뻔하다 | ～ざるを得(え)ない ~하지 않을 수 없다 | ～かねる ~하기 어렵다 | ～はずがない ~일 리가 없다

---

19 **1 그러나**	2 게다가
3 따라서	4 즉

해설 문맥에 맞는 접속사를 고르는 문제이다. 앞부분에서 가을을 좋아하는 이유에 대해서 말했고, 빈칸 뒷부분에서는 その大好きな秋がだんだん短くなってきていると感じる。(그 매우 좋아하는 가을이 점점 짧아지고 있다고 느낀다.)라며 상반된 내용이 이어졌다. 따라서 빈칸에 들어갈 접속사로 알맞은 것은 **1 しかし**이다.

표현 しかし 그러나 | そのうえ 게다가 | したがって 따라서 | すなわち 즉

---

20 1 ~은/는 제쳐두고	2 ~(임)에도 불구하고
3 ~에 한해서	**4 ~에 한하지 않고**

해설 문맥에 맞는 문법 표현을 고르는 문제이다. 빈칸 앞부분에서 최근 기후의 변화로 인해 이상한 날씨가 많아지고 있다고 했으므로 가을에 한하지 않고 뚜렷한 사계절이 없어져 버리지 않을까 하는 공포를 느끼고 있다고 하는 것이 자연스럽다. 따라서 **4 に限らず**가 정답이다.

표현 ~は別(べつ)として ~은/는 제쳐두고 | ~にも関(かか)わらず ~(임)에도 불구하고 | ~に限(かぎ)って ~에 한해서 | ~に限(かぎ)らず ~에 한하지 않고, ~뿐만 아니라

21 1 한창 느끼고 있는 중에　**2 느끼자마자**
　　3 느낄 수만 있다면　　　4 느끼고 있는 것치고는

해설 문맥에 맞는 문법 표현을 고르는 문제이다. 빈칸 앞부분에서 '아무것도 생각하지 않고 살아온 주제에, 매우 좋아하는 가을이 짧아지는 것을'이라고 하면서 뒷부분에서 '갑자기 진지해지는 것은 제멋대로인 사고방식'이라고 말하고 있다. 문맥상 가을이 짧아진 것은 느낀 순간, 느끼자마자라는 뉘앙스의 표현이 오는 것이 적절하다. 따라서 **2 感じたとたんに**이다.

표현 感(かん)じる 느끼다 | ~最中(さいちゅう)に (한창) ~중에 | ~たとたんに ~하자마자 | ~ものなら ~할 수 (만) 있다면, ~했다가는 | ~わりには ~치고는

22 1 저렇다고 해도　　　**2 그렇다고 해도**
　　3 이것이다라고 해도　4 어느 것이라고 해도

해설 문맥에 맞는 지시어를 고르는 문제이다. 빈칸은 앞부분의 '상당히 제멋대로인 사고방식'을 지시하고 있으므로 빈칸에 들어갈 지시어로 알맞은 것은 **2 そうだとしても**이다.

표현 ~だとしても ~라고 해도 | ああ 저렇게 | そう 그렇게 | これ 이것 | どれ 어느 것

단어 地球温暖化(ちきゅうおんだんか) 지구 온난화 | 四季(しき) 사계절 | 最(もっと)も 가장 | 秋(あき) 가을 | 最高(さいこう) 최고 | 表現(ひょうげん) 표현 | ~はずだ ~일 것이다, ~임이 분명하다 | 食欲(しょくよく) 식욕 | スポーツ 스포츠 | 読書(どくしょ) 독서 | 芸術(げいじゅつ) 예술 | 挙(あ)げる 들다, 거행하다 | 様々(さまざま)だ 다양하다 | 分野(ぶんや) 분야 | ~において ~에서 | 時期(じき) 시기 | 特(とく)に 특히 | 晴(は)れる 날이 개다, 맑다 | 空(そら) 하늘 | 虫(むし) 벌레 | 素敵(すてき)だ 멋지다 | 幸(しあわ)せだ 행복하다 | 願(ねが)う 바라다, 기도하다 | だんだん 점점 | 原因(げんいん) 원인 | ~による ~에 의한 | 気候(きこう) 기후 | 変化(へんか) 변화 | 近年(きんねん) 근년, 근래 | 異常(いじょう)だ 이상하다 | このまま 이대로 | 恐怖(きょうふ) 공포 | 未来(みらい) 미래 | ~くせに ~주제에 | 急(きゅう)に 갑자기 | 真剣(しんけん)だ 진지하다 | 勝手(かって)だ 제멋대로다 | 行動(こうどう) 행동 | 守(まも)る 지키다

기출문법 실전 연습 문제③　290p

문제7
1 ①　2 ④　3 ①　4 ③　5 ④
6 ③　7 ②　8 ③　9 ②　10 ②
11 ④　12 ③

문제8
13 ②　14 ④　15 ①　16 ③　17 ②

문제9
18 ②　19 ①　20 ③　21 ①　22 ④

문제7 다음 문장의 (　　)에 넣기에 가장 알맞은 것을, 1・2・3・4에서 하나 고르세요.

1 그 기업은 소비자의 니즈 (에 부응해서) 많은 히트 상품을 만들어 냈다.

1 ~에 부응해서, ~에 힘입어　2 ~에(게) 있어서
3 ~에서　　　　　　　　　　4 ~에 비해서

해설 문맥상 알맞은 표현은 **1 に応えて**이다. 모두 명사와 접속이 되는 문법이지만, 앞뒤 문장과 자연스럽게 연결되기 위해서는 ~に応えて (~에 부응해서, ~에 힘입어)라는 문법이 가장 적합하다.

단어 企業(きぎょう) 기업 | 消費者(しょうひしゃ) 소비자 | ニーズ 니즈, 요구 | ~に応(こた)えて ~에 부응해서, ~에 힘입어 | ヒット 히트 | 商品(しょうひん) 상품 | 生(う)み出(だ)す 만들어 내다 | ~にとって ~에(게) 있어서 | ~において ~에서 | ~に比(くら)べて ~에비해서

2 입사하고 나서 급여는 변하지 않는데, 일 양은 (늘기만 할 뿐 이다).

1 늘어야 한다　　　　2 는 것에 지나지 않는다
3 늘 것 같지 않다　　**4 늘 뿐이다, 늘기만 하다**

해설 문맥상 알맞은 표현은 **4 増えるばかりだ**이다. 앞 문장과 자연스럽게 연결되기 위해서는 동사 기본형+ばかりだ (~할 뿐이다, ~하기만 하다)라는 문법이 가장 적합하다.

단어 給料(きゅうりょう) 급여, 월급 | 量(りょう) 양 | 増(ふ)える 늘다 | ~ばかりだ ~할 뿐이다, ~하기만 하다 | ~べきだ ~해야 한다 | ~にすぎない ~에 지나지 않는다, ~에 불과하다 | ~そうにない ~할 것 같지 않다

3 A "실례합니다, 주문을 부탁드립니다. 샐러드와 피자 2판과 파스타 곱빼기와 햄버거 3개 주세요."
　B "응? 그렇게 (먹을 수 있을 리가 없어)."

1 먹을 수 있을 리가 없어　2 먹을 수 있을 거야
3 먹을 수도 없어　　　　　　4 먹기만 해

해설 문맥상 알맞은 표현은 **1 食べられっこないよ**이다. 앞 문장과 자연스럽게 연결되기 위해서는 동사 가능형의 ます형+っこない(~할 리가 없다)라는 문법이 가장 적합하다.

단어 注文(ちゅうもん) 주문 | お願(ねが)いする 부탁하다 | ピザ 피자 | ~枚(まい) ~매, ~장, ~판(얇은 물건을 세는 단위) | パスタ 파스타 | 大盛(おおも)り 곱빼기 | ハンバーガー 햄버거 | ~っこない (절대로) ~할 리가 없다 | ~はずだ ~일 것이다, ~임이 분명하다 | ~ようもない ~할 수도 없다 | ~一方(いっぽう)だ ~하기만 하다, ~할 뿐이다

4 지각할 것 같아서 전철 대신에 택시를 탔지만, (도리어) 시간이 걸려 버렸다.

1 조금도
2 거의, 좀처럼
3 도리어, 오히려
4 결코

해설 문맥상 알맞은 표현은 **3 かえって**이다. 지각할 것 같아서 빨리 가려고 택시를 탔지만 생각과는 달리 시간이 걸렸다라는 문장에 가장 적합한 부사는 かえって(도리어, 오히려)이다.

단어 遅刻(ちこく) 지각 | ~の代(か)わりに ~에 대신에 | かえって 도리어, 오히려 | 少(すこ)しも 조금도 | めったに 거의, 좀처럼 | 決(けっ)して 결코

5 (관내의 안내문)
분실물은 사무실에서 보관하고 있습니다. 3주간 이내에 받으러 오지 않으실 경우는 (처분하겠습니다).

1 처분해 주십니다(존경어)
2 처분해 주십시오(존경어)
3 처분 부탁드립니다(정중어)
4 처분하겠습니다(겸양어)

해설 문맥상 알맞은 표현은 **4 処分させていただきます**이다. 앞 문장과 자연스럽게 연결되기 위해서는 동사 사역형+させていただく(~하겠다)라는 겸양어가 가장 적합하다.

단어 館内(かんない) 관내 | 案内文(あんないぶん) 안내문 | 保管(ほかん) 보관 | 以内(いない) 이내 | 受(う)け取(と)る 받다, 수취하다 | いらっしゃる 가시다, 오시다, 계시다(존경어) | 処分(しょぶん) 처분 | ~させていただく ~하겠다(겸양어) | ~てくださる ~해 주시다(존경어) | ご+명사+~ください ~해 주십시오(존경어) | ご+명사+願(ねが)う ~부탁드리다(정중어)

6 아무것도 하지 않고 후회할 (정도라면), 실패해도 행동하는 편이 좋다.

1 ~라고는 해도, ~라고는 하나
2 ~하면서도
3 ~정도라면, ~할 바에는
4 ~인 만큼

해설 문맥상 알맞은 표현은 **3 くらいなら**이다. 1, 3, 4번은 동사 기본형과 접속이 되는 문법이지만, 앞뒤 문장과 자연스럽게 연결되기 위해서는 ~くらいなら(~정도라면, ~할 바에는)라는 문법이 가장 적합하다. 2번은 동사 ます형과 접속하는 문법이므로 정답이 아니다.

단어 後悔(こうかい) 후회 | ~くらいなら ~정도라면, ~할 바에는 | 失敗(しっぱい) 실패 | 行動(こうどう) 행동 | ~とはいえ ~라고는 해도, ~라고는 하나 | ~つつも ~하면서도 | ~だけに ~인 만큼

7 (학교에서)
마리나 "내일의 행사, 참가하는 거 귀찮아."
미키 "같이 간다고 약속했잖아! 가면 (간 대로) 재밌을지도 몰라!"

1 가도
2 간 대로
3 갔는데
4 가지 않아도

해설 문맥상 알맞은 표현은 **2 行ったで**이다. ~たら~たで(~하면 ~한 대로)로 연결해서 사용하는 문법이 있기 때문에 行ったら 뒤에는 동사 た형+たで라는 문법이 가장 적합하다.

단어 行事(ぎょうじ) 행사 | 参加(さんか) 참가 | 面倒(めんどう)くさい 귀찮다 | ~たら~たで ~하면 ~한 대로 | ~かもしれない ~일지도 모른다 | ~ても ~해도 | ~のに ~인데 | ~なくても ~하지 않아도

8 그 강의는 출석 (해도 하지 않아도), 시험만 볼 수 있으면 문제없는 것 같다.

1 하면 할수록
2 한다든지 안 한다든지
3 해도 하지 않아도
4 하려고 하기 때문에

해설 문맥상 알맞은 표현은 **3 してもしなくても**이다. 앞뒤 문장과 자연스럽게 연결되기 위해서는 동사 て형+ても+동사 ない형+なくても(~해도 ~하지 않아도)라는 문법이 가장 적합하다.

단어 講義(こうぎ) 강의 | 出席(しゅっせき) 출석 | ~ても~なくても ~해도 ~하지 않아도 | ~さえ~ば ~만 ~하면 | ~ば~ほど ~하면 ~할수록 | ~とか~とか ~든지 ~든지 | ~ようとする ~하려고 하다 | ~ことから ~(으)로 인해, ~때문에

9 그 시설에는 연령 (을 불문하고) 많은 사람이 방문한다.

1 ~도 개의치 않고
2 ~을/를 불문하고
3 ~을/를 통해서
4 ~이므로

해설 문맥상 알맞은 표현은 **2 を問わず**이다. 모두 명사와 접속이 되는 문법이지만, 앞뒤 문장과 자연스럽게 연결되기 위해서는 ~を問わず(~을/를 불문하고)라는 문법이 가장 적합하다.

단어 施設(しせつ) 시설 | 年齢(ねんれい) 연령 | ~を問(と)わず ~을/를 불문하고 | 訪(おとず)れる 방문하다 | ~もかまわず ~도 개의치 않고, ~도 아랑곳하지 않고 | ~を通(つう)じて ~을/를 통해서 | ~につき ~당, ~이므로

10 감사 (하게도), 최근에는 큰일을 맡겨 받을 수 있게 되었다.

1 마치 ~인 것처럼
2 ~하게도
3 ~나름대로
4 ~할 것 같으면

해설 문맥상 알맞은 표현은 **2 ことに**이다. 모두 い형용사 기본형과 접속이 되는 문법이지만, 앞뒤 문장과 자연스럽게 연결되기 위해서는 ~ことに(~하게도)라는 문법이 가장 적합하다.

단어 ありがたい 고맙다 | ~ことに ~하게도 | 任(まか)せる 맡기다 | ~かのように 마치 ~인 것처럼 | ~なりに ~나름대로 | ~ようなら ~할 것 같으면

11 (집의 현관에서)
다나카 "오늘은 초대해 주셔서 감사합니다."
야마다 "저야말로, 와 주셔서 감사합니다. (이사 온 지 얼마 안 되어서) 별로 정리되지 않았습니다만, 어서 들어오세요."

1 이사 왔더니 2 이사 온 나머지
3 이사 온 끝에 **4 이사 온 지 얼마 안 되어서**

해설 문맥상 알맞은 표현은 **4 引っ越してきたばかりで**이다. 앞뒤 문장과 자연스럽게 연결되기 위해서는 동사 た형+たばかりだ(~한지 얼마 안 되다)라는 문법이 가장 적합하다.

단어 玄関(げんかん) 현관 | 本日(ほんじつ) 오늘 | 招(まね)く 초대하다, 초래하다 | お越(こ)しいただく 오시다(존경어) | 引(ひ)っ越(こ)す 이사하다 | 片付(かたづ)く 정리되다, 처리되다 | ~たばかりだ 막 ~했다, ~한지 얼마 안 되다 | ~たところ ~했더니, ~한 결과 | ~あまりに (너무) ~한 나머지 | ~末(すえ)に ~한 끝에

12 그의 기분도 (모르는 것도 아니)지만, 그래도 그 태도는 좋지 않았다고 생각한다.

1 알 수가 없다 2 아는 것은 아니다
3 모르는 것도 아니다 4 알 필요는 없다

해설 문맥상 알맞은 표현은 **3 わからないでもない**이다. 앞뒤 문장과 자연스럽게 연결되기 위해서는 동사 ない형+ないでもない(~하지 않는 것도 아니다)라는 문법이 가장 적합하다.

단어 ~ないでもない ~하지 않는 것도 아니다 | 態度(たいど) 태도 | ~ようがない ~할 수가 없다 | ~わけではない (반드시) ~인 것은 아니다 | ~ことはない ~할 필요는 없다

문제8 다음 문장의 ＿＿★＿＿ 에 들어갈 가장 알맞은 것을, 1・2・3・4에서 하나 고르세요.

13 해를 거듭해 감에 따라서 신체의 쇠퇴는 ★빠르 구나 라고 실감했다.

1 쇠퇴는 **2 빠르다**
3 하는 법이다, (하)구나 4 신체의

해설 4 身体의의 뒤에는 명사가 와야 하므로 4-1번으로 연결된다. 그리고 3 ものだ의 앞에는 い형용사 보통형이 오는 것이 적절하므로 2-3번으로 연결된다. 따라서 4-1-2-3으로 문장을 만들면 **2 早い**가 정답이다.

단어 年(とし)を重(かさ)ねる 해를 거듭하다 | ~につれて ~(함)에 따라서 | 身体(しんたい) 신체 | 衰(おとろ)え 쇠퇴 | ~ものだ ~하는 법이다, ~(하)구나 | 実感(じっかん) 실감

14 예전부터 기대하고 있었는데, 주인공을 연기한 배우가 사건을 ★일으킨 것으로 인해 그 영화의 공개는 연기가 되었다.

1 사건을 2 (으)로 인해
3 그 영화의 **4 일으켰다**

해설 '사건을 일으키다'는 事件を起こす라고 하고 1 事件을 뒤에는 동사가 와야 하므로 1-4번으로 연결된다. 그리고 2 ことから는 동사 보통형과 접속하므로 1-4-2번으로 연결된다. 3 その映画の의 뒤에는 명사가 와야 하고 뒤 문장 公開는(공개는)는 명사이므로 3번이 제일 마지막에 온다. 따라서 1-4-2-3으로 문장을 만들면 **4 起こした**가 정답이다.

단어 楽(たの)しみにする 기대하다 | 主人公(しゅじんこう) 주인공 | 演(えん)じる 연기하다 | 俳優(はいゆう) 배우 | 事件(じけん)を起(お)こす 사건을 일으키다 | ~ことから ~(으)로 인해, ~때문에 | 延期(えんき) 연기

15 여행지인 오키나와에서 태풍을 만나 버려 관광을 포기하고 호텔에 ★체류할 수밖에 없었다.

1 체류하는 것보다 2 할 수밖에 없었다
3 포기하고 4 호텔에

해설 앞 문장 観光を(관광을)의 뒤에는 동사가 와야 하고 문맥상 観光をあきらめて(관광을 포기하고)가 자연스럽기 때문에 3번이 제일 먼저 나온다. 그리고 '호텔에 체류하다'는 ホテルに滞在する이고 ~よりほかない(~할 수밖에 없다)라는 문법이 있으므로 4-1-2번으로 연결된다. 따라서 3-4-1-2로 문장을 만들면 **1 滞在するより**가 정답이다.

단어 旅行先(りょこうさき) 여행지 | 沖縄(おきなわ) 오키나와(일본 지명) | 台風(たいふう) 태풍 | 観光(かんこう) 관광 | あきらめる 포기하다 | 滞在(たいざい) 체류 | ~よりほかない ~할 수밖에 없다

16 운전면허는 가지고 있지만, 좌우가 반대인 외국에서 운전하는 것은 아직까지도 ★공포일 뿐이다.

1 아직까지도 2 뿐이다
3 공포일 4 운전하는 것은

해설 앞 문장 外国で(외국에서)의 뒤에 4 運転するのは가 와서 外国で運転するのは(외국에서 운전하는 것은)로 이어지는 것이 자연스럽기 때문에 4번이 제일 먼저 나온다. 그리고 ~でしかない(~일 뿐이다)라는 문법이므로 3-2번으로 연결된다. 그리고 1 いまだに는 부사로 문맥상 4 運転するのは의 뒤에 오는 것이 적절하다. 따라서 4-1-3-2로 문장을 만들면 **3 恐怖で**가 정답이다.

단어 運転免許(うんてんめんきょ) 운전면허 | 左右(さゆう) 좌우 | 反対(はんたい) 반대 | 外国(がいこく) 외국 | 運転(うんてん) 운전 | いまだに 아직까지도 | 恐怖(きょうふ) 공포 | ~でしかない ~에 불과하다, ~일 뿐이다

17 오랜만의 일본 여행에서 다 먹을 수 없는 양의 ★요리를 주문해 버렸지만, 가지고 돌아갈 수가 있어서 안심했다.

1 양의 **2 요리를**
3 다 먹을 수 없다 4 주문해

해설 1 量의의 뒤에는 명사가 와야 하고 앞부분에 3 食べきれない가 와서 食べきれない量の料理を(다 먹을 수 없는 양의 요리를)로 이어지는 것이 자연스럽기 때문에 3-1-2번으로 연결된다. 또한 뒤 문장 しまったが(버렸지만)의 앞부분에는 동사 て형이 와서 '~해 버렸지만'으로 연결하는 것이 자연스러우므로 4 注文して가 제일 마지막에 온다. 따

라서 3-1-2-4로 문장을 만들면 **2 料理を**가 정답이다.

단어 久(ひさ)しぶり 오래간만, 오랜만 | ～きれない 다 ~할 수 없다 | 量(りょう) 양 | 注文(ちゅうもん) 주문 | 持(も)ち帰(かえ)る 가지고 돌아가다

문제13 다음 문장을 읽고, 문장 전체 내용을 생각해서, 18 부터 22 안에 들어갈 가장 알맞은 것을, 1·2·3·4에서 하나 고르세요.

아래의 문장은 고등학교 시절의 선생님에게 쓴 편지이다.

야마다 선생님께

야마다 선생님, 오랜만입니다. 건강하시지요? 고등학교 3학년 때 신세를 졌던 다나카입니다. 지금은 대학원에서 문학 연구를 하고 있습니다. 보고드리고 싶은 것이 있어 편지를 드렸습니다.

　실은 얼마 전, 전국에서 많은 사람들이 모이는 큰 학회에서 제가 대학원에서 계속 연구를 해 온 내용의 논문을 18 . 학회는 교수님의 추천도 있어서 참가할 수 있었습니다. 그 학회는 제가 대학생 때부터 몇 번인가 보러 간 적이 있고 언젠가 발표해 보고 싶다고 생각하고 있었던 목표의 장소이기도 해서 정말로 기뻤습니다. 이번에, 이런 멋진 경험을 할 수 있었던 것도 고등학생 때, 진로를 고민하는 저에게 선생님께서 말을 걸어주신 덕분이라고 생각하고 있습니다. 19 선생님의 한마디가 계기가 되어 저는 어렸을 때부터 좋아했던 문학의 길로 나아갈 결심이 섰습니다. 이 감사의 마음을 모두 20 지만, 다시 한번 감사 말씀 드립니다. 정말 감사했습니다.
　 21 , 한 가지 더 보고가 있습니다. 실은 3월에 대학원을 졸업하고 나서 결혼을 하게 되었습니다. 결혼식에는 꼭 선생님도 와주셨으면 좋겠습니다. 또 가까워지면 초대장을 보내드리겠습니다.
　점점 추운 날이 늘어나고 있네요. 제 주변에서는 감기 기운이라는 사람이 22 . 선생님도 부디 건강 조심하며 지내주십시오.

18　1 발표하게 해 주었습니다　　**2 발표했습니다(겸양어)**
　　　3 발표해 받았습니다(겸양어)　4 발표하셨습니다(존경어)

해설 문맥에 맞는 문법 표현을 고르는 문제이다. 빈칸 앞부분에서 実は先日、全国からたくさんの人が集まる大きな学会で、私が大学院でずっと研究を続けてきた内容の論文を(실은 얼마 전, 전국에서 많은 사람들이 모이는 큰 학회에서 제가 대학원에서 계속 연구를 해 온 내용의 논문을)라고 했으므로 논문을 내가 발표했다고 겸양어를 사용하는 것이 자연스럽다. 따라서 **2 発表させていただきました**가 정답이다.

표현 発表(はっぴょう) 발표 | ～させてあげる ~하게 해 주다 | ～させていただく ~하겠다(겸양어) | ～していただく ~해 받다(겸양어) | ご+명사+～になる ~하시다(존경어)

19　**1 그때의**　　　　　2 이럴 때의
　　　3 저럴 때의　　　4 이 때의

해설 문맥에 맞는 지시어를 고르는 문제이다. 빈칸은 앞부분의 高校生の頃、進路に悩む私に先生が声をかけてくださった(고등학생 때, 진로를 고민하는 저에게 선생님께서 말을 걸어주신)를 지시하고 있

다. 따라서 빈칸에 들어갈 지시어로 알맞은 것은 **1 あの時**이다.

표현 あの 그 | こんな 이런 | あんな 저런 | この 이 | ～時(とき) ~때

20　1 전할 리가 없습니다　　2 전하려고 하지도 않습니다
　　　3 전할 수가 없습니다　　4 전한다고 합니다

해설 문맥에 맞는 문법 표현을 고르는 문제이다. 빈칸 앞부분에서 この感謝の気持ちを全て(이 감사의 마음을 모두)라고 한 후, 뒷부분에서 が、改めてお礼申し上げます。本当にありがとうございました。(지만, 다시 한번 감사드립니다. 정말 감사했습니다.)라고 했으므로 감사의 마음을 모두 전할 수 없지만이라고 하는 것이 자연스럽다. 따라서 **3 伝えようがありません**이 정답이다.

표현 伝(つた)える 전하다 | ～わけがない ~할 리가 없다 | ～ようともしない ~하려고 하지도 않다 | ～ようがない ~할 수가 없다 | ～とのことだ ~라고 한다

21　**1 게다가**　　　　2 이렇게 해서
　　　3 그러자　　　　4 혹은

해설 문맥에 맞는 접속사를 고르는 문제이다. 앞부분에서 학회에서 자신이 쓴 논문을 발표하게 되었다고 보고 후 거기에 더해 もう一つ報告がございます。実は3月に大学院を卒業してから、結婚することになりました。(한 가지 더 보고가 있습니다. 실은 3월에 대학원을 졸업하고 나서 결혼을 하게 되었습니다.)라고 좋은 소식을 더했다. 따라서 빈칸에 들어갈 접속사로 알맞은 것은 **1 さらに**이다.

표현 さらに 더욱이, 게다가 | こうして 이렇게 해서 | すると 그러자 | もしくは 혹은

22　1 늘 리가 없습니다　　　2 늘어도 어쩔 수 없습니다
　　　3 늘지 않으면 안 됩니다　**4 늘어나기 시작하고 있습니다**

해설 문맥에 맞는 문법 표현을 고르는 문제이다. 빈칸 앞부분에서 추운 날이 많아졌다고 한 후 주변에 風邪気味だという人が(감기 기운이라는 사람이)라고 한 후, 뒷부분에서 先生もくれぐれも体調にお気をつけて(선생님도 부디 건강 조심하며)라고 했으므로 감기 기운이라는 사람들이 많아졌다고 하는 것이 자연스럽다. 따라서 **4 増えてきています**가 정답이다.

표현 増(ふ)える 늘어나다 | ～はずがない ~일 리가 없다 | ～てもしょうがない ~해도 어쩔 수 없다, ~해도 소용없다 | ～なければなりません ~하지 않으면 안 된다 | ～てくる ~해 오다, ~하기 시작하다

단어 お世話(せわ)になる 신세를 지다 | 大学院(だいがくいん) 대학원 | 研究(けんきゅう) 연구 | 報告(ほうこく) 보고 | 手紙(てがみ) 편지 | 差(さ)し上(あ)げる 드리다(겸양어) | 先日(せんじつ) 얼마 전 | 全国(ぜんこく) 전국 | 集(あつ)まる 모이다 | 学会(がっかい) 학회 | 内容(ないよう) 내용 | 論文(ろんぶん) 논문 | 教授(きょうじゅ) 교수 | 推薦(すいせん) 추천 | 参加(さんか) 참가 | 頃(ころ) 시절, 때 | 目標(もくひょう) 목표 | 嬉(うれ)しい 기쁘다 | 素晴(すば)らしい 훌륭하다, 멋지다 | 進路(しんろ) 진로 | 悩(なや)む 고민하다 | 声(こえ)をかける 말을 걸다 | ～おかげだ ~덕분이다 | 一言(ひとこと) 한 마디 | ～がきっかけで ~이/가 계기가 되어 | 幼(おさな)い 어리다 | 決心(けっしん)がつく 결심이 서다

│ 感謝(かんしゃ) 감사 │ 全(すべ)て 전부 │ 改(あらた)めて 다시 한번 │ お礼(れい) 사례, 감사 │ 申(もう)し上(あ)げる 말씀드리다 (겸양어) │ 結婚式(けっこんしき) 결혼식 │ 招待状(しょうたいじょう) 초대장 │ 周(まわ)り 주변, 주위 │ ～気味(ぎみ) ~기미, ~기운 │ くれぐれも 부디 │ 体調(たいちょう) 몸의 상태 │ 気(き)をつける 주의하다, 조심하다 │ 過(す)ごす 지내다, 보내다

핵심문법 실전 연습 문제① 336p

문제7
1 ④ 2 ① 3 ② 4 ④ 5 ③
6 ④ 7 ② 8 ④ 9 ① 10 ①
11 ③ 12 ③

문제8
13 ③ 14 ② 15 ④ 16 ① 17 ④

문제9
18 ④ 19 ① 20 ③ 21 ② 22 ③

문제7 다음 문장의 (   )에 넣기에 가장 알맞은 것을, 1·2·3·4에서 하나 고르세요.

1 심신 건강하기 (때문에) 자신이 좋아하는 일을 나이를 먹어도 실현할 수 있다.

1 ~조차 2 ~조차
3 ~뿐, 만 **4 ~이기 때문에**

해설 문맥상 알맞은 표현은 **4 こそ**이다. ～ばこそ로 연결해서 사용하는 문법이 있기 때문에 동사 가정형+ばこそ(~이기 때문에)라는 문법이 가장 적합하다.

단어 心身(しんしん) 심신 │ 健康(けんこう)だ 건강하다 │ ～ばこそ ~이기 때문에 │ 年(とし)を取(と)る 나이를 먹다 │ 実現(じつげん) 실현 │ ～すら ~조차 │ ～さえ ~조차 │ ～のみ ~뿐, 만

2 나의 맨션은 집세 (에 더해서) 매월의 관리비도 지불하지 않으면 안 된다.

1 ~에 더해서
2 ~에 대비하여
3 ~와/과 함께, ~함에 따라, ~임과/와 동시에
4 ~라고 해서

해설 문맥상 알맞은 표현은 **1 に加えて**이다. 1, 2, 3번은 명사와 접속이 되는 문법이지만, 앞뒤 문장과 자연스럽게 연결되기 위해서는 ～に加えて(~에 더해서)라는 문법이 가장 적합하다. 4번은 명사 보통형과 접속하는 문법이므로 정답이 아니다.

단어 マンション 맨션 │ 家賃(やちん) 집세 │ ～に加(くわ)えて ~에 더해서 │ 毎月(まいつき) 매월 │ 管理費(かんりひ) 관리비 │ 支払(しは)う 지불하다 │ ～に備(そな)えて ~에 대비하여 │ ～とともに ~와/과 함께, ~함에 따라, ~임과/와 동시에 │ ～からといって ~라고 해서

3 (회사에서)
하야시 "내일 계약, 잘 될까?"
스즈키 "그렇게 걱정하지 마. 전력으로 (할 수 있는 만큼 하면) 분명 잘될 거야."

1 비문법적 표현 **2 할 수 있는 만큼 하면**
3 할 수 있으니까 하면 4 할 수 있도록 하면

해설 문맥상 알맞은 표현은 **2 やれるだけやれば**이다. 앞뒤 문장과 자연스럽게 연결되기 위해서는 동사 가능형+だけ(~할 수 있는 만큼 (최대한) ~하다)+동사 가정형(~면)이라는 문법이 가장 적합하다.

단어 契約(けいやく) 계약 │ うまくいく 잘되다 │ 全力(ぜんりょく) 전력 │ やる 하다 │ ～だけ～ ~할 수 있는 만큼 (최대한) ~하다 │ ～ばかり ~뿐, 만 │ ～から ~이니까, ~이기 때문에 │ ～ように ~하도록 │ ～たら ~면

4 요전에 화상으로 남은 자국이 약을 발라도 (좀처럼) 사라지지 않아서 피부과에서 치료하기로 했다.

1 당장이라도, 지금이라도 2 아마, 어쩌면
3 반드시 **4 좀처럼**

해설 문맥상 알맞은 표현은 **4 なかなか**이다. 상처에 약을 발라도 낫지 않는다는 문장에 가장 적합한 부사는 4 なかなか(좀처럼)이다.

단어 先日(せんじつ) 요전, 일전 │ やけど 화상 │ 跡(あと) 자국 │ 塗(ぬ)る 바르다 │ なかなか 좀처럼 │ 消(き)える 사라지다 │ 皮膚科(ひふか) 피부과 │ 治療(ちりょう) 치료 │ いまにも 당장이라도, 지금이라도 │ おそらく 아마, 어쩌면 │ 必(かなら)ずしも 반드시

5 할머니 "생일 선물은 뭐를 갖고 싶어?"
손녀 "명품 향수를 갖고 싶어."
할머니 "응? 중학생인 (주제에) 어른이 쓸 것 같은 물건을 갖고 싶어 하는구나."

1 ~부터가, ~로 보아 2 ~인 데다가
3 ~(인) 주제에 4 ~한 끝에

해설 문맥상 알맞은 표현은 **3 くせに**이다. 2, 3, 4번은 명사+の 형태와 접속이 되는 문법이지만, 앞뒤 문장과 자연스럽게 연결되기 위해서는 ～くせに(~(인) 주제에)라는 문법이 가장 적합하다. 1번은 명사와 접속하는 문법이므로 정답이 아니다.

단어 祖母(そぼ) 조모, 할머니 │ 孫娘(まごむすめ) 손녀 │ ホーム 홈 │ 高級(こうきゅう)ブランド 고급 브랜드, 명품 │ 香水(こうすい) 향수 │ ～くせに ~(인) 주제에 │ 欲(ほ)しがる 갖고 싶어 하다 │ ～からして ~부터가, ~로 보아 │ ～うえに ~인 데다가 │ ～あげく ~한 끝에

6 서류 제출 기한이 다가오고 있기 때문에 휴일도 (쉬고만 있을 수는 없다).

1 쉬게 되어 있다　　　　　　2 쉬지 않을 수 없다
3 쉬지 않아도 상관없다　　　**4 쉬고만 있을 수는 없다**

해설　문맥상 알맞은 표현은 **4 休んではいられない**이다. 앞 문장과 자연스럽게 연결되기 위해서는 동사 て형+てはいられない(~하고만 있을 수는 없다)라는 문법이 가장 적합하다.

단어　書類(しょるい) 서류 ｜ 提出期限(ていしゅつきげん) 제출 기한 ｜ 迫(せま)る 다가오다 ｜ ~てはいられない ~하고만 있을 수 없다 ｜ ~ようになっている ~하게 되어 있다 ｜ ~ずにはいられない ~하지 않을 수 없다 ｜ ~なくても構(かま)わない ~하지 않아도 상관없다

7　(백화점에서)
점원 "손님, 오늘 몇 개인가 상품을 (봐 주셨습니다) 만, 희망에 맞는 것은 있으셨습니까?"
손님 "마지막 것이 가장 좋다고 생각합니다만, 가격은 얼마입니까?"

1 봤습니다(겸양어)
2 봐 주셨습니다(존경어+겸양어)
3 갔습니다, 왔습니다(겸양어)
4 오셨습니다(존경어)

해설　문맥상 알맞은 표현은 **2 ご覧いただきました**이다. 해당 문장은 ご覧(존경어)과 いただく(겸양어)가 섞인 표현이지만, 점원 입장에서는 손님이 봐주신 것이기 때문에 ご覧いただく(봐 주시다)라는 표현이 가장 적합하다.

단어　商品(しょうひん) 상품 ｜ 希望(きぼう) 희망 ｜ ございます 있습니다(정중어) ｜ ご覧(らん)いただく 봐 주시다(존경어+겸양어) ｜ 値段(ねだん) 가격 ｜ 拝見(はいけん)する 보다(겸양어) ｜ 参(まい)る 가다, 오다(겸양어) ｜ お越(こ)しになる 오시다(존경어)

8　지금부터 (갓 구운) 빵을 반값에 판매하겠습니다.

1 ~하다 만, ~할 뻔한, ~하기 시작한
2 ~하기 어렵다
3 끝까지 ~하다
4 막(갓) ~함

해설　문맥상 알맞은 표현은 **4 たて**이다. 모두 동사 ます형과 접속이 되는 문법이지만, 앞뒤 문장과 자연스럽게 연결되기 위해서는 ~たて(막(갓) ~함)라는 문법이 가장 적합하다.

단어　ただいま 지금 ｜ 焼(や)く 굽다 ｜ ~たて 막(갓) ~함 ｜ 半額(はんがく) 반값 ｜ 販売(はんばい) 판매 ｜ ~かけの ~하다 만, ~할 뻔한, ~하기 시작한 ｜ ~がたい ~하기 어렵다 ｜ ~ぬく 끝까지 ~하다

9　(식사 중)
엄마 "왜 피망만 남기는 거니? 제대로 채소와 고기를 밸런스 좋게 먹지 않으면."
아들 "그렇지만 모양도 싫고 아무리 작게 썰어도 쓰단 (말이야)."

1 ~란 말이야　　　　　　2 ~할까 보냐

3 ~해야 해　　　　　　　　4 ~한가, ~던가

해설　문맥상 알맞은 표현은 **1 んだもん**이다. 1, 2, 4번은 い형용사 기본형과 접속이 되는 문법이지만, 앞 문장과 자연스럽게 연결되기 위해서는 ~んだもん(~란 말이야)라는 문법이 가장 적합하다. 3번은 동사 기본형과 접속하는 문법이므로 정답이 아니다.

단어　ピーマン 피망 ｜ 残(のこ)す 남기다 ｜ ちゃんと 제대로 ｜ バランス 밸런스 ｜ だって 그렇지만 ｜ 形(かたち) 모양, 형태 ｜ 刻(きざ)む 썰다, 새기다 ｜ 苦(にが)い 쓰다 ｜ ~んだもん ~란 말이야 ｜ ~もんか ~할까 보냐 ｜ ~べきだ ~해야 한다 ｜ ~ことか ~한가, ~던가

10　이벤트 기획 건 (에 관해서) 는 새로운 정보가 들어오는 대로 연락드리겠습니다.

1 ~에 관해서　　　　　　2 ~에 따라서, ~와/과 함께
3 ~에 따라서, ~을/를 따라서　4 ~에 의거하여, ~에 기반하여

해설　문맥상 알맞은 표현은 **1 に関しまして**이다. 모두 명사와 접속이 되는 문법이지만, 앞뒤 문장과 자연스럽게 연결되기 위해서는 ~に関しまして(~에 관해서)라는 문법이 가장 적합하다.

단어　イベント 이벤트 ｜ 企画(きかく) 기획 ｜ 件(けん) 건 ｜ ~に関(かん)しまして ~에 관해서 ｜ 新(あたら)しい 새롭다 ｜ 情報(じょうほう) 정보 ｜ ~次第(しだい) ~하는 대로 ｜ ~にともなって ~에 따라서, ~와/과 함께 ｜ ~に沿(そ)って ~에 따라서, ~을/를 따라서 ｜ ~に基(もと)づいて ~에 의거하여, ~에 기반하여

11　그는 진지하게 설명하고 있기 때문에 놀릴 (것이 아니다).

1 ~임에 틀림없다　　　　　2 ~하는 데가 있다
3 ~하는 것이 아니다　　　4 ~인 것만으로도 다행이다

해설　문맥상 알맞은 표현은 **3 もんじゃない**이다. 모두 동사 기본형과 접속이 되는 문법이지만, 앞 문장과 자연스럽게 연결되기 위해서는 ~もんじゃない(~하는 것이 아니다)라는 문법이 가장 적합하다.

단어　真剣(しんけん)だ 진지하다 ｜ からかう 놀리다 ｜ ~もんじゃない ~하는 것이 아니다 ｜ ~に違(ちが)いない ~임에 틀림없다 ｜ ~ものがある ~하는 데가 있다 ｜ ~だけましだ ~인 것만으로도 다행이다

12　내일은 대학 수험이다. 긴장 (한 느낌이라서) 식욕이 솟지 않는다.

1 ~동안에　　　　　　　　2 ~한 듯이
3 ~한 기미, 기운, 느낌이라서　4 ~대상으로

해설　문맥상 알맞은 표현은 **3 気味**이다. 3, 4번은 명사와 접속하는 문법이지만, 앞뒤 문장과 자연스럽게 연결되기 위해서는 ~気味(~하는 기미, 기운, 느낌)라는 문법이 가장 적합하다. 1번은 명사+の 형태로 접속하는 문법이고, 2번은 한정적인 명사에만 접속을 하고 자신에 대해서는 쓰지 않으므로 정답이 아니다.

단어　いよいよ 드디어 ｜ 受験(じゅけん) 수험 ｜ 緊張(きんちょう) 긴장 ｜ ~気味(ぎみ) ~하는 기미, 기운, 느낌 ｜ 食欲(しょくよく) 식욕 ｜ 湧(わ)く 솟다 ｜ ~うちに ~동안에 ｜ ~げに ~한 듯이 ｜ ~向(む)けに ~용, ~대상으로

문제8 다음 문장의 ___★___ 에 들어갈 가장 알맞은 것을, 1·2·3·4에서 하나 고르세요.

13 승객들은 비행기가 착륙할까 하지 않을까 ★하는 동안에 짐을 정리하고 벨트를 풀 준비를 했다.

1 하지 않을까 2 짐을
3 하는 동안에 4 착륙할까

해설 앞 문장 飛行機が(비행기가)의 뒤에는 동사나 형용사가 와야 하므로 4 着陸するか가 오고, ~か~ないかのうちに(~하자마자)로 이어지는 문법이 있기 때문에 4-1-3번으로 연결된다. 그리고 뒤 문장 まとめて(정리하고)의 앞부분에 2 荷物を가 와서 荷物をまとめて(짐을 정리하고)로 이어지는 것이 자연스럽기 때문에 2번이 제일 마지막에 온다. 따라서 4-1-3-2로 문장을 만들면 **3 のうちに**가 정답이다.

단어 乗客(じょうきゃく) 승객 | 着陸(ちゃくりく) 착륙 | ~か~ないかのうちに ~하자마자 | 荷物(にもつ)をまとめる 짐 챙기다, 짐을 정리하다 | ベルト 벨트 | 外(はず)す 떼다, 풀다

14 저 회사는 의료 기기를 제조하고 있는 한편으로 ★컴퓨터의 부품 도 제조하고 있다.

1 한편으로 **2 컴퓨터의**
3 부품 4 제조하고 있는

해설 앞 문장 医療機器を(의료 기기를)의 뒤에는 동사가 와야 하므로 4 製造している가 제일 먼저 나온다. 또한 문맥상 製造している一方で(제조하고 있는 한편으로)로 이어지는 것이 자연스럽기 때문에 4-1번으로 연결된다. 그리고 2 パソコンの의 뒤에는 명사가 와야 하므로 2-3번으로 연결된다. 따라서 4-1-2-3으로 문장을 만들면 **2 パソコンの**가 정답이다.

단어 医療機器(いりょうきき) 의료 기기 | 製造(せいぞう) 제조 | ~一方(いっぽう)で ~한편으로 | 部品(ぶひん) 부품

15 교통사고는 누구에게나 일어날 ★수 있는 일이기 때문에 평소부터 충분히 주의를 하는 편이 좋다.

1 일어나다(동사 ます형) 2 누구에게나
3 일이기 때문에 **4 할 수 있다, 할 가능성이 있다**

해설 4 得る의 앞에는 동사 ます형이 와야 하기 때문에 1 起こり가 오고, 문맥상 誰にでも起こり得る(누구에게나 일어날 수있다)로 이어지는 게 자연스럽기 때문에 2-1-4번으로 연결된다. 그리고 앞 문장이 빈칸 뒤 문장의 원인이 되기 때문에 3 ことなので가 제일 마지막에 온다. 따라서 2-1-4-3으로 문장을 만들면 **4 得る**가 정답이다.

단어 交通事故(こうつうじこ) 교통사고 | 起(お)こる 일어나다 | ~得(う・え)る ~할 수 있다, ~할 가능성이 있다 | 日頃(ひごろ) 평소 | 十分(じゅうぶん)に 충분히

16 친구로부터 보내져 온 일상회화 정도의 편지 내용도 ★번역 못 해서는 비즈니스 레벨의 통역 스킬이 요구되는 일 따위 할 수 있을 리가 없다.

1 번역 못해서는 2 통역 스킬이
3 비즈니스 레벨의 4 편지 내용도

해설 문맥상 手紙の内容も 訳せないようでは(편지 내용도 번역 못해서는)로 이어지는 것이 자연스럽기 때문에 4-1번으로 연결된다. 그리고 3 ビジネスレベルの 뒤에는 명사가 와야 하므로 3-2번으로 연결된다. 따라서 4-1-3-2로 문장을 만들면 **1 訳せないようでは**가 정답이다.

단어 日常会話(にちじょうかいわ) 일상회화 | 程度(ていど) 정도 | 手紙(てがみ) 편지 | 内容(ないよう) 내용 | 訳(やく)す 번역하다 | ~ようでは ~해서는 | ビジネス 비즈니스 | レベル 레벨 | 通訳(つうやく) 통역 | スキル 스킬 | 求(もと)める 요구하다, 구하다 | ~なんて ~따위 | ~っこない (절대로) ~할 리가 없다

17 지금까지 키워 온 딸이 독립해 버리는 것이 기쁘 고 ★슬프고 해서 복잡한 기분이다.

1 기쁘다 2 하고
3 복잡한 **4 슬프고 해서**

해설 ~やら~やら(~하고 ~하고)가 이어지는 문법으로 1-2-4로 연결된다. 그리고 문맥상 3 複雑な가 뒤 문장 気持ち(기분)를 수식하므로 제일 마지막에 온다. 따라서 1-2-4-3으로 문장을 만들면 **4 悲しいやらで**가 정답이다.

단어 育(そだ)てる 키우다 | 独立(どくりつ) 독립 | ~やら~やら ~하고 ~하고 | 嬉(うれ)しい 기쁘다 | 悲(かな)しい 슬프다 | 複雑(ふくざつ)だ 복잡하다

문제9 다음 문장을 읽고, 문장 전체 내용을 생각해서, 18 부터 22 안에 들어갈 가장 알맞은 것을, 1·2·3·4에서 하나 고르세요.

이하는 유학생이 쓴 작문이다.

> **항공권을 싸게 사는 방법**
>
> 　최근에 유학이나 여행 등으로 외국에 가는 사람이 18 . 그래서 오늘은 여러분에게 항공권을 싸게 손에 넣는 방법을 소개하고 싶다고 생각합니다. 우선은 비행기에 타기 한 달 이상 전에 항공권을 사는 방법입니다. 이것은 이미 여행의 스케줄이 정해져 있는 경우에 추천입니다. 다음은 여행사에서 호텔과 세트가 되어 있는 항공권을 구입하는 방법입니다. 이것은 전체의 여행 비용을 저렴하게 억제하고 싶을 때에 추천 방법입니다. 마지막으로 저가 항공회사를 이용하는 방법입니다. 세일 등도 자주 실시되고 있기 때문에 더욱 이득인 운임으로 이용할 수 있습니다.
>
> 　단, 항공권을 살 19 , 주의하지 않으면 안 되는 것도 있습니다. 그것은 취소 요금을 조심하는 것입니다. 만약 인터넷 사이트를 통해서 구입한다면 취소 20 , 수수료 등의 항공권 이외의 돈도 들어 버립니다. 21 , 대금의 대부분이 돌아오지 않게 되어 버리는 것입니다.
>
> 　그리고 항공권을 싸게 사면 포인트가 적립되지 않고, 사전에 좌석 지정을 할 수 없는 경우도 있습니다. 그렇기 때문에 싸다 22 일단 항공권을 사는 것에는 조심하지 않으면 안 됩니다. 이러한 점

에만 주의한다면 항공권을 저렴한 가격으로 구입한 만큼, 식사나 관광 등 다른 비용으로 사용할 수 있어 더욱 즐거운 여행을 할 수 있을 것이라고 생각합니다.

18 1 (반드시) 증가하는 것도 아닙니다
2 증가할지도 모릅니다
3 증가하지 않을 수 없습니다
4 증가하고 있습니다

해설 문맥에 맞는 문법 표현을 고르는 문제이다. 빈칸 앞부분에서 最近、留学や旅行などで外国へ行く人が(요즘 유학이나 여행 등으로 외국에 가는 사람이)라고 했으므로 문맥상 증가하고 있다고 하는 것이 자연스럽다. 따라서 **4 増えつつあります**가 정답이다.

표현 増(ふ)える 증가하다, 늘다 | ~わけでもない (반드시) ~하는 것도 아니다 | ~かねない ~할지도 모른다 | ~ざるを得(え)ない ~하지 않을 수 없다 | ~つつある ~하고 있다

19 **1 ~할 때, ~에 즈음하여**   2 ~(임)에도 불구하고
3 ~에 한해서   4 ~(함)에 따라서

해설 문맥에 맞는 문법 표현을 고르는 문제이다. 빈칸 앞부분에서 ただし、航空券を買う(단, 항공권을 살)라고 한 후, 뒷부분에서 注意しなければならないこともあります。(주의하지 않으면 안 되는 것도 있습니다.)라고 했으므로 항공권을 살 때라고 하는 것이 자연스럽다. 따라서 **1 に際して**가 정답이다.

표현 ~に際(さい)して ~할 때, ~에 즈음하여 | ~にも関(かか)わらず ~(임)에도 불구하고 | ~に限(かぎ)って ~에 한해서 | ~につれて ~(함)에 따라서

20 1 ~에 대해서   2 ~을/를 계기로
3 ~뿐만 아니라   4 ~을/를 빼고, ~은/는 제외하고

해설 문맥에 맞는 문법 표현을 고르는 문제이다. 빈칸 앞부분에서 もしインターネットのサイトを通して購入したらキャンセル料(만약 인터넷 사이트를 통해서 구입한다면 구입한다면 취소료)라고 한 후, 뒷부분에서 항공권 이외의 돈도 든다고 했으므로 취소료뿐만 아니라 항공권 이외의 돈도 든다고 하는 것이 자연스럽다. 따라서 **3 のみならず**가 정답이다.

표현 ~につきまして ~에 대해서 | ~をきっかけに ~을/를 계기로 | ~のみならず ~뿐만 아니라 | ~をぬきにして ~을/를 빼고, ~을/를 제외하고

21 1 그래서   **2 즉**
3 예를 들면   4 게다가

해설 문맥에 맞는 접속사를 고르는 문제이다. 앞부분에서 만약 인터넷 사이트를 통해 구입하면 취소 수수료 뿐만 아니라 항공권 이외의 돈까지 들어버린다고 한 후, 빈칸 뒷부분에서 代金のほとんどが戻ってこないことになってしまうのです。(대금의 대부분이 돌아오지 않게 되어 버리는 것입니다.)라고 하며 앞부분의 내용을 정리했다. 따라서 빈칸에 들어갈 접속사로 알맞은 것은 **2 つまり**이다.

표현 そこで 그래서 | つまり 즉 | たとえば 예를 들면 | しかも 게다가

22 1 (너무) ~한 나머지   2 ~하는(한) 이상은
3 ~라고 해서   4 ~라고 하면

해설 문맥에 맞는 문법 표현을 고르는 문제이다. 빈칸 앞부분에서 항공권을 싸게 사면 안 좋은 점을 나열한 후, 뒷부분에서 とりあえず航空券を買うことには気を付けないといけません。(일단 항공권을 사는 것에는 조심하지 않으면 안 됩니다.)라고 했다. 앞의 나열한 이유들이 있기 때문에 항공권이 싸다고 해서 일단 항공권을 사는 것은 조심해야 한다고 연결하는 것이 자연스럽다. 따라서 **3 からといって**가 정답이다.

표현 ~あまりに (너무) ~한 나머지 | ~以上(いじょう)は ~하는(한) 이상은 | ~からといって ~라고 해서 | ~とすれば ~라고 하면

단어 航空券(こうくうけん) 항공권 | 方法(ほうほう) 방법 | 留学(りゅうがく) 유학 | 本日(ほんじつ) 오늘 | 手(て)に入(い)れる 손에 넣다, 가지다 | すでに 벌써, 이미 | スケジュール 스케줄 | お勧(すす)め 추천, 권장 | 旅行会社(りょこうがいしゃ) 여행사 | セット 세트 | 購入(こうにゅう) 구입 | 全体(ぜんたい) 전체 | 費用(ひよう) 비용 | 抑(おさ)える 억제하다, 억누르다 | 格安航空(かくやすこうくう) 저가 항공 | セール 세일 | たびたび 여러 번, 자주 | 行(おこな)う 실시하다, 행하다 | さらに 더욱더, 게다가 | お得(とく)だ 저렴하다, 이득이다 | 運賃(うんちん) 운임 | ただし 단, 다만 | キャンセル 캔슬, 취소 | 料金(りょうきん) 요금 | 気(き)を付(つ)ける 주의하다, 조심하다 | インターネット 인터넷 | サイト 사이트 | ~を通(とお)して ~을/를 통해서 | 手数料(てすうりょう) 수수료 | 代金(だいきん) 대금 | ポイント 포인트 | 貯(た)まる 쌓이다 | 事前(じぜん)に 사전에 | 座席(ざせき) 좌석 | 指定(してい) 지정 | ~からといって ~라고 해서 | とりあえず 우선 | 値段(ねだん) 가격 | 旅(たび) 여행

핵심문법 실전 연습 문제② 342p

문제7
1 ① 2 ④ 3 ① 4 ③ 5 ③
6 ② 7 ③ 8 ① 9 ② 10 ③
11 ② 12 ③

문제8
13 ④ 14 ① 15 ① 16 ② 17 ①

문제9
18 ② 19 ③ 20 ① 21 ④ 22 ②

문제7 다음 문장의 (　　　)에 넣기에 가장 알맞은 것을, 1·2·3·4에서 하나 고르세요.

1 18세기에 시작된 산업의 발전 (을 빼고) 세계의 역사는 말할 수 없다.

1 ~을/를 제외하고
2 ~을/를 둘러싸고
3 ~을/를 계기로 하여
4 ~을/를 담아서

해설 문맥상 알맞은 표현은 **1 をぬきにして**이다. 모두 명사와 접속이 되는 문법이지만, 앞뒤 문장과 자연스럽게 연결되기 위해서는 ~をぬきにして(~을/를 제외하고)라는 문법이 가장 적합하다.

단어 世紀(せいき) 세기 | 発展(はってん) 발전 | ~をぬきにして ~을/를 제외하고 | 語(かた)る 말하다 | ~をめぐって ~을/를 둘러싸고 | ~を契機(けいき)として ~을/를 계기로 하여 | ~を込(こ)めて ~을/를 담아서

2 내일, 이 지역을 통과하는 태풍은 큰 피해를 (줄 우려가 있다).

1 줘서 견딜 수 없다
2 줄 뻔했다
3 주기만 할 뿐이다
4 줄 우려가 있다

해설 문맥상 알맞은 표현은 **4 与えるおそれがある**이다. 앞 문장과 자연스럽게 연결되기 위해서는 동사 기본형+おそれがある(~할 우려가 있다)라는 문법이 가장 적합하다.

단어 地域(ちいき) 지역 | 通過(つうか) 통과 | 台風(たいふう) 태풍 | 被害(ひがい) 피해 | 与(あた)える 주다 | ~おそれがある ~할 우려가 있다 | ~てならない ~해서 견딜 수 없다 | ~ところだった ~할 뻔했다 | ~ばかりだ ~하기만 하다, ~할 뿐이다

3 지지율 40%를 차지하고 있는 그이기 때문에 (아마) 당선할 것이다.

1 아마, 어쩌면
2 도대체
3 적어도, 하다못해
4 도저히, 매우

해설 문맥상 알맞은 표현은 **1 おそらく**이다. 지지율이 40%인 그이기 때문에 당첨될 거라고 하는 문장에 가장 적합한 부사는 おそらく(아마, 어쩌면)이다.

단어 支持率(しじりつ) 지지율 | ~割(わり) ~할, 10% | 占(し)める 차지하다 | ~ことだから ~이기 때문에 | おそらく 아마, 어쩌면 | 当選(とうせん) 당선 | いったい 도대체 | せめて 적어도, 하다못해 | とても 도저히, 매우

4 저렴함 (에서 보면) 이쪽의 제품 쪽이 좋지만, 성능은 다른 제품 쪽이 좋다.

1 ~부터의
2 ~한 이상에는
3 ~(입장)에서 보면, ~으로 보아
4 ~라고 해서

해설 문맥상 알맞은 표현은 **3 からいうと**이다. 1, 3번은 명사와 접속이 되는 문법이지만, 앞뒤 문장과 자연스럽게 연결되기 위해서는 ~からいうと(~(입장)에서 보면, ~으로 보아)라는 문법이 가장 적합하다. 2번은 명사+である 형태로 접속하는 문법이고, 4번은 명사 보통형과 접속하는 문법이므로 정답이 아니다.

단어 安(やす)さ 저렴함 | ~からいうと ~(입장)에서 보면, ~으로 보아 | 製品(せいひん) 제품 | 性能(せいのう) 성능 | ~からの ~부터의 | ~からには ~한 이상에는 | ~からといって ~라고 해서

5 하야시 "다나카 씨, 불만 (인 듯한) 얼굴을 하고 있는데, 무슨 일 있었어?"
다나카 "회사로부터 급여를 낮춘다고 들었어."

1 자주 ~인
2 ~하는 기미인
3 ~인 듯한
4 ~경향이 강한, ~처럼 보이는

해설 문맥상 알맞은 표현은 **3 げな**이다. 빈칸 앞 부분의 不満(불만)은 명사 또는 な형용사 어간이 될 수도 있다. 선택지의 1, 2, 4번은 명사와 접속이 되는 문법이고, 3번은 な형용사의 어간과 접속이 되는 문법이다. 앞뒤 문장과 자연스럽게 연결되기 위해서는 ~げ(~인 듯, ~인 듯한 모양)라는 문법이 가장 적합하다.

단어 不満(ふまん)だ 불만이다 | ~げ ~인 듯, ~인 듯한 모양 | 給料(きゅうりょう) 급여 | ~がちだ 자주 ~하다, ~하는 경향이 있다 | ~気味(ぎみ) ~하는 기미, 기운, 느낌 | ~っぽい ~경향이 강하다, ~처럼 보이다

6 그녀는 아무리 힘든 일이 있어도 포기하는 (일 없이) 노력을 계속해서 성과를 거두었다.

1 ~하는(한) 이상은
2 ~하는 일 없이, ~하지 않고
3 ~데 있어서
4 ~치고는

해설 문맥상 알맞은 표현은 **2 ことなく**이다. 모두 동사 기본형과 접속이 되는 문법이지만, 앞뒤 문장과 자연스럽게 연결되기 위해서는 ~ことなく(~하는 일 없이, ~하지 않고)라는 문법이 가장 적합하다.

단어 どんなに~ても 아무리 ~해도 | 辛(つら)い 힘들다 | 諦(あきら)める 포기하다 | ~ことなく ~하는 일 없이, ~하지 않고 | 努力(どりょく) 노력 | 成果(せいか)を収(おさ)める 성과를 거두다 | ~上(うえ)は ~하는(한) 이상은 | ~にあたって ~데 있어서, ~에 앞서 | ~にしては ~치고는

7 (병원에서)
의사 "오늘은 무슨 일이세요?"
환자 "약을 먹어도 열이 내려가기 (는커녕) 올라가기만 할 뿐이에요."
의사 "그건 큰일이네요. 한 번 진찰해 보겠습니다."

1 ~기는 하지만
2 ~뿐, 만
3 ~은/는커녕
4 ~하는가 하면

해설 문맥상 알맞은 표현은 **3 どころか**이다. 모두 동사 기본형과 접속이 되는 문법이지만, 앞뒤 문장과 자연스럽게 연결되기 위해서는 ~どころか(~은/는커녕)라는 문법이 가장 적합하다.

단어 患者(かんじゃ) 환자 | ~どころか ~은/는커녕 | ~一方(いっぽう)だ ~하기만 하다, ~할 뿐이다 | 診(み)る 진찰하다, 보다 | ~ものの ~기는 하지만 | (ただ)~のみ (그저, 단지) ~뿐, 만 | ~かというと ~하는가 하면

8 미나미 "해외여행을 간다 (고 하면) 어떤 것을 하고 싶어?"
사치노 "먹는 것을 매우 좋아하기 때문에 다양한 나라를 돌면서 현지의 밥을 즐기고 싶어."

| 1 ~라고 하면 | 2 ~인(한) 반면 |
| 3 ~라기보다 | 4 ~이기 때문에 |

해설 문맥상 알맞은 표현은 **1 としたら**이다. 모두 동사 기본형과 접속이 되는 문법이지만, 앞뒤 문장과 자연스럽게 연결되기 위해서는 ～としたら(~라고 하면)라는 문법이 가장 적합하다.

단어 海外(かいがい) 해외 | ～としたら ~라고 하면 | 色々(いろいろ)だ 다양하다 | 現地(げんち) 현지 | 楽(たの)しむ 즐기다 | ～反面(はんめん) ~인(한) 반면 | ～というより ~라기보다 | ～ものだから ~이기 때문에

9 식량 위기 (에 대비하여), 대용 식품으로서 벌레가 검토되고 있다.

| 1 ~을/를 향해서 | **2 ~에 대비하여** |
| 3 ~에 관해서 | 4 ~에 반해서, ~와/과는 반대로 |

해설 문맥상 알맞은 표현은 **2 に備えて**이다. 모두 명사와 접속이 되는 문법이지만, 앞뒤 문장과 자연스럽게 연결되기 위해서는 ～に備えて(~에 대비하여)라는 문법이 가장 적합하다.

단어 食糧危機(しょくりょうきき) 식량 위기 | ～に備(そな)えて ~에 대비하여 | 代(か)わり 대용, 대신 | 虫(むし) 벌레 | 検討(けんとう) 검토 | ～に向(む)けて ~을/를 향해서 | ～に関(かん)して ~에 관해서 | ～に反(はん)して ~에 반해서, ~와/과는 반대로

10 (전화로)
손님 "여보세요, 얼마 전 가입한 보험을 해약하고 싶은데요."
점원 "잘 알겠습니다. 성함과 생년월일을 부탁합니다. 그리고 실례가 되지 않는다면 해약의 이유를 (여쭈어도 되겠습니까?)"

1 들어드릴까요?(겸양어)
2 들으십니까?(존경어)
3 여쭈어도 되겠습니까?, 찾아뵈어도 되겠습니까?(겸양어)
4 여쭈면 어떠십니까?, 찾아뵈면 어떠십니까?(겸양어)

해설 문맥상 알맞은 표현은 **3 伺ってもよろしいでしょうか**이다. 보험을 해약하고 싶은 손님에게 그 이유를 묻는 상황이기 때문에 伺(여쭙다, 찾아뵙다)+てもよろしいでしょうか(~해도 되겠습니까?)라는 겸양어가 가장 적합하다.

단어 先日(せんじつ) 얼마 전 | 加入(かにゅう) 가입 | 保険(ほけん) 보험 | 解約(かいやく) 해약 | かしこまりました 잘 알겠습니다 | 生年月日(せいねんがっぴ) 생년월일 | 差(さ)し支(つか)え 지장, 장애 | 伺(うかが)う 여쭙다, 찾아뵙다(겸양어) | ～てもよろしいでしょうか ~해도 되겠습니까? | お+동사 ます형+する ~해 드리다(겸양어) | お+동사 ます형+になる ~하시다(존경어) | いかがでしょうか 어떠십니까?

11 신상 게임의 발매 (에 앞서) 체험할 수 있는 이벤트가 개최되었다.

| 1 ~에 의거하여, ~에 기반하여 | **2 ~에 앞서** |
| 3 ~에 따라서 | 4 ~에 따라서, ~을/를 따라서 |

해설 문맥상 알맞은 표현은 **2 に先立って**이다. 모두 명사와 접속이 되는 문법이지만, 앞뒤 문장과 자연스럽게 연결되기 위해서는 ～に先立って(~에 앞서)라는 문법이 가장 적합하다.

단어 新作(しんさく) 신작, 신상 | 発売(はつばい) 발매 | ～に先立(さきだ)って ~에 앞서 | 体験(たいけん) 체험 | イベント 이벤트, 행사 | 開催(かいさい) 개최 | ～に基(もと)づいて ~에 의거하여, ~에 기반하여 | ～に従(したが)って ~에 따라서 | ～に沿(そ)って ~에 따라서, ~을/를 따라서

12 기말시험에서 0점이었던 것은 (다름 아닌 공부 부족이다).

1 ~할 상황이 아니다
2 (반드시) ~라고는 할 수 없다
3 다름 아닌 ~이다, 바로 ~이다
4 ~하는 것은 아니다

해설 문맥상 알맞은 표현은 **3 にほかならない**이다. 1, 3번은 명사와 접속이 되는 문법이지만, 앞 문장과 자연스럽게 연결되기 위해서는 ～にほかならない(다름 아닌 ~이다, 바로 ~이다)라는 문법이 가장 적합하다. 2번은 명사 보통형과 접속하는 문법이고 4번은 동사 기본형에 접속하는 문법이므로 정답이 아니다.

단어 期末試験(きまつしけん) 기말시험 | 不足(ふそく) 부족 | ～どころではない ~할 상황이 아니다 | ～とは限(かぎ)らない (반드시) ~라고는 할 수 없다 | ～にほかならない 다름 아닌 ~이다, 바로 ~이다 | ～ものではない ~하는 것은 아니다

문제8 다음 문장의 ＿＿＿★＿＿＿ 에 들어갈 가장 알맞은 것을, 1・2・3・4 에서 하나 고르세요.

13 처음에는 이 영화에 전혀 흥미가 없었지만, 모두가 이 영화를 <u>그렇게 권한다면</u> ★한 번 봐 보지 않겠는가?

| 1 권한다면 | 2 그렇게 |
| 3 하지 않겠는가 | **4 한 번 봐 보자(동사 의지형)** |

해설 앞 문장 この映画を(이 영화를) 뒤에는 동사가 와야 하고, 2 そんなには 부사이므로 문맥상 이 영화를 そんなに勧めるなら(이 영화를 그렇게 권한다면)로 연결되는 것이 자연스럽기 때문에 2-1번으로 연결된다. 그리고 3 ではないか의 앞에는 동사 의지형이 오는 것이 적절하므로 4-3번으로 연결된다. 따라서 2-1-4-3으로 문장을 만들면 **4 一度見てみよう**가 정답이다.

단어 最初(さいしょ) 처음 | 興味(きょうみ) 흥미 | 勧(すす)める 권하다 | ～(よ)うではないか ~하지 않겠는가?

14 사람 앞에서 말하는 것을 ★잘 못하는 바람에 발표회에서 모두에게 웃음을 사지 않을까 하고 걱정이다.

| **1 잘 못하는** | 2 사람 앞에서 |
| 3 바람에 | 4 말하는 것이 |

해설 문맥상 人前で話すのが(사람 앞에서 말하는 것이)로 이어지는 것이

62

자연스럽기 때문에 2-4번으로 연결된다. 그리고 3 ばかりに의 앞에는 선택지 중 な형용사의 명사 수식형이 오는 것이 적절하므로 1-3번으로 연결된다. 따라서 2-4-1-3으로 문장을 만들면 **1 苦手な**가 정답이다.

단어 人前(ひとまえ) 사람 앞 | 苦手(にがて)だ 잘 못하다 | ~ばかりに ~하는 바람에, ~탓에 | 発表会(はっぴょうかい) 발표회 | 笑(わら)われる 웃음을 사다

---

15 상사 ★하에서 엄격하게 지도를 받아 왔기 때문에 동기보다도 성장할 수 있었다.

1 하에서   2 상사
3 지도를 받고   4 엄격하게

해설 1 のもとで의 앞에는 명사가 와야 하므로 2-1번으로 연결된다. 그리고 4 厳しく가 3 指導を受けて를 수식하므로 4-3번으로 연결된다. 따라서 2-1-4-3으로 문장을 만들면 **1 のもとで**가 정답이다.

단어 上司(じょうし) 상사 | ~のもとで ~하에서 | 指導(しどう) 지도 | 受(う)ける 받다 | 同期(どうき) 동기 | 成長(せいちょう) 성장

---

16 이 호텔은 일류의 호텔인 만큼 경치가 훌륭할 뿐만 아니라 ★방도 넓고 요리도 맛있다.

1 뿐만 아니라   **2 방도 넓고**
3 요리도   4 훌륭하다

해설 문맥상 景色が素晴らしい(경치가 훌륭하다)라고 하는 것이 자연스럽기 때문에 4번이 제일 먼저 나온다. 그리고 1 のみならず의 앞에는 보통형이 와야 하므로 4-1번으로 연결된다. 2 部屋も広く는 문장 연결형이고, 뒤 문장 おいしい(맛있다)의 앞에는 3 料理も가 오는 것이 자연스럽기 때문에 2-3번으로 연결된다. 따라서 4-1-2-3으로 문장을 만들면 **2 部屋も広く**가 정답이다.

단어 一流(いちりゅう) 일류 | ~だけあって ~인 만큼 | 景色(けしき) 경치 | 素晴(すば)らしい 훌륭하다 | ~のみならず ~뿐만 아니라

---

17 이 국가시험은 어렵지만, 취직에 유리하게 되니까 ★할지 말지 망설이고 있다.

1 할지   2 되니까
3 유리하게   4 말지

해설 '~하게 되다'는 になる이기 때문에 3-2번으로 연결된다. 그리고 ~ようか~まいか(~할지 ~말지)로 이어지는 문법이 있기 때문에 1-4번으로 연결된다. 따라서 3-2-1-4로 문장을 만들면 **1 しようか**가 정답이다.

단어 国家試験(こっかしけん) 국가시험 | 就職(しゅうしょく) 취직 | 有利(ゆうり)だ 유리하다 | ~になる ~하게 되다 | ~ようか~まいか ~할지 ~말지 | 迷(まよ)う 망설이다

문제3 다음 문장을 읽고, 문장 전체 내용을 생각해서, 18 부터 22 안에 들어갈 가장 알맞은 것을, 1·2·3·4에서 하나 고르세요.

이하는 일본에서 일하고 있는 외국인이 쓴 일기다.

> 8월 30일
> 오늘, 회사의 동료인 니시무라 씨에게 어떤 상담을 받았다. 그는 주말의 파티에 참석할까 말까 망설이고 있다는 것이다. 18 파티라고 해도 단순한 파티가 아니라 현이 개최하는 맞선 파티이기 때문이다. 매주 토요일에 열리는 이 파티에 그는 10회나 참가했지만, 모두 잘되지 않았다고 한다.
> 처음에 맞선 파티의 이야기를 가져온 것은 니시무라 씨의 아버지였다. 별로 흥미를 보이지 않는 본인을 대신해 본인 19 부모님이 파티에 갔다고 한다. 20 자녀에게 결혼하길 원한다고 부모님이 생각하는 데는 이유가 있다고 한다. 실은, 그의 집은 에도 시대부터 이어진 두부 가게로 그가 결혼하지 않으면 이 일을 계속할 사람이 없는 것 같다. 그래서 모처럼 몇 백 년이나 이어진 가게를 여기서 21 , 부모님은 필사적인 것이다. 그러나 니시무라 씨는 그런 부모의 마음도 모르는 건 아니라고 말하면서도, 지금은 결혼해 가업을 잇기보다 자신의 꿈을 향해 나아가고 싶다고 고민하고 있었다.
> 그런 동료에게 나는 뭐라고 조언을 하면 좋을지 몰랐다. 나도 같은 독신이지만, 나 자신도 결혼하고 싶다고 생각해 본 적이 없고, 지금은 경력을 쌓는 것이 중요하다고 생각하고 있기 때문이다. 언젠가 나에게도 비슷한 고민이 생길까 하고 22 .

---

18 1 또한   **2 왜냐하면**
3 자, 그런데   4 어쩐지, 그래서

해설 문맥에 맞는 접속사를 고르는 문제이다. 빈칸 앞부분에서 회사 동료인 니시무라 씨가 주말 파티에 참석할까 말까 망설이고 있다고 한 후, 뒷부분에서 그 이유를 설명하고 있다. 따라서 빈칸에 들어갈 접속사로 알맞은 것은 **2 なぜなら**이다.

표현 なお 또한 | なぜなら 왜냐하면 | さて 자, 그런데 | どうりで 어쩐지, 그래서

---

19 1 ~기미, 기운, 느낌으로   2 ~에 따라서
3 ~빼고   4 ~나름대로

해설 문맥에 맞는 문법 표현을 고르는 문제이다. 빈칸 앞부분에서 あまり興味を示さない本人に代わり、本人(별로 흥미를 보이지 않는 본인을 대신해 본인)이라고 한 후, 뒷부분에서 부모님이 파티에 갔다고 했으므로 본인을 빼고 갔다고 하는 것이 자연스럽다. 따라서 **3 ぬきで**가 정답이다.

표현 ~気味(ぎみ) ~하는 기미, 기운, 느낌 | ~次第(しだい)で ~에 따라서, ~나름으로 | ~ぬきで ~빼고 | ~なりに ~나름대로

---

20 **1 그렇게까지 해서**   2 그런 것치고는
3 그런데도   4 그렇게 하면

해설 문맥에 맞는 문법 표현을 고르는 문제이다. 앞부분에서 부모님이 맞선 파티에 별로 흥미를 보이지 않는 본인을 대신에 부모님끼리 파티에 갔다고 한 후, 빈칸 뒷부분에서 子供に結婚してほしいと両親が考えるのには理由があるそうだ。(자녀에게 결혼하길 원한다고 부

모님이 생각하는 데는 이유가 있다고 한다.)라고 했다. 따라서 **1 そうまでして**가 정답이다.

표현　そうまでして 그렇게까지 해서 | それにしては 그런 것치고는 | それなのに 그런데도 | そうすれば 그렇게 하면

> **21**　1 (반드시) 그만두는 것은 아니라고
> 　　　2 그만두지 않을 수 없다고
> 　　　3 그만두지 않으면 안 된다고
> 　　　**4 그만둘 수는 없다고**

해설　문맥에 맞는 문법 표현을 고르는 문제이다. 빈칸 앞부분에서 だからせっかく何百年も続いた店をここで(그래서 모처럼 몇 백 년이나 이어진 가게를 여기서)라고 했으므로 가게를 그만둘 수는 없어서 부모님이 필사적이라고 하는 것이 자연스럽다. 따라서 **4 辞めるわけにはいかないと**가 정답이다.

표현　~わけではない (반드시) ~인 것은 아니다 | ~ずにはいられない ~하지 않을 수 없다 | ~なければならない ~하지 않으면 안 된다 | ~わけにはいかない ~할 수는 없다

> **22**　1 생각할 것임에 틀림없었다　**2 생각하지 않을 수 없었다**
> 　　　3 생각하는 것이 아니었다　4 생각할 리가 없었다

해설　문맥에 맞는 문법 표현을 고르는 문제이다. 빈칸 앞부분에서 본인도 동료인 나카무라 씨처럼 결혼하고 싶다고 생각해 본 적이 없다고 한 후, いつか私にも同じような悩みができるのかと(언젠가 나에게도 비슷한 고민이 생길까 하고)라고 했으므로 생각하지 않을 수 없었다고 하는 것이 자연스럽다. 따라서 **2 考えざるを得なかった**가 정답이다.

표현　~に違(ちが)いない ~임에 틀림없다 | ~ざるを得(え)ない ~하지 않을 수 없다 | ~ものではない ~하는 것이 아니다 | ~はずがない ~일 리가 없다

단어　同僚(どうりょう) 동료 | 参加(さんか) 참가 | ~ようか~まいか ~할지 ~말지 | 迷(まよ)う 망설이다 | 県(けん) 현(일본의 행정 구분) | 開催(かいさい) 개최 | お見合(みあ)い 맞선 | 示(しめ)す 보이다 | 本人(ほんにん) 본인 | ~に代(か)わり ~을/를 대신하여 | 実(じつ)は 실은 | 江戸時代(えどじだい) 에도시대(일본의 옛 시대) | 豆腐屋(とうふや) 두부 가게 | せっかく 모처럼 | 必死(ひっし)だ 필사적이다 | 家業(かぎょう) 가업 | 継(つ)ぐ 잇다 | 夢(ゆめ) 꿈 | 向(む)かう 향하다 | 悩(なや)む 고민하다 | アドバイス 어드바이스, 조언 | 独身(どくしん) 독신 | 自身(じしん) 자신 | キャリアアップ 커리어 업, 경력 쌓기 | 重要(じゅうよう)だ 중요하다

핵심문법 실전 연습 문제③　　348p

문제7
1 ②　2 ④　3 ②　4 ④　5 ①
6 ③　7 ④　8 ②　9 ②　10 ①
11 ③　12 ③

문제8
13 ①　14 ②　15 ④　16 ①　17 ③

문제9
18 ②　19 ①　20 ③　21 ④　22 ④

문제7　다음 문장의 (　　)에 넣기에 가장 알맞은 것을, 1・2・3・4에서 하나 고르세요.

> **1**　가게에서 30분이나 고민한 (　끝에　), 이번에는 새 상품을 사지 않고 중고 텔레비전을 사기로 했다.
> 1 ~은/는커녕　　　**2 ~한 끝에**
> 3 ~하자마자　　　4 ~인 만큼

해설　문맥상 알맞은 표현은 **2 あげく**이다. 모두 동사 た형과 접속이 되는 문법이지만, 앞뒤 문장과 자연스럽게 연결되기 위해서는 ~あげく(~한 끝에)라는 문법이 가장 적합하다.

단어　悩(なや)む 고민하다 | ~あげく ~한 끝에 | 新品(しんぴん) 신품, 새 상품 | 中古(ちゅうこ) 중고 | ~ことにする ~하기로 하다 | ~どころか ~은/는커녕 | ~たとたん ~하자마자 | ~だけあって ~인 만큼

> **2**　(병원에서)
> 환자 "선생님, 얼마 전의 약이 전혀 듣지 않는데요….."
> 의사 "확실히 식사나 수면을 취하지 않으면 더욱 심한 병으로 (　될지도 몰라　)요."
> 1 마치 되는 것 같습니다　　2 되고 있습니다
> 3 되어야 합니다　　　　　　**4 될지도 모릅니다**

해설　문맥상 알맞은 표현은 **4 なりかねません**이다. 앞 문장과 자연스럽게 연결되기 위해서는 동사 ます형+かねない(~할지도 모른다)라는 문법이 가장 적합하다.

단어　患者(かんじゃ) 환자 | 効(き)く 듣다, 효과가 있다 | 睡眠(すいみん) 수면 | ひどい 심하다 | ~かねない ~할지도 모른다 | ~かのようだ 마치 ~인 것 같다 | ~つつある ~하고 있다 | ~べきだ ~해야 한다

> **3**　깊이 사죄의 말씀드림 (　과 동시에　), 재발 방지를 위해서 전력을 다하겠습니다.
> 1 ~라고 생각했더니
> **2 ~와/과 함께, ~함에 따라, ~임과/와 동시에**

3 ~한편으로
4 ~(함)에 따라서

해설 문맥상 알맞은 표현은 **2 とともに**이다. 2, 3, 4번은 동사 기본형과 접속이 되는 문법이지만, 앞뒤 문장과 자연스럽게 연결되기 위해서는 ~とともに(~와/과 함께, ~함에 따라, ~임과/와 동시에)라는 문법이 가장 적합하다. 1번은 동사 た형과 접속하는 문법이므로 정답이 아니다.

단어 お詫(わ)び申(もう)し上(あ)げる 사죄의 말씀을 드리다 | ~とともに ~와/과 함께, ~함에 따라, ~임과/와 동시에 | 再発(さいはつ) 재발 | 防止(ぼうし) 방지 | 全力(ぜんりょく)を尽(つ)くす 전력을 다하다 | ~かと思(おも)うと ~라고 생각했더니 | ~一方(いっぽう)で ~한편으로 | ~につれて ~(함)에 따라서

4 (설마) 이런 도시에 야생 곰이 나올 거라고는 생각하지 못했기 때문에 깜짝 놀랐다.

1 왠지
2 과연
3 아무래도
4 설마

해설 문맥상 알맞은 표현은 **4 まさか**이다. 이런 도시에 야생 곰이 나왔다는 사실에 놀라고 있는 상황을 나타낸 문장에 가장 적합한 부사는 まさか(설마)이다.

단어 まさか 설마 | 都会(とかい) 도시 | 野生(やせい) 야생 | 熊(くま) 곰 | ~とは思(おも)わなかった ~라고는 생각하지 못했다 | びっくりする 깜짝 놀라다 | なぜか 왠지 | 果(は)たして 과연 | どうやら 아무래도

5 나 "어, 계속 다이어트하고 있는데 체중이 줄지 않는데…."
친구 "살을 빼고 싶으면 밤중에 간식 먹는 것을 그만 (하는 것이 상책이) 야."

1 ~하는 것이다, ~하는 것이 상책이다
2 ~할 우려가 있다
3 ~하는 데가 있다
4 ~할 뿐이다

해설 문맥상 알맞은 표현은 **1 ことだ**이다. 모두 동사 기본형과 접속이 되는 문법이지만, 앞 문장과 자연스럽게 연결되기 위해서는 ~ことだ(~하는 것이다, ~하는 것이 상책이다)라는 문법이 가장 적합하다.

단어 ダイエット 다이어트 | 体重(たいじゅう) 체중 | 減(へ)る 줄다 | 夜中(よなか) 밤중 | 間食(かんしょく)する 간식을 먹다 | ~ことだ ~하는 것이다, ~하는 것이 상책이다 | ~おそれがある ~할 우려가 있다 | ~ものがある ~하는 데가 있다 | ~のみだ ~할 뿐이다

6 이 문제 (에 대해서는) 다시 한번 검토한 후에 다음번의 회의에서 의논합시다.

1 (다른 것도 아닌) ~이기 때문에
2 ~할 때마다
3 ~에 대해서는
4 ~할 때에는

해설 문맥상 알맞은 표현은 **3 につきましては**이다. 모두 명사와 접속이 되는 문법이지만, 앞뒤 문장과 자연스럽게 연결되기 위해서는 ~につきましては(~에 대해서는)라는 문법이 가장 적합하다.

단어 ~につきましては ~에 대해서는 | 再度(さいど) 다시 한번 | 検討(けんとう) 검토 | ~うえで ~한 후에 | 次回(じかい) 다음번 | 議論(ぎろん) 의논 | ~のことだから (다른 것도 아닌) ~이기 때문에 | ~につけ ~할 때마다 | ~の際(さい)は ~할 때에는, ~할 즈음에는

7 교차로에서 자동차와 부딪쳐서 오토바이가 망가져 버렸지만, 다치지 않았던 (것만으로도 다행이다).

1 ~할 뻔했다
2 ~일 것이다, ~겠지
3 반드시 ~이다, ~임에 틀림없다
4 ~인 것만으로도 다행이다

해설 문맥상 알맞은 표현은 **4 だけましだ**이다. 2, 3, 4번은 동사 た형과 접속이 되는 문법이지만, 앞 문장과 자연스럽게 연결되기 위해서는 ~だけましだ(~인 것만으로도 다행이다)라는 문법이 가장 적합하다. 1번은 동사 보통형 현재와 접속하는 문법이므로 정답이 아니다.

단어 交差点(こうさてん) 교차로 | ぶつかる 부딪치다 | バイク 오토바이 | 壊(こわ)れる 망가지다, 부서지다 | 怪我(けが)をする 다치다 | ~だけましだ ~인 것만으로도 다행이다 | ~ところだった ~할 뻔했다 | ~ことだろう ~일 것이다, ~겠지 | ~に決(き)まっている 반드시 ~이다, ~임에 틀림없다

8 이 브랜드의 옷은 비교적 저렴한 (데다가) 질도 좋기 때문에 인기가 높다.

1 ~간격으로, ~걸러
2 ~한(인) 데다가
3 ~한 끝에
4 ~인 만큼

해설 문맥상 알맞은 표현은 **2 上**이다. 2, 4번은 い형용사 기본형과 접속이 되는 문법이지만, 앞뒤 문장과 자연스럽게 연결되기 위해서는 ~上に(~한(인) 데다가)라는 문법이 가장 적합하다. 1번은 명사와 접속하고, 3번은 동사 た형 또는 명사+の 형태와 접속하는 문법이므로 정답이 아니다.

단어 ブランド 브랜드 | 比較的(ひかくてき) 비교적 | ~上(うえ)に ~한(인) 데다가 | 質(しつ) 질 | ~おきに ~간격으로, ~걸러 | ~末(すえ)に ~한 끝에 | ~だけに ~인 만큼

9 아이를 낳는 (이상에는), 절대로 그 아이에게는 금전적인 고생을 시키고 싶지 않다.

1 ~부터가, ~로 보아
2 ~하는(한) 이상에는
3 ~(입장)에서 보면, ~으로 보아
4 ~(입장)에서 보면, ~으로 보아

해설 문맥상 알맞은 표현은 **2 からには**이다. 2번만 동사 기본형과 접속이 되는 문법이고 앞뒤 문장과 자연스럽게 연결되기 위해서는 ~からには(~하는(한) 이상에는)라는 문법이 가장 적합하다. 1, 3, 4번은 명사와 접속하는 문법이므로 정답이 아니다.

단어 産(う)む 낳다 | ~からには ~하는(한) 이상에는 | 金銭的(きんせんてき)だ 금전적이다 | 苦労(くろう) 고생 | ~からして ~부터가, ~로 보아 | ~からいうと ~(입장)에서 보면, ~으로 보아 | ~からすると ~(입장)에서 보면, ~으로 보아

> **10** 이 동영상을 보면 조작 방법을 전부 (알 수 있게) 되어 있다.
>
> **1 알 수 있게** 2 알 정도로
> 3 아는 바람에 4 알 수 있는 것 같이

해설 문맥상 알맞은 표현은 **1 わかるように**이다. 앞뒤 문장과 자연스럽게 연결되기 위해서는 동사 기본형+ようになっている(~하게 되어 있다)라는 문법이 가장 적합하다.

단어 動画(どうが) 동영상 | 操作(そうさ) 조작 | 仕方(しかた) 하는 방법, 방식 | 全(すべ)て 전부, 모두 | わかる 알다 | ~ようになっている ~하게 되어 있다 | ~くらいに ~정도로 | ~ばかりに ~하는 바람에, ~탓에 | ~みたいに ~(하는 것) 같이

> **11** 지난주, 후지산 정상까지 올랐지만, 여름임에도 불구하고 눈이 쌓여 있어서 (추워서 견딜 수 없었다).
>
> 1 춥지 않아서 다행이다 2 춥다는 것이었다
> **3 추워서 견딜 수 없었다** 4 추울 리가 없었다

해설 문맥상 알맞은 표현은 **3 寒くてたまらない**이다. 앞 문장과 자연스럽게 연결되기 위해서는 い형용사 て형+てたまらない(~해서 견딜 수 없다)라는 문법이 가장 적합하다.

단어 富士山(ふじさん) 후지산(일본에서 가장 높은 산) | 頂上(ちょうじょう) 정상 | ~にも関(かか)わらず ~(임)에도 불구하고 | 積(つ)もる 쌓이다 | 寒(さむ)い 춥다 | ~てたまらない ~해서 견딜 수 없다 | ~てよかった ~해서 다행이다 | ~というものだ ~라는 것이다 | ~わけがない ~할 리가 없다

> **12** 이 상품의 수량에는 한계가 있기 때문에 구입을 희망하시는 분은 빨리 (신청 부탁드립니다).
>
> 1 신청하십시오(존경어) 2 신청하게 해 주세요(겸양어)
> **3 신청 부탁드립니다(정중어)** 4 신청해 드리겠습니다(겸양어)

해설 문맥상 알맞은 표현은 **3 お申込み願います**이다. 상품이 수량 한정이기 때문에 빨리 구입하라고 재촉하는 상황이기 때문에 お+동사 ます형+願う(~부탁드리다)라는 정중어가 가장 적합하다.

단어 商品(しょうひん) 상품 | 数量(すうりょう) 수량 | 限(かぎ)り 한정, 한계 | ございます 있습니다(정중어) | 購入(こうにゅう) 구입 | 希望(きぼう) 희망 | お早(はや)めに 빨리, 일찌감치 | 申(もう)し込(こ)む 신청하다 | お+동사 ます형+願(ねが)う ~부탁드리다(정중어) | お+동사 ます형+になる ~하시다(존경어) | ~させてください ~하게 해 주세요 | お+동사 ます형+いたす ~해 드리다(겸양어)

문제8 다음 문장의 ___★___ 에 들어갈 가장 알맞은 것을, 1・2・3・4에서 하나 고르세요.

> **13** 맡은 일을 끝까지 하지 않고 <u>도중에 내던지거나</u> <u>포기하거나 하</u><u>는 것은</u> ★<u>무책임</u> 이라고 하는 것 이다.
>
> **1 무책임**
> 2 도중에 내던지거나
> 3 포기하거나 하는 것은
> 4 이라고 하는 것

해설 ~たり~たりする(~하거나 ~하거나 하다)라는 문법으로 2-3번으로 연결된다. 그리고 4 というもの 앞에는 명사가 올 수 있고, 문맥상 無責任というものだ(무책임이라고 하는 것이다)로 이어지는 것이 자연스럽기 때문에 1-4번으로 연결된다. 따라서 2-3-1-4로 문장을 만들면 **1 無責任**이 정답이다.

단어 引(ひ)き受(う)ける 떠맡다 | ~ずに ~하지 않고 | 途中(とちゅう)で 도중에 | 投(な)げ出(だ)す 내던지다 | ~たり~たりする ~하거나 ~하거나 하다 | 諦(あきら)める 포기하다 | 無責任(むせきにん) 무책임 | ~というものだ ~라고 하는 것이다

> **14** 새로운 일을 <u>시작하는</u> <u>데 있어서</u> ★<u>주의해</u> <u>주셨으면 하는</u> 점이 몇 가지인가 있습니다.
>
> 1 데 있어서 **2 주의하고**
> 3 받고 싶다(겸양어) 4 시작하다

해설 앞 문장 仕事を(일을)의 뒤에는 동사가 와야 하므로 4번이 제일 먼저 나오고, 1 にあたって의 앞에는 동사 기본형이 와야 하므로 4-1번으로 연결된다. 그리고 ~ていただく(~해 받다)라는 문법이 있기 때문에 2-3번으로 연결된다. 따라서 4-1-2-3으로 문장을 만들면 **2 気を付けて**가 정답이다.

단어 始(はじ)める 시작하다 | ~にあたって ~데 있어서, ~에 앞서 | 気(き)を付(つ)ける 주의하다, 조심하다 | ~ていただく ~해 받다, (남이 나에게) ~해 주시다(겸양어) | 点(てん) 점 | いくつ 몇 개

> **15** 대기 오염이든, <u>자연 파괴</u> ★<u>든</u> <u>어느 것도</u> <u>인류에 의해서</u> 일으켜진 문제이다.
>
> 1 인류에 의해 2 자연 파괴
> 3 어느 것도 **4 (하)든**

해설 ~にしろ ~にしろ(~(하)든 ~(하)든)가 이어지는 문법이고 선택지 중 명사와 접속하기 때문에 2-4번으로 연결된다. 그리고 문맥상 어느 것도 人類によって(어느 것도 인류에 의해)라고 이어지는 것이 자연스럽기 때문에 3-1번으로 연결된다. 따라서 2-4-3-1으로 문장을 만들면 **4にしろ**가 정답이다.

단어 大気(たいき) 대기 | 汚染(おせん) 오염 | ~にしろ~にしろ ~(하)든 ~(하)든 | 自然(しぜん) 자연 | 破壊(はかい) 파괴 | 人類(じんるい) 인류 | ~によって ~에 의해서 | 起(お)こす 일으키다

> **16** 텔레비전에서 피해지의 모습을 <u>전달하는 보도를</u> ★<u>볼 때마다</u> <u>자신</u> 도 뭔가 힘이 되고 싶다고 생각한다.
>
> **1 볼 때마다** 2 자신
> 3 전달하는 보도를 4 모습을

해설 앞 문장 被災地の(피해지의)의 뒤에는 명사가 와야 하며 문맥상 被災地の様子を(피해지의 상태로) 이어지는 것이 자연스럽기 때문에 4번이 제일 먼저 나온다. 그리고 4 様子を의 뒤에는 동사가 와야 하며 様子を伝える報道を(모습을 전달하는 보도를)로 이어지는 것이

자연스럽기 때문에 4-3번으로 연결된다. 3 伝える 報道を의 뒤에도 동사가 와야 하며 뒤 문장의 〜も(~도)의 앞에는 명사가 와야 하므로 1-2번으로 연결된다. 따라서 4-3-1-2로 문장을 만들면 **1 見るにつけ**가 정답이다.

단어 被災地(ひさいち) 피해지 | 様子(ようす) 모습, 상태 | 伝(つた)える 전달하다, 전하다 | 報道(ほうどう) 보도 | 〜につけ ~할 때마다 | 力(ちから)になる 힘이 되다

---

17 신규 사업부의 설립 에 따라 ★마루야마가 부장으로 취임하게 되었습니다.

1 ~에 따라
3 마루야마가
2 부장으로 취임하다
4 설립, 기동

해설 1 にともない의 앞에는 명사가 와야 하며 문맥상 立ち上げにともない(설립에 따라)로 이어지는 것이 자연스럽기 때문에 4-1번으로 연결된다. 그리고 2 部長に就任する의 앞에는 누가 취임하는지 와야 하므로 3-2번으로 연결된다. 따라서 4-1-3-2로 문장을 만들면 **3 丸山が**가 정답이다.

단어 新規(しんき) 신규 | 事業部(じぎょうぶ) 사업부 | 立(た)ち上(あ)げ 설립, 기동 | 〜にともない ~에 따라, ~와/과 함께 | 就任(しゅうにん) 취임 | 〜ことになる ~하게 되다

문제9 다음 문장을 읽고, 문장 전체 내용을 생각해서, 18 부터 22 안에 들어갈 가장 알맞은 것을, 1·2·3·4에서 하나 고르세요.

굶주림과 식품 손실

일본인의 일반적인 이미지로서 '굶주림으로 괴로워하다'라고 들으면 조금 먼 나라의 이야기처럼 느끼는 사람이 많은 것 같습니다. 하지만 일본에서 가난한 생활을 하고 있는 사람은 7명 중 1명, 18 굶주림을 경험한 사람은 20명 중 1명으로 말해지고 있습니다. 즉, 이미 먼 나라의 이야기라고는 말할 수 없는 것입니다. 이른바 사람들의 영양 상태에 큰 차이가 있다고 말할 수 있습니다.

이러한 현상과 함께 '어린이 식당'이 만들어졌습니다. 어린이 식당은 무료 또는 저렴한 가격으로 영양 균형을 생각한 식사를 내놓고 있어서 가족과 함께 식사를 할 수 없는 어린이나 경제적으로 어려운 가정 등을 지지하는 장소로서 알려져 있습니다.

19 ,식품 손실이 사회 과제가 되고 있습니다. '식품 손실'이란 아직 먹을 수 있는데 버려져 버리는 식품을 말합니다. 주로 식품 손실이 많은 장소는 레스토랑, 슈퍼마켓, 식품 제조업, 가정 등입니다. 게다가 이 장소들에서 아직 유통기한이 지나지 않았음 20 버려 버리는 경우도 있다고 합니다.

이 문제를 받아들여 식품의 재이용이나 재자원화의 움직임이 있습니다. 예를 들면 재활용 식품은 작물의 영양이나 돼지나 소의 먹이 등으로 가공되기도 합니다. 어쨌든 첫째로 우리가 21 식품 손실을 없애고 굶주림 없는 세계를 실현하는 것입니다. 그러기 위해서, 지역뿐만 아니라 국제기관까지 넓게 퍼지고 있는 22 우리들 개인 개인이 음식에 의식할 필요가 있는 것이 아닐까요?

---

18 1 그래서 **2 게다가**
3 따라서 4 그런데

해설 문맥에 맞는 접속사를 고르는 문제이다. 빈칸 앞부분에서 日本で貧しい生活をしている人は7人に一人(일본에서 가난한 생활을 하고 있는 사람은 7명 중 1명)라고 한 후 빈칸 뒤에 飢えを経験した人は20人に一人と言われています。(굶주림을 경험한 사람은 20명 중 1명으로 말해지고 있습니다.)라고 하며 앞부분의 내용에 이야기를 더하고 있다. 따라서 빈칸에 들어갈 접속사로 알맞은 것은 **2 さらに**이다.

표현 だから 그래서 | さらに 더욱더, 게다가 | よって 따라서 | ところが 그런데

---

19 **1 한편으로** 2 왜냐하면
3 따라서 4 그래도

해설 문맥에 맞는 접속사를 고르는 문제이다. 앞부분에서 굶주림과 관련해서 설명하다가 빈칸 뒤에 食品ロスが社会課題となっています。(식품 손실이 사회 과제가 되고 있습니다.)라며 화제를 전환하고 있다. 따라서 빈칸에 들어갈 접속사로 알맞은 것은 **1 一方**で이다.

표현 一方(いっぽう)で 한편으로 | なぜなら 왜냐하면 | したがって 따라서 | それでも 그래도

---

20 1 ~을/를 둘러싸고 2 ~을/를 불문하고
3 ~(임)에도 불구하고 4 ~에 한해

해설 문맥에 맞는 문법 표현을 고르는 문제이다. 앞부분에서 아직 유통기한이 지나지 않았다고 했고 빈칸 뒤에 捨ててしまうこともあるそうです。(버려 버리는 경우도 있다고 합니다.)라고 했다. 문맥상 유통기간이 지나지 않았음에도 불구하고라고 말을 이어가는 것이 자연스럽다. 따라서 **3 にも関わらず**이다.

표현 〜をめぐり ~을/를 둘러싸고 | 〜を問(と)わず ~을/를 불문하고 | 〜にも関(かか)わらず ~(임)에도 불구하고 | 〜に限(かぎ)り ~에 한해

---

21 1 생각하지 않는 것은 아닌 것은
2 생각할 수가 없는 것은
3 생각해서는 안 되는 것은
4 생각하지 않으면 안 되는 것은

해설 문맥에 맞는 문법 표현을 고르는 문제이다. 빈칸 뒷부분에서 우리들이 식품 손실을 없애고 굶주림 없는 세계를 실현해야 한다고 말하고 있다. 문맥상 첫째로 우리들이 생각하지 않으면 안 되는 것이 빈칸 뒷부분의 내용이라고 말을 이어나가는 것이 자연스럽다. 따라서 **4 考えなければならないのは**가 정답이다.

표현 〜ないことはない ~(하)지 않는 것은 아니다 | 〜ようがない ~할 수가 없다 | 〜べきではない ~해서는 안 된다 | 〜なければならない ~하지 않으면 안 된다

---

22 1 지금이라고 해서 2 지금은커녕
3 지금이라고 해도 **4 지금이기 때문에**

해설 문맥에 맞는 문법 표현을 고르는 문제이다. 앞부분에 지역뿐만 아니라 국제기관까지 넓게 퍼지고 있다고 하며, 빈칸 뒷부분에 우리들 개인 개인이 음식에 의식을 돌릴 필요가 있다고 했다. 문맥상 국제기구까지 넓게 퍼지고 있는 지금이기 때문에라고 말을 이어나가는 것이 자연스럽다. 따라서 **4 今だからこそ**가 정답이다.

표현 ~からといって ~라고 해서 | ~どころか ~은/는커녕 | ~としても ~라고 해도 | ~からこそ ~이기 때문에

단어 飢(う)え 굶주림 | 食品(しょくひん)ロス 식품 손실 | 一般的(いっぱんてき)だ 일반적이다 | イメージ 이미지 | 苦(くる)しむ 괴로워하다 | 貧(まず)しい 가난하다 | 経験(けいけん) 경험 | つまり 즉 | すでに 이미 | いわゆる 이른바 | 栄養(えいよう) 영양 | 状態(じょうたい) 상태 | 差(さ) 차, 차이 | 現状(げんじょう) 현상, 현재 상태 | ~にともなって ~에 따라서, ~와/과 함께 | 無料(むりょう) 무료 | 安価(あんか) 저가, 싼값 | バランス 밸런스, 균형 | 経済的(けいざいてき)だ 경제적이다 | 支(ささ)える 지지하다 | 場(ば) 장소 | 社会課題(しゃかいかだい) 사회 과제 | 主(おも)に 주로 | 製造業(せいぞうぎょう) 제조업 | 賞味期限(しょうみきげん) 유통 기한 | 再利用(さいりよう) 재이용 | 資源化(しげんか) 자원화 | 動(うご)き 움직임 | リサイクル 리사이클, 재활용 | 作物(さくもつ) 작물 | ブタ 돼지 | エサ 먹이 | 加工(かこう) 가공 | ともかく 여하튼, 어쨌든 | 実現(じつげん) 실현 | 地域(ちいき) 지역 | ~のみならず ~뿐만 아니라 | 国際機関(こくさいきかん) 국제기관 | 輪(わ)が広(ひろ)がる 고리가 펼쳐지다, 넓게 퍼지다 | 個人(こじん) 개인 | 意識(いしき) 의식

독해

단문 실전 연습 문제　　　　　　364p

1 ③	2 ②	3 ①	4 ④	5 ③
6 ③	7 ③	8 ①	9 ②	10 ④
11 ②	12 ④	13 ①	14 ④	15 ④
16 ③	17 ①			

문제10 다음 문장을 읽고, 뒤의 물음에 대한 답으로서 가장 알맞은 것을, 1·2·3·4에서 하나 고르세요.

(1)

　자신에게 꼭 맞는 일을 '천직'이라고 하지만, 그 천직에 취직하는 것은 간단하지 않다. 애초에 자신에게 적합한 것이나 자신이 좋아하는 것을 알고 있는 사람은 적다. 설령 좋아하는 것을 알고 있어서 '이 일을 하고 싶어!'라고 생각하고 있어도, 자신이 가지고 있었던 이미지와 실제의 일과는 거리가 있는 경우도 있다. 또한 '나는 ○○를 잘하니까'라고 단정 짓고 선택지를 줄여버리는 사람도 있다. **우선은 선입견이나 이미지를 버리고 여러 가지 경험을 하는 것이 좋다.** 그렇게 함으로써 자신이 어떤 일에 적합한지, 무엇을 좋아하는지가 보이기 시작할 것이다.

(주석) 선입견 : 자신이 생각한 것이 올바르다고 믿는 것

1 다음 중, 필자가 가장 말하고 싶은 것은 무엇인가?

1 자신이 좋아하는 것이나 자신의 성질을 모르고 있는 사람은 천직에 취직할 수 없다.
2 자신이 가지고 있는 일의 이미지와 실제의 일과는 다른 것이다.
3 다양한 경험을 쌓아가는 것으로, 자신의 천직을 알게 된다.
4 천직을 찾기 위해서는 자신이 잘하는 일을 정해서 선택지를 넓히는 것이 중요하다.

해설 필자는 먼저는 思い込みやイメージを捨てて、色々な経験をすることだ. (우선은 선입견이나 이미지를 버리고 여러 가지 경험을 하는 것이 좋다.)라고 하며, 그렇게 함으로써 자신에게 어떤 일이 적합한지, 무엇을 좋아하는지 보일 것이라고 이야기하고 있으므로 3번이 정답이다. 1번은 본문에서 언급하지 않은 내용이기 때문에 정답이 아니고, 2번은 자신이 가지고 있는 일의 이미지와 실제의 일이 다른 경우도 있다고 말한 뿐이기 때문에 정답이 아니다. 천직을 찾기 위해 자신이 잘하는 일을 정해야 한다고 하지 않았으므로 4번도 정답이 아니다.

단어 ぴったり 꼭 맞는 모양, 꼭, 딱 | 天職(てんしょく) 천직 | 就(つ)く 취직하다, 종사하다, 취임하다 | そもそも 애초에 | ~に向(む)いている ~에 적합하다 | たとえ~ても 설령 ~라도 | イメージ 이미지 | 実際(じっさい) 실제 | 距離(きょり) 거리 | 得意(とくい)だ (능숙하게) 잘하다, 자신 있다 | 決(き)めつける 일방적으로 단정 짓다 | 選択肢(せんたくし) 선택지 | 減(へ)らす 줄이다 | 思(おも)い込(こ)み 객관적이지 못한 굳은 확신, 선입견 | 経験(けいけん) 경험 | ~はずだ ~일 것이다 | 正(ただ)しい 올바르다 | 性質(せいしつ) 성질 | 多様(たよう)だ 다양하다 | 積(つ)む 쌓다 | 広(ひろ)げる 넓히다

(2)

수신인 : moritatomoyo@mail.com
제목 : 주문하신 상품의 발송일에 대해서
송신일 : 9월 17일

모리타 님

항상 펫 낙원을 이용해 주셔서 감사합니다. 9월 2일에 주문하신 '소형견용 유카타 S사이즈'에대해서 알려드립니다. 얼마 전 제조사로부터의 입고가 늦어지고 있는 것에 대해서 연락드렸습니다만, **10월 1일에 입고 예정이 되었습니다.** 오랜 기간 기다리시게 해버려 대단히 죄송합니다. 입고가 되는 대로 순차적으로 발송하겠습니다. 만약 주문을 취소하실 경우는 웹사이트의 '주문내역'에서 수속해 주십시오. 고객님께는 불편을 끼쳐드립니다만, 아무쪼록 잘 부탁드립니다.
펫 낙원 고객 담당 야마다

2 이 메일에서 전하고 싶은 것은 무엇인가?

1 상품의 입고가 지연되고 있는 것
2 주문한 상품의 입고 예정을 알았다는 것
3 상품을 다 발송한 것
4 주문을 취소했으면 한다는 것

해설 펫 낙원의 담당자가 메일에서 10월1일에 入荷予定となりました. (10월 1일에 입고 예정이 되었습니다.)라며 입고 예정일을 알리고 있다. 따라서 2번이 정답이다. 제조사로부터의 입고 지연에 대해서는 얼마 전에 이미 말했으므로 1번은 정답이 아니고, 상품은 아직 발송하지 않았으므로 3번도 정답이 아니다. 주문을 취소해 달라고 하는 것이 아니라 주문 취소를 희망할 경우의 방법을 안내한 것뿐이기 때문에 4번도 정답이 아니다.

단어 宛先(あてさき) 수신인 | 件名(けんめい) 건명 | 注文(ちゅうもん) 주문 | 発送日(はっそうび) 발송일 | 送信日(そうしんび) 송신일, 보낸 날짜 | 楽園(らくえん) 낙원 | 小型犬(こがたけん) 소형견 | ~用(よう) ~용 | 浴衣(ゆかた) 유카타 | 先日(せんじつ) 일전에 | メーカー 메이커, 제조사 | 入荷(にゅうか) 입고, 입하 | 期間(きかん) 기간 | 待(ま)たせる 기다리게 하다 | 大変(たいへん) 대단히, 매우 | 申(もう)し訳(わけ)ございません 죄송합니다 | ~次第(しだい) ~하는 대로 | 順次(じゅんじ) 순차적으로 | キャンセル 캔슬, 취소 | ウェブサイト 웹 사이트 | 履歴(れき) 이력 | 手続(てつづ)き 수속, 절차 | 迷惑(めいわく)をかける 민폐를 끼치다 | 終(お)える 끝내다, 마치다 | 取(と)り消(け)す 취소하다

(3)

이용자분들께

사쿠라 마을 도서관은 관내 정리를 위해 9월 1일(수)부터 3일(금)까지 임시 휴관합니다. 임시 휴관 동안에는 자료 대출은 하지 않습니다. 자료 반납에 대해서는 통상 휴관일과 마찬가지로, 반납 포스트에 자료를 반납해 주시기 바랍니다. 다만 **CD나 DVD 등의 자료에 대해서는 창구에서의 직접 반납만 되므로 4일(토) 이후에 창구에 가지고 와 주십시오.**

불편을 끼쳐드립니다만, 이해 주시기를 부탁드립니다.

사쿠라 마을 도서관

3 이 문장에 대해서 올바르게 서술하고 있는 것은 어느 것인가?

1 도서관이 쉬는 동안, 시청각 자료를 반납할 수 없다.
2 도서관이 쉬는 동안에도 모든 자료의 반납을 할 수 있다.
3 도서관이 쉬는 동안에도 서적을 빌릴 수 있다.
4 모든 자료의 반납은 창구에서밖에 접수하지 않는다.

해설 본문에서 CDやDVDなどの資料については、窓口での直接返却のみとなりますので、4日(土)以降に窓口にお持ちください。(CD나 DVD 등의 자료에 대해서는 창구에서의 직접 반납만 되므로 4일(토) 이후에 창구에 가지고 와 주십시오.)라고 했기 때문에 1번이 정답입니다. CD나 DVD 등의 시청각 자료는 창구에서만 반납이 가능하여 임시 휴관 기간 동안에는 반납할 수 없기 때문에 2번은 정답이 아니고, 임시 휴관 기간 동안에 대출은 하지 않기 때문에 3번도 정답이 아닙니다. 휴관일이나 임시 휴관 기간에는 반납 포스트에서도 반납을 받고 있기 때문에 4번도 정답이 아닙니다.

단어 利用者(りょうしゃ) 이용자 | ~様(さま) ~님, ~분 | 館内(かんない) 관내 | 整理(せいり) 정리 | 臨時休館(りんじきゅうかん) 임시 휴관 | 資料(しりょう) 자료 | 貸出(かしだし) 대출 | 返却(へんきゃく) 반납 | 通常(つうじょう) 통상, 보통 | 同様(どうよう)だ 마찬가지다 | ポスト 포스트 | ただし 다만 | 窓口(まどぐち) 창구 | 直接(ちょくせつ) 직접 | ~のみ ~뿐, 만 | 以降(いこう) 이후 | 迷惑(めいわく)をかける 불편을 끼치다, 민폐를 끼치다 | 理解(りかい) 이해 | ご~のほど ~을/를 | 視聴覚資料(しちょうかくしりょう) 시청각 자료 | 書籍(しょせき) 서적, 책 | 受(う)け付(つ)ける 접수하다

(4)

최근에는 편의점의 디저트도 전문점에 지지 않을 만큼 세련되고 맛있어졌다. 우리 집 근처의 편의점에 들르면 무심결에 엄청난 가격은 아니기 때문에 사 버린다. 하지만 편의점에 갈 때마다 사는 것은 지갑에도 건강에도 나쁘고, 매번 같은 것을 사고 있다 보면 질리게 된다. '이제 슬슬, 단것을 사는 것은 그만두자.'라고 결의했을 때에 한해서 타이밍 좋게 맛있어 보이는 신상품 디저트가 발매된다. 이렇게 편의점의 전략에 놀아나 또 사버리는 것이다.

(주석) 디저트 : 케이크나 푸딩 등의 과자

4 필자가 단것을 사는 것을 그만둘 수 없는 것은 왜인가?

1 '이제 단것은 사지 않겠다'는 필자의 결의가 그리 강하지 않기 때문에
2 전문점과 비슷한 가격으로 세련되고 맛있는 것을 살 수 있기 때문에
3 편의점이 집 근처에 있어서 무심결에 볼일이 없는데도 들려 버리기 때문에
4 똑같은 상품에 질렸을 즈음에 때마침 신상품이 발매되기 때문에

해설 필자는 본문에서 매번 같은 것을 사면 질리게 된다고 말하면서 タイミングよく、おいしそうな新商品のスイーツが発売される。(타이밍 좋게 맛있어 보이는 신상품 디저트가 발매된다.)라며 이로 인해 또 단것을 사버린다고 했기 때문에 4번이 정답입니다. 1번은 본문에서 언급하지 않은 내용이기 때문에 정답이 아니고, 2번은 최근의 편의점에 대한 설명일 뿐이므로 정답이 아닙니다. 3번도 단것을 사는 것을 그만둘 수 없는 직접적인 요인이 아니기 때문에 정답이 아닙니다.

단어 スイーツ 디저트 | 専門店(せんもんてん) 전문점 | おしゃれだ 세련되다, 멋지다 | 寄(よ)る 들르다 | つい 무심결에, 자신도 모르게 | 大(たい)した 대단한, 엄청난 | 値段(ねだん) 가격 | ~度(たび)に ~할 때마다 | 毎回(まいかい) 매번 | 飽(あ)きる 질리다 | いい加減(かげん) 적당함, 이제 슬슬 | 決意(けつい) 결의 | ~に限(かぎ)って ~에 한해서 | タイミング 타이밍 | 新商品(しんしょうひん) 신상품 | 発売(はつばい) 발매 | 戦略(せんりゃく) 전략 | おどらす 놀아나게 하다, 조종하다 | 用(よう) 용무, 볼일 | ちょうど 딱, 때마침

(5)

옛날에는 상대를 공경하여 부르는 표현이었던 '네놈'이나 '너'는 지금은 상대를 얕보는 말로 바뀌어 버렸다. '네놈'도 '너'도 본래 '당신'과 같은 의미로 쓰이고 있었지만, 계속 쓰이는 중에 그 가치가 떨어졌다고 한다. 반대로 현대어의 '위험하다'와 같이 과거에는 마이너스의 의미를 가졌던 것이 '대단하다'라는 플러스의 의미로 쓰이게 되는 경우도 있다. 그렇다면 100년 후에는 '귀엽다'도 '괴롭다'도 다른 의미가 되어 있어도 이상하지 않다.

(주석) 얕보다 : 자신 쪽이 위라고 생각하고 상대방을 가볍게 보다

5 필자가 하고 싶은 말은 무엇인가?

1 '네놈'이라는 말의 가치가 떨어져 버려 유감이다.
2 부정적인 의미를 가진 말은 머지않아 사라질 것이다.
3 같은 말이라도 시대에 따라서 그 의미는 변화해 간다.
4 의미가 변화해가는 말은 신기하다.

해설 본문에서 필자는 貴様(네놈), お前(너), やばい(위험하다) 등 시대가 변하며 원래와 다른 의미를 가지게 된 말에 대해서 언급하고 있으므로 3번이 정답입니다. 2, 4번은 본문에서 언급하지 않은 내용이기 때문에 정답이 아니고, 1번에 대한 언급은 있지만 필자의 주장은 아니기 때문에 정답이 아닙니다.

단어 相手(あいて) 상대 | 敬(うやま)う 존경하다, 공경하다 | 言(い)い方(かた) 말씨, 말투 | 貴様(きさま) 네놈 | お前(まえ) 너 | 見下(みくだ)す 내려다보다, 얕보다 | 言葉(ことば) 말 | 本来(ほんら

い) 본래 | 同様(どうよう) 같음 | ～うちに ~하는 동안에 | 価値(かち) 가치 | 下(さ)がる 떨어지다 | 逆(ぎゃく)に 반대로, 역으로 | 現代語(げんだいご) 현대어 | やばい 위험하다, 대박이다 | かつては 옛날에는 | マイナス 마이너스 | すごい 굉장하다 | プラス 플러스 | とすると 그렇다면 | つらい 괴롭다 | 不思議(ふしぎ)だ 이상하다, 신기하다 | 否定的(ひていてき)だ 부정적이다 | そのうち 머지않아 | 消(き)える 사라지다 | ～によって ~에 의해서, ~에 따라서

(6)

> 영업부 사원 여러분
>
> 최근, 영업부에서 공용하고 있는 자동차를 사전 신고 없이 사용하고 있는 사례가 보입니다. 신고가 없는 날에는 차량의 유지 보수나 다른 부서에 대여를 실시하도록 되어있기 때문에, 당일 차를 사용하지 못하면 업무에 영향을 끼쳐 곤란한 사람이 나옵니다.
> 자동차를 사용할 경우에는 부서 내에 있는 "영업차 사용 달력"의 해당하는 날짜에 이름과 사용하는 시간대를 전날까지 기입하도록 되어있으니 다시 한번 확인해 주십시오. 업무를 양호하게 진행하기 위해 여러분의 협조를 부탁드립니다.
>
> (주석) 유지 보수 : 기계나 시스템 등을 정상적인 상태로 유지하는 것

> **6** 이 공지는 무엇을 위해 만들어졌는가?
>
> 1 차를 수리할 때나 다른 부서의 사람이 차를 사용할 때에 차를 타지 못해 곤란한 사람이 나오지 않게 하기 위해
> 2 영업부에서 사용하고 있는 차를 다른 부서 사람에게 함부로 사용당해 곤란한 일을 없애기 위해
> **3 영업부 사원에게 차를 사용할 때에는 사내 달력에 사전 신고하는 규칙을 엄수하게 하기 위해**
> 4 새로 만든 자동차의 예정을 기입하는 달력의 사용 방법을 영업부 사람들에게 알리기 위해

해설 공지에서는 공용 차량을 사전 신고 없이 사용하는 사람들로 인해 업무에 영향을 끼칠 수 있다며, "영업차 사용 달력"을 기입할 것을 당부하고 있다. 따라서 3번이 정답이다. 1번은 공지에서 궁극적으로 전하고 싶은 내용이 아니기 때문에 정답이 아니고, 2번은 본문에서 언급하지 않은 내용이기 때문에 정답이 아니다. 그리고 "영업차 사용 달력"을 새로 만들었다는 언급은 없기 때문에 4번도 정답이 아니다.

단어 営業部(えいぎょうぶ) 영업부 | 社員(しゃいん) 사원 | 各位(かくい) 각위, 여러분 | 共用(きょうよう) 공용 | 事前(じぜん) 사전 | 申告(しんこく) 신고 | ～なしで ~없이 | 事例(じれい) 사례 | メンテナンス 유지 보수 | 別(べつ)～ 다른~ | 部署(ぶしょ) 부서 | 貸出(かしだし) 빌려줌 | 当日(とうじつ) 당일 | 業務(ぎょうむ) 업무 | 影響(えいきょう) 영향 | 及(およ)ぼす 끼치다 | カレンダー 캘린더 | 当(あ)てはまる 해당하다 | 日付(ひづけ) 날짜 | 時間帯(じかんたい) 시간대 | 記入(きにゅう) 기입 | 良好(りょうこう)に 양호하게 | 進(すす)める 진행하다 | 協力(きょうりょく) 협력 | 機械(きかい) 기계 | システム 시스템 | 正常(せいじょう)だ 정상이다 | 状態(じょうたい) 상태 | 保(たも)つ 유지하다 | 修理(しゅうり) 수리 | 勝手(かって)に 멋대로 | ～際(さい)には ~할 때에는 | 社内(しゃない) 사내 | 規則(きそく) 규칙 | 厳守(げんしゅ) 엄수 | 書(か)き込(こ)む 기입하다

(7)

> '훌륭한 리더'라고 들으면 강한 신념^(주석)을 가지고 멤버를 이끌어가는 듯한 이미지를 가진 사람이 많다. 하지만 그런 리더의 경우, 리더가 없어지자마자 그 조직은 붕괴할 가능성이 높다. 왜냐하면 팀의 힘을 끌어내고 이끌어줄 사람이 없어지기 때문이다. 그래서 멤버의 성장을 촉진하여 리더가 교체되더라도 기능하는 조직 형성을 할 수 있는 리더 쪽이 나는 더 좋다고 생각한다. 자신이 정상에 서는 것이 아니라, 주위를 빛나게 하는 인간 쪽이 리더에는 더 잘 맞는 것이 아닐까?
>
> (주석) 신념 : 옳다고 믿는 자신의 생각

> **7** 필자에 의하면 '훌륭한 리더'란 어떤 사람인가?
>
> 1 강한 신념을 가지고 자신이 선두에 서서 팀을 인도하는 힘을 가진 사람
> 2 멤버들과 경쟁하면서 자신도 성장해 나가는 향상심이 있는 사람
> **3 모두를 이끌어 가는 것보다 오히려 자신 이외의 사람의 능력을 늘게 할 수 있는 사람**
> 4 자신이 없어져도 조직이 기능할 수 있도록 팀을 이끌 다음 리더를 키울 수 있는 사람

해설 필자는 だからメンバーの成長を促し、リーダーが交替しても機能する組織づくりができるようなリーダーの方が私はいいと思う。(그래서 멤버의 성장을 촉진하여 리더가 교체되더라도 기능하는 조직 형성을 할 수 있는 리더 쪽이 나는 더 좋다고 생각한다.)라고 했으므로 3번이 정답이다. 1번은 단지 많은 사람이 생각하는 리더의 이미지이므로 정답이 아니고, 2, 4번은 본문에서 언급하지 않은 내용이기 때문에 정답이 아니다.

단어 リーダー 리더 | 信念(しんねん) 신념 | メンバー 멤버 | 引(ひ)っ張(ぱ)る 이끌다 | イメージ 이미지 | ～たとたんに ~하자마자 | 組織(そしき) 조직 | 崩壊(ほうかい) 붕괴 | 可能性(かのうせい) 가능성 | 導(みちび)く 인도하다 | 成長(せいちょう) 성장 | 促(うなが)す 재촉하다, 독촉하다 | 交替(こうたい) 교체, 교대 | 機能(きのう) 기능 | トップ 탑, 정상 | 輝(かがや)かす 빛내다 | 向(む)いている 적합하다 | 先頭(せんとう) 선두 | 競争(きょうそう) 경쟁 | 向上心(こうじょうしん) 향상심 | むしろ 오히려 | 能力(のうりょく) 능력 | 伸(の)ばす 늘리다

(8)

> 야치요 슈퍼마켓의 담당자님께
>
> 처음으로 메일을 보냅니다. 야치요 슈퍼마켓 히마와리 마을 지점을 항상 이용하고 있습니다만, 그곳의 냉방이 너무 센 것이 신경 쓰입니다. 쇼핑 도중 발 언저리가 시리고 배가 아파질 정도로 지인도 자주 '저 슈퍼는 추워'라고 말하고 있습니다. 종업원분도 6월인데도 유니폼 위에 스웨터를 입고 있었습니다.
> 아무리 식재료를 취급하고 있다고는 해도, 좀 너무 차게 하는 건 아닐까요? 바깥과의 온도차도 심해서 몸이 안 좋아질 것 같습니다. 가게의 직원에게 말해도 들어주지 않아서 메일 보냈습니다.

> 참고해 주시면 감사하겠습니다.
> 대응을 부탁드립니다.

8 이 메일에서 가장 전하고 싶은 말은 무엇인가?

1 가게 안과 밖의 온도차를 조절해 주길 바란다는 것
2 점원이 유니폼 위에 스웨터를 입고 있었기 때문에 그만두게 해주길 바란다는 것
3 가게의 에어컨 때문에 몸 상태가 악화됐다는 것
4 식재료를 너무 차게 하고 있다는 것

해설 필자는 そこの冷房が強すぎるのが気になります。(그곳의 냉방이 너무 센 것이 신경 쓰입니다.)라는 말을 시작으로, 야치요 슈퍼의 냉방이 너무 센 것 같아 대응을 부탁한다고 이야기하고 있다. 따라서 1번이 정답이다. 2번은 점원도 냉방이 세서 제복 위에 스웨터를 입고 있었다고 말했지만 그것을 그만두라고는 말하지 않았기 때문에 정답이 아니다. 그리고 2번은 냉방이 센 탓에 몸 상태가 악화될 것 같다고 언급은 있었지만 필자의 주장은 아니기 때문에 정답이 아니다. 또한 4번은 식재료 때문에 냉방을 세게 하고 있는 것은 맞을지도 모르지만 메일에서 가장 전하고 싶은 것은 아니므로 정답이 아니다.

단어 スーパー 슈퍼마켓 | 担当者(たんとうしゃ) 담당자 | 冷房(れいぼう) 냉방 | 途中(とちゅう)で 도중에 | 足元(あしもと) 발 언저리 | 冷(ひ)える 차가워지다 | 知人(ちじん) 지인 | 従業員(じゅうぎょういん) 종업원 | 制服(せいふく) 제복, 유니폼 | 食材(しょくざい) 식재료 | 扱(あつか)う 취급하다 | ~とはいえ ~라고 해도 | 冷(ひ)やす 차갑게 하다 | 温度差(おんどさ) 온도차 | 激(はげ)しい 격하다, 심하다 | 参考(さんこう) 참고 | 幸(さいわ)い 다행 | 対応(たいおう) 대응 | 調節(ちょうせつ) 조절 | 体調(たいちょう) 몸의 상태 | 悪化(あっか) 악화

(9)

> 누군가에게 고민을 이야기하고 있으면 자신이 왜 고민하고 있었는지, 앞으로 어떻게 하면 좋을지가 정리되어서 후련해지는 경우가 있다. 그럼 고민을 혼자서 정리하려면 어떻게 하는 것이 좋을까? 우선은 종이에 고민을 써 내고 그 후 써 낸 내용을 스스로 컨트롤할 수 있는 것과 할 수 없는 것으로 나눈다. 그런 다음에 스스로 할 수 있는 것부터 고민 해결에 힘쓰면 된다. 또한 스스로는 해결할 수 없는 일은 다른 사람에게 도움을 구하거나, 때로는 포기한다거나 하는 것도 필요할 것이다. 고민에서 벗어나고 싶은 사람은 고민을 정리하는 것부터 시작해 보자.

9 이 문장에서 필자가 가장 전하고 싶은 말은 무엇인가?

1 고민이 있을 때는 누군가에게 고민에 대해서 이야기하면 해결할 수 있다.
2 스스로 해결할 수 없을 것 같은 경우, 다양한 방법을 시도하는 것도 중요하다.
3 고민은 한 번 종이에 써 냄으로써 자연스럽게 정리되어 간다.
4 스스로 컨트롤할 수 있는 고민이야말로 해결해야 한다.

해설 필자는 고민을 혼자 정리할 때 먼저 스스로 컨트롤할 수 있는 것과 할 수 없는 것을 종이에 쓰라고 한다. 그리고 스스로 해결하기 힘든 일은 다른 사람에게 도움을 청하거나 때로는 포기하는 것도 필요하다고 하면서 다양한 방법을 소개하고 있다. 따라서 2번이 정답이다. 1번은 그런 경우가 있다고 이야기한 것뿐이기 때문에 정답이 아니고, 3, 4번은 궁극적으로 필자가 하고 싶어 하는 말이 아니기 때문에 정답이 아니다.

단어 悩(なや)み 고민 | 整理(せいり) 정리 | すっきりする 시원하다, 후련하다 | 書(か)き出(だ)す 써 내다 | コントロール 컨트롤, 통제 | 分(わ)ける 나누다 | そのうえで 그런 다음에 | 解決(かいけつ) 해결 | 取(と)り組(く)む 임하다, 힘을 쏟다 | 助(たす)け 도움 | 求(もと)める 구하다 | 時(とき)には 때로는 | あきらめる 포기하다 | 抜(ぬ)け出(だ)す 빠져나가다 | 試(ため)す 시도하다 | 様々(さまざま)だ 다양하다 | ~こそ ~야말로 | 自然(しぜん)に 자연스럽게

(10)

> '행복 호르몬'이라고 불리는 호르몬은 몇 가지 있는데, 그중에서 스트레스를 줄여주는 기능을 하는 것이 세로토닌이다. 세로토닌의 분비가(주석2) 활성화된다면, 스트레스를 느끼기 어려운 몸이 된다고 한다. 세로토닌은 규칙적인 생활을 보내는 것, 태양 아래에서 적당히 운동을 하는 것으로 분비된다. 즉 몸에 좋은 일을 하고 있으면, 저절로 세로토닌이 분비되어서 스트레스가 적어지는 것이다. 스트레스를 안고 있는 사람은 자신이 건강한 생활을 하고 있는지 한 번 생각해 보자.
>
> (주석1) 호르몬 : 몸의 다양한 기능을 조절하는 화학 물질
> (주석2) 분비 : 세포에서 체내나 체외로 물질이 나오는 것

10 필자는 스트레스에 대해서 어떻게 말하고 있는가?

1 몸에 좋은 일을 해서 스트레스를 줄임으로써 세로토닌이 분비되기 쉬워진다.
2 적당한 운동을 하지 않기 때문에 스트레스를 안게 된다.
3 규칙적인 생활을 보내는 것으로 세포가 활성화되어 스트레스를 느끼기 쉬워진다.
4 태양빛을 쬐거나 일찍 자고 일찍 일어나는 것으로 스트레스는 적어진다.

해설 본문에서 세로토닌은 規則正しい生活を送ること、太陽の下で適度に運動することで分泌される。(세로토닌은 규칙적인 생활을 보내는 것, 태양 아래에서 적당히 운동을 하는 것으로 분비된다.)라며 세로토닌이 분비되면 스트레스가 줄어든다고 했으므로 4번이 정답이다. 스트레스를 줄임으로써 세로토닌이 분비되기 쉬워지는 것이 아닌, 세로토닌이 분비되어 스트레스가 적어지는 것이기 때문에 1번은 정답이 아니고, 적당한 운동을 하지 않는 것만이 스트레스의 원인은 아니므로 2번도 정답이 아니다. 3번은 규칙적인 생활을 하는 것으로 세로토닌이 활성화 되는 것은 맞지만 스트레스는 느끼기 쉬워지는 것이 아닌 그 반대로 스트레스를 느끼기 어려워지므로 정답이 아니다.

단어 幸(しあわ)せ 행복 | ホルモン 호르몬 | 減(へ)らす 줄이다 | セロトニン 세로토닌 | 分泌(ぶんぴつ) 분비 | 活性化(かっせいか) 활성화 | 感(かん)じる 느끼다 | 規則正(きそくただ)しい 규칙적이

다 | 太陽(たいよう) 태양 | 適度(てきど)に 적당히 | ~ことで ~것으로, ~함으로써 | 自然(しぜん)と 자연히, 저절로 | 抱(かか)える 안다 | 健康的(けんこうてき)だ 건강하다 | 調節(ちょうせつ) 조절 | 化学物質(かがくぶっしつ) 화학 물질 | 細胞(さいぼう) 세포 | 体内(たいない) 체내 | 体外(たいがい) 체외 | 浴(あ)びる (햇볕을) 쬐다, 뒤집어쓰다 | 早寝早起(はやねはやお)き 일찍 자고 일찍 일어나는 것

(11)

하품은 크게 입을 벌려 공기를 가득 들이마시는 행위이다. 하품이 나오는 구조는 아직 정확히 알지 못하지만, 뇌 내에 산소가 부족할 때에 일어나는 생리 현상이라는 것은 알려져 있다. 그러므로 하품을 참는 것은 몸이 필요로 하는 산소를 얻을 수 없는 몸에 좋지 않은 행위라고도 말할 수 있다. 그래도 하품을 참아야 할 때는 입을 크게 벌리고 숨을 들이쉬는 대신에, 코로 크게 숨을 들이쉬어 보자. 그렇게 함으로써 어느 정도 하품을 억누를 수가 있을 것이다.

11 이 문장의 하품에 관한 설명으로 가장 잘 맞는 것은 어느 것인가?

1 하품이 어떻게 나오는 건지라는 구조는 이미 분명해졌다.
2 하품을 하면 곤란할 때는 입이 아닌 코로 산소를 받아들이면 된다.
3 하품을 하면 입에서 산소가 빠져나가 버려 산소가 부족해진다.
4 몸이 필요로 하는 산소를 얻지 못할 때일수록 하품을 참아야 한다.

해설 필자는 あくびを我慢しなければいけない時は、口を大きく開けて息を吸う代わりに、鼻から大きく息を吸ってみよう。(하품을 참아야 할 때는 입을 크게 벌리고 숨을 들이쉬는 대신에, 코로 크게 숨을 들이쉬어 보자.)라고 제안하고 있으므로 2번이 정답이다. 하품의 구조는 아직 정확히 알려져 있지 않다고 했으므로 1번은 정답이 아니고, 하품은 공기를 들이마시는 행위라고 했기 때문에 산소가 부족해지는 것은 아니므로 3번도 정답이 아니다. 그리고 하품을 참는 것은 산소를 얻을 수 없어 몸에 좋지 않기 때문에 4번도 정답이 아니다.

단어 あくび 하품 | 空気(くうき) 공기 | たっぷり 가득, 듬뿍 | 吸(す)い込(こ)む 들이마시다 | 行為(こうい) 행위 | 仕組(しく)み 구조, 시스템 | 正確(せいかく)だ 정확하다 | 脳内(のうない) 뇌내 | 酸素(さんそ) 산소 | 生理現象(せいりげんしょう) 생리 현상 | それゆえ 그러므로 | 我慢(がまん)する 참다 | 得(え)る 얻다 | 息(いき) 숨 | 吸(す)う 들이쉬다, 들이마시다 | ある程度(ていど) 어느 정도 | 抑(おさ)える 억누르다 | すでに 이미 | 明(あき)らかだ 분명하다, 확실하다 | 取(と)り入(い)れる 도입하다, 받아들이다 | 足(た)りない 부족하다 | ~ほど ~만큼, ~할수록

(12)

제목 : '봄의 당일치기 교토 투어'
일시 : 3월 1일 9:30

야마카와 사치코 님 (예약번호 : 123000099)

이번에는 KYOTO투어즈를 이용해 주셔서 감사합니다.
신청하신 여행의 예약이 아래와 같이 완료되었으므로 알려드립니다.
따라서 신청 내용을 확인하신 후, 여행 대금의 결제를 부탁드립니다.

- 투어 명 : '봄의 당일치기 교토 투어'(점심 포함)
 타카오카다 역 앞 출발
- 여행 예정 일시 : 3월 27일(토) 9:00~17:00
- 여행 대금 : 성인 1인당 12,000엔×2명

[청구 금액 합계] 24,000엔 (결제 기한 3월 8일 (월))
결제 방법은 홈페이지에서 확인해 주십시오.
또한 기일까지 입금을 확인할 수 없는 경우는 예약을 취소하도록 하겠습니다.
KYOTO투어즈

12 이 메일을 읽은 후, 야마카와 씨는 여행을 가기 위해서 무엇을 해야 하는가?

1 KYOTO투어즈 창구에서 직접 예약 내용을 확정시킨다.
2 KYOTO투어즈 홈페이지에서 예약 취소를 한다.
3 이 메일에 답장하고 3월 8일까지 결제 금액을 확정시킨다.
4 홈페이지를 참고로 3월 8일까지 여행 대금 결제를 한다.

해설 메일에서 3월 8일까지 여행 대금을 결제할 것을 부탁하며 お支払い方法はホームページからご確認ください。(결제 방법은 홈페이지에서 확인해 주십시오.)라고 했으므로 4번이 정답이다. 창구에서 예약 내용을 확정시켜야 한다는 내용은 없으므로 1번은 정답이 아니고, 2번은 여행을 가기 위해서 해야 할 행동이 아니기 때문에 정답이 아니다. 메일에 답장하고 결제 금액을 확정시켜야 한다는 내용은 본문에서 언급하지 않았으므로 3번도 정답이 아니다.

단어 春(はる) 봄 | 日帰(ひがえ)り 당일치기 | 京都(きょうと) 교토(일본 지명) | 日時(にちじ) 일시, 날짜 | この度(たび) 이번 | 申(もう)し込(こ)み 신청 | 完了(かんりょう) 완료 | つきましては 따라서 | 確認(かくにん) 확인 | ~のうえ ~한 후 | 代金(だいきん) 대금 | 昼食付(ちゅうしょくつき) 점심 식사 포함 | ~あたり ~당 | 請求金額(せいきゅうきんがく) 청구 금액 | 合計(ごうけい) 합계 | なお 또한, 더구나 | 期日(きじつ) 기일, 기한 | 取(と)り消(け)し 취소 | 直接(ちょくせつ) 직접 | 支払金額(しはらいきんがく) 결제 금액 | 確定(かくてい) 확정 | 参考(さんこう) 참고

(13)

제목 : 【중요】주문하신 상품에 대하여
송신 일시 : 10월 3일 12:00

야스다 카나에 님

항상 양말 숍을 이용해 주셔서 감사합니다.

10월 1일에 주문하신 상품 '양말 흰색'이 수량 부족이었던 건에 대하여 색상을 흰색에서 검은색으로 변경하신 것을 삼가 들었습니다.
품절로 불편을 끼쳐 드려 대단히 죄송합니다. 다른 상품은 수량에 여유가 있으므로 '양말 검은색'과 함께 주문하신 대로 발송하겠습니다.
불편을 끼쳐드려 대단히 죄송했습니다. 앞으로도 변함없이 양말 숍을 이용해 주시기를 부탁드립니다.

필요한 사항이 있으시면, 10월 4일 발송 전에 연락 주십시오.

양말 숍 담당 이와모토

| **13** | 이 메일은 고객에게 무엇을 알리기 위한 것인가?

1 주문했던 양말의 색을 다른 색으로 변경한 것을 가게가 접수한 것
2 주문한 양말의 색상이 매진되었기 때문에 가게가 흰색에서 검은색으로 색상을 변경한 것
3 색상을 변경한 양말과 함께, 주문을 받은 모든 상품을 발송한 것
4 검은색 양말이 품절되었기 때문에 그 대신 다른 색상의 양말을 주문을 받은 것

해설 양말 숍의 담당자가 10월 1일에 주문한 양말에 대해서 色을 白から黒に変更とのことを承りました.(색상을 흰색에서 검은색으로 변경하신 것을 삼가 들었습니다.)라고 하며 주문한 대로 발송하겠다고 했으므로 1번이 정답이다. 색상을 가게가 변경한 것은 아니므로 2번은 정답이 아니고, 아직 발송했다고 하지는 않았으므로 3번도 정답이 아니다. 그리고 흰색이 아닌 다른 색의 양말은 수량에 여유가 있다고 했으므로 4번도 정답이 아니다.

단어 重要(じゅうよう) 중요 | 商品(しょうひん) 상품 | 送信(そうしん) 송신 | 日時(にちじ) 일시 | 靴下(くつした) 양말 | ショップ 숍 | 数量不足(すうりょうぶそく) 수량 부족 | 件(けん) 건 | 変更(へんこう) 변경 | 承(うけたまわ)る 삼가 듣다, 삼가 받다(겸양어) | 品切(しなぎ)れ 품절 | 不便(ふべん)をかける 불편을 끼치다 | 大変(たいへん) 대단히, 매우 | 余裕(よゆう) 여유 | 発送(はっそう) 발송 | 迷惑(めいわく)をかける 민폐를 끼치다 | ~通(どお)り ~대로 | 今後(こんご)とも 앞으로도 | 変(か)わらず 변함없이 | お願(ねが)い申(もう)し上(あ)げます 부탁드리겠습니다(겸양어) | 担当(たんとう) 담당 | 受(う)け付(つ)ける 접수하다 | 売(う)り切(き)れる 매진되다

(14)

맨션 키타마치의 주민 여러분   9월 1일

공사의 공지

9월 10일부터 맨션의 외벽 공사를 실시합니다.
공사 기간 중에는 종일 남쪽 주차장의 일부를 사용할 수 없게 됩니다.
상세한 내용은 해당하는 주차장을 사용하시는 분께는 개별적으로 연락드리겠습니다. 불편을 끼쳐 드립니다만, 안전 우선으로 작업을 실시할 것이기 때문에 이해, 협조를 부탁드립니다.

공사 기간 : 9월 10일 ~ 11월 25일
작업 시간 : 오전 9시 ~ 오후 4시
(토, 일, 공휴일을 제외)
문의처 : 맨션 키타마치 관리인 마에가와 070-345-6789

(주석) 해당 : 어떤 조건이나 예시에 들어맞는 것

| **14** | 이 공지의 내용으로서 가장 적절한 것은 어느 것인가?

1 공사 기간 중에는 매일, 작업 시간 중에는 주차장의 이용을 삼가주길 바란다.
2 9월 10일~11월 25일의 오전 9시~오후 4시까지 매일 공사가 실시된다.
3 북쪽 주차장을 이용하고 있는 전원에게 공사 전에 주차장에 관한 상세한 설명회가 있다.
4 남쪽 주차장을 이용하고 있는 일부의 사람에게 공사 기간 중의 주차장에 관한 연락이 있다.

해설 공지에서 工事期間中は終日、南側駐車場の一部が使用できなくなります。(공사 기간 중에는 종일 남쪽 주차장의 일부를 사용할 수 없게 됩니다.)라고 하며 해당하는 주차장을 이용하는 사람에게는 개별적으로 연락을 한다고 했다. 따라서 이 공지의 내용으로 가장 적절한 것은 4번이다. 공사는 매일 하는 것이 아니고 일부 주차장만 공사하는 것이기 때문에 1번은 정답이 아니고, 공사는 토, 일, 공휴일은 제외한다고 했으므로 2번도 정답이 아니다. 3번은 본문에서 언급하지 않은 내용이기 때문에 정답이 아니다.

단어 マンション 맨션, 아파트 | 住民(じゅうみん) 주민, 거주자 | 皆様(みなさま) 여러분 | 工事(こうじ) 공사 | お知(し)らせ 공지 | 外壁(がいへき) 외벽 | 終日(しゅうじつ) (하루)종일 | 南側(みなみがわ) 남측, 남쪽 | 詳細(しょうさい) 상세, 상세한 내용 | 該当(がいとう) 해당 | 個別(こべつ)に 개별적으로 | 安全(あんぜん) 안전 | 優先(ゆうせん) 우선 | 作業(さぎょう) 작업 | 土日(どにち) 토요일과 일요일 | 祝日(しゅくじつ) 축일, 공휴일 | 除(のぞ)く 제외하다 | 問(と)い合(あ)わせ 문의 | 管理人(かんりにん) 관리인 | 条件(じょうけん) 조건 | 例(れい) 예 | 当(あ)てはまる 들어맞다 | 控(ひか)える 삼가다 | 北側(きたがわ) 북측, 북쪽 | ~に関(かん)する ~에 관한 | 詳(くわ)しい 상세하다, 잘 알다

(15)

얼마 전, 지인에게 '지진은 언제 올지 모르니까 대비가 필요하겠네'라고 했더니 '그런 일에 매일 걱정하고 있으면 생활할 수 없어'라고 들었다. 확실히 대지진은 무섭지만, 이유도 모르고 그냥 무서워하는 것과 **지진이 일어났을 때의 리스크를 예상하고 대비하는 것과는 정말로 일어났을 때의 결과가 다르지 않을까?** 지진으로부터 도망칠 수는 없다. 하지만 현실로부터 외면하는 것이 아니라, 현실을 확실히 마주 보고 대처를 해 두는 것으로 그 이후의 리스크를 줄일 수 있을 것이다.

| **15** | 필자에 의하면 리스크를 줄이기 위해서는 어떻게 하는 것이 좋은가?

1 지진을 두려워하고 불안을 안고 생활한다.
2 현실을 제대로 바라보고 매일을 여느 때처럼 보낸다.
3 지진으로부터 도망칠 수 있도록 대처해 둔다.
4 만일의 경우를 생각해서 대비한다.

해설 필자는 지진이 일어났을 때 리스크를 예상하고 대비한다고 결과가 다를 것 같다고 했으므로 4번이 정답이다. 마냥 이유도 모르고 두려워하고 불안해하는 것은 필자가 말한 리스크를 줄이기 위한 대비가 아니기 때문에 1번은 정답이 아니고, 현실을 직시하며 대처해 두는 것이 필요하다고 하고 있기 때문에 2번도 정답이 아니다. 지진으로부터 도망칠 수는 없다고 했기 때문에 3번도 정답이 아니다.

단어 先日(せんじつ) 얼마 전 | 知人(ちじん) 지인 | 地震(じしん) 지진 | 備(そな)え 대비 | 確(たし)かに 확실히 | 訳(わけ) 이유 | 怖(こわ)がる 무서워하다 | ~際(さい) ~할 때 | リスク 리스크, 위험 | 予想(よそう) 예상 | 備(そな)える 대비하다 | 結果(けっか) 결과 | 逃(に)げる 도망치다 | 現実(げんじつ) 현실 | 目(め)をそらす 외면하다, 시선을 돌리다 | しっかり 확실히, 꼭 | 向(む)き合(あ)

う 마주하다 | 対処(たいしょ) 대처 | 減(へ)らす 줄이다 | 恐(おそ)れる 두려워하다 | 抱(かか)える 안다 | 見(み)つめる 바라보다 | 過(す)ごす 지내다 | 万(まん)が一(いち) 만일

(16)

가을 특별 감사 세일 안내

항상 '혼다 북스'를 이용해 주셔서 감사합니다.
'혼다 북스' 회원 고객분께 이득인 세일 안내입니다.
10월 1일(수)~10월 15일(수)까지 대상 상품에 한하여 할인 가격으로 구매하실 수 있습니다. 독서의 가을에 딱인 책을 많이 준비해 두었습니다.
주문 방법에 관해서는 홈페이지를 확인해 주십시오.

세일 내용 :
대상 스티커가 붙어있는 모든 소설·비즈니스 서적 : 20% 할인
대상 스티커가 붙어있는 모든 만화·잡지 : 10% 할인
대상 마크가 붙어 있는 모든 전자 서적 : 10% 할인
(혼다 북스 온라인 페이지에서 구입한 것에 한함)

또한, 잡지를 정기 구독하고 계신 경우에는 할인의 대상 외가 되기 때문에 주의해 주십시오.

「혼다 북스」 http://honda_books.jp/

16 이 안내에서 소개되고 있는 세일에 대해서 올바른 것은 어느 것인가?

1 세일 기간 중에는 모든 전자 서적을 할인 가격에 살 수 있다.
2 가게에서 서적을 사든 전자 서적을 사든 할인율은 변하지 않는다.
3 대상 스티커가 붙어있는 만화, 잡지, 전자 서적은 10% 할인으로 구입할 수 있다.
4 전자 서적으로 잡지를 정기 구독하고 있는 경우에 한하여 할인을 받을 수 있다.

해설 대상 스티커가 붙어있는 모든 만화와 잡지는 10% 할인이며, 대상 마크가 붙어 있는 전자 서적도 혼다 북스 온라인 페이지에서 구입한 것이라면 10% 할인이기 때문에 3번이 정답이다. 세일 기간 중 혼다 북스 온라인 페이지에서 구입한 전자 서적에 한해서만 할인된 가격에 살 수 있으므로 1번은 정답이 아니다. 서적과 전자 서적의 할인율은 다르기 때문에 2번도 정답이 아니다. 정기 구독하고 있는 경우는 할인이 적용되지 않으므로 4번도 정답이 아니다.

단어 秋(あき) 가을 | 特別(とくべつ) 특별 | 感謝(かんしゃ) 감사 | セール 세일 | 案内(あんない) 안내 | 会員(かいいん) 회원 | お得(とく)だ 이득이다 | 対象(たいしょう) 대상 | 商品(しょうひん) 상품 | ~に限(かぎ)り ~에 한해 | 割引(わりびき) 할인 | 価格(かかく) 가격 | お求(もと)めいただく 구하시다, 구매하시다 | 読書(どくしょ) 독서 | ぴったりだ 꼭 맞다, 딱이다 | ~につきましては ~에 대해서는 | シール 씰, 스티커 | ビジネス書(しょ) 비즈니스 서적 | マーク 마크 | 電子書籍(でんししょせき) 전자 서적 | 購入(こうにゅう) 구입 | 限(かぎ)る 한하다 | なお 또한, 더구나 | 定期購読(ていきこうどく) 정기 구독 | 対象外(たいしょうがい) 대상 외 | ~率(りつ) ~률, 율 | 一割引(いちわりびき) 1할(10%) 할인

(17)

휴강 공지

수강자 여러분께

사쿠라 대학 온라인 공개 강좌 "미국의 역사를 배우다"를 수강하고 계시는 분들께 알려드립니다.
8월 19일 제5회 강좌는 강사 사토 선생님이 급병이므로 휴강합니다. 그렇기 때문에 휴강된 회차는 다음 주 8월 26일에 실시합니다. 또한, 최종회까지 1회분씩 뒤로 밀리기 때문에 최종회는 9월 9일이 됩니다. 그날에 수강할 수 없는 분은 강좌 녹화 비디오를 다음 날 공개하오니 그것을 봐 주십시오.
여러분께는 불편을 끼쳐드려 대단히 죄송합니다만, 이해해 주시기를 부탁드립니다.

또한 강좌 녹화 비디오는 몇 번이라도 보실 수 있지만, 1개월 한정의 공개입니다.

사쿠라 대학 공개 강좌 담당 사쿠라기

17 다음 중, 메일의 내용에 맞는 것은 어느 것인가?

1 10월 초까지 최종회 강좌의 녹화 비디오를 볼 수 있다.
2 강좌의 녹화 비디오를 1개월간에 한하여 한 사람당 한 번씩 볼 수 있다.
3 휴강된 회차는 비디오에 녹화되어서 최종회부터 1개월간 공개되게 되었다.
4 최종회에 강좌를 듣지 못한 사람은 당일 공개된 녹화 비디오로 수강하면 된다.

해설 최종회 강좌는 9월 9일이며, 해당 날짜에 수강할 수 없는 학생을 위한 녹화 비디오는 다음 날인 9월 10일부터 1개월간 한정으로 공개된다고 했다. 녹화 비디오를 볼 수 있는 기간은 공개일 9월 10일부터 1개월간인 10월 초까지이므로 1번이 정답이다. 최종회 강좌의 녹화 비디오는 1개월에 한해서 몇 번이라도 볼 수 있다고 했기 때문에 2번은 정답이 아니다. 강좌 녹화 비디오의 회차는 최종회이므로 3번도 정답이 아니고, 녹화 비디오는 최종회 다음 날 공개할 예정이라고 했으므로 4번도 정답이 아니다.

단어 休講(きゅうこう) 휴강 | お知(し)らせ 공지, 안내 | 受講者(じゅこうしゃ) 수강자 | 皆様(みなさま) 여러분 | オンライン 온라인 | 公開(こうかい) 공개 | 講座(こうざ) 강좌 | 学(まな)ぶ 배우다 | 講師(こうし) 강사 | 急病(きゅうびょう) 급병 | ~につき ~이므로, 그러므로 그렇기 때문에 | 翌週(よくしゅう) 다음 주 | 最終回(さいしゅうかい) 최종회 | ~ずつ ~씩 | ずれる 어긋나다, 밀리다 | 録画(ろくが) 녹화 | ビデオ 비디오 | 翌日(よくじつ) 다음 날 | ご覧(らん)ください 봐 주십시오(존경어) | 迷惑(めいわく)をかける 민폐를 끼치다, 불편을 끼치다 | 大変(たいへん) 대단히, 매우 | 申(もう)し訳(わけ)ありません 죄송합니다 | なお 또한, 더구나 | 限定(げんてい) 한정 | 上旬(じょうじゅん) 상순 | ~に限(かぎ)り ~에 한해 | 当日(とうじつ) 당일 | 受講(じゅこう) 수강

중문 실전 연습 문제　　　　386p

1 ③	2 ④	3 ②	4 ③	5 ③
6 ①	7 ③	8 ④	9 ④	10 ④
11 ③	12 ③	13 ①	14 ③	15 ④
16 ②	17 ④	18 ③	19 ④	20 ①

문제11 다음 문장을 읽고, 뒤의 물음에 대한 답으로서 가장 알맞은 것을, 1·2·3·4에서 하나 고르세요.

(1)

이하는 저축에 대해서 쓰여진 문장이다.
(주석1)
　재산을 쌓아 올리기 위해서는 우선 저금을 하는 것이 중요합니다. 하지만 저금을 하고 싶다고 해서 무모하게 절약하면 된다는 것은 아닙니다. 단돈 몇십 엔, 몇백 엔을 위해서 시간을 들여서 절약 생활을 하는 것은 정신적으로도 건강적으로도 부담이 있을 것입니다. **저금하기 전에 처음에 해야 할 일은 자신의 지출 상황을 확인하는 것입니다.** 저금을 못하는 사람은 대개의 경우 살 생각이 없었던 물건을 무심결에 사 버리거나 겨우 100엔짜리 커피니까라며 작은 지출을 반복하고 있거나 하는 법입니다.
　자신의 돈 쓰는 법을 알게 되면 다음에 필요한 것은 지출 중 고정비를 절약할 수 있는지 어떤지 생각하는 것입니다. 고정비라는 것은 매달 반드시 드는 돈을 말합니다. 이것들을 가능한 한 줄이는 것으로 인해 큰 절약으로 이어질 가능성이 있습니다. 고정비는 집세나 통신비 등 가계에서 차지하는 비율이 큰 것일 경우가 많기 때문입니다. 예를 들면 스마트폰의 플랜을 저가의 것으로 했다고 하겠습니다. 그동안 5,000엔이던 매달의 요금이 3,000엔이 되면 그것만으로 연간 24,000엔이나 절약이 됩니다. 쇼핑의 횟수를 줄여서 절약하려고 하면 달성하는 데 시간이 걸리는 금액이라도, 고정비를 재검토하는 것으로 연간으로 환산하면 큰 절약이 될 수 있다고 말할 수 있을 것입니다. 즉 절약에 있어서도 코스트 퍼포먼스를 중시하지 않으면 안 되는 것입니다.
(주석3)
　(중략)
　다만, 잊어서는 안 될 것이 있습니다. 그것은 단지 지출을 줄여서는 안 된다는 것과 마찬가지로 무엇을 위해서 저금을 하는 것인가를 생각하지 않고 모으는 것도 삼가는 편이 좋다는 것입니다. 결국에는 돈은 무언가를 사기 위한 것이기도 합니다. 목적이 없는 저금은 골이 없는 마라톤과 같습니다. **스스로 설정한 골을 향하여 나아가고 있기 때문에 보람도 달성감도 생겨 계속해 갈 수 있는 것입니다.**

(주석1) 저축 : 미래를 위해서 돈이나 가치가 있는 것을 비축해 두는 것
(주석2) 무모하게 : 깊이 생각하지 않고 행동하는 것
(주석3) 코스트 퍼포먼스, 가성비 : 코스트 퍼포먼스의 약자, 여기에서는, 절약에 들인 시간이나 작업량에 대해서 효과가 높은지 아닌지라는 뜻

1 필자에 의하면 저금을 할 때는 처음에 무엇을 하면 좋은가?

1 급여가 매달 얼마나 들어오는지 파악한다.
2 은행 계좌에 남아 있는 예금 잔액을 확인한다.
3 매달 얼마나 소비하고 있는지를 안다.
4 매달의 쇼핑 횟수를 세어 둔다.

해설　필자는 貯金する前に、最初にやるべきことは、自分の支出の状況を確認することです。(저금하기 전에 처음에 해야 할 일은 자신의 지출 상황을 확인하는 것입니다.)라고 했으므로 매달 얼마나 소비하고 있는지 알아야 한다는 3번이 정답이다. 본문에서 언급하지 않은 내용이므로 1, 2번은 정답이 아니고, 쇼핑의 횟수를 세는 것 또한 절약을 하는 행동이긴 하지만 여기서는 가성비가 더 좋은 절약 방법과 비교하기 위해 언급한 것이므로 4번도 정답이 아니다.

2 저금하는 것에 대해서 필자의 생각에 맞는 것은 어느 것인가?

1 지출을 줄이는 것만을 생각해서 저금액을 늘려가지 않으면 안 된다.
2 고정비를 재검토해서 돈을 모으는 것을 첫 번째로 생각하지 않으면 안 된다.
3 목표를 설정하고 그것에 기반한 저금 계획을 세우지 않으면 안 된다.
4 저금을 계속하기 위해서라도 목표 의식을 가지지 않으면 안 된다.

해설　필자는 自分で設定したゴールに向かって進んでいくからこそ、やりがいも達成感も生まれ、継続していけるのです。(스스로 설정한 골을 향하여 나아가고 있기 때문에 보람도 달성감도 생겨 계속해 갈 수 있습니다.)라고 하며 저금을 계속하기 위해서는 목표 의식을 가져야 한다고 이야기하고 있으므로 4번이 정답이다. 단지 지출만 줄여서는 안 된다고 했으므로 1번은 정답이 아니고, 자신의 지출 상황을 먼저 확인해야 한다고 했으므로 2번도 정답이 아니다. 목표를 설정하는 것은 맞으나 계획을 세우라고는 이야기하고 있지 않으므로 3번도 정답이 아니다.

단어　貯蓄(ちょちく) 저축｜財産(ざいさん) 재산｜築(きず)く 쌓아 올리다, 구축하다｜貯金(ちょきん) 저금｜～からといって ~라고 해서｜むやみに 무모하게｜節約(せつやく) 절약｜～というものではない (반드시) ~라는 것은 아니다｜たった 단, 겨우｜時間(じかん)をかける 시간을 들이다｜精神的(せいしんてき)に 정신적으로｜健康的(けんこうてき)に 건강적으로｜負担(ふたん) 부담｜支出(ししゅつ) 지출｜状況(じょうきょう) 상황｜確認(かくにん) 확인｜大体(だいたい) 대체로, 대략, 대개｜つい 무의식중에, 무심결에｜繰(く)り返(かえ)す 되풀이하다, 반복하다｜～ものだ ~하는 법이다, ~하는 것이 당연하다｜固定費(こていひ) 고정비｜減(へ)らす 줄이다｜～によって ~에 의해서, ~에 따라서, ~(으)로 인해｜繋(つな)がる 이어지다, 연결되다｜可能性(かのうせい) 가능성｜家賃(やちん) 집세｜通信費(つうしんひ) 통신비｜家計(かけい) 가계｜占(し)める 차지하다｜割合(わりあい) 비율｜スマホ 스마트폰｜プラン 플랜, 계획｜格安(かくやす) 저가｜料金(りょうきん) 요금｜年間(ねんかん) 연간｜回数(かいすう) 횟수｜達成(たっせい) 달성｜金額(きんがく) 금액｜見直(みなお)す 다시 보다, 재검토하다｜換算(かんさん) 환산｜～得(う・え)る ~할 수 있다, ~할 가능성이 있다｜～において ~에서｜コスパ 코스트 퍼포먼스, 가성비｜重視(じゅうし) 중시｜ただし 다만｜ただ 그저, 그냥｜絞(しぼ)る (쥐어)짜다, 좁히다｜同様(どうよう)に 다름

없이, 마찬가지로 | 貯(た)める 모으다, 저축하다 | 控(ひか)える 삼가다 | 結局(けっきょく)のところ 결국에는 | 目的(もくてき) 목적 | ゴール 골 | マラソン 마라톤 | 設定(せってい) 설정 | 向(む)かう 향하다, 향해서 가다 | ~からこそ ~이기 때문에, ~이니까 | やりがい 보람 | 達成感(たっせいかん) 달성감 | 価値(かち) 가치 | 蓄(たくわ)える 비축하다 | 行動(こうどう) 행동 | 作業量(さぎょうりょう) 작업량 | 効果(こうか) 효과 | 給料(きゅうりょう) 급여, 봉급 | 把握(はあく) 파악 | 銀行口座(ぎんこうこうざ) 은행 계좌 | 預金(よきん) 예금 | 残高(ざんだか) 잔고, 잔액 | 消費(しょうひ) 소비 | 数(かぞ)える 세다 | 再検討(さいけんとう) 재검토 | 第一(だいいち)に 제일, 첫 번째 | 目標(もくひょう) 목표 | ~に基(もと)づく ~에 의거한, ~에 기반한 | 意識(いしき) 의식

(2)

최근에는 편의점이나 대형 슈퍼, 음식점 등 전자 화폐를 쓸 수 있는 가게가 늘기 시작하고 있다. 현금이 없어도 스마트폰으로 결제가 가능하거나 은행에 가지 않아도 원할 때에 가족이나 친구에게 송금할 수 있다. 이러한 전자 화폐는 젊은 사람을 중심으로 이용자가 증가하는 한편, **이만큼 널리 퍼진 배경에는 몇 가지 이유가 있다**고 생각된다.

우선 캐시 리스 결제의 편의성을 들 수 있다. 지갑을 가지고 다닐 필요가 없는 데다가^(주석1) 현금을 출납하는 수고를 덜 수 있고, 잔돈을 찾는 귀찮음도 없어진다^(주석2). 이것은 바쁜 현대인에게 있어서는 커다란 메리트이다.

다음으로 포인트 제도의 충실도 전자 화폐의 보급을 뒷받침하고 있다. 많은 전자 화폐 서비스는 이용자 획득을 위해서 이용 금액에 따라서 포인트를 주고 있다. 이용자는 모인 포인트를 다음 결제에서 현금과 같이 사용할 수 있고 이익을 본 기분을 맛볼 수 있다.

그리고 생각되는 또 한 가지 이유는 보안 면에서 안전하다는 것이다. 다액의 현금을 가지고 다닐 때의 불안감을 전자 화폐와 같은 결제 수단이 해소해 준다. 최근에는 보안 대책도 매일 진화하고 있고 부정 이용의 리스크도 감소하고 있다.^(주석3)

하지만 전자 화폐의 보급에는 메리트가 있는 반면, 과제도 있다. 특히 고령자나 기계 조작에 익숙하지 않은 사람에게는 이용 방법이 복잡하게 느껴지는 경우가 있다. 또 시스템 장애가 발생했을 경우, 일시적으로 결제를 할 수 없게 되는 리스크도 고려하지 않으면 안 된다. 앞으로의 중요한 결제 수단이기 때문에 **누구나 이용할 수 있도록 서포트하거나 이용 방법을 간략화하거나 하는 과제에 진지하게 임할 필요가 있다**고 생각한다.

(주석1) 캐시 리스 : 현금을 사용하지 않고 거래하는 방법
(주석2) 편의성 : 편리한 것
(주석3) 리스크 : 위험

3 이만큼 널리 퍼진 배경에는 몇 가지 이유가 있다라고 있는데, 필자는 어떠한 이유가 있다고 생각하고 있는가?

1 결제할 때마다 포인트가 모여가는 것이 기대가 되는 점
2 현금으로 결제할 때에 불편함을 해소하고 순조롭게 결제를 할 수 있는 점
3 보안 대책이 완벽해져서 현금을 휴대할 때의 걱정이 없어지는 점
4 기계에 익숙하지 않은 사람이라도 간단하게 사용할 수 있게 되는 점

해설 본문에서 먼저, 캐시리스 결제의 이편성이 언급된다. (우선 캐시리스 결제의 편의성을 들 수 있다.)라며 지갑을 가지고 다니거나 현금을 출납하고 잔돈을 찾는 귀찮음이 없어진다고 했으므로 2번이 정답이다. 포인트 제도도 요인 중 하나지만 기대가 된다고 하지 않았으므로 1번은 정답이 아니고, 보안 대책도 요인 중 하나지만 완벽하다는 언급은 없으므로 3번도 정답이 아니다. 고령자나 기계 조작에 익숙하지 않은 사람은 이용하기 어려운 점이 과제라고 했으므로 4번도 정답이 아니다.

4 필자에 의하면 전자 화폐의 앞으로의 과제는 무엇인가?

1 앞으로의 중요한 결제 수단이기 때문에 보안을 강화하는 것
2 시스템 장애의 원인을 철저하게 조사하는 것
3 누구라도 이용할 수 있도록 시스템을 정비하는 것
4 현금을 쓰지 않는 사회를 실현하기 위해서 정부가 보급을 촉구하는 것

해설 필자는 誰もが利用できるようにサポートしたり、利用方法を簡略化したりと課題に真剣に取り組む必要があると考える。(누구나 이용할 수 있도록 서포트하거나 이용 방법을 간략화하거나 하는 과제에 진지하게 임할 필요가 있다고 생각한다.)라고 언급했기 때문에 앞으로의 과제가 누구나 이용할 수 있도록 시스템을 정비하는 것이라는 것을 알 수 있으므로 3번이 정답이다. 보안은 계속해서 진화하고 있다고 했으므로 1번은 정답이 아니고, 본문에서 언급하지 않은 내용이므로 2, 4번도 정답이 아니다.

단어 コンビニ 편의점 | 大手(おおて)スーパー 대형 마트 | 飲食店(いんしょくてん) 음식점 | 電子(でんし)マネー 전자 화폐 | 増(ふ)える 늘다 | スマートフォン 스마트폰 | 決済(けっさい) 결제 | 送金(そうきん) 송금 | ~を中心(ちゅうしん)に ~을/를 중심으로 | 利用者(りようしゃ) 이용자 | 増加(ぞうか) 증가 | ~一方(いっぽう)で ~한편(으로) | 広(ひろ)まる 넓어지다, 널리 퍼지다 | 背景(はいけい) 배경 | キャッシュレス 캐시 리스 | 利便性(りべんせい) 편의성 | 挙(あ)げる 들다, 거행하다 | 持(も)ち歩(ある)く 들고(가지고) 다니다 | ~うえに ~인 데다가 | 現金(げんきん) 현금 | 出(だ)し入(い)れ 출납 | 手間(てま)を省(はぶ)く 수고를 덜다 | 小銭(こぜに) 잔돈 | 面倒(めんどう) 성가심, 귀찮음 | 現代人(げんだいじん) 현대인 | メリット 메리트, 이점 | 制度(せいど) 제도 | 充実(じゅうじつ) 충실 | 普及(ふきゅう) 보급 | 後押(あとお)し 뒷받침 | サービス 서비스 | ユーザー 유저, 이용자 | 獲得(かくとく) 획득 | 金額(きんがく) 금액 | ~に応(おう)じて ~에 따라서, ~에 맞춰서 | 与(あた)える 주다, 수여하다 | 貯(た)まる 모이다 | 支払(しはら)い 지불, 결제 | 得(とく)する 득보다, 이익을 얻다 | 味(あじ)わう 맛보다, 음미하다 | セキュリティ 시큐리티, 보안 | 多額(たがく) 다액, 거액 | ~際(さい)(に) ~할 때(에), ~할 즈음(에) | 不安感(ふあんかん) 불안감 | 手段(しゅだん) 수단 | 解消(かいしょう) 해소 | 対策(たいさく) 대책 | 日々(ひび) 매일, 하루하루 | 進化(しんか) 진화 | 不正(ふせい) 부정 | リスク 리스크, 위험 | 減少(げんしょう) 감소 | ~つつある ~하고 있다 | ~反面(はんめん) ~인(한) 반면 | 課題(かだい) 과제 | 高齢者(こうれいしゃ) 고령자 | 機械(きかい) 기계 | 操作(そうさ) 조작 | 不慣(ふな)れだ 익숙하지 않다, 서툴다 | 方法(ほうほう) 방법 | 複雑(ふくざつ)だ 복잡하다 | 感(かん)じる 느끼다 | ~ことがある ~하는 경우가 있다 | システム 시스템 | 障害(しょうがい) 장애

│発生(はっせい) 발생│一時的(いちじてき)だ 일시적이다│考慮(こうりょ) 고려│今後(こんご) 차후, 앞으로│重要(じゅうよう)だ 중요하다│~からこそ ~이기 때문에, ~이니까│誰(だれ)も 누구나│サポート 서포트, 지지, 후원│簡略化(かんりゃくか) 간략화│真剣(しんけん)だ 진지하다│取(と)り組(く)む 임하다, 맞붙다│取引(とりひき) 거래│スムーズに 순조롭게│完璧(かんぺき)だ 완벽하다│携帯(けいたい) 휴대│強化(きょうか) 강화│徹底的(てっていてき)だ 철저하다│整備(せいび) 정비│実現(じつげん) 실현│政府(せいふ) 정부│促(うなが)す 재촉하다, 독촉하다, 촉구하다

(3)

세상에는 여러 가지 의존증이 있다. 예를 들면 술을 마시지 않을 수 없는 알코올 의존증(주석1), 담배를 참지 못하는 니코틴 의존증, 쇼핑을 끊지 못하는 쇼핑 의존증, 인터넷이 없으면 있을 수 없는 인터넷 의존증 등이다.

의존은 왜 일어나는 것일까? 그것은 '보상체계'라고 불리는 뇌 일부의 작용이 관계하고 있다고 한다. '보상체계'라는 것은 욕구가 충족되었을 때에 행복한 기분을 들게 하는 신경을 말한다. 목표를 달성해서 기쁘다고 느끼는 것도 남에게 감사 받고 만족감을 얻는 것도 이 '보상체계'의 작용이 관여하고 있다. 그리고 이 충만한 감각을 바라며 사람은 다양한 궁리를 하면서 같은 행동을 반복하려고 한다.

이것이 정상적으로 작동하고 있으면 문제는 없는 것이지만, 술이나 담배, 인터넷이나 도박(주석2) 등에 의해 **강한 자극이 보상체계에 주어지면 그 쾌감을 잊을 수 없게 되어 그만두려고 해도 그만둘 수 없게 되어 버린다는 것이라고 한다.**

의존증을 동반한 욕구는 매우 강해 가정이 망가지거나 병이 들거나 해도, 쉽게는 그만둘 수 없다고 한다. 그리고 한 번 의존증이 되면 그 상태에서 벗어나기 위해서는 긴 시간과 노력이 필요하다고 한다. 게다가 **의존증은 아무 문제도 없는 사람이라도 걸릴 수 있는 병이라는 점도 특히 두려워해야 하며 주의하지 않으면 안 된다.** 즉, 의존증의 위험성이 있는 것에는 평소부터 가능한 한 관여하지 않는 것보다 더 좋은 것은 없는 것이다.(주석3)

(주석1) 의존증 : 그만두고 싶어도 그만둘 수 없고, 그것이 없으면 마음이나 몸의 안정을 유지할 수 없게 되는 것
(주석2) 도박(Gamble) : 게임 등에서 당첨이 되거나 1등이 되면, 낸 금액의 몇 배나 되는 돈을 받을 수 있는 것
(주석3) 관여하지 않는 것보다 좋은 것은 없다 : 관여하지 않는 편이 좋다

5 이 문장에 의하면 사람이 의존증이 되는 원인은 무엇인가?

1 충만한 감각을 얻어서 그만두고 싶다고 생각하지 않게 되는 것
2 목표를 달성하는 것이 충만한 감각이라고 느끼는 것
3 뇌가 강한 자극을 기억해서 그 충만한 감각을 잊을 수 없게 되는 것
4 사람은 뇌의 욕구를 거스르는 것이 불가능한 것

해설 본문에서 強い刺激が報酬系に与えられると、その快感が忘れられなくなり、やめようとしても、やめることができなくなってしまうのだという。(강한 자극이 보상체계에 주어지면 그 쾌감을 잊을 수 없게 되어 그만두려고 해도 그만둘 수 없게 되어 버린다는 것이라고 한다.)라고 하며 의존증은 뇌가 강한 자극을 기억해서 그 감각을 잊을 수 없게 되기 때문에 일어나는 것이라고 언급하고 있으므로 3번이 정답이다. 의존증은 그만두고 싶어도 그만둘 수 없게 되는 것이라고 했으므로 1번은 정답이 아니고, 충만한 감각이 정상적으로 작동하면 문제가 없다고 했으므로 2번도 정답이 아니다. 본문에서 언급하지 않은 내용이므로 4번도 정답이 아니다.

6 필자에 의하면 의존증을 주의하지 않으면 안 되는 것은 왜인가?

1 정신적으로 이상이 없어도 의존증이 되는 일은 드물지 않기 때문에
2 평소부터 쉽게 무시할 수 없고 무슨 일이 있어도 관계해 버리기 때문에
3 가정이 부서지거나 건강 상태가 악화되거나 하는 일이 많기 때문에
4 아무리 시간이나 노력을 들여도 낫지 않는 경우가 있기 때문에

해설 필자는 依存症は何の問題もない人でもなり得る病気であるという点も特に恐れるべきであり、注意しなければならない。(의존증은 아무 문제도 없는 사람이라도 걸릴 수 있는 병이라는 점도 특히 두려워해야 하며 주의하지 않으면 안 된다.)라고 언급하면서 정신적으로 이상이 없는 사람도 걸릴 수 있다고 이야기하고 있으므로 1번이 정답이다. 의존증의 위험성이 있는 것에는 평소부터 관계하지 말라고 했으므로 2번은 정답이 아니고, 본문에서 언급하지 않은 내용이므로 3, 4번도 정답이 아니다.

단어 │世(よ)の中(なか) 세상│依存症(いぞんしょう) 의존증│~ずにはいられない ~하지 않을 수 없다│アルコール 알코올│我慢(がまん)する 참다, 견디다│ニコチン 니코틴│報酬系(ほうしゅうけい) 보상체계│脳(のう) 뇌│一部(いちぶ) 일부│働(はたら)き 일을 함, 작용│関係(かんけい) 관계│欲求(よっきゅう) 욕구│満(み)たす 가득 채우다, 만족시키다, 충족시키다│神経(しんけい) 신경│目標(もくひょう) 목표│達成(たっせい) 달성│感(かん)じる 느끼다│感謝(かんしゃ) 감사│満足感(まんぞくかん) 만족감│得(え)る 얻다, 획득하다│関(かか)わる 관련되다, 관여하다│満(み)ちる 가득 차다, 충만하다│感覚(かんかく) 감각│求(もと)める 구하다, 바라다│様々(さまざま)だ 다양하다│工夫(くふう) 궁리│行動(こうどう) 행동│繰(く)り返(かえ)す 되풀이하다, 반복하다│正常(せいじょう)に 정상(적)으로│ギャンブル 갬블, 도박│~により ~에 의해, ~에 따라│刺激(しげき) 자극│与(あた)える 주다, 수여하다│快感(かいかん) 쾌감│伴(ともな)う 동반하다│非常(ひじょう)に 매우, 상당히, 대단히│家庭(かてい) 가정│壊(こわ)れる 부서지다, 망가지다│状況(じょうきょう) 상황│抜(ぬ)け出(だ)す 빠져 나가(오)다│努力(どりょく) 노력│さらに 게다가│~得(う・え)る ~할 수 있다, ~할 가능성이 있다│恐(おそ)れる 두려워하다, 겁내다│危険性(きけんせい) 위험성│普段(ふだん) 평소, 평상시│~に越(こ)したことはない ~보다 나은 것은 없다, ~이/가 제일이다│安定(あんてい) 안정│保(たも)つ 지키다, 유지하다│当(あ)たり 맞음, 적중│金額(きんがく) 금액│~倍(ばい) ~배│原因(げんいん) 원인│覚(おぼ)える 느끼다, 기억하다, 외우다│逆(さか)らう 거스르다, 거역하다│不可能(ふかのう)だ 불가능하다│精神的(せいしんてき)に 정신적으로

| 異常(いじょう) 이상 | 珍(めずら)しい 드물다, 진귀하다 | 無視(むし) 무시 | 悪化(あっか) 악화 | 治(なお)る 낫다, 치유되다

(4)

이하는, 의논에 대해서 쓰여진 문장이다.

현대 사회에는 해결해야 하는 복잡한 문제가 많이 존재하고 그것들을 해결하기 위해서는 다양한 의견을 서로 내놓으며 깊게 생각하는 의논이 불가결하다. 의논은 찬성과 반대로 나뉘어 서로 대립하는 것 같은 토론과 달리, 모두가 납득할 수 있는 해결책을 이끌어내는 것이다. 어느 쪽의 의견이 올바른지 올바르지 않은지를 정한다기보다도 보다 좋은 결론이나 새로운 시점을 만들어 내기 위한 중요한 과정인 것이다.

대립했던 관계 속에서 서로 이야기하면 상대방을 논리로 제압하려고 하거나 공격적이게 되는 경향이 있고 감정적인 대립부터 심한 경우에는 다툼으로까지 발전할지도 모른다. 하지만 같은 목표를 가진 하나의 팀이라는 인식하에 다양한 각도에서 의견을 서로 내는 것으로 개인의 시점에서는 간과하고 있었던 측면을 냉정하게 깨달을 수 있게 된다. 또 문제를 입으로 말해서 공유하는 것으로 애매했던 논리가 정리되어 문제의 전체상을 보다 선명하게 파악할 수 있게 된다.

의논에 있어서는 상대방의 주장의 모순점을 발견해 내서 아픈 곳을 찌를 필요가 없다. 오히려 상대방의 이야기를 들으면 우선 받아들이려고 하는 자세가 중요해진다. 이 자세만 갖추어져 있으면 이야기하는 사람도 안심하고 의견을 말할 수 있고 아무리 작은 것이라도 말하기 쉬운 환경을 만들 수 있다. 그 결과, 한 사람의 발상만으로는 떠올리지 못할 것 같은 신선한 아이디어가 생기고 다양한 의견에서 각각의 좋은 점을 짜 맞추는 것으로 보다 포괄적이고 효과적인 해결책으로 이어지는 것이다.

(주석1) 간과하고 있었던 : 보고 있으면서 눈치채지 못했던
(주석2) 포괄적이고 : 여기서는 모두의 의견을 잘 모아서

7 필자에 의하면 의논이란 어떠한 것인가?

1 새로운 시점을 만들어 내기 위해서 쌓여 있는 문제를 단숨에 해결하는 것
2 모두가 납득할 수 있도록 찬반으로 나뉘어서 결과를 이끌어내는 것
3 모두가 납득할 수 있도록 깊게 생각하거나 의견을 교환하는 것
4 새로운 시점을 만들어 내기 위해서 개인의 시점에서 생각해 보는 것

해설 본문에서 それらを解決するには多様な意見を出し合い、深く考える議論が不可欠である。(그것들을 해결하기 위해서는 다양한 의견을 서로 내놓으며 깊게 생각하는 의논이 불가결하다.)라며 모두가 납득할 수 있는 해결책을 이끌어 내는 것이라고 했으므로 3번이 정답이다. 새로운 시점을 만들어 내기 위한 프로세스는 맞지만 문제를 단숨에 해결할 수 있는 것은 아니므로 1번은 정답이 아니고, 찬반이 갈리는 것은 토론이라고 했으므로 2번도 정답이 아니다. 다양한 의견을 서로 내놓는 것이라고 했으므로 개인의 시점을 언급한 4번도 정답이 아니다.

8 아픈 곳을 찌를 필요가 없다라고 있는데 왜인가?

1 의논에서는 모순되어 있는 논리여도 눈에 띄지 않기 때문에
2 상대방을 지적하면 불안해져서 자유롭게 이야기할 수 없게 되기 때문에
3 작은 것을 신경 쓰면 좋은 해결책으로 이어지지 않기 때문에
4 받아들이는 자세로 누구도 떠올리지 못했던 발상이 생기기 때문에

해설 필자는 むしろ、相手の話を聞いたらまず受け入れようとする姿勢が重要となる。(오히려 상대방의 이야기를 들으면 우선 받아들이려고 하는 자세가 중요해진다.)라며 받아들이는 자세를 통해서 한 사람의 발상만으로는 떠올리지 못하는 아이디어가 생긴다고 했으므로 4번이 정답이다. 본문에서 언급하지 않은 내용이므로 1, 2번은 정답이 아니고, 받아들이려는 자세로 인해서 아무리 작은 것이라도 말하기 쉬운 환경이 갖추어진다고는 했지만 작은 것에 신경 쓰면 좋은 해결책이 나올 수 없다고는 언급하지 않았으므로 3번도 정답이 아니다.

단어 議論(ぎろん) 의논, 논의 | 現代社会(げんだいしゃかい) 현대 사회 | 解決(かいけつ) 해결 | 複雑(ふくざつ)だ 복잡하다 | 存在(そんざい) 존재 | 多様(たよう)だ 다양하다 | 出(だ)し合(あ)う 서로 내다 | 不可欠(ふかけつ)だ 불가결하다 | 賛成(さんせい) 찬성 | 反対(はんたい) 반대 | お互(たが)いに 서로 | 対立(たいりつ) 대립 | 討論(とうろん) 토론 | 異(こと)なる 다르다 | 納得(なっとく) 납득 | 導(みちび)き出(だ)す 이끌어 내다, 도출하다 | ~というより(も) ~라기보다(도) | 結論(けつろん) 결론 | 新(あら)ただ 새롭다 | 視点(してん) 시점 | 生(う)み出(だ)す 새로 만들어 내다 | 重要(じゅうよう)だ 중요하다 | プロセス 프로세스, 과정 | 関係(かんけい) 관계 | 話(はな)し合(あ)う (서로) 얘기하다, 의논하다 | 相手(あいて) 상대(방) | 論理(ろんり) 논리 | 制圧(せいあつ) 제압 | 攻撃的(こうげきてき)だ 공격적이다 | ~がちだ (자주) ~하다, ~하는 경향이 있다 | 感情的(かんじょうてき)だ 감정적이다 | 争(あらそ)い 다툼 | 発展(はってん) 발전 | ~かねない ~할지도 모른다 | 目標(もくひょう) 목표 | チーム 팀 | 認識(にんしき) 인식 | ~のもとで ~밑에서, ~하에서 | 様々(さまざま)だ 다양하다 | 角度(かくど) 각도 | ~ことで ~한 일로, ~것으로 | 個人(こじん) 개인 | 見落(みお)とす 간과하다, 못 보고 놓치다 | 側面(そくめん) 측면 | 冷静(れいせい)だ 냉정하다 | 気付(きづ)く 깨닫다, 눈치채다 | 口(くち)に出(だ)す 입 밖에 내다, (입으로) 말하다 | 共有(きょうゆう) 공유 | 曖昧(あいまい)だ 애매하다 | 整理(せいり) 정리 | 全体像(ぜんたいぞう) 전체상 | 鮮明(せんめい)だ 선명하다 | 把握(はあく) 파악 | ~において ~에서 | 主張(しゅちょう) 주장 | 矛盾点(むじゅんてん) 모순점 | 見(み)つけ出(だ)す 찾아 내다, 알아 내다 | 突(つ)く 찌르다 | むしろ 차라리, 오히려 | 受(う)け入(い)れる 받아들이다 | 姿勢(しせい) 자세 | ~さえ~ば ~만 ~(하)면 | 整(ととの)う 정돈되다, 갖추어지다 | 述(の)べる 서술하다, 말하다 | 環境(かんきょう) 환경 | 結果(けっか) 결과 | 発想(はっそう) 발상 | 思(おも)い付(つ)く 문득 생각이 떠오르다 | 新鮮(しんせん)だ 신선하다 | アイデア 아이디어 | 組(く)み合(あ)わせる 짜 맞추다 | 包括的(ほうかつてき)だ 포괄적이다 | 効果的(こうかてき)だ 효과적이다 | 繋(つな)がる 이어지다, 연결되다 | まとめる 하나로 모으다 | 山積(やまづ)み (산더미처럼) 쌓임 | 一気(いっき)に 단숨에 | 賛否(さんぴ) 찬부, 찬반 | 交換(こうかん) 교환 | 目立(めだ)つ 눈에 띄다, 두드러지다 | 指摘(してき) 지적 | 気(き)にする 신경 쓰다, 걱정하다

(5)

　　최근에는 영양을 위해서 식사보다 영양제를 도입하는 사람이 많아졌습니다. 일상생활에서는 다이어트, 야채나 과일 가격의 상승, 또는 스스로 메뉴를 정할 수 없는 식사 모임 등 **다양한 이유로 충분한 영양을 섭취하지 못하고 그 대체될 만한 것에 의지하지 않을 수 없는 상황도 적지 않습니다.** 또한 '좋은 식사'를 할 수 있는 경우라도 영양 밸런스가 뛰어난 건강한 메뉴 중에 어린 시절부터 편식해 왔던 식자재가 포함되어 있기 때문에 그것을 피하고 있는 사람도 있을 것입니다. 이러한 상황이 계속되어 결과적으로 영양제를 먹게 되었고, 그 중에는 영양제만으로 식사를 해결하고 있는 사례도 드물지 않습니다.

　　영양제를 먹는 것이 나쁜 것은 아닙니다만, 주의가 필요합니다. 많이 먹으면 필요한 영양소를 전부 보충할 수 있다고 생각할지도 모릅니다만, 그것들을 식사 대신으로 하는 것은 결코 건강하다고는 말할 수 없습니다. 왜냐하면 대량의 영양제는 우리들의 체내에서 완전하게 소화 흡수되지 않기 때문입니다. 또 영양제에는 특정 영양소밖에 들어있지 않기 때문에 평소 식사에서 의식하지 않고 섭취하고 있었던 다양한 영양소를 보충할 수는 없습니다. 게다가 영양소끼리의 상호작용도 생각하지 않으면 안 됩니다만, 일반 사람에게는 좀처럼 판단이 어렵기 때문에 가능한 한 주치의에게 상담하고 나서 영양제를 먹도록 합시다.

　　영양제는 식사 대신이 되는 것이 아닌 어디까지나 식사에서 부족한 영양소를 보충하기 위한 수단인 것을 잊지 말고 이용하지 않으면 안 됩니다.

(주석) 주치의 : 건강 상담을 할 수 있는 가까운 의사

9 영양제를 도입하는 것에 대해서 필자의 생각에 맞는 것은 어느 것인가?

1 사정이 좋아지면 좋은 식사를 하는 사람이 늘게 된다.
2 영양제 중심의 식생활을 보내면 영양의 치우침이 없어진다.
3 충분한 영양을 섭취하지 않는 것은 편식을 계속하는 것과 같은 결과가 된다.
4 영양이 여러 가지 이유로 부족한 경향이 있기 때문에 영양제에 의지하게 된다.

해설　본문에서 様々な理由で十分な栄養が摂れず、その代わりになるものに頼らざるを得ない状況も少なくありません。(다양한 이유로 충분한 영양을 섭취하지 못하고 그 대체될 만한 것에 의지하지 않을 수 없는 상황도 적지 않습니다.)라고 이야기하면서 여러 가지 이유로 영양이 부족하기 때문에 영양제에 의지하게 된다고 언급하고 있으므로 4번이 정답이다. 좋은 식사를 할 수 있는 경우라도 편식해 왔던 식자재가 있어서 먹지 않는 사람이 있을 것이라고 했으므로 1번은 정답이 아니고, 영양제는 특정 영양소밖에 없고 식사로 섭취했던 다양한 영양소를 보충할 수 없다고 했으므로 2번도 정답이 아니다. 본문에서 언급하지 않은 내용이므로 3번도 정답이 아니다.

10 영양제에 대해서 필자가 말하고 싶은 것은 무엇인가?

1 의사에게 상담하고 먹는다면 양을 신경 쓰지 않고 먹어도 된다.
2 평소 식사에서 필요한 영양을 섭취할 수 있기 때문에 영양제는 먹지 않아도 된다.
3 일반인에게는 효과를 알기 어렵기 때문에 영양제보다 식사를 의식하는 편이 좋다.
4 영양제를 삼가고 식사를 메인으로 해서 영양을 섭취하는 편이 좋다.

해설　필자는 あくまでも食事で不足する栄養素を補うための手段であることを忘れずに利用しなければなりません。(어디까지나 식사에서 부족한 영양소를 보충하기 위한 수단인 것을 잊지 말고 이용하지 않으면 안 됩니다.)라고 이야기하며 식사를 메인으로 하는 편이 좋다고 언급하고 있으므로 4번이 정답이다. 영양제를 먹기 전에 의사와 상담하라고 이야기했지만 양에 대한 언급은 하지 않았으므로 1번은 정답이 아니고, 식사에서 부족한 영양소를 보충하기 위한 수단으로 먹는 게 좋다고 했으므로 2번도 정답이 아니다. 영양제끼리의 상호작용을 일반인이 판단하기 어렵다고 했지만 그 이유 때문에 식사를 의식하라고는 언급하지 않았으므로 3번도 정답이 아니다.

단어　栄養(えいよう) 영양 | サプリメント 영양제 | 取(と)り入(い)れる 도입하다, 받아들이다 | 日常生活(にちじょうせいかつ) 일상생활 | ダイエット 다이어트 | 価格(かかく) 가격 | 上昇(じょうしょう) 상승 | 食事会(しょくじかい) 식사 모임 | 様々(さまざま)だ 다양하다 | 摂(と)る 섭취하다 | 代(か)わり 대신, 대체 | 頼(たよ)る 의지하다 | ～ざるを得(え)ない ~하지 않을 수 없다, ~하지 않으면 안 된다 | 状況(じょうきょう) 상황 | バランス 밸런스, 균형 | 優(すぐ)れる 뛰어나다, 우수하다 | 健康的(けんこうてき)だ 건강하다 | 偏食(へんしょく) 편식 | 食材(しょくざい) 식자재 | 含(ふく)む 포함하다 | 避(さ)ける 피하다 | 結果(けっか) 결과 | ～として ~로서 | 済(す)ませる 끝내다, 마치다 | 事例(じれい) 사례 | 珍(めずら)しい 드물다, 진귀하다 | ～わけではない (반드시) ~인 것은 아니다 | 栄養素(えいようそ) 영양소 | 全(すべ)て 전부, 모두 | 補(おぎな)う 보충하다 | 決(けっ)して～ない 결코~않다 | 大量(たいりょう) 대량 | 体内(たいない) 체내 | 完全(かんぜん)だ 완전하다 | 消化(しょうか) 소화 | 吸収(きゅうしゅう) 흡수 | 特定(とくてい) 특정 | 普段(ふだん) 평소, 평상시 | 意識(いしき) 의식 | 同士(どうし) 같은 종류, 끼리 | 相互(そうご) 상호, 서로 | 作用(さよう) 작용 | 一般(いっぱん) 일반 | なかなか (긍정)상당히, 꽤, (부정)좀처럼 | 判断(はんだん) 판단 | かかりつけ医(い) 주치의 | 相談(そうだん) 상담 | あくまで 어디까지나, 철저하게 | 手段(しゅだん) 수단 | 身近(みぢか)だ 가깝다, 친근하다 | 医師(いし) 의사 | 事情(じじょう) 사정 | 増(ふ)える 늘다 | 食生活(しょくせいかつ) 식생활 | 偏(かたよ)り 치우침 | 量(りょう) 양 | 気(き)にする 신경 쓰다, 걱정하다 | 効果(こうか) 효과 | ～づらい ~하기 어렵다 | 控(ひか)えめにする 조심하다, 삼가다 | メイン 메인

(6)

　　우리 주위에는 항상 매우 많은 정보가 넘치고 있습니다. 그 방대한 정보 중에는 불확실한 정보나 거짓 정보, 즉 '유언비어' 등이 섞여 있어서 우리를 동요시키는 경우도 있습니다.

　　사실 최근 조사에서 인터넷을 통해서 일본 전역에 널리 퍼진 유언비어는 겨우 수십의 개인이나 단체로부터 널리 퍼져 갔던 것이 밝혀졌습니다. 즉 한 사람이 유언비어를 흘리면 수백만 명, 수천만 명에게 퍼져 버릴 가능성이 있다는 것입니다. 옛날에 ①이런 사건이 있었습니다. 어느 은행이 도산할 것 같다는 소문이 근처에 퍼졌습니다. 그러자 그걸

믿은 사람들이 자신들의 저금을 인출하려고 은행으로 쇄도했습니다. 은행이 '도산은 안 한다'라고 아무리 설명해도, ②사람들은 믿지 않았습니다. 그 결과, 2주일 만에 14억 엔이나 되는 돈이 인출되어 버려 은행은 정말로 도산할 뻔했습니다. 경찰이 소문의 출처를 조사한 결과, 그 계기는 전철 안에서 3명의 여고생이 말한 농담이었던 것으로 밝혀졌습니다.

사람은 직접 상대가 말한 것보다도, 누군가로부터 전해 들은 것을 더 믿기 쉽다고 합니다. 즉 어리석게도 소문의 대상이 되어 있는 본인에게 들은 정보보다도, 자기 주변의 누군가가 말한 것을 더 옳다고 굳게 믿어버리는 것입니다. 유언비어에 휩쓸리지 않기 위해서는 정보를 퍼뜨리지 말고, 우선은 그 정보가 어디서 나오고 있는 것인지 확인하는 것이 중요합니다. 그리고 그 정보에 의문을 가지고 스스로 진실인지 아닌지 판단할 수 없는 경우에는 본인에게 직접 확인하는 것도 좋다고 생각합니다.

(주석1) 도산 : 회사가 잘 안돼서 망하는 것
(주석2) 쇄도 : 많은 사람이나 주문 등이 한꺼번에 오는 것

---

11 ①이런 사건이란 무엇인가?

1 근거 없는 정보나 거짓 정보에 동요해버려 사람들이 혼란했던 사건
2 인터넷에서 수십의 개인·단체로부터 수천만 명에게까지 소문이 퍼져 버렸던 사건
3 거짓 정보를 믿었던 사람들이 차례로 은행에서 예적금을 인출했던 사건
4 소문의 대상이 되어 있는 본인의 설명이 유언비어로서 퍼졌던 사건

해설   본문에서 어느 은행이 倒産しそうだという噂が近所に広まりました。(어느 은행이 도산할 것 같다는 소문이 근처에 퍼졌습니다.)라고 이야기하면서 소문 때문에 사람들이 은행에서 돈을 인출했고 정말로 도산할 뻔했다고 언급하고 있으므로 3번이 정답이다.

---

12 ②사람들은 믿지 않았습니다라고 있는데, 왜인가?

1 인터넷에서 떠돌고 있었던 소문이었기 때문에
2 은행으로부터 직접 들은 이야기였기 때문에
3 근처 사람이나 아는 사람에게 들은 소문이었기 때문에
4 어디서 나온 정보인지 몰랐기 때문에

해설   필자는 즉, 어처구니없게도, 소문의 대상이 되고 있는 본인으로부터 들은 정보보다도, 자신의 주위의 누군가가 말한 것의 쪽을 올바르다고 믿어버리는 것입니다. (즉 어리석게도 소문의 대상이 되어 있는 본인에게 들은 정보보다도, 자기 주변의 누군가가 말한 것을 더 옳다고 굳게 믿어버리는 것입니다.)라고 이야기하며 주변 이들에게 들은 소문을 굳게 믿어버렸기 때문에 사람들이 은행의 말을 듣지 않았다고 언급하고 있다. 따라서 3번이 정답이다.

단어   周(まわ)り 주위, 주변 | 常(つね)に 늘, 항상, 언제나 | 非常(ひじょう)に 매우, 상당히, 대단히 | 情報(じょうほう) 정보 | 溢(あふ)れる 넘치다 | 膨大(ぼうだい)だ 방대하다 | 不確(ふたし)かだ 불확실하다 | すなわち 즉, 곧 | デマ 유언비어, 헛소문 | 混(ま)じる 섞이다 | 我々(われわれ) 우리들 | 動揺(どうよう) 동요 | ～こと

もある ~할 때도 있다 | 実(じつ)は 실은, 사실은 | 調査(ちょうさ) 조사 | ～を通(つう)じて ~을/를 통해서, ~내내 | 日本中(にほんじゅう) 일본 전역 | 広(ひろ)まる 넓어지다, 널리 퍼지다 | たった 겨우, 단지 | 個人(こじん) 개인 | 団体(だんたい) 단체 | 明(あき)らかだ 분명하다 | デマを流(なが)す 유언비어를 흘리다 | 広(ひろ)がる 넓어지다, 퍼지다 | 可能性(かのうせい) 가능성 | 事件(じけん) 사건 | 倒産(とうさん) 도산 | 噂(うわさ) 소문 | 近所(きんじょ) 근처, 근방, 이웃집 | すると 그러자 | 貯金(ちょきん) 저금 | お金(かね)を下(お)ろす 돈을 인출하다 | 殺到(さっとう) 쇄도 | 結果(けっか) 결과 | 警察(けいさつ) 경찰 | 出所(でどころ) 출처 | ～たところ ~했더니, ~한 결과 | きっかけ 계기 | 女子高生(じょしこうせい) 여자 고등학생, 여고생 | 冗談(じょうだん) 농담 | 直接(ちょくせつ) 직접 | 相手(あいて) 상대(방) | 伝(つた)え聞(き)く 전해 듣다 | ばかばかしい 너무 바보같다, 어리석다 | ～ことに ~하게도 | 対象(たいしょう) 대상 | 本人(ほんにん) 본인 | 思(おも)い込(こ)む 깊이 마음먹다, 꼭 믿다 | 広(ひろ)げる 펴다, 넓히다 | 確(たし)かめる 확인하다 | 疑問(ぎもん) 의문 | 真実(しんじつ) 진실 | 判断(はんだん) 판단 | 確認(かくにん) 확인 | 潰(つぶ)れる 찌부러지다, 망하다 | 一度(いちど)に 한꺼번에 | 根拠(こんきょ) 근거 | 混乱(こんらん) 혼란 | 次々(つぎつぎ)と 차례로, 차례대로 | 預貯金(よちょきん) 예적금 | 知(し)り合(あ)い 아는 사람, 지인

---

(7)

사회인으로서 힐이 있는 신발을 신는 것은 마치 당연한 것처럼 생각되어 왔지만, 그 하이힐이 최근 논란을 부르고 있다. 회사나 사회에게 하이힐을 강요받는 것은 여성차별이라는 목소리가 나오기 시작했던 것이다. 이러한 반대 운동은 사회 운동이 되어 여성의 발의 건강이나 일하는 방법을 다시 재검토하는 계기가 되었다.

'직장에서는 하이힐을 신지 않으면 안 된다', '하이힐을 신는 것이 예의다' 등이라는 것은 지금까지 상식처럼 들어왔던 것이지만, 하이힐은 결코 착화감이 좋은 것이 아니다. 발가락 끝이 아파지고 다리가 피로해지며 저녁이 되면 서 있는 것조차 고통스러워진다. 게다가 달리기 어렵고 넘어지기 쉽기 때문에 안전 면에서도 뛰어나다고는 말하기 어렵다. 또한 장기간에 걸친 하이힐 착용으로 인해 다리의 건강을 잃었다는 사람도 많다.

필자 입장에서 보면 다리가 길고 예쁘게 보인다는 점을 제외하고 하이힐의 이점은 그다지 눈에 띄지 않는다. 물론 다리가 예쁘게 보이기 때문에 디자인을 좋아하기 때문이라는 이유로 하이힐을 좋아해서 신고 있는 사람도 있겠지만, 그것은 그 사람의 자유다. 그러나 그 이외의 여성은 신을 신발을 선택할 권리가 있는 것이 아닐까? 지금은 사회 전체가 여성은 하이힐을 신는 것이라고 제멋대로인 이미지를 강요하고 있는 것처럼 보인다. 하이힐에 한하지 않고, 사회적인 이유를 붙여서 타인에게 신체적인 고통을 주는 것은 다양성을 인정하는 현대 사회의 사고방식에는 반하는 행위가 아닐까?

(주석1) 하이힐 : 구두의 밑창이 높은 여성화
(주석2) 강요 : 무리하게 강요하는 것

---

13 필자에 의하면 하이힐이 문제가 되는 것은 무엇인가?

1 하이힐을 강요하여 개인의 자유를 해치는 것
2 하이힐의 강요가 여성차별이라는 의견이 있는 것
3 하이힐은 착화감이 나쁘고 일에 집중할 수 없는 것
4 하이힐은 안전성이 낮고 사고로 이어질 가능성이 있는 것

해설 본문에서 하이힐의 단점에 대해서 이야기하면서 마지막에 그것은 그 사람의 자유다. 그러나 그 이외의 여성은 履く 靴을 선택할 권리가 있는 것이 아닐까?)라고 하면서 하이힐을 강요하여 개인의 자유를 해하는 것이 문제라고 언급하고 있으므로 1번이 정답이다. 하이힐을 강요하는 것은 여성차별이라는 목소리가 있다고 했으나 여성의 발의 건강과 일하는 방법을 재검토하는 계기가 되었다고 했으므로 2번은 정답이 아니고, 하이힐은 착화감이 좋지 않다고 했지만 일에 집중할 수 없다고는 언급하지 않았으므로 3번도 정답이 아니다. 안전면에서 뛰어나지 않다고는 했지만 사고로 이어질 가능성이 있다고는 언급하지 않았으므로 4번도 정답이 아니다.

14 하이힐을 신는 것에 대해서 필자의 생각에 맞는 것은 어느 것인가?

1 발의 건강을 해쳐 버리기 때문에 삼가야 한다.
2 몸에 부담을 주지만 디자인이 좋으면 신어야 한다.
3 사회적인 이유로 착용을 의무화하는 것은 재검토되어야 한다.
4 다양성을 인정하고 누구나 신을 수 있는 환경을 만들어야 한다.

해설 필자는 ハイヒール에 限らず、사회적인 이유로 他人에게 신체적인 苦痛을 주는 것은, 多様性을 認める 현대사회의 사고방식에는 反하는 行為가 아닐까. (하이힐에 한하지 않고, 사회적인 이유를 붙여서 타인에게 신체적인 고통을 주는 것은 다양성을 인정하는 현대 사회의 사고방식에는 반하는 행위가 아닐까?)라고 하면서 사회적인 이유로 착용을 의무화하는 것은 재검토해야 한다고 이야기하고 있으므로 3번이 정답이다. 하이힐로 인해서 발의 건강을 잃은 사람도 많다고는 했지만 삼가야 한다고는 언급하지 않았으므로 1번은 정답이 아니고, 본문에서 언급하지 않은 내용이므로 2, 4번도 정답이 아니다.

단어 社会人(しゃかいじん) 사회인 | ヒール 힐, 굽 | 履(は)く 신다 | 当然(とうぜん)だ 당연하다, 마땅하다 | ~かのように 마치 ~인 것처럼 | ハイヒール 하이힐 | 議論(ぎろん)を呼(よ)ぶ 논란을 부르다 | 強要(きょうよう) 강요 | 女性差別(じょせいさべつ) 여성차별 | 反対運動(はんたいうんどう) 반대 운동 | 社会運動(しゃかいうんどう) 사회 운동 | 健康(けんこう) 건강 | 働(はたら)き方(かた) 일하는 방법(방식) | 改(あらた)めて 다시, 딴 기회에 | 見直(みなお)す 다시 보다, 재검토하다 | きっかけ 계기 | 職場(しょくば) 직장 | 礼儀(れいぎ) 예의 | 常識(じょうしき) 상식 | 決(けっ)して~ない 결코 ~않다 | 履(は)き心地(ごこち) 착화감 | 指先(ゆびさき) 발끝, 손끝 | 辛(つら)い 고통스럽다, 괴롭다 | しかも 게다가 | 転(ころ)ぶ 구르다, 넘어지다 | 安全面(あんぜんめん) 안전면 | 優(すぐ)れる 뛰어나다, 우수하다 | ~がたい ~하기 힘들다, ~하기 어렵다 | 長期間(ちょうきかん) 장기간 | ~にわたる ~에 걸친 | 着用(ちゃくよう) 착용 | ~によって ~에 의해, ~에 따라, ~(으)로 인해 | 失(うしな)う 잃다 | ~からすれば ~(입장)에서

보면, ~(으)로 보아 | ~を除(のぞ)いて ~을/를 제외하고 | 利点(りてん) 이점 | 見当(みあ)たる 발견되다, 눈에 띄다, 보이다 | デザイン 디자인 | 好(この)む 좋아하다, 즐기다 | 権利(けんり) 권리 | 勝手(かって)だ 제멋대로다 | イメージ 이미지 | 押(お)し付(つ)ける 억누르다, 강요하다 | ~に限(かぎ)らず ~에 한하지 않고, ~뿐만 아니라 | 他人(たにん) 타인 | 身体的(しんたいてき)だ 신체적이다 | 苦痛(くつう) 고통 | 与(あた)える 주다, 수여하다 | 多様性(たようせい) 다양성 | 認(みと)める 인정하다 | 現代社会(げんだいしゃかい) 현대사회 | 考(かんが)え方(かた) 사고방식 | ~に反(はん)する ~에 반하는 | 行為(こうい) 행위 | 底(そこ) 밑바닥, (밑)창 | 婦人(ふじん) 부인, 여성 | 個人(こじん) 개인 | 害(がい)する 해치다 | 集中(しゅうちゅう) 집중 | 安全性(あんぜんせい) 안전성 | 事故(じこ) 사고 | 繋(つな)がる 이어지다, 연결되다 | 可能性(かのうせい) 가능성 | 損(そこ)ねる 해치다, 나쁘게 하다 | 控(ひか)える 삼가다 | 負担(ふたん) 부담 | 義務付(ぎむづ)ける 의무화하다 | 環境(かんきょう) 환경

(8)

술을 마시고 실수를 하면 자주 '그건 술김에 그랬어', '알코올 때문이야'라고 말하는 사람이 있다. 그러나 최근 연구에서 알코올은 그 사람의 도덕관에는 영향을 주지 않는 것이 밝혀졌다. 그 연구란 VR을 사용해서 어느 복수의 사람들을 돕기 위해서 한 사람을 버릴 수 있는지 어떤지를 판단시키는 실험이었다. 각기 술에 취한 상태와 그렇지 않은 상태로 실시한 결과, 어느 쪽의 상태에서도 참가자의 선택은 바뀌지 않았다. 이 실험 결과에서 '알코올은 사람의 도덕관에 영향을 미치지 않는다'라는 것이 증명되었다고 말할 수 있다. 이것은 취해서 무언가 민폐 되는 일을 하는 사람은 원래 그 사람이 그런 사람이었다는 것이기도 하다.

이 실험에 의거하면 옛날부터 '술을 마시면 그 사람의 진짜 성격이 나타난다'라고 해서 자주 약혼 전에 상대방에게 술을 마시게 하는 것도 일리 있는 이야기다. 술이 들어가 있지 않을 때는 좋은 사람인 척하고 있더라도 술이 들어가면 판단력이 저하되어 그 사람이 본래 가지고 있는 도덕관이 겉으로 나와 버릴 가능성이 있기 때문이다. 또 이 실험이 나타내는 것처럼 실수해도 술 탓으로 할 수 없다. 상대방이 취했다고 하더라도 본심을 감추고 마지막까지 접했다면 그것은 상대방이 그만큼 배려를 할 수 있는 사람이라고 파악할 수 있기 때문에 그건 그걸로 좋다고 말할 수 있을 것이다.

술은 적당한 상태까지 마시고 즐기면 기분 전환이나 인간관계를 깊게 하는 일에 도움이 되는 것은 분명하다. 단 '술을 마셔도 먹히지 마라'라는 말이 있는 것처럼 언동을 컨트롤할 수 없게 될 때까지 마시는 데는 충분히 조심하지 않으면 안 된다.

(주석1) 도덕관 : 사람으로서 해도 되는 것과 안 되는 것의 사고방식
(주석2) VR(Virtual Reality) : 컴퓨터에 의해 만들어진 실제로는 없는 공간
(주석3) 일리 있는 : 사리에 맞는 이유가 있는
(주석4) 겉으로 나와 : 내부에 있는 것이 밖에 드러날
(주석5) 본심 : 여기서는 마음속에서 생각하고 있는 것

15 필자에 의하면 실험에서 밝혀진 것은 무엇인가?

1 술을 마시면 실수할 확률이 높아지는 것

2 술을 마시면 망설이지 않고 사람에게 해를 입혀 버리는 것
3 사람의 도덕관은 알코올의 양에 따라 바뀌는 것
4 술을 마시고 실수해도 알코올 탓이 아닌 것

해설 최근 연구를 통해 알코올이 사람의 도덕관에 영향을 주지 않는 사실이 밝혀졌다고 언급하면서 これは、酔って何か迷惑なことをする人は、もともとその人がそういう人だったということでもある。(이것은 취해서 무언가 민폐 되는 일을 하는 사람은 원래 그 사람이 그런 사람이었다는 것이기도 하다.)라고 이야기했다. 따라서 4번이 정답이다.

16 필자가 가장 말하고 싶은 것은 무엇인가?

1 술은 사람의 성격을 바꾸기 때문에 진짜 성격을 알기 위해서 술을 마시게 해도 의미가 없다.
2 술은 사람의 도덕관에는 영향을 주지 않기 때문에 그 사람을 아는 좋은 기회가 된다.
3 진짜 성격이 나올지도 모르기 때문에 억지로 술을 마시는 자리는 피하는 편이 좋다.
4 진짜 성격이 나올지도 모르기 때문에 마지막까지 친절한 척을 하지 않으면 안 된다.

해설 필자는 술을 마시면 그 사람의 진짜 성격이 나타난다는 말을 언급하면서 お酒が入ってないときはいい人のふりをしていても、お酒が入ると判断力が低下し、その人が本来持っている道徳観が表に出てしまう可能性があるからだ。(술이 들어가 있지 않을 때는 좋은 사람인 척하고 있더라도 술이 들어가면 판단력이 저하되어 그 사람이 본래 가지고 있는 도덕관이 겉으로 나와 버릴 가능성이 있기 때문이다.)라고 하면서 술은 사람의 도덕관에 영향을 주지 않으니 그 사람을 알 수 있는 기회라고 이야기하고 있다. 따라서 2번이 정답이다.

단어 失敗(しっぱい) 실패, 실수 | 酔(よ)った勢(いきお)い 술김 | アルコール 알코올 | 研究(けんきゅう) 연구 | 道徳観(どうとくかん) 도덕관 | 影響(えいきょう) 영향 | 与(あた)える 주다, 수여하다 | 複数(ふくすう) 복수 | 助(たす)ける 돕다, 구조하다 | 切(き)り捨(す)てる 잘라서 버리다, 미련없이 버리다 | 判断(はんだん) 판단 | 実験(じっけん) 실험 | 状態(じょうたい) 상태 | 行(おこな)う 행하다, 시행하다, 실시하다 | 結果(けっか) 결과 | 参加者(さんかしゃ) 참가자 | 選択(せんたく) 선택 | 及(およ)ぼす 끼치다 | 証明(しょうめい) 증명 | 迷惑(めいわく)だ 민폐다, 성가시다 | 元々(もともと) 본디부터, 원래 | ~に基(もと)づく ~에 의거한, ~에 기반한 | 性格(せいかく) 성격 | 現(あらわ)れる 드러나다, 나타나다 | 婚約(こんやく) 혼약, 약혼 | 相手(あいて) 상대(방) | 一理(いちり) 일리 | ふりをする 척하다, 체하다 | 判断力(はんだんりょく) 판단력 | 低下(ていか) 저하 | 本来(ほんらい) 본래 | 表(おもて)に出(で)る 겉으로 나오다 | 可能性(かのうせい) 가능성 | 示(しめ)す 가리키다, 보이다, 나타내다 | ~としても ~라고 해도, ~라고 할지라도 | 本音(ほんね) 본심, 속마음 | 隠(かく)す 감추다, 숨기다 | 接(せっ)する 접촉하다, 접하다 | 気遣(きづか)い 마음을 씀, 배려, 염려 | 捉(とら)える 잡다, 파악하다 | 程(ほど)よい 알맞다, 적당하다 | 気分転換(きぶんてんかん) 기분 전환 | 人間(にんげん)関係(かんけい) 인간관계 | 深(ふか)める 깊게 하다 | 役立(やくだ)つ 도움이 되다 | 確(たし)かだ 확실하다 | ただ 단, 다만 | 言動(げんどう) 언동 | コントロール 컨트롤, 통제 | 気(き)を付(つ)ける 조심하다, 정신차리다 | 考(かんが)え方(かた) 사고방식 | ~によって ~에 의해, ~에 따라 | 実際(じっさい)に 실제로 | 空間(くうかん) 공간 | もっともだ 지당하다, 사리에 맞다 | 内部(ないぶ) 내부 | 確率(かくりつ) 확률 | 迷(まよ)う 헤매다, 망설이다 | 害(がい)を与(あた)える 해를 입히다 | 量(りょう) 양 | 機会(きかい) 기회 | 場(ば) 장소, 자리 | 避(さ)ける 피하다

(9)

개는 인간에게 있어서 없어서는 안 될 파트너이기도 하고 친구이기도 하며 가족이기도 하다. 개는 긴 시간 인간과 함께 살기 시작해서 1만 5000년 정도 전에는 이미 가축화되어 있었다고 말해지고 있다. 개는 늑대나 여우 등과 달리, 눈의 표정을 짓는 얼굴 근육의 일부가 발달해 있기 때문에 표정이 풍부하고 감정이 인간에게 전해지기 쉽다. 또한 인간과 눈과 눈을 맞추는 것을 좋아한다고 알려져 있다. 그 때문에 개는 인간과의 커뮤니케이션에 뛰어나다고 생각된다. 그럼 왜 개는 다른 동물과 다르게 인간과 사이좋게 지낼 수 있는 것일까?

러시아의 연구자가 실시한 여우 연구에 재미있는 점이 있다. 그들은 인간에게 우호적인 성격을 가진 여우와 인간에게 공격적인 성격을 가진 여우를 가려서 뽑아 각기 자손을 늘린 것이다. 놀랍게도 인간에게 우호적인 여우에게는 개와 같은 특징이 나타났다고 한다. 귀가 처지고 꼬리가 둥글게 된 것이다. 게다가 털 색깔에도 변화가 보여 원래의 까맣던 털의 일부가 하얗게 변화했다고 한다. 그뿐만 아니라 인간에 대해서 기쁨을 표현할 때에 꼬리를 흔들거나 인간에게 응석을 부리거나 하는 여우도 나오기 시작했다고 한다. 이것은 우호적인 행동에 관한 DNA가 신체적인 변화에도 관련되어 있을 가능성이 높다는 것이 분명해졌다. 아직 다른 원인의 가능성도 부정되고 있지는 않지만, 이 연구 결과로 아주 먼 옛날의 인간도 이처럼 우호적인 개만을 골라서 늘린 것은 아닐까라고도 생각되고 있다.

(주석1) 가축 : 소나 말 등과 같이, 가정이나 농원에서 길러지는 동물
(주석2) 우호 : 상대에게 다가가서 사이좋게 지내려고 하는 것

17 개는 인간과의 커뮤니케이션에 뛰어나다라고 있는데, 왜인가?

1 아주 먼 옛날부터 인간과 함께 지내면서 훈련되어 왔기 때문에
2 기쁠 때는 꼬리를 둥글게 해서 인간에게 응석을 부려 왔기 때문에
3 눈의 표정이 풍부하고 눈과 눈을 맞추는 것을 좋아하기 때문에
4 성격이나 겉모습에 영향을 주는 DNA가 관련되어 있기 때문에

해설 러시아의 연구자가 여우 연구를 통해서 인간에게 우호적인 여우에게 개와 같은 특징이 나타난 것을 언급하며 이는, 友好的な行動に関するDNAが、身体的な変化にも関わっている可能性が高いということが明らかになった。(이것은 우호적인 행동에 관한 DNA가 신체적인 변화에도 관련되어 있을 가능성이 높다는 것이 분명해졌다.)라고 이야기하고 있으므로 4번이 정답이다. 개는 긴 시간 인간과 함께 살기 시작했다고는 했지만 훈련되어 왔다고는 언급하지 않았으므로 1번은 정답이 아니고, 꼬리를 둥글게 하는 것은 여우 연구에 대한 이야기므로 2번도 정답이 아니다. 눈의 표정이 풍부하고

인간과 눈을 맞추는 것을 좋아하는 것은 개의 특징에 대한 설명이므로 3번도 정답이 아니다.

> **18** 개가 가축화된 과정에 대해서 필자의 생각에 맞는 것은 어느 것인가?
>
> 1 행동에 관한 DNA만이 개의 가축화에 관계한다.
> 2 우호적인 여우의 자손과 개는 공통의 조상을 가진다.
> **3 고대의 인간이 인간을 공격하지 않는 개를 늘렸을 가능성이 있다.**
> 4 스스로 인간에게 다가가기 시작해서 서서히 생활의 일부가 되었다고 생각된다.

해설 필자는 러시아 연구자의 실험 결과를 토대로 이 연구결과에서, 大昔の人間もこのように友好的なイヌだけを選び、増やしたのではないかとも考えられている。(이 연구 결과로 아주 먼 옛날의 인간도 이처럼 우호적인 개만을 골라서 늘린 것은 아닐까라고도 생각되고 있다.)라고 이야기하면서 고대의 인간이 우호적인 개만을 늘렸을 가능성이 있다고 언급하고 있다. 따라서 3번이 정답이다.

단어 イヌ 개 | パートナー 파트너 | 暮(く)らす 살다, 생활하다 | 既(すで)に 이미, 벌써 | 家畜化(かちくか) 가축화 | オオカミ 늑대 | キツネ 여우 | 表情(ひょうじょう) 표정 | 筋肉(きんにく) 근육 | 一部(いちぶ) 일부, 일부분 | 発達(はったつ) 발달 | 豊(ゆた)かだ 풍족하다, 풍부하다 | 感情(かんじょう) 감정 | 伝(つた)わる 전해지다 | 好(この)む 좋아하다, 즐기다 | コミュニケーション 커뮤니케이션 | 優(すぐ)れる 뛰어나다, 우수하다 | 仲良(なかよ)い 사이좋다 | ロシア 러시아 | 研究者(けんきゅうしゃ) 연구자 | 行(おこな)う 행하다, 시행하다, 실시하다 | ~ものがある ~하는 데가 있다, ~하는 점이 있다 | 友好的(ゆうこうてき)だ 우호적이다 | 性格(せいかく) 성격 | 攻撃的(こうげきてき)だ 공격적이다 | 選(えら)び分(わ)ける 가려서 뽑다 | 子孫(しそん) 자손 | 驚くべきことに 놀랍게도 | 特徴(とくちょう) 특징 | 現(あらわ)れる 드러나다, 나타나다 | 垂(た)れる 늘어지다, 처지다 | しっぽ 꼬리 | 丸(まる)い 둥글다 | さらに 게다가 | 変化(へんか) 변화 | 元々(もともと) 본디부터, 원래 | そればかりか 그뿐만 아니라 | 喜(よろこ)び 기쁨 | 表(あらわ)す 표현하다, 나타내다 | 振(ふ)る 흔들다 | 甘(あま)える 응석 부리다 | 行動(こうどう) 행동 | ~に関(かん)する ~에 관한 | 身体的(しんたいてき)だ 신체적이다 | 関(かか)わる 관련되다 | 可能性(かのうせい) 가능성 | 明(あき)らかだ 분명하다, 명백하다 | 原因(げんいん) 원인 | 否定(ひてい) 부정 | 結果(けっか) 결과 | 大昔(おおむかし) 아주 먼 옛날 | 家庭(かてい) 가정, 가족생활 | 農園(のうえん) 농원 | 飼(か)う 기르다, 키우다 | 相手(あいて) 상대(방) | 近(ちか)づく 접근하다, 다가가(오)다 | ~(よ)うとする ~하려고 하다 | 訓練(くんれん) 훈련 | 豊富(ほうふ)だ 풍부하다 | 見(み)た目(め) 겉보기, 겉모습 | 影響(えいきょう) 영향 | 与(あた)える 주다, 수여하다 | 関係(かんけい) 관계 | 過程(かてい) 과정 | 共通(きょうつう) 공통 | 祖先(そせん) 선조, 조상 | 古代(こだい) 고대 | 自(みずか)ら 스스로 | 徐々(じょじょ)に 서서히

(10)

일반적으로는 실수를 해서 야단맞는 것을 의식하거나 자신이 받고 있는 급여만큼밖에 일하고 싶지 않다 등의 이유로 주어진 일에만 집중하는 사람이 많습니다. 그러나 일을 잘하는 사람은 무리를 하는 사람이 많습니다. 그것은 단순한 자기만족이 아닌 보다 높은 성과를 올리기 위해서 지시받은 것 이상으로 업무에 적극적으로 임하기 때문입니다. 그 배경에는 성장하고 싶다는 욕구가 누구보다도 강하기 때문일 것입니다. 그 때문에 현실적으로 실현할 수 있는 범위 내에 목표를 세우면서도 항상 다소 무리를 해서 애쓰지 않으면 달성할 수 없는 것을 고르는 경우가 많은 것입니다. 목표를 정하면 달성을 위해서 필요한 수단이나 자원, 기일 등을 세세하게 계획하고 그 계획에 따라서 실행합니다. 자기 혼자서는 할 수 없다고 판단하면 주위 사람에게 바로 도움을 구합니다. 곤란한 목표를 설정한 만큼, 높은 커뮤니케이션 능력으로 팀을 하나로 잘 모아서 최종적으로는 성공으로 이끕니다.

이걸 할 수 있는 것은 물론 실력이 불가결합니다만 그것에 더해서 그들의 인격이 영향을 주고 있다고 생각됩니다. 그들은 기본적으로 사람을 내려다보지 않고 사람의 결점보다도 좋은 점을 발견하려고 하는 사람이 많습니다. 또한 누구에게도 실례 없는 태도를 취하는 것은 상대방을 존중하는 마음을 가지고 있기 때문일 것입니다. 이 마음은 주위 사람에게 협력을 구할 때에 자연스럽게 전해집니다. 그 때문에 협력자들도 경의의 마음을 품거나 적어도 싫은 감정을 가지지 않고 그 사람에게 협력하려는 마음이 되는 것입니다. 이러한 커뮤니케이션을 통해서 팀은 하나가 되고 한 사람의 능력을 넘은 성과를 내서 성공으로 이어지는 것입니다.

> **19** 일을 잘하는 사람이란 어떠한 사람인가?
>
> 1 필요 이상의 노동을 피하기 위해서 맡겨진 일만을 처리하는 사람
> 2 목표 달성을 위해 주변 사람에게 다소 무리를 강요하는 사람
> 3 자신의 성장보다도 팀워크를 중시하고 성과를 내는 사람
> **4 다소 무리를 해도 항상 높은 목표를 설정하고 바라는 사람**

해설 본문에서 일을 잘하는 사람은 성장 욕구가 강하기 때문에 다소 무리를 해야 달성할 수 있는 것을 목표로 한다고 언급하고 있으므로 4번이 정답이다. 급여만큼 일하는 사람은 일반적인 사람이라고 했으므로 1번은 정답이 아니고, 무리를 하는 것은 맞지만 주변 사람에게 강요한다고 하지 않았으므로 2번도 정답이 아니다. 성장 욕구가 누구보다 강하다고 했으므로 3번도 정답이 아니다.

> **20** 일을 잘하는 사람의 인격에 대해서 필자의 생각에 맞는 것은 어느 것인가?
>
> **1 상대방을 존경하는 마음을 가지고 있기 때문에 커뮤니케이션이 잘 된다.**
> 2 타인이 존경해 주고 있기 때문에 사람을 내려다보는 듯한 태도를 취하지 않는다.
> 3 미움받는 태도를 취하지 않기 때문에 존경의 마음이 상대방에게 전해진다.
> 4 사람을 존경하는 마음만 가지고 있으면 팀을 성공으로 이끌 수 있다.

해설 필자는 일을 잘 하는 사람은 기본적으로 상대를 내려다보지 않으며

誰に対しても失礼のない態度をとるのは、相手を敬う気持ちを持っているからでしょう。(누구에게도 실례 없는 태도를 취하는 것은 상대방을 존경하는 마음을 가지고 있기 때문일 것입니다.)라고 하면서 상대방을 존경하는 마음을 가지고 있고 그렇기 때문에 커뮤니케이션이 잘 된다고 이야기하고 있으므로 1번이 정답이다. 상대방을 존경하는 마음을 가지고 있기 때문에 내려다보는 태도를 취하지 않는다고 했으므로 2번은 정답이 아니고, 존경하는 마음이 자연스럽게 전해진다고 했으므로 3번도 정답이 아니다. 존경하는 마음만으로 성공한다고는 언급하지 않았으므로 4번도 정답이 아니다.

단어 一般的(いっぱんてき)だ 일반적이다 | ミス 실수 | 怒鳴(どな)る 고함치다, 호통치다 | 意識(いしき) 의식 | 給料(きゅうりょう) 급여, 봉급 | 与(あた)える 주다, 수여하다 | 集中(しゅうちゅう) 집중 | 単(たん)なる 단순한 | 自己満足(じこまんぞく) 자기만족 | 成果(せいか) 성과 | 指示(しじ) 지시 | 業務(ぎょうむ) 업무 | 積極的(せっきょくてき)だ 적극적이다 | 取(と)り組(く)む 임하다, 맞붙다 | 背景(はいけい) 배경 | 成長(せいちょう) 성장 | 欲求(よっきゅう) 욕구 | 現実的(げんじつてき)だ 현실적이다 | 実現(じつげん) 실현 | 範囲内(はんいない) 범위 내 | 目標(もくひょう) 목표 | ~つつ(も) ~하면서(도) | 常(つね)に 늘, 항상, 언제나 | 多少(たしょう) 다소, 약간 | 背伸(せの)びする 발돋음하다, 애쓰다 | 達成(たっせい) 달성 | 定(さだ)める 정하다, 결정하다 | 手段(しゅだん) 수단 | 資源(しげん) 자원 | 期日(きじつ) 기일 | 細(こま)かい 자세하다, 잘다, 세세하다 | 計画(けいかく) 계획 | ~に沿(そ)って ~에 따라서, ~을/를 따라서 | 実行(じっこう) 실행 | 判断(はんだん) 판단 | 周(まわ)り 주위, 주변 | 求(もと)める 구하다, 바라다 | 困難(こんなん)だ 곤란하다 | 設定(せってい) 설정 | コミュニケーション 커뮤니케이션 | 能力(のうりょく) 능력 | チーム 팀 | まとめる 하나로 모으다 | 最終(さいしゅう) 최종, 맨 나중 | 成功(せいこう) 성공 | 導(みちび)く 안내하다, 인도하다, 이끌다 | 実力(じつりょく) 실력 | 不可欠(ふかけつ)だ 불가결하다 | ~に加(くわ)えて ~에 더해서 | 人格(じんかく) 인격 | 影響(えいきょう) 영향 | 基本的(きほんてき)だ 기본적이다 | 見下(みくだ)す 내려다 보다, 얕보다 | ~ことなく ~하는 일 없이, ~하지 않고 | 欠点(けってん) 결점 | 態度(たいど)を取(と)る 태도를 취하다 | 相手(あいて) 상대(방) | 敬(うやま)う 존경하다, 공경하다 | 周囲(しゅうい) 주위 | 協力(きょうりょく) 협력 | ~際(さい)(に) ~할 때(에), ~할 즈음(에) | 敬意(けいい) 경의 | 抱(いだ)く (마음속으로) 품다 | 少(すく)なくとも 적어도 | ~を通(つう)じて ~을/를 통해서, ~내내 | 一体(いったい)となる 하나가 되다 | 超(こ)える (수량, 기준 등을) 넘다 | 繋(つな)がる 이어지다, 연결되다 | 労働(ろうどう) 노동 | 避(さ)ける 피하다 | 任(まか)す 맡기다 | 仕事(しごと)をこなす 일을 처리하다 | 強(し)いる 강요하다 | チームワーク 팀워크 | 重視(じゅうし) 중시 | 嫌(きら)う 싫어하다 | さえ~ば ~만 ~(하)면

통합이해 실전 연습 문제 410p

1 ③	2 ④	3 ④	4 ③	5 ④
6 ③	7 ③	8 ③	9 ②	10 ②
11 ④	12 ②			

문제12 다음 A와 B의 문장을 읽고, 뒤의 물음에 대한 답으로서 가장 알맞은 것을, 1·2·3·4에서 하나 고르세요.

(1)

A

최근에는 결혼식을 올리지 않는 커플이 늘고 있다고 한다. 식을 올리면 돈이 들기 때문이라든가 식을 올리지 않아도 결혼하고 싶은 마음에 변함은 없으니까라고 하는 것이 이유로 결혼 기념의 사진만 찍는다는 사람도 많다고 한다. 그러나 결혼식에는 축하 파티의 의미뿐만이 아니라, 주변 사람들에게 '결혼했습니다. 앞으로 부부로서 노력하겠으니 계속 지켜봐 주세요.'라고 인사하는 의미도 있다. 식을 올리는 것으로 인해서 그 각오를 하고 좋은 부부가 되려고 노력할 수 있는 것이 아닐까? 무엇보다 평생의 기념이 되는 것이기 때문에 결혼하는 과정에서 다소 돈이 들더라도, 자신들이나 주변을 위해서 식을 올리는 편이 좋을 것이다.

B

일본의 결혼식 비용은 '200만 엔~400만 엔' 정도이다. 한편, 일본의 비즈니스맨의 평균 연봉은 2022년에 403만 엔이다. 즉 평균적으로는 일 년의 수입과 거의 같은 금액을 결혼식에서 사용하게 된다. 그러나 최근에는 결혼식을 하지 않는 식은 가족끼리만 행하는 등이라고 하는 부부도 많다. 단 하루의 결혼식을 위해서 몇 백만 엔의 돈을 쓸 정도라면 사치스러운 신혼여행이나 질 좋은 가구 등에 돈을 쓰고 싶다는 것이다. 원래 결혼식보다 가장 중요한 것은 결혼하는 두 사람의 마음이다. 그러니까 여러 가지 고민이 생기는 일이라면 무리해서 올리지 않아도 되지 않을까?

---

1 A와 B의 의견에서 공통된 점은 무엇인가?

1 결혼식은 주변 사람들에게 인사를 하기 위한 것이기도 한 것
2 결혼식은 올리는 데 비용이 너무 비싼 것
3 최근에는 결혼식을 하지 않는 커플이 늘고 있는 것
4 결혼식은 회사가 돈을 벌기 위한 비즈니스가 되어가고 있는 것

해설 A는 최근 결혼식을 하지 않는 커플이 늘고 있다고 설명하고 있고, B 또한 최근에는 결혼식을 하지 않는다는 커플이 있다고 언급하고 있다. 따라서 3번이 정답이다. 1번은 A에서만, 2번은 B에서만 언급했기 때문에 정답이 아니다. 4번은 A, B 모두에서 언급하지 않은 내용이기 때문에 정답이 아니다.

---

2 결혼식에 대해서 A와 B는 어떻게 서술하고 있는가?

1 A도 B도 결혼식은 올리지 않아도 된다고 서술하고 있다.
2 A도 B도 결혼식은 올리는 편이 좋다고 서술하고 있다.
3 A는 결혼식은 돈이 들더라도 올리는 것이 좋다고 서술하고, B는 결혼식은 반드시 가족끼리만 행해야 한다고 서술하고 있다.
4 A는 결혼식은 올려야 한다고 서술하고, B는 형식을 신경 쓰지 않아도 된다고 서술하고 있다.

해설 A는 다소 돈이 들더라도 결혼식을 올리는 편이 좋을 것이라 주장하

고 있고, B는 중요한 것은 결혼하는 두 사람의 마음이니까 형식에 얽매이지 않아도 된다고 주장하고 있다. 따라서 4번이 정답이다.

단어 結婚式(けっこんしき) 결혼식 | カップル 커플 | 式(しき)を挙(あ)げる 식을 올리다 | 記念(きねん) 기념 | お祝(いわ)い 축하 | 周(まわ)り 주변, 주위 | 夫婦(ふうふ) 부부 | ～として ~(으)로서 | 見守(みまも)り続(つづ)ける 계속 지켜보다 | 挨拶(あいさつ) 인사 | 覚悟(かくご) 각오 | 努力(どりょく) 노력 | 一生(いっしょう) 평생, 일생 | 多少(たしょう) 다소 | 費用(ひよう) 비용 | 一方(いっぽう) 한편 | ビジネスマン 비즈니스맨 | 平均(へいきん) 평균 | 年収(ねんしゅう) 연수입, 연봉 | 平均的(へいきんてき)に 평균적으로 | 金額(きんがく) 금액 | たった 단, 단지 | ～くらいなら ~정도라면, ~할 바에는 | 贅沢(ぜいたく)だ 사치스럽다 | 新婚旅行(しんこんりょこう) 신혼여행 | 質(しつ) 질 | 家具(かぐ) 가구 | そもそも 애초에, 원래 | 最(もっと)も 가장 | 悩(なや)み 고민 | 生(しょう)じる 생기다 | 共通(きょうつう) 공통 | 儲(もう)ける 벌다 | ビジネス 비즈니스 | ～つつある ~하고 있다 | 述(の)べる 서술하다 | 形式(けいしき) 형식

(2)

A

옛날에는 영어 교육을 중학교 때부터 시켰지만, 최근에는 초등학교 5학년부터 영어 교육이 필수화되어 반드시 하지 않으면 안 되는 교과가 되었다. '활동'이라고 불리는 정식 교과가 아닌 것도 포함해 초등학교 3학년부터 영어를 접하게 되었다. 이것은 근래 진행되는 국제화의 물결에 뒤처지지 않기 위해서 **일본에서도 일찍부터 영어 교육을 시작하는 편이 좋다고 하는 생각에 의한 것이다.** 영어를 네이티브 스피커처럼 말할 수 있게 되기 위해서는 중학교에서 공부를 시작한 것은 늦다. **영어 학습을 시작하는 시기는 빠르면 빠를수록 좋을 것이다.** 세계에서 통용되는 인재로 만들기 위해서는 어릴 때부터 영어에 익숙해지는 것이 중요하다.

B

일본에서는 영어를 배우기 시작하는 시기는 빠른 편이 좋다고 하는 의견이 자주 들린다. 확실히 외국어를 네이티브 스피커처럼 습득할 수 있는 시기는 어린 시절에 한정되어 있다고 하는 연구도 있다. 하지만 어른이 되고 나서 외국어를 배우기 시작해 능숙하게 말할 수 있게 된 사람도 결코 적지 않다. 그렇지만 일본인이 영어를 말할 수 있게 되지 않는 것은 말을 내뱉으며 말할 수 있게 되기 위한 연습이 학교에서 되지 않기 때문이다. 그저 문법을 설명하고 번역시키는 것뿐인 수업으로는 운용 능력은 몸에 익지 않는다. 외국어의 운용에는 연습이 필요한 것이다. 학교의 교사가 효과적인 가르치는 방법이나 연습 방법을 모르는데, 학생이 말할 수 있게 될 리가 없다. **외국어 교육은 빠르면 빠를수록 좋다는 것이 아니라, 적절하고 효과적인 가르치는 방법이 중요한 것이다.**

(주석1) 필수화 : 어떤 과목의 수업을 반드시 받도록 정하는 것
(주석2) 운용 : 작용시켜 사용하는 것

3 일본의 영어 교육에 대해서 A와 B에서 공통해서 서술되고 있는 점은 무엇인가?

1 영어는 중학교부터 정식 과목으로서 도입되어 있다.
2 영어를 말할 수 없으면 국제화가 진행되는 사회에서 살아갈 수 없다.
3 외국어를 능숙하게 말할 수 있게 되는 것은 어린 시절에 공부를 시작한 사람뿐이다.
4 일찍이부터 영어 학습을 시작하는 편이 좋다고 생각하는 경향이 있다.

해설 A에서는 초등학교 3학년부터 영어 교육이 시작되고 있는 것이 국제화의 물결에 뒤처지지 않기 위해 일본에서도 일찍부터 영어교육을 시작하는 편이 좋겠다는 생각에 의한 것이라고 설명하고 있다. B에서는 일본에서는 영어를 배우기 시작하는 시기는 빠르면 빠를수록 좋다는 의견이 자주 들린다고 문두에서 언급하고 있다. 따라서 4번이 정답이다.

4 영어 교육에 대해서 A와 B는 어떻게 서술하고 있는가?

1 A도 B도 영어 교육을 시작하는 것은 빠른 편이 좋다고 서술하고 있다.
2 A도 B도 영어 교육은 언제 시작해도 된다고 서술하고 있다..
3 A는 가능한 한 빨리 시작하는 편이 효과적이라고 서술하고, B는 일찍 시작해도 적절하게 행하지 않으면 효과가 없다고 서술하고 있다.
4 A는 초등학교부터 시작하는 것은 너무 늦다고 서술하고, B는 어른이 되고 나서 시작해도 늦지 않다고 서술하고 있다.

해설 A는 영어 학습을 시작하는 시기가 빠르면 빠를수록 좋을 것이라고 주장하고 있으며, B는 빠르면 빠를수록 좋은 것이 아니라 가르치는 방법이 중요하다고 주장하고 있다. 따라서 3번이 정답이다.

단어 教育(きょういく) 교육 | 必修化(ひっしゅうか) 필수화 | 教科(きょうか) 교과 | 活動(かつどう) 활동 | 正式(せいしき)だ 정식이다 | 含(ふく)める 포함하다 | 触(ふ)れる 접하다 | 近年(きんねん) 근년, 근래 | 国際化(こくさいか) 국제화 | 波(なみ) 물결, 파도 | 乗(の)り遅(おく)れる 뒤처지다 | ネイティブ・スピーカー 네이티브 스피커, 원어민 | 学習(がくしゅう) 학습 | 時期(じき) 시기 | 通用(つうよう) 통용 | 人材(じんざい) 인재 | 慣(な)れ親(した)しむ 친숙해지다 | 重要(じゅうよう)だ 중요하다 | 耳(みみ)にする 듣다 | 習得(しゅうとく) 습득 | 子供時代(こどもじだい) 어린 시절 | 限(かぎ)る 한정하다 | 研究(けんきゅう) 연구 | 決(けっ)して 결코, 절대로 | ただ 그저 | 翻訳(ほんやく) 번역 | 運用(うんよう) 운용 | 能力(のうりょく) 능력 | 身(み)につく 익히다 | 教師(きょうし) 교사 | 効果的(こうかてき)だ 효과적이다 | 適切(てきせつ)だ 적절하다 | 科目(かもく) 과목 | 定(さだ)める 정하다 | 用(もち)いる 사용하다 | 共通(きょうつう) 공통 | 述(の)べる 서술하다 | 取(と)り入(い)れる 도입하다, 받아들이다 | 傾向(けいこう) 경향

(3)

A

봄 행사라 하면 꽃놀이이다. 꽃놀이의 즐거움은 뭐니 뭐니 해도 벚꽃나무 아래에서 다 같이 맛있는 것을 먹고 술을 마시며 즐겁게 보내는 것이다. 물론 혼자서 벚꽃을 보는 것도 좋지만, 모처럼의 기회이니까 여럿이서 즐기는 편이 좋다. 벚꽃을 보면서 마시면 커뮤니케이션이 활발해져서 교류도 깊어지고 술이나 음식도 맛있게 느껴진다는 것이다. 무엇보다 그 떠들썩하고 개방적인 분위기가 뭐라 할 수 없이 좋다. 이런 절호의 기회를 혼자서 벚꽃을 보고 끝내다니 너무 아깝다. 꽃놀이는 평

소의 안 좋은 일로부터 해방되는 좋은 기회인 만큼 동료와 함께 다 같이 즐기는 편이 좋다.

B

매년 꽃놀이 계절이 되면 공원이나 강가의 벚꽃나무 아래에서 피크닉을 하면서 오락을 즐기는 사람들이 많이 있다. 다 같이 술을 마시거나 맛있는 도시락을 먹거나 하면서 느긋하게 보내는 것은 꽃놀이 시기에 볼 수 있는 일반적인 풍경의 하나이다. 그 외에 꽃 그 자체를 즐기는 꽃놀이도 있다. 내 추천은 큰 정원에 가는 것이다. 정원에 있는 식물은 주변의 경치와 조화를 이루며 예쁘게 보이도록 계산되어 심어져 있다. 주변 식물과 벚꽃을 함께 바라보거나 종류에 따라서 조금씩 색이나 피는 방식이 다른 벚꽃을 차분히 관찰하거나 하고 있는 것만으로도 즐거운 기분이 된다. 고성능의 카메라를 가지고 와서 혼자서 사진을 찍는 것도 좋고 친구와 대화를 즐기면서 벚꽃을 보는 것도 좋을 것이다. 벚꽃나무 아래에서 술자리를 갖는 것도 좋지만, 1년 동안 불과 1, 2주밖에 피지 않는 꽃이니까 그 아름다움을 차분히 보고 즐기고 싶은 것이다.

---

5 꽃놀이를 누구와 보러 갈지에 대해서 A와 B는 어떻게 서술하고 있는가?

1 A도 B도 누군가와 함께 보는 편이 좋다고 서술하고 있다.
2 A도 B도 혼자 느긋하게 보는 편이 좋다고 서술하고 있다.
3 A는 어느 쪽이든 좋다고 서술하고, B는 혼자가 더 좋다고 서술하고 있다.
4 A는 일행이 있는 편이 좋다고 서술하고, B는 어느 쪽이어도 좋다고 서술하고 있다.

해설   A는 모처럼의 기회에 혼자서 벚꽃을 보고 끝내는 것은 아까운 일이라고 동료와 함께 즐기는 것이 좋다고 말하고, B는 정원에서 혼자서 벚꽃 사진을 찍는 것도, 친구들과 대화를 즐기며 벚꽃을 보는 것도 좋을 것이라고 했다. 따라서 4번이 정답이다.

6 꽃놀이의 매력에 대해서 A와 B는 어떻게 서술하고 있는가?

1 A도 B도 공원이나 강가의 벚꽃 아래에서 떠들썩하게 술자리를 갖는 것을 권하고 있다.
2 A도 B도 정원에 가서 꽃을 천천히 관찰하는 것을 권하고 있다.
3 A는 꽃놀이의 분위기를 즐기는 입장에서, B는 경치나 꽃 그 자체를 즐기는 입장에서 매력을 서술하고 있다.
4 A는 동료와 술을 마실 수 있는 점이 좋다고 서술하고, B는 카메라의 성능을 시험할 수 있는 점이 좋다고 서술하고 있다.

해설   A는 벚꽃나무 아래에서 다 같이 맛있는 것을 먹고 술을 마시며 즐겁게 보내는 것이 꽃놀이의 즐거움이라 하였고, B는 술자리를 갖는 것보다도, 벚꽃 그 자체를 즐기는 것을 추천하고 있으므로 3번이 정답이다.

단어   春(はる) 봄 | 行事(ぎょうじ) 행사 | 花見(はなみ) 꽃놀이, 꽃구경 | 桜(さくら) 벚꽃 | 木(き) 나무 | 過(す)ごす (시간을) 보내다 | 眺(なが)める 바라보다, 조망하다 | せっかく 모처럼 | 機会(きかい) 기회 | 大勢(おおぜい) 많은 사람, 여럿 | コミュニケーション 커뮤니케이션, 의사소통 | 盛(さか)んだ 번성하다, 왕성하다 | 交流(こうりゅう) 교류 | 深(ふか)める 깊어지게 하다 | 何(なに)より 무엇보다 | にぎやかだ 번화하다, 떠들썩하다 | 開放的(かいほうてき)だ 개방적이다 | 雰囲気(ふんいき) 분위기 | 絶好(ぜっこう) 절호 | もったいない 아깝다 | 普段(ふだん) 평소 | 開放(かいほう) 해방 | 仲間(なかま) 동료 | 季節(きせつ) 계절 | 川沿(かわぞ)い 강가 | ピクニック 피크닉, 소풍 | 娯楽(ごらく) 오락 | のんびり 느긋하게 | 時期(じき) 시기 | 風景(ふうけい) 풍경 | お勧(すす)め 추천 | 庭園(ていえん) 정원 | 植物(しょくぶつ) 식물 | 調和(ちょうわ) 조화 | 図(はか)る 도모하다, 계획하다 | 計算(けいさん) 계산 | 植(う)える 심다 | 種類(しゅるい) 종류 | じっくり 차분히, 곰곰이 | 観察(かんさつ) 관찰 | 高性能(こうせいのう) 고성능 | ほんの 불과, 그저 | 連(つ)れ 일행 | 魅力(みりょく) 매력 | 勧(すす)める 권하다 | 立場(たちば) 입장 | 性能(せいのう) 성능 | 試(ため)す 시험하다, 시도하다

(4)

A

한 옛날까지만 해도 한 번 그 회사에 들어가면 퇴직 시기가 올 때까지 일한다는 것이 극히 보통의 사고방식이었고 이직을 몇 번이나 하고 회사를 옮기는 것은 좋지 않은 일이라고 생각하는 사람이 많았다. 그러나 최근에는 경험이나 기술을 늘리기 위한 이직에 관해서는 긍정적으로 보이는 경우가 많아졌다. 이직한 만큼 각각의 회사의 좋은 부분을 배워갈 수 있고 사람과의 관계도 넓힐 수 있다. 한 회사에 있어서는 보이지 않던 부분이 여러 가지 보이기 시작하는 것이다. 물론 한 회사에 머물러서 회사나 일에 대한 이해를 깊게 하는 것도 중요하다. 다만, 계속 같은 회사에 있음으로써 그것만이 사회의 상식이라고 생각해버려 자신의 생각이 좁아지게 되어버린다는 가능성도 있다. 당장 그만둬버리는 것은 좋지 않지만, 더 다양한 것을 배우고 싶다고 생각한다면 다른 회사를 찾아봐도 되지 않을까?

B

이직에는 다양한 이유가 있다. 회사를 그만두는 것에 대해서 '힘들다고 해서 도망치면 안 된다'라고 이직을 부정적으로 생각하는 사람도 있다. 물론 잔업비가 나오지 않는다거나 하는 이상한 회사에 들어가 버린 경우나 직장의 환경이 나쁜 경우에는 이야기는 다르다. 그러나 그곳이 제대로 된 회사라면 적합하지 않다, 안 맞는다고 생각하고 있더라도, 3년 정도는 참고 일해 보는 편이 좋다. 시간 낭비처럼 생각 될지도 모르지만, 적합하지 않은 일 중에서도, 무언가 하나 정도는 배울 수 있는 것이 있을 것이다. 게다가 좀처럼 생각대로 되지 않는 중에 참는 힘도 붙을 것이다. 3년 열심히 해서 '이미 충분히 했다. 다음으로 가자.'라고 생각되었다면 거기서 이직하면 되는 것 아닐까?

7 이직에 대해서 A와 B의 의견에서 공통된 점은 무엇인가?

1 이직은 지금의 현상에서 도망치는 것이라는 것
2 이직을 하는 것으로 여러 가지 사고방식을 할 수 있게 되는 것
3 긍정적인 이유로 이직하는 것은 나쁜 것이 아니라는 것
4 회사나 일의 이해를 깊게 하고 나서 이직하는 편이 좋다는 것

해설   A는 최근에는 경험이나 기술을 늘리기 위한 이직에 관해서는 긍정적으로 보이는 경우가 많아졌다고 했으며, B는 잔업비가 나오지 않는 이상한 회사에 들어가 버린 경우나 직장 환경이 나쁜 경우에는 이직

을 부정적으로 보이지 않는다고 했으므로 3번이 정답이다.

> **8** 이직에 대해서 A와 B는 어떻게 서술하고 있는가?
>
> 1 A도 B도 이직은 인상이 좋지 않기 때문에 가능한 한 하지 않는 편이 좋다고 말하고 있다.
> 2 A는 이직을 하는 것으로 여러 가지 것을 배울 수 있다고 서술하고, B는 같은 회사에 있는 편이 여러 가지의 것을 배울 수 있다고 서술하고 있다.
> **3 A도 B도 일정 기간 같은 곳에서 일하고 나서 이직하는 편이 좋다고 서술하고 있다.**
> 4 A는 가능한 한 이직을 하는 편이 좋다고 서술하고, B는 이직하지 말고 지금 있는 직장에서 참고 일해야 한다고 서술하고 있다.

해설 A는 계속 같은 회사에만 있으면 자신의 생각이 좁아지게 되어버릴 가능성이 있기 때문에 몇 년쯤 같은 회사에 있고 더 여러 가지를 배우고 싶다고 생각했을 때 이직을 하는 것이 좋다고 말하고 있다. B 또한 3년 정도는 참고 일해보는 것이 좋다고 생각한다고 말하고 있기 때문에 3번이 정답이다.

단어 ひと昔前(むかしまえ) 예전 | 退職(たいしょく) 퇴직 | 時期(じき) 시기 | ごく 지극히 | 考(かんがえ)方(かた) 사고방식 | 転職(てんしょく) 이직 | 転々(てんてん)とする 전전하다 | 経験(けいけん) 경험 | 技術(ぎじゅつ) 기술 | 伸(の)ばす 펴다, 늘리다 | ~に関(かん)して ~에 관해서 | 肯定的(こうていてき)に 긍정적으로 | 部分(ぶぶん) 부분 | 繋(つな)がり 연결, 관계 | 広(ひろ)げる 넓히다 | 居(い)る 있다 | とどまる 머무르다 | 理解(りかい) 이해 | 深(ふか)める 깊게 하다 | ただ 다만 | 常識(じょうしき) 상식 | 可能性(かのうせい) 가능성 | 辞(や)める 그만두다 | 多様(たよう)だ 다양하다 | 学(まな)ぶ 배우다 | 様々(さまざま)だ 다양하다 | 辛(つら)い 괴롭다 | 逃(に)げる 도망치다 | 否定的(ひていてき) 부정적으로 | 残業代(ざんぎょうだい) 잔업비, 야간수당 | おかしな 이상한 | 職場(しょくば) 직장 | 環境(かんきょう) 환경 | 別(べつ) 별도 | きちんと 정확히, 제대로 | 向(む)いている 맞다, 적합하다 | 我慢(がまん)する 참다 | 無駄(むだ)だ 낭비 | 思(おも)い通(どお)りに 생각대로 | 力(ちから)がつく 힘이 붙다 | 現状(げんじょう) 현상, 현재 상태 | 前向(まえむ)きだ 긍정적이다 | 述(の)べる 서술하다 | 印象(いんしょう) 인상 | 一定(いってい) 일정

(5)

A

최근에는 2개 국어 이상의 외국어를 배우는 것도 드문 일이 아니게 되었다. 자기 나라에서 처음 배우는 외국어라 하면 영어라고 대답하는 사람은 많을 것이다. **왜냐하면 영어는 세계에서 가장 많이 말해지고 있는 언어이기 때문이다.** 익혀두면 해외여행을 갈 때도 편리하다. 영어 외에는 중국어나 한국어를 배우는 사람도 많다. 중국인이나 한국인은 일본에도 많이 있기 때문에 사용할 기회도 많고 비교적 친숙한 언어라고 말할 수 있다. **역시 외국어를 배운다면 친숙하고 사용할 기회가 많은 실용적인 언어가 좋을 것이다.** 또한 그 편이 의욕도 생기고 교재도 많이 있다고 생각한다. 배우는 이상에는 사용할 수 없으면 의미가 없다.

B

인터넷의 보급으로 전 세계의 다양한 언어에 접할 기회가 많아지기 시작했다. **영어나 중국어 등 주류인 것은 물론 핀란드어나 인도네시아어 등 일본에서는 그다지 알려져 있지 않은 언어 등의 책도 보게 되었다.** 드문 언어를 공부한다고 하면 '그런 건 언제 써?' '도움이 안 되는데 공부하고 있는 거야?' 등의 말을 듣는 경우도 많지만, 사용하는 것만이 외국어 학습의 목적은 아니다. 외국어를 배움으로써 일본어와의 차이나 공통점을 통해서 새로운 사고방식이나 사물의 관점을 발견하여 시야를 넓히는 것으로 연결된다. 그리고 **언어가 가진 여러 가지 면을 알고 인간 사고의 복잡함에 접할 수도 있다. 그러한 부분이 외국어 학습의 재미가 아닐까?**

> **9** 외국어에 대해서 A와 B 중 어느 쪽에서도 서술되고 있는 점은 무엇인가?
>
> 1 중국이나 한국어는 일본인에게 있어서 친숙한 외국어다.
> **2 영어는 세계에서 많은 사람들에게 말해지고 있다.**
> 3 영어를 말할 수 있으면 여행 등에서 편리하다.
> 4 인터넷이 보급되고 나서 다양한 외국어를 보게 되었다.

해설 A에서는 영어는 세계에서 첫 번째로 많이 말해지고 있는 언어라는 언급이 있으며, B에서도 영어나 중국어 등이 주류라는 언급이 있으므로 2번이 정답이다. 1, 3번은 A에서만 언급하고 있어서 정답이 아니고, 4번은 B에서만 언급하고 있으므로 정답이 아니다.

> **10** 외국어 학습에 대해서 A와 B는 어떻게 서술하고 있는가?
>
> 1 A는 친숙한 언어를 배우는 편이 좋다고 서술하고, B는 드문 언어를 배우는 편이 좋다고 서술하고 있다.
> **2 A는 외국어 학습의 실용성에 대해서, B는 외국어 학습의 재미에 대해서 서술하고 있다.**
> 3 A는 교재가 많은 외국어를, B는 일본어와의 차이가 많은 외국어를 권하고 있다.
> 4 A는 외국어 학습은 도움이 된다고 서술하고, B는 별로 도움이 되지 않는다고 서술하고 있다.

해설 A는 외국어를 배운다면 친숙하고 사용할 기회가 많은 실용적인 언어가 좋을 것이고 외국어를 배우는 이상 사용하지 않으면 의미가 없다고 주장하고 있다. B는 외국어를 배움으로써 새로운 사고방식이나 관점을 발견하고 언어가 가진 여러 가지 면을 알고 인간 사고의 복잡함을 접할 수 있는 부분이 외국어 학습의 재미라고 말하고 있다. 따라서 2번이 정답이다.

단어 ~ヶ国語(かこくご) ~개 국어 | めずらしい 드물다 | なぜかというと 왜냐하면 | 言語(げんご) 언어 | 身(み)に付(つ)ける 익히다 | 海外(かいがい) 해외 | 中国語(ちゅうごくご) 중국어 | 学(まな)ぶ 배우다 | 機会(きかい) 기회 | 比較的(ひかくてき)に 비교적으로 | 身近(みぢか)だ 친숙하다 | 実用的(じつようてき)だ 실용적이다 | やる気(き) 의욕 | 教材(きょうざい) 교재 | ~からには ~한 이상에는 | 普及(ふきゅう) 보급 | 様々(さまざま)だ 다양하다 | ふれる 접촉하다, 접하다 | 主流(しゅりゅう) 주류이다 | 目(め)にする 보다 | 役(やく)に立(た)つ 도움이 되다 | 学習(がくしゅう) 학습 | 目的(もくてき) 목적 | 違(ちが)い 차이 | 共通点(きょうつうてん) 공통점 | 新(あら)ただ 새롭다 | 見方(みかた) 관점, 견해 | 発見(はっけん) 발견 | 視野(しや) 시야 | 広(ひろ)げ

넓히다 | 繋(つな)がる 이어지다, 연결되다 | 思考(しこう) 사고 | 複雑(ふくざつ)さ 복잡함 | 述(の)べる 서술하다 | 実用性(じつようせい) 실용성 | 勧(すす)める 권하다, 권유하다

(6)

A

고령의 운전자가 일으키는 자동차 사고가 문제가 되고 있다. 나이가 들면 판단력이나 반응의 속도 등이 둔해져 운전으로 사고를 내기 쉬워진다. 본인은 '자신은 아직 괜찮다, 젊었을 때와 똑같이 운전할 수 있다'고 굳게 믿고 있어도, 실제로는 그렇지 않은 것이다. 많은 운전 교습소에서는 70세 이상의 고령자를 대상으로 운동 능력이나 판단력, 인지 능력이 기준에 도달해 있는지 운전 테스트를 진행하고 있다. 하지만 그래도 고령자의 사고는 없어지지 않는다. <u>이 이상 사고를 늘리지 않기 위해서는 어느 일정 연령이 되면 면허를 취소하는 법률을 만들어야 한다.</u> 확실히 '차가 없으면 슈퍼에도 갈 수 없다' '차가 없으면 생활할 수 없다'라는 의견도 있지만, 젊은 사람에게 태워서 가달라고 하든지 대중교통 기관을 이용하든지 해서 <u>고령자는 면허를 반납하는 편이 좋다고 생각한다.</u>

B

시골에서는 자동차는 중요한 교통수단이다. 버스나 전철이 다니지 않는 지역도 많고 차가 없으면 장보기조차도 할 수 없다는 사람도 많다. 근래에는 <u>고령자의 운전 사고가 문제가 되고 있어 고령자는 운전을 그만둬야 한다는 소리가 있지만, 결코 모든 고령자가 원해서 운전하고 있는 것은 아니다.</u> 실제로는 생활을 위해서 불안해하면서도 어쩔 수 없이 핸들을 잡는 고령자도 많이 있는 것이 현상이다. 차를 포기하고 살기 익숙해진 땅에서 도시로 이사하면 된다고 말하는 사람도 있지만, 그것도 비용이나 체력 면에서의 부담이 커서 그렇게 간단하게는 안 된다. 이런 문제에 정부가 제대로 응하여 시골에서 운행하는 버스에 보조금을 내거나 택시 할인권을 나눠주거나 해서 <u>차가 없어도 안심하고 생활할 수 있는 환경을 구축해 가지 않으면 안 된다.</u>

11 고령자가 자동차를 운전하는 것에 대해서 A와 B가 공통해서 서술하고 있는 점은 무엇인가?

1 고령자는 자동차 학교에서 강습을 받도록 되어 있다.
2 고령자는 자신의 운전에 자신을 가지고 있다.
3 고령이라도 운전을 계속해도 상관없는 사람도 있다.
4 고령자는 운전을 하지 않는 편이 좋다.

해설 A는 고령자의 자동차 사고를 문제 삼으며 강제라도 어느 일정 연령이 되면 면허를 취소해야 한다며 고령자의 운전을 반대하고 있고, B는 고령자의 운전 사고가 문제가 되고 있어 운전을 그만둬야 한다는 의견이 있지만, 고령자도 원해서 하는 게 아닌 경우도 있으므로 차가 없어도 안심하고 생활할 수 있는 환경을 만들어야 한다고 주장하고 있다. A와 B 모두 결국에는 고령자는 운전을 하지 않는 편이 좋다고 하고 있으므로 4번이 정답이다.

12 고령자가 운전을 계속하는 것에 대해서 A와 B는 어떻게 서술하고 있는가?

1 A도 B도 고령자가 바로 운전을 그만둬야 한다고 서술하고 있다.
2 A는 강제로 운전을 그만두게 해야 한다고 생각하고, B는 고령자가 운전하지 않아도 되도록 해야 한다고 서술하고 있다.
3 A는 고령자의 능력 면에서, B는 고령자의 경제적인 문제로부터 차 운전은 하지 않는 편이 좋다고 서술하고 있다.
4 A는 차가 없으면 생활할 수 없는 고령자의 입장, B는 고령자의 운전이 민폐라고 하는 사람의 입장에서 서술하고 있다.

해설 A는 사고를 늘리지 않기 위해서는 일정 연령이 되면 면허를 취소하는 법률이 만들어져야 한다고 주장하고 있고, B는 고령자가 차가 없어도 안심하고 생활할 수 있는 환경을 만들어야 한다고 주장하고 있다. 따라서 2번이 정답이다.

단어 高齢(こうれい) 고령 | 運転手(うんてんしゅ) 운전자 | 自動車(じどうしゃ) 자동차 | 年(とし)を取(と)る 나이를 먹다 | 判断力(はんだんりょく) 판단력 | 反応(はんのう) 반응 | 速度(そくど) 속도 | 鈍(にぶ)い 둔하다 | 本人(ほんにん) 본인 | 思(おも)い込(こ)む 굳게 믿다 | 実際(じっさい) 실제 | 教習所(きょうしゅうじょ) 교습소 | 高齢者(こうれいしゃ) 고령자 | 対象(たいしょう) 대상 | 認知能力(にんちのうりょく) 인지능력 | 基準(きじゅん) 기준 | 達(たっ)する 도달하다 | 一定(いってい) 일정 | 年齢(ねんれい) 연령 | 免許(めんきょ) 면허 | 取(と)り消(け)す 취소하다 | 法律(ほうりつ) 법률 | 乗(の)せる 태우다 | 公共交通機関(こうきょうこうつうきかん) 대중교통 기관 | 返却(へんきゃく) 반납 | 田舎(いなか) 시골 | 手段(しゅだん) 수단 | 地域(ちいき) 지역 | ～さえ ~조차 | 近年(きんねん) 근년, 근래 | 決(けっ)して 결코, 절대로 | 望(のぞ)む 바라다, 소망하다 | 不安(ふあん)を抱(いだ)く 불안해하다 | ハンドル 핸들 | 握(にぎ)る 쥐다, 잡다 | 現状(げんじょう) 현상, 현재 상태 | 諦(あきら)める 포기하다 | 住(す)み慣(な)れる 살기 익숙해지다 | 土地(とち) 토지 | 都会(とかい) 도시 | 費用(ひよう) 비용 | 体力(たいりょく) 체력 | 負担(ふたん) 부담 | 政府(せいふ) 정부 | きちんと 정확히, 제대로 | 応(おう)じる 따르다, 응하다 | 運行(うんこう) 운행 | 補助金(ほじょきん) 보조금 | 割引券(わりびきけん) 할인권 | 配(くば)る 나눠주다, 배부하다 | 環境(かんきょう) 환경 | 築(きず)く 쌓아 올리다, 구축하다 | 述(の)べる 서술하다 | 講習(こうしゅう) 강습 | 自信(じしん) 자신(감) | 構(かま)う 상관하다 | 強引(ごういん)に 강제로, 억지로 | 経済的(けいざいてき)だ 경제적이다 | 立場(たちば) 입장 | 迷惑(めいわく)だ 민폐다, 성가시다

주장이해 실전 연습 문제   426p

1 ④	2 ①	3 ③	4 ①	5 ①
6 ④	7 ②	8 ①	9 ③	10 ①
11 ①	12 ②	13 ④	14 ②	15 ④
16 ①	17 ②	18 ④		

문제13 다음 문장을 읽고, 뒤의 물음에 대한 답으로서 가장 알맞은 것을, 1・2・3・4에서 하나 고르세요.

(1)

日本에서 생활하는데 편리한 것이 무엇이냐고 질문받으면 아마 편의점이 24시간 영업하고 있는 것이라고 대답하는 사람이 많지 않을까? 그런데 최근 심야 영업을 그만두는 편의점이 나타나기 시작하고 있다. 도대체 왜 이런 일이 일어나고 있는 것일까? 그것은 심야 영업을 하는 결점이 심각하기 때문이다.

낮이고 밤이고 사람이 많은 장소 등을 제외하고 심야는 손님이 적기 때문에 매출도 적다. 또한 심야에 영업하면 당연히 전기세 등의 비용이 든다. 그만큼 에너지 낭비를 하고 있는 것이다. 전기를 사용하면 사용할수록 CO2가 많이 나와 지구온난화가 진행된다. 더하여 심야는 급여를 높이지 않으면 일하는 사람이 모이지 않기 때문에 인건비도 늘어난다.(주석1) 더욱이 밤에 일하는 것은 일하는 사람의 건강에 나쁜 영향을 미칠지도 모른다. 그렇다고 해서 일하는 사람을 줄이면 그만큼 한 사람이 오래 일하지 않으면 안 되기 때문에 한층 더 건강에 나쁘다. 이와 같이 심야 영업은 매출로 이어지지 않을 뿐만 아니라, **전기세나 인건비의 비용이 드는 데다가 지구 환경으로의 부담으로 이어지고 일하는 사람의 건강에도 나쁜 영향을 줄 거라 생각된다.** 그럼 왜 지금까지 많은 편의점이 심야 영업을 계속해 온 것일까? 최대의 이유는 역시 이용자에게 있어서 심야에 영업하고 있는 가게가 있으면 편리하기 때문일 것이다. **편의점이 24시간 영업하고 있는 덕분에 한밤중에도 원하는 것을 살 수 있다.** 한밤중에 뭔가 먹고 싶어지면 편의점에 가면 되고 외출했을 때 화장실에 가고 싶어지면 편의점에 들르면 된다. 게다가 심야에 일하는 사람에게 있어서도 편의점은 편리한 곳이다. 실제 심야 영업을 하는 가게는 언제든지 영업하고 있다는 안심감으로부터 손님이 늘어나는 효과가 있다는 보고도 있다. 그러나 우리는 이러한 편리함에 익숙해져 버린 탓에 심야 영업의 단점에 눈길이 향하고 있지 않은 것은 아닐까? 우리가 편의점의 심야 영업 덕분에 편리하게 생활할 수 있는 이면에서, 일하는 사람이 무거운 부담을 강요받고 비용이나 에너지의 낭비가 일어나고 있다.(주석2)

그러므로 **심야 영업을 하는 편의점은 줄일 필요가 있을 것이다. 물론 모든 편의점이 아닌 심야의 매출이 적은, 영업을 할 필요성이 낮은 가게만을 대상으로 하면 된다.** 요일에 따라서 심야 손님의 수가 다르다면 심야 영업을 하는 요일을 정해 두는 것과 같은 방법이라도 좋을 것이다. 그래도 문제가 있다면 같은 지역의 가게에서 심야 영업하는 요일을 각각 정해놓고 순서대로 영업하는 일도 할 수 있지 않을까?

(주석1) 인건비 : 기업이 일하는 사람에게 지불하는 급여 등의 비용
(주석2) 강요하다 : 상대의 기분을 무시하고 무리하게 시키는 것

1 다음 중, 이 문장의 내용과 맞는 것은 어느 것인가?

1 화장실을 위해서 편의점에 들르는 것은 나쁜 일이다.
2 심야에는 급여가 높기 때문에 일하는 사람이 늘어난다.
3 편의점의 수를 줄일 필요가 있다.
4 심야 영업을 하면 환경에 부담이 든다.

해설 심야 영업을 하면 그만큼 전기세 등의 비용이 들고 전기를 낭비하면 CO2가 많이 나와 지구온난화가 진행된다고 했으므로 4번이 정답이다. 1번은 본문에서 언급하지 않은 내용이기 때문에 정답이 아니고, 2번은 심야에는 일하려고 하는 사람이 적기 때문에 월급을 높여야 한다고 한 것뿐이고 급여가 높기 때문에 일하는 사람이 늘어난다고는 하지 않았으므로 정답이 아니다. 그리고 본문에서 단순히 편의점 수를 줄이는 것이 아닌 심야 영업을 하는 편의점을 줄일 필요가 있다고 했으므로 3번도 정답이 아니다.

2 이러한 편리함이란 무엇인가?

1 언제든지 편의점에서 장을 볼 수 있는 것
2 편의점에서 여러 가지 서비스를 받을 수 있는 것
3 심야에는 일하는 사람의 급여가 높은 것
4 편의점이 여기저기에 있는 것

해설 밑줄 앞부분에서 コンビニが24時間営業しているおかげで、夜中でも欲しいものを買うことができる。(편의점이 24시간 영업하고 있는 덕분에 한밤중에도 원하는 것을 살 수 있다.)라고 하며 24시간 영업을 하는 덕분에 편리한 여러 가지 장점을 서술하고 있다. 따라서 1번이 정답이다.

3 다음 중, 필자가 가장 말하고 싶은 것은 무엇인가?

1 심야 영업을 하는 요일은 휴일로 정해두는 편이 좋다.
2 일하는 사람이나 환경으로의 부담을 줄이기 위해서 모든 편의점은 심야 영업을 그만둬야 한다.
3 심야 영업을 할 필요성이 낮은 가게는 심야 영업을 줄여야 한다.
4 같은 지역에 있는 편의점이라면 정해진 같은 요일에 심야 영업을 하는 편이 좋다.

해설 마지막 문단에서 심야 영업하는 편의점은 줄일 필요가 있을 것이라며 모든 편의점이 아닌 심야에 매상이 적고 심야 영업의 필요성이 낮은 가게만을 대상으로 하면 된다고 주장하고 있다. 따라서 3번이 정답이다. 1번은 본문에서 언급하지 않은 내용이기 때문에 정답이 아니고, 2번은 모든 편의점이 아닌 매상이 적은 매장에 한하여 심야 영업을 그만둬야 한다고 주장했기 때문에 정답이 아니다. 4번은 정해진 같은 요일이 아닌 각각 정해진 요일에 순서대로 영업하는 것을 제안했기 때문에 정답이 아니다.

단어 ~うえで ~하는 데 있어서 | おそらく 아마, 어쩌면 | コンビニ 편의점 | 営業(えいぎょう) 영업 | ところが 그런데 | 深夜(しんや) 심야 | 現(あらわ)れる 나타나다 | 一体(いったい) 도대체 | 欠点(けってん) 결점 | 深刻(しんこく)だ 심각하다 | 昼(ひる)も夜(よる)も 낮이고 밤이고 | ~を除(のぞ)いて ~을/를 제외하고 | 売(う)り上(あ)げ 매출 | 当(あ)たり前(まえ)に 당연히 | 電気代(でんきだい) 전기료 | 費用(ひよう) 비용 | エネルギー 에너지 | 無駄(むだ)遣(づか)い 낭비 | 地球温暖化(ちきゅうおんだんか) 지구온난화 | 加(くわ)えて 더하여 | 給料(きゅうりょう) 급여 | 人件費(じんけんひ) 인건비 | さらに 더욱이, 게다가 | 健康(けんこう) 건강 | 影響(えいきょう) 영향 | 及(およ)ぼす 미치다 | ~かねない ~할지도 모른다 | だからといって 그렇다고 해서 | 減(へ)らす 줄이다 | その分(ぶん) 그만큼 | 一層(いっそう) 한층 더 | つながる 이어지다 | 地球(ちきゅう) 지구 | 環境(かんきょう) 환경 | 負担(ふたん) 부담 | 与(あた)える 주다 | 最大(さいだい) 최대 | やはり 역시 | 夜中(よなか) 한밤중 | 寄(よ)る 들르다 | 安心感(あんしんかん) 안심감, 안도감 | 効果(こうか) 효과 | 報告(ほうこく) 보고 | 我々(われわれ) 우리들 | デメリット 디메리트, 단점 | 目(め)が向(む)く 눈길이 향하다 | 暮(く)らす 살다 | 裏(うら) 이

면, 뒤 | 強(し)いる 강요하다 | 必要性(ひつようせい) 필요성 | 対象(たいしょう) 대상 | 数(かず) 수 | 異(こと)なる 다르다 | 地域(ちいき) 지역 | 順番(じゅんばん)に 순서대로 | 企業(きぎょう) 기업 | 支払(しはら)う 지불하다 | 給与(きゅうよ) 급여 | 無視(むし) 무시 | あちこち 여기저기 | 休日(きゅうじつ) 휴일

(2)

최근 십수 년 사이에 인터넷을 통해서 쇼핑을 하는 사람은 더욱더 늘고 있다. 최근에는 '플리마켓 앱'이라고 하는 자신이 불필요한 물건을 필요로 하는 사람에게 팔기 위한 앱이 인기다. 불용품을 팔고 싶은 사람이 상품을 올리고 원하는 사람이 이 앱을 통해서 사는 시스템이다. 번거로운 절차는 일절 없고 돈 결제는 앱을 통해서 간단하게 할 수 있다는 간편함이 인기의 이유다.

지금까지 중고품을 매매하게 되면 재활용 가게나 공원 등에서 열리는 플리마켓을 이용하는 경우가 많았는데, 이것들은 거래 장소까지 가지 않으면 거래를 할 수 없는 데다가 물건을 팔 때는 가격이 싸게 되어 버린다는 것이 문제였다. 한편, **플리마켓 앱은 시간이나 장소에 관계없이 원할 때 매매할 수 있다. 또한 가격 설정도 자유이기 때문에 팔 때는 비싸게 살 때는 싸게 살 수 있다는 메리트가 있다.**

이처럼 간편하게 중고 물건을 손에 넣을 수 있다면 새 상품을 사지 않고 플리마켓 앱에서 사면 된다는 사람도 많아지고 있다. 책이나 옷 등은 새 제품의 것을 정가에 사는 것보다도 플리마켓 앱에서 아직 깨끗한 것을 사는 편이 훨씬 이득이기 때문이다. 그러나 모두가 플리마켓 앱에서 쇼핑을 하게 되면 지금까지 팔리던 새 제품이 팔리지 않게 되는 것은 아닐까 하는 의문이 생긴다. 확실히 새것이 팔리지 않으면 기업이나 공장이 곤란한 것은 아닐까 걱정이 되지만, 그것은 불필요한 걱정이라고 생각한다. 새 제품이 아니면 사고 싶지 않다는 사람은 반드시 있기 때문이다. 그렇다면 <u>그런 사람</u>에게는 플리마켓 앱이 도움이 안 되냐고 하면 그렇지도 않다.

예를 들면 어떤 상품이 궁금해져 그것을 살까 말까 망설이고 있다고 하자. 중고가 아닌 새 제품을 구입했지만, 만약 상상했던 물건과 다르면 곤란해져 버린다. 하지만 '마음에 들지 않으면 플리마켓 앱에서 판다'라는 수단이 있다면 그 상품을 살 마음을 북돋워 준다. 만약 몇천 엔을 내고 실패하더라도, 팔면 100%는 아니더라도 어느 정도 액수가 돌아올 가능성이 있다는 안심감이 소비로 이어지는 것이다. 또한 잠깐 시험 삼아 신어보고 싶은 신발이 있었다고 하자. 그럴 때는 **플리마켓 앱에서 싸게 사서 시험해 보고 마음에 들면 같은 상품의 새 상품을 사는 것도 또한 가능하다.**

그렇게 생각하면 플리마켓 앱은 중고품의 매매를 통해서 새로운 소비를 만들어 내고 있다고 말할 수 있는 것은 아닐까?

(주석) 플리마켓 : 플리마켓의 줄임(말). 불필요해진 물건을 일반인이 매매할 수 있는 이벤트

---

4 필자에 의하면 '플리마켓 앱'의 메리트는 무엇인가?

1 장소나 시간을 불문하고 싸게 살 수 있고 비싸게 팔 수 있는 것
2 새 옷이나 책을 싸게 살 수 있는 것
3 팔거나 사거나 함으로써 경제가 좋아지는 것
4 앱 한정으로 판매하고 있는 귀중한 상품이 있는 것

해설 필자에 의하면 플리마켓 앱은 시간에 상관없이 원할 때 매매가 가능하고 또 직접 매매를 하기 때문에 팔 때는 비싸게 살 때는 싸게 살 수 있다는 점이 메리트라고 언급하고 있다. 따라서 1번이 정답이다. 플리마켓 앱은 중고 물품을 거래하는 앱이기 때문에 2번은 정답이 아니고, 3, 4번은 본문에서 언급하지 않은 내용이기 때문에 정답이 아니다.

5 다음 중, <u>그런 사람</u>이란 어떤 사람인가?

1 새 제품밖에 사고 싶지 않기 때문에 플리마켓 앱은 사용하지 않는 사람
2 경제를 돌리기 위해 가능한 새 제품을 사도록 하고 있는 사람
3 되도록 저렴하게 중고품을 사려고 하고 있는 사람
4 새 제품의 것을 플리마켓 앱에서 사도록 하고 있는 사람

해설 밑줄 앞부분에 新品でなければ買いたくないという人は必ずいるからだ。(새 제품이 아니면 사고 싶지 않다는 사람은 반드시 있기 때문이다.)라고 했다. 이러한 사람을 '그런 사람'이라고 지칭하였으므로 1번이 정답이다.

6 이 문장에서 필자가 말하고 싶은 것은 무엇인가?

1 살까 말까 망설이는 상품이 있다면 우선 플리마켓 앱에서 찾아보는 편이 좋다.
2 재활용 가게나 플리마켓보다 플리마켓 앱을 사용해야 한다.
3 플리마켓 앱에 의해서 새 제품이 팔리지 않는 것이 문제가 되고 있다.
4 플리마켓 앱은 중고품을 파는 것에 의해서 새 제품의 소비도 돕고 있다.

해설 필자는 마지막 부분에서 플리마켓 앱이 중고품 매매를 통해 새로운 소비를 만들어 내고 있다고 주장하고 있다. 따라서 4번이 정답이다. 1번은 하나의 가정에 불과하므로 정답이 아니고, 2번은 본문에서 언급하지 않은 내용이기 때문에 정답이 아니다 3번은 새 제품이 팔리지 않는 건 아닐까 하는 걱정은 불필요한 걱정이라고 했으므로 정답이 아니다.

단어 ~を通(つう)じて ~을/를 통해서 | ますます 더욱더 | 増(ふ)える 늘다 | フリマ 플리마켓 | アプリ 앱 | 不要(ふよう)だ 불필요하다 | 不用品(ふようひん) 불용품, 불필요한 용품 | 載(の)せる 게재하다 | システム 시스템 | 面倒(めんどう)だ 번거롭다, 성가시다, 귀찮다 | 手続(てつづ)き 수속, 절차 | 一切(いっさい) 일절 | 支払(しはら)い 결제 | 手軽(てがる)さ 간편함 | 中古品(ちゅうこひん) 중고품 | 売買(ばいばい) 매매 | リサイクルショップ 재활용 가게, 중고 상품 가게 | 取引(とりひき) 거래 | 値段(ねだん) 가격 | 一方(いっぽう) 한편 | ~にかかわらず ~에 관계없이 | 設定(せってい) 설정 | メリット 메리트, 장점 | 手(て)に入(はい)る 손에 들어오다 | 新品(しんぴん) 신품, 새 제품 | 定価(ていか) 정가 | お得(とく)だ 이득이다 | 疑問(ぎもん)がわく 의문이 들다 | 売(う)れる 잘 팔리다 | 企業(きぎょう) 기업 | 工場(こうじょう) 공장 | 迷(まよ)う 망설이다 | 購入(こうにゅう) 구입 | 想像(そうぞう) 상상 | 手段(しゅだん) 수단 | 後押(あとお)しする 북돋다, 뒤에서 밀다 | ~にしろ ~라고 해도 | 額(がく) 액수 | 可能性(かのうせい) 가능성 | 安心感(あんしんかん) 안심감, 안도감 | 消費(しょうひ) 소비 | つながる 이어지다, 연결되다 | 試(ため)しに 시험

삼아 | 履(は)く 신다 | 試(ため)す 시험하다 | 新(あら)ただ 새롭다 | 作(つく)り出(だ)す 만들어 내다 | 一般人(いっぱんじん) 일반인 | 〜を問(と)わず 〜을/를 불문하고 | 経済(けいざい) 경제 | 限定(げんてい) 한정 | 販売(はんばい) 판매 | 貴重(きちょう)だ 귀중하다 | 助(たす)ける 돕다

(3)

아는 사람이나 동료가 어떤 전문 지식을 가지고 있거나 잘 한다거나 하면 '그럼, 다음에 가르쳐 줘'라든가 '잘하면 다음에 만들어 줬으면 좋겠어'라는 등, 가볍게 부탁하는 사람이 있다. 잘하니까 간단하겠지 친구니까 해주는 건 당연하다고 생각하고 있는 사람이 많은 것 같다. 그러나 정말로 그걸로 괜찮은 것일까?

예를 들면 그림을 그리는 것을 잘 하는 사람이 있었다고 하자. 그 사람은 처음부터 그림을 잘 그렸던 것은 아니다. 수십 시간이나 수백 시간이나 연습을 거듭하고 때로는 돈을 지불하고 배우거나 참고서를 사거나 해서 능숙해진 것이다. 그림을 잘 그리는 것은 그 사람이 노력하고 시간을 들여서 손에 넣은 스킬이라고 말해도 좋다. 즉 그 사람은 그림을 잘 그리게 되기 위해서 시간과 노력이라는 '비용'을 쓴 것이다. 더욱이 말하자면 부탁받은 그림을 그리는 데도 시간과 노력이 소요되는 셈이다.

이 논리는 그림뿐만 아니라, 외국어나 컴퓨터 지식, 사진 등 어느 분야에도 적용할 수 있다. 시간이나 노력을 들이지 않고 얻을 수 있는 기술이나 지식은 없다. 누군가에게 '○○를 잘 한다며, 다음에 해줘'라고 부탁한다면 그에 맞는 보수를 부탁한 사람이 내야 하는 것이며 공짜로 받자, 공짜로 쓰자는 등의 사고방식은 좀 뻔뻔하지 않은가? 물론 친한 친구라면 '사례는 괜찮아'라고 말해줄지도 모른다. 그러나 그렇지 않은 경우, 아는 사람이니까라고 무료로 해 받자라고 생각하는 것이라면 그것은 그 사람의 노력이나 소비한 시간을 무시하고 제멋대로 구는 것과 다름없다.

잘한다거나 전문 지식이 있다고 해도, 프로가 아니니까 돈을 받는 것은 지나치다는 의견도 있을 것이다. 확실히 부탁하는 쪽도 프로 같은 레벨이 높은 완성도를 원하는 것은 아니다. 간단히 후딱 해주면 된다고 생각하고 있을 것이다. 그러나 그래도 보수는 지불해야 한다. 돈이 아니더라도 자신의 마음이 전달되는 것이라면 괜찮다. 식사를 대접하는 것도 좋고 자신이 잘하는 것으로 답례를 해도 좋다. 또한 돈이나 교환할 수 있는 기술이 없으면 뭔가 도와주는 것도 좋을 것이다. 중요한 것은 그 사람이 기술이나 지식을 얻기 위해 쓴 노력과 시간, 비용에 대해서 부탁하는 쪽이 존중하는 마음을 갖는 것이 아닐까?

(주석1) 노력 : 노동력, 뭔가를 하기 위해 필요한 체력
(주석2) 보수 : 지불할 돈이나 답례

7 필자는 무언가를 잘하는 사람에게 무료로 부탁하는 것은 어떤 것이라고 서술하고 있는가?
1 친구의 부탁이기 때문에 친절하게 해주는 것은 당연한 행동
2 부탁하는 상대방의 노력이나 시간을 무시한 뻔뻔한 행동
3 상대방의 지식이나 기술을 높이 평가하는 마음을 나타내는 행동
4 상대방을 신뢰하고 존중하는 행동

해설 본문에서 아는 사람이니까 무료로 해줄 거라고 생각한다면 그것은 그 사람의 노력이나 소비한 시간을 무시하고 제멋대로 구는 것과 다름없다고 말하고 있다. 따라서 2번이 정답이다. 1번은 필자의 의견에 반하는 내용이기 때문에 정답이 아니고, 3, 4번은 부탁한 일에 대해서 사례를 하는 것에 대한 설명이므로 정답이 아니다.

8 그에 맞는 보수라고 있는데, 그것은 무엇인가?
1 부탁받은 사람이 그 지식이나 기술을 익히기 위해서 쓴 비용
2 부탁받은 사람이 자신의 능력에 따라서 정한 요금
3 부탁한 사람이 판단한 부탁받은 사람의 능력의 정도
4 부탁한 사람과 부탁받은 사람이 얼마나 친한가의 정도

해설 밑줄 앞부분에서 時間や労力をかけずに得られる技術や知識はない。(시간이나 노력을 들이지 않고 얻을 수 있는 기술이나 지식은 없다.)라고 하면서 그에 맞는 보수를 부탁한 사람이 내야 한다고 했다. 따라서 1번이 정답이다. 2, 3, 4번은 본문에서 언급하지 않은 내용이기 때문에 정답이 아니다.

9 다음 중, 필자가 가장 말하고 싶은 것은 무엇인가?
1 지식이나 기술을 익히고 싶다면 시간이나 노력 등을 소비해야 한다.
2 친한 친구라면 무료로 자신의 기술이나 지식을 사용해야 한다.
3 상대방의 기술이나 지식을 이용할 때는 사례를 해야 한다.
4 프로에게 일을 부탁할 때는 그 사람의 노력이나 소비한 시간을 존중해야 한다.

해설 프로가 아닌 사람에게 돈을 받는 것은 지나치다는 의견도 있지만, 그래도 보수는 지불해야 한다고 필자는 주장하고 있기 때문에 3번이 정답이다. 1번은 언급은 있지만 필자의 주장이 아니므로 정답이 아니고, 2번은 필자의 의견에 반하는 내용이기 때문에 정답이 아니다. 4번은 프로가 아니더라도 누군가의 기술이나 지식은 존중해야 한다고 했으므로 정답이 아니다.

단어 知(し)り合(あ)い 아는 사람, 지인 | 同僚(どうりょう) 동료 | 専門知識(せんもんちしき) 전문 지식 | 得意(とくい)だ 잘한다 | 気軽(きがる)に 부담 없이, 가볍게 | お願(ねが)いする 부탁하다 | 当然(とうぜん)だ 당연하다 | 描(か)く 그리다 | 積(つ)み重(かさ)ねる 겹겹이 쌓다, 거듭하다 | 参考書(さんこうしょ) 참고서 | 努力(どりょく) 노력 | 手(て)に入(い)れる 손에 넣다 | スキル 스킬, 기술 | コスト 코스트, 비용 | 費(つい)やす 쓰다, 소비하다 | さらに 더욱이, 게다가 | 労力(ろうりょく) 노력 | 論理(ろんり) 논리 | 分野(ぶんや) 분야 | 適応(てきおう) 적용 | 得(え)る 얻다 | 報酬(ほうしゅう) 보수 | タダ 공짜 | 少々(しょうしょう) 조금, 잠시만, 잠깐 | 図々(ずうずう)しい 뻔뻔하다 | 友人(ゆうじん) 친구 | お礼(れい) 사례, 답례 | 無視(むし) 무시 | わがまま 제멋대로 굶 | 相違(そうい)ない 다름없다 | プロ 프로, 전문가 | 大(おお)げさだ 허풍스럽다, 과장되다 | レベル 레벨 | 完成度(かんせいど) 완성도 | 望(のぞ)む 바라다, 소망하다 | ささっと 후딱 | 支払(しはら)う 지불하다 | ご馳走(ちそう)する 대접하다 | 交換(こうかん) 교환 | 費用(ひよう) 비용 | 尊重(そんちょう) 존중 | 労働力(ろうどうりょく) 노동력 | 要(よう)する 요하다 | 体力(たいりょく) 체력 | 頼(たの)み 부탁 | 行(おこな)い 행위 | 厚(あつ)かましい 뻔뻔스럽다 | 評価(ひょうか) 평가 | 表(あらわ)す 나타내다 | 信頼(しんらい) 신뢰 | 頼(たの)む 부탁하다 | 身(み)に付(つ)ける 익히다 | 能力(のうりょく) 능력 | 〜に応(おう)じて 〜에 따라서, 〜에 맞춰서 | 判断(はんだん) 판단 | 程度(ていど) 정도

(4)

때때로 '우리나라 언어는 세계에서 가장 어렵다고 말해지고 있습니다'라는 것을 듣는다. 과연 세계에서 가장 어려운 언어란 무슨 언어일까?

중국어와 일본어에는 한자가 있다. 게다가 일본어는 한자에 더해서 히라가나, 카타카나 각 46문자를 사용한다. 한편으로 영어는 26문자, 이탈리아어는 21문자로, 문자의 종류는 적다. 이 점에서 말하면 다른 언어와 비교해서 일본어와 중국어는 꽤 어려운 언어라고 말할 수 있다.

그러면 발음은 어떨까? 일본어에는 모음이 5개밖에 없지만, 카자흐어라는 언어에는 9개 있다. 조지아어라는 언어에는 '방출음'이라는 아주 드문 자음이 있고 에스토니아어는 모음의 길이가 세 종류로 구별된다. 또한 중국어에는 성조라고 불리는 음의 고저가 있어 같은 음의 배열이라도, 이 성조에 의해서 의미가 바뀌어 버린다. 이 중에서는 일본어가 비교적 간단하고 카자흐어나 조지아어, 중국어는 어려워 보인다.

활용의 면에서 보면 일본어나 한국어는 '하다·했다', '맛있다·맛없다'와 같이 동사와 형용사의 형태가 변화한다. 프랑스어나 이탈리아어도 주어나 시제에 따라 동사가 변화한다. 한편, 중국어나 베트남어에는 그러한 어형의 변화가 없다. 활용으로 어려움을 말하는 한은 일본어나 한국어, 유럽의 언어의 쪽이 성가실지도 모른다.

이렇게 비교해 보면 어렵다고 해도 다양한 어려움이 있다. 언어의 어려움은 어떤 점을 보느냐에 따라 달라지는 것이다. 종합적으로 어떤 언어가 어려운 언어인지 결정하는 것은 확실히 말해서 불가하다.

단, 제2외국어로서 외국어를 공부할 경우, 어느 언어가 어려운가는 그 사람이 말하는 모국어가 무엇이냐에 따라 결정된다고 말해도 좋다. 영어가 모국어인 사람에게 있어서 습득에 시간이 걸리는 것은 일본어, 한국어, 중국어, 아랍어 등이라고 한다. 그것은 영어와 이들 언어가 별로 닮지 않았기 때문이다. 반대로 일본어를 모국어로 하는 사람에게 있어서도, 영어는 습득에 시간이 걸린다. 한편으로 일본어와 한국어는 비슷한 구조를 가진 언어이기 때문에 일본인에게 있어서 한국어는 그다지 습득이 어렵지 않고 또한 그 반대도 마찬가지다. 언어의 어려움은 여러 가지 면에서 말할 수 있으며 습득할 때의 어려움은 그 사람의 모국어에 따라 다르다. 요컨대 누구나 납득할 수 있는 '세계에서 가장 어려운 언어'란 존재하지 않는다는 것이다.

(주석1) 모음 : 입을 여는 방법이나 혀의 위치로 결정되는 소리, 일본어는 a·i·u·e·o의 5가지

(주석2) 자음 : 입술이나 혀 등을 사용하여 만드는 소리, d·f·m·k·s 등의 소리

10 각각의 언어의 어려움에 대해서 필자는 어떻게 서술하고 있는가?

1 일본어는 문자는 많지만, 발음은 다른 언어와 비교해서 그리 어렵지 않다.
2 일본어나 한국어는 어형이 변화하지만, 유럽의 언어는 변화하지 않기 때문에 어렵지 않다.
3 에스토니아어에는 다른 언어에는 그다지 보이지 않는 자음이 있다.
4 카자흐어는 일본어에 비해서 발음의 종류가 적기 때문에 간단하다.

해설 일본어는 한자와 히라가나, 카타카나로 글자 수가 46자가 있어서 글자의 종류의 면에서는 상당히 어려운 언어라고 하였다. 하지만 발음은 모음이 5개밖에 없기 때문에 비교적 간단하다고 말하고 있다. 따라서 1번이 정답이다. 프랑스어나 이탈리아어와 같은 유럽의 언어도 어형이 변화한다고 하였으므로 2번은 정답이 아니다. 다른 언어에는 보이지 않는 자음은 조지아어에 있기 때문에 3번 또한 정답이 아니다. 카자흐어에는 모음이 9개로 일본어 보다 발음의 종류가 많기 때문에 4번도 정답이 아니다.

11 또한 그 반대도 마찬가지다란 어떤 뜻인가?

1 한국인에게 있어서 일본어는 다른 언어만큼 어렵지 않다.
2 한국인에게 있어서는 일본어는 다른 언어보다 어렵다.
3 일본어와 한국어는 그다지 닮지 않았다.
4 한국어를 말하는 사람은 일본어 습득에 시간이 걸린다.

해설 밑줄 앞부분에서 日本語と韓国語は似た構造を持つ言語なので、日本人にとって韓国語はそれほど習得が難しくなく(일본어와 한국어는 비슷한 구조를 가진 언어이기 때문에 일본인에게 있어서 한국어는 그다지 습득이 어렵지 않고)라고 했기 때문에 그 반대도 같다고 생각하면 1번이 정답이다.

12 필자가 이 문장에서 말하고 싶은 것은 무엇인가?

1 이 세계에 어려운 언어라는 것은 없다.
2 어느 언어가 어려운지는 사람이나 경우에 따라 다르다.
3 세계에서 가장 어려운 언어는 일본어다.
4 자신의 언어와 비슷한 언어는 습득하기 어렵다.

해설 마지막 문단에서 필자는 언어의 어려움은 여러 가지 면에서 말할 수 있으며, 습득하는 어려움은 그 사람의 모국어에 따라 다르다고 했다. 따라서 2번이 정답이다. 누구나 납득할 수 있는 가장 어려운 언어란 없다고 한 것이기 때문에 1, 3번은 정답이 아니다. 4번은 자신의 언어와 비슷한 언어는 비교적 습득하기 쉽다고 했으므로 정답이 아니다.

단어 ときどき 때때로 | 言語(げんご) 언어 | 耳(みみ)にする 듣다 | 果(は)たして 과연 | 世界一(せかいいち) 세계 제일 | さらに 더욱더, 게다가 | ～に加(くわ)えて ~에 더해서 | 各(かく) 각 | 文字(もじ) 문자, 글자 | 一方(いっぽう)で 한편으로 | イタリア語(ご) 이탈리아어 | 種類(しゅるい) 종류 | 母音(ぼいん) 모음 | カザフ語(ご) 카자흐스탄어 | ジョージア語(ご) 조지아어 | 放出音(ほうしゅつおん) 방출음 | めずらしい 드물다 | 子音(しいん) 자음 | エストニア語(ご) 에스토니아어 | 区別(くべつ) 구별 | 声調(せいちょう) 성조 | 上(あ)がり下(さ)がり 고저 | 並(なら)び 배열 | ～によって ~에 의해서, ~에 따라 | 比較的(ひかくてき) 비교적 | 活用(かつよう) 활용 | 動詞(どうし) 동사 | 形容詞(けいようし) 형용사 | 変化(へんか) 변화 | フランス語(ご) 프랑스어 | 主語(しゅご) 주어 | 時制(じせい) 시제 | ベトナム語(ご) 베트남어 | 語形(ごけい) 어형 | 語(かた)る 말하다 | ～限(かぎ)り ~하는 한 | ヨーロッパ 유럽 | 面倒(めんどう)だ 번거롭다, 성가시다, 귀찮다 | 比較(ひかく) 비교 | 多様(たよう)だ 다양하다 | 異(こと)なる 다르다 | 総合的(そうごうてき)に 종합적으로 | 不可能(ふかのう)だ 불가능하다 | ただ 단, 단지 | 第(だい)2 제2 | 母語(ぼご) 모국어 | 習得(しゅうとく) 습득 | アラビア語(ご) 아랍어 | 構造(こうぞう) 구조 | 逆(ぎゃく) 반대 | 要(よう)するに 요컨대 | 納得(なっとく) 납득 | 存在(そんざい) 존재 | 舌(した) 혀 | 位置(いち) 위치 | くちびる

입술 | 述(の)べる 서술하다 | 形(かたち) 모양, 형태

(5)

　　나는 어렸을 때부터 만화를 좋아한다. 좋아하는 만화의 신간이 발매될 때마다 꾸준히 모은 용돈을 손에 들고 서점으로 향하곤 했다. 그런데 부모님 입장에서는 만화는 별로 좋은 것이 아닌 것 같다. 나아가서는 만화는 아이에게 나쁜 영향을 준다고 해서 아이에게 만화를 못 읽게 하는 부모까지 있다고 들은 적이 있다. 만화에는 상스러운 표현이나 폭력적인 표현이 많이 있다는 것이나 만화를 읽으면 아이가 소설 등, 글자뿐인 책을 읽지 않게 될 우려가 있다는 것이 자주 부모들로부터 걱정을 사기 쉬운 이유이다. 그럼 만화는 정말 아이에게 나쁜 영향만 주는 것일까? 확실히 상스러운 표현이나 폭력적인 표현을 포함한 만화도 적지 않다. 하지만 나는 만화는 아이에게 많은 좋은 영향을 준다고 생각한다. 예를 들면 만화는 아이가 말을 익히는 데 매우 도움이 된다. 만화에는 평소 아이가 가족이나 친구, 학교 선생님과 대화할 때에는 사용하지 않을 법한 경어 등이 많이 나온다. 아이가 일상에서 경어를 들을 기회는 그리 많지는 않을까? 어른이 되면 사용하지 않을 수 없는 경어에 어릴 때에 접해 두는 것은 뜻깊을 것이다. 또한 만화로부터는 다양한 분야의 지식을 손에 넣을 수 있다. 아이가 일상생활에서 우주나 과학, 역사 등 전문적인 분야의 화제에 접할 일은 적다고 생각되지만, 이러한 분야를 다룬 만화를 읽음으로써 지식을 풍부하게 할 수 있다. 그리고 만화를 읽는 것은 아이가 취미나 장래의 꿈을 갖는 계기도 된다. 스포츠 만화를 읽고 스포츠를 시작하는 아이나 의료 만화를 읽고 의사가 되고 싶다고 하는 꿈을 갖게 되는 아이도 있을 것이다.

　　이처럼 만화는 아이에게 많은 좋은 영향을 준다고 생각된다. 그러므로 그냥 만화를 부정할 것이 아니라, 만화와의 어울리는 방식을 생각하는 것이 중요하지 않을까? 확실히 앞서 언급한 이유로 만화를 좋게 생각하지 않는 부모들도 있지만, 결코 그러한 만화뿐만이 아니다. 만약 어린아이가 그러한 만화를 읽으려고 한다면 부모가 그 만화를 읽게 하지 않는 등의 대책도 있다. 또한 만화를 읽으면 아이가 글자뿐인 책을 읽지 않게 될 가능성도 부정할 수 없다. 하지만 만화가 소설화되는 경우는 많기 때문에 좋아하는 만화가 소설이 되면 평소 소설을 읽지 않는 아이도 소설에 흥미를 가질지도 모른다. 그렇게 하면 역으로 만화가 소설을 읽는 계기가 되는 것은 아닐까 하고 생각한다.

(주석1) 신간 : 새로 출판된 도서
(주석2) 뜻깊다 : 가치가 있다

---

13 다음 중, 상스러운 표현이나 폭력적인 표현이 많이 있는 만화에 대한 필자의 의견으로서 올바른 것은 어느 것인가?

1 이 만화들은 아이가 말을 익히는 데 도움이 된다.
2 실제로는 이 만화들은 적다.
3 이 만화들을 부정하는 것은 아니지만, 아이에게 읽게 해야 한다.
4 아이가 어릴 때는 이 만화들을 읽게 하지 않으면 된다.

해설　아이가 어릴 때는 상스러운 표현이나 폭력적인 표현이 많은 만화를 읽게 하지 않는 등의 대책을 취할 수 있다고 언급하고 있으므로 4번이 정답이다. 1, 3번은 본문에서 언급하지 않은 내용이기 때문에 정답이 아니고, 실제로 이러한 만화들도 적지 않다고 했으므로 2번도 정답이 아니다.

14 필자에 의하면 만화가 아이에게 주는 좋은 영향이란 무엇인가?

1 평소부터 경어를 쓰게 된다.
2 지식이 풍부해진다.
3 친구를 사귀는 계기가 된다.
4 장래의 꿈을 실현하는 데 도움 된다.

해설　필자는 전문적인 분야를 다룬 만화를 읽음으로써 지식을 풍부하게 할 수 있다고 말하고 있다. 따라서 2번이 정답이다. 경어에 접할 수 있다고만 설명한 것뿐이기 때문에 1번은 정답이 아니고, 3번은 본문에서 언급하지 않은 내용이기 때문에 정답이 아니다. 장래의 꿈을 가지는 계기가 될 수 있다고 한 것이기 때문에 4번 역시 정답이 아니다.

15 이 문장에서 필자가 가장 말하고 싶은 것은 무엇인가?

1 만화는 아이에게 나쁜 영향을 주기 때문에 아이에게 만화를 읽게 하지 않는 부모가 있다.
2 아이가 어릴 때는 부정적인 영향력을 끼칠지도 모를 것 같은 만화는 읽게 하지 않는 등의 대책을 취할 수 있다.
3 만화는 다양한 긍정적 요소가 있기 때문에 아이에게 많이 읽게 하고 싶다.
4 만화는 아이에게 좋은 영향도 나쁜 영향도 주기 때문에 만화와의 어울리는 방식을 생각하는 것이 중요하다.

해설　필자는 그냥 만화를 부정할 것이 아니라, 만화와의 어울리는 방식을 생각하는 것이 중요하다고 주장하고 있기 때문에 4번이 정답이다. 1, 2번은 필자가 언급한 내용이긴 하지만, 가장 말하고 싶은 것은 아니기 때문에 정답이 아니고, 3번은 아이에게 많이 읽게 하고 싶다고 언급은 하지 않았기 때문에 정답이 아니다.

단어　漫画(まんが) 만화 | 新刊(しんかん) 신간 | 発売(はつばい) 발매 | こつこつ 꾸준히 | 貯(た)める 모으다 | お小遣(こづか)い 용돈 | 手(て)にする 손에 들다 | 書店(しょてん) 서점 | 向(む)かう 향하다 | ~ものだ ~하곤 했다 | ところが 그런데 | 親(おや) 부모님 | さらには 나아가서는 | 影響(えいきょう) 영향 | 与(あた)える 주다 | 下品(げひん)だ 상스럽다 | 表現(ひょうげん) 표현 | 暴力的(ぼうりょくてき)だ 폭력적이다 | 小説(しょうせつ) 소설 | 文字(もじ) 글자 | ~恐(おそ)れがある ~할 우려가 있다 | 含(ふく)む 포함하다 | 役立(やくだ)つ 도움이 되다 | 普段(ふだん) 평소 | 会話(かいわ) 회화 | 敬語(けいご) 경어 | 日常(にちじょう) 일상 | 耳(みみ)にする 듣다 | 機会(きかい) 기회 | ~ざるを得(え)ない ~하지 않을 수 없다, ~하지 않으면 안 된다 | 触(ふ)れる 접하다 | 意義深(いぎぶか)い 뜻깊다 | 様々(さまざま)だ 다양하다 | 分野(ぶんや) 분야 | 知識(ちしき) 지식 | 手(て)に入(い)れる 손에 넣다 | 宇宙(うちゅう) 우주 | 科学(かがく) 과학 | 専門的(せんもんてき)だ 전문적이다 | 話題(わだい) 화제 | 扱(あつか)う 다루다 | 豊(ゆた)かだ 풍부하다 | きっかけ 계기 | 医療(いりょう) 의료 | もたらす 가져오다, 초래하다 | 否定(ひてい) 부정 | 付(つ)き合(あ)う 어울리다 | 述(の)べる 서술하다 | 決(けっ)して 결코 | 対策(たいさく) 대책 | 小説化(しょうせつか) 소설화 | 出版(しゅっぱん) 출판 | 書物(しょもつ) 도서 | 価値(かち) 가치 | 筆者(ひっしゃ) 필자 | 実現(じつげん) 실현 | 及(およ)ぼす 끼치다 | ~かねない ~할지도 모른다 | 肯定的(こうていてき) 긍정적 | 要素(ようそ) 요소

(6)

'일본어의 혼란'이란 말이 있다. 현재 표준이라고 여겨지고 있는 일본어에서 벗어난 표현을 이렇게 부른다고 한다. 예를 들면 '먹을 수 있다(食べれる)' 등의 'ら'를 뺀 말은 표준이 아니라고 여겨져 뉴스 프로그램이나 신문 등에서는 사용하는 것이 망설여지는 것 같다. ら를 뺀 말 이외에도 흐트러진 말을 사용하는 사람이 계속 늘고 있어 '올바른 일본어를 사용해야 한다'라고 주장하는 사람이 있다. 하지만 그들이 말하는 '올바른 일본어'란 무엇일까? 나는 이 질문에 대해서 답은 하나가 아니라고 생각하고 있다. 왜냐하면 어떤 말이 옳은지 어떤지는 그 말을 사용하는 사람의 '올바른 일본어'의 기준에 따라 다르기 때문이다.

말은 시간과 함께 변화하는 것이다. 예를 들어 천년 전의 일본어와 현대의 일본어를 비교하면 말의 의미도 문법도 전혀 다르다. 실제, ① 현대의 일본인이 헤이안 시대의 고전문학을 그대로 읽는다면 대부분(주석1)의 사람은 그 내용을 반도 이해할 수 없을 것이라고 생각한다. 더 가까운 예로 생각해도, 젊은 사람과 연배가 있는 사람은 사용 언어에 차이가(주석2) 보인다. 말이 시간과 함께 변화하는 예시로서 어느 시대에 '일본어의 혼란'으로 여겨지고 있는 말이 시간이 지남과 동시에 시민권을 얻어 '일본어의 혼란'으로서 취급되지 않게 된 말이 있다. 예를 들면 '여쭙다, 찾아뵙다(お伺いする)'는 겸양어 'お~する'와 '가다(行く)'의 겸양어 '여쭙다, 찾아뵙다(伺う)'가 결합된, 이른바 이중 경어이고 올바른 경어가 아니라는 목소리가 많았다. 그런데 최근 ② '여쭙다, 찾아뵙다(お伺いする)'를 비롯한 이중 경어 표현을 일상생활에서 자주 듣게 된 것으로부터 시민권을 얻고 있다고 말할 수 있을 것이다. 현재 '일본어의 혼란'이라고 여겨지는 표현도 계속 사용되어 가는 동안에 '올바른 일본어'가 될 가능성은 충분히 생각할 수 있다.

이처럼 말이 변화하는 것은 당연한 것이다. 처음 소개한 'ら'를 뺀 말 '먹을 수 있다(食べれる)'는 연배가 있는 사람에게 있어서는 '말의 혼란'이라도, 젊은 사람에게 있어서는 '올바른 일본어'로 생각되고 있을지도 모른다. 이런 예시로부터 같은 시대를 사는 사람들조차도 연대에 따라 사용되는 말이나 말에 대한 사고방식이 전혀 다르기 때문에 '올바른 일본어'란 무엇이냐고 묻는 것은 꽤 어려운 질문이 아닐까? 그렇기 때문에 나는 '올바른 일본어'라는 관념을 신경 쓰지 않을뿐더러 '올바른 일본어를 써야 한다'라고도 생각하고 있지 않다.

(주석1) 헤이안 시대 : 일본의 역사 시대의 일부분(794년~1192년 사이)
(주석2) 연배 : 노인
(주석3) 시민권을 얻고 : 여기서는 일부에서만 행해지던 것이 세간에 인정받아 일반화되어서

16 필자가 ①과 같이 서술하는 이유는 무엇인가?

1 현대의 일본어와 헤이안 시대의 일본어에는 의미가 다른 말이 많기 때문에
2 현대의 일본어와 헤이안 시대의 일본어에는 문자가 다르기 때문에
3 현대의 일본어와 헤이안 시대의 일본어는 다른 언어이기 때문에
4 헤이안 시대의 일본어는 '올바른 일본어'가 아니기 때문에

해설 앞부분에 言葉は時間とともに変化するものである。例えば、千年前の日本語と現代の日本語を比べると、言葉の意味も文法もまるで違う。(말은 시간과 함께 변화하는 것이다. 예를 들어 천년 전의 일본어와 현대의 일본어를 비교하면 말의 의미도 문법도 전혀 다르다.)라고 말하고 있다. 따라서 1번이 정답이다.

17 ②'여쭙다, 찾아뵙다(お伺いする)'가 '말의 혼란'이라고 취급되지 않게 된 이유는 무엇인가?

1 두 개의 겸양어가 결합된 이른바 이중 경어이기 때문에
2 '여쭙다, 찾아뵙다(お伺いする)'의 사용이 보급되어 일반화되고 있기 때문에
3 '일본어의 혼란'이라고 여겨지고 있는 표현은 어느 것도 장래에 '올바른 일본어'가 되기 때문에
4 뉴스 프로그램이나 신문에서 많이 쓰이기 때문에

해설 본문에서 이중 경어의 사용은 보급되고 있기 때문에 시민권을 얻고 있다고 말할 수 있다고 언급하고 있다. 따라서 2번이 정답이다. 이중 경어라는 사실이 '말의 혼란'으로 취급되지 않게 된 이유는 아니므로 1번은 정답이 아니고, '일본어의 혼란'이라고 여겨지는 표현 모두가 장래에 올바른 일본어가 되는 것은 아니므로 3번도 정답이 아니다. 4번은 본문에서 언급하지 않은 내용이기 때문에 정답이 아니다.

18 필자가 이 문장에서 가장 말하고 싶은 것은 무엇인가?

1 말은 시간과 함께 변화해 가기 때문에 '말의 혼란'이라는 표현은 쓰지 않는 편이 좋다.
2 '올바른 일본어를 사용해야 한다'라고 주장하는 사람들은 틀렸다.
3 현재 '일본어의 혼란'이라고 여겨지고 있는 것은 장래 '올바른 일본어'가 된다.
4 '올바른 일본어'의 기준은 사람마다 다르기 때문에 '올바른 일본어'란 무엇인가라는 질문에 대한 답이 하나라고는 할 수 없다.

해설 필자는 '올바른 일본어'란 무엇일까?라는 질문에 단 하나만의 답은 없다고 생각하며, 이는 '올바른 일본어'의 기준이 사람마다 다르기 때문이라고 주장하였다. 따라서 4번이 정답이다.

단어 乱(みだ)れ 혼란, 흐트러짐 | 現在(げんざい) 현재 | 標準(ひょうじゅん) 표준 | 外(はず)れる 벗어나다 | 表現(ひょうげん) 표현 | 抜(ぬ)く 빼다 | 番組(ばんぐみ) 방송, 프로그램 | ためらう 망설이다, 주저하다 | 乱(みだ)れる 흐트러지다 | ~つつある ~하고 있다 | 主張(しゅちょう) 주장 | 問(と)い 질문 | 基準(きじゅん) 기준 | 異(こと)なる 다르다 | 変化(へんか) 변화 | 現代(げんだい) 현대 | まるで 마치, 꼭, 전혀 | 実際(じっさい) 실제 | 平安時代(へいあんじだい) 헤이안 시대 | 古典文学(こてんぶんがく) 고전문학 | 大半(たいはん) 태반, 대부분 | 理解(りかい) 이해 | 身近(みぢか)だ 가깝다, 친근하다 | 例(れい) 예시 | 年配(ねんぱい) ~와/과 함께, ~함에 따라 | 年配(ねんぱい) 연배, 중년 | 経(た)つ 지나다, 경과하다 | 市民権(しみんけん) 시민권 | 得(え)る 얻다 | 扱(あつか)う 취급하다 | 伺(うかが)う 여쭙다, 찾아뵙다(겸양어) | 謙譲語(けんじょうご) 겸양어 | 組(く)み合(あ)わさる 결합되다 | いわゆる 소위, 이른바 | 二重(にじゅう) 이중 | 敬語(けいご) 경어 | 日常生活(にちじょうせいかつ) 일상생활 | たびたび 여러 번, 자주, 번번이 | 耳(みみ)にする 듣다 | 可能性(かのうせい) 가능성 | 当然(とうぜん) 당연 | 問(と)う 묻다 | 観念(かんねん) 관념 | お年寄(としよ)り 노인 | 世間(せけん) 세간 | 認(みと)める 인정하다 | 一般化(いっぱんか) 일반화 | 筆者(ひっしゃ) 필

자 | 普及(ふきゅう) 보급 | ～とは限(かぎ)らない (반드시) ~라고는 할 수 없다

정보검색 실전 연습 문제　　　　　442p

1 ②	2 ②	3 ①	4 ③	5 ④
6 ②	7 ④	8 ①	9 ④	10 ②
11 ④	12 ③			

문제14 오른쪽 페이지는, 캠프장 이용 안내이다. 아래의 물음에 대한 답으로서 가장 알맞은 것을, 1·2·3·4에서 하나 고르세요.

(1)

1 야마모토 씨는 아내와 초등학생인 2명의 아이, 친구 부부와 반려견 1마리를 데리고 차 2대로 캠핑장을 이용하려고 생각하고 있다. 야마모토 씨의 이용 희망일은 9월 10일이다. 야마모토 씨는 얼마 요금을 지불하는가?

1 6,100엔
2 7,100엔
3 8,100엔
4 9,100엔

해설 야마모토 씨 일행의 이용 조건은 ①어른 4명 ②초등학생 2명 ③애완 동물 1마리 ④자동차 2대로 캠핑장 이용 ⑤이용 희망일은 9월 10일이다. 각각의 요금은 어른 입장료 700엔×4명=2,800엔, 초등학생 입장료 500엔×2명=1,000엔, 반려동물 입장료 1마리=300엔, 9월 10일 자동차 2대로 캠핑장 이용=4,000엔(9월 이용료 3,000원+1대 추가로 1,000원), 9/1~9/16일 기간 내 일정에 예약하는 경우는 1,000엔 할인이 있으므로 2번 7,100엔이 정답이다.

2 코바야시 씨는 캠핑장을 9월 15일로 예약했지만, 9월 14일 밤에 다리를 다쳐서 취소하기로 했다. 현재 9월 14일 20시이다. 코바야시 씨는 이제부터 어떻게 하는가?

1 전화로 취소한다고 전하고 요금의 50%를 지불한다.
2 전화로 취소한다고 전하고 요금의 100%를 지불한다.
3 전화로 취소한다고 전하고 취소료를 지불할 필요는 없다.
4 인터넷으로 취소한다고 전하고 요금의 50%를 지불한다.

해설 전날 또는 당일의 경우는 전화로만 예약 취소를 할 수 있고, 신청 접수 시간인 9시부터 17시 사이에만 전화가 가능하다. 하지만 현재 9월 14일 20시이므로 예약 취소 전화를 하는 것은 다음날 9월 15일 9시 이후가 된다. 예약 당일 취소 시 요금의 100%를 납부해야 하므로 2번이 정답이다.

【입장료】
어른 1명 700엔
고등학생 이하 1명 500엔
반려동물 1 마리 300엔

체크인 PM 11:30
체크아웃 AM 11:00

【캠핑장 이용료】

캠핑장 (차 1대일 경우)	7~8월	4,000원
	5~6, 9~10월	3,000원
	11~4월	2,000원

※ 차량 두 대 이후는 한 대당 1,000엔을 추가로 지불해야 합니다.

【이득인 정보】
이용 희망 일이 9/1~9/16일 기간 내인 경우, 캠핑장 이용료가 1,000엔 할인이 됩니다.
9/1~9/16일 기간 내 일정을 예약하신 손님은 전화 주신 경우에만 전날까지의 취소 수수료가 무료입니다.

【예약 방법】
예약은 인터넷 및 전화로 신청하실 수 있습니다. 신청 접수 시간은 9시부터 17시까지입니다.

【결제 방법】
요금 결제는 현금으로만 가능합니다. 당일 접수처에서 요금을 지불해 주십시오.

【예약 취소에 대해서】
예약 취소는 메일 또는 전화로 예약 접수 시간 내에 연락해 주십시오. 전날 또는 당일 취소는 전화로만 받고 있습니다.
또한 예약하신 날의 전일 또는 전전일에 취소한 경우, 요금의 50%, 당일은 100%를 지불해 받겠습니다.

단어 キャンプ場(じょう) 캠핑장 | 妻(つま) 아내 | 小学生(しょうがくせい) 초등학생 | 友人(ゆうじん) 친구 | 夫婦(ふうふ) 부부 | ペット 반려동물 | 一匹(いっぴき) 한 마리 | 連(つ)れる 데리고 가(오)다 | ～台(だい) ~대 | 希望日(きぼうび) 희망일 | 料金(りょうきん) 요금 | 支払(しはら)う지불하다 | キャンセル 캔슬, 취소 | 現在(げんざい) 현재 | 入場料(にゅうじょうりょう) 입장료 | チェックイン 체크인 | チェックアウト 체크아웃 | 利用料(りようりょう) 이용료 | ～目(め) ~번째 | 以降(いこう) 이후 | 追加(ついか) 추가 | ～引(び)き ~할인 | 日程(にってい) 일정 | 無料(むりょう) 무료 | ネット 인터넷 | および 및 | 申(もう)し込(こ)む 신청하다 | 受付(うけつけ) 접수 | 現金(げんきん) 현금 | 当日(とうじつ) 당일 | メール 메일 | 承(うけたまわ)る 받다 | 前日(ぜんじつ) 전일, 전날 | 前々日(ぜんぜんじつ) 전전일, 전전날

문제14 오른쪽 페이지는, 도서관의 복사 서비스 안내이다. 아래의 물음에 대한 답으로서 가장 알맞은 것을, 1·2·3·4에서 하나 고르세요.

(2)

3 다나카 씨는 2층에 있는 도서의 11페이지부터 20페이지까지를 한 장씩 흑백 복사하고 싶다. 어디서 얼마를 지불하는가?

1 창구에서 250엔 지불한다.

2 창구에서 100엔 지불한다.
3 복사기의 장소에서 250엔 지불한다.
4 복사기의 장소에서 100엔 지불한다.

해설 다나카 씨는 2층에 있는 도서를 복사를 희망하기 때문에 직원이 복사하게 되며 11쪽부터 20쪽까지를 1장씩 10장을 흑백 복사하므로 요금은 250엔이다. 또한 직원 복사의 경우 요금 지불은 창구에서 해야 하므로 1번이 정답이다.

4 다음 중, 이 도서관에서 복사할 수 있는 것은 어느 것인가?

1 자신이 산 최신호의 전체 80페이지의 잡지 3페이지부터 5페이지까지
2 1층에 놓여 있는 전체 140페이지의 도서 31페이지부터 120페이지까지
3 전부 해서 150페이지인 작년 잡지의 25페이지부터 50페이지까지
4 2층에 놓여 있는 A5 사이즈 도서의 확대 복사

해설 주의사항에서 잡지 최신호는 복사할 수 없고 또한 본 도서관에 놓여 있는 자료 이외의 것은 복사 대상 외라고 언급하고 있기 때문에 1번은 정답이 아니다. 2번은 도서는 전체의 절반의 페이지 수를 넘어가기 때문에 정답이 아니다. 복사 사이즈는 축소, 확대할 수 없기 때문에 4번도 정답이 아니다. 따라서 전체 페이지의 절반 이하를 복사하는 3번이 정답이다.

본 도서관에서는 자료의 복사 서비스를 실시하고 있습니다. 복사를 희망하시는 분은 아래의 절차에 따라서 신청해 주십시오.
이용자 본인이 복사기를 사용하여 복사하는 셀프서비스로 하거나 직원에게 여쭤봐 주십시오.

【접수 시간】
월~금 9:00~19:30
토일・공휴일 9:00~16:30

【복사 요금】
흑백 : 사이즈를 불문하고 1장 25엔 (셀프서비스의 경우 1장 10엔)
컬러 : B4 사이즈 이하 1장 55엔 / A3 사이즈 1장 130엔 (셀프서비스의 경우 B4 이하 1장 30엔, A3 사이즈 1장 100엔)

【신청의 흐름】

◆ 직원이 복사하는 경우	◆ 셀프서비스로 복사할 경우
① 복사 신청서에 복사하고 싶은 자료명과 복사할 페이지 번호 및 신청자의 성명, 이용자 번호를 기입해 주십시오.	① 복사 신청서에 복사하고 싶은 자료명과 복사할 페이지 번호 및 신청자의 성명, 이용자 번호를 기입해 주십시오.
② 복사 신청서와 복사하고 싶은 자료를 접수창구에 제출해 주십시오. 이때 번호표를 건네드리겠습니다.	② 복사기에 요금을 넣고 복사를 해 주십시오.
③ 복사가 끝나면 번호로 부르겠습니다. 불리면 창구에 번호표를 제출해 주십시오.	③ 복사한 자료와 신청서를 창구로 가져와 주십시오. 직원이 페이지 수를 확인하겠습니다.
	④ 창구에서 요금을 결제해 주십시오.

※ 주의
・이용자가 셀프서비스로 복사할 경우, 복사할 수 있는 자료는 1층의 도서에 한합니다.
・복사 사이즈의 축소・확대는 할 수 없습니다.
・법률에 의해 도서는 전체의 절반의 페이지 수까지밖에 복사할 수 없습니다.
・당일의 신문 및 잡지의 최신호는 복사를 할 수 없습니다.
・본 도서관에 놓여 있는 자료 이외의 것은 복사 대상 외로 되어 있습니다.

단어 コピー 복사 | サービス 서비스 | 案内(あんない) 안내 | 図書(としょ) 도서 | ページ 페이지 | ~枚(まい) ~장 | 白黒(しろくろ) 흑백 | 窓口(まどぐち) 창구 | コピー機(き) 복사기 | 最新号(さいしんごう) 최신호 | 全(ぜん)~ 전, 전체~ | サイズ 사이즈, 크기 | 拡大(かくだい) 확대 | 本(ほん)~ 본~ | 資料(しりょう) 자료 | 行(おこな)う 실시하다, 행하다 | 希望(きぼう) 희망 | 手順(てじゅん) 순서, 절차 | ~に従(したが)って ~에 따라서 | 申(もう)し込(こ)む 신청하다 | 利用者(りようしゃ) 이용자 | 本人(ほんにん) 본인 | セルフサービス 셀프서비스 | 職員(しょくいん) 직원 | お声掛(こえが)けください 말씀해 주세요, 말 걸어 주세요 | 受付(うけつけ) 접수 | 料金(りょうきん) 요금 | ~を問(と)わず ~을/를 불문하고 | カラー 컬러 | 流(なが)れ 흐름 | 申込書(もうしこみしょ) 신청서 | および 및 | 氏名(しめい) 성명 | 記入(きにゅう) 기입 | 提出(ていしゅつ) 제출 | この際(さい) 이때 | 番号札(ばんごうふだ) 번호표 | 確認(かくにん) 확인 | 限(かぎ)る 한하다 | 縮小(しゅくしょう) 축소 | 法律(ほうりつ) 법률 | 全体(ぜんたい) 전체 | 半分(はんぶん) 반, 절반 | 対象外(たいしょうがい) 대상 외

문제14 오른쪽 페이지는, 시민 회관을 빌릴 때의 안내이다. 아래의 물음에 대한 답으로서 가장 알맞은 것을, 1・2・3・4에서 하나 고르세요.

(3)

5 후지야마 시에 살고 있는 피아니스트 하나다 씨는 태어나고 자란 사쿠라 시의 시민 회관에서 콘서트를 열려고 생각하고 있다. 콘서트는 유료로 500명 정도를 모아서 진행할 예정이다. 준비나 정리도 포함해서 밤 5시부터 9시까지 4시간 빌리면 사용료는 얼마가 되는가?

1 27,000엔
2 54,000엔
3 81,000엔
4 108,000엔

해설 하나다 씨는 500명 정도를 모아 밤 5시부터 9시까지 4시간을 빌리려고 하고 있기 때문에 대형 홀을 사용해야 한다. 해당 시간의 대형 홀 사용료는 1시간당 13,500엔으로 4시간 사용료는 54,000엔이다. 또한 하나다 씨는 사쿠라 시가 아닌 후지야마 시에 살고 있고 유료 콘서트를 개최할 예정이므로 요금은 2배(54,000엔×2=108,000엔)가 된다. 따라서 4번이 정답이다.

6 사쿠라 시에 살고 있는 마루야마 씨는 10월 10일에 무료 스터디를 열기 위해서 제2회의실을 오후 2시부터 4시까지 예약했다. 시민 회관에서 사용 허가 전화가 왔기 때문에 절차를 진행하고 싶다고 생각하고 있다. 마루야마 씨는 이제부터 무엇을 하지 않으면 안 되는가?

1 10월 3일까지 창구에 가서 사용 신청서를 내고 사용 허가증을 받는다.
2 10월 3일까지 창구에 가서 사용료 1,300엔을 현금으로 내고 사용 허가증을 받는다.
3 10월 1일까지 인터넷으로 사용료 1,300엔을 내고 창구에서 사용 허가증을 받는다.
4 10월 1일까지 인터넷으로 신청을 하고 3일까지 사용료 650엔을 지불한다.

해설 사쿠라 시에 살고 있는 마루야마 씨의 오후 2시부터 4시까지 개최되는 무료 스터디의 제2회의실 사용 요금은 650엔×2시간=1,300엔이다. 사용 허가 후에는 사용일 10월 10일의 일주일 전인 10월 3일까지 창구에서 사용 요금을 지불한 뒤 사용 허가증을 받아야 한다. 지불 방법은 현금에 한한다고 되어 있기 때문에 2번이 정답이다.

사쿠라 시민 회관의 이용 요금

장소	면적	최대 인원수	사용료 (17:00까지)	사용료 (17:00~21:00)
대(형) 홀	1718㎡	750명	9,000엔	13,500엔
중(형) 홀	848㎡	360명	4,500엔	6,750엔
소(형) 홀	312㎡	170명	2,200엔	3,300엔
제1회의실	55㎡	30명	1,000엔	1,500엔
제2회의실	39㎡	20명	650엔	980엔
제1다다미방	42㎡	20명	400엔	600엔
제2다다미방	25㎡	10명	300엔	450엔

※사용료는 1시간당 요금입니다.

【사쿠라 시에 살고 있는 분】
· 입장료를 받을 경우, 상기의 사용료에 50%를 뺀 요금을 지불하셔야 합니다.

【사쿠라 시 이외의 시에 살고 있는 분】
· 입장료를 받을 경우는 상기 요금의 2배의 요금이 됩니다.

【이용까지의 흐름】
① 인터넷이나 전화로 희망하는 방의 비어있는 상황을 확인하신 후, 예약을 해 주세요.
② 예약 후에 1층 창구에 사용 신청서를 제출해 주세요. 신청서는 창구에서 받아 가 주십시오. 또한 인터넷에서 다운로드도 가능합니다.
③ 신청서 내용을 확인한 후에 사용 허가 연락을 드리겠습니다. 사용 목적의 내용에 따라서는 사용을 거절하는 경우가 있습니다.
④ 사용일 1주일 전까지 창구에서 사용 요금을 지불해 주십시오. 사용 요금 지불과 신분증명서 확인을 한 후에 사용 허가증을 건네 드리겠습니다. 지불 방법은 현금에 한합니다.
⑤ 사용 당일은 사용 허가증과 신분증을 지참해 주십시오.

단어 市民会館(しみんかいかん) 시민 회관 | 際(さい) 때 | 案内(あんない) 안내 | ピアニスト 피아니스트 | 生(う)まれ育(そだ)つ 태어나고 자라다 | 開(ひら)く 열다 | 有料(ゆうりょう) 유료 | 片付(かたづ)け 정돈, 정리 | 含(ふく)める 포함하다 | 使用料(しようりょう) 사용료 | 無料(むりょう) 무료 | 勉強会(べんきょうかい) 스터디, 공부 모임 | 使用(しよう) 사용 | 許可(きょか) 허가 | 手続(てつづ)き 수속, 절차 | 進(すす)める 진행하다 | 窓口(まどぐち) 창구 | 申込書(もうしこみしょ) 신청서 | 許可書(きょかしょ) 허가서 | 現金(げんきん) 현금 | 利用料金(りようりょうきん) 이용 요금 | 面積(めんせき) 면적 | 最大人数(さいだいにんずう) 최대 인원수 | ホール 홀 | 和室(わしつ) 다다미방 | ~あたり ~당 | 入場料(にゅうじょうりょう) 입장료 | 上記(じょうき) 상기 | 支払(しはら)う 지불하다 | ~倍(ばい) ~배 | ネット 인터넷 | 希望(きぼう) 희망 | 空(あ)き状況(じょうきょう) 비어있는 상황 | 受(う)け取(と)る 수취하다, 받다 | ダウンロード 다운로드 | 可能(かのう)だ 가능하다 | 目的(もくてき) 목적 | ことわる 거절하다 | 身分証明書(みぶんしょうめいしょ) 신분증 | ~に限(かぎ)る ~에 한하다 | 当日(とうじつ) 당일

문제4 오른쪽 페이지는, 어떤 스포츠 헬스장의 입회 방법에 대한 안내이다. 아래의 물음에 대한 답으로서 가장 알맞은 것을, 1·2·3·4에서 하나 고르세요.

(4)

7 로스 씨는 반드시 주 2회 헬스장에 다니고 싶다고 생각하고 있다. 로스 씨는 월요일과 수요일의 18시부터와 금요일의 오전, 주말에 헬스장에 다닐 시간이 있지만, 금요일은 부정기적으로 동아리 활동이 있기 때문에 매주 다닐 수 있을지는 모른다. 로스 씨는 어떤 플랜을 신청하는가?

1 A 플랜
2 B 플랜
3 C 플랜
4 D 플랜

해설 로스 씨가 헬스장에 갈 수 있는 요일과 시간대는 ①월요일과 수요일 18시부터 ②금요일 오전(매주 갈 수 있을지 모름) ③주말이다. 이 헬스장의 휴관일은 매주 수요일이고 반드시 주 2회는 헬스장에 다니고 싶다고 하고 있기 때문에 이 조건에 맞는 것은 D 플랜이다. 따라서 4번이 정답이다. A, B, C는 모두 평일에 이용 가능하고 월요일은 이용할 수 있지만, 수요일은 휴관일이고 금요일은 갈 수 있을지 확실하지 않기 때문에 로스 씨가 희망하는 주 2회를 채울 수 없으므로 정답이 아니다.

8 프랑코 씨는 19세의 학생이다. 프랑코 씨가 입회 신청에 필요한 것은 무엇인가?

1 신용카드와 본인 확인 서류
2 신용카드와 현금 4,400엔
3 본인 확인 서류와 현금 4,400엔
4 현금 4,400엔과 신용카드와 본인 확인 서류

해설 프랑코 씨는 19세로 20세 미만이므로 입회 신청을 하기 위해서는 직

접 내점해야 한다. 이때 본인 확인 서류가 필요하다. 또한 입회 시에 입회금 3,300엔을 지불해야 하며 직접 내점하는 경우 입회금을 그때 지불해야 하며 현금 취급은 하지 않는다고 본문에서 언급하고 있다. 따라서 1번이 정답이다.

입회 안내

【사전 확인】
· 입회하실 수 있는 것은 18세 이상의 분 만입니다.
· 입회 시에 입회금으로서 3,300엔(세금 포함)이 발생합니다.
· **매주 수요일은 휴관일입니다.**

【신청 방법】
· 직접 내점하시거나 아래의 QR코드 혹은 URL에서 인터넷 신청용 페이지에서 신청해 주십시오.
· 직접 내점하실 때의 접수 시간은 9:00~22:00 사이입니다.
· 또한 **인터넷에서의 신청은 20세 이상의 분에게만 한합니다. 20세 미만인 분은 직접 내점하셔서 신청해 주십시오.**

◆ 신청에 있어서 요금 플랜을 아래 4가지 중에서 선택해 주십시오.

플랜	요금	내용
A 플랜	6,000엔/월	평일 10시부터 18시까지의 사이에 이용하실 수 있습니다. 이용은 주 2회까지입니다.
B 플랜	7,000엔/월	평일 18시부터 22시까지의 사이에 이용하실 수 있습니다. 이용은 주 2회까지입니다.
C 플랜	8,000엔/월	평일 모든 시간에 이용하실 수 있습니다. 이용은 주 2회까지입니다.
D 플랜	9,500엔/월	토요일과 일요일 모든 시간에 이용하실 수 있습니다.

【신청에 필요한 것】
① 입회금 3,300엔(세금 포함)
② 회원 카드 발행 수수료 1,100엔(세금 포함)
③ 신용카드
④ 본인 확인 서류(내점하시는 분만)

【입회금 결제 방법】
신청 확인 후, 1주일 이내에 가지고 계신 신용카드로 결제해 주십시오. 직접 내점하실 경우에는 그때 결제해 주십시오. **현금 취급은 하고 있지 않습니다.**
결제 방법의 자세한 내용은 메일 또는 접수처에서 알려드리겠습니다.

단어 スポーツジム 스포츠 헬스장 | 入会(にゅうかい) 입회 | 案内(あんない) 안내 | 問(と)い 물음 | 不定期(ふていき) 부정기 | サークル 동아리, 서클 | 活動(かつどう) 활동 | プラン 플랜 | 申(もう)し込(こ)む 신청하다 | 申(もう)し込(こ)み 신청 | クレジットカード 신용카드 | 本人確認書類(ほんにんかくにんしょるい) 본인 확인 서류 | 現金(げんきん) 현금 | 事前(じぜん) 사전 | 確認(かくにん) 확인 | ~のみ ~뿐, 만 | 税込(ぜいこみ) 세금 포함 | 発生(はっせい) 발생 | 休館日(きゅうかんび) 휴관일 | 直接(ちょくせつ) 직접 | 来店(らいてん) 내점 | QR(キューアール)コード QR(큐알)코드 | もしくは 또는, 혹은 | URL(ユーアールエル) URL(유알엘) | 受付(うけつけ) 접수 | なお 더구나, 또한 | ~に限(かぎ)る ~에 한하다

다 | 未満(みまん) 미만 | ~にあたり ~에 있어서 | 種類(しゅるい) 종류 | 全(すべ)て 모두 | 発行(はっこう) 발행 | 手数料(てすうりょう) 수수료 | お手持(ても)ち 가지고 있음, 수중 | その場(ば) 그 자리 | 取(と)り扱(あつか)い 취급 | 詳細(しょうさい) 상세한 내용

문제 14 오른쪽 페이지는, 어떤 대학 공개 강좌 공지이다. 아래의 물음에 대한 답으로서 가장 알맞은 것을, 1·2·3·4에서 하나 고르세요.

(5)

9 야마다 씨는 평일에 무언가 외국어 강좌를 들으려고 생각하고 있다. 처음인 사람이라도 들을 수 있는 강좌로 밤 7시부터인 아르바이트와 겹치지 않는 시간대에 듣고 싶다고 생각하고 있다. 야마다 씨가 들을 수 있는 것은 어느 강좌인가?

1 중국어 강좌
2 프랑스어 강좌
3 스와힐리어 강좌
4 튀르키예어 강좌

해설 야마다 씨가 들으려는 외국어 강좌의 조건은 ①평일에 처음인 사람도 받을 수 있는 강좌(초급) ②밤 7시부터인 아르바이트와 겹치지 않는 시간대의 수업이다. 따라서 이 조건에 맞는 수업은 4번 튀르키예어 강좌이다. 1번 중국어 강좌는 중급 레벨이고 아르바이트 시간대와 겹치므로 정답이 아니고, 2번 프랑스어 강좌는 평일이 아니므로 정답이 아니다. 그리고 3번 스와힐리어 강좌는 아르바이트 시간대와 겹치므로 정답이 아니다.

10 야마다 씨는 강좌에 신청하기로 정했다. 어떻게 신청하면 좋은가?

1 8월 31일까지 메일로 신청하고 사무국의 지시에 따라서 9월 15일까지 카드로 지불한다.
2 8월 31일까지 인터넷 전용 페이지에서 신청하고 9월 15일까지 은행이나 카드로 지불한다.
3 9월 15일까지 은행이나 카드로 지불하고 나서 인터넷 전용 페이지에서 신청한다.
4 9월 15일까지 대학 접수창구에서 신청하고 동시에 신용카드로 지불한다.

해설 강좌 신청 마감일은 '8월 31일(화요일)'까지다. 강좌 신청 방법은 QR코드 또는 URL에서 인터넷 신청 전용 페이지에서 신청하고 강좌 요금 납부 방법은 신청 확인 후, 9월 15일까지 은행 이체나 신용카드로 결제하며 결제 방법에 대해서는 사무국에서 메일로 연락을 준다고 본문에서 언급하고 있다. 따라서 2번이 정답이다.

키타야마 대학 외국어 공개 강좌 공지

강좌명	일정	시간	요금
중국어 중급	10/1~12/24 (매주 금요일·전체 12회)	18:30~20:30	25,000엔
프랑스어 초급	10/2~12/11 (매주 토요일·전체 11회)	10:00~12:00	22,000엔
스와힐리어 초급	10/7~12/13 (매주 목요일·전체 12회)	19:30~21:00	25,000엔

튀르키예어 초급	10/4~12/21 (매주 월요일·전체 12회)	16:00~17:30	25,000엔
인도네시아어 초급	10/2~12/18 (매주 토요일·전체 12회)	14:00~15:30	24,000엔

장소 : 키타야마 대학 사쿠라 마을 캠퍼스 A관
신청 마감 : 8월 31일(화요일)
대상 : 18세 이상의 분이면 누구나 수강 가능합니다.

신청 방법
아래의 QR코드 혹은 URL에서 인터넷 신청 전용 페이지에서 신청해 주십시오. 전화나 메일로의 신청은 받고 있지 않습니다. (메일로의 문의에는 회신하겠습니다.)

결제 방법
신청 확인 후, 9월 15일까지 은행 이체이나 신용카드로 결제해 주십시오. 방법에 대해서는 사무국에서 메일로 연락드리겠습니다. 대학 접수 창구에서는 결제할 수 없으므로 주의해 주십시오.

※ 교과서 등의 비용은 수업료에 포함되어 있지 않습니다.
※ 지정 일시까지 수강료를 결제하지 않은 경우, 취소되오니 주의해 주십시오.

단어 講座(こうざ) 강좌 | お知(し)らせ 공지 | 問(と)い 물음 | ~に対(たい)する ~에 대한 | 平日(へいじつ) 평일 | 重(かさ)なる 겹치다 | 時間帯(じかんたい) 시간대 | スワヒリ語(ご) 스와힐리어 | トルコ語(ご) 튀르키예어 | 申(もう)し込(こ)む 신청하다 | 事務局(じむきょく) 사무국 | 指示(しじ) 지시 | ~に従(したが)って ~에 따라서 | 支払(しはら)う 지불하다 | 専用(せんよう) 전용 | 受付(うけつけ) 접수 | 窓口(まどぐち) 창구 | 同時(どうじ) 동시 | 日程(にってい) 일정 | 料金(りょうきん) 요금 | 中級(ちゅうきゅう) 중급 | 全(ぜん)~ 전, 전체 | 初級(しょきゅう) 초급 | インドネシア語(ご) 인도네시아어 | キャンパス 캠퍼스 | 申(もう)し込(こ)み 신청 | 締(し)め切(き)り 마감 | 対象(たいしょう) 대상 | 参加(さんか) 참가 | 可能(かのう) 가능하다 | 方法(ほうほう) 방법 | QR(キューアール)コード QR(큐알)코드 | もしくは 또는, 혹은 | URL(ユーアールエル) URL(유알엘) | 受(う)け付(つ)ける 접수하다 | 問(と)い合(あ)わせ 문의 | 返信(へんしん) 회신 | 銀行(ぎんこう)振(ふ)り込(こ)み 은행 이체 | 教科書(きょうかしょ) 교과서 | 費用(ひよう) 비용 | ~料(りょう) ~료 | 含(ふく)む 포함하다 | 指定(してい) 지정 | 日時(にちじ) 일시 | キャンセル 취소

문제14 오른쪽 페이지는, 예약제 미술관 이용 안내이다. 아래의 물음에 대한 답으로서 가장 알맞은 것을, 1·2·3·4에서 하나 고르세요.

(6)

11 혼다 씨는 아내와 초등학생 아이 2명과 가족 4명에서 이 미술관에 방문할 예정이다. 일과 아이의 학교 관계의 일을 고려하면 토일 중 어느 쪽인가에 밖에 갈 수 없다. 혼다 씨가 예약할 수 있는 것은 언제인가?

1 15일 12:00~15:00과 16일 9:00~12:00
2 16일 12:00~15:00과 15:00~17:30
3 16일 12:00~15:00과 17일 12:00~15:00
4 16일 12:00~15:00과 17일 15:00~17:00

해설 혼다 씨는 '토일 중 어느 쪽인가에 밖에 갈 수 없다'라고 하였고 혼다 씨의 가족은 4명이므로 현재 해당 요일에 잔여 수가 있는 일시 '16일 12:00~15:00'와 '17일 15:00~17:00' 이 된다. 따라서 4번이 정답이다.

12 야스모토 씨는 14일 오후에 미술관에 갈 예정이었지만, 14일은 10시부터 18시까지 일이 들어가 못 가게 됐기 때문에 13일인 오늘 가기로 했다. 현재 오전 11시이다. 지금부터 예약할 수 있는 티켓은 어느 것인가?

1 9:00~12:00의 티켓
2 12:00~15:00의 티켓
3 15:00~17:00의 티켓
4 17:00~18:30의 티켓

해설 본문에서 '이용을 희망하는 날의 2시간 전까지는 예약해 주십시오.' 라고 했으므로 오전 11시부터 예약할 수 있는 것은 13:00 이후이다. 13일 예약 상황에서 티켓 잔여량이 있는 것은 '15:00~17:00'이다. 따라서 3번이 정답이다.

본관은 일시 지정 예약제로 되어 있습니다. 입장은 폐관 시간 30분 전까지로 되어 있습니다.
예약 캘린더에서 비어 있는 상황을 확인하신 후, 티켓을 예약해 주십시오.

【예약 캘린더】

희망일	비어 있는 상황	희망일	비어 있는 상황
10/13 (수)	9:00~12:00 잔여 수 19 12:00~15:00 잔여 수 14 15:00~17:00 잔여 수 3 17:00~18:30 매진	10/16 (토)	9:00~12:00 매진 12:00~15:00 잔여 수 7 15:00~17:00 매진 17:00~18:30 매진
10/14 (목)	9:00~12:00 잔여 수 26 12:00~15:00 잔여 수 19 15:00~17:00 잔여 수 2 17:00~18:30 매진	10/17 (일)	9:00~12:00 매진 12:00~15:00 매진 15:00~17:00 잔여 수 5 17:00~18:30 잔여 수 2
10/15 (금)	9:00~12:00 잔여 수 18 12:00~15:00 잔여 수 9 15:00~17:00 잔여 수 11 17:00~18:30 매진		

【티켓 요금】
성인(중학생 이상) 1,800엔
어린이(초등학생) 900엔
유아(초등학생 미만) 200엔

【개관 시간】
매일 9:00~19:00 / 월·수 정기휴일

※ 주의사항

- 티켓은 1인당 1장입니다.
- 이용을 희망하는 날의 2시간 전까지는 예약해 주십시오.
- 입관 후에는 폐관까지 시간의 제한 없이 이용하실 수 있습니다.
- 예약 후 일시 변경은 할 수 없습니다. 한 번 취소하고 재차 희망하는 일시로 예약을 다시 해 주십시오.

단어 予約制(よやくせい) 예약제 | 美術館(びじゅつかん) 미술관 | 案内(あんない) 안내 | 妻(つま) 아내 | 小学生(しょうがくせい) 초등학생 | 訪問(ほうもん) 방문 | 関係(かんけい) 관계 | 考慮(こうりょ) 고려 | 現在(げんざい) 현재 | チケット 티켓 | 当館(とうかん) 본관, 해당 관 | 日時(にちじ) 일시 | 指定(してい) 지정 | 入場(にゅうじょう) 입장 | 閉館(へいかん) 폐관 | カレンダー 캘린더 | 空(あ)き状況(じょうきょう) 비어있는 상황 | 確認(かくにん) 확인 | 希望日(きぼうび) 희망일 | 残数(ざんすう) 잔여 수 | 売(う)り切(き)れ 매진 | 料金(りょうきん) 요금 | 幼児(ようじ) 유아 | 未満(みまん) 미만 | 開館(かいかん) 개관 | 定休日(ていきゅうび) 정기휴일 | 制限(せいげん) 제한 | 変更(へんこう) 변경 | キャンセル 캔슬, 취소 | 再度(さいど) 재차, 다시 한번

청해

과제이해 실전 연습 문제　　　　　466p

| 1 ② | 2 ① | 3 ② | 4 ④ | 5 ③ |
| 6 ③ | 7 ② | 8 ① | 9 ④ | 10 ② |

　　　기본 버전 MP3　　　　　　배속 버전 MP3

문제1 문제1에서는, 먼저 질문을 들어주세요. 그리고 이야기를 듣고, 문제 용지의 1부터 4 중에서, 가장 알맞은 것을 하나 고르세요.

🎧 과제이해_실전연습문제_1번.mp3

会社で女の職員と男の職員が話しています。男の職員はこのあと何をしますか。

F：鈴木さん、今日、広告のモデルが決まるって言ってたよね。誰を採用することになったの？
M：はい、みんなで話し合った結果、この方と契約することになりました。
F：うちのブランドのイメージともよく合ってるしいいね。契約の条件は確認した？
M：はい、すべて確認済みです。
F：んー、でもこのモデルさん、何年か前に他の会社のモデルやってなかったっけ？SNSとかで見た気がするなあ。
M：確か、商品を提供してもらっただけだと思います。
F：その部分はしっかりしとかないと後で大変なことになり得るから確認が必要だね。
M：承知しました。彼女のキャリアを調べておきます。
F：あと、契約したら撮影場所と日程を決めないとね。モデルさんにスケジュールに関しても聞いてくれる？
M：契約後に打ち合わせがあるので、その時に確定できると思います。

1 男の職員はこのあと何をしますか。
1　契約の条件を確認する
2　モデルのキャリアを調べる
3　撮影場所と日程を決める
4　モデルのスケジュールを聞く

해석 회사에서 여자 직원과 남자 직원이 이야기하고 있습니다. 남자 직원은 이후 무엇을 합니까?

F：스즈키 씨, 오늘, 광고 모델이 결정된다고 말했었지. 누구를 채용하기로 되었어?
M：네, 다 같이 이야기 한 결과, 이 분과 계약하기로 되었습니다.
F：우리 브랜드 이미지와도 잘 맞고 좋네. 계약 조건은 확인했어?
M：네, 모두 확인이 끝났습니다.
F：음, 근데 이 모델분, 몇 년 전에 다른 회사 모델 하지 않았나? SNS 같은 데서 봤던 것 같은데.
M：아마 상품을 제공해 받은 것뿐이라고 생각합니다.
F：그 부분은 확실히 해 두지 않으면 나중에 큰일이 될 수 있으니까 확인이 필요하겠네.
M：알겠습니다. 그녀의 커리어를 조사해 두겠습니다.
F：그리고 계약하면 촬영 장소와 일정을 정해야지. 모델분에게 스케줄에 관해서도 물어봐 줄래?
M：계약 후에 사전 미팅이 있기 때문에 그때에 확정할 수 있을 거라고 생각합니다.

남자 직원은 이후 무엇을 합니까?
1 계약 조건을 확인한다
2 모델의 커리어를 조사한다
3 촬영 장소와 일정을 정한다
4 모델 스케줄을 묻는다

해설 여자가 모델이 이전 다른 회사의 모델이었던 것에 대해서 그 부분을 확실히 해 두라고 남자에게 말했다. 그리고 남자가 彼女のキャリアを調べておきます。(그녀의 커리어를 조사해 두겠습니다.)라고 했으므로 앞으로 모델의 커리어를 조사한다는 것을 알 수 있다. 따라서 2번이 정답이다. 계약 조건은 이미 확인했으므로 1번은 정답이 아니고, 촬영 장소와 일정, 모델의 스케줄은 계약 후 사전 미팅 때 확정할 수 있다고 했으므로 3, 4번도 정답이 아니다.

단어 職員(しょくいん) 직원 | 広告(こうこく) 광고 | モデル 모델 | 採用(さいよう) 채용 | 話(はな)し合(あ)う 서로 이야기하다 | 結果(けっか) 결과 | 契約(けいやく) 계약 | ブランド 브랜드 | イメージ 이미지 | よく合(あ)う 잘 맞다 | 条件(じょうけん) 조건 | 確認(かくにん) 확인 | ~済(ず)み (이미) ~완료, 끝남 | 気(き)がする 기분이 들다, 느낌이 들다 | 商品(しょうひん) 상품 | 提供(ていきょう) 제공 | 部分(ぶぶん) 부분 | なり得(う)る 될 수 있다 | 承知(しょうち) 알아들음 | キャリア 커리어, 경력 | 撮影(さつえい) 촬영 | 場所(ばしょ) 장소 | 日程(にってい) 일정 | スケジュール 스케줄 | ~に関(かん)して ~에 관해서 | 打(う)ち合(あ)わせ 사전 미팅 | 確定(かくてい) 확정

🎧 과제이해_실전연습문제_2번.mp3

大学で女の学生と男の学生が話しています。女の学生はこれからまず何をしなければなりませんか。

F：先輩、今週の土曜日のサークルのことなんですけど、いつも使ってる大学の体育館、週末は掃除するとかで使えないみたいなんです。

M：そうか。じゃあ、他の体育館を探すしかないね。大学の近くでどこかいい場所を知ってる？

F：最近できた駅前の運動場はどうですか。駅からすぐだし、きれいらしいですよ。あ、それから市役所の隣の体育館も広くていいですよ。

M：うん、駅から近いほうがいいな。

F：じゃあ、駅前にしましょうか。あ、ここは予約がいっぱいみたいですね。他に駅から近いところを探しましょうか。

M：そうだね、お願い。

F：どこも希望日が難しいようなら、今週の活動は無しにしますか。

M：うーん、もう一度他のところも探してもらって、もし予約ができなかったら、メンバーに連絡してそのことを伝えてもらえるかな？

F：はい、分かりました。

2 女の学生はこれからまず何をしなければなりませんか。

1 他の体育館を探す
2 サークルのメンバーに連絡する
3 駅前の運動場を予約する
4 市役所の隣の体育館を予約する

해석 대학에서 여자 학생과 남자 학생이 이야기하고 있습니다. 여자 학생은 이제부터 먼저 무엇을 하지 않으면 안 됩니까?

　　F：선배, 이번 주 토요일 동아리 말인데요, 항상 사용하고 있는 대학의 체육관, 주말에는 청소한다든지 해서 못 쓰는 것 같아요.
　　M：그렇구나. 그럼 다른 체육관을 찾을 수밖에 없겠네. 대학 근처에 어딘가 좋은 장소를 알고 있어?
　　F：최근 생긴 역 앞의 운동장은 어때요? 역에서부터 금방이고 깨끗하다고 해요. 아, 그리고 시청 옆의 체육관도 넓어서 좋아요.
　　M：응, 역에서 가까운 편이 좋지.
　　F：그럼 역 앞으로 할까요? 아, 여기는 예약이 꽉 찬 것 같아요. 다른 역에서 가까운 곳을 찾아볼까요?
　　M：그렇네, 부탁해.
　　F：어느 곳도 희망일이 어려울 것 같으면 이번 주의 활동은 없는 것으로 할까요?
　　M：음, 한 번 더 다른 곳도 찾아 봐주고 혹시 예약을 할 수 없다면 멤버에게 연락해서 그 일을 전해 줄 수 있을까?
　　F：네, 알겠습니다.

여자 학생은 이제부터 먼저 무엇을 하지 않으면 안 됩니까?

1 다른 체육관을 찾는다
2 동아리의 멤버에게 연락한다
3 역 앞의 운동장을 예약한다
4 시청 옆의 체육관을 예약한다

해설 여자가 どこも希望日が難しいようなら、今週の活動は無しにしますか。(어느 곳도 희망일이 어려울 것 같으면 이번 주의 활동은 없는 것으로 할까요?)라고 하자 남자가 もう一度他のところも探してもらって、もし予約ができなかったら、メンバーに連絡してそのことを伝えてもらえるかな？(한 번 더 다른 곳도 찾아 봐주고 혹시 예약을 할 수 없다면 멤버에게 연락해서 그 일을 전해 줄 수 있을까?)라고 부탁했기 때문에 우선 다른 체육관을 찾아야 한다는 것을 알 수 있다. 따라서 1번이 정답이다. 2번은 다른 곳을 찾아도 예약할 수 없을 때 해야 하는 행동이므로 정답이 아니고, 3번은 예약이 이미 꽉 차 있으므로 정답이 아니다. 그리고 4번은 남자가 역에서 가까운 곳을 원하므로 정답이 아니다.

단어 先輩(せんぱい) 선배 | サークル 동아리 | 体育館(たいいくかん) 체육관 | 他(ほか)의 다른 | 探(さが)す 찾다 | ~しかない ~할 수밖에 없다 | 駅前(えきまえ) 역 앞 | 運動場(うんどうじょう) 운동장 | すぐ 바로, 금방 | 市役所(しゃくしょ) 시청 | 隣(となり) 옆 | いっぱい 가득, 꽉 참 | 希望日(きぼうび) 희망일 | 活動(かつどう) 활동 | 無(な)し 없음 | もう一度(いちど) 다시 한번 | メンバー 멤버 | 伝(つた)える 전하다, 전달하다

🎧 과제이해_실전연습문제_3번.mp3

女の人と男の人が旅行先の店で、家族へのお土産について話しています。二人は何を買いますか。

F：お土産、どうしようか。まだスーツケースも空いてたよね。

M：うちの父さんと母さんはお菓子がいいって言ってたよ。田中さんのご両親はたしか甘い物より、お酒のほうが好きだったよね。

F：うーん、そうなんだけど、荷物が重くなるから、私もお菓子でいいかなと思ってる。

M：田中さんの妹の愛ちゃんにマグカップを買ってあげようかと思ってるんだけど、どんなものをあげたら喜ぶんだろう。

F：あの子は何でも喜ぶよ。でもマグカップは去年買ってあげたばかりなんだけどね。

M：そっか。マグカップがたくさんあってもしょうがないから、別の物にするか。ネックレスとか、鏡とか、化粧品

とか、その辺はよく分からないから、田中さんが選んでよ。

F：分かった。ネックレス…は、結構いろんな種類があるし、人それぞれ好みがあるから難しいね。小さい鏡だったら、毎日使えて、邪魔にならないと思うけど、どう？

M：いいんじゃない。よく女の子が、電車とかカフェで、鏡を見て髪の毛を直してるのもよく見るし。

3 二人は何を買いますか。

1 お菓子とお酒
2 お菓子と鏡
3 お菓子とネックレス
4 お菓子とマグカップ

해석　여자와 남자가 여행지의 가게에서 가족의 기념품에 대해서 이야기하고 있습니다. 둘은 무엇을 삽니까?

F：기념품, 어떻게 할까? 아직 여행 가방도 비어 있었지?
M：우리 아버지랑 어머니는 과자가 좋다고 말했었어. 다나카 씨의 부모님은 분명 단것보다 술 쪽을 좋아했지?
F：음, 그렇긴 한데, 짐이 무거워지니까 나도 과자로 괜찮다고 생각하고 있어.
M：다나카 씨의 여동생 아이에게 머그컵을 사줄까 하고 생각하고 있는데, 어떤 것을 주면 기뻐할까?
F：그 아이는 뭐든지 기뻐해. 근데 머그컵은 작년에 사준지 얼마 안 되었는데 말이지.
M：그렇구나. 머그컵은 많이 있어도 어쩔 수 없으니까 다른 물건으로 할까? 목걸이라든지 거울이라든지 화장품이라든지 그쪽은 잘 모르니까 다나카 씨가 골라줘.
F：알았어. 목걸이…는 꽤 여러 종류가 있고 사람마다 취향이 있으니까 어렵네. 작은 거울이라면 매일 쓸 수 있고 방해가 안 될 거라고 생각하는데, 어때?
M：좋지 않아? 자주 여자아이가 전철이라든지 카페에서 거울을 보고 머리 고치는 것도 자주 보고.

둘은 무엇을 삽니까?
1 과자와 술
2 과자와 거울
3 과자와 목걸이
4 과자와 머그컵

해설　남자의 부모님은 과자가 좋다고 말했으므로 남자는 과자를 우선 산다는 것을 알 수 있다. 이어서 여자는 부모님의 기념품에 대해서 荷物が重くなるから、私もお菓子でいいかなと思ってる。(짐이 무거워지니까 나도 과자로 괜찮다고 생각하고 있어.)라고 말했다. 그러므로 여자도 부모님에게는 과자를 산다는 것을 알 수 있다. 그리고 남자는 여자의 여동생의 기념품에 대해서 고민하던 중 여자가 거울을 제안한 것에 대해서 いいんじゃない。よく女の子が、電車とかカフェで、鏡を見て髪の毛を直してるもよく見るし。(좋지 않아? 자주 여자아이가 전철이라든지 카페에서 거울을 보고 머리 고치는 것도 자주 보고.)라며 긍정적인 반응을 보였다. 따라서 2번이 정답이다. 술이 있으면 짐이 무거워진다고 했으므로 1번은 정답이 아니고, 3번은 목걸이는 사람마다 취향이 있어 어렵다고 했으므로 정답이 아니다. 그리고 머그컵을 작년에 사줬기 때문에 많이 있어도 어쩔 수 없다고 했으므로 4번도 정답이 아니다.

단어　旅行先(りょこうさき) 여행지 | お土産(みやげ) 기념품, 선물 | スーツケース 슈트케이스, 여행 가방 | 空(あ)く 비다 | お菓子(かし) 과자 | ご両親(りょうしん) 부모님 | 甘(あま)い物(もの) 단것 | マグカップ 머그컵 | 喜(よろこ)ぶ 기뻐하다 | ~たばかりだ 막 ~했다, ~한지 얼마 안 되다 | ネックレス 목걸이 | 鏡(かがみ) 거울 | 化粧品(けしょうひん) 화장품 | その辺(へん) 그쪽, 그 주변 | 選(えら)ぶ 선택하다 | 結構(けっこう) 꽤, 상당히 | 種類(しゅるい) 종류 | 好(この)み 취향 | 邪魔(じゃま) 방해 | 髪(かみ)の毛(け) 머리카락 | 直(なお)す 고치다

🎧 과제이해_실전연습문제_4번.mp3

マンションの管理人と女の人が話しています。女の人は壊れた自転車をどうしますか。

M：こんにちは、どうかしましたか。
F：あ、管理人さん。実は自転車が壊れちゃって。管理人さんはたしか、自転車に乗るのがご趣味でしたよね？もしよかったら、ちょっと見てもらってもいいですか。
M：いいですよ。あ、ごめんなさい、これは僕じゃ直せないですね。実は修理はそれほど得意じゃないんですよ。
F：そうですか。自転車屋で直してもらうと高いですかね？
M：そうですね、新しいのを買ったほうが安いかもしれませんね。
F：じゃあ、もったいないけどこの自転車は捨てるしかないなあ…。これって粗大ごみで出せばいいんですよね？
M：捨てるよりリサイクルショップで買い取ってもらったほうがいいですよ。それに、これくらいの大きいごみだと、処分するには結構費用がかかると思います。
F：でも持っていくのは大変だから…。
M：その心配なら大丈夫です。店に電話すれば無料で来てくれますよ。
F：え、本当ですか。いいサービスですね。じゃあ、自転車屋に連絡してみます。

4 女の人は壊れた自転車をどうしますか。

1 管理人に直してもらう
2 自転車を捨てる
3 自転車屋へ持っていく
4 店に買い取ってもらう

해석 맨션의 관리인과 여자가 이야기하고 있습니다. 여자는 고장 난 자전거를 어떻게 합니까?

M : 안녕하세요. 무슨 일 있으신가요?
F : 아, 관리인 님. 실은 자전거가 고장 나 버려서요. 관리인 님은 분명 자전거 타는 게 취미셨죠? 혹시 괜찮으시다면 조금 봐 주실 수 있을까요?
M : 좋아요. 아, 죄송합니다. 이건 저로서는 고칠 수 없네요. 실은 수리는 그 정도로 잘 하지 못해요.
F : 그러신가요? 자전거 가게에서 고치면 비쌀까요?
M : 그렇네요, 새로운 것을 사는 편이 저렴할지도 모르겠네요.
F : 그럼, 아깝지만 이 자전거는 버릴 수밖에 없네…. 이건 대형 쓰레기로 내면 되죠?
M : 버리는 것보다 재활용 숍에 파는 편이 좋아요. 게다가 이 정도의 큰 쓰레기라면 처분하기에는 꽤 비용이 들 거라고 생각해요.
F : 그래도 가져가는 건 힘드니까….
M : 그런 걱정이면 괜찮아요. 가게에 전화하면 무료로 와 줘요.
F : 오, 정말요? 좋은 서비스네요. 그럼 자전거 가게에 연락해 볼게요.

여자는 고장 난 자전거를 어떻게 합니까?
1 관리인에게 고쳐 달라고 한다
2 자전거를 버린다
3 자전거 가게에 가지고 간다
4 가게에 판매한다

해설 남자가 捨てるよりリサイクルショップで買い取ってもらったほうがいいですよ.(버리는 것보다 재활용 숍에 파는 편이 좋아요.)라고 제안하자 여자는 でも持ってくの大変だから….(그래도 가져가는 건 힘드니까….)라며 거절하고 있다. 하지만 이후에 남자가 그런 걱정이라면 괜찮다며 店に電話すれば無料で来てくれますよ.(가게에 전화하면 무료로 와 줘요.)라고 말하자 여자가 그럼 자전거 가게에 연락해 본다고 했다. 따라서 4번이 정답이다. 1번은 관리인이 고칠 수 없다고 했으므로 정답이 아니고, 2번은 언급은 있지만 결국은 비용이 들기 때문에 자전거 가게에 판다는 선택지를 선택했으므로 정답이 아니다. 그리고 3번은 여자가 자전거 가게에 가지고 가는 것이 아닌 가게에 연락하면 가지러 오기 때문에 정답이 아니다.

단어 マンション 맨션, 아파트 | 管理人(かんりにん) 관리인 | 壊(こわ)れる 고장 나다 | 自転車(じてんしゃ) 자전거 | 実(じつ)은 실은 | 趣味(しゅみ) 취미 | 直(なお)す 고치다 | 修理(しゅうり) 수리 | 自転車屋(じてんしゃや) 자전거 가게 | もったいない 아깝다 | 捨(す)てる 버리다 | 粗大(そだい)ごみ 대형 쓰레기 | リサイクルショップ 재활용 가게, 중고 상품 가게 | 買(か)い取(と)る 사들이다, 매입하다 | 処分(しょぶん) 처분 | 費用(ひよう) 비용 | 無料(むりょう) 무료 | サービス 서비스

🎧 과제이해_실전연습문제_5번.mp3

会社で男の人と女の人が話しています。女の人はまず何をしなければなりませんか。

M : 困ったな…。
F : どうかなさいましたか。部長。

M : うーん、先日出荷したネジにいくつかの不具合が見つかったらしいんだよね。これから、確認しに取引先に行かなければならないんだけど、一時間後にある会議で発表することになっていて…。あっ、渡辺さん、代わりに発表してくれない？
F : えっ、私ですか。何の準備もなく重要な会議で発表することは致しかねます。ですが、以前ネジの検査を担当していたことがありますから、おそらくそちらではお役に立てると思います。
M : それは助かるな。むしろ僕より君の方が詳しいかもしれないね。申し訳ないね。
F : とんでもないです。ところで、取引先に伺う際に、何かお詫びの品を用意したほうがいいかと思いますが…。
M : ああ、そうだね。近くのデパートに寄って5,000円ぐらいのものでも買って行ってくれないかな。
F : 箱に入ったクッキーなどはいかがでしょうか。あちらは若い方が多いですから、コーヒーや紅茶に合うようなものが良いかと思います。
M : そうだね、それがいいと思うよ。では、渡辺さんに任せるよ。
F : 承知しました。では、買い物がありますので少し早めに外出させていただきます。

5 女の人はまず何をしなければなりませんか。

1 会議に出席する
2 取引先に向かう
3 デパートで買い物をする
4 コーヒーや紅茶を買う

해석 회사에서 남자와 여자가 이야기하고 있습니다. 여자는 먼저 무엇을 하지 않으면 안 됩니까?

M : 곤란하네….
F : 무슨 일이십니까? 부장님.
M : 음, 요전 출하한 나사에 몇 가지 결함이 발견됐다고 하네. 이제부터 확인하러 거래처에 가지 않으면 안 되는데, 한 시간 후에 있는 회의에서 발표하기로 되어 있어서…. 아, 와타나베 씨, 대신에 발표해 주지 않을래?
F : 네? 저요? 아무런 준비도 없이 중요한 회의에서 발표하는 것은 할 수 없습니다. 하지만, 이전 나사의 검사를 담당했던 적이 있기 때문에 어쩌면 그쪽에서는 도움이 될 수 있을 거라고 생각합니다.
M : 그건 도움이 되네. 오히려 나보다 자네 쪽이 더 잘 알지도 모르겠네. 미안하네.
F : 당치도 않아요. 그런데 거래처에 방문할 때에 무언가 사죄의 물건을 준비하는 편이 좋다고 생각합니다만….
M : 아, 그렇네. 근처 백화점에 들러서 5,000엔 정도의 물건이라도 사서 가 줄 수 없겠나?

F : 상자에 들어있는 쿠키는 어떠십니까? 그쪽은 젊은 분들이 많으시니까 커피나 홍차에 맞을 것 같은 물건이 좋을 거라고 생각합니다.
M : 그렇네, 그것이 좋다고 생각해. 그럼 와타나베 씨에게 맡길게.
F : 알겠습니다. 그럼 쇼핑이 있기 때문에 조금 빨리 외출하겠습니다.

여자는 먼저 무엇을 하지 않으면 안 됩니까?

1 회의에 출석한다
2 거래처를 향한다
3 백화점에서 쇼핑을 한다
4 커피나 홍차를 산다

해설 부장님을 대신해서 거래처에 가게 된 여자는 取引先に伺う際に、何かお詫びの品を用意したほうがいいかと思いますが…。 (거래처에 방문할 때에 무언가 사과의 물건을 준비하는 편이 좋다고 생각합니다만….)라고 하면서 백화점에서 쿠키를 사고 가겠다고 말했다. 따라서 3번이 정답이다. 회의에 출석하는 것은 부장님이므로 1번은 정답이 아니고, 거래처에는 가지만 먼저 백화점에 들를 것이므로 2번도 정답이 아니다. 그리고 커피와 홍차를 사 가는 것이 아닌 커피와 홍차에 맞는 쿠키를 살 예정이므로 4번도 정답이 아니다.

단어 先日(せんじつ) 요전(날) | 出荷(しゅっか) 출하 | ネジ 나사 | 不具合(ふぐあい) 잘 작동하지 않음, 결함 | 確認(かくにん) 확인 | 取引先(とりひきさき) 거래처 | 代(か)わりに 대신에 | 重要(じゅうよう)だ 중요하다 | 致(いた)す 하다(겸양어) | ~かねる ~하기 어렵다, ~할 수 없다 | 以前(いぜん) 이전 | 検査(けんさ) 검사 | 担当(たんとう) 담당 | おそらく 아마, 어쩌면 | 役(やく)に立(た)つ 도움이 되다 | 助(たす)かる 살아나다, 도움이 되다 | むしろ 오히려 | 詳(くわ)しい 상세하다, 잘 알다 | 申(もう)し訳(わけ)ない 미안하다, 죄송하다 | 際(さい) 때 | お詫(わ)び 사죄, 사과 | 品(しな) 물건 | 寄(よ)る 들르다 | 箱(はこ) 상자 | クッキー 쿠키 | 紅茶(こうちゃ) 홍차 | 任(まか)せる 맡기다 | 承知(しょうち) 알아들음 | 早(はや)めに 빨리, 일찌감치 | 外出(がいしゅつ) 외출 | 出席(しゅっせき) 출석

🎧 과제이해_실전연습문제_6번.mp3

お店で男の人と女の人が話しています。男の人はいくら払いますか。

M : すみません。駅前でもらったこのチラシを見て伺ったんですが。実はマッサージは初めてなんですけど、今日予約できますか。
F : いらっしゃいませ。ご来店ありがとうございます。全時間帯空いているので予約可能です。
M : そしたら、2時で予約お願いします。あのう、料金はいくらですか。
F : 時間によって異なります。**基本料金は60分3,000円で、10分ごとに1,000円が追加される形になっております。**
M : 最近、仕事のせいであちこちの筋肉が固まっているので全身マッサージを受けたいんですけど、60分だとちょっ

と足りないですかね。
F : 全身マッサージですと、90分ほど受けたほうが効果が現れると思います。
M : では、90分でお願いします。あ、このチラシの10%割引券を使用できますか。
F : はい、もちろんです。それではお会計はこちらからお願いします。

6 男の人はいくら払いますか。

1 2,700円
2 3,000円
3 5,400円
4 6,000円

해석 가게에서 남자와 여자가 이야기하고 있습니다. 남자는 얼마를 지불합니까?

M : 저기요. 역 앞에서 받은 이 전단지를 보고 방문했는데요. 실은 마사지는 처음인데요, 오늘 예약할 수 있나요?
F : 어서 오세요. 내점 감사합니다. 전 시간대 비어 있어서 예약 가능합니다.
M : 그러면, 2시로 예약 부탁드립니다. 저기, 요금은 얼마인가요?
F : 시간대에 따라서 다릅니다. **기본요금은 60분 3,000엔이고 10분마다 1,000엔이 추가되는 형식이 되고 있습니다.**
M : 요즘, 일 때문에 여기저기 근육이 딱딱해져 있어서 전신 마사지를 받고 싶은데요, 60분이면 조금 모자랄까요?
F : 전신 마사지면 90분 정도 받으시는 편이 효과가 나타날 것이라고 생각합니다.
M : 그럼 90분으로 부탁드립니다. 아, 이 전단지의 10% 할인권을 사용할 수 있을까요?
F : 네, 물론입니다. 그럼 계산은 이쪽에서 부탁드리겠습니다.

남자는 얼마 지불합니까?

1 2,700엔
2 3,000엔
3 5,400엔
4 6,000엔

해설 마사지 기본요금은 60분에 3,000엔이고, 10분마다 1,000엔씩 추가된다고 한다. 전신 마사지를 받고 싶어 하는 남자에게 점원은 90분이 좋다고 하자, 남자는 90분으로 부탁드립니다. (90분으로 부탁드립니다.)라고 했다. 그리고 역 앞에서 받은 전단지의 10% 할인권을 사용한다고 했다. 계산을 해보면 60분 3,000엔에 30분(3×1,000엔)을 추가한 90분은 6,000엔이 된다. 여기서 600엔(6,000엔의 10%)을 빼면 5,400엔이 된다. 따라서 정답은 3번이다.

단어 駅前(えきまえ) 역 앞 | チラシ 전단지 | 伺(うかが)う 여쭈다, 찾아뵙다(겸양어) | 実(じつ)は 실은 | マッサージ 마사지 | 来店(らいてん) 내점 | 全(ぜん)~ 전(모든)~ | 時間帯(じかんたい) 시간대 | 可能(かのう) 가능 | 料金(りょうきん) 요금 | 異(こと)なる 다르다 | 基本(きほん) 기본 | ~ごとに ~마다 | 追加(ついか) 추가 | 形(かたち) 모양, 형태 | 筋肉(きんにく) 근육 | 固(かた)まる

굳어지다, 딱딱해지다 | 全身(ぜんしん) 전신 | 足(た)りない 부족하다 | 効果(こうか) 효과 | 現(あらわ)れる 나타나다 | 割引券(わりびきけん) 할인권 | お会計(かいけい) 계산, 회계

🎧 과제이해_실전연습문제_7번.mp3

病院で女の人と男の人が話しています。このあと男の人はまず何をしますか。

F：はい、第一病院です。
M：あのう、お伺いしたいんですが…。今回が初めてなんですけど、診察の予約できますか。
F：この病院が初めての場合は、直接お越しいただいて、いくつかの書類を作成していただく必要があります。
M：はい、分かりました。それから持参しなければならないものはありますか。
F：保険証と身分証、もし今お飲みになっているお薬がありましたら、それもお持ちください。その際、お薬手帳を忘れないようにしてください。
M：なるほど。あ、今の保険証の有効期限が切れているんですが、これ持って行ってもいいですかね。
F：期限が切れた保険証はご使用できません。再発行を行ってください。再発行まで1週間ほどかかりますので事前に申し込むことをおすすめします。
M：ありがとうございます。あと、最後に受付時間も知りたいんですが…。
F：通常、午前9時から午後4時までですが、日によって異なりますので月に1回、当院のホームページにて営業時間をお知らせしております。来月の営業時間は来週アップロードされますのでご確認ください。
M：はい、ありがとうございます。

7 このあと男の人はまず何をしますか。
1　直接 病院に行く
2　保険証を再発行する
3　病院に受診予約をする
4　ホームページを確認する

해석　병원에서 여자와 남자가 이야기하고 있습니다. 이후 남자는 먼저 무엇을 합니까?

F：네, 제일 병원입니다.
M：저기, 여쭤보고 싶은 게 있는데요…. 이번이 처음인데요, 진찰 예약할 수 있나요?
F：이 병원이 처음인 경우는 직접 방문하셔서 몇 가지 서류를 작성해 주실 필요가 있습니다.
M：네, 알겠습니다. 그리고 지참하지 않으면 안 되는 것은 있습니까?
F：보험증과 신분증, 만약 지금 드시고 계신 약이 있으시면 그것도 가져와 주십시오. 그때, 약 수첩을 잊지 않도록 해 주세요.
M：그렇군요. 아, 지금 보험증의 유효 기한이 끝나 있습니다만, 이거 가지고 가도 될까요?
F：기한이 끝난 보험증은 사용할 수 없으십니다. 재발행을 진행해 주세요. 재발행까지 1주일 정도 걸리기 때문에 사전에 신청하시는 것을 추천드립니다.
M：감사합니다. 그리고 마지막으로 접수 시간도 알고 싶은데요….
F：통상 오전 9시부터 오후 4시까지입니다만, 날에 따라서 다르기 때문에 달에 한 번, 저희 병원의 홈페이지에서 영업시간을 알려드리고 있습니다. 다음 달 영업시간은 다음 주 업로드되니 확인해 주십시오.
M：네, 감사합니다.

이후 남자는 먼저 무엇을 합니까?
1 직접 병원에 간다
2 보험증을 재발행한다
3 병원에 진찰을 받는 예약을 한다
4 홈페이지를 확인한다

해설　병원에 갈 때 지참해야 하는 물건으로서 보험증과 신분증, 그리고 약 등이 있다고 했다. 이에 남자가 유효 기한이 지난 보험증을 사용할 수 있냐고 질문했더니, 여자가 기한이 지난 보험증은 사용할 수 없다며 재발행까지 1週間ほどかかりますので事前に申し込むこと をおすすめします。(재발행까지 1주일 정도 걸리기 때문에 사전에 신청하시는 것을 추천드립니다.)라고 했다. 따라서 병원에 가기 전 가장 먼저 해야 할 일은 보험증을 재발행하는 것이므로 2번이 정답이다. 보험증을 재발행 받은 후 병원에 방문하기 때문에 1번은 정답이 아니고, 진찰 예약 또한 보험증 재발행 후 할 수 있는 일이기 때문에 2번도 정답이 아니다. 그리고 홈페이지에서의 영업시간 확인은 보험증이 재발행되고 가기 전에 확인하면 되기 때문에 4번도 가장 먼저 하는 일은 아니므로 정답이 아니다.

단어　第一(だいいち) 제일 | 伺(うかが)う 여쭙다, 찾아뵙다(겸양어) | 診察(しんさつ) 진찰 | 直接(ちょくせつ) 직접 | お越(こ)しになる 오시다(존경어) | 書類(しょるい) 서류 | 作成(さくせい) 작성 | 持参(じさん) 지참 | 保険証(ほけんしょう) 보험증 | 身分証(みぶんしょう) 신분증 | 際(さい) 때 | お薬手帳(くすりてちょう) 약 수첩(일본에서 사용하는 처방받은 약을 기록하는 수첩) | 有効期限(ゆうこうきげん) 유효 기간 | 切(き)れる (기간이) 끊기다, 소진되다 | 再発行(さいはっこう) 재발행, 재발급 | 事前(じぜん)에 사전에 | 受付(うけつけ) 접수 | 通常(つうじょう) 통상, 보통 | 異(こと)なる 다르다 | 当院(とういん) 당 병원, 저희 병원 | ホームページ 홈페이지 | 営業時間(えいぎょうじかん) 영업시간 | アップロード 업로드 | 受診(じゅしん) 수진, 진찰을 받음

🎧 과제이해_실전연습문제_8번.mp3

大学で先生と女の学生が話しています。女の学生はこのあとまず何をしますか。

M：佐藤さん、来週の卒業論文の発表会、準備は順調に進んでますか。
F：ええ、先生。発表会に向けて進めているんですが、どうしてもうまくいかないところがあって…。
M：みんな発表の原稿作成に困っているようですが、佐藤さんもですか。
F：いいえ、原稿はすでに書き終わって、パワーポイントを作成しているところですが、どういう風に構成したらいかさっぱり分からないです。
M：ちょっと資料を見せてくれますか。ん…、図を入れたりグラフを活用したりしているのはいいんですが、構成がごちゃごちゃしていますね。
F：私も気になってたところです。自分なりにはいろいろ工夫もしたんですが、構成がしっかりしていないからか発表の練習にも支障が出てます。
M：原稿をもとにパワーポイントが作られているので原稿の構成から書き直してみるのはどうですか。そうするとパワーポイントの作成も練習もスムーズにできると思いますよ。書き終わったら確認するので一回メールで送ってください。
F：分かりました。見ていただき、ありがとうございます。

8 女の学生はこのあとまず何をしますか。

1　原稿の構成を修正する
2　パワーポイントの構成を修正する
3　発表の練習をする
4　先生にメールを送る

해석　대학에서 선생님과 여자 학생이 이야기하고 있습니다. 여자 학생은 이후 먼저 무엇을 합니까?

M：사토 씨, 다음 주의 졸업 논문 발표회, 준비는 순조롭게 진행되고 있습니까?
F：네, 선생님. 발표회를 향해서 진행하고 있습니다만, 어떻게 해도 잘 안되는 곳이 있어서….
M：모두 발표의 원고 작성에 곤란해하고 있는 것 같습니다만, 사토 씨도 입니까?
F：아니요, 원고는 이미 다 썼고 파워포인트를 작성하고 있는 중입니다만, 어떤 식으로 구성을 하면 좋을지 전혀 모르겠습니다.
M：잠시 자료를 보여 주시겠습니까? 음…, 도면을 넣거나 그래프를 활용하거나 하고 있는 것은 좋습니다만, 구성이 뒤죽박죽 뒤섞여 있네요.
F：저도 신경 쓰였던 곳입니다. 제 나름대로는 여러 가지 궁리도 했습니다만, 구성이 잘 되어있지 않아서인지 발표의 연습에도 지장이 생기고 있습니다.
M：원고를 토대로 파워포인트가 만들어져 있기 때문에 원고의 구성부터 다시 써 보는 것은 어떤가요? 그렇게 하면 파워포인트 작성도 연습도 순조롭게 할 수 있다고 생각해요. 다 쓰면 확인할 테니 한 번 메일로 보내주세요.
F：알겠습니다. 봐 주셔서 감사합니다.

여자 학생은 이후 먼저 무엇을 합니까?

1 원고의 구성을 수정한다
2 파워포인트의 구성을 수정한다
3 발표 연습을 한다
4 선생님에게 메일로 보낸다

해설　여자 학생이 구성이 잘 되어 있지 않아서인지 발표 연습에도 지장이 간다고 하자, 선생님은 原稿をもとにパワーポイントが作られているので原稿の構成から書き直してみるのはどうですか。(원고를 토대로 파워포인트가 만들어져 있기 때문에 원고의 구성부터 다시 써 보는 것은 어떤가요?)라고 제안한다. 그리고 다 끝내고 메일로 보내면 확인해 본다고 했고, 여자 학생도 이에 동의했다. 따라서 1번이 정답이다.

단어　卒業(そつぎょう) 졸업 | 論文(ろんぶん) 논문 | 発表会(はっぴょうかい) 발표회 | 順調(じゅんちょう)に 순조롭게 | ~に向(む)けて ~을/를 향해서 | うまくいく 잘 되다 | 原稿(げんこう) 원고 | 作成(さくせい) 작성 | すでに 이미, 벌써 | 書(か)き終(お)わる 다 쓰다, 다 적다 | パワーポイント 파워포인트 | ~ているところだ ~하고 있는 중이다 | ~風(ふう) ~풍, ~식 | 構成(こうせい) 구성 | さっぱり 산뜻한 모양, 전혀 | 資料(しりょう) 자료 | 図(ず) 도면, 그림 | グラフ 그래프 | 活用(かつよう) 활용 | ごちゃごちゃ 뒤섞인 모양, 뒤죽박죽 | ~なりに ~나름대로 | 工夫(くふう) 궁리, 고안 | 支障(ししょう)が出(で)る 지장이 생기다 | スムーズに 스무드하게, 순조롭게 | 書(か)き直(なお)す 다시 쓰다 | 修正(しゅうせい) 수정

🎧 과제이해_실전연습문제_9번.mp3

図書館で男の人と女の人が話しています。男の人はこのあとまず何をしますか。

M：すみません、本を探しているんですけど、日本語学習についての本はどこに置いてありますか。
F：日本語に関する本でしたら、2階の語学のコーナーにございますので、お確かめください。本をお借りになる場合は、またこちらでIDカードをお作りください。それから、そのカードと一緒に本を係員にお渡しください。
M：ありがとうございます。探してみます。…借りたい本、持ってきたので、カードを作ってもらってもいいですか。
F：かしこまりました。本人確認を致しますので、身分証をご提出ください。
M：あ、うっかり財布を家に置いてきてしまいました。近所

F：でしたら、本だけこちらでお預かりしますので、カードを作ったら係員に声をかけてください。
M：分かりました。ちなみに図書館っていつまで開いてますか。
F：本日は午後の5時までです。
M：あ、よかった。営業時間内に戻れそうです。

9 男の人はこのあとまず何をしますか。
1 本を探しに語学コーナーに行く
2 係員にカードを作ってもらう
3 身分証を取りに家に帰る
4 預かった本をもらいに図書館に行く

해석 도서관에서 남자와 여자가 이야기하고 있습니다. 남자는 이후 먼저 무엇을 합니까?

M：저기요, 책을 찾고 있는데요, 일본어 학습에 대한 책은 어디에 놓여 있습니까?
F：일본어에 관한 책이라면 2층의 어학 코너에 있으니, 확인해 주십시오. 책을 빌리시는 경우에는 다시 이쪽에서 ID 카드를 만들어 주십시오. 그리고 그 카드와 함께 책을 담당자에게 건네주십시오.
M：감사합니다. 찾아보겠습니다. …빌릴 책, 가지고 왔으니 카드를 만들어 주실 수 있을까요?
F：알겠습니다. 본인 확인을 하겠으니 신분증을 제출해 주십시오.
M：아, 깜빡 지갑을 집에 두고 와 버렸습니다. 근처에 살고 있으니까 지금부터 가지고 오겠습니다.
F：그러시면 책만 이쪽에서 맡을 테니 카드를 만들면 담당자에게 말을 걸어 주십시오.
M：알겠습니다. 참고로 도서관은 언제까지 열려 있습니까?
F：오늘은 오후 5시까지입니다.
M：아, 다행이다. 영업시간 내에 돌아올 수 있을 것 같습니다.

남자는 이후 먼저 무엇을 합니까?
1 책을 찾으러 어학 코너에 간다
2 담당자에게 카드를 만들어 달라고 한다
3 신분증을 가지러 집에 돌아간다
4 맡겼던 책을 받으러 도서관에 간다

해설 도서관에서 남자가 책을 빌리려고 하고 있는 상황이다. 책을 빌리려면 카드가 필요하고, 카드를 만들려면 신분증이 필요한데 깜빡 지갑을 집에 두고 와 버렸다. 하지만 남자는 근처에 살고 있으므로 지금부터 취해온다.(근처에 살고 있으니까 지금부터 가지고 오겠습니다.)라고 하며, 집에 갔다 오겠다고 한다. 도서관의 영업시간 내에 돌아올 수 있을 것 같다고 하는 말로 미루어 볼 때, 지금부터 남자가 집에 가서 신분증이 들어있는 지갑을 가지고 올 것이라는 것을 알 수 있다. 따라서 3번이 정답이다.

단어 学習(がくしゅう) 학습 | ～に関(かん)する ~에 관한 | 語学(ごがく) 어학 | コーナー 코너 | ございます 있습니다(정중어) | 確(たし)かめる 확인하다 | 場合(ばあい) 경우 | ID(アイディー)カード ID 카드 | 係員(かかりいん) 담당자 | かしこまりました 알겠습니다 | 本人確認(ほんにんかくにん) 본인 확인 | 致(いた)す 하다(겸양어) | 身分証(みぶんしょう) 신분증 | 提出(ていしゅつ) 제출 | うっかり 깜빡 | 近所(きんじょ) 근처 | 預(あず)かる 보관하다, 맡다 | 声(こえ)をかける 말을 걸다 | ちなみに 참고로, 덧붙여서 | 戻(もど)る 되돌아오(가)다

🎧 과제이해_실전연습문제_10번.mp3

会社で男の人と女の人が話しています。女の人はこのあとまず何をしなければなりませんか。

M：今回の報告書の進行はどうなってる？
F：はい、部長。現在最終チェックを行っております。明日中には提出できると思います。
M：明日中は遅すぎるよ。もっと早くできないのかな。
F：申し訳ございません。一部のデータ分析に時間がかかっており、明日もぎりぎり間に合うかどうか分からない状況なんです。
M：分かった。ところで、次のプロジェクトの件は、どうなってるの？
F：はい、先ほど計画案をメールで送らせていただきました。ご確認いただけますでしょうか。
M：今見てみるよ。なかなかいいじゃないか。でも、予算の部分、もうちょっと削れない？
F：予算の調整ですね。改めて予算案を検討して削減できる所を探ってみます。
M：うーん、再検討しないといけないのか…。それは私がするから、まずは報告書を何とか終わらせてくれ。あした出勤したらすぐ見られるように印刷もしといて。
F：はい、かしこまりました。

10 女の人はこのあとまず何をしなければなりませんか。
1 計画案の最終チェックをする
2 データの分析を終わらせる
3 報告書を印刷する
4 プロジェクトの予算を調整する

해석 회사에서 남자와 여자가 이야기하고 있습니다. 여자는 이후 먼저 무엇을 하지 않으면 안 됩니까?

M：이번의 보고서의 진행은 어떻게 되고 있어?
F：네, 부장님. 현재 최종 체크를 실시하고 있습니다. 내일 중에는 제출할 수 있을 거라고 생각합니다.
M：내일 중은 너무 늦어. 더 빨리할 수 없을까?
F：죄송합니다. 일부 데이터 분석에 시간이 걸리고 있어, 내일도 아

109

아슬아슬 제시간에 맞을지 어떨지 모르는 상황입니다.
M : 알았어. 그런데 다음 프로젝트 건은 어떻게 되고 있어?
F : 네, 조금 전 계획안을 메일로 보내드렸습니다. 확인해 주실 수 있 겠습니까?
M : 지금 봐 볼게. 꽤 좋잖아. 근데 예산 부분, 좀 더 깎을 수 없어?
F : 예산 조정 말씀이시죠. 다시 예산안을 검토해서 삭감할 수 있는 곳을 찾아보겠습니다.
M : 음, 재검토하지 않으면 안 되는 건가…. 그건 내가 할 테니까 **우선 보고서를 어떻게든 끝내줘.** 내일 출근하면 바로 볼 수 있게 인쇄도 해둬.
F : 네, 알겠습니다.

여자는 이후 먼저 무엇을 하지 않으면 안 됩니까?
1 계획안의 최종 체크를 한다
2 데이터 분석을 끝낸다
3 보고서를 인쇄한다
4 프로젝트 예산을 조정한다

해설 현재 여자는 보고서를 작성하는 중으로 일부 데이터 분석에 시간이 걸리고 있다고 했다. 그런 와중 남자가 프로젝트의 계획안에 대해서 말을 꺼냈고, 계획안의 예산을 더 깎을 수 없냐고 묻자, 여자가 재검토를 해서 삭감할 수 있는 부분을 찾아본다고 한다. 하지만 그건 남자가 한다며 먼저는 報告書를 何とか終わらせてくれ。(우선 보고서를 어떻게든 끝내줘.)라고 했기 때문에 여자는 보고서의 데이터 분석부터 끝내야 한다는 것을 알 수 있다. 따라서 2번이 정답이다.

단어 報告書(ほうこくしょ) 보고서 | 進行(しんこう) 진행 | 現在(げんざい) 현재 | 最終(さいしゅう) 최종 | チェック 체크 | 行(おこな)う 실시하다, 행하다 | 提出(ていしゅつ) 제출 | 申(もう)し訳(わけ)ございません 죄송합니다 | 一部(いちぶ) 일부 | データ 데이터 | 分析(ぶんせき) 분석 | ぎりぎり 빠듯한 모양, 아슬아슬 | 間(ま)に合(あ)う 제시간에 맞다 | 状況(じょうきょう) 상황 | プロジェクト 프로젝트 | 件(けん) 건 | 先(さき)ほど 조금 전 | 計画案(けいかくあん) 계획안 | 確認(かくにん) 확인 | なかなか 상당히, 꽤 | 予算(よさん) 예산 | 部分(ぶぶん) 부분 | 削(けず)る 깎다, 삭감하다 | 調整(ちょうせい) 조정 | 改(あらた)めて 다시, 재차 | 検討(けんとう) 검토 | 削減(さくげん) 삭감 | 探(さぐ)る 뒤지다, 찾다 | 何(なん)とか 어떻게든, 간신히 | 終(お)わらせる 끝내다 | 出勤(しゅっきん) 출근 | 印刷(いんさつ) 인쇄

포인트이해 실전 연습 문제   476p

1 ③   2 ④   3 ②   4 ③   5 ②
6 ①   7 ①   8 ④   9 ②   10 ②
11 ③

기본 버전 MP3   배속 버전 MP3

문제2 문제2에서는, 먼저 질문을 들어주세요. 그 후, 문제 용지의 선택지를 읽으세요. 읽을 시간이 있습니다. 그리고 이야기를 듣고, 문제 용지의 1부터 4 중에서, 가장 알맞은 것을 하나 고르세요.

🎧 포인트이해_실전연습문제_1번.mp3

女(おんな)の人(ひと)と男(おとこ)の人(ひと)が話(はな)しています。女(おんな)の人(ひと)はどうして遅(おく)れたのですか。

F : ごめんなさい。待(ま)ったでしょう。
M : 喫茶店(きっさてん)で時間(じかん)をつぶしてたから大丈夫(だいじょうぶ)だよ。
F : うちを出(で)ようとしたら、**友(とも)だちから電話(でんわ)がかかってきて、具合(ぐあい)が悪(わる)いから病院(びょういん)に一緒(いっしょ)に行(い)ってほしいって頼(たの)まれちゃったの。**
M : え、そうだったんだ。それで、連(つ)れて行(い)ってあげたの?
F : いや、**他(ほか)の友(とも)だちに連絡(れんらく)して、行(い)ってもらうことにしたの。** 病院(びょういん)について行(い)ったら、どのぐらい時間(じかん)がかかるか分(わ)からないでしょ。**それで連絡(れんらく)を取(と)ってたら、こんな時間(じかん)になっちゃった。** ごめんね。
M : 他(ほか)の人(ひと)が行(い)ってくれたなら、よかったね。その友(とも)だち、早(はや)く元気(げんき)になるといいね。ところで、電車(でんしゃ)は遅(おく)れてなかった?
F : たしかに、駅(えき)のアナウンスで事故(じこ)があって電車(でんしゃ)が止(と)まっていたって言(い)ってた。でも、私(わたし)が駅(えき)に着(つ)いた時(とき)には、電車(でんしゃ)が動(うご)いていたから、すぐに乗(の)れたよ。

1 女(おんな)の人(ひと)はどうして遅(おく)れたのですか。

1 具合(ぐあい)が悪(わる)かったから
2 友(とも)だちを病院(びょういん)に連(つ)れて行(い)ったから
3 友(とも)だちに連絡(れんらく)を取(と)っていたから
4 電車(でんしゃ)が遅(おく)れていたから

해석 여자와 남자가 이야기하고 있습니다. 여자는 왜 늦었습니까?
F : 미안해요. 기다렸죠?
M : 커피숍에서 시간 때우고 있었으니까 괜찮아.
F : 집을 나가려고 했더니 **친구한테 전화가 걸려와서 몸 상태가 쁘니까 병원에 같이 가 달라고 부탁받아 버렸어.**
M : 어 그랬구나. 그래서 데려다준 거야?
F : 아니, **다른 친구에게 연락해서 가달라고 했어.** 병원에 따라가면 어느 정도 시간이 걸릴지 모르잖아. **그래서 연락을 하고 있었더니 이런 시간이 돼버렸어.** 미안해.
M : 다른 사람이 가 줬다면 다행이네. 그 친구, 빨리 건강해지면 좋겠네. 근데 전철은 늦지 않았어?
F : 확실히 역 안내 방송에서 사고가 나서 전철이 멈춰 있었다고 말했었어. 하지만 내가 역에 도착했을 때에는 전철이 움직이고 있어서 금방 탈 수 있었어.

여자는 왜 늦었습니까?

1 몸 상태가 나빴기 때문에
2 친구를 병원에 데려갔기 때문에
3 친구에게 연락을 하고 있었기 때문에
4 전철이 늦었기 때문에

해설 여자는 몸 상태가 나쁜 친구에게 병원에 같이 가달라는 부탁을 받았지만, 다른 친구에게 가달라고 연락을 했었더니 이런 시간이 되어 있었다고 했다. 따라서 3번이 정답이다. 1번은 여자의 몸 상태가 나쁜 것이 아닌 친구의 몸 상태가 나쁜 것이므로 정답이 아니고, 2번은 다른 친구에게 그 일을 맡겼기 때문에 정답이 아니고, 4번은 사고가 있긴 했지만, 여자가 도착했을 때에는 정상적으로 전철이 움직여서 바로 탈 수 있었다고 했기 때문에 정답이 아니다.

단어 喫茶店(きっさてん) 커피숍 | 時間(じかん)をつぶす 시간을 때우다 | 具合(ぐあい) 몸 상태 | 頼(たの)む 부탁하다 | 連(つ)れて行(い)く 데려 가다 | 連絡(れんらく)を取(と)る 연락을 하다 | アナウンス 아나운스, (안내) 방송 | たしかに 확실히, 분명히 | 事故(じこ) 사고 | 止(と)まる 멈추다 | 動(うご)く 움직이다

🎧 포인트이해_실전연습문제_2번.mp3

男(おとこ)の人(ひと)と女(おんな)の人(ひと)が話(はな)しています。女(おんな)の人(ひと)は何(なに)が一番大変(いちばんたいへん)だったと言(い)っていますか。

M：あ、この本屋(ほんや)さん、アルバイト募集(ぼしゅう)してる。
F：本屋(ほんや)のアルバイトか。高校(こうこう)のときにやったことがあるよ。
M：どうだった？大変(たいへん)だった？
F：うーん、まあね。毎日毎日(まいにちまいにち)新(あたら)しい本(ほん)が入(はい)ってきて、書物(しょもつ)の題名(だいめい)と場所(ばしょ)を覚(おぼ)えるのが結構大変(けっこうたいへん)だったのと、お客(きゃく)さんからの問(と)い合(あ)わせも多(おお)かったなあ。
M：問(と)い合(あ)わせって、「この本(ほん)があるか」とか、「交換(こうかん)したい」とか、そういう内容(ないよう)の問(と)い合(あ)わせ？
F：そう。店(みせ)によっては、販売(はんばい)していない本(ほん)もあるからね。
M：でもさ、本屋(ほんや)のアルバイトって、暇(ひま)なときに好(す)きな本(ほん)が読(よ)めて、楽(らく)なイメージあるよね。
F：いやいや、仕事中(しごとちゅう)は基本立(きほんた)ちっぱなしで、相当疲(そうとうつか)れるんだよ。私(わたし)の場合(ばあい)は、本(ほん)を運(はこ)ぶのが一番(いちばん)つらかったな。一(ひと)つに束(たば)ねると物凄(ものすご)く重(おも)いんだよね。それで、腰(こし)に負担(ふたん)を与(あた)えて、悪(わる)くなっちゃったりもするんだよ。
M：そうなんだ。本屋(ほんや)のアルバイトって、意外(いがい)と大変(たいへん)なんだね。

2 女(おんな)の人(ひと)は何(なに)が一番大変(いちばんたいへん)だったと言(い)っていますか。

1 本(ほん)の場所(ばしょ)を覚(おぼ)えること
2 お客(きゃく)さんからの問(と)い合(あ)わせが多(おお)いこと

3 仕事中(しごとちゅう)に座(すわ)れないこと
4 重(おも)い本(ほん)を運(はこ)ぶこと

해석 남자와 여자가 이야기하고 있습니다. 여자는 무엇이 제일 힘들었다고 말하고 있습니까?

M：아, 이 서점, 아르바이트 모집하고 있어.
F：서점 아르바이트구나. 고등학교 때 한 적이 있어.
M：어땠어? 힘들었어?
F：음, 뭐. 매일매일 새로운 책들이 들어와서 도서의 제목이랑 장소를 외우는 게 꽤 힘들었던 거랑 손님들로부터의 문의도 많았지.
M：문의라는 게 '이 책이 있는지'라든지 '교환하고 싶다'라든지 그런 내용의 문의?
F：맞아. 가게에 따라서는 판매하고 있지 않은 책도 있으니까.
M：하지만 서점 아르바이트는 한가할 때에 좋아하는 책을 읽을 수 있고 편한 이미지가 있어.
F：아니야, 일하는 중에는 기본 서있는 채로 있어서 상당히 지쳐. 내 경우에는 책을 옮기는 게 제일 힘들었어. 하나로 묶으면 굉장히 무겁거든. 그래서 허리에 부담을 주어서 나빠져 버리기도 하거든.
M：그렇구나. 서점 아르바이트라는 게 의외로 힘들구나.

여자는 무엇이 제일 힘들었다고 말하고 있습니까?

1 책의 장소를 외우는 것
2 손님들의 문의가 많은 것
3 일하는 중에 앉을 수 없는 것
4 무거운 책을 옮기는 것

해설 여자가 私の場合は、本を運ぶのが一番つらかったな。(내 경우에는 책을 옮기는 게 제일 힘들었어.)라고 직접적으로 언급을 했다. 따라서 4번이 정답이다. 1, 2, 3번 모두 힘든 부분으로 언급은 했지만, 여자에게 있어서 제일 힘든 것은 아니기 때문에 정답이 아니다.

단어 本屋(ほんや) 서점, 책방 | 募集(ぼしゅう) 모집 | 書物(しょもつ) 서책, 도서 | 題名(だいめい) 제목 | 場所(ばしょ) 장소 | 覚(おぼ)える 외우다 | 結構(けっこう) 꽤 | 問(と)い合(あ)わせ 문의 | 交換(こうかん) 교환 | 内容(ないよう) 내용 | 販売(はんばい) 판매 | 暇(ひま)だ 한가하다 | 楽(らく)だ 편하다 | イメージ 이미지 | 基本(きほん) 기본 | ~っぱなし ~한 채 | 相当(そうとう) 상당히 | 場合(ばあい) 경우 | 運(はこ)ぶ 옮기다 | 束(たば)ねる 묶다, 통솔하다 | 物凄(ものすご)く 굉장히, 엄청 | 腰(こし) 허리 | 負担(ふたん) 부담 | 与(あた)える 주다 | 意外(いがい)と 의외로

🎧 포인트이해_실전연습문제_3번.mp3

会社(かいしゃ)で女(おんな)の人(ひと)と男(おとこ)の人(ひと)が話(はな)しています。男(おとこ)の人(ひと)はいつまでに提案書(ていあんしょ)を作成(さくせい)しなければなりませんか。

F：山田君(やまだくん)、来週(らいしゅう)の木曜日(もくようび)に締(し)め切(き)りの提案書(ていあんしょ)、今(いま)どこまでできてる？
M：はい、前回共有(ぜんかいきょうゆう)したスケジュール通(どお)り進(すす)められそうです。
F：そっか。先(さき)ほど取引先(とりひきさき)の方(かた)から連絡(れんらく)が来(き)て、もっと早(はや)く

提案書が見られないかって言われたんだ。それで締切日を来週の月曜日に早めたいんだけど、できそう？
M：えっ、他の業務もあるので締切日の変更は難しいです。早くても来週の水曜日かと思います。
F：他の業務ってどんなのがある？
M：取引先の対応と来週は外部の会議もあるので、その準備をしなければいけません。
F：なるほど、一旦、取引先の対応は私に回してくれる？そうすると提案書の作成に時間をかけられるでしょ？
M：対応にかなりの時間を費やしているのでそうしてくださるとなんとか間に合うと思います。あ、でも資料に誤りや漏れがないか最終チェックに一日くらいは頂きたいのですが。
F：そうね。その時間は必要だね。一日くらいは大丈夫だと思うから、この日付で取引先に伝えておくよ。

3 男の人はいつまでに提案書を作成しなければなりませんか。

1　来週の月曜日
2　来週の火曜日
3　来週の水曜日
4　来週の木曜日

해석　회사에서 여자와 남자가 이야기하고 있습니다. 남자는 언제까지 제안서를 작성하지 않으면 안 됩니까?
F：야마다 군, 다음 주 목요일에 마감인 제안서, 지금 어디까지 되어 있어?
M：네, 지난번 공유했던 스케줄대로 진행할 수 있을 것 같습니다.
F：그렇군. 아까 거래처의 분으로부터 연락이 와서 더 빨리 제안서를 볼 수 없겠냐고 말을 들었어. 그래서 마감일을 다음 주 월요일로 앞당기고 싶은데, 가능할 것 같아?
M：어, 다른 업무가 있어서 마감일의 변경은 어렵습니다. 빨라도 다음 주 수요일이라고 생각합니다.
F：다른 업무라는 건 어떤 것이 있어?
M：거래처 대응이랑 다음 주에는 외부의 회의도 있어서 그 준비를 하지 않으면 안 됩니다.
F：그렇구나, 일단 거래처의 대응은 나한테 돌려줄래? 그렇게 하면 제안서 작성에 시간을 쓸 수 있지?
M：대응에 꽤 시간을 소비하고 있어서 그렇게 해 주신다면 어떻게든 제시간에 맞출 수 있을 거라고 생각합니다. 아, 하지만 자료에 실수나 누락이 없는지 최종 체크로 하루 정도는 받고 싶습니다만.
F：그렇네. 그 시간은 필요하겠네. 하루 정도는 괜찮을 거라고 생각하니까 이 날짜로 거래처에 전해 둘게.

남자는 언제까지 제안서를 작성하지 않으면 안 됩니까?

1 다음 주 월요일
2 다음 주 화요일
3 다음 주 수요일
4 다음 주 목요일

해설　거래처에서 제안서를 더 빨리 보고 싶다고 해서 여자가 남자에게 제안서 마감일을 다음 주 월요일까지 작성 가능하냐고 물어봤다. 하지만 남자는 다른 업무가 있어서 빨라도 다음 주 수요일까지 가능하다고 했다. 여자가 남자를 대신해서 거래처 대응 업무를 해준다고 하자 제시간에 맞출 수는 있지만, 자료에 오류나 누락이 없는지 최종 체크에 일일 정도는 받고 싶습니다만. (자료에 실수나 누락이 없는지 최종 체크로 하루 정도는 받고 싶습니다만.)라며 앞당긴 마감일 월요일보다 하루 더 쓰고 싶다고 했고 여자도 하루 정도라면 괜찮다고 했다. 따라서 2번이 정답이다.

단어　提案書(ていあんしょ) 제안서｜作成(さくせい) 작성｜締(し)め切(き)り 마감｜前回(ぜんかい) 전회, 지난번｜共有(きょうゆう) 공유｜～通(どお)り ～대로｜進(すす)める 진행하다｜先(さき)ほど 아까, 조금 전｜取引先(とりひきさき) 거래처｜締切日(しめきりび) 마감일｜早(はや)める 앞당기다, 예정보다 이르게 하다｜業務(ぎょうむ) 업무｜変更(へんこう) 변경｜対応(たいおう) 대응｜外部(がいぶ) 외부｜一旦(いったん) 일단｜回(まわ)す 돌리다, 회전시키다｜費(つい)やす 쓰다, 소비하다｜間(ま)に合(あ)う 제시간에 맞다｜資料(しりょう) 자료｜誤(あやま)り 틀림, 실수｜漏(も)れ 누출, 누락｜最終(さいしゅう) 최종｜チェック 체크｜頂(いただ)く 받다(겸양어)｜日付(ひづけ) 날짜

🎧 포인트이해_실전연습문제_4번.mp3

会社で女の人と男の人が話しています。女の人はどうしてスーツで行かないのですか。
F：田中さん、今度社長の退職祝いのパーティーに出席されますか。どんな服装で行こうか悩んでいるんですが…。
M：はい、出席する予定です。僕は当日、受付係になっているので、黒のスーツで行くつもりです。
F：スーツか…。最近暑いし、室内でやるにしても黒のスーツだと雰囲気が重くならないですかね？お祝いをする場だし、鮮やかな色のジャケットにしたほうがいいと思いますが。
M：そうですね。社長は重い雰囲気を好まない方ですしね。そうだ、着物とかはどうですか。
F：着物ですか。お祝いにふさわしいとは思いますが、動きにくいですからね。それに自分で着るのは難しいから祖母に手伝ってもらわないと着られないんですよ。
M：それならやっぱり動きやすい服装がいいかもしれませんね。ワンピースとかよさそうじゃないですか。
F：あ、それいいですね。そうします。

4 女の人はどうしてスーツで行かないのですか。

1 男性がスーツを着るから
2 着物の方が雰囲気にふさわしいから
3 お祝いの雰囲気に合わないから
4 動きやすい服装が好きだから

해석 회사에서 여자와 남자가 이야기하고 있습니다. 여자는 왜 정장으로 가지 않습니까?

F : 다나카 씨, 이번 사장님의 퇴직 축하 파티에 출석하시나요? 어떤 복장으로 갈지 고민하고 있습니다만….
M : 네, 출석할 예정이에요. 저는 당일, 접수 담당이 되어 있기 때문에 검은 정장으로 갈 예정이에요.
F : 정장이라…. 요즘 덥고 실내에서 한다고 해도 검은 정장이라면 분위기가 무거워지지 않을까요? 축하를 하는 자리이고 선명한 색의 재킷으로 하는 편이 좋다고 생각하는데요.
M : 그렇네요. 사장님은 무거운 분위기를 좋아하지 않으시는 분이고요. 맞다, 기모노라든지는 어때요?
F : 기모노 말이죠. 축하에 어울린다고는 생각하지만, 움직이기 어려워요. 게다가 스스로 입는 건 어려우니까 할머니에게 도움을 받지 않으면 입을 수 없어요.
M : 그렇다면 역시 움직이기 쉬운 복장이 좋을지도 모르겠네요. 원피스라든지 좋을 것 같지 않나요?
F : 아, 그것도 좋네요. 그렇게 할게요.

여자는 왜 정장으로 가지 않습니까?

1 남성이 정장을 입기 때문에
2 기모노 쪽이 분위기에 어울리기 때문에
3 축하 분위기에 맞지 않기 때문에
4 움직이기 쉬운 복장을 좋아하기 때문에

해설 여자가 남자에게 室内でやるにしても黒のスーツだと雰囲気が重くならないですかね？(실내에서 한다고 해도 검은 정장이라면 분위기가 무거워지지 않을까요?)라고 했으므로 여자가 정장으로 가지 않는 이유는 분위기에 맞지 않아서이다. 따라서 3번이 정답이다. 남성이 정장을 입은 것과 여자가 정장을 안 입는 것을 상관없기 때문에 1번은 정답이 아니고, 기모노는 축하에 어울리지만 움직이기 어렵다고 했으므로 2번도 정답이 아니다. 그리고 움직이기 쉬운 원피스를 입고 가는 것에 대해서 긍정적이긴 하지만 정장을 입지 않는 이유로서는 맞지 않기 때문에 4번도 정답이 아니다.

단어 スーツ 슈트, 정장 | 退職(たいしょく) 퇴직 | 祝(いわ)い 축하, 기념 | 出席(しゅっせき) 출석 | 服装(ふくそう) 복장 | 悩(なや)む 고민하다 | 当日(とうじつ) 당일 | 受付係(うけつけがかり) 접수 담당 | 黒(くろ) 검은색 | 室内(しつない) 실내 | ~にしても ~라고 해도 | 雰囲気(ふんいき) 분위기 | 場(ば) 장소, 자리 | 鮮(あざ)やかだ 선명하다 | ジャケット 재킷 | 好(この)む 선호하다, 좋아하다 | 着物(きもの) 기모노(일본 전통 옷) | ふさわしい 어울리다 | ワンピース 원피스 | 男性(だんせい) 남성

🎧 포인트이해_실전연습문제_5번.mp3

女の学生と先生が話しています。女の学生が明日欠席する理由は何ですか。

F : 鈴木先生、明日の授業ですが、やむを得ない事情で欠席させていただきたいのですが…。
M : 欠席ですか。明日の授業は重要な内容ではないので大丈夫だと思いますが、どうかしましたか。
F : それが、就職が決まった会社に入社の手続きで行くことになりました。訪問できる時間が決まっていてちょうど先生の授業と被ってます。
M : そうなんですね。でもこの前、同じ理由で会社に行きませんでしたか。
F : その時、手続きは無事終わりましたが、いくつかの書類が欠けていたようで明日までに再度提出しなければなりません。
M : それは仕方ありませんね。分かりました。授業資料は村上さんに渡すので後でもらってください。
F : はい、ありがとうございます。そして再来週の水曜日には会社の説明会があるんですが、説明会後に先輩とのふれあい会もあって参加必須だと言われました。でも途中で抜けられるかもしれないので、分かり次第お伝えします。
M : 分かりました。

5 女の学生が明日欠席する理由は何ですか。

1 入社の手続きをしなければならないから
2 書類を提出しなければならないから
3 説明会に参加しなければならないから
4 先輩とのふれあい会に参加しなければならないから

해석 여자 학생과 선생님이 이야기하고 있습니다. 여자 학생이 내일 결석을 하는 이유는 무엇입니까?

F : 스즈키 선생님, 내일 수업입니다만, 어쩔 수 없는 사정으로 결석하고 싶습니다만….
M : 결석입니까? 내일 수업은 중요한 내용은 아니기 때문에 괜찮다고 생각합니다만, 무슨 일 있으신가요?
F : 그게 취직이 결정된 회사에 입사 수속으로 가게 되었습니다. 방문할 수 있는 시간이 정해져 있어서 딱 선생님 수업과 겹칩니다.
M : 그렇군요. 하지만 이전에 같은 이유로 회사에 가지 않았나요?
F : 그때, 수속은 무사히 끝났습니다만, 몇 가지 서류가 빠져있던 것 같아서 내일까지 재차 제출하지 않으면 안 됩니다.
M : 그것은 어쩔 수 없군요. 알겠습니다. 수업 자료는 무라카미 씨에

게 건네줄 테니 나중에 받으세요.
F : 네, 감사합니다. 그리고 다다음 주 수요일에는 회사 설명회가 있습니다만, 설명회 후에 선배와의 교류회도 있어서 참가 필수라고 들었습니다. 하지만 도중에 빠져나올 수 있을지 모르니 알게 되는대로 즉시 전달드리겠습니다.
M : 알겠습니다.

여자 학생이 내일 결석하는 이유는 무엇입니까?
1 입사 수속을 하지 않으면 안 되기 때문에
2 서류를 제출하지 않으면 안 되기 때문에
3 설명회에 참가하지 않으면 안 되기 때문에
4 선배와의 교류회에 참가하지 않으면 안 되기 때문에

해설 여자 학생은 いくつかの書類が欠けていたようで明日までに再度提出しなければなりません。(몇 가지 서류가 빠져있던 것 같아서 내일까지 재차 제출하지 않으면 안 됩니다.)라며 내일 회사에 서류를 제출해야 한다고 결석 이유를 이야기했다. 따라서 2번이 정답이다. 빠진 서류를 보완해서 다시 제출해야 하지만, 수속은 이전에 무사히 끝났다고 했으므로 1번은 정답이 아니다. 설명회와 선배와의 교류회는 다다음 주 수요일에 일이므로 3, 4번도 정답이 아니다.

단어 欠席(けっせき) 결석 | やむを得(え)ない 어쩔 수 없다 | 事情(じじょう) 사정 | させていただく 하게 해 받다, 하겠다 | 重要(じゅうよう)だ 중요하다 | 内容(ないよう) 내용 | 就職(しゅうしょく) 취직 | 入社(にゅうしゃ) 입사 | 手続(てつづ)き 수속, 절차 | 訪問(ほうもん) 방문 | ちょうど 딱, 때마침 | 被(かぶ)る 겹치다, 중복되다 | 無事(ぶじ)だ 무사하다 | 書類(しょるい) 서류 | 欠(か)ける 결여되다, 빠지다 | 再度(さいど) 재차, 다시 | 提出(ていしゅつ) 제출 | 仕方(しかた)ない 어쩔 수 없다 | 説明会(せつめいかい) 설명회 | ふれあい会(かい) 교류회 | 参加(さんか) 참가 | 必須(ひっす) 필수 | 途中(とちゅう) 도중 | 抜(ぬ)ける 빠지다, 뽑아지다 | ~次第(しだい) ~하는 대로

🎧 포인트이해_실전연습문제_6번.mp3

女の人と男の人が話しています。女の人はどんな人と結婚したいと言っていますか。

F : 森さんの結婚式、素敵でしたね。
M : そうですね。ご主人も優しそうな人で、お二人すごくお似合いでしたね。
F : ああ、私も結婚して子供も産みたいなあ。誰かいないかなあ。
M : 本当にそうですね。みずきさんは結婚相手に求める条件ってあるんですか。なんとなく見た目を重視してるイメージですけど。
F : まあ、前までは確かに容姿が整っている人が好きでしたよ。でも、年を取るにつれて変わってきました。
M : なんか意外ですね。さっき、子供を産みたいと言ってたから家事や育児を分担してくれる人とかですか。

F : それも結婚するにあたって重要なポイントだと思ってたんですけど、それよりも、一緒に何かをしながら時間を過ごせる人ですね。
M : え、理由を聞いてもいいですか。
F : 平日だとお互い仕事をするわけですし、帰ってきても家事や育児で忙しいじゃないですか。同じ趣味を持っていれば、その時だけでも一緒にいられると思うので共通の趣味を持っているっていうのは私にとって大事なことです。
M : なるほど。でも最近の調査ではやっぱり経済力のある人が人気らしいんですけど、そこはあんまり気にしないですか。
F : まあ、経済力があればあるほどいいと思うけど、私もある程度稼いでいますし、今は求めてないです。

6 女の人は、どんな人と結婚したいと言っていますか。
1 共通の趣味を持っている人
2 容姿が整っている人
3 家事と育児を助けてくれる人
4 経済力がある人

해석 여자와 남자가 이야기하고 있습니다. 여자는 어떤 사람과 결혼하고 싶다고 말하고 있습니까?
F : 모리 씨의 결혼식, 멋졌네요.
M : 맞아요. 남편분도 상냥할 것 같은 사람이고 두 사람 엄청 어울렸죠.
F : 아아, 나도 결혼해서 애도 낳고 싶다. 누군가 없을까?
M : 진짜 그렇네요. 미즈키 씨는 결혼 상대에게 바라는 조건은 있나요? 어쩐지 외모를 중시하고 있는 이미지인데요.
F : 뭐, 전까지는 확실히 용모가 단정한 사람이 좋았어요. 하지만 나이를 먹음에 따라 달라졌어요.
M : 뭔가 의외네요. 아까 아이를 낳고 싶다고 했으니까 가사나 육아를 분담해 주는 사람이라든지 일까요?
F : 그것도 결혼하는데 있어서 중요한 포인트라고 생각하고 있었는데요, 그것보다도 같이 무언가를 하면서 시간을 보낼 수 있는 사람이요.
M : 어, 이유를 물어봐도 될까요?
F : 평일이면 서로 일을 할 것이고 집에 돌아와도 가사나 육아로 바쁘잖아요. 같은 취미를 갖고 있으면 그때만이라도 같이 있을 수 있다고 생각하기 때문에 공통의 취미를 가지고 있다는 것은 저에게 있어서 중요한 것이에요.
M : 그렇구나. 하지만 최근의 조사에서는 역시 경제력이 있는 사람이 인기라고 하는데, 그 부분은 별로 신경 쓰이지 않나요?
F : 뭐, 경제력이 있으면 있는 만큼 좋다고 생각하지만, 저도 어느 정도 벌고 있고 지금은 바라지 않아요.

여자는 어떤 사람과 결혼하고 싶다고 말하고 있습니까?
1 공통의 취미를 가지고 있는 사람

2 용모가 단정한 사람
3 가사나 육아를 도와주는 사람
4 경제력이 있는 사람

해설 여자는 同じ趣味を持っていれば、その時だけでも一緒にいられると思うので共通の趣味を持っているっていうのは私にとって大事なことです。(같은 취미를 갖고 있으면 그때만이라도 같이 있을 수 있다고 생각하기 때문에 공통의 취미를 가지고 있다는 것은 저에게 있어서 중요한 것이에요.)라고 말했다. 따라서 1번이 정답이다. 용모가 단정한 건 지금이 아닌 예전의 바라던 것이었기 때문에 2번은 정답이 아니고, 가사나 육아를 도와주는 것도 포인트라고 생각하지만, 같이 시간을 보낼 수 있는 사람이 좋다고 했으므로 3번도 정답이 아니다. 그리고 경제력이 있는 사람이 좋다고 한 것은 여자가 아니라 조사에서 그렇게 나왔다는 이야기이며, 본인이 어느 정도 벌고 있어서 지금은 바라지 않는다고도 했으므로 4번도 정답이 아니다.

단어 結婚式(けっこんしき) 결혼식 | 素敵(すてき)だ 멋지다 | ご主人(しゅじん) (남의) 남편 | 似合(にあ)う 어울리다 | 産(う)む 낳다 | 相手(あいて) 상대 | 求(もと)める 구하다, 바라다 | 条件(じょうけん) 조건 | 見(み)た目(め) 겉보기, 외모 | 重視(じゅうし) 중시 | イメージ 이미지 | 確(たし)かに 확실히 | 容姿(ようし) 용모, 외모 | 整(ととの)う 정돈되다, 조화를 이루다 | 年(とし)を取(と)る 나이를 먹다 | ~につれて ~(함)에 따라서 | 意外(いがい)だ 의외다 | 家事(かじ) 가사, 집안일 | 育児(いくじ) 육아 | 分担(ぶんたん) 분담 | ~にあたって ~데 있어서 | 重要(じゅうよう)だ 중요하다 | ポイント 포인트 | 過(す)ごす 지내다 | お互(たが)い 서로 | 趣味(しゅみ) 취미 | 共通(きょうつう) 공통 | ~にとって ~에(게) 있어서 | 調査(ちょうさ) 조사 | 経済力(けいざいりょく) 경제력 | 気(き)にする 신경 쓰다 | ある程度(ていど) 어느 정도 | 稼(かせ)ぐ 돈벌이하다

🎧 포인트이해_실전연습문제_7번.mp3

カメラの店で店員が最新のカメラについて話しています。おすすめのカメラにはどんな機能がありますか。

M : 最近では「Vlog」という自分の日常を動画に記録する人が増えてきました。この度、そのような人をターゲットにしたVlog専用の新しいカメラが発売されました。一人で撮影する人が多いため、片手で長時間持っていても軽い上に、左右、360度自由に調整できるモニターも追加されています。一般的なカメラは写真の撮影に向いていることに対して、こちらは動画の撮影に向いているカメラです。持ちやすさに重点をおいた商品になっているので複雑な機能は削除しました。もちろん、距離の調整や連続で撮影したい方にはアピールできないかもしれません。しかし、スマートフォンのカメラより高いクオリティーを求める方にはおすすめできるでしょう。

7 おすすめのカメラにはどんな機能がありますか。

1 モニターを自由に動かせる機能
2 長時間撮影できる機能
3 距離調整できる機能
4 連続で撮影ができる機能

해석 카메라 가게에서 점원이 최신 카메라에 대해서 이야기하고 있습니다. 추천 카메라에는 어떤 기능이 있습니까?

F : 최근에는 'Vlog'라는 자신의 일상을 동영상으로 기록하는 사람이 많아졌습니다. 이번에 그러한 사람을 타깃으로 한 Vlog 전용의 새로운 카메라가 발매되었습니다. 혼자서 촬영하는 사람이 많기 때문에 한 손으로 장시간 들고 있어도 가벼운 데다가 좌우, 360도 자유롭게 조정할 수 있는 모니터도 추가되어 있습니다. 일반적인 카메라는 사진 촬영에 적합한 것에 반해 이쪽은 동영상 촬영에 적합한 카메라입니다. 들기 편함에 중점을 둔 상품으로 되어 있기 때문에 복잡한 기능은 삭제했습니다. 물론 거리의 조정이나 연속으로 촬영하고 싶은 분께는 어필할 수 없을지도 모릅니다. 하지만 스마트폰의 카메라보다 높은 퀄리티를 바라는 분께는 추천할 수 있겠지요.

추천 카메라에는 어떤 기능이 있습니까?

1 모니터를 자유롭게 움직일 수 있는 기능
2 장시간 촬영할 수 있는 기능
3 거리 조정할 수 있는 기능
4 연속으로 촬영할 수 있는 기능

해설 추가된 기능에 대해서 점원은 左右、360度自由に調整できるモニターも追加されています。(좌우, 360도 자유롭게 조정할 수 있는 모니터도 추가되어 있습니다.)라고 했다. 따라서 1번이 정답이다. 장시간 들고 있어도 가볍다고는 했지만, 장시간 촬영할 수 있다고는 하지 않았기 때문에 2번은 정답이 아니다. 3, 4번도 언급은 했지만, 해당 기능을 바라는 분에는 어필할 수 없을지도 모른다고 했기 때문에 정답이 아니다.

단어 最新(さいしん) 최신 | 機能(きのう) 기능 | 日常(にちじょう) 일상 | 動画(どうが) 동영상 | 記録(きろく) 기록 | この度(たび) 이번, 금번 | ターゲット 타깃, 목표 | 専用(せんよう) 전용 | 発売(はつばい) 판매 | 撮影(さつえい) 촬영 | 片手(かたて) 한(쪽) 손 | 長時間(ちょうじかん) 장시간 | ~上(うえ)に ~한 데다가 | 左右(さゆう) 좌우 | 調整(ちょうせい) 조정 | モニター 모니터 | 追加(ついか) 추가 | 一般的(いっぱんてき)だ 일반적이다 | 向(む)いている 적합하다 | ~に対(たい)して ~에 대해서, ~에 비해서 | 持(も)ちやすさ 들기 쉬움 | 重点(じゅうてん) 중점 | 複雑(ふくざつ)だ 복잡하다 | 削除(さくじょ) 삭제 | 距離(きょり) 거리 | 連続(れんぞく) 연속 | アピール 어필 | クオリティー 퀄리티, 품질 | 求(もと)める 구하다, 바라다 | おすすめする 추천하다

🎧 포인트이해_실전연습문제_8번.mp3

男の人と女の人が話しています。女の人は何が辛かったと言っていますか。

M：おはよう！夏休み、一瞬だったね。何してた？
F：おはよう！私は3泊4日でタイ旅行に行ってきたんだ。
M：へえー、いいなあ。僕はまだ東南アジアには旅行したことがないから、どうだったか教えてほしい。
F：お寺や世界遺産などあっちこっちに観光名所もたくさんあって楽しかったよ。でも何よりもマッサージが最高だったね。
M：料理は口に合わなかったりしなかった？
F：日本では珍しい調味料が使われているから、匂いだけで苦手だっていう人もいるけど、私はもともとタイ料理が大好きだから、もっと色んな物が食べたくて毎日何食べるか迷ってたね。
M：あと、タイに行く時は水に注意したほうがいいと言われているよね。そこは大丈夫だった？
F：そうだね、私も心配で飲む水は全部スーパーで買ってたよ。おかげでお腹を壊したりはしなかったよ。でも、歯磨きしてうがいする時に水道水を飲んでしまったのか友達がひどく肌荒れしてたの。
M：やっぱり、お水に気をつけないとね。僕も来年の夏休みに行ってみようかな。
F：それもいいけど、タイは6月から10月にかけて雨季らしいよ。私も旅行する時、いきなりバケツをひっくり返したように雨が降ってて大変だったよ。もうびしょびしょになって途中で着替えたもん。11月から2月までが過ごしやすいらしいからその時期がいいと思うよ。

8 女の人は何が辛かったと言っていますか。

1 料理が口に合わなかったこと
2 お腹を壊したこと
3 肌荒れをしたこと
4 いきなり雨が降ったこと

해석 남자와 여자가 이야기하고 있습니다. 여자는 무엇이 힘들었다고 말하고 있습니까?

M : 좋은 아침! 여름방학, 한순간이었네. 뭐 했어?
F : 좋은 아침! 나는 3박 4일로 태국 여행에 갔다 왔어.
M : 와, 좋겠다. 나는 아직 동남아시아에는 여행해 본 적이 없어서 어땠는지 가르쳐 주면 좋겠어.
F : 절이나 세계유산 등 여기저기에 관광 명소도 많이 있어서 즐거웠어. 하지만 무엇보다도 마사지가 최고였어.
M : 요리는 입맛에 안 맞거나 하지 않았어?
F : 일본에서는 희귀한 조미료가 사용되고 있어서 향기만으로 질색이라고 하는 사람도 있지만, 나는 원래 태국 요리를 엄청 좋아하니까 더 다양한 것이 먹고 싶어서 매일 뭐 먹을까 헤맸었지.
M : 그리고 태국에 갈 때는 물에 주의하는 편이 좋다고 듣고 있잖아. 그쪽은 괜찮았어?
F : 그렇네, 나도 걱정돼서 마시는 물은 전부 슈퍼마켓에서 샀어. 덕분에 배탈이 나거나 하진 않았어. 하지만 양치질하고 입을 헹굴 때에 수돗물을 마셔 버렸는지 친구가 심하게 피부 트러블이 났어.
M : 역시 물에 조심해야 하네. 나도 내년 여름방학에 가 볼까?
F : 그것도 좋지만, 태국은 6월부터 10월에 걸쳐서 우기래. 나도 여행할 때, 갑자기 양동이를 뒤집은 것 같이 비가 내려서 힘들었어. 진짜 흠뻑 젖어서 도중에 갈아입은걸. 11월부터 2월까지가 지내기 좋다고 하니까 그 시기가 좋을 거라고 생각해.

여자는 무엇이 힘들었다고 말하고 있습니까?

1 요리가 입맛에 안 맞은 것
2 배탈이 난 것
3 피부 트러블이 난 것
4 갑자기 비가 내렸던 것

해설 여자는 私も旅行する時、いきなりバケツをひっくり返したように雨が降ってて大変だったよ。(나도 여행할 때, 갑자기 양동이를 뒤집은 것 같이 비가 내려서 힘들었어.)라고 직접적으로 힘들었던 것에 대해서 언급했다. 따라서 4번이 정답이다. 원래 태국 요리를 좋아해서 뭐 먹을지 헤맬 정도라고 했기 때문에 1번은 정답이 아니고, 먹을 물을 사 마신 덕분에 배탈은 나지 않았다고 했기 때문에 2번도 정답이 아니다. 그리고 피부 트러블이 난 것은 친구이기 때문에 3번도 정답이 아니다.

단어 辛(つら)い 힘들다 | 一瞬(いっしゅん) 일순간, 한순간 | ~泊(はく) ~박 | タイ 태국 | 東南(とうなん)アジア 동남아시아 | お寺(てら) 절 | 世界遺産(せかいいさん) 세계유산 | あっちこっち 여기저기, 이쪽저쪽 | 観光名所(かんこうめいしょ) 관광 명소 | 最高(さいこう) 최고 | 口(くち)に合(あ)う 입맛에 맞다 | 珍(めずら)しい 드물다, 희귀하다 | 調味料(ちょうみりょう) 조미료 | 匂(にお)い 냄새 | 苦手(にがて)だ 서투르다, 질색하다 | もともと 원래 | 迷(まよ)う 헤매다 | お腹(なか)を壊(こわ)す 배탈이 나다 | 歯磨(はみが)き 양치질 | うがい 가글, 입을 헹구는 일 | 水道水(すいどうすい) 수돗물 | 肌荒(はだあ)れ 살갗이 거칠어짐, 피부 트러블 | ~から~にかけて ~부터 ~에 걸쳐서 | 雨季(うき) 우기 | いきなり 갑자기 | ひっくり返(かえ)す 뒤집다, 뒤바꾸다 | びしょびしょ 흠뻑 젖은 모양, 흠뻑 | 着替(きが)える (옷을) 갈아입다 | 過(す)ごす 지내다 | 時期(じき) 시기

포인트이해_실전연습문제_9번.mp3

女の人と男の人が話しています。男の人がジムに通い始めた目的は何ですか。

F：あら、最近ちょっとやせましたか。
M：分かる？最近ジムに通い始めたんだ。前よりさらにかっこよくなったでしょ。
F：はいはい。でも、運動、嫌いじゃなかったんでしたっけ。
M：まあ、昔はね。やっぱり、健康のためにも運動はしたほ

うがいいしね。汗をかくと気持ちもよくなるし、ストレス解消にもなるし。

F：うーん…。そんなこと言って、**本当はジムでかわいい女の子を見つけようとか、思っているんじゃないんですか。**

M：**やっぱりばれちゃった？実はそれが狙いで通ってるんだ。**でも、運動してみたところ、体がすっきりするし、よく寝られるようになったよ。残念ながら、まだ出会いはないけどね。

F：前はお腹が少し出てましたもんね。これでスタイルがよくなったら、いい出会いがあるかもしれませんね。

9 男の人がジムに通い始めた目的は何ですか。

1 健康になるため
2 **いい出会いを見つけるため**
3 よく寝られるようになるため
4 スタイルがよくなるため

해석 여자와 남자가 이야기하고 있습니다. 남자가 헬스장에 다니기 시작한 목적은 무엇입니까?

F : 어머, 요즘 살이 좀 빠졌어요?
M : 알겠어? 최근에 헬스장에 다니기 시작했어. 예전보다 더욱더 멋있어졌지?
F : 네네. 그래도 운동, 싫어하지 않았나요?
M : 뭐, 옛날은 그랬지. 역시 건강을 위해서라도 운동은 하는 편이 좋기도 하고. 땀을 흘리면 기분도 좋아지고 스트레스 해소도 되고.
F : 흠…. 그런 말을 하고 사실은 헬스장에서 귀여운 여자를 찾으려고 한다든가 생각하고 있는 거 아니에요?
M : 역시 들켜 버렸나? 사실은 그게 노림수로 다니고 있어. 그래도 운동해 봤더니 몸이 개운해지고 잘 잘 수 있게 되었어. 아쉽게도 아직 만남은 없지만.
F : 전에는 배가 조금 나와 있었죠. 이걸로 몸매가 좋아지면 좋은 만남이 있을 지도 모르겠네요.

남자가 헬스장에 다니기 시작한 목적은 무엇입니까?

1 건강해지기 위해서
2 좋은 만남을 찾기 위해서
3 잘 잘 수 있게 되기 위해서
4 몸매가 좋아지기 위해서

해설 여자가 남자에게 本当はジムでかわいい女の子を見つけようとか、思っているんじゃないんですか。(사실은 헬스장에서 귀여운 여자를 찾으려고 한다든가 생각하고 있는 거 아니에요?)라고 말하자 남자가 이 말에 그게 노림수로 다니고 있다며 동의하고 있기 때문에 2번이 정답이다. 1번은 여자를 만나기 위해서 다니는 걸 숨기기 위해 말한 핑계일 뿐이기 때문에 정답이 아니고, 3, 4번은 운동을 하고 나서 생긴 결과일 뿐, 헬스장을 다니기 시작한 목적은 아니기 때문에 정답이 아니다.

단어 ジム 헬스장｜目的(もくてき) 목적｜やせる 살이 빠지다｜さらに 더욱더, 게다가｜健康(けんこう) 건강｜汗(あせ)をかく 땀을 흘리다｜ストレス解消(かいしょう) 스트레스 해소｜ばれる 들키다｜実(じつ)は 실은｜狙(ねら)い 노림수, 겨냥, 표적｜~たところ ~했더니, ~한 결과｜すっきりする 시원하다, 후련하다｜残念(ざんねん)ながら 아쉽게도, 유감스럽게도｜出会(であ)い 만남｜お腹(なか) 배｜スタイル 스타일, 몸매

🎧 포인트이해_실전연습문제_10번.mp3

男の人と女の人がミュージカルについて話しています。女の人がミュージカルに興味を持ったきっかけは何ですか。

M：また一人でミュージカル見に行くんだね。僕も鑑賞したいけど、なかなか一人で見に行く勇気はないなあ。
F：そういう風に壁を感じる人もいるようだけど、結構一人で来ている人の割合も多いし、高橋君は演劇とか歌とか興味あるからきっと好きになると思うよ。
M：ミュージカルって芝居と歌、ダンスまで一度に楽しめるから好きだと言う人多いよね。
F：そう、それ以外にも見どころがたくさんあるからいつの間にか夢中になるの。**まるで現実と離れて夢の世界にいるみたいだから、それが面白くてミュージカルのファンになっちゃったよ。**
M：僕みたいな初心者におすすめの作品とかある？
F：そうね。原作がある作品から選んでみたら？高橋君も知っている有名な小説や映画を舞台にすることも多いからね。
M：有名な原作があるとある程度ストーリーも把握してるし、理解しやすいかもしれないな。
F：そうやって経験を重ねていくうちに好きな俳優もできると思う。そのあとはその俳優さんの作品を見に行くのもいいよ。

10 女の人がミュージカルに興味を持ったきっかけは何ですか。

1 芝居、歌、ダンス全て楽しめるから
2 夢の世界にいるような体験ができるから
3 有名な原作を舞台にしているから
4 好きな俳優ができたから

해석 남자와 여자가 뮤지컬에 대해서 이야기하고 있습니다. 여자가 뮤지컬에 흥미를 가진 계기는 무엇입니까?

M : 또 혼자서 뮤지컬 보러 가는구나. 나도 감상하고 싶지만, 좀처럼

혼자 보러 갈 용기는 없네.

F : 그런 식으로 벽을 느끼는 사람도 있는 것 같지만, 꽤 혼자서 와 있는 사람의 비율도 많고, 타카하시 군은 연극이라든지 노래라든지 흥미 있으니까 분명 좋아하게 될 거라고 생각해.

M : 뮤지컬은 연기랑 노래, 댄스까지 한 번에 즐길 수 있어서 좋아한다고 하는 사람 많지.

F : 맞아, 그것 이외에도 볼거리가 많이 있어서 어느샌가 열중하게 돼. 마치 현실과 떨어져서 꿈의 세계에 있는 것 같으니까 그것이 재미있어서 뮤지컬의 팬이 되어 버렸어.

M : 나 같은 초보자에게 추천 작품이라든가 있어?

F : 그렇네. 원작이 있는 작품부터 골라보면 어때? 타카하시 군도 알고 있는 유명한 소설이나 영화를 무대로 하는 것도 많으니까.

M : 유명한 원작이 있으면 어느 정도 스토리도 파악하고 있고 이해하기 쉬울지도 모르겠네.

F : 그렇게 경험을 쌓아가는 동안에 좋아하는 배우도 생길 거라고 생각해. 그 후에는 그 배우 님의 작품을 보러 가는 것도 좋아.

여자가 뮤지컬에 흥미를 가지게 된 계기는 무엇입니까?

1 연기, 노래, 댄스 전부 즐길 수 있기 때문에
2 꿈의 세계에 있는 것 같은 체험을 할 수 있기 때문에
3 유명한 원작을 무대로 하고 있기 때문에
4 좋아하는 배우가 생겼기 때문에

해설 여자가 뮤지컬 팬 된 이유에 대해서 まるで現実と離れて夢の世界にいるみたいだから、それが面白くてミュージカルのファンになっちゃったよ。(마치 현실과 떨어져서 꿈의 세계에 있는 것 같으니까 그것이 재미있어서 뮤지컬의 팬이 되어 버렸어.)라고 했다. 따라서 2번이 정답이다. 연기, 노래, 댄스를 전부 즐길 수 있어서 좋아한다고 하는 사람 많다고 언급은 있지만, 여자가 뮤지컬에 흥미를 가지게 된 이유는 아니기 때문에 1번은 정답이 아니다. 유명한 원작을 무대로 하거나, 좋아하는 배우가 생기면 따라다니라는 이야기는 타카하시 군에게 하는 조언이므로 3, 4번도 정답이 아니다.

단어 ミュージカル 뮤지컬 | 興味(きょうみ) 흥미 | きっかけ 계기 | 鑑賞(かんしょう) 감상 | なかなか 좀처럼 | 勇気(ゆうき) 용기 | 壁(かべ) 벽 | 割合(わりあい) 비율 | 演劇(えんげき) 연극 | きっと 분명 | 芝居(しばい) 연기 | 楽(たの)しめる 즐기다 | 見(み)どころ 볼거리 | いつの間(ま)にか 어느새인가 | 夢中(むちゅう)になる 열중하다, 몰두하다 | 現実(げんじつ) 현실 | 離(はな)れる 떨어지다 | ファン 팬 | 初心者(しょしんしゃ) 초보자 | おすすめ 추천 | 原作(げんさく) 원작 | 舞台(ぶたい) 무대 | ある程度(てい ど) 어느 정도 | 把握(はあく) 파악 | 理解(りかい) 이해 | 経験(けいけん)を重(かさ)ねる 경험을 쌓다 | 俳優(はいゆう) 배우 | 全(すべ)て 전부 | 体験(たいけん) 체험

🎧 포인트이해_실전연습문제_11번.mp3

男(おとこ)の人(ひと)と女(おんな)の人(ひと)が会社(かいしゃ)で話(はな)しています。女(おんな)の人(ひと)はどうして出張(しゅっちょう)に行(い)くのが嫌(きら)いだと言(い)っていますか。

M : どうしたの？ため息(いき)なんかついて。早(はや)く退勤(たいきん)できるから喜(よろこ)ぶべきじゃないの？

F : 早(はや)めに帰(かえ)れるのはいいんだけど、出張(しゅっちょう)のことを考(かんが)えるだけで疲(つか)れちゃうよ。

M : え、なんで？出張(しゅっちょう)って旅行気分(りょこうきぶん)を味(あじ)わえるからいいと思(おも)ってた。

F : 色(いろ)んな地域(ちいき)に行(い)けるけど、あくまで仕事(しごと)だから必(かなら)ずしもそうとは限(かぎ)らないよ。

M : 確(たし)かに。移動時間(いどうじかん)もかなりかかるだろうし、そうなると体力的(たいりょくてき)にも負担(ふたん)だよね。

F : そうなの、意外(いがい)と移動時間(いどうじかん)で体力(たいりょく)の消耗(しょうもう)が大(おお)きいよ。

M : 長期出張(ちょうきしゅっちょう)となると費用(ひよう)もだいぶかかるんじゃない？

F : それは会社(かいしゃ)から出張(しゅっちょう)の手当(てあて)が出(で)るから不満(ふまん)はないよ。それより大変(たいへん)なのは家(いえ)から離(はな)れてると家(いえ)の状況(じょうきょう)とか分(わ)からなくなるから、不安(ふあん)で途中(とちゅう)で帰(かえ)りたくなるんだよ。

M : 僕(ぼく)は一人暮(ひとりぐ)らしだからあまり気(き)にならないけど、やっぱり子供(こども)のことが心配(しんぱい)なんだね。

F : まあ、子供(こども)は夫(おっと)がいるから安心(あんしん)だけど、片付(かたづ)けができる人(ひと)がいないから家中(いえじゅう)がごちゃごちゃ散(ち)らかっていそうで、それが心配(しんぱい)でしかたないのよ。

11 女(おんな)の人(ひと)はどうして出張(しゅっちょう)に行(い)くのが嫌(きら)いだと言(い)っていますか。

1 移動時間(いどうじかん)で疲(つか)れるから
2 費用(ひよう)がかかるから
3 家(いえ)の状況(じょうきょう)が分(わ)からないから
4 子供(こども)のことが心配(しんぱい)だから

해석 남자와 여자가 회사에서 이야기하고 있습니다. 여자는 왜 출장에 가는 것이 싫다고 말하고 있습니까?

M : 무슨 일이야? 한숨 같은 것 쉬고. 일찍 퇴근할 수 있으니까 기뻐해야 하는 거 아니야?

F : 일찍 돌아갈 수 있는 것은 좋은데, 출장을 생각하는 것만으로 피곤해져 버려.

M : 음, 왜? 출장은 여행 기분을 맛볼 수 있으니까 좋다고 생각했었어.

F : 다양한 지역에 갈 수 있지만, 어디까지나 일이니까 반드시 그렇다고는 할 수 없어.

M : 하긴. 이동 시간도 꽤 걸릴 테고 그렇게 되면 체력적으로도 부담이지.

F : 맞아, 의외로 이동 시간으로 체력 소모가 커.

M : 장기 출장이 되면 비용도 제법 들지 않아?

F : 그건 회사에서 출장 수당이 나오니까 불만은 없어. 그것보다 힘든 건 집에서 떨어져 있으면 집의 상황이라든지 모르게 되니까 불안해서 도중에 돌아가고 싶어져.

M : 나는 혼자 사니까 별로 신경 쓰이지 않는데, 역시 아이가 걱정이구나.

F : 뭐, 아이들은 남편이 있으니까 안심이지만, 정리를 할 수 있는 사

람이 없으니까 집안 전체가 뒤죽박죽 어질러져 있을 것 같아서 그것이 걱정돼서 어쩔 수가 없어.

여자는 왜 출장에 가는 것이 싫다고 말하고 있습니까?
1 이동 시간으로 피곤하기 때문에
2 비용이 들기 때문에
3 집의 상황을 모르기 때문에
4 아이들이 걱정되기 때문에

해설 여자가 それより大変なのは家から離れてると家の状況とか分からなくなるから、不安で途中で帰りたくなるんだよ。(그것보다 힘든 건 집에서 떨어져 있으면 집의 상황이라든지 모르게 되니까 불안해서 도중에 돌아가고 싶어져.)라고 했기 때문에 3번이 정답이다. 이동 시간으로 체력 소모가 많다고 했지만, 그것보다도 집의 상황을 모르는 것이 더 힘들다고 했기 때문에 1번은 정답이 아니고, 비용은 회사에서 출장 수당이 나와서 불만이 없다고 했기 때문에 2번도 정답이 아니다. 아이들은 남편이 있으니까 안심이라고 했고 그것보다 집 정리가 걱정이기 때문에 4번도 정답이 아니다.

단어 出張(しゅっちょう) 출장 | ため息(いき)つく 한숨 쉬다 | 退勤(たいきん) 퇴근 | 喜(よろこ)ぶ 기뻐하다 | 早(はや)めに 빨리, 일찌감치 | 味(あじ)わう 맛보다, 음미하다 | 地域(ちいき) 지역 | あくまで 어디까지나 | 必(かなら)ずしも 반드시 | ~とは限(かぎ)らない (반드시) ~라고는 할 수 없다 | 移動(いどう) 이동 | 体力的(たいりょくてき)に 체력적으로 | 負担(ふたん) 부담 | 意外(いがい)と 의외로 | 消耗(しょうもう) 소모 | 長期(ちょうき) 장기 | 費用(ひよう) 비용 | 手当(てあて) 수당, 급여 | 不満(ふまん) 불만 | 離(はな)れる 떨어지다, 멀어지다 | 状況(じょうきょう) 상황 | 途中(とちゅう)で 도중에 | 一人暮(ひとりぐ)らし 혼자 삶, 자취 | 気(き)になる 신경 쓰이다 | 安心(あんしん) 안심 | 片付(かたづ)け 정돈, 정리 | 家中(いえじゅう) 집안 전체 | ごちゃごちゃ 뒤죽박죽 | 散(ち)らかる 어질러지다, 흐트러지다

개요이해 실전 연습 문제   486p

| 1 ① | 2 ② | 3 ④ | 4 ④ | 5 ④ |
| 6 ② | 7 ③ | 8 ② | 9 ④ | 10 ④ |

기본 버전 MP3   배속 버전 MP3

문제3 문제3에서는, 문제 용지에 아무것도 인쇄되어 있지 않습니다. 이 문제는, 전체로서 어떤 내용인지를 듣는 문제입니다. 이야기 전에 질문은 없습니다. 먼저 이야기를 들어주세요. 그리고, 질문과 선택지를 듣고, 1부터 4 중에서, 가장 알맞은 것을 하나 고르세요.

🎧 개요이해_실전연습문제_1번.mp3

会社で女の人と男の人が話しています。

F：そういえば部長、最近タバコをお吸いになりませんよね。

M：ああ、今禁煙してるんだ。それに、**最近またタバコの値段が上がって。**前に比べて一箱50円も高くなったんだよ。

F：そういえば、どんどん高くなってるみたいですね。禁煙すれば、お財布にも優しいですし、健康的だし、いい事ばかりですね。

M：そうだね。そう思ってやめようって決めたんだ。それに、**タバコが吸える場所もどんどん減ってきてるし。**見つけるのがけっこう大変なんだよね。

F：ああ、たしかに。もう、ほとんどのレストランは禁煙ですからね。でも、仕方がないと思うんです。先日までタバコをお吸いになっていた部長の前で言うのは失礼ですが、タバコの煙なんか誰も吸いたくないですよ。

M：はは、そうだよね。やっぱり君もいやだったでしょ、僕がタバコ吸うの。

F：ええ、実は…ちょっと我慢していました。

1 男の人は何について話していますか。

1 タバコをやめようと決心した理由
2 タバコが吸える場所が減っている原因
3 タバコをやめてから起きた変化
4 タバコの値段が上がった理由

해석 회사에서 여자와 남자가 이야기하고 있습니다.

F : 그러고 보니 부장님, 요즘 담배 안 피우시네요.
M : 아아, 지금 금연하고 있어. 게다가 요즘 또 담배 가격이 올라서. 전에 비해서 한 갑 50엔이나 비싸졌어..
F : 그러고 보니 점점 비싸지는 것 같네요. 금연하면 가계에도 부담 없고 건강하고 좋은 것뿐이네요.
M : 맞아. 그렇게 생각해서 그만두자고 결정했어. 게다가 담배를 피울 수 있는 장소도 점점 줄어들고 있고. 찾는 게 꽤 힘들거든.
F : 아, 확실히. 이제 대부분의 레스토랑은 금연이니까요. 하지만 어쩔 수 없다고 생각해요. 얼마 전까지 담배를 피우시던 부장님의 앞에서 말하는 것은 실례이지만, 담배 연기 따위 아무도 마시고 싶어 않아요.
M : 하하, 그렇지? 역시 너도 싫었지? 내가 담배 피우는 거.
F : 네, 실은…좀 참고 있었어요.

남자는 무엇에 대해서 이야기하고 있습니까?

1 담배를 끊으려고 결심한 이유
2 담배를 피울 수 있는 장소가 줄고 있는 원인

3 담배를 끊고 나서 일어난 변화
4 담배의 가격이 오른 이유

해설 　남자는 처음에 最近またタバコの値段が上がって。(요즘 또 담배의 가격이 올라서.)라고 말한 다음 タバコが吸える場所もどんどん減ってきてるし。(담배를 피울 수 있는 곳도 점점 줄어들고 있고.)라며 담배를 끊게 된 이유들을 계속해서 말하고 있기 때문에 1번이 정답이다. 담배를 피울 수 있는 장소가 줄어들고 있다고 언급했지만, 남자가 그 원인을 설명하고 있지는 않기 때문에 2번은 정답이 아니고, 담배를 끊고 나서 일어난 변화에 대한 언급은 없기 때문에 3번도 정답이 아니다. 담배 가격이 올랐다고 언급은 했지만 그 이유에 대해서 말하고 있지 않으므로 4번도 정답이 아니다.

단어 　タバコを吸(す)う 담배를 피우다 | 禁煙(きんえん) 금연 | 値段(ねだん) 가격 | 一箱(ひとはこ) 한 상자, 한 갑 | どんどん 점점 | 健康的(けんこうてき)だ 건강하다 | 減(へ)る 줄다 | 仕方(しかた)がない 어쩔 수 없다 | 先日(せんじつ) 얼마 전, 요전에 | 失礼(しつれい) 실례 | 煙(けむり) 연기 | 我慢(がまん)する 참다 | 決心(けっしん) 결심 | 原因(げんいん) 원인 | 変化(へんか) 변화

🎧 개요이해_실전연습문제_2번.mp3

授業で先生が話しています。

F : 最近、オンライン授業というものは、家にいながら講座を受けることができるので便利な点が多いように思われます。しかし、相手のちょっとした表情が読み取れないため、言いたいことが伝わらなかったり、相手に誤解されたりするおそれがあります。また、このような問題に加えて、健康面も気になります。ずっと座りっぱなしなので、運動不足になったり、長い時間、画面を見続けて目が悪くなるなどの心配もあります。実際に、学習者からはオンライン授業で通学しなくて楽でいいものの「太ってしまった」などの声が聞かれます。

2 女の人は何について話していますか。

1 誤解されないコミュニケーションの取り方
2 最近の学習者の健康状態
3 オンライン授業を受ける方法
4 運動不足と成績の関係性

해석 　수업에서 선생님이 이야기하고 있습니다.

　　F : 요즘에 온라인 수업이라고 하는 것은 집에 있으면서 강좌를 들을 수 있어서 편리한 점이 많은 것처럼 생각됩니다. 하지만 상대방의 사소한 표정을 읽어낼 수 없기 때문에 하고 싶은 말이 전달되지 않거나 상대방에게 오해거나 할 우려가 있습니다. 또한 이러한 문제에 더해서 건강 면도 신경이 쓰입니다. 계속 앉아있는 채이기 때문에 운동 부족이 되거나 긴 시간, 화면을 계속 봐서 눈이 나빠지는 등의 걱정도 있습니다. 실제로 학습자로부터 온라인 수업으로 통학하지 않아서 편하고 좋지만 '살쪄버렸다' 등의 목소리가 들립니다.

여자는 무엇에 대해서 이야기하고 있습니까?

1 오해받지 않는 커뮤니케이션하는 법
2 요즘 학습자의 건강 상태
3 온라인 수업을 듣는 방법
4 운동 부족과 성적의 관계성

해설 　여자는 健康面も気になります。(건강 면도 신경이 쓰입니다.)라고 말하며 계속 앉아 있어서 운동 부족이 되고, 모니터만 보니 눈이 안 좋아지는 등 걱정이 되고, 학습자는 살이 쪄버렸다고 하는 등의 의견도 있다며 온라인 수업을 받고 편안해진 대신에 생겨난 건강 문제에 대해서 이야기하고 있다. 따라서 2번이 정답이다. 온라인 수업을 하면 말이 잘 전달되지 않아 오해받을 수 있다는 언급은 있지만 오해받지 않기 위한 커뮤니케이션하는 법에 대해서는 말하고 있지 않으므로 1번은 정답이 아니다. 그리고 온라인 수업을 받는 방법에 대해서는 언급이 없으므로 3번도 정답이 아니고, 운동 부족과 성적에 관해서도 언급하지 않았기 때문에 4번도 정답이 아니다.

단어 　オンライン 온라인 | 講座(こうざ) 강좌 | 相手(あいて) 상대 | ちょっとした 약간의, 사소한 | 表情(ひょうじょう) 표정 | 読(よ)み取(と)る 읽어내다, 읽다 | 誤解(ごかい) 오해 | ～おそれがある ~할 우려가 있다 | ～に加(くわ)えて ~에 더해서 | 健康面(けんこうめん) 건강 면 | ～っぱなし ~한 채로 | 運動不足(うんどうぶそく) 운동 부족 | 画面(がめん) 화면 | 見続(みつづ)ける 계속 보다 | 実際(じっさい) 실제 | 学習者(がくしゅうしゃ) 학습자 | 通学(つうがく) 통학 | 太(ふと)る 살찌다 | 声(こえ) 목소리 | コミュニケーション 커뮤니케이션, 의사소통 | 状態(じょうたい) 상태 | 成績(せいせき) 성적 | 関係性(かんけいせい) 관계성

🎧 개요이해_실전연습문제_3번.mp3

男の人が保育園について話しています。

M : 日本は少子化の影響にともなって、子供を預かる保育園の数が年々減ってきています。それに加えて、保育園の数が減っている原因の一つには、子供の面倒を見る人が少ないことが挙げられます。給料が低いので、子供の面倒を見る仕事に就きたいと思う人が少ないのです。給料が低ければ、保育園の料金を上げればいいと思われるかもしれません。しかし、法律で保育園の料金はいくらまでと決められているので、上げたくても上げられないのが現状です。このような問題を解決するには、やはり国がもっとお金を出して援助する必要があるでしょう。

3 男の人は保育園についてどう思っていますか。

1 保育園が足りないのは、少子化が原因だ
2 国が法律を変える必要がある

3 保育園は、もっと料金を上げるべきだ
4 国が保育園を助けるべきだ

해석 남자가 보육원에 대해서 이야기하고 있습니다.

M : 일본은 저출산의 영향에 따라 아이를 맡길 보육원의 수가 해마다 줄어들고 있습니다. 거기에 더하여 보육원의 수가 줄고 있는 원인의 하나로는 아이의 돌볼 사람이 적다는 것을 들 수 있습니다. 급여가 낮기 때문에 아이를 돌보는 일에 종사하고 싶다고 생각하는 사람이 적은 것입니다. 급여가 낮으면 보육원의 요금을 올리면 된다고 생각하실지도 모릅니다. 하지만 법률로 보육원의 요금은 얼마까지라고 정해져 있기 때문에 올리고 싶어도 올릴 수 없는 것이 현상입니다. 이러한 문제를 해결하기 위해서는 역시 나라가 더 돈을 내서 원조할 필요가 있을 것입니다.

남자는 보육원에 대해서 어떻게 생각하고 있습니까?

1 보육원이 부족한 것은 저출산이 원인이다
2 나라가 법률을 바꿀 필요가 있다
3 보육원은 더 요금을 올려야 한다
4 나라가 보육원을 도와야 한다

해설 남자가 마지막에 이러한 문제를 해결하려면, 역시 국가가 더 돈을 내서 원조할 필요가 있을 것입니다.)라고 말한 것으로 보아, 나라가 보육원을 도와야 한다고 생각한다는 것을 알 수 있다. 따라서 4번이 정답이다. 저출산으로 보육원의 수가 줄어들고 있다고 언급은 했지만, 남자의 의견이 아닌 단순히 일본 현재 상황에 대한 이야기이기 때문에 1번은 정답이 아니다. 그리고 법률로 보육원 요금은 얼마까지라고 정해져 있다고는 했지만, 법률을 바꿔야 된다는 의견은 없으므로 2번도 정답이 아니고, 보육원 요금을 올리고 싶어도 올릴 수 없는 현재 상황에 대한 언급만 있기 때문에 3번도 정답이 아니다.

단어 保育園(ほいくえん) 보육원 | 少子化(しょうしか) 저출산 | 影響(えいきょう) 영향 | ~にともなって ~에 따라서, ~와/과 함께 | 預(あず)かる 맡다 | 数(かず) 수 | 年々(ねんねん) 해마다 | 減(へ)る 줄다 | ~に加(くわ)えて ~에 더해서 | 原因(げんいん) 원인 | 面倒(めんどう)を見(み)る 돌보다 | 挙(あ)げる (예로) 들다, 거행하다 | 給料(きゅうりょう) 급여 | 就(つ)く 취임하다, 종사하다 | 料金(りょうきん) 요금 | 法律(ほうりつ) 법률 | 現状(げんじょう) 현상, 현재 상태 | 解決(かいけつ) 해결 | 援助(えんじょ) 원조, 도와 줌 | 足(た)りない 부족하다 | 助(たす)ける 돕다

🎧 개요이해_실전연습문제_4번.mp3

デパートで女の人と男の人が話しています。

F : え、もしかして山口君?
M : お! 鈴木さん? 久しぶり。高校の卒業以来だから何年ぶりなんだろう。
F : そうだね。卒業してから結構経ったね。今日は買い物に来たの?
M : うん、妻と子供たちと一緒に買い物中だったんだ。今日、あそこの服屋でセールやってるからつい いっぱい買っちゃった。鈴木さんは一人で買い物中なの?
F : 今は一人だけど、6時にデパートの近くのレストランで夫と一緒に食事することにした。でも、その前に服屋に寄らないといけないよ。この服はだぶだぶで、着られないから。
M : え、そのためにわざわざここまで来たの? 商品の返品や交換なら、インターネットでも受付できるらしいよ。
F : え、それは便利だね。でも明日すぐ着たいから、次に利用してみるよ。いい情報ありがとう。

4 女の人は何しに来ましたか。

1 セールする服を買うため
2 一人で買い物をするため
3 夫と食事をするため
4 商品を交換するため

해석 백화점에서 여자와 남자가 이야기하고 있습니다.

F : 어, 혹시 야마구치 군?
M : 오! 스즈키 씨? 오랜만이야. 고등학교 졸업 이래니까 몇 년 만이지?
F : 그렇네. 졸업하고 나서 꽤 지났네. 오늘은 쇼핑하러 왔어?
M : 응, 아내랑 아이들과 함께 쇼핑 중이었어. 오늘, 저기 옷 가게에서 세일하고 있으니까 무심결에 잔뜩 사 버렸어. 스즈키 씨는 혼자서 쇼핑 중이야?
F : 지금은 혼자지만, 6시에 백화점 근처의 레스토랑에서 남편과 함께 식사하기로 했어. 하지만 그전에 옷 가게에 들르지 않으면 안 돼. 이 옷은 헐렁헐렁해서 입을 수 없으니까.
M : 어, 그것 때문에 일부러 여기까지 온 거야? 상품 반품이나 교환이라면 인터넷으로도 접수할 수 있다고 해.
F : 와, 그건 편리하네. 하지만 내일 바로 입고 싶으니까, 다음에 이용해 볼게. 좋은 정보 고마워.

여자는 무엇을 하러 왔습니까?

1 세일하는 옷을 사기 위해서
2 혼자서 쇼핑을 하기 위해서
3 남편과 식사를 하기 위해서
4 상품을 교환하기 위해서

해설 여자는 그 전에 服屋に寄らないといけないよ。この服はだぶだぶで、着られないから。(그전에 옷 가게에 들르지 않으면 안 돼. 이 옷은 헐렁헐렁해서 입을 수 없으니까.)라고 하며 남편과 식사 전에 옷 가게에 들러야 한다고 했다. 이 이후에 남자가 상품의 반품이나 교환은 인터넷으로도 접수할 수 있다고 했지만, 여자는 내일 바로 입고 싶다고 했기 때문에 여자는 옷을 교환하기 위해서 왔다는 것을 알 수 있으므로 4번이 정답이다. 세일하는 옷을 사는 것은 여자가 아니라 남자이기 때문에 1번은 정답이 아니다. 여자는 지금 혼자 있는 건 맞지만 혼자 쇼핑하기 위해서 온 것은 아니기 때문에 2번도 정답이 아니다. 그리고 남편과 식사를 하기 위해서 백화점에 온 것은

아니기 때문에 3번도 정답이 아니다.

단어 もしかして 혹시 | 以来(いらい) 이래 | ~ぶり ~만 | 結構(けっこう) 꽤 | 経(た)つ 지나다 | 服屋(ふくや) 옷 가게 | セール 세일 | つい 무심결에, 자신도 모르게 | いっぱい 가득, 잔뜩 | 寄(よ)る 들르다 | だぶだぶ 헐렁헐렁 | わざわざ 일부러 | 返品(へんぴん) 반품 | 交換(こうかん) 교환 | 受付(うけつけ) 접수 | 情報(じょうほう) 정보

🎧 개요이해_실전연습문제_5번.mp3

ラジオで男の人が話しています。

M：えーと、皆さんは何色が好きですか。私は赤色が好きです。赤色といえば、火や太陽などの強いイメージのカラーですね。私たちの生活の中には様々な色が存在します。**色は、人の気分を変えたり、状況によっては健康に影響を及ぼしたりもします。**例えば、黄色は明るいイメージがあるため、人を元気づけたり、暖かい気分にさせたりします。このように色は人の感情を動かすことも可能です。なので、色は商品のデザインにおいてとても重要な要素の一つです。**色が持つ心理をうまく活用して商品のデザインなどに取り入れれば、商品の売上の向上にも繋がります。**

5 男の人は何について紹介していますか。
1　感情をコントロールする方法
2　商品の売上に影響する色
3　デザインにおいて重要な要素
4　色が持つ心理効果と活用

해석 라디오에서 남자가 이야기하고 있습니다.

M：어, 여러분은 무슨 색을 좋아합니까? 저는 빨간색을 좋아합니다. 빨간색이라고 하면, 불이나 태양 등의 강한 이미지의 컬러죠. 우리들 생활 속에는 다양한 색이 존재합니다. 색은 사람의 기분을 바꾸거나 상황에 따라서는 건강에 영향을 끼치기도 합니다. 예를 들면 노란색은 밝은 이미지가 있기 때문에 사람을 힘나게 하거나 따뜻한 기분으로 만들거나 합니다. 이러한 색은 사람의 감정을 움직이는 것도 가능합니다. 때문에 색은 상품 디자인에 있어서 매우 중요한 요소 중 하나입니다. 색이 갖는 심리를 잘 활용해서 상품 디자인 등에 도입하면 상품 매출 향상에도 이어집니다.

남자는 무엇에 대해서 소개하고 있습니까?
1 감정을 컨트롤하는 방법
2 상품 매출에 영향을 미치는 색
3 디자인에 있어서 중요한 요소
4 색이 갖는 심리 효과와 활용

해설 남자는 색은 사람의 기분을 바꾸거나 한다며 노란색을 예로 들었다. 그리고 이와 같이 색은 사람의 감정을 움직이는 것도 가능합니다. (이러한 색은 사람의 감정을 움직이는 것도 가능합니다.)라고 했다. 그리고 이러한 색이 갖는 심리를 잘 활용하여 상품 디자인을 하면 매출 향상에도 이어진다고 했다. 따라서 4번이 정답이다. 감정을 컨트롤하는 방법에 대한 언급은 없으므로 1번은 정답이 아니고, 상품 매출에 영향을 미치는 직접적인 색에 대한 언급은 없으므로 2번도 정답은 아니다. 디자인에 있어서 색은 중요한 요소 중 하나라고는 잠깐 언급했지만 남자는 이에 대해서 주로 소개하고 있는 것은 아니므로 3번도 정답이 아니다.

단어 ラジオ 라디오 | 赤色(あかいろ) 빨간색 | 火(ひ) 불 | 太陽(たいよう) 태양 | イメージ 이미지 | 様々(さまざま)だ 다양하다 | 存在(そんざい) 존재 | 状況(じょうきょう) 상황 | 健康(けんこう) 건강 | 影響(えいきょう) 영향 | 及(およ)ぼす 미치게 하다, 끼치다 | 元気(げんき)づける 기운을 북돋우다, 힘나게 하다 | 暖(あたた)かい 따뜻하다 | 感情(かんじょう) 감정 | 動(うご)かす 움직이게 하다 | 可能(かのう)だ 가능하다 | デザイン 디자인 | 重要(じゅうよう)だ 중요하다 | 要素(ようそ) 요소 | 心理(しんり) 심리 | 活用(かつよう) 활용 | 取(と)り入(い)れる 도입하다, 집어넣다 | 売上(うりあげ) 매출 | 向上(こうじょう) 향상 | 繋(つな)がる 이어지다 | コントロール 컨트롤, 통제 | 効果(こうか) 효과

🎧 개요이해_실전연습문제_6번.mp3

ラジオで女の人が話しています。

F：敬語とは、相手と自分の立場に合わせて人間関係を良い状態にするために使われるものです。したがって、相手と自分の関係性や立場によって、敬語の使い方も変わります。相手が会社の上司やお客様、先生であれば、きちんと敬語を使わなければ失礼になってしまいます。逆に、友達や、付き合いの長い知り合いなどに敬語を使ってしまうと、相手に心の距離を感じさせてしまうこともあります。**大切なのは、その人との関係に合った適切な言葉づかいをすることではないでしょうか。**

6 女の人は何について話していますか。
1　敬語を使わないといけない相手
2　適切な言葉づかいの重要性
3　失礼になる敬語の種類
4　距離を感じさせる話し方

해석 라디오에서 여자가 이야기하고 있습니다.

F：경어란, 상대방과 자신의 입장에 맞춰서 인간관계를 좋은 상태로 만들기 위해서 사용되는 것입니다. 따라서 상대방과 자신의 관계성이나 입장에 따라서 경어의 사용법도 바뀝니다. 상대방이 회사의 상사나 손님, 선생님이라면 제대로 경어를 사용하지 않으면 실례가 되어 버립니다. 반대로 친구나 오래 알고 지낸 지인

등에게 경어를 사용해 버리면 상대방에게 마음의 거리를 느끼게 해 버리는 경우도 있습니다. 중요한 것은 그 사람과의 관계에 맞는 적절한 말투를 하는 것이 아닐까요?

여자는 무엇에 대해서 이야기하고 있습니까?

1 경어를 사용하지 않으면 안 되는 상대
2 적절한 말투의 중요성
3 실례가 되는 경어의 종류
4 거리를 느끼게 하는 말하는 법

해설　여자가 마지막에 大切なのは、その人との関係に合った適切な言葉づかいをすることではないでしょうか。(중요한 것은 그 사람과의 관계에 맞는 적절한 말투를 하는 것이 아닐까요?)라고 말하는 것으로 보아 2번이 정답이다. 회사의 상사나 손님, 선생님이라면 제대로 경어를 사용하지 않으면 실례가 된다는 언급은 있지만 경어를 사용하지 않으면 안 되는 상대에 대해서 중점적으로 말하고 있는 것은 아니기 때문에 1번은 정답이 아니다. 3번은 본문에서 언급하지 않은 내용이기 때문에 정답이 아니고, 친한 사람에게 존댓말을 쓰면 거리를 느끼게 해버릴 수도 있다고 했지만, 거리를 느끼게 하는 말하는 법에 대한 언급은 없기 때문에 4번도 정답이 아니다.

단어　ラジオ 라디오｜敬語(けいご) 경어, 존댓말｜相手(あいて) 상대(방)｜立場(たちば) 입장｜人間関係(にんげんかんけい) 인간관계｜状態(じょうたい) 상태｜したがって 따라서｜関係性(かんけいせい) 관계성｜上司(じょうし) 상사｜きちんと 제대로, 분명히｜失礼(しつれい) 실례｜逆(ぎゃく)に 반대로, 역으로｜付(つ)き合(あ)い 교제, 사귐｜知(し)り合(あ)い 아는 사람, 지인｜距離(きょり) 거리｜適切(てきせつ)だ 적절하다｜言葉(ことば)遣(づか)い 말씨, 말투｜重要性(じゅうようせい) 중요성｜種類(しゅるい) 종류

🎧 개요이해_실전연습문제_7번.mp3

番組で女の人と男の人が話しています。

F：今が旬の秋ニンジンはどうやって食べれば良いでしょうか。
M：ニンジンの食べ方についてアンケートをしたところ、サラダにしていると答えた人が一番多かったです。ニンジンサラダはおいしいですよね。でも、せっかく食べるからには、健康面も考えて、栄養がぎっしり詰まったニンジン料理を食べたくありませんか。多くの人はニンジンの皮を剝いて食べているようですが、**実は皮には栄養がたっぷり入っているので、剝かずにそのまま食べたほうがいいでしょう。そして、生で食べるよりはさっと炒めたほうがいいです。** 他の野菜も加えて野菜炒めにするといいでしょう。この野菜炒めは普段野菜をあまり食べない子供も喜ぶと思うので、ぜひ試してみてください。では、詳しいレシピはこちらをご覧ください。

7 男の人は何について話していますか。

1 ニンジンに関するアンケート結果
2 おいしいサラダの作り方
3 健康を考えたニンジンの調理方法
4 子供にニンジンを食べさせるための工夫

해석　방송에서 여자와 남자가 이야기하고 있습니다.

F：지금이 제철인 가을 당근은 어떻게 먹으면 좋을까요?
M：당근 먹는 법에 대해서 앙케트를 한 결과, 샐러드로 하고 있다고 대답한 사람이 제일 많았습니다. 당근 샐러드는 맛있죠. 하지만 모처럼 먹는 이상에는 건강 면도 생각해서 영양이 가득 찬 당근 요리를 먹고 싶지 않습니까? 많은 사람들은 당근의 껍질을 벗기고 먹고 있는 것 같습니다만, 사실은 껍질에는 영양이 듬뿍 들어 있기 때문에 벗기지 않고 그대로 먹는 편이 좋을 것입니다. 그리고 생으로 먹기보다는 살짝 볶는 편이 좋습니다. 다른 채소도 추가해서 채소 볶음으로 하면 좋을 것입니다. 이 채소 볶음은 평소에 채소를 별로 먹지 않는 아이도 기뻐할 거라고 생각하기 때문에 꼭 시도해 봐 주세요. 그럼 자세한 레시피는 이쪽을 봐 주십시오.

남자는 무엇에 대해서 이야기하고 있습니까?

1 당근에 관한 앙케트 결과
2 맛있는 샐러드 만드는 법
3 건강을 생각한 당근 조리 방법
4 아이에게 당근을 먹이기 위한 궁리

해설　남자는 実は皮には栄養がたっぷり入っているので、剝かずにそのまま食べたほうがいいでしょう。そして、生で食べるよりはさっと炒めたほうがいいです。(사실은 껍질에는 영양이 듬뿍 들어 있기 때문에 벗기지 않고 그대로 먹는 편이 좋을 것입니다. 그리고 생으로 먹기보다는 살짝 볶는 편이 좋습니다.)라며 영양이 가득한 당근 먹는 법에 대해서 이야기하고 있다. 따라서 3번이 정답이다. 당근에 관한 앙케트 결과에 대한 이야기는 있지만 결과를 메인 주제로 이야기하는 것이 아니므로 1번은 정답이 아니다. 당근 샐러드가 맛있다고 언급은 했지만 맛있는 샐러드 만드는 법을 이야기하고 있지는 않기 때문에 2번도 정답이 아니다. 채소볶음은 채소를 먹지 않는 아이도 기뻐할 거라는 언급은 있지만 아이에게 당근을 먹이기 위한 궁리에 대해서 중점적으로 이야기한 것은 아니므로 4번도 정답이 아니다.

단어　番組(ばんぐみ) 방송｜旬(しゅん) 제철｜秋(あき) 가을｜ニンジン 당근｜アンケート 앙케트｜~たところ ~했더니, ~한 결과｜せっかく 모처럼｜~からには ~한 이상에는｜健康面(けんこうめん) 건강 면｜栄養(えいよう) 영양｜ぎっしり 잔뜩, 가득｜詰(つ)まる 가득 차다｜皮(かわ) 가죽, 껍질｜剝(む)く 벗기다, 까다｜たっぷり 듬뿍, 가득｜さっと 살짝, 잽싸게｜炒(いた)める 기름에 볶다｜加(くわ)える 가하다, 더하다｜喜(よろこ)ぶ 기뻐하다｜ぜひ 부디, 꼭｜試(ため)す 시도하다, 시험하다｜詳(くわ)しい 상세하다, 잘 알다｜レシピ 레시피, 조리법｜ご覧(らん) 보심(존경어)｜~に関(かん)する ~에 관한｜結果(けっか) 결과｜調理(ちょうり) 조리｜工夫(くふう) 궁리, 고안

🎧 개요이해_실전연습문제_8번.mp3

ラジオで女の人が犬について話しています。

F：犬は昔から人と共に生きてきた最も身近な動物だと言えます。犬は人間のようにしゃべることはできませんが、その代わりに体の動きや目の表情で気持ちを伝えることができます。特徴的なのが、しっぽです。犬は嬉しい時にしっぽを振るのだと考えがちですが、実は犬がしっぽを振るのは嬉しい時だけではないのです。犬がしっぽを振る理由は、次の2つだと言われています。1つは、「会えて嬉しい」「遊ぼう」などの気持ちで、喜んでいる場合。もう1つは、「知らない人だ、注意しよう」と考えて、緊張している場合です。どちらの意味かは、しっぽの振り方を見れば分かります。喜んでいたらしっぽは高い位置で、早く振られています。もし緊張していたら、しっぽはやや低い位置で、ゆっくり振られているはずです。

8 女の人は何について話していますか。
1 犬が身近な動物である理由
2 犬のしっぽの動きと気分の関係性
3 犬の表情を区別する方法
4 犬と人間の感情表現の違い

해석　라디오에서 여자가 개에 대해서 이야기하고 있습니다.
F : 개는 옛날부터 사람과 함께 살아온 가장 친근한 동물이라고 말할 수 있습니다. 개는 인간처럼 말할 수는 없지만, 그 대신에 몸의 움직임이나 눈의 표정으로 기분을 전할 수 있습니다. 특징적인 것이 꼬리입니다. 개는 기쁠 때에 꼬리를 흔드는 것이라고 생각하는 경향이 있지만, 실은 개가 꼬리를 흔드는 것은 기쁠 때뿐만은 아닙니다. 개가 꼬리를 흔드는 이유는 다음의 2가지라고 말해지고 있습니다. 하나는 '만나서 기뻐' '놀자' 등의 기분으로 기뻐하고 있는 경우. 또 하나는 '모르는 사람이다, 주의하자'라고 생각해서 긴장하고 있는 경우입니다. 어느 쪽의 의미인지는 꼬리를 흔드는 법을 보면 알 수 있습니다. 기뻐하고 있다면 꼬리는 높은 위치에서 빨리 흔들리고 있습니다. 만약 긴장하고 있다면 꼬리는 약간 낮은 위치에서 천천히 흔들리고 있을 것입니다.

여자는 무엇에 대해서 이야기하고 있습니까?
1 개가 친근한 동물인 이유
2 개의 꼬리 움직임과 기분의 관계성
3 개의 표정을 구별하는 방법
4 개와 인간의 감정 표현의 차이

해설　여자는 개가 꼬리를 흔드는 것은 기쁠 때뿐만이 아니라고 하며, 개가 어떤 기분일 때 꼬리를 흔드는지 꼬리의 움직임에 따라 어떤 기분인

지를 설명하고 있기 때문에 2번이 정답이다. 1번은 개가 친근한 동물이라고는 언급했지만 그 이유에 대해서는 설명이 없기 때문에 정답이 아니고, 3번은 본문에서 언급하지 않은 내용이기 때문에 정답이 아니다. 4번도 개는 인간처럼 말을 할 순 없지만 그 대신에 몸의 움직임이나 눈의 표정으로 기분을 전한다고 언급은 했지만, 그 차이에 대해서 직접적으로 설명하고 있지 않으므로 정답이 아니다.

단어　ラジオ 라디오 | 犬(いぬ) 개 | ～と共(とも)に ~와/과 함께 | 最(もっと)も 가장 | 身近(みぢか)だ 가깝다, 친근하다 | しゃべる 수다 떨다 | 代(か)わりに 대신에 | 動(うご)き 움직임 | 表情(ひょうじょう) 표정 | 気持(きも)ち 기분 | 伝(つた)える 전하다 | 特徴的(とくちょうてき)だ 특징적이다 | しっぽ 꼬리 | 嬉(うれ)しい 기쁘다 | 振(ふ)る 흔들다 | ～がちだ 자주 ~하다, ~하는 경향이 있다 | 喜(よろこ)ぶ 기뻐하다 | 注意(ちゅうい) 주의 | 緊張(きんちょう) 긴장 | 位置(いち) 위치 | やや 약간, 좀 | 関係性(かんけいせい) 관계성 | 区別(くべつ) 구별 | 感情(かんじょう) 감정 | 違(ちが)い 차이

🎧 개요이해_실전연습문제_9번.mp3

試合の後で、レポーターと男の選手が話しています。

F：大谷選手、今シーズンはどうでしたか。
M：シーズン前に怪我をして手術を受けたので、試合に出られるかどうか心配しながら回復に向けてリハビリする毎日でした。でも、順調に体の調子もよくなり、ようやくチームの練習にも参加することができました。
F：本当に充実したシーズンでしたね。そうやって頑張ってきたからこそ、優勝ができたと思います。今日の試合では、すごく落ち着いているように見えましたけど。
M：いや、全然そんなことないですよ。ずっとどきどきしていました。
F：そうだったんですね。
M：去年優勝したチームが相手だったから、点数の差が大きくなった時、もう駄目だと諦めかけてたんですけど、みんなの「頑張れ」という叫び声が聞こえて、このままでは負けられないと思ったんです。
F：ファンのおかげだったんですね。

9 男の選手はどうだったと言っていますか。
1 落ち着いていたから勝てた
2 怪我をして失敗が多かった
3 相手が強くて怖かった
4 緊張したが、応援で頑張れた

해석　시합 후에 리포터와 남자 선수가 이야기하고 있습니다.
F : 오오타니 선수, 이번 시즌은 어땠습니까?
M : 시즌 전에 다쳐서 수술을 받았기 때문에 시합에 나갈 수 있을지

어떻지 걱정하면서 회복을 향해서 재활치료를 하는 매일이었습니다. 하지만 순조롭게 몸 상태도 좋아져서 겨우 팀 연습에도 참가할 수 있었습니다.

F : 정말 충실한 시즌이었네요. 그렇게 열심히 했기 때문에 우승을 할 수 있었다고 생각합니다. 오늘 시합에서는 굉장히 안정되어 있는 것처럼 보였습니다만.

M : 아니, 전혀 그렇지 않아요. 계속 두근두근하고 있었습니다.

F : 그랬군요.

M : 작년 우승한 팀이 상대였기 때문에 점수의 차가 커졌을 때, 이제 안 되겠다고 포기할 뻔했는데요, 모두의 '힘내'라고 하는 성원이 들려서 이대로는 질 수 없다고 생각했습니다.

F : 팬 덕분이었군요.

남자 선수는 어땠었다고 말하고 있습니까?

1 안정되어 있었기 때문에 이길 수 있었다
2 다쳐서 실수가 많았다
3 상대가 강해서 무서웠다
4 긴장했지만, 응원으로 힘낼 수 있었다

해설 남자는 もう駄目だと諦めかけてたんですけど、みんなの「頑張れ」という叫び声が聞こえて、このままでは負けられないと思ったんです。(이제 안 되겠다고 포기할 뻔했는데요, 모두의 '힘내'라고 하는 성원이 들려서 이대로는 질 수 없다고 생각했습니다.)라고 하며 팬 응원 덕분에 힘낼 수 있었다고 했다. 따라서 4번이 정답이다. 1번은 해당 내용을 부정하며 계속 두근거렸다고 했기 때문에 정답이 아니고, 다쳤다고는 했지만 그것으로 인해 실수를 했다는 말은 없었으므로 2번도 정답이 아니다. 상대가 작년 우승 팀이라는 언급은 있었지만 무서웠다고는 하지 않았으므로 3번도 정답이 아니다.

단어 レポーター 리포터 | シーズン 시즌, 시기 | 今(こん)~ 금(이번)~ | 怪我(けが)をする 다치다 | 手術(しゅじゅつ) 수술 | 回復(かいふく) 회복 | ~に向(む)けて ~을/를 향해서 | リハビリ 재활치료 | 順調(じゅんちょう)に 순조롭게 | 調子(ちょうし) 상태 | ようやく 겨우, 간신히 | 充実(じゅうじつ)する 충실하다 | ~からこそ ~이기 때문에 | 優勝(ゆうしょう) 우승 | 落(お)ち着(つ)く 안정되다, 진정되다 | どきどき 두근두근 | 相手(あいて) 상대(방) | 点数(てんすう) 점수 | 差(さ) 차 | 諦(あきら)める 포기하다 | ~かける ~할 뻔하다 | 叫(さけ)び声(ごえ) 외치는 목소리, 성원, 함성 | 失敗(しっぱい) 실패, 실수 | 緊張(きんちょう) 긴장 | 応援(おうえん) 응원

🎧 개요이해_실전연습문제_10번.mp3

カウンセラーが話しています。

F : お悩(なや)み相談(そうだん)クリニックの山田(やまだ)です。皆(みな)さんは最近(さいきん)どんなことで悩(なや)んでいますか。我々(われわれ)の生活(せいかつ)の中(なか)では、ちょっとしたことでストレスが溜(た)まり、頭(あたま)を抱(かか)えるくらいの大(おお)きな悩(なや)みになることさえあります。ストレスは様々(さまざま)な病気(びょうき)の原因(げんいん)にもなりますから、早(はや)めに解消(かいしょう)したほうがいいですね。そこでこちらのクリニックでは、お悩(なや)みがある方(かた)

々(かた)を招(まね)き、無料(むりょう)で相談(そうだん)を行っています。私(わたし)が担当(たんとう)しているある女性(じょせい)の方(かた)によると、相談(そうだん)を受(う)けただけですっきりして気持(きも)ちがよくなったと言っていました。もちろん、悩(なや)みが解決(かいけつ)するわけではありませんが、一人(ひとり)で悩(なや)みを抱(かか)えているより、友達(ともだち)や家族(かぞく)といった周(まわ)りの人(ひと)に気軽(きがる)に悩(なや)みを打(う)ち明(あ)けてみてはいかがですか。誰(だれ)かに話(はな)すだけできっと心(こころ)がほっとしますよ。

10 カウンセラーは何(なに)について紹介(しょうかい)していますか。

1 悩(なや)みを少(すく)なくする方法(ほうほう)
2 ストレスが溜(た)まる理由(りゆう)
3 ストレスが原因(げんいん)の病気(びょうき)
4 相談(そうだん)することのメリット

해석 상담원이 이야기하고 있습니다.

F : 고민 상담 클리닉 야마다입니다. 여러분은 요즘 어떤 일로 고민하고 있습니까? 우리들 생활 속에서는 사소한 일로 스트레스가 쌓이고 머리를 싸쥘 정도의 큰 고민이 되는 것조차 있습니다. 스트레스는 다양한 병의 원인도 되기 때문에 빨리 해소하는 편이 좋겠네요. 그래서 저희 클리닉에서는 고민이 있는 분들을 초대하여 무료로 상담을 실시하고 있습니다. 제가 담당하고 있던 어떤 여성분에 의하면 상담을 받은 것만으로 후련해져서 기분이 좋아졌다고 말했습니다. 물론 고민이 해결된 것은 아닙니다만, 혼자서 고민을 안고 있는 것보다 친구나 가족과 같은 주위 사람에게 부담 없이 고민을 털어놓아 보는 건 어떠신가요? 누군가에게 말하는 것만으로 분명 마음이 안심될 거예요.

상담원은 무엇에 대해서 소개하고 있습니까?

1 고민을 적게 하는 방법
2 스트레스가 쌓이는 이유
3 스트레스가 원인인 병
4 상담하는 것의 메리트

해설 상담원은 자신이 담당하고 있던 여성분도 상담을 받은 것만으로 개운해지고 기분이 좋아졌다고 예를 들면서 혼자서 고민을 안고 있는 것보다 주위 사람에게 고민을 털어놓는 것이 어떠냐고 제안했다. 그리고 誰(だれ)かに話(はな)すだけできっと心(こころ)がほっとしますよ。(누군가에게 말하는 것만으로 분명 마음이 안심될 거예요.)라고 말하고 있으므로 4번이 정답이다. 1, 2번은 본문에서 언급하지 않은 내용이기 때문에 정답이 아니고, 스트레스는 다양한 병의 원인이 되기도 한다고 언급은 했지만 스트레스가 원인인 병에 대한 설명은 없으므로 3번도 정답이 아니다.

단어 カウンセラー 상담원 | 悩(なや)み 괴로움, 고민 | 相談(そうだん) 상담 | クリニック 클리닉 | 我々(われわれ) 우리들 | ちょっとした 약간의, 사소한 | ストレス 스트레스 | 溜(た)まる (한 곳에) 모이다, 쌓이다 | 頭(あたま)を抱(かか)える 머리를 싸쥐다, 고민하다 | 様々(さまざま)だ 다양하다 | 原因(げんいん) 원인 | 早(はや)めに 빨리, 일찌감치 | 解消(かいしょう) 해소 | 招(まね)く 초대하다, 초래하다 | 担当(たんとう) 담당 | すっきりする 시원하다, 후련하다 | 解決(かいけつ) 해결 | 抱(かか)える 안다 | 気軽

(きがる)に 부담 없이, 가볍게 | 打(う)ち明(あ)ける (속마음을) 털어놓다 | ほっとする 마음이 놓이다, 안심하다, 긴장이 풀리다 | メリット 메리트, 이점

즉시응답 실전 연습 문제　　493p

1 ③	2 ③	3 ②	4 ③	5 ①
6 ①	7 ③	8 ③	9 ②	10 ②
11 ②	12 ②	13 ③	14 ②	15 ①
16 ③	17 ③	18 ②	19 ②	20 ①

기본 버전 MP3　　　　배속 버전 MP3

문제4 문제4에서는, 문제 용지에 아무것도 인쇄되어 있지 않습니다. 먼저 문장을 들어 주세요. 그리고, 그것에 대한 대답을 듣고, 1부터 3 중에서, 가장 알맞은 것을 하나 고르세요.

🎧 즉시응답_실전연습문제_1번.mp3

1 明日のプレゼンの資料、よくできてるね。あとは字さえもう少し大きくすれば大丈夫だよ。

1　あ、たしかに字が大きすぎますね。
2　問題なさそうで安心しました。
3　はい、すぐに訂正いたします。

해석　내일 프레젠테이션 자료 잘 만들었네. 나머지는 글자만 좀 더 크게 하면 괜찮아.
　　　1 아, 확실히 글자가 너무 크네요.
　　　2 문제가 없을 것 같아 안심했습니다.
　　　3 네, 바로 정정하겠습니다.

해설　글자를 좀 더 크게 하면 괜찮겠다는 조언에 대한 대답을 고르는 문제이다. 조언대로 바로 정정하겠다고 한 3번이 정답이다. 1번은 조언에 반대되는 말이기 때문에 정답이 아니고, 2번은 자료에 글자가 작다는 문제가 있기 때문에 정답이 아니다.

단어　プレゼン 프레젠테이션, 발표(プレゼンテーション의 줄임말) | 資料(しりょう) 자료 | 字(じ) 글자 | たしかに 확실히 | 安心(あんしん) 안심 | すぐに 바로 | 訂正(ていせい) 정정 | いたす 하다(겸양어)

🎧 즉시응답_실전연습문제_2번.mp3

2 試験に備えてやるだけのことはやったし、今日はもう寝るよ。

1　もっと自信持たないと。
2　え、それしかやってないの？
3　あとは本番で頑張るだけだね。

해석　시험에 대비해서 할 만큼은 했고 오늘은 이제 잘 거야.
　　　1 더 자신감을 가지지 않으면 (안돼).
　　　2 어, 그것밖에 안 했어?
　　　3 이제는 본방에서 열심히 하는 것뿐이네.

해설　시험에 대비해서 이미 충분히 공부했다고 이제 자겠다고 하는 사람에게 하는 대답을 고르는 문제이다. 시험 대비는 끝났으니까 본방에서 열심히 하는 것만 남았다고 한 3번이 정답이다. 1번은 자신감이 없어 보이는 사람에게 하는 말로 정답이 아니고, 2번은 이미 충분히 공부했다고 했기 때문에 정답이 아니다.

단어　試験(しけん) 시험 | 備(そな)える 대비하다 | 自信(じしん)を持(も)つ 자신감을 가지다 | 本番(ほんばん) 본방, 실전 | 頑張(がんば)る 힘내다, 열심히 하다

🎧 즉시응답_실전연습문제_3번.mp3

3 お客様、大変申し訳ございませんが、館内での撮影はご遠慮ください。

1　あ、遠慮なさらないでください。
2　すみません、知らなかったもので。
3　じゃあ、撮影お願いしてもいいですか。

해석　고객님, 대단히 죄송하지만, 관내에서의 촬영은 삼가 주십시오.
　　　1 아, 부디 사양하지 마세요.
　　　2 죄송해요, 몰랐어요.
　　　3 그럼 촬영 부탁드려도 될까요?

해설　관내 촬영을 삼가도록 부탁하는 말에 대한 대답을 고르는 문제이다. 죄송하다며 몰랐다고 사과하는 2번이 정답이다. 1번은 어떠한 호의나 선물에 대해서 사양하지 말라고 하는 표현이므로 정답이 아니고, 3번은 관내 촬영은 금지인데 촬영을 부탁하는 것은 상황과 맞지 않으므로 정답이 아니다.

단어　お客様(きゃくさま) 손님 | 大変(たいへん) 대단히, 매우 | 申(もう)し訳(わけ)ない 죄송하다 | 館内(かんない) 관내 | 撮影(さつえい) 촬영 | ご遠慮(えんりょ)ください 삼가 주십시오 | 遠慮(えんりょ) 사양, 겸손 | なさる 하시다(존경어)

🎧 즉시응답_실전연습문제_4번.mp3

4 ねえ、知ってる？伊藤さんって、見た目のわりにまだ20代なんだって。

1 見た目からして若いもんね。
2 あ、だから若く見えるんだね。
3 本当？意外と若いんだね。

해석 있잖아, 알고 있어? 이토 씨는 겉보기치고는 아직 20대래.
　　1 겉보기부터가 젊지.
　　2 아, 그러니까 젊어 보이는구나.
　　3 진짜? 의외로 젊구나.

해설 이토 씨는 겉보기로는 나이가 많아 보이지만 실제로는 20대라고 하는 말에 대한 대답을 고르는 문제이다. 그 사실에 대해서 의외로 젊구나라고 말한 3번이 정답이다. 이토 씨의 겉보기가 젊게 보이는 것은 아니므로 1번은 정답이 아니고, 2번은 젊어 보이는 이유를 말한 것에 대한 대답이므로 정답이 아니다.

단어 見(み)た目(め) 겉보기, 외견 | ~わりに(は) ~치고(는) | ~からして ~부터가, ~(으)로 보아 | 若(わか)い 젊다 | 意外(いがい)と 의외로

🎧 즉시응답_실전연습문제_5번.mp3

5 この映画、俳優の演技もいいし、内容も音楽も文句なしだったよね。

1 ほんと、こんなにいい映画久々に見たよ。
2 うん、内容だけなら100点かな。
3 そうだね、音楽がちょっとね。

해석 이 영화, 배우의 연기도 좋고 내용도 음악도 불평의 여지가 없네.
　　1 진짜, 이렇게 좋은 영화 오랜만에 봤어.
　　2 응, 내용만이라면 100점이려나?
　　3 그렇네, 음악이 좀 그래.

해설 배우의 연기도 내용도 음악도 좋았다는 칭찬하는 말에 대한 대답을 고르는 문제이다. 그 말에 공감하며 이렇게 좋은 영화 오랜만에 봤다고 한 1번이 정답이다. 2, 3번은 영화에 대한 불만이 없다는 말에 대한 대답으로 이어지는 말이 아닌 불만 섞인 내용의 말을 하고 있으므로 정답이 아니다.

단어 俳優(はいゆう) 배우 | 演技(えんぎ) 연기 | 内容(ないよう) 내용 | 文句(もんく) 불평, 불만 | ~なし ~없음 | ほんと 정말 | 久々(ひさびさ)だ 오랜만이다 | ちょっと 좀, 조금

🎧 즉시응답_실전연습문제_6번.mp3

6 午後から大学の授業だけど、雨で電車が運休して行きようがないなあ。

1 他に行く方法はないの？
2 運休になるらしいね。
3 どうして授業に参加しなかったの？

해석 오후부터 대학의 수업인데, 비 때문에 전철이 운행 중지돼서 갈 수가 없네.
　　1 다른 갈 방법은 없어?
　　2 운행 중지가 된다고 하네.
　　3 왜 수업에 참가하지 않았어?

해설 오후부터 대학 수업이 있지만, 비 때문에 전철이 운행 중지해서 갈 방법이 없어서 못 가는 상황에 대한 대답을 고르는 문제이다. 다른 갈 방법이 없냐고 묻고 있는 1번이 정답이다. 2번은 전철 운행 중지라고 이미 언급했는데도 불구하고 같은 말을 하고 있기 때문에 정답이 아니고, 3번은 수업을 못 가는 상황인데 수업에 참가하지 않은 이유를 묻고 있기 때문에 정답이 아니다.

단어 運休(うんきゅう) 운행 중지(運転・運航・運行休止의 줄임말) | ~ようがない ~할 수가 없다 | 他(ほか)に 다른 | 方法(ほうほう) 방법 | 参加(さんか) 참가

🎧 즉시응답_실전연습문제_7번.mp3

7 先週、鈴木さんとけんかして、あんなこと言っちゃって…。やっぱり謝るほかないな。

1 そう。やっぱり謝らないほうがいい。
2 鈴木さん、あんなに喜んでるよ。
3 彼女ならきっと許してくれるよ。

해석 지난주, 스즈키 씨랑 싸우고 그런 말을 해버려서…. 역시 사과할 수밖에 없네.
　　1 그래. 역시 사과하지 않는 편이 좋아.
　　2 스즈키 씨, 저렇게 기뻐하고 있어.
　　3 그녀라면 분명 용서해 줄 거야.

해설 지난주 싸운 스즈키 씨에게 사과할 수밖에 없다고 말하고 있는 것에 대한 대답을 고르는 문제이다. 그녀라면 사과하면 용서해 줄 거라고 한 3번이 정답이다. 1번은 사과하지 않을 거라고 한 사람에게 동조하는 말이므로 정답이 아니고, 2번은 상황과 맞지 않게 스즈키 씨가 기뻐하고 있다고 말하고 있으므로 정답이 아니다.

단어 けんかする 싸우다 | 謝(あやま)る 사과하다 | ~ほかない ~할 수밖에 없다 | 喜(よろこ)ぶ 기뻐하다 | きっと 분명 | 許(ゆる)す 용서하다

🎧 즉시응답_실전연습문제_8번.mp3

8 部長、お客様がお呼びですので、至急お越しください。

1 了解、今すぐ向かう。
2 至急、お客さんをこちらにお呼びして。

3 じゃ、ここで待機（たいき）するからよろしく。

해석 부장님, 손님이 부르시니 급히 와 주십시오.
1 **알겠어, 지금 바로 갈게.**
2 급히, 손님을 여기로 불러.
3 그럼, 여기서 대기할 테니까 잘 부탁해.

해설 손님이 불러서 지금 급히 와달라는 부탁에 대한 대답을 고르는 문제이다. 알겠다고 하며 바로 가겠다고 한 1번이 정답이다. 손님한테 가야 하는데 2번은 손님을 자신이 있는 쪽으로 부르라고 하고 있기 때문에 정답이 아니고, 3번은 지금 있는 장소에서 기다린다고 하고 있기 때문에 정답이 아니다.

단어 部長（ぶちょう）부장（님） | お客様（きゃくさま）손님 | 呼（よ）ぶ 부르다 | 至急（しきゅう）시급, 매우 급히 | お越（こ）しください 와 주십시오(존경어) | 了解（りょうかい）잘 이해함 | すぐ 바로 | 向（む）かう 향하다 | 待機（たいき）대기

🎧 즉시응답_실전연습문제_9번.mp3

9 エアコンの修理（しゅうり）、ちょっと時間（じかん）かかるけど、一日（いちにち）でできないこともないよ。
1 すごい、一日（いちにち）で直（なお）ったんだ。
2 **ほんと？今日（きょう）直（なお）るってこと？**
3 じゃあ、修理（しゅうり）には時間（じかん）かかりそうだね。

해석 에어컨 수리, 조금 시간이 걸리지만, 하루 만에 못할 것도 없어.
1 대단해, 하루 만에 고쳐졌구나.
2 **정말? 오늘 고쳐진다는 거야?**
3 그럼, 수리에는 시간이 걸릴 것 같네.

해설 에어컨 수리에 시간이 걸리지만 하루 만에 된다는 말에 대한 대답을 고르는 문제이다. 정말 오늘 고쳐지는 거냐고 되묻고 있는 2번이 정답이다. 1번은 하루 만에 고쳐진 것에 대해서 감탄하는 말로 아직 에어컨을 고치지 않은 상황과 맞지 않으므로 정답이 아니고, 3번도 수리하는데 시간이 별로 안 걸릴 수도 있다고 했는데 시간이 걸리겠네라고 추측하는 말은 상황과 맞지 않기 때문에 정답이 아니다.

단어 エアコン 에어컨 | 修理（しゅうり）수리 | 時間（じかん）がかかる 시간이 걸리다 | ～ないこともない ~(하)지 않는 것도 아니다 | 直（なお）る 고쳐지다 | ～そうだ ~일(할) 것 같다, ~처럼 보인다

🎧 즉시응답_실전연습문제_10번.mp3

10 隣（となり）に新（あたら）しくできたレストラン、店内（てんない）は狭（せま）かったけど味（あじ）はなかなかだったよ。
1 狭（せま）いし、おいしくないなんて最悪（さいあく）ですね。
2 **そうなんですね、じゃあ、今度（こんど）行（い）ってみようかな。**
3 料理（りょうり）がお口（くち）に合（あ）わず、大変（たいへん）でしたね。

해석 옆에 새롭게 생긴 레스토랑, 가게 안은 좁지만 맛은 상당했어.
1 좁고 맛이 없다니 최악이네요.
2 **그렇군요, 그럼, 다음에 가 볼까나?**
3 요리가 입맛에 안 맞아서 힘들었겠네요.

해설 새롭게 생긴 레스토랑이 가게 안은 좁지만 맛은 있었다는 말에 대한 대답을 고르는 문제이다. 음식의 맛은 있었다는 말에 대한 긍정적인 답변으로, 다음에 가 보겠다고 한 2번이 정답이다. 1, 3번은 레스토랑 음식의 맛은 상당했다는 말과는 반대되는 리액션이기 때문에 정답이 아니다.

단어 隣（となり）옆 | 店内（てんない）점내, 가게 안 | 狭（せま）い 좁다 | なかなか 상당히, 꽤 | 最悪（さいあく）だ 최악이다 | 今度（こんど）다음 번, 이번 | 口（くち）に合（あ）う 입맛에 맞다

🎧 즉시응답_실전연습문제_11번.mp3

11 パクさん、今月（こんげつ）に入（はい）ってから遅刻（ちこく）しがちですね。
1 はい、最近（さいきん）絶好調（ぜっこうちょう）なので。
2 **風邪（かぜ）で体調（たいちょう）を崩（くず）してしまって。**
3 もしかして、体調不良（たいちょうふりょう）で遅刻（ちこく）ですか。

해석 박 씨, 이번 달에 들어서부터 지각을 자주 하네요.
1 네, 요즘 최상의 컨디션이어서요.
2 **감기로 몸 상태가 나빠져 버려서.**
3 혹시 컨디션 불량으로 지각입니까?

해설 박 씨에게 이번 달에 지각이 많다고 하는 상황에 대한 대답을 고르는 문제이다. 감기 때문에 몸 상태가 나빠져서 그렇다고 지각이 많아진 이유에 대해 설명하고 있는 2번이 정답이다. 요즘 최상의 컨디션이라는 것이 자주 지각하는 이유가 될 수 없기 때문에 1번은 정답이 아니고, 3번은 지각한 상대에게 이유를 묻는 말이므로 정답이 아니다.

단어 遅刻（ちこく）지각 | ～がちだ 자주 ～하다, ~하는 경향이 있다 | 絶好調（ぜっこうちょう）절정, 최상의 컨디션 | 風邪（かぜ）감기 | 体調（たいちょう）を崩（くず）す 몸 상태가 나빠지다 | 体調不良（たいちょうふりょう）(몸의) 컨디션 불량

🎧 즉시응답_실전연습문제_12번.mp3

12 高橋（たかはし）さんがいなかったら、違（ちが）う駅（えき）で降（お）りちゃうところだったよ。
1 え、違（ちが）う駅（えき）で降（お）りちゃったの？
2 **降（お）りる前（まえ）に気（き）づいてよかったよ。**
3 ごめんね、私（わたし）が間違（まちが）ったせいで…。

해석 타카하시 씨가 없었다면 다른 역에서 내릴 뻔했어.
1 어, 다른 역에서 내려 버렸어?
2 **내리기 전에 알아차려서 다행이야.**
3 미안해, 내가 틀린 탓에….

해설 타카하시 씨 덕분에 다른 역에서 내리지 않았다면서 안심하는 말에 대한 대답을 고르는 문제이다. 내리기 전에 알아차려서 다행이라고 겸손하게 대답한 2번이 정답이다. 1번은 이미 내려 버린 상대에게 하는 말이기 때문에 정답이 아니고, 3번은 같이 다른 역에서 내려 버린 상황일 때 사과하는 말이기 때문에 정답이 아니다.

단어 違(ちが)う 다르다, 틀리다 | 降(お)りる 내리다 | ~ところだった ~할 뻔했다 | 気(き)づく 알아차리다, 눈치채다 | 間違(まちが)う 틀리다, 실수하다 | ~せいで ~탓에

🎧 즉시응답_실전연습문제_13번.mp3

13 あれ？さっき部屋から出るとき、電気消しといたはずなんだけど。

1 あ、消してはいけなかったんですか。
2 だから、電気ついたままだったんですね。
3 え、電気ついてたんですか。

해석 어라? 아까 방에서 나갈 때, 불 꺼 놨을 텐데.
   1 아, 끄면 안 됐나요?
   2 그래서 불 켜진 채였군요.
   3 어, 불 켜져 있었어요?

해설 방을 나갈 때 불을 끈 줄 알았지만 현재 켜진 방 불을 보고 말한 상대방의 말에 대한 대답을 고르는 문제이다. 현재 방 불이 켜져 있는 상태이기 때문에 켜져 있냐고 놀라듯이 말한 3번이 정답이다. 1번은 자신이 방 불을 끈 것에 대해서 아차 하며 방 불을 끄지 말았어야 했냐고 되묻는 표현이므로 정답이 아니고, 2번은 상대방이 불을 켜졌다고 하는 말에 대한 답이므로 정답이 아니다.

단어 さっき 아까 | 電気(でんき) 전기, 불 | 消(け)す 끄다, 지우다 | ~はずだ ~일 것이다, ~임이 분명하다 | ~てはいけない ~해서는 안 된다 | つく (불이) 켜지다 | ~まま ~한 채로

🎧 즉시응답_실전연습문제_14번.mp3

14 空いているお皿、お下げしてもよろしいでしょうか。

1 もう空きましたよ。
2 はい、お願いします。
3 少しだけ温度を下げてもらえますか。

해석 비어있는 접시, 치워 드려도 괜찮겠습니까?
   1 이미 비었어요.
   2 네, 부탁드립니다.
   3 조금만 온도를 낮춰 주시겠습니까?

해설 빈 접시를 치워도 괜찮냐고 묻고 있는 상황에 대한 대답을 고르는 문제이다. 치워달라고 긍정적인 표현을 한 2번이 정답이다. 1번은 이미 비었다고 알려주는 말로 상황과 맞지 않기 때문에 정답이 아니고, 3번도 더운 실내에서 에어컨 등의 온도를 낮춰달라고 부탁하는 말로 상황과 맞지 않기 때문에 정답이 아니다.

단어 空(あ)く 비다 | お皿(さら) 접시 | 下(さ)げる 내리다, 치우다 | よろしい 좋다, 괜찮다(정중어) | 温度(おんど) 온도

🎧 즉시응답_실전연습문제_15번.mp3

15 森谷さんが運営しているお店、順調に売上を伸ばしていると聞きましたよ。

1 皆さんの支援のおかげです。
2 お役に立てて何よりです。
3 今日の売上にすぎません。

해석 모리타니 씨가 운영하고 있는 가게, 순조롭게 매출을 늘리고 있다고 들었어요.
   1 여러분의 지원 덕분입니다.
   2 도움이 돼서 무엇보다 좋습니다.
   3 오늘의 매출에 지나지 않습니다.

해설 모리타니 씨가 운영하는 가게가 순조롭게 잘 되고 있다고 들었다고 칭찬하는 말에 대한 대답을 고르는 문제이다. 여러분의 지원 덕분이라고 겸손하게 대답한 1번이 정답이다. 2번은 상대방에게 어떤 도움이 되고 있는 상황일 때 쓰는 말이므로 정답이 아니고, 3번은 전반적인 가게 매출의 순항이 아닌 오늘 한정으로만 대답했기 때문에 정답이 아니다.

단어 運営(うんえい) 운영 | 順調(じゅんちょう)に 순조롭게 | 売上(うりあげ) 매출 | 伸(の)ばす 늘리다 | 支援(しえん) 지원 | ~おかげだ ~덕분이다 | 役(やく)に立(た)つ 도움이 되다 | ~にすぎない ~에 지나지 않는다, ~에 불과하다

🎧 즉시응답_실전연습문제_16번.mp3

16 昨日、不動産屋に行って来たんだけど、どんな物件がいいか決められない。

1 部屋を探すのには不動産屋に限るよね。
2 やっぱり、直接見ないで決めるのはちょっとな。
3 これだったら今の条件にあてはまるんじゃない？

해석 어제, 부동산에 갔다 왔는데, 어떤 물건이 좋은지 정할 수 없어.
   1 방을 찾는 데에는 부동산이 최고지.
   2 역시 직접 보지 않고 정하는 것은 조금 그래.
   3 이거라면 지금의 조건에 들어맞는 거 아니야?

해설 부동산에 다녀왔지만 어떤 물건으로 해야 할지 정하지 못하겠다는 말에 대한 대답을 고르는 문제이다. 이거라면 지금의 조건에 들어맞지 않냐며 추천해 주고 있는 3번이 정답이다. 1번은 방을 찾고 있는 사람에게 부동산이 최고라며 추천할 때 쓰는 말이므로 정답이 아니고, 3번은 방을 직접 본 후에 정하라는 말로 이미 직접 부동산에 가서 방을 본 상대방에게 하는 말로는 맞지 않으므로 정답이 아니다.

단어 不動産屋(ふどうさんや) 부동산 | 物件(ぶっけん) 물건, 건물 |

~に限(かぎ)る ~하는 것이 제일이다, ~하는 것이 최고다 | 直接(ちょくせつ) 직접 | 条件(じょうけん) 조건 | あてはまる 들어맞다, 적합하다

리가 백지가 되다 | 緊張(きんちょう) 긴장 | ほぐす 풀다 | 方法(ほうほう) 방법 | ~なりの ~나름대로의 | 深呼吸(しんこきゅう) 심호흡 | ~ようじゃ ~해서는, ~(그러한 상태)로는 | 落(お)ちる 떨어지다

🎧 즉시응답_실전연습문제_17번.mp3

17 増田(ますだ)くん、30日(にちほか)に他の予定(よてい)と重(かさ)なってしまってシフト入(い)れ替(か)えてもらえないかな？

1 ここの商品(しょうひん)、入(い)れ替(か)えればいいですか。
2 僕(ぼく)のシフトと重(かさ)なってないですね。
3 **その日(ひ)は空(あ)いているので問題(もんだい)ありませんよ。**

해석 마스다 군, 30일에 다른 예정이랑 겹쳐 버려서 시프트 교체해 줄 수 없을까?
1 여기 상품, 교체하면 될까요?
2 제 시프트랑 겹쳐져 있지 않네요.
3 그날은 비어있으니까 문제없어요.

해설 마스다 군에게 30일 날 다른 예정과 겹치니 아르바이트 스케줄을 바꿔줄 수 없냐고 부탁을 하는 상황에 대한 대답을 고르는 문제이다. 그날은 문제없다며 시프트 교체에 긍정적으로 대답한 3번이 정답이다. 1번은 아르바이트 시프트가 아닌 상품 교체에 대해서 말하고 있기 때문에 정답이 아니고, 2번은 시프트가 겹쳐져 있냐는 질문에 대한 대답이므로 정답이 아니다.

단어 重(かさ)なる 겹치다 | シフト 시프트(아르바이트 스케줄) | 入(い)れ替(か)える 교체하다 | 商品(しょうひん) 상품 | 空(あ)く 비다

🎧 즉시응답_실전연습문제_18번.mp3

18 面接(めんせつ)で頭(あたま)が真(ま)っ白(しろ)になることがあります。何(なに)か緊張(きんちょう)をほぐす方法(ほうほう)ってありますか。

1 自分(じぶん)なりの方法(ほうほう)が見(み)つかるかもしれない。
2 **そういう時(とき)は深呼吸(しんこきゅう)をしてみて。**
3 緊張(きんちょう)するようじゃ、落(お)ちちゃうよ。

해석 면접에서 머리가 백지가 되는 일이 있습니다. 무언가 긴장을 푸는 방법은 있습니까?
1 자기 나름대로의 방법을 찾을 수 있을지도 몰라.
2 그럴 때는 심호흡을 해 봐.
3 긴장해서는 떨어져 버려.

해설 면접에서 긴장을 푸는 방법이 있냐는 질문에 대한 대답을 고르는 문제이다. 그럴 때는 심호흡을 해보라며 긴장을 푸는 방법을 제시한 2번이 정답이다. 1번은 앞에서 자기 나름대로의 방법을 찾는 방법을 설명한 뒤에 할 수 있는 말로 명확한 방법을 제시하고 있지 않으므로 정답이 아니고, 3번은 상대방이 긴장하는 것에 대한 악담이므로 정답이 아니다.

단어 面接(めんせつ) 면접 | 頭(あたま)が真(ま)っ白(しろ)になる 머

🎧 즉시응답_실전연습문제_19번.mp3

19 予約(よやく)できる席(せき)は残(のこ)りわずかです。

1 では、明日(あした)改(あらた)めて予約(よやく)します。
2 **じゃあ、今予約(いまよやく)しといたほうがいいですね。**
3 え、まだ席(せき)が余(あま)ってるんですね。

해석 예약할 수 있는 자리는 얼마 남지 않았습니다.
1 그럼, 내일 다시 예약하겠습니다.
2 그럼, 지금 예약해 두는 것이 좋겠네요.
3 어, 아직 자리가 남아 있군요.

해설 예약할 수 있는 자리가 얼마 남지 않았다고 알려준 상황에 대한 대답을 고르는 문제이다. 그럼 지금 예약을 하는 편이 좋겠다고 한 2번이 정답이다. 자리가 얼마 남지 않았는데 내일 예약하겠다는 말과 아직 자리가 많이 남았다는 말은 상황에 맞지 않기 때문에 1, 3번은 정답이 아니다.

단어 予約(よやく) 예약 | 席(せき) 자리, 좌석 | 残(のこ)りわずか 얼마 남지 않음 | 改(あらた)めて 다시 | 余(あま)る 남다

🎧 즉시응답_실전연습문제_20번.mp3

20 大変(たいへん)申(もう)し訳(わけ)ございません。こちらの商品(しょうひん)、ただいま在庫切(ざいこぎ)れとなっておりますが…。

1 **そうしたらいつ注文(ちゅうもん)が可能(かのう)ですか。**
2 じゃあ、在庫確認(ざいこかくにん)してもらってもいいですか。
3 わざわざ在庫(ざいこ)を探(さが)してくれたんですか。

해석 대단히 죄송합니다. 이 상품, 현재 재고 품절이 되어 있습니다만….
1 그러면 언제 주문이 가능합니까?
2 그럼, 재고 확인해 줄 수 있겠습니까?
3 일부러 재고를 찾아 준 겁니까?

해설 재고가 품절이 되었다고 사죄하는 말에 대한 대답을 고르는 문제이다. 그럼 품절된 상품을 언제 주문할 수 있냐고 묻고 있는 1번이 정답이다. 2번은 재고를 확인해달라고 부탁하는 말이기 때문에 정답이 아니고, 3번은 일부러 재고를 찾아 준 것에 대해서 고마워하는 듯이 되묻는 말이기 때문에 정답이 아니다.

단어 大変(たいへん) 대단히, 매우 | 申(もう)し訳(わけ)ない 죄송하다 | 商品(しょうひん) 상품 | ただいま 지금, 현재 | 在庫(ざいこ)切(ぎ)れ 재고 품절 | 可能(かのう) 가능 | 確認(かくにん) 확인 | わざわざ 일부러 | 探(さが)す 찾다

통합이해 실전 연습 문제　　　　　　　　506p

1 ②	2 ②	3 질문1 ③, 질문2 ④
4 ④	5 ④	6 질문1 ③, 질문2 ①
7 ③	8 ④	9 질문1 ③, 질문2 ①

기본 버전 MP3	배속 버전 MP3

문제5 문제5에서는, 긴 이야기를 듣습니다. 이 문제에는 연습은 없습니다. 문제 용지에 메모를 해도 상관없습니다.

1번, 2번 문제 용지에 아무것도 인쇄되어 있지 않습니다. 먼저 이야기를 들어 주세요. 그리고, 질문과 선택지를 듣고, 1부터 4 중에서, 가장 알맞은 것을 하나 고르세요.

🎧 통합이해_실전연습문제_1번.mp3

学校で男の学生と女の学生が話しています。

M：来週の運動会、絶対に一競技は参加しないといけないって。
F：そうそう、私も迷ってるんだよね。マラソンは自分のペースで走れる代わりに長距離だから体力が必要だし、障害物リレーはスピードと技術が求められるけど、仲良い友達何人かとチームを組んで出来るところが長所だね。
M：うわー、どれも大変そう。
F：そう。あと残りは綱引きかな。もともと女子と男子で分けてやってたんだけど、今回は一緒にやるみたい。メインイベントだから最後の順番になるんじゃないかな。
M：へえ、男女一緒にできる競技なら人気が高そうだね。
F：実はね、人気のものは別にあるんだよ。競技ではないけど、応援団に入ったら競技に出なくてもいいんだって。ユニフォーム着て全員で応援している姿が格好良く見えるから、結構応募しているみたいだよ。競技の練習も辛いし、面接があるから厳しいらしいけどね。
M：それもやってみたいけど、人が多いのはあまり好きじゃないからなあ。体力にも自信ないし、いつも遊んでる友達を何人か誘って、気軽に参加できそうなものにするよ。

1 男の学生はどれに参加すると決めましたか。

1　マラソン
2　障害物リレー
3　綱引き
4　応援団

해석　학교에서 남자 학생과 여자 학생이 이야기하고 있습니다.

M：다음 주 운동회, 절대로 한 경기는 참가하지 않으면 안 된대.
F：맞아 맞아, 나도 망설이고 있어. 마라톤은 자신의 페이스로 달릴 수 있는 대신에 장거리여서 체력이 필요하고 장애물 릴레이는 스피드와 기술이 요구되는데, 사이좋은 친구 몇 명인가랑 팀을 짜서 할 수 있다는 부분이 장점이네.
M：우와, 어느 것도 힘들 것 같아.
F：맞아. 그리고 남은 건 줄다리기이려나? 원래 여자와 남자로 나눠서 했었는데, 이번은 같이 하는 것 같아. 메인이벤트니까 마지막 순번에 하게 되지 않을까?
M：음~, 남녀같이 할 수 있는 경기라면 인기가 많을 것 같네.
F：사실은 말이야, 인기가 있는 것은 따로 있어. 경기는 아닌데, 응원단에 들어가면 경기에 나가지 않아도 된대. 유니폼 입고 모두 함께 응원하고 있는 모습이 멋져 보여서 꽤 응모하고 있는 것 같아. 경기의 연습만큼 응원단의 연습도 힘들고 면접도 있으니까 혹독하다는 것 같지만.
M：그것도 해 보고 싶지만, 사람이 많은 건 좋아하지 않으니까. 체력에도 자신이 없고 언제나 놀던 친구들 몇 명 꾀어서 부담 없이 참가할 수 있을 것 같은 걸로 할래.

남자 학생은 어느 것에 참가한다고 정했습니까?

1　마라톤
2　장애물 릴레이
3　줄다리기
4　응원단

해설　운동회에서 남자 학생이 어느 경기에 참가하는지를 묻는 문제이다. 남자 학생은 人が多いのはあまり好きじゃないからなあ。(사람이 많은 것은 딱히 좋아하지 않으니까.)라고 했고, 이어서 いつも遊んでる友達を何人か誘って(언제나 놀던 친구들 몇 명 꾀어서)라고 했다. 이것으로 보아 친한 친구 몇 명이서 팀을 짜서 할 수 있는 장애물 릴레이에 참가할 것이라는 것을 알 수 있다. 따라서 2번이 정답이다.

단어　運動会(うんどうかい) 운동회｜競技(きょうぎ) 경기｜参加(さんか) 참가｜迷(まよ)う 헤매다, 망설이다｜マラソン 마라톤｜ペース 페이스｜長距離(ちょうきょり) 장거리｜体力(たいりょく) 체력｜障害物(しょうがいぶつ) 장애물｜リレー 릴레이｜技術(ぎじゅつ) 기술｜求(もと)める 구하다, 바라다｜仲良(なかよ)い 사이좋다｜チーム 팀｜組(く)む 짜다, 꼬다, 끼다｜長所(ちょうしょ) 장점｜残(のこ)り 남은 것, 나머지｜綱引(つなひ)き 줄다리기｜もともと 원래｜メインイベント 메인이벤트｜順番(じゅんばん) 순번, 차례｜別(べつ)に 따로, 별로(+부정문)｜応援団(おうえんだん) 응원단｜ユニフォーム 유니폼｜応援(おうえん) 응원｜姿(すがた) 모습｜格好良(かっこうよ)い 멋지다｜結構(けっこう) 꽤｜応募(おうぼ) 응모｜面接(めんせつ) 면접｜厳(きび)しい 엄격하다, 혹독하다｜自信(じしん) 자신｜誘(さそ)う 권하다, 꾀

다 | 気軽(きがる)に 부담 없이, 가볍게

🎧 통합이해_실전연습문제_2번.mp3

三人の美術館の職員が話しています。

M1：最近、美術館の利用客数が減少しているから何か対策を考えないと。何かいい方法ないかな。

F：そうですね。昔から気になってたことですけど、美術館の雰囲気を変えてみるのはどうですか。

M1：美術館のインテリアとかかな？たしかにあちこち古いけど、長年保ってきたこの美術館なりの雰囲気があるから、手を出すのはもったいないなあ。

M2：それじゃあ、やはり休日の利用客が一番多いですから、閉館をもっと遅くするのはどうですか。

F：それ、いいですね。閉まる時間が遅くなる分、美術館を利用する人も増えますね。

M1：うーん、閉館時間を延ばしたって、夜はいつもがらがらだから客数は変わらないんじゃないかな。

F：あ、この利用者数のグラフ、見てください。外国人の利用客は年々増えていますよ。

M1：お、本当だね。

F：この調子だともっと伸びる可能性もあるかもしれないので、外国人向けの音声ガイドを作るのはどうですか。

M1：なるほど、外国語のパンフレットにある文字を音声にするだけならすぐにできそうだね。他のアイデアがないなら、これで決まりだね。

M2：あ、家族で訪れるお客さんのためにイベントを開催するのはどうですか。イベントに参加する全ての人に美術館に関する商品を与えると宣伝にもなるし、いいと思いますよ。

M1：週末はいつも家族での利用客がほとんどだから、いいかもしれないね。でも、商品を製作するのに時間が結構かかるからなあ。

F：じゃあ、すぐにできるこれしかないですね。

2 美術館の利用客を増やすために何をすることにしましたか。

1 美術館のインテリアを変える
2 外国語の音声ガイドを作る
3 週末の閉館時間を延ばす
4 家族で参加できるイベントを作る

해석 세 명의 미술관 직원이 이야기하고 있습니다.

M1：요즘, 미술관 이용객 수가 감소하고 있으니까 무언가 대책을 생각하지 않으면 안 돼. 뭔가 좋은 방법 없을까?

F：그렇네요. 옛날부터 신경 쓰이는 것이 있는데요, 미술관의 분위기를 바꿔보는 것은 어때요?

M1：미술관의 인테리어라든가? 확실히 여기저기 낡았지만, 오랜 세월 유지해 온 이 미술관 나름대로의 분위기가 있으니까 손을 대는 건 아깝네.

M2：그럼, 역시 휴일 이용객이 제일 많으니까 폐관을 더 늦게 하는 것은 어때요?

F：그거, 좋네요. 닫는 시간이 늦어지는 만큼 미술관을 이용하는 사람도 늘겠네요.

M1：음, 폐관 시간을 늘려봤자 밤은 언제나 텅텅이니까 객 수는 변하지 않지 않을까?

F：아, 이 이용자 수의 그래프, 봐 보세요. 외국인 이용객은 해마다 늘고 있어요.

M1：오, 진짜네.

F：이 상태라면 더 늘 가능성도 있을지도 모르니까 외국인 전용 음성 가이드를 만드는 것은 어때요?

M1：과연, 외국어 팸플릿에 있는 글자를 음성으로 하는 것만이면 금방 할 수 있겠네. 다른 아이디어가 없으면 이걸로 결정이네.

M2：아, 가족으로 방문하는 손님을 위해서 이벤트를 개최하는 것은 어때요? 이벤트에 참가하는 모든 사람에게 미술관에 관한 상품을 주면 선전도 되고 좋다고 생각해요.

M1：주말은 언제나 가족끼리의 이용객이 대부분이니까 좋을지도 모르겠네. 하지만 상품을 제작하는 데 시간이 꽤 걸리니까.

F：그럼, 바로 할 수 있는 이거밖에 없네요.

미술관의 이용객을 늘리기 위해서 무엇을 하기로 했습니까?

1 미술관 인테리어를 바꾼다
2 외국어 음성 가이드를 만든다
3 주말 폐관 시간을 늘린다
4 가족끼리 참가할 수 있는 이벤트를 만든다

해설 미술관에 오는 이용객 수를 늘리기 위해서 무엇을 하기로 했는지를 묻는 문제이다. 이용자 수 그래프에 의하면 외국인 손님이 늘고 있는 추세이기 때문에 외국인 전용 음성 가이드 아이디어가 나왔고, 점장은 이에 대해서 외국어 팸플릿의 글자를 음성으로 하면 금방 만들 수 있다고 하며 他のアイデアがないなら、これで決まりだね。(다른 아이디어가 없으면 이걸로 결정이네.)라고 했다. 이후 가족 이벤트라는 의견도 나왔지만 상품 제작에 시간이 걸린다며 바로 할 수 있는 것인 외국어 음성 가이드로 결정이 되었기 때문에 2번이 정답이다. 미술관 인테리어는 지금 나름대로의 분위기가 있으니까 점장은 바꿀 마음이 없어 보이므로 1번은 정답이 아니고, 휴일 폐관 시간을 늘려봤자 밤에는 이용객이 없어서 소용없다는 뉘앙스로 말했기 때문에 3번도 정답이 아니다.

단어 美術館(びじゅつかん) 미술관 | 職員(しょくいん) 직원 | 利用客数(りようきゃくすう) 이용객 수 | 減少(げんしょう) 감소 | 対策(たいさく) 대책 | 気(き)になる 신경 쓰이다 | 雰囲気(ふんいき) 분위기 | インテリア 인테리어 | あちこち 여기저기 | 長年(ながねん) 긴 세월 | 保(たも)つ 유지하다 | ~なりの ~나름대로의 | 手(て)を出(だ)す 손을 대다 | もったいない 아깝다 | 閉館(へいかん) 폐관 | 延(の)ばす (기간을) 연기하다, 연장하다 | グラフ 그래프 | 年々(ねんねん) 해마다 | 伸(の)びる 늘다 | 可能性(かのうせ

い) 가능성 | ～向(む)け ~용, 대상 | 音声(おんせい) 음성 | ガイド 가이드 | パンフレット 팸플릿 | 文字(もじ) 글자 | アイデア 아이디어 | 訪(おとず)れる 방문하다 | イベント 이벤트 | 開催(かいさい) 개최 | 全(すべ)て 모두, 전부 | ～に関(かん)する ~에 관한 | 商品(しょうひん) 상품 | 与(あた)える 주다, 수여하다 | 宣伝(せんでん) 선전 | 製作(せいさく) 제작 | 結構(けっこう) 꽤

3번 먼저 이야기를 들어 주세요. 그리고, 2개의 질문을 듣고, 각각 문제 용지의 1부터 4 중에서, 가장 알맞은 것을 하나 고르세요.

🎧 통합이해_실전연습문제_3번.mp3

番組を聞いて、夫婦が話しています。

F1: 今日は、各地域のおすすめの名物について紹介します。ぜひ、この機会にお買い求めください。まず北海道の名物です。北海道は海に囲まれ、漁業が盛んなので、新鮮な魚や貝類が取られます。特に生の魚が種類別に入ったこちらの商品が人気です。次は兵庫県です。兵庫県では地域の活動を応援するために地域オリジナルの牛肉をブランド化しました。兵庫県の牛は広くて自由な環境で育てられているため、とても質がよくおいしいです。次は、山や海に囲まれた自然豊かな鹿児島県です。**きのこ類を中心とした野菜と魚の加工品がセット**となっています。こちらの魚の加工品は冷凍庫で**長期間保存が可能で**す。最後に愛媛県です。年中温暖なこの地域では、**一年を通してたくさんの果物を収穫しています**。今は甘くて濃い味のミカンが旬を迎えています。

F2: この機会に何か注文してみない？どれもおいしそうだよ。
M: そうだね。何にする？
F2: **私は魚がいいかな**。最近魚の収穫量が減っているんだって。
M: へえ、そうなんだ。魚って今、貴重なんだね。新鮮な魚にする？
F2: それじゃ、すぐに食べられないおそれがあるから、**長持ちできるほうがいい**。
M: そうだね。**魚に加えて他のものも味わえるしね**。僕は魚よりおいしいステーキが食べたいな。
F2: 昔から肉好きだったよね。じゃあ、これで決まりかな？
M: あ、でも肉は冷蔵庫にまだいっぱいあるし、あと、他に今冷蔵庫に何があったっけ。野菜も十分だし、**果物が残りわずかかあ**。じゃあ、僕はこの名物を注文するよ。

3

質問1 女の人はどの地域の名物を注文しますか。

1 北海道
2 兵庫県
3 鹿児島県
4 愛媛県

質問2 男の人はどの地域の名物を注文しますか。

1 北海道
2 兵庫県
3 鹿児島県
4 愛媛県

해석 방송을 듣고, 부부가 이야기하고 있습니다.

F1: 오늘은 각 지역의 추천 명물에 대해서 소개하겠습니다. 꼭 이번 기회에 구입해 주십시오. 먼저 홋카이도의 명물입니다. 홋카이도는 바다에 둘러싸여 어업이 번성하기 때문에 신선한 생선이나 조개류가 잡힙니다. 특히 날것의 생선이 종류별로 들어간 이 상품이 인기입니다. 다음은 효고 현입니다. 효고 현에서는 지역의 활동을 응원하기 위해서 지역 오리지널의 쇠고기를 브랜드화했습니다. 효고 현의 소는 넓고 자유로운 환경에서 키워지고 있기 때문에 매우 질이 좋고 맛있습니다. 다음은 산과 바다에 둘러싸인 자연이 풍부한 가고시마 현입니다. **버섯류를 중심으로 한 야채와 생선의 가공품이 세트**로 되어 있습니다. 이 생선의 가공품은 냉동고에서 **장기간 보관이 가능합니다**. 마지막으로 에히메 현입니다. 연중 온난한 이 지역에서는 **일 년 내내 많은 과일을 수확하고 있습니다**. 지금은 달고 진한 맛의 귤이 제철을 맞이하고 있습니다.

F2: 이번 기회에 뭔가 주문해 보지 않을래? 어느 것도 다 맛있을 것 같은데?
M: 그렇네. 뭘로 할래?
F2: **나는 생선이 좋아**. 요즘 생선 수확량이 줄어들고 있대.
M: 아, 그렇구나. 생선은 지금, 귀중하구나. 신선한 생선으로 할래?
F2: 그럼, 바로 먹을 수 없을 우려가 있으니까 **오래갈 수 있는 쪽이 좋아**.
M: 그렇네. **생선에 더해서 다른 것도 맛볼 수 있고**. 나는 생선보다 스테이크를 먹고 싶어.
F2: 옛날부터 고기를 좋아했지. 그럼, 이걸로 결정이려나?
M: 아, 근데 고기는 냉장고에 아직 많이 있고 그리고 이외에 지금 냉장고에 뭐가 있었지? 야채도 충분하고 **과일이 거의 남지 않았구나**. 그럼, 나는 이 명물을 주문할래.

질문1 여자는 어느 지역의 명물을 주문합니까?

1 홋카이도
2 효고 현
3 가고시마 현
4 에히메 현

해설   여자가 어느 지역 명물을 주문할지를 묻는 문제이다. 여자는 생선에 대해 관심을 보이면서 長持ちできるほうがいい。(오래갈 수 있는 쪽이 좋아.)라고 했다. 그리고 남자가 이어서 そうだね。魚に加えて他のものも味わえるしね。(그렇네. 생선에 더해서 다른 것도 맛볼 수 있고.)라며 생선뿐만 아니라 다른 명물도 맛볼 수 있다고 언급한 것으로 보아, 야채와 생선의 가공품이 세트로 되어 있고, 생선의 가공품은 냉동고로 장기간 보관이 가능하다고 한 가고시마 현의 명물을 주문한다는 것을 알 수 있다. 따라서 3번이 정답이다.

질문2 남자는 어느 지역의 명물을 주문합니까?

1 홋카이도
2 효고 현
3 가고시마 현
4 에히메 현

해설   남자가 어느 지역 명물을 주문할지를 묻는 문제이다. 남자는 果物が残りわずかかあ。じゃあ、僕はこの名物を注文するよ。(과일이 거의 남지 않았구나. 그럼, 나는 이 명물을 주문할래.)라고 했다. 방송에서 에히메 현은 일 년 내내 많은 과일을 수확하고 있다고 했기 때문에 4번이 정답이다.

단어   番組(ばんぐみ) 방송 | 夫婦(ふうふ) 부부 | 各(かく)~ 각~ | 地域(ちいき) 지역 | おすすめ 추천 | 名物(めいぶつ) 명물 | ぜひ 부디, 꼭 | 機会(きかい) 기회 | 買(か)い求(もと)める 구입하다 | 北海道(ほっかいどう) 홋카이도(일본 지명) | 囲(かこ)む 둘러싸다 | 漁業(ぎょぎょう) 어업 | 盛(さか)んだ 번성하다, 왕성하다 | 新鮮(しんせん)だ 신선하다 | 魚(さかな) 생선 | 貝類(かいるい) 조개류 | 特(とく)に 특히 | 種類(しゅるい) 종류 | ~別(べつ) ~별 | 商品(しょうひん) 상품 | 兵庫県(ひょうごけん) 효고 현(일본 지명) | 活動(かつどう) 활동 | 応援(おうえん) 응원 | オリジナル 오리지널, 원작 | 牛肉(ぎゅうにく) 쇠고기 | ブランド化(か) 브랜드화 | 牛(うし) 소 | 環境(かんきょう) 환경 | 質(しつ) 질 | 自然(しぜん) 자연 | 豊(ゆた)かだ 풍부하다 | 鹿児島県(かごしまけん) 가고시마 현(일본 지명) | きのこ類(るい) 버섯류 | ~を中心(ちゅうしん)とした ~을/를 중심으로 한 | 加工品(かこうひん) 가공품 | セット 세트 | 冷凍庫(れいとうこ) 냉동고 | 長期間(ちょうきかん) 장기간 | 保存(ほぞん) 보존, 저장 | 愛媛県(えひめけん) 에히메 현(일본 지명) | 年中(ねんじゅう) 연중 | 温暖(おんだん)だ 온난하다 | ~を通(とお)して ~내내, ~을/를 통해서 | 果物(くだもの) 과일 | 収穫(しゅうかく) 수확 | 濃(こ)い 진하다 | ミカン 귤 | 旬(しゅん) 제철 | 迎(むか)える 맞이하다 | 収穫量(しゅうかくりょう) 수확량 | 貴重(きちょう)だ 귀중하다 | ~おそれがある ~할 우려가 있다 | 長持(ながも)ちする 오래가다 | ~に加(くわ)えて ~에 더해서 | 味(あじ)わう 맛보다 | 肉好(にくず)き 고기를 좋아함 또는 그런 사람 | 冷蔵庫(れいぞうこ) 냉장고 | 十分(じゅうぶん)だ 충분하다 | 残(のこ)りわずかだ 얼마 남지 않다

4번, 5번   문제 용지에 아무것도 인쇄되어 있지 않습니다. 먼저 이야기를 들어 주세요. 그리고, 질문과 선택지를 듣고, 1부터 4 중에서, 가장 알맞은 것을 하나 고르세요.

🎧 통합이해_실전연습문제_4번.mp3

レストランで男の人と女の人が話しています。

M：メニューが多すぎて何にすればいいのか迷っているんですが、おすすめってありますか。

F：えーと、セットのメニューはいかがですか。一つのメニューを選びにくいようでしたら、こちらの4つのセットがありますよ。まず、ラーメンとチャーハンが出てくるAセットです。値段は2,500円です。少し高めですが、ラーメンにはお肉もたくさん入っていますし、チャーハンもついているので、結構量があります。

M：お腹いっぱい食べられそうでいいですね。

F：それから、Bセットはパスタとステーキの組み合わせです。値段はたった1,000円で、クリームソースがたっぷり入ったパスタと、やわらかい牛肉が味わえます。

M：この金額でお肉が食べられるのはお得ですね。

F：次はCセットです。こちらの値段は2,000円で、焼き鳥と天ぷらのセットです。生ビールとの相性がいいですよ。もし、このセットに生ビールを追加するとサラダが無料で提供されます。

M：そうですか。

F：最後にDセットです。こちらは定食となっています。焼き魚と白いご飯、そして味噌汁が出ます。値段は1,500円で、お昼限定なので、注文するなら今ですよ。

M：どれもおいしそうで迷っちゃいますね。最近太り気味で、揚げ物や麺類は控えていますし、やっぱり昼ご飯は2,000円以内に収めたいので、これにします。

4   男の人は何を頼むことにしましたか。

1 Aセット
2 Bセット
3 Cセット
4 Dセット

해석   레스토랑에서 남자와 여자가 이야기하고 있습니다.

M : 메뉴가 너무 많아서 뭐로 하면 좋을지 헤매고 있는데요, 추천은 있나요?

F : 음, 세트 메뉴는 어떠신가요? 하나의 메뉴를 정하기 힘드시다면 이쪽 4개의 세트가 있습니다. 먼저 라면과 볶음밥이 나오는 A세트입니다. 가격은 2,500엔입니다. 조금 비싼 편입니다만, 라면에는 고기도 많이 들어가 있고, 볶음밥과 함께 나와서 꽤 양이 있습니다.

M : 배불리 먹을 수 있을 것 같아서 좋네요.

F : 그리고 B세트는 파스타와 스테이크 조합입니다. 가격은 단 1,000

엔으로 크림소스가 듬뿍 들어간 파스타와 부드러운 쇠고기를 맛볼 수 있습니다.
M : 이 금액으로 고기를 먹을 수 있다는 것은 이득이네요.
F : 다음은 C세트입니다. 이쪽 가격은 2,000엔으로 닭꼬치와 튀김 세트입니다. 생맥주와의 궁합이 좋아요. 만약 이 세트에 생맥주를 추가하면 샐러드가 무료로 제공됩니다.
M : 그래요?
F : 마지막으로 D세트입니다. 이쪽은 정식으로 되어 있습니다. 생선 구이와 흰쌀밥, 그리고 된장국이 나옵니다. 가격은 1,500엔으로 점심 한정이기 때문에 주문한다면 지금이에요.
M : 어느 것도 맛있어 보여서 고민되네요. 최근에 살찔 기미여서 튀긴 음식과 면류는 삼가고 있고 역시 점심밥은 2,000엔 이내로 끝내고 싶기 때문에 이걸로 할게요.

남자는 무엇을 주문하기로 했습니까?
1 A세트
2 B세트
3 C세트
4 D세트

해설   남자가 무엇을 주문할지를 묻는 문제이다. 마지막에 揚げ物と麺類は控えていますし、やっぱり昼ご飯は2,000円以内に収めたいので、これにします。(튀긴 음식과 면류는 삼가고 있고 역시 점심밥은 2,000엔 이내로 끝내고 싶기 때문에 이걸로 할게요.)라고 했다. 튀김과 면류가 없고 2,000엔 이내의 점심은 D세트이기 때문에 4번이 정답이다.

단어   メニュー 메뉴 | 迷(まよ)う 헤매다, 망설이다 | おすすめ 추천 | セット 세트 | ラーメン 라멘 | チャーハン 볶음밥 | 値段(ねだん) 가격 | 高(たか)め 높은 듯함, 비싼 듯함 | 結構(けっこう) 꽤 | 量(りょう) 양 | お腹(なか) 배 | パスタ 파스타 | ステーキ 스테이크 | 組(く)み合(あ)わせ 조합, 짜 맞춤 | たった 단, 겨우 | クリームソース 크림소스 | たっぷり 듬뿍, 가득 | やわらかい 부드럽다 | 牛肉(ぎゅうにく) 쇠고기 | 味(あじ)わう 맛보다 | 金額(きんがく) 금액 | お得(とく)だ 이득이다 | 焼(や)き鳥(とり) 야키토리 (일본식 닭꼬치) | 天(てん)ぷら 덴푸라(일본식 튀김) | 生(なま)ビール 생맥주 | 相性(あいしょう)がいい 궁합이 좋다 | 追加(ついか) 추가 | サラダ 샐러드 | 無料(むりょう) 무료 | 提供(ていきょう) 제공 | 定食(ていしょく) 정식 | 焼(や)き魚(ざかな) 생선구이 | 味噌汁(みそしる) 된장국 | 限定(げんてい) 한정 | 〜気味(ぎみ) ~기미, ~기운 | 揚(あ)げ物(もの) 튀긴 음식 | 麺類(めんるい) 면류 | 控(ひか)える 삼가다 | 収(おさ)める 넣다, 담다, 한도 내에서 끝내다 | 頼(たの)む 부탁하다, 주문하다

🎧 통합이해_실전연습문제_5번.mp3

家族三人で留学について話しています。

F1 : ねえねえ、私、アメリカに留学したいんだ。
F2 : え、いきなりアメリカ留学って、だめだめ。まだ高校生なのよ。大学の進学はどうするつもり?
M : まあ、一応話は聞いてみよう。どうして留学に行きたい

の?
F1 : 英語の勉強がしてみたいんだよ。
M : 今の時代において英語は大事だからね。うーん、留学はいい経験にもなるだろうし、お父さんは留学に行くことは賛成だよ。
F1 : 本当?
M : でも、一つ条件があるんだ。
F1 : 条件?
M : うん、来年にはもう成人だし、一人で自立できる力を育てたらアメリカに行ってもいいよ。お金のサポートはできないからね。
F1 : 分かった、自分で計画を立てて、バイトもして留学資金を貯めながら勉強もしっかりする。まず、バイトから探さないと。それが留学への第一歩だからね。
F2 : しょうがないわね。あなたがそこまで考えているなら、支持してあげるわ。

5 両親はどうすることに決めましたか。
1 大学の進学をするので、留学に行かせない
2 お金がないので、留学に行かせない
3 高校を卒業したら、留学に行かせる
4 お金を貯めたら、留学に行かせる

해석   가족 세 명이서 유학에 대해서 이야기하고 있습니다.
F1 : 있잖아, 나, 미국에 유학 가고 싶어.
F2 : 어? 갑자기 유학이라니 안 돼 안 돼. 아직 고등학생이잖아. 대학 진학은 어떻게 할 생각이야?
M : 뭐, 일단 이야기는 들어 보자. 왜 유학에 가고 싶어?
F1 : 영어 공부를 해 보고 싶어.
M : 지금 시대에 있어서 영어는 중요하니까. 음, 유학은 좋은 경험도 될 것이고 아빠는 유학에 가는 것은 찬성이야.
F1 : 진짜?
M : 하지만 하나 조건이 있어.
F1 : 조건?
M : 응, 내년에는 벌써 성인이고 혼자서 자립할 수 있는 힘을 기른다면 미국에 가도 좋아. 돈 서포트할 수 없으니까.
F1 : 알았어, 스스로 계획을 세워서 알바도 하고 유학 자금을 모으면서 공부도 확실히 할게. 우선 알바부터 찾아야겠다. 그게 유학으로의 첫걸음이니까.
F2 : 어쩔 수 없네. 네가 그 정도까지 생각하고 있다면 지지해 줄게.

부모는 어떻게 하기로 정했습니까?
1 대학 진학을 하기 때문에 유학에 보내지 않는다
2 돈이 없기 때문에 유학에 보내지 않는다
3 고등학교를 졸업하면 유학에 보낸다
4 돈을 모으면 유학에 보낸다

해설 유학에 가고 싶다는 딸에 대해서 부모는 어떻게 하기로 정했냐고 묻는 문제이다. 아빠가 一人で自立できる力を育てたらアメリカに行ってもいいよ。お金のサポートはできないからね。(혼자서 자립할 수 있는 힘을 기른다면 미국에 가도 좋아. 돈 서포트할 수 없으니까.)라고 했다. 그러자 딸이 알바를 하면서 돈을 모은다고 했고 엄마도 어쩔 수 없다며 지지한다고 했다. 따라서 돈을 모으면 유학을 가도 좋다는 의견이므로 4번이 정답이다.

단어 留学(りゅうがく) 유학 | いきなり 갑자기 | 進学(しんがく) 진학 | 〜つもりだ ~할 예정, 생각이다 | 一応(いちおう) 우선 | 時代(じだい) 시대 | 〜において ~에서, ~에 있어서 | 経験(けいけん) 경험 | 賛成(さんせい) 찬성 | 条件(じょうけん) 조건 | 成人(せいじん) 성인 | 自立(じりつ) 자립 | サポート 서포트 | 計画(けいかく)を立(た)てる 계획을 세우다 | 資金(しきん) 자금 | 貯(た)める 모으다 | 第一歩(だいいっぽ) 첫걸음 | しょうがない 어쩔 수 없다 | 支持(しじ) 지지

6번 먼저 이야기를 들어 주세요. 그리고, 2개의 질문을 듣고, 각각 문제 용지의 1부터 4 중에서, 가장 알맞은 것을 하나 고르세요.

🎧 통합이해_실전연습문제_6번.mp3

大学の職員が授業について説明しています。

F1 : これから選択科目の説明をします。まず、A授業です。この授業ではあらゆるデータを数字で示す方法を学びます。また、基本的な計算からコンピューターを使った統計分析まで色々なことが学べます。授業は月曜日の1時間目です。次に資料収集の方法を学べるB授業です。この授業ではインターネットや図書館などを利用し、テーマに関する資料を集める方法を学びます。この授業は火曜日の2時間目に行われます。それからC授業です。論文の書き方に関して悩んでる学生を対象としていて、外国人のみならず日本人の学生でも受講可能です。時間は水曜日の5時間目です。最後にD授業です。この授業では、教室や研究室を出て、屋外活動を通じて現地の調査を行います。この調査における注意点や活動方法はこちらの資料で確認してください。授業は金曜日の3時間目に行われます。

F2 : うーん、私は論文を書くことに自信がないから知っておきたいんだよね。それから、資料をうまく集める方法も学びたいなあ。

M : 僕はなんといっても統計だね。レポートで数字を扱うことが多いんだけど、自分のやり方で合ってるかどうか確かめたいんだ。

F2 : そういえば、町の人たちにアンケート調査もやっていたよね。大学外での調査だから、その授業も受けておいたほうがいいんじゃない?

M : うん、確かに町に出て調査はしてるけど、それについては別で教授から結構詳しくアドバイスをもらえるらしいから。

F2 : じゃあ、授業まで聞く必要はないか。私、考えてみたら火曜日は一日中バイトだったから、こっちの授業はあきらめざるを得ないなあ。仕方ないからこれだけ受けることにするよ。

6

質問1 女の人はどの授業を受けますか。
1 A授業
2 B授業
3 **C授業**
4 D授業

質問2 男の人はどの授業を受けますか。
1 **A授業**
2 B授業
3 C授業
4 D授業

해석 대학 직원이 수업에 대해서 설명하고 있습니다.

F1 : 지금부터 선택 과목의 설명을 하겠습니다. 우선 A수업입니다. 이 수업에서는 온갖 데이터를 숫자로 나타내는 방법을 배웁니다. 또한 기본적인 계산부터 컴퓨터를 사용한 통계 분석까지 여러 가지를 배울 수 있습니다. 수업은 월요일 1교시입니다. 다음으로 자료 수집의 방법을 배울 수 있는 B수업입니다. 이 수업에서는 인터넷이나 도서관 등을 이용해서 테마에 관한 자료를 모으는 방법을 배웁니다. 이 수업은 화요일 2교시에 행해집니다. 그리고 C수업입니다. 논문 쓰는 법에 관해서 고민하고 있는 학생을 대상으로 하고 있고 외국인뿐만 아니라, 일본인 학생이라도 수강 가능합니다. 시간은 수요일 5교시입니다. 마지막으로 D수업입니다. 이 수업에서는 교실이나 연구실을 나가서 야외 활동을 통해서 현지 조사를 시행합니다. 이 조사에서의 주의점이나 활동 방법은 이쪽 자료로 확인해 주십시오. 수업은 금요일 3교시에 행해집니다.

F2 : 음, 나는 논문을 쓰는 것에 자신이 없으니까 알아두고 싶어. 그리고 자료를 잘 모으는 방법도 배우고 싶네.

M : 나는 뭐라고 해도 통계야. 리포트에서 숫자를 취급하는 일이 많지만, 내가 하는 방법으로 맞는지 어떤지 확인하고 싶어.

F2 : 그러고 보니, 마을 사람들에게 앙케트 조사도 했었지? 대학 외에서의 조사니까 그 수업도 들어두는 편이 좋지 않아?

M : 음, 확실히 마을에 나가서 조사는 하고 있지만, 그것에 대해서는 따로 교수로부터 꽤 자세하게 조언을 받을 수 있다고 하니까.

F2 : 그럼, 수업까지 들을 필요는 없나? 나, 생각해 보니까 화요일은 하루 종일 알바였으니까 이쪽 수업을 포기하지 않을 수 없네. 어쩔 수 없으니까 이것만 듣는 것으로 할게.

질문1 여자는 어느 수업을 듣습니까?

1 A수업
2 B수업
3 C수업
4 D수업

해설 　여자가 어떤 수업을 듣는지를 묻는 문제이다. 여자는 논문을 쓰는 방법과 자료를 잘 모으는 방법도 배우고 싶다고 했으나, 私、考えてみたら火曜日は一日中バイトだったから、こっちの授業はあきらめざるを得ないなあ。仕方ないからこれだけ受けることにするよ。(나, 생각해 보니까 화요일은 하루 종일 알바였으니까 이쪽 수업을 포기하지 않을 수 없네. 어쩔 수 없으니까 이것만 듣는 것으로 할게.)라고 했다. 포기하려는 화요일 수업은 자료를 모으는 방법을 배우는 B수업이고, 알바 시간 외에 들을 수 있는 수업은 논문을 쓰는 방법을 배우는 C수업이다. 따라서 3번이 정답이다.

질문2 남자는 어느 수업을 듣습니까?

1 A수업
2 B수업
3 C수업
4 D수업

해설 　남자는 어떤 수업을 듣는지를 묻는 문제이다. 남자는 僕はなんといっても統計だね。(나는 뭐라고 해도 통계야.)라고 했기 때문에 기본적인 계산부터 컴퓨터를 사용한 통계 분석까지 여러 가지 것을 배울 수 있다는 A수업을 들을 거라는 것을 알 수 있다. 따라서 1번이 정답이다.

단어 　職員(しょくいん) 직원 | 選択科目(せんたくかもく) 선택 과목 | あらゆる 온갖, 모든 | データ 데이터 | 数字(すうじ) 숫자 | 示(しめ)す 나타내다 | 基本的(きほんてき)だ 기본적이다 | 計算(けいさん) 계산 | 統計(とうけい) 통계 | 分析(ぶんせき) 분석 | 色々(いろいろ)な 여러 가지 | ~時間目(じかんめ) ~시간 째, ~교시 | 資料(しりょう) 자료 | 収集(しゅうしゅう) 수집 | 利用(りよう) 이용 | テーマ 테마 | ~に関(かん)する ~에 관한 | 論文(ろんぶん) 논문 | 悩(なや)む 고민하다 | 対象(たいしょう) 대상 | ~のみならず ~뿐만 아니라 | 受講(じゅこう) 수강 | 可能(かのう) 가능 | 研究室(けんきゅうしつ) 연구실 | 屋外活動(おくがいかつどう) 옥외 활동, 야외 활동 | ~を通(つう)じて ~을/를 통해서 | 現地(げんち) 현지 | 調査(ちょうさ) 조사 | ~における ~에서의, ~에 있어서의 | 注意点(ちゅういてん) 주의점 | 活動(かつどう) 활동 | 自信(じしん) 자신 | 扱(あつか)う 다루다 | 確(たし)かめる 확인하다 | アンケート 앙케트 | 結構(けっこう) 꽤 | 詳(くわ)しい 상세하다, 잘 알다 | アドバイス 어드바이스, 조언 | 一日中(いちにちじゅう) 하루 종일 | 諦(あきら)める 포기하다 | ~ざるを得(え)ない ~하지 않을 수 없다 | 仕方(しかた)ない 어쩔 수 없다 | 授業(じゅぎょう)を受(う)ける 수업을 듣다

7번, 8번 문제 용지에 아무것도 인쇄되어 있지 않습니다. 먼저 이야기를 들어 주세요. 그리고, 질문과 선택지를 듣고, 1부터 4 중에서, 가장 알맞은 것을 하나 고르세요.

🎧 통합이해_실전연습문제_7번.mp3

男の人と女の人が話しています。

M : 最近、歯が痛くて夜あまり眠れないよ。食事するのも一苦労で、冷たいものが特にしみるし、どこかいい歯医者さんいないかな。

F : それは辛いね。東病院はどう？一番有名な歯医者さんだし、予約なしで治療を受けられると思うよ。

M : つい先週東病院に行ってきたよ。治療を受けて薬ももらってきたけど、なかなか良くならないなあ。

F : うーん、ネットで調べたところ西病院も評判が良さそうだね。家からも近いし、今日予約できるか電話してみるよ。あ、でもここ今日は定休日だって。じゃあ、南病院はどうかな？私の知人が通ってるところだけど、お医者さんもとても優しいし、治療を受けてすぐに良くなったんだって。

M : あそこだとちょっと遠いからなるべく近くにある病院に行きたいよ。

F : うーん、じゃあ、駅の前にできたばかりの北病院はどう？評判はまだ広がっていないけど、ここからも近いし、今日7時までしてるらしい。

M : 今日予約できるのはいいね。でも、やっぱりどんなお医者さんがいるのか不安だから優しいお医者さんがいるあそこに行ってみるよ。

7 男の人はどの病院に行くことにしましたか。

1 東病院
2 西病院
3 南病院
4 北病院

해설 　남자와 여자가 이야기하고 있습니다.

M : 최근, 이가 아파서 밤에 그다지 잠들 수 없어. 식사하는 것도 상당한 고생이고 찬 것이 특히 시리고 어딘가 좋은 치과 없을까?

F : 그건 힘들겠네. 히가시 병원은 어때? 제일 유명한 치과고 예약 없이 치료를 받을 수 있을 거라고 생각해.

M : 바로 지난주 히가시 병원에 갔다 왔어. 치료도 받고 약도 받아 왔는데, 좀처럼 좋아지지 않네.

F : 음, 인터넷에서 조사했더니 니시 병원도 평판이 좋아 보여. 집에서도 가깝고 오늘 예약할 수 있을지 전화해 볼게. 아, 근데 여기 오늘은 정기 휴일이래. 그럼, 미나미 병원은 어때? 내 지인이 다니고 있는 곳인데, 의사 선생님도 매우 상냥하고 치료를 받고 바로 좋아졌대.

M : 거기라면 조금 머니까 되도록 가까이에 있는 병원에 가고 싶어.

F : 음, 그럼, 역 앞에 생긴지 얼마 안 된 기타 병원은 어때? 평판은 아직 퍼지지 않았지만, 여기서부터도 가깝고 오늘 7시까지 하고 있다고 해.

M : 오늘 예약할 수 있는 것은 좋네. 하지만 역시 어떤 의사가 있는지 불안하니까 상냥한 의사가 있는 그곳으로 가볼게.

남자는 어느 병원에 가는 것으로 했습니까?
1 히가시 병원
2 니시 병원
3 미나미 병원
4 기타 병원

해설　남자가 어느 병원에 갈지를 묻는 문제이다. 마지막에 やっぱりどんなお医者さんがいるのか不安だから優しいお医者さんがいるあそこに行ってみるよ.(역시 어떤 의사가 있는지 불안하니까 상냥한 의사가 있는 그곳으로 가볼게.)라고 했다. 여자 지인이 다니는 미나미 병원에 대해서 언급할 때 의사가 상냥하다는 말을 했기 때문에 3번이 정답이다. 히가시 병원은 지난주 이미 갔다 왔기 때문에 1번은 정답이 아니고, 니시 병원은 오늘 정기 휴일이기 때문에 예약을 못하므로 2번도 정답이 아니다. 그리고 기타 병원은 생긴지 얼마 안 돼서 어떤 의사가 있는지 불안하다고 했으므로 4번도 정답이 아니다.

단어　歯(は) 치아, 이빨｜眠(ねむ)る 잠들다｜一苦労(ひとくろう) 조금의 노력, 상당한 고생｜特(とく)に 특히｜しみる 스며들다, 자극하다｜歯医者(はいしゃ) 치과｜辛(つら)い 괴롭다, 힘들다｜治療(ちりょう) 치료｜つい 바로, 무심결에｜~たところ ~했더니, ~한 결과｜評判(ひょうばん) 평판｜定休日(ていきゅうび) 정기 휴일｜知人(ちじん) 지인｜優(やさ)しい 상냥하다｜広(ひろ)がる 퍼지다｜不安(ふあん)だ 불안하다

🎧 통합이해_실전연습문제_8번.mp3

会社で職員三人が科学教室のイベント企画について話しています。

F1：今回の「子供向けの科学教室」というイベント企画だけど、今のままだと借りたイベント会場の時間内に収まらないよね。どうしようか。

M：たしか、前半で映像を流して子供たちに好奇心を持たせて、後半でいくつかの実験を一緒にしながら、みんなで結果について話し合ってみるという構成だったよね。やっぱり実験の数が多すぎるのかな。実験を減らそうか。

F2：実験は絶対欠かせないよ。

F1：私も実験の数が多いのはこのイベントの一番の特徴だと思うよ。じゃあ、前半の映像の長さを短くするのはどう？

M：例えば？

F1：映像をテーマ別にカットして、自分が興味がある部分だけを見られるようにするとか。

M：映像はストーリーになっているから最初から見ないと理解しにくいと思うよ。他に省けるところないかな。

F2：後半の実験結果を話し合う時間を減らすか、実験結果をそれぞれ発表するより、クイズを取り入れるのはどうかな。一人ずつ実験結果を発表するのは時間がかかるし、クイズを当てた人にプレゼントをあげたら興味持つんじゃない？

F1：他には開始前のイベントの準備時間を短縮する手もあるよ。

M：それでそんなに時間が変わるとは思えないな。

F1：じゃあ、やっぱり結果のところを工夫して時間を確保するしかないね。それじゃ、みんなでどの問題を出すか考えよう。

8 イベントの時間を短くするためにどう変更することにしましたか。

1 実験の数を減らす
2 映像をカットする
3 クイズを取り入れる
4 準備時間を短くする

해석　회사에서 직원 세 명이 과학 교실 이벤트 기획에 대해서 이야기하고 있습니다.

F1 : 이번 '어린이 대상의 과학 교실'이라는 이벤트 기획 말인데, 지금대로라면 빌린 이벤트 회장의 시간 내로 해결되지 않지? 어떻게 할까?

M : 확실히, 전반에서 영상을 틀어서 아이들에게 호기심을 갖게 하고 후반에서 몇 가지 실험을 같이 하면서 모두 함께 결과에 대해서 서로 얘기해 본다는 구성이었지? 역시 실험의 수가 너무 많은가? 실험을 줄일까?

F2 : 실험은 절대 빠뜨릴 수 없어.

F1 : 나도 실험 수가 많은 것은 이 이벤트의 제일 특징이라고 생각해. 그럼, 전반 영상의 길이를 짧게 하는 것은 어때?

M : 예를 들어?

F1 : 영상을 테마별로 컷 해서 자신이 흥미가 있는 부분만을 볼 수 있게 한다든지.

M : 영상은 스토리로 되어 있어서 처음부터 보지 않으면 이해하기 힘들 거라고 생각해. 이외에 생략할 수 있는 곳은 없을까?

F2 : 후반 실험 결과 서로 얘기하는 시간을 줄이거나, 실험 결과를 각자 발표하는 것보다 퀴즈를 넣는 것은 어떨까? 한 사람씩 실험 결과를 발표하는 것은 시간이 걸리고 퀴즈를 맞힌 사람에게 선물을 주면 흥미 갖지 않을까?

F1 : 그 외에는 개시 전 이벤트의 준비 시간을 단축하는 수도 있어.

M : 그걸로 그렇게 시간이 변할 거라고는 생각할 수 없어.

F1 : 그럼, 역시 결과의 부분을 궁리해서 시간을 확보할 수밖에 없네. 그럼, 모두 함께 어느 문제를 낼지 생각하자.

이벤트 시간을 짧게 하기 위해서 어떻게 변경을 하기로 했습니까?

1 실험 수를 줄인다
2 영상을 컷 한다
3 퀴즈를 넣는다
4 준비 시간을 짧게 한다

해설 이벤트 시간을 줄이기 위해서 어떻게 변경하기로 했는지를 묻는 문제이다. 실험 결과에 대해서 여자 한 사람이 実験結果をそれぞれ発表するより、クイズを取り入れるのはどうかな。(실험 결과를 각자 발표하는 것보다 퀴즈를 넣는 것은 어떨까?)라며 제안을 하고 마지막에 모두 함께 어느 문제를 낼지 생각하자고 했으므로 실험 결과 부분에 퀴즈를 넣는다는 것을 알 수 있다. 따라서 3번이 정답이다. 실험 수를 줄이는 것은 이 이벤트의 특징이라고 하며 반대했으므로 1번은 정답이 아니고, 영상을 컷하는 것도 스토리식의 영상을 이해하기 힘들 것이라고 반대 의견이 있었으므로 2번도 정답이 아니다. 그리고 준비 시간을 짧게 한다고 그렇게 시간이 변할 거라고 생각하지 않는다고 했으므로 4번도 정답이 아니다.

단어 職員(しょくいん) 직원 | 科学(かがく) 과학 | イベント 이벤트 | 企画(きかく) 기획 | ~向(む)け ~용, ~대상 | 会場(かいじょう) 회장 | 収(おさ)まる 해결되다, 수습되다 | 前半(ぜんはん) 전반 | 映像(えいぞう)を流(なが)す 영상을 틀다 | 好奇心(こうきしん) 호기심 | 後半(こうはん) 후반 | 実験(じっけん) 실험 | 結果(けっか) 결과 | 話(はな)し合(あ)う 서로 이야기하다 | 構成(こうせい) 구성 | 数(かず) 수 | 減(へ)らす 줄이다 | 絶対(ぜったい) 절대 | 欠(か)かせない 빠뜨릴 수 없다 | 特徴(とくちょう) 특징 | 長(なが)さ 길이 | テーマ 테마 | ~別(べつ) ~별 | カット 컷 | 興味(きょうみ) 흥미 | 部分(ぶぶん) 부분 | ストーリー 스토리 | 理解(りかい) 이해 | 他(ほか)に 이외에 | 省(はぶ)く 없애다, 생략하다 | それぞれ 각각, 각자 | 取(と)り入(い)れる 안에 넣다, 도입하다 | クイズ 퀴즈 | 当(あ)てる 맞히다, 명중시키다 | 開始(かいし) 개시 | 短縮(たんしゅく) 단축 | 手(て)もある 수도 있다, 방법도 있다 | 工夫(くふう) 궁리, 고안 | 確保(かくほ) 확보

9번 먼저 이야기를 들어 주세요. 그리고, 2개의 질문을 듣고, 각각 문제 용지의 1부터 4 중에서, 가장 알맞은 것을 하나 고르세요.

🎧 통합이해_실전연습문제_9번.mp3

セミナーで、栄養剤についての説明を聞いて、夫婦が話しています。

M1：今から紹介する4つの栄養剤に含まれている成分は、私たちの体に必要不可欠なものです。説明を聞いて、皆さんに必要な栄養剤を一つ選んでいただければ、お試しセットをプレゼント致します。まず、1番目の栄養剤です。**筋肉を作る成分が入っており、運動のあとに飲むといいでしょう。**また、老化を防いでくれるので高齢者の方にも人気があります。次は、2番目の栄養剤です。免疫力を高めるために必要な成分が含まれているので疲れやすい人に効果的です。3番目の栄養剤は、骨を丈夫にする成分が入っています。チーズや牛乳のような乳製品から得られる栄養素なんですが、これらの食品が苦手な方におすすめです。4番目の栄養剤は健康な目を目指している方におすすめです。目の調子が悪い人や、仕事でパソコンを使う人が飲むと効果的です。しかし、いくら良い栄養剤だと言っても摂りすぎには注意してくださいね。

M2：どうする？この前、目が乾燥しやすいって言ってたよね。

F：長時間コンタクトを付けてるからね。私はこれにしようかな。あなたはどうする？

M2：最近、ジムに通い始めてるからこれかな。

F：それもいいけど、普段、牛乳飲まないからこれにしたほうがいいんじゃない？

M2：骨のためにカルシウムも大事だけど、これは私より子供たちにもっと食べさせないと。

F：そうだね。**子供たちもあなたと同じく乳製品が嫌いだから、私はやっぱりこれにするよ。**

M2：じゃあ、僕は筋肉づくりに役に立つ栄養剤のほうにする。

F：分かった。二人とも免疫力が強いからこれは要らないね。じゃあ、プレゼントもらってくるね。

9

質問1 女の人は、どの栄養剤にしますか。

1 1番目の栄養剤
2 2番目の栄養剤
3 3番目の栄養剤
4 4番目の栄養剤

質問2 男の人は、どの栄養剤にしますか。

1 1番目の栄養剤
2 2番目の栄養剤
3 3番目の栄養剤
4 4番目の栄養剤

해석 세미나에서 영양제에 대한 설명을 듣고 부부가 이야기하고 있습니다.

M1 : 지금부터 소개하는 4개의 영양제에 포함된 성분은 우리들의 몸에 필요 불가결한 것입니다. 설명을 듣고 여러분에게 필요한 영양제를 하나 선택해 주시면 체험 세트를 선물 드리겠습니다. 먼저, 1번째 영양제입니다. **근육을 만드는 성분이 들어가 있어 운동 후에 마시면 좋을 것입니다.** 또한 노화를 방지해 주기 때

139

문에 고령자분에게도 인기가 있습니다. 다음은 2번째 영양제입니다. 면역력을 높이기 위해서 필요한 성분이 포함되어 있기 때문에 쉽게 피곤해지기 쉬운 사람에게 효과적입니다. 3번째 영양제는 뼈를 튼튼하게 하는 성분이 들어가 있습니다. 치즈나 우유 같은 유제품에서 얻을 수 있는 영양소인데요, 이러한 식품을 싫어하는 분에게 추천입니다. 4번째 영양제는 건강한 눈을 목표로 하고 있는 분에게 추천입니다. 눈의 상태가 나쁜 사람이나 일 때문에 컴퓨터를 사용하는 사람이 먹으면 효과적입니다. 하지만 아무리 좋은 영양제라고 해도 너무 많이 섭취하는 것에는 주의해 주세요.

M2 : 어떻게 할래? 요전에 눈이 건조하기 쉽다고 말했었지?
F : 장시간 콘택트렌즈를 끼고 있으니까. 나는 이걸로 할까나. 너는 어떻게 할래?
M2 : 최근에 헬스장에 다니기 시작했으니까 이거이려나?
F : 그것도 좋지만, 평소에 우유 안 마시니까 이걸로 하는 게 좋지 않아?
M2 : 뼈를 위해서 칼슘도 중요하지만, 이것은 나보다 애들에게 더 먹게 하지 않으면 안 돼.
F : 그렇네. 애들도 당신도 똑같이 유제품을 싫어하니까 나는 역시 이걸로 할래.
M2 : 그럼, 나는 근육 만들기에 도움이 되는 영양제 쪽으로 할래.
F : 알겠어. 두 명 다 면역력이 강하니까 이것은 필요 없네. 그럼 선물 받고 올게.

질문1 여자는 어떤 영양제로 합니까?

1 1번째 영양제
2 2번째 영양제
3 3번째 영양제
4 4번째 영양제

해설 여자가 어떤 영양제를 고르는지를 묻는 문제이다. 처음에는 장시간 콘택트렌즈를 끼고 있기 때문에 눈 건강을 위해서 4번째 영양제를 선택할 것 같았지만, 중간에 남자에게 우유를 안 마시니까 3번째 영양제를 권하게 된다. 그러자 남자가 나보단 애들에게 먹여야 한다고 말했고 이에 여자는 子供たちもあなたと同じく乳製品が嫌いだから、私はやっぱりこれにするよ。(애들도 당신도 똑같이 유제품을 싫어하니까 나는 역시 이걸로 할래.)라며 자신을 위해서보다는 남편과 아이를 위해서 3번째 영양제를 선택했다는 것을 알 수 있다. 따라서 3번이 정답이다.

질문2 남자는 어떤 영양제로 합니까?

1 1번째 영양제
2 2번째 영양제
3 3번째 영양제
4 4번째 영양제

해설 남자가 어떤 영양제를 고르는지를 묻는 문제이다. 남자는 처음부터 최근 헬스장을 다니기 시작했다며 1번째 영양제에 관심을 가졌다. 그리고 마지막까지 じゃあ、僕は筋肉づくりに役に立つ栄養剤のほうにする。(그럼, 나는 근육 만들기에 도움이 되는 영양제 쪽으로 할래.)라고 말한 것으로 보아 1번째 영양제를 선택한다는 것을 알 수 있다. 따라서 1번이 정답이다.

단어 セミナー 세미나 | 栄養剤(えいようざい) 영양제 | 夫婦(ふうふ) 부부 | 紹介(しょうかい) 소개 | 含(ふく)む 포함하다 | 成分(せいぶん) 성분 | 必要不可欠(ひつようふかけつ) 필요 불가결 | 試(ため)し 시험, 시도, 체험 | セット 세트 | 致(いた)す 하다(겸양어) | 筋肉(きんにく) 근육 | 老化(ろうか) 노화 | 防(ふせ)ぐ 막다, 방지하다 | 高齢者(こうれいしゃ) 고령자 | 免疫力(めんえきりょく) 면역력 | 高(たか)める 높이다 | 効果的(こうかてき)だ 효과적이다 | 骨(ほね) 뼈 | 丈夫(じょうぶ)だ 튼튼하다 | チーズ 치즈 | 乳製品(にゅうせいひん) 유제품 | 得(え)る 얻다 | 栄養素(えいようそ) 영양소 | 食品(しょくひん) 식품 | 苦手(にがて)だ 질색하다, 못하다 | おすすめ 추천 | 健康(けんこう)だ 건강하다 | 目指(めざ)す 목표로 하다 | 調子(ちょうし) 상태, 컨디션 | 摂(と)る 섭취하다 | 注意(ちゅうい) 주의 | 乾燥(かんそう) 건조 | 長時間(ちょうじかん) 장시간 | コンタクトを付(つ)ける 콘택트렌즈를 끼다 | ジム 헬스장 | 普段(ふだん) 평소(에) | カルシウム 칼슘 | 同(おな)じく 똑같이, 동일하게 | 役(やく)に立(だ)つ 도움이 되다 | 要(い)る 필요하다

JLPT 합격 노하우 **yuhadayo.com**

JLPT
일본어 전문 인강의 노하우를 다 담았다!

기출어휘, 기출문법 완벽 정리부터 실전 연습까지 합격을 위한 커리큘럼

유하다요 JLPT N3
한 권 스피드 합격

유하다요 JLPT N2
한 권 스피드 합격

유하다요 JLPT N1
한 권 스피드 합격

알라딘 JLPT 분야 및 일본어 통합 분야 1위 (2024.4.18~2024.4.24)

회화
원어민 발음을 들으면서 학습하는 섀도잉 회화

반말일본어 시즌1 교과서편
상황별로 친구들끼리 나누는 회화 학습

반말일본어 시즌2 실전편
최근 유행어를 섞은 자연스러운 회화 학습

데스마스 회화
자연스러운일본어 정중체 학습

일본백서
일본 문화와 생활에 도움되는 꿀팁 강의

아르바이트 일본어
업종별 리얼한 아르바이트 용어와 상황 학습

쉽게 배우는 일본어 유하다요 yuhadayo.com

유하다요 일본어를 선택해야 하는 이유!

실제 수강생 후기글로 확인하세요!

유하다요 수강생 이**

올해 4월부터 3개월간 N2 준비했습니다! 공부기간이 짧아서 자신이 없었지만 그래도 한 번 해보자 라는 생각에 유하다요를 믿고 다시 한 번 도전하게 되었습니다! 청해는 오로지 내가 많이 듣고 익혀야 하는 파트이지만 단어 문법같은 경우는 확실히 유하다요를 통해 단기간에 실력 향상이 가능하다는 걸 느꼈습니다!! 생각보다 고득점으로 합격을 하게되어 너무 기쁩니다!!

유하다요 수강생 백**

유하다요 수강으로 N2 합격! 계획적이지 않은 성격이라 걱정이 많았는데 JLPT 학습플랜 덕분에 편하게 공부했어요 :) 유하다요 강의 들으면서 점점 제 공부 방식도 찾아가는 거 같고 강의를 재미있게 해주셔서 지루하지 않은 게 너무 좋아요.

유하다요 수강생 신**

일단 유하다요는 각 파트별로 체계적으로 강의가 구성되어 있어서 너무 좋았어요! 각자 취약한 파트가 다를 텐데, 어디에 포커스를 더 두고 공부할지 스스로 결정할 수 있으니까요!! 저는 문자어휘와 문법이 조금 약했기 때문에 이부분에서 도움을 많이 받았습니다.

유하다요 수강생 김**

이번 N2 합격하게 되어 감사한 마음에 수강후기를 작성하게 되었습니다. 직장생활로 바쁜 때 시간을 내어 일본어 공부하기가 많이 어려웠는데, 유하다요 인강을 수강하게 되면서 출퇴근길에 인강을 들으며 틈틈이 공부할 수 있었어요.

쉽게 배우는 일본어 유하다요 yuhadayo.com

유하다요

JLPT
N2
한 권 스피드 합격

딱 한 권으로 JLPT 합격에 필요한 모든 것을 담았다!

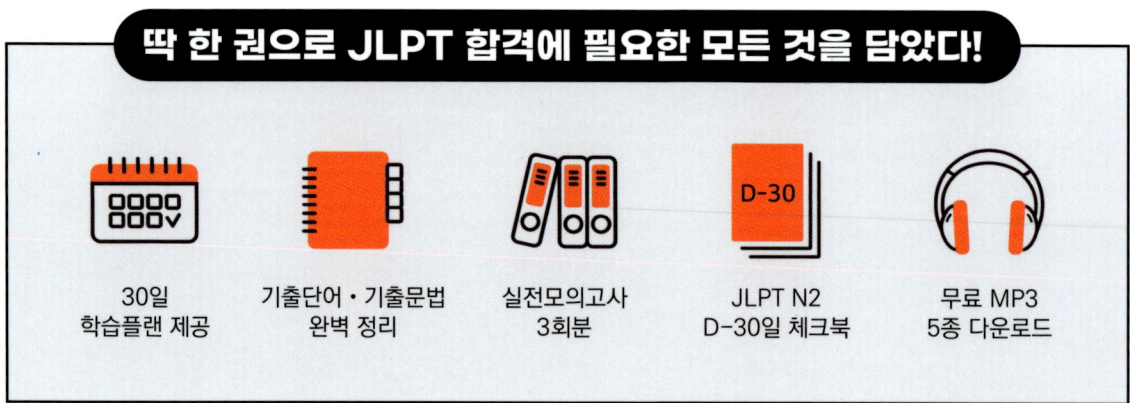

| 30일 학습플랜 제공 | 기출단어·기출문법 완벽 정리 | 실전모의고사 3회분 | JLPT N2 D-30일 체크북 | 무료 MP3 5종 다운로드 |

정가 26,800원

유하다요

ISBN 979-11-91687-35-4

유하다요

최신경향
종합서

JLPT
N2
일본어능력시험

한 권 스피드 합격

실전모의고사 3회분

유하다요

유하다요

JLPT
N2

한 권 스피드 합격

실전모의고사 3회분

- 실전모의고사1 3
- 실전모의고사2 59
- 정답과 해설 115

 **온라인모의테스트**
QR코드를 통해 온라인 테스트도
추가로 진행해 보세요!

유하다요

JLPT 합격 노하우 **yuhadayo.com**

실전모의고사 1

N2 言語知識 (文字・語彙・文法)・読解

名前 Name

受験番号 (Examinee Registration Number)

<ちゅうい notes>
1. くろいえんぴつ(HB, No.2)でかいてください。
   Use a black medium soft (HB or No.2) pencil.
   (ペンやボールペンではかかないでください。)
   (Do not use any kind of pen.)
2. かきなおすときは、けしゴムできれいにけしてください。
   Erase any unintended marks completely.
3. きたなくしたり、おったりしないでください。
   Do not soil or bend this sheet.
4. マークれい Marking Examples.

よいれい Correct Example	わるいれい Incorrect Examples
●	⊘ ⊗ ◎ ⦵ ◐ ○

問題 1

	①	②	③	④
1	①	②	③	④
2	①	②	③	④
3	①	②	③	④
4	①	②	③	④
5	①	②	③	④

問題 2

	①	②	③	④
6	①	②	③	④
7	①	②	③	④
8	①	②	③	④
9	①	②	③	④
10	①	②	③	④

問題 3

	①	②	③	④
11	①	②	③	④
12	①	②	③	④
13	①	②	③	④
14	①	②	③	④
15	①	②	③	④

問題 4

	①	②	③	④
16	①	②	③	④
17	①	②	③	④
18	①	②	③	④
19	①	②	③	④
20	①	②	③	④
21	①	②	③	④
22	①	②	③	④

問題 5

	①	②	③	④
23	①	②	③	④
24	①	②	③	④
25	①	②	③	④
26	①	②	③	④
27	①	②	③	④

問題 6

	①	②	③	④
28	①	②	③	④
29	①	②	③	④
30	①	②	③	④
31	①	②	③	④
32	①	②	③	④

問題 7

	①	②	③	④
33	①	②	③	④
34	①	②	③	④
35	①	②	③	④
36	①	②	③	④
37	①	②	③	④
38	①	②	③	④
39	①	②	③	④
40	①	②	③	④
41	①	②	③	④
42	①	②	③	④
43	①	②	③	④
44	①	②	③	④

問題 8

	①	②	③	④
45	①	②	③	④
46	①	②	③	④
47	①	②	③	④
48	①	②	③	④
49	①	②	③	④

問題 9

	①	②	③	④
50	①	②	③	④
51	①	②	③	④
52	①	②	③	④
53	①	②	③	④
54	①	②	③	④

問題 10

	①	②	③	④
55	①	②	③	④
56	①	②	③	④
57	①	②	③	④
58	①	②	③	④
59	①	②	③	④

問題 11

	①	②	③	④
60	①	②	③	④
61	①	②	③	④
62	①	②	③	④
63	①	②	③	④
64	①	②	③	④
65	①	②	③	④
66	①	②	③	④
67	①	②	③	④

問題 12

	①	②	③	④
68	①	②	③	④
69	①	②	③	④

問題 13

	①	②	③	④
70	①	②	③	④
71	①	②	③	④
72	①	②	③	④

問題 14

	①	②	③	④
73	①	②	③	④
74	①	②	③	④

N2 聴解 정답표시

Language Knowledge (Vocabulary/Grammar) • Reading

問題用紙

N2

言語知識（文字・語彙・文法）・読解

(105分)

注　意
Notes

1. 試験が始まるまで、この問題用紙を開けないでください。
   Do not open this question booklet until the test begins.

2. この問題用紙を持って帰ることはできません。
   Do not take this question booklet with you after the test.

3. 受験番号と名前を下の欄に、受験票と同じように書いてください。
   Write your examinee registration number and name clearly in each box below as written on your test voucher.

4. この問題用紙は、全部で34ページあります。
   This question booklet has 34 pages.

5. 問題には解答番号の 1 、 2 、 3 …が付いています。解答は、解答用紙にある同じ番号のところにマークしてください。
   One of the row numbers 1 , 2 , 3 … is given for each question. Mark your answer in the same row of the answer sheet.

受験番号 Examinee Registration Number	
名前 Name	

問題1　＿＿＿＿の言葉の読み方として最もよいものを、1・2・3・4から一つ選びなさい。

[1] 都会は生活水準が高く、物価も高い。
　　1　すじゅん　　2　すすん　　3　すいじゅん　　4　すいすん

[2] 私はそんなに偉い人ではありません。
　　1　こわい　　2　ずるい　　3　にぶい　　4　えらい

[3] 彼女は音楽の才能がすばらしいと評価された。
　　1　ざいのう　　2　せのん　　3　さいのう　　4　ざいの

[4] 今日、試合の決勝戦で相手チームに敗れてしまった。
　　1　やぶれて　　2　はいれて　　3　まけれて　　4　しびれて

[5] 試験まであと3日しかないのでとても焦っています。
　　1　おとって　　2　あせって　　3　せまって　　4　つもって

問題2 ＿＿＿＿＿＿の言葉を漢字で書くとき、最もよいものを1・2・3・4から一つ選びなさい。

6 高校時代は野球にせんねんしていた。
 1 専念　　　2 選念　　　3 先念　　　4 洗念

7 この山道はけわしいので安全運転で行きましょう。
 1 険しい　　2 激しい　　3 怪しい　　4 検しい

8 彼らの願いをこばむことはできなかった。
 1 投む　　　2 接む　　　3 頼む　　　4 拒む

9 川で遊ぶ時は危険な所もあるのでゆだんしないように遊びましょう。
 1 有断　　　2 油断　　　3 勇段　　　4 郵段

10 流行はたえず変化している。
 1 対えず　　2 定えず　　3 絶えず　　4 停えず

問題3 （　　　）に入れるのに最もよいものを、1・2・3・4から一つ選びなさい。

11 この本をアルファベット（　　）に並べてください。
　　1 集　　　　2 別　　　　3 順　　　　4 制

12 このイチゴは甘い香りがするのでそろそろ食べ（　　）ですよ。
　　1 時　　　　2 頃　　　　3 たて　　　4 済み

13 空気汚染が人々の体に（　　）影響を与えている。
　　1 仮　　　　2 異　　　　3 高　　　　4 悪

14 彼は注意（　　）性格なのでめったに失敗をしない。
　　1 重い　　　2 浅い　　　3 深い　　　4 細かい

15 レポートが（　　）提出の場合は、単位をあげることができません。
　　1 未　　　　2 無　　　　3 非　　　　4 不

問題4 （　　　）に入れるのに最もよいものを、1・2・3・4から一つ選びなさい。

16 家族が反対したにもかかわらず、父はお酒とタバコをやめる（　　　）がない。
　　1　相違　　　　2　邪魔　　　　3　気配　　　　4　格好

17 新しく発売されたプリンターには、様々な（　　　）が付いている。
　　1　機能　　　　2　知識　　　　3　設備　　　　4　技術

18 毎晩残業ばかりで（　　　）会社を辞めようと考えている。
　　1　しつこくて　2　ものすごくて　3　だらしなくて　4　つらくて

19 このパンにはクリームが（　　　）入っていて、とてもおいしい。
　　1　のんびり　　2　ぐったり　　3　びっしょり　　4　たっぷり

20 試験の結果だけでなく、普段の生活態度も合わせて（　　　）される。
　　1　評判　　　　2　評価　　　　3　分別　　　　4　批判

21 なんでも（　　　）言う癖があるので信用できない。
　　1　まれに　　　2　派手に　　　3　大げさに　　　4　急激に

22 昨夜の大雨の影響で山が（　　　）、地域の住民は家から逃げた。
　　1　濡れて　　　2　乱れて　　　3　離れて　　　　4　崩れて

問題5 ＿＿＿＿＿の言葉に意味が最も近いものを、1・2・3・4から一つ選びなさい。

23 再三の予定変更で申し訳ありません。
　　1　何度も　　　2　いつも　　　3　たまに　　　4　何とか

24 あの人はよくテレビに出ているタレントらしいよ。
　　1　料理人　　　2　通行人　　　3　芸能人　　　4　宇宙人

25 大まかに次の休みの計画を立ててみました。
　　1　ゆっくり　　2　あいにく　　3　たちまち　　4　ざっと

26 彼女は自分の容姿に自信をもっている。
　　1　外見　　　　2　性格　　　　3　中身　　　　4　成績

27 熱が下がらなくて、かかりつけの病院に行ってきました。
　　1　近くの　　　2　いつも行く　3　専門の　　　4　休日も開いている

問題6 次の言葉の使い方として最もよいものを、1・2・3・4から一つ選びなさい。

28 私語
1 授業中は私語をやめて勉強に集中しましょう。
2 最近SNSで私語を使っている若者がたくさんいる。
3 同じ年齢の友達が最近できたので私語で話せて楽しい。
4 田舎に帰ると母とはどうしても私語で話してしまう。

29 ひきょうだ
1 今日は母の誕生日なのでひきょうなプレゼントを用意した。
2 都会ではあまり見かけないひきょうな動物たちを最近街で見かける。
3 前から人気のあったひきょうなマンガが今度映画になるそうだ。
4 この問題から逃げるなんて彼はひきょうな人だ。

30 ささやく
1 久しぶりにあった初恋の元彼女が私にささやいてくれた。
2 春になるとこの公園はきれいな花がささやいて景色が違って見える。
3 彼女は秘密を私の耳元でささやいて最後まで話してくれた。
4 子供たちが遊園地で乗り物に乗りながらささやいていて楽しそうだった。

31 略す
1 レポートは略して明日までに提出してください。
2 詳しいことは略していいので、なるべく早く報告をしてください。
3 汚れたところは略して掃除をしておきましょう。
4 魅力的な彼女は僕の心を略してしまった。

32 よそ者
1 都会から田舎へ移るとよそ者の気分がして心細い。
2 ブランドのカバンをインターネットで買ったらよそ者のカバンだった
3 東京の渋谷はいつも活気にあふれてよそ者の街で有名だ。
4 今年、外国からのよそ者の数が昨年を超える結果となった。

問題7 次の文の（　　　）に入れるのに最もよいものを、1・2・3・4から一つ選びなさい。

33 教師である（　　　）、生徒の見本となれるように自分も毎日勉強している。
　1　最中に　　　2　以上は　　　3　ばかりに　　　4　上に

34 友人や知り合いに連絡する（　　　）、料理する（　　　）で、ホームパーティーの準備は忙しいです。
　1　とき/とき　　2　など/など　　3　やら/やら　　4　ほど/ほど

35 試験の前日は遅くまで勉強する人が多いが、（　　　）無理せずに早めに寝たほうが試験で実力を発揮できるらしい。
　1　とうとう　　2　やがて　　3　むしろ　　4　いつの間にか

36 (服屋で)
店員「こちらは新作です。とてもよくお似合いだと思いますよ。」
　客　「試着（　　　）購入するかどうか、決められませんよ。」
　1　してからか　　　　　　　　2　してからでないと
　3　してからだと　　　　　　　4　してからでなくて

37 結婚式で読むために、感謝の気持ち（　　　）、両親への手紙を書く。
　1　を込めて　　2　を問わず　　3　をきっかけに　　4　を除いて

38 (教室で)
学生「先生、私の書いた論文をお読みになった感想を聞かせてください。」
先生「素晴らしかったですよ。あなたの考え方には鋭い（　　　）ね。」
　1　というものではないです　　　2　とは限りません
　3　ものがあります　　　　　　　4　に決まっています

39 申し訳ない（　　　）、私のミスのせいで同僚にまで迷惑がかかってしまった。
　1　ことに　　2　どころか　　3　ものか　　4　ことから

40 担当者が不在のため、こちらの質問にはお答え（　　　）。
1　せざるを得ません　　　　2　せずにはいられません
3　してみせます　　　　　　4　しかねます

41 山の頂上に近づく（　　　）、霧が濃くなってきて前があまり見えない。
1　に加えて　　2　につれて　　3　にあたって　　4　に備えて

42 (ホテルのフロントで)
　　宿泊客　　　　「このカードキーはどこに返せばいいんですか。」
　　ホテルのスタッフ「お帰りの（　　　）、こちらの箱にお入れください。」
1　間に　　　　2　末に　　　　3　後に　　　　4　際に

43 新作のおもちゃに目を奪われてしまい、母に頼まれた牛乳を買い忘れる（　　　）。
1　ことにする　　2　ところだった　　3　ことだろう　　4　わけがない

44 (スーパーで)
　客「すみません。お醤油を探しているんですけど。」
　店員「お醤油なら、あちらの調味料コーナーに（　　　）。」
1　いらっしゃいます　　　　2　いたします
3　おります　　　　　　　　4　ございます

問題8　次の文の ___★___ に入る最もよいものを、1・2・3・4から一つ選びなさい。

(問題例)

　　　つくえの ＿＿＿ ＿＿＿ ★ ＿＿＿ あります。

　　　　1 が　　　2 に　　　3 下　　　4 かばん

(解答のしかた)

1．正しい答えはこうなります。

つくえの ＿＿＿ ＿＿＿ ★ ＿＿＿ あります。
3 下　　2 に　　4 かばん　　1 が

2． ___★___ に入る番号を解答用紙にマークします。

(解答用紙)　　(例)　① 　② 　③ 　●

---

[45] 規則正しい生活を ＿＿＿ ＿＿＿ ★ ＿＿＿ 。

　　1 送らないと　　2 崩し　　3 体調を　　4 かねません

[46] そろそろ着くはずの配達がなぜか1時間も遅れていたので、お店に ＿＿＿ ★ ＿＿＿ ＿＿＿ 注文がされていなかった。

　　1 ところ　　2 確認した　　3 正常に　　4 注文を

[47] 最初は彼のことが大好きだったものの、最近はケンカして ＿＿＿ ＿＿＿ ★ ＿＿＿ 。

　　1 冷め　　2 愛が　　3 ばかりで　　4 つつある

48 いつも行列ができているあの店は、＿＿＿ ＿＿＿ ★ ＿＿＿ と思う。

1 は別にして　　2 最高だ　　3 価格　　4 味とサービスは

49 今月の予定を ＿＿＿ ＿＿＿ ★ ＿＿＿ 日程を決めてお知らせいたします。

1 次第　　2 会議の　　3 確認し　　4 次回行われる

問題9 次の文章を読んで、文章全体の内容を考えて、 50 から 54 の中に入る最もよいものを、1・2・3・4から一つ選びなさい。

以下は、新聞記事のコラムである。

近年、「ワンオペ育児」を 50 、色々な議論が行われている。ワンオペ育児の言葉の中に入る「ワンオペ」という言葉は、もともと店を一人で営業することを意味する「ワンオペレーション」からきた言葉である。それが近頃は「育児」という言葉に加え、両親のどちらか、またはひとり親が家事や育児を一人で行うことを意味する言葉として使われるようになった。

ワンオペ育児になる理由としてはパートナーが仕事で忙しかったり、実家が遠く、頼れる人が近くにいないことなどが原因だと言われている。昔のように家族が多かったり、地域との関係が強かったりしてみんなで子育てをしていた時代とは違うのだ。 51 今は家族の形が様々であるのはもとより、ライフスタイルや人々の価値観も多様化し、ちょっとでも子供の泣き声が聞こえると近所から警察を 52 時代になったのだ。つまり、周りの人に気をつかい、不安と戦いながら子育てを行わざるを得ないのが現状だと言える。

こうしたワンオペ育児を乗り越えるために必要なこととしては、相談できる友人を作ること、家事や育児を役割分担すること、たまには息抜きをすることが挙げられる。誰にでも一人でできることには限界があるので、家事や育児を数十年間も継続することは 53 。いくら子供が可愛くても、ずっと一緒にいると息が詰まることもあり得る。たまには両親に頼ったり預かりサービスなどを利用し、自分の時間を作ることでまた明日も頑張れるようになるはずだ。そして 54 、国や市がワンオペ育児をしている家庭の負担を減らせるシステムを一日も早く作るべきだと考える。

50
1 除いて　　　2 めぐって　　　3 契機に　　　4 問わず

51
1 それとも　　2 つまり　　　3 そこで　　　4 それに

52
1 呼ぶしかない　　　　　　　2 呼ばなければならない
3 呼ばれるわけでもない　　　4 呼ばれるかもしれない

53
1 難しいものだ　　　　　　　2 難しいだろうか
3 難しくなりそうだ　　　　　4 難しくなればよかった

54
1 こうして見ると　　　　　　2 そのためには
3 それどころか　　　　　　　4 これに対して

問題10 次の(1)から(5)の文章を読んで、後の問いに対する答えとして最もよいものを、1・2・3・4から一つ選びなさい。

(1)

　企業は開発にあたり消費者のニーズを調査し、それに合わせて商品を作る。そのため、消費者のニーズに合わないものを作ってしまえば、それは失敗である。しかし、それまで売れなかった「失敗」した商品を、販売する対象を変えて提供しただけで急に売れるようになったという話をしばしば耳にする。また、SNSがきっかけで、それまで知られていなかった商品が爆発的な人気を得たなどということもある。正しいターゲット(注)に情報が届くかどうかというのも、売れる商品の大事な要素なのだと思う。

（注）ターゲット：ここでは、売る対象となる消費者

55 売れる商品について、筆者の考えと合うものはどれか。

1. 消費者のニーズばかりに合わせて作った商品は売れない。
2. 売れるために必要な要素は、消費者のニーズだけではない。
3. SNSで宣伝すれば、商品が売れるようになる。
4. 消費者のニーズを正しく調査していない企業が多い。

(2)

ひまわりシェアハウス入居者様各位

1階の共用冷蔵庫に、古い食材が入ったままになっていて、食品を入れる場所がないと、複数の入居者から苦情が来ています。そこで、3月24日に管理人が冷蔵庫の整理を行うことになりました。

シールとペンを冷蔵庫の横にある棚に置いておきますので、今後、ご自身の物には名前を書いたシールを貼っておくようにしてください。

なお、シールを貼っていない物に関しては、使っていない食材と判断して処分いたします。

シールが不足している場合は、下の電話番号までご連絡ください。

ご協力、よろしくお願いいたします。

管理人：田中（たなか）

連絡先：090‐1234‐5678

---

[56] このお知らせは、何のために書かれたか。

1 苦情がきたので、古い食品を捨ててもらうため
2 冷蔵庫の使い方がよくないので、改めてもらうため
3 冷蔵庫の片付けをするのに、自分の食材に印をつけてもらうため
4 冷蔵庫の中の古い食材の持ち主を知るため

(3)

　人は寝ている間に、脳の下にある下垂体(注1)というところから体内に様々な物質を分泌(注2)しているそうだ。そのうちの一つである成長ホルモンは、子供の成長を助けるものとして有名だが、大人になってからも分泌されるらしい。さらに、脂肪を燃やしてそのエネルギーで細胞を活性化させたり、代謝(注3)を活発にさせたりする働きをもっているのだという。当然、睡眠不足になれば成長ホルモンの量は少なくなり、やせにくくなってしまうことになる。したがって、睡眠不足はダイエットの敵とも言える。

（注1）下垂体：脳の中で様々なホルモンの働きをコントロールしている部分
（注2）分泌：細胞から、体内や体外に物質が出ること
（注3）代謝：体がエネルギーを消費すること

57　筆者は、成長ホルモンは、どのようなものだと述べているか。

1　ダイエットの邪魔になる物質である。
2　分泌されるのは子供のときのみであり、成長期を過ぎたら分泌されない。
3　不足すると、体のエネルギーが使われにくくなり、効果的にダイエットができなくなる。
4　脳に分泌されて、睡眠に影響を及ぼす。

(4)

宛先：taroshimamura@mail.co.jp

件名：資料の予約について

島村太郎様

こちらは、にしむら町図書館です。

ご予約されていた資料が、届きましたので、ご案内いたします。

デザインの基礎を学ぼう　著者　岸本学　あかしお社

図書カードをお持ちの上、窓口で貸出のお手続きをお願いいたします。

なお、この本の保有期間は本日7月5日より1週間となっております。保有期間を過ぎた場合、予約が取り消しとなり、他の方へも貸出可能となりますので、ご注意ください。

また、予約を取り消す場合には図書館までお電話にてご連絡くださるよう、お願いいたします。

にしむら町図書館

---

58 このメールの内容について正しいものはどれか。

1　島村さんは図書館に借りていた本を返したので、図書館からメールを受け取った。
2　この本を他の人に借りられてしまわないためには、島村さんは7月5日までに図書館に行かなければならない。
3　7月12日までに図書カードを持って図書館に行けば、島村さんはこの本を誰よりも先に借りられる。
4　予約をキャンセルしたい場合は、このメールに返信すればいいので、図書館に行く必要はない。

(5)

「歌がなかなか上達しない」とか、「絵が上手く描けない」とか、誰でも上達に思い悩むときがある。そんなときは、プロの真似をするといい。絵にしても、楽器にしても、上手い人の真似をしているうちにそれが自然と身についていく。人の真似では自分のオリジナリティ(注)がないと言う人もいるが、どんなに同じようにしようとしても、違う人間である限り、各々の特徴というものは自然と現れてしまうものだ。真似をしていくうちに、相手の技術が自分の中で消化されて、新たなオリジナリティが生まれるのだ。

(注) オリジナリティ：その人だけの作品の特徴

[59] 次のうち、筆者の考えに合うものはどれか。

1 人の真似をするなら、同時に自分の個性を磨く必要がある。
2 オリジナリティは意識しなくても出てきてしまうもので、他人を完全にコピーすることはできない。
3 人の真似をするときは、完全にコピーするのではなく、自分なりの工夫が大事だ。
4 プロの技術を理解することで、オリジナリティを生み出すことができる。

問題11 次の(1)から(4)の文章を読んで、後の問いに対する答えとして最もよいものを、1・2・3・4から一つ選びなさい。

(1)

　人間と似た行動パターンを持つ動物は少なくありません。たとえば、チンパンジーや猿など、ヒトに近い動物は、群れを成して集団生活をする習慣があり、その中では厳しい上下関係が存在し、まるで人間社会のような政治的な駆け引き(注1)も見られます。彼らは、相手の顔色をうかがい、感情を読み取って次の行動を決めます。

　不思議なことに、類人猿(注2)だけでなく、他の動物たちの中にも人間と似た特徴がいくつか見られます。例えば、イルカやクジラはそれぞれの鳴き声でお互いに反応し合い、人間のようにコミュニケーションを取ります。また、ネズミはとても仲間意識が強く、危険な状況の仲間を見ると救出しようとします。そして、ゾウは家族が亡くなったら、それを悲しんでいるかのような行動を取って、哀痛(注3)の感情を示します。

　これは、人間にせよ動物にせよ共に生きていくことの大切さに気付いているからこそではないかと思います。一人で何かをするには限界があります。食べ物のような必要なものを手に入れるときも、自分たちが属している環境を維持し守るために首長(注4)を決めてルールを確立するときも同じです。グループのメンバーがお互いを支え合い、共通の目的や目標に向かって結果を得るためには「みんなの力」が必要です。

　よく「人は理性を持って考えたり動いたりしているが、動物はそうではない」と言われますが、果たして大きな違いがあると言えるのでしょうか。動物の世界にも、まさに知的な社会活動や感情的な交流が複雑に絡まっており、結局は人間社会と本質的に変わらないのかもしれません。

（注1）駆け引き：相手のことを読みながら自分に有利になるように行動すること
（注2）類人猿：オランウータンやゴリラのように、人に最も近い関係があるサル科
（注3）哀痛：非常に悲しむこと
（注4）首長：ある集団や団体の代表

60 これとは、どのようなことか。

1 動物が人間のように理性を用いて行動すること
2 動物が人間社会のルールを理解して行動すること
3 動物が仲間との関係性を築いて感情を共有すること
4 動物が生き残るために競争を通じてリーダーを決めること

61 動物の世界について、筆者の考えに合うのはどれか。

1 本能的な行動で成り立ち、人間のような複雑な思考や感情は存在しない世界である。
2 人間と同じように知的な社会活動や感情的な結び付きが存在する世界である。
3 知識をもとに考えて社会活動をするより感情的な交流を重視している世界である。
4 人間から知的な社会活動や感情的な交流を学習して人間社会のように築いている世界である。

(2)

　企業の規模が大きくなるにつれ、組織全体をうまくまとめて指導する方法を導入しなければならない。もちろん、優秀な指導者も欠かせないだろうが、社員一人一人に丁寧に対応するには限界がある。そこで、正確ですぐに情報を共有できる、また、マニュアルから外れて会社に損害を与える可能性のある行動を早期に把握(注1)できるように明確な基準を定めることが重要になる。さらに、新入社員がミスをして会社に大きな損失を招くのを防ぐためにも欠かせない。

(中略)

　マニュアルは個々人の能力を十分に引き出せないとも言われている。「従う」ことだけを意識するとマニュアル通りにしか動けなくなるからだ。しかし、マニュアルを絶対的なものだと捉えるのではなく、あくまで優先すべき指針(注2)だと理解することで、「従う」ことを超え、自分なりのスタイルに変えて行動できる人材も現れるだろう。こうして会社に害を与えるような人だけではなく、優秀な人材も選別できるようになるのだ。

　もちろん、自社に合ったマニュアルを作り上げるには、かなりの時間がかかるかもしれない。細かいことはある程度現場での判断に任せたりすることもあるため、完璧に作るのは無理がある。ただ、一度完成すると、その後の危険性も防ぎ、多くの社員を一定の基準でコントロールできるようになる。何十人、何百人が働く会社では、新しい人が入るたびに、その人の性格や経歴(注3)、雇うことによる問題点などを考えて、対応を繰り返すよりも時間という資源を大幅に節約できるのだ。企業にとって、マイナスな面を補うことも利益につながるため、マニュアル作成は重要な役割を果たすと言えるだろう。

(注1) 把握できる：しっかり理解できる
(注2) 指針：物事を進めるうえで参考になるもの
(注3) 経歴：今まで経験してきた学業や仕事

[62] 筆者によると、「従う」ときに問題になることは何か。

1 「従う」べきことがあれば、組織全体の一体感が失われること
2 「従う」ことだけを考えると、会社に害を与える行動が発生してしまうこと
3 「従う」ことばかり求めると、各自の力量(りき)を最大限に発揮できないこと
4 「従う」ことばかり求めると、新しいやり方を試そうとする意欲がなくなること

[63] 筆者の考えに合うのはどれか。

1 マニュアルは作った後にずっと使われるので、細かい部分まですべて決める必要がある。
2 人を完璧(かんぺき)にコントロールすることは難しいため、マニュアルは現場の声を反映して作るべきだ。
3 マニュアルを一度完成しておけばその後は作り直さなくてもいいため、時間の節約になる。
4 マニュアルを作っておくことで、トラブルの危険性を低減できて会社の利益(りえき)につながる。

(3)

　「最近の技術」といえば、やはり「AI（人工知能）」を抜きにしては何も話せない。言うまでもないが、AIは多様な分野で活用されており、適用可能な範囲はますます広くなっている。これはAIから得られる情報や業務処理能力といった、AIが持っている知識や能力、技術を人間がメリットだと思って求めているから成立しているのである。

　しかし、AIはまだ不完全なところもたくさんあるとよく言われている。たとえば、プライバシー侵害や、情報の捏造などが問題点として指摘されているが、そのなかでも特に考えてみたい点は「感情的な話題やテーマについて、AIの認識や反応が私たちに本当に違和感を与えているか」である。

　ある漫画には、普段失敗ばかりする主人公の前に未来からロボットが現れる。主人公は、数々の失敗や挫折を経験しながらも、ロボットとともに成長していく。もちろん、これは漫画の世界の話である。だが、私たちはそのロボットの行動に共感して感動し、時には哀しささえ感じる。

　AI技術を活用したチャットサービスの場合も同じである。たしかに、画面の向こうの機械に、「人の代わり」に慰められていると思うと微妙な気持ちが湧き上がるかもしれないが、きちんと慰めてもらい、元気付けてもらえるのであれば、その対象が人でなくても十分意味があるのではないだろうか。「学習された感情に関する知識」をもとにAIが相手をしてくれたり話してくれたりするとしても私はそれでいいと思う。私たちは、ただ発展していく最新技術を最大限に活用し、私たちの生活に適切に使えばいいのである。

（注1）言うまでもない：当然だ
（注2）侵害：他人の権利や所有などをおかして損害を与えること
（注3）捏造：事実でないことを事実のように作り上げること
（注4）違和感：周囲の雰囲気に合わない感じ
（注5）挫折：計画や目標が達成できなくなること
（注6）湧き上がる：ここでは、心の中から自然と強くなる

64 不完全なところもたくさんあるとあるが、どのような点が不完全か。

1 個人に関わる情報を不適切に扱うこと
2 事実と異なる情報を作り上げること
3 人間のような自然な会話ができないこと
4 感情的な話題に対して認識(にんしき)できないこと

65 「AI」について、筆者はどのように考えているか。

1 まだ不完全なところもあるが、技術が進むにつれて進化していくはずだ。
2 技術が発展すれば、豊かな感情表現ができるようになるはずだ。
3 自分にメリットがあるなら抵抗感があっても肯定的に捉えるべきだ。
4 慰(なぐさ)めてもらうためにはAIとの感情的な交流を深めるべきだ。

(4)

　自己の存在を脅かす危険を予想する際に、不快な気分や不安を恐怖心と呼びます。これは、周りの目が怖くて言いたいことをはっきり言えなかったり、恐怖を感じる対象を思い出して眠れなかったり、深刻な場合は心の病気になって命に関わる問題になったりもします。

　そもそも(注1)恐怖心は危険なことから逃げたいという生存本能(注2)からきているので、なくそうとしてもなくせるものではありません。ただ、恐怖心は恐怖を感じた時の状況、空間、音、周りの人の表情など、様々な情報の分析に基づいて脳で危険を感じ取るものであるため、完全になくすことは不可能でも、少し考え方を変えるだけで克服できる可能性があるのです。

　強烈な恐怖に襲われたら、その状況から逃げることも悪い手ではありませんが、根本的な恐怖心の克服には繋がりません。恐怖心は打ち消すのではなく、受け入れた上で克服する努力が必要なのです。緊張を抑える薬を飲むと一時的に効果はありますが、習慣化する恐れがあります。長期的に見れば、恐怖に少しずつ慣れて新しい記憶で上書き(注3)していくことがいいでしょう。

　自分がどんな時に恐怖を感じるのかを考え、恐怖の境界線が見えたら、その一線を越えた先に待っているいいことを想像して我慢します。そして恐怖に耐えた後は、必ず自分にプレゼントを与えましょう。それは、ショッピングでもおいしい食事でも、どんな小さなことでも構いません。恐怖心を我慢したにも関わらず、何もせずに次のステップに進むと、辛い記憶だけが残る可能性もあります。恐怖の上にいい思い出を重ねることで、恐怖は次第に楽しみへと変わっていくのです。

（注1）そもそも：本来
（注2）生存本能：命を維持するために生まれつき持っている性質
（注3）上書き：ここでは、既にあるものに新しく書き込むこと

[66] 恐怖心について、筆者の考えに合うのはどれか。

1 不快な気分や不安のことなので、直接命に関わることはない。
2 生存本能なので、努力しても逃れることはできない。
3 脳の分析によるものなので、分析方法を変える必要がある。
4 完全に消し去ることは不可能なので、思考を変える必要がある。

[67] 筆者によると、根本的な恐怖心の克服にはどうすればいいか。

1 恐怖心に慣れる練習をしつつ、実際にいい思い出を作って感情を変える。
2 恐怖の先にいいことがあると考えて、恐怖心に慣れる練習のみ行う。
3 恐怖心は打ち消せるものではないので、ひたすらその場から離れる努力をする。
4 恐怖心は打ち消せるものではないので、薬物で対応しなければならない。

問題12　次のAとBの文章を読んで、後の問いに対する答えとして最もよいものを、
　　　　1・2・3・4から一つ選びなさい。

A

　数年前から、環境への負担を減らすために、レジ袋を禁止または有料化している。これにより、レジ袋の使用をやめて、繰り返し使えるエコバッグを使う人が増えることが期待されている。レジ袋はプラスチックゴミ全体のうち、1%にも達してないのだから、いくらレジ袋をやめたところでプラスチックゴミはほとんど減らないという意見もある。たしかに、もっと大きな割合を占めるお菓子の袋や、ペットボトルなどのゴミをなんとかしなければ現状はなかなか改善しないかもしれない。しかし、ほんの数%でもレジ袋のゴミは量に換算すると、年に数百から数千トンにもなり、決してわずかな量だとは言えない。たとえ少なくても、身近なことでできることから始めることが大切だ。

B

　プラスチックゴミが深刻な問題となっている。そういう状況の中、数年前にレジ袋の有料化がスタートした。しかし、レジ袋がプラスチックゴミ全体において占める割合は数%に過ぎない。また、レジ袋の代わりに使われるエコバッグは、製作や輸送する段階においてCO_2を排出し、レジ袋1枚分よりも多くの負担を環境に与えている。また、自然素材以外のエコバッグは、捨てた際にレジ袋よりも有害なゴミになるおそれがある。エコバッグに切り替えることによりプラスチックゴミがわずかに減っても、エコバッグが環境汚染の原因になれば結局同じことではないのだろうか。それよりも、自然に分解されるプラスチックを普及させたほうが、よほど自然に優しいだろう。

（注）エコバッグ：繰り返し使える買い物用の袋、素材は綿から石油製品まで、様々

68 プラスチックゴミについて、AとBはどのように述べているか。

1　AもBも、レジ袋が全体に占める割合は少ないと述べている。

2　AもBも、レジ袋のゴミが年々増えていると述べている。

3　Aはプラスチックゴミは減らないと考え、Bはプラスチックゴミは減ると考えている。

4　Aはレジ袋が自然にかえらないと述べ、Bは最近のレジ袋は自然にかえると述べている。

69 レジ袋の有料化の効果について、AとBはどのように述べているか。

1　AもBも、環境の負担を減らす効果があると述べている。

2　AもBも、プラスチックゴミを減らすのにはあまり効果がないと述べている。

3　Aは少ないながらも効果があると述べ、Bは環境に与える負担は同じなため効果がないと述べている。

4　Aはあまり効果がないと述べ、Bは素材が変わったので効果があると述べている。

問題13 次の文章を読んで、後の問いに対する答えとして最もよいものを、1・2・3・4から一つ選びなさい。

　便利なことはいいことだと、私たちは何においても便利であることを好む。移動にしても、計算にしても、モノづくりにしても、なるべく労力や頭を使わず、楽に目的を達成しようとする。しかし、便利になればなるほど、何か物足りなさを感じているのではないか。例えば、日本のようにモノがあふれている国では、店に行けば選ぶのが大変なくらい、たくさんの商品が並んでいるので何か買おうとすれば簡単に手に入る。そういうところでは、欲しいモノが手に入るというありがたみが薄れてしまい、段々と当たり前のことかのように思ってしまう。しかし、発展途上国(注1)に行くと、選択肢どころか、そもそもモノ自体を入手できない場合も多い。いくつか店を回ったり、人に聞いたりして、やっと目的の物が買えたときに、それが大して質の良いものでなかったり、自分が本当に望んだものでなかったりしても、「やっと手に入った」という達成感が生まれるものだ。もし手に入らなければ、どうすればいいかと考えながら、別のもので代用したり、頭と手を使って自分で作ったりすることもあるだろう。それはそれで、工夫して終えたという充実感につながる。このように、不便だからこそ努力や工夫をせざるを得なくなり、その結果、目的に到達した喜びを味わえるのだ。

　そう考えると、便利であることは同時に私たちが努力したり、考えたりする機会や達成感や喜びを味わう機会をうばっていると言えなくもない。コーヒーを飲みたいと思ったときに、機械のボタン一つでコーヒーをいれるより、自分の手で豆を挽いて(注2)、時間と手間をかけてコーヒーをいれたほうが、満足感が得られ、おいしく感じるものだ。わざわざ時間をかけてその場所に行くからこそ、その景色が印象に残る。わざわざ手間をかけるからこそ、作り上げたときの喜びが大きくなる。そういうところに、不便さの価値があるのではないだろうか。

　何も昔の生活に戻ろうとか、全部のことに時間をかけようとか、そういうことを言っているのではない。ただ、生活の何かに多少の不便さを残しておくことで、目的をクリアした喜びを味わい、工夫することを覚え、自分が成長していくのを感じることができるのではないかということだ。

(注1) 発展途上国：技術や経済的発展が進んでない国
(注2) 挽いて：細かくして

[70] 達成感や喜びを味わう機会をうばっているとは、具体的にどういう意味か。

1 多様な商品から選択したほうが、そうでないときより喜びが大きい。
2 コーヒーをいれるときに手間をかけないと、味が落ちてしまう。
3 苦労せずに欲しいものが手に入ったときは、そうでないときに比べて喜びが少ない。
4 時間をかけて手作りしたもののほうが、相手にあげたときに喜んでもらえる。

[71] 筆者によると、便利になるとどうなるか。

1 考える機会や達成感を味わう機会が少なくなる。
2 周りへの感謝の気持ちがなくなり、成長が止まる。
3 景色の印象が薄くなり、すぐに忘れてしまう。
4 伝統的な昔の生活の良さが受け継げなくなる。

[72] この文章で筆者が言いたいことは何か。

1 人々は常に物足りなさを感じ、便利なことを求めている。
2 発展途上国(はってんとじょうこく)の人のほうが、目的に到達した喜びが味わえる。
3 不便さは、ときに達成感や喜びにつながるもので、価値がある。
4 便利になると人間は頭を使わなくなるので、昔の生活を振り返ってみるべきだ。

問題14 右のページは、ある体育館の利用案内である。下の問いに対する答えとして最もよいものを、1・2・3・4から一つ選びなさい。

[73] 鈴木さんはバスケットボールの練習のために週末、体育館を予約したい。練習は3時間、コートは2面で練習する予定である。鈴木さんは何日が予約できるか。

1　8/2の午前9：00から12：00と、8/3の午前9：00から12：00
2　8/2の午前9：00から12：00と、8/3の午後16：00から19：00
3　8/2の午後18：00から21：00と、8/3の午前9：00から12：00
4　8/2の午後18：00から21：00と、8/3の午後16：00から19：00

[74] 伊藤さんは7月30日の朝7時に、体育館の予約状況を見て同じ日に予約を申し込もうと考えた。伊藤さんはどのように予約できるか。

1　WEBで予約し、利用料金は当日現金で支払う。
2　WEBで予約し、利用料金はクレジットカードで支払う。
3　電話で予約し、利用料金はクレジットカードで支払う。
4　電話で予約し、利用料金は当日現金で支払う。

◆体育館の団体利用の申し込み方法

体育館の団体利用は事前予約が必要となります。

□ご予約方法

WEBまたはお電話で、ご希望の日時の空き状況をご確認のうえご予約ください。

お電話でのご予約受付時間は営業時間内となります。

ご利用希望日が当日の場合、ご利用の1時間以上前までに電話でお問い合わせください。

□利用料金（1時間当たり）

■団体利用

曜日	使用区分	午前9:00〜12:00	午後12:00〜18:00	夜間18:00〜21:00
平日	1/2面	2,400円	2,800円	3,200円
	全面	4,800円	5,600円	6,400円
休日	1/2面	3,200円		
	全面	6,400円		

□空き状況

予約希望日	空き状況	予約希望日	空き状況
7/28（月）	片面　　9:00〜18:00 両面　　9:00〜18:00	8/1（金）	片面　　9:00〜13:00 両面　　9:00〜13:00
7/29（火）	定休日	8/2（土）	片面　　9:00〜12:00 　　　　17:30〜21:00 両面　　9:00〜11:00 　　　　18:00〜21:00
7/30（水）	片面　　9:00〜12:00 　　　　15:00〜21:00 両面　　15:00〜19:00	8/3（日）	片面　　16:00〜21:00 両面　　9:00〜12:00 　　　　16:00〜18:30
7/31（木）	定休日		

□お支払方法

ご利用料金は以下の方法でお支払いください。

・WEB払い（クレジットカード）

・当日現金払い

【営業時間】9:00〜21:00

Listening 問題用紙

N2
聴解
(50分)

注　意
Notes

1. 試験が始まるまで、この問題用紙を開けないでください。
   Do not open this question booklet until the test begins.

2. この問題用紙を持って帰ることはできません。
   Do not take this question booklet with you after the test.

3. 受験番号と名前を下の欄に、受験票と同じように書いてください。
   Write your examinee registration number and name clearly in each box below as written on your test voucher.

4. この問題用紙は、全部で13ページあります。
   This question booklet has 13 pages.

5. この問題用紙にメモをとってもかまいません。
   You may make notes in this question booklet.

受験番号 Examinee Registration Number	
名前 Name	

무료 MP3 다운받기

기본 버전

배속 버전

시험장 버전

問題1

問題1では、まず質問を聞いてください。それから話を聞いて、問題用紙の1から4の中から、最もよいものを一つ選んでください。

例

1 田中さんとスポーツクラブに行く
2 無料体験レッスンを受ける
3 スポーツクラブに入会する
4 仕事終わりに病院に行く

1番

1 商品の在庫を確認する
2 商品を追加で注文する
3 イベントを企画する
4 店長に連絡する

2番

1 6,500円
2 8,500円
3 9,000円
4 11,000円

3番

1 カットとカラー
2 カットとパーマ
3 カットとマッサージ
4 カットだけ

4番

1 ソファに座る
2 薬局に行く
3 保健室に行く
4 家に帰る

5番

1 身分証をメールで送る
2 ホームページで会員登録をする
3 インターネットで申し込む
4 電話で予約する

もんだい
問題2

問題2では、まず質問を聞いてください。そのあと、問題用紙のせんたくしを読んでください。読む時間があります。それから話を聞いて、問題用紙の1から4の中から、最もよいものを一つ選んでください。

例

1 周りが静かだから
2 近くに大型ショッピングセンターがあるから
3 大学まで近いから
4 家賃が安いから

1番
1 親も先生だから
2 子供が好きだから
3 誰かの役に立ちたいから
4 結構休みが取れるから

2番
1 最新のCG技術を使っているところ
2 ストーリーが感動的だったところ
3 好きな俳優が出ているところ
4 アクションの場面が多かったところ

3番

1 会話の練習をするため
2 正しい発音ができるようになるため
3 翻訳のスキルを学ぶため
4 文法を身につけるため

4番

1 生の野菜が苦手だから
2 一度も食べたことがないから
3 食感が駄目だから
4 味がしないから

5番

1 医者にカフェインを摂らないように言われたから
2 オレンジジュースの評判がいい店だったから
3 健康について考えるようになったから
4 他の飲み物を試したいから

6番

1 しっかり練習していくこと
2 言葉を略して使ってしまうこと
3 いい原稿が無駄になること
4 言葉を相手に表現すること

もんだい
問題3

問題3では、問題用紙に何もいんさつされていません。この問題は、全体としてどんな内容か聞く問題です。話の前に質問はありません。まず話を聞いてください。それから、質問とせんたくしを聞いて、1から4の中から、最もよいものを一つ選んでください。

ーメモー

問題4

問題4では、問題用紙に何もいんさつされていません。まず文を聞いてください。それから、それに対する返事を聞いて、1から3の中から、最もよいものを一つ選んでください。

ーメモー

問題5

問題5では、長めの話を聞きます。この問題には練習はありません。
問題用紙にメモをとってもかまいません。

1番、2番

問題用紙に何もいんさつされていません。まず話を聞いてください。それから、質問とせんたくしを聞いて、1から4の中から、最もよいものを一つ選んでください。

―メモ―

3番

まず話を聞いてください。それから、二つの質問を聞いて、それぞれ問題用紙の1から4の中から、最もよいものを一つ選んでください。

質問1

1 　9日
2 　10日
3 　18日
4 　20日

質問2

1 　9日
2 　10日
3 　18日
4 　20日

JLPT 합격 노하우 **yuhadayo.com**

실전모의고사 2

N2 言語知識 (文字・語彙・文法)・読解

실전모의고사 2

N2 聴解

Language Knowledge (Vocabulary/Grammar)・Reading

問題用紙

N2

言語知識（文字・語彙・文法）・読解
（105分）

注　意
Notes

1. 試験が始まるまで、この問題用紙を開けないでください。
   Do not open this question booklet until the test begins.

2. この問題用紙を持って帰ることはできません。
   Do not take this question booklet with you after the test.

3. 受験番号と名前を下の欄（らん）に、受験票と同じように書いてください。
   Write your examinee registration number and name clearly in each box below as written on your test voucher.

4. この問題用紙は、全部で34ページあります。
   This question booklet has 34 pages.

5. 問題には解答番号の 1 、 2 、 3 …が付いています。解答は、解答用紙にある同じ番号のところにマークしてください。
   One of the row numbers 1 , 2 , 3 … is given for each question. Mark your answer in the same row of the answer sheet.

受験番号 Examinee Registration Number	
名前 Name	

問題1 ＿＿＿＿の言葉の読み方として最もよいものを、1・2・3・4から一つ選びなさい。

1 台風の状況はテレビ中継で常に確認するようにしてください。
　　1　じゅうけい　　2　なかけい　　3　ちゅうけい　　4　なかつぐ

2 新幹線（しんかんせん）の運行間隔は最短3分だそうだ。
　　1　まがく　　2　かんかく　　3　まかく　　4　かんがく

3 困難な頼み事にも関わらず快く引き受けてくれてありがとうございます。
　　1　たくましく　　2　ありがたく　　3　なさけなく　　4　こころよく

4 これからお見せする新製品は、何度も改善を繰り返し、完成させたものです。
　　1　かいぜん　　2　かいせん　　3　がいせん　　4　がいぜん

5 祖父の誕生日を祝うために両親と一緒に準備をしている。
　　1　たたかう　　2　おぎなう　　3　いわう　　4　ねがう

問題2 ＿＿＿＿＿の言葉を漢字で書くとき、最もよいものを1・2・3・4から一つ選びなさい。

[6] 業務の能率を上げるため、新しい機械をどうにゅうすることになった。
 1 道入 2 動入 3 導入 4 進入

[7] 選挙で誰に投票するかはとうろんを聞いてから決めようと思っている。
 1 討論 2 投論 3 総論 4 結論

[8] 疲労かいふくには質の良い睡眠が不可欠だ。
 1 回複 2 快復 3 快愎 4 回復

[9] 家を買うとき、駅に近いのは大事なようその一つです。
 1 用素 2 要素 3 容素 4 腰素

[10] 今日の天気は少しあやしいので、傘を持って出かけます。
 1 怪しい 2 乏しい 3 著しい 4 径しい

問題3 （　　）に入れるのに最もよいものを、1・2・3・4から一つ選びなさい。

11 日本（　　）の接待方法が海外でも注目されている。
　　1 性　　　　2 派　　　　3 流　　　　4 版

12 彼のプレゼンテーションはまだ（　　）完全な点が多い。
　　1 非　　　　2 無　　　　3 不　　　　4 未

13 （　　）外国に比べ、この国の経済は近頃伸び悩んでいる。
　　1 別　　　　2 多　　　　3 総　　　　4 諸

14 友達との飲み会は割り（　　）で支払うことにしている。
　　1 勘　　　　2 賃　　　　3 金　　　　4 代

15 （　　）夜中に目が覚めてからなかなか寝られなかった。
　　1 最　　　　2 真　　　　3 半　　　　4 急

問題4 （　　　）に入れるのに最もよいものを、1・2・3・4から一つ選びなさい。

16 ピアノとバイオリンの美しいハーモニーに（　　）聞き入ってしまった。
　　1　こっそり　　　2　うっとり　　　3　しっとり　　　4　ぎっしり

17 時間がないのでこの後の説明は（　　）させていただきます。
　　1　縮小　　　　　2　圧縮　　　　　3　廃止　　　　　4　省略

18 母が作る料理はやはり（　　）においしい。
　　1　独特　　　　　2　特殊　　　　　3　特定　　　　　4　格別

19 旅行先で（　　）の形が違ったので充電できず困った。
　　1　コンセント　　2　コンセプト　　3　コンクリート　4　コレクション

20 そんな（　　）気持ちでは志望校に合格できないよ。
　　1　柔軟な　　　　2　奇妙な　　　　3　透明な　　　　4　安易な

21 今年の夏は暑すぎて何もしなくても（　　）してしまう。
　　1　ぐっすり　　　2　ぐったり　　　3　のんびり　　　4　さっぱり

22 最近仕事が忙しくて運動する時間を（　　）するのが難しい。
　　1　作成　　　　　2　開発　　　　　3　確保　　　　　4　保存

問題5 ＿＿＿＿＿の言葉に意味が最も近いものを、1・2・3・4から一つ選びなさい。

23 結婚において重視することは条件より人柄であると思う。
　　1　不要なこと　　2　有名なこと　　3　悪いこと　　4　大切なこと

24 父はいつもは無口だが、お酒を飲むとよくしゃべるようになる。
　　1　あまり食べない　　　　　　　2　あまり飲まない
　　3　あまり話さない　　　　　　　4　あまり喧嘩しない

25 子供のために苦労して最新のゲームソフトを入手した。
　　1　手がかかった　　　　　　　　2　手が出なかった
　　3　手が空いた　　　　　　　　　4　手に入れた

26 長引く不景気により赤字企業が増加するばかりだ。
　　1　支出が収入より多い　　　　　2　支出が収入より少ない
　　3　収入と支出が同じ　　　　　　4　収入が支出より多い

27 この地域は秋の観光シーズンに美しい紅葉が楽しめることで有名だ。
　　1　行事　　　　2　季節　　　　3　習慣　　　　4　景色

問題6　次の言葉の使い方として最もよいものを、1・2・3・4から一つ選びなさい。

28 補足
1 会議の資料のここが間違っているので早急に補足して再提出してください。
2 先ほど言い忘れたことがあったので後ほど補足で説明させていただきます。
3 この調子で練習すると大会での優勝は補足できない。
4 条件によって金額が違うから補足はちゃんと調べてから入ったほうがいい。

29 やや
1 この制度はどこの大学でもあるようなやや一般的な制度だ。
2 ダイエット中なのにチョコレートを見るとやや食べてしまう。
3 台風は予想していた進路よりやや南を通るでしょう。
4 年末年始の飛行機はやや満席になったとのことだ。

30 めくる
1 前回のテストの結果にずっと疑問をめくっている。
2 いくら掃除しても、子供がすぐにおもちゃをめくってしまう。
3 あんなことを言われたら、誰だってめくるよ。
4 次のページと言われるまで教科書をめくらないでください。

31 謙虚だ
1 大会で優勝した彼女は「全て皆さんのおかげです」と謙虚に優勝の感想を述べた。
2 この契約書には謙虚な点が多いのでもう一度書き直してください。
3 自分の過失を謙虚に認めて相手に謝罪しなさい。
4 最近では公務員といった謙虚な職業に就きたいと考える若者が多いようだ。

32 かさかさ
1 広場に人がたくさん集まっていてかさかさしている。
2 子供たちは遊び疲れたのかいつの間にかかさかさと眠っていた。
3 冬は乾燥しているのでどうしても唇がかさかさになる。
4 日焼けしたところがかさかさと痛い。

問題7 次の文の（　　）に入れるのに最もよいものを、1・2・3・4から一つ選びなさい。

33 大統領の演説会場では100メートル（　　）警備員が警備を行っている。
　1　おきに　　　2　たびに　　　3　ぶりに　　　4　だけに

34 せっかくの旅行なのに足を骨折して歩けなくなった。これでは、旅行（　　）。
　1　おそれがある　　　　　　　2　どころじゃない
　3　というものではない　　　　4　とは限らない

35 今はただ災害の被害を受けた方々に早期の平和が訪れることを祈る（　　）です。
　1　すら　　　2　のみ　　　3　さえ　　　4　しか

36 (家で)
　母　「たけし、もう高校生だし、（　　）いつになったらお母さんが言う前に自分で片付けるの？」
　たけし「はいはい、今片付けますよ。」
　1　いったい　　　2　ようやく　　　3　ちっとも　　　4　まさか

37 今回の事故（　　）、交通安全に関する法律が全面的に改正された。
　1　を契機に　　　2　を込めて　　　3　にあたって　　　4　に先立って

38 (大学で)
　石川「実は昨日、彼女と別れたんだ。何もやる気が出ないな。」
　上田「そんなに（　　）しょうがないよ！授業が終わったら、みんなで遊びに行こう！」
　1　落ち込んでいるとかで　　　　2　落ち込んでいるとはいえ
　3　落ち込んでいるとしたら　　　4　落ち込んでいても

39 祖父が亡くなった後、遺産の相続（　　）親戚とトラブルになった。
　1　に応じて　　　2　に向けて　　　3　をぬきにして　　　4　をめぐって

40 母「この大学はどう？有名な教授がいるみたいよ。」
娘「うーん、（　　　）、大学までのバスの本数が少ないからちょっと不便かも。」
1　通えずにいるけど　　　　　　2　通えないはずだけど
3　通えるのではないけど　　　　4　通えないこともないけど

41 お客様がこちらに（　　　）のは、おそらく3時頃になると思われます。詳細がはっきりしましたら、またお知らせ致します。
1　参る　　　　　　　　　　　　2　お越しになる
3　伺う　　　　　　　　　　　　4　ご覧になる

42 私の語学の先生は頭も（　　　）、ユーモア（　　　）ある。だから授業が楽しい。
1　良ければ/も　　2　良ければ/だけ　　3　良くても/だけ　　4　良くても/も

43 今この企業の株を買うと絶対に値上がりするなんて、そんなうまい話が（　　　）。
1　あるものだ　　2　あるわけだ　　3　あるものか　　4　あることか

44 中村さん（　　　）全員、忘年会に出席します。
1　もかまわず　　2　からして　　3　を除いて　　4　の際に

問題8　次の文の ★ に入る最もよいものを、1・2・3・4から一つえらびなさい。

(問題例)

つくえの ＿＿＿ ＿＿＿ ★ ＿＿＿ あります。

　　1　が　　　2　に　　　3　下　　　4　かばん

(解答のしかた)

1. 正しい答えはこうなります。

　　つくえの ＿＿＿ ＿＿＿ ★ ＿＿＿ あります。
　　　　　　 3　下　 2　に　 4　かばん　1　が

2. ＿★＿ に入る番号を解答用紙にマークします。

　　(解答用紙)　(例)　①　②　③　●

45　試験に合格するために前日まで寝ないで勉強したが、＿＿＿ ★ ＿＿＿ ＿＿＿ 調子が悪い。

　　1　限って　　　2　痛くて　　　3　お腹が　　　4　そんな日に

46　アメリカで ＿＿＿ ★ ＿＿＿ ＿＿＿ 習慣なども理解しておく必要がある。

　　1　英語は　　　　　　　　2　アメリカの文化や
　　3　もとより　　　　　　　4　就職するなら

47　上司の ＿＿＿ ＿＿＿ ★ ＿＿＿ があり、部下の代表として私が反論をした。

　　1　納得し　　　2　かねる　　　3　部分　　　4　意見に

48 名門大学を ＿＿＿ ＿＿＿ ★ ＿＿＿ 遊んでいる人が増えている。

1　仕事を見つけずに　　　　2　卒業した
3　ぶらぶら　　　　　　　　4　ものの

49 寒い季節はやはり暖かい食べ物が食べたくなるので、＿＿＿ ＿＿＿ ★ ＿＿＿。

1　野菜が　　　2　に限る　　　3　鍋料理　　　4　たっぷり入った

問題9 次の文章を読んで、文章全体の内容を考えて、 50 から 54 の中に入る最もよいものを、1・2・3・4から一つ選びなさい。

カプセルホテル

近年、外国人観光客の増加 50 、ホテル不足が新たな問題となっている。そんな中、一つの解決策として注目されているのが、「カプセルホテル」だ。カプセルホテルとは通常のホテルとは違い、長さ約2メートル、幅約1メートルのカプセル状の空間で寝る、低価格の宿泊施設のことだ。この狭さ 51 快適に過ごせると、1979年に初めて大阪（おおさか）で誕生して以来、男性客を中心に利用されてきた。

52 、最近のカプセルホテルはこれまでとは違う。女性専用のフロアを作ったり、おしゃれにするなど、清潔で安全なイメージに 53 。カフェっぽい雰囲気や、グループで泊まれる部屋など、たくさんの工夫がされている。また、この日本特有のスタイルがSNSなどを見た外国人観光客にも人気だそうだ。狭い空間の中にテレビやライト、エアコンやコンセントなどの機能的な設備が備わっており、自分も泊まってみたいとホテルを訪れる人が増えているのだ。

新しく開業したカプセルホテルは、外国人観光客をターゲットにカプセルの長さを2メートル以上にしているホテルも増えているそうだ。今後さらに、 54 が誕生するのか楽しみである。

50
1 によらず　　　2 にともない　　　3 にあたり　　　4 に備えて

51
1 だけあって　　2 次第で　　　3 にしては　　　4 からして

52
1 すなわち　　　2 そして　　　3 実は　　　4 ところが

53
1 変わりつつある　　　　　　2 変わりがちだ
3 変わりようがない　　　　　4 変わらないでもない

54
1 どのホテル　　2 どんなホテル　　3 そのようなホテル　4 そんなホテル

問題10 次の(1)から(5)の文章を読んで、後の問いに対する答えとして最もよいものを、1・2・3・4から一つ選びなさい。

(1)

洋服が片付かない大きな理由の一つは、どこに何を置いたかわからないという点だ。しまったのはいいものの、時間が経つとどこに何を入れたかわからなくなってしまい、結局探すうちにまた散らかってしまったり、存在自体を忘れて同じような服を買ってしまい、収納しきれなくなったりする。そういう人は逆に、収納せずにハンガーなどの見える場所に整理してみることだ。そうすることで、探す手間も省けるし、余計なものも買わずに済む。ただし、もともとある収納場所よりも服が多い場合には、いくら見える収納にしたとしても結局ものがあふれて混乱することになるだろう。

55 次のうち、文章の内容に合うものはどれか。

1 片付けが上手な人は、自分の服を管理できるようにハンガーなどの見える収納にしている。
2 見える収納にすれば、どんなに服が多くても着たいものが見つけやすい。
3 服の整理が苦手な人は、収納したものや場所がわかるようにしておくと探す手間が省ける。
4 片付けが苦手な人は、服の場所を見える形で収納したほうがいい。

(2)

「失敗は成功のもと」ということわざがあるが、ただたくさん失敗すればいいというものではない。過ちやミスから学ぶ人は、何が悪かったのか、次はどうすればいいのかをきちんと分析することができる。一方で、それができない人は「次こそは失敗しないようにしよう」などと思うだけで、その失敗を活かして成長することができない。失敗にきちんと向き合えない人は、何度失敗しても成功に近づくことはできないと思う。

[56] 筆者によると、失敗を「成功のもと」にするには、どうしたらいいか。

1　自分がした失敗について、原因や対策を考えること
2　できるだけたくさん失敗を経験すること
3　失敗したことを認め、成長しようと考えること
4　次は絶対に失敗を繰り返さないように、より注意を払うこと

(3)

差出人：gakuseika_ta@univ.ac.jp
件名：勤務表について
送信日時：5月28日(月)

授業サポートの学生の方へ

授業のサポートをされている学生の方にお知らせします。
今月の最終勤務日が30日になっている方は、勤務終了後、31日までに勤務表を学生課まで提出してください。
31日までに提出がない場合、事務手続きが進まず、給料の支払いに遅れが生じる可能性があります。

なお、学生課の事務手続きは午後6時までですので、それ以降に提出された場合は次の月末に反映することとなります。
ご協力、よろしくお願いいたします。

学生課　山本(やまもと)

[57] この文章で一番伝えたいことは何か。

1　その月の最後の勤務日が月末に近い学生は、給料の支払いが遅れる可能性がある。
2　月末の午後6時までに、給料の支払いに必要な書類を学生課に提出してほしい。
3　学生課は、毎日午後6時までに作業を終えることになっているので、その時間までしか書類を受け付けることができない。
4　学生が30日までに提出した書類は、次回の月末に処理されるので、理解してほしい。

(4)

お客様各位

割引フェアのお知らせ

いつもご利用いただきありがとうございます。会員の皆様にお得なご友人紹介割引フェアのご案内をいたします。

ご友人様をご紹介していただいた方には全商品20%OFFのクーポンを、ご友人様には初回のお買い物時にご利用いただける、1,000円割引クーポンを贈らせていただきます。

割引フェア実施期間は、4月1日から5月31日までです。ご友人様の会員登録の際に、お客様にお送りした番号をご入力ください。

皆様のご参加をお待ちしております。

(※1,000円割引クーポンは、3,000円以上お買い上げの場合に限りご利用いただけます。)

[58] 次のうち、文章の内容に合うものはどれか。

1　友達を紹介した会員は、1,000円の割引クーポンがもらえる。
2　紹介されて会員登録をした人は、全ての商品が20%引きの値段で買える。
3　紹介を受けて会員になった人は、2,000円分の商品を1,000円で買える。
4　友達を紹介した会員は、2,000円分の商品を1,600円で買える。

(5)

　音楽を聴きながら勉強するという人は少なくないだろう。しかし、ある研究では音楽を聴きながら勉強をすると、勉強の能率が落ちるという実験結果が出た。好きな音楽を聴きながらやると、やる気が出ると主張する人もいるが、この実験では音楽の好みに関わらず、結果は変わらなかったそうだ。ただし、雨音や鳥の声などのメロディー(注)や歌詞のない音楽、人の会話などの雑音が聞こえる環境では、作業能率は落ちないそうだ。また、作業を始める前であれば、好きな音楽を聞くと逆に作業能率は上がるのだという。

（注）メロディー：リズムを伴って音の高さや長さを変化させ、その音楽の内容を表すこと

[59] 筆者の紹介した研究によると、勉強の能率を上げるにはどうすればいいか

1　歌詞が集中を妨げないくらいの音の大きさで好みではない音楽を、聞きながら勉強する。
2　歌詞がきれいな音楽や鳥の鳴き声など、リラックスできる音楽を聞きながら勉強する。
3　音楽や雑音などがない、できるだけ静かなところで勉強する。
4　好きな音楽を聞いた後で、音楽のない状態か、人の話し声がする中で勉強する。

問題11 次の(1)から(4)の文章を読んで、後の問いに対する答えとして最もよいものを、1・2・3・4から一つ選びなさい。

(1)

以下は、人の感情について書かれた文章である。

人が感じる感情を表現するときに、よく「喜怒哀楽」(注1)が挙げられます。その他にも、恐怖、幸福感、不安、驚き、不快などの多様な感情があります。

感情は、脳内の「扁桃体」というところから生まれると言われています。扁桃体とは、脳の左右にある神経細胞の集まりですが、外の環境から信号を受け取って、それが自分にとって危険か安全かを判断し、危険なら「不快」、安全なら「快」というような感情を引き起こし(注2)ます。

この感情のコントロールがうまくできない人の場合、様々な特徴が見られますが、例えば、ネガティブなことをいつまでも忘れられずにいるとか、ストレスを溜め込みやすい(注3)とか、普段から十分な睡眠が取れていないといったことがあります。感情のコントロールが苦手だとイライラした感情を我慢できず、他人に自分の感情をぶつけてしまうことが多いです。これが繰り返される場合、気づかないうちに周りから嫌われ、敬遠されてしまうのです。(注4)

それでは、自分の感情をうまく扱うためにはどうすればいいのでしょうか。まず、ポジティブな言葉で自分の考えや思いを相手に伝えるようにしましょう。また、ストレスが溜まることに備えて、普段から好きなことをしたり、好きなものを食べたりして自分をリラックスさせる時間を持つことも役に立ちます。疲れている状態が長引かないようにぐっすり眠ることもいい方法の一つでしょう。

(注1) 喜怒哀楽：喜びと怒り、悲しみと楽しみ。人間のさまざまな感情
(注2) 引き起こします：生じさせます
(注3) 溜め込みやすい：蓄えてしまっておきやすい
(注4) 敬遠：表面では敬う態度をして近づくのはさけること

60 人が感じる感情とあるが、どのような特徴があるのか。

1 よく挙げられる4つの感情の中には幸福感や恐怖、驚きや達成感が含まれる。
2 脳は過去に経験したことに基づいて、最適な感情を選び出す。
3 脳内の扁桃体(へんとうたい)から生まれる感情は「不快」と「快」2つのみ存在する。
4 脳内にある神経細胞(しんけいさいぼう)が外部の情報を認識(にんしき)し、感情を形成する。

61 筆者によると、感情のコントロールがうまくできない人はどうしたらいいか。

1 自分の感情に素直になれるように他人に感情をぶつける。
2 ネガティブなことを忘れて相手に自分の考えをはっきり伝える練習をする。
3 自分自身を落ち着かせ、ストレスが溜まらないようにする。
4 疲れを感じたらすぐ寝る習慣を身に付けるようにする。

(2)

　人が生きるうえで必要なことは衣食住と言われていますが、目標もまた重要な要素の一つです。目標を持っている人と持っていない人では思考や行動に差が出ます。その差はやがて人生を左右するほど、目標を立てることには価値があります。単に自分がやりたいことを決めるのではなく、その目標を成功させるためのしっかりとした計画が必要です。

　目標を立てる際に注意すべき要素は具体性、期限、フィードバック(注)の三つです。これらが適切に含まれていないと目標達成に①問題が発生します。

　具体性に欠けたら、本当に必要な段階を踏んでいるのか分からなくなり、見落としがあると前の段階に戻らないといけません。そうすると達成感が薄れ、意欲も下がる恐れがあります。逆に具体的すぎると、計画とは違う展開になったときに柔軟に対応できず、その後の計画を立て直さなければいけないという問題点があります。

　また、期限設定も重要です。短い期間にしたら、細かな目標を達成する時間的な余裕がなくなり、期限が長すぎたら、仕事の長期化による疲労感から目標を放棄してしまう原因になります。なので、目標の内容に合わせて期限を決めることが大切なのです。

　具体性と期限に注意して目標を立てたら、それがきちんと行動に移せているか確認するこの②最後の段階が一番大切です。目標は、実際に行動し、達成を目指してこそ意味を持ちます。たとえ達成できなかった場合でも、その原因を考え、計画を補ったり修正したりすることで次回に繋げることができます。逆に、成功したら、たとえ小さな成功でもそれを祝うことで、次の目標に向けて努力する意欲を維持することも重要です。

(注)　フィードバック：ここでは、目標に向けた行動や結果に対する評価や指摘

[62] ①問題について、筆者の説明に合うのはどれか。

1 目標が曖昧だと、満足感が得られにくく意欲も低下する恐れがある。
2 目標が具体的すぎると、負担を感じて放棄してしまう恐れがある。
3 期限が短すぎたら、予想外の状況に動揺して目標が達成できない恐れがある。
4 期限が長すぎたら、本当に必要な段階を踏んでいるのか分からない恐れがある。

[63] ②最後の段階が一番大切だとあるが、筆者はなぜそう考えたのか。

1 目標が行動に移せているか確認しないと、無駄な努力を続けてしまうから
2 目標が行動に移せているか確認しないと、計画を大幅に変更できないから
3 目標が行動に移せているか確認すると、失敗を改善して次へ活かせるから
4 目標が行動に移せているか確認すると、達成できなくても意欲がわいてくるから

(3)

以下は、言語学習について書かれた文章である。

　ある国の言語を学ぶとき、その言語に対する興味や情熱(注1)を持つことは基本中の基本だ。「その国の言葉を上手にしゃべりたい」、「現地の人とコミュニケーションができるようになりたい」という気持ちはもちろんのことだが、ここでは学習に向き合う姿勢について言及しておきたい。

　どういうことかというと、「言葉を学ぶ」とは、実はその国のことを心から理解しようと努め、その国の多様な文化に積極的に触れてみることも大事だということだ。

　先日、新年会で会った知り合いのなかで、「新しい年になったから英語を学ぼうと思ってる」と自信満々と話していた人がいた。彼と数ヶ月後に再会する機会があったので、「そういえば英語のほうはどうなってる？」と尋ねてみたら、「いや、それが…。教材だけで勉強するのは何だか楽しくなくてさ…」と言葉を濁していた。

　彼は独学で英語の学習を進めていたようだが、「あくまでもこれは勉強だ」と思ったまま、「英語を本気で楽しむこと」はできなかったようだ。しかも、ただ本の内容を丸暗記(注2)しただけで、例えば、アニメやドラマを観たり、動画などを通じて現地の雰囲気に触れてみたり、その国の文化に接することは全くしていなかったようだ。「それじゃ、伸びるはずがないんだよなあ…。」と、私は思った。

　もちろん最初は、暗記する段階を欠かせない。だが、その方法だけでは学習は長続きしない可能性が高い。ある程度、単語や表現を覚えてからは、その言葉や表現が使われるようになった国の背景などにも深く関心を持って自分に合った学習方法を見つけ、努力を重ねなければならないのだ。大したことではないと思われるかもしれないが、こういった学習への姿勢が、結局言語をうまく駆使(注3)する力につながるのだと思っている。

（注1）情熱：何かに夢中になる強い気持ち

（注2）丸暗記：すべて覚えること

（注3）駆使：思い通りにうまく使うこと

64 ある国の言語を学ぶときの姿勢について、筆者が言いたいことは何か。

1 言語に対する興味や学習への情熱を持つことが大事だ。
2 よくしゃべりたいという気持ちを忘れないことが大事だ。
3 その国の背景や文化を深く知り、体験を通じて関わるべきだ。
4 その国の背景や文化を理解するためにも、単語や表現は暗記すべきだ。

65 筆者は、知り合いの英語の学習についてどのように述べているか。

1 英語の学習は、文化的な経験があったほうがスムーズに進む。
2 英語の学習は、暗記中心より直接人と触れる機会が多ければスムーズに進む。
3 英語の学習は、教材と一緒に動画で習得(しゅうとく)するほうが効果的だ。
4 英語の学習は、教材より自分だけの勉強方法を探すことが長続きに効果的だ。

(4)

　私たちはモノや情報があふれる時代に生きているだけに、日々多くの選択に迫られています。ある大学の研究によると、人間は一日に3万回以上も選択をしているそうです。これほど選択肢が多いと、その分悩まざるを得ません。

　しかし、時間は有限であり、その時間をいかに(注1)有効に使えるかによって私たちの人生は大きく変わるともいわれています。だからこそ、決断に迫られるたびに早く、そして正確に判断できるようにしなければいけません。それが容易になるまでには時間はかかりますし、失敗もあると思いますが、それでもあきらめずに努力してある程度の決断力を持つようになると無駄（むだ）な時間を減らし、本当に目標としていることに集中できる時間が増えていくはずです。

　決断力を養うためには、全ての選択において自分なりの基準をつくるべきです。その基準をつくるには知識と経験が不可欠ですが、知識を先に取り入れ、その次に経験を積むという順序が理想的です。

　そうして決断に至ってからは、自分が下した決断が正しいかどうかに関わらず、すぐ行動に移し、そこから得た経験や知識を自分のものにすることが重要です。この練習をいきなり重大なことから始めると取り返しのつかない(注2)出来事が起こるかもしれないので、まずは小さなことから早く決断を下す練習をしながら着実に自分の基準を築いていきましょう。

　早く決断を下さないと悩み事は増える一方です。数多くの悩みが積み重なると、一度に全ての判断をすることになり、自分の基準と比べる時間が少なくなります。その結果、焦って間違った選択をする可能性が高くなるので、こうした状況を避けるためにも決断する時間をあらかじめ決めておくのもいい方法です。

（注1）いかに：どんなに
（注2）取り返しのつかない：もとに戻せない大変な

[66] それとあるが、どういうことか。

1　正確な判断を下すこと
2　時間を有意義に使うこと
3　悩まずに選択すること
4　持続的に努力すること

[67] 筆者は決断するためには、何が必要だと述べているか。

1　自分なりの基準をつくるために、とりあえず選択する数を増やす必要がある。
2　自分なりの基準をつくるために、自分の判断が正しいかどうか確かめる必要がある。
3　自分なりの基準をつくるために、小さなことから早く判断を下す必要がある。
4　大切なことを中心に判断をすることで、決断力を養う必要がある。

問題12 次のAとBの文章を読んで、後の問いに対する答えとして最もよいものを、1・2・3・4から一つ選びなさい。

A

　最近、新聞を読まない若者が増えている。代わりに、ネットで記事を読むという人が多いそうだ。新聞よりはるかに多くの情報を得ることができ、読み終わってもゴミにならないというのが利点と言えるだろう。しかし、ネット上にはうそか本当かわからないような情報が載っていたり、日本語の使い方が間違っている記事が公開されていたりすることが多い。また、他の記事や本の内容を引用しただけの、中身のない記事もよく見かける。一方で、新聞は印刷する前に必ず記事の内容や記入にミスがないかどうかが厳しくチェックされており、安心して読める。やはり、信用できない情報をたくさん取り入れるより、少なくてもきちんとチェックされ、選ばれた質の良い情報を得たほうが有効だ。

B

　最近は若者の新聞離れが進み、ニュースはネットでしか読まないという人も増えている。ネットの情報は信頼性が低く、質も低いのであまり読まないほうがいいという人もいるが、最近は読む側も、情報をそのまま信じるのではなく、他の記事を読んだり、妥当性があるかどうかを調べたりして、質の良い情報を得ようとする意識を持つ人が増えているように思う。それに、新聞の情報のほうが信じられるかというと、そうでもない。新聞社の方向性が、記事の内容の公平性、信頼性に影響を与えることもあるからだ。たしかに文章の質は新聞のほうが上かもしれない。しかし、情報を得ることのみを考えれば、速くて量の多いネットのほうが優れていると言えるのではないか。

[68] 新聞とネットの情報について、AとBの意見で共通する点は何か。

1　新聞のほうが信頼できる。
2　ネットのほうが情報量が多い。
3　新聞よりネットのほうが速くて質が良い。
4　新聞にも、信用できない情報が載っていることがある。

[69] 新聞やネットから情報を得ることについて、AとBはどのように述べているか。

1　Aは新聞の情報の質の高さを評価し、Bはネットの情報のスピードと量を評価している。
2　Aはネットのほうが信頼できると述べ、Bはネットも新聞も信頼できないと述べている。
3　AもBも、新聞の情報の確かさ、公平さを信頼している。
4　AもBも、ネットの情報のうその多さが問題だと考えている。

問題13 次の文章を読んで、後の問いに対する答えとして最もよいものを、1・2・3・4から一つ選びなさい。

　今、日本に限らず、世界中で安い服の店、いわゆるファストファッションの店が人気だ。デザイン性の高い洋服が、低価格で買えることから、特に若者に人気がある。中には、一回分の食事と同じくらいの値段で買えるものもある。

　しかし、その安さの裏には何があるか、考えたことはあるだろうか。何年か前に、ある映画が話題になった。その映画によると、ファストファッションが安いのは、実は人件費の安い国で、安い給料で、長時間、ひどい環境で働く人たちが作っているからだという。安い服を作る工場の労働者は、給料が低く、どれだけ働いても生活が楽にならないばかりか、害を及ぼす化学物質やほこりの影響で病気になったり、危ない作業でけがをしたりしているのだそうだ。彼らは、貧しい暮らしから抜け出せず、文句を言えばすぐに仕事を辞めさせられてしまう弱い立場にあるため、こういったひどい労働環境から逃げたくても逃げられない場合が多い。服が安く売れるのは、それだけこういった人々にお金を出していないからだ。決して急に材料が安く手に入るようになったとか、輸送のためのコストが下がったとか燃料が値下がりしたとか、そういうわけではない。安いのは、弱い立場の人々を犠牲(注)にしているからにほかならない。これが低価格ファッションの裏側だ。

　それを考えると、安い服を見ても、「安い。ラッキー」などと買う気にはなれない。その服を作る段階で、だれかが辛い思いをしているかもしれないからだ。近年は、そういった問題が議論されるようになり、中には労働環境を改善した企業もあるかもしれない。しかし、他人の事を考えず、自分だけがお金を得ようと思う人はどこにでもいるものだ。おそらくまだこうした問題の多くは、解決されていないと思う。

　服に限らず、何かを作る際には、それなりのコストがかかる。何かを買うときは、その商品が安すぎず、適正な価格かどうかをまず考えてほしい。そして、できれば、その会社がどんな環境で従業員を働かせているかも、調べてほしい。だれかの不幸の上で作られた商品を使うというのは、何とも気分の悪いものだ。買うなら、作る側も、買う側も、両方幸せになれる商品がいい。

（注）犠牲：目的のために、他人や自分の命や大切なものを捨てること

[70] この文章によると、ファストファッションの店が服を安く売れるのはなぜか。

1 一度に大量に材料を買うことで、材料費を安くしているから
2 立場の弱い人々を安い給料で働かせているから
3 労働環境を良くして、作業の成果を上げているから
4 貧しい人々を教育して、早く正確に作れるように指導したから

[71] それを考えるととあるが、「それ」とは何か。

1 洋服を作る際には、材料費や輸送費がたくさんかかっているということ
2 低価格の服を作る工場では、労働環境に文句を言っている人が多いということ
3 低価格の服を作るために、誰かが安い給料で働かされているということ
4 洋服を作る工場の多くは、害を及ぼす物質を出して環境に悪い影響を与えていること

[72] この文章で、筆者が一番言いたいことは何か。

1 安い服を買ったら、その裏で頑張っている従業員のことを考えて大切に使うべきだ。
2 安い服を売っている企業は、全て従業員を安く使っている悪い会社だ。
3 服の値段を安くしたければ、人件費ではなく、コストや材料費を減らすべきだ。
4 商品を買うときは、それを作った人がひどい環境で働かされていないか、考えるべきだ。

問題14 右のページは、ペットを預かるホテルの案内である。下の問いに対する答えとして最もよいものを、1・2・3・4から一つ選びなさい。

[73] 山村さんは、小型犬を2匹飼っている。出張のため、3泊4日でペットホテルに犬を預けたいと思っている。ペットホテルまで6キロだが、車を持っていないので送迎サービスを利用したい。犬のご飯は自分で用意し、散歩は1日1回でいいと考えている。できるだけ安い料金で利用したい。この場合の料金はいくらになるか。

1　10,000円
2　16,200円
3　17,200円
4　20,000円

[74] ペットホテルから17キロ離れたところに住む石黒さんは、毎月1回、このペットホテルを利用している。今月も1泊2日で犬を預ける予定である。石黒さんが受けられるサービスはどれか。

1　1日2回の散歩
2　自宅からペットホテルまでの往復の送迎
3　宿泊料金の10%の割引
4　ウイルス予防注射

ペットハウスやまだ

【営業時間】7:00~19:00

毎週水曜日は定休日となっております。

【ペットホテル料金】（1匹あたり1泊の料金です。）

料金には、1日1回、20分程度の散歩が含まれます。

	スタンダードルーム	スイートルーム	ＶＩＰルーム
小型犬 （体重10kg未満）	3,000円	4,000円	7,000円
中型犬 （体重10kg以上25kg未満）	3,500円	5,000円	8,000円
大型犬 （体重25kg以上）	4,500円	6,000円	9,000円

送迎サービス料金表（往復の料金です。）

何匹でも料金に変わりはありません。

片道5キロ未満	500円
片道5キロ以上10キロ未満	1,000円
片道10キロ以上15キロ未満	1,500円

【※注意事項】

- 連続して宿泊する場合、3泊以上でペットホテル料金から10%割引いたします。
- 散歩を1日2回ご希望の場合、1日につき500円追加料金をいただきます。
  （ただし、前回半年以内にご利用いただいた方は無料となります。）
- 片道15キロ以上は送迎できません。

【当日お持ちいただく物】

- お預かりするペットのウイルス予防注射済みの証明書
- いつもペットが使っているおもちゃや毛布
- 宿泊期間分のペットのご飯（当店で用意する場合は、1日300円いただきます。）

Listening   問題用紙

N2

聴解

(50分)

注　意
Notes

1. 試験が始まるまで、この問題用紙を開けないでください。
   Do not open this question booklet until the test begins.

2. この問題用紙を持って帰ることはできません。
   Do not take this question booklet with you after the test.

3. 受験番号と名前を下の欄に、受験票と同じように書いてください。
   Write your examinee registration number and name clearly in each box below as written on your test voucher.

4. この問題用紙は、全部で13ページあります。
   This question booklet has 13 pages.

5. この問題用紙にメモをとってもかまいません。
   You may make notes in this question booklet.

受験番号 Examinee Registration Number	
名前 Name	

무료 MP3 다운받기

기본 버전

배속 버전

시험장 버전

問題1

問題1では、まず質問を聞いてください。それから話を聞いて、問題用紙の1から4の中から、最もよいものを一つ選んでください。

例

1　田中さんとスポーツクラブに行く
2　無料体験レッスンを受ける
3　スポーツクラブに入会する
4　仕事終わりに病院に行く

1番

1 家電販売店に行く
2 ネットで新品を買う
3 店で修理をしてもらう
4 林さんに連絡する

2番

1 注文を取り消す
2 お店に連絡する
3 倉庫を調べる
4 工場に連絡する

3番

1 4,000円払う
2 荷物を捨てる
3 別の袋に荷物を入れる
4 持ち込みのかばんに荷物を入れる

4番

1 アジアの文学
2 暮らしに役立つ法律
3 レポートの書き方
4 研究のためのアンケートの作り方

5番(ばん)

1　パジャマ、シャンプー、リンス
2　パジャマ、本(ほん)、下着(したぎ)
3　パジャマ、シャンプー、コップ、本(ほん)
4　タオル、パジャマ、本(ほん)、下着(したぎ)

問題2

問題2では、まず質問を聞いてください。そのあと、問題用紙のせんたくしを読んでください。読む時間があります。それから話を聞いて、問題用紙の1から4の中から、最もよいものを一つ選んでください。

例

1 周りが静かだから
2 近くに大型ショッピングセンターがあるから
3 大学まで近いから
4 家賃が安いから

1番

1 足に怪我をしてしまったから
2 父親が重い病気にかかったから
3 親に迷惑をかけたくなかったから
4 故郷で就職したかったから

2番

1 注文した料理が遅れたこと
2 注文した料理とは違うものが出てきたこと
3 お店の人が一言も謝らなかったこと
4 料理の交換が出来なかったこと

3番

1 就活するときに役に立つから
2 自分の知識や技術を使う仕事だから
3 日本語教育に興味があったから
4 いろいろな国の文化に興味があったから

4番

1 ターゲットが間違っていること
2 本社の強みが見えないこと
3 データの数字が間違っていること
4 予算が具体的に書かれていないこと

5番

1 せきが出る
2 胃がもたれる
3 吐き気がする
4 熱がある

6番

1 清潔な状態に服を維持する
2 匂いやしわが取れる
3 5着まで服を入れられる
4 香りを服に付けられる

問題3

問題3では、問題用紙に何もいんさつされていません。この問題は、全体としてどんな内容か聞く問題です。話の前に質問はありません。まず話を聞いてください。それから、質問とせんたくしを聞いて、1から4の中から、最もよいものを一つ選んでください。

ーメモー

問題4

問題4では、問題用紙に何もいんさつされていません。まず文を聞いてください。それから、それに対する返事を聞いて、1から3の中から、最もよいものを一つ選んでください。

ーメモー

問題5

問題5では、長めの話を聞きます。この問題には練習はありません。
問題用紙にメモをとってもかまいません。

1番、2番

問題用紙に何もいんさつされていません。まず話を聞いてください。それから、質問とせんたくしを聞いて、1から4の中から、最もよいものを一つ選んでください。

―メモ―

3番

まず話を聞いてください。それから、二つの質問を聞いて、それぞれ問題用紙の1から4の中から、最もよいものを一つ選んでください。

質問1

1 城ツアー
2 川ツアー
3 町ツアー
4 寺ツアー

質問2

1 城ツアー
2 川ツアー
3 町ツアー
4 寺ツアー

정답과 해설

실전모의고사1   117

실전모의고사2   155

모의고사 1회

언어지식(문자·어휘)

문제1	1 ③	2 ④	3 ③	4 ①	5 ②
문제2	6 ①	7 ①	8 ④	9 ②	10 ③
문제3	11 ③	12 ②	13 ④	14 ③	15 ①
문제4	16 ③	17 ①	18 ④	19 ④	20 ②	21 ③	22 ④
문제5	23 ①	24 ③	25 ④	26 ①	27 ②
문제6	28 ①	29 ④	30 ③	31 ②	32 ①

언어지식(문법)

문제7	33 ②	34 ③	35 ③	36 ②	37 ①	38 ③	39 ①	40 ④	41 ②
	42 ④	43 ②	44 ④
문제8	45 ②	46 ②	47 ①	48 ④	49 ④
문제9	50 ②	51 ④	52 ④	53 ①	54 ②

독해

문제10	55 ②	56 ③	57 ③	58 ③	59 ②
문제11	60 ③	61 ②	62 ③	63 ④	64 ②	65 ③	66 ④	67 ①
문제12	68 ①	69 ③
문제13	70 ③	71 ①	72 ③
문제14	73 ③	74 ④

청해

문제1	1 ③	2 ②	3 ②	4 ①	5 ②
문제2	1 ③	2 ②	3 ④	4 ③	5 ①	6 ④
문제3	1 ①	2 ③	3 ③	4 ③	5 ③
문제4	1 ③	2 ③	3 ①	4 ①	5 ②	6 ①	7 ③	8 ②	9 ①
	10 ③	11 ①	12 ②
문제5	1 ①	2 ③	3 질문1 ④ 질문2 ②

모의고사1

언어지식(문자·어휘) 7p

문제1
1 ③   2 ④   3 ③   4 ①   5 ②

문제2
6 ①   7 ①   8 ④   9 ②   10 ③

문제3
11 ③   12 ②   13 ④   14 ④   15 ①

문제4
16 ③   17 ①   18 ④   19 ④   20 ②
21 ③   22 ④

문제5
23 ①   24 ③   25 ④   26 ①   27 ②

문제6
28 ①   29 ④   30 ③   31 ②   32 ①

문제1 _____의 말의 읽는 법으로서 가장 알맞은 것을, 1·2·3·4에서 하나 고르세요.

1 도시는 생활 수준이 높고 물가도 비싸다.
- 해설: 水準은 3 すいじゅん이라고 음독으로 읽는다.
- 단어: 都会(とかい) 도시 | 水準(すいじゅん) 수준 | 物価(ぶっか) 물가

2 저는 그렇게 대단한 사람이 아닙니다.
- 해설: 偉い는 4 えらい라고 훈독으로 읽는다.
- 단어: 偉(えら)い 훌륭하다, 대단하다 | 怖(こわ)い 무섭다 | ずるい 치사하다 | 鈍(にぶ)い 둔하다

3 그녀는 음악 재능이 훌륭하다고 평가받았다.
- 해설: 才能는 3 さいのう라고 음독으로 읽는다. 장음에 주의하자.
- 단어: 才能(さいのう) 재능 | 評価(ひょうか) 평가 | 財囊(ざいのう) 돈주머니

4 오늘, 시합의 결승전에서 상대팀에게 패배하고 말았다.
- 해설: 敗れて는 1 やぶれて라고 훈독으로 읽고 동사 て형이다.
- 단어: 試合(しあい) 시합 | 決勝戦(けっしょうせん) 결승전 | 敗(やぶ)れる 지다, 패배하다 | しびれる 저리다, 마비되다

5 시험까지 앞으로 3일밖에 없기 때문에 무척 초조해하고 있습니다.
- 해설: 焦って는 2 あせって라고 훈독으로 읽고 동사 て형이다.
- 단어: 焦(あせ)る 안달하다, 초조해하다 | 劣(おと)る (다른 것만) 못하다, 뒤떨어지다 | 迫(せま)る 다가오다, 육박하다 | 積(つ)もる 쌓이다

문제2 _____의 말을 한자로 쓸 때, 가장 알맞은 것을 1·2·3·4에서 하나 고르세요.

6 고교 시절은 야구에 전념하고 있었다.
- 해설: せんねん은 1 専念이라고 표기한다. 2, 3, 4번은 없는 단어이다.
- 단어: 高校時代(こうこうじだい) 고교 시절 | 野球(やきゅう) 야구 | 専念(せんねん) 전념

7 이 산길은 험하기 때문에 안전 운전으로 갑시다.
- 해설: けわしい는 1 険しい라고 표기한다. 4번은 없는 단어이다.
- 단어: 山道(やまみち) 산길 | 険(けわ)しい 험하다, 험상궂다 | 安全運転(あんぜんうんてん) 안전 운전 | 激(はげ)しい 격하다, 격렬하다 | 怪(あや)しい 수상하다

8 그들의 부탁을 거부할 수는 없었다.
- 해설: こばむ는 4 拒む라고 표기한다. 1, 2번은 없는 단어이다.
- 단어: 願(ねが)い 부탁(함), 소원 | 拒(こば)む 거부하다 | 頼(たの)む 부탁하다

9 강에서 놀 때는 위험한 곳도 있기 때문에 방심하지 않도록 놉시다.
- 해설: ゆだん은 2 油断이라고 표기한다. 1, 3, 4번은 없는 단어이다.
- 단어: 危険(きけん)だ 위험하다 | 油断(ゆだん) 방심

10 유행은 끊임없이 변화하고 있다.
- 해설: たえず는 3 絶えず라고 표기한다. 1, 2, 4번은 없는 단어이다.

단어 流行(りゅうこう) 유행 | 絶(た)えず 늘, 끊임없이 | 変化(へんか) 변화

문제3 (　　　)에 넣기에 가장 알맞은 것을, 1·2·3·4에서 하나 고르세요.

11 이 책을 알파벳 (순) 으로 나열해 주세요.
1 ~집　　　　　　　　　2 ~별
3 ~순(서)　　　　　　　4 ~제

해설 선택지는 모두 접미어이다. 문맥상 가장 자연스러운 것은 **3 順**이다.
단어 アルファベット順(じゅん) 알파벳 순 | ～集(しゅう) ~집 | ～別(べつ) ~별 | ～順(じゅん) ~순(서) | ～制(せい) ~제

12 이 딸기는 달콤한 향기가 나기 때문에 슬슬 먹기 (적당한 때) 예요.
1 ~시　　　　　　　　　**2 ~할 때, 쯤**
3 막(갓) ~함　　　　　　4 (이미) ~완료, 끝남

해설 선택지는 모두 접미어이다. 문맥상 가장 자연스러운 것은 **2 頃**이다.
단어 イチゴ 딸기 | 甘(あま)い 달다, 달콤하다 | 香(かお)りがする 향기가 나다 | そろそろ 슬슬 | 食(た)べ頃(ごろ) 먹기 적당한 때 | ～時(じ) ~시 | ～頃(ごろ) ~할 때, ~쯤 | ～たて 막(갓) ~함 | ～済(ず)み (이미) ~완료, 끝남

13 공기 오염이 사람들의 몸에 (악) 영향을 주고 있다.
1 가(임시)~　　　　　　2 이~
3 고~　　　　　　　　　**4 악~**

해설 선택지는 모두 접두어이다. 문맥상 가장 자연스러운 것은 **4 悪**이다.
단어 空気汚染(くうきおせん) 공기 오염 | 悪影響(あくえいきょう) 악영향 | 与(あた)える 주다 | 仮(かり)～ 가(임시)~ | 異(い)～ 이~ | 高(こう)～ 고~ | 悪(あく)～ 악~

14 그는 (매우 조심스러운) 성격이기 때문에 좀처럼 실패를 하지 않는다.
1 무겁다　　　　　　　　2 얕다
3 깊다　　　　　　　　4 자세하다

해설 선택지는 모두 い형용사이다. 문맥상 가장 자연스러운 것은 **3 深い**이다.
단어 注意深(ちゅういぶか)い 매우 조심스럽다 | 性格(せいかく) 성격 | めったに 거의, 좀처럼 | 重(おも)い 무겁다 | 浅(あさ)い 얕다 | 深(ふか)い 깊다 | 細(こま)かい 자세하다, 잘다

15 리포트가 (미) 제출인 경우는 학점을 줄 수 없습니다.
1 미~　　　　　　　　2 무~
3 비~　　　　　　　　　4 부, 불~

해설 선택지는 모두 접두어이다. 문맥상 가장 자연스러운 것은 **1 未**이다.
단어 レポート 리포트 | 未提出(みていしゅつ) 미제출 | 単位(たんい) 학점 | 未(み)～ 미~ | 無(む・ぶ)～ 무~ | 非(ひ)～ 비~ | 不(ふ・ぶ)～ 부, 불~

문제4 (　　　)에 넣기에 가장 알맞은 것을, 1·2·3·4에서 하나 고르세요.

16 가족이 반대했음에도 불구하고, 아버지는 술과 담배를 끊을 (기색) 이 없다.
1 상위, 다름　　　　　　2 방해
3 기미, 기색　　　　　4 모습, 꼴

해설 선택지는 모두 명사이다. 문맥상 가장 자연스러운 것은 **3 気配**이다. 1, 2, 4번은 문맥상 어색하다.
단어 反対(はんたい) 반대 | ～にも関(かか)わらず ~(임)에도 불구하고 | 気配(けはい) 기미, 기색 | 相違(そうい) 상위, 다름 | 邪魔(じゃま) 방해 | 格好(かっこう) 모습

17 새롭게 발매된 프린터에는 다양한 (기능) 이 붙어 있다.
1 기능　　　　　　　　2 지식
3 설비　　　　　　　　　4 기술

해설 선택지는 모두 명사이다. 문맥상 가장 자연스러운 것은 **1 機能**이다. 2, 3, 4번은 문맥상 어색하다.
단어 発売(はつばい) 발매 | プリンター 프린터 | 様々(さまざま)だ 다양하다 | 機能(きのう) 기능 | 知識(ちしき) 지식 | 設備(せつび) 설비 | 技術(ぎじゅつ) 기술

18 매일 밤 야근만이어서 (괴로워서) 회사를 그만두려고 생각하고 있다.
1 끈질겨서　　　　　　　2 엄청나서
3 칠칠맞지 못해서　　　　**4 괴로워서**

해설 선택지는 모두 い형용사 て형이다. 문맥상 가장 자연스러운 것은 **4 つらくて**이다. 1, 2, 3번은 문맥상 어색하다.
단어 毎晩(まいばん) 매일 밤 | 残業(ざんぎょう) 야근, 잔업 | 辛(つら)い 힘들다, 괴롭다 | しつこい 끈질기다, 집요하다 | ものすごい 엄청나다 | だらしない 칠칠맞지 못하다

19 이 빵에는 크림이 (듬뿍) 들어있어서 너무 맛있다.
1 한가롭게　　　　　　　2 축 늘어짐
3 흠뻑　　　　　　　　　**4 듬뿍**

해설 선택지는 모두 부사이다. 문맥상 가장 자연스러운 것은 **4 たっぷり**이다. 1, 2, 3번은 문맥상 어색하다.

단어 クリーム 크림 | たっぷり 듬뿍 | のんびり 유유히, 한가롭게 | ぐったり (지쳐서) 축 늘어짐 | びっしょり 완전히 젖은 모양, 흠뻑

20 시험 결과뿐만 아니라 평소 생활 태도도 합쳐서 (평가) 된다.

1 평판　　　　　　　**2 평가**
3 분별　　　　　　　4 비판

해설 선택지는 모두 명사이다. 문맥상 가장 자연스러운 것은 **2 評価**이다. 1, 3, 4번은 문맥상 어색하다.

단어 結果(けっか) 결과 | ~だけでなく ~뿐만 아니라 | 普段(ふだん) 평소 | 合(あ)わせる 맞추다, 합치다 | 評価(ひょうか) 평가 | 評判(ひょうばん) 평판 | 分別(ぶんべつ) 분별, 종류에 따라 나눔 | 批判(ひはん) 비판

21 뭐든지 (과장되게) 말하는 버릇이 있기 때문에 신용할 수 없다.

1 드물게　　　　　　2 화려하게
3 과장되게　　　　　4 급격하게

해설 선택지는 모두 부사이다. 문맥상 가장 자연스러운 것은 **3 おおげさに**이다. 1, 2, 4번은 문맥상 어색하다.

단어 大(おお)げさに 과장되게 | 癖(くせ) 버릇 | 信用(しんよう) 신용 | まれに 드물게 | 派手(はで)に 화려하게 | 急激(きゅうげき)に 급격하게

22 어젯밤 폭우의 영향으로 산이 (무너져서) 지역 주민들은 집에서 도망쳤다.

1 젖어서　　　　　　2 흐트러져서
3 떨어져서　　　　　**4 무너져서**

해설 선택지는 모두 동사 て형이다. 문맥상 가장 자연스러운 것은 **4 崩れて**이다. 1, 2, 3번은 문맥상 어색하다.

단어 昨夜(さくや) 어젯밤 | 影響(えいきょう) 영향 | 崩(くず)れる 무너지다 | 地域(ちいき) 지역 | 住民(じゅうみん) 주민 | 濡(ぬ)れる 젖다 | 乱(みだ)れる 흐트러지다 | 離(はな)れる 떨어지다, 멀어지다

문제5 _____ 의 말에 의미가 가장 가까운 것을, 1・2・3・4에서 하나 고르세요.

23 여러 번의 예정 변경으로 죄송합니다.

1 몇 번이나　　　　2 언제나
3 가끔　　　　　　　4 어떻게든

해설 再三(재삼)은 **1 何度も(몇 번이나)**와 의미가 가장 가깝다.

단어 再三(さいさん) 재삼, 두 번 세 번, 여러 번 | 変更(へんこう) 변경 | 何度(なんど)も 몇 번이나 | いつも 언제나 | たまに 가끔 | 何(なん)とか 어떻게든

24 저 사람은 자주 텔레비전에 나오고 있는 탤런트래.

1 요리사　　　　　　2 통행인
3 연예인　　　　　　4 우주인

해설 タレント(탤런트)는 **3 芸能人(연예인)**과 의미가 가장 가깝다.

단어 タレント 탤런트 | 料理人(りょうりにん) 요리사 | 通行人(つうこうにん) 통행인 | 芸能人(げいのうじん) 연예인 | 宇宙人(うちゅうじん) 우주인

25 대략적으로 다음 휴가 계획을 세워봤습니다.

1 천천히, 푹　　　　2 공교롭게(도)
3 금세, 갑자기　　　**4 대충**

해설 大まかに(대략적으로)는 **4 ざっと(대충)**와 의미가 가장 가깝다.

단어 大(おお)まかだ 대략적이다 | ゆっくり 천천히, 푹 | あいにく 공교롭게(도) | たちまち 금세, 갑자기 | ざっと 대충

26 그녀는 자신의 외모에 자신감을 갖고 있다.

1 외견, 겉보기　　　2 성격
3 속, 알맹이　　　　4 성적

해설 容姿(외모)는 **1 外見(외견)**과 의미가 가장 가깝다.

단어 容姿(ようし) 용모, 외모 | 自信(じしん)を持(も)つ 자신감을 갖다 | 外見(がいけん) 외견, 겉보기 | 性格(せいかく) 성격 | 中身(なかみ) 속, 알맹이 | 成績(せいせき) 성적

27 열이 내리지 않아서 단골 병원에 다녀왔습니다.

1 근처의　　　　　　**2 언제나 가는**
3 전문의　　　　　　4 휴일에도 열려있는

해설 かかりつけ(단골)는 **2 いつも行く(언제나 간다)**와 의미가 가장 가깝다.

단어 熱(ねつ)が下(さ)がる 열이 내리다 | かかりつけの病院(びょういん) 단골 병원 | 専門(せんもん) 전문 | 休日(きゅうじつ) 휴일 | 開(あ)く 열리다

문제6 다음 말의 사용법으로서 가장 알맞은 것을, 1・2・3・4에서 하나 고르세요.

28 사담

1 수업 중은 사담을 그만두고 공부에 집중합시다.
2 최근 SNS에서 사담을 사용하고 있는 젊은이가 많이 있다.
3 같은 연령의 친구가 최근 생겼기 때문에 사담으로 이야기할 수 있어서 즐겁다.
4 시골에 돌아가면 어머니와는 아무래도 사담으로 이야기해 버린다.

해설 　私語(사담)를 가장 올바르게 사용한 것은 **1번**이다. 2번은 流行語(유행어), 3번은 ためぐち(반말), 4번은 方言(사투리)을 사용하는 것이 알맞다.

단어 　私語(しご) 사담 | 集中(しゅうちゅう) 집중 | 若者(わかもの) 젊은이 | 年齢(ねんれい) 연령 | 田舎(いなか) 시골, 고향 | 流行語(りゅうこうご) 유행어 | ためぐち 반말 | 方言(ほうげん) 방언, 사투리

---

29 비겁하다

1 오늘은 어머니 생신이라서 비겁한 선물을 준비했다.
2 도시에서는 별로 보지 않는 비겁한 동물들을 요즘 거리에서 가끔 본다.
3 전부터 인기가 있었던 비겁한 만화가 이번에 영화가 된다고 한다.
4 이 문제에서 도망치다니 그는 비겁한 사람이다.

해설 　ひきょうだ(비겁하다)를 가장 올바르게 사용한 것은 **4번**이다. 1번은 特別(특별하다), 2번은 めずらしい(드물다), 3번은 面白い(재미있다)를 사용하는 것이 알맞다.

단어 　ひきょうだ 비겁하다 | 用意(ようい) 준비 | 都会(とかい) 도시 | 見(み)かける 가끔 보다 | 街(まち) 거리 | 逃(に)げる 도망치다 | 特別(とくべつ)だ 특별하다 | めずらしい 드물다 | 面白(おもしろ)い 재미있다

---

30 속삭이다

1 오랜만에 만난 첫사랑 전 여자친구가 나에게 속삭여줬다.
2 봄이 되면 이 공원은 예쁜 꽃이 속삭여서 경치가 달라 보인다.
3 그녀는 비밀을 내 귓가에 속삭이며 끝까지 말해 주었다.
4 아이들이 유원지에서 놀이 기구를 타면서 속삭이고 있어서 즐거워 보였다.

해설 　ささやく(속삭이다)를 가장 올바르게 사용한 것은 **3번**이다. 1번은 ほほえむ(미소 짓다), 2번은 咲く(피다), 4번은 叫ぶ(소리 지르다)를 사용하는 것이 알맞다.

단어 　ささやく 속삭이다 | 初恋(はつこい) 첫사랑 | 元彼女(もとかのじょ) 전 여자친구 | 景色(けしき) 경치 | 秘密(ひみつ) 비밀 | 耳元(みみもと) 귓가 | 遊園地(ゆうえんち) 유원지 | 乗(の)り物(もの) 놀이 기구 | ほほえむ 미소 짓다 | 咲(さ)く (꽃이) 피다 | 叫(さけ)ぶ 소리 지르다

---

31 생략하다

1 리포트는 생략해서 내일까지 제출해 주세요.
2 자세한 것은 생략해도 좋으니까 가능한 한 빨리 보고를 해 주세요.
3 더러워진 곳은 생략해서 청소를 해 둡시다.
4 매력적인 그녀는 나의 마음을 생략해 버렸다.

해설 　略す(생략하다)를 가장 올바르게 사용한 것은 **2번**이다. 1번은 まとめる(정리하다), 3번은 ふく(닦다), 4번은 うばう(빼앗다)를 사용하는 것이 알맞다.

단어 　略(りゃく)す 생략하다 | 提出(ていしゅつ) 제출 | 詳(くわ)しい 자세하다, 상세하다, 잘 알다 | 報告(ほうこく) 보고 | 汚(よご)れる 더러워지다 | 魅力的(みりょくてき)だ 매력적이다 | まとめる 하나로 모으다, 정리하다 | ふく 닦다 | うばう 빼앗다

---

32 외지 사람

1 도시에서 시골로 이동했더니 외지 사람인 기분이 들어서 쓸쓸하다.
2 브랜드의 가방을 인터넷으로 샀더니 외지 사람의 가방이었다.
3 도쿄의 시부야는 항상 활기로 넘치고 외지 사람의 거리로 유명하다.
4 올해, 외국으로부터의 외지 사람의 수가 작년을 넘는 결과가 되었다.

해설 　よそ者(외지 사람)를 가장 올바르게 사용한 것은 **1번**이다. 2번은 偽物(가짜), 3번은 若者(젊은이), 4번은 旅行者(여행자)를 사용하는 것이 알맞다.

단어 　よそ者(もの) 외지 사람 | 都会(とかい) 도시 | 田舎(いなか) 고향, 시골 | 心細(こころぼそ)い 불안하다, 쓸쓸하다 | ブランド 브랜드 | 渋谷(しぶや) 시부야(도쿄 지명) | 活気(かっき)に溢(あふ)れる 활기로 넘치다 | 街(まち) 거리 | 超(こ)える 넘다 | 偽物(にせもの) 가짜 | 若者(わかもの) 젊은이 | 旅行者(りょこうしゃ) 여행자

언어지식(문법) 14p

문제7
33 ② 　34 ③ 　35 ③ 　36 ② 　37 ①
38 ③ 　39 ① 　40 ④ 　41 ② 　42 ④
43 ② 　44 ④

문제8
45 ② 　46 ② 　47 ① 　48 ④ 　49 ④

문제9
50 ② 　51 ④ 　52 ④ 　53 ① 　54 ②

문제7 다음 문장의 (　　　)에 넣기에 가장 알맞은 것을, 1・2・3・4에서 하나 고르세요.

33 교사인 (이상은), 학생들의 본보기가 될 수 있도록 자신도 매일 공부하고 있다.

1 (한창) ~중에 　　　　**2 ~하는(한) 이상은**
3 ~하는 바람에, ~탓에 　4 ~한(인) 데다가

해설 　문맥상 알맞은 표현은 **2 以上は**이다. 2, 3, 4번은 명사+である 형태로 접속이 되는 문법이지만, 앞뒤 문장과 자연스럽게 연결되기 위해서는 ~以上は(~하는(한) 이상은)라는 문법이 가장 적합하다. 1번은 명사+の 형태로 접속하는 문법이므로 정답이 아니다.

단어 　教師(きょうし) 교사 | ~以上(いじょう)は ~하는(한) 이상은 | 見

本(みほん) 견본, 본보기 | ~最中(さいちゅう)に (한창) ~중에 | ~ばかりに ~하는 바람에, ~탓에 | ~上(うえ)に ~한(인) 데다가

34 친구나 지인에게 연락하 (고) 요리하 (고) 해서 홈 파티 준비는 바쁘다.

1 ~때/~때
3 ~하고/~하고
2 ~등/~등
4 ~정도, 만큼/~정도, 만큼

해설 문맥상 알맞은 표현은 **3 やら/やら**이다. 모두 동사 기본형과 접속이 되는 문법이지만, 앞뒤 문장과 자연스럽게 연결되기 위해서는 ~やら~やら(~하고 ~하고)라는 문법이 가장 적합하다.

단어 友人(ゆうじん) 친구 | 知(し)り合(あ)い 지인 | ~やら~やら ~하고 ~하고 | 料理(りょうり) 요리 | ホームパーティー 홈 파티 | 準備(じゅんび) 준비 | とき 때 | など 등 | ほど 정도, 만큼

35 시험 전날은 늦게까지 공부하는 사람이 많지만, (오히려) 무리하지 말고 일찌감치 자는 편이 시험에서 실력 발휘를 할 수 있다고 한다.

1 드디어, 마침내, 끝내
3 오히려
2 얼마 안 있어, 곧, 이윽고
4 어느새인가

해설 문맥상 알맞은 표현은 **3 むしろ**이다. 시험 전날은 늦게까지 공부하는 것보다 그 반대로 일찍 자는 편이 실력 발휘할 수 있다는 문장에 가장 적합한 부사는 むしろ(오히려)이다.

단어 前日(ぜんじつ) 전날 | むしろ 오히려 | 無理(むり) 무리 | ~ずに ~하지 않고, ~하지 말고 | 早(はや)めに 빨리, 일찌감치 | 実力(じつりょく) 실력 | 発揮(はっき) 발휘 | かりに 가령, 만일 | とうとう 드디어, 마침내, 끝내 | やがて 얼마 안 있어, 곧, 이윽고 | いつの間(ま)にか 어느새인가

36 (옷 가게에서)
점원 "이것은 신상입니다. 매우 잘 어울릴 거라고 생각해요."
손님 "시착 (하고 나서가 아니면) 구입할지 말지 정할 수 없어요."

1 하고 나서인가
2 하고 나서가 아니면
3 하고 나서라고
4 하고 나서가 아니라

해설 문맥상 알맞은 표현은 **2 してからでないと**이다. 앞뒤 문장과 자연스럽게 연결되기 위해서는 동사 て형+てからでないと(~하고 나서가 아니면)라는 문법이 가장 적합하다.

단어 服屋(ふくや) 옷 가게 | 新作(しんさく) 신작, 신상 | お似合(にあ)いだ 어울리다 | 試着(しちゃく) 시착 | ~てからでないと ~하고 나서가 아니면 | 購入(こうにゅう) 구입

37 결혼식에서 읽기 위해서 감사의 마음 (을 담아서), 부모님에게 편지를 쓴다.

1 ~을/를 담아서
3 ~을/를 계기로
2 ~을/를 불문하고
4 ~을/를 제외하고

해설 문맥상 알맞은 표현은 **1 を込めて**이다. 모두 명사와 접속이 되는 문법이지만, 앞뒤 문장과 자연스럽게 연결되기 위해서는 ~を込めて(~을/를 담아서)라는 문법이 가장 적합하다.

단어 結婚式(けっこんしき) 결혼식 | 感謝(かんしゃ) 감사 | 気持(きも)ち 기분, 마음 | ~を込(こ)めて ~을/를 담아서 | ~を問(と)わず ~을/를 불문하고 | ~をきっかけに ~을/를 계기로 | ~を除(のぞ)いて ~을/를 제외하고

38 (교실에서)
학생 "선생님, 제가 쓴 논문을 읽으신 감상을 들려주세요."
선생님 "훌륭했어요. 당신의 사고방식에는 날카로운 (데가 있어요)."

1 (반드시) ~라는 것은 아닙니다
2 (반드시) ~라고는 할 수 없습니다
3 ~하는 데가 있습니다
4 ~임에 틀림없습니다

해설 문맥상 알맞은 표현은 **3 ものがあります**이다. 모두 い형용사 기본형과 접속이 되는 문법이지만, 앞 문장과 자연스럽게 연결되기 위해서는 ~ものがある(~하는 데가 있다)라는 문법이 가장 적합하다.

단어 論文(ろんぶん) 논문 | 感想(かんそう) 감상 | 聞(き)かせる 들려주다 | 素晴(すば)らしい 훌륭하다 | 鋭(するど)い 날카롭다 | ~ものがある ~하는 데가 있다 | ~というものではない (반드시) ~라는 것은 아니다 | ~とは限(かぎ)らない (반드시) ~라고는 할 수 없다 | ~に決(き)まっている 반드시 ~이다, ~임에 틀림없다

39 죄송 (하게도) 내 실수 때문에 동료에게까지 민폐가 되어 버렸다.

1 ~하게도
3 ~할까 보냐
2 ~은/는커녕
4 ~(으)로 인해, ~때문에

해설 문맥상 알맞은 표현은 **1 ことに**이다. 모두 い형용사 기본형과 접속이 되는 문법이지만, 앞뒤 문장과 자연스럽게 연결되기 위해서는 ~ことに(~하게도)라는 문법이 가장 적합하다.

단어 申(もう)し訳(わけ)ない 죄송하다 | ~ことに ~하게도 | 同僚(どうりょう) 동료 | 迷惑(めいわく)がかかる 민폐가 되다 | ~どころか ~은/는커녕 | ~ものか ~할까 보냐 | ~ことから ~(으)로 인해, ~때문에

40 담당자가 부재중이기 때문에, 이쪽의 질문에는 대답 (하기 어렵습니다).

1 ~하지 않을 수 없습니다
2 ~하지 않고는 있을 수 없습니다
3 ~해 보이겠습니다
4 ~하기 어렵습니다, ~할 수 없습니다

해설 문맥상 알맞은 표현은 **4 しかねます**이다. 앞 문장과 자연스럽게 연결되기 위해서는 동사 ます형+かねる(~하기 어렵다, ~할 수 없다)라는 문법이 가장 적합하다.

단어 担当者(たんとうしゃ) 담당자 | 不在(ふざい) 부재 | ~かねる ~하기 어렵다, ~할 수 없다 | ~ざるを得(え)ない ~하지 않을 수 없다 | ~ずにはいられない ~하지 않고는 있을 수 없다 | ~てみせる ~해 보이다

41 산 정상에 가까워짐 (에 따라서), 안개가 짙어지기 시작해서 앞이 잘 안 보인다.

1 ~에 더해서　　　　　　2 ~(함)에 따라서
3 ~데 있어서　　　　　　4 ~에 대비하여

해설　문맥상 알맞은 표현은 **2 につれて**이다. 2, 3번은 동사 기본형과 접속이 되는 문법이지만, 앞뒤 문장과 자연스럽게 연결되기 위해서는 ~につれて(~(함)에 따라서)라는 문법이 가장 적합하다. 1, 4번은 명사와 접속하는 문법이므로 정답이 아니다.

단어　頂上(ちょうじょう) 정상 | 近(ちか)づく 가까워지다 | ~につれて ~(함)에 따라서 | 霧(きり) 안개 | 濃(こ)い 진하다, 짙다 | ~に加(くわ)えて ~에 더해서 | ~にあたって ~데 있어서, ~에 앞서 | ~に備(そな)えて ~에 대비하여

---

42 (호텔의 프런트에서)
숙박객 "이 카드 키는 어디에 반납하면 되나요?"
호텔의 직원 "돌아가실 (때에) 이쪽의 상자에 넣어주세요."

1 ~사이에　　　　　　2 ~한 끝에
3 ~후에　　　　　　　4 ~할 때에

해설　문맥상 알맞은 표현은 **4 際に**이다. 모두 お+동사 ます형+の와 접속이 가능한 문법이지만, 앞뒤 문장과 자연스럽게 연결되기 위해서는 ~際に(~할 때에)라는 문법이 가장 적합하다.

단어　フロント 프런트 | 宿泊客(しゅくはくきゃく) 숙박객 | カードキー 카드 키 | スタッフ 스태프, 직원 | ~際(さい)に ~할 때에 | ~間(あいだ)に 사이에 | ~末(すえ)に ~한 끝에 | ~後(あと)に ~후에

---

43 신상의 장난감에 눈을 빼앗겨 버려 엄마에게 부탁받은 우유를 사는 것을 잊을 (뻔했다).

1 ~하기로 하다　　　　　2 ~할 뻔했다
3 ~것일 것이다, ~것이겠지　4 ~할 리가 없다

해설　문맥상 알맞은 표현은 **2 ところだった**이다. 모두 동사 기본형과 접속이 되는 문법이지만, 앞 문장과 자연스럽게 연결되기 위해서는 ~ところだった(~할 뻔했다)라는 문법이 가장 적합하다.

단어　新作(しんさく) 신작, 신상 | おもちゃ 장난감 | 奪(うば)う 빼앗다 | 頼(たの)む 부탁하다 | 牛乳(ぎゅうにゅう) 우유 | 買(か)い忘(わす)れる 사는 것을 잊다 | ~ところだった ~할 뻔했다 | ~ことにする ~하기로 하다 | ~だろう ~일 것이다, ~겠지 | ~わけがない ~할 리가 없다

---

44 (슈퍼마켓에서)
손님 "저기요. 간장을 찾고 있는데요."
점원 "간장이라면 저쪽 조미료 코너에 (있습니다)."

1 계십니다, 가십니다, 오십니다(존경어)
2 합니다(겸양어)
3 있습니다(겸양어)

4 있습니다(정중어)

해설　문맥상 알맞은 표현은 **4 ございます**이다. 간장이 저쪽 코너에 있다고 손님에게 정중하게 안내하는 상황이기 때문에 ございます(있습니다)라는 정중어가 가장 적합하다. 3번도 한국어 해석상 정답이 될 것 같지만, おります는 생물의 존재 유무를 나타내는 いる(있다)의 겸양어이기 때문에 정답이 아니다.

단어　お醬油(しょうゆ) 간장 | 調味料(ちょうみりょう) 조미료 | コーナー 코너 | ござる 있다(정중어) | いらっしゃる 계시다, 가시다, 오시다(존경어) | おる 있다(겸양어) | いたす 하다(겸양어)

문제8　다음 문장의 ＿＿★＿＿에 들어갈 가장 알맞은 것을, 1·2·3·4에서 하나 고르세요.

---

45 규칙적인 생활을 보내지 않으면 몸 상태를 ★무너뜨릴 지도 모릅니다.

1 보내지 않으면　　　　2 무너뜨릴
3 몸 상태를　　　　　　4 지도 모릅니다

해설　앞 문장 生活を(생활을)의 뒤에는 동사가 와야 하고 문맥상 生活を送らないと(생활을 보내지 않으면)이 자연스럽기 때문에 1번이 제일 먼저 나온다. 3 体調를의 뒤에도 동사가 와야 하고 4 かねません의 앞에는 동사 ます형이 와야 하므로 3-2-4번으로 연결된다. 따라서 1-3-2-4로 문장을 만들면 **2 崩し**가 정답이다.

단어　規則正(きそくただ)しい 규칙적이다 | 体調(たいちょう) 몸의 상태, 컨디션 | 崩(くず)す 무너뜨리다 | ~かねない ~할지도 모른다

---

46 슬슬 도착할 리의 배달이 왠지 1시간이나 늦고 있었기 때문에 가게에 주문을 ★확인했 더니 정상적으로 주문이 되어 있지 않았다.

1 했더니, 한 결과　　　　2 확인했다
3 정상적으로　　　　　　4 주문을

해설　4 注文を의 뒤에는 동사가 와야 하며 1 ところ의 앞에는 동사 た형이 와야 하므로 4-2-1번으로 연결된다. 그리고 3 正常に가 뒤 문장의 注文がされていなかった(주문이 되어 있지 않았다)를 꾸며주고 있다. 따라서 4-2-1-3으로 문장을 만들면 **2 確認した**가 정답이다.

단어　そろそろ 슬슬 | 着(つ)く 도착하다 | 配達(はいたつ) 배달 | 注文(ちゅうもん) 주문 | 確認(かくにん) 확인 | ~たところ ~했더니, ~한 결과 | 正常(せいじょう)に 정상적으로

---

47 처음에는 그를 매우 좋아했지만, 최근에는 싸우고 만 있어서 사랑이 ★식고 있다.

1 식고　　　　　　　　　2 사랑이
3 만이라서, 뿐이라서　　　4 하고 있다

해설　동사 て형+ばかりで(~하고만 있어서)라는 문법이 있기 때문에 앞 문장 ケンカして(싸우고)와 연결하여 3번이 제일 먼저 나온다. 그리고 '사랑이 식다'는 愛が冷める라고 하고, 4 つつある 앞에는 동사

ます형이 와야 하므로 2-1-4번으로 연결된다. 따라서 3-2-1-4로 문장을 만들면 **1 冷め**가 정답이다.

단어 最初(さいしょ) 최초, 처음 | 〜ものの 〜기는 하지만 | 〜てばかりだ 〜하고만 있다 | ケンカする 싸우다 | 愛(あい) 사랑 | 冷(さ)める 식다 | 〜つつある 〜하고 있다

---

48 항상 줄이 늘어서 있는 저 가게는 가격 은 그렇다 치고 ★맛과 서비스는 최고라 고 생각한다.

1 은/는 그렇다 치고   2 최고다
3 가격   **4 맛과 서비스는**

해설 1는別にして의 앞에는 명사가 와야 하므로 3-1번으로 연결된다. 그리고 뒤 문장 と思う(〜라고 생각한다)의 앞에는 보통형이 와야 하므로 2번과 접속이 될 수 있고, 문맥상 味とサービスは最高だ(맛과 서비스는 최고다)가 자연스러우므로 4-2번으로 연결된다. 따라서 3-1-4-2로 문장을 만들면 **4 味とサービスは**가 정답이다.

단어 行列(ぎょうれつ)ができる 행렬이 생기다, 줄이 늘어서다 | 価格(かかく) 가격 | 〜は別(べつ)にして 〜은/는 제쳐두고, 〜은/는 그렇다 치고 | 味(あじ) 맛 | サービス 서비스 | 最高(さいこう)だ 최고다

---

49 이번 달의 예정을 확인하는 대로 ★다음 번 행해질 회의의 일정을 정해서 알려드리겠습니다.

1 대로   2 회의의
3 확인하는   **4 다음 번 행해질**

해설 앞 문장 予定を(예정을)의 뒤에는 동사가 와야 하며 1 次第의 앞에는 동사 ます형이 와야 하므로 3-1번으로 연결된다. 그리고 문맥상 次回行われる会議(다음 번 열릴 회의)로 이어지는 것이 자연스럽고 2 会議の의 뒤에는 명사가 와야 하므로 4-2번으로 연결된다. 따라서 3-1-4-2로 문장을 만들면 **4 次回行われる**가 정답이다.

단어 予定(よてい) 예정 | 確認(かくにん) 확인 | 〜次第(しだい) 〜하는 대로 | 次回(じかい) 다음 번 | 行(おこな)う 실시하다, 행하다 | 日程(にってい) 일정 | 知(し)らせる 알리다

문제13 다음 문장을 읽고, 문장 전체 내용을 생각해서, 50 부터 54 안에 들어갈 가장 알맞은 것을, 1·2·3·4에서 하나 고르세요.

이하는 신문 기사의 칼럼이다.

근래, '독박 육아'를 50 , 여러 가지 의논이 행해지고 있다. 독박 육아라는 말 안에 들어가는 '원 오퍼'라는 말은 원래 가게를 혼자서 영업하는 것을 의미하는 '원 오퍼레이션(독박)'에서 온 말이다. 그게 요즘은 부모의 어느 쪽인가 또는 한부모가 가사나 육아를 혼자서 행하는 것을 의미하는 말로서 쓰이게 되었다.

독박 육아가 되는 이유로는 파트너가 일로 바쁘거나 본가가 멀고, 의지할 수 있는 사람이 근처에 없는 것 등이 원인이라고 말해지고 있다. 옛날처럼 가족이 많거나 지역과의 관계가 강하거나 해서 다 같이 아이를 키우던 시대와는 다른 것이다. 51 지금은 가족 형태가 다양한 것은 물론이고 라이프스타일이나 사람들의 가치관

도 다양화하여 조금이라도 아이의 울음소리가 들리면 이웃에게 경찰을 52 시대가 된 것이다. 즉, 주변 사람에게 신경을 쓰고 불안과 싸우면서 육아를 행하지 않을 수 없는 것이 현상이라고 말할 수 있다.

이러한 독박 육아를 극복하기 위해 필요한 것으로서는 상담할 수 있는 친구를 만드는 것, 가사나 육아를 역할 분담하는 것, 가끔은 숨을 고르는 것을 예로 들 수 있다. 누구에게나 혼자 할 수 있는 일에는 한계가 있기 때문에 가사나 육아를 수십 년간이나 계속하는 것은 53 . 아무리 아이가 귀엽더라도 계속 함께 있으면 숨이 막히는 경우도 있을 수 있다. 가끔은 부모님에게 의지하거나 맡아주는 서비스 등을 이용해서, 자신의 시간을 만드는 것으로 다시 내일도 힘낼 수 있게 될 것이다. 그리고 54 국가나 시가 독박 육아를 하고 있는 가정의 부담을 줄일 수 있는 시스템을 하루라도 빨리 만들어야 한다고 생각한다.

---

50 1 제외하고   **2 둘러싸고**
3 계기로   4 불문하고

해설 문맥에 맞는 문법 표현을 고르는 문제이다. 빈칸 앞부분에 近年、「ワンオペ育児」を(근래, '독박 육아'를)라고 한 후 色々な議論が行われている。(여러 가지 의논이 행해지고 있다.)로 이어지므로 독박 육아를 둘러싸고 여러 가지 의논이 이루어지고 있다고 하는 것이 자연스럽다. 따라서 **2 めぐって**가 정답이다.

표현 〜を除(のぞ)いて 〜을/를 제외하고 | 〜をめぐって 〜을/를 둘러싸고 | 〜を契機(けいき)に 〜을/를 계기로 | 〜を問(と)わず 〜을/를 불문하고

---

51 1 그렇지 않으면   2 즉
3 그래서   **4 게다가**

해설 문맥에 맞는 접속사를 고르는 문제이다. 앞부분에서 현재는 옛날처럼 가족이 많았고 지역과의 관계가 강해서 다 같이 아이를 키우던 시대와는 다르다고 한 후 빈칸 뒤에 거기에 덧붙여 현재의 어려운 상황을 설명하고 있다. 따라서 빈칸에 들어갈 접속사로 알맞은 것은 **4 それに**이다.

표현 それとも 그렇지 않으면 | つまり 즉 | そこで 그래서 | それに 게다가

---

52 1 부를 수밖에 없다   2 부르지 않으면 안 된다
3 불러지는 것도 아니다   **4 불러질지도 모른다**

해설 문맥에 맞는 문법 표현을 고르는 문제이다. 빈칸 앞부분에 ちょっとでも子供の泣き声が聞こえると近所から警察を(조금이라도 아이의 울음소리가 들리면 이웃에게 경찰을)라고 했다. 독박 육아의 힘든 점을 말하고 있는 상황이기 때문에 자신이 부른다고 하기보다는 불러질지 모른다고 하는 것이 자연스럽다. 따라서 **4 呼ばれるかもしれない**가 정답이다.

표현 呼(よ)ぶ 부르다 | 〜しかない 〜할 수밖에 없다 | 〜なければならない 〜하지 않으면 안 된다 | 〜わけでもない 〜하는 것도 아니다

| ~かもしれない ~일지도 모른다

53 **1 어려운 법이다** 2 어려운 것일까
3 어려워질 것 같다 4 어려워지면 다행이다

해설 문맥에 맞는 문법 표현을 고르는 문제이다. 빈칸 앞부분에 誰にでも一人でできることには限界があるので、家事や育児を数十年間も継続することは(누구에게나 혼자 할 수 있는 일에는 한계가 있기 때문에 가사나 육아를 수십 년간이나 계속하는 것은)라고 했으므로 어려운 법이라고 이어지는 것이 자연스럽다. 따라서 **1 難しいものだ**가 정답이다.

표현 難(むずか)しい 어렵다 | ~ものだ ~하는 법이다, ~하는 것이 당연하다 | ~だろうか ~것일까 | ~そうだ ~일(할) 것 같다 | ~ばよかった ~면 다행이다

54 1 이렇게 보면 **2 그러기 위해서는**
3 그렇기는커녕 4 이것에 대해서

해설 문맥에 맞는 접속사를 고르는 문제이다. 빈칸은 앞부분의 自分の時間を作ること(자신의 시간을 만드는 것)를 제시하면서 그렇기 위해서는 국가나 정부의 시스템을 만들어야 한다고 하는 것이 자연스럽다. 따라서 빈칸에 들어갈 접속사로 알맞은 것은 **2 そのためには**이다.

표현 こうして見(み)ると 이렇게 보면 | そのためには 그러기 위해서는 | それどころか 그렇기는커녕 | これに対(たい)して 이것에 대해서

단어 コラム 칼럼 | 近年(きんねん) 근년, 근래 | ワンオペ育児(いくじ) 독박 육아 | 議論(ぎろん) 의논 | 行(おこな)う 행하다, 실시하다 | もともと 원래 | 近頃(ちかごろ) 최근, 요즘 | 育児(いくじ) 육아 | ひとり親(おや) 한부모 | 家事(かじ) 가사 | パートナー 파트너 | 実家(じっか) 본가 | 頼(たよ)る 의지하다 | 原因(げんいん) 원인 | 地域(ちいき) 지역 | 関係(かんけい) 관계 | 子育(こそだ)て 육아, 아이 키우기 | 様々(さまざま)だ 다양하다 | ~はもとより ~은/는 물론 | ライフスタイル 라이프스타일 | 価値観(かちかん) 가치관 | 多様化(たようか) 다양화 | 泣(な)き声(ごえ) 울음소리 | 近所(きんじょ) 근처, 이웃 | 周(まわ)り 주위 | 気(き)をつかう 마음을 쓰다, 배려하다 | 不安(ふあん) 불안 | 戦(たたか)う 싸우다 | ~ざるを得(え)ない ~하지 않을 수 없다 | 現状(げんじょう) 현상, 현재 상태 | 乗(の)り越(こ)える 극복하다 | 相談(そうだん) 상담 | 役割(やくわり) 역할 | 分担(ぶんたん) 분담 | 息抜(いきぬ)き 숨을 돌림 | 挙(あ)げる 예를 들다 | 限界(げんかい) 한계 | 継続(けいぞく) 계속 | 息(いき)が詰(つ)まる 숨이 막히다 | あり得(え)る 있을 수 있다 | 預(あず)かる 맡다 | サービス 서비스 | 市(し) 시 | 負担(ふたん) 부담 | 減(へ)らす 줄이다 | システム 시스템

독해 22p

문제10
55 ② 56 ③ 57 ③ 58 ③ 59 ②

문제11
60 ③ 61 ② 62 ③ 63 ④ 64 ②
65 ③ 66 ④ 67 ①

문제12
68 ① 69 ③

문제13
70 ③ 71 ① 72 ③

문제14
73 ③ 74 ④

문제10 다음 (1)부터 (5)의 문장을 읽고, 뒤의 물음에 대한 답으로서 가장 알맞은 것을, 1·2·3·4에서 하나 고르세요.

(1)

기업은 개발에 있어 소비자의 니즈를 조사하고 그것에 맞춰서 상품을 만든다. 그렇기 때문에 소비자의 니즈에 맞지 않는 것을 만들어 버리면 그것은 실패다. 하지만 그때까지 팔리지 않았던 '실패'한 상품을 판매하는 대상을 바꿔서 제공하는 것만으로 갑자기 잘 팔리게 됐다고 하는 이야기를 자주 듣는다. 또한 SNS를 계기로 그동안 알려져 있지 않았던 상품이 폭발적인 인기를 얻었다는 등의 경우도 있다. 올바른 타깃(주석)에게 정보가 전달되는지 어떤지라고 하는 것도 잘 팔리는 상품의 중요한 요소인 것이라고 생각한다.

(주석) 타깃 : 여기서는 판매 대상이 되는 소비자

55 잘 팔리는 상품에 대해서 필자의 생각과 맞는 것은 어느 것인가?

1 소비자의 니즈에만 맞춰서 만든 상품은 잘 팔리지 않는다.
2 잘 팔리기 위해서 필요한 요소는 소비자의 니즈뿐만은 아니다.
3 SNS로 선전하면 상품이 잘 팔리게 된다.
4 소비자의 니즈를 올바르게 조사하고 있지 않은 기업이 많다.

해설 필자는 실패 상품이 판매 대상을 바꿨더니 갑자기 잘 팔리게 되었다거나, SNS를 활용한 상품 홍보를 계기로 폭발적인 인기를 얻었다는 두 가지 사례를 들며, 올바른 판매 대상에게 정보가 전달되는 것이 잘 팔리는 상품의 중요한 요소라고 하였다. 따라서 2번이 정답이다. 1, 4번은 본문에서 언급하지 않은 내용이기 때문에 정답이 아니고, 3번 역시 그런 경우도 있다고 예시로 든 것일 뿐이기 때문에 정답이 아니다.

단어 企業(きぎょう) 기업 | 開発(かいはつ) 개발 | ~にあたり ~에 있어서 | 消費者(しょうひしゃ) 소비자 | ニーズ 니즈, 요구 | 調査

(ちょうさ) 조사 | 合(あ)わせる 맞추다 | 商品(しょうひん) 상품 | 失敗(しっぱい) 실패 | 売(う)れる (잘) 팔리다 | 販売(はんばい) 판매 | 対象(たいしょう) 대상 | 提供(ていきょう) 제공 | 急(きゅう)に 갑자기 | しばしば 자주 | 耳(みみ)にする 듣다 | ~がきっかけで ~이/가 계기로 | 爆発的(ばくはつてき)だ 폭발적이다 | 得(え)る 얻다 | ターゲット 타깃, 표적 | 情報(じょうほう) 정보 | 要素(ようそ) 요소 | 宣伝(せんでん) 선전

(2)

히마와리 셰어하우스 입주자 여러분

1층의 공용 냉장고에 오래된 식재료가 들어있는 채로 있어 식품을 넣을 장소가 없다고 복수의 입주민들로부터 불만이 오고 있습니다. 그래서 3월 24일에 관리인이 냉장고 정리를 실시하게 되었습니다.
스티커와 펜을 냉장고의 옆에 있는 선반에 놓아두겠으니 앞으로 자신의 물건에는 이름을 쓴 스티커를 붙여 두도록 해 주세요.
또한 스티커가 붙어 있지 않은 물건에 관해서는 사용하지 않는 식재료라고 판단하고 처분하겠습니다.
스티커가 부족한 경우에는 아래의 전화번호로 연락 주십시오.
협조, 잘 부탁드립니다.

관리인 : 다나카
연락처 : 090-1234-5678

56 이 공지는 무엇을 위해서 쓰여졌는가?

1 불만이 왔기 때문에 오래된 식품을 버리게 하기 위해서
2 냉장고의 사용법이 좋지 않기 때문에 개선하기 위해서
3 냉장고의 정리를 하는 데에, 자신의 식재료에 표시를 해 받기 위해서
4 냉장고 안의 오래된 식재료의 주인을 알기 위해서

해설 공지에서 관리인은 今後、ご自身の物には名前が書いたシールを貼っておくようにしてください。(앞으로 자신의 물건에는 이름을 쓴 스티커를 붙여 두도록 해 주세요.)라며 냉장고 정리를 위해 이름을 쓴 스티커를 붙여줄 것을 요구하고 있다. 따라서 3번이 정답이다. 관리인이 정리한다고 했기 때문에 1번은 정답이 아니고, 2, 4번은 본문에서 언급하지 않은 내용이기 때문에 정답이 아니다.

단어 シェアハウス 셰어하우스 | 入居者(にゅうきょしゃ) 입주자 | 各位(かくい) 각위, 여러분 | 共用(きょうよう) 공용 | 食材(しょくざい) 식재료 | ~まま ~한 채로 | 食品(しょくひん) 식품 | 複数(ふくすう) 복수, 여러 개 | 苦情(くじょう) 불만, 불평 | そこで 그래서 | 管理人(かんりにん) 관리인 | 整理(せいり) 정리 | 行(おこな)う 행하다, 실시하다 | シール 씰, 스티커 | 棚(たな) 선반 | 自身(じしん) 자신 | 貼(は)る 붙이다 | ~に関(かん)して ~에 관해서 | 判断(はんだん) 판단 | 処分(しょぶん) 처분 | 不足(ふそく) 부족 | 改(あらた)める 고치다, 개선하다 | 片付(かたづ)け 정리 | 印(しるし)をつける 표시를 하다 | 持(も)ち主(ぬし) 주인

(3)

사람은 자고 있는 동안에 뇌 밑에 있는 하수체라고 하는 곳에서 체내에 다양한 물질을 분비하고 있다고 한다. 그중 하나인 성장 호르몬은
(주석1)
(주석2)

어린이의 성장을 돕는 것으로서 유명하지만, 성인이 되어서도 분비된다고 한다. 더욱이 지방을 태워서 그 에너지로 세포를 활성화시키거나 대사를 활발하게 하거나 하는 기능을 가지고 있는 것이라고 한다. 당연
(주석3)
히 수면 부족이 되면 성장 호르몬의 양은 적어지고 살이 빠지기 어렵게 되어 버리게 된다. 따라서 수면 부족은 다이어트의 적이라고도 말할 수 있다.

(주석1) 하수체 : 뇌의 안에서 다양한 호르몬의 기능을 조절하고 있는 부분
(주석2) 분비 : 세포에서 체내나 체외로 물질이 나오는 것
(주석3) 대사 : 몸이 에너지를 소비하는 것

57 필자는 성장 호르몬은 어떠한 것이라고 서술하고 있는가?

1 다이어트에 방해가 되는 물질이다.
2 분비되는 것은 어릴 때뿐이며 성장기가 지나면 분비되지 않는다.
3 부족하면 몸의 에너지가 쓰이기 어렵게 되어 효과적으로 다이어트를 할 수 없게 된다.
4 뇌에 분비되어 수면에 영향을 미친다.

해설 필자는 본문에서 睡眠不足になれば成長ホルモンの量は少なくなり、やせにくくなってしまうことになる。(수면 부족이 되면 성장 호르몬의 양은 적어지고 살이 빠지기 어렵게 되어 버리게 된다.)라고 했으므로 3번이 정답이다. 성장 호르몬이 다이어트의 방해가 된다는 언급은 없고 오히려 지방을 태우고 대사를 촉진시킨다고 했으므로 1번은 정답이 아니다. 성장 호르몬은 어른이 되어서도 분비되고, 뇌에서 체내 외로 분비되는 것이므로 2, 4번도 정답이 아니다.

단어 脳(のう) 뇌 | 下垂体(かすいたい) 하수체 | 体内(たいない) 체내 | 様々(さまざま)だ 다양하다 | 物質(ぶっしつ) 물질 | 分泌(ぶんぴつ) 분비 | 成長(せいちょう) 성장 | ホルモン 호르몬 | 脂肪(しぼう) 지방 | 燃(も)やす 태우다 | エネルギー 에너지 | 細胞(さいぼう) 세포 | 活性化(かっせいか) 활성화 | 代謝(たいしゃ) 대사 | 活発(かっぱつ)に 활발하게 | 働(はたら)き 기능, 작용 | 当然(とうぜん) 당연히 | 睡眠不足(すいみんぶそく) 수면 부족 | 量(りょう) 양 | ダイエット 다이어트 | 敵(てき) 적 | コントロール 컨트롤, 통제 | 体外(たいがい) 체외 | 消費(しょうひ) 소비 | 邪魔(じゃま) 방해 | 成長期(せいちょうき) 성장기 | 不足(ふそく) 부족 | 効果的(こうかてき)に 효과적으로 | 影響(えいきょう) 영향 | 及(およ)ぼす 끼치다

(4)

수신인 : taroshimamura@mail.co.jp
제목 : 자료의 예약에 관해서

시마무라 타로 님

이쪽은 니시무라 마을 도서관입니다.
예약하셨던 자료가 도착하였으므로 안내해 드립니다.

디자인의 기초를 배우자   저자 키시모토 마나부   아카시오 사

도서 카드를 지참하신 후, 창구에서 대출 수속을 부탁드립니다.
또한 이 책의 보유 기간은 오늘 7월 5일부터 1주일로 되어 있습니다. 보유 기간을 지난 경우, 예약이 취소되고 다른 분께도 대출이 가능하게 되오니 주의해 주십시오.
또한 예약을 취소할 경우에는 도서관으로 전화로 연락 주시기를 부탁드립니다.
니시무라 마을 도서관

58 이 메일의 내용에 대해서 올바른 것은 어느 것인가?

1 시마무라 씨는 도서관에게 빌렸던 책을 반납했기 때문에 도서관으로부터 메일을 받았다.
2 이 책을 다른 사람이 대출해 버리지 않기 위해서는 시마무라 씨는 7월 5일까지 도서관에 가지 않으면 안 된다.
3 7월 12일까지 도서 카드를 들고 도서관에 가면 시마무라 씨는 이 책을 누구보다도 먼저 빌릴 수 있다.
4 예약을 취소하고 싶은 경우에는 이 메일로 답장하면 되므로 도서관에 갈 필요는 없다.

해설 메일 내용에 의하면 시마무라 씨가 예약한 책이 반납되어 7월 5일부터 1주일간(7월 12일까지) 도서관에서 보관해 주며, 보관이 기간이 끝나면 다른 사람들에게도 대출이 가능해진다고 했다. 따라서 3번이 정답이다. 시마무라 씨가 예약한 책을 다른 사람이 반납했기 때문에 받은 메일이므로 1번은 정답이 아니고, 시마무라 씨는 도서관에 7월 12일까지 가면 되기 때문에 2번도 정답이 아니다. 예약 취소 시에는 도서관으로 전화 연락을 부탁하고 있으므로 4번도 정답이 아니다.

단어 宛先(あてさき) 수신인 | 件名(けんめい) 건명, 제목 | 資料(しりょう) 자료 | 案内(あんない) 안내 | デザイン 디자인 | 基礎(きそ) 기초 | 学(まな)ぶ 배우다 | 著者(ちょしゃ) 저자 | 窓口(まどぐち) 창구 | 貸出(かしだし) 대출 | 手続(てつづ)き 수속, 절차 | なお 또한, 더구나 | 保有(ほゆう) 보유 | 取(と)り消(け)す 취소하다 | 可能(かのう) 가능 | 受(う)け取(と)る 수취하다, 받다 | 返信(へんしん) 답장, 회신

(5)

'노래가 좀처럼 늘지 않는다'든지 '그림을 잘 그릴 수 없다'든지 누구라도 실력 향상에 이런저런 생각이 들어 고민할 때가 있다. 그럴 때는 프로의 흉내를 내면 좋다. 그림이든 악기든 잘하는 사람의 흉내를 내고 있는 사이에 그것이 자연스럽게 몸에 배어져 간다. 남의 흉내로는 자신의 오리지널리티가 없다고 말하는 사람도 있지만, 아무리 똑같이 하려고 해도, 다른 인간인 한, 각자의 특징이라는 것은 자연스럽게 드러나 버리는 법이다. 흉내를 내는 사이에 상대의 기술이 자신 안에서 소화되어 새로운 오리지널리티가 생겨나는 것이다.

(주석) 오리지널리티 : 그 사람만의 작품의 특징

59 다음 중, 필자의 생각에 맞는 것은 어느 것인가?

1 남의 흉내를 낸다면 동시에 자신의 개성을 갈고닦을 필요가 있다.

2 오리지널리티는 의식하지 않아도 나와 버리는 것으로 타인을 완전히 카피할 수는 없다.
3 남의 흉내를 낼 때는 완전히 카피하는 것이 아니라, 자기 나름대로의 궁리가 중요하다.
4 프로의 기술을 이해함으로써 오리지널리티를 만들어 낼 수 있다.

해설 필자는 본문에서 どんなに同じようにしようとしても、違う人間である限り、各々の特徴というものは自然と現れてしまうものだ。(아무리 똑같이 하려고 해도, 다른 인간인 한, 각자의 특징이라는 것은 자연스럽게 드러나 버리는 법이다.)라고 했으므로 2번이 정답이다. 아무리 똑같이 남의 흉내를 내더라도 자신의 특징이 자연스럽게 드러난다고 했으므로 1, 3번은 정답이 아니고, 흉내를 내는 사이에 상대의 기술이 자신의 안에서 소화되어 새로운 오리지널리티가 생겨난다고 했기 때문에 4번도 정답이 아니다.

단어 上達(じょうたつ)する 솜씨가 늘다, 숙달되다 | 上手(うま)く 잘 | 描(か)く 그리다 | 思(おも)い悩(なや)む 이런저런 생각에 고민하다 | プロ 프로 | 真似(まね)をする 흉내를 내다 | 〜にしても 〜라고 해도 | 楽器(がっき) 악기 | 上手(うま)い 잘하다 | 身(み)につく 몸에 익다 | オリジナリティ 오리지널리티 | 〜限(かぎ)り 〜하는 한 | 各々(おのおの) 각각 | 特徴(とくちょう) 특징 | 現(あらわ)れる 나타나다, 모습을 드러내다 | 相手(あいて) 상대 | 技術(ぎじゅつ) 기술 | 消化(しょうか) 소화 | 新(あら)ただ 새롭다 | 個性(こせい) 개성 | 磨(みが)く 닦다, 갈고닦다 | 意識(いしき) 의식 | 完全(かんぜん)に 완전히 | コピー 카피, 복사 | 〜なりの 〜나름대로의 | 工夫(くふう) 궁리, 고안 | 生(う)み出(だ)す 새롭게 만들어 내다

문제11 다음 (1)부터 (4)의 문장을 읽고, 뒤의 물음에 대한 답으로서 가장 알맞은 것을, 1·2·3·4에서 하나 고르세요.

(1)

인간과 비슷한 행동 패턴을 가진 동물은 적지 않습니다. 예를 들면 침팬지나 원숭이 등 사람과 가까운 동물은 무리를 이뤄서 집단생활을 하는 습관이 있고, 그 안에는 엄격한 상하관계가 존재하고 마치 인간 사회와 같은 정치적인 흥정도 볼 수 있습니다. 그들은 상대방의 안색을 살피고 감정을 알아차려서 다음 행동을 정합니다.(주석1)

신기하게도 유인원뿐만 아니라 다른 동물들 중에도 인간과 비슷한 특징을 몇 가지 볼 수 있습니다.(주석2) 예를 들면 돌고래나 고래는 각각의 울음소리로 서로에게 반응하고 인간처럼 커뮤니케이션을 합니다. 또 쥐는 매우 동료 의식이 강해서 위험한 상황의 동료를 보면 구출하려고 합니다. 그리고 코끼리는 가족이 죽으면 그것을 마치 슬퍼하는 것 같은 행동을 하고 애통의 감정을 나타냅니다.

이것은(주석3) 인간이든 동물이든 함께 살아가는 것의 소중함을 깨닫고 있기 때문이 아닐까 하고 생각합니다. 혼자서 무언가를 하기에는 한계가 있습니다. 먹을 것과 같은 필요한 것을 손에 넣을 때도 자신들이 속해 있는 환경을 유지하고 지키기 위해서 우두머리를 정하고 룰을 확립할 때도 마찬가지입니다.(주석4) 그룹 멤버가 서로를 지탱하고 공통의 목적이나 목표를 향해서 결과를 얻기 위해서는 '모두의 힘'이 필요합니다.

자주 '사람은 이성을 가지고 생각하거나 움직이거나 하지만 동물은 그렇지 않다'라고 말해집니다만, 과연 큰 차이가 있다고 말할 수 있을까요? **동물의 세계에도 그야말로 지적인 사회 활동이나 감정적인 교류가 복잡하게 얽혀 있고, 결국은 인간 사회와 본질적으로 다르지 않은 것일**

지도 모릅니다.

(주석1) 흥정 : 상대방을 파악하면서 자신에게 유리해지도록 행동하는 것
(주석2) 유인원 : 오랑우탄이나 고릴라처럼 인간과 가장 가까운 관계가 있는 원숭이과
(주석3) 애통 : 매우 슬퍼하는 것
(주석4) 우두머리 : 어느 집단이나 단체의 대표

60 이것이란 어떠한 것인가?

1 동물이 인간처럼 이성을 사용해서 행동하는 것
2 동물이 인간 사회의 룰을 이해하고 행동하는 것
3 동물이 동료와의 관계성을 쌓고 감정을 공유하는 것
4 동물이 살아남기 위해서 경쟁을 통해서 리더를 정하는 것

해설 필자는 돌고래나 고래, 쥐, 코끼리의 예시를 들면서 동물이 동료와의 관계성을 쌓고 감정을 공유하려고 하는 모습을 이야기하고 있으므로 3번이 정답이다.

61 동물의 세계에 대해서 필자의 생각에 맞는 것은 어느 것인가?

1 본능적인 행동으로 성립하고, 인간처럼 복잡한 사고나 감정은 존재하지 않는 세계.
2 인간과 동일하게 지적인 사회 활동이나 감정적인 관계가 존재하는 세계.
3 지식을 토대로 생각하고 사회 활동을 하는 것보다 감정적인 교류를 중시하는 세계.
4 인간으로부터 지적인 사회 활동이나 감정적인 교류를 학습해서 인간 사회처럼 쌓아 올리고 있는 세계.

해설 필자는 動物の世界にも、まさに知的な社会活動や感情的な交流が複雑に絡まっており、結局は人間社会と本質的に変わらないのかもしれません。(동물의 세계에도 그야말로 지적인 사회 활동이나 감정적인 교류가 복잡하게 얽혀 있고, 결국은 인간 사회와 본질적으로 다르지 않은 것일지도 모릅니다.)라고 했으므로 2번이 정답이다.

단어 行動(こうどう) 행동 | パターン 패턴, 유형 | チンパンジー 침팬지 | 猿(さる) 원숭이 | 群(む)れ 떼, 무리 | 成(な)す 이루다 | 集団(しゅうだん) 집단 | 上下(じょうげ) 상하, 위와 아래 | 関係(かんけい) 관계 | 存在(そんざい) 존재 | まるで 마치, 꼭, 전혀 | 政治的(せいじてき)だ 정치적이다 | 駆(か)け引(ひ)き (장사나 교섭 등) 흥정 | 相手(あいて) 상대(방) | 顔色(かおいろ)を伺(うかが)う 안색을 살피다 | 感情(かんじょう) 감정 | 読(よ)み取(と)る 간파하다, 알아차리다 | 不思議(ふしぎ)だ 이상하다, 신기하다 | ~ことに ~하게도 | 類人猿(るいじんえん) 유인원 | 特徴(とくちょう) 특징 | イルカ 돌고래 | クジラ 고래 | 鳴(な)き声(ごえ) 울음소리 | お互(たが)いに서로 | 反応(はんのう) 반응 | ~合(あ)う 서로 ~하다 | コミュニケーション 커뮤니케이션 | ネズミ 쥐 | 仲間(なかま) 한패, 한 무리, 동료 | 意識(いしき) 의식 | 状況(じょうきょう) 상황 | 救出(きゅうしゅつ) 구출 | ゾウ 코끼리 | 亡(な)くなる 죽다, 돌아가시다 | 悲(かな)しむ 슬퍼하다 | ~かの

ような 마치 ~인 것 같은 | 哀痛(あいつう) 애통, 몹시 슬퍼함 | 示(しめ)す 가리키다, 보이다, 나타내다 | ~にせよ~にせよ ~(하)든 ~(하)든 | 共(とも)に 함께, 같이 | 気付(きづ)く 깨닫다, 눈치채다 | ~からこそ ~이기 때문에, ~이니까 | 限界(げんかい) 한계 | 手(て)に入(い)れる 손에 넣다, 가지다 | 属(ぞく)する (범위 안에) 속하다 | 環境(かんきょう) 환경 | 維持(いじ) 유지 | 首長(しゅちょう) 수장, 우두머리 | ルール 룰, 규칙 | 確立(かくりつ) 확립 | 支(ささ)える 지탱하다 | 共通(きょうつう) 공통 | 目的(もくてき) 목적 | 目標(もくひょう) 목표 | 向(む)かう 향하다, 향해서 가다 | 結果(けっか) 결과 | 得(え)る 얻다, 획득하다 | 理性(りせい) 이성 | 果(は)たして 과연 | 違(ちが)い 틀림, 차이 | まさに 바로, 틀림없이, 그야말로 | 知的(ちてき)だ 지적이다 | 活動(かつどう) 활동 | 交流(こうりゅう) 교류 | 複雑(ふくざつ)だ 복잡하다 | 絡(から)む 휘감기다, 얽히다 | 結局(けっきょく) 결국 | 本質的(ほんしつてき)だ 본질적이다 | 有利(ゆうり)だ 유리하다 | オランウータン 오랑우탄 | ゴリラ 고릴라 | 最(もっと)も (무엇보다도) 가장 | ~科(か) ~과 | 非常(ひじょう)に 매우, 상당히, 대단히 | 団体(だんたい) 단체 | 代表(だいひょう) 대표 | 用(もち)いる 사용하다 | 理解(りかい) 이해 | 築(きず)く 쌓아 올리다, 구축하다 | 共有(きょうゆう) 공유 | 生(い)き残(のこ)る 살아남다 | 競争(きょうそう) 경쟁 | ~を通(つう)じて ~을/를 통해서, ~내내 | リーダー 리더, 지도자 | 本能的(ほんのうてき)だ 본능적이다 | 成(な)り立(た)つ 성립하다 | 思考(しこう) 사고 | 結(むす)び付(つ)き 결부, 결합, 관계 | ~をもとに ~을/를 바탕으로, ~을/를 토대로 | 重視(じゅうし) 중시 | 学習(がくしゅう) 학습

(2)

기업의 규모가 커짐에 따라 조직 전체를 잘 하나로 모아서 지도하는 방법을 도입하지 않으면 안 된다. 물론 우수한 지도자도 빠뜨릴 수 없겠지만, 사원 한 사람 한 사람에게 정중히 대응하기에는 한계가 있다. 그래서 정확하고 바로 정보를 공유할 수 있는, 또 매뉴얼에서 벗어나 회사에 손해를 줄 가능성이 있는 행동을 조기에 파악할 수 있도록 명확한 기준(주석1)을 정하는 것이 중요해진다. 게다가 신입 사원이 실수를 해서 회사에 큰 손실을 초래하는 것을 막기 위해서도 빠뜨릴 수 없다.

(중략)

매뉴얼은 개개인의 능력을 충분히 끌어낼 수 없다고 말해지고 있다. '따르는'것만을 의식하면 매뉴얼대로 밖에 움직일 수 없게 되기 때문이다. 그러나 매뉴얼을 절대적인 것이라고 받아들이는 것이 아니라 어디까지나 우선시해야 할 지침(주석2)이라고 이해하는 것으로 '따르는'것을 넘어서 자기 나름의 스타일로 바꿔서 행동할 수 있는 인재도 나타날 것이다. 이렇게 해서 회사에 해를 입힐 것 같은 사람뿐만 아니라 우수한 인재도 선별할 수 있게 되는 것이다.

물론 자사에 맞는 매뉴얼을 만들어 내기 위해서는 상당한 시간이 걸릴지도 모른다. 세세한 것은 어느 정도 현장에서의 판단에 맡기거나 하는 일도 있기 때문에 완벽하게 만드는 것은 무리가 있다. **단, 한 번 완성하면 그 후의 위험성도 막고 많은 사원을 일정 기준으로 컨트롤할 수 있게 된다.** 몇십 명, 몇백 명이 일하는 회사에서는 새로운 사람이 들어올 때마다 그 사람의 성격이나 경력, 고용하는 것에 따른 문제점 등을 생각해서 대응을 반복하는 것보다도(주석3) 시간이라는 자원을 대폭 절약할 수 있는 것이다. **기업에게 있어서 마이너스적인 면을 보완하는 것도 이익으로 이어지기 때문에 매뉴얼 작성은 중요한 역할을 다한다고 말할 수 있을 것이다.**

(주석1) 파악할 수 있다 : 확실히 이해할 수 있다
(주석2) 지침 : 모든 일을 진행하는 데 있어서 참고가 되는 것
(주석3) 경력 : 지금까지 경험해 온 학업이나 일

62 필자에 의하면 '따를' 때에 문제가 되는 것은 무엇인가?
1 '따라야'하는 것이 있으면 조직 전체의 일체감을 잃게 되는 것
2 '따르는'것만을 생각하면 회사에 해를 입히는 행동이 발생해 버리는 것
3 **'따르는'것만을 추구하면 각자의 역량을 최대한으로 발휘할 수 없는 것**
4 '따르는'것만을 추구하면 새로운 방식을 시도하려고 하는 의욕이 없어지는 것

해설   필자는 매뉴얼은 개개인의 능력을 끌어낼 수 없고 그 이유는 '따르는' 것만을 의식하면 매뉴얼대로 밖에 움직일 수 없다고 했기 때문에 각자의 역량을 최대한 발휘할 수 없다고 이야기하고 있는 3번이 정답이다. 본문에서 언급하지 않은 내용이므로 1, 2, 4번은 정답이 아니다.

63 필자의 생각에 맞는 것은 어느 것인가?
1 매뉴얼은 만든 후에 계속 사용되기 때문에 세세한 부분까지 모두 결정할 필요가 있다.
2 사람을 완벽하게 컨트롤하는 것은 어렵기 때문에 매뉴얼은 현장의 목소리를 반영해서 만들어야 한다.
3 매뉴얼을 한 번 완성해 두면 그 후는 다시 만들지 않아도 되기 때문에 시간절약이 된다.
4 **매뉴얼을 만들어 두는 것으로 트러블의 위험성을 줄일 수 있어서 회사의 이익으로 이어진다.**

해설   필자는 ただ、一度完成すると、その後の危険性も防ぎ、多くの社員を一定の基準でコントロールできるようになる。(단, 한 번 완성하면 그 후의 위험성도 막고 많은 사원을 일정 기준으로 컨트롤할 수 있게 된다.)라고 말하면서 매뉴얼 작성은 기업의 부정적인 면을 보완할 수 있어 이익으로 이어진다고 이야기하고 있으므로 4번이 정답이다. 어느 정도 현장의 판단에 맡기는 일도 있기 때문에 세세하게 매뉴얼을 만드는 것은 무리가 있다고 했으므로 1번은 정답이 아니고, 현장의 목소리를 반영해서 매뉴얼을 작성해야 한다는 언급은 없으므로 2번도 정답이 아니다. 매뉴얼을 만들고 다시 만들지 않아도 된다는 언급도 없으므로 3번도 정답이 아니다.

단어   企業(きぎょう) 기업｜規模(きぼ) 규모｜~につれて(~함)에 따라(서)｜組織(そしき) 조직｜まとめる 하나로 모으다｜指導(しどう) 지도｜方法(ほうほう) 방법｜導入(どうにゅう) 도입｜優秀(ゆうしゅう)だ 우수하다｜欠(か)かせない 빠뜨릴 수 없다｜社員(しゃいん) 사원｜丁寧(ていねい)に 정중히, 공손히｜対応(たいおう) 대응｜限界(げんかい) 한계｜正確(せいかく)だ 정확하다｜情報(じょうほう) 정보｜共有(きょうゆう) 공유｜マニュアル 매뉴얼｜外(はず)れる 빠지다, 벗어나다｜損害(そんがい) 손해｜与(あた)える 주다, 수여하다｜可能性(かのうせい) 가능성｜行動(こうどう) 행동｜早期(そうき) 조기｜把握(はあく) 파악｜明確(めいかく)だ 명확하다｜基準(きじゅん) 기준｜定(さだ)める 정하다, 결정하다｜重要(じゅうよう)だ 중요하다｜さらに(は) 게다가｜ミス 미스, 실수｜損失(そんしつ) 손실｜招(まね)く 초대하다, 초래하다｜防(ふせ)ぐ 막다, 방지하다｜個々人(ここじん) 개개인｜能力(のうりょく) 능력｜引(ひ)き出(だ)す 꺼내다, 끄집어 내다, 끌어내다｜従(したが)う 따르다, 좇다｜意識(いしき) 의식｜~通(どお)り(に) ~대로｜絶対的(ぜったいてき)だ 절대적이다｜捉(とら)える 잡다, 파악하다, 받아 들이다｜あくまで 어디까지나, 철저하게｜優先(ゆうせん) 우선｜指針(ししん) 지침｜理解(りかい) 이해｜超(こ)える (수량, 기준 등을) 넘다｜~なりの ~나름(대로)의｜スタイル 스타일｜人材(じんざい) 인재｜現(あらわ)れる 드러나다, 나타나다｜害(がい)を与(あた)える 해를 입히다｜選別(せんべつ) 선별｜自社(じしゃ) 자사, 자기 회사｜作(つく)り上(あ)げる 만들어 내다｜かなり 꽤, 제법, 상당히｜細(こま)かい 자세하다, 잘다, 세세하다｜程度(ていど) 정도｜現場(げんば) 현장｜判断(はんだん) 판단｜任(まか)せる 맡기다｜完璧(かんぺき)だ 완벽하다｜完成(かんせい) 완성｜危険性(きけんせい) 위험성｜一定(いってい) 일정｜コントロール 컨트롤, 통제｜~たびに ~할 때마다｜性格(せいかく) 성격｜経歴(けいれき) 경력｜雇(やと)う 고용하다｜繰(く)り返(かえ)す 되풀이하다, 반복하다｜資源(しげん) 자원｜大幅(おおはば)に 대폭으로｜節約(せつやく) 절약｜マイナス 마이너스｜補(おぎな)う 보충하다, 보완하다｜利益(りえき) 이익｜繋(つな)がる 이어지다, 연결되다｜作成(さくせい) 작성｜役割(やくわり)を果(は)たす 역할을 다하다｜物事(ものごと) 세상만사의 일, 모든 것(일)｜~上(うえ)で ~하는데 있어서, ~할 때, ~하는 경우, ~한 후에｜参考(さんこう) 참고｜経験(けいけん) 경험｜学業(がくぎょう) 학업｜一体感(いったいかん) 일체감｜失(うしな)う 잃다｜発生(はっせい) 발생｜求(もと)める 구하다, 바라다, 추구하다｜各自(かくじ) 각자｜力量(りきりょう) 역량｜最大限(さいだいげん)だ 최대한이다｜発揮(はっき) 발휘｜やり方(かた) 하는 법｜試(ため)す 시험하다, 시도하다｜意欲(いよく) 의욕｜すべて 전부, 모두｜反映(はんえい) 반영｜~直(なお)す 다시 ~하다｜トラブル 트러블, 말썽｜低減(ていげん) 저감, 줄임

(3)

'최근 기술'이라고 하면 역시 'AI (인공지능)'을 빼고서는 아무것도 이야기할 수 없다. 말할 필요도 없겠지만, AI는 다양한 분야에서 활용되고 있으며 적용 가능한 범위는 점점 더 넓어지고 있다. 이것은 AI에게 얻을 수 있는 정보나 업무 처리 능력과 같은 AI가 가지고 있는 지식이나 능력, 기술을 인간이 메리트라고 생각하고 바라고 있기 때문에 성립하고 있는 것이다.

그러나 AI는 아직 불완전한 부분도 많이 있다고 자주 말해지고 있다. 예를 들면 프라이버시 침해나 정보 날조 등이 문제점으로서 지적되고 있는데, 그중에서도 특히 생각해 보고 싶은 점은 '감정적인 화제나 테마에 대해서 AI의 인식이나 반응이 우리들에게 정말로 위화감을 주고 있는가'이다.

어느 만화에는 평소 실패만 하는 주인공 앞에 미래에서 로봇이 나타난다. 주인공은 수많은 실패와 좌절을 경험하면서도 로봇과 함께 성장해 간다. 물론 이건 만화 세계의 이야기이다. 하지만 우리들은 그 로봇의 행동에 공감해서 감동하고 때로는 슬픔조차 느낀다.

AI 기술을 활용한 채팅 서비스의 경우도 마찬가지이다. 확실히 화면 건너편의 기계에게 '사람을 대신해서' 위로받고 있다고 생각하면 미묘

한 기분이 솟아오를지도 모르지만, 제대로 위로받고 기운을 받을 수 있다면 그 대상이 사람이 아니더라도 충분히 의미가 있는 것은 아닐까? '학습된 감정에 관한 지식'을 토대로 AI가 상대해 주거나 이야기해 주거나 한다고 해도 나는 그걸로 좋다고 생각한다. 우리들은 단지 발전해 가는 최신 기술을 최대한으로 활용하고 우리들의 생활에 적절하게 사용하면 되는 것이다.

(주석1) 말할 필요도 없다 : 당연하다
(주석2) 침해 : 타인의 권리나 소유 등을 침범해서 손해를 입히는 것
(주석3) 날조 : 사실이 아닌 것을 사실처럼 만들어 내는 것
(주석4) 위화감 : 주변 분위기에 맞지 않는 느낌
(주석5) 좌절 : 계획이나 목표를 달성하지 못하게 되는 것
(주석6) 솟아오르다 : 여기서는, 마음속에서 자연스럽게 강해지다

64 불완전한 부분도 많이 있다라고 있는데 어떠한 점이 불완전한가?

1 개인에 관한 정보를 부적절하게 다루는 것
2 사실과 다른 정보를 만들어 내는 것
3 사람처럼 자연스러운 대화를 할 수 없는 것
4 감정적인 화제에 대해서 인식할 수 없는 것

해설 본문에서 たとえば、プライバシー侵害や、情報の捏造などが問題点として指摘されているが(예를 들면 프라이버시 침해나 정보 날조 등이 문제점으로서 지적되고 있는데)라고 말하고 있으므로 사실과 다른 정보를 만들어 낸다는 2번이 정답이다. 개인 정보를 부적절하게 다루는 점에 대해서는 언급하지 않았으므로 1번은 정답이 아니고, 사람처럼 자연스러운 대화를 할 수 없다고도 언급하지 않았으므로 3번도 정답이 아니다. 감정적인 화제나 주제에 대한 AI의 인식이나 반응이 우리에게 위화감을 주는지 한 번 생각해 볼 점이라고만 했으므로 4번도 정답이 아니다.

65 'AI'에 대해서 필자는 어떻게 생각하고 있는가?

1 아직 불완전한 부분도 있지만 기술이 진보함에 따라서 진화해 갈 것이다.
2 기술이 발전하면 풍부한 감정 표현을 할 수 있게 될 것이다.
3 자신에게 메리트가 있다면 저항감이 있어도 긍정적으로 받아들여야 한다.
4 위로받기 위해서는 AI와의 감정적인 교류를 깊게 해야 한다.

해설 필자는 AI에게 위로를 받으면 미묘한 기분이 들지도 모른다고 말하면서 きちんと慰めてもらい、元気付けてもらえるのであれば、その対象が人でなくても十分意味があるのではないだろうか。(제대로 위로받고 기운을 받을 수 있다면 그 대상이 사람이 아니더라도 충분히 의미가 있는 것은 아닐까?)라며 그걸로 좋다고 했다. 자신에게 메리트가 있다면 저항감이 있어도 긍정적으로 받아들여야 한다고 이야기하고 있으므로 3번이 정답이다. 1, 2, 4번은 본문에서 언급하지 않은 내용이므로 정답이 아니다.

단어 技術(ぎじゅつ) 기술 | 人工知能(じんこうちのう) 인공지능 | ~を抜(ぬ)きにして ~빼고, ~을/를 제외하고 | ~までもない ~할 필요도 없다 | 多様(たよう)だ 다양하다 | 分野(ぶんや) 분야 | 活用

(かつよう) 활용 | 適用(てきよう) 적용 | 可能(かのう)だ 가능하다 | 範囲(はんい) 범위 | ますます 점점 더, 더욱더 | 得(え)る 얻다, 획득하다 | 情報(じょうほう) 정보 | 業務(ぎょうむ) 업무 | 処理(しょり) 처리 | 能力(のうりょく) 능력 | ~といった ~와/과 같은 | 知識(ちしき) 지식 | メリット 메리트, 이점 | 求(もと)める 구하다, 바라다 | 成立(せいりつ) 성립 | 不完全(ふかんぜん)だ 불완전하다 | プライバシー 프라이버시 | 侵害(しんがい) 침해 | 捏造(ねつぞう) 날조 | 指摘(してき) 지적 | 感情的(かんじょうてき)だ 감정적이다 | 話題(わだい) 화제 | テーマ 테마, 주제 | 認識(にんしき) 인식 | 反応(はんのう) 반응 | 違和感(いわかん) 위화감 | 与(あた)える 주다, 수여하다 | 普段(ふだん) 평소, 평상시 | 主人公(しゅじんこう) 주인공 | 未来(みらい) 미래 | ロボット 로봇 | 現(あらわ)れる 드러나다, 나타나다 | 数々(かずかず) 수가 많음, 다수, 여러 가지 | 挫折(ざせつ) 좌절 | 経験(けいけん) 경험 | ~ながら(も) ~하면서(도), ~이지만 | ~とともに ~와/과 함께, ~동시에 | 成長(せいちょう) 성장 | 行動(こうどう) 행동 | 共感(きょうかん) 공감 | 感動(かんどう) 감동 | 哀(かな)しい 슬프다 | 感(かん)じる 느끼다 | チャット 채팅 | サービス 서비스 | 確(たし)かに 확실히 | 画面(がめん) 화면 | 機械(きかい) 기계 | ~代(か)わり(に) ~대신에 | 慰(なぐさ)める 위로하다, 달래다 | 微妙(びみょう)だ 미묘하다 | 湧(わ)き上(あ)がる 펑펑 솟아나다, 북받쳐 오르다 | 元気付(げんきづ)ける 기운(힘)을 북돋우다 | 対象(たいしょう) 대상 | 学習(がくしゅう) 학습 | ~に関(かん)する ~에 관한 | ~をもとに ~을/를 바탕으로, ~을/를 토대로 | 相手(あいて)をする 상대하다 | 発展(はってん) 발전 | 最新(さいしん) 최신 | 適切(てきせつ)だ 적절하다 | 当然(とうぜん)だ 당연하다, 마땅하다 | 他人(たにん) 타인 | 権利(けんり) 권리 | 所有(しょゆう) 소유 | 侵(おか)す 침범하다, 침해하다 | 損害(そんがい) 손해 | 事実(じじつ) 사실 | 作(つく)り上(あ)げる 만들어 내다 | 周囲(しゅうい) 주위 | 雰囲気(ふんいき) 분위기 | 目標(もくひょう) 목표 | 達成(たっせい) 달성 | 自然(しぜん)と 자연스럽게 | 個人(こじん) 개인 | 扱(あつか)う 다루다, 취급하다 | 異(こと)なる 다르다 | 意図的(いとてき)だ 의도적이다 | ~に対(たい)して ~에 대해서, ~에게 | ~につれて ~(함)에 따라(서) | 進化(しんか) 진화 | 豊(ゆた)かだ 풍족하다, 풍부하다 | 表現(ひょうげん) 표현 | 抵抗感(ていこうかん) 저항감 | 肯定的(こうていてき)だ 긍정적이다 | 捉(とら)える 잡다, 파악하다 | 交流(こうりゅう) 교류 | 深(ふか)める 깊게 하다

(4)

자신의 존재를 위협하는 위험을 예상할 때에 불쾌한 기분이나 불안을 공포심이라고 부릅니다. 이것은 주변의 시선이 무서워서 말하고 싶은 것을 확실하게 말하지 못하거나 공포를 느끼는 대상을 떠올려서 잠들 수 없거나 심각한 경우는 마음의 병이 되어서 생명에 관련된 문제가 되기도 합니다.
애초에 공포심은 위험한 일에서 도망가고 싶다는 생존 본능에서 오기 때문에 없애려고 해도 없앨 수 있는 것이 아닙니다. 다만 공포심은 공포를 느낄 때의 상황, 공간, 소리, 주변 사람의 표정 등 다양한 정보 분석에 기반하여 뇌에서 위험을 감지하는 것이기 때문에 완전히 없애는 것은 불가능해도 조금 사고방식을 바꾸는 것만으로 극복할 수 있는 가능성이 있는 것입니다.
강렬한 공포에 사로잡히면 그 상황에서 도망치는 것도 나쁜 방법

아닙니다만, 근본적인 공포심 극복으로는 이어지지 않습니다. 공포심은 부정하는 것이 아니라 받아들인 후에 극복하는 노력이 필요한 것입니다. 긴장을 억누르는 약을 먹으면 일시적으로 효과는 있습니다만, 습관화할 우려가 있습니다. 장기적으로 보면 공포에 조금씩 익숙해져서 새로운 기억으로 덮어쓰기 해 가는 것이 좋을 것입니다.
(주석3)

자신이 어떤 때에 공포를 느끼는지를 생각하고 공포의 경계선이 보인다면 그 일선을 넘은 곳에 기다리고 있는 좋은 일을 상상하며 참닙니다. 그리고 공포를 견딘 후에는 반드시 자신에게 선물을 줍시다. 그건 쇼핑이든 맛있는 식사든 어떤 작은 것이든 상관없습니다. 공포심을 참았는데도 불구하고 아무것도 하지 않고 다음 단계로 나아가면 고통스러운 기억만이 남을 가능성도 있습니다. 공포 위에 좋은 추억을 쌓아 올리는 것으로 공포는 점차 즐거움으로 바뀌어 가는 것입니다.

(주석1) 애초에 : 본래
(주석2) 생존본능 : 생명을 유지하기 위해 선천적으로 가지고 있는 성질
(주석3) 덮어쓰기 : 여기서는, 이미 있는 것에 새롭게 써넣는 것

---

66 공포심에 대해서 필자의 생각에 맞는 것은 어느 것인가?

1 불쾌한 기분이나 불안에 대한 것이기 때문에 직접 생명에 관련되는 것은 아니다.
2 생존본능이기 때문에 노력해도 벗어날 수 없다.
3 뇌의 분석에 의한 것이기 때문에 분석 방법을 바꿀 필요가 있다.
4 완전히 지워 없애는 것은 불가능하기 때문에 사고를 바꿀 필요가 있다.

해설 필자는 完全になくすことは不可能でも、少し考え方を変えるだけで克服できる可能性があるのです。(완전히 없애는 것은 불가능해도 조금 사고방식을 바꾸는 것만으로 극복할 수 있는 가능성이 있는 것입니다.)라고 했으므로 4번이 정답이다. 심각한 경우에는 생명에 관련된 문제가 되기도 한다고 했으므로 1번은 정답이 아니고, 극복하는 노력이 필요하다고 했기 때문에 2번도 정답이 아니다. 뇌에서 정보를 분석하여 위기를 감지하는 것은 맞으나 분석 방법을 바꿀 필요가 있다고는 언급하고 있지 않으므로 3번도 정답이 아니다.

---

67 필자에 의하면 근본적인 공포심 극복에는 어떻게 하면 좋은가?

1 공포심에 익숙해지는 연습을 하면서 실제로 좋은 추억을 만들어서 감정을 바꾼다.
2 공포 너머에 좋은 일이 있다고 생각하고 공포심에 익숙해지는 연습만 시행한다.
3 공포심은 부정할 수 있는 것이 아니기 때문에 오로지 그 자리에서 멀어지는 노력을 한다.
4 공포심은 부정할 수 있는 것이 아니기 때문에 약물로 대응하지 않으면 안 된다.

해설 필자는 長期的に見れば、恐怖に少しずつ慣れて新しい記憶で上書きしていくことがいいでしょう。(장기적으로 보면 공포에 조금씩 익숙해져서 새로운 기억으로 덮어쓰기해 가는 것이 좋을 것입니다.)라고 하면서 공포를 견딘 후에는 자신에게 선물을 주는 등 좋은 추억을 계속 쌓아 올리면 공포가 점점 즐거움으로 바뀐다고 했으므로 1번이 정답이다. 공포심을 참았는데 아무것도 하지 않으면 고통스러운 기억만 남으니 반드시 선물을 주어야 한다고 했으므로 2번은 정답이 아니고, 도망치는 것도 방법 중 하나지만 근본적인 극복으로 이어지지 않는다고 했으므로 3번도 정답이 아니다. 약물을 먹으면 습관화될 가능성이 있다고 했으므로 4번도 정답이 아니다.

단어 自己(じこ) 자기 | 存在(ぞんざい) 존재 | 脅(おびや)かす 위협하다 | 危険(きけん) 위험 | 予想(よそう) 예상 | ～際(さい)(に) ~할 때(에), ~할 즈음(에) | 不快(ふかい)だ 불쾌하다 | 不安(ふあん) 불안 | 恐怖心(きょうふしん) 공포심 | 周(まわ)り 주위, 주변 | はっきり 똑똑히, 분명히, 확실히 | 感(かん)じる 느끼다 | 対象(たいしょう) 대상 | 思(おも)い出(だ)す 생각해 내다, 떠올리다 | 眠(ねむ)る 잠자다, 잠들다 | 深刻(しんこく)だ 심각하다 | 命(いのち) 목숨, 생명 | ～に関(かか)わる ~에 관련된 | そもそも 애초에 | 逃(に)げる 도망치다 | 生存本能(せいぞんほんのう) 생존본능 | ～ものではない ~하는 것이 아니다 | 状況(じょうきょう) 상황 | 空間(くうかん) 공간 | 表情(ひょうじょう) 표정 | 様々(さまざま)だ 다양하다 | 情報(じょうほう) 정보 | 分析(ぶんせき) 분석 | ～に基(もと)づいて ~에 의거하여, ~에 기반하여 | 脳(のう) 뇌 | 感(かん)じ取(と)る 감지하다 | 完全(かんぜん)だ 완전하다 | 不可能(ふかのう)だ 불가능하다 | 考(かんが)え方(かた) 사고방식 | 克服(こくふく) 극복 | 可能性(かのうせい) 가능성 | 強烈(きょうれつ)だ 강렬하다 | 襲(おそ)う 습격하다, 덮치다 | 手(て) 손, 방법 | 根本的(こんぽんてき)だ 근본적이다 | 繋(つな)がる 이어지다, 연결되다 | 打(う)ち消(け)す 부정하다 | 受(う)け入(い)れる 받아들이다 | ～上(うえ)で ~한 후에 | 努力(どりょく) 노력 | 緊張(きんちょう) 긴장 | 抑(おさ)える 억누르다 | 一時的(いちじてき)だ 일시적이다 | 効果(こうか) 효과 | ～恐(おそ)れがある ~할 우려가 있다 | 長期的(ちょうきてき)だ 장기적이다 | 記憶(きおく) 기억 | 上書(うわが)き 덮어쓰기 | 境界線(きょうかいせん) 경계선 | 一線(いっせん) 일선 | 越(こ)える (장소, 시간 등을) 넘다 | 想像(そうぞう) 상상 | 我慢(がまん)する 참다, 견디다 | 耐(た)える 견디다, 참다 | ～ても構(かま)わない ~해도 상관없다 | ～にも関(かか)わらず ~(임)에도 불구하고 | ステップ 스텝, 단계 | 重(かさ)ねる 포개다, 겹치다, 쌓아 올리다 | 次第(しだい)に 점차 | 本来(ほんらい) 본래 | 維持(いじ) 유지 | 生(う)まれつき 선천적으로 | 性質(せいしつ) 성질 | 既(すで)に 이미, 벌써 | 書(か)き込(こ)む 써넣다, 기입하다 | 直接(ちょくせつ) 직접 | 逃(のが)れる 달아나다, 벗어나다 | 方法(ほうほう) 방법 | 消(け)し去(さ)る 지워 없애다 | 思考(しこう) 사고 | ～つつ(も) ~하면서(도) | 実際(じっさい)に 실제로 | 行(おこな)う 행하다, 시행하다 | ひたすら 오로지, 한결같이 | 離(はな)れる 떨어지다, 멀어지다 | 薬物(やくぶつ) 약물 | 対応(たいおう) 대응

문제12 다음 A와 B의 문장을 읽고, 뒤의 물음에 대한 답으로서 가장 알맞은 것을, 1・2・3・4에서 하나 고르세요.

A
수년 전부터 환경에 대한 부담을 줄이기 위해서 비닐봉지를 금지 또는 유료화하고 있다. 이에 따라 비닐봉지의 사용을 그만두고 반복해서 사용할 수 있는 에코백을 사용하는 사람들이 늘어날 것이 기대되고 있다. 비닐봉지는 플라스틱 쓰레기 전체 중, 1%에도 미치지 않기 때문에
(주석)

아무리 비닐봉지를 그만둬봤자 플라스틱 쓰레기는 거의 줄지 않는다는 의견도 있다. 확실히 더 큰 비율을 차지하는 과자의 봉지나 페트병 등의 쓰레기를 어떻게든 하지 않으면 현상은 좀처럼 개선되지 않을지도 모른다. 그러나 불과 몇 % 라도 비닐봉지의 쓰레기는 양으로 환산하면 1년에 수백에서 수천 톤이나 되어 결코 적은 양이라고는 말할 수 없다. 비록 적을지라도, 일상에서 할 수 있는 일부터 시작하는 것이 중요하다.

B

플라스틱 쓰레기가 심각한 문제가 되고 있다. 그런 상황 가운데, 수년 전에 비닐봉지의 유료화가 시작됐다. 그러나 비닐봉지가 플라스틱 쓰레기 전체에서 차지하는 비율은 수 %에 불과하다. 또한 비닐봉지 대신 사용되는 에코백은 제작이나 수송하는 단계에서 CO2를 배출해 비닐봉지 1장 분보다도 많은 부담을 환경에 주고 있다. 또한 자연 소재 이외의 에코백은 버렸을 때에 비닐봉지보다도 유해한 쓰레기가 될 우려가 있다. 에코백으로 전환하는 것에 의해 플라스틱 쓰레기가 조금 줄어도, 에코백이 환경오염의 원인이 된다면 결국 같은 일인 것 아닐까? 그것보다도 저절로 분해되는 플라스틱을 보급하는 편이 훨씬 자연 친화적일 것이다.

(주석) 에코백 : 반복해서 사용할 수 있는 쇼핑용 봉투, 소재는 면에서 석유제품까지 다양함

68 플라스틱 쓰레기에 대해서 A와 B는 어떻게 서술하고 있는가?

1 A도 B도 비닐봉지가 전체에 차지하는 비율은 적다고 서술하고 있다.
2 A도 B도 비닐봉지의 쓰레기가 해마다 늘고 있다고 서술하고 있다.
3 A는 플라스틱 쓰레기는 줄어들지 않는다고 생각하고, B는 플라스틱 쓰레기는 줄어든다고 생각하고 있다.
4 A는 비닐봉지가 자연으로 돌아가지 않는다고 말하고, B는 최근의 비닐봉지는 자연으로 돌아간다고 서술하고 있다.

해설 A는 비닐봉지는 플라스틱 쓰레기 전체 중 1%도 미치지 않는다고 언급하고 있으며, B 또한 비닐봉지가 플라스틱 쓰레기 전체에서 차지하는 비율은 수 %에 불과하다고 언급했다. 따라서 1번이 정답이다.

69 비닐봉지 유료화의 효과에 대해서 A와 B는 어떻게 서술하고 있는가?

1 A도 B도 환경의 부담을 줄이는 효과가 있다고 서술하고 있다.
2 A도 B도 플라스틱 쓰레기를 줄이는 데는 그다지 효과가 없다고 서술하고 있다.
3 A는 적기는 하지만 효과가 있다고 서술하고, B는 환경에 주는 부담은 같기 때문에 효과가 없다고 서술하고 있다.
4 A는 별로 효과가 없다고 서술하고, B는 소재가 바뀌었기 때문에 효과가 있다고 서술하고 있다.

해설 A는 비록 효과가 적을지라도 비닐봉지를 줄이는 것을 일상생활에서 할 수 있는 일부터 시작하는 것이 중요하다고 했다. B는 비닐봉지 대용의 에코백도 만드는 단계와 수송 단계에서 비닐봉지보다도 많은 부담을 환경에 주고 있다고 비판하고 있다. 따라서 3번이 정답이다.

단어 環境(かんきょう) 환경 | 負担(ふたん) 부담 | 減(へ)らす 줄이다 | レジ袋(ぶくろ) (계산대) 비닐봉지 | 禁止(きんし) 금지 | 有料化(ゆうりょうか) 유료화 | 使用(しよう) 사용 | 繰(く)り返(かえ)す 반복하다 | エコバック 에코백 | 期待(きたい) 기대 | プラスチック 플라스틱 | ゴミ 쓰레기 | 全体(ぜんたい) 전체 | 達(たっ)する 도달하다 | ～たところで ~해 봤자 | ほとんど 거의, 대부분 | たしかに 확실히 | 割合(わりあい) 비율 | 占(し)める 차지하다 | 袋(ふくろ) 봉지, 주머니 | ペットボトル 페트병 | 現状(げんじょう) 현상, 현재 상태 | 改善(かいぜん) 개선 | ほんの 불과 | 換算(かんさん) 환산 | 決(けっ)して 결코 | わずかだ 얼마 안 된다, 적다 | 身近(みぢか)だ 친숙하다, 일상에서 가깝게 있다 | 深刻(しんこく)だ 심각하다 | 状況(じょうきょう) 상황 | スタート 스타트, 시작 | ～において ~에서 | ～に過(す)ぎない ~에 지나지 않는다 | 製作(せいさく) 제작 | 輸送(ゆそう) 수송 | 段階(だんかい) 단계 | 排出(はいしゅつ) 배출 | 与(あた)える 주다 | 素材(そざい) 소재 | 際(さい) 때 | 有害(ゆうがい)だ 유해하다 | ～おそれがある ~할 우려가 있다 | 切(き)り替(か)える 달리 바꾸다, 전환하다 | 汚染(おせん) 오염 | 自然(しぜん)に 자연스럽게, 저절로 | 分解(ぶんかい) 분해 | 普及(ふきゅう) 보급 | よほど 훨씬 | 自然(しぜん)に優(やさ)しい 자연 친화적이다 | 綿(めん) 면 | 石油(せきゆ) 석유 | 製品(せいひん) 제품 | 様々(さまざま) 다양하다 | 述(の)べる 서술하다 | 効果(こうか) 효과

문제 13 다음 문장을 읽고, 뒤의 물음에 대한 답으로서 가장 알맞은 것을, 1・2・3・4에서 하나 고르세요.

편리한 것은 좋은 것이라고 우리들은 무엇에 있어서도 편리한 것을 좋아한다. 이동이든 계산이든 물건 만들기든 가능한 한 노력이나 머리를 쓰지 않고 편하게 목적을 달성하려고 한다. 하지만 편리해지면 해질수록 뭔가 아쉬움을 느끼고 있지는 않은가? 예를 들면 일본처럼 물건이 넘쳐나고 있는 나라에서는 가게에 가면 고르는 것이 힘들 만큼 많은 상품이 진열되어 있어서 뭔가를 사려고 하면 간단히 손에 들어온다. 그러한 점에서는 원하는 물건이 손에 들어온다는 감사함이 희미해져 버려점점 당연한 일인 것처럼 생각해 버린다. 하지만 개발도상국에 가면 선택지는커녕, 애초에 물건 자체를 입수할 수 없는 경우도(주석1) 많다. 몇몇 가게를 돌거나 사람에게 묻거나 해서 겨우 목적의 물건을 살 수 있었을 때에 그것이 그다지 질 좋은 것이 아니거나 자신이 정말로 원하던 것이 아니거나 해도, '겨우 손에 들어왔다'라는 달성감이 생겨나는 법이다. 만약 손에 들어오지 않는다면 어떻게 하면 좋을지 하고 생각하면서 다른 것을 대신 사용하거나 머리와 손을 사용해서 스스로 만들거나 하는 경우도 있을 것이다. 그것은 그걸로 궁리해서 끝냈다는 충실감으로 이어진다. 이처럼 불편하기 때문에 노력이나 궁리를 하지 않을 수 없게 되어 그 결과, 목적에 도달한 기쁨을 맛볼 수 있는 것이다.

그렇게 생각하면 편리한 것은 동시에 우리가 노력하거나 생각하거나 하는 기회나 달성감이나 기쁨을 맛볼 기회를 빼앗고 있다고 말할 수 없지도 않다. 커피를 마시고 싶다고 생각했을 때에 기계의 버튼 하나로 커피를 내리기보다 자신의 손으로 콩을 갈아서 시간과 수고를 들여 커피를 내리는 편이 만족감을 얻을 수 있어 맛있게 느끼는 것이다(주석2). 일부러 시간을 들여서 그 장소에 가기 때문에 그 경치가 인상에 남는다. 일부러 수고를 들이기 때문에 완성시켰을 때의 기쁨이 커진다. 그런 점에 불편함의 가치가 있는 게 아닐까?

특별히 옛날 생활로 돌아가자라든지, 모든 것에 시간을 들이자라든지, 그런 것을 말하고 있는 것이 아니다. 다만 생활의 무언가에 다소의 불편함을 남겨둠으로써 목적을 달성한 기쁨을 맛보고 궁리하는 것을

배워서 자신이 성장해가는 것을 느낄 수 있는 것이 아닐까 하는 것이다.

(주석1) 개발도상국 : 기술이나 경제적 발전이 진행되지 않은 국가
(주석2) 갈아서 : 잘게 해서

70 달성감이나 기쁨을 맛볼 기회를 빼앗고 있다는 것은 구체적으로 어떤 의미인가?

1 다양한 상품 중에서 선택하는 편이 그렇지 않을 때보다 기쁨이 크다.
2 커피를 내릴 때에 수고를 들이지 않으면 맛이 떨어져 버린다.
3 고생하지 않고 원하는 것이 손에 들어왔을 때는 그렇지 않을 때에 비해서 기쁨이 적다.
4 시간을 들여서 손수 만드는 것 쪽이 상대에게 주었을 때에 기쁘게 할 수 있다.

해설 밑줄 뒤에서 기계를 사용하기 보다 직접 콩을 갈아 커피를 내리는 것과 일부러 시간을 들여 장소를 방문하였을 때 경치가 인상에 남는 것을 예를 들며, 수고를 들였기 때문에 만들어 냈을 때의 기쁨이 커진다고 하였다. 따라서 3번이 정답이다.

71 필자에 의하면 편리해지면 어떻게 되는가?

1 생각할 기회나 달성감을 맛볼 기회가 적어진다.
2 주위에 대한 감사의 마음이 없어지고 성장이 멈춘다.
3 경치의 인상이 희미해져서 금방 잊어버린다.
4 전통적인 옛날 생활의 좋은 점을 계승할 수 없게 된다.

해설 본문에서 불편하기 때문에 노력이나 궁리를 하지 않을 수 없게 되어, 그 결과 목적에 도달한 기쁨을 맛볼 수 있는 것이라고 했기 때문에 1번이 정답이다.

72 이 문장에서 필자가 말하고 싶은 것은 무엇인가?

1 사람들은 항상 아쉬움을 느끼고 편리한 것을 원하고 있다.
2 개발도상국 사람들 쪽이 목적에 도달한 기쁨을 맛볼 수 있다.
3 불편함은 때때로 달성감이나 기쁨으로 이어지는 것으로 가치가 있다.
4 편리해지면 인간은 머리를 쓰지 않게 되므로 옛날 생활을 돌이켜 봐야 한다.

해설 필자는 생활의 무언가에 다소의 불편함을 남겨둠으로써 목적을 달성한 기쁨을 맛보고, 궁리하는 것을 배워서 자신의 성장을 느낄 수 있다고 주장하고 있다. 따라서 3번이 정답이다.

단어 ~において ~에 있어서, ~에서 | 好(この)む 선호하다, 좋아하다 | 移動(いどう) 이동 | 計算(けいさん) 계산 | モノづくり 물건 만들기 | なるべく 가능한 | 労力(ろうりょく) 노력(사람의 힘) | 目的(もくてき) 목적 | 達成(たっせい) 달성 | 物足(ものた)りなさ 아쉬움 | あふれる 넘쳐나다 | 商品(しょうひん) 상품 | 手(て)に入(はい)る 손에 들어오다, 입수하다 | ありがたみ 고마움, 감사함 | 薄(うす)れる 희석되다, 희미해지다 | 段々(だんだん) 점점 | 当(あ)たり前(まえ) 당연함 | 発展途上国(はってんとじょうこく) 개발도상국 | 選択肢(せんたくし) 선택지 | ~どころか ~은/는커녕 | そもそも 애초에 | 自体(じたい) 자체 | 入手(にゅうしゅ) 입수 | 大(たい)して 그다지 | 質(しつ) 질 | 望(のぞ)む 원하다, 바라다 | 達成感(たっせいかん) 달성감 | 代用(だいよう) 대용, 대신 사용함 | 工夫(くふう) 궁리, 고안 | 終(お)える 끝내다 | 充実感(じゅうじつかん) 충실감 | つながる 이어지다 | ~からこそ ~이기 때문에 | 努力(どりょく) 노력 | ~ざるを得(え)ない ~하지 않을 수 없다 | 到達(とうたつ) 도달 | 喜(よろこ)び 기쁨 | 味(あじ)わう 맛보다 | 同時(どうじ)に 동시에 | 機会(きかい) 기회 | うばう 빼앗다 | 機械(きかい) 기계 | ボタン 버튼 | コーヒーをいれる 커피를 내리다, 커피를 타다 | 豆(まめ) 콩 | 挽(ひ)く 갈다 | 手間(てま)をかける 수고를 들이다 | 満足感(まんぞくかん) 만족감 | 得(え)る 얻다 | わざわざ 일부러 | 景色(けしき) 경치 | 印象(いんしょう) 인상 | 作(つく)り上(あ)げる 만들어내다, 완성시키다 | 不便(ふべん)さ 불편함 | 価値(かち) 가치 | 何(なに)も 뭐, 특별히 | ただ 다만 | 多少(たしょう) 다소 | 残(のこ)す 남기다 | クリアする 클리어하다, 달성하다 | 覚(おぼ)える 외우다, 배우다 | 成長(せいちょう) 성장 | 経済的発展(けいざいてきはってん) 경제적 발전 | 細(こま)かく 잘게, 자잘하게 | 具体的(ぐたいてき)に 구체적으로 | 多様(たよう)だ 다양하다 | 苦労(くろう) 고생 | 手作(てづく)りする 손수 만들다 | 筆者(ひっしゃ) 필자 | 感謝(かんしゃ) 감사 | 伝統的(でんとうてき)だ 전통적이다 | 受(う)け継(つ)ぐ 계승하다 | 常(つね)に 항상 | 求(もと)める 바라다, 요구하다 | 振(ふ)り返(かえ)る 뒤돌아보다

문제4 오른쪽 페이지는, 어떤 체육관의 이용 안내이다. 아래의 물음에 대한 답으로서 가장 알맞은 것을, 1·2·3·4에서 하나 고르세요.

73 스즈키 씨는 농구 연습을 위해서 주말에 체육관을 예약하고 싶다. 연습은 3시간, 코트는 2면에서 연습할 예정이다. 스즈키 씨는 며칠을 예약할 수 있는가?

1 8/2 오전 9:00부터 12:00와 8/3 오전 9:00부터 12:00
2 8/2 오전 9:00부터 12:00와 8/3 오후 16:00부터 19:00
3 8/2 오후 18:00부터 21:00와 8/3 오전 9:00부터 12:00
4 8/2 오후 18:00부터 21:00와 8/3 오후 16:00부터 19:00

해설 스즈키 씨의 농구 코트 예약 조건은 ①주말(휴일) ②연습은 3시간 ③코트는 2면 이용이다. 이 조건에 맞는 것은 8월 2일(토) 18:00~21:00와 8월 3일(일) 9:00~12:00이다. 따라서 3번이 정답이다.

74 이토 씨는 7월 30일 아침 7시에 체육관의 예약 상황을 보고 같은 날에 예약을 신청하려고 생각했다. 이토 씨는 어떻게 예약할 수 있을까?

1 웹사이트에서 예약하고 이용 요금은 당일 현금으로 결제한다.
2 웹사이트에서 예약하고 이용 요금은 신용카드로 결제한다.
3 전화로 예약하고 이용 요금은 신용카드로 결제한다.
4 전화로 예약하고 이용 요금은 당일 현금으로 결제한다.

해설 이용 희망일이 당일인 경우, 이용 1시간 이상 전까지 전화로 예약을 문의해야 하며, 웹사이트로 예약할 경우에는 신용카드로 결제가 가능하지만, 당일 예약인 경우 현금 결제만 가능하기 때문에 4번이 정답이다.

◆ 체육관의 단체 이용 신청방법
체육관의 단체 이용은 사전 예약이 필요합니다.

□ 예약 방법
웹사이트 또는 전화로 희망하시는 일시의 비어있는 상황을 확인하신 후 예약해 주십시오.
전화로의 예약 접수 시간은 영업시간 내입니다.
이용 희망일이 당일인 경우, 이용 1시간 이상 전까지 전화로 문의해 주십시오.

□ 이용요금(1시간당)

■ 단체 이용

요일	사용 구분	오전 9:00~12:00	오후 12:00~18:00	야간 18:00~21:00
평일	1/2면	2,400엔	2,800엔	3,200엔
평일	전면	4,800엔	5,600엔	6,400엔
휴일	1/2면	3,200엔		
휴일	전면	6,400엔		

□ 비어있는 상황

예약 희망일	비어있는 상황	예약 희망일	비어있는 상황
7/28(월)	한쪽 면 9:00~18:00 양면 9:00~18:00	8/1(금)	한쪽 면 9:00~13:00 양면 9:00~13:00
7/29(화)	정기 휴일	8/2(토)	한쪽 면 9:00~12:00 17:30~21:00 양면 9:00~11:00 18:00~21:00
7/30(수)	한쪽 면 9:00~12:00 15:00~21:00 양면 15:00~19:00	8/3(일)	한쪽 면 16:00~21:00 양면 9:00~12:00 16:00~18:30
7/31(목)	정기 휴일		

□ 지불 방법
이용요금은 이하의 방법으로 결제해 주십시오.
· WEB 결제(신용카드)
· 당일 현금 결제

[영업시간] 9:00~21:00

단어 体育館(たいいくかん) 체육관 | 利用(りよう) 이용 | 案内(あんない) 안내 | 問(と)い 물음 | ~に対(たい)する ~에 대한 | バスケットボール 농구 | 面(めん) 면 | 状況(じょうきょう) 상황 | 申(もう)し込(こ)む 신청하다 | 利用料金(りようりょうきん) 이용 요금 | 当日(とうじつ) 당일 | 現金(げんきん) 현금 | 支払(しはら)う 지불하다, 결제하다 | クレジットカード 신용카드 | 団体(だんたい) 단체 | 申(もう)し込(こ)み 신청 | 事前(じぜん) 사전 | 希望(きぼう) 희망 | 日時(にちじ) 일시 | 空(あ)き状況(じょうきょう) 비어있는 상황 | 受付(うけつけ) 접수 | 営業(えいぎょう) 영업 | 希望日(きぼうび) 희망일 | ~当(あ)たり ~당 | 区分(くぶん) 구분 | 平日(へいじつ) 평일 | 休日(きゅうじつ) 휴일 | 全面(ぜんめん) 전면 | 片面(かためん) 한쪽 면 | 両面(りょうめん) 양면 | 定休日(ていきゅうび) 정기 휴일

청해

43p

문제1
1 ③ 2 ② 3 ② 4 ① 5 ②

문제2
1 ③ 2 ② 3 ④ 4 ③ 5 ①
6 ④

문제3
1 ① 2 ③ 3 ③ 4 ③ 5 ③

문제4
1 ③ 2 ③ 3 ① 4 ① 5 ②
6 ① 7 ③ 8 ② 9 ① 10 ③
11 ① 12 ②

문제5
1 ① 2 ③ 3 질문1 ④ 질문2 ②

기본 버전 MP3 배속 버전 MP3 시험장 버전 MP3

문제1 문제1에서는, 먼저 질문을 들어주세요. 그리고 이야기를 듣고, 문제 용지의 1부터 4 중에서, 가장 알맞은 것을 하나 고르세요.

🎧 모의고사1_문제1_예시.mp3

会社で女の人と男の人が話しています。女の人はこれからどうしますか。

F：田中さん、これ何ですか。
M：あ、これですか。これは卓球のラケットですよ。最近友達に誘われてスポーツクラブに入会したんです。それで

会社が終わった後に週に2回くらい習ってるんです。
F：へえ、私もやってみたいです。ちょうど最近何か習いたいなと思っていたところだったんですよ。もしかして、見学とかできますか。
M：もちろんですよ。そうだ！確か今なら期間限定で体験レッスンが無料だから受けてみたらどうですか。
F：無料体験もできるんですね。でも、さっき階段で足を怪我してしまって病院に行ってきたところなんです。だから今日は見るだけでいいんですけど…。
M：じゃあ、今日も仕事終わりにレッスンに行くので、一緒に来ますか。
F：はい、そうします。

예시 女の人はこれからどうしますか。
1 田中さんとスポーツクラブに行く
2 無料体験レッスンを受ける
3 スポーツクラブに入会する
4 仕事終わりに病院に行く

해석 회사에서 여자와 남자가 이야기하고 있습니다. 여자는 이제부터 어떻게 합니까?

F：다나카 씨, 이거 뭐예요?
M：아, 이거요? 이건 탁구의 라켓이에요. 최근 친구에게 권유받아서 스포츠 클럽에 입회했거든요. 그래서 회사가 끝난 후에 주 2회 정도 배우고 있어요.
F：우와, 저도 해보고 싶어요. 마침 최근에 뭔가 배우고 싶다고 생각하고 있었던 참이었어요. 혹시 견학이라든지 가능한가요?
M：물론이죠. 맞다! 분명 지금이라면 기간 한정으로 체험 레슨이 무료니까 들어보는 게 어때요?
F：무료 체험도 할 수 있군요. 근데 조금 전 계단에서 발을 다쳐 버려서 병원에 막 다녀온 참이에요. 그래서 오늘은 보는 것만으로 좋긴 한데….
M：그럼 오늘도 일 끝나고 레슨에 가니까 같이 갈래요?
F：네, 그렇게 할게요.

여자는 앞으로 이제부터 합니까?
1 다나카 씨와 스포츠 클럽에 간다
2 무료 체험 레슨을 받는다
3 스포츠 클럽에 입회한다
4 일 끝나고 병원에 간다

해설 여자가 견학이 가능하냐고 묻자 남자가 지금 기간 한정으로 무료 레슨을 한다며 들어보라며 권유했다. 그러자 여자가 아까 발을 다쳐서 오늘은 보는 것만으로 좋다고 하자 남자가 오늘도 레슨을 받으러 간다며 같이 가지 않겠냐고 하자 여자가 그러겠다고 했으므로 1번이 정답이다. 여자는 발을 다쳐 오늘 레슨을 받기는 힘들기 때문에 2번은 정답이 아니고, 견학을 우선해 보고 싶다고 했으므로 3번도 정답이 아니다. 병원에는 이미 다녀왔으므로 4번도 정답이 아니다.

단어 卓球(たっきゅう) 탁구 | ラケット 라켓 | 誘(さそ)う 권하다, 권유하다 | スポーツクラブ 스포츠 클럽 | 入会(にゅうかい) 입회 | 見学(けんがく) 견학 | 期間限定(きかんげんてい) 기한 한정 | 体験(たいけん) 체험 | レッスン 레슨 | 無料(むりょう) 무료 | 怪我(けが)する 다치다

🎧 모의고사1_문제1_1번.mp3

会社で女の人と男の人が話しています。男の人はこれから何をしなければなりませんか。

F：いよいよ新商品の発売日が近づいてきましたね。最後の最終チェックをしたいのですが、まず在庫は足りていますか。
M：はい、確認したところ、商品の在庫は十分にあります。ところが、先週行った調査の結果、A商品の方が需要が高いと予想されているので、追加で注文しようと思っているんですが、いかがですか。
F：それはあくまで予想なので発売後しばらく様子を見てからにしましょう。あとSNSに載せる投稿も作成しましたか。
M：はい、作成しました。発売日に載せる予定ですが、もっと盛り上げるためにSNSでイベントを開催するのはどうですか。
F：それはいいですね。広報にもなりますし。もっと形にして詳細を送ってください。
M：承知しました。今日中に企画してお送りします。あと、売り場に関してですが、もともとの新製品の置き場を入口の方に移動したいと思っています。
F：ん…、そうなると売り場の配置を変更しなければなりませんね。店長とは相談しましたか。
M：ええ、さっき連絡しました。入口の方へ移動できるそうです。
F：じゃあ、これで準備はある程度整いましたね。あとは、よろしくお願いします。

1 男の人はこれから何をしなければなりませんか。
1 商品の在庫を確認する
2 商品を追加で注文する
3 イベントを企画する
4 店長に連絡する

해석 회사에서 여자와 남자가 이야기하고 있습니다. 남자는 이제부터 무엇을 하지 않으면 안 됩니까?

F：드디어 신상품 발매일이 다가오고 있네요. 마지막 최종 체크를 하고 싶은데요, 먼저 재고는 충분한가요?

M：네, 확인했더니 상품 재고는 충분히 있습니다. 그런데 저번주 실시했던 조사 결과, A상품 쪽이 수요가 높다고 예상되고 있기 때문에 추가로 주문을 하려고 생각하고 있습니다만, 어떠십니까?

F：그것은 어디까지나 예상이기 때문에 발매 후 잠깐 상황을 보고 나서 합시다. 그리고 SNS에 올릴 게시물도 작성했습니까?

M：네, 작성했습니다. 발매일에 올릴 예정입니다만, 더 분위기를 고조시키기 위해서 SNS에서 이벤트를 개최하는 것은 어떻습니까?

F：그것은 좋네요. 홍보도 되고. 구체화해서 상세 내용을 보내 주세요.

M：알겠습니다. 오늘 중으로 기획해서 보내겠습니다. 그리고 판매장에 관해서입니다만, 원래 신상품을 두는 곳을 입구 쪽으로 이동하고 싶다고 생각하고 있습니다.

F：음…. 그렇게 되면 판매장 배치를 변경하지 않으면 안 되겠네요. 점장과는 상담했습니까?

M：네, 아까 연락했습니다. 입구 쪽으로 이동할 수 있다고 합니다.

F：그럼, 이걸로 준비는 어느 정도 정리됐네요. 나머지는 잘 부탁드립니다.

남자는 이제부터 무엇을 하지 않으면 안 됩니까?

1 상품의 재고를 확인한다
2 상품을 추가로 주문한다
3 **이벤트를 기획한다**
4 점장에게 연락한다

해설 남자가 SNS 이벤트를 개최하는 것이 어떻냐고 제안을 했고, 이에 대해 여자가 긍정적인 반응을 보였고 구체화해서 보내달라고 요청했다. 그러자 남자가 承知しました。今日中に企画してお送りします。(알겠습니다. 오늘 중으로 기획해서 보내겠습니다.)라고 했다. 따라서 정답은 3번이다. 상품 재고 확인은 이미 했으므로 1번은 정답이 아니고, 상품 추가 주문을 상황을 보면서 나중에 하자고 했기 때문에 2번도 정답이 아니다. 그리고 점장에게는 이미 연락을 했으므로 4번도 정답이 아니다.

단어 いよいよ 드디어 | 新商品(しんしょうひん) 신상품 | 発売日(はつばいび) 발매일 | 近(ちか)づく 가까워지다, 다가가다 | 最終(さいしゅう) 최종 | チェック 체크 | 在庫(ざいこ) 재고 | 足(た)りる 충분하다 | ~たところ ~했더니, ~한 결과 | 調査(ちょうさ) 조사 | 需要(じゅよう) 수요 | 予想(よそう) 예상 | 追加(ついか) 추가 | あくまで 어디까지나 | しばらく 잠깐, 당분간 | 様子(ようす) 상태, 상황 | 載(の)せる 올리다, 게재하다 | 投稿(とうこう) 투고, 게시물 | 作成(さくせい) 작성 | 盛(も)り上(あ)げる (기세·분위기 등을) 돋우다, 고조시키다 | 開催(かいさい) 개최 | 広報(こうほう) 홍보 | 形(かたち)にする 형상화하다, 구체화하다 | 詳細(しょうさい) 상세, 상세 내용 | 承知(しょうち) 앎, 알고 있음 | 企画(きかく) 기획 | 売(う)り場(ば) 판매장 | ~に関(かん)して ~에 관해서 | もともと 원래 | 新製品(しんせいひん) 신제품 | 置(お)き場(ば) 물건 따위를 두는 곳 | 入口(いりぐち) 입구 | 移動(いどう) 이동 | 配置(はいち) 배치 | 変更(へんこう) 변경 | ある程度(ていど) 어느 정도 | 整(ととの)う 정리되다, 정돈되다

🎧 모의고사1_문제1_2번.mp3

女の人と男の人が話しています。女の人はいくら払いますか。

F：すみません、入会したいんですけど、どの料金プランがおすすめですか。

M：そうですね。会社員の方でしたら、平日の夜7時以降と土日に利用できる8,000円の料金プランが人気ですよ。

F：うーん、平日は仕事が遅く終わりがちだし、土日も予定が入ってたりして、いつも来られるかどうか分からないんですよね。あまり来られないのに8,000円も払うのはちょっともったいない気もしますし。

M：でしたら、土日だけ利用できる6,000円のプランと、平日の夜9時以降に利用できる4,000円のプランがあるんですが、いかがですか。

F：土日だけか、平日の夜9時以降か…。平日は疲労がたまってて何も出来なさそうだから、土日だけのプランにしようかな。ちなみに、入会金っていくらでしたっけ。

M：入会金は5,000円なんですが、今日入会を決めていただければ、半額になります。

F：じゃあ、それでお願いします。

2 女の人はいくら払いますか。

1　6,500円
2　**8,500円**
3　9,000円
4　11,000円

해석 여자와 남자가 이야기하고 있습니다. 여자는 얼마를 지불합니까?

F：실례합니다, 회원가입하고 싶은데요, 어느 요금 플랜이 추천인가요?

M：그렇네요. 회사원분이시라면 평일 밤 7시 이후와 토, 일에 이용 가능한 8,000엔 요금 플랜이 인기예요.

F：음, 평일은 일이 늦게 끝나는 경향이 있고 토, 일도 예정이 있거나 해서 항상 올 수 있을지 어떨지 모르겠어요. 별로 못 오는데 8,000엔이나 지불하는 건 좀 아까운 느낌이 들고요.

M：그러시면 토, 일만 이용 가능한 6,000엔 플랜과 평일 밤 9시 이후에 이용 가능한 4,000엔 플랜이 있습니다만, 어떠실까요?

F：토, 일만이나 평일 밤 9시 이후라…. 평일은 피로가 쌓여있어서 아무것도 하지 못할 것 같으니까 토, 일만의 플랜으로 할까나. 참고로, 가입비는 얼마였죠?

M：가입비는 5,000엔이지만 오늘 회원가입을 결정해 주신다면 반값이 됩니다.

F：그럼, 그걸로 부탁해요.

여자는 얼마를 지불합니까?

1 6,500엔
2 8,500엔
3 9,000엔
4 11,000엔

해설 여자는 平日は疲労がたまりやすいから、土日だけのプランにしようかな。(평일은 피로가 쌓여 있어서 아무것도 하지 못할 것 같으니까 토, 일만의 플랜으로 할까나?)라고 했으므로 토, 일만 이용 가능한 6,000엔 플랜을 고른 것을 알 수 있다. 그 후 헬스장의 직원이 가입비에 관해서는 入会金は5,000円なんですが、今日入会を決めていただければ、半額になります。(가입비는 5000엔이지만 오늘 회원가입을 결정해 주신다면 반값이 됩니다.)라고 했으므로 가입비로 2,500엔을 낸다는 것을 알 수 있다. 따라서 6,000엔+2,500엔=8,500엔이므로 2번이 정답이다.

단어 払(はら)う 지불하다 | 入会(にゅうかい) 입회, 회원가입 | 料金(りょうきん) 요금 | プラン 플랜, 계획 | 以降(いこう) 이후 | ~がちだ 자주 ~하다, ~하는 경향이 있다 | もったいない 아깝다 | 気(き)がする 느낌이 들다 | 疲労(ひろう) 피로 | たまる 쌓이다 | ちなみに 참고로, 덧붙여서 | 入会金(にゅうかいきん) 입회금, 가입비 | 半額(はんがく) 반값

🎧 모의고사1_문제1_3번.mp3

美容院で男の人と女の人が話しています。女の人はこれから何をしてもらいますか。

M : ご来店ありがとうございます。今日はどのようにされますか。

F : そうですね。ちょっと長くなってきたんで、カットしてもらいたいんですけど。

M : かしこまりました。カラーはどうされますか。

F : うーん、まだいいです。先月やったばっかりだし。今日は、この写真みたいに、やわらかい雰囲気でお願いします。

M : なるほど。そうしましたら、お客様の髪だと、パーマをかけたほうがこの写真に近くなると思います。パーマは7,000円になるんですけど、いかがでしょうか。

F : わ、結構高いですね。でも、カットだけだとこの写真の髪型みたいになるのは難しいってことですよね。

M : そうですね、ご希望の髪型にはなりにくいと思います。あ、ちなみに、今月はプラス500円で頭のマッサージサービスを受けられるんですけど、いかがでしょうか。

F : それは結構です。また今度にします。今日はこの写真と同じ感じでお願いします。

3 女の人はこれから何をしてもらいますか。

1 カットとカラー
2 カットとパーマ
3 カットとマッサージ
4 カットだけ

해석 미용실에서 남자와 여자가 이야기하고 있습니다. 여자는 이제부터 무엇을 해 받습니까?

M : 내점 감사합니다. 오늘은 어떻게 해 드릴까요?
F : 그렇네요. 좀 길어져서 커트해 받고 싶은데요.
M : 알겠습니다. 염색은 어떻게 하시겠어요?
F : 음, 아직 괜찮아요. 저번달에 한지 얼마 안 되었기도 하고. 오늘은 이 사진처럼 부드러운 분위기로 부탁드려요.
M : 그렇군요. 그렇다면 고객님 머리카락이라면 파마를 하시는 편이 이 사진에 가깝게 될 거라 생각해요. 파마는 7,000엔인데, 어떠신가요?
F : 와, 꽤 비싸네요. 근데 커트만으로는 이 사진의 머리 스타일처럼 되는 건 어려울 거라는 것이군요.
M : 맞아요, 희망하시는 머리 스타일은 되기 어려울 거라고 생각해요. 아 참고로 이번 달은 플러스 500엔으로 머리 마사지 서비스를 받으실 수 있는데, 어떠신가요?
F : 그건 괜찮아요. 다음번에 할게요. 오늘은 이 사진과 같은 느낌으로 부탁드려요.

여자는 이제부터 무엇을 해 받습니까?

1 커트와 염색
2 커트와 파마
3 커트와 마사지
4 커트만

해설 여자가 ちょっと長くなってきたんで、カットしてもらいたいんですけど。(좀 길어져서 커트해 받고 싶은데요.)라며 미용실의 직원에게 사진을 보여주자, 직원은 이 머리 스타일은 파마를 해야 한다고 권했다. 그러자 여자는 でも、カットだけだとこの写真の髪型みたいになるのは難しいってことですよね。(근데 커트만으로는 이 사진의 머리 스타일처럼 되는 건 어려울 거라는 것이군요.)라고 했고 마지막에 今日はこの写真と同じ感じでお願いします。(오늘은 이 사진과 같은 느낌으로 부탁드려요.)라고 했으므로 파마도 함께 할 예정이라는 것을 알 수 있다. 따라서 2번이 정답이다. 염색을 권유하는 직원에게 여자는 저번달에 한지 얼마 안 되었다고 거절했기 때문에 1번은 정답이 아니고, 마사지에 대해서도 거절했기 때문에 3번도 정답이 아니다. 그리고 원하는 머리 스타일을 위해서 파마도 하기로 했으므로 4번도 정답이 아니다.

단어 美容院(びよういん) 미용실 | 来店(らいてん) 내점 | カット 컷 | カラー 컬러, 염색 | やわらかい 부드럽다 | 雰囲気(ふんいき) 분위기 | 髪(かみ) 머리카락 | パーマをかける 파마를 하다 | 結構(けっこう) 꽤, (거절할 때) 충분함, 족함 | 髪型(かみがた) 머리 스타일 | 希望(きぼう) 희망 | ちなみに 참고로, 덧붙여서 | マッサージ 마사지 | サービス 서비스

男の人と女の人が大学で話しています。男の人はこのあと何をしますか。

M：ゴホッゴホッ
F：大丈夫？具合が悪そうだね。
M：うん、ちょっと風邪をひいたみたい。
F：ずっとせきしてるけど、薬は飲んだの？薬を飲んだらすぐ治ると思うよ。
M：うちで食後に飲もうとしたけど、飲み忘れちゃったんだ。
F：あまり辛いようだったら、無理しないで、保健室に行くか、帰って休んだほうがいいと思うよ。
M：うん、でも午後は木村先生の授業があるんだよね。ちょっと無理してでも出ないと。
F：もう、しょうがないなあ。じゃあ薬局で薬を買ってきてあげるから。あ、ほら、あそこのソファ、空いてるからあそこで待ってて。
M：ごめんね。助かる。

4 男の人はこのあと何をしますか。

1 ソファに座る
2 薬局に行く
3 保健室に行く
4 家に帰る

해석 남자와 여자가 대학에서 이야기하고 있습니다. 남자는 이후 무엇을 합니까?

M：콜록콜록
F：괜찮아? 컨디션이 나빠 보이네.
M：응, 좀 감기에 걸린 것 같아.
F：계속 기침하고 있는데, 약은 먹었어? 약을 먹으면 금방 나을 거라고 생각해.
M：집에서 식사 후에 먹으려고 했는데, 먹는 걸 잊어버렸어.
F：너무 힘들 거 같으면 무리하지 말고 보건실에 가거나 돌아가서 쉬거나 하는 편이 좋을 거라고 생각해.
M：응, 근데 오후는 기무라 선생님의 수업이 있어. 좀 무리해서라도 나가지 않으면 안 돼.
F：아 어쩔 수 없네. 그럼 약국에서 약을 사와 줄 테니까. 아, 저기 저 소파 비어 있으니까 저기서 기다리고 있어.
M：미안. 고마워.

남자는 이후 무엇을 합니까?

1 소파에 앉는다
2 약국에 간다
3 보건실에 간다
4 집에 돌아간다

해설 여자가 마지막에 じゃあ薬局で薬を買ってきてあげるから。あ、ほら、あそこのソファ、空いてるからあそこで待ってて。(그럼 약국에서 약을 사와 줄 테니까. 아, 저기 저 소파 비어 있으니까 저기서 기다리고 있어.)라고 말하자, 남자가 ごめんね。助かる。(미안. 고마워.)라고 긍정적으로 대답했기 때문에 1번이 정답이다. 2번은 여자가 앞으로 할 행동이고, 3번은 남자가 오후에 중요한 수업이 있어 들어야 한다고 하면서 보건실에서 쉴 수 없다는 뉘앙스로 말했으므로 정답이 아니다. 그리고 4번도 3번과 같은 이유로 수업이 있어 지금 집에 돌아갈 수 없기 때문에 정답이 아니다.

단어 具合(ぐあい) 몸 상태, 컨디션 | 悪(わる)い 나쁘다 | 風邪(かぜ) 감기 | せき 기침 | 治(なお)る 낫다 | 食後(しょくご) 식후 | 忘(わす)れる 잊다 | 辛(つら)い 괴롭다, 힘들다 | 無理(むり)する 무리하다 | 保健室(ほけんしつ) 보건실 | しょうがない 어쩔 수 없다 | 薬局(やっきょく) 약국 | ほら 이봐, 얘, 자, 봐봐 | ソファ 소파 | 空(あ)く 비다 | 助(たす)かる 도움이 되다

ツアー会社の人と女の人がツアーの申し込みについて話しています。女の人はこれから何をしますか。

M：お電話ありがとうございます。星野ツアーです。
F：あのう、ぶどう収穫体験ツアーができるというチラシを見て、お電話したのですが、外国人でも申し込むことはできますか。
M：はい、もちろんです。二十歳以上の方ならどなたでも可能です。しかし、今月末が締め切りになっておりますので、お早めにお申し込みください。
F：え、申し込みは電話でできないんですか。
M：お電話でも受け取っておりますが、まずホームページの会員登録をしてから申し込みできます。また、申し込みが多い場合は先に申し込みが完了された方から先着100名まで受け付けますので、ご注意ください。
F：分かりました。会員登録してからまた電話します。
M：ええ、それでも大丈夫ですが、申し込みの際にはインターネットの方が便利だと思いますよ。また、ホームページにアクセスしていただくと、英語などにも変更できるので簡単に手続きできますよ。
F：そうなんですね、やってみます。もし分からないことがあれば、また電話します。
M：かしこまりました。それでは、ご予約をお待ちしております。

5 女の人はこれから何をしますか。

1 身分証をメールで送る
2 ホームページで会員登録をする
3 インターネットで申し込む
4 電話で予約する

해석 투어 회사의 사람과 여자가 투어 신청에 대해서 이야기하고 있습니다. 여자는 이제부터 무엇을 합니까?

M : 전화 감사합니다. 호시노 투어입니다.
F : 저기, 포도 수확 체험 투어를 할 수 있다고 하는 전단지를 보고 전화했는데요, 외국인이라도 신청할 수 있나요?
M : 네, 물론입니다. 20살 이상인 분이라면 누구라도 가능합니다. 하지만 이번 달 말이 마감으로 되어 있어서 빨리 신청 주십시오.
F : 어, 신청은 전화로 할 수 없나요?
M : 전화로도 받고 있습니다만, 먼저 홈페이지 회원 등록을 하고 나서 신청할 수 있습니다. 또한 신청이 많은 경우는 먼저 신청이 완료되신 분부터 선착 100명까지 접수하고 있기 때문에 주의해 주십시오.
F : 알겠습니다. 회원 등록하고 나서 다시 전화하겠습니다.
M : 네, 그것도 괜찮습니다만, 신청하실 때에는 인터넷 쪽이 편리하다고 생각해요. 또한 홈페이지에 접속해 주시면 영어 등으로도 변경할 수 있기 때문에 간단하게 수속할 수 있어요.
F : 그렇군요, 해 보겠습니다. 혹시 모르는 게 있으면 다시 전화하겠습니다.
M : 알겠습니다. 그럼 예약을 기다리고 있겠습니다.

여자는 이제부터 무엇을 합니까?

1 신분증을 메일로 보낸다
2 홈페이지에서 회원 등록을 한다
3 인터넷으로 신청한다
4 전화로 예약한다

해설 투어 회사 직원이 전화로도 접수는 하지만, 먼저 홈페이지에서 회원 등록을 해야 신청을 할 수 있다고 했다. 그러자 여자가 会員登録してからまた電話します。(회원 등록하고 나서 다시 전화하겠습니다.)라고 했으므로 회원 등록을 먼저 한다는 것을 알 수 있다. 따라서 2번이 정답이다. 1번은 본문에서 언급하지 않은 내용이기 때문에 정답이 아니고, 인터넷에서 신청을 할 수 있지만 먼저 회원 가입을 해야 하기 때문에 3번도 정답이 아니다. 남자가 인터넷으로 신청하면 더 편리하다고 했고, 여자가 모르는 것이 있으면 다시 전화하겠다고 하는 걸로 봐서는 인터넷으로 신청할 예정이라는 것을 알 수 있기 때문에 4번도 정답이 아니다.

단어 ツアー 투어 | 申(もう)し込(こ)み 신청 | ぶどう 포도 | 収穫(しゅうかく) 수확 | 体験(たいけん) 체험 | チラシ 전단지 | 申(もう)し込(こ)む 신청하다 | 可能(かのう) 가능 | 今月末(こんげつまつ) 이번 달 말 | 締(し)め切(き)り 마감 | 早(はや)めに 빨리, 일찍 | ホームページ 홈페이지 | 会員登録(かいいんとうろく) 회원 등록 | 先(さき)に 먼저 | 完了(かんりょう) 완료 | 先着(せんちゃく) 선착 | 受(う)け付(つ)ける 접수하다 | 注意(ちゅうい) 주의 | 際(さい) 때 | アクセス 액세스, 접근, 접속 | 変更(へんこう) 변경 | 手続(てつづ)き 수속, 절차 | 身分証(みぶんしょう) 신분증

문제2 문제2에서는, 먼저 질문을 들어주세요. 그 후, 문제 용지의 선택지를 읽으세요. 읽을 시간이 있습니다. 그리고 이야기를 듣고, 문제 용지의 1부터 4 중에서, 가장 알맞은 것을 하나 고르세요.

🎧 모의고사1_문제2_예시.mp3

男の学生と女の学生が話しています。女の学生はどうしてここに引っ越しましたか。

M : おじゃまします。
F : どうぞ、駅からアパートまでの道、分かりやすかったでしょ?
M : うん、そうだね。大型ショッピングセンターの通りにあるし、分かりやすかったよ。でも、周りが結構充実しているから家賃も高いんじゃない?
F : そうでもないよ、ちょうど6万円。まあ、前の家より1万高くなったけど、大学まで30分で行けるし。最近バイトも増やしたから大丈夫。以前は大学まで片道1時間半もかかって、朝の満員電車がかなり辛かった。それに比べたら今の方がましだよ。
M : えー、そんなに遠かったの?1時間の差は大きいよ。でも、ここ夜とか賑やかでしょ?大通り沿いだし…。
F : まあ、車の音はするんだけど、窓を閉めてるからそこまで気にならないし、結構静かだよ。
M : それなら、ここに引っ越して良かったね。

예시 女の学生はどうしてここに引っ越しましたか。

1 周りが静かだから
2 近くに大型ショッピングセンターがあるから
3 大学まで近いから
4 家賃が安いから

해석 남자 학생과 여자 학생이 이야기하고 있습니다. 여자 학생은 왜 여기로 이사했습니까?

M : 실례하겠습니다.
F : 들어와, 역에서부터 아파트까지의 길, 알기 쉬웠지?
M : 응, 그렇네. 대형 쇼핑센터의 거리에 있기도 하고 알기 쉬웠어. 근데 주변이 꽤 충실해서 집세가 비싸지 않아?
F : 그렇지도 않아, 딱 6만 엔. 뭐, 예전 집보다 1만 비싸졌지만, 대학까지 30분에 갈 수 있고. 최근에 아르바이트도 늘렸기 때문에 괜찮아. 이전은 대학까지 1시간 반이나 걸려서 아침의 만원 전철이 꽤 힘들었어. 그거에 비하면 지금 쪽이 나아.
M : 아 그렇게 멀었어? 1시간의 차이는 커. 근데 밤이라든지 번잡하지 않아? 큰 길가이고….
F : 뭐, 차 소리는 나지만, 창문을 닫고 있기 때문에 그렇게까지 신경 쓰이지 않고 꽤 조용해.
M : 그렇다면 여기로 이사해서 다행이네.

여자 학생은 왜 여기로 이사했습니까?

1 주변이 조용하기 때문에
2 근처에 대형 쇼핑센터가 있기 때문에
3 대학까지 가깝기 때문에
4 집세가 저렴하기 때문에

해설 여자 학생은 예전 집보다 비싸졌지만 大学まで30分で行けるし.(대학까지 30분에 갈 수 있고.)라며 예전보다 가까워졌기 때문에 아침에 만원 전철을 타는 것에 비해서 낫다고 했다. 따라서 3번이 정답이다. 차 소리가 나고 조용한 것 때문에 이사한 것은 아니므로 1번은 정답이 아니고, 대형 쇼핑센터의 언급은 있지만 이것 때문에 이사한 것도 아니기 때문에 2번도 정답이 아니다. 그리고 집세는 예전에 살던 집보다 비싸졌다고 했으므로 4번도 정답이 아니다.

단어 引(ひ)っ越(こ)す 이사하다 | アパート 아파트 | 大型(おおがた) 대형 | ショッピングセンター 쇼핑센터 | 通(とお)り 길, 거리 | 周(まわ)り 주위, 주변 | 充実(じゅうじつ) 충실 | 家賃(やちん) 집세, 월세 | 増(ふ)やす 늘리다 | 片道(かたみち) 편도 | 満員電車(まんいんでんしゃ) 만원 전철 | 辛(つら)い 괴롭다, 힘들다 | 差(さ) 차, 차이 | 賑(にぎ)やかだ 활기차다, 번잡하다 | 大通(おおどお)り 큰길 | ~沿(ぞ)い ~에 따라, ~옆, ~가 | 気(き)になる 신경 쓰이다

🎧 모의고사1_문제2_1번.mp3

男の学生と女の学生が話しています。女の学生はどうして先生になりたいと言っていますか。

M: お疲れ様、後ろから見てたけど、いつも真面目に勉強してるね。
F: うん。私、将来は先生になりたいからね。
M: へぇー。実は僕も先生になりたいと思ってるんだ。両親が先生だし、子供も好きだからね。
F: そうなんだ。私は、この前卒業生たちが先生に会いに来て感謝の気持ちを伝えるのを見て、誰かの役に立ちたいという気持ちが大きくなったよ。だから一生懸命頑張らないと。
M: 確かに、そういうことを言われると相当やりがいを感じるだろうね。
F: それと夏休みとか冬休みとか連休の時には結構休めるかなと思って。
M: 学校は休んでも先生たちは他の作業をしなければならないよ。だから休みを取るのは簡単ではないと思うよ。
F: それは残念。

1 女の学生はどうして先生になりたいと言っていますか。

1 親も先生だから

2 子供が好きだから
3 誰かの役に立ちたいから
4 結構休みが取れるから

해석 남자 학생과 여자 학생이 이야기하고 있습니다. 여자 학생은 왜 선생님이 되고 싶다고 말하고 있습니까?

M: 수고했어, 뒤에서 보고 있었는데, 항상 성실하게 공부하고 있네.
F: 응. 나, 장래에는 선생님이 되고 싶으니까.
M: 와. 사실은 나도 선생님이 되고 싶다고 생각하고 있어. 부모님이 선생님이기도 하고 아이도 좋아하니까.
F: 그렇구나. 나는 요전에 졸업생들이 선생님을 만나러 와서 감사의 마음을 전하는 것을 보고 누군가의 도움이 되고 싶다고 하는 마음이 커졌어. 그러니까 열심히 하지 않으면 안 돼.
M: 확실히, 그런 말을 들으면 상당히 보람을 느끼겠지.
F: 그거랑 여름방학이라든가 겨울방학이라든가 연휴 때에는 꽤 쉴 수 있을까라고 생각해서.
M: 학교는 쉬어도 선생님들은 다른 작업을 하지 않으면 안 돼. 그래서 휴가를 얻는 건 간단하지 않을 거라고 생각해.
F: 그건 아쉽네.

여자 학생은 왜 선생님이 되고 싶다고 말하고 있습니까?

1 부모님도 선생님이기 때문에
2 아이를 좋아하기 때문에
3 누군가의 도움이 되고 싶기 때문에
4 꽤 휴가를 받을 수 있기 때문에

해설 여자 학생이 この前卒業生たちが先生に会いに来て感謝の気持ちを伝えるのを見て、誰かの役に立ちたいという気持ちが大きくなったよ.(나는 요전에 졸업생들이 선생님을 만나러 와서 감사의 마음을 전하는 것을 보고 누군가의 도움이 되고 싶다고 하는 마음이 커졌어.)라며 자신이 선생님이 되고 싶은 동기에 대해서 말했다. 따라서 3번이 정답이다. 1, 2번은 남학생이 선생님이 되고 싶은 이유이기 때문에 정답이 아니다. 4번은 사실이 아니기 때문에 정답이 아니다.

단어 お疲(つか)れ様(さま) 수고했어, 고생 많았어 | 真面目(まじめ)だ 성실하다 | 将来(しょうらい) 장래 | 実(じつ)は 실은, 사실은 | 両親(りょうしん) 양친, 부모님 | 卒業生(そつぎょうせい) 졸업생 | 感謝(かんしゃ) 감사 | 役(やく)に立(た)つ 도움이 되다 | 一生懸命(いっしょうけんめい) 열심히 | 相当(そうとう) 상당히 | やりがい 보람 | 連休(れんきゅう) 연휴 | 結構(けっこう) 꽤, 제법 | 作業(さぎょう) 작업 | 休(やす)みを取(と)る 휴가를 얻다 | 残念(ざんねん)だ 유감이다, 아쉽다

🎧 모의고사1_문제2_2번.mp3

女の人と男の人が話しています。男の人は、映画のどんなところが一番よかったと言っていますか。

F: 課長、あの映画を見に行かれたそうですね。いかがでしたか。

M：すごく良かったよ。やっぱり人気なだけあって、チケットの予約も大変だったし、映画館も満席だったよ。
F：あの映画は最新のCG技術を使っているそうです。映像はどうでしたか。
M：映像すごくきれいだったよ。でも映像だけでなくアクションもとてもよかった。それに、何よりもストーリーが素晴らしかったんだよ。もう、感動して最後は泣いちゃったね。
F：そうですか。実は、私の好きな俳優が出ているんです。今度、見に行ってみようかしら。
M：好きな俳優って、アントニーなんとかでしょ？最近人気だもんね。また、アクション俳優だけあってアクションの場面が多かったよ！僕ももう一回見に行こうかな。一緒に行く？
F：はい、いいですね。でも、一度ご覧になっているから、途中でこの後どうなるかとか、おっしゃらないでくださいね。
M：分かった。

2 男の人は、映画のどんなところが一番よかったと言っていますか。

1 最新のCG技術を使っているところ
2 ストーリーが感動的だったところ
3 好きな俳優が出ているところ
4 アクションの場面が多かったところ

해석 여자와 남자가 이야기하고 있습니다. 남자는 영화의 어떤 점이 가장 좋았다고 말하고 있습니까?

F : 과장님, 그 영화 보러 가셨다면서요. 어떠셨어요?
M : 엄청 좋았어. 역시 인기가 많은 만큼 티켓 예약도 힘들었고 영화관도 만석이었어.
F : 그 영화는 최신 CG 기술을 쓰고 있다고 해요. 영상은 어땠나요?
M : 영상 엄청 예뻤어. 하지만 영상뿐만 아니라 액션도 너무 좋았어. 게다가 무엇보다도 스토리가 훌륭했어. 엄청 감동받아서 마지막에는 울어 버렸지.
F : 그래요? 실은 제가 좋아하는 배우가 나오고 있어요. 다음에 보러 가볼까나?
M : 좋아하는 배우는 안토니 뭐였었지? 최근에 인기 있지. 또 액션 배우인 만큼 액션 장면이 많았어! 나도 한 번 더 보러 갈까나? 같이 갈래?
F : 네, 좋네요. 근데 한 번 보셨으니까 도중에 이후에 어떻게 된다 라든지 말씀하시지 마세요.
M : 알았어.

남자는 영화의 어떤 점이 가장 좋았다고 말하고 있습니까?

1 최신 CG 기술을 사용하고 있는 점
2 스토리가 감동적이었던 점
3 좋아하는 배우가 나오고 있는 점
4 액션 장면이 많았던 점

해설 남자는 영화에 대해서 만족하면서 何よりもストーリーが素晴らしかったんだよ。(무엇보다도 스토리가 훌륭했어.)라고 말했다. 따라서 2번이 정답이다. 1, 2, 3번도 훌륭했지만 남자가 생각하는 가장 좋았던 점은 아니기 때문에 정답이 아니다.

단어 課長(かちょう) 과장님 | ~だけあって ~인 만큼 | チケット 티켓 | 満席(まんせき) 만석, 만원 | 最新(さいしん) 최신 | CG技術(ぎじゅつ) CG 기술 | 映像(えいぞう) 영상 | ~だけでなく ~뿐만 아니라 | アクション 액션 | ストーリー 스토리 | 素晴(すば)らしい 훌륭하다 | 感動(かんどう) 감동 | 実(じつ)は 실은, 사실은 | 俳優(はいゆう) 배우 | ~かしら ~할까나?(여자 말투) | 場面(ばめん) 장면 | ご覧(らん)になる 보시다(존경어) | 途中(とちゅう)で 도중에 | おっしゃる 말씀하시다(존경어)

🎧 모의고사1_문제2_3번.mp3

女の人と男の人が話しています。女の人が勉強会に参加した目的は何ですか。

F：最近、英語の勉強会に通い始めたんだ。有名な先生の勉強会だけあって、学ぶことも多くて期待以上にスキルアップしてるよ。
M：そういえば、英会話の練習がしたいと言ってたよね。
F：うん、でもそのために参加してるわけじゃないよ。
M：え、この前、正しい英語の発音を身につけたいとかコミュニケーションの能力を身につけたいとか言って色んな本購入したよね？
F：うーん、確かにその能力も欲しかったけど、実は日本語と英語の違いを深く学んでみたいと思って勉強会に参加したんだ。
M：じゃあ、勉強会では英語を日本語に訳したりすることを学ぶの？
F：ううん、翻訳の前に英語の文章がどうやって構成されているかを中心に進められているんだ。会話や翻訳にも興味はあったけど、やっぱりその前にきちんと文法を身につけるのが大切だと思ったからね。この勉強会で勉強を始めて以来、英語を読むことに自信を持つようになったよ。

3 女の人が勉強会に参加した目的は何ですか。

1 会話の練習をするため
2 正しい発音ができるようになるため

3 翻訳のスキルを学ぶため
4 文法を身につけるため

해석 여자와 남자가 이야기하고 있습니다. 여자가 공부회에 참가한 목적은 무엇입니까?

F : 요즘, 영어 공부회에 다니기 시작했어. 유명한 선생님의 공부회인 만큼 배울 것도 많아서 기대 이상으로 스킬 업하고 있어.
M : 그러고 보니 영어 회화 연습을 하고 싶다고 말했었지.
F : 응, 근데 그것 때문에 참가하고 있는 것은 아니야.
M : 어, 요전에 올바른 영어 발음을 몸에 익히고 싶어라든지 커뮤니케이션 능력을 몸에 익히고 싶어라든지 말해서 여러 가지 책 구입했었잖아?
F : 음, 확실히 그 능력도 갖고 싶었지만, 실은 일본어와 영어의 차이를 깊이 배우고 싶다고 생각해서 공부회에 참가한 거야.
M : 그럼, 공부회에서는 영어를 일본어로 번역하거나 하는 것을 공부하는 거야?
F : 아니, 번역 전에 영어 문장이 어떻게 구성되어 있는지를 중심으로 진행되고 있어. 회화나 번역에도 흥미는 있었지만, 역시 그전에 제대로 문법을 몸에 익히는 것이 중요하다고 생각했거든. 이 공부회에서 공부를 시작한 이래로 영어를 읽는 것에 자신을 가지게 되었어.

여자가 공부회에 참가한 목적은 무엇입니까?

1 회화 연습을 하기 위해서
2 올바른 발음을 할 수 있게 되기 위해서
3 번역 스킬을 배우기 위해서
4 문법을 몸에 익히기 위해서

해설 여자가 영어 공부회에 참가한 이유에 대해서 번역이나 회화에도 흥미는 있지만, 역시 그 전에 제대로 문법을 몸에 익히는 것이 대단히 중요하다고 생각해서 라고 했다. (역시 그전에 제대로 문법을 몸에 익히는 것이 중요하다고 생각했거든.)라고 했다. 따라서 4번이 정답이다. 올바른 발음이나 커뮤니케이션 능력도 갖고 싶었지만 그보다는 일본어와 영어의 차이를 더 공부하고 싶다고 했으므로 1, 2번은 정답이 아니다. 번역에도 흥미는 있었지만, 역시 그전에 문법을 익히는 게 중요하다고 생각했다고 했으므로 3번도 정답이 아니다.

단어 勉強会(べんきょうかい) 공부회, 스터디 | 参加(さんか) 참가 | 目的(もくてき) 목적 | ~だけあって ~인 만큼 | 学(まな)ぶ 배우다 | 期待(きたい) 기대 | スキルアップ 스킬 업 | 英会話(えいかいわ) 영어 회화 | 正(ただ)しい 올바르다 | 身(み)につける 습득하다, 몸에 익히다 | コミュニケーション 커뮤니케이션, 의사소통 | 能力(のうりょく) 능력 | 購入(こうにゅう) 구입 | 欲(ほ)しい 갖고 싶다, 원하다 | 実(じつ)は 실은, 사실은 | 訳(やく)す 번역하다 | 翻訳(ほんやく) 번역 | 文章(ぶんしょう) 문장 | 構成(こうせい) 구성 | ~を中心(ちゅうしん)に ~을/를 중심으로 | 進(すす)める 진행하다 | 文法(ぶんぽう) 문법 | ~て以来(いらい) ~한 이래 | 自信(じしん) 자신(감)

🎧 모의고사1_문제2_4번.mp3

男の人と女の人が話しています。男の人はどうしてブロッコリーが嫌いですか。

M：あー、腹減った。何か頼もうかな。ピザとかはどう？
F：いいよ、このブロッコリーサラダも一緒に頼んでいい？
M：ブロッコリーかあ、ちょっと苦手だな。
F：子供じゃないんだし、偏食はよくないよ。この前もきゅうり苦手って言ってたけど、生の野菜が駄目なの？
M：きゅうりは確かにそうだけど、ブロッコリーは違うよ。
F：じゃあ、なんで食べないの？もしかして食べたことないからとか？私も一度も食べたことない物は挑戦するのが怖くてあまり手が出せないんだよね。
M：食べたことはあるけど、**実は食感がね…。下の部分はさくさくしてておいしいけど、上の部分のぶつぶつしてるのがどうしても我慢できないんだよね。**
F：そうなんだ。ブロッコリーって好き嫌いが多い野菜だもんね。
M：そうだね。食感以外でも味がないから嫌いだって言ってる人も結構いるからね。
F：まあ、そういう人はマヨネーズとか他のソースを加えると、なんとか克服できると思うよ。

4 男の人はどうしてブロッコリーが嫌いですか。
1 生の野菜が苦手だから
2 一度も食べたことがないから
3 食感が駄目だから
4 味がしないから

해석 남자와 여자가 이야기하고 있습니다. 남자는 왜 브로콜리를 싫어합니까?

M : 아~, 배고파. 뭔가 시킬까? 피자라든지 어때?
F : 좋아, 이 브로콜리 샐러드도 같이 시켜도 돼?
M : 브로콜리는 좀 안 좋아해.
F : 애도 아니고, 편식은 좋지 않아. 요전에도 오이 질색한다고 말했었는데, 생 야채가 안 되는 거야?
M : 오이는 확실히 그렇지만, 브로콜리는 달라.
F : 그럼, 왜 안 먹는 거야? 혹시 먹어본 적이 없다라든가? 나도 한 번도 먹어본 적 없는 것은 도전하는 것이 무서워서 그다지 손을 댈 수 없어.
M : 먹은 적은 있는데, **실은 식감이 말이지…. 아랫부분은 아삭아삭해서 맛있는데, 윗부분의 오돌토돌한 것이 어떻게 해도 못 참겠어.**
F : 그렇구나. 브로콜리는 호불호가 많은 야채니까.

M : 그렇지. 식감 이외에도 맛이 없으니까 싫어한다고 말하고 있는 사람도 꽤 있으니까.
F : 뭐, 그런 사람은 마요네즈라든가 다른 소스를 더하면 어떻게든 극복할 수 있다고 생각해.

남자는 왜 브로콜리를 싫어합니까?

1 생 채소를 질색하니까
2 한 번도 먹어본 적이 없으니까
3 식감이 별로니까
4 맛이 안 나니까

해설 남자는 実は食感がね…。下の部分はさくさくしてておいしいけど、上の部分のぶつぶつしてるのがどうしても我慢できないんだよね。(실은 식감이 말이지…. 아랫부분은 아삭아삭해서 맛있는데, 윗부분의 오돌토돌한 것이 어떻게 해도 못 참겠어.)라고 하며 브로콜리의 식감 때문에 못 먹겠다고 했다. 따라서 3번이 정답이다. 생 야채라서 질색하는 것은 오이이기 때문에 1번은 정답이 아니다. 브로콜리는 먹어본 적이 있다고 했기 때문에 2번은 정답이 아니다. 맛이 없어서 싫어하는 사람들이 꽤 있다고 언급은 있지만 남자가 브로콜리를 싫어하는 이유는 아니기 때문에 4번도 정답이 아니다.

단어 ブロッコリー 브로콜리 | 腹(はら)が減(へ)る 배고프다 | 頼(たの)む 부탁하다, 주문하다 | ピザ 피자 | サラダ 샐러드 | 苦手(にがて)だ 질색이다, 싫어하다, 못하다 | 偏食(へんしょく) 편식 | きゅうり 오이 | 生(なま) 생 | 駄目(だめ)だ 안 되다, 소용없다 | 挑戦(ちょうせん) 도전 | 手(て)を出(だ)す 손을 대다 | 実(じつ)は 실은, 사실은 | 食感(しょっかん) 식감 | さくさく 아삭아삭 | ぶつぶつ 오돌토돌, 표면에 많이 나온 알갱이 모양의 것 | 我慢(がまん)する 참다, 견디다 | 好(す)き嫌(きら)い 호불호 | 結構(けっこう) 꽤 | マヨネーズ 마요네즈 | 加(くわ)える 더하다 | なんとか 어떻게(든), 간신히 | 克服(こくふく) 극복 | 味(あじ)がする 맛이 나다

🎧 모의고사1_문제2_5번.mp3

喫茶店で女の人と男の人が話しています。女の人がコーヒーを頼まない理由は何ですか。

F : 何頼む？ 私はオレンジジュースにしたけど。
M : あれ、いつもコーヒーじゃなかったっけ。どうしたの？
F : コーヒーは飲みたいんだけど、最近、病院でカフェインの摂り過ぎだとお医者さんから言われたから控えているんだ。
M : 飲めるものが限られちゃって大変だね。でも、前向きに考えたら、他の色んな飲み物が試せていいんじゃない？
F : そうだね。コーヒーが飲めなくなったのは残念だけど、自分の食習慣を振り返る、いい機会になったよ。そろそろ健康も考えないといけない年だしね。
M : これをきっかけに健康な生活を続けられるといいね。

5 女の人がコーヒーを頼まない理由は何ですか。

1 医者にカフェインを摂らないように言われたから
2 オレンジジュースの評判がいい店だったから
3 健康について考えるようになったから
4 他の飲み物を試したいから

해석 커피숍에서 여자와 남자가 이야기하고 있습니다. 여자가 커피를 주문하지 않는 이유는 무엇입니까?

F : 뭐 주문할래? 나는 오렌지주스로 했는데.
M : 어라, 항상 커피 아니었어? 무슨 일이야?
F : 커피는 마시고 싶지만, 최근에 병원에서 카페인 과다 섭취라고 의사에게 들어서 삼가고 있어.
M : 마실 수 있는 게 제한되어 버려서 힘들겠네. 근데 긍정적으로 생각하면 다른 여러 가지 음료수를 시험해 볼 수 있어서 좋은 거 아냐?
F : 그렇네. 커피를 못 마시게 된 건 유감이지만, 자신의 식습관을 되돌아보는 좋은 기회가 되었어. 슬슬 건강도 생각하지 않으면 안 되는 나이이기도 하고.
M : 이걸 계기로 건강한 생활을 계속할 수 있었으면 좋겠네.

여자가 커피를 주문하지 않는 이유는 무엇입니까?

1 의사가 카페인을 섭취하지 말라고 했기 때문에
2 오렌지주스의 평판이 좋은 가게였기 때문에
3 건강에 대해 생각하게 되었기 때문에
4 다른 음료를 시도하고 싶기 때문에

해설 여자가 커피를 주문하지 않은 이유에 대해서 最近、病院でカフェインの摂り過ぎだとお医者さんから言われたから(최근에 병원에서 카페인 과다 섭취라고 의사에게 들어서)라고 말했다. 따라서 1번이 정답이다. 2번은 본문에서 언급하지 않은 내용이기 때문에 정답이 아니고, 3번은 앞으로 건강에 대해 생각할 예정이라는 뉘앙스로 여자가 말했으므로 정답이 아니고, 4번은 남자가 언급한 내용이고 앞으로 할 행동에 지나지 않기 때문에 정답이 아니다.

단어 喫茶店(きっさてん) 찻집, 커피숍 | 頼(たの)む 부탁하다, 주문하다 | カフェイン 카페인 | 摂(と)り過(す)ぎ 과다 섭취 | 控(ひか)える 삼가다 | 限(かぎ)る 한정하다, 제한하다 | 前向(まえむ)きに 긍정적으로 | 試(ため)す 시도하다, 시험하다 | 食習慣(しょくしゅうかん) 식습관 | 振(ふ)り返(かえ)る 뒤돌아보다, 되돌아보다 | 機会(きかい) 기회 | そろそろ 슬슬 | 健康(けんこう) 건강 | ~をきっかけに ~을/를 계기로 | 摂(と)る 섭취하다 | 評判(ひょうばん) 평판

🎧 모의고사1_문제2_6번.mp3

男の人と女の人が話しています。女の人が一番心配しているのはどんなことですか。

M : スピーチの原稿を仕上げました。見てもらえますか。
F : いいですよ。なかなか見事なスピーチじゃないですか。ただ、この部分、特定の言葉が多すぎるので、違う言葉に言い換えたほうがいいですね。

M : なるほど、他の言葉に直してみます。
F : それと、公式的な場ですから、言葉を略して使うのもよくないですよ。普段会話の中で使っているからといって、つい使ってしまう人も多いですが、気をつけないといけません。
M : そうなんですよ。僕もついつい使ってしまってるので、スピーチで話してしまうか心配です。
F : しっかり練習していかないとせっかくのいい原稿が無駄になってしまいますからね。それより心配なのは、言葉を相手にちゃんと伝えられるかですね。ただ、読むだけではなくて自分が思っていることをちゃんと表現できるかも評価の対象に入っていますから。
M : なるほど、時間的に余裕はあまりないですが、大会に向けて一生懸命頑張ります。

6 女の人が一番心配しているのはどんなことですか。

1 しっかり練習していくこと
2 言葉を略して使ってしまうこと
3 いい原稿が無駄になること
4 **言葉を相手に表現すること**

해석 남자와 여자가 이야기하고 있습니다. 여자가 가장 걱정하고 있는 것은 어떤 것입니까?

M : 스피치 원고를 완성시켰습니다. 봐주실 수 있겠습니까?
F : 좋아요. 꽤 훌륭한 스피치네요. 다만 이 부분, 특정 말이 너무 많아서 다른 말로 바꿔 말하는 편이 좋겠네요.
M : 그렇군요, 다른 말로 고쳐 보겠습니다.
F : 그거랑 공식적인 장소이기 때문에 말을 줄여서 쓰는 것도 좋지 않아요. 평소 회화 속에서 쓰고 있다고 해서 무심결에 써 버리는 사람도 많습니다만, 주의하지 않으면 안 됩니다.
M : 그러게 말입니다. 저도 무의식중에 써 버리고 있기 때문에 스피치에서 말해 버릴까 걱정입니다.
F : 확실히 연습해서 가지 않으면 모처럼 좋은 원고가 헛되이 되어 버리니까요. 그것보다 걱정인 건 말을 상대방에게 제대로 표현할 수 있는가네요. 그냥 읽는 것뿐만이 아니라 자신이 생각하고 있는 것을 제대로 표현할 수 있는지도 평가의 대상에 들어가고 있으니까요.
M : 그렇군요, 시간적으로 여유는 별로 없습니다만, 대회를 향해서 열심히 하겠습니다.

여자가 가장 걱정하고 있는 것은 어떤 것입니까?

1 확실히 연습해 가는 것
2 말을 줄여서 써 버리는 것
3 좋은 원고가 헛되게 되는 것
4 말을 상대방에게 표현을 하는 것

해설 여자는 それより心配なのは、言葉を相手にちゃんと伝えられるかですね。(그것보다 걱정인 건 말을 상대방에게 제대로 표현할 수 있는가네요.)라고 걱정인 부분에 대해서 직접적으로 언급을 했다. 따라서 4번이 정답이다. 확실히 연습하는 것에 대해서도 조언을 했지만 여자가 가장 걱정하는 것은 아니기 때문에 1번은 정답이 아니고, 말을 줄여 쓰는 것은 단순한 여자의 조언으로 여자가 아닌 남자가 걱정이라고 한 부분이므로 정답이 아니다. 연습해가지 않으면 좋은 원고가 헛되이 되어버린다고 했으나 그 뒤에 그것보다 걱정인 것을 언급하고 있으므로 3번도 정답이 아니다.

단어 スピーチ 스피치 | 原稿(げんこう) 원고 | 仕上(しあ)げる 완성시키다 | 見事(みごと)だ 멋지다, 훌륭하다 | 特定(とくてい) 특정 | 言(い)い換(か)える 바꿔 말하다 | 公式的(こうしきてき)だ 공식적이다 | 略(りゃく)す 생략하다 | 普段(ふだん) 평소 | つい 무심결에, 무의식중에 | ~からといって ~라고 해서 | しっかり 확실히 | 無駄(むだ)になる 헛되이 되다 | 表現(ひょうげん) 표현 | 評価(ひょうか) 평가 | 対象(たいしょう) 대상 | 余裕(よゆう) 여유 | 大会(たいかい) 대회 | ~に向(む)けて ~을/를 향해서

문제3 문제3에서는, 문제 용지에 아무것도 인쇄되어 있지 않습니다. 이 문제는, 전체로서 어떤 내용인지를 듣는 문제입니다. 이야기 전에 질문은 없습니다. 먼저 이야기를 들어주세요. 그리고, 질문과 선택지를 듣고, 1부터 4 중에서, 가장 알맞은 것을 하나 고르세요.

🎧 모의고사1_문제3_예시.mp3

講演会で女の人が話しています。

F : 皆さんは自分の子供にスマホを持たせたいと思いますか。スマホは子供に悪い影響を及ぼすかもしれないという恐れから、子供が小さいうちはスマホを持たせない親も多いでしょう。しかし、子供がスマホを持つのは、悪いことばかりではないと思います。例えば子供にスマホがあれば、いつでも連絡が取れます。もし子供が危ない目にあったら、スマホを使ってすぐに親を呼ぶことができます。さらに、スマホは勉強にも役立ちます。勉強している途中に分からないことがあった時、辞書を開いて調べるよりスマホで調べたほうが便利だと思います。つまり、スマホがあれば欲しい情報がすぐに手に入ります。ですから、上手に活用すれば、子供にとって良いことがより多いと思います。

예시 女の人は何について話していますか。

1 スマホの問題点
2 スマホの便利な点
3 スマホで連絡を取る方法
4 スマホを利用した勉強方法

해석　강연회에서 여자가 이야기하고 있습니다.

F : 여러분은 자신의 아이에게 스마트폰을 가지게 하고 싶다고 생각합니까? 스마트폰은 아이에게 나쁜 영향을 끼칠지도 모른다는 우려 때문에 아이가 어렸을 때는 못 갖게 하는 부모도 많을 것입니다. 그러나 아이가 스마트폰을 갖는 것은 나쁜 것뿐만은 아니라고 생각합니다. 예를 들면 아이에게 스마트폰이 있으면 언제든지 연락을 할 수 있습니다. 만약 아이가 위험한 일을 당하면 스마트폰을 사용해서 바로 부모를 부를 수 있습니다. 게다가 스마트폰은 공부에도 도움이 됩니다. 공부하고 있는 도중에 모르는 것이 있었을 때, 사전을 펴서 조사하는 것보다 스마트폰으로 조사하는 편이 편리하다고 생각합니다. 즉 스마트폰이 있으면 원하는 정보가 바로 손에 들어옵니다. 그렇기 때문에 잘 활용하면 아이에게 있어서 좋은 일이 보다 많다고 생각합니다.

여자는 무엇에 대해서 이야기하고 있습니까?

1 스마트폰의 문제점
2 스마트폰의 편리한 점
3 스마트폰으로 연락을 하는 방법
4 스마트폰을 이용한 공부 방법

해설　여자는 아이가 스마트폰을 갖는 것은 나쁜 것뿐만은 아니라고 하며 언제든지 연락이 取れます。(언제든지 연락을 할 수 있습니다.)라는 점과 スマホは 勉強にも 役立ちます。(스마트폰은 공부에도 도움이 됩니다.)라는 점을 말하며 스마트폰의 편리한 점에 대해서 말하고 있다. 따라서 2번이 정답이다. 스마트폰은 아이에게 나쁜 영향을 끼칠지도 모른다고는 했지만 스마트폰의 문제점에 대해서 이야기하고 있는 것은 아니기 때문에 1번은 정답이 아니고, 스마트폰이 있으면 언제든지 연락을 할 수 있다고 했지만 연락을 하는 방법에 대해서 이야기하고 있는 것이 아니기 때문에 3번도 정답이 아니다. 그리고 4번은 언급은 있었으나, 여자의 주된 이야기는 아니기 때문에 정답이 아니다.

단어　講演会(こうえんかい) 강연회 | スマホ 스마트폰 | 影響(えいきょう) 영향 | 及(およ)ぼす 끼치다 | 恐(おそ)れ 우려 | ~うちに ~동안에 | 連絡(れんらく)を 取(と)る 연락을 하다 | 危(あぶ)ない 目(め)に 合(あ)う 위험한 일을 당하다 | 役立(やくだ)つ 도움이 되다 | 途中(とちゅう) 도중 | 欲(ほ)しい 갖고 싶다, 원하다 | 情報(じょうほう) 정보 | 活用(かつよう) 활용 | 問題点(もんだいてん) 문제점

🎧 모의고사1_문제3_1번.mp3

テレビでアナウンサーが話しています。

M : 近頃、実際に店へ行って買い物をするよりインターネットで買い物をする人が増えているそうです。特に若者の間では海外オンラインショッピングが大流行しています。海外に行かなくても海外食品や化粧品、ファッショングッズなどを手軽に購入できるので、人気が高まっています。もちろん、直接お店へ足を運んで買い物をすることを好む人もいるでしょう。利用者側としては「店舗で買うよりも安い」「オンラインでしか手に入らない限定商品がある」「お店に行く手間が省ける」「他に購入したことがあるお客さんの評価が見られる」などがオンラインショッピングを利用する大きなポイントだそうです。

1　アナウンサーは何について話していますか。

1 オンラインショッピングが人気である理由
2 ネットでしか買えない限定商品
3 オンラインショッピングに対する評価
4 欲しいものを安く購入できる方法

해석　텔레비전에서 아나운서가 이야기하고 있습니다.

M : 요즘 실제로 가게에 가서 쇼핑을 하는 것보다 인터넷에서 쇼핑을 하는 사람이 늘고 있다고 합니다. 특히 젊은이들 사이에서는 해외 온라인 쇼핑이 대유행하고 있습니다. 해외에 가지 않아도 해외 식품이나 화장품, 패션 굿즈 등을 손쉽게 구입할 수 있기 때문에 인기가 높아지고 있습니다. 물론 직접 가게로 가서 쇼핑을 하는 것을 좋아하는 사람도 있을 것입니다. 이용자 측으로서는 '점포에서 사는 것보다도 싸다', '온라인에서밖에 손에 넣을 수 없는 한정 상품이 있다', '가게에 가는 수고가 준다', '다른 구입한 적이 있는 손님의 평가를 볼 수 있다' 등이 온라인 쇼핑을 이용하는 큰 포인트라고 합니다.

아나운서는 무엇에 대해서 이야기하고 있습니까?

1 온라인 쇼핑이 인기인 이유
2 온라인에서밖에 살 수 없는 한정 상품
3 온라인 쇼핑에 대한 평가
4 갖고 싶은 물건을 싸게 구입할 수 있는 방법

해설　아나운서는 처음에 近頃、実際に店へ行って買い物をするよりインターネットで買い物をする人が増えているそうです。(요즘 실제로 가게에 가서 쇼핑을 하는 것보다 인터넷에서 쇼핑을 하는 사람이 늘고 있다고 합니다.)라고 말 시작한 후, 마지막까지 온라인 쇼핑을 이용하는 이용자의 다양한 의견을 말하며 장점에 대해서 이야기하고 있다. 따라서 1번이 정답이다. 2, 4번은 온라인 쇼핑의 장점 중 하나이므로 정답이 아니고, 3번은 본문에서 언급하지 않은 내용이기 때문에 정답이 아니다.

단어　アナウンサー 아나운서 | 近頃(ちかごろ) 요즘, 근래 | 実際(じっさい) 실제 | インターネット 인터넷 | 若者(わかもの) 젊은이 | オンライン 온라인 | ショッピング 쇼핑 | 大流行(だいりゅうこう) 대유행 | 食品(しょくひん) 식품 | 化粧品(けしょうひん) 화장품 | ファッショングッズ 패션 굿즈 | 手軽(てがる)に 손쉽게 | 購入(こうにゅう) 구입 | 高(たか)まる 높아지다 | 直接(ちょくせつ) 직접 | 足(あし)を 運(はこ)ぶ 직접 가다 | 好(この)む 좋아하다, 선호하다 | 店舗(てんぽ) 점포 | 限定商品(げんていしょうひん) 한정 상품 | 手間(てま)を 省(はぶ)く 수고를 덜다 | 評価(ひょうか) 평가 | ポイント 포인트 | 欲(ほ)しい 갖고 싶다, 원하다

🎧 모의고사1_문제3_2번.mp3

講演会で女の人が話しています。

F：お金を貯めるためにみなさんはどんなことをしていますか。たしかに、欲しいものも買えず、節約しながら貯金を期限なく続けることは難しいことです。しかし、**節約と貯金を自分の習慣にしてしまえば、辛さは半減するでしょう**。とはいえ、生きていく上で思いがけない支出はたびたび発生します。それで、万が一、自分の貯金より多い金額を支払うことになっても、落ち込んだり、それまでの習慣を投げ出すのはよくありません。**ただ「運が悪かった」と言って今までの行動を継続することが重要です**。これまでの習慣を無駄にしないためにも、ひたすら続ける力が大事なのだと個人的には思います。そうやって着実に貯めていくと、いずれ自分が目標にしていた金額に到達できると思いますので、みなさんも頑張ってください。

2 女の人は何について話していますか。

1　節約の習慣の大切さ
2　支出が発生する理由
3　**貯金を続けられる方法**
4　目標達成に必要な貯金額

해석　강연회에서 여자가 이야기하고 있습니다.

F : 돈을 모으기 위해서 여러분은 어떤 일을 하고 있습니까? 확실히 원하는 것도 살 수 없고 절약하면서 저금을 기한 없이 계속하는 것은 어려운 일입니다. 그러나 **절약과 저금을 자신의 습관으로 만들어 버리면 괴로움은 반감될 것입니다.** 그렇다고는 해도 살아가는 데 있어서 뜻밖의 지출은 번번이 발생합니다. 그래서 만에 하나 자신의 저금보다 많은 금액을 지불하게 되더라도, 침울해하거나 지금까지의 습관을 내던지는 것은 좋지 않습니다. **그냥 '운이 나빴다'라고 하고 지금까지의 행동을 계속하는 것이 중요합니다.** 지금까지의 습관을 헛되게 하지 않기 위해서라도, 한결같이 계속하는 힘이 중요한 거라고 개인적으로는 생각합니다. 그렇게 착실하게 저축해 가면, 결국 자신이 목표로 하고 있던 금액에 도달할 수 있을 거라고 생각하기 때문에 여러분도 힘내세요.

여자는 무엇에 대해서 이야기하고 있습니까?

1 절약 습관의 중요함
2 지출이 발생하는 이유
3 저금을 계속할 수 있는 방법
4 목표 달성에 필요한 저금액

해설　여자는 節約と貯金を自分の習慣にしてしまえば、辛さは半減するでしょう。(절약과 저금을 자신의 습관으로 만들어 버리면 괴로움은 반감될 것입니다.)라고 절약과 저금을 잘 하는 방법을 설명했다. 이어서 뜻밖의 지출이 발생해도 침울해하거나 지금까지의 습관을 내던지지 말고 그냥 「運が悪かった」라고 말해 지금까지의 행동을 계속하는 것이 중요합니다. (그냥 '운이 나빴다'라고 하고 지금까지의 행동을 계속하는 것이 중요합니다.)라며 저금을 계속할 수 있는 방법에 대해서 이야기하고 있다. 따라서 3번이 정답이다. 1번은 절약을 계속 해나가기 위한 방법 중 하나로써 절약 습관에 대해 얘기한 것이기 때문에 정답이 아니다. 살면서 생각지도 못한 지출이 번번이 발생한다고 했으나, 그 이유에 대해서는 언급이 없기 때문에 2번도 정답이 아니고, 4번은 본문에서 언급하지 않은 내용이기 때문에 정답이 아니다.

단어　講演会(こうえんかい) 강연회 | 貯(た)める 모으다, 저축하다 | 節約(せつやく) 절약 | 貯金(ちょきん) 저금 | 期限(きげん)なく 기한 없이 | 習慣(しゅうかん) 습관 | 辛(つら)さ 괴로움, 힘듦 | 半減(はんげん) 반감 | とはいえ 그렇다고는 해도 | ~上(うえ)で ~하는 데 있어서, ~한 후에 | 思(おも)いがけない 예상치 못하다, 뜻밖이다 | 支出(ししゅつ) 지출 | たびたび 번번이 | 発生(はっせい) 발생 | 万(まん)が一(いち) 만에 하나, 만일 | 金額(きんがく) 금액 | 支払(しはら)う 지불하다 | 落(お)ち込(こ)む 침울해지다 | 投(な)げ出(だ)す 내던지다 | 運(うん) 운 | 継続(けいぞく) 계속 | 無駄(むだ)にする 헛되게 하다 | ひたすら 한결같이, 오로지 | 個人的(こじんてき)に 개인적으로 | 着実(ちゃくじつ)に 착실하게 | いずれ 결국, 얼마 안 있어 | 目標(もくひょう) 목표 | 到達(とうたつ) 도달 | 大切(たいせつ)さ 중요함, 소중함 | 達成(たっせい) 달성 | 貯金額(ちょきんがく) 저금액

🎧 모의고사1_문제3_3번.mp3

ラジオで男の人が話しています。

M：熱中症とは、体温が上がり、体内の水分のバランスが崩れたり、体温の調節機能が働かなくなったりして、めまい、頭痛などの様々な症状を起こす病気のことです。熱中症といえば、真夏の暑い日に長時間外にいたといったケースを想像するかもしれません。しかし、実際はこうした典型的な場面ばかりではありません。年齢や性別を問わず、誰でもなりうる病気なのです。**この病気は予防が一番大事です**。まず、暑さを避けてください。それから、体内の熱をスムーズに逃がす服装がいいでしょう。また、こまめに水分を取ってください。

3 男の人は熱中症についてどう思っていますか。

1　熱中症は高齢者がかかる病気だ
2　熱中症の症状は頭痛のみだ
3　**熱中症になる前に対策を立てたほうがいい**
4　熱中症になったらすぐに対処したほうがいい

해석 라디오에서 남자가 이야기하고 있습니다.

M : 열사병이란 체온이 올라가서 체내 수분의 균형이 깨지거나 체온 조절 기능이 기능하지 않게 되거나 해서 현기증, 두통 등의 다양한 증상을 일으키는 질병을 말합니다. 열사병이라고 하면 한여름의 더운 날에 장시간 밖에 있었다고 하는 케이스를 상상할지도 모릅니다. 그러나 실제로는 이러한 전형적인 장면만은 아닙니다. 나이와 성별을 불문하고 누구나 걸릴 수 있는 병인 것입니다. **이 병은 예방이 가장 중요합니다.** 우선 더위를 피해 주세요. 그리고 체내의 열을 원활하게 내보내는 복장이 좋을 것입니다. 또한 자주 수분을 섭취해 주세요.

남자는 열사병에 대해서 어떻게 생각하고 있습니까?

1 열사병은 고령자가 걸리는 병이다
2 열사병의 증상은 두통뿐이다
3 열사병에 걸리기 전에 대책을 세우는 편이 좋다
4 열사병에 걸리면 바로 대처하는 편이 좋다

해설 남자는 열사병이 무엇인지에 대해서 설명한 후, 이 병기는 예방이 가장 중요합니다. (이 병은 예방이 가장 중요합니다.)라고 하면서 이어서 예방법을 설명했다. 따라서 3번이 정답이다. 1번은 사실이 아니기 때문에 정답이 아니고, 현기증, 두통 등 다양한 증상을 일으킨다고 했으므로 2번도 정답이 아니다. 그리고 4번은 본문에서 언급하지 않은 내용이기 때문에 정답이 아니다.

단어 熱中症(ねっちゅうしょう) 열사병 | 体温(たいおん) 체온 | 体内(たいない) 체내 | 水分(すいぶん) 수분 | バランス 밸런스, 균형 | 崩(くず)れる 무너지다 | 調節機能(ちょうせつきのう) 조절 기능 | 働(はたら)く 일하다, 기능하다 | めまい 현기증 | 頭痛(ずつう) 두통 | 様々(さまざま)だ 다양하다 | 症状(しょうじょう) 증상 | 真夏(まなつ) 한여름 | ケース 케이스, 경우 | 想像(そうぞう) 상상 | 典型的(てんけいてき) 전형적이다 | 場面(ばめん) 장면 | 年齢(ねんれい) 연령 | 性別(せいべつ) 성별 | ~を問(と)わず ~을/를 불문하고 | なりうる 될 수 있다 | 予防(よぼう) 예방 | 避(さ)ける 피하다 | スムーズに 스무드하게, 원활하게 | 逃(に)がす 놓아주다 | 服装(ふくそう) 복장 | こまめに 여러 번, 자주 | 高齢者(こうれいしゃ) 고령자 | ~のみ ~뿐, 만 | 対策(たいさく) 대책 | 対処(たいしょ) 대처

🎧 모의고사1_문제3_4번.mp3

お店で店員と女の人が話しています。

M : はい、お客様何かお探しでしょうか。
F : これ、この前セールしたときに買ったものなんですけど、返品について問い合わせしたら領収書がないと駄目だと言われたんですが。
M : あ、そうですね。
F : でも、**交換なら領収書なしでも可能だと言われました。** この服は少しきつくて、私にぴったりの大きさならここにあると案内されたんですが、この服の在庫を確認してもらってもいいですか。

M : はい、確認いたします。少々お待ちいただけますでしょうか。…あ、在庫がありますね。
F : この商品、黒もあったりしますか。
M : 黒は非常に人気でもう売り切れでして…予約していただくと2週間後には受け取りできますが、どうなさいますか。
F : そうしたら予約します。

4 女の人は何をしにお店に訪れましたか。

1 商品について問い合わせるため
2 商品を返品するため
3 他のサイズに変更するため
4 商品の色を変更するため

해석 가게에서 점원과 여자가 이야기하고 있습니다.

M : 네, 고객님 무언가 찾으시나요?
F : 이거, 저번에 세일할 때에 산 건데요, 반품에 대해서 문의했더니 영수증이 없으면 안 된다고 들었는데요.
M : 아, 맞아요.
F : 근데 교환이라면 영수증 없이도 가능하다고 들었습니다. 이 옷은 조금 꽉 끼어서 저에게 딱 맞는 크기라면 여기에 있다고 안내받았는데요, 이 옷의 재고를 확인해 주시겠습니까?
M : 네, 확인해 드리겠습니다. 잠시만 기다려 주시겠습니까? …아, 재고가 있네요.
F : 이 상품, 검은색도 있거나 하나요?
M : 검은색은 상당히 인기여서 이미 다 팔려서… 예약하시면 2주 후에는 받으실 수 있습니다만, 어떻게 하시겠습니까?
F : 그러면 예약하겠습니다.

여자는 무엇을 하러 가게에 방문했습니까?

1 상품에 대해서 문의하기 위해서
2 상품을 반품하기 위해서
3 다른 사이즈로 변경하기 위해서
4 상품의 색상을 변경하기 위해서

해설 여자가 교환이라면 영수증 없이도 가능하다고 말해졌습니다. (교환이라면 영수증 없이도 가능하다고 들었습니다.)라며 자신에게 맞는 사이즈가 있는 곳으로 안내받았다며 재고를 확인해 달라고 했다. 따라서 3번이 정답이다. 상품에 대해서 문의하기 위해서 방문한 것은 아니므로 1번은 정답이 아니다. 영수증 없이는 반품이 안 된다는 사실을 알고 있기 때문에 2번도 정답이 아니다. 최종적으로 색상 변경을 예약했지만, 여자가 가게에 방문한 궁극적인 이유는 아니기 때문에 4번도 정답이 아니다.

단어 探(さが)す 찾다 | セール 세일 | 返品(へんぴん) 반품 | 問(と)い合(あ)わせする 문의하다 | 領収書(りょうしゅうしょ) 영수증 | 駄目(だめ)だ 안 된다 | 交換(こうかん) 교환 | ~なし ~없이 | 可能(かのう) 가능 | きつい 꽉 끼다 | ぴったり 딱 맞음 | 案内(あんない) 안내 | 在庫(ざいこ) 재고 | 少々(しょうしょう) 잠시만, 조금 | 黒(くろ) 검은색 | 非常(ひじょう)に 매우, 상당히 | 売(う)り

切(き)れ 매진 | 受(う)け取(と)る 수취하다 | 変更(へんこう) 변경

🎧 모의고사1_문제3_5번.mp3

テレビで男の人が話しています。

M：お茶は、世界中で飲まれている最も身近な飲み物の一つです。お茶には病気の予防や健康維持に役立つ栄養素が豊富に含まれています。お茶に入っている様々な成分や香りからリラックス効果もあり、気分転換が必要な時に飲むと良いと言われています。こういったお茶は温度、湿気、光などに敏感で保存方法によって色や味、香りが落ちるので注意が必要です。ですから、購入の際、お茶の量をあまり多めにしないようにすることが大切です。もちろん500グラム以上の大きな単位で購入すると、通常よりも安いかもしれません。しかし、お茶の品質の低下や保存のことを考えるとあまりおすすめできません。

5 男の人は何について紹介していますか。

1 世界にあるお茶の種類
2 お茶に含まれている成分
3 **お茶を購入する際の工夫**
4 お茶の品質を落とす温度

해석 텔레비전에서 남자가 이야기하고 있습니다.

M : 차는 전 세계에서 마셔지고 있는 가장 친숙한 음료 중 하나입니다. 차에는 질병 예방과 건강 유지에 도움이 되는 영양소가 풍부하게 포함되어 있습니다. 차에 들어 있는 다양한 성분이나 향에서 릴랙스 효과도 있어 기분 전환이 필요할 때에 마시면 좋다고 말해지고 있습니다. 이러한 차는 온도, 습기, 빛 등에 민감하여 보존 방법에 따라 색이나 맛, 향이 떨어지기 때문에 주의가 필요합니다. 그렇기 때문에 **구입할 때, 차의 양을 너무 많이 하지 않도록 하는 것이 중요합니다.** 물론 500그램 이상의 큰 단위로 구입하면 통상보다 저렴할지도 모릅니다. 그러나 차의 품질 저하와 보존을 생각하면 별로 추천할 수 없습니다.

남자는 무엇에 대해서 소개하고 있습니까?

1 세계에 있는 차의 종류
2 차에 포함되어 있는 성분
3 차를 구입할 때의 궁리
4 차의 품질을 떨어뜨리는 온도

해설 남자는 차의 품질 저하와 보존 방법 등을 고려했을 때, 구입의 때, 오챠의 양을 아마리 다메에 시나이요우니 스루 코토가 타이세츠데스. (구입할 때, 차의 양을 너무 많이 하지 않도록 하는 것이 중요합니다.)라고 했다. 이어서 500그램 이하로 구입을 하는 것을 추천했다. 따라서 3번이 정답이다. 1, 2, 4번은 본문에서 구체적으로 언급하지 않았기 때문에 정답이 아니다.

단어 お茶(ちゃ) (마시는) 차 | 世界中(せかいじゅう) 전 세계 | 最(もっと)も 가장 | 身近(みぢか)だ 가깝다, 친숙하다 | 予防(よぼう) 예방 | 健康(けんこう) 건강 | 維持(いじ) 유지 | 役立(やくだ)つ 도움이 되다 | 栄養素(えいようそ) 영양소 | 豊富(ほうふ)だ 풍부하다 | 含(ふく)む 포함하다 | 様々(さまざま)だ 다양하다 | 成分(せいぶん) 성분 | 香(かお)り 향기 | リラックス 릴랙스 | 効果(こうか) 효과 | 気分転換(きぶんてんかん) 기분 전환 | 温度(おんど) 온도 | 湿気(しっけ) 습기 | 光(ひかり) 빛 | 敏感(びんかん)だ 민감하다 | 保存(ほぞん) 보존, 저장 | 注意(ちゅうい) 주의 | 購入(こうにゅう) 구입 | 際(さい) 때 | 量(りょう) 양 | 多(おお)めに 많이 | グラム 그램(g) | 単位(たんい) 단위 | 通常(つうじょう) 통상, 보통 | 品質(ひんしつ) 품질 | 低下(ていか) 저하 | おすすめ 추천 | 種類(しゅるい) 종류 | 工夫(くふう) 궁리, 고안

문제4 문제4에서는, 문제 용지에 아무것도 인쇄되어 있지 않습니다. 먼저 문장을 들어 주세요. 그리고, 그것에 대한 대답을 듣고, 1부터 3 중에서, 가장 알맞은 것을 하나 고르세요.

🎧 모의고사1_문제4_예시.mp3

예시 来月のセミナー、参加するの？

1 ううん、しないつもり。
2 うん、また参加しようね。
3 ほんと、楽しみだね。

해석 다음 달 세미나, 참가할 거야?

1 아니, 안 할 생각이야.
2 응, 또 참가하자.
3 정말, 기대되네.

해설 다음 달의 세미나의 참가 여부를 묻는 질문에 대한 대답을 고르는 문제이다. 참가하지 않을 거라고 대답한 1번이 정답이다. 2번은 또 같이 참가하자고 했을 때에 대한 대답이기 때문에 정답이 아니고, 3번은 상대방이 무엇에 대해서 기대된다고 말할 것에 대해서 공감하면서 맞장구치는 말이기 때문에 정답이 아니다.

단어 来月(らいげつ) 다음 달 | セミナー 세미나 | 参加(さんか) 참가 | ～つもり ~할 생각, 예정 | 楽(たの)しみ 기대됨

🎧 모의고사1_문제4_1번.mp3

1 明日の面接のことを考えるだけで気が重くなるよ。

1 お、自信たっぷりだね。
2 明日からこつこつと準備するしかないね。
3 **何言ってるの！自信持たないと。**

해석 내일 면접을 생각하는 것만으로 마음이 무거워져.

1 오, 자신감 넘치네.
2 내일부터 꾸준히 준비할 수밖에 없네.
3 뭐라고 하는 거야! 자신감 가져야지.

해설 　내일 면접을 생각하면 마음이 무거워진다며 불안해하고 있는 상대방의 말에 대한 대답을 고르는 문제이다. 자신감 가지라며 힘을 복돋우고 있는 3번이 정답이다. 1번은 자신감이 있는 상대에게 하는 말이므로 정답이 아니고, 2번은 내일이 면접인데 내일부터 꾸준히 준비하라고 하는 것은 상황과 맞지 않으므로 정답이 아니다.

단어 　面接(めんせつ) 면접 ｜ 気(き)が重(おも)い 마음이 무겁다 ｜ 自信(じしん) 자신(감) ｜ たっぷり 듬뿍, 많이 ｜ ～しかない ~할 수밖에 없다

🎧 모의고사1_문제4_2번.mp3

2 課長、明日の会議で使う企画書に目を通していただけないでしょうか。
1 出来上がり次第、会議を始めよう。
2 君の企画が通ったよ。おめでとう。
3 そこに置いといたら、後で見ておくよ。

해석 　과장님, 내일 회의에서 사용할 기획서를 훑어봐 주실 수 있겠습니까?
　　　1 완성하는 대로 회의를 시작하자.
　　　2 너의 기획이 통과됐어. 축하해.
　　　3 거기에 나두면 나중에 봐 둘게.

해설 　상사에게 기획서를 훑어봐 달라고 부탁하고 있는 상황에 대한 대답을 고르는 문제이다. 나중에 보겠다고 한 3번이 정답이다. 1번은 상황과 맞지 않은 대답이므로 정답이 아니고, 2번은 아직 기획을 제출하지 않은 단계에서 말할 내용은 아니기 때문에 정답이 아니다.

단어 　課長(かちょう) 과장(님) ｜ 企画書(きかくしょ) 기획서 ｜ 目(め)を通(とお)す 대강 훑어보다 ｜ 出来上(できあ)がる 완성되다 ｜ ～次第(しだい) ~하는 대로 ｜ 君(きみ) 너 ｜ 企画(きかく) 기획 ｜ 通(とお)る 통과하다 ｜ 後(あと)で 나중에

🎧 모의고사1_문제4_3번.mp3

3 あれ、変だな。かばんの中にイベントのチケット、入れといたはずなんだけど。
1 え、じゃあ、なくしたの?
2 イベント、行かないつもりだったの?
3 そっか、かばんの中にあったんだね。

해석 　어라, 이상한데? 가방 안에 이벤트 티켓, 넣어놨을 텐데.
　　　1 어, 그럼 잃어버린 거야?
　　　2 이벤트, 안 갈 생각이었어?
　　　3 그렇구나, 가방 안에 있었구나.

해설 　이벤트 티켓을 가방 안에 넣었다고 생각했는데 실제로는 들어 있지 않은 상황에 대한 대답을 고르는 문제이다. 그럼 잃어버린 거냐고 사실을 확인하고 묻고 있는 1번이 정답이다. 2번은 이벤트에 안 갈 생각이었다는 상대방에게 할 수 있는 말이므로 정답이 아니고, 3번은 가방 안에 없는 상황인데 가방 안에 있었구나라고 안심하는 듯한 말

이기 때문에 정답이 아니다.

단어 　変(へん)だ 이상하다 ｜ イベント 이벤트 ｜ チケット 티켓 ｜ 入(い)れる 넣다 ｜ ～はずだ ~일 것이다, ~임이 분명하다 ｜ なくす 잃어버리다, 잃다

🎧 모의고사1_문제4_4번.mp3

4 昨日の作文の宿題、今日の昼までに提出しなきゃいけないんだって。
1 そうなんだ、じゃあ、急がないとね。
2 え、宿題やらなくてよくなったの?
3 今日までじゃないんだ、ほっとしたよ。

해석 　어제의 작문 숙제, 오늘 낮까지 제출하지 않으면 안 된대.
　　　1 그렇구나, 그럼 서둘러야겠다.
　　　2 어, 숙제 안 해도 되게 됐어?
　　　3 오늘까지는 아니구나 안심했어.

해설 　숙제가 오늘 낮까지 제출이라는 긴박한 상황에 대한 대답을 고르는 문제이다. 시간이 얼마 없으니 빨리 서둘러야겠다고 한 1번이 정답이다. 2번은 숙제를 제출하지 안 해도 된다는 말에 대한 리액션이므로 정답이 아니고, 3번은 오늘 낮까지 제출해야 하는 말에 맞지 않는 대답이기 때문에 정답이 아니다.

단어 　作文(さくぶん) 작문 ｜ 提出(ていしゅつ) 제출 ｜ 急(いそ)ぐ 서두르다 ｜ ほっとする 안심하다

🎧 모의고사1_문제4_5번.mp3

5 佐藤さんって、女優やってたことがあるんだって?
1 うん、とてもやり甲斐があるよ。
2 一年だけなんだけどね。
3 いい経験になればいいなあ。

해석 　사토 씨는 여배우를 했던 적이 있다고?
　　　1 응, 너무 보람이 있어.
　　　2 1년뿐이긴 하지만.
　　　3 좋은 경험이 되면 좋겠어.

해설 　사토 씨에게 과거에 여배우를 했는지 묻고 있는 상황에 대해 대답하는 문제이다. 여배우를 한 것은 1년뿐이라고 한 2번이 정답이다. 1번은 지금 하고 있는 일에 대해서 보람이 있다는 대답이므로 정답이 아니고, 3번은 앞으로의 경험이 좋은 경험이 되면 좋겠다고 바라는 말이므로 정답이 아니다.

단어 　女優(じょゆう) 여배우 ｜ やり甲斐(がい) 보람 ｜ 経験(けいけん) 경험

🎧 모의고사1_문제4_6번.mp3

6 山本さん、午後の会議の準備を手伝ってくださると嬉しいのですが。

1 はい、何から始めましょうか。
2 手伝っていただけるなんて、助かります。
3 え？僕、手伝わなくていいんですか。

해석 야마모토 씨, 오후 회의 준비를 도와주시면 기쁘겠습니다만.

1 네, 뭐부터 시작할까요?
2 도와주신다니 도움이 됩니다.
3 어? 저, 안 도와줘도 돼요?

해설 오후 회의 준비를 도와달라고 부탁하는 상황에 대한 대답을 고르는 문제이다. 적극적으로 뭐부터 시작하면 되냐고 묻는 1번이 정답이다. 2번은 도움을 주겠다는 사람에게 하는 감사의 말이기 때문에 정답이 아니고, 3번은 도와주지 않아도 된다는 말에 대해서 재차 묻는 표현이므로 정답이 아니다.

단어 準備(じゅんび) 준비 | 手伝(てつだ)う 돕다 | ~てくださる ~해 주시다(존경어) | 嬉(うれ)しい 기쁘다 | ~ていただく ~해 받다(겸양어) | 助(たす)かる 살아나다, 도움이 되다

🎧 모의고사1_문제4_7번.mp3

7 まだ4月なのにこの暑さか…。上着を持ってこなければよかったよ。

1 そうだね、上着を忘れるわけにはいかないね。
2 4月にしては寒いね、持ってきて正解だったよ。
3 そうだね、荷物になるだけだしね。

해석 아직 4월인데 이 더위인가…. 겉옷을 안 가져올 걸 그랬어.

1 그렇네, 겉옷을 잊어버릴 수는 없어.
2 4월치고는 춥네, 가지고 와서 정답이었어.
3 그렇네, 짐만 되고 말이지.

해설 오늘 날씨가 더워서 겉옷을 가져온 것을 후회하고 있는 상대방에 대한 대답을 고르는 문제이다. 겉옷은 짐만 된다며 상대방에 말에 공감하고 있는 3번이 정답이다. 1번은 겉옷을 가져오지 않았을 때 하는 말이기 때문에 정답이 아니고, 2번은 추운 날 겉옷을 가지고 온 것에 대해서 다행이라고 하고 있기 때문에 정답이 아니다.

단어 暑(あつ)さ 더위 | 上着(うわぎ) 겉옷 | 忘(わす)れる 잊다, 잊어버리다 | ~わけにはいかない ~할 수는 없다 | ~にしては ~치고는 | 正解(せいかい) 정답 | 荷物(にもつ) 짐

🎧 모의고사1_문제4_8번.mp3

8 ごめん、急に用事ができちゃって。今夜の飲み会、僕抜きで始めといてもらっていい？

1 じゃあ、来てから始めるね。
2 いつ頃来られそう？
3 途中で抜けるってこと？

해석 미안, 갑자기 일이 생겨 버려서. 오늘 밤 회식, 나 빼고 시작해 줄래?

1 그럼, 오고 나서 시작할게.
2 언제쯤 올 수 있을 것 같아?
3 도중에 빠진다는 거야?

해설 자신 빼고 먼저 회식 시작하라고 하는 말에 대한 대답을 고르는 문제이다. 언제쯤 올 수 있을 것 같냐고 묻고 있는 2번이 정답이다. 1번은 먼저 시작하라고 한 말에 대한 대답과는 상반되는 대답이므로 정답이 아니고, 3번은 도중에 빠진다는 말에 대한 질문이므로 정답이 아니다.

단어 急(きゅう)に 급히, 갑자기 | 用事(ようじ) 일, 용무 | 今夜(こんや) 오늘 밤 | 飲(の)み会(かい) 회식, 술자리 | ~抜(ぬ)きで ~빼고 | ~頃(ころ) ~쯤 | 途中(とちゅう)で 도중에 | 抜(ぬ)ける 빠지다

🎧 모의고사1_문제4_9번.mp3

9 あのう、失礼ですが、文学部の佐藤教授でいらっしゃいますか。

1 いえ、人違いではありませんか。
2 はい、教授はいらっしゃいます。
3 文学部はあちらでございます。

해석 저기, 실례합니다만, 문학부의 사토 교수이신가요?

1 아뇨, 사람 잘못 보신 것 아닙니까?
2 네, 교수님은 계십니다.
3 문학부는 저쪽입니다.

해설 상대방이 사토 교수인지 확인하고 있는 상황에 대한 대답을 고르는 문제이다. 아니라며 사람을 잘못 봤다고 한 1번이 정답이다. 2번은 교수님이 계신지 물었을 때 하는 대답이기 때문에 정답이 아니고, 3번은 문학부의 위치를 물었을 때 하는 대답이기 때문에 정답이 아니다.

단어 失礼(しつれい) 실례 | 文学部(ぶんがくぶ) 문학부 | 教授(きょうじゅ) 교수(님) | ~でいらっしゃる ~이시다 | 人違(ひとちが)い 잘못 봄, 사람을 착각함 | いらっしゃる 계시다, 오시다, 가시다(존경어) | あちら 저쪽

🎧 모의고사1_문제4_10번.mp3

10 佐藤先輩、今日は珍しく朝からご機嫌じゃない？

1 機嫌が悪いのはいつものことでしょ。
2 そうだね、最近仕事大変だからかな？
3 うれしいことでもあったんじゃない？

해석 사토 선배, 오늘은 드물게 아침부터 기분이 좋아 보이지 않아?

1 기분이 안 좋은 건 늘 있는 일이잖아.

2 그렇네, 요즘 일이 힘들어서 그런가?
3 기쁜 일이라도 있었던 거 아니야?

해설 사토 선배가 아침부터 기분이 좋아 보인다는 추측에 대한 대답을 고르는 문제이다. 기쁜 일이 있어서 그런 거 아니냐고 한 3번이 정답이다. 1, 2번은 상대방이 기분이 안 좋아 보인다는 말에 대한 대답이기 때문에 정답이 아니다.

단어 先輩(せんぱい) 선배 | 珍(めずら)しい 희한하다, 드물다 | ご機嫌(きげん)だ 아주 기분이 좋은 모양 | 機嫌(きげん) (상대방의) 기분, 심기

단어 プレゼン 프레젠테이션, 발표(프레젠테이션의 줄임말) | 代(か)わりに 대신에 | ～わけにはいかない ~할 수는 없다 | ～てくださる ~해 주시다(존경어) | ～ところ ~때, ~중

문제5 문제5에서는, 긴 이야기를 듣습니다. 이 문제에는 연습은 없습니다. 문제 용지에 메모를 해도 상관없습니다.

1번, 2번 문제 용지에 아무것도 인쇄되어 있지 않습니다. 먼저 이야기를 들어 주세요. 그리고, 질문과 선택지를 듣고, 1부터 4 중에서, 가장 알맞은 것을 하나 고르세요.

🎧 모의고사1_문제4_11번.mp3

11 本日は新商品の説明会によくおいでくださいました。

1 お招きありがとうございます。
2 何時に伺えばよろしいでしょうか。
3 お越しいただきありがとうございます。

해석 금일은 신상품 설명회에 잘 오셨습니다.

1 초대해 주셔서 감사합니다.
2 몇 시에 찾아뵈면 될까요?
3 와 주셔서 감사합니다.

해설 신상품 설명회에 잘 오셨다는 인사에 대한 대답을 고르는 문제이다. 초대해 주어서 감사하다는 인사를 한 1번이 정답이다. 이미 설명회에 와 있는 상황에서 몇 시에 방문하면 될지 묻는 것은 상황과 맞지 않으므로 2번은 정답이 아니고, 3번은 초대한 사람이 하는 인사말이기 때문에 정답이 아니다.

단어 本日(ほんじつ) 금일, 오늘 | 新商品(しんしょうひん) 신상품 | 説明会(せつめいかい) 설명회 | おいでくださる 오시다(존경어) | 招(まね)く 초대하다, 초래하다 | 伺(うかが)う 여쭙다, 찾아뵙다(겸양어) | お越(こ)しいただく 오시다(존경어)

🎧 모의고사1_문제4_12번.mp3

12 林君、もしよかったら、明日のプレゼン、代わりにしてもらうわけにはいかないかな？

1 代わりに出てくださるんですか。
2 え、僕でいいんでしょうか。
3 お忙しいところ、ありがとうございます。

해석 하야시 군, 혹시 괜찮다면 내일 발표, 대신 해 줄 수는 없을까?

1 대신 나가주시는 건가요?
2 어, 저로 괜찮아요?
3 바쁘신 와중에 감사합니다.

해설 여자가 내일 회의에 대신 나가달라고 부탁하고 있는 상황에 대한 대답을 고르는 문제이다. 이에 알맞게 대답한 2번이 정답이다. 1번은 대신 나가준다고 했을 때의 대답이므로 정답이 아니고, 3번도 뭔가를 해주었을 때 하는 대답이기 때문에 정답이 아니다.

🎧 모의고사1_문제5_1번.mp3

女の人と男の人が話しています。

F：来月の8日、大阪に出張に行くので、泊まるところを探しているんですが。空港から近くて朝食付きのホテルがいいんですが、おすすめの宿泊施設を教えていただけませんか。2泊3日のスケジュールで一人で泊まる予定です。

M：えー、空港から近くて、ご希望の日程で予約できるところはこちらの四つですね。まず、大通り沿いにあるホテル東山です。朝食付きで1泊7,500円で、空港からも近いです。朝食は和食が提供されるそうです。それから、大阪の中心地にあるホテル木下ですね。急行電車に乗ると空港から20分ほどです。1泊9,000円で、パンやスープなどの朝食が含まれています。ただ、3泊以上から予約できるそうです。

F：どちらもホテル内で朝食が食べられるのはいいですね。

M：あと、空港駅から車で10分ほどの商店街にある森旅館です。1泊8,000円で朝食の代わりに夕食が提供されます。1時間ごとに空港から旅館までシャトルバスも運行します。

F：送り迎えができるバスがあるのは魅力的ですね。

M：えーと、それから、こちら花旅館ですね。大阪の中心地とは離れたところにあるんですが、空港からの距離もそんなに遠くないです。自然の景色を眺めながら温泉を楽しめるし、まれに野生動物も見られるそうです。朝食と夕食付きで1泊10,000円です。

F：うーん、**朝食付きで、できるだけ宿泊費が安いところがいいです。朝ご飯にパンはちょっと消化に悪いから、これにします。**

1 女の人はどこを予約することにしましたか。

1 ホテル東山
2 ホテル木下

3 森旅館
もりりょかん
4 花旅館
はなりょかん

해석 여자와 남자가 이야기하고 있습니다.

F : 다음 달 8일, 오사카로 출장을 가기 때문에 묵을 곳을 찾고 있는데요. 공항에서 가깝고 조식 포함인 호텔이 좋습니다만, 추천 숙박 시설을 가르쳐 주실 수 없겠습니까? 2박 3일 스케줄로 혼자서 묵을 예정입니다.

M : 음, 공항에서 가깝고 희망하시는 일정으로 예약할 수 있는 곳은 여기 네 곳이네요. 먼저 대로변에 있는 호텔 히가시야마입니다. 조식 포함으로 1박 7,500엔이고 공항에서도 가깝습니다. 조식은 일식이 제공된다고 합니다. 그리고 오사카 중심지에 있는 호텔 키노시타네요. 급행 전철을 타면 공항에서 20분 정도입니다. 1박 9,000엔이고 빵이나 수프 등의 조식이 포함되어 있습니다. 다만 3박 이상부터 예약할 수 있다고 합니다.

F : 둘 다 호텔 내에서 조식을 먹을 수 있는 것은 좋네요.

M : 그리고 공항역에서 차로 10분 정도의 상점가에 있는 모리 여관입니다. 1박 8,000엔이고 조식 대신에 저녁 식사가 제공됩니다. 1시간마다 공항에서 여관까지 셔틀버스도 운행합니다.

F : 픽업을 할 수 있는 버스가 있는 것은 매력적이네요.

M : 음, 그리고 여기 하나 여관이네요. 오사카 중심지와는 떨어진 곳에 있습니다만, 공항에서의 거리도 그렇게 멀지 않습니다. 자연의 경치를 바라보면서 온천을 즐길 수 있고 드물게 야생 동물도 볼 수 있다고 합니다. 조식과 저녁 식사 포함으로 1박 10,000엔입니다.

F : 음, 조식 포함이고 가능한 한 숙박비가 저렴한 곳이 좋아요. 아침밥으로 빵은 좀 소화에 안 좋으니까 이걸로 할게요.

여자는 어디를 예약하기로 했습니까?

1 호텔 히가시야마
2 호텔 키노시타
3 모리 여관
4 하나 여관

해설 우선 각 숙박 시설의 특징은 다음과 같다. ①호텔 히가시야마 : 조식 포함(일식), 1박 7,500엔, 공항에서 가까움 ②호텔 키노시타 : 공항에서 20분 정도, 1박 9,000엔, 조식 포함(빵, 수프 등), 3박 이상부터 예약 가능 ③모리 여관 : 공항역에서 차로 10분 정도, 1박 8,000엔, 저녁 식사 제공, 1시간마다 셔틀버스 운행 ④하나 여관 : 공항과 멀지 않음, 자연과 온천을 즐길 수 있음, 조식과 저녁 식사 포함, 1박 10,000원. 여자가 마지막에 朝食付きで、できるだけ宿泊費が安いところがいいです。朝ご飯にパンはちょっと消化に悪いから、これにします。(조식 포함이고 가능한 한 숙박비가 저렴한 곳이 좋아요. 아침밥으로 빵은 좀 소화에 안 좋으니까 이걸로 할게요.)라고 했다. 이에 해당하는 것은 호텔 히가시야마로 1번이 정답이다.

단어 大阪(おおさか) 오사카(일본 지명) | 出張(しゅっちょう) 출장 | 泊(と)まる 묵다, 숙박하다 | 空港(くうこう) 공항 | 朝食(ちょうしょく) 조식, 아침 식사 | ~付(つ)き ~붙음, 포함 | 宿泊(しゅくはく) 숙박 | 施設(しせつ) 시설 | ~泊(はく) ~박 | スケジュール 스케줄 | 希望(きぼう) 희망 | 日程(にってい) 일정 | 大通(おおどお)り 큰 길 | ~沿(ぞ)い ~가, 변 | 和食(わしょく) 일식 | 提供(ていきょう) 제공 | 中心地(ちゅうしんち) 중심지 | 急行(きゅうこ

う) 급행 | 含(ふく)む 포함하다 | 商店街(しょうてんがい) 상점가 | 旅館(りょかん) 여관 | 代(か)わりに 대신에 | 夕食(ゆうしょく) 석식, 저녁 식사 | ~ごとに ~마다 | シャトルバス 셔틀버스 | 運行(うんこう) 운행 | 送(おく)り迎(むか)え 송영, 픽업 | 魅力的(みりょくてき)だ 매력적이다 | 離(はな)れる 떨어지다, 멀어지다 | 距離(きょり) 거리 | 自然(しぜん) 자연 | 眺(なが)める 바라보다, 조망하다 | まれだ 드물다 | 野生(やせい) 야생 | 宿泊費(しゅくはくひ) 숙박비 | 消化(しょうか) 소화

🎧 모의고사1_문제5_2번.mp3

学校で学生三人が話しています。

M1 : じゃあ、明日はみんなでうちで勉強するってことでいいよね？ところで、夕食はどうする？

M2 : うん。夕食は自分の家で食べてから集まるほうがいいんじゃない？

F : せっかくだし、みんなで一緒に食べようよ。

M1 : そうだね。みんなで外食しようよ。その後で勉強しに行くっていうのはどう？

M2 : 外食に使うには、お金がもったいないかも。各自で早く食べて、勉強に集中したほうが効率的じゃない？

F : 効率を考えるなら食べながら勉強するのが一番じゃないの？

M1 : 確かにそうだね。

M2 : そんなにひたすら勉強だけしてたら疲れるだろう。節約のことも考えたら、各自家で作ってきて、途中で一休みするときに集まって食べるのが最適だと思うよ。

F : 賛成。それなら時間もお金も節約できるし、勉強にも集中できそうだね。

M1 : でも、あまりお腹いっぱいになると眠くなるから、さっと手軽に食べられるものにしようよ。

M2 : うん、そうだな。計画は完璧だ。あとは勉強するだけだね。

2 三人はどうすることに決めましたか。

1 みんなで外食してから、各自の家で勉強する
2 勉強してから、集まってご飯を食べる
3 各自自分で夕食を用意して、家で勉強する
4 各自で早くご飯を済ましてから勉強に集中する

해석 学校에서 학생 세 명이 이야기하고 있습니다.

M1 : 그럼, 내일은 다 같이 우리 집에서 공부하는 거로 괜찮지? 그런데 저녁은 어떻게 할래?

M2 : 응. 저녁은 자기 집에서 먹고 나서 모이는 편이 좋지 않을까?

F : 모처럼이고 다 같이 먹자.
M1 : 그렇네. 다 같이 외식하자. 그 후에 공부하러 가는 건 어때?
M2 : 외식에 쓰기에는 돈이 아까울지도. 각자 빨리 먹고 공부에 집중하는 편이 효율적이지 않아?
F : 효율을 생각한다면 먹으면서 공부하는 것이 제일 아니야?
M1 : 확실히 그렇네.
M2 : 그렇게 오로지 공부만 하고 있으면 피곤할 거야. 절약도 생각하면 각자 집에서 만들어 와서 도중에 잠깐 쉴 때에 모여서 먹는 게 최적이라고 생각해.
F : 찬성. 그러면 시간도 돈도 절약할 수 있고 공부에도 집중할 수 있을 것 같네.
M1 : 근데 너무 배부르면 졸리게 되니까 잽싸게 간편하게 먹을 수 있는 것으로 하자.
M2 : 응, 그렇네. 계획은 완벽해. 이제는 공부하는 것뿐이네.

세 명은 어떻게 하기로 결정했습니까?
1 다 같이 외식을 하고 나서 각자 집에서 공부한다
2 공부하고 나서 모여서 밥을 먹는다
3 각자 스스로 저녁을 준비하고 집에서 공부한다
4 각자 빨리 밥을 다 먹고 나서 공부에 집중한다

해설 남자 학생이 공부만 하면 피곤하다면서 節約의 것도 생각하면, 各自 家에서 만들어 와서, 途中에 一休みする 때에 집에서 食べる게 最適이라고 생각한다고.(절약도 생각하면 각자 집에서 만들어 와서 도중에 잠깐 쉴 때에 모여서 먹는 게 최적이라고 생각해.)라고 제안했다. 그러자 여자 학생도 여기에 찬성이라고 말했고 다른 남자 학생도 간편하게 먹을 수 있는 음식으로 가지고 오자 말한 것을 보아 앞선 남자 학생의 의견에 찬성한 것을 알 수 있다. 따라서 3번이 정답이다. 외식하는 것은 돈이 아깝다면서 부정적인 의견이 있었으므로 1번은 정답이 아니고, 2번은 본문에서 언급하지 않은 내용이기 때문에 정답이 아니다. 그리고 각자 밥을 먹는 것이 아닌 모여서 밥을 먹는 것이기 때문에 4번도 정답이 아니다.

단어 夕食(ゆうしょく) 석식, 저녁 식사 | せっかく 모처럼 | 各自(かくじ) 각자 | 集中(しゅうちゅう) 집중 | 効率的(こうりつてき)だ 효율적이다 | ひたすら 오로지 | 節約(せつやく) 절약 | 途中(とちゅう)で 도중에 | 一休(ひとやす)みする 잠깐 쉬다 | 最適(さいてき)だ 최적이다 | 賛成(さんせい) 찬성 | お腹(なか) 배 | 眠(ねむ)い 졸리다 | さっと 잽싸게, 휙 | 手軽(てがる)に 손쉽게 | 計画(けいかく) 계획 | 完璧(かんぺき)だ 완벽하다 | 済(す)ます 끝내다, 마치다

3번 먼저 이야기를 들어 주세요. 그리고, 2개의 질문을 듣고, 각각 문제 용지의 1부터 4 중에서, 가장 알맞은 것을 하나 고르세요.

🎧 모의고사1_문제5_3번.mp3

会社で、健康診断について説明しています。

M1 : えー、わが社では、毎年全社員が健康診断を受けることになっています。5月9日・月曜日、10日・火曜日、18日・水曜日、20日・金曜日の、全部で4回行いますので、都合の良い日に受けてください。9日と10日は、会社の1階の会議室を使って行いますが、部屋が狭いので、9日は女性社員のみ、10日は男性社員のみ受けられます。時間は朝8時から午後3時までです。18日はここからバスで20分ほどのさくら病院というところで行います。この病院は朝9時から4時までの受付となります。20日は、ここから少し遠いのですが、電車で40分ほどの所にあるふじ病院で行います。こちらは朝8時から午後4時までの受付です。

F : 健康診断か、毎年のことだけど、面倒くさいね。
M2 : まあ、しょうがないですよ。できれば会社で受けたいですよね。
F : そうなんだけど、私、週の始めは会議やら書類の確認やらで、多分健康診断どころじゃないと思うんだよね。だから病院で受けるしかないかなって。
M2 : じゃあ、近いほうのさくら病院に行くんですか。
F : ううん、ふじ病院、実は家から近いんだ。受付時間も早いから、朝、健康診断を受けてから会社に来れば、仕事に影響しないと思う。
M2 : 僕も会社で受けたいですけど、やっぱり週の始めは書類を作るのに忙しくて。
F : もしよければ、私が代わりにやってあげるよ。
M2 : え、本当ですか。助かります。
F : その代わり、今度おいしいもの、ごちそうしてね。

3

質問1　女の人はいつ健康診断を受けますか。
1　9日
2　10日
3　18日
4　20日

質問2　男の人はいつ健康診断を受けますか。
1　9日
2　10日
3　18日
4　20日

해석 회사에서 건강 진단에 대해서 설명하고 있습니다.

M1 : 어…, 우리 회사에서는 매년 전 사원이 건강 진단을 받기로 되어 있습니다. 5월 9일 월요일, 10일 화요일, 18일 수요일, 20일 금요일의 전부 4번 진행하기 때문에 편한 날짜에 받아 주세요. 9일과 10일은 회사 1층 회의실을 사용해서 진행합니다만, 방이 좁기 때문에 9일은 여성 사원만 10일은 남성 사원만 받을

수 있습니다. 시간은 아침 8시부터 오후 3시까지입니다. 18일은 여기부터 버스로 20분 정도의 사쿠라 병원이라고 하는 곳에서 진행합니다. 이 병원은 아침 9시부터 4시까지 접수합니다. 20일은 여기부터 조금 멉니다만, 전철로 40분 정도의 곳에 있는 후지 병원에서 진행합니다. 이쪽은 아침 8시부터 오후 4시까지 접수입니다.

F : 건강 진단이라, 매년 하는 일이지만, 귀찮네.
M2 : 뭐, 어쩔 수 없어요. 가능하면 회사에서 받고 싶지 않아요?
F : 그렇긴 한데, 나 한 주의 시작은 회의며 서류 확인이며 아마 건강 진단할 상황이 아니라고 생각하거든. 그래서 병원에서 받을 수밖에 없나?라고 (생각하고 있어).
M2 : 그럼, 가까운 쪽의 사쿠라 병원에 가는 거예요?
F : 아니, 후지 병원. 사실은 집에서 가깝거든. 접수 시간도 빠르니까 아침에 건강 검진을 받고 나서 회사에 오면 일에 영향 안 갈 거라고 생각해.
M2 : 저도 회사에서 받고 싶은데요, 역시 한 주의 시작은 서류를 만드는 데에 바빠서.
F : 혹시 괜찮으면, 내가 대신해 줄게.
M2 : 어, 정말요? 살았습니다.
F : 그 대신, 다음에 맛있는 거 대접해줘.

질문1 여자는 언제 건강 검진을 받습니까?

1 9일
2 10일
3 19일
4 20일

해설 여자가 후지 병원으로 간다고 직접적으로 언급했다. 후지 병원은 20일에 예정되어 있기 때문에 4번이 정답이다.

질문2 남자는 언제 건강 검진을 받습니까?

1 9일
2 10일
3 19일
4 20일

해설 남자는 가능하면 회사에서 받고 싶다고 말했다. 하지만 한 주의 시작은 바빠서 회사에서 받는 것을 포기하려고 했지만 여자가 일을 대신해주겠다고 했기 때문에 남자는 회사에서 받는다는 것을 알 수 있다. 남성 사원의 경우 10일에 회사에서 건강 검진을 받을 수 있기 때문에 2번이 정답이다.

단어 健康診断(けんこうしんだん) 건강 진단 | わが社(しゃ) 우리 회사 | 都合(つごう)が良(い)い 형편이 좋다, 괜찮다 | ~のみ ~뿐, 만 | 受付(うけつけ) 접수 | 面倒(めんどう)くさい 귀찮다 | しょうがない 어쩔 수가 없다 | 始(はじ)め 시작 | ~やら~やら ~하고 ~하고, ~하며 ~하며 | 書類(しょるい) 서류 | 多分(たぶん) 아마 | 影響(えいきょう) 영향 | 代(か)わりに 대신에 | 助(たす)かる 살아나다, 도움이 되다 | ごちそうする 대접하다

모의고사 2회

언어지식(문자·어휘)

문제1 1 ③   2 ②   3 ④   4 ①   5 ③
문제2 6 ③   7 ①   8 ④   9 ②   10 ①
문제3 11 ③   12 ③   13 ④   14 ①   15 ②
문제4 16 ②   17 ④   18 ④   19 ①   20 ④   21 ②   22 ③
문제5 23 ④   24 ③   25 ④   26 ①   27 ②
문제6 28 ②   29 ③   30 ④   31 ③   32 ③

언어지식(문법)

문제7 33 ①   34 ②   35 ②   36 ①   37 ①   38 ④   39 ④   40 ④   41 ②
       42 ①   43 ③   44 ③
문제8 45 ①   46 ①   47 ②   48 ①   49 ③
문제9 50 ②   51 ③   52 ④   53 ①   54 ②

독해

문제10 55 ④   56 ①   57 ②   58 ④   59 ④
문제11 60 ④   61 ③   61 ①   63 ③   64 ③   65 ④   66 ①   67 ③
문제12 68 ②   69 ①
문제13 70 ②   71 ③   72 ④
문제14 73 ③   74 ①

청해

문제1 1 ④   2 ④   3 ③   4 ③   5 ②
문제2 1 ③   2 ③   3 ④   4 ④   5 ②   6 ③
문제3 1 ③   2 ③   3 ①   4 ④   5 ①
문제4 1 ③   2 ①   3 ①   4 ①   5 ①   6 ②   7 ①   8 ②   9 ②
       10 ①   11 ②   12 ①
문제5 1 ④   2 ④   3 질문1 ④   질문2 ②

모의고사2

언어지식(문자・어휘)　65p

문제1				
1 ③	2 ②	3 ④	4 ①	5 ③

문제2				
6 ③	7 ①	8 ④	9 ②	10 ①

문제3				
11 ③	12 ①	13 ④	14 ①	15 ②

문제4				
16 ②	17 ④	18 ④	19 ①	20 ④
21 ②	22 ③			

문제5				
23 ④	24 ③	25 ④	26 ①	27 ②

문제6				
28 ②	29 ③	30 ④	31 ③	32 ③

문제1 _____의 말의 읽는 법으로서 가장 알맞은 것을, 1・2・3・4 에서 하나 고르세요.

1 태풍의 상황은 텔레비전 중계로 항상 확인하도록 해 주십시오.

해설　中継는 **3 ちゅうけい**라고 음독으로 읽는다. 中는 じゅう라는 음독도 있지만, 中継는 ちゅう라고 읽어야 한다.

단어　状況(じょうきょう) 상황 | 中継(ちゅうけい) 중계 | 常(つね)に 항상 | 確認(かくにん) 확인 | 重刑(じゅうけい) 중형

2 신칸센의 운행 간격은 최단 3분이라고 한다.

해설　間隔는 **2 かんかく**라고 음독으로 읽는다.

단어　新幹線(しんかんせん) 신칸센(일본 고속 열차) | 運行(うんこう) 운행 | 間隔(かんかく) 간격 | 最短(さいたん) 최단 | 漢学(かんがく) 한학

3 곤란한 부탁에도 불구하고 흔쾌히 맡아주셔서 감사합니다.

해설　快く는 **4 こころよく**라고 훈독으로 읽는다.

단어　困難(こんなん)だ 곤란하다 | 頼(たの)み事(ごと) 부탁 | ~にも関(かか)わらず ~(임)에도 불구하고 | 快(こころよ)い 기분 좋다, 흔쾌하다 | 引(ひ)き受(う)ける (떠)맡다, 인수하다 | たくましい 늠름하다, 씩씩하다 | ありがたい 감사하다, 고맙다 | 情(なさ)けない 한심하다

4 이제부터 보여드릴 신제품은 몇 번이나 개선을 반복해 완성시킨 것입니다.

해설　改善은 **1 かいぜん**이라고 음독으로 읽는다.

단어　新製品(しんせいひん) 신제품 | 改善(かいぜん) 개선 | 繰(く)り返(かえ)す 반복하다 | 完成(かんせい) 완성 | 海鮮(かいせん) 해산물 | 外線(がいせん) 외선 | 蓋然(がいぜん) 개연

5 할아버지 생일을 축하하기 위해서 부모님과 함께 준비를 하고 있다.

해설　祝う는 **3 いわう**라고 훈독으로 읽는다.

단어　祝(いわ)う 축하하다 | 準備(じゅんび) 준비 | 戦(たたか)う 싸우다, 전쟁하다 | 補(おぎな)う 보충하다 | 願(ねが)う 바라다, 기원하다

문제2 _____의 말을 한자로 쓸 때, 가장 알맞은 것을 1・2・3・4 에서 하나 고르세요.

6 업무의 능률을 올리기 위해 새로운 기계를 도입하게 되었다.

해설　どうにゅう는 **3 導入**이라고 표기한다. 1, 2번은 없는 단어이다.

단어　業務(ぎょうむ) 업무 | 能率(のうりつ) 능률 | 機械(きかい) 기계 | 導入(どうにゅう) 도입 | 進入(しんにゅう) 진입

7 선거에서 누구에게 투표할지는 토론을 듣고 나서 결정하려고 생각하고 있다.

해설　とうろん은 **1 討論**이라고 표기한다. 2번은 없는 단어이다.

단어　選挙(せんきょ) 선거 | 投票(とうひょう) 투표 | 討論(とうろん) 토론 | 総論(そうろん) 총론 | 結論(けつろん) 결론

8 피로 회복에는 질 좋은 수면이 불가결하다.

해설　かいふく는 **4 回復**이라고 표기한다. 1, 3번은 없는 단어이다.

단어　疲労回復(ひろうかいふく) 피로 회복 | 質(しつ) 질 | 睡眠(すいみん) 수면 | 不可欠(ふかけつ)だ 불가결하다 | 快復(かいふく) 쾌유, 쾌차

9 집을 살 때, 역에 가까운 것은 중요한 요소의 하나입니다.

해설　ようそは 2 要素라고 표기한다. 1, 3, 4번은 없는 단어이다.
단어　要素(ようそ) 요소

10 오늘 날씨는 좀 <u>수상</u>하기 때문에 우산을 들고 외출합니다.

해설　あやしい는 1 怪しい라고 표기한다. 4번은 없는 단어이다.
단어　傘(かさ) 우산 | 怪(あや)しい 수상하다 | 乏(とぼ)しい 모자라다 | 著(いちじる)しい 현저하다, 두드러지다

문제3 ( )에 넣기에 가장 알맞은 것을, 1・2・3・4에서 하나 고르세요.

11 일본 (류)의 접대 방법이 해외에서도 주목되고 있다.
1 ~성　　　　　　　　2 ~파
3 ~류　　　　　　　4 ~판

해설　선택지는 모두 접미어이다. 문맥상 가장 자연스러운 것은 **3 流**이다.
단어　日本流(にほんりゅう) 일본류 | 接待(せったい) 접대 | 注目(ちゅうもく) 주목 | ~性(せい) ~성 | ~派(は) ~파 | ~流(りゅう) ~류 | ~版(ばん) ~판

12 그의 프레젠테이션은 아직 (불) 완전 한 점이 많다.
1 비~　　　　　　　　2 무~
3 부, 불~　　　　　　4 미~

해설　선택지는 모두 접두어이다. 문맥상 가장 자연스러운 것은 **3 不**이다.
단어　プレゼンテーション 프레젠테이션, 발표 | 不完全(ふかんぜん)だ 불완전하다 | 非(ひ)~ 비~ | 無(む・ぶ)~ 무~ | 不(ふ・ぶ)~ 부, 불~ | 未(み)~ 미~

13 (여러) 외국에 비해 이 나라의 경제는 요즘 침체에 빠져 있다.
1 별(다른)~　　　　　2 다~
3 총~　　　　　　　　**4 제(여러)~**

해설　선택지는 모두 접두어이다. 문맥상 가장 자연스러운 것은 **4 諸**이다.
단어　諸外国(しょがいこく) 여러 외국 | ~に比(くら)べ ~에 비해 | 経済(けいざい) 경제 | 近頃(ちかごろ) 요즘, 근래 | 伸(の)び悩(なや)む 침체에 빠지다 | 別(べつ)~ 별(다른)~ | 多(た)~ 다~ | 総(そう)~ 총~ | 諸(しょ)~ 제(여러)~

14 친구와의 술자리는 더치 (페이) 로 지불하기로 하고 있다.
1 ~감　　　　　　　2 ~임금, 요금
3 ~금　　　　　　　　4 ~비용

해설　선택지는 모두 접미어이다. 문맥상 가장 자연스러운 것은 **1 勘**이다.
단어　割(わ)り勘(かん) 더치페이 | 支払(しはら)う 지불하다 | ~勘(かん) ~감 | ~賃(ちん) ~임금, 요금 | ~金(きん) ~금 | ~代(だい) ~비용

15 (한) 밤중에 잠이 깨고 나서 좀처럼 잠 자지 못했다.
1 최(가장)~　　　　　**2 진(진짜, 정말)~**
3 반~　　　　　　　　4 급~

해설　선택지는 모두 접두어이다. 문맥상 가장 자연스러운 것은 **2 真**이다.
단어　真夜中(まよなか) 한밤중 | 目(め)が覚(さ)める 눈뜨다, 잠이 깨다, 정신 차리다 | なかなか 좀처럼 | 最(さい)~ 최(가장)~ | 真(ま)~ 진(진짜, 정말)~ | 半(はん)~ 반~ | 急(きゅう)~ 급~

문제4 ( )에 넣기에 가장 알맞은 것을, 1・2・3・4에서 하나 고르세요.

16 피아노와 바이올린의 아름다운 하모니에 (넋을 잃고) 경청해버렸다.
1 몰래　　　　　　　　**2 넋을 잃고**
3 촉촉이　　　　　　　4 잔뜩

해설　선택지는 모두 부사이다. 문맥상 가장 자연스러운 것은 **2 うっとり**이다. 1, 3, 4번은 문맥상 어색하다.
단어　ピアノ 피아노 | バイオリン 바이올린 | 美(うつく)しい 아름답다 | ハーモニー 하모니 | うっとり 넋을 잃고, 마음이 사로잡혀 멍한 모양 | 聞(き)き入(い)る 경청하다 | こっそり 몰래, 살짝 | しっとり 촉촉이, 습기 찬 모양 | ぎっしり 잔뜩, 가득

17 시간이 없기 때문에 이후의 설명은 (생략) 하겠습니다.
1 축소　　　　　　　　2 압축
3 폐지　　　　　　　　**4 생략**

해설　선택지는 모두 명사이다. 문맥상 가장 자연스러운 것은 **4 省略**이다. 1, 2, 3번은 문맥상 어색하다.
단어　省略(しょうりゃく) 생략 | 縮小(しゅくしょう) 축소 | 圧縮(あっしゅく) 압축 | 廃止(はいし) 폐지

18 어머니가 만드는 요리는 역시 (각별) 하게 맛있다.
1 독특　　　　　　　　2 특수
3 특정　　　　　　　　**4 각별**

해설　1, 2, 4번은 な형용사이고 3번은 명사이다. 문맥상 가장 자연스러운 것은 **4 格別**이다. 1, 2, 3번은 문맥상 어색하다.
단어　格別(かくべつ)だ 각별하다 | 独特(どくとく)だ 독특하다 | 特殊(とくしゅ)だ 특수하다 | 特定(とくてい) 특정

19 여행지에서 (콘센트) 의 모양이 달랐기 때문에 충전을 못 해서 곤란했다.

1 콘센트	2 콘셉트
3 콘크리트	4 수집(품)

해설　선택지는 모두 카타카나어이다. 문맥상 가장 자연스러운 것은 **1 コンセント**이다. 2, 3, 4번은 문맥상 어색하다.

단어　旅行先(りょこうさき) 여행지 | コンセント 콘센트 | 充電(じゅうでん) 충전 | コンセプト 콘셉트 | コンクリート 콘크리트 | コレクション 수집(품)

20　그런 (안이한) 마음으로는 지망 학교에 합격할 수 없어.

1 유연한	2 기묘한
3 투명한	**4 안이한**

해설　선택지는 모두 な형용사의 명사 수식형이다. 문맥상 가장 자연스러운 것은 **4 安易な**이다. 1, 2, 3번은 문맥상 어색하다.

단어　安易(あんい)だ 안이하다 | 志望校(しぼうこう) 지망 학교 | 合格(ごうかく) 합격 | 柔軟(じゅうなん)だ 유연하다 | 奇妙(きみょう)だ 기묘하다 | 透明(とうめい)だ 투명하다

21　올해 여름은 너무 더워서 아무것도 안 해도 (축 늘어져) 버린다.

1 푹 잠들어	**2 축 늘어져**
3 한가롭게	4 산뜻해

해설　선택지는 모두 부사이다. 문맥상 가장 자연스러운 것은 **2 ぐったり**이다. 1, 3, 4번은 문맥상 어색하다.

단어　ぐったり 축 늘어진 모양 | ぐっすり 깊이 잠든 모양, 푹 | のんびり 유유히, 한가롭게 | さっぱり 산뜻한 모양, 전혀

22　최근 일이 바빠서 운동할 시간을 (확보) 하는 것이 어렵다.

1 작성	2 개발
3 확보	4 보존

해설　선택지는 모두 명사이다. 문맥상 가장 자연스러운 것은 **3 確保**이다. 1, 2, 4번은 문맥상 어색하다.

단어　確保(かくほ) 확보 | 作成(さくせい) 작성 | 開発(かいはつ) 개발 | 保存(ほぞん) 보존, 저장

문제5　_____ 의 말에 의미가 가장 가까운 것을, 1・2・3・4에서 하나 고르세요.

23　결혼에 있어서 중시하는 것은 조건보다 인품이라고 생각한다.

1 불필요한 것	2 유명한 것
3 나쁜 것	**4 중요한 것**

해설　重視すること(중시하는 것)는 **4 大切なこと(중요한 것)**와 의미가 가장 가깝다.

단어　重視(じゅうし) 중시 | 条件(じょうけん) 조건 | 人柄(ひとがら) 인품 | 不要(ふよう)だ 불필요하다 | 有名(ゆうめい)だ 유명하다 | 悪(わる)い 나쁘다 | 大切(たいせつ)だ 중요하다

24　아버지는 언제나는 과묵하지만, 술을 마시면 잘 수다 떨게 된다.

1 별로 먹지 않는다	2 별로 마시지 않는다
3 별로 이야기하지 않는다	4 별로 싸우지 않는다

해설　無口だ(과묵하다)는 **3 あまり話さない(별로 이야기하지 않는다)**와 의미가 가장 가깝다.

단어　無口(むくち)だ 과묵하다, 말이 없다 | しゃべる 수다 떨다, 재잘거리다 | 喧嘩(けんか)する 싸우다

25　아이들을 위해서 고생해서 최신 게임 소프트웨어를 입수했다.

1 손이 많이 갔다	2 손이 가지 않았다
3 손이 비었다	**4 손에 넣었다**

해설　入手する(입수하다)는 **4 手に入れる(손에 넣다)**와 의미가 가장 가깝다.

단어　苦労(くろう) 고생 | 最新(さいしん) 최신 | ゲームソフト 게임 소프트웨어 | 入手(にゅうしゅ)する 입수하다, 손에 넣다 | 手(て)がかかる 손이 많이 가다 | 手(て)が出(で)ない (선뜻) 손이 가지 않다 | 手(て)が空(あ)く 손이 비다 | 手(て)に入(い)れる 손에 넣다

26　길어지는 불경기로 적자 기업이 증가하기만 한다.

1 지출이 수입보다 많은	2 지출이 수입보다 적은
3 수입과 지출이 같은	4 수입이 지출보다 많은

해설　赤字(적자)는 **1 支出が収入より多い(지출이 수입보다 많은)**와 의미가 가장 가깝다.

단어　長引(ながび)く 길어지다 | 不景気(ふけいき) 불경기 | 赤字(あかじ) 적자 | 企業(きぎょう) 기업 | 増加(ぞうか) 증가 | ~ばかりだ ~할 뿐이다, ~하기만 하다 | 支出(ししゅつ) 지출 | 収入(しゅうにゅう) 수입 | 多(おお)い 많다 | 少(すく)ない 적다 | 同(おな)じだ 같다

27　이 지역은 가을 관광 시즌에 아름다운 단풍을 즐길 수 있는 것으로 유명하다.

1 행사	**2 계절**
3 습관	4 경치

해설　シーズン(시즌)은 **2 季節(계절)**와 의미가 가장 가깝다.

단어　地域(ちいき) 지역 | 秋(あき) 가을 | 観光(かんこう) 관광 | シーズン 시즌 | 紅葉(こうよう・もみじ) 단풍 | 行事(ぎょうじ) 행사 | 季節(きせつ) 계절 | 習慣(しゅうかん) 습관 | 景色(けしき) 경치

문제6　다음 말의 사용법으로서 가장 알맞은 것을, 1・2・3・4에서 하나 고르세요.

28 보충

1 회의 자료의 여기가 잘못되어 있기 때문에 조속히 <u>보충</u>하여 재제출해 주세요.
2 아까 말하는 것을 잊은 것이 있었기 때문에 나중에 <u>보충</u>으로 설명하겠습니다.
3 이 상태로 연습하면 대회에서의 우승은 <u>보충</u>할 수 없다.
4 조건에 따라서 금액이 다르기 때문에 <u>보충</u>은 제대로 조사하고 나서 들어가는 편이 좋다.

해설 補足(보충)를 가장 올바르게 사용한 것은 **2번**이다. 1번은 修正(수정), 3번은 保証(보증), 4번은 保険(보험)을 사용하는 것이 알맞다.

단어 補足(ほそく) 보충 | 資料(しりょう) 자료 | 早急(さっきゅう・そうきゅう)に 조속히 | 再提出(さいていしゅつ) 재제출 | 先(さき)ほど 아까, 조금 전 | 言(い)い忘(わす)れる 말하는 것을 잊다 | 後(のち)ほど 나중에 | 調子(ちょうし) 상태, 컨디션 | 大会(たいかい) 대회 | 優勝(ゆうしょう) 우승 | 条件(じょうけん) 조건 | 金額(きんがく) 금액 | ちゃんと 제대로, 확실히 | 修正(しゅうせい) 수정 | 保証(ほしょう) 보증 | 保険(ほけん) 보험

29 약간

1 이 제도는 어느 대학에나 있는 것과 같은 <u>약간</u> 일반적인 제도다.
2 다이어트 중인데 초콜릿을 보면 <u>약간</u> 먹어버린다.
3 태풍은 예상했던 진로보다 <u>약간</u> 남쪽을 지나가겠지요.
4 연말연시의 비행기는 <u>약간</u> 만석이 됐다는 것이다.

해설 やや(약간)를 가장 올바르게 사용한 것은 **3번**이다. 1번은 ごく(극히), 2번은 つい(무심결에), 4번은 ほぼ(거의)를 사용하는 것이 알맞다.

단어 やや 약간, 좀 | 制度(せいど) 제도 | 一般的(いっぱんてき)だ 일반적이다 | ダイエット 다이어트 | 予想(よそう) 예상 | 進路(しんろ) 진로 | 南(みなみ) 남쪽 | 通(とお)る 지나가다 | 年末年始(ねんまつねんし) 연말연시 | 満席(まんせき) 만석 | ごく 극히, 대단히 | つい 무심결에 | ほぼ 거의, 대부분

30 (책, 종이 등을) 넘기다

1 지난번 테스트 결과에 계속 의문을 <u>넘기고</u> 있다.
2 아무리 청소해도, 아이가 바로 장난감을 <u>넘겨</u> 버린다.
3 저런 말을 들으면 누구라도 <u>넘겨</u>.
4 다음 페이지라고 말을 들을 때까지 교과서를 <u>넘기지</u> 말아 주세요.

해설 めくる(넘기다)를 가장 올바르게 사용한 것은 **4번**이다. 1번은 抱く(품다), 2번은 散らかす(어지르다), 3번은 むかつく(화나다)를 사용하는 것이 알맞다.

단어 めくる (책, 종이 등을) 넘기다, 젖히다 | 前回(ぜんかい) 지난번 | 疑問(ぎもん) 의문 | おもちゃ 장난감 | 誰(だれ)だって 누구라도 | ページ 페이지 | 教科書(きょうかしょ) 교과서 | 抱(いだ)く (마음속에) 품다 | 散(ち)らかす 흩뜨리다, 어지르다 | むかつく 화나다, 화가 치밀다

31 겸허하다

1 대회에서 우승한 그녀는 '모두 여러분 덕분입니다'라고 <u>겸허</u>하게 우승 소감을 말했다.
2 이 계약서에는 <u>겸허</u>한 점이 많기 때문에 한 번 더 다시 써 주세요.
3 자신의 과실을 <u>겸허</u>하게 인정하고 상대방에게 사죄하세요.
4 최근에는 공무원과 같은 <u>겸허</u>한 직업에 취임하고 싶다고 생각하는 젊은이가 많은 것 같다.

해설 謙虚だ(겸허하다)를 가장 올바르게 사용한 것은 **3번**이다. 1번은 謙遜だ(겸손하다), 2번은 曖昧だ(애매하다), 4번은 堅実だ(건실하다)를 사용하는 것이 알맞다.

단어 謙虚(けんきょ)だ 겸허하다 | 大会(たいかい) 대회 | 優勝(ゆうしょう) 우승 | ~おかげで ~덕분이다 | 感想(かんそう) 감상 | 述(の)べる 말하다, 서술하다 | 契約書(けいやくしょ) 계약서 | 過失(かしつ) 과실 | 認(みと)める 인정하다 | 謝罪(しゃざい) 사죄 | 公務員(こうむいん) 공무원 | 就(つ)く 취임하다 | 謙遜(けんそん)だ 겸손하다 | 曖昧(あいまい)だ 애매하다 | 堅実(けんじつ)だ 건실하다

32 꺼칠꺼칠

1 광장에 사람이 많이 모여 있어서 <u>꺼칠꺼칠</u>하고 있다.
2 아이들은 놀다 지쳤는지 어느샌가 <u>꺼칠꺼칠</u>하게 잠들어 있었다.
3 겨울은 건조하기 때문에 아무리 해도 입술이 <u>꺼칠꺼칠</u>해진다.
4 햇볕에 탄 곳이 <u>꺼칠꺼칠</u>하게 아프다.

해설 かさかさ(꺼칠꺼칠)를 가장 올바르게 사용한 것은 **3번**이다. 1번은 ざわざわ(시끌벅적), 2번은 すやすや(새근새근), 4번은 ひりひり(따끔따끔)를 사용하는 것이 알맞다.

단어 かさかさ 꺼칠꺼칠, 바스락바스락 | 広場(ひろば) 광장 | 遊(あそ)び疲(つか)れる 놀다 지치다 | 乾燥(かんそう) 건조 | 唇(くちびる) 입술 | 日焼(ひや)け 햇빛에 탐 | ざわざわ 시끌벅적 | すやすや 새근새근 | ひりひり 따끔따끔

언어지식(문법) 72p

문제7

33	34	35	36	37
①	②	②	①	①
38	39	40	41	42
④	④	④	①	①
43	44			
③	③			

문제8

45	46	47	48	49
①	①	②	①	③

문제9

50	51	52	53	54
②	③	④	①	②

문제7 다음 문장의 (   )에 넣기에 가장 알맞은 것을, 1·2·3·4에서 하나 고르세요.

33 대통령의 연설 회장에서는 100미터 (간격으로) 경비원이 경비를 행하고 있다.

1 **~간격으로, ~걸러**   2 ~할 때마다
3 ~만에   4 ~인 만큼

해설 문맥상 알맞은 표현은 **1 おきに**이다. 1, 3번은 명사와 접속이 되는 문법이지만, 앞뒤 문장과 자연스럽게 연결되기 위해서는 ~おきに(~간격으로, ~걸러)라는 문법이 가장 적합하다. 2번은 명사+の 형태로 접속하는 문법이고, 4번은 명사+な·である 형태로 접속하는 문법이므로 정답이 아니다.

단어 大統領(だいとうりょう) 대통령 | 演説(えんぜつ) 연설 | 会場(かいじょう) 회장 | メートル 미터 | ~おきに ~간격으로, ~걸러 | 警備員(けいびいん) 경비원 | 警備(けいび) 경비 | ~たびに ~할 때마다 | ~ぶりに ~만에 | ~だけに ~인 만큼

34 모처럼의 여행인데 다리를 골절해서 걸을 수 없게 되었다. 이걸로는 여행(할 상황이 아니다).

1 ~할 우려가 있다   2 **~할 상황이 아니다**
3 (반드시) ~라는 것은 아니다   4 (반드시) ~라고는 할 수 없다

해설 문맥상 알맞은 표현은 **2 どころじゃない**이다. 2번만 명사와 접속이 되는 문법이고앞 문장과 자연스럽게 연결되기 위해서는 ~どころじゃない(~할 상황이 아니다)라는 문법이 가장 적합하다. 1번은 명사+の 형태로 접속하는 문법이고, 3, 4번은 명사 보통형과 접속하는 문법이므로 정답이 아니다.

단어 せっかく 모처럼 | 足(あし) 다리, 발 | 骨折(こっせつ) 골절 | ~どころじゃない ~할 상황이 아니다 | ~おそれがある ~할 우려가 있다 | ~というものではない (반드시) ~라는 것은 아니다 | ~とは限(かぎ)らない (반드시) ~라고는 할 수 없다

35 지금은 단지 재해의 피해를 받은 분들에게 조기 평화가 찾아오는 것을 기원할 (뿐) 입니다.

1 ~조차   2 **~뿐, 만**
3 ~조차   4 ~밖에

해설 문맥상 알맞은 표현은 **2 のみ**이다. 앞뒤 문장과 자연스럽게 연결되기 위해서는 (ただ+)동사 기본형+のみ((단지) ~뿐, 만)라는 문법이 가장 적합하다. 1, 3, 4번은 명사와 접속이 되는 조사로 정답이 아니다.

단어 災害(さいがい) 재해 | 被害(ひがい) 피해 | 方々(かたがた) 분들 | 早期(そうき) 조기 | 平和(へいわ) 평화 | 訪(おとず)れる 찾아오다, 방문하다 | 祈(いの)る 기원하다 | ただ~のみ 단지 ~뿐, 만 | ~すら ~조차 | ~さえ ~조차 | ~しか ~밖에

36 (집에서)
엄마 "타케시, 이제 고등학생이고 (도대체) 언제가 되면 엄마가 말하기 전에 스스로 정리할 거야?"
타케시 "네네, 지금 정리할게요."

1 **도대체**   2 겨우, 간신히
3 조금도, 전혀   4 설마

해설 문맥상 알맞은 표현은 **1 いったい**이다. 이제 고등학생인 아들에게 언제가 되면 엄마가 말하기 전에 스스로 정리할 거냐고 잔소리를 하고 있는 문장에 가장 적합한 부사는 いったい(도대체)이다.

단어 高校生(こうこうせい) 고등학생 | いったい 도대체 | 片付(かたづ)ける 정리하다 | ようやく 겨우, 간신히 | ちっとも 조금도, 전혀 | まさか 설마

37 이번 사고 (를 계기로) 교통안전에 관한 법률이 전면적으로 개정되었다.

1 **~을/를 계기로**   2 ~을/를 담아서
3 ~데 있어서   4 ~에 앞서

해설 문맥상 알맞은 표현은 **1 を契機に**이다. 모두 명사에 접속이 되는 문법이지만, 앞뒤 문장과 자연스럽게 연결되기 위해서는 ~を契機に(~을/를 계기로)라는 문법이 가장 적합하다.

단어 事故(じこ) 사고 | ~を契機(けいき)に ~을/를 계기로 | ~に関(かん)する ~에 관한 | 法律(ほうりつ) 법률 | 全面的(ぜんめんてき)だ 전면적이다 | 改正(かいせい) 개정 | ~を込(こ)めて ~을/를 담아서 | ~にあたって ~데 있어서 | ~に先立(さきだ)って ~에 앞서

38 (대학에서)
이시카와 "실은 어제 여자친구와 헤어졌어. 아무것도 의욕이 나지 않네."
우에다 "그렇게 (침울해 있어도) 어쩔 수 없어! 수업이 끝나면 다 같이 놀러 가자!"

1 침울해 있다든지 해서   2 침울해 있다고는 해도
3 침울해 있다고 하면   4 **침울해 있어도**

해설 문맥상 알맞은 표현은 **4 落ち込んでも**이다. 앞뒤 문장과 자연스럽게 연결되기 위해서는 동사 て형+てもしょうがない(~해도 어쩔 수 없다, ~해도 소용없다)라는 문법이 가장 적합하다.

단어 実(じつ)は 실은 | やる気(き)が出(で)ない 의욕이 나지 않다 | ~てもしょうがない ~해도 어쩔 수 없다, ~해도 소용없다 | ~とかで ~라든지 | ~とはいえ ~라고는 해도, ~라고는 하나 | ~としたら ~라고 하면

39 할아버지가 돌아가신 후, 유산의 상속 (을 둘러싸고) 친척과 트러블이 났다.

1 ~에 따라서, ~에 맞춰서   2 ~을/를 향해서
3 ~을/를 제외하고   4 **~을/를 둘러싸고**

해설 문맥상 알맞은 표현은 **4 をめぐって**이다. 모두 명사와 접속이 되는 문법이지만, 뒤 문장과 자연스럽게 연결되기 위해서는 명사+をめぐ

って(~을/를 둘러싸고)라는 문법이 가장 적합하다.

단어 祖父(そふ) 조부, 할아버지 | 遺産(いさん) 유산 | 相続(そうぞく) 상속 | ~をめぐって ~을/를 둘러싸고 | 親戚(しんせき) 친척 | トラブル 트러블, 문제 | ~に応(おう)じて ~에 따라서, ~에 맞춰서 | ~に向(む)けて ~을/를 향해서 | ~をぬきにして ~을/를 제외하고

40 어머니 "이 대학은 어때? 유명한 교수가 있는 것 같아."
딸 "음, (다닐 수 없는 것도 아니지만), 대학까지의 버스의 개수가 적으니까 좀 불편할지도."

1 다니지 못하고 있지만 2 다니지 못할 것이지만
3 다닐 수 있는 것은 아니지만 **4 다닐 수 없는 것도 아니지만**

해설 문맥상 알맞은 표현은 **4 通えないこともないけど**이다. 앞뒤 문장과 자연스럽게 연결되기 위해서는 동사 ない형 +ないこともない(~(하)지 않는 것도 아니다)라는 문법이 가장 적합하다.

단어 教授(きょうじゅ) 교수 | 通(かよ)う 다니다 | ~ないこともない ~(하)지 않는 것도 아니다 | 本数(ほんすう) (긴 물건의) 개수 | ~ずに ~하지 않고 | はずだ ~일 것이다, ~임이 분명하다 | ~ではない ~이/가 아니다

41 고객님이 이쪽에 (오시는) 것은 아마 3시 경이 될 거라고 생각됩니다. 상세가 확실해지면 또 알려드리겠습니다.

1 가다, 오다(겸양어) **2 오시다(존경어)**
3 여쭙다, 찾아뵙다(겸양어) 4 보시다(존경어)

해설 문맥상 알맞은 표현은 **2 お越しになる**이다. 손님이 이 장소에 오는 것에 대해서 말하고 있는 상황으로 お越しになる(오시다)라는 존경어가 가장 적합하다.

단어 お客様(きゃくさま) 손님, 고객님 | こちら 이쪽, 여기 | お越(こ)しになる 오시다(존경어) | おそらく 아마, 어쩌면 | 詳細(しょうさい) 상세 | はっきり 분명히, 확실히 | 伺(うかが)う 여쭙다, 찾아뵙다(겸양어) | ご覧(らん)になる 보시다(존경어)

42 나의 어학 선생님은 머리도 (좋거니와), 유머 (도) 있다. 그래서 수업이 재미있다.

1 좋거니와/도 2 좋거니와/만
3 좋아도/만 4 좋아도/도

해설 문맥상 알맞은 표현은 **1 良ければ/も**이다. 앞뒤 문장과 자연스럽게 연결되기 위해서는 명사+も+가정형 ば+명사+も(~도 ~하거니와 ~도)라는 문법이 가장 적합하다.

단어 語学(ごがく) 어학 | ~も~ば~も ~도 ~하고(하거니와) ~도 | ユーモア 유머

43 지금 이 기업의 주식을 사면 절대로 값이 오른다니, 그런 좋은 이야기가 (있을까 보냐).

1 있는 법이다
2 있을 만도 하다
3 있을까 보냐
4 있던가, 있단 말인가

해설 문맥상 알맞은 표현은 **3 あるものか**이다. 앞 문장과 자연스럽게 연결되기 위해서는 동사 기본형+ものか(~할까 보냐)라는 문법이 가장 적합하다.

단어 企業(きぎょう) 기업 | 株(かぶ) 주식 | 値上(ねあ)がり 값이 오름 | うまい話(はなし) 좋은 이야기 | ~ものか ~할까 보냐 | ~ものだ ~하는 법이다 | ~わけだ ~할 만도 하다, (당연히) ~인 것이다 | ~ことか ~던가, ~말인가

44 나카무라 씨 (를 제외하고) 전원, 망년회에 출석합니다.

1 ~도 개의치 않고, ~도 아랑곳하지 않고
2 ~부터가, ~로 보아
3 ~을/를 제외하고
4 ~할 때에

해설 문맥상 알맞은 표현은 **3 を除いて**이다. 모두 명사와 접속이 되는 문법이지만, 앞뒤 문장과 자연스럽게 연결되기 위해서는 ~を除いて(~을/를 제외하고)라는 문법이 가장 적합하다.

단어 ~を除(のぞ)いて ~을/를 제외하고 | 全員(ぜんいん) 전원 | 忘年会(ぼうねんかい) 망년회 | ~もかまわず ~도 개의치 않고, ~도 아랑곳하지 않고 | ~からして ~부터가, ~로 보아 | ~の際(さい)に ~할 때에

문제8 다음 문장의 ____ ★ ____에 들어갈 가장 알맞은 것을, 1·2·3·4에서 하나 고르세요.

45 시험에 합격하기 위해서 전날까지 자지 않고 공부했지만, <u>그런 날에</u> ★<u>한해서</u> <u>배가</u> <u>아파서</u> 상태가 나쁘다.

1 한해서 2 아파서
3 배가 4 그런 날에

해설 ~に限って(~에 한해서)라는 문법으로 4-1번으로 연결된다. 그리고 '배가 아프다'는 お腹가 痛い이므로 3-2번으로 연결된다. 따라서 4-1-3-2로 문장을 만들면 **1 限って**가 정답이다.

단어 合格(ごうかく) 합격 | 前日(ぜんじつ) 전날 | ~に限(かぎ)って ~에 한해서 | お腹(なか)が痛(いた)い 배가 아프다 | 調子(ちょうし)が悪(わる)い (몸) 상태가 나쁘다

46 미국에서 <u>취직한다면</u> ★<u>영어는</u> <u>물론</u> 미국의 문화나 습관 등도 이해해 둘 필요가 있다.

1 영어는 2 미국 문화나
3 물론 4 취직한다면

해설 앞 문장 アメリカで(미국에서)의 뒤에는 동사가 와야 하며, 문맥상 アメリカで就職するなら(미국에서 취직한다면)으로 이어지는 것이 자연스럽기 때문에 4번이 제일 먼저 나온다. 그리고 ~はもとより(~은/는 물론)이라는 문법이 있기 때문에 1-3번으로 연결된다. 또

한 문맥상 뒤 문장 習慣 など(습관 등)의 앞부분에는 2 アメリカの文化や(미국 문화나)가 오는 것이 자연스럽기 때문에 2번이 제일 마지막에 온다. 따라서 4-1-3-2로 문장을 만들면 1 英語は가 정답이다.

단어 　就職(しゅうしょく) 취직 ┃ ～はもとより ~은/는 물론 ┃ 文化(ぶんか) 문화 ┃ 習慣(しゅうかん) 습관 ┃ 理解(りかい) 이해

---

47 상사의 의견에 납득하기 ★어려운 부분 이 있어 부하의 대표로서 내가 반론을 했다.

1 납득하기　　　　　　**2 하기 어렵다**
3 부분　　　　　　　　4 의견에

해설　2 かねる 의 앞에 동사 ます형이 와야 하고 앞부분의 上司의 뒤에는 명사인 4 意見に가 와서 上司の意見に納得しかねる(상사의 의견에 납득하기 어려운)로 연결되는 것이 자연스럽기 때문에 4-1-2번으로 연결된다. 그리고 뒤 문장 があり(~이/가 있어)의 앞에는 명사가 오는 것이 자연스럽. 따라서 4-1-2-3으로 문장을 만들면 **2 かねる**가 정답이다.

단어 　上司(じょうし) 상사 ┃ 納得(なっとく) 납득 ┃ ～かねる ~하기 어렵다, ~할 수 없다 ┃ 部分(ぶぶん) 부분 ┃ 部下(ぶか) 부하 ┃ 代表(だいひょう) 대표 ┃ ～として ~(으)로서 ┃ 反論(はんろん) 반론

---

48 명문 대학을 졸업했 기는 하지만 ★일을 찾지 않고 빈둥빈둥 놀고 있는 사람이 늘고 있다.

1 일을 찾지 않고　　　2 졸업했다
3 빈둥빈둥　　　　　　4 기는 하지만

해설　앞 문장 名門大学を(명문 대학을)의 뒤에는 동사가 와야 하고 4 ものの 의 앞에 동사 보통형이 와야 하므로 2-4번으로 연결된다. 그리고 문맥상 뒤 문장 遊んでいる(놀고 있다)와 자연스럽게 연결되기 위해서는 仕事を見つけずにぶらぶら(일을 찾지 않고 빈둥빈둥)로 이어지는 것이 자연스럽기 때문에 1-3번으로 연결된다. 따라서 2-4-1-3으로 문장을 만들면 **1 仕事を見つけずに**가 정답이다.

단어 　名門(めいもん) 명문 ┃ 卒業(そつぎょう) 졸업 ┃ ～ものの ~기는 하지만 ┃ 見(み)つける 찾(아내)다, 발견하다 ┃ ぶらぶら 빈둥빈둥, 어슬렁어슬렁 ┃ 増(ふ)える 늘다

---

49 추운 계절은 역시 따뜻한 음식이 먹고 싶어지기 때문에 야채가 듬뿍 들어간 ★냄비 요리 가 최고다.

1 야채가　　　　　　　2 이/가 최고다
3 냄비요리　　　　　　4 듬뿍 들어간

해설　문맥상 野菜がたっぷり入った(야채가 듬뿍 들어간)로 이어지는 것이 자연스럽기 때문에 1-4번으로 연결된다. 그리고 2 に限る는 동사 보통형 현재 또는 명사와 접속하는 문법이고 문맥상 鍋に限る(냄비 요리가 최고다)가 자연스럽기 때문에 3-2번으로 연결된다. 따라서 1-4-3-2로 문장을 만들면 **3 鍋料理**가 정답이다.

단어 　季節(きせつ) 계절 ┃ やはり 역시 ┃ 暖(あたた)かい 따뜻하다 ┃ たっぷり 듬뿍 ┃ 鍋(なべ) 냄비, 전골 ┃ ～に限(かぎ)る ~하는 것이 제일이다, ~하는 것이 최고다

문제9 다음 문장을 읽고, 문장 전체 내용을 생각해서, 50 부터 54 안에 들어갈 가장 알맞은 것을, 1·2·3·4에서 하나 고르세요.

캡슐 호텔

근래 외국인 관광객의 증가 50 , 호텔 부족이 새로운 문제가 되고 있다. 그런 가운데 하나의 해결책으로 주목받고 있는 것이 '캡슐 호텔'이다. 캡슐 호텔이란 통상의 호텔과는 달리 길이 약 2미터, 폭 약 1미터의 캡슐 모양의 공간에서 자는 저가의 숙박 시설을 말한다. 이 협소함 51 쾌적하게 지낼 수 있다고, 1979년에 처음 오사카에서 탄생한 이래 남성 고객을 중심으로 이용되어 왔다.

52 , 최근의 캡슐 호텔은 지금까지와는 다른다. 여자 전용 층을 만들거나 멋을 내는 등 청결하고 안전한 이미지로 53 . 카페 같은 분위기나 그룹으로 숙박할 수 있는 방 등 많은 고안이 되어 있다. 또한 이 일본 특유의 스타일이 SNS 등을 본 외국인 관광객에게도 인기라고 한다. 좁은 공간 안에 텔레비전이나 조명, 에어컨이나 콘센트 등의 기능적인 설비가 갖춰져 있어 자신도 숙박해 보고 싶다고 호텔을 찾는 사람이 늘고 있는 것이다.

새로 개업한 캡슐 호텔은 외국인 관광객을 타깃으로 캡슐의 길이를 2미터 이상으로 하고 있는 호텔도 늘고 있다고 한다. 앞으로 더욱 54 이 탄생할지 기대된다.

50　1 ~에 관계없이　　　**2 ~에 따라, ~와/과 함께**
　　　3 ~에 앞서, ~에 있어서　4 ~에 대비하여

해설　문맥에 맞는 문법 표현을 고르는 문제이다. 빈칸 앞부분에서 近年、外国人観光客の増加(근래 외국인 관광객의 증가)라고 한 후, 빈칸 뒷부분에 ホテル不足が新たな問題となっている。(호텔 부족이 새로운 문제가 되고 있다.)라고 했으므로 외국인 관광객의 증가와 함께 호텔 부족이 새로운 문제가 되었다고 하는 것이 자연스럽다. 따라서 **2 にともない**가 정답이다.

표현　～によらず ~에 관계없이, ~에 영향을 받지 않고 ┃ ～にともない ~에 따라, ~와/과 함께 ┃ ～にあたり ~에 앞서, ~에 있어서 ┃ ～に備(そな)えて ~에 대비하여

51　1 ~인 만큼　　　　2 ~에 따라서
　　　3 ~치고는　　　　4 ~부터가, ~로 보아

해설　문맥에 맞는 문법 표현을 고르는 문제이다. 빈칸 뒷부분에서 快適に過ごせると、1979年に初めて大阪で誕生して以来、男性客を中心に利用されてきた。(쾌적하게 지낼 수 있다고, 1979년에 처음 오사카에서 탄생한 이래 남성 고객을 중심으로 이용되어 왔다.)라고 했으므로 이 협소함 치고는 쾌적하게 지낼 수 있다고 하는 것이 자연스럽다. 따라서 **3 にしては**가 정답이다.

표현　～だけあって ~인 만큼 ┃ ～次第(しだい)で ~에 따라서 ┃ ～にしては ~치고는 ┃ ～からして ~부터가, ~로 보아

52 1 즉 2 그리고 3 사실은 **4 그런데**

해설 문맥에 맞는 접속사를 고르는 문제이다. 앞부분에서 예전 캡슐 호텔의 특징을 설명한 후 빈칸 뒤에는 最近のカプセルホテルはこれまでとは違う。(최근의 캡슐 호텔은 지금까지와는 다르다.)라고 하며 화제를 반전시키고 있다. 따라서 빈칸에 들어갈 접속사로 알맞은 것은 **4 ところが**이다.

표현 すなわち 즉 | そして 그리고 | 実(じつ)は 사실은 | ところが 그런데

53 **1 변하고 있다** 2 변하는 경향이 있다 3 변할 수가 없다 4 변하지 않는 것도 아니다

해설 문맥에 맞는 문법 표현을 고르는 문제이다. 요즘의 캡슐 호텔은 지금까지와는 다르며 女性専用のフロアを作ったり、おしゃれにするなど、清潔で安全なイメージに(여자 전용 층을 만들거나 멋을 내는 등 청결하고 안전한 이미지로)라고 했으므로, 변하고 있다고 하는 것이 자연스럽다. 따라서 **1 変わりつつある**가 정답이다.

표현 ~つつある ~하고 있다 | ~がちだ 자주 ~하다, ~하는 경향이 있다 | ~ようがない ~할 수가 없다 | ~ないでもない ~하지 않는 것도 아니다

54 1 어느 호텔 **2 어떤 호텔** 3 그러한 호텔 4 그런 호텔

해설 문맥에 맞는 지시어를 고르는 문제이다. 문맥상 앞으로 어떠한 호텔이 탄생할지 기대된다고 하는 것이 자연스럽다. 따라서 빈칸에 들어갈 지시어로 알맞은 것은 **2 どんなホテル**이다.

표현 どの 어느 | どんな 어떤 | そのような 그러한 | そんな 그런 | ホテル 호텔

단어 カプセルホテル 캡슐 호텔 | 近年(きんねん) 근년, 근래 | 観光客(かんこうきゃく) 관광객 | 増加(ぞうか) 증가 | 不足(ふそく) 부족 | 新(あら)ただ 새롭다 | 解決策(かいけつさく) 해결책 | 注目(ちゅうもく) 주목 | 通常(つうじょう) 통상 | 長(なが)さ 길이 | メートル 미터 | 幅(はば) 폭 | ~状(じょう) ~상, 모양 | 空間(くうかん) 공간 | 低価格(ていかかく) 저가격, 저가 | 宿泊施設(しゅくはくしせつ) 숙박 시설 | 快適(かいてき)だ 쾌적하다 | 過(す)ごす 지내다 | 大阪(おおさか) 오사카(일본 지명) | 誕生(たんじょう) 탄생 | ~て以来(いらい) ~한 이래 | 専用(せんよう) 전용 | フロア 플로어, 층 | おしゃれだ 멋이 있다 | 清潔(せいけつ)だ 청결하다 | イメージ 이미지 | 雰囲気(ふんいき) 분위기 | グループ 그룹 | 泊(と)まる 숙박하다 | 工夫(くふう) 궁리, 고안 | 特有(とくゆう) 특유 | スタイル 스타일 | ライト 라이트, 조명 | コンセント 콘센트 | 機能的(きのうてき)だ 기능적이다 | 設備(せつび) 설비 | 備(そな)わる 갖추다, 구비되다 | 訪(おとず)れる 방문하다 | 開業(かいぎょう) 개업 | ターゲット 타깃, 목표물

독해 78p

문제10
55 ④ 56 ① 57 ② 58 ④ 59 ④

문제11
60 ④ 61 ③ 62 ① 63 ③ 64 ③
65 ④ 66 ① 67 ③

문제12
68 ② 79 ①

문제13
70 ② 71 ③ 72 ④

문제14
73 ③ 74 ①

문제10 다음 (1)부터 (5)의 문장을 읽고, 뒤의 물음에 대한 답으로서 가장 알맞은 것을, 1・2・3・4에서 하나 고르세요.

(1)

옷이 정리 안 되는 큰 이유 중 하나는 어디에 무엇을 두었는지 모른다는 점이다. 넣은 것은 좋지만, 시간이 지나면 어디에 무엇을 넣어 둔지 모르게 되어 버려서 결국 찾는 사이에 또 어지럽혀 버리거나 존재 자체를 잊고 비슷한 옷을 사 버려서 수납을 다 할 수 없게 되거나 한다. 그러한 사람은 반대로, 수납하지 말고 옷걸이 등의 보이는 장소에 정리해 보는 것이 좋다. 그렇게 함으로써 찾는 수고도 덜어 낼 수 있고 쓸모없는 것도 사지 않아도 된다. 다만, 원래 있는 수납 장소보다도 옷이 많은 경우에는 아무리 보이는 수납으로 하더라도 결국 물건들이 넘쳐서 혼란스러워질 것이다.

55 다음 중, 본문의 내용에 맞는 것은 어느 것인가?

1 정리를 잘 하는 사람은 자신의 옷을 관리할 수 있도록 옷걸이 등의 보이는 수납으로 하고 있다.
2 보이는 수납을 하면 아무리 옷이 많더라도 입고 싶은 것을 찾기 쉽다.
3 옷 정리가 서툰 사람은 수납한 것이나 장소를 알 수 있도록 해 두면 찾는 수고를 덜 수 있다.
4 정리가 서툰 사람은 옷 장소를 보이는 형식으로 수납하는 편이 좋다.

해설 본문에서 そういう人は逆に、収納せずにハンガーなどの見える場所に整理してみることだ。(그러한 사람은 반대로, 수납하지 말고 옷걸이 등의 보이는 장소에 정리해 보는 것이 좋다.)라고 하며 옷 정리가 서툰 사람에 대해서 보이는 수납을 추천하고 있으므로 4번이 정답이다. 정리를 잘하는 사람에 대한 언급은 없으므로 1번은 정답이 아니고, 수납공간보다 옷이 많은 경우에는 보이는 수납을 하더라도 관리가 어렵다고 언급했기 때문에 2번도 정답이 아니다. 그리고

3번은 본문에서 언급하지 않은 내용이기 때문에 정답이 아니다.

단어 片付(かたづ)く 정리되다, 정돈되다 | しまう 안에 넣다 | ~ものの ~기는 하지만 | 経(た)つ (시간이) 지나다, 경과하다 | 結局(けっきょく) 결국 | 散(ち)らかる 흐트러지다, 어질러지다 | 存在(そんざい) 존재 | 自体(じたい) 자체 | 収納(しゅうのう) 수납 | (동사ます형+)~きる 다~하다 | 逆(ぎゃく)に 반대로 | ハンガー 옷걸이, 행거 | 整理(せいり) 정리 | ~ことだ ~하는 것이다 | 手間(てま)を省(はぶ)く 수고를 덜다 | 余計(よけい)だ 쓸데없다, 불필요하다 | ~ずに済(す)む ~하지 않아도 된다 | ただし 단, 다만 | もともと 원래 | あふれる 넘치다 | 混乱(こんらん) 혼란 | 管理(かんり) 관리 | 苦手(にがて)だ 서투르다, 못하다 | 片付(かたづ)け 정리

(2)

'실패는 성공의 근원'이라는 속담이 있지만, 그저 많이 실패를 하면 된다는 것은 아니다. 잘못이나 실수로부터 배우는 사람은 무엇이 잘못이었는지, 다음에는 어떻게 하면 좋을지를 제대로 분석할 수 있다. 한편으로 그것을 할 수 없는 사람은 '다음에야말로 실패하지 않도록 하자' 등이라고 생각할 뿐으로 그 실패를 살려서 성장할 수 없다. 실패를 제대로 마주할 수 없는 사람은 몇 번 실패해도 성공에 가까워질 수는 없다고 생각한다.

56 필자에 의하면 실패를 '성공의 근원'으로 삼으려면 어떻게 하면 좋은가?

1 **자신이 한 실패에 대해서 원인이나 대책을 생각하는 것**
2 가능한 한 많은 실패를 경험하는 것
3 실패한 것을 인정하고 성장하려고 생각하는 것
4 다음에는 절대 실패를 반복하지 않도록 더욱 주의를 기울이는 것

해설 필자는 過ちやミスから学ぶ人は、何が悪かったのか、次はどうすればいいのかをきちんと分析することができる。(잘못이나 실수로부터 배우는 사람은 무엇이 잘못이었는지, 다음에는 어떻게 하면 좋을지를 제대로 분석할 수 있다.)라고 했기 때문에 1번이 정답이다. 그저 많이 실패를 하면 되는 것은 아니라고 했기 때문에 2번은 정답이 아니고, 3번은 본문에서 언급하지 않은 내용이기 때문에 정답이 아니다. 그리고 4번은 다음에야말로 실패하지 않도록이라고 생각하는 것만으로는 그 실패를 살려서 성장할 수 없다고 했으므로 정답이 아니다.

단어 失敗(しっぱい) 실패, 실수 | 成功(せいこう) 성공 | もと 근원 | ことわざ 속담 | ただ 단지, 그저, 다만 | ~というものではない (반드시) ~라는 것은 아니다 | 過(あやま)ち 잘못 | ミス 미스 | 学(まな)ぶ 배우다 | きちんと 정확히, 제대로, 깔끔히 | 分析(ぶんせき) 분석 | 一方(いっぽう)で 한편으로 | ~こそ ~야말로 | 活(い)かす 살리다 | 成長(せいちょう) 성장 | 向(む)き合(あ)う 마주하다 | 近(ちか)づく 가까워지다 | 原因(げんいん) 원인 | 対策(たいさく) 대책 | 経験(けいけん) 경험 | 認(みと)める 인정하다 | 繰(く)り返(かえ)す 반복하다 | 注意(ちゅうい)を払(はら)う 주의를 기울이다

(3)

발신인 : gakuseika_ta@univ.ac.jp
제목 : 근무표에 대해서
송신 일시 : 5월 28일(월)

수업 서포트 학생분께

수업 서포트를 하고 계시는 학생분께 알려 드리겠습니다.
이번 달의 최종 근무일이 30일로 되어 있는 분은 근무 종료 후, **31일까지 근무표를 학생과로 제출해 주세요.**
31일까지 제출이 없을 경우, 사무 절차가 진행되지 않아 급여 지급에 지연이 발생할 가능성이 있습니다.

또한 학생과의 사무 절차는 오후 6시까지이므로 그 이후에 제출된 경우는 다음 월말에 반영되게 됩니다.
협조 잘 부탁드립니다.

학생과 야마모토

57 이 문장에서 가장 전하고 싶은 것은 무엇인가?

1 그 달 마지막 근무일이 월말에 가까운 학생은 급여 지급이 늦어질 가능성이 있다.
2 **월말 오후 6시까지 급여 지급에 필요한 서류를 학생과로 제출해 주길 바란다.**
3 학생과는 매일 오후 6시까지 작업을 마치도록 되어 있기 때문에 그 시간까지밖에 서류를 접수할 수 없다.
4 학생이 30일까지 제출한 서류는 다음 달의 월말에 처리되기 때문에 이해해 줄 바란다.

해설 본문에서 급여 지급 절차 진행을 위해 사무 절차 마감인 31일 6시까지 근무표를 제출해달라고 부탁하고 있으므로 2번이 정답이다. 31일까지 근무표가 제출되지 않을 경우에 급여 지급이 지연될 가능성이 있다고 말하고 있으므로 1번은 정답이 아니고, 3번은 이 글에서 가장 전하고 싶은 말이 아니기 때문에 정답이 아니다. 31일 6시 이후에 제출할 경우 다음 달 월말에 반영된다고 했으므로 4번 역시 정답이 아니다.

단어 差出人(さしだしにん) 발신인 | 件名(けんめい) 건명, 제목 | 勤務表(きんむひょう) 근무표 | サポート 서포트, 지원 | 知(し)らせる 알리다 | 最終(さいしゅう) 최종, 마지막 | 勤務日(きんむび) 근무일 | 終了(しゅうりょう) 종료 | 学生課(がくせいか) 학생과 | 提出(ていしゅつ) 제출 | 事務(じむ) 사무 | 手続(てつづ)き 수속, 절차 | 給料(きゅうりょう) 급여 | 支払(しはら)い 지불, 지급 | 遅(おく)れ 지연, 늦음 | 生(しょう)じる 발생하다 | 月末(げつまつ) 월말 | 反映(はんえい) 반영 | 協力(きょうりょく) 협조 | 書類(しょるい) 서류 | 終(お)える 끝내다 | 受(う)け付(つ)ける 접수하다 | 処理(しょり) 처리

(4)

고객 여러분

할인 페어 공지
항상 이용해 주셔서 감사합니다. 회원 여러분께 이득인 친구 소개 할인 페어의 안내를 드립니다.
친구분을 소개해 주신 분께는 전 상품 20% OFF 쿠폰을 친구분께는 첫 회 쇼핑 시에 이용하실 수 있는 1,000엔 할인 쿠폰을 증정해 드리겠습니다.
할인 페어 실시 기간은 4월 1일부터 5월 31일까지입니다. 친구분의 회원 등록 시에 고객님께 보내드린 번호를 입력해 주십시오.
여러분의 참여를 기다리고 있겠습니다.

(※1,000엔 할인 쿠폰은 3,000엔 이상 구매하신 경우에 한해서 이용하실 수 있습니다.)

58 다음 중, 글의 내용에 맞는 것은 어느 것인가?
1 친구를 소개한 회원은 1,000엔 할인 쿠폰을 받을 수 있다.
2 소개받아서 회원 등록을 한 사람은 모든 상품을 20% 할인된 가격에 살 수 있다.
3 소개를 받고 회원이 된 사람은 2,000엔어치의 상품을 1,000엔에 살 수 있다.
4 친구를 소개한 회원은 2,000엔어치의 상품을 1,600엔에 살 수 있다.

해설 친구를 소개한 회원은 20%, 소개를 받아 회원가입을 한 사람은 1,000엔 할인 쿠폰을 받을 수 있다고 했다. 친구를 소개한 회원이 2,000엔어치 상품을 구매했을 때, 20%인 400엔을 할인받을 수 있다고 했으며 2,000엔에서 400엔을 빼면 1,600엔이 되므로 4번이 정답이다. 친구를 소개한 회원은 1,000엔 할인 쿠폰이 아닌 20% OFF 쿠폰을 받을 수 있으므로 1번은 정답이 아니다. 소개받은 사람은 모든 상품이 아닌 첫 회 쇼핑 시에 1,000엔 할인된 가격으로 살 수 있으므로 2번도 정답이 아니다. 그리고 1,000엔 할인 쿠폰은 3,000엔 이상 구매 시 이용 가능하므로 3번도 정답이 아니다.

단어 お客様(きゃくさま) 손님 | 各位(かくい) 각위, 여러분 | 割引(わりびき) 할인 | フェア 페어, 박람회 | お知(し)らせ 공지 | 会員(かいいん) 회원 | 皆様(みなさま) 여러분 | お得(とく)だ 이득이다, 저렴하다 | 友人(ゆうじん) 친구 | 紹介(しょうかい) 소개 | 案内(あんない) 안내 | 全商品(ぜんしょうひん) 전 상품 | クーポン 쿠폰 | 初回(しょかい) 첫 회 | 贈(おく)る 보내다, 증정하다 | 実施期間(じっしきかん) 실시 기간 | 会員登録(かいいんとうろく) 회원 등록 | 際(さい) 때 | 入力(にゅうりょく) 입력 | お買(か)い上(あ)げ 구매 | ~に限(かぎ)り ~에 한해

(5)
음악을 들으면서 공부한다고 하는 사람은 적지 않을 것이다. 그러나 한 연구에서는 음악을 들으면서 공부를 하면 공부 능률이 떨어진다고 하는 실험 결과가 나왔다. 좋아하는 음악을 들으면서 하면 의욕이 생긴다고 주장하는 사람도 있지만, 이 실험에서는 음악의 취향과 관계없이, 결과는 변하지 않았다고 한다. 다만 빗소리나 새소리 등의 멜로디나 가사가 없는 음악, 사람의 대화 등 잡음이 들리는 환경에서는 작업 능률은 떨어지지 않는다고 한다. 또한 작업을 시작하기 전이라면 좋아하는 음악을 들으면 반대로 작업 능률은 올라간다고 한다.

(주석) 멜로디 : 리듬에 따라서 음의 높이나 길이를 변화시켜 그 음악의 내용을 표현하는 것

59 필자가 소개한 연구에 의하면 공부 능률을 높이기 위해서는 어떻게 하면 좋은가?
1 가사가 집중을 방해하지 않는 정도의 소리 크기로 취향이 아닌 음악을 들으면서 공부한다.
2 가사가 예쁜 음악이나 새소리 등, 릴랙스할 수 있는 음악을 들으면서 공부한다.
3 음악이나 잡음 등이 없는, 가능한 한 조용한 곳에서 공부한다.
4 좋아하는 음악을 들은 후에 음악이 없는 상태나 사람의 말소리가 나는 가운데 공부한다.

해설 필자는 빗소리나 새소리, 사람들의 대화 등 잡음이 들리는 환경에서 작업 능률이 떨어지지 않는다고 했고, 또 작업을 시작하기 전에 좋아하는 음악을 들으면 작업 능률이 올라간다고 했기 때문에 4번이 정답이다. 취향에 상관없이 가사가 들어간 음악은 공부 능률을 떨어뜨린다고 했으므로 1, 2번은 정답이 아니다. 그리고 3번은 본문에서 언급하지 않은 내용이기 때문에 정답이 아니다.

단어 聴(き)く 듣다 | ある 어떤 | 研究(けんきゅう) 연구 | 能率(のうりつ) 능률 | 実験(じっけん) 실험 | 結果(けっか) 결과 | やる気(き)が出(で)る 의욕이 생기다 | 主張(しゅちょう) 주장 | 好(この)み 취향 | ~に関(かか)わらず ~에 관계(상관)없이 | 雨音(あまおと) 빗소리 | 鳥(とり) 새 | メロディー 멜로디 | 歌詞(かし) 가사 | 雑音(ざつおん) 잡음 | 環境(かんきょう) 환경 | 作業(さぎょう) 작업 | 逆(ぎゃく)に 반대로 | リズム 리듬 | ~に伴(ともな)って ~에 따라서 | 集中(しゅうちゅう) 집중 | 妨(さまた)げる 방해하다 | リラックス 릴랙스, 긴장을 풀고 쉼 | 状態(じょうたい) 상태 | 話(はな)し声(ごえ) 말소리

문제11 다음 (1)부터 (4)의 문장을 읽고, 뒤의 물음에 대한 답으로서 가장 알맞은 것을, 1·2·3·4에서 하나 고르세요.

(1)
이하는 사람의 감정에 대해서 쓰여진 문장이다.
사람이 느끼는 감정을 표현할 때에 자주 '희로애락'이 예로 들어집니다. 그 밖에도 공포, 행복감, 불안, 놀람, 불쾌함 등의 다양한 감정이 있습니다.
감정은 뇌내의 '편도체'라는 부분에서 생긴다고 말해지고 있습니다. 편도체란 뇌의 좌우에 있는 신경 세포의 집합입니다만, 외부 환경에서 신호를 받아서 그것이 자신에게 위험한지 안전한지를 판단하고 위험하면 '불쾌함', 안전하면 '유쾌함'과 같은 감정을 일으킵니다.(주석2)
이 감정 컨트롤을 잘 못하는 사람의 경우, 다양한 특징이 보이는데 예를 들면 부정적인 일을 언제까지나 잊지 못하고 있다던가 스트레스를 쌓아두기 쉽다던가 평소에 충분한 수면을 취하지 못하고 있는 경우가 있습니다. 감정 컨트롤이 서투르면 짜증 나는 감정을 참지 못하고 타인에게 자신의 감정을 터뜨려 버리는 일이 많습니다. 이것이 반복될 경우, 눈치채지 못하는 사이에 주변으로부터 미움을 받고 경원시되어 버리는(주석4) 것입니다.

그렇다면 자신의 감정을 잘 다루기 위해서는 어떻게 하면 좋을까요? 먼저 긍정적인 말로 자신의 생각이나 마음을 상대방에게 전달하도록 합시다. 또 스트레스가 쌓이는 것에 대비해서 평소에 좋아하는 일을 하거나 좋아하는 것을 먹거나 해서 자신을 릴랙스 시키는 시간을 가지는 것도 도움이 됩니다. 피곤한 상태가 길어지지 않도록 푹 자는 것도 좋은 방법 중 하나일 겁니다.

(주석1) 희로애락 : 기쁨과 분노, 슬픔과 즐거움. 인간의 다양한 감정
(주석2) 일으킵니다 : 생기게 합니다
(주석3) 쌓아두기 쉽다 : 쌓아서 닫아 두기 쉽다
(주석4) 경원 : 겉으로는 존경하는 태도를 하고 다가가는 것은 피하는 것

60 사람이 느끼는 감정이라고 있는데, 어떠한 특징이 있는가?

1 자주 예로 들어지는 4개의 감정 중에는 행복감이나 공포, 놀람이나 달성감이 포함된다.
2 뇌는 과거에 경험한 것에 기반하여 최적의 감정을 선택해 낸다.
3 뇌내의 편도체에서 생긴 감정은 '불쾌함'과 '유쾌함' 두 가지만 존재한다.
4 뇌내에 있는 신경 세포가 외부 정보를 인식하고 감정을 형성한다.

해설 필자는 感情は、脳内の「扁桃体」というところから生まれると言われています。(감정은 뇌내의 '편도체'라는 부분에서 생긴다고 말해지고 있습니다.)라고 하면서 외부의 환경에서 신호를 받아서 감정을 일으킨다고 했으므로 4번이 정답이다. 4개의 감정은 기쁨과 분노, 슬픔과 즐거움이라고 했으므로 1번은 정답이 아니고, 본문에서 언급하지 않은 내용이므로 2번도 정답이 아니다. 감정은 편도체에서 만들어지며 다양한 감정을 생기게 한다고 했으므로 3번도 정답이 아니다.

61 필자에 의하면 감정 컨트롤을 잘 못하는 사람은 어떻게 하면 좋은가?

1 자신의 감정에 솔직해질 수 있도록 타인에게 감정을 터트린다.
2 부정적인 일을 잊고 상대방에게 자신의 생각을 확실하게 전달하는 연습을 한다.
3 자기 자신을 진정시켜서 스트레스가 쌓이지 않도록 한다.
4 피로를 느끼면 바로 자는 습관을 몸에 습득하도록 한다.

해설 필자는 스트레스가 쌓이는 것에 대비해서 普段から好きなことをしたり、好きなものを食べたりして自分をリラックスさせる時間を持つことも役に立ちます。(평소에 좋아하는 일을 하거나 좋아하는 것을 먹거나 해서 자신을 릴랙스 시키는 시간을 가지는 것도 도움이 됩니다.)라고 했으므로 3번이 정답이다. 1, 2번은 본문에서 언급한 내용이 아니므로 정답이 아니고, 피곤한 상태가 오래가지 않도록 푹 자는 것도 좋은 방법이라고는 했으나 습관을 몸에 습득하라고는 언급하고 있지 않으므로 4번도 정답이 아니다.

단어 感情(かんじょう) 감정 | 表現(ひょうげん) 표현 | 喜怒哀楽(きどあいらく) 희로애락 | 挙(あ)げる (예로)들다, 거행하다 | 恐怖(きょうふ) 공포 | 幸福感(こうふくかん) 행복감 | 不安(ふあん) 불안 | 驚(おど)き 놀람 | 不快(ふかい) 불쾌함 | 多様(たよう)だ 다양하다 | 脳内(のうない) 뇌내 | 扁桃体(へんとうたい) 편도체 | 左右(さゆう) 좌우 | 神経(しんけい) 신경 | 細胞(さいぼう) 세포 | 環境(かんきょう) 환경 | 信号(しんごう) 신호 | 受(う)け取(と)る 수취하다, 받다 | 危険(きけん)だ 위험하다 | 安全(あんぜん)だ 안전하다 | 判断(はんだん) 판단 | 引(ひ)き起(お)こす 일으키다 | コントロール 컨트롤, 통제 | 様々(さまざま)だ 다양하다 | 特徴(とくちょう) 특징 | ネガティブだ 네거티브, 부정적이다 | ストレス 스트레스 | 溜(た)め込(こ)む 쌓아두다 | 普段(ふだん) 평소, 평상시 | 睡眠(すいみん) 수면 | イライラする 짜증나다 | 我慢(がまん)する 참다, 견디다 | 他人(たにん) 타인, 다른 사람 | ぶつける 맞히다, 부딪(치)다, 터트리다 | 繰(く)り返(かえ)す 되풀이하다, 반복하다 | 気(き)づく 깨닫다, 눈치채다 | ~うちに ~동안에, ~사이에 | 周(まわ)り 주위, 주변 | 嫌(きら)う 싫어하다 | 敬遠(けいえん) 경원(시) | 扱(あつか)う 다루다, 취급하다 | ポジティブだ 포지티브, 긍정적이다 | 相手(あいて) 상대(방) | 溜(た)まる (한 곳에) 모이다 | ~に備(そな)えて ~에 대비하여 | リラックス 릴랙스, 긴장을 풀고 쉼 | 状態(じょうたい) 상태 | 長引(ながび)く 오래 끌다, 지연되다, 길어지다 | ぐっすり 깊이 잠든 모양, 푹 | 方法(ほうほう) 방법 | 喜(よろこ)び 기쁨 | 怒(いか)り 분노, 노여움 | 生(しょう)じる 생기다 | 蓄(たくわ)える 비축하다, 쌓다 | 表面(ひょうめん) 표면 | 敬(うやま)う 존경하다, 공경하다 | 態度(たいど) 태도 | 近(ちか)づく 접근하다, 다가오다 | 避(さ)ける 피하다 | 達成感(たっせいかん) 달성감 | 含(ふく)む 포함하다 | 過去(かこ) 과거 | 経験(けいけん) 경험 | ~に基(もと)づいて ~에 의거하여, ~에 기반하여 | 最適(さいてき)だ 최적이다 | 選(えら)び出(だ)す 선택해 내다 | 存在(そんざい) 존재 | 外部(がいぶ) 외부 | 情報(じょうほう) 정보 | 認識(にんしき) 인식 | 形成(けいせい) 형성 | 素直(すなお)だ 고분고분하다, 솔직하다 | はっきり 똑똑히, 분명히, 확실히 | 自身(じしん) 자신 | 落(お)ち着(つ)く 안정되다, 진정되다 | 身(み)に付(つ)ける 습득하다, (몸에) 걸치다, 지니다

(2)

사람이 살아가는 데 있어서 필요한 것은 의식주라고 말해지고 있습니다만, 목표도 또한 중요한 요소 중 하나입니다. 목표를 가지고 있는 사람과 가지고 있지 않는 사람은 사고나 행동에 차이가 납니다. 그 차이는 이윽고 인생을 좌우할 만큼, 목표를 세우는 것에는 가치가 있습니다. 그저 자신이 하고 싶은 것을 정하는 것이 아니라 그 목표를 성공시키기 위한 확실한 계획이 필요합니다.

목표를 세울 때에 주의해야 할 요소는 구체성, 기한, 피드백 세 가지입니다. 이것들이 적절하게 포함되어 있지 않으면 목표 달성에 ①문제가 발생합니다.

구체성이 빠지면 정말로 필요한 단계를 밟고 있는지 알 수 없게 되며 놓친 점이 있으면 전 단계로 돌아가지 않으면 안 됩니다. 그렇게 하면 달성감이 희미해져서 의욕도 내려갈 우려가 있습니다. 반대로 너무 구체적이면 계획과는 다른 전개가 되었을 때 유연하게 대응하지 못하고 그 후의 계획을 다시 세우지 않으면 안 되는 문제점이 있습니다.

또 기한 설정도 중요합니다. 짧은 기간으로 하면 세세한 목표를 달성할 시간적인 여유가 없어지고 기한이 너무 길면 일의 장기화에 따른 피로감으로 목표를 포기해 버리는 원인이 됩니다. 그러므로 목표의 내용에 맞춰서 기한을 정하는 것이 중요한 것입니다.

구체성과 기한에 주의하며 목표를 세웠다면 그걸 제대로 행동으로

옮길 수 있는지 확인하는 이 ②마지막 단계가 가장 중요합니다. 목표는 실제로 행동하고 달성을 목표로 하고서야 비로소 의미를 가집니다. 설령 달성하지 못했더라도 그 원인을 생각하고 계획을 보완하거나 수정하거나 하는 것으로 다음으로 연결할 수 있습니다. 반대로 성공하면 설령 작은 성공이라도 그것을 축하하는 것으로 다음 목표를 향해서 노력할 의욕을 유지하는 것도 중요합니다.

(주석) 피드백 : 여기서는, 목표를 향한 행동이나 결과에 대한 평가나 지적

62 ①문제에 대해서 필자의 설명에 맞는 것은 어느 것인가?

1 목표가 애매하면 만족감을 얻기 어렵고 의욕도 저하될 우려가 있다.
2 목표가 너무 구체적이면 부담을 느껴서 포기해 버릴 우려가 있다.
3 기한이 너무 짧으면 예상외의 상황에 동요해서 목표를 달성 못 할 우려가 있다.
4 기한이 너무 길면 정말로 필요한 단계를 밟고 있는지 모를 우려가 있다.

해설 필자는 구체성이 빠지게 되는 경우에 대해서 そうすると達成感が薄れ、意欲も下がる恐れがあります。(그렇게 하면 달성감이 희미해져서 의욕도 내려갈 우려가 있습니다.)라고 했으므로 1번이 정답이다. 목표가 너무 구체적이면 유연하게 대응하지 못하고 계획을 다시 짜야 할 수도 있다고 했으므로 2번은 정답이 아니고, 기한이 짧으면 시간적 여유가 없어진다고 했으므로 3번도 정답이 아니다. 필요한 단계를 밟고 있는지 모를 우려는 구체성이 떨어질 경우이므로 4번도 정답이 아니다.

63 ②마지막 단계가 가장 중요하다고 있는데 필자는 왜 그렇게 생각했는가?

1 목표를 행동으로 옮길 수 있는지 확인하지 않으면 쓸데없는 노력을 계속해 버리기 때문에
2 목표를 행동으로 옮길 수 있는지 확인하지 않으면 계획을 대폭 변경할 수 없기 때문에
3 목표를 행동으로 옮길 수 있는지 확인하면 실패를 개선해서 다음번에 활용할 수 있기 때문에
4 목표를 행동으로 옮길 수 있는지 확인하면 달성하지 않아도 의욕이 솟아나기 때문에

해설 필자는 たとえ達成できなかった場合でも、その原因を考え、計画を補ったり修正したりすることで次回に繋げることができます。(설령 달성하지 못했더라도 그 원인을 생각하고 계획을 보완하거나 수정하거나 하는 것으로 다음으로 연결할 수 있습니다.)라고 하면서 목표를 행동으로 옮길 수 있는지 확인하면 실패를 개선해서 다음번에 활용할 수 있다고 언급하고 있으므로 3번이 정답이다. 1, 2, 4번은 본문에서 언급하고 있지 않으므로 정답이 아니다.

단어 ～上(うえ)で ~하는 데 있어서, ~할 때, ~하는 경우｜衣食住(いしょくじゅう) 의식주｜目標(もくひょう) 목표｜重要(じゅうよう)だ 중요하다｜要素(ようそ) 요소｜思考(しこう) 사고｜行動(こうどう) 행동｜差(さ) 차, 차이｜やがて 얼마 안 있어, 곧, 이윽고｜左右(さゆう) 좌우｜価値(かち) 가치｜単(たん)に 그저, 단지｜成功(せいこう) 성공｜しっかり 확실히, 꼭｜計画(けいかく) 계획｜～際(さい)(に) ~할 때(에), ~할 즈음(에)｜注意(ちゅうい)する 주의하다｜具体性(ぐたいせい) 구체성｜期限(きげん) 기한｜フィードバック 피드백｜適切(てきせつ)だ 적절하다｜含(ふく)む 포함하다｜達成(たっせい) 달성｜発生(はっせい) 발생｜欠(か)ける 결여되다, 빠지다｜段階(だんかい) 단계｜踏(ふ)む 밟다｜見落(みお)とし 간과, 빠뜨림, 놓침｜薄(うす)れる 엷어지다, 희미해지다｜意欲(いよく) 의욕｜～恐(おそ)れがある ~할 우려가 있다｜逆(ぎゃく)に 반대로, 역으로｜具体的(ぐたいてき)だ 구체적이다｜展開(てんかい) 전개｜柔軟(じゅうなん)だ 유연하다｜対応(たいおう) 대응｜～直(なお)す 다시 ~하다｜期限(きげん) 기한｜設定(せってい) 설정｜期間(きかん) 기간｜細(こま)かな 세세한｜余裕(よゆう) 여유｜長期化(ちょうきか) 장기화｜疲労感(ひろうかん) 피로감｜放棄(ほうき) 포기｜原因(げんいん) 원인｜きちんと 정확히, 제대로, 깔끔히｜移(うつ)す 옮기다｜確認(かくにん) 확인｜最後(さいご) 최후, 마지막｜実際(じっさい)に 실제로｜～てこそ ~하고서야 (비로소)｜補(おぎな)う 보충하다, 보완하다｜修正(しゅうせい) 수정｜繋(つな)げる (하나로) 연결하다｜祝(いわ)う 축하하다｜～に向(む)けて ~을/를 향해서｜努力(どりょく) 노력｜維持(いじ) 유지｜結果(けっか) 결과｜～に対(たい)する ~에 대한｜評価(ひょうか) 평가｜指摘(してき) 지적｜曖昧(あいまい)だ 애매하다｜満足感(まんぞくかん) 만족감｜得(え)る 얻다, 획득하다｜低下(ていか) 저하｜負担(ふたん) 부담｜予想外(よそうがい) 예상외｜状況(じょうきょう) 상황｜動揺(どうよう) 동요｜無駄(むだ)だ 쓸데없다, 헛되다｜大幅(おおはば)に 대폭으로, 크게｜変更(へんこう) 변경｜改善(かいぜん) 개선｜活(い)かす 살리다｜湧(わ)く (샘) 솟다

(3)

이하는 언어 학습에 대해서 쓰여진 문장이다.

어떤 나라의 언어를 배울 때, 그 언어에 대한 흥미나 열정을 가지는 건 기본 중의 기본이다. '그 나라의 말을 잘하고 싶어', '현지(주석1) 사람과 커뮤니케이션할 수 있게 되고 싶어'라는 마음은 당연한 것이지만, 여기서는 학습을 마주하는 자세에 대해서 언급해 두고 싶다.

무슨 뜻인가 하면 '말을 배운다'는 것은 실은 그 나라의 일을 진심으로 이해하려고 노력하고 그 나라의 다양한 문화를 적극적으로 접해 보는 것도 중요하다는 것이다.

얼마 전, 신년회에서 만난 지인 중에 '새해가 됐으니까 영어를 배우려고 생각하고 있어'라고 자신만만하게 이야기하던 사람이 있었다. 그와 수개월 뒤에 재회할 기회가 있었기 때문에 '그러고 보니 영어 쪽은 어떻게 되고 있어?'라고 물어보자 '아 그게… 교재만으로 공부하는 건 왠지 재미가 없어서 말이야…'라며 말을 흐렸다.

그는 독학으로 영어 학습을 진행하고 있었던 것 같은데 '어디까지나 이건 공부야'라고 생각한 채로 '영어를 진심으로 즐기는 일'은 하지 못했던 것 같다. 게다가 그저 책의 내용을 통암기했을 뿐이며, 예를 들면 애니메이션이나 드라마를 보거나 동영상 등을 통해서 현지(주석2) 분위기를 접해 보거나 그 나라의 문화를 접하는 일은 전혀 하지 않았던 것 같다. '그래서는 늘 리가 없지…'라고 나는 생각했다.

물론 처음은 암기하는 단계를 빠뜨릴 수 없다. 하지만 그 방법만으로는 학습은 오래가지 않을 가능성이 높다. 어느 정도 단어나 표현을 외우고 나서는 그 말이나 표현이 쓰이게 된 나라의 배경 등에도 깊게 관심을 가지고 자신에게 맞는 학습 방법을 발견해서 노력을 거듭하지 않으

167

면 안 되는 것이다. 대단한 일이 아니라고 생각될지도 모르지만 이러한 학습에 대한 자세가 결국 언어를 잘 구사^(주석3)하는 힘으로 이어지는 것이라고 생각하고 있다.

(주석1) 정열 : 무언가에 열중하는 강한 마음
(주석2) 통암기 : 전부 외우는 것
(주석3) 구사 : 생각대로 잘 사용하는 것

64 어떤 나라의 언어를 배울 때의 자세에 대해서 필자가 말하고 싶은 것은 무엇인가?

1 언어에 대한 흥미나 학습에 대한 정열을 가지는 것이 중요하다.
2 잘 말하고 싶다는 마음을 잊지 않는 것이 중요하다.
3 그 나라의 배경이나 문화를 깊게 알고 체험을 통해서 관련되어야 한다.
4 그 나라의 배경이나 문화를 이해하기 위해서도 단어나 표현은 암기해야 한다.

해설 필자는 그 나라의 것을 심으로 이해하려고 노력하며, 그 나라의 다양한 문화에 적극적으로 접해 보는 것도 중요하다는 것이다. (그 나라의 일을 진심으로 이해하려고 노력하고 그 나라의 다양한 문화를 적극적으로 접해 보는 것도 중요하다는 것이다.)라고 언급하였으므로 3번이 정답이다. 언어에 대한 흥미나 열정을 가지는 것은 기본 중의 기본이라고 했지만 필자가 가장 말하고 싶은 자세는 아니므로 1번은 정답이 아니고, 그 나라의 말을 잘하고 싶은 마음도 물론 있을 거라고 했지만 자세에 대한 내용은 아니므로 2번도 정답이 아니다. 단어나 표현을 암기하는 것도 필요하지만 그것만으로는 오래하지 못하고 해당 나라의 배경 등에도 깊게 관심을 가져야 한다고 했으므로 4번도 정답이 아니다.

65 필자는 지인의 영어 학습에 대해서 어떻게 서술하고 있는가?

1 영어 학습은 문화적인 경험이 있는 편이 순조롭게 진행된다.
2 영어 학습은 암기 중심보다 직접 사람과 접할 기회가 많으면 순조롭게 진행된다.
3 영어 학습은 교재와 함께 동영상으로 습득하는 편이 효과적이다.
4 영어 학습은 교재보다 자신만의 공부 방법을 찾는 것이 오래가는 데 효과적이다.

해설 필자는 지인의 예시를 통해서 단순한 암기 학습만으로는 공부를 오래 지속하지 못할 가능성이 높다고 하면서 その言葉や表現が使われるようになった国の背景などにも深く関心を持って自分に合った学習方法を見つけ、努力を重ねなければならないのだ. (그 말이나 표현이 쓰이게 된 나라의 배경 등에도 깊게 관심을 가지고 자신에게 맞는 학습 방법을 발견해서 노력을 거듭하지 않으면 안 되는 것이다.)라고 했으므로 4번이 정답이다. 그 나라의 다양한 문화에 적극적으로 접해 보는 것이 중요하다고는 했지만 학습이 순조롭게 진행된다고는 언급하지 않았으므로 1번은 정답이 아니고, 사람과 접할 기회가 많으면 학습이 순조롭게 진행된다고도 언급하지 않았으므로 2번도 정답이 아니다. 동영상을 통해서 현지의 분위기에 접해 보는 것도 중요하다고는 했지만 교재와 함께 학습하는 것이 효과적이라고는 하지 않았으므로 3번도 정답이 아니다.

단어 言語(げんご) 언어 | 学習(がくしゅう) 학습 | 学(まな)ぶ (학문을) 배우다 | ～に対(たい)する ~에 대한 | 情熱(じょうねつ) 정열 | 基本(きほん) 기본 | 喋(しゃべ)る 수다 떨다, 재잘거리다, (말) 하다 | 現地(げんち) 현지 | コミュニケーション 커뮤니케이션 | 向(む)き合(あ)う 마주 보다, 마주 대하다 | 姿勢(しせい) 자세 | 言及(げんきゅう) 언급 | 理解(りかい) 이해 | 努(つと)める 힘쓰다, 노력하다 | 多様(たよう)だ 다양하다 | 積極的(せっきょくてき)だ 적극적이다 | 触(ふ)れる 접촉하다, (문화에) 접하다 | 先日(せんじつ) 요전(날), 얼마 전 | 新年会(しんねんかい) 신년회 | 知(し)り合(あ)い 아는 사람, 지인 | 自信満々(じしんまんまん) 자신만만 | 再会(さいかい) 재회 | 機会(きかい) 기회 | 尋(たず)ねる 묻다, 찾다 | 教材(きょうざい) 교재 | 言葉(ことば)を濁(にご)す 말을 흐리다 | 独学(どくがく) 독학 | 進(すす)める 나아가게 하다 | あくまで 어디까지나, 철저하게 | ～まま ~한 채로, ~그대로 | 丸暗記(まるあんき) 통암기 | 動画(どうが) 동영상 | ～を通(つう)じて ~을/를 통해서 | 雰囲気(ふんいき) 분위기 | 接(せっ)する 접(촉)하다 | 全(まった)く 완전히, 전적으로, 전혀 | 伸(の)びる 펴지다, 자라다, 늘다 | 暗記(あんき) 암기 | 欠(か)かせない 빠뜨릴 수 없다 | 方法(ほうほう) 방법 | 長続(ながつづ)きする 오래 계속하다, 오래 지속하다, 오래가다 | 可能性(かのうせい) 가능성 | 程度(ていど) 정도 | 単語(たんご) 단어 | 表現(ひょうげん) 표현 | 背景(はいけい) 배경 | 関心(かんしん) 관심 | 努力(どりょく) 노력 | 重(かさ)ねる 포개다, 겹치다, 거듭하다 | 大(たい)した 대단한, 엄청난 | 結局(けっきょく) 결국 | 駆使(くし) 구사 | 繋(つな)がる 이어지다, 연결되다 | 夢中(むちゅう)になる 열중하다 | 思(おも)い通(どお)りに 생각대로 | 体験(たいけん) 체험 | 関(かか)わる 관련되다 | 経験(けいけん) 경험 | スムーズに 순조롭게 | 直接(ちょくせつ) 직접 | 習得(しゅうとく) 습득 | 効果的(こうかてき)だ 효과적이다

(4)

우리들은 물건이나 정보가 넘치는 시대에 살고 있는 만큼, 매일 많은 선택에 쫓기고 있습니다. 어느 대학의 연구에 의하면 인간은 하루에 3만 회 이상이나 선택을 하고 있다고 합니다. 이 정도로 선택지가 많으면 그만큼 고민하지 않을 수 없습니다.

그러나 시간은 유한하며 그 시간을 얼마만큼 유효^(주석1)하게 사용할 수 있는가에 따라서 우리들의 인생은 크게 변화한다고도 말해지고 있습니다. 그렇기 때문에 결단에 쫓길 때마다 빠르게 그리고 정확하게 판단할 수 있도록 하지 않으면 안 됩니다. 그것이 용이해질 때까지는 시간은 걸리고 실패도 있다고 생각합니다만, 그래도 포기하지 않고 노력해서 어느 정도의 결단력을 가지게 되면 쓸데없는 시간을 줄이고 정말로 목표로 하고 있는 것에 집중할 수 있는 시간이 늘어갈 것입니다.

결단력을 기르기 위해서는 모든 선택에서 자기 나름의 기준을 만들어야 합니다. 그 기준을 만들기 위해서는 지식과 경험이 불가결합니다만, 지식을 먼저 받아들이고 그다음에 경험을 쌓는 순서가 이상적입니다.

그렇게 해서 결단에 이르고 나서는 자신이 내린 결단이 올바른지 어떤지에 상관없이 바로 행동에 옮기고 거기서 얻은 경험이나 지식을 자기 것으로 하는 것이 중요합니다. 이 연습을 갑자기 중대한 일에서부터 시작하면 돌이킬 수 없는 일이 일어날지도 모르기 때문에 우선은 작은 것부터 빨리 결단을 내리는 연습을 하면서 착실하게 자신의 기준을 쌓아 갑시다.

빠르게 결단을 내리지 않으면 고민거리는 늘기만 합니다. 수많은 고민이 거듭되면 한 번에 모든 판단을 하는 것이 되어서 자신의 기준과 비교하는 시간이 적어지게 됩니다. 그 결과, 초조해져서 잘못된 선택을 할 가능성이 높아지기 때문에 이러한 상황을 피하기 위해서라도 결단하는 시간을 미리 정해 두는 것도 좋은 방법입니다.

(주석1) 얼마만큼 : 얼마나
(주석2) 돌이킬 수 없는 : 원래로 되돌릴 수 없는 힘든

66 그것이라고 있는데 어떠한 것인가?

1 정확한 판단을 내리는 것
2 시간을 의미있게 사용하는 것
3 고민하지 않고 선택하는 것
4 지속적으로 노력하는 것

해설 필자는 だからこそ、決断に迫られるたびに早く、そして正確に判断できるようにしなければいけません。(그렇기 때문에 결단에 쫓길 때마다 빠르게 그리고 정확하게 판단할 수 있도록 하지 않으면 안 됩니다.)라고 언급했기 때문에 정확한 판단을 내리는 것이라고 한 1번이 정답이다. 시간을 유효하게 사용할 수 있는가에 따라서 우리들의 인생이 바뀐다고 했지만 그것을 나타내는 말은 아니므로 2번은 정답이 아니고, 3, 4번은 본문에서 언급하고 있지 않으므로 정답이 아니다.

67 필자는 결단하기 위해서는 무엇이 중요하다고 서술하고 있는가?

1 자기 나름의 기준을 만들기 위해 우선 선택하는 수를 늘릴 필요가 있다.
2 자기 나름의 기준을 만들기 위해 자신의 판단이 올바른지 어떤지 확인할 필요가 있다.
3 자기 나름의 기준을 만들기 위해 작은 것부터 빨리 판단을 내릴 필요가 있다.
4 중요한 것을 중심으로 판단을 하는 것으로 결단력을 기를 필요가 있다.

해설 필자는 중대한 판단을 갑자기 내리면 돌이킬 수 없는 일이 일어날 수도 있다고 하면서 먼저는 작은 것부터 빨리 결단을 下す練習をしながら着実に自分の基準を築いていきましょう。(우선은 작은 것부터 빨리 결단을 내리는 연습을 하면서 착실하게 자신의 기준을 쌓아 갑시다.)라고 했으므로 3번이 정답이다. 선택하는 횟수가 많으면 초조해져서 잘못된 선택을 할 수 있다고 했으므로 1번은 정답이 아니고, 결단을 내리면 그게 올바른지 어떤지에 상관없이 바로 행동에 옮겨야 한다고 했으므로 2번도 정답이 아니다. 중대한 일부터 시작하면 돌이킬 수 없는 사태가 일어날 수 있다고 했으므로 4번도 정답이 아니다.

단어 情報(じょうほう) 정보 | 溢(あふ)れる 넘치다 | ~だけに ~한 만큼, ~인 만큼 | 日々(ひび) 매일, 하루하루 | 選択(せんたく) 선택 | 迫(せま)る 다가오다, 육박하다 | 研究(けんきゅう) 연구 | 選択肢(せんたくし) 선택지 | その分(ぶん) 그 만큼 | 悩(なや)む 고민하다 | ~ざるを得(え)ない ~하지 않을 수 없다, ~하지 않으면 안 된다 | 有限(ゆうげん)だ 유한하다 | いかに 어떻게, 얼마만큼, 아무리 | 有効(ゆうこう)だ 유효하다 | ~によって ~에 의해, ~에 따라 | 決断(けつだん) 결단 | ~たびに ~할 때마다 | 正確(せいかく)だ 정확하다 | 判断(はんだん) 판단 | 容易(ようい)だ 용이하다, 손 쉽다 | 諦(あきら)める 포기하다 | 努力(どりょく) 노력 | 程度(ていど) 정도 | 無駄(むだ)だ 쓸데없다 | 減(へ)らす 줄이다 | 目標(もくひょう) 목표 | 集中(しゅうちゅう) 집중 | 増(ふ)える 늘다 | 養(やしな)う 기르다, 양육하다 | 全(すべ)て 전부, 모두 | ~において ~에서 | ~なりの ~나름(대로)의 | 基準(きじゅん) 기준 | 知識(ちしき) 지식 | 経験(けいけん) 경험 | 不可欠(ふかけつ) 불가결 | 取(と)り入(い)れる 도입하다, 받아들이다 | 積(つ)む 쌓다, 싣다 | 順序(じゅんじょ) 순서 | 理想的(りそうてき)だ 이상적이다 | 至(いた)る 이르다, 도달하다 | 下(くだ)す 내리다, 하달하다 | ~に関(かか)わらず ~에 관계(상관)없이 | 行動(こうどう) 행동 | 移(うつ)す 옮기다 | 得(え)る 얻다, 획득하다 | 重要(じゅうよう)だ 중요하다 | いきなり 갑자기, 느닷없이 | 重大(じゅうだい)だ 중대하다 | 取(と)り返(かえ)しのつかない 돌이킬 수 없다 | 出来事(できごと) (우발적인) 사건, 일 | 着実(ちゃくじつ)だ 착실하다 | 築(きず)く 쌓아 올리다, 구축하다 | ~一方(いっぽう)だ ~하기만 하다, ~할 뿐이다 | 数多(かずおお)い 수많다 | 積(つ)み重(かさ)なる 겹쳐 쌓이다, 겹쳐지다, 거듭되다 | 結果(けっか) 결과 | 焦(あせ)る 안달 나다, 초조해지다 | 可能性(かのうせい) 가능성 | 状況(じょうきょう) 상황 | 避(さ)ける 피하다 | あらかじめ 미리, 사전에 | 方法(ほうほう) 방법 | 戻(もど)す (원상태로) 되돌리다 | 有意義(ゆういぎ)だ 값어치가 있다, 의미가 있다 | 持続的(じぞくてき)だ 지속적이다 | とりあえず 우선, 일단 | 数(かず) 수 | 確(たし)かめる 확인하다 | ~を中心(ちゅうしん)に ~을/를 중심으로

문제12 다음 A와 B의 문장을 읽고, 뒤의 물음에 대한 답으로서 가장 알맞은 것을, 1·2·3·4에서 하나 고르세요.

A
　최근 신문을 읽지 않는 젊은이들이 늘고 있다. 대신에 인터넷으로 기사를 읽는다는 사람이 많다고 한다. 신문보다 훨씬 많은 정보를 얻을 수 있고 다 읽어도 쓰레기가 되지 않는다는 것이 이점이라고 말할 수 있을 것이다. 그러나 인터넷상에는 거짓인지 진짜인지 알 수 없는 정보가 실려 있거나 일본어 사용법이 틀린 기사가 공개되어 있거나 하는 경우가 많다. 또한 다른 기사나 책 내용을 인용했을 뿐이 알맹이 없는 기사도 자주 눈에 띈다. 한편으로 신문은 인쇄하기 전에 반드시 기사의 내용이나 기입에 실수가 있는지 어떤지가 엄격하게 체크되고 있어 안심하고 읽을 수 있다. 역시 신용할 수 없는 정보를 많이 받아들이는 것보다 적어도 제대로 체크되고 선택된 질 좋은 정보를 얻는 편이 유효하다.

B
　최근에는 젊은이들의 신문 기피가 진행되어 뉴스는 인터넷으로밖에 읽지 않는다고 하는 사람도 늘고 있다. 인터넷의 정보는 신뢰성이 낮고 질도 낮기 때문에 그다지 읽지 않는 것이 좋다는 사람도 있지만, 최근에는 읽는 쪽도 정보를 그대로 믿는 것이 아니라, 다른 기사를 읽거나 타당성이 있는지 어떤지를 조사하거나 해서 질 좋은 정보를 얻으려고 하는 의식을 갖는 사람들이 늘고 있는 것처럼 생각한다. 게다가 신문의 정보 쪽이 믿을 수 있는가 하면 그렇지도 않다. 신문사의 방향성이 기사 내용의 공평성, 신뢰성에 영향을 주는 경우도 있기 때문이다. 확실히 문장의 질은 신문 쪽이 위일지도 모른다. 그러나 정보를 얻는 것만을 생각하면 빠르고 양이 많은 인터넷 쪽이 뛰어나다고 말할 수 있는 것은 아닐까?

68 신문과 인터넷 정보에 대해서 A와 B의 의견에서 공통된 점은 무엇인가?

1 신문 쪽이 신뢰할 수 있다.
2 인터넷 쪽이 정보량이 많다.
3 신문보다 인터넷 쪽이 빠르고 질이 좋다.
4 신문에도 신용 할 수 없는 정보가 실려 있는 경우가 있다.

해설 A는 인터넷에서 신문보다 훨씬 많은 정보를 얻을 수 있다고 했고, B 또한 인터넷은 정보를 얻는 속도가 빠르고 양이 많다고 했다. 따라서 2번이 정답이다. 1번은 A만의 의견이며, 3번은 어느 쪽의 의견도 아니고, 4번은 B만의 의견이므로 정답이 아니다.

69 신문이나 인터넷에서 정보를 얻는 것에 대해서 A와 B는 어떻게 서술하고 있는가?

1 A는 신문 정보의 질 높음을 평가하고, B는 인터넷 정보의 스피드와 양을 평가하고 있다.
2 A는 인터넷 쪽이 신뢰할 수 있다고 서술하고, B는 인터넷도 신문도 신뢰할 수 없다고 서술하고 있다.
3 A도 B도 신문의 정보의 확실함, 공평함을 신뢰하고 있다.
4 A도 B도 인터넷 정보의 거짓이 많은 것이 문제라고 생각하고 있다.

해설 A에서 신문은 인쇄하기 전에 반드시 기사의 내용이나 기입에 실수가 있는지 엄격하게 체크되고 있기 때문에 양질의 정보를 얻을 수 있는 수단이라고 평가하고 있다. 반면에 B는 정보를 얻는 부분에 있어서는 빠르고 양이 많은 인터넷이 더 뛰어나다고 말하고 있다. 따라서 1번이 정답이다. 2번은 A와 B의 의견이 모두 틀렸기 때문에 정답이 아니고, 3, 4번은 A만의 의견이기 때문에 정답이 아니다.

단어 新聞(しんぶん) 신문 | 若者(わかもの) 젊은이 | 代(か)わりに 대신에 | ネット 인터넷 | 記事(きじ) 기사 | はるかに 훨씬 | 情報(じょうほう) 정보 | 得(え)る 얻다 | 利点(りてん) 이점 | ~上(じょう) ~상 | 載(の)る 실리다 | 公開(こうかい) 공개 | 引用(いんよう) 인용 | 中身(なかみ) 알맹이, 실속 | 見(み)かける 눈에 띄다 | 一方(いっぽう)で 한편으로 | 印刷(いんさつ) 인쇄 | 記入(きにゅう) 기입 | ミス 미스, 실수 | 厳(きび)しい 엄격하다 | チェック 체크, 확인 | 信用(しんよう) 신용 | 取(と)り入(い)れる 받아들이다 | きちんと 정확히, 제대로, 깔끔히 | 質(しつ) 질 | 有効(ゆうこう)だ 유효하다 | ~離(ばな)れ ~멀리함, ~기피함 | 信頼性(しんらいせい) 신뢰성 | 側(がわ) 쪽, 측 | 妥当性(だとうせい) 타당성 | 意識(いしき) 의식 | 方向性(ほうこうせい) 방향성 | 公平性(こうへいせい) 공평성 | 影響(えいきょう) 영향 | 与(あた)える 주다 | 優(すぐ)れる 뛰어나다, 우수하다 | 評価(ひょうか) 평가 | 確(たし)かさ 확실함 | 公平(こうへい)さ 공평함

문제13 다음 문장을 읽고, 뒤의 물음에 대한 답으로서 가장 알맞은 것을, 1・2・3・4에서 하나 고르세요.

지금, 일본에 한하지 않고 전 세계에서 싼 옷 가게, 이른바 패스트패션 가게가 인기다. 디자인성이 높은 옷을 낮은 가격으로 살 수 있기 때문에 특히 젊은이들에게 인기가 있다. 그중에는 일 회분의 식사와 비슷한 정도의 가격으로 살 수 있는 것도 있다.

그러나 그 값쌈의 이면에는 무엇이 있는지 생각해 본 적이 있는가? 몇 년 전에 한 영화가 화제가 되었다. 그 영화에 따르면 **패스트패션이 싼 것은 실은 인건비가 싼 나라에서 싼 급여로 장시간, 가혹한 환경에서 일하는 사람들이 만들고 있기 때문이라고 한다.** 싼 옷을 만드는 공장의 노동자는 급여가 낮아 아무리 일해도 생활이 편해지지 않을 뿐만 아니라, 해를 끼치는 화학 물질이나 먼지의 영향으로 병에 걸리거나 위험한 작업으로 다치거나 하고 있다고 한다. 그들은 가난한 삶에서 벗어나지 못하고 불평을 하면 곧바로 직장을 해고당하게 되어 버리는 약한 입장에 있기 때문에 이러한 가혹한 노동 환경에서 도망치고 싶어도 도망칠 수 없는 경우가 많다. 옷을 싸게 팔 수 있는 것은 그만큼 이러한 사람들에게 돈을 내고 있지 않기 때문이다. 결코 갑자기 재료를 싸게 입수하게 되었다든가 수송을 위한 비용이 내렸다든가 연료가 가격 인하했다던가 그러한 이유는 아니다. **싼 것은 바로 약한 입장의 사람들을 희생시키고 있기 때문이다. 이것이 낮은 가격 패션의 이면이다.** (주석)

그것을 생각하면 싼 옷을 봐도, '싸다. 럭키'라는 등 살 마음이 들지는 않는다. 그 옷을 만드는 단계에서 누군가가 힘든 일을 겪고 있을지도 모르기 때문이다. 근래에는 그러한 문제가 논의되게 되어 그중에는 노동 환경을 개선한 기업도 있을지도 모른다. 그러나 타인을 생각하지 않고 자신만이 돈을 얻으려고 생각하는 사람은 어디에나 있는 법이다. 아마 아직 이러한 문제의 대부분은 해결되고 있지 않다고 생각한다.

옷뿐만 아니라 무언가를 만들 때에는 그 나름대로의 비용이 든다. **뭔가를 살 때는 그 상품이 너무 싸지 않고 적정한 가격인지 어떤지를 먼저 생각하기를 바란다. 그리고 가능하다면 그 회사가 어떤 환경에서 종업원을 일하게 하고 있는지도 알아보기를 바란다.** 누군가의 불행 위에서 만들어진 상품을 사용한다는 것은 참으로 기분 나쁜 것이다. 산다면 만드는 쪽도 사는 쪽도 양쪽이 행복해질 수 있는 상품이 좋다.

(주석) 희생 : 목적을 위해서 타인이나 자신의 생명이나 소중한 것을 버리는 것

70 이 문장에 의하면 패스트패션 가게가 옷을 싸게 팔 수 있는 것은 왜인가?

1 한 번에 대량으로 재료를 사는 것으로 재료비를 싸게 하고 있기 때문에
2 입장이 약한 사람들을 싼 급여로 일하게 하고 있기 때문에
3 노동 환경을 좋게 하고 작업의 성과를 올리고 있기 때문에
4 가난한 사람들을 교육하고 빠르고 정확하게 만들 수 있도록 지도했기 때문에

해설 패스트패션이 싼 것은 인건비가 싼 나라에서 낮은 급여로 장시간 열악한 환경에서 일하는 사람들이 만들고 있기 때문이라고 했다. 따라서 2번이 정답이다. 1, 3, 4번은 본문에서 언급하지 않은 내용이기 때문에 정답이 아니다.

71 그것을 생각하면이라고 있는데, '그것'이란 무엇인가?

1 옷을 만들 때에는 재료비나 수송비가 많이 들고 있다는 것
2 낮은 가격의 옷을 만드는 공장에서는 노동 환경에 불만을 말하고 있는 사람이 많다는 것
3 낮은 가격의 옷을 만들기 위해서 누군가가 싼 급여로 일하고 있다는 것
4 옷을 만드는 공장의 대부분은 해를 끼치는 물질을 배출하여 환경에 나쁜 영향을 주고 있는 것

해설 | 밑줄 앞부분에서 싼 옷을 만드는 공장 근로자의 열악한 처우에 대해서 말하며 安いのは、弱い立場の人々を犠牲にしているからにほかならない。(싼 것은 바로 약한 입장의 사람들을 희생시키고 있기 때문이다.)라고 했다. 여기서 '그것'은 이러한 제조 과정을 가리키는 것이므로 3번이 정답이다.

72 이 문장에서 필자가 가장 말하고 싶은 것은 무엇인가?

1 싼 옷을 사면 그 이면에서 열심히 일하는 종업원을 생각해서 소중하게 사용해야 한다.
2 싼 옷을 팔고 있는 기업은 모두 종업원을 싸게 이용하고 있는 나쁜 회사다.
3 옷의 가격을 싸게 하고 싶다면 인건비가 아니라, 비용이나 재료비를 줄여야 한다.
4 상품을 살 때는 그것을 만든 사람이 가혹한 환경에서 일하고 있지는 않은가 생각해야 한다.

해설 | 마지막 문단에서 가능하다면 그 회사가 어떤 환경에서 종업원을 일하게 하고 있는지도 알아보기를 바란다고 말하고 있다. 따라서 4번이 정답이다. 1, 3번은 본문에서 언급하지 않은 내용이기 때문에 정답이 아니고, 일부 노동 환경을 개선한 기업이 있을지도 모른다고 했기 때문에 2번도 정답이 아니다.

단어 | ～に限(かぎ)らず ~에 한하지 않고 | 世界中(せかいじゅう) 전 세계 | いわゆる 소위, 이른바 | ファストファッション 패스트패션 | デザイン性(せい) 디자인성 | 洋服(ようふく) 옷 | 低価格(ていかかく) 낮은 가격 | 若者(わかもの) 젊은이 | 裏(うら) 이면 | 話題(わだい) 화제 | 実(じつ)は 실은 | 人件費(じんけんひ) 인건비 | 給料(きゅうりょう) 급여 | 長時間(ちょうじかん) 장시간 | ひどい 심하다, 가혹하다 | 環境(かんきょう) 환경 | 工場(こうじょう) 공장 | 労働者(ろうどうしゃ) 노동자 | ～ばかりか ~뿐만 아니라 | 害(がい) 해 | 及(およ)ぼす 끼치다 | 化学物質(かがくぶっしつ) 화학 물질 | ほこり 먼지 | 影響(えいきょう) 영향 | 作業(さぎょう) 작업 | けがをする 다치다 | 貧(まず)しい 가난하다 | 暮(く)らし 삶, 생활 | 抜(ぬ)け出(だ)す 벗어나다 | 文句(もんく) 불만, 불평 | 辞(や)めさせられる 해고당하다 | 立場(たちば) 입장, 처지 | 決(けっ)して 결코 | 材料(ざいりょう) 재료 | 手(て)に入(はい)る 손에 들어오다 | 輸送(ゆそう) 수송 | コスト 코스트, 비용 | 燃料(ねんりょう) 연료 | 値下(ねさ)がりする 가격이 내리다 | 犠牲(ぎせい) 희생 | ～にほかならない 바로 ~이다 | 裏側(うらがわ) 뒷면, 이면 | 段階(だんかい) 단계 | 辛(つら)い 힘들다 | 思(おも)いをする 기분이 들다 | 近年(きんねん) 근년, 근래 | 議論(ぎろん) 의논, 논의 | 改善(かいぜん) 개선 | 企業(きぎょう) 기업 | 他人(たにん) 타인 | 得(え)る 얻다 | おそらく 아마 | 多(おお)く 대부분 | 解決(かいけつ) 해결 | 際(さい) 때 | 適正(てきせい)だ 적정하다 | 価格(かかく) 가격 | 従業員(じゅうぎょういん) 종업원 | 不幸(ふこう) 불행 | 何(なん)とも 참으로 | 目的(もくてき) 목적 | 命(いのち) 목숨 | 大量(たいりょう) 대량 | 材料費(ざいりょうひ) 재료비 | 成果(せいか) 성과 | 教育(きょういく) 교육 | 正確(せいかく)だ 정확하다 | 指導(しどう) 지도 | 輸送費(ゆそうひ) 수송비 | 与(あた)える 주다 | 減(へ)らす 줄이다

문제14 오른쪽 페이지는, 반려동물을 맡는 호텔의 안내이다. 아래의 물음에 대한 답으로서 가장 알맞은 것을, 1・2・3・4에서 하나 고르세요.

73 야마무라 씨는 소형견을 2마리 기르고 있다. 출장 때문에 3박 4일로 반려동물 호텔에 개를 맡기고 싶다고 생각하고 있다. 반려동물 호텔까지 6킬로이지만, 차를 가지고 있지 않기 때문에 픽업 서비스를 이용하고 싶다. 개의 밥은 스스로 준비하고 산책은 1일 1회면 된다고 생각하고 있다. 가능한 한 저렴한 요금으로 이용하고 싶다. 이 경우 요금은 얼마가 되는가?

1 10,000엔
2 16,200엔
3 17,200엔
4 20,000엔

해설 | 야마무라 씨의 이용 조건은 ①소형견 2마리 ②10월 1일부터 3박 4일로 개를 맡긴다 ③반려 동물 호텔까지 6킬로로 픽업 서비스를 이용한다 ④개밥은 스스로 준비한다 ⑤산책은 1일 1회 ⑥가능한 싼 요금(스탠다드 룸)으로 이용이다. 따라서 총 요금은 3,000엔(스탠다드 룸)×2(소형견 2마리)×3일=18,000엔이다. 여기서 3박 이상으로 10% 할인(-1,800엔) 적용되며, 픽업 서비스 요금인 1,000엔이 추가되어 요금은 17,200엔이다. 따라서 3번이 정답이다.

74 반려 동물 호텔에서 17킬로 떨어진 곳에 사는 이시쿠로 씨는 매달 1회 이 반려동물 호텔을 이용하고 있다. 이번 달에도 1박 2일로 개를 맡길 예정이다. 이시쿠로 씨가 받을 수 있는 서비스는 어느 것인가?

1 1일 2회의 산책
2 자택에서 반려동물 호텔까지 왕복 송영(픽업)
3 숙박 요금의 10% 할인
4 바이러스 예방 주사

해설 | 이시쿠로 씨는 이전에도 반려동물 호텔을 이용한 적이 있기 때문에 1번이 정답이다. 이시쿠로 씨는 반려동물 호텔에서 17킬로 떨어진 곳에서 살기 때문에 15킬로 미만 내에서 이용 가능한 픽업 서비스를 받을 수 없으므로 2번은 정답이 아니다. 1박 2일로 개를 맡기기 때문에 3박 이상에만 적용되는 10% 할인을 받을 수 없으므로 3번도 정답이 아니다. 그리고 4번 바이러스 예방 주사는 서비스에 해당하지 않기 때문에 정답이 아니다.

펫 하우스 야마다

【영업시간】 7:00~19:00
매주 수요일은 정기 휴일입니다.

【반려동물 호텔 요금】 (1마리당 1박 요금입니다.)
요금에는 1일 1회, 20분 정도의 산책이 포함됩니다.

	스탠더드룸	스위트룸	VIP룸
소형견 (체중 10kg미만)	3,000엔	4,000엔	7,000엔
중형견 (체중 10kg이상 25kg미만)	3,500엔	5,000엔	8,000엔

| 대형견 (체중 25kg이상) | 4,500엔 | 6,000엔 | 9,000엔 |

픽업 서비스 요금 표 (왕복의 요금입니다.)
몇 마리라도 요금에 변동은 없습니다.

편도 5킬로 미만	500엔
편도 5킬로 이상 10킬로 미만	1,000엔
편도 10킬로 이상 15킬로 미만	1,500엔

【주의 사항】
- 연속해서 숙박하는 경우, 3박 이상에 반려동물 호텔 요금에서 10% 할인해 드립니다.
- 산책을 1일 2회 희망하실 경우, 하루에 500엔 추가요금을 받습니다. (단, 이전에 반년 이내에 이용하신 분은 무료입니다.)
- 편도 15킬로 이상은 픽업할 수 없습니다.

【당일 지참하실 물건】
• 맡아 드릴 반려동물의 바이러스 예방주사 완료 증명서
• 항상 반려동물이 사용하고 있는 장난감이나 담요
• 숙박 기간분의 반려동물의 밥(저희 가게에서 준비하는 경우는, 1일 300엔 받습니다.)

단어 ペット 펫, 반려동물｜預(あず)かる 맡다｜問(と)い 물음｜~に対(たい)する ~에 대한｜小型犬(こがたけん) 소형견｜~匹(ひき) ~마리｜出張(しゅっちょう) 출장｜送迎(そうげい) 송영, 보내고 맞이함, 픽업｜サービス 서비스｜用意(ようい) 준비｜料金(りょうきん) 요금｜離(はな)れる 떨어지다, 멀어지다｜自宅(じたく) 자택｜往復(おうふく) 왕복｜宿泊(しゅくはく) 숙박｜割引(わりびき) 할인｜ウイルス 바이러스｜予防注射(よぼうちゅうしゃ) 예방주사｜営業(えいぎょう) 영업｜定休日(ていきゅうび) 정기 휴일｜~当(あ)たり ~당｜一泊(いっぱく) 1박｜程度(ていど) 정도｜含(ふく)む 포함하다｜スタンダードルーム 스탠더드 룸｜スイートルーム 스위트룸｜体重(たいじゅう) 체중｜未満(みまん) 미만｜中型犬(ちゅうがたけん) 중형견｜大型犬(おおがたけん) 대형견｜片道(かたみち) 편도｜注意事項(ちゅういじこう) 주의사항｜連続(れんぞく) 연속｜追加(ついか) 추가｜前回(ぜんかい) 전회, 이전｜半年(はんとし) 반년｜~済(ず)み ~완료, 끝남｜証明書(しょうめいしょ) 증명서｜おもちゃ 장난감｜毛布(もうふ) 담요｜当店(とうてん) 해당 가게, 저희 가게

청해 99p

문제1
1 ④ 2 ④ 3 ③ 4 ③ 5 ②

문제2
1 ③ 2 ③ 3 ④ 4 ④ 5 ②
6 ③

문제3
1 ② 2 ③ 3 ① 4 ④ 5 ①

문제4
1 ③ 2 ① 3 ① 4 ① 5 ①
6 ② 7 ① 8 ② 9 ② 10 ①
11 ② 12 ①

문제5
1 ④ 2 ④ 3 질문1 ④ 질문2 ②

기본 버전MP3  배속 버전MP3  시험장 버전MP3

문제1 문제1에서는, 먼저 질문을 들어주세요. 그리고 이야기를 듣고, 문제 용지의 1부터 4 중에서, 가장 알맞은 것을 하나 고르세요.

🎧 모의고사2_문제1_예시.mp3

会社で女の人と男の人が話しています。女の人はこれからどうしますか。

F：田中さん、これ何ですか。
M：あ、これですか。これは卓球のラケットですよ。最近友達に誘われてスポーツクラブに入会したんです。それで会社が終わった後に週に2回くらい習ってるんです。
F：へえ、私もやってみたいです。ちょうど最近何か習いたいなと思っていたところだったんですよ。もしかして、見学とかできますか。
M：もちろんですよ。そうだ！確か今なら期間限定で体験レッスンが無料だから受けてみたらどうですか。
F：無料体験もできるんですね。でも、さっき階段で足を怪我してしまって病院に行ってきたところなんです。だ

から今日は見るだけでいいんですけど…。
M：じゃあ、今日も仕事終わりにレッスンに行くので、一緒に来ますか。
F：はい、そうします。

예시 女の人はこれからどうしますか。

1 田中さんとスポーツクラブに行く
2 無料体験レッスンを受ける
3 スポーツクラブに入会する
4 仕事終わりに病院に行く

해석 회사에서 여자와 남자가 이야기하고 있습니다. 여자는 이제부터 어떻게 합니까?

F : 다나카 씨, 이거 뭐예요?
M : 아, 이거요? 이건 탁구의 라켓이에요. 최근 친구에게 권유받아서 스포츠 클럽에 입회했거든요. 그래서 회사가 끝난 후에 주 2회 정도 배우고 있어요.
F : 우와, 저도 해보고 싶어요. 마침 최근에 뭔가 배우고 싶다고 생각하고 있었던 참이었어요. 혹시 견학이라든지 가능한가요?
M : 물론이죠. 맞다! 분명 지금이라면 기간 한정으로 체험 레슨이 무료니까 들어보는 게 어때요?
F : 무료 체험도 할 수 있군요. 근데 조금 전 계단에서 발을 다쳐 버려서 병원에 막 다녀온 참이에요. 그래서 오늘은 보는 것만으로 좋긴 한데….
M : 그럼 오늘도 일 끝나고 레슨에 가니까 같이 갈래요?
F : 네, 그렇게 할게요.

여자는 이제부터 어떻게 합니까?

1 다나카 씨와 스포츠 클럽에 간다
2 무료 체험 레슨을 받는다
3 스포츠 클럽에 입회한다
4 일 끝나고 병원에 간다

해설 여자가 견학이 가능하냐고 묻자 남자가 지금 기간 한정으로 무료 레슨을 한다며 들어보라며 권유했다. 그러자 여자가 아까 발을 다쳐서 오늘은 보는 것만으로 좋다고 하자 남자가 오늘도 레슨을 받으러 간다며 같이 가지 않겠냐고 하자 여자가 그러겠다고 했으므로 1번이 정답이다. 여자는 발을 다쳐 오늘 레슨을 받기는 힘들기 때문에 2번은 정답이 아니고, 견학을 우선해 보고 싶다고 했으므로 3번도 정답이 아니다. 병원에는 이미 다녀왔으므로 4번도 정답이 아니다.

단어 卓球(たっきゅう) 탁구 | ラケット 라켓 | 誘(さそ)う 권하다, 권유하다 | スポーツクラブ 스포츠 클럽 | 入会(にゅうかい) 입회 | 見学(けんがく) 견학 | 期間限定(きかんげんてい) 기한 한정 | 体験(たいけん) 체험 | レッスン 레슨 | 無料(むりょう) 무료 | 怪我(けが)する 다치다

🎧 모의고사2_문제1_1번.mp3

女の人と男の人がパソコンについて話しています。女の人はこれから何をしますか。

F：あ、また動かなくなった。困ったな。
M：どうしたんですか。
F：最近、このパソコンの調子が悪いんですよ。突然、画面が真っ黒になってまったく動かなくなるんですよ。そろそろ新しいのを買ったほうがいいんでしょうかね。
M：新しいのを買うなら、駅前の家電販売店にでも、行って聞いてみたらどうでしょうか。
F：そうですね。じゃあ、夕方にでも行ってみようかな。ネットでも買うことができるけど、実は私、パソコン操作が苦手ですし、しかもどれがいいのかよく分からなくて…。やっぱり直接聞いてみるしかないですね。
M：ちょっと思ったんですけど、まずは修理に出してみたらどうですか。新しいのを買うのもいいと思いますけど、新品を買うよりは安く済む可能性もありますし。あ、そういえば、林さんが趣味でパソコンを作っていると聞いたことがあるので、相当詳しいと思いますよ。
F：それはいい情報ですね。じゃあ、林さんに修理できるかどうか聞いてみようかな。もし、それでだめだったらお店で新しいのを買うことにします。

1 女の人はこれから何をしますか。

1 家電販売店に行く
2 ネットで新品を買う
3 店で修理をしてもらう
4 林さんに連絡する

해석 여자와 남자가 컴퓨터에 대해서 이야기하고 있습니다. 여자는 이제부터 무엇을 합니까?

F : 아, 또 움직이지 않게 됐어. 곤란하네.
M : 무슨 일이에요?
F : 최근, 이 컴퓨터의 상태가 안 좋아요. 갑자기, 화면이 새까매져서 전혀 움직이지 않게 돼요. 슬슬 새것을 사는 편이 좋을까요?
M : 새것을 사는 거라면 역 앞의 가전 판매점에라도 가서 물어보는 게 어때요?
F : 그러네요. 그럼, 저녁에라도 가볼까나? 인터넷에서도 살 수 있지만, 실은 저, 컴퓨터 조작을 잘 못하기도 하고요, 게다가 어느 게 좋은지 잘 몰라서…. 역시 직접 물어볼 수밖에 없네요.
M : 좀 생각해 봤는데요, 우선은 수리를 맡겨보는 것은 어때요? 새것을 사는 것도 좋다고 생각합니다만, 신품을 사는 것보다는 싸게 끝날 가능성도 있고요. 아, 그러고 보니 하야시 씨가 취미로

컴퓨터를 만들고 있다고 들은 적이 있으니까 상당히 잘 알고 있다고 생각해요.

F : 그건 좋은 정보네요. 그럼, 하야시 씨에게 수리 가능한지 어떤지 물어볼까나? 만약 그걸로 안 된다면 가게에서 새로운 걸 사는 것으로 할게요.

여자는 이제부터 무엇을 합니까?
1 가전 판매점에 간다
2 인터넷으로 신품을 산다
3 가게에서 수리를 해 받는다
4 하야시 씨에게 연락한다

해설 여자가 마지막에 じゃあ、林さんに修理できるかどうか聞いてみようかな。もし、それでだめだったら店で新しいのを買うことにしますよ。(그럼, 하야시 씨에게 수리 가능한지 아닌지 물어볼까나? 만약 그걸로 안 된다면 가게에서 새로운 걸 사는 것으로 할게요.)라고 했기 때문에 4번이 정답이다. 1번은 하야시 씨에게 수리가 가능한지 물어보고 안 된다면 해야 할 행동이기 때문에 정답이 아니고, 2번은 컴퓨터 조작도 잘 못하고 어느 게 좋은지 모르고 직접 물어봐야겠다는 뉘앙스로 말했기 때문에 정답이 아니다. 그리고 3번은 고려하고 있지 않기 때문에 정답이 아니다.

단어 調子(ちょうし)が悪(わる)い 상태가 안 좋다 | 突然(とつぜん) 돌연, 갑자기 | 画面(がめん) 화면 | 真(ま)っ黒(くろ)だ 새까맣다 | そろそろ 슬슬 | 家電販売店(かでんはんばいてん) 가전 판매점 | ネット 인터넷 | 操作(そうさ) 조작 | 苦手(にがて)だ 서투르다, 잘 못하다, 질색하다 | しかも 게다가 | 直接(ちょくせつ) 직접 | 修理(しゅうり)を出(だ)す 수리를 맡기다 | 新品(しんぴん) 신품, 새 제품 | 済(す)む 끝나다 | 可能性(かのうせい) 가능성 | 趣味(しゅみ) 취미 | 相当(そうとう) 상당히 | 詳(くわ)しい 잘 알다, 상세하다

🎧 모의고사2_문제1_2번.mp3

会社で男の人と部長が話しています。男の人はこれから何をしなければなりませんか。

M1 : 部長、今回工場に注文した商品ですが、我が社の注文システムのエラーで設定した数量よりオーバーして注文されたようです。

M2 : え、どれくらいオーバーしたの？

M1 : 500箱を頼んだはずですが、1,000箱になってしまいました。注文を取り消ししたほうがいいでしょうか。

M2 : 今更キャンセルはできないと思うよ。困ったなあ。

M1 : そうしましたら、お店の方に連絡して置き場所を確保してほしいと伝えます。

M2 : お店には500箱が限界だからそれ以上入るわけがないよ。たしかお店の近くに貸出できる倉庫があった気がするけど。

M1 : じゃあ、今から調べます。

M2 : それは僕がやるから、君は工場に商品半分はお店に、残りの半分は他の倉庫に行くことになると伝えてくれる？

M1 : はい、分かりました。

2 男の人はこれから何をしなければなりませんか。

1 注文を取り消す
2 お店に連絡する
3 倉庫を調べる
4 工場に連絡する

해석 회사에서 남자와 부장이 이야기하고 있습니다. 남자는 이제부터 무엇을 하지 않으면 안 됩니까?

M1 : 부장님, 이번에 공장에 주문한 상품 말인데요, 저희 회사 주문 시스템 오류로 설정한 수량보다 오버해서 주문된 것 같습니다.

M2 : 어, 얼마나 오버했어?

M1 : 500박스를 시켰을 것인데, 1,000박스가 되어 버렸어요. 주문을 취소하는 편이 좋을까요?

M2 : 이제 와서 취소는 못 할 거라고 생각해. 곤란하네.

M1 : 그러면 가게 측에 연락해서 놔둘 장소를 확보해 달라고 전달하겠습니다.

M2 : 가게에는 500박스가 한계니까 그 이상 들어갈 리가 없어. 분명히 가게 근처에 대여할 수 있는 창고가 있었던 것 같은 느낌이 드는데.

M1 : 그럼, 지금부터 알아볼게요.

M2 : 그건 내가 할 테니 너는 공장에 상품 절반은 가게로 나머지 절반은 다른 창고로 가게 될 거라고 전해줄래?

M1 : 네, 알겠습니다.

남자는 이제부터 무엇을 하지 않으면 안 됩니까?
1 주문을 취소하다
2 가게에 연락하다
3 창고를 알아본다
4 공장에 연락하다

해설 가게 근처에 대여할 수 있는 창고를 알아보겠다고 남자가 말하자, 부장님이 それは僕がやるから、君は工場に商品半分はお店に、残りの半分は他の倉庫に行くことになると伝えてくれる？(그건 내가 할 테니까 너는 공장에 상품 절반은 가게로 나머지 절반은 다른 창고로 가게 될 거라고 전해줄래?)라고 했고 남자가 알겠다고 했다. 따라서 4번이 정답이다. 이제 와서 주문 취소는 못 할 거라고 했기 때문에 1번은 정답이 아니다. 가게에도 500박스 이상 놔둘 곳이 없다고 했기 때문에 가게에 연락할 필요는 없으므로 2번도 정답이 아니다. 그리고 창고를 알아보는 것은 부장님이 한다고 했기 때문에 3번도 정답이 아니다.

단어 工場(こうじょう) 공장 | 我(わ)が社(しゃ) 우리 회사, 저희 회사 | システム 시스템 | エラー 에러, 오류 | 設定(せってい) 설정 | 数量(すうりょう) 수량 | オーバー 오버, 초과 | 頼(たの)む 부탁하다, 주문하다 | 取(と)り消(け)し 취소 | 今更(いまさら) 이제 와서 | キャンセル 캔슬, 취소 | 確保(かくほ) 확보 | 限界(げんかい) 한계 | ~わけがない ~리가 없다 | 貸出(かしだし) 대여, 대출, 빌려줌 | 倉庫(そうこ) 창고 | 気(き)がする 기분이 들다, 느낌이 들

다 | 半分(はんぶん) 반, 절반

🎧 모의고사2_문제1_3번.mp3

空港の職員と男の人が話しています。男の人はこれからどうしますか。

F：まず、パスポートをお預かりします。そしてお預けになるお荷物はありますか。
M：はい、スーツケースを1つお願いします。
F：…お客様、スーツケースのお荷物の重量が制限を超えてしまっております。お預けになるお荷物は20キロまでになっているのですが、こちらは28キロですね。
M：えっ、しまったなあ。勘違いしてた。30キロまで大丈夫だと思ってたんだけど、どうしよう。
F：1キロ500円の超過料金をお支払いいただければ、このままお預かりできますが…。
M：1キロ500円ですか…。ちょっと高いなあ。
F：それか、超過した分の荷物をそちらの持ち込みかばんのほうに入れていただければ、スーツケースが軽くなった分、超過料金もお安くなります。
M：なるほど。とはいっても、このかばん、もう入らなさそうだし、捨てるわけにもいかないし…。あの、別の袋に入れて、自分で持ち運んでも大丈夫ですか。
F：はい。座席の上の荷物入れに入る大きさでしたら、もう一つ持ってお乗りいただけます。
M：じゃあ、そうします。さすがに8キロ分は入らないので、**半分だけ袋に入れて持っていきます。4キロオーバーした分は料金を払うってことで手続きをお願いします。**

3 男の人はこれからどうしますか。

1 4,000円払う
2 荷物を捨てる
3 別の袋に荷物を入れる
4 持ち込みのかばんに荷物を入れる

해설 공항의 직원과 남자가 이야기하고 있습니다. 남자는 이제부터 어떻게 합니까?

F：먼저 여권을 맡겠습니다. 그리고 맡기실 짐은 있나요?
M：네, 캐리어 1개 부탁합니다.
F：…손님, 캐리어의 짐의 중량이 제한을 초과해 버리고 있습니다. 맡기실 짐은 20킬로까지로 되어 있습니다만, 이쪽은 28킬로네요.
M：앗, 아뿔싸. 착각했다. 30킬로까지 괜찮다고 생각했었는데, 어떡하지?

F：1킬로 500엔의 초과 요금을 지불해 주시면 이대로 맡기실 수 있습니다만….
M：1킬로 500엔인가요…? 좀 비싸네.
F：아니면 초과한 만큼의 짐을 거기 들고 가실 가방 쪽에 넣어 주시면 캐리어가 가벼워진 만큼 초과 요금도 저렴해집니다.
M：그렇군요. 그렇다고는 해도 이 가방, 더 이상 들어가지도 않을 것 같고 버릴 수도 없고…. 저기, 다른 봉지에 넣어서 제가 들고 운반해도 괜찮나요?
F：네. 좌석 위의 짐 보관함에 들어갈 크기라면 하나 더 들고 타실 수 있습니다.
M：그럼, 그렇게 할게요. 아무래도 8킬로 분량은 들어가지 않기 때문에 **절반만 봉지에 넣어서 들고 갈게요. 4킬로 오버한 분량은 요금을 지불하는 걸로 수속을 부탁합니다.**

남자는 이제부터 어떻게 합니까?

1 4,000엔 지불한다
2 짐을 버린다
3 다른 봉지에 짐을 넣는다
4 들고 탈 가방에 짐을 넣는다

해설 직원이 다른 봉지에 넣고 가져가도 된다고 하자, 남자는 마지막에 半分だけ袋に入れて持っていきます。(절반만 봉지에 넣어서 들고 갈게요.)라고 하며, 남은 4킬로에 대한 초과 요금은 지불하는 것으로 수속을 부탁했다. 따라서 3번이 정답이다. 초과한 8킬로 분량의 초과 요금 4,000엔은 너무 비싸다고 했기 때문에 1번은 정답이 아니고, 짐을 가져간다고 했기 때문에 2번도 정답이 아니다. 들고 가는 가방은 더 이상 들어가지 않는다고 했기 때문에 4번도 정답이 아니다.

단어 職員(しょくいん) 직원 | 預(あず)かる 맡다 | 預(あず)ける 맡기다 | 荷物(にもつ) 짐 | スーツケース 슈트 케이스, 캐리어 | お客様(きゃくさま) 손님 | 重量(じゅうりょう) 중량 | 制限(せいげん) 제한 | 超(こ)える 초과하다, 넘다 | キロ 킬로(kg) | しまった 아차, 아뿔싸, 큰일 났다 | 勘違(かんちが)いする 착각하다 | 超過(ちょうか) 초과 | 料金(りょうきん) 요금 | 支払(しはら)い 지불 | 持(も)ち込(こ)み 가지고 들어옴, 지참 | 軽(かる)い 가볍다 | 捨(す)てる 버리다 | ~わけにもいかない ~할 수도 없다 | 袋(ふくろ) 봉지, 주머니 | 持(も)ち運(はこ)ぶ 들어 나르다, 운반하다, 가져가다 | 座席(ざせき) 좌석 | 荷物入(にもつい)れ 짐 보관함 | さすがに 그렇다고는 하나, 정말이지 | 半分(はんぶん) 절반 | 手続(てつづ)き 수속, 절차

🎧 모의고사2_문제1_4번.mp3

男の人と女の人が大学で話しています。二人が一緒に受ける授業は何ですか。

M：何の授業受けるか決めた？
F：ううん、まだ。どれも面白そうで決めかねてるよ。
M：この『アジアの文学』って面白そうじゃない？
F：それ、私も気になってた。中国とか韓国だけじゃなくて、ベトナムとかタイの文学も学べるんでしょう。

M：でもこれ、英語の授業と同じ時間だ。英語は絶対に受けなきゃいけないからな。
F：そうだね。受けるとしたら来年だね。ねえ、『暮らしに役立つ法律』って、これもよさそうじゃない？ときどき、生活の中でこれって法律的にどうなんだろうって思うことがよくあるから、こういうのも聞いてみたい。
M：たしかに聞いておいたら役立ちそう。でも、僕、その時間にバイト入ってるんだよね。あ、見て。『レポートの書き方』とか『研究のためのアンケートの作り方』っていうのもあるよ。
F：それもいいね。大学入ったばかりだからレポートの書き方なんてさっぱり分からないし、レポートの書き方は絶対に学んでおきたいな。
M：じゃあ、僕はこの2つを受けようかな。
F：私は、多分アンケート調査はすることないだろうから…。こっちだけかな。

4 二人が一緒に受ける授業は何ですか。

1　アジアの文学
2　暮らしに役立つ法律
3　レポートの書き方
4　研究のためのアンケートの作り方

해석　남자와 여자가 대학에서 이야기하고 있습니다. 두 사람이 같이 듣는 수업은 무엇입니까?

M：무슨 수업 들을지 정했어?
F：아니, 아직. 어느 것도 재밌을 것 같아서 정하기 어려워하고 있어.
M：이 '아시아의 문학'이란 것 재밌을 것 같지 않아?
F：그거, 나도 궁금했어. 중국이라든가 한국뿐만이 아니라 베트남이라든가 태국의 문학도 배울 수 있는 거지?
M：근데 이거, 영어 수업이랑 같은 시간이다. 영어는 꼭 듣지 않으면 안 되니까.
F：그러네. 듣는다고 하면 내년이겠네. 있잖아, '생활에 도움이 되는 법률'이란 것 이것도 좋아 보이지 않아? 가끔 생활 속에서 이런 건 법률적으로 어떨까라고 생각할 일이 자주 있으니까 이런 것도 들어보고 싶어.
M：확실히 들어 두면 도움이 될 것 같아. 근데 나, 그 시간에 아르바이트 들어가 있어. 아, 봐봐. '리포트 쓰는 법'이라든가 '연구를 위한 앙케트 만드는 법'이란 것도 있어.
F：그것도 좋네. 대학 들어온 지 얼마 안 됐으니까 리포트 쓰는 법은 전혀 모르고. 리포트 쓰는 법은 꼭 배워두고 싶어.
M：그럼, 나는 이거 2개를 들을까?
F：나는 아마도 앙케트 조사는 할 일이 없을 테니까…. 이것뿐이려나?

두 사람이 같이 듣는 수업은 무엇입니까?

1　아시아의 문학
2　생활에 도움 되는 법률
3　리포트 쓰는 법
4　연구를 위한 앙케트 만드는 법

해설　남자는 최종적으로 '리포트 쓰는 법'과 '연구를 위한 앙케트 만드는 법'이라는 2가지 수업을 듣는다. 이에 대해서 여자는 리포트 쓰는 법은 꼭 배우고 싶다며 私は、多分アンケート調査はすることないだろうから…。こっちだけかな。(나는 아마도 앙케트 조사는 할 일이 없을 테니까…. 이것뿐이려나?)라고 했다. 따라서 두 사람이 같이 듣는 수업은 '리포트 쓰는 법'이라는 것을 알 수 있으므로 3번이 정답이다. '아시아의 문학' 수업은 영어 수업과 같은 시간이기 때문에 못 들으므로 1번은 정답이 아니고, '생활에 도움이 되는 법률' 수업은 남자가 아르바이트를 하는 시간과 겹치므로 2번도 정답이 아니다. 그리고 '연구를 위한 앙케트 만드는 법'은 남자만 듣는 수업이므로 4번도 정답이 아니다.

단어　～かねる ~하기 어렵다, ~할 수 없다 | アジア 아시아 | 文学(ぶんがく) 문학 | ベトナム 베트남 | タイ 태국 | 学(まな)ぶ 배우다 | 絶対(ぜったい) 절대, 꼭 | 暮(く)らし 생활, 삶 | 役立(やくだ)つ 도움이 되다 | 法律(ほうりつ) 법률 | レポート 리포트 | 研究(けんきゅう) 연구 | アンケート 앙케트 | 調査(ちょうさ) 조사

🎧 모의고사2_문제1_5번.mp3

女の人と男の人が話しています。女の人は入院する前に何を買いますか。

F：明後日から入院かあ。買うものって何かあるかな。1週間入院だから、シャンプーとリンスは要るよね。うちにある大きいのを持っていくわけにはいかないし。
M：え、シャンプーとかリンスは、病院内のコンビニに売ってるんじゃない？
F：そっか、あとは…タオルとかコップはうちにあるのを持っていけばいいから…。
M：特に買うものないんじゃない？
F：そうだねえ。あ、退屈しそうだから、本は持っていかなきゃ。最近面白そうなのがあったから買っておこう。
M：じゃ、あとで本屋さんに行こうよ。
F：うん。パジャマはこれでいいか。あ、うそ、お尻のところに穴が空いてた！
M：本当だ。それはちょっと…。病院で着るのは恥ずかしいね。新しいのを買ったら？ついでに下着とかも一緒に買ったらどう？
F：そうだね。パジャマと一緒に買っておこう。

5 女の人は入院する前に何を買いますか。

1 パジャマ、シャンプー、リンス
2 **パジャマ、本、下着**
3 パジャマ、シャンプー、コップ、本
4 タオル、パジャマ、本、下着

해석　여자와 남자가 이야기하고 있습니다. 여자는 입원 전에 무엇을 삽니까?

F : 모레부터 입원인가. 살 게 뭐가 있을까? 1주일 입원이니까 샴푸랑 린스는 필요하겠지? 집에 있는 큰 걸 가져갈 수는 없고.
M : 음, 샴푸라든지 린스는 병원 내의 편의점에 팔고 있지 않을까?
F : 그렇구나, 나머지는… 수건이라든지 컵은 집에 있는 걸 가져가면 되니까….
M : 특별히 살 게 없는 거 아니야?
F : 그러네. 아, 지루해할 것 같으니까 책은 가져가지 않으면. 최근에 재미있어 보이는 게 있었으니까 사 두자.
M : 그럼, 나중에 서점에 가자.
F : 응. 잠옷은 이걸로 괜찮겠지? 아, 이런, 엉덩이 부분에 구멍이 나 있었어!
M : 정말이네. 그건 좀…. 병원에서 입는 건 부끄럽네. 새로운 걸 사는 게 어때? 사는 김에 속옷이라든지도 같이 사는 게 어때?
F : 그렇네. 잠옷이랑 같이 사 놓자.

여자는 입원 전에 무엇을 삽니까?

1 잠옷, 샴푸, 린스
2 잠옷, 책, 속옷
3 잠옷, 샴푸, 컵, 책
4 수건, 잠옷, 책, 속옷

해설　여자는 입원하면 지루해할 것 같으니까 本은 가지고 가야 되네. (책은 가져가지 않으면.)라며 최근에 재미있어 보이는 책을 살 거라고 했다. 그리고 잠옷에 대해서는 パジャマはこれでいいか. …あ、うそ、お尻のところに穴が空いてた！(잠옷은 이걸로 괜찮겠지? 아, 이런, 엉덩이 부분에 구멍이 나 있었어!)라고 했으므로 잠옷도 산다는 것을 알 수 있다. 또한 그것을 들은 남자가 잠옷을 새로 사는 김에 속옷도 같이 사라고 제안했고, 여자가 이에 동의했다. 따라서 잠옷, 책, 속옷을 살 예정이므로 2번이 정답이다. 샴푸와 린스는 병원 내의 편의점에서 살 수 있고, 수건과 컵은 집에서 가져간다고 했으므로 1, 3, 4번은 정답이 아니다.

단어　入院(にゅういん) 입원 | 明後日(あさって) 모레 | シャンプー 샴푸 | リンス 린스 | ～わけにはいかない ~할 수는 없다 | タオル 타월, 수건 | コップ 컵 | 特(とく)に 특별히, 특히 | 退屈(たいくつ)する 지루해하다, 따분해하다 | 本屋(ほんや)さん 서점 | パジャマ 파자마, 잠옷 | お尻(しり) 엉덩이 | 穴(あな)が空(あ)く 구멍이 나다, 구멍이 뚫리다 | 恥(は)ずかしい 부끄럽다 | ついでに 하는 김에 | 下着(したぎ) 속옷

문제2　문제2에서는, 먼저 질문을 들어주세요. 그 후, 문제 용지의 선택지를 읽으세요. 읽을 시간이 있습니다. 그리고 이야기를 듣고, 문제 용지의 1부터 4 중에서, 가장 알맞은 것을 하나 고르세요.

🎧 모의고사2_문제1_예시.mp3

男の学生と女の学生が話しています。女の学生はどうしてここに引っ越しましたか。

M : おじゃまします。
F : どうぞ、駅からアパートまでの道、分かりやすかったでしょ？
M : うん、そうだね。大型ショッピングセンターの通りにあるし、分かりやすかったよ。でも、周りが結構充実しているから家賃も高いんじゃない？
F : そうでもないよ、ちょうど6万円。まあ、前の家より1万高くなったけど、大学まで30分で行けるし。最近バイトも増やしたから大丈夫。以前は大学まで片道1時間半もかかって、朝の満員電車がかなり辛かった。それに比べたら今の方がましだよ。
M : えー、そんなに遠かったの？1時間の差は大きいよ。でも、ここ夜とか賑やかでしょ？大通り沿いだし…。
F : まあ、車の音はするんだけど、窓を閉めてるからそこまで気にならないし、結構静かだよ。
M : それなら、ここに引っ越して良かったね。

예시 女の学生はどうしてここに引っ越しましたか。

1 周りが静かだから
2 近くに大型ショッピングセンターがあるから
3 大学まで近いから
4 家賃が安いから

해석　남자 학생과 여자 학생이 이야기하고 있습니다. 여자 학생은 왜 여기로 이사했습니까?

M : 실례하겠습니다.
F : 들어와, 역에서부터 아파트까지의 길, 알기 쉬웠지?
M : 응, 그렇네. 대형 쇼핑센터의 거리에 있기도 하고 알기 쉬웠어. 근데 주변이 꽤 충실해서 집세가 비싸지 않아?
F : 그렇지도 않아, 딱 6만 엔. 뭐, 예전 집보다 1만 비싸졌지만, 대학까지 30분에 갈 수 있고. 최근에 아르바이트도 늘렸기 때문에 괜찮아. 이전은 대학까지 1시간 반이나 걸려서 아침의 만원 전철이 꽤 힘들었어. 그거에 비하면 지금 쪽이 나아.
M : 아 그렇게 멀었어? 1시간의 차이는 커. 근데 밤이라든지 번잡하지? 큰 길가이고….
F : 뭐, 차 소리는 나지만, 창문을 닫고 있기 때문에 그렇게까지 신경 쓰이지 않고 꽤 조용해.
M : 그렇다면 여기로 이사해서 다행이네.

여자 학생은 왜 여기로 이사했습니까?

1 주변이 조용하기 때문에
2 근처에 대형 쇼핑센터가 있기 때문에
3 대학까지 가깝기 때문에
4 집세가 저렴하기 때문에

해설 여자 학생은 예전 집보다 비싸졌지만 大学まで30分で行けるし。(대학까지 30분에 갈 수 있고.)라며 예전보다 가까워졌기 때문에 아침에 만원 전철을 타는 것에 비해서 낫다고 했다. 따라서 3번이 정답이다. 차 소리가 나고 조용한 것 때문에 이사한 것은 아니므로 1번은 정답이 아니고, 대형 쇼핑센터의 언급은 있지만 이것 때문에 이사한 것도 아니기 때문에 2번도 정답이 아니다. 그리고 집세는 예전에 살던 집보다 비싸졌다고 했으므로 4번도 정답이 아니다.

단어 引(ひ)っ越(こ)す 이사하다 | アパート 아파트 | 大型(おおがた) 대형 | ショッピングセンター 쇼핑센터 | 通(とお)り 길, 거리 | 周(まわ)り 주위, 주변 | 充実(じゅうじつ) 충실 | 家賃(やちん) 집세, 월세 | 増(ふ)やす 늘리다 | 片道(かたみち) 편도 | 満員電車(まんいんでんしゃ) 만원 전철 | 辛(つら)い 괴롭다, 힘들다 | 差(さ) 차, 차이 | 賑(にぎ)やかだ 활기차다, 번잡하다 | 大通(おおどお)り 큰 길 | ～沿(ぞ)い ~에 따라, ~옆, ~가 | 気(き)になる 신경 쓰이다

🎧 모의고사2_문제2_1번.mp3

女(おんな)の人(ひと)と男(おとこ)の人(ひと)が話(はな)しています。男(おとこ)の人(ひと)が俳優(はいゆう)をやめた理由(りゆう)は何(なん)ですか。

F：昔(むかし)、俳優(はいゆう)をやってたって本当(ほんとう)ですか。
M：ああ、若(わか)いときに少(すこ)しだけ。大(たい)した役(やく)じゃないんですけど、映画(えいが)に出(で)たこともあります。懐(なつ)かしいねえ。
F：へえ、すごいですね。でも、今(いま)は普通(ふつう)の会社(かいしゃ)に就職(しゅうしょく)して通(かよ)ってるんですよね？
M：はい、足(あし)に怪我(けが)をしてしまって。しばらく俳優(はいゆう)の仕事(しごと)ができなくなっちゃったんです。
F：ああ、それで、俳優(はいゆう)をやめざるを得(え)なかったってことですね。
M：いや、足(あし)が治(なお)ってからも、しばらく続(つづ)けてたんです。でも、そのころに父親(ちちおや)が倒(たお)れちゃって。
F：それは大変(たいへん)でしたね。お父(とう)さん、大丈夫(だいじょうぶ)だったんですか。
M：ええ、幸(さいわ)い重(おも)い病気(びょうき)ではありませんでした。両親(りょうしん)から、「そろそろちゃんとした仕事(しごと)に就(つ)いてくれ」と言(い)われて…。僕(ぼく)としても、これ以上(いじょう)親(おや)に迷惑(めいわく)はかけられなかったんです。
F：苦労(くろう)されたんですね。両親(りょうしん)の意見(いけん)を尊重(そんちょう)して、故郷(こきょう)に帰(かえ)ってこられたというわけですね。
M：まあ、それまで好(す)きなことをやっていましたからね。

1 男(おとこ)の人(ひと)が俳優(はいゆう)をやめた理由(りゆう)は何(なん)ですか。
1 足(あし)に怪我(けが)をしてしまったから
2 父親(ちちおや)が重(おも)い病気(びょうき)にかかったから
3 親(おや)に迷惑(めいわく)をかけたくなかったから
4 故郷(こきょう)で就職(しゅうしょく)したかったから

해석 여자와 남자가 이야기하고 있습니다. 남자가 배우를 그만둔 이유는 무엇입니까?
F：옛날에 배우를 했었다는 게 정말인가요?
M：아~, 젊었을 때에 잠깐만이요. 대단한 역할은 아니었습니다만, 영화에 나온 적도 있어요. 그립네.
F：우와, 대단하네요. 근데 지금은 보통 회사에 취직해서 다니고 있는 거죠?
M：네, 발을 다쳐 버려서. 한동안 배우 일을 할 수 없게 돼버렸거든요.
F：아, 그래서 배우를 그만둘 수밖에 없었다는 거네요.
M：아뇨, 발이 낫고 나서도 한동안 계속했었어요. 하지만 그 무렵에 아버지가 쓰러져 버려서.
F：그건 힘들었겠네요. 아버지, 괜찮으셨어요?
M：네, 다행히 큰 병은 아니었어요. 부모님으로부터 '슬슬 제대로 된 일을 해 줘'라고 들어서…. 저로서도 이 이상 부모님께 민폐는 끼칠 수 없었거든요.
F：고생하셨군요. 부모님의 의견을 존중해서 고향에 돌아오셨다는 것이군요.
M：뭐, 그때까지 좋아하는 일을 하고 있었으니까요.

남자가 배우를 그만둔 이유는 무엇입니까?
1 발을 다쳐 버렸기 때문에
2 아버지가 큰 병에 걸렸기 때문에
3 부모님께 민폐를 끼치고 싶지 않았기 때문에
4 고향에서 취직하고 싶었기 때문에

해설 남자의 부모님이 제대로 된 일을 해달라고 한 것에 대해서 僕としても、これ以上親に迷惑はかけられなかったんです。(저로서도 이 이상 부모님께 민폐는 끼칠 수 없었거든요.)라며 배우를 그만둔 직접적인 이유를 설명했다. 따라서 3번이 정답이다. 1번은 발이 나은 후에도 배우 일을 했다고 했기 때문에 정답이 아니고, 2번은 다행히 큰 병은 아니었고 아버지의 병이 배우를 그만둔 직접적인 이유는 아니므로 정답이 아니다. 그리고 4번은 본문에서 언급하지 않은 내용이기 때문에 정답이 아니다.

단어 俳優(はいゆう) 배우 | 大(たい)した 대단한 | 役(やく) 역할 | 懐(なつ)かしい 그립다 | 就職(しゅうしょく) 취직 | 怪我(けが)をする 다치다 | しばらく 잠깐, 한동안 | ～ざるを得(え)ない ~하지 않을 수 없다 | 治(なお)る 낫다 | 父親(ちちおや) 친부, 아버지 | 倒(たお)れる 쓰러지다 | 幸(さいわ)い 다행히 | 重(おも)い病気(びょうき) 큰 병, 중병 | 両親(りょうしん) 부모(님) | そろそろ 슬슬 | ちゃんとした 제대로 된 | 就(つ)く 취직하다, 종사하다, 취임하다 | 迷惑(めいわく) 민폐 | 苦労(くろう) 고생 | 尊重(そんちょう) 존중 | 故郷(こきょう) 고향

🎧 모의고사2_문제2_2번.mp3

女の人と男の人が話しています。女の人が怒っている理由は何ですか。

F：あのレストラン、二度と行くもんか。
M：どうしたの？そんなに怒って。
F：実は、今、あのレストランで食事して帰ってきたばかりなんだ。そこで料理を頼んで待っていたんだけど、いくら待っても料理が来なかったの。
M：ああ、注文した料理が遅れることってよくあるよね。店員の注文ミスだったの？
F：いや、ミスではなかったみたい。まあ、忙しそうだったし、店員も少なかったからしょうがないと思った。でも、問題はここからだよ。なんと20分も待ってやっと出てきたものが、なんと、注文したものと違ってたの。
M：それは、ひどいね。ちゃんと交換してもらえたの？
F：ううん、お腹がすいて我慢できなかったから、「もうこれでいいです」って言って食べたよ。
M：そうなんだ。それで腹が立ったんだね。
F：いや、一番頭にきたのは、店員が一言も「申し訳ありません」って言わなかったこと。
M：それはお店側が悪いね。人間だから失敗するのはしょうがないけど、他人に迷惑をかけたら、きちんと謝るべきだよね。

2 女の人が怒っている理由は何ですか。

1 注文した料理が遅れたこと
2 注文した料理とは違うものが出てきたこと
3 お店の人が一言も謝らなかったこと
4 料理の交換が出来なかったこと

해석 여자와 남자가 이야기하고 있습니다. 여자가 화내고 있는 이유는 무엇입니까?

F : 저 레스토랑, 두 번 다시 갈까 보냐.
M : 무슨 일이야? 그렇게 화내고.
F : 실은 지금, 저 레스토랑에서 식사하고 막 돌아온 참이야. 거기서 요리를 주문해서 기다리고 있었는데, 아무리 기다려도 요리가 오지 않았어.
M : 아~, 주문한 요리가 늦어지는 일은 자주 있지. 점원의 주문 실수였어?
F : 아니, 실수는 아니었던 것 같아. 뭐, 바빠 보였고 점원도 적었기 때문에 어쩔 수 없다고 생각했어. 하지만 문제는 여기서부터야. 무려 20분이나 기다려서 겨우 나온 게 웬걸 주문한 거랑 달랐어.
M : 그건 심하네. 제대로 교환해 받았어?
F : 아니, 배가 고파서 참을 수 없어서 '이제 이걸로 됐어요'라고 말하고 먹었어.
M : 그렇구나. 그래서 화가 났구나.
F : 아니, 제일 열받은 건 점원이 한마디도 '죄송합니다'라고 말하지 않은 거야.
M : 그건 가게 측이 나빴네. 사람이니까 실수하는 것은 어쩔 수 없지만, 타인에게 민폐를 끼쳤으면 제대로 사과해야지.

여자가 화내고 있는 이유는 무엇입니까?

1 주문한 요리가 늦어진 것
2 주문한 요리와는 다른 것이 나온 것
3 가게 사람이 한마디도 사과하지 않았던 것
4 요리의 교환을 할 수 없었던 것

해설 여자가 화난 이유에 대해서 一番頭にきたのは、店員が一言も「申し訳ありません」って言わなかったこと。(제일 열받은 건 점원이 한마디도 '죄송합니다'라고 말하지 않은 거야.)라고 했으므로 3번이 정답이다. 주문한 요리가 늦은 것에 대해서는 레스토랑이 바빠 보였기 때문에 점원도 어쩔 수 없었을 것 같다고 했으므로 1번은 정답이 아니고, 요리가 잘못 와서 화는 났지만 가장 화가 난 것은 아니라고 말했기 때문에 2번도 정답이 아니다. 그리고 요리를 교환할 수 없었던 것이 아니라 배가 고파서 그냥 먹었다고 했으므로 교환을 할 수 있었는지 없는지 본문 내용으로는 알 수 없으므로 4번도 정답이 아니다.

단어 二度(にど)と 두 번 다시 | ～もんか ~할까 보냐 | 頼(たの)む 부탁하다, 주문하다 | いくら～ても 아무리 ~해도 | 注文(ちゅうもん) 주문 | ミス 미스, 실수 | ひどい 심하다 | 交換(こうかん) 교환 | お腹(なか)がすく 배가 고프다 | 我慢(がまん)する 참다 | 腹(はら)が立(た)つ 화가 나다 | 頭(あたま)にくる 열받다 | 申(もう)し訳(わけ)ありません 죄송합니다 | 失敗(しっぱい) 실패, 실수 | 他人(たにん) 타인 | 迷惑(めいわく)をかける 민폐를 끼치다 | 謝(あやま)る 사과하다 | ～べきだ ~해야 한다

🎧 모의고사2_문제2_3번.mp3

女の人と男の人が話しています。女の人はどうしてボランティアを始めましたか。

F：最近、外国人に日本語を教えるボランティアを始めたんです。
M：そうですか。ボランティアって就活する時に役に立つので良いと思いますよ。でも、外国人に日本語を教えるのって、難しそうですね。
F：そうなんですよ。日常の生活で文法とか意識して使ってるわけではないですからね。でも、おかげで日本語を見直すいい機会になりました。そして、自分の知識を提供する仕事って素晴らしいと思います。
M：そうですね。僕もいつか社会のために自分の技術を使い

たいです。ところで、もともと日本語を教えるのに興味があったんですか。
F：いえいえ、日本語教育に興味があったというより、様々な国の文化に触れることに興味がありました。このボランティアはその点においては私にぴったりでした。そして、ボランティア活動を通じてお金では得られないものが得られた気がします。
M：そうですか。では、いろいろな国の言葉をご存じですか。
F：まあ、あいさつ程度ですよ。山田さんもボランティアを始めたらいかがですか。いい経験になると思いますよ。

3 女の人はどうしてボランティアを始めましたか。
1 就活するときに役に立つから
2 自分の知識や技術を使う仕事だから
3 日本語教育に興味があったから
4 いろいろな国の文化に興味があったから

해석 여자와 남자가 이야기하고 있습니다. 여자는 왜 자원봉사를 시작했습니까?
F : 요즘에 외국인에게 일본어를 가르치는 자원봉사를 시작했어요.
M : 그래요? 자원봉사는 취준할 때에 도움이 되기 때문에 좋다고 생각해요. 하지만 외국인에게 일본어를 가르치는 것은 어려울 것 같네요.
F : 그렇다니까요. 일상생활에서 문법이라든가 의식해서 사용하고 있는 것은 아니까요. 그래도 덕분에 일본어를 다시 보는 좋은 기회가 되었어요. 그리고 자신의 지식을 제공하는 일은 훌륭하다고 생각해요.
M : 그렇죠. 저도 언젠가 사회를 위해서 제 기술을 사용하고 싶어요. 그런데 원래 일본어를 가르치는 데에 흥미가 있었던 거예요?
F : 아니요, 일본어 교육에 흥미가 있었다기보다 다양한 나라의 문화를 접하는 것에 흥미가 있었어요. 이 자원봉사는 그 점에 있어서는 저에게 딱 맞았어요. 그리고 자원봉사 활동을 통해서 돈으로는 얻을 수 없는 것을 얻은 기분이 들어요.
M : 그래요? 그럼 여러 나라의 언어를 알고 계시나요?
F : 뭐, 인사 정도예요. 야마다 씨도 자원봉사를 시작하는 게 어때요? 좋은 경험이 될 거라고 생각해요.

여자는 왜 자원봉사를 시작했습니까?
1 취준할 때에 도움이 되기 때문에
2 자신의 지식이나 기술을 사용하는 일이기 때문에
3 일본어 교육에 흥미가 있었기 때문에
4 여러 나라의 문화에 흥미가 있었기 때문에

해설 여자가 자원봉사에 대해서 일본어 교육에 흥미가 있었다기보다, 様々な国の文化に触れることに興味がありました。(일본어 교육에 흥미가 있었다기보다는 다양한 나라의 문화를 접하는 것에 흥미가 있었어요.)라고 했다. 따라서 4번이 정답이다. 1, 2, 3번도 여자가 자원봉사를 통해서 느끼게 된 점은 맞지만 시작하게 된 계기는 아니기 때문에 정답이 아니다.

단어 ボランティア 자원봉사 | 就活(しゅうかつ) 취준(就職活動 취업활동의 줄임말) | 役(やく)に立(た)つ 도움이 되다 | 日常生活(にちじょうせいかつ) 일상생활 | 文法(ぶんぽう) 문법 | 意識(いしき) 의식 | ～わけではない (반드시) ~인 것은 아니다 | おかげで 덕분에 | 見直(みなお)す 다시 보다, 재검토하다 | 機会(きかい) 기회 | 知識(ちしき) 지식 | 提供(ていきょう) 제공 | 素晴(すば)らしい 훌륭하다 | 社会(しゃかい) 사회 | 技術(ぎじゅつ) 기술 | もともと 원래 | 興味(きょうみ) 흥미 | 教育(きょういく) 교육 | 様々(さまざま)だ 다양하다 | 触(ふ)れる 접하다, 닿다 | ～において ~에(게) 있어서 | ぴったり 딱(들어맞는 모양) | 得(え)る 얻다 | ご存(ぞん)じだ 알고 계시다(존경어) | 程度(ていど) 정도 | 経験(けいけん) 경험

🎧 모의고사2_문제2_4번.mp3

女の人と男の人が話しています。男の人は企画書の何が問題だと言っていますか。

F：新商品の企画書を作成したんだけど、訂正が必要なところがないか見てもらえる？
M：もちろん。どれどれ。うーん、アイデアと内容はいいんだけど、もう少し具体的に書かないとこの企画書は通らないと思うよ。
F：私なりにはいろいろ分析してまとめたつもりなんだけど、どの部分をもっと詳しく書けばいいんだろう。
M：ターゲットの設定はいいと思うよ。そして、本社の強みもよく分析してるし、企画の目的も分かりやすいね。でも、問題はやっぱりこの数字だな。
F：え、データ間違っているの？ちゃんと調べて、入力する前に二度も確認したはずなんだけど。
M：そこじゃなくて、ここ！どのくらいの費用がかかるのか予算の目安をもっと明確に書かないといけないよ。
F：あ、そうなんだね。
M：実現できるアイデアか見分けるためには相手が納得できるように書くことも大事だけど、やっぱりお金に関わることが一番大事だからね。
F：分かった。この部分の詳細は書き直すよ。ありがとう。

4 男の人は企画書の何が問題だと言っていますか。
1 ターゲットが間違っていること
2 本社の強みが見えないこと
3 データの数字が間違っていること
4 予算が具体的に書かれていないこと

해석 여자와 남자가 이야기하고 있습니다. 남자는 기획서의 무엇이 문제라고 말하고 있습니까?

F : 신상품 기획서를 작성했는데, 정정이 필요한 곳이 없는지 봐줄 수 있어?
M : 물론이지. 어디 보자. 음, 아이디어랑 내용은 좋은데, 조금 더 구체적으로 적지 않으면 이 기획서는 통과되지 않을 거라고 생각해.
F : 내 나름대로는 여러 가지 분석해서 정리했다고 생각했는데, 어느 부분을 더 자세히 쓰면 좋을까?
M : 타깃 설정은 좋다고 생각해. 그리고 본사의 강점도 잘 분석하고 있고 기획의 목적도 알기 쉽네. 근데 문제는 역시 이 숫자네.
F : 어, 데이터가 틀렸어? 잘 알아보고 입력하기 전에 두 번이나 확인했는데.
M : 거기 말고 여기! 어느 정도의 비용이 드는지 예산의 기준을 좀 더 명확하게 적지 않으면 안 돼.
F : 아, 그렇구나.
M : 실현할 수 있는 아이디어인지 분간하기 위해서는 상대가 납득할 수 있도록 적는 것도 중요하지만, 역시 돈에 관련된 것이 제일 중요하니까.
F : 알았어. 이 부분의 자세한 내용은 다시 적을게. 고마워.

남자는 기획서의 무엇이 문제라고 말하고 있습니까?

1 타깃이 잘못되어 있는 것
2 본사의 강점이 보이지 않을 것
3 데이터의 숫자가 틀려 있는 것
4 예산이 구체적으로 적혀 있지 않은 것

해설 남자는 どのくらいの費用がかかるのか予算の目安をもっと明確に書(か)かないといけないよ. (어느 정도의 비용이 드는지 예산의 기준을 좀 더 명확하게 적지 않으면 안 돼.)라면서 돈에 관련된 것이 제일 중요하다고 했다. 따라서 4번이 정답이다. 1, 2번에 대해서는 잘했다며 칭찬했기 때문에 정답이 아니다. 데이터에 대해서도 그 부분이 틀린 것이 아니라고 했기 때문에 3번도 정답이 아니다.

단어 企画書(きかくしょ) 기획서 | 新商品(しんしょうひん) 신상품 | 作成(さくせい) 작성 | 訂正(ていせい) 정정 | どれどれ 어디 보자 | アイデア 아이디어 | 具体的(ぐたいてき)に 구체적으로 | 通(とお)る 통과하다 | ~なりに ~나름대로 | 分析(ぶんせき) 분석 | まとめる 하나로 모으다, 정리하다 | 詳(くわ)しい 잘 알다, 상세하다 | ターゲット 타깃 | 設定(せってい) 설정 | 本社(ほんしゃ) 본사 | 強(つよ)み 강점 | 目的(もくてき) 목적 | 数字(すうじ) 숫자 | データ 데이터 | 間違(まちが)う 틀리다, 잘못되다 | 入力(にゅうりょく) 입력 | 費用(ひよう) 비용 | 予算(よさん) 예산 | 目安(めやす) 기준, 목표, 대중 | 明確(めいかく)に 명확하게 | 実現(じつげん) 실현 | 見分(みわ)ける 분별하다, 분간하다 | 納得(なっとく) 납득 | 関(かか)わる 관계되다, 관여하다 | 詳細(しょうさい) 상세, 자세한 내용

🎧 모의고사2_문제2_5번.mp3

男(おとこ)の学生(がくせい)と女(おんな)の学生(がくせい)が話(はな)しています。女(おんな)の学生(がくせい)の今日(きょう)の体調(たいちょう)はどうですか。

M : おはよう。今日(きょう)の具合(ぐあい)はどう？昨日(きのう)病院(びょういん)に行(い)ってきたんでしょ？
F : うーん。風邪気味(かぜぎみ)だったから病院(びょういん)でお医者(いしゃ)さんに診(み)てもらったけど、もう少(すこ)し検査(けんさ)が必要(ひつよう)だと言(い)われたんだ。
M : えー、まだどんな病気(びょうき)か分(わ)からないんだ。早(はや)くよくなるといいね。
F : まあ、昨日(きのう)の夜(よる)にはもう熱(ねつ)は下(さ)がったんだけど、他(ほか)の人(ひと)にうつる病気(びょうき)の可能性(かのうせい)もあるし、今日(きょう)も早(はや)く帰(かえ)るよ。
M : そのほうがいいかもしれないね。薬飲(くすりの)む前(まえ)にはちゃんと食事(しょくじ)を取(と)らないと体調(たいちょう)を崩(くず)しかねないから気(き)を付(つ)けてね。
F : うん、心配(しんぱい)してくれてありがとう。でも、胃(い)もたれがあるからあまり食(た)べられないんだ。
M : 消化不良(しょうかふりょう)なのかあ…。何(なに)か食(た)べると吐(は)き気(け)がしそうな感(かん)じ？
F : 昨夜(さくや)まで何(なに)か食(た)べると吐(は)き気(け)もするし、せきは出(で)るし、苦労(くろう)したけど、今(いま)は全然(ぜんぜん)そういう症状(しょうじょう)はなくなったよ。
M : それは大変(たいへん)だったね。今日(きょう)の授業(じゅぎょう)のことは気(き)にしなくていいよ。授業(じゅぎょう)のノートはとっとくから。お大事(だいじ)にね。

5 女(おんな)の学生(がくせい)の今日(きょう)の体調(たいちょう)はどうですか。

1 せきが出(で)る
2 胃(い)がもたれる
3 吐(は)き気(け)がする
4 熱(ねつ)がある

해석 남자 학생과 여자 학생이 이야기하고 있습니다. 여자 학생의 오늘 몸 상태는 어떻습니까?

M : 좋은 아침. 오늘 컨디션은 어때? 어제 병원에 갔다 왔지?
F : 음. 감기 기운이 있어서 병원에서 의사 선생님에게 진찰받았는데, 조금 더 검사가 필요하다고 들었어.
M : 응? 아직 어떤 병인지 모르는구나. 빨리 좋아지면 좋겠네.
F : 뭐, 어젯밤에는 이미 열은 내렸지만, 다른 사람에게 옮길 수 있는 병일 가능성도 있고 오늘도 일찍 돌아갈 거야.
M : 그 편이 좋을지도 모르겠네. 약 먹기 전에는 제대로 식사를 하지 않으면 몸 상태가 나빠질지도 모르니까 조심해.
F : 응, 걱정해 줘서 고마워. 근데 속이 더부룩해서 잘 못 먹어.
M : 소화 불량인가…. 뭔가 먹으면 구역질 날 것 같은 느낌?
F : 어젯밤까지 뭔가 먹으면 구역질도 나고 기침은 나고 고생했지만, 지금은 전혀 그런 증상은 없었어.
M : 그건 힘들었겠네. 오늘 수업은 신경 안 써도 돼. 수업 노트는 필기해둘 테니까. 몸조리 잘해.

여자 학생의 오늘 몸 상태는 어떻습니까?

1 기침이 난다
2 속이 더부룩하다
3 구역질이 난다

181

4 열이 있다

해설 몸 상태가 나빠질 수 있으니까 약을 먹기 전에 제대로 밥을 챙겨 먹으라고 하는 남자의 조언에 여자가 でも、胃もたれがあるからあまり食べられないんだ。(근데 속이 더부룩해서 잘 못 먹어.)라고 대답했다. 따라서 2번이 정답이다. 어젯밤에는 구역질이 나거나 기침이 났는데 지금은 그런 증상이 없다고 했으므로 1, 3번은 정답이 아니다. 어젯밤에는 이미 열은 내렸다고 했으므로 4번도 정답이 아니다.

단어 体調(たいちょう) 몸 상태 | 具合(ぐあい) 몸 상태, 컨디션 | 風邪気味(かぜぎみ) 감기 기운 | 診(み)る 보다, 진찰하다 | 検査(けんさ) 검사 | 熱(ねつ) 열 | うつる 옮기다 | 可能性(かのうせい) 가능성 | 薬(くすり)を飲(の)む 약을 먹다 | 食事(しょくじ)を取(と)る 식사를 하다 | 崩(くず)す 무너뜨리다 | ~かねない ~할지도 모른다 | 胃(い)もたれ 더부룩함 | 消化不良(しょうかふりょう) 소화 불량 | 吐(は)き気(け)がする 구역질이 나다 | せきが出(で)る 기침이 나다 | 苦労(くろう) 고생 | 症状(しょうじょう) 증상 | ノートをとる 필기를 하다 | お大事(だいじ)に 몸조심해, 몸조리 잘하세요

🎧 모의고사2_문제2_6번.mp3

男の人がおすすめの商品について説明しています。今回、商品に新しく追加された機能は何ですか。

M：皆さんは洗濯機にかけていい服かどうか迷ってしまうことはありませんか。そういった方はクリーニング機を使ってみてはいかがでしょうか。クリーニング機は気軽に洗濯できない服を清潔な状態に維持してくれるものです。毎日着ているスーツやジャケット、ほんの少し外出した時に着た服もハンガーにかけるだけできれいにクリーニングできます。今回、こちらの商品はお客様のご要望に応じて一度に5着まで入れられるようになりました。今までのクリーニング機は匂いを取ったり、しわを取ったりするものが主流でしたが、こちらの商品は、特定のニーズにこたえたものと言えますね。また、今後自分が好きな香りを服に付ける機能を追加する予定ですので是非お試しください。

6 今回、商品に新しく追加された機能は何ですか。

1 清潔な状態に服を維持する
2 匂いやしわが取れる
3 5着まで服を入れられる
4 香りを服に付けられる

해석 남자가 추천 상품에 대해서 설명하고 있습니다. 이번에 상품에 새롭게 추가된 기능은 무엇입니까?

M：여러분은 세탁기에 돌려도 괜찮은 옷인지 어떤지 망설여져 버린 일은 없습니까? 그런 분들은 클리닝기를 사용해 보는 것은 어떠십니까? 클리닝기는 가볍게 세탁할 수 없는 옷을 청결한 상태로 유지해 주는 것입니다. 매일 입고 있는 정장이나 재킷, 아주 조금 외출했을 때에 입은 옷도 옷걸이에 거는 것만으로 깨끗하게 클리닝할 수 있습니다. 이번에 이 상품은 고객님의 요청에 맞춰서 한 번에 5벌까지 넣을 수 있게 되었습니다. 지금까지의 클리닝기는 냄새를 없애거나 주름을 없애거나 하는 것이 주류였습니다만, 이 상품은 특정 요구에 대응한 것이라고 말할 수 있겠네요. 또한 향후 자신이 좋아하는 향기를 옷에 입히는 기능을 추가할 예정이니 꼭 시도해 보시기를 바랍니다.

이번에 상품에 새롭게 추가된 기능은 무엇입니까?

1 깨끗한 상태로 옷을 유지하다
2 냄새와 주름이 잡힌다
3 5벌까지 옷을 넣을 수 있다
4 향기를 옷에 묻힌다

해설 새롭게 추가된 기능에 대해서 남자는 今回、こちらの商品はお客様のご要望に応じて一度に5着まで入れられるようになりました。(이번에 이 상품은 고객님의 요청에 맞춰서 한 번에 5벌까지 넣을 수 있게 되었습니다.)라고 했다. 따라서 3번이 정답이다. 1, 2번은 지금까지의 클리닝기에 있었던 기능이기 때문에 정답이 아니고, 4번은 아직 추가되지 않은 기능이기 때문에 정답이 아니다.

단어 追加(ついか) 추가 | 機能(きのう) 기능 | 洗濯機(せんたくき)にかける 세탁기에 돌리다 | 迷(まよ)う 헤매다, 망설이다 | クリーニング機(き) 클리닝기 | 気軽(きがる)に 부담 없이, 가볍게 | 清潔(せいけつ)だ 청결하다 | 状態(じょうたい) 상태 | 維持(いじ) 유지 | スーツ 슈트, 정장 | ジャケット 재킷 | ほんの 아주, 겨우 | 外出(がいしゅつ) 외출 | ハンガー 행거, 옷걸이 | 要望(ようぼう) 요망, 요청 | ~に応(おう)じて ~에 따라서, ~에 맞춰서 | ~着(ちゃく) ~벌(옷을 세는 단위) | 匂(にお)いを取(と)る 냄새를 없애다 | しわを取(と)る 주름을 없애다 | 主流(しゅりゅう) 주류 | 特定(とくてい) 특정 | ニーズ 니즈, 요구 | 香(かお)りを付(つ)ける 향기를 묻히다 | 是非(ぜひ) 부디, 제발, 꼭 | 試(ため)す 시험하다, 시도하다

문제3 문제3에서는, 문제 용지에 아무것도 인쇄되어 있지 않습니다. 이 문제는, 전체로서 어떤 내용인지를 듣는 문제입니다. 이야기 전에 질문은 없습니다. 먼저 이야기를 들어주세요. 그리고, 질문과 선택지를 듣고, 1부터 4 중에서, 가장 알맞은 것을 하나 고르세요.

🎧 모의고사2_문제3_예시.mp3

講演会で女の人が話しています。

F：皆さんは自分の子供にスマホを持たせたいと思いますか。スマホは子供に悪い影響を及ぼすかもしれないという恐れから、子供が小さいうちはスマホを持たせない親も多いでしょう。しかし、子供がスマホを持つのは、悪いことばかりではないと思います。例えば子供にスマホがあれば、いつでも連絡が取れます。もし子供が危ない

目にあったら、スマホを使ってすぐに親を呼ぶことができます。さらに、スマホは勉強にも役立ちます。勉強している途中に分からないことがあった時、辞書を開いて調べるよりスマホで調べたほうが便利だと思います。つまり、スマホがあれば欲しい情報がすぐに手に入ります。ですから、上手に活用すれば、子供にとって良いことがより多いと思います。

예시 女の人は何について話していますか。

1 スマホの問題点
2 スマホの便利な点
3 スマホで連絡を取る方法
4 スマホを利用した勉強方法

해석 강연회에서 여자가 이야기하고 있습니다.

F : 여러분은 자신의 아이에게 스마트폰을 가지게 하고 싶다고 생각합니까? 스마트폰은 아이에게 나쁜 영향을 끼칠지도 모른다는 우려 때문에 아이가 어렸을 때는 못 갖게 하는 부모도 많을 것입니다. 그러나 아이가 스마트폰을 갖는 것은 나쁜 것뿐만은 아니라고 생각합니다. 예를 들면 아이에게 스마트폰이 있으면 언제든지 연락을 할 수 있습니다. 만약 아이가 위험한 일을 당하면 스마트폰을 사용해서 바로 부모를 부를 수 있습니다. 게다가 스마트폰은 공부에도 도움이 됩니다. 공부하고 있는 도중에 모르는 것이 있었을 때, 사전을 펴서 조사하는 것보다 스마트폰으로 조사하는 편이 편리하다고 생각합니다. 즉 스마트폰이 있으면 원하는 정보가 바로 손에 들어옵니다. 그렇기 때문에 잘 활용하면 아이에게 있어서 좋은 일이 보다 많다고 생각합니다.

여자는 무엇에 대해서 이야기하고 있습니까?

1 스마트폰의 문제점
2 스마트폰의 편리한 점
3 스마트폰으로 연락을 하는 방법
4 스마트폰을 이용한 공부 방법

해설 여자는 아이가 스마트폰을 갖는 것은 나쁜 것뿐만은 아니라고 하며 いつでも連絡が取れます。(언제든지 연락을 할 수 있습니다.)라는 점과 スマホは勉強にも役立ちます。(스마트폰은 공부에도 도움이 됩니다.)라는 점을 말하며 스마트폰의 편리한 점에 대해서 말하고 있다. 따라서 2번이 정답이다. 스마트폰은 아이에게 나쁜 영향을 끼칠지도 모른다고는 했지만 스마트폰의 문제점에 대해서 이야기하고 있는 것은 아니기 때문에 1번은 정답이 아니고, 스마트폰이 있으면 언제든지 연락을 할 수 있다고 했지만 연락을 하는 방법에 대해서 이야기하고 있는 것이 아니기 때문에 3번도 정답이 아니다. 그리고 4번은 언급은 있었으나, 여자의 주된 이야기는 아니기 때문에 정답이 아니다.

단어 講演会(こうえんかい) 강연회 | スマホ 스마트폰 | 影響(えいきょう) 영향 | 及(およ)ぼす 끼치다 | 恐(おそ)れ 우려 | ~うちに ~동안에 | 連絡(れんらく)を取(と)る 연락을 하다 | 危(あぶ)ない 目(め)に合(あ)う 위험한 일을 당하다 | 役立(やくだ)つ 도움이 되다 | 途中(とちゅう) 도중 | 欲(ほ)しい 갖고 싶다, 원하다 | 情報(じょうほう) 정보 | 活用(かつよう) 활용 | 問題点(もんだいてん) 문제점

🔊 모의고사2_문제3_1번.mp3

講習会で警察官が話しています。

M : 夜中に運転する時は、特に注意が必要ですね。まず、周りが暗いので、道や歩行者が見えにくくなります。なので、ライトをしっかりつけて、ゆっくり走るようにしましょう。また、運転中に眠くなるときは無理せずに車を止めて休憩を取ることが大切です。助手席に座った人は、運転する人が眠くならないように話しかけてあげてください。深夜に長距離運転しなければならないときは、前日にぐっすり寝ておいたり、ガムを噛むなどの工夫をしましょう。夜はお酒を飲んで運転する人がいるかもしれないし、突然、人が道路に飛び出してくるかもしれないので常に周りに注意してください。これらのポイントを守って、安全に運転しましょう。

1 男の人は何について話していますか。

1 夜中に運転することの危険性
2 長時間運転の大変さ
3 夜中に安全運転する方法
4 交通法を違反する行為

해석 강습회에서 경찰관이 이야기하고 있습니다.

M : 한밤중에 운전할 때는 특히 주의가 필요하죠. 우선 주위가 어둡기 때문에 길이나 보행자가 보이기 어렵게 됩니다. 그렇기 때문에 라이트를 확실히 켜고 천천히 달리도록 합시다. 또한 운전 중에 졸려질 때는 무리하지 말고 차를 세우고 휴식을 취하는 것이 중요합니다. 조수석에 앉은 사람은 운전하는 사람이 졸리지 않도록 말을 걸어 주세요. 심야에 장거리 운전을 하지 않으면 안 될 때에는 전날에 푹 자두거나 껌을 씹는 등의 궁리를 합시다. 밤에는 술을 마시고 운전하는 사람이 있을 수도 있고 갑자기 사람이 도로로 뛰어나올지도 모르니 항상 주위에 주의해 주세요. 이 포인트들을 지켜서 안전하게 운전합시다.

남자는 무엇에 대해서 이야기하고 있습니까?

1 한밤중에 운전하는 것의 위험성
2 장시간 운전의 힘듦
3 한밤중에 안전운전하는 방법
4 교통법을 위반하는 행위

해설 경찰관은 한밤중에 운전할 때에는 주의가 필요하다고 하며 여러 가지 주의 사항들을 얘기하면서 마지막에 これらのポイントを守って、安全に運転しましょう。(이 포인트들을 지켜서 안전하게 운

전합시다.)라고 하고 있다. 따라서 3번이 정답이다. 한밤중에 운전하는 것은 위험하다고 언급은 있지만, 구체적인 위험성에 대해서는 언급하고 있지 않기 때문에 1번은 정답이 아니다. 장시간 운전을 해야 할 때는 어떻게 해야 하는지에 대한 언급은 있지만, 본문의 주된 내용은 아니기 때문에 2번도 정답이 아니다. 4번은 본문에서 언급하지 않은 내용이기 때문에 정답이 아니다.

단어 講習会(こうしゅうかい) 강습회 | 警察官(けいさつかん) 경찰관 | 夜中(よなか) 한밤중 | 歩行者(ほこうしゃ) 보행자 | ~にくい ~하기 어렵다 | ライト 라이트 | しっかり 확실히, 꼭 | 休憩(きゅうけい) 휴게, 휴식 | 助手席(じょしゅせき) 조수석 | 深夜(しんや) 심야 | 長距離(ちょうきょり) 장거리 | ぐっすり 깊이 잠든 모양, 푹 | ガムを噛(か)む 껌을 씹다 | 工夫(くふう) 궁리, 고안 | 突然(とつぜん) 돌연, 갑자기 | 道路(どうろ) 도로 | 飛(と)び出(だ)す 튀어나오다, 뛰어나오다 | 常(つね)に 항상 | ポイント 포인트 | 危険性(きけんせい) 위험성 | 大変(たいへん)さ 어려움, 힘듦 | 交通法(こうつうほう) 교통법 | 違反(いはん) 위반 | 行為(こうい) 행위

🎧 모의고사2_문제3_2번.mp3

テレビで専門家が話しています。

M：最近、メディアから人工知能という言葉を目にしたり、耳にしたりする機会が増えてきました。これは人工知能が我々の生活に密接に関わっているからでしょう。一方で人工知能の技術が進歩するにつれて多くの職業が消える恐れがあると心配されています。しかし、実際にはかえってこれらの機能を活用して業務をこなしている人が増えているため、今は問題として取り上げることは少ないです。**むしろ問題になっているのは高度の人工知能の技術を使用する際に大量の電気が消費されるという点です**。つまり人工知能を使えば使うほどエネルギー消費量が増えるということです。これは、今後気候の悪化に繋がる恐れがあるため、開発スピードを速めるためには必ず解決すべき課題の一つです。

2 男の人は何について話していますか。
1 人工知能を取り入れた職業
2 今後注目される技術の種類
3 技術の発展による問題
4 人工知能に関するメディアの反応

해석 텔레비전에서 전문가가 이야기하고 있습니다.

M : 최근, 미디어에서 인공지능이라는 단어를 보거나 듣거나 하는 기회가 늘어나기 시작했습니다. 이는 인공지능이 우리 생활에 밀접하게 관련되어 있기 때문일 것입니다. 한편으로 인공지능 기술이 진보함에 따라 많은 직업이 사라질 우려가 있다고 걱정되고 있습니다. 그러나 실제로는 오히려 이러한 기능들을 활용해서 업무를 소화하고 있는 사람이 증가하고 있기 때문에 지금은 문제로서 다루는 일은 적습니다. 오히려 문제가 되고 있는 것은 고도의 인공지능 기술을 사용할 때에 대량의 전기가 소비된다는 점입니다. 즉 인공지능을 사용하면 사용할수록 에너지 소비량이 늘어난다는 것입니다. 이는 향후 기후 악화로 이어질 우려가 있기 때문에 개발 속도를 높이기 위해서는 반드시 해결해야 할 과제 중 하나입니다.

남자는 무엇에 대해서 이야기하고 있습니까?
1 인공지능을 도입한 직업
2 앞으로 주목받을 기술의 종류
3 기술의 발전에 의한 문제
4 인공지능에 관한 미디어의 반응

해설 전문가는 むしろ問題になっているのは高度の人工知能の技術を使用する際に大量の電気が消費されるという点です。(오히려 문제가 되고 있는 것은 고도의 인공지능 기술을 사용할 때에 대량의 전기가 소비된다는 점입니다.)라고 하며 향후 기후 악화를 방지하기 위해서 꼭 해결해야 할 과제라고 하고 있다. 따라서 3번이 정답이다. 1, 2, 4번은 본문에서 언급하지 않은 내용이기 때문에 정답이 아니다.

단어 専門家(せんもんか) 전문가 | メディア 미디어 | 人工知能(じんこうちのう) 인공지능 | 目(め)にする (실제로) 보다 | 耳(みみ)にする 듣다 | 機会(きかい) 기회 | 我々(われわれ) 우리(들) | 密接(みっせつ)に 밀접히 | 関(かか)わる 관계되다, 관여하다 | 技術(ぎじゅつ) 기술 | 進歩(しんぽ) 진보 | ~につれて ~(함)에 따라서 | 職業(しょくぎょう) 직업 | ~恐(おそ)れがある ~할 우려가 있다 | 実際(じっさい)に 실제로 | かえって 오히려 | 機能(きのう) 기능 | 活用(かつよう) 활용 | 業務(ぎょうむ) 업무 | こなす 구사하다, 소화하다 | 取(と)り上(あ)げる 다루다 | 高度(こうど) 고도, 높이, 높은 정도 | 際(さい) 때 | 大量(たいりょう) 대량 | 消費(しょうひ) 소비 | エネルギー 에너지 | 気候(きこう) 기후 | 悪化(あっか) 악화 | 繋(つな)がる 이어지다, 연결되다 | 開発(かいはつ) 개발 | スピード 스피드 | 速(はや)める 빠르게 하다 | 解決(かいけつ) 해결 | 課題(かだい) 과제 | 取(と)り入(い)れる 안에 넣다, 집어넣다 | 種類(しゅるい) 종류 | 発展(はってん) 발전 | 反応(はんのう) 반응

🎧 모의고사2_문제3_3번.mp3

セミナーで女の人が話しています。

F：初めての出勤の日は不安でいっぱいでした。会社の雰囲気から周りの環境、同僚、仕事内容まで知らないことだらけだったので、緊張をし過ぎたあまり、よく眠れなかったです。しかし、時間が経つにつれて次第に仕事に慣れていきました。もちろん、失敗もありました。その度に、また立ち上がり、小さな成功を積み重ねることで、自信がつき、自ら他の課題にも積極的に取り組むことができました。思い返すと、余計な心配だったのです。誰にも初めての瞬間があると思います。それでも、恐れず

にどんどんチャレンジしていくべきだと思います。実際に経験してみると、その一歩が自信へと繋がり、新しいスタートを切るための力になると実感しました。私の経験が、これから入社する人々を勇気づけられればと思います。

3 女の人が最も伝えたいことは何ですか。
1 初めての経験は怖いけど、挑戦したほうがいい
2 初めての経験は怖いので、挑戦したくない
3 初めての経験は緊張するけど、面白い
4 初めての経験は緊張するので、よく眠れない

해석 세미나에서 여자가 이야기하고 있습니다.
F : 첫 출근 날은 불안으로 가득이었습니다. 회사 분위기부터 주변 환경, 동료, 업무 내용까지 모르는 것투성이였기 때문에 너무 긴장을 한 나머지 잠을 잘 못 잤어요. 하지만 시간이 지남에 따라 차츰 일에 익숙해져 갔습니다. 물론 실패도 있었습니다. 그때마다 다시 일어나서 작은 성공을 쌓아 올리는 것으로 자신감이 생기고 스스로 다른 과제에도 적극적으로 임할 수 있었습니다. 다시 생각해 보면 괜한 걱정이었던 겁니다. 누구에게나 첫 순간이 있다고 생각합니다. 그래도 두려워하지 말고 계속 도전해 나가야 한다고 생각합니다. 실제로 경험해 보면 그 한 걸음이 자신감으로 이어지고 새로운 시작을 하기 위한 힘이 된다는 것을 실감했습니다. 저의 경험이 앞으로 입사하는 사람들에게 용기를 줄 수 있었으면 좋겠습니다.

여자가 가장 전하고 싶은 말은 무엇입니까?
1 첫 경험은 무섭지만, 도전하는 편이 좋다
2 첫 경험은 무섭기 때문에 도전하고 싶지 않다
3 첫 경험은 긴장되지만, 재미있다
4 첫 경험은 긴장되기 때문에 잠을 잘 못 잔다

해설 여자가 자신의 첫 출근 날과 회사 생활의 경험담을 이야기하면서 이겨냈던 고난에 대해서 말하면서 誰にも初めての瞬間があると思います。それでも、恐れずにどんどんチャレンジしていくべきだと思います。(누구에게나 첫 순간이 있다고 생각합니다. 그래도 두려워하지 말고 계속 도전해 나가야 한다고 생각합니다.)라며 어떤 일이든 두려워하지 말고 적극적으로 도전해야 한다고 했다. 따라서 1번이 정답이다. 2, 3번은 본문에서 언급하지 않은 내용이기 때문에 정답이 아니다. 4번은 돌이켜 봤을 때 걱정하지 않아도 됐던 자신의 얘기를 예시로 든 것이기 때문에 정답이 아니다.

단어 セミナー 세미나 | 出勤(しゅっきん) 출근 | 不安(ふあん) 불안 | 雰囲気(ふんいき) 분위기 | 環境(かんきょう) 환경 | 同僚(どうりょう) 동료 | 経(た)つ 지나다 | ~あまり (너무) ~한 나머지 | ~につれて ~(함)에 따라서 | 次第(しだい)に 차츰, 점점 | 慣(な)れる 익숙해지다 | 立(た)ち上(あ)がる 일어서다 | 積(つ)み重(かさ)ねる 겹겹이 쌓다 | 自信(じしん) 자신(감) | 自(みずか)ら 스스로 | 積極的(せっきょくてき)に 적극적으로 | 取(と)り組(く)む 임하다, 힘을 쏟다 | 思(おも)い返(かえ)す (지난 일을) 다시 생각하다 | 余計(よけい)だ 쓸데없다, 불필요하다 | 瞬間(しゅんかん) 순간 | 恐(おそ)れる 두려워하다 | どんどん 계속, 척척 | チャレンジ 챌린지, 도전 | 繋(つな)がる 이어지다, 연결되다 | スタートを切(き)る 시작하다 | 実感(じっかん) 실감 | 勇気(ゆうき)づける 용기를 북돋우다 | 挑戦(ちょうせん) 도전

🎧 모의고사2_문제3_4번.mp3

テレビで女の人が話しています。
F : 私は大学卒業後、大手IT企業に就職し、働いていましたが、結婚を契機に仕事を辞めることになりました。あ、もちろん夫はまだばりばり働いていますよ。どっちかは働かないと生活できませんからね。結婚後、主婦になったものの家事にはまったく興味がなかったので、最初はあわてることばかりでした。主婦向けの雑誌を読んだり、母に助けを求めたりと結構苦労しましたね。ところが、ある日、仕事で忙しい夫のためにお弁当を作ってあげたんです。そうしたら思った以上に喜んでもらえて、やりがいを感じました。そのあと自分なりに色んな工夫をして、洗濯や掃除も張り切ってやっています。今では外に出かけても今晩は何にしようかなと楽しく家事のことを考えるようになりました。

4 女の人は何について話していますか。
1 仕事を辞めたという喜び
2 結婚生活の苦労
3 働いている夫への感謝の気持ち
4 家事をすることの楽しさ

해석 텔레비전에서 여자가 이야기하고 있습니다.
F : 저는 대학 졸업 후, 대형 IT기업에 취직해 일하고 있었습니다만, 결혼을 계기로 일을 그만두게 되었습니다. 아, 물론 남편은 아직도 열심히 일하고 있어요. 어느 쪽은 일하지 않으면 생활할 수 없으니까요. 결혼 후, 주부가 되었지만 집안일에는 전혀 관심이 없었기 때문에 처음에는 허둥대는 일뿐이었습니다. 주부용 잡지를 읽거나 어머니에게 도움을 요청하거나 꽤 고생을 했죠. 그런데 어느 날, 일 때문에 바쁜 남편을 위해서 도시락을 싸줬어요. 그랬더니 생각보다 기뻐해 줘서 보람을 느꼈습니다. 그 후 제 나름대로 여러 가지 궁리를 하고 세탁이나 청소도 의욕 넘치게 하고 있습니다. 지금은 밖에 나가도 오늘 저녁은 무엇으로 할까 하며 즐겁게 집안일을 생각하게 되었습니다.

여자는 무엇에 대해서 이야기하고 있나요?
1 일을 그만두었다는 기쁨
2 결혼 생활의 고생

185

3 일하고 있는 남편에 대한 감사의 마음
4 집안일을 하는 것의 즐거움

해설 여자는 처음에는 집안일에 허둥댔지만 자신이 싸준 도시락을 남편이 좋아해 준 것을 계기로 보람을 느껴서 지금은 외에 나가도 오늘 저녁은 무엇으로 할까 하며 즐겁게 집안일을 생각하게 되었습니다.)라고 했다. 따라서 4번이 정답이다. 일은 그만두긴 했지만 그것에 대한 기쁨을 말하고 있지는 않기 때문에 1번은 정답이 아니다. 2, 3번은 본문에서 언급하지 않은 내용이기 때문에 정답이 아니다.

단어 大手(おおて) 대형, 대기업 | 企業(きぎょう) 기업 | 就職(しゅうしょく) 취직 | ~を契機(けいき)に ~을/를 계기로 | ばりばり 활동적인 모양, 열심히 | 主婦(しゅふ) 주부 | ~ものの ~기는 하지만 | 家事(かじ) 집안일 | あわてる 당황하다, 허둥대다 | ~ばかりだ ~만, 뿐이다 | ~向(む)け ~용, ~대상 | 助(たす)けを求(もと)める 도움을 구하다, 도움을 요청하다 | 結構(けっこう) 꽤 | 苦労(くろう) 고생 | やりがい 보람 | ~なりに ~나름대로 | 工夫(くふう) 궁리, 고안 | 洗濯(せんたく) 세탁 | 掃除(そうじ) 청소 | 張(は)り切(き)る 의욕이 넘치다 | 今晩(こんばん) 오늘 밤, 오늘 저녁 | 喜(よろこ)び 기쁨 | 感謝(かんしゃ) 감사

🎧 모의고사2_문제3_5번.mp3

セミナーで男の人が話しています。

M：これから就職していく大学生からすると、情報が足りなくて困っている人も多いでしょう。本日このセミナーでは皆さんに役に立つ情報をお伝えするので、ぜひメモを取りながら最後までお聞きください。**まず初めにすることは自己分析です。**自分の長所や短所、特徴などを把握して自分に合う職業を探しましょう。気になる業界があれば、その業界について研究をしてみるといいです。そして、その業界の中で働きたい企業が見つかったら、どんな企業なのか詳しく調べてみましょう。**応募をしたら筆記試験や面接があるので、その準備と対策が必要です。**また、役に立ちそうな資格を取得したり、パソコンの技術などを事前に磨いておくこともお勧めします。

5 男の人は何について話していますか。
1 就職活動の流れと進め方
2 面接に成功するための工夫
3 働きたい企業の選び方
4 自己分析と資格取得の大変さ

해설 세미나에서 남자가 이야기하고 있습니다.
M : 앞으로 취직할 대학생들 입장에서 보면 정보가 부족해서 곤란해하고 있는 사람도 많을 것입니다. 오늘 이 세미나에서는 여러분에게 도움이 되는 정보를 전해드릴 테니 꼭 메모를 하면서 끝까지 들어 주십시오. 우선 첫 번째로 할 일은 자기 분석입니다. 나의 장점이나 단점, 특징 등을 파악하고 자신에게 맞는 직업을 찾읍시다. 궁금한 업계가 있다면 그 업계에 대해 연구를 해 보면 좋습니다. 그리고 그 업계 안에서 일하고 싶은 기업이 발견되면 어떤 기업인지 자세히 조사해 봅시다. 응모를 하면 필기시험이나 면접이 있기 때문에 그 준비와 대책이 필요합니다. 또한 도움이 될 만한 자격증을 취득하거나 컴퓨터 기술 등을 사전에 갈고 닦아 두는 것도 추천합니다.

남자는 무엇에 대해서 이야기하고 있습니까?
1 취직 활동의 흐름과 진행 방법
2 면접에 성공하기 위한 궁리
3 일하고 싶은 기업의 선택법
4 자기 분석과 자격증 취득의 힘듦

해설 남자는 먼저 시작할 것은 自己分析입니다. (우선 첫 번째로 할 일은 자기 분석입니다.)라고 하며 자기 분석을 하고 나서 어떤 흐름으로 자신에게 맞는 직업이나 업계를 정하고 조사할지에 대해서 말했다. 그리고 応募をしたら筆記試験や面接があるので、その準備と対策が必要です。(응모를 하면 필기시험이나 면접이 있기 때문에 그 준비와 대책이 필요합니다.)라며 그 이후에 흐름에 대해서도 설명했다. 따라서 1번이 정답이다. 2, 4번은 본문에서 언급하지 않은 내용이기 때문에 정답이 아니다. 3번은 자기 분석과 자격증 취득에 대해서는 취업 활동의 흐름을 설명하는 데에 있어서 잠깐 언급을 했던 내용일 뿐 본문의 주제가 아니기 때문에 정답이 아니다.

단어 セミナー 세미나 | 就職(しゅうしょく) 취직 | 情報(じょうほう) 정보 | 役(やく)に立(た)つ 도움이 되다 | メモを取(と)る 메모를 하다 | 自己分析(じこぶんせき) 자기 분석 | 長所(ちょうしょ) 장점 | 短所(たんしょ) 단점 | 特徴(とくちょう) 특징 | 把握(はあく) 파악 | 職業(しょくぎょう) 직업 | 業界(ぎょうかい) 업계 | 研究(けんきゅう) 연구 | 企業(きぎょう) 기업 | 詳(くわ)しい 자세하다, 잘 알다 | 応募(おうぼ) 응모 | 筆記試験(ひっきしけん) 필기시험 | 面接(めんせつ) 면접 | 対策(たいさく) 대책 | 資格(しかく) 자격(증) | 取得(しゅとく) 취득 | 事前(じぜん)に 사전에 | 磨(みが)く 갈고닦다 | お勧(すす)めする 추천하다 | 就職活動(しゅうしょくかつどう) 취업활동 | 流(なが)れ 흐름 | 工夫(くふう) 궁리, 고안

문제4 문제4에서는, 문제 용지에 아무것도 인쇄되어 있지 않습니다. 먼저 문장을 들어 주세요. 그리고, 그것에 대한 대답을 듣고, 1부터 3 중에서, 가장 알맞은 것을 하나 고르세요.

🎧 모의고사2_문제4_예시.mp3

예시 来月のセミナー、参加するの？

1 ううん、しないつもり。
2 うん、また参加しようね。
3 ほんと、楽しみだね。

해설 다음 달 세미나, 참가할 거야?

1 아니, 안 할 생각이야.
2 응, 또 참가하자.
3 정말, 기대되네.

해설 다음 달의 세미나의 참가 여부를 묻는 질문에 대한 대답을 고르는 문제이다. 참가하지 않을 거라고 대답한 1번이 정답이다. 2번은 또 같이 참가하자고 했을 때에 대한 대답이기 때문에 정답이 아니고, 3번은 상대방이 무엇에 대해서 기대된다고 말할 것에 대해서 공감하면서 맞장구치는 말이기 때문에 정답이 아니다.

단어 来月(らいげつ) 다음 달 | セミナー 세미나 | 参加(さんか) 참가 | ~つもり ~할 생각, 예정 | 楽(たの)しみ 기대됨

🎧 모의고사2_문제4_1번.mp3

1 今週はサークルのみんなが忙しいみたいだし、飲み会は今度にするしかないね。

1 じゃあ、予定通り今週にやりましょうか。
2 今度こそ一緒に行きましょう。
3 今回はしょうがないですね。

해석 이번 주는 동아리 모두가 바쁜 것 같고 술자리는 다음에 할 수밖에 없네.
  1 그럼, 예정대로 이번 주에 할까요?
  2 이번이야말로 같이 갑시다.
  3 이번에는 어쩔 수 없네요.

해설 이번 주의 술자리는 중지하고 다음 기회에 술자리를 가지자는 말에 대한 대답을 고르는 문제이다. 이번에는 못하는 건 어쩔 수 없다고 한 3번이 정답이다. 1, 2번은 상황과 반대되는 대답이기 때문에 정답이 아니다.

단어 サークル 동아리, 서클 | 飲(の)み会(かい) 회식, 술자리 | 今度(こんど) 이번, 다음 번 | 予定(よてい) 예정 | ~通(どお)り ~대로 | ~こそ ~야말로 | しょうがない 어쩔 수 없다

🎧 모의고사2_문제4_2번.mp3

2 ねえ、家出るとき、ちゃんと鍵かけといてくれたよね?

1 あ、うっかりしてたかも。
2 ごめん、戻って鍵開けてくるよ。
3 え、鍵かけちゃだめだった?

해석 있잖아, 집 나갈 때 제대로 열쇠 잠가 놓아 주었지?
  1 아, 깜빡했을지도.
  2 미안, 돌아가서 열쇠 열고 올게.
  3 어, 열쇠 잠그면 안 됐어?

해설 집을 나갈 때 잠가 두었느냐고 묻는 질문에 대한 대답을 고르는 문제이다. 잠그는 걸 깜빡했다고 한 1번이 정답이다. 2번은 열쇠를 잠가 놓았으면 좋겠다고 말에 대한 대답이기 때문에 정답이 아니고, 3번은 열쇠를 잠근 것에 대해서 질책하는 말에 대한 의문을 품는 말이기 때문에 정답이 아니다.

단어 鍵(かぎ) 열쇠 | かける 걸다, 잠그다 | うっかりする 깜빡하다 | 戻(もど)る 돌아가다 | 開(あ)ける 열다

🎧 모의고사2_문제4_3번.mp3

3 新しく入社した山田君、態度はともかく仕事はできるよね。

1 仕事ができてもあの態度だとねえ。
2 山田君は仕事がいまいちだからね。
3 態度もいいし仕事もできるし、頼りになるね。

해석 새로 입사한 야마다 군, 태도는 어찌 됐든 일은 잘하지 않아?
  1 일을 잘해도 저 태도라면 말이야.
  2 야마다 군은 일하는 게 별로라서.
  3 태도도 좋고 일도 잘하고 의지가 되네.

해설 야마다 군은 일은 잘하지만 태도는 좋지 않다는 말에 대한 대답을 고르는 문제이다. 일을 잘해도 태도가 안 좋으면 소용이 없다는 뉘앙스로 대답을 하는 1번이 정답이다. 2번은 일을 잘한다는 발언과는 맞지 않아 정답이 아니고, 3번은 태도는 좋지 않다고 했기 때문에 정답이 아니다.

단어 入社(にゅうしゃ) 입사 | 態度(たいど) 태도 | ~はともかく ~은/는 어찌 됐든 | いまいちだ 별로다 | 頼(たよ)りになる 의지가 되다

🎧 모의고사2_문제4_4번.mp3

4 この前できたレストラン、予想してたよりもお客さんが来てるらしいよ。

1 へえ、できたばかりなのに意外だね。
2 へえ、新しいレストランができるんだ。
3 予想よりもお客さんが少ないんだね。

해석 요전에 생긴 레스토랑, 예상했던 것보다도 손님이 오고 있다고 해.
  1 오~, 생긴지 얼마 안 됐는데 의외네.
  2 아~, 새로운 레스토랑이 생기는구나.
  3 예상보다도 손님이 적구나.

해설 새로 생긴 레스토랑은 예상했던 것보다 손님이 많다고 하는 상황에 대한 대답을 고르는 문제이다. 생긴지 얼마 안 됐는데도 많이 온 것이 의외라며 신기해하는 뉘앙스인 1번이 정답이다. 2번은 레스토랑이 생긴다고 할 때의 대답이기 때문에 정답이 아니고, 3번은 발언과는 상반되는 대답이기 때문에 정답이 아니다.

단어 予想(よそう) 예상 | お客(きゃく) 손님 | ~たばかりだ 막 ~했다, ~한지 얼마 안 되다 | 意外(いがい)だ 의외다

🎧 모의고사2_문제4_5번.mp3

5 リンさん、就職(しゅうしょく)が決(き)まったんですね。頑張(がんば)った甲斐(かい)がありましたね。

1 ええ、これからが楽(たの)しみです。
2 頑張(がんば)ったのに、私(わたし)の力不足(ちからぶそく)でした。
3 確(たし)かに、やり甲斐(がい)のある仕事(しごと)です。

해석 린 씨, 취직이 결정되었군요. 열심히 한 보람이 있었네요.
  1 네, 앞으로가 기대돼요.
  2 열심히 했는데, 제 능력 부족이었습니다.
  3 확실히 보람이 있는 일입니다.

해설 열심히 해서 취업이 결정된 것을 축하하고 있는 상황에 대한 대답을 고르는 문제이다. 취업을 했으니, 취업 후의 일이 기대된다고 대답한 1번이 정답이다. 2번은 열심히 했는데 아쉽게도 좋은 결과가 나오지 않았을 때 쓰는 표현이기 때문에 정답이 아니고, 3번은 현재 일을 하고 있을 때에 할 수 있는 표현이기 때문에 정답이 아니다.

단어 就職(しゅうしょく) 취직 | 決(き)まる 결정되다 | 頑張(がんば)る 힘내다 | 甲斐(かい) 보람 | 楽(たの)しみ 기대됨 | 力不足(ちからぶそく) 역부족 | やり甲斐(がい) 보람

🎧 모의고사2_문제4_6번.mp3

6 映画(えいが)は家(いえ)で見(み)るより、映画館(えいがかん)で見(み)るに限(かぎ)るよね。

1 あの映画(えいが)、映画館限定(えいがかんげんてい)なのは知(し)らなかった。
2 やっぱり映画館(えいがかん)じゃないとね。
3 へえ、家(いえ)で見(み)るほうが好(す)きなんだ。

해석 영화는 집에서 보는 것보다, 영화관에서 보는 것이 제일 좋지.
  1 저 영화, 영화관 한정이라는 건 몰랐어.
  2 역시 영화관이 아니면.
  3 아~, 집에서 보는 편을 더 좋아하는구나.

해설 영화는 영화관에서 보는 것이 가장 좋다고 하는 상황에 대한 대답을 고르는 문제이다. 그 의견에 동조하는 2번이 정답이다. 1번은 영화관 한정 영화 이야기가 아니기 때문에 정답이 아니고, 3번은 상대방이 집에서 보는 것을 좋아한다고 이야기했을 때의 대답으로 정답이 아니다.

단어 映画館(えいがかん) 영화관 | ~に限(かぎ)る ~하는 것이 최고다 | 限定(げんてい) 한정

🎧 모의고사2_문제4_7번.mp3

7 ご連絡(れんらく)ありがとうございます。それでは、本日午後(ほんじつごご)2時(じ)に受付(うけつけ)にお越(こ)しください。

1 ええと、2時(じ)に伺(うかが)えばよろしいんですね。

2 それでは、受付(うけつけ)でお待(ま)ちしております。
3 はい、午後(ごご)2時(じ)にお越(こ)しくださるんですね。

해석 연락 주셔서 감사합니다. 그럼 오늘 오후 2시에 접수처에 와 주십시오.
  1 음, 2시에 찾아뵈면 되는 거군요.
  2 그럼 접수처에서 기다리고 있겠습니다.
  3 네, 오후 2시에 와 주시는 거군요.

해설 오후 2시에 접수처에 와달라고 하는 상황에 대한 대답을 고르는 문제이다. 2시에 오면 되냐고 확인하고 있는 1번이 정답이다. 2번은 접수처에서 기다리는 사람이 하는 말이기 때문에 정답이 아니고, 3번은 상대방이 2시에 온다는 사실에 대해서 확인하는 말이기 때문에 정답이 아니다.

단어 本日(ほんじつ) 금일, 오늘 | 受付(うけつけ) 접수, 접수처 | お越(こ)しくださる 오시다(존경어) | 伺(うかが)う 여쭙다, 찾아뵙다(겸양어)

🎧 모의고사2_문제4_8번.mp3

8 あ、田中君(たなかくん)、いたんだ。今(いま)のは見(み)なかったことにしてくれる?

1 見(み)てなかったわけじゃないです。
2 え?はいはい…別(べつ)に構(かま)いませんけど。
3 ええ、いつでも見(み)せてあげますよ。

해석 아, 다나카 군 있었구나. 방금 건 못 본 걸로 해줄래?
  1 안 봤던 게 아닙니다.
  2 네? 네네…딱히 상관없지만요.
  3 네, 언제든지 보여줄게요.

해설 방금 일에 대해서 못 본 척해 달라는 말에 대한 대답을 고르는 문제이다. 딱히 상관없다며 그렇게 하겠다고 하는 2번이 정답이다. 1번은 보라고 했는데 안 보고 있었던 상황에서 하는 변명과 같은 뉘앙스이기 때문에 상황과 맞지 않아 정답이 아니다. 3번은 상대방이 원하면 무언가를 언제든지 보여준다고 하는 말이기 때문에 정답이 아니다.

단어 ~わけではない (반드시) ~인 것은 아니다 | 別(べつ)に 딱히, 특별히 | 構(かま)わない 상관없다 | 見(み)せる 보이다

🎧 모의고사2_문제4_9번.mp3

9 風邪気味(かぜぎみ)なので早退(そうたい)させていただきたいのですが…。

1 ええ、気味(きみ)が悪(わる)いですね。
2 いつ頃(ごろ)から症状(しょうじょう)がありましたか。
3 いいえ、早退(そうたい)しませんよ。

해석 감기 기운이 있어서 조퇴하고 싶은데요….
  1 네, 기분이 나쁘네요.
  2 언제부터 증상이 있었습니까?

3 아니요, 조퇴 안 해요.

해설 감기 기운이 있어서 조퇴하고 싶다고 하는 상황에 대한 대답을 고르는 문제이다. 언제부터 그랬냐고 걱정하듯이 물어보는 2번이 정답이다. 1번은 무언가를 보고 기분이 안 좋다고 표현하는 말이기 때문에 정답이 아니고, 3번 조퇴하겠냐고 질문했을 때에 할 수 있는 대답이므로 정답이 아니다.

단어 風邪(かぜ) 감기 | ~気味(ぎみ) ~기미, 기운, 느낌 | 早退(そうたい) 조퇴 | 気味(きみ)が悪(わる)い 기분이 나쁘다 | 症状(しょうじょう) 증상

🎧 모의고사2_문제4_10번.mp3

10 キムさん、明日の発表の資料、先週までに私にメールで送るように伝えたよね？

1 すみません、今日中にお送りいたします。
2 じゃあ、明日までに資料を送ればいいんですね。
3 あ、実はまだメールしていないんです。

해석 김 씨, 내일 발표 자료, 지난주까지 나한테 메일로 보내도록 하라고 전달했지 않아?

1 죄송합니다, 오늘 중으로 보내겠습니다.
2 그럼, 내일까지 자료를 보내면 되는 거네요.
3 아, 사실 아직 메일 안 했습니다.

해설 지난주까지 자료는 보내라고 했는데 아직도 자료가 안 와서 화를 내는 상황에 대한 대답을 고르는 문제이다. 미안하다며 오늘 중으로 보내겠다고 하는 1번이 정답이다. 2번은 내일까지 자료를 보내면 된다고 하는 말에 대한 대답으로 정답이 아니고, 3번은 아직 메일이 안 온 상황에서 아직 메일을 안 보냈다고 하는 말은 상황과 맞지 않은 대답으로 정답이 아니다.

단어 発表(はっぴょう) 발표 | 資料(しりょう) 자료 | 伝(つた)える 전하다 | 実(じつ)は 실은, 사실은

🎧 모의고사2_문제4_11번.mp3

11 テーブルの上に食べかけのお弁当あったけど、あとで食べるつもり？

1 じゃあ、早く食べるしかないね。
2 うん、そのままにしといて。
3 え？食べきっちゃったの？

해석 테이블 위에 먹다 남은 도시락 있던데, 나중에 먹을 생각이야?

1 그럼, 빨리 먹을 수밖에 없네.
2 응, 그대로 놔둬.
3 어? 다 먹어버렸어?

해설 먹다 남은 도시락을 나중에 먹을지 혹은 어떻게 할지 묻는 질문에 대한 대답을 고르는 문제이다. 나중에 먹을 생각이라며 그대로 놔두라고 한 2번이 정답이다. 1번은 질문과 상관없는 대답이기 때문에 정답

이 아니고, 3번은 상대방이 다 먹어 버린 것에 대한 반응이기 때문에 정답이 아니다.

단어 ~かけの ~하다 만 | ~つもりだ ~할 생각, 예정이다 | そのまま 그대로 | ~きる 다 ~하다

🎧 모의고사2_문제4_12번.mp3

12 その自転車、実際に見てからでないと、修理できるかどうか決められませんね。

1 そうですか、今のところはまだ分からないんですね。
2 今なら修理できるんですね。よかった。
3 そうですか、じゃあ、修理をお願いします。

해석 그 자전거, 실제로 보고 나서가 아니면 수리할 수 있을지 어떨지 결정할 수 없어요.

1 그렇군요, 지금으로서는 아직 모르는군요.
2 지금이라면 수리할 수 있군요. 다행이다.
3 그렇군요, 그럼 수리를 부탁드립니다.

해설 자전거를 실제로 보지 않으면 수리할 수 있을지 없을지 결정할 수 없다고 하는 상황에 대한 대답을 고르는 문제이다. 지금은 고칠 수 있을지 모르는 것이군요라고 낙담하고 있는 1번이 정답이다. 2, 3번은 자전거를 수리할 수 있다고 했을 때 할 수 있는 대답이기 때문에 정답이 아니다.

단어 自転車(じてんしゃ) 자전거 | 実際(じっさい)に 실제로 | ~てからでないと ~하고 나서가 아니면 | 修理(しゅうり) 수리 | 今(いま)のところ 지금, 이 타이밍 | お願(ねが)いする 부탁하다

문제5 문제5에서는, 긴 이야기를 듣습니다. 이 문제에는 연습은 없습니다. 문제 용지에 메모를 해도 상관없습니다.

1번, 2번 문제 용지에 아무것도 인쇄되어 있지 않습니다. 먼저 이야기를 들어 주세요. 그리고, 질문과 선택지를 듣고, 1부터 4 중에서, 가장 알맞은 것을 하나 고르세요.

🎧 모의고사2_문제5_1번.mp3

店で男の人が店員と話しています。

M：すみません、部屋を紹介してもらいたいんですが。この春から大学に通うので一人暮らしを始めるんです。大学から徒歩10分くらいで行ける部屋がいいんですが、どんなのがあるか教えていただけませんか。家賃はできるだけ安い方がうれしいです。

F：ええと、条件に近いお部屋が四つございます。一つ目のお部屋は、大学の正門から徒歩3分でとても良い場所にあるお部屋です。ただ、トイレとお風呂は分かれていませんね。家賃は、1か月65,000円です。それから、二つ目は

大学まで徒歩5分のお部屋です。トイレとお風呂は分かれています。家賃は55,000円です。
M：どちらも大学まで徒歩10分以内で行けるというところがいいですね。
F：あと、三つ目のお部屋は、家賃50,000円で大学から徒歩15分で自転車で行くと5分くらいかかります。また、トイレとお風呂も分かれています。
M：自転車で行くなら早いですね。
F：えー、後は、徒歩10分でトイレとお風呂も別々ですが、少し古いだけに家賃がとても安いです。家賃は40,000円です。
M：うーん、家賃が安いのはいいですが、やっぱりトイレとお風呂が別々じゃないと不便だと思います。古くても家賃も5万円以内に収まるし、大学まで徒歩10分以内で行けるこれにします。

1 男の人はどの部屋にすることにしましたか。

1 一つ目の部屋
2 二つ目の部屋
3 三つ目の部屋
4 四つ目の部屋

해석　가게에서 남자가 점원과 이야기하고 있습니다.
M : 실례합니다, 방을 소개받고 싶은데요. 이번 봄부터 대학에 다니기 때문에 자취를 시작할 거예요. 대학에서 도보 10분 정도면 갈 수 있는 방이 좋습니다만, 어떤 것이 있는지 가르쳐 주시겠습니까? 집세는 가능한 한 싼 편이 기쁩니다.
F : 음, 조건에 가까운 방이 4개 있습니다. 첫 번째 방은 대학교 정문에서 도보 3분으로 아주 좋은 위치에 있는 방입니다. 단, 화장실과 욕실은 분리가 되어 있지 않네요. 집세는 한 달에 65,000엔입니다. 그리고 두 번째는 대학까지 도보 5분 거리의 방입니다. 화장실과 욕실은 분리되어 있습니다. 집세는 55,000엔입니다.
M : 둘 다 대학까지 도보 10분 이내로 갈 수 있다는 점이 좋네요.
F : 그리고 세 번째 방은 집세 50,000엔으로 대학에서 도보 15분이고 자전거로 가면 5분 정도 걸립니다. 또한 화장실과 욕실도 나누어져 있습니다.
M : 자전거로 간다면 빠르네요.
F : 음, 나머지는 도보 10분이고 화장실과 욕실도 별도입니다만, 조금 오래된 만큼 집세가 매우 쌉니다. 집세는 40,000엔입니다.
M : 음, 집세가 싼 것은 좋습니다만, 역시 화장실과 욕실이 따로 있지 않으면 불편하다고 생각합니다. 오래되어도 집세도 5만 엔 이내로 들어가고 대학까지 도보 10분 이내로 갈 수 있는 이걸로 하겠습니다.

남자는 어느 방으로 하기로 했습니까?

1 첫 번째 방
2 두 번째 방
3 세 번째 방
4 네 번째 방

해설　우선 각 방의 특징은 다음과 같다. ①첫 번째 방 : 대학교 정문까지 도보 3분, 화장실과 욕실 함께, 집세 65,000엔 ②두 번째 방 : 대학까지 도보 5분, 화장실과 욕실 분리, 집세 55,000엔 ③세 번째 방 : 대학까지 도보 15분(자전거로 5분), 화장실과 욕실 분리, 집세 50,000엔 ④네 번째 방 : 대학까지 도보 10분, 화장실과 욕실 분리, 집세 40,000엔(오래됨). 남자가 마지막으로 古くても家賃も5万円以内に収まるし、大学まで徒歩10分以内で行けるこれにします。(오래되어도 집세도 5만 엔 이내로 들어가고 대학까지 도보 10분 이내로 갈 수 있는 이걸로 하겠습니다.)라고 했기 때문에 정답은 4번이다. 첫 번째 방은 욕실과 화장실이 분리되지 않았으므로 1번이 정답이 아니고, 두 번째 방은 집세는 5만 엔 이내가 좋다고 했기 때문에 2번도 정답이 아니다. 그리고 세 번째 방은 도보 10분 이내가 아니기 때문에 3번도 정답이 아니다.

단어　紹介(しょうかい) 소개 | 一人暮(ひとりぐ)らし 자취 생활, 혼자 삶 | 徒歩(とほ) 도보 | 家賃(やちん) 집세 | 条件(じょうけん) 조건 | 正門(せいもん) 정문 | お風呂(ふろ) 목욕, 욕실, 욕조 | 分(わ)かれる 갈라지다, 나뉘다 | 別々(べつべつ) 따로따로, 각자 | ～だけに ～인 만큼 | 不便(ふべん)だ 불편하다 | 収(おさ)まる 수습되다, 해결되다

🎧 모의고사2_문제5_2번.mp3

友達三人で祭りについて話しています。
M1：今年の祭りに何かお店を出そうと思ってるんだけど、何がいいと思う？
F：去年まではずっと会場の片付けばかりやってたよね。今年はそろそろ他のことをやってみたいね。
M2：田中さんって料理が得意じゃなかったっけ？手作りのお弁当を作って販売するのはどう？
F：え、お祭りには数十人も来るんでしょ？私は精々3人前くらいの量を作ってみただけなのよ。そんな大量の分は無理だよ。
M1：そっか。じゃあ、お店を出すのはやめよう。
M2：そうだね、今回は是非参加してみたかったけどね。他にお祭りを楽しめることって何があるかな。
M1：踊りをするのはどう？僕、昔、伝統の踊りを習ったことがあるよ。僕が教えてあげるからみんなで伝統の踊りを踊ろう。
F：いいかもね。でも、踊れるチームはもう決められているみたい。
M2：えー、それはしかたがないね。
M1：お祭りのアルバイトを募集しているんだって。駅前で広告チラシを配布する人を募集しているらしい。

M2 : それは、簡単そうでいいね。しかも、時給1,000円！
F : でも、これ別々に行動しないといけないし、やっぱり一緒にできることがやりたいよ。
M2 : そうだね。去年と変わらないけど、今年もこれだね。

2 三人は何をすることにしましたか。
1　手作りのお弁当を売る
2　伝統の踊りをする
3　駅前でチラシを配る
4　会場を片付ける

해석　친구 세 명이서 축제에 대해서 이야기하고 있습니다.
　M1 : 올해 축제에 뭔가 가게를 내려고 생각하고 있는데, 뭐가 좋다고 생각해?
　F : 작년까지는 계속 회장 정리만 했었지. 올해는 슬슬 다른 일을 해보고 싶네.
　M2 : 다나카 씨는 요리를 잘하지 않았어? 직접 만든 도시락을 만들어서 판매하는 건 어때?
　F : 어, 축제에는 수십 명이나 오잖아? 나는 기껏 3인분 정도의 양을 만들어 본 것뿐이야. 그런 많은 양은 무리야.
　M1 : 그렇구나. 그럼, 가게를 내는 것은 그만두자.
　M2 : 그러네. 이번에는 꼭 참가해 보고 싶었는데. 다른 축제를 즐길 수 있는 게 뭐가 있으려나?
　M1 : 춤을 추는 것은 어때? 나, 옛날에 전통 춤 배운 적이 있어. 내가 가르쳐 줄 테니까 다 같이 전통 춤을 추자.
　F : 괜찮을지도. 근데 춤출 수 있는 팀은 이미 정해져 있는 것 같아.
　M2 : 음, 그건 어쩔 수가 없네.
　M1 : 축제 아르바이트를 모집하고 있대. 역 앞에서 광고 전단지를 배포할 사람을 모집하고 있는 것 같아.
　M2 : 그건 간단해 보여서 좋네. 게다가 시급 1,000엔!
　F : 하지만 이거 따로 행동하지 않으면 안 되고 역시 함께 할 수 있는 것을 하고 싶어.
　M2 : 그러네. 작년이랑 다를 게 없는데 올해도 이거네.

세 사람은 무엇을 하기로 했습니까?
1 수제 도시락을 판다
2 전통의 춤을 춘다
3 역 앞에서 전단지를 배부한다
4 회장을 정리한다

해설　축제를 즐길 수 있는 여러 가지 아이디어가 나왔지만 마지막에 여자가 함께 할 수 있는 것을 하고 싶다고 하자, 그에 대해 去年と変わらないけど、今年もこれだね。(작년이랑 다를 게 없는데 올해도 이거네.)라고 했다. 작년에 세 사람은 회장 정리를 했으므로 4번이 정답이다. 1번은 여자가 대량의 도시락을 만드는 것은 무리라고 했으므로 정답이 아니고, 2번은 춤을 추는 팀이 이미 정해져 있기 때문에 정답이 아니다. 3번은 세 사람이 따로 움직여야 하기 때문에 같이 하는 것을 하고 싶다고 했기 때문에 정답이 아니다.

단어　祭(まつ)り 축제 | 会場(かいじょう) 회장 | 片付(かたづ)け 정리 | 그로그로 슬슬 | 得意(とくい)だ 잘한다, 능숙하다 | 手作(てづく)り 직접 만듦, 수제 | 販売(はんばい) 판매 | 精々(せいぜい) 기껏, 겨우 | 大量(たいりょう) 대량 | 是非(ぜひ) 꼭, 반드시 | 踊(おど)り 춤 | 伝統(でんとう) 전통 | チーム 팀 | 募集(ぼしゅう) 모집 | 広告(こうこく) 광고 | チラシ 전단지 | 配布(はいふ) 배포 | 時給(じきゅう) 시급 | 別々(べつべつ)に 따로따로 | 行動(こうどう) 행동

3번　먼저 이야기를 들어 주세요. 그리고, 2개의 질문을 듣고, 각각 문제 용지의 1부터 4 중에서, 가장 알맞은 것을 하나 고르세요.

🎧 모의고사2_문제5_3번.mp3

旅行会社でツアーの説明を聞いて、女の人と男の人が話しています。

F1 : えー、では、お客様におすすめするこちらの観光ツアーについてご説明をさせていただきますので、こちらからお気に入りのツアーを一つお申し込みください。まず、城ツアーです。県内にある多様なお城をガイドと一緒に巡るコースです。次は、川ツアーです。山の中にある流れが早い川を船で下りながら、豊かな自然を楽しめるツアーとなっています。次の町ツアーは、古い建物がたくさん残っている町を巡るツアーです。こちらは着物を着て町で写真が撮れるサービスがついています。最後は寺ツアーです。このツアーで巡る古いお寺は県内で一番有名な観光スポットで、ガイドの解説を聞きながら巡ることができます。また途中、お寺でお茶と和菓子を楽しめるサービスもついています。

F2 : 何にする？一度着物を着てみたいからこれかな。
M : ガイドの説明を聞きながらお城を見るのも楽しそうだね。でも、せっかくの旅行だし、リラックスできる自然を楽しめるこっちのほうがいいんじゃない？
F2 : 船に乗るのもいいけど…。私たち好みが違うんだから、今回はそれぞれ行きたい観光ツアーに行こうよ。
M : 分かった。今回はそれぞれ行きたいツアーに参加しよう。じゃあ、決まりかな。
F2 : あ、でも、お城はここの一番の観光地じゃないみたい。
M : 一番有名な観光スポットなら、こっちだよ。
F2 : そうだね、ガイドもついているし、私はこっちにするよ。
M : 分かった。じゃ、申し込みに行こうか。

3

質問1　女の人はどのツアーに申し込みますか。

1 城ツアー
2 川ツアー
3 町ツアー
4 寺ツアー

質問2 男の人はどのツアーに申し込みますか。
1 城ツアー
2 川ツアー
3 町ツアー
4 寺ツアー

해석 여행사에서 투어 설명을 듣고 여자와 남자가 이야기하고 있습니다.

F1 : 음, 그럼 고객님께 추천하는 이 관광 투어에 대해서 설명을 드릴 테니 여기에서 마음에 드는 투어를 하나 신청해 주십시오. 먼저 성 투어입니다. 현내에 있는 다양한 성을 가이드와 함께 둘러보는 코스입니다. 다음은 강 투어입니다. 산속에 있는 물살이 빠른 강을 배로 내려가면서 풍부한 자연을 즐길 수 있는 투어로 되어 있습니다. 다음 마을 투어는 오래된 건물이 많이 남아 있는 마을을 둘러보는 투어입니다. 이 투어는 기모노를 입고 마을에서 사진을 찍을 수 있는 서비스가 포함되어 있습니다. 마지막 절 투어입니다. 이 투어에서 둘러볼 오래된 절은 현 내에서 가장 유명한 관광 명소로 가이드의 해설을 들으면서 둘러볼 수 있습니다. 또한 도중에 절에서 차와 화과자를 즐길 수 있는 서비스도 포함되어 있습니다.

F2 : 무엇으로 할래? 기모노 한번 입어보고 싶어서 이거려나.
M : 가이드의 설명을 들으면서 성을 보는 것도 재미있을 것 같아. 하지만 모처럼의 여행이고 릴랙스할 수 있는 자연을 즐길 수 있는 이쪽이 좋지 않아?
F2 : 배를 타는 것도 좋지만…. 우리 취향이 다르니까 이번에는 각자 가고 싶은 관광투어를 가자.
M : 알았어. 이번에는 각자 가고 싶은 투어에 참가하자. 그럼 결정이려나.
F2 : 아, 하지만 성은 여기의 최고 관광지가 아닌 것 같아.
M : 제일 유명한 관광지라면 이쪽이지.
F2 : 그렇네, 가이드도 붙어 있고 나는 이쪽으로 할게.
F2 : 알았어. 그럼, 신청하러 가볼까?

질문1 여자는 어느 투어에 신청합니까?
1 성 투어
2 강 투어
3 마을 투어
4 절 투어

해설 여자와 남자는 각자 가고 싶은 관광투어에 참가할 예정이며, 남자가 가장 유명한 관광지는 이쪽이라고 알려주고 여자가 그렇다네, 가이드도 붙어 있고, 私はこっちにするよ。(그렇네, 가이드도 붙어 있고 나는 이쪽으로 할게.)라고 했다. 현 내에서 가장 유명한 관광 명소이고 가이드가 붙어있는 관광은 절 투어이므로 4번이 정답이다. 성 투어는 최고로 유명한 관광지가 아니라고 했으므로 1번은 정답이 아니다. 2번은 남자와 취향이 다르다고 각자 가고 싶은 관광투어를 가자고 했으므로 정답이 아니고, 마을 투어에 대해서는 두 사람의 대화에서 언급하지 않은 내용이기 때문에 3번도 정답이 아니다.

질문2 남자는 어느 투어에 신청합니까?
1 성 투어
2 강 투어
3 마을 투어
4 절 투어

해설 여자와 남자는 각자 가고 싶은 관광투어에 참가할 예정이며, 남자는 でも、せっかくの旅行だし、リラックスできる自然を楽しめるこっちのほうがいいんじゃない？(하지만 모처럼의 여행이고 릴랙스할 수 있는 자연을 즐길 수 있는 이쪽이 좋지 않아?)라고 하며 자연이 있는 강 투어를 언급했다. 따라서 2번이 정답이다. 1, 3, 4번에 대해서는 남자가 따로 언급하지 않은 내용이기 때문에 정답이 아니다.

단어 旅行会社(りょこうがいしゃ) 여행사 | ツアー 투어 | 観光(かんこう) 관광 | 申(もう)し込(こ)む 신청하다 | 城(しろ) 성 | 県内(けんない) 현내 | 多様(たよう)だ 다양하다 | ガイド 가이드 | 巡(めぐ)る 돌아다니다 | コース 코스 | 流(なが)れ 흐름, 물살 | 豊(ゆた)かだ 풍부하다 | 着物(きもの) 기모노(일본 전통 옷) | サービス 서비스 | 寺(てら) 절 | スポット 스폿, 명소 | 解説(かいせつ) 해설 | 途中(とちゅう) 도중 | 和菓子(わがし) 화과자(일본식 과자) | せっかく 모처럼 | リラックス 릴랙스 | 船(ふね) 배 | 好(この)み 취향 | 観光地(かんこうち) 관광지 | 申(もう)し込(こ)み 신청

모의고사2

MEMO

JLPT 합격 노하우 **yuhadayo.com**

유하다요

JLPT
N2
한 권 스피드 합격

딱 한 권으로 JLPT 합격에 필요한 모든 것을 담았다!

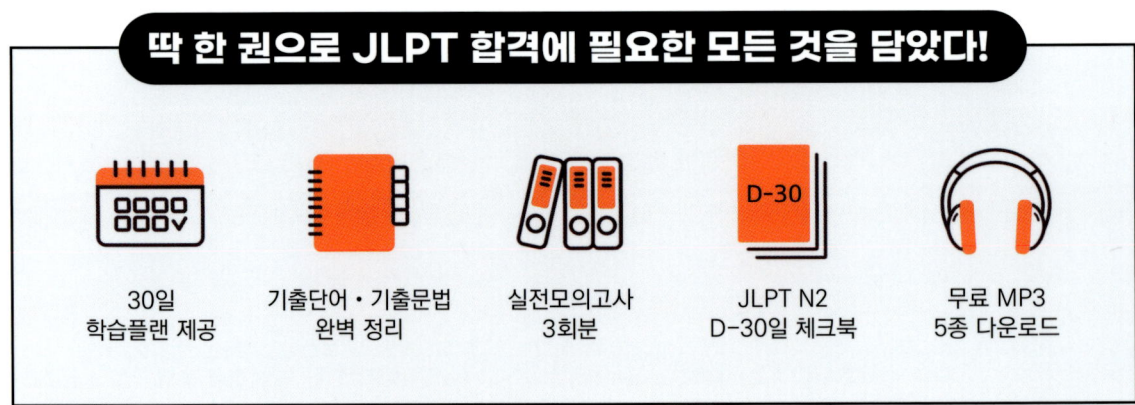

| 30일 학습플랜 제공 | 기출단어·기출문법 완벽 정리 | 실전모의고사 3회분 | JLPT N2 D-30일 체크북 | 무료 MP3 5종 다운로드 |

최신경향
종합서

유하다요

JLPT
N2
일본어능력시험

한 권 스피드 합격

기출단어·문법을 시험전 스피드하게 정리해보세요!

JLPT N2 D-30일 체크북

유하다요

유하다요

JLPT
N2
문자·어휘 시험

한 권 스피드 합격

출제 예상 단어 확인하기

D-30일 출제 예상 단어 확인하기

あ행

☐ 相変わらず *기출	부 변함없이, 여전히	☐ 悪条件 *기출	명 악조건
☐ 相性	명 궁합이 맞음	☐ アクセント	명 악센트
☐ 愛情	명 애정	☐ 悪天候	명 악천후
☐ 合図 *기출	명 (눈짓·몸짓 등의) 신호	☐ 悪魔	명 악마
☐ 相次いで *기출	부 연달아, 잇따라	☐ あくまで	부 어디까지나, 철저하게
☐ 相次ぐ	동 연달다, 잇따르다	☐ 挙げる	동 들다, 거행하다
☐ アイデア	명 아이디어	☐ あこがれ *기출	명 동경
☐ あいにく *기출	부 공교롭게(도), 때마침	☐ 憧れる	동 동경하다
☐ 合間	명 틈, 짬	☐ 鮮やかだ *기출	형 선명하다
☐ 曖昧だ *기출	형 애매하다	☐ 足元	명 발밑
☐ 遭う	동 (어떤 일을) 당하다, 겪다	☐ 味付け	명 (양념하여) 맛을 냄
☐ 扇ぐ	동 부채질하다	☐ 味わう	동 맛보다, 음미하다
☐ 赤字	명 적자	☐ 焦る *기출	동 안달나다, 초조해하다
☐ 明かり	명 밝은 빛	☐ 与える *기출	동 주다, 수여하다
☐ 空き地	명 빈터, 공터	☐ 辺り	명 근처, 부근
☐ 明らかだ *기출	형 분명하다, 명백하다	☐ あちこち	부 여기저기, 이곳저곳
☐ 明らかに	부 명백히, 분명히	☐ 扱う *기출	동 다루다, 취급하다
☐ 呆れる	동 어이없다	☐ 厚かましい	형 낯짝이 두껍다
☐ 悪意	명 악의	☐ 集まる *기출	동 모이다
☐ 悪影響 *기출	명 악영향	☐ 圧力	명 압력
☐ 悪感情	명 악감정	☐ 悪化	명 악화
☐ アクシデント	명 엑시던트, 사고	☐ あっさり	부 담백하게, 산뜻하게
☐ 握手 *기출	명 악수	☐ 圧縮	명 압축
☐ アクション	명 액션, 행동, 동작	☐ 圧勝 *기출	명 압승
		☐ 圧倒的だ *기출	형 압도적이다

☐	宛先(あてさき)	명 수신인(의 주소)	☐	あやまり *기출	명 틀림, 실수
☐	当(あ)てはまる	동 들어맞다, 적합하다	☐	あやまる *기출	동 잘못되다, 틀리다
☐	当(あ)てはめる	동 맞게 하다, 적용하다	☐	歩(あゆ)む	동 걷다, 전진하다
☐	当(あ)てる *기출	동 맞히다, 명중시키다	☐	荒(あら)い *기출	형 거칠다, 난폭하다
☐	宛(あ)てる	동 (편지나 메일 등을) 보내다	☐	粗(あら)い	형 조잡하다, 엉성하다
☐	跡(あと)	명 자취, 자국	☐	あらかじめ *기출	부 미리, 사전에
☐	アドバイス	명 어드바이스, 조언	☐	嵐(あらし)	명 폭풍, 폭풍우
☐	アドレス	명 주소	☐	あらすじ	명 대충의 줄거리, 개요
☐	穴(あな)	명 구멍	☐	争(あらそ)う *기출	동 다투다
☐	暴(あば)く	동 파헤치다, (비밀을) 폭로하다	☐	新(あら)ただ	형 새롭다
☐	暴(あば)れる	동 난폭하게 굴다	☐	改(あらた)まる	동 개선되다
☐	アピール *기출	명 어필, 호소	☐	改(あらた)めて *기출	부 다시, 딴 기회에
☐	溢(あふ)れる	동 넘치다	☐	改(あらた)める	동 고치다, 개선하다
☐	アプローチ	명 접근(방법)	☐	あらゆる	부 모든, 일체의, 온갖
☐	甘(あま)える	동 응석 부리다	☐	ありがたい	형 감사하다, 고맙다
☐	甘(あま)やかす *기출	동 응석을 받아주다	☐	ありがちだ	형 (세상에) 흔히 있다
☐	あまりにも	부 너무나도	☐	アリバイ	명 알리바이
☐	余(あま)る	동 남다	☐	ある	부 어떤, 어느
☐	編(あ)み物(もの)	명 뜨개질	☐	アルファベット	명 알파벳
☐	編(あ)む	동 엮다, 짜다, 뜨다	☐	アルファベット順(じゅん) *기출	명 알파벳 순(서)
☐	アメリカ流(りゅう) *기출	명 미국류, 미국식	☐	荒(あ)れる *기출	동 거칠어지다, 험악해지다
☐	危(あや)うい	형 위태롭다	☐	アレルギー	명 알레르기
☐	怪(あや)しい *기출	형 수상하다	☐	アレンジ *기출	명 어레인지, 재구성
☐	あやふやだ	형 애매하다, 모호하다	☐	淡(あわ)い	형 엷다, 희미하다
☐	過(あやま)ち	명 잘못, 과오	☐	あわただしい *기출	형 분주하다

 **D-29일** 출제 예상 단어 확인하기

慌てる *기출	통 당황하다, 허둥대다	勢い *기출	명 기세
哀れだ *기출	형 가엾다	生きがい	명 사는 보람, 삶의 보람
案	명 안, 생각	息切れ	명 숨이 참, 헐떡임
安易だ	형 안이하다, 쉽다	行き着く	통 도착하다, 다다르다
安易に *기출	부 쉽게, 안이하게	いきなり *기출	부 갑자기, 느닷없이
アンコール	명 앙코르	息抜きする *기출	통 숨을 돌리다
暗証番号	명 비밀번호	意義	명 의의
安定	명 안정	育成	명 육성
アンテナ	명 안테나	移行	명 이행
案内所	명 안내소	異国	명 이국, 외국
案の定 *기출	부 예측대로, 아니나 다를까	居心地	명 어떤 자리에서의 느낌
あんまり	부 그다지, 별로	勇ましい *기출	형 용감하다
胃	명 위	遺産	명 유산
言い換える	통 바꿔 말하다	医師	명 의사
いい加減だ *기출	형 적당하다, 무책임하다	意志	명 의지
言い付ける	통 고자질하다	意思	명 의사
言い訳 *기출	명 변명, 핑계	意識	명 의식
委員	명 위원	異色だ *기출	형 이색적이다
生かす	통 살리다	維持	명 유지
意外だ	형 의외다	移住	명 이주
意外に *기출	부 의외로, 예상외로	異常だ	형 이상하다
医学界 *기출	명 의학계	いじる *기출	통 만지작거리다, 만지다
胃がもたれる	관 위가 거북하다	泉	명 샘, 샘물
息	명 숨, 호흡	いずれ	부 결국, 어느 것
生き生き *기출	부 생생한 모양	いずれも	부 어느 것도, 아무거나

☐	以前 *기출	명	이전	☐	一生懸命だ *기출	형	매우 열심히다
☐	依然として *기출	부	여전히	☐	いっせいに *기출	부	일제히
☐	いたずら	명	(짓궂은) 장난	☐	一石二鳥	관	일석이조
☐	痛む	동	아프다, 앓다	☐	一層 *기출	부	한층 더, 더욱더
☐	傷む *기출	동	상하다	☐	一体感	명	일체감
☐	至る *기출	동	이르다, 도달하다	☐	いったん *기출	부	일단
☐	偉大だ	형	위대하다	☐	一致	명	일치
☐	いだく *기출	동	(마음 속에) 품다	☐	一定	명	일정
☐	位置	명	위치	☐	一転する *기출	동	싹 바뀌다, 완전히 바뀌다
☐	一応 *기출	부	우선, 일단	☐	一般	명	일반
☐	一時的に	부	일시적으로	☐	一方的に	부	일방적으로
☐	著しい *기출	형	현저하다, 두드러지다	☐	遺伝	명	유전
☐	一段と	부	한층, 더욱	☐	意図	명	의도
☐	一度に	부	한꺼번에	☐	移動	명	이동
☐	一日おきに *기출	부	하루걸러, 격일로	☐	田舎育ち	명	시골에서 자람
☐	一日中 *기출	명	하루 종일	☐	委任状	명	위임장
☐	一面	명	일면, 한쪽 면	☐	居眠りをする	관	앉아서 졸다
☐	一流	명	일류	☐	違反 *기출	명	위반
☐	いつの間にか	부	어느새인가	☐	威張る	동	뽐내다, 으스대다
☐	いつまでも	부	언제까지나, 영원히	☐	衣服	명	의복
☐	いつも *기출	부	언제나, 늘	☐	異文化 *기출	명	이문화
☐	一括払い	명	일시불	☐	異分野 *기출	명	이분야, 다른 분야
☐	一気に *기출	부	단숨에	☐	イベント	명	이벤트
☐	一瞬	명	한순간, 짧은 순간	☐	いまいち	부	조금 모자란 모양
☐	一生懸命 *기출	부	열심히, 목숨걸고 일을 함	☐	今頃	부	이제 (와서)

D-28일 출제 예상 단어 확인하기

☐ いまだに	閉	아직도
☐ いまどき	閉	요즘, 요즘 세상
☐ 今にも	閉	당장이라도, 지금이라도
☐ いよいよ	閉	드디어
☐ 意欲 *기출	명	의욕
☐ 以来	閉	이래, 이후
☐ 依頼	명	의뢰
☐ いらいらする *기출	동	짜증나다
☐ イラスト	명	일러스트, 삽화
☐ 医療	명	의료
☐ 入れ替える	동	바꿔 넣다, 갈아 넣다
☐ 祝う *기출	동	축하하다
☐ いわば	閉	말하자면, 비유해서 말한다면
☐ いわゆる	閉	소위, 이른바
☐ 印刷	명	인쇄
☐ 印象派	명	인상파
☐ インストール	명	설치
☐ 引退 *기출	명	은퇴
☐ インテリア	명	인테리어, 실내 장식
☐ インパクト	명	임팩트
☐ インフルエンザ	명	인플루엔자, 유행성 감기
☐ インフレ(ーション)	명	인플레(이션)
☐ 引用 *기출	명	인용
☐ ウィーク	명	위크, 일주일
☐ ウエスト	명	허리
☐ 飢える	동	굶주리다
☐ ウェブページ	명	웹 페이지
☐ うかうかと	閉	얼떨결에, 무심코
☐ 浮かぶ	동	뜨다, 떠오르다
☐ 浮かべる	동	띄우다, 떠올리다
☐ 受け入れる *기출	동	받아들이다
☐ 承る	동	삼가 듣다, 삼가 받다
☐ 受け持つ	동	맡다, 담당하다
☐ 動き	명	움직임
☐ 失う	동	잃다
☐ うじゃうじゃ	閉	우글우글, 득실득실
☐ 薄明るい	형	희미하게 밝다
☐ 薄味	명	엷은 맛, 싱거운 맛
☐ 薄暗い *기출	형	좀 어둡다, 어둑어둑하다
☐ 薄っぺらだ	형	얄팍하다
☐ 薄める	동	옅게 하다
☐ 薄れる	동	엷어지다, 희미해지다
☐ うそ *기출	명	거짓말
☐ 疑う	동	의심하다
☐ 打ち明ける *기출	동	(속마음을) 털어 놓다
☐ 打ち合わせ *기출	명	(사전) 협의, 미팅
☐ 打ち消す *기출	동	부정하다
☐ 宇宙	명	우주
☐ 撃つ	동	(총 등을) 쏘다
☐ うつむく *기출	동	고개를 떨구다

☐ 映る *기출	동 비치다		☐ 売れ行き	명 팔리는 상태
☐ 器	명 그릇, 용기		☐ うろうろ	부 우왕좌왕, 어슬렁어슬렁
☐ うっかり	부 깜박, 무심코		☐ 上回る	동 웃돌다
☐ うっすら	부 아주 엷게, 희미하게		☐ 運 *기출	명 운
☐ 訴える	동 고소하다, 호소하다		☐ 運営	명 운영
☐ うっとり	부 마음이 사로 잡혀 멍한 모양		☐ 運賃 *기출	명 운임, 삯
☐ 腕 *기출	명 팔		☐ うんと	부 정도나 분량이 많은 모양, 엄청, 몹시
☐ うとうと *기출	부 조는 모양, 꾸벅꾸벅		☐ 運命	명 운명
☐ 促す	동 재촉하다, 독촉하다		☐ 永遠に	부 영원히
☐ うなずく *기출	동 수긍하다, 끄덕이다		☐ 永久	명 영구
☐ 奪う	동 빼앗다		☐ 永久に *기출	부 영구히
☐ 上手い	형 잘하다		☐ 影響	명 영향
☐ 埋まる	동 메워지다, 가득 차다		☐ 衛生	명 위생
☐ 海沿い	명 해안, 바닷가		☐ 衛星	명 위성
☐ 生み出す	동 새로 만들어 내다		☐ 映像	명 영상
☐ 海辺	명 해변		☐ 描く	동 그리다, 묘사하다
☐ 有無	명 유무		☐ 液体	명 액체
☐ 敬う	동 존경하다, 공경하다		☐ エコノミー	명 이코노미, 경제
☐ 裏返す	동 뒤집다		☐ 餌	명 모이, 먹이, 사료
☐ 裏切る	동 배신하다		☐ 絵の具	명 그림 물감
☐ 占い	명 점, 점쟁이		☐ エピソード	명 에피소드, 일화
☐ 占う	동 점치다		☐ エラー	명 에러, 잘못, 실패
☐ 恨む	동 원망하다		☐ 偉い *기출	형 훌륭하다, 대단하다
☐ 羨む	동 부러워하다		☐ 得る *기출	동 얻다, 획득하다
☐ 売り切れる	동 매진되다		☐ 宴会場	명 연회장

D-27일 출제 예상 단어 확인하기

☐ 延期(えんき)	명	(일정의) 연기
☐ 演技(えんぎ) *기출	명	연기
☐ 演劇(えんげき)	명	연극
☐ 援助(えんじょ) *기출	명	원조
☐ 演じる(えんじる)	동	연기하다
☐ 演説(えんぜつ) *기출	명	연설
☐ 延長(えんちょう) *기출	명	연장
☐ 円満だ(えんまんだ)	형	원만하다
☐ 円満に(えんまんに)	부	원만하게
☐ 追い返す(おいかえす)	동	물리치다, 돌려보내다
☐ 追い掛ける(おいかける)	동	뒤쫓아 가다
☐ 追い込む(おいこむ)	동	몰아넣다
☐ 追い出す(おいだす)	동	내쫓다, 몰아내다
☐ 追い付く(おいつく)	동	따라잡다, 따라붙다
☐ 負う(おう)	동	(책임을) 지다, (피해를) 입다
☐ 応援(おうえん)	명	응원
☐ 応援団(おうえんだん) *기출	명	응원단
☐ 応じる(おうじる)	동	응하다, 응답하다
☐ 応接(おうせつ)	명	응접, 접대
☐ 欧米(おうべい)	명	유럽과 미국
☐ 応用(おうよう)	명	응용
☐ 往来(おうらい)	명	왕래
☐ 覆う(おおう) *기출	동	덮다, 씌우다
☐ 大型(おおがた)	명	대형
☐ オーケストラ	명	오케스트라, 관현악단
☐ 大げさ(おおげさ) *기출	명	과장, 허풍을 떪
☐ 大げさだ(おおげさだ) *기출	형	허풍스럽다, 요란스럽다
☐ 大声(おおごえ)	명	큰소리
☐ 大手企業(おおてきぎょう)	명	업계 탑기업
☐ 大幅に(おおはばに) *기출	부	대폭으로
☐ オーバーだ *기출	형	오버하다, 과하다
☐ オープン	명	오픈
☐ 大まかだ(おおまかだ)	형	대략적이다
☐ 大昔(おおむかし)	명	아주 먼 옛날
☐ おおよそ	부	대체로, 대략
☐ 丘(おか)	명	언덕
☐ 犯す(おかす)	동	범하다, 저지르다
☐ 侵す(おかす)	동	침범하다, 침해하다
☐ お金を下ろす(おかねをおろす)	관	돈을 인출하다
☐ お代わり(おかわり)	명	한 그릇 더, 리필
☐ 悪寒(おかん)	명	오한
☐ お勘定(おかんじょう) *기출	명	계산
☐ 沖(おき)	명	먼 바다
☐ お気に入り(おきにいり)	명	마음에 듦
☐ 補う(おぎなう) *기출	동	보충하다
☐ 奥底(おくそこ)	명	깊은 속, 속마음
☐ 臆病だ(おくびょうだ) *기출	형	겁이 많다
☐ 贈る(おくる)	동	보내다, 선사하다
☐ 怒る(おこる) *기출	동	화내다
☐ 抑える(おさえる)	동	억누르다

☐	お札(さつ)	명	지폐	☐ 驚(おどろ)かせる *기출	동	놀래키다
☐	幼(おさな)い *기출	형	어리다	☐ 鬼(おに)	명	도깨비, 귀신
☐	収(おさ)める	동	거두다, 손에 넣다	☐ 各々(おのおの)	부	각각, 각기
☐	納(おさ)める *기출	동	납입하다, 납품하다	☐ 帯(おび)	명	띠
☐	治(おさ)める	동	다스리다, 수습하다	☐ 溺(おぼ)れる	동	(물에) 빠지다
☐	惜(お)しい *기출	형	아깝다, 아쉽다	☐ お負(ま)け	명	덤, 경품
☐	おしゃべり *기출	명	수다	☐ 思(おも)い浮(う)かぶ	동	떠오르다, 생각나다
☐	押(お)し寄(よ)せる	동	몰려들다, 밀어닥치다	☐ 思(おも)い返(かえ)す	동	(지난 일을) 다시 생각하다
☐	お辞儀(じぎ)	명	(머리 숙여) 인사함, 절함	☐ 思(おも)いがけない *기출	형	예상치 못하다, 뜻밖이다
☐	オス	명	수컷	☐ 思(おも)い切(き)って *기출	부	과감히, 큰맘 먹고
☐	お世辞(せじ)	명	아첨, 겉치레 말	☐ 思(おも)い切(き)り	부	마음껏, 실컷
☐	汚染(おせん)	명	오염	☐ 思(おも)い切(き)る	동	단념하다
☐	襲(おそ)う	동	습격하다, 덮치다	☐ 思(おも)いつく *기출	동	문득 생각이 떠오르다
☐	おそらく *기출	부	아마, 어쩌면	☐ 重苦(おもくる)しい	형	답답하다, 짓눌리는 것같이 괴롭다
☐	恐(おそ)れ	명	두려움	☐ 主(おも)だ	형	주요하다
☐	恐(おそ)れる	동	두려워하다, 겁내다	☐ 主(おも)に	부	주로
☐	穏(おだ)やかだ *기출	형	온화하다	☐ 親子(おやこ)	명	부모와 자식
☐	落(お)ち込(こ)む *기출	동	침울해지다	☐ 親子連(おやこづ)れ *기출	명	부모와 자식 동반
☐	落(お)ち着(つ)く	동	안정되다, 진정되다	☐ おやつ	명	간식
☐	落(お)ち葉(ば)	명	낙엽	☐ およそ *기출	부	대강, 대략
☐	訪(おとず)れる *기출	동	방문하다, 찾아오다	☐ 及(およ)ぼす	동	끼치다
☐	大人向(おとなむ)け	명	어른용	☐ オリエンテーション	명	오리엔테이션
☐	劣(おと)る *기출	동	뒤떨어지다, (딴 것만) 못하다	☐ オリジナル	명	오리지널, 원작, 원본
☐	おとろえる *기출	동	쇠약하다, 쇠퇴하다	☐ 折(お)り畳(たた)み傘(がさ)	명	접이식 우산
☐	脅(おど)かす	동	겁주다	☐ オリンピック	명	올림픽

D-26일 출제 예상 단어 확인하기

折る	동	접다
オルガン	명	오르간, 풍금
音楽全般 *기출	명	음악 전반
恩恵	명	은혜
温厚 *기출	명	온후
温厚だ *기출	형	온후하다
温暖 *기출	명	온난
温暖化	명	온난화

か행

蚊	명	모기
カーシェアリング		카셰어링
貝	명	조개
会員制 *기출	명	회원제
開会	명	개회
会計 *기출	명	회계, 계산
会見 *기출	명	회견
介護 *기출	명	간호, 간병
開催 *기출	명	개최
改札	명	개찰
解散 *기출	명	해산
開始	명	개시
買いしめる *기출	동	사재기하다
会社員風 *기출	명	회사원풍
解釈	명	해석
解消 *기출	명	해소
回数	명	횟수
改正 *기출	명	개정
快晴	명	쾌청
開設 *기출	명	개설
改善 *기출	명	개선
快速	명	쾌속
改造	명	개조
快調だ	형	쾌조이다, 호조이다
快適だ	형	쾌적하다
回転	명	회전
回答	명	회답, 대답
解答	명	해답
飼い主	명	동물 기르는 주인
開発	명	개발
会費	명	회비
開封	명	개봉
回復する *기출	동	회복하다
解放	명	해방
開放感	명	개방감
開幕	명	개막
解約 *기출	명	해약
カウンセラー	명	상담원
カウンセリング	명	상담 지도
カウンター	명	카운터
かえって	부	도리어, 오히려

☐ 代える	동	대신하다		☐ 拡大	명	확대
☐ 替える	동	바꾸다, 교체하다		☐ 各地	명	각지
☐ 換える	동	바꾸다, 교환하다		☐ 拡張 *기출	명	확장
☐ 家屋	명	가옥		☐ 確定	명	확정
☐ 顔付き	명	얼굴 생김새		☐ 獲得	명	획득
☐ 香り	명	향기		☐ 角度	명	각도
☐ 抱える *기출	동	(껴)안다, 떠안다		☐ 格別だ	형	각별하다
☐ 欠かす *기출	동	빠뜨리다, 거르다		☐ 確保 *기출	명	확보
☐ 係員	명	담당자		☐ 確率	명	확률
☐ 係わる	동	관계되다		☐ 欠ける	동	결여되다, 빠지다
☐ 輝かしい *기출	형	빛나다, 찬란하다		☐ 陰	명	그늘
☐ 輝く	동	(눈부시게) 빛나다		☐ 過激だ	형	과격하다
☐ 書き込む	동	써넣다, 기입하다		☐ 加工	명	가공
☐ 書き手	명	쓰는 사람, 필자		☐ 下降 *기출	명	하강, 내려옴
☐ 限る	동	제한하다, 한정하다		☐ 囲む *기출	동	둘러싸다, 에워싸다
☐ 描く	동	그리다		☐ かさかさ *기출	부	꺼칠꺼칠
☐ 架空	명	가공(상상해 만든 것)		☐ 火山	명	화산
☐ 覚悟	명	각오		☐ 歌詞	명	가사
☐ 確信	명	확신		☐ かしこい *기출	형	현명하다, 영리하다
☐ 核心	명	핵심		☐ 貸し出す	동	대출하다, 빌려주다
☐ 各自 *기출	명	각자		☐ 過失	명	과실
☐ 確実だ	형	확실하다		☐ 箇所	명	군데, 곳, 부분
☐ 確実に	부	확실히		☐ 家事	명	가사, 집안 일
☐ 拡充 *기출	명	확충		☐ 果実	명	과실, 열매
☐ 隠す *기출	동	감추다, 숨기다		☐ 過剰 *기출	명	과잉

 **D-25일** 출제 예상 단어 확인하기

かじる	동	갉아먹다
課す	동	과하다, 부과하다
かすかだ *기출	형	희미하다, 어렴풋하다
数	명	수
稼ぐ	동	(돈·시간 등을) 벌다
風邪気味 *기출	명	감기 기운
加速	명	가속
家族連れ *기출	명	가족 동반
肩 *기출	명	어깨
硬い	형	딱딱하다, 단단하다
刀	명	큰 칼, 검
片方	명	한쪽, 한편
固まる	동	굳다, 딱딱해지다
傾く *기출	동	기울다
傾ける	동	기울이다
固める *기출	동	굳히다
かたよる *기출	동	치우치다, 쏠리다
語る	동	이야기하다
カタログ	명	카탈로그
担ぐ	동	메다, 짊어지다
活字離れ	명	활자를 멀리함
かつて *기출	부	일찍이, 예전부터
活躍	명	활약
活用	명	활용
活力	명	활력
活気 *기출	명	활기
格好 *기출	명	모습, 꼴
勝手だ *기출	형	제멋대로다
勝手に *기출	부	함부로, 마음대로
カット	명	컷, 절단
かっとする	동	발끈하다
活発に *기출	부	활발하게
仮定	명	가정
過程	명	과정
下等	명	하등
過度だ	형	과하다, 과도하다
叶う *기출	동	이루어지다
悲しむ	동	슬퍼하다
必ずしも	부	반드시
かなり *기출	부	꽤, 제법
鐘	명	종
加熱	명	가열
兼ねる	동	겸하다
かばう *기출	동	감싸다, (감)싸고돌다
かび	명	곰팡이
花粉症	명	꽃가루 알레르기
株	명	주식
被せる	동	덮다, 씌우다
壁際 *기출	명	벽가, 벽 옆
構う	동	상관하다

髪型	명	헤어스타일	為替	명	환율
神様	명	신	代わる	동	대신하다
噛みつく	동	덥석 물다, 물고 늘어지다	間隔	명	간격
雷	명	천둥	考え方 *기출	명	사고방식
紙袋	명	종이 봉지	考え込む	동	골똘히 생각하다
貨物	명	화물	換気	명	환기
歌謡曲	명	가요곡, 가요	観客	명	관객
辛い *기출	형	맵다	簡潔に *기출	부	간결하게
からかう	동	조롱하다, 놀리다	歓迎	명	환영
枯らす	동	시들게 하다	感激	명	감격
カリキュラム	명	커리큘럼, 교육과정	看護	명	간호
仮契約	명	가계약	観察	명	관찰
仮採用 *기출	명	임시 채용	換算	명	환산
仮登録 *기출	명	가등록, 임시 등록	鑑賞	명	감상
仮に	부	만일, 가령	感じとる	동	감지하다
借りる *기출	동	빌리다	関する	동	관계하다
軽々	부	가뿐히, 거뜬히	完成 *기출	명	완성
カルシウム	명	칼슘	乾燥 *기출	명	건조
カルチャーショック	명	컬처 쇼크, 문화 충격	観測	명	관측
枯れる	동	마르다, 시들다	勘違い	명	착각, 잘못 생각함
カロリー	명	칼로리	缶詰	명	통조림
皮	명	가죽	観点	명	관점
可愛がる	동	귀여워하다	監督	명	감독
かわいそうだ *기출	형	불쌍하다	看板	명	간판
渇く	동	목이 마르다	看病	명	간병

D-24일 출제 예상 단어 확인하기

□ 勧誘(かんゆう) *기출	명	권유
□ 管理(かんり) *기출	명	관리
□ 管理下(かんりか) *기출	명	관리하
□ 簡略(かんりゃく)	명	간략
□ 完了(かんりょう) *기출	명	완료
□ 関連(かんれん)	명	관련
□ ガードマン	명	가드맨, 경비원
□ 害(がい)	명	해, 방해, 지장
□ 外見(がいけん) *기출	명	외견, 겉보기
□ 外交(がいこう)	명	외교
□ ガイド *기출	명	가이드, 안내
□ 概要(がいよう) *기출	명	개요
□ 学年(がくねん)	명	학년
□ 学年別(がくねんべつ) *기출	명	학년별
□ がっかりする *기출	동	실망하다, 낙심하다
□ がっしり	부	탄탄하게 꽉 짜여 있는 모양, 탄탄히
□ 我慢(がまん)	명	참음, 자제
□ 柄(がら)	명	무늬
□ がらがら	부	텅텅 비어있는 모양, 텅텅
□ 癌(がん)	명	암
□ 頑固(がんこ) *기출	명	완고, 외고집
□ 頑固だ(がんこだ)	형	완고하다
□ 頑固に(がんこに)	부	완고하게
□ 元日(がんじつ)	명	1월 1일
□ 頑丈(がんじょう) *기출	명	옹골참, 튼튼하고 짱짱함
□ 願望(がんぼう) *기출	명	바람, 소원
□ 気圧(きあつ)	명	기압
□ キー	명	키, 열쇠, 실마리
□ 黄色(きいろ)	명	황색, 노란색
□ 記憶する(きおくする) *기출	동	기억하다
□ 企画(きかく) *기출	명	기획
□ 機関(きかん)	명	기관
□ 着替える(きがえる)	동	옷을 갈아 입다
□ 気軽に(きがるに) *기출	부	부담 없이, 가볍게
□ 危機(きき)	명	위기
□ 聞き返す(ききかえす)	동	되묻다
□ 聞き出す(ききだす)	동	캐물어 알아내다
□ 聞き取る(ききとる)	동	알아듣다
□ 企業(きぎょう)	명	기업
□ 器具(きぐ)	명	기구
□ 危険性(きけんせい) *기출	명	위험성
□ 期限(きげん)	명	기한
□ 機嫌(きげん) *기출	명	기분, 비위
□ 期限切れ(きげんぎれ) *기출	명	기한 만료
□ 気候(きこう)	명	기후
□ 貴校(きこう)	명	귀교, 상대방 학교의 높임말
□ 記号(きごう)	명	기호
□ 刻む(きざむ)	동	잘게 썰다, 새기다
□ 岸(きし)	명	물가, 벼랑
□ 貴社(きしゃ)	명	귀사, 상대방 회사의 높임말

☐	気象(きしょう)	명	기상	☐	寄付(きふ) *기출	명	기부
☐	生地(きじ)	명	생지, 옷감	☐	規模(きぼ) *기출	명	규모
☐	期日(きじつ)	명	기일	☐	奇妙だ(きみょうだ) *기출	형	기묘하다
☐	基準(きじゅん)	명	기준	☐	決める(きめる) *기출	동	정하다, 결정하다
☐	築く(きずく)	동	쌓아올리다, 구축하다	☐	客観的だ(きゃっかんてきだ)	형	객관적이다
☐	傷つく(きずつく)	동	상처를 입다	☐	キャッシュ	명	캐시, 현금
☐	帰省(きせい) *기출	명	귀성	☐	キャッチ	명	캐치, 잡음
☐	基礎(きそ)	명	기초	☐	キャプテン	명	캡틴, 주장
☐	競う(きそう) *기출	동	경쟁하다, 겨루다	☐	キャラクター	명	캐릭터
☐	規則正しい(きそくただしい)	형	규칙적이다	☐	キャリア	명	커리어, 경력
☐	鍛える(きたえる)	동	단련하다	☐	キャンセル	명	캔슬, 취소
☐	北半球(きたはんきゅう)	명	북반구	☐	急(きゅう)カーブ	명	급커브
☐	貴団体(きだんたい) *기출	명	귀 단체	☐	休憩(きゅうけい)	명	휴게, 휴식
☐	基地(きち)	명	기지	☐	急激(きゅうげき) *기출	명	급격
☐	機長(きちょう)	명	(항공기의) 기장	☐	急激だ(きゅうげきだ)	형	급격하다
☐	貴重だ(きちょうだ) *기출	형	귀중하다	☐	休講(きゅうこう)	명	휴강
☐	きちんと	부	정확히, 제대로, 깔끔히	☐	吸収(きゅうしゅう)	명	흡수
☐	きっかけ *기출	명	계기	☐	旧正月(きゅうしょうがつ)	명	구정월, 음력 설
☐	きっぱり *기출	부	딱 잘라, 단호히	☐	救助(きゅうじょ)	명	구조
☐	規定(きてい)	명	규정	☐	求人(きゅうじん) *기출	명	구인
☐	記入(きにゅう)	명	기입	☐	旧制度(きゅうせいど) *기출	명	구제도(옛 제도)
☐	機能(きのう) *기출	명	기능	☐	休息(きゅうそく)	명	휴식
☐	気の毒だ(きのどくだ)	형	딱하다, 가엾다	☐	急速に(きゅうそくに)	부	급속히
☐	気恥ずかしい(きはずかしい)	형	부끄럽다, 멋쩍다	☐	急用(きゅうよう)	명	급한 용무
☐	基盤(きばん)	명	기반	☐	旧暦(きゅうれき)	명	음력

D-23일 출제 예상 단어 확인하기

- ☐ 清(きよ)い 〔형〕 맑다
- ☐ 器用(きよう)だ 〔형〕 손재주가 있다
- ☐ 境界(きょうかい) 〔명〕 경계
- ☐ 供給(きょうきゅう) 〔명〕 공급
- ☐ 競技(きょうぎ) 〔명〕 경기
- ☐ 恐縮(きょうしゅく) 〔명〕 죄송스럽게 여김
- ☐ 強大(きょうだい)だ 〔형〕 강대하다
- ☐ 共同(きょうどう) 〔명〕 공동
- ☐ 恐怖(きょうふ) 〔명〕 공포
- ☐ 共用(きょうよう) 〔명〕 공용
- ☐ 教養(きょうよう) 〔명〕 교양
- ☐ 強力(きょうりょく)だ 〔형〕 강력하다
- ☐ 強烈(きょうれつ)だ 〔형〕 강렬하다
- ☐ 許可(きょか) 〔명〕 허가
- ☐ 極端(きょくたん)に *기출 〔부〕 극단적으로
- ☐ 巨大(きょだい)だ 〔형〕 거대하다
- ☐ 拒否(きょひ) *기출 〔명〕 거부
- ☐ 距離(きょり) *기출 〔명〕 거리
- ☐ 嫌(きら)う 〔동〕 싫어하다
- ☐ きらきら 〔부〕 반짝반짝
- ☐ 気楽(きらく)だ 〔형〕 편하다, 홀가분하다
- ☐ 霧(きり) 〔명〕 안개
- ☐ 切(き)り替(か)える 〔동〕 달리 바꾸다, 전환하다
- ☐ 切(き)り捨(す)てる 〔동〕 잘라서 버리다
- ☐ 規律(きりつ) 〔명〕 규율
- ☐ 気力(きりょく) 〔명〕 기력
- ☐ 切(き)れる 〔동〕 끊어지다, 떨어지다
- ☐ 気(き)をつける *기출 〔동〕 조심하다, 주의하다
- ☐ 金額(きんがく) 〔명〕 금액
- ☐ 金庫(きんこ) 〔명〕 금고
- ☐ 金賞(きんしょう) 〔명〕 금상
- ☐ 金銭(きんせん) 〔명〕 금전, 돈
- ☐ 金属(きんぞく) 〔명〕 금속
- ☐ 緊張(きんちょう) 〔명〕 긴장
- ☐ 均等(きんとう) 〔명〕 균등
- ☐ 筋肉(きんにく) 〔명〕 근육
- ☐ 勤務(きんむ) 〔명〕 근무
- ☐ 金融(きんゆう) 〔명〕 금융
- ☐ ぎざぎざ 〔부〕 들쭉날쭉, 삐죽삐죽
- ☐ 儀式(ぎしき) 〔명〕 의식
- ☐ ぎしぎし 〔부〕 삐걱삐걱
- ☐ 技術(ぎじゅつ) *기출 〔명〕 기술
- ☐ ぎっしり *기출 〔부〕 잔뜩, 가득
- ☐ 義務(ぎむ) 〔명〕 의무
- ☐ 逆効果(ぎゃくこうか) 〔명〕 역효과
- ☐ ギャップ 〔명〕 갭, 간격, 차이
- ☐ 行事(ぎょうじ) *기출 〔명〕 행사
- ☐ 業績(ぎょうせき) 〔명〕 업적
- ☐ 業務(ぎょうむ) 〔명〕 업무
- ☐ 行列(ぎょうれつ) 〔명〕 행렬, 줄(을 섬)

☐ 魚介類(ぎょかいるい)	명	어패류	☐ 区分(くぶん)	명	구분
☐ 漁業(ぎょぎょう)	명	어업	☐ 組(くみ)	명	조, 반, 학급
☐ ぎりぎり *기출	부	빠듯함, 아슬아슬	☐ 組合(くみあい)	명	(노동) 조합
☐ 議論(ぎろん)	명	의논, 논의	☐ 組み合わせ(くあ)	명	조합, 짜 맞춤
☐ 空間(くうかん)	명	공간	☐ 組み立てる(くた)	동	조립하다
☐ 空想(くうそう)	명	공상	☐ 組む(く)	동	짜다, 꼬다, 끼다
☐ 釘(くぎ)	명	못	☐ 区役所(くやくしょ)	명	구청
☐ 区切り(くぎ)	명	단락	☐ 悔しい(くや) *기출	형	분하다
☐ 区切る(くぎ)	동	구획 짓다	☐ 悔やむ(く) *기출	동	후회하다, 원통하다
☐ 鎖(くさり)	명	사슬	☐ クラシック	명	클래식, 고전
☐ 苦情(くじょう) *기출	명	불만, 고충	☐ 暮らす(く) *기출	동	살다, 생활하다
☐ くず	명	쓰레기, 부스러기	☐ 暗闇(くらやみ)	명	어둠, 어두운 곳
☐ 崩す(くず)	동	무너뜨리다	☐ クリアする *기출	동	클리어하다, 해내다
☐ 崩れる(くず)	동	무너지다	☐ クリーム状(じょう) *기출	명	크림(과 같은) 상태
☐ くたくたになる *기출	동	녹초가 되다	☐ 繰り返す(くかえ)	동	반복하다
☐ くたびれる	동	지치다	☐ 狂う(くる)	동	미치다
☐ 砕く(くだ)	동	부수다, 빻다	☐ 苦しめる(くる)	동	괴롭히다
☐ くだらない *기출	형	시시하다	☐ 包む(くる) *기출	동	감싸다, 둘러싸다
☐ 唇(くちびる)	명	입술	☐ 暮れ(く) *기출	명	저묾, 저물 때
☐ 苦痛(くつう)	명	고통	☐ クレーム	명	클레임, 불만 제기
☐ くっ付く(つ)	동	착 들러붙다	☐ くれぐれも	부	부디
☐ くっ付ける(つ)	동	착 붙이다	☐ クレジットカード	명	신용카드
☐ くどい *기출	형	장황하다, 끈덕지다, (맛이) 느끼하다	☐ 黒字(くろじ)	명	흑자, 이익
☐ 苦難(くなん)	명	고난	☐ 加える(くわ)	동	가하다, 더하다
☐ 工夫(くふう)	명	궁리, 고안	☐ 詳しい(くわ) *기출	형	상세하다, 잘 알다

D-22일 출제 예상 단어 확인하기

加わる (くわわる)	동 가해지다, 더해지다	掲示 (けいじ) *기출	명 게시
訓練 (くんれん)	명 훈련	形成 (けいせい)	명 형성
偶然 (ぐうぜん) *기출	부 우연히	継続 (けいぞく) *기출	명 계속
ぐずぐず	부 흐물흐물, 우물쭈물	系統 (けいとう) *기출	명 계통
具体的だ (ぐたいてきだ)	형 구체적이다	競馬 (けいば)	명 경마
ぐち *기출	명 푸념	経費 (けいひ)	명 경비
ぐっすり	부 깊이 잠든 모양, 푹	警備 (けいび) *기출	명 경비
ぐったり *기출	부 (지쳐서) 축 늘어짐	経由 (けいゆ)	명 경유
ぐらぐら	부 크게 흔들리는 모양, 흔들흔들	形容詞 (けいようし)	명 형용사
グラフ	명 그래프, 도표	景色 (けしき) *기출	명 경치
ぐるぐる	부 빙빙, 뱅글뱅글	化粧品 (けしょうひん)	명 화장품
ぐんぐん	부 부쩍부쩍, 쭉쭉, 힘차게 성장하는 모양	削る (けずる) *기출	동 깎다, 삭감하다
軍隊 (ぐんたい)	명 군대	血圧 (けつあつ)	명 혈압
ケア	명 케어, 보살핌, 돌봄	決断 (けつだん)	명 결단
敬意 (けいい)	명 경의	結末 (けつまつ)	명 결말
敬意を払う (けいいをはらう)	관 경의를 표하다	欠陥 (けっかん) *기출	명 결함
計画 (けいかく) *기출	명 계획	結婚観 (けっこんかん) *기출	명 결혼관
景気 (けいき)	명 경기	傑作 (けっさく)	명 걸작, 뛰어난 작품
契機 (けいき) *기출	명 계기	決勝 (けっしょう)	명 결승
傾向 (けいこう) *기출	명 경향	決勝戦 (けっしょうせん)	명 결승전
警告 (けいこく)	명 경고	気配 (けはい) *기출	명 기미, 기색
敬語 (けいご)	명 경어, 높임말	煙たい (けむたい)	형 매캐하다, 거북하다
掲載 (けいさい)	명 게재	険しい (けわしい) *기출	형 험하다, 험상궂다
形式 (けいしき)	명 형식	見解 (けんかい) *기출	명 견해
軽傷 (けいしょう) *기출	명 경상	見学 (けんがく)	명 견학

☐ 謙虚だ (けんきょ)	형	겸허하다	☐ 原稿 (げんこう)	명	원고
☐ 検索 (けんさく)	명	검색	☐ 現社長 (げんしゃちょう) *기출	명	현 사장
☐ 研修 (けんしゅう) *기출	명	연수	☐ 厳守 (げんしゅ)	명	엄수
☐ 研修生 (けんしゅうせい)	명	연수생, 연습생	☐ 現象 (げんしょう) *기출	명	현상
☐ 検診 (けんしん)	명	검진	☐ 減少 (げんしょう)	명	감소
☐ 堅実だ (けんじつ)	형	견실하다	☐ 原子力 (げんしりょく)	명	원자력
☐ 謙遜 (けんそん)	명	겸손	☐ 現実離れ (げんじつばなれ) *기출	명	현실과 동떨어짐
☐ 建築 (けんちく)	명	건축	☐ 厳重だ (げんじゅう)	형	엄중하다
☐ 検討 (けんとう)	명	검토	☐ 現状 (げんじょう)	명	현상, 현재 상태
☐ 見当 (けんとう)	명	짐작, 예상	☐ 現制度 (げんせいど) *기출	명	현 제도
☐ 見当がつく (けんとう) *기출	관	짐작이 가다	☐ 現段階 (げんだんかい) *기출	명	현단계
☐ 顕微鏡 (けんびきょう)	명	현미경	☐ 限定 (げんてい) *기출	명	한정
☐ 憲法 (けんぽう)	명	헌법	☐ 限度 (げんど)	명	한도
☐ 懸命だ (けんめい)	형	열심히 하다	☐ 現に (げんに)	부	실제로
☐ 賢明だ (けんめい)	형	현명하다	☐ 現場 (げんば)	명	현장
☐ 権利 (けんり)	명	권리	☐ 原理 (げんり)	명	원리
☐ 外科 (げか)	명	외과	☐ 原料 (げんりょう)	명	원료
☐ 劇場 (げきじょう)	명	극장	☐ 減量 (げんりょう)	명	감량
☐ 劇場版 (げきじょうばん)	명	극장판	☐ 濃い (こい) *기출	형	짙다, 진하다
☐ 劇的に (げきてき) *기출	부	극적으로	☐ 行為 (こうい)	명	행위
☐ 下車 (げしゃ)	명	하차	☐ 幸運 (こううん)	명	행운
☐ 下旬 (げじゅん) *기출	명	하순	☐ 講演 (こうえん)	명	강연
☐ ゲスト	명	게스트	☐ 硬貨 (こうか) *기출	명	금속 화폐, 동전
☐ 原因不明 (げんいんふめい)	명	원인 불명	☐ 高価 (こうか)	명	고가, 값이 비쌈
☐ 限界 (げんかい) *기출	명	한계	☐ 後悔 (こうかい) *기출	명	후회

D-21일 출제 예상 단어 확인하기

□ 効果的だ こうかてき	형 효과적이다		□ 構成 こうせい	명 구성
□ 交換 こうかん	명 교환		□ 公正だ こうせい	형 공정하다
□ 公害 こうがい	명 공해		□ 高性能 こうせいのう *기출	명 고성능
□ 高額 こうがく	명 고액		□ 高層 こうそう	명 고층
□ 好奇心 こうきしん	명 호기심		□ 高層マンション こうそう	명 고층 아파트
□ 公共 こうきょう	명 공공		□ 高速 こうそく	명 고속
□ 講義 こうぎ *기출	명 강의		□ 構造 こうぞう	명 구조
□ 航空 こうくう	명 항공		□ 交代 こうたい *기출	명 교체, 교대
□ 貢献 こうけん	명 공헌		□ 交替 こうたい	명 교체, 교대
□ 工芸 こうげい	명 공예		□ 抗体 こうたい	명 항체
□ 攻撃 こうげき	명 공격		□ 好調 こうちょう *기출	명 호조, 순조
□ 工作 こうさく	명 공작, 만듦		□ 肯定 こうてい	명 긍정
□ 口座 こうざ	명 계좌		□ 肯定的だ こうていてき	형 긍정적이다
□ 講座 こうざ	명 강좌		□ 肯定的に こうていてき	부 긍정적으로
□ 講師 こうし *기출	명 강사		□ 高度 こうど	명 고도, 높은 정도
□ 公式 こうしき	명 공식		□ 購入 こうにゅう	명 구입
□ 後者 こうしゃ	명 후자		□ 鉱物 こうぶつ	명 광물
□ 高収入 こうしゅうにゅう *기출	명 고수입		□ 公平だ こうへい	형 공평하다
□ 交渉 こうしょう *기출	명 교섭		□ 候補 こうほ	명 후보
□ 更新 こうしん	명 갱신		□ 項目 こうもく	명 항목
□ 口実 こうじつ	명 구실, 핑계		□ 効用 こうよう	명 효용, 효능
□ 向上 こうじょう	명 향상		□ 交流 こうりゅう	명 교류
□ 香水 こうすい	명 향수		□ 考慮 こうりょ	명 고려
□ 高水準 こうすいじゅん *기출	명 고수준, 높은 수준		□ 効力 こうりょく	명 효력
□ 降水量 こうすいりょう	명 강수량		□ 高齢化 こうれいか	명 고령화

☐ 越える	동 (장소, 시간 등을) 넘다	☐ コスト	명 비용
☐ 超える	동 (수량, 기준 등을) 넘다	☐ 擦る	동 문지르다, 비비다
☐ コード	명 코드	☐ こそこそ *기출	부 살금살금, 소곤소곤
☐ コーナー	명 코너, 구석	☐ 個体	명 개체
☐ 凍る *기출	동 얼다, 얼어붙다	☐ こだわる	동 연연하다, 고집하다
☐ 小型	명 소형	☐ こつこつ *기출	부 꾸준히
☐ 小柄だ *기출	형 몸집이 작다	☐ 国境	명 국경
☐ 顧客	명 고객	☐ 骨折	명 골절
☐ 呼吸	명 호흡	☐ こっそり	부 몰래, 살짝
☐ 故郷	명 고향	☐ 古典	명 고전
☐ 国王	명 국왕	☐ 異なる *기출	동 다르다, 같지 않다
☐ 国際色 *기출	명 국제색	☐ 言葉遣い	명 말씨, 말투
☐ 国籍	명 국적	☐ ことわざ	명 속담
☐ 克服	명 극복	☐ こども連れ *기출	명 아이 동반
☐ 穀物	명 곡물	☐ 粉	명 가루, 분말
☐ 焦げる *기출	동 타다, 눋다	☐ この度	부 이번, 금번(격식차린 말씨)
☐ 心当たり	명 짐작 가는 곳	☐ 好む	동 좋아하다, 즐기다
☐ 心得る	동 알다, 납득하다	☐ 拒む	동 거부하다
☐ 心強い *기출	형 마음 든든하다	☐ 細々と	부 세세하게, 세심하게
☐ 心細い	형 불안하다, 쓸쓸하다	☐ 小麦	명 소맥, 밀
☐ 快い *기출	형 기분 좋다, 흔쾌하다	☐ 込める	동 속에 담다
☐ 小声 *기출	명 작은 목소리	☐ コメント	명 코멘트, 댓글
☐ 凍える	동 (추위로 손, 발이) 얼다	☐ コラム	명 칼럼
☐ 小言	명 잔소리, 꾸중	☐ 孤立	명 고립
☐ 腰掛ける	동 걸터앉다	☐ コレクション	명 수집(품)

D-20일 출제 예상 단어 확인하기

☐ 転がす	동	굴리다
☐ 転がる	동	굴러가다
☐ 怖い *기출	형	무섭다
☐ 根気	명	끈기, 근성
☐ コンクリート	명	콘크리트, 시멘트
☐ 今後	명	차후, 앞으로
☐ 献立	명	식단, 메뉴
☐ コントロール	명	컨트롤, 통제
☐ コンセント	명	콘센트
☐ 困難	명	곤란
☐ 今日	명	금일, 오늘날
☐ 根本	명	근본
☐ 婚約	명	혼약, 약혼
☐ 混乱 *기출	명	혼란
☐ 強引に	부	강제로, 억지로
☐ 豪華だ	형	호화롭다
☐ 合計	명	합계
☐ 強盗	명	강도
☐ 合同 *기출	명	합동
☐ 合理的だ	형	합리적이다
☐ ゴール	명	골, 목표
☐ 誤解 *기출	명	오해
☐ 語学力	명	어학(능)력
☐ 極	부	극히, 대단히
☐ ごくごく	부	꿀꺽꿀꺽, 극히, 몹시
☐ 後日	명	후일
☐ ごちゃごちゃ *기출	부	뒤섞인 모양, 뒤죽박죽
☐ ご無沙汰	명	한동안 격조함
☐ ゴム	명	고무
☐ 娯楽	명	오락
☐ ごろごろする *기출	동	빈둥거리다

さ행

☐ 差	명	차, 차이
☐ サークル	명	동아리, 동호회
☐ 差異	명	차이
☐ 再会	명	재회
☐ 再開	명	재개
☐ 再開発 *기출	명	재개발
☐ 災害	명	재해
☐ 細菌	명	세균
☐ 再三 *기출	부	재삼, 두 번 세 번, 여러번
☐ 採集	명	채집
☐ 催促 *기출	명	재촉, 독촉
☐ 再提出 *기출	명	재제출
☐ 最適だ	형	최적이다
☐ 再度 *기출	부	재차, 다시
☐ 災難	명	재난
☐ 才能	명	재능
☐ 再発	명	재발
☐ 栽培 *기출	명	재배

☐ 裁判 (さいばん)	명	재판		☐ 刺さる (さ)	동	박히다, 꽂히다
☐ 再放送 (さいほうそう) *기출	명	재방송		☐ 指図 (さしず) *기출	명	지시, 지적
☐ 細胞 (さいぼう)	명	세포		☐ 差し支え (さ つか)	명	지장, 장애
☐ 最優先 (さいゆうせん)	명	최우선		☐ 差し支える (さ つか) *기출	동	지장이 있다
☐ 最有力 (さいゆうりょく) *기출	명	가장 유력함		☐ 差し引く (さ ひ)	동	빼다, 공제하다
☐ 採用 (さいよう)	명	채용		☐ 指す (さ)	동	가리키다, 지적하다
☐ サイレン	명	사이렌		☐ 挿す (さ)	동	꽂다, 끼우다
☐ 幸いだ (さいわ)	형	다행이다		☐ 刺す (さ)	동	찌르다, 쏘다
☐ 幸いに (さいわ)	부	다행히		☐ さすが	부	역시, 과연
☐ 境 (さかい)	명	경계, 기로		☐ 授かる (さず)	동	(내려) 주시다
☐ 境目 (さかいめ)	명	경계(선), 갈림길		☐ 誘う (さそ) *기출	동	꾀다, 권유하다
☐ 逆様に (さかさま)	부	거꾸로		☐ 定める (さだ) *기출	동	정하다, 결정하다
☐ 遡る (さかのぼ)	동	거슬러 올라가다		☐ 撮影 (さつえい) *기출	명	촬영
☐ 逆らう (さか) *기출	동	거스르다, 거역하다		☐ さっさと *기출	부	얼른, 빨랑빨랑
☐ 詐欺師 (さぎし)	명	사기꾼		☐ 早速 (さっそく)	부	즉시
☐ 作業 (さぎょう)	명	작업		☐ さっと	부	잽싸게, 획
☐ 削除 (さくじょ) *기출	명	삭제		☐ さっぱり	부	산뜻한 모양, 전혀
☐ 作成 (さくせい) *기출	명	작성		☐ さっぱりする *기출	동	개운하다, 후련하다
☐ 作品集 (さくひんしゅう) *기출	명	작품집		☐ 作動 (さどう)	명	작동
☐ 作物 (さくもつ)	명	작물, 농작물		☐ 砂漠 (さばく)	명	사막
☐ 探る (さぐ)	동	뒤지다, 찾다		☐ さびる *기출	동	녹슬다
☐ 避ける (さ)	동	피하다		☐ 差別 (さべつ)	명	차별
☐ 支える (ささ)	동	지탱하다		☐ 作法 (さほう)	명	예의범절
☐ ささやかだ	형	조촐하다, 사소하다		☐ サポート	명	서포트, 지지, 후원
☐ ささやく *기출	동	속삭이다		☐ 様々だ (さまざま)	형	다양하다

 **D-19일** 출제 예상 단어 확인하기

☐	さまたげる *기출	동	방해하다	☐	仕上がる	동	완성되다

- ☐ さまたげる *기출 — 동 방해하다
- ☐ 左右(さゆう) — 명 좌우
- ☐ さらさら — 부 습기가 없고 끈적끈적하지 않은 모양
- ☐ 去(さ)る — 동 떠나다
- ☐ さわがしい *기출 — 형 소란하다, 떠들썩하다
- ☐ 爽(さわ)やかだ — 형 상쾌하다, 상큼하다
- ☐ 触(さわ)る *기출 — 동 만지다
- ☐ 参観(さんかん) — 명 참관
- ☐ 参考(さんこう) — 명 참고
- ☐ 参照(さんしょう) *기출 — 명 참조
- ☐ 酸素(さんそ) — 명 산소
- ☐ 山頂(さんちょう) — 명 산꼭대기, 정상
- ☐ 賛否(さんぴ) *기출 — 명 찬부, 찬반
- ☐ サンプル — 명 샘플, 견본
- ☐ 山林(さんりん) — 명 산림
- ☐ 在学(ざいがく) — 명 재학
- ☐ 財産(ざいさん) — 명 재산
- ☐ 材質(ざいしつ) — 명 재질
- ☐ 在籍(ざいせき) *기출 — 명 재적
- ☐ 座席(ざせき) — 명 좌석
- ☐ 雑談(ざつだん) *기출 — 명 잡담
- ☐ ざっと — 부 대충, 대강
- ☐ 座布団(ざぶとん) — 명 방석
- ☐ 残高(ざんだか) *기출 — 명 잔고, 잔액
- ☐ 氏(し) — 명 ~씨(성씨)

- ☐ 仕上(しあ)がる — 동 완성되다
- ☐ 仕上(しあ)げる *기출 — 동 일을 끝내다, 마무리하다
- ☐ シーズン *기출 — 명 시즌
- ☐ しいんと — 부 쥐 죽은 듯이
- ☐ 支援(しえん) — 명 지원
- ☐ 鹿(しか) — 명 사슴
- ☐ 四角(しかく) — 명 사각
- ☐ 視覚(しかく) — 명 시각
- ☐ 資格(しかく) — 명 자격(증)
- ☐ 仕方(しかた)ない *기출 — 형 하는 수 없다, 어쩔 수 없다
- ☐ 志願(しがん) — 명 지원
- ☐ 四季(しき) — 명 사계절
- ☐ 色彩(しきさい) — 명 색채, 빛깔
- ☐ 支給(しきゅう) — 명 지급
- ☐ 至急(しきゅう) *기출 — 부 시급, 매우 급히
- ☐ しきりに — 부 자꾸만, 계속적으로
- ☐ 敷(し)く — 동 깔다, 밑에 펴다
- ☐ 仕組(しく)み — 명 짜임새, 구조
- ☐ 試験官(しけんかん) — 명 시험관
- ☐ 刺激(しげき) *기출 — 명 자극
- ☐ 資源(しげん) — 명 자원
- ☐ 思考(しこう) — 명 사고
- ☐ 私語(しご) — 명 사어, 사담
- ☐ 視察(しさつ) — 명 시찰
- ☐ 支社(ししゃ) — 명 지사

☐ 支出 (しゅつ)	명 지출	☐ 視点 (してん)	명 시점
☐ 支持 (しじ) *기출	명 지지	☐ 品切れ (しなぎれ)	명 품절
☐ 市場 (しじょう)	명 시장	☐ 支配 (しはい)	명 지배
☐ システム	명 시스템, 체계	☐ 始発 (しはつ)	명 시발, 첫 출발
☐ 静める (しずめる)	동 가라앉히다	☐ 芝居 (しばい)	명 연극, 연기
☐ 姿勢 (しせい) *기출	명 자세	☐ しばしば	부 자주, 여러 번
☐ 施設 (しせつ)	명 시설	☐ 芝生 (しばふ)	명 잔디밭
☐ 視線 (しせん)	명 시선	☐ しばらく *기출	부 잠깐, 한동안
☐ 思想 (しそう)	명 사상	☐ 縛る (しばる)	동 묶다, 매다
☐ 子孫 (しそん)	명 자손	☐ 痺れる (しびれる)	동 저리다, 마비되다
☐ 死体 (したい)	명 사체, 시체	☐ 渋い (しぶい)	형 떫다
☐ 従う (したがう) *기출	동 따르다	☐ 紙幣 (しへい)	명 지폐
☐ 次第に (しだいに)	부 차츰, 차차	☐ 資本 (しほん)	명 자본
☐ 視聴者 (しちょうしゃ)	명 시청자	☐ 志望 (しぼう)	명 지망
☐ 質 (しつ)	명 질	☐ しぼむ	동 시들다, 오므라지다
☐ しつこい *기출	형 끈질기다, 집요하다	☐ 絞る (しぼる) *기출	동 (쥐어)짜다, 좁히다
☐ 失望する (しつぼうする) *기출	동 실망하다	☐ 縞 (しま)	명 줄무늬
☐ 失格 (しっかく)	명 실격	☐ しまう *기출	동 정리하다, 챙겨 넣다
☐ しっかり	부 확실히, 꼭	☐ 染み込む (しこむ)	동 깊이 스며들다
☐ 湿気 (しっけ)	명 습기	☐ しみる *기출	동 스며들다, 번지다
☐ 質素 (しっそ) *기출	명 검소	☐ 締め切る (しめきる) *기출	동 마감하다
☐ 質素だ (しっそだ)	형 검소하다	☐ 締めくくる (しめくくる)	동 꼭 묶다, 결말을 짓다
☐ しっとり	부 촉촉이, 습기찬 모양	☐ 湿っぽい (しめっぽい) *기출	형 축축하다, 눅눅하다
☐ しっぽ	명 꼬리	☐ 湿る (しめる) *기출	동 축축해지다, 습기차다
☐ 指摘 (してき) *기출	명 지적	☐ 占める (しめる) *기출	동 차지하다

D-18일 출제 예상 단어 확인하기

霜 (しも)	명	서리
視野 (しや) *기출	명	시야
市役所 (しやくしょ)	명	시청
しゃがむ	동	웅크리다, 쭈그리다
写真付き (しゃしんつき) *기출	명	사진 첨부
しゃっくり	명	딸꾹질
シャッター	명	(사진기의) 셔터
しゃべる	동	수다떨다
車両 (しゃりょう)	명	차량
しゃれ	명	멋부림
州 (しゅう)	명	주, 행정 구획의 하나
周囲 (しゅうい)	명	주위
集会 (しゅうかい)	명	집회
収穫 (しゅうかく) *기출	명	수확
週刊誌 (しゅうかんし)	명	주간지
宗教 (しゅうきょう)	명	종교
集合 (しゅうごう)	명	집합
収集 (しゅうしゅう)	명	수집
就職率 (しゅうしょくりつ) *기출	명	취직률, 취업률
終日 (しゅうじつ) *기출	명	(온)종일
修正 (しゅうせい)	명	수정
集団 (しゅうだん)	명	집단
集中 (しゅうちゅう)	명	집중
集中力 (しゅうちゅうりょく) *기출	명	집중력
就任 (しゅうにん)	명	취임
収納 (しゅうのう) *기출	명	수납
周辺 (しゅうへん)	명	주변
修理代 (しゅうりだい)	명	수리비
終了 (しゅうりょう)	명	종료
主観的だ (しゅかんてきだ)	형	주관적이다
主義 (しゅぎ)	명	주의
縮小 (しゅくしょう)	명	축소
宿泊 (しゅくはく)	명	숙박
主語 (しゅご)	명	주어
取材 (しゅざい) *기출	명	취재
首相 (しゅしょう)	명	수상
主人公 (しゅじんこう)	명	주인공
主成分 (しゅせいぶん) *기출	명	주성분
出願 (しゅつがん)	명	출원
出産 (しゅっさん)	명	출산
出世 (しゅっせ) *기출	명	출세
出張 (しゅっちょう)	명	출장
取得 (しゅとく)	명	취득
趣味 (しゅみ) *기출	명	취미
主要だ (しゅようだ)	형	주요하다
手話 (しゅわ)	명	수화
瞬間 (しゅんかん)	명	순간
瞬間的に (しゅんかんてきに)	부	순간적으로
消化 (しょうか)	명	소화
障害 (しょうがい)	명	장애

奨学金 しょうがくきん	명	장학금
賞金 しょうきん	명	상금
将棋 しょうぎ	명	장기
証拠 しょうこ	명	증거
詳細 しょうさい	명	상세
商社 しょうしゃ	명	상사(회사)
症状 しょうじょう *기출	명	증상
生じる しょうじる *기출	동	생기다
少数 しょうすう	명	소수
招待 しょうたい *기출	명	초대
招待状 しょうたいじょう *기출	명	초대장
承知 しょうち	명	알아들음
象徴 しょうちょう *기출	명	상징
焦点 しょうてん *기출	명	초점
商店街 しょうてんがい *기출	명	상점가
衝突する しょうとつする *기출	동	충돌하다
消毒 しょうどく	명	소독
承認 しょうにん	명	승인
勝敗 しょうはい	명	승패
勝負 しょうぶ	명	승부
消防署 しょうぼうしょ	명	소방서
賞味期限 しょうみきげん	명	유통 기한
照明 しょうめい	명	조명
消耗 しょうもう	명	소모
省略 しょうりゃく *기출	명	생략
諸外国 しょがいこく *기출	명	여러 외국
初期 しょき *기출	명	초기
食卓 しょくたく	명	식탁
職場 しょくば	명	직장
植物 しょくぶつ	명	식물
所在 しょざい	명	소재, 거처
初旬 しょじゅん	명	초순
書籍 しょせき *기출	명	서적
所属 しょぞく	명	소속
初対面 しょたいめん	명	첫대면
処置 しょち	명	처치, 조치
食器類 しょっきるい *기출	명	식기류
ショック *기출	명	쇼크, 충격
しょっちゅう	부	늘, 언제나
しょっぱい	형	짜다
諸手続き しょてつづき *기출	명	여러 절차
書道 しょどう	명	서도, 서예
初日 しょにち	명	초일, 첫날
初年度 しょねんど *기출	명	초년도, 첫 해
処分 しょぶん	명	처분
初歩 しょほ *기출	명	초보
署名 しょめい	명	서명
書物 しょもつ	명	서책, 도서
諸問題 しょもんだい *기출	명	여러 문제
所有する しょゆうする *기출	동	소유하다

 **D-17일** 출제 예상 단어 확인하기

☐ 処理 *기출	명	처리
☐ 知らず知らず	부	모르는 사이에, 어느새
☐ シリーズ	명	시리즈, 연속물
☐ 汁	명	즙, 국
☐ 印 *기출	명	표, 표시
☐ 印をつける	관	표시를 하다
☐ 城	명	성
☐ 素人	명	아마추어, 풋내기
☐ しわ	명	주름, 구김살
☐ 芯	명	(연필 등의) 심
☐ 進学率 *기출	명	진학률
☐ 心境	명	심경
☐ シングル	명	싱글, 일인용(의 것)
☐ 神経	명	신경
☐ 神経質だ	형	신경질적이다
☐ 真剣だ	형	진지하다
☐ 真剣に *기출	부	진지하게
☐ 信仰	명	신앙
☐ 進行	명	진행
☐ 申告	명	신고
☐ 深刻 *기출	명	심각
☐ 深刻だ *기출	형	심각하다
☐ 診察	명	진찰
☐ 進出 *기출	명	진출
☐ 心身	명	심신, 마음과 몸
☐ 新人	명	신인, 신참
☐ 心臓	명	심장
☐ 診断 *기출	명	진단
☐ 慎重だ	형	신중하다
☐ 慎重に *기출	부	신중하게
☐ 侵入	명	침입
☐ 新入生	명	신입생
☐ 審判	명	심판
☐ シンプル	명	심플, 간단함
☐ シンポジウム	명	토론회
☐ 信用	명	신용
☐ 信頼	명	신뢰
☐ 森林	명	삼림
☐ 進路	명	진로
☐ 神話	명	신화
☐ 直に *기출	부	직접
☐ 時間をつぶす *기출	관	시간을 때우다
☐ 時期	명	시기
☐ 直に	부	곧, 바로
☐ 時給	명	시급
☐ 事業	명	사업
☐ 自己流	명	자기류, 자기 방식
☐ 時差	명	시차
☐ 自殺	명	자살
☐ 持参	명	지참, 가지고 옴

☐	磁石 じしゃく	명	자석	☐	邪魔 じゃま *기출	명	방해
☐	事実 じじつ	명	사실	☐	銃 じゅう	명	총
☐	事前に じぜんに	부	사전에	☐	住居 じゅうきょ *기출	명	주거
☐	持続 じぞく	명	지속	☐	重視 じゅうし	명	중시
☐	自体 じたい	명	자체	☐	充実 じゅうじつ	명	충실
☐	辞退 じたい *기출	명	사퇴, 사양	☐	渋滞 じゅうたい	명	(교통) 정체
☐	じたばたする *기출	동	버둥거리다	☐	住宅街 じゅうたくがい *기출	명	주택가
☐	自治体 じちたい	명	자치체	☐	重大だ じゅうだいだ *기출	형	중대하다
☐	実現 じつげん	명	실현	☐	重点 じゅうてん	명	중점
☐	実に じつに	부	실로, 참으로, 정말	☐	充電 じゅうでん	명	충전
☐	実物 じつぶつ	명	실물	☐	柔道 じゅうどう	명	유도
☐	実務 じつむ	명	실무	☐	柔軟だ じゅうなんだ *기출	형	유연하다
☐	実用的だ じつようてきだ	형	실용적이다	☐	柔軟に じゅうなんに *기출	부	유연하게
☐	実感 じっかん	명	실감	☐	充満 じゅうまん *기출	명	충만, 가득함
☐	実験 じっけん	명	실험	☐	重量 じゅうりょう	명	중량, 무게
☐	実施 じっし	명	실시	☐	重力 じゅうりょく	명	중력
☐	実績 じっせき	명	실적	☐	熟成 じゅくせい	명	숙성
☐	実践 じっせん *기출	명	실천	☐	受験 じゅけん	명	수험
☐	じっとする *기출	동	가만히 있다	☐	受験生 じゅけんせい	명	수험생
☐	児童 じどう	명	아동	☐	受賞 じゅしょう	명	수상
☐	自分で じぶんで *기출	부	스스로	☐	受診 じゅしん	명	진찰을 받음
☐	地味だ じみだ	형	수수하다	☐	寿命 じゅみょう	명	수명
☐	じめじめ	부	축축, 찐득찐득	☐	需要 じゅよう	명	수요
☐	地元 じもと *기출	명	생활 근거지, 고장	☐	授与式 じゅよしき	명	수여식
☐	弱点 じゃくてん *기출	명	약점	☐	順位 じゅんい	명	순위

 **D-16일** 출제 예상 단어 확인하기

☐ 準決勝 じゅんけっしょう *기출	명	준결승
☐ 順序 じゅんじょ	명	순서
☐ 純粋だ じゅんすい	형	순수하다
☐ 順調 じゅんちょう *기출	명	순조
☐ 順調だ じゅんちょう	형	순조롭다
☐ 順調に じゅんちょう *기출	부	순조롭게
☐ 準優勝 じゅんゆうしょう *기출	명	준우승
☐ 情 じょう	명	정
☐ 蒸気 じょうき	명	증기
☐ 状況 じょうきょう	명	상황
☐ 上京 じょうきょう	명	상경
☐ 情景 じょうけい *기출	명	정경, 광경
☐ 常識的だ じょうしきてき	형	상식적이다
☐ 上昇 じょうしょう *기출	명	상승
☐ 状態 じょうたい	명	상태
☐ 上達する じょうたつ *기출	동	(솜씨가) 늘다, 숙달되다
☐ 上等だ じょうとう	형	고급이다, 훌륭하다
☐ 蒸発 じょうはつ	명	증발
☐ 女王 じょおう	명	여왕
☐ ジョギング	명	조깅
☐ 助手 じょしゅ	명	조수, 조교
☐ 徐々に じょじょ *기출	부	서서히
☐ じりじり	부	착실히, 해가 쨍쨍 비추는 모양
☐ じろじろ *기출	부	빤히, 유심히
☐ 人件費 じんけんひ	명	인건비
☐ 人工 じんこう	명	인공
☐ 人工衛星 じんこうえいせい	명	인공위성
☐ 人材 じんざい	명	인재
☐ 人事 じんじ	명	인사
☐ 人類 じんるい	명	인류
☐ 酢 す	명	식초
☐ 吸い殻 すいがら	명	담배꽁초
☐ 水産 すいさん	명	수산
☐ 水準 すいじゅん	명	수준
☐ 水蒸気 すいじょうき	명	수증기, 김
☐ すいすい	부	획획, 쓱쓱, 가볍게 움직이는 모양
☐ 推薦 すいせん	명	추천
☐ 推測 すいそく	명	추측
☐ 衰退 すいたい	명	쇠퇴
☐ 垂直 すいちょく *기출	명	수직
☐ 垂直に すいちょく *기출	부	수직으로
☐ 水分 すいぶん	명	수분
☐ 水平 すいへい	명	수평
☐ 水面 すいめん	명	수면, 물 표면
☐ 数字 すうじ	명	숫자
☐ 数値 すうち	명	수치
☐ 数人 すうにん	명	몇 사람
☐ スープ	명	스프
☐ 末 すえ	명	끝, 마지막
☐ 姿 すがた	명	모습

☐	スキー	명	스키	☐ ストップ	명	스톱, 정지
☐	スキー場 *기출	명	스키장	☐ ストライキ	명	동맹 파업
☐	好き嫌い	명	호불호, 좋고 싫음	☐ ストレート	명	스트레이트, 곧음
☐	透き通る	동	비쳐 보이다, 투명하다	☐ 素直だ	형	고분고분하다, 솔직하다
☐	隙間	명	(빈)틈, 짬	☐ 滑り止め	명	미끄럼방지, 안전빵
☐	救う *기출	동	구하다, 구원하다	☐ スペース *기출	명	스페이스, 공간
☐	すぐに *기출	부	곧, 즉시	☐ スポーツクラブ	명	스포츠 클럽
☐	優れる	동	뛰어나다, 우수하다	☐ スマート	명	스마트
☐	少し *기출	부	조금	☐ 済ます *기출	동	끝내다, 마치다
☐	筋	명	줄기, 줄거리	☐ 済ませる	동	끝내다
☐	筋が通る	관	이치에 맞다	☐ 炭	명	숯
☐	すすぐ	동	헹구다	☐ 隅々	명	구석구석
☐	勧める	동	권하다	☐ スムーズに *기출	부	순조롭게
☐	スター	명	스타, 인기인	☐ 相撲	명	씨름, 스모
☐	スタッフ	명	스태프, 담당자	☐ すらすら	부	술술, 막힘없이 원활히 진행되는 모양
☐	スタンプ	명	스탬프, 도장	☐ スリップ	명	(눈·비로 자동차 등이) 미끄러짐
☐	すっかり *기출	부	아주, 완전히, 몽땅	☐ するどい *기출	형	날카롭다, 예리하다
☐	すっきり	부	깔끔히	☐ 図	명	도면, 그림
☐	すっきりする *기출	동	시원하다, 후련하다	☐ 図々しい	형	뻔뻔하다
☐	すっと	부	쑥, 쓱, 발딱	☐ 頭痛	명	두통
☐	酸っぱい	형	시다, 시큼하다	☐ 頭脳	명	두뇌
☐	ステーション	명	정거장	☐ 図表	명	도표, 그래프
☐	ステージ	명	스테이지, 무대	☐ ずらす	동	(겹치지 않게) 비켜 놓다
☐	捨てる *기출	동	버리다	☐ ずらりと	부	여럿이 늘어선 모양, 즐비하게, 쭉
☐	既に	부	이미, 벌써	☐ ずるい *기출	형	교활하다, 능글맞다

 **D-15일** 출제 예상 단어 확인하기

☐	ずれる	동 어긋나다, 벗어나다	☐	せいとう 政党	명 정당
☐	せい 精いっぱい *기출	부 최대한, 힘껏	☐	せいど 制度	명 제도
☐	せいえん 声援 *기출	명 성원	☐	せいのう 性能	명 성능
☐	せいか 成果	명 성과	☐	せいび 整備	명 정비
☐	せいかい 正解	명 정답	☐	せいふ 政府	명 정부
☐	せいかく 性格 *기출	명 성격	☐	せいぶつ 生物	명 생물
☐	せいき 世紀	명 세기	☐	せいぶん 成分	명 성분
☐	せいきまつ 世紀末	명 세기말	☐	せいべつ 性別	명 성별
☐	せいきゅう 請求	명 청구	☐	せいめい 生命	명 생명
☐	せいけつ 清潔だ *기출	형 청결하다	☐	せいもん 正門	명 정문
☐	せいげん 制限	명 제한	☐	せいりつ 成立	명 성립
☐	せいこうりつ 成功率 *기출	명 성공률	☐	セールス	명 세일즈
☐	せいさく 制作	명 (예술 작품 등) 제작	☐	せお 背負う	동 짊어지다, 업다
☐	せいさく 製作	명 (실용품 등) 제작	☐	せきどう 赤道	명 적도
☐	せいさん 精算 *기출	명 정산	☐	せけん 世間 *기출	명 세간, 세상
☐	せいしき 正式だ	형 정식이다	☐	せだい 世代 *기출	명 세대
☐	せいしん 精神	명 정신	☐	せつぞく 接続 *기출	명 접속
☐	せいじしょく 政治色 *기출	명 정치색	☐	せつび 設備 *기출	명 설비
☐	せいじつ 誠実だ	형 성실하다	☐	せつやく 節約 *기출	명 절약
☐	せいぜい 精々	부 힘 있는 한, 기껏해야, 겨우	☐	せっかく	부 모처럼
☐	せいそう 清掃	명 청소	☐	せっきゃく 接客	명 접객, 서빙
☐	せいぞう 製造 *기출	명 제조	☐	せっきょくてき 積極的だ	형 적극적이다
☐	せいぞん 生存	명 생존	☐	せっきょくてき 積極的に *기출	부 적극적으로
☐	せいぞんりつ 生存率	명 생존률	☐	せっきん 接近	명 접근
☐	せいちょう 成長 *기출	명 성장	☐	せっけい 設計	명 설계

☐ 接する(せっする)	동	접촉하다	☐ 洗面(せんめん)	명	세면, 세수
☐ せっせと	부	부지런히	☐ 専用(せんよう)	명	전용
☐ 設置(せっち)	명	설치	☐ 戦略(せんりゃく)	명	전략
☐ 設定(せってい)	명	설정	☐ 贅沢(ぜいたく)	명	사치
☐ 説得(せっとく)	명	설득	☐ 贅沢だ(ぜいたくだ) *기출	형	사치스럽다
☐ 迫る(せまる) *기출	동	다가오다, 육박하다	☐ 絶滅(ぜつめつ)	명	멸종
☐ セミナー	명	세미나, 강습회	☐ 絶好調(ぜっこうちょう)	명	절정, 최상의 컨디션
☐ せめて *기출	부	적어도, 하다못해	☐ ぜひとも	부	꼭, 무슨 일이 있어도
☐ 攻める(せめる)	동	공격하다	☐ ゼミ	명	세미나, 교수의 지도 하에 연구하는 것
☐ 責める(せめる) *기출	동	비난하다, 나무라다	☐ 前期(ぜんき)	명	전기
☐ 台詞(せりふ)	명	대사	☐ 前後(ぜんご)	명	전후, 앞뒤
☐ セロテープ	명	셀로판 테이프, 접착용 테이프	☐ 前社長(ぜんしゃちょう) *기출	명	전 사장
☐ 栓(せん)	명	마개	☐ 前進(ぜんしん)	명	전진
☐ 専攻(せんこう)	명	전공	☐ 全身(ぜんしん)	명	전신, 온몸
☐ 選出(せんしゅつ)	명	선출	☐ 前町長(ぜんちょうちょう)	명	전 읍장, 전 이장
☐ 先進国(せんしんこく)	명	선진국	☐ 全般(ぜんぱん)	명	전반
☐ センス	명	센스, 미묘한 감각	☐ 全面的に(ぜんめんてきに)	부	전면적으로
☐ 先祖(せんぞ)	명	선조, 조상	☐ 善良だ(ぜんりょうだ) *기출	형	선량하다
☐ 専属(せんぞく)	명	전속	☐ 全力(ぜんりょく)	명	전력
☐ センター	명	센터	☐ 沿う(そう)	동	따르다
☐ 先端(せんたん)	명	첨단, 시대·유행의 선두	☐ 相違(そうい) *기출	명	상위, 다름
☐ 先着順(せんちゃくじゅん)	명	선착순	☐ 総売上(そううりあげ) *기출	명	총매출
☐ 先頭(せんとう)	명	선두	☐ 騒音(そうおん)	명	소음
☐ 専念(せんねん) *기출	명	전념	☐ 総額(そうがく) *기출	명	총액
☐ 選別(せんべつ)	명	선별	☐ 早期(そうき) *기출	명	조기

 **D-14일** 출제 예상 단어 확인하기

□ 早急(そうきゅう)に	부	조속히(さっきゅうに 라고도 함)
□ 倉庫(そうこ)	명	창고
□ 相互(そうご) *기출	명	상호, 서로
□ 総合(そうごう)	명	종합
□ 相互(そうご)に	부	상호로, 서로 번갈아
□ 操作(そうさ)	명	조작
□ 捜査(そうさ)	명	수사
□ 創作(そうさく)	명	창작
□ 葬式(そうしき)	명	장례식
□ 送信元(そうしんもと) *기출	명	송신원, 발신지
□ 創造(そうぞう)	명	창조
□ そうぞうしい *기출	형	떠들썩하다, 시끌시끌하다
□ 装置(そうち) *기출	명	장치
□ 想定(そうてい)	명	상정, 예상
□ 相当(そうとう) *기출	부	상당(히)
□ 遭難(そうなん)	명	조난
□ 相反(そうはん)	명	상반, 서로 반대임
□ 創立(そうりつ)	명	창립
□ 送料(そうりょう)	명	(배)송료
□ 即座(そくざ)に *기출	부	즉석에서
□ 測定(そくてい)	명	측정
□ 側面(そくめん)	명	측면
□ 速力(そくりょく)	명	속력
□ 素材(そざい) *기출	명	소재
□ 組織(そしき) *기출	명	조직
□ 素質(そしつ)	명	소질
□ そそっかしい *기출	형	덜렁대다
□ 率直(そっちょく)だ *기출	형	솔직하다
□ 備(そな)える *기출	동	대비하다
□ 素朴(そぼく)だ	형	소박하다
□ 粗末(そまつ)だ	형	변변치 않다
□ 染(そ)まる	동	물들다
□ 染(そ)める	동	물들이다, 염색하다
□ 空々(そらぞら)しい	형	모른체하다, 속이 보이다
□ 逸(そ)れる	동	빗나가다, 벗어나다
□ そろう *기출	동	갖추어지다, 모이다
□ そろえる *기출	동	갖추다, 가지런히하다
□ 損(そん) *기출	명	손해
□ 損害(そんがい) *기출	명	손해
□ 尊敬(そんけい)	명	존경
□ 存在(そんざい)	명	존재
□ 損失(そんしつ) *기출	명	손실
□ 尊重(そんちょう) *기출	명	존중
□ 損得(そんとく)	명	손실과 이득
□ 象(ぞう)	명	코끼리
□ 増加(ぞうか)	명	증가
□ 増減(ぞうげん)	명	증감
□ 増大(ぞうだい)	명	증대
□ 続出(ぞくしゅつ) *기출	명	속출
□ 属(ぞく)する *기출	동	(범위 안에) 속하다

☐	続々と (ぞくぞくと)	부	잇달아, 끊임없이	☐ 体制 (たいせい)	명	체제
☐	続行 (ぞっこう)	명	속행	☐ 対戦 (たいせん)	명	대전
☐	ぞっとする	동	오싹하다	☐ 体操 (たいそう)	명	체조
☐	ぞろぞろ *기출	부	(다수가 잇달아 움직임) 줄줄	☐ 体調 (たいちょう)	명	몸의 상태, 컨디션

た행

☐	ターゲット *기출	명	타깃, 표적	☐ 対等だ (たいとうだ)	형	대등하다
☐	～対～ (たい) *기출	접	~대~	☐ 態度 (たいど)	명	태도
☐	対応 (たいおう)	명	대응	☐ 大半 (たいはん)	부	태반, 대부분
☐	体格 (たいかく) *기출	명	체격	☐ タイマー	명	타이머
☐	退屈だ (たいくつだ)	형	지루하다	☐ タイミング *기출	명	타이밍
☐	対決 (たいけつ)	명	대결	☐ タイム	명	타임, 시간
☐	体験 (たいけん)	명	체험	☐ タイヤ	명	타이어
☐	太鼓 (たいこ)	명	북	☐ 太陽 (たいよう)	명	태양
☐	対抗 (たいこう)	명	대항	☐ 平らだ (たいらだ)	형	평평하다
☐	対抗心 (たいこうしん) *기출	명	대항심	☐ 大陸 (たいりく)	명	대륙
☐	対策 (たいさく)	명	대책	☐ 対立 (たいりつ)	명	대립
☐	滞在 (たいざい)	명	체류	☐ 絶えず (たえず) *기출	부	늘, 끊임없이
☐	大使館 (たいしかん)	명	대사관	☐ 耐える (たえる)	동	견디다, 참다
☐	たいした	연	대단한, 엄청난	☐ 倒す (たおす) *기출	동	쓰러뜨리다, 넘어뜨리다
☐	たいして～ない	관	그다지 (~안 한다)	☐ 宝くじ (たからくじ)	명	복권
☐	退出 (たいしゅつ)	명	퇴출	☐ 耕す (たがやす)	동	경작하다
☐	対処 (たいしょ)	명	대처	☐ 滝 (たき)	명	폭포
☐	対象 (たいしょう)	명	대상	☐ 多機能 (たきのう)	명	다기능
☐	対照 (たいしょう)	명	대조	☐ 炊く (たく)	동	밥을 짓다
☐	退場 (たいじょう)	명	퇴장	☐ たくましい *기출	형	늠름하다, 씩씩하다
				☐ 蓄える (たくわえる) *기출	동	비축하다

D-13일 출제 예상 단어 확인하기

☐ 多彩だ *기출	형	다채롭다
☐ 多少	부	다소
☐ 足す *기출	동	더하다, 보태다
☐ 尋ねる	동	묻다, 찾다
☐ 戦う	동	싸우다, 전쟁하다
☐ 畳む *기출	동	개다, 접다
☐ 只	명	공짜, 무료
☐ 直ちに *기출	부	바로, 즉각
☐ 立ち上がる	동	일어서다, 일어나다
☐ 立ち上げる	동	가동하다, 세우다
☐ 立ち止まる	동	멈추어 서다
☐ 立ち並ぶ	동	줄지어 서다, 견주다
☐ 立場	명	입장, 처지
☐ たちまち *기출	부	금세, 갑자기
☐ 立ち寄る	동	들르다
☐ 経つ	동	지나다, 경과하다
☐ 達する	동	달하다, 도달하다
☐ 達成	명	달성
☐ たった	부	단, 겨우
☐ たっぷり *기출	부	듬뿍
☐ 例える	동	예를 들다
☐ 谷	명	산골짜기
☐ 種	명	종자, 씨
☐ 種をまく	관	씨를 뿌리다
☐ 頼みづらい	형	부탁하기 어렵다
☐ 頼もしい *기출	형	믿음직스럽다
☐ 田畑	명	논밭
☐ 束	명	다발
☐ 束ねる *기출	동	묶다, 통솔하다
☐ 旅	명	여행
☐ たびたび *기출	부	번번이, 여러 번
☐ たぶん *기출	부	아마
☐ 食べ頃 *기출	명	먹기 적당한 때
☐ 食べ盛り	명	한창 먹을 때
☐ たまたま *기출	부	가끔, 이따금, 우연히
☐ ため息	명	한숨
☐ 試し	명	시험, 시도
☐ 試す	동	시험하다, 시도하다
☐ ためらう	동	주저하다, 망설이다
☐ 貯める	동	모으다, 저축하다
☐ 保つ *기출	동	지키다, 유지하다
☐ 多様だ	형	다양하다
☐ 便り	명	근황 소식, 편지
☐ 頼り *기출	명	의지
☐ 頼る	동	의지하다
☐ 単位	명	단위, 학점
☐ 短気だ	형	성질이 급하다
☐ 短縮	명	단축
☐ 単純だ	형	단순하다
☐ たんす	명	옷장, 장롱

☐ 単^{たん}なる	연 단순한		☐ チーズ	명 치즈
☐ 単^{たん}に	부 그저, 단지		☐ チーム	명 팀
☐ 担任^{たんにん}	명 담임		☐ 知恵^{ちえ}	명 지혜
☐ 短編^{たんぺん}	명 단편		☐ チェックアウト	명 체크아웃
☐ 第一印象^{だいいちいんしょう}	명 첫인상		☐ チェックイン	명 체크인
☐ 大学院^{だいがくいん}	명 대학원		☐ 誓^{ちか}う	동 맹세하다
☐ 大企業^{だいきぎょう}	명 대기업		☐ 近頃^{ちかごろ}	명 요즘, 근래
☐ 大臣^{だいじん}	명 대신, 장관		☐ 近々^{ちかぢか}	부 머지않아
☐ 大豆^{だいず}	명 대두, 콩		☐ 近寄^{ちかよ}る	동 접근하다, 가까이 가다
☐ だいたい *기출	부 대체로, 대략		☐ 力^{ちから}づく	동 기운이 나다, 용기가 나다
☐ 大部分^{だいぶぶん}	부 대부분, 거의		☐ 力^{ちから}づける	동 힘을 북돋우다, 격려하다
☐ ダイヤ	명 열차 운행표		☐ 力強^{ちからづよ}い	형 든든하다, 힘차다
☐ 代理^{だいり}	명 대리		☐ 蓄積^{ちくせき}	명 축적
☐ ダウン	명 다운, 아래		☐ 知識^{ちしき}	명 지식
☐ ダッシュする	동 대시하다, 돌진하다		☐ 地帯^{ちたい}	명 지대
☐ 妥当^{だとう} *기출	명 타당		☐ 縮^{ちぢ}む *기출	동 줄어들다, 쪼그라들다
☐ だぶだぶ	부 헐렁헐렁		☐ 縮^{ちぢ}める *기출	동 줄이다, 움츠리다
☐ 黙^{だま}る	동 침묵하다		☐ 縮^{ちぢ}れる	동 오그라들다
☐ ダム	명 댐		☐ チャージ	명 차지, 충전
☐ だらしない *기출	형 칠칠맞지 못하다		☐ 茶色^{ちゃいろ}い	형 갈색이다
☐ 段階^{だんかい}	명 단계		☐ 着実^{ちゃくじつ}だ	형 착실하다
☐ 段階的^{だんかいてき}に	부 단계적으로		☐ 着々^{ちゃくちゃく}と *기출	부 척척, 순조롭게
☐ 男女^{だんじょ}	명 남녀		☐ チャレンジ	명 챌린지, 도전
☐ 地位^{ちい}	명 지위		☐ ちゃんと	부 제대로, 확실히
☐ 地域^{ちいき}	명 지역		☐ 注意深^{ちゅういぶか}い	형 매우 조심스럽다

 **D-12일** 출제 예상 단어 확인하기

□ チューインガム	명	추잉검, 껌
□ 中継(ちゅうけい)	명	중계
□ 抽象的だ(ちゅうしょうてき)*기출	형	추상적이다
□ 中旬(ちゅうじゅん)	명	중순
□ 中世(ちゅうせい)	명	중세
□ 抽選(ちゅうせん)*기출	명	추첨
□ 中断(ちゅうだん)*기출	명	중단
□ 注目(ちゅうもく)*기출	명	주목
□ 中立(ちゅうりつ)	명	중립
□ 駐輪場(ちゅうりんじょう)	명	자전거 주차장
□ 兆(ちょう)	명	조(숫자 단위)
□ 超過(ちょうか)	명	초과
□ 長官(ちょうかん)	명	장관
□ 彫刻(ちょうこく)	명	조각
□ 朝食付き(ちょうしょくつき)	명	조식 포함
□ 頂上(ちょうじょう)*기출	명	정상
□ 調整(ちょうせい)	명	조정
□ 調節(ちょうせつ)*기출	명	조절
□ 頂戴(ちょうだい)	명	받음, 주세요
□ 頂点(ちょうてん)	명	정점, 꼭대기
□ 調味料(ちょうみりょう)	명	조미료
□ 調理(ちょうり)	명	조리
□ 直接(ちょくせつ)*기출	명	직접
□ 直線(ちょくせん)	명	직선
□ 直前(ちょくぜん)*기출	명	직전
□ 著者(ちょしゃ)	명	저자, 작자
□ 著書(ちょしょ)	명	저서
□ 貯蔵(ちょぞう)	명	저장
□ 直径(ちょっけい)	명	직경, 지름
□ 直結(ちょっけつ)	명	직결
□ ちょっとした	연	약간의, 별것 아닌
□ 散らかす(ちらかす)*기출	동	흩뜨리다, 어지르다
□ 散らかる(ちらかる)	동	흩어지다, 어질러지다
□ チラシ	명	전단지, 광고지
□ 散らばる(ちらばる)	동	흩어지다
□ 治療(ちりょう)*기출	명	치료
□ 賃貸(ちんたい)	명	임대
□ チンパンジー	명	침팬지
□ ツアー	명	투어, 관광 여행
□ ツアー客(きゃく)	명	투어객, 여행객
□ つい	부	무심결에
□ 追加(ついか)*기출	명	추가
□ ついつい	부	자신도 모르게 그만, 무의식중에
□ ついている*기출	동	운이 좋다
□ 費やす(ついやす)	동	소비하다
□ 通過(つうか)	명	통과
□ 通貨(つうか)	명	통화
□ 通常(つうじょう)	명	통상, 보통
□ 通じる(つうじる)*기출	동	통하다
□ 通達(つうたつ)	명	통달

☐	通知(つうち)	명	통지, 알림	☐	常に(つねに) *기출	부	늘, 항상, 언제나
☐	通訳(つうやく)	명	통역	☐	唾(つば)	명	침
☐	通用(つうよう)	명	통용	☐	翼(つばさ)	명	날개
☐	通路(つうろ)	명	통로	☐	粒(つぶ)	명	알, 알갱이
☐	通話(つうわ)	명	통화	☐	潰す(つぶす)	동	으깨다
☐	使い捨て(つかいすて)	명	1회용	☐	潰れる(つぶれる)	동	찌부러지다, 망하다
☐	疲れ(つかれ)	명	피로	☐	つまずく *기출	동	발에 걸려 넘어지다, 좌절하다
☐	突き当たり(つきあたり)	명	막다른 곳	☐	つまる *기출	동	가득 차다, 막히다
☐	突き当たる(つきあたる)	동	부딪치다, 봉착하다	☐	罪(つみ)	명	죄
☐	尽きる(つきる) *기출	동	다하다, 떨어지다	☐	積み重なる(つみかさなる)	동	겹쳐 쌓이다, 겹쳐지다
☐	就く(つく)	동	취임하다	☐	積み重ねる(つみかさねる)	동	겹겹이 쌓다
☐	突く(つく)	동	찌르다	☐	積む(つむ) *기출	동	쌓다, 싣다
☐	つくづく	부	곰곰이, 지그시, 절실히	☐	詰め込む(つめこむ)	동	(가득) 채우다, 처넣다
☐	作り出す(つくりだす)	동	만들어 내다	☐	詰める(つめる)	동	채워 넣다
☐	造る(つくる)	동	만들다, 창조하다	☐	積もる(つもる) *기출	동	쌓이다
☐	次ぐ(つぐ)	동	뒤를 잇다	☐	梅雨明け(つゆあけ)	명	장마철이 끝남
☐	注ぐ(つぐ)	동	붓다, 따르다	☐	強火(つよび) *기출	명	화력이 센 불
☐	付け加える(つけくわえる)	동	보태다, 덧붙이다	☐	強み(つよみ) *기출	명	강점, 유리한 점
☐	包む(つつむ) *기출	동	싸다, 포장하다	☐	辛い(つらい) *기출	형	고통스럽다, 괴롭다
☐	突っ込む(つっこむ)	동	돌입하다, 추궁하다	☐	釣り合う(つりあう)	동	균형이 잡히다, 어울리다
☐	務め(つとめ)	명	임무, 책무, 본분	☐	鶴(つる)	명	학, 두루미
☐	務める(つとめる) *기출	동	(역할을) 맡다	☐	連れ出す(つれだす)	동	데리고 나가다, 꾀다
☐	努める(つとめる) *기출	동	힘쓰다, 노력하다	☐	手当て(てあて)	명	수당, 급여, 치료
☐	綱(つな)	명	밧줄	☐	庭園(ていえん)	명	정원
☐	繋がる(つながる)	동	이어지다, 연결되다	☐	低下(ていか)	명	저하

 **D-11일** 출제 예상 단어 확인하기

☐ 定価(ていか)	명	정가
☐ 低価格(ていかかく) *기출	명	저가
☐ 低カロリー(てい) *기출	명	저칼로리
☐ 定期的に(ていきてき)	부	정기적으로
☐ 提供(ていきょう) *기출	명	제공
☐ 抵抗(ていこう) *기출	명	저항
☐ 停止(ていし)	명	정지
☐ 訂正(ていせい) *기출	명	정정
☐ 定着(ていちゃく)	명	정착
☐ 程度(ていど)	명	정도
☐ 停留所(ていりゅうじょ)	명	정류장
☐ ティッシュペーパー	명	화장지
☐ テーマ	명	테마, 주제
☐ 手軽だ(てがる) *기출	형	손쉽다, 간편하다
☐ 手軽に(てがる)	부	손쉽게
☐ 敵(てき)	명	적
☐ 的確だ(てきかく)	형	딱 들어맞다, 정확하다
☐ 適する(てき)	동	알맞다, 적합하다
☐ 適切だ(てきせつ)	형	적절하다
☐ 適度だ(てきど) *기출	형	적당하다, 알맞다
☐ 適用(てきよう)	명	적용
☐ テクニック *기출	명	테크닉
☐ 手品(てじな)	명	마술, 요술
☐ 手数料(てすうりょう)	명	수수료
☐ 手帳(てちょう)	명	수첩
☐ 鉄(てつ)	명	철, 쇠
☐ 哲学(てつがく)	명	철학
☐ 手続き(てつづ)	명	수속, 절차
☐ 徹夜(てつや)	명	철야, 밤새움
☐ 徹底的だ(てっていてき)	형	철저하다
☐ 手作り(てづく)	명	손수 만듦, 수제
☐ 手間(てま)	명	수고, 시간
☐ 手前(てまえ)	명	바로 앞, 자기 앞
☐ 照らす(て)	동	비추다, 비추어 보다
☐ 照る(て)	동	비치다
☐ 添加(てんか)	명	첨가
☐ 展開(てんかい) *기출	명	전개
☐ 転換(てんかん)	명	전환
☐ 転勤(てんきん)	명	전근
☐ 典型的だ(てんけいてき) *기출	형	전형적이다
☐ 点検(てんけん) *기출	명	점검
☐ 天候(てんこう)	명	기후, 날씨
☐ 転校(てんこう)	명	전학
☐ 転職(てんしょく)	명	이직
☐ 天職(てんしょく)	명	천직
☐ 展示会(てんじかい)	명	전시회
☐ 天井(てんじょう)	명	천정, 천장
☐ 天然(てんねん)	명	천연
☐ 添付(てんぷ) *기출	명	첨부
☐ テンポ *기출	명	템포

☐ 出来上がり（できあがり）	명 완성함		☐ 電力（でんりょく）	명 전력
☐ 出来上がる（できあがる）	동 완성되다		☐ 問い（とい）	명 물음, 질문
☐ 出くわす（でくわす）	동 만나다, 맞닥뜨리다		☐ 問い合わせる（といあわせる） *기출	동 문의하다
☐ 凸凹（でこぼこ）	부 울퉁불퉁		☐ 問い掛ける（といかける）	동 묻다, 질문을 던지다
☐ デコレーション	명 데코레이션, 장식		☐ 塔（とう）	명 탑
☐ デザイン *기출	명 디자인		☐ 問う（とう）	동 묻다, 질문하다
☐ 弟子（でし）	명 제자		☐ 統一（とういつ）	명 통일
☐ デスクトップ	명 데스크톱		☐ 頭角（とうかく）	명 두각
☐ でたらめ *기출	명 엉터리, 허튼소리		☐ 東京駅発（とうきょうえきはつ） *기출	명 도쿄역발
☐ でたらめだ	형 엉터리다, 아무렇게나 하다		☐ 東西（とうざい）	명 동서
☐ でたらめに	부 함부로, 마구		☐ 当時（とうじ）	명 당시
☐ 出迎え（でむかえ）	명 마중		☐ 当日（とうじつ）	명 당일
☐ デメリット	명 디메리트, 결점		☐ 当選（とうせん）	명 당선
☐ デモ	명 데모		☐ 当然だ（とうぜんだ）	형 당연하다, 마땅하다
☐ 電気ポット（でんきポット）	명 전기 포트		☐ 到達（とうたつ）	명 도달
☐ 電源（でんげん）	명 전원		☐ 到底（とうてい）	부 도저히
☐ 電子（でんし）	명 전자		☐ 盗難（とうなん）	명 도난
☐ 電車賃（でんしゃちん） *기출	명 전철 요금		☐ 当番（とうばん）	명 당번
☐ 伝承（でんしょう）	명 전승		☐ 投票（とうひょう） *기출	명 투표
☐ 伝授（でんじゅ）	명 전수		☐ 投票率（とうひょうりつ） *기출	명 투표율
☐ 伝染（でんせん）	명 전염		☐ 当分（とうぶん） *기출	부 당분간, 잠시 동안
☐ 伝達（でんたつ）	명 전달		☐ 逃亡（とうぼう） *기출	명 도망
☐ 電池（でんち）	명 전지		☐ 透明（とうめい）	명 투명
☐ 伝統（でんとう） *기출	명 전통		☐ 登録（とうろく） *기출	명 등록
☐ 電流（でんりゅう）	명 전류		☐ 登録済み（とうろくずみ）	명 등록 완료

D-10일 출제 예상 단어 확인하기

討論 *기출	명	토론
通す	동	통하게 하다, 뚫다
通りかかる	동	(우연히) 지나가다
都会	명	도시
都会育ち *기출	명	도시에서 자람
とがる *기출	동	(끝이) 뾰족해지다, 예민해지다
解く	동	(문제 등을) 풀다
特技	명	특기
特殊 *기출	명	특수
特殊だ	형	특수하다
特色 *기출	명	특색
特徴	명	특징
特長	명	특별한 장점
特定 *기출	명	특정
得点	명	득점
溶け込む	동	녹아들다
溶ける	동	녹다
解ける	동	풀리다, 해제되다
所々	부	여기저기, 곳곳
年寄り	명	노인, 어르신
途端に *기출	부	찰나에, 그 순간에
突然 *기출	부	갑자기, 돌연
とっくに *기출	부	훨씬 전에, 진작에
整う	동	정돈되다
整える	동	정돈하다
止まる	동	머물다, 멈추다
隣 *기출	명	이웃, 옆
飛び上がる	동	날아오르다, 뛰어넘다
飛び降りる	동	뛰어내리다
飛び越える	동	(단계 등을) 뛰어넘다
飛び立つ	동	날아가다, 날아오르다
飛び散る *기출	동	사방에 흩날리다, 튀다
飛びつく *기출	동	달려들다, 덤벼들다
飛び回る	동	날아다니다, 뛰어다니다
跳ぶ	동	뛰다, 도약하다
途方	명	수단, 방도
乏しい *기출	형	모자라다, 부족하다
留まる	동	머물다, 고정되다
富	명	부, 재산
伴う *기출	동	동반하다
共に	부	함께, 같이
共働き	명	맞벌이
捉える	동	잡다, 파악하다
トラブル	명	트러블, 말썽
とりあえず *기출	부	우선, 일단
取り上げる	동	집어 들다
取り扱う	동	다루다, 취급하다
取り入れる	동	도입하다, 받아들이다
取り掛かる *기출	동	(일, 사업 등에) 착수하다
取り囲む	동	둘러싸다, 포위하다

☐ 取り組む	동	임하다, 맞붙다		☐ 童話	명	동화
☐ 取り消す	동	취소하다		☐ 毒	명	독
☐ 取り出す	동	꺼내다, 빼내다		☐ 独占	명	독점
☐ 取り付ける	동	설치하다, 달다		☐ 独特 *기출	명	독특
☐ 取り払う	동	(모조리) 치우다, 없애다		☐ 独特だ	형	독특하다
☐ 取り戻す	동	되찾다, 만회하다		☐ 独立	명	독립
☐ 採る	동	뽑다, 채집하다		☐ どしどし	부	척척, 쿵쿵, 거리낌없이
☐ 摂る	동	섭취하다		☐ 土台	명	토대, 기초
☐ とんでもない	형	터무니없다		☐ どっしり	부	묵직이, 듬직히
☐ 同意	명	동의		☐ どっと	부	우르르, 덜컥, 왈칵
☐ 同意見 *기출	명	동의견, 같은 의견		☐ 怒鳴る	동	고함치다, 호통치다
☐ 同一だ	형	동일하다		☐ 鈍感だ	형	둔감하다
☐ どうか	부	제발, 부디, 아무쪼록		**な행**		
☐ 動機	명	동기		☐ 半ば	명	절반, 반
☐ 同居	명	동거		☐ 仲間	명	한패, 한무리
☐ 動作	명	동작		☐ 中身	명	속, 알맹이
☐ 同情する *기출	동	동정하다		☐ 仲良い	형	사이좋다
☐ どうせ	부	어차피		☐ 永い	형	아주 오래다, 영원하다
☐ 道徳	명	도덕		☐ 長生き	명	장수
☐ どうにか	부	그런 대로, 어떻게(든)		☐ 長年	명	오랜 세월
☐ 導入 *기출	명	도입		☐ 長引く	동	오래 끌다, 지연되다
☐ 動揺する *기출	동	동요하다		☐ 眺め	명	바라봄, 조망
☐ 同様だ	형	같은 모양이다, 같다		☐ 眺める	동	바라보다, 조망하다
☐ 同様に	부	다름없이, 마찬가지로		☐ 流れ	명	흐름
☐ 同僚 *기출	명	동료		☐ 慰める	동	위로하다, 달래다

 **D-9일** 출제 예상 단어 확인하기

□ 殴る(なぐ)	동	때리다
□ 投げ出す(なげだ)	동	내던지다, 팽개치다
□ 和やかだ(なご) *기출	형	온화하다, 화목하다
□ 情けない(なさ)	형	한심하다
□ 無し(な)	명	없음
□ 謎(なぞ)	명	수수께끼, 불가사의
□ なだらかだ *기출	형	반듯하다, 완만하다
□ 懐かしい(なつ)	형	그립다
□ 夏休み明け(なつやす あ) *기출	명	여름방학이 끝난 직후
□ 納得(なっとく)	명	납득
□ 撫でる(な)	동	쓰다듬다
□ 斜め(なな)	명	기욺, 경사짐
□ 何気ない(なにげ)	형	태연하다, 무심하다
□ 何分(なにぶん)	부	아무쪼록, 아무래도
□ 何もかも(なに)	부	무엇이든, 모든 게
□ 鍋(なべ)	명	냄비
□ 生意気だ(なまいき)	형	건방지다
□ 怠ける(なま)	동	게으름 피우다
□ 生もの(なま)	명	날것, 생것
□ 滑らかだ(なめ)	형	매끄럽다
□ 悩み(なや)	명	괴로움, 고민
□ 鳴り出す(な だ)	동	울리기 시작하다
□ 成る(な)	동	되다, 이루어지다
□ 縄(なわ)	명	줄, 포승줄
□ 南極(なんきょく)	명	남극
□ 何だか(なん)	부	왜 그런지, 어쩐지
□ 何とか(なん)	부	어떻게든
□ 何となく(なん)	부	왠지 모르게, 어쩐지
□ 何とも(なん)	부	무어라고, 뭐라고
□ 何度も(なんど) *기출	부	몇 번이나
□ 南米(なんべい)	명	남미
□ ニーズ *기출	명	니즈, 요구
□ 匂う(にお)	동	좋은 냄새가 나다
□ 逃がす(に)	동	놓아 주다
□ 賑やかだ(にぎ)	형	활기차다, 번화하다
□ 握る(にぎ) *기출	동	쥐다, 잡다
□ 憎い(にく) *기출	형	밉다
□ 憎む(にく) *기출	동	미워하다, 증오하다
□ 憎らしい(にく)	형	밉살스럽다, 얄밉다
□ 肉類(にくるい)	명	육류
□ にこにこ	부	생긋생긋, 싱글벙글
□ 濁す(にご)	동	탁하게 하다
□ 濁る(にご) *기출	동	탁해지다, 흐려지다
□ 二酸化炭素(にさんかたんそ)	명	이산화탄소
□ 虹(にじ)	명	무지개
□ 日課(にっか) *기출	명	일과
□ 日光(にっこう)	명	일광, 햇볕
□ にっこり *기출	부	생긋, 방긋
□ 日中(にっちゅう) *기출	명	낮, 대낮
□ 二度と(に ど)	부	두 번 다시

☐ 担う	동	짊어지다, 떠맡다	☐ 狙い	명	겨냥, 표적
☐ 鈍い *기출	형	둔하다, 굼뜨다	☐ 狙う	동	겨누다
☐ 日本式 *기출	명	일본식	☐ 年収別	명	연수입별
☐ 日本風 *기출	명	일본풍	☐ 年代順 *기출	명	연대순
☐ 日本流 *기출	명	일본류, 일본식	☐ 念のため	부	만일을 위해서
☐ にやにや	부	히죽히죽, 싱글싱글	☐ 年齢	명	연령
☐ 入荷	명	입하	☐ 脳	명	뇌
☐ 入手	명	입수	☐ 農家	명	농가
☐ 乳製品	명	유제품	☐ 納期	명	납기, 납입 기한
☐ 睨む	동	노려보다	☐ 農業	명	농업
☐ 認識	명	인식	☐ 濃厚だ	형	농후하다
☐ 縫う	동	바느질하다	☐ 農作物	명	농작물
☐ 温もり	명	온기, 따스함	☐ 納税	명	납세
☐ 布 *기출	명	천	☐ 濃度	명	농도
☐ 値	명	값, 값어치	☐ 農薬	명	농약
☐ 根	명	뿌리, 근본	☐ 能率	명	능률
☐ ねじ	명	나사	☐ 能率的に	부	능률적으로
☐ ねじる	동	비틀다, 쥐어짜다	☐ ノートを取る	관	노트에 필기하다
☐ 熱意	명	열의	☐ 逃す	동	놓치다
☐ 寝付きが悪い	관	잠이 잘 안 온다	☐ 逃れる	동	달아나다, 벗어나다
☐ 熱帯	명	열대	☐ 残らず	부	남김없이
☐ 熱中症	명	열사병, 일사병	☐ 残り	명	남은 것, 나머지
☐ 根付く	관	뿌리내리다, 뿌리박다	☐ 除く *기출	동	제거하다, 빼다
☐ 値引き	명	값을 깎음	☐ 望み	명	소망
☐ 寝不足	명	수면 부족	☐ 望む	동	바라다, 소망하다

 **D-8일** 출제 예상 단어 확인하기

☐ 後^{のち}に	부	나중에, 훗날
☐ 後^{のち}ほど	부	조금 지난 뒤, 나중에
☐ 述^のべる	동	서술하다, 말하다
☐ 昇^{のぼ}る *기출	동	떠오르다, 높이 올라가다
☐ のり	명	풀
☐ 乗^のり継^つぐ *기출	동	갈아타다
☐ 鈍^{のろ}い	형	더디다, 재빠르지 않다
☐ のろのろ	부	꾸물꾸물, 느릿느릿
☐ 呑気^{のんき}だ	형	느긋하다, 태평하다
☐ のんびり *기출	부	유유히, 한가롭게

は행

☐ ハードだ *기출	형	하드하다, 엄격하고 고되다
☐ 灰^{はい}	명	재
☐ ハイキング	명	하이킹, 등산
☐ 背景^{はいけい}	명	배경
☐ 廃止^{はいし} *기출	명	폐지
☐ 配布^{はいふ}	명	배포
☐ 配分^{はいぶん}	명	배분
☐ 俳優^{はいゆう} *기출	명	배우
☐ 生^はえる	동	나다
☐ 墓^{はか}	명	묘, 무덤
☐ 博士^{はかせ}	명	박사
☐ 計^{はか}る	동	(수량, 시간 등을) 재다
☐ 量^{はか}る	동	(무게, 양 등을) 재다
☐ 剥^はがす	동	벗기다, 떼다

☐ 吐^はき気^け	명	구역질
☐ 吐^はく	동	토하다, 내뱉다
☐ 歯車^{はぐるま}	명	톱니바퀴
☐ 激^{はげ}しい *기출	형	격하다, 격렬하다
☐ 挟^{はさ}まる	동	틈에 끼이다
☐ はさみ	명	가위
☐ 挟^{はさ}む	동	끼우다
☐ 破産^{はさん}	명	파산
☐ 端^{はし}	명	끝, 가장자리
☐ はしご	명	사다리
☐ 恥^{はじ} *기출	명	부끄러움, 수치
☐ 外^{はず}す *기출	동	떼다, 떼어 내다
☐ 外^{はず}れる *기출	동	빠지다, 벗어나다
☐ 旗^{はた}	명	깃발
☐ 果^はたす *기출	동	완수하다, 다하다
☐ 働^{はたら}き手^て *기출	명	일꾼
☐ 肌^{はだ}	명	피부, 살
☐ 裸^{はだか}	명	알몸, 맨몸
☐ 発言^{はつげん}	명	발언
☐ 発揮^{はっき} *기출	명	발휘
☐ はっきりする *기출	동	분명하다, 확실하다
☐ 発行^{はっこう}	명	발행
☐ 発射^{はっしゃ}	명	발사
☐ 発生^{はっせい}	명	발생
☐ 発想^{はっそう}	명	발상

☐	発達 *기출	명	발달	☐ 範囲 *기출	명	범위
☐	派手だ	형	화려하다	☐ 反映 *기출	명	반영
☐	ハト	명	비둘기	☐ 反感	명	반감
☐	話し掛ける	동	이야기를 걸다	☐ 半額	명	반액
☐	離す	동	떼다	☐ 半減	명	반감
☐	放す	동	놓다, 놓아주다	☐ 判子	명	도장
☐	甚だしい	형	(정도가) 심하다	☐ 反抗	명	반항
☐	鼻水	명	콧물	☐ 犯罪	명	범죄
☐	離れる *기출	동	떨어지다, 멀어지다	☐ 反省 *기출	명	반성
☐	放れる	동	놓이다, 풀리다	☐ 半袖	명	반팔
☐	跳ねる	동	튀어오르다	☐ 判断	명	판단
☐	省く *기출	동	생략하다, 줄이다	☐ 半島	명	반도
☐	破片 *기출	명	파편	☐ 半透明 *기출	명	반투명
☐	嵌める	동	끼우다	☐ 反応	명	반응
☐	速さ *기출	명	빠름, 속도	☐ 反発	명	반발
☐	流行る	동	유행하다	☐ 反面	명	반면
☐	原	명	들, 벌판	☐ 反論	명	반론
☐	払い戻す	동	(되)돌려 주다, 환불하다	☐ ばかばかしい	형	너무 바보같다
☐	腹が立つ	관	화가 나다	☐ 莫大だ	형	막대하다
☐	はらはら	부	조마조마	☐ 爆発	명	폭발
☐	腹を立てる *기출	관	화를 내다	☐ バザー	명	바자(회)
☐	針 *기출	명	바늘, 침	☐ バスケットボール	명	농구(공)
☐	張り切る	동	팽팽해지다, 활기차다	☐ 罰金	명	벌금
☐	はるかに	부	훨씬, 아득히	☐ ばっさり	부	한칼에 베는 모양, 싹둑
☐	腫れる *기출	동	(다리 등이) 붓다	☐ ばったり	부	딱(만나다), 푹(쓰러지다), 뚝(끊기다)

 **D-7일** 출제 예상 단어 확인하기

☐ 場面 *기출	명	장면
☐ ばらばら	부	뿔뿔이, 제각각
☐ バランス *기출	명	밸런스, 균형
☐ バリア	명	장벽
☐ ばりばり	부	일을 척척 해 나가는 모양
☐ 万歳	명	만세
☐ パス	명	패스, 합격, 통과
☐ パスタ	명	파스타
☐ パターン	명	패턴, 유형
☐ パワーポイント	명	파워포인트
☐ パンクする *기출	동	펑크 나다
☐ パンフレット	명	팸플릿, 간단한 카탈로그
☐ 日当たり	명	햇볕, 볕이 듦
☐ ヒーター	명	히터, 난방 장치
☐ 冷え込む	동	몹시 차가워지다
☐ 控える	동	삼가다
☐ 比較	명	비교
☐ 比較的 *기출	부	비교적
☐ 日陰	명	응달, 그늘
☐ 日帰り	명	당일치기
☐ 引き受ける	동	(떠)맡다
☐ 引き返す *기출	동	되돌아가(오)다
☐ 引き止める *기출	동	만류하다, 말리다
☐ 引き離す	동	떼어 놓다, 갈라 놓다
☐ ひきょうだ *기출	형	비겁하다
☐ 引き分け	명	비김, 무승부
☐ 引き分ける	동	비기다, 무승부다
☐ 惹く	동	(이목을) 끌다
☐ 非公式 *기출	명	비공식
☐ 日頃	명	평소, 평상시
☐ ひざ	명	무릎
☐ 日差し	명	햇살, 햇빛
☐ ひじ	명	팔꿈치
☐ 非常	명	비상
☐ 非常に	부	매우, 상당히, 대단히
☐ ひそひそ *기출	부	소곤소곤
☐ 額	명	이마
☐ ひたすら	부	오로지, 한결같이
☐ 必需品	명	필수품
☐ 引っ掛かる	동	(무언가에) 걸리다
☐ ひっくり返す	동	뒤집다, 뒤바꾸다
☐ ひっくり返る	동	뒤집히다, 뒤바뀌다
☐ 引っ込む	동	안으로 들어가다, 틀어박히다
☐ 必死だ *기출	형	필사적이다
☐ 筆者	명	필자
☐ 引っ張り出す	동	끌어내다
☐ 引っ張る	동	잡아 끌다, 끌어 당기다
☐ 否定	명	부정
☐ 人柄 *기출	명	인품
☐ 一口	명	한 입, 한 모금

☐	ひとこと 一言	명	한마디 말	☐	ひょうじゅん 標準	명	표준
☐	ひと 等しい *기출	형	같다, 동등하다	☐	ひょうばん 評判 *기출	명	(세상의) 평판
☐	ひとしごと 一仕事 *기출	명	한 가지 일, 조금 일을 함	☐	ひょうろん 評論	명	평론
☐	ひととお 一通り	부	대강, 얼추	☐	ひるま 昼間 *기출	명	주간, 낮
☐	ひとどお 人通り	명	사람의 왕래	☐	ひれい 比例 *기출	명	비례
☐	ひとみ 瞳	명	눈동자, 동공	☐	ひろう 疲労	명	피로
☐	ひとやす 一休み	명	잠깐 쉼	☐	ひろ 拾う *기출	동	(떨어진 것을) 줍다
☐	ひと 独り	명	혼자, 독신	☐	ひろ 広がる	동	넓어지다
☐	ひとごと 独り言	명	혼잣말	☐	ひろば 広場	명	광장
☐	ひとりひとり 一人一人 *기출	부	한 사람 한 사람	☐	ひん 品がある	관	품위가 있다
☐	ひなん 非難	명	비난	☐	ひんこん 貧困	명	빈곤
☐	ひにく 皮肉	명	빈정거림, 비꼼	☐	ひんしつ 品質	명	품질
☐	ひね 捻る	동	비틀다	☐	びしょびしょ	부	흠뻑 젖은 모양, 흠뻑
☐	ひ い 日の入り	명	일몰	☐	ビジネスマン	명	비즈니스맨
☐	ひ で 日の出	명	일출, 해돋이	☐	ビジネスマン風 *기출	명	비즈니스맨 풍
☐	ひはん 批判 *기출	명	비판	☐	ビジョン	명	비전
☐	ひはんてき 批判的だ	형	비판적이다	☐	ビタミン	명	비타민
☐	ひひょう 批評 *기출	명	비평	☐	びっしょり *기출	부	전부 젖은 모양, 흠뻑
☐	ひび 響く	동	울리다	☐	びみょう 微妙だ	형	미묘하다
☐	ひふ 皮膚	명	피부	☐	ビュッフェ	명	뷔페
☐	ひみつ 秘密	명	비밀	☐	びょうどう 平等 *기출	명	평등
☐	ひも 紐	명	끈	☐	びりびり	부	갈기갈기, 찍찍
☐	ひよう 費用	명	비용	☐	びん 瓶	명	병
☐	ひょうか 評価 *기출	명	평가	☐	びんかん 敏感だ *기출	형	민감하다
☐	ひょうげん 表現	명	표현	☐	ピーク	명	피크, 최고조, 절정

 **D-6일** 출제 예상 단어 확인하기

☐ ピーマン	명	피망
☐ ぴかぴか	부	반짝반짝, 번쩍번쩍
☐ ぴったり	부	딱, 꼭 들어맞는 모양
☐ 不安 *기출	명	불안
☐ 不安定だ *기출	형	불안정하다
☐ ファイル	명	파일
☐ ファッション	명	패션
☐ ファン	명	팬
☐ 風船	명	풍선
☐ ブーム *기출	명	붐, 유행
☐ 笛	명	피리
☐ フェア	명	페어, 공정, 전시회
☐ 不可	명	불가
☐ 不快だ	형	불쾌하다
☐ 不可欠だ	형	불가결하다
☐ 不完全だ	형	불완전하다
☐ 不規則だ	형	불규칙하다
☐ 普及 *기출	명	보급
☐ 付近	명	부근
☐ 福	명	복
☐ 副詞	명	부사
☐ 福祉 *기출	명	복지
☐ 副社長 *기출	명	부사장
☐ 服従	명	복종
☐ 複数	명	복수

☐ 服装	명	복장
☐ 副大臣 *기출	명	부대신, 부장관
☐ 含む *기출	동	포함하다
☐ 含める *기출	동	포함시키다
☐ 膨らむ	동	부풀다
☐ 袋	명	주머니, 봉투
☐ 不潔だ	형	불결하다
☐ 更ける	동	(밤 등이) 깊어지다
☐ 不幸だ	형	불행하다
☐ 不公平だ	형	불공평하다
☐ 塞がる	동	막히다
☐ ふさぐ *기출	동	막다, 틀어막다
☐ ふさわしい *기출	형	어울리다, 걸맞다
☐ 不思議だ	형	이상하다, 신기하다
☐ 不祥事	명	불상사
☐ 不自由だ	형	자유롭지 못하다
☐ 不十分だ	형	불충분하다
☐ 婦人	명	부인, 여성
☐ 不正	명	부정
☐ 不正確だ *기출	형	부정확하다
☐ 防ぐ	동	막다
☐ 付属	명	부속
☐ 双子	명	쌍둥이
☐ 再び	부	두 번, 재차, 다시
☐ 二人連れ *기출	명	(일행인) 두 사람

☐ 負担 *기출	명	부담	☐ フロント	명	프런트, 호텔 등의 접수처
☐ 不注意	명	부주의	☐ ふわふわ	부	둥실둥실, 푹신푹신
☐ 不都合だ	형	형편이 안 좋다, 무례하다	☐ 雰囲気	명	분위기
☐ ふと	부	문득, 퍼뜩	☐ 噴火	명	분화
☐ 船便	명	배편	☐ 噴水	명	분수
☐ 吹雪	명	눈보라	☐ ふんわり	부	살짝, 사뿐히, 폭신폭신
☐ 不平 *기출	명	불평	☐ 無愛想だ	형	퉁명하다, 무뚝뚝하다
☐ 不満に思う	관	못마땅히 여기다	☐ 分厚い	형	두껍다, 두툼하다
☐ ふもと *기출	명	산기슭	☐ ぶかぶかだ *기출	형	헐렁헐렁하다
☐ 不愉快だ	형	불쾌하다	☐ 武器	명	무기
☐ 不用品	명	불용품	☐ 不気味だ	형	섬뜩하다, 으스스하다
☐ ふらふら	부	휘청휘청, 비틀비틀	☐ 不器用だ	형	손재주가 없다
☐ フリー	명	프리, 자유로움	☐ 不細工だ	형	못생기다
☐ 振り返る	동	돌아보다, 회고하다	☐ 武士	명	무사
☐ 振り込む	동	입금하다	☐ 部署	명	부서
☐ 不利だ	형	불리하다	☐ 無事だ	형	무사하다
☐ 振り向く *기출	동	뒤돌아보다	☐ 舞台	명	무대
☐ 不良品	명	불량품	☐ ぶつかる *기출	동	부딪(치)다, 충돌하다
☐ ふりをする	관	척하다, 체하다	☐ ぶつける *기출	동	맞히다, 부딪다
☐ 震える	동	흔들리다	☐ 物質	명	물질
☐ 古里	명	고향, 시골	☐ 物騒だ *기출	형	뒤숭숭하다, 흉흉하다
☐ 振舞う	동	행동하다, 대접하다	☐ 部門	명	부문
☐ フレッシュ	명	프레시, 신선함	☐ ぶら下がる	동	매달리다, 늘어지다
☐ 触れる *기출	동	접촉하다, (문화에) 접하다	☐ ぶら下げる	동	늘어뜨리다, 매달다
☐ フロア	명	플로어, 마루, (빌딩 등의) 층	☐ ブラッシュ	명	브러시, 솔(ブラシ라고도 함)

D-5일 출제 예상 단어 확인하기

☐ ぶらぶら *기출	부	어슬렁어슬렁, 빈둥빈둥
☐ ブレーキ	명	브레이크, 제동
☐ ブロッコリー	명	브로콜리
☐ 分解 *기출	명	분해
☐ 分割払い	명	할부
☐ 文学賞 *기출	명	문학상
☐ 分析 *기출	명	분석
☐ 分担 *기출	명	분담
☐ 分配	명	분배
☐ 分布	명	분포
☐ 分別	명	분별
☐ 文明	명	문명
☐ 分野 *기출	명	분야
☐ 分量	명	분량
☐ 分類	명	분류
☐ プール	명	풀, 수영장
☐ プライド	명	프라이드, 자부심, 자존심
☐ プラスチック	명	플라스틱
☐ プラン *기출	명	플랜, 계획
☐ プリンター	명	프린터
☐ プレゼン(テーション)	명	프레젠테이션, 발표
☐ プレッシャー *기출	명	압력, 압박
☐ プログラム	명	프로그램
☐ プロセス	명	프로세스, 과정
☐ ヘアドライヤー	명	헤어드라이어
☐ 平凡だ	형	평범하다
☐ 平面	명	평면
☐ 凹む	동	움푹 패다
☐ へそ	명	배꼽
☐ 隔たる	동	멀어지다, 가로막히다
☐ 隔てる *기출	동	사이에 두다, 가로막다
☐ 変換	명	변환
☐ 返却 *기출	명	반환, 반납
☐ 変更 *기출	명	변경
☐ 編集	명	편집
☐ 返答	명	대답, 응답
☐ 返品 *기출	명	반품
☐ ベスト	명	베스트
☐ 別会場 *기출	명	별회장, 다른 회장
☐ 別荘	명	별장
☐ ベテラン *기출	명	베테랑, 숙련자
☐ 勉強漬け *기출	명	공부에 열중함
☐ ベンチ	명	벤치, 긴 의자
☐ ペア	명	페어, 쌍, 짝
☐ ペンキ	명	페인트
☐ 方角	명	방위, 방향
☐ ほうき	명	비, 빗자루
☐ 放棄	명	포기
☐ 方言	명	방언, 사투리
☐ 方針 *기출	명	방침

52

☐ 放出(ほうしゅつ)	명 방출		☐ 補足(ほそく) *기출	명 보족, 보충
☐ 包装(ほうそう)	명 포장		☐ 細々と(ほそぼそと)	부 가느다랗게, 근근이, 겨우
☐ 法則(ほうそく)	명 법칙		☐ 保存(ほぞん) *기출	명 보존, 저장
☐ 包帯(ほうたい)	명 붕대		☐ 北極(ほっきょく)	명 북극
☐ 包丁(ほうちょう)	명 식칼		☐ ほっと *기출	부 한숨 쉬거나 안심하는 모양
☐ 豊富だ(ほうふだ) *기출	형 풍부하다		☐ 仏(ほとけ)	명 부처
☐ 訪問(ほうもん)	명 방문		☐ 炎(ほのお)	명 불꽃, 불길
☐ 放り出す(ほうりだす)	동 때려치우다		☐ 微笑む(ほほえむ)	동 미소짓다
☐ 法律家(ほうりつか)	명 법률가		☐ ほぼ *기출	부 거의, 대부분
☐ 放る(ほうる)	동 멀리 내던지다		☐ 褒める(ほめる)	동 칭찬하다
☐ 吠える(ほえる)	동 짖다		☐ 掘る(ほる)	동 파다, 캐다
☐ 頬(ほお)	명 볼, 뺨		☐ 彫る(ほる)	동 새기다, 조각하다
☐ ホームページ	명 홈페이지		☐ 本格的に(ほんかくてきに)	부 본격적으로
☐ ほかほか	부 따끈따끈		☐ 本質(ほんしつ)	명 본질
☐ 朗らかだ(ほがらかだ)	형 쾌활하다, 명랑하다		☐ ほんの	부 극히, 그저
☐ 保険(ほけん)	명 보험		☐ 本物(ほんもの) *기출	명 진짜, 실물
☐ 歩行者(ほこうしゃ)	명 보행자		☐ 本来(ほんらい)	명 본래
☐ 埃(ほこり)	명 먼지		☐ 本論(ほんろん)	명 본론
☐ 誇り(ほこり)	명 자랑, 긍지		☐ 棒(ぼう)	명 막대기, 봉
☐ 誇る(ほこる)	동 자랑하다, 뽐내다		☐ 貿易(ぼうえき) *기출	명 무역
☐ 保護者(ほごしゃ)	명 보호자		☐ 望遠鏡(ぼうえんきょう)	명 망원경
☐ 保守的だ(ほしゅてきだ)	형 보수적이다		☐ 冒険(ぼうけん)	명 모험
☐ 保証(ほしょう) *기출	명 보증		☐ 暴行(ぼうこう)	명 폭행
☐ 補助(ほじょ)	명 보조		☐ 防災(ぼうさい) *기출	명 방재, 재해를 방지함
☐ 補正(ほせい)	명 보정		☐ 防止(ぼうし)	명 방지

 **D-4일** 출제 예상 단어 확인하기

☐ 膨大だ	형	방대하다
☐ 防犯	명	방범
☐ 暴力	명	폭력
☐ ボール状 *기출	명	공 모양, 둥근 모양
☐ 募金	명	모금
☐ 牧場	명	목장
☐ 募集	명	모집
☐ ボタンを留める	관	단추를 채우다
☐ ボトル	명	보틀, 병
☐ ボランティア	명	자원봉사(자)
☐ ぼろ	명	허술한 데, 결점
☐ ぼんやり *기출	부	어렴풋이, 멍하니
☐ ぽい	부	홱, 휙
☐ ポイント	명	포인트

ま행

☐ 真新しい *기출	형	아주 새롭다
☐ まあまあ	부	그럭저럭
☐ 舞い上がる	동	날아올라가다
☐ マイペース *기출	명	마이 페이스, 자기 방식
☐ 真後ろ *기출	명	바로 뒤
☐ 前向きに	부	긍정적으로
☐ 任せる *기출	동	맡기다
☐ 巻き込む	동	말려들게 하다
☐ 間際 *기출	명	직전, 막 ~하려는 찰나
☐ 枕	명	베개

☐ 摩擦	명	마찰
☐ まさに	부	바로, 틀림없이
☐ 真面目に *기출	부	성실하게
☐ 混じる *기출	동	섞이다
☐ マスター	명	마스터
☐ ますます	부	점점 더, 더욱더
☐ 混ぜる	동	뒤섞다, 혼합하다
☐ 待ち合わせ	명	약속
☐ 祭る	동	제사 지내다
☐ 真っ先	명	맨 앞, 맨 먼저
☐ 真っ白い	형	새하얗다
☐ 窓際	명	창가
☐ 間取り	명	방의 배치
☐ 真夏	명	한여름
☐ 招く *기출	동	초대하다, 초래하다
☐ 真似る *기출	동	흉내내다
☐ 真冬	명	한겨울
☐ まぶた	명	눈꺼풀
☐ 魔法	명	마법
☐ 間もなく	부	이윽고, 곧, 머지않아
☐ 真夜中 *기출	명	한밤중
☐ まるで	부	마치, 꼭, 전혀
☐ まれだ *기출	형	드물다
☐ 回す	동	돌리다, 회전시키다
☐ 万一	부	만일

☐ 万が一 (まんがいち)	부	만에 하나, 만일		☐ 密だ (みつだ)	형	빽빽하다, 꽉 들어차다
☐ 万引き (まんびき)	명	도둑질		☐ 密度 (みつど)	명	밀도
☐ 実 (み)	명	열매, 과실		☐ 見詰める (みつめる)	동	응시하다, 주시하다
☐ 見合わせる (みあわせる)	동	마주 보다, 보류하다		☐ 見積書 (みつもりしょ)	명	견적서
☐ 見送る (みおくる)	동	배웅하다		☐ 密接だ (みっせつだ) *기출	형	밀접하다
☐ 見下ろす (みおろす)	동	내려다보다, 얕보다		☐ 密着 (みっちゃく)	명	밀착
☐ 見かけ (みかけ)	명	외관, 겉보기		☐ みっともない	형	보기 흉하다
☐ 味方 (みかた)	명	자기 편, 아군		☐ 密閉 (みっぺい) *기출	명	밀폐
☐ 三日月 (みかづき)	명	초승달		☐ 認める (みとめる)	동	인정하다
☐ 未経験 (みけいけん) *기출	명	미경험		☐ 見直す (みなおす)	동	다시 보다, 재검토하다
☐ 見事だ (みごとだ)	형	훌륭하다, 볼 만하다		☐ 見慣れる (みなれる)	동	봐서 익숙하다, 낯익다
☐ 未使用 (みしよう) *기출	명	미사용		☐ 見逃す (みのがす) *기출	동	못 보다, 놓치다
☐ 身近だ (みぢかだ)	형	가깝다, 친근하다		☐ 身の回り (みのまわり)	명	신변
☐ 惨めだ (みじめだ)	형	비참하다		☐ 実る (みのる)	동	열매(결실)를 맺다
☐ ミス	명	실수		☐ 見張る (みはる)	동	망보다, 지키다, 감시하다
☐ 自ら (みずから) *기출	명	몸소, 스스로		☐ 身振り (みぶり)	명	몸짓
☐ 味噌 (みそ)	명	된장		☐ 身分 (みぶん)	명	신분
☐ 満たす (みたす)	동	가득 채우다, 만족시키다		☐ 身分証明証 (みぶんしょうめいしょう)	명	신분증
☐ 見出し (みだし)	명	표제, 표제어		☐ 見本 (みほん)	명	견본, 샘플
☐ 乱す (みだす)	동	어지럽히다, 흩뜨리다		☐ 見舞う (みまう)	동	문병하다, (재난 등이) 덮치다
☐ 乱れる (みだれる) *기출	동	흐트러지다		☐ 未満 (みまん)	명	미만
☐ 道のり (みちのり)	명	여정, 도정, 거리		☐ 身元 (みもと)	명	신원
☐ 導く (みちびく) *기출	동	안내하다, 인도하다		☐ 名字 (みょうじ)	명	성씨, 성
☐ 満ちる (みちる)	동	가득 차다		☐ 妙だ (みょうだ) *기출	형	묘하다
☐ 見つけ出す (みつけだす)	동	찾아 내다, 알아 내다		☐ 魅力 (みりょく)	명	매력

D-3일 출제 예상 단어 확인하기

見分ける	동	분별하다, 분간하다
見渡す	동	멀리 바라보다, 전망하다
民族	명	민족
ムード	명	무드, 기분, 분위기
ムード一色 *기출	명	분위기 일색
無回答 *기출	명	무회답, 무응답
向かう	동	향하다
迎え *기출	명	마중
むかつく *기출	동	화나다, 화가 치밀다
無口だ *기출	형	과묵하다
無計画 *기출	명	무계획
向ける	동	향하다, 돌리다
無限だ	형	무한하다
無視	명	무시
むしろ	부	차라리, 오히려
矛盾 *기출	명	모순
無責任だ *기출	형	무책임하다
無断	명	무단
夢中になる *기출	관	열중하다
むなしい	형	허무하다, 공허하다
紫	명	보라(색)
群れ	명	떼, 무리
芽	명	싹
姪	명	조카 딸
名演技	명	명연기
明確だ	형	명확하다
名詞	명	명사
名所 *기출	명	명소
迷信	명	미신
明示	명	명시
命じる	동	명하다, 명령하다
名物	명	명물
命令 *기출	명	명령
迷路	명	미로
迷惑行為	명	민폐 행위
目上 *기출	명	윗사람, 연장자
メーター	명	미터
メール	명	메일
目が覚める	관	눈뜨다, 정신 차리다
めくる *기출	동	넘기다, 젖히다
恵まれる *기출	동	베품을 받다, 복받다
恵み	명	은혜, 은총
巡る	동	돌다, 순회하다
目指す *기출	동	지향하다, 목표로 하다
目覚める	동	눈뜨다, 깨어나다
目印	명	안표, 표시
メス	명	암컷
目立つ	동	눈에 띄다, 두드러지다
めちゃくちゃだ	형	엉망진창이다
めっきり	부	뚜렷이, 현저히

めったに	부 거의, 좀처럼(+부정문)	モデル	명 모델
メディア	명 미디어	元(もと)	명 원래 상태, 본래
めでたい	형 경사스럽다	元彼(もとかれ)	명 전 남친
目安(めやす)	명 기준	求(もと)め	명 요구
メリット	명 메리트, 이점	求(もと)める	동 구하다, 바라다
免疫(めんえき)	명 면역	元々(もともと)	부 본디부터, 원래
面(めん)する *기출	동 면하다, 마주 대하다	戻(もど)す *기출	동 (원상태로) 되돌리다
面積(めんせき)	명 면적	戻(もど)る *기출	동 되돌아가(오)다
面倒(めんどう)だ *기출	형 성가시다, 귀찮다	モニター	명 모니터
儲(もう)かる	동 벌이가 되다	物心(ものごころ)がつく	관 철이 들다
儲(もう)ける	동 벌다	物事(ものごと)	명 세상만사의 일
申(もう)し訳(わけ)	명 변명, 해명	物差(ものさ)し	명 자, 척도, 기준
申(もう)し訳(わけ)ない	형 면목 없다, 죄송하다	物凄(ものすご)い	형 엄청나다
目次(もくじ)	명 목차	物足(ものた)りない *기출	형 어딘가 부족하다
木製(もくせい)	명 목제	物(もの)まね	명 흉내
潜(もぐ)る	동 잠수하다, 잠입하다	模範(もはん) *기출	명 모범
模型(もけい)	명 모형	紅葉(もみじ)	명 단풍(こうよう 라고도 함)
モダン	명 모던, 현대적	催(もよお)し *기출	명 모임, 행사
用(もち)いる	동 사용하다	最寄(もよ)り *기출	명 가장 가까움, 근처
持(も)ち出(だ)す	동 가지고 나오다	漏(も)らす	동 누설하다
持(も)ち主(ぬし)	명 소유자	盛(も)り上(あ)がる *기출	동 솟아오르다, 고조되다
持(も)ち寄(よ)る	동 각자가 가지고 모이다	漏(も)れる *기출	동 (물·빛·가스 등이) 새다, 누설되다
もったいない *기출	형 아깝다	文句(もんく) *기출	명 불평
もっと *기출	부 더, 더욱, 좀더		**や행**
最(もっと)も	부 (무엇보다도) 가장	やかましい *기출	형 시끄럽다, 요란하다

 **D-2일** 출제 예상 단어 확인하기

やがて	부 얼마 안 있어, 곧, 이윽고	軟らかい	형 연하다, 딱딱하지 않다
焼きたて	명 갓 구움	唯一	명 유일
役者	명 배우, 연기자	遺言	명 유언
役人	명 관리, 공무원	憂鬱	명 우울
薬品	명 약품	有効だ *기출	형 유효하다
役目 *기출	명 임무, 책임, 역할	優秀だ *기출	형 우수하다
役割	명 역할	優勝	명 우승
火傷	명 화상	優先	명 우선
夜行	명 야행	郵送	명 우송, 우편
養う *기출	동 기르다, 양육하다	有利 *기출	명 유리(함)
矢印	명 화살표	有利だ	형 유리하다
易い	형 쉽다, 간단하다	優良	명 우량, 우수
野生	명 야생	愉快だ *기출	형 유쾌하다
やっ付ける	동 해치우다, 혼내 주다	浴衣	명 유카타, 무명 홑옷
やってくる	동 다가오다, 찾아오다	行き先	명 행선지, 목적지
やっと	부 겨우	行方 *기출	명 행방
やっぱり *기출	부 역시	行方不明	명 행방불명
野党	명 야당	輸血	명 수혈
雇う *기출	동 고용하다	湯気	명 김, 수증기
宿	명 묵을 곳, 숙소	譲る *기출	동 양도하다, 물려주다
屋根	명 지붕	輸送	명 수송
敗れる *기출	동 지다, 패배하다	豊かだ *기출	형 풍족하다, 풍부하다
破れる *기출	동 찢어지다, 깨지다	油断 *기출	명 방심, 부주의
やむをえない *기출	형 어쩔 수 없다, 부득이하다	ゆったり	부 낙낙하게, 마음 편히, 느긋하게
やや *기출	부 약간, 좀	ユニーク	명 유니크, 독특

□ 緩やかだ	형	완만하다	□ ヨーロッパ	명 유럽
□ 夜明け	명	새벽	□ ヨーロッパ風 *기출	명 유럽풍
□ 容易だ	형	용이하다, 손쉽다	□ 予感	명 예감
□ 溶岩	명	용암	□ 予期	명 예기
□ 容器	명	용기	□ 欲 *기출	명 욕심
□ 陽気だ *기출	형	쾌활하다	□ 翌朝	명 다음날 아침
□ 要求 *기출	명	요구	□ 余計だ	형 쓸데없다
□ 用語	명	용어	□ 余計に	부 쓸데없이, 괜히
□ 用紙	명	용지	□ 横切る	동 가로지르다, 횡단하다
□ 要旨	명	요지	□ 予告	명 예고
□ 容姿 *기출	명	용모, 외모	□ 横道	명 샛길로 빠짐, 옆길
□ 要所	명	요소, 요점	□ 汚れ	명 오점, 더러움
□ 幼児	명	유아	□ 予算	명 예산
□ 用心 *기출	명	조심, 주의	□ 寄せる	동 밀려오다, 옆에 붙다
□ 用心深い *기출	형	신중하다, 조심성 있다	□ 予選	명 예선
□ 様子	명	모양, 상태, 상황	□ 予測 *기출	명 예측
□ 養成	명	양성	□ よそ者	명 외지 사람
□ 要素	명	요소	□ 夜空	명 밤하늘
□ 幼稚だ *기출	형	유치하다	□ 欲求	명 욕구
□ 要点	명	요점	□ 酔っ払い	명 술 취한 사람, 술주정꾼
□ 用途 *기출	명	용도	□ 与党	명 여당
□ 用品	명	용품	□ 世の中 *기출	명 세상
□ ようやく	부	겨우, 간신히	□ 予備	명 예비
□ 容量	명	용량	□ 呼び掛ける	동 호소하다
□ 要領	명	요령	□ 呼び込む	동 불러오다, 끌어들이다

 **D-1일** 출제 예상 단어 확인하기

呼び出す	동 호출하다, 불러내다
呼び止める *기출	동 불러서 멈춰 세우다
呼び名	명 호칭
読み手	명 읽는 이(사람)
読みとる	동 간파하다, 알아차리다
嫁	명 며느리
予約制 *기출	명 예약제
余裕	명 여유
世論	명 여론
弱み	명 취약점, 약점
弱々しい	형 연약하다

ら행

来学期 *기출	명 다음 학기
来シーズン *기출	명 다음 시즌
来場者	명 그 장소에 온 사람
ライバル	명 라이벌
ライフスタイル	명 라이프스타일
落語	명 만담
落第	명 낙제, 불합격
楽天的だ	형 낙천적이다
楽観的だ	형 낙관적이다
ラップ	명 랩
乱暴だ *기출	형 난폭하다
リーダー *기출	명 리더, 지도자
リード	명 리드, 지도
利益 *기출	명 이익
利口だ *기출	형 영리하다, 똑똑하다
リスト	명 리스트, 목록
リズム	명 리듬, 운율
理想	명 이상
リゾート	명 리조트, 휴양지
利点	명 이점
リハーサル *기출	명 리허설
リハビリ	명 재활치료
リビング	명 리빙, 생활
リポーター	명 리포터, 취재 기자
略す *기출	동 간단히 하다, 생략하다
流行 *기출	명 유행
寮	명 기숙사
良好	명 양호
漁師	명 어부
領収書 *기출	명 영수증
良性	명 양성
緑茶	명 녹차
リラックス *기출	명 릴랙스, 긴장을 풀고 쉼
理論	명 이론
臨時	명 임시
例	명 예
礼	명 예의, 사례
礼儀 *기출	명 예의

礼儀正しい	형 예의(가) 바르다	論文	명 논문
冷静 *기출	명 냉정	論理的だ	형 논리적이다
冷蔵庫 *기출	명 냉장고	輪	명 원형, 바퀴
歴史上	명 역사상	ワールド	명 월드, 세계
レギュラー	명 레귤러, 정규의	別れ際	관 헤어지려고 할 때
レシピ	명 레시피, 조리법	わが社	명 우리(저희) 회사
レッスン	명 레슨	わがままだ *기출	형 제멋대로다, 버릇없다
列島	명 열도	脇	명 겨드랑이, 옆, 곁
恋愛	명 연애	脇道	명 곁길, 옆길
れんが	명 벽돌	湧く	동 (샘)솟다
連合	명 연합	わくわく	부 (설렐 때) 두근두근
連想	명 연상	技	명 기술, 재주
連続	명 연속	わざと	부 고의로, 일부러
連続的だ	형 연속적이다	わざわざ	부 일부러, 수고스럽게
レンタルする *기출	동 렌털하다, 대여하다	わずかだ *기출	형 근소하다
ろうそく	명 초, 양초	わずかに	부 간신히, 겨우
労働	명 노동	綿	명 목화, 솜
ロケット	명 로켓	話題 *기출	명 화제
露出	명 노출	詫びる	동 사죄하다, 사과하다
ロス	명 로스, 손실	割合	명 비율
路線	명 노선	割り勘	명 더치 페이
路線沿い *기출	명 기찻길, 선로변	割り込む *기출	동 끼어들다, 새치기하다
ロッカー	명 로커, 보관함	わりと *기출	부 비교적
論ずる	동 논하다	悪口	명 욕
論争 *기출	명 논쟁	我々	명 우리들

유하다요

JLPT N2 일본어능력시험

한 권 스피드 합격

출제 예상 문법 확인하기

D-30일 출제 예상 문법 확인하기

1 명사와 접속

☐ **～おきに**　① ~간격으로　② ~걸러　　p.296

国内線から国際線までのシャトルバスは10分おきに運行されています。
국내선에서 국제선까지의 셔틀버스는 10분 간격으로 운행되고 있습니다.

☐ **～からいうと・～からいえば・～からいって**　① ~(입장)에서 보면　② ~(으)로 보아　p.297

海の近くに住んでいる人の側からいえば、海を見ても楽しいとは思わない。
바다 근처에 살고 있는 사람 측에서 보면 바다를 봐도 즐겁다고 생각하지 않는다.

☐ **～からして**　① ~부터(가)　② ~(으)로 보아　p.297

このドラマはタイトルからして面白そうだ。
이 드라마는 제목부터가 재미있을 것 같다.

☐ **～からすると・～からすれば**　① ~(입장)에서 보면　② ~(으)로 보아　p.297

韓国人からすると、靴を履いて部屋に入るなんて考えられない。
한국인 입장에서 보면 신발을 신고 방에 들어가는 건 생각할 수 없다.

☐ **～からみると・～からみれば・～からみて**　① ~(입장)으로부터 보면　② ~(으)로 보아　p.298

素人の目からみれば、どれが本物なのか区別がつかない。
아마추어 눈으로 보면 어느 것이 진품인지 구별이 안 된다.

D-29일 출제 예상 문법 확인하기

☐ 〜次第だ　~에 달려 있다, ~나름이다　p.256

このアパートに住むかどうかは家賃次第だ。
이 아파트에 살 것인지 어떻게 할지는 집세에 달려 있다.

☐ 〜上　~상　p.256

法律上、20歳にならないとお酒とたばこは禁止されている。
법률상, 20세가 되지 않으면 술과 담배는 금지되어 있다.

☐ 〜(で)すら　~조차　p.298

トムさんは日本に5年以上住んでいるにも関わらず、簡単な挨拶すらできない。
톰 씨는 일본에 5년 이상 살고 있음에도 불구하고, 간단한 인사조차 못한다.

☐ 〜といった　~와/과 같은　p.299

ハワイやバリ島といった場所は、新婚旅行先として人気がある。
하와이나 발리와 같은 장소는 신혼여행지로서 인기가 있다.

☐ 〜において / 〜における+명사　~에서 / ~에서의　p.257

韓国において、日本食レストランが増えてきている。
한국에서 일식 레스토랑이 증가하고 있다.

D-28일 출제 예상 문법 확인하기

☐ **〜に応(おう)じて**　~에 따라서, ~에 맞춰서　　p.257

学年(がくねん)に応(おう)じて教材(きょうざい)が異(こと)なる。
학년에 따라서 교재가 다르다.

☐ **〜に欠(か)かせない**　~에 빠뜨릴 수 없다　　p.257

ケーキはクリスマスに欠(か)かせないものだ。
케이크는 크리스마스에 빠뜨릴 수 없는 것이다.

☐ **〜に限(かぎ)って**　~에 한해서, ~만　　p.258

遠足(えんそく)の日(ひ)に限(かぎ)って、毎回雨(まいかいあめ)が降(ふ)るんだよね。
소풍날에 한해서 매번 비가 오는 거 있지.

☐ **〜に限(かぎ)らず**　~에 한하지 않고, ~뿐만 아니라　　p.258

このアニメは子供(こども)に限(かぎ)らず、大人(おとな)でも楽(たの)しめると話題(わだい)です。
이 애니메이션은 어린이에 한하지 않고, 어른이라도 즐길 수 있다고 화제입니다.

☐ **〜にかけては**　~에 있어서는, ~에 관한 것만큼은　　p.258

歌(うた)のうまさにかけては、彼女(かのじょ)を越(こ)える人(ひと)はいないだろう。
노래 솜씨에 있어서는 그녀를 넘는 사람은 없을 것이다.

D-27일 출제 예상 문법 확인하기

☐ ～に関(かん)しまして(は)　~에 관해서(는)   p.299

人事(じんじ)に関(かん)しましては、人事部(じんじぶ)にご相談(そうだん)ください。
인사에 관해서는 인사부에 상담해 주십시오.

☐ ～に加(くわ)えて　~에 더해서   p.299

来月(らいげつ)からレストランのバイトに加(くわ)えてカフェでも働(はたら)くことにした。
다음 달부터 레스토랑 아르바이트에 더해서 카페에서도 일하기로 했다.

☐ ～に応(こた)えて　~에 부응해서, ~에 힘입어   p.259

お客様(きゃくさま)のご希望(きぼう)に応(こた)えて、新(あたら)しい機能(きのう)を追加(ついか)いたしました。
고객의 희망에 부응해서 새로운 기능을 추가했습니다.

☐ ～に沿(そ)って　① ~에 따라서 ② ~을/를 따라서   p.300

取引先(とりひきさき)の要求(ようきゅう)に沿(そ)って、製品(せいひん)を改造(かいぞう)する。
거래처의 요구에 따라서 제품을 개조한다.

☐ ～に備(そな)えて　~에 대비하여   p.300

冬(ふゆ)に備(そな)えて、暖房(だんぼう)の設備(せつび)を確認(かくにん)しておこう。
겨울에 대비하여 난방 설비를 확인해 두자.

D-26일 출제 예상 문법 확인하기

☐ **〜につきまして(は)**　~에 대해서(는)　p.300

この対策につきましては、現在検討中でございます。
이 대책에 대해서는 현재 검토 중입니다.

☐ **〜に反して / 〜に反する+명사**　~에 반해서, ~와/과는 반대로 / ~에 반하는　p.301

予想に反して試験がとても難しかった。
예상과는 반대로 시험이 매우 어려웠다.

☐ **〜にほかならない**　다름 아닌 ~이다, 바로 ~이다　p.301

外国でビザなしで働くのは犯罪にほかならない。
외국에서 비자 없이 일하는 것은 바로 범죄이다.

☐ **〜に向けて**　~을/를 향해서　p.301

明け方に、山頂に向けて出発したが、まだ着いていない。
새벽에 산 정상을 향해서 출발했지만, 아직 도착하지 않았다.

☐ **〜に基づいて**　~에 의거하여, ~에 기반하여　p.302

これは実験の結果に基づいて作成した資料です。
이것은 실험 결과에 의거하여 작성한 자료입니다.

D-25일 출제 예상 문법 확인하기

☐ **〜によらず** ~에 관계없이, ~에 영향을 받지 않고 p.259

彼は見かけによらず、とても優しくて親切だ。
그는 겉모습에 관계없이, 매우 상냥하고 친절하다.

☐ **〜にわたり / 〜にわたって / 〜にわたる+명사** ~에 걸쳐 / ~에 걸쳐서 / ~에 걸친 p.259

西日本から東日本にわたり、大雨の影響で交通が混雑している。
서일본부터 동일본에 걸쳐 호우의 영향으로 교통이 혼잡하다.

☐ **〜ぬきで(は)・〜をぬきにして(は)** ~빼고(는), ~을/를 제외하고(는) p.302

すみません、わさびぬきでお願いします。
죄송합니다, 고추냉이 빼고 부탁드립니다.

☐ **〜のことだから** (다른 것도 아닌) ~이기 때문에 p.302

真面目な田中さんのことだから、成功するに違いない。
성실한 다나카 씨이기 때문에 성공할 것임에 틀림없다.

☐ **〜のもとで / 〜のもとに** ~밑에서, ~하에서 / ~하에 p.303

教授の指導のもとで、日本文化について研究しています。
교수의 지도하에서 일본 문화에 대해 연구하고 있습니다.

D-24일 출제 예상 문법 확인하기

☐ 〜はともかく(として)　~은/는 어찌 됐든, ~은/는 그렇다 치고　p.260

旦那にするなら顔はともかくとして、優しい人がいい。
남편으로 한다면 얼굴은 어찌 됐든 상냥한 사람이 좋다.

☐ 〜は別として・〜は別にして　~은/는 제쳐두고, ~은/는 그렇다 치고　p.260

成功するかどうかは別として、チャレンジしてみることは大切だ。
성공할지 어떨지는 제쳐두고 도전해 보는 것은 중요하다.

☐ 〜はもとより　~은/는 물론　p.260

毎日忙しくて、彼女とデートはもとよりゆっくり休む時間もない。
매일 바빠서 그녀와 데이트는 물론 느긋하게 쉴 시간도 없다.

☐ 〜を契機に / 〜を契機として　~을/를 계기로 / ~을/를 계기로 하여　p.303

入院を契機に、今後は運動することにした。
입원을 계기로 앞으로는 운동하기로 했다.

☐ 〜を〜とする / として / とした　~을/를 ~으로 하다 / ~하고 / ~한　p.261

社員旅行は社員同士の交流を目的として行われている。
사원 여행은 사원끼리의 교류를 목적으로 하여 행해지고 있다.

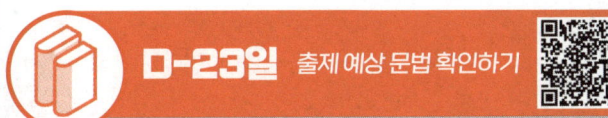

D-23일 출제 예상 문법 확인하기

☐ **～を問(と)わず** ~을/를 불문하고, ~에 상관없이 p.261

この仕事(しごと)は年齢(ねんれい)や性別(せいべつ)を問(と)わず、どなたでもご応募(おうぼ)できます。
이 일은 연령이나 성별을 불문하고 누구든지 응모하실 수 있습니다.

☐ **～を除(のぞ)いて** ~을/를 제외하고 p.303

日曜日(にちようび)を除(のぞ)いてだいたい空(あ)いています。
일요일을 제외하고 대체로 비어 있습니다.

☐ **～を始(はじ)め(として)** ~을/를 시작으로, ~을/를 비롯하여 p.261

この小説(しょうせつ)はアメリカを始(はじ)め、世界各国(せかいかっこく)で愛(あい)されている。
이 소설은 미국을 비롯하여 세계 각국에서 사랑받고 있다.

☐ **～をめぐって** ~을/를 둘러싸고 p.304

ショッピングセンターの建設(けんせつ)をめぐって地元住民(じもとじゅうみん)が反対(はんたい)デモをしている。
쇼핑센터의 건설을 둘러싸고 지역 주민이 반대 데모를 하고 있다.

2 동사와 접속

☐ **～上(うえ)は** ~하는(한) 이상은 p.305

今年(ことし)から禁煙(きんえん)すると決(き)めた上(うえ)は、絶対(ぜったい)にたばこには手(て)を出(だ)さないつもりです。
올해부터 금연하겠다고 결정한 이상은 절대로 담배에는 손을 대지 않을 생각입니다.

D-22일 출제 예상 문법 확인하기

☐ **〜得る / 〜得ない**　~할 수 있다, ~할 가능성이 있다 / ~할 수 없다, ~할 가능성이 없다　p.305

事故はいつでも起こり得ることなので、運転する時は常に気をつけなければならない。
사고는 언제든지 일어날 수 있기 때문에 운전할 때는 항상 조심하지 않으면 안 된다.

☐ **〜かと思うと・〜かと思ったら**　~라고 생각했더니, ~했나 싶더니　p.306

空が光ったかと思うと、大きな雷の音がした。
하늘이 빛났다고 생각했더니 큰 천둥소리가 났다.

☐ **〜か 〜ないかのうちに**　~하자마자　p.306

映画が終わるか終わらないかのうちに観客が帰り始めた。
영화가 끝나자마자 관객이 돌아가기 시작했다.

☐ **〜かねない**　~할지도 모른다　p.306

外食ばかりしていると、体を壊しかねないよ。
외식만 하고 있으면 몸을 망가트릴 수도 있어.

☐ **〜かねる**　~하기 어렵다, ~할 수 없다　p.262

その質問に関しましては、現段階ではお答え致しかねます。
그 질문에 관해서는 현단계에서는 대답해 드리기 어렵습니다.

D-21일 출제 예상 문법 확인하기

☐ **～くらいなら**　~정도라면, ~할 바에는　　　　　　　　　　　　　　p.262

あの人と結婚するくらいなら、一生独身のままでいい。
그 사람과 결혼할 바에는 평생 독신인 채로 괜찮다.

☐ **～ことだ**　~하는 것이다, ~하는 것이 상책이다　　　　　　　　p.307

ダイエットを成功したいなら、まず夜中に食べるのを辞めることだ。
다이어트를 성공하고 싶다면 우선 한밤중에 먹는 것을 그만두는 것이다.

☐ **～ことなく**　~하는 일 없이, ~하지 않고　　　　　　　　　　　p.307

納期が近いので、残業をするのはもちろん、休日も休むことなく働いている。
납기가 가깝기 때문에 야근을 하는 것은 물론 휴일도 쉬지 않고 일하고 있다.

☐ **～ざるを得ない**　~하지 않을 수 없다, ~하지 않으면 안 된다　　p.262

台風が近づいているので、イベントを中止せざるを得ない。
태풍이 다가오고 있기 때문에 이벤트를 중지하지 않을 수 없다.

☐ **～次第**　~하는 대로　　　　　　　　　　　　　　　　　　　p.263

定員になり次第、受付を締め切らせていただきます。
정원이 되는 대로 접수를 마감하겠습니다.

D-20일 출제 예상 문법 확인하기

☐ ～そうになる　~할 것처럼 되다, ~할 뻔하다　p.263

ゆっくり朝ご飯を食べていたら、会社に遅刻しそうになった。
천천히 아침밥을 먹었더니 회사에 지각할 뻔했다.

☐ ～たいだけ　~하고 싶은 만큼　p.263

飲みたいだけお酒を飲んでいたので、病気になってしまった。
마시고 싶은 만큼 술을 마셨기 때문에 병이 나 버렸다.

☐ ～たことにする　~한 것으로 하다, ~했던 걸로 하다　p.307

その話は聞かなかったことにしておこう。
그 이야기는 안 들은 것으로 해 두자.

☐ ～たて　막(갓) ~함, ~한지 얼마 안 됨　p.308

このスーパーは朝10時になると、焼きたてのパンが店に並ぶ。
이 슈퍼는 아침 10시가 되면 갓 구운 빵이 가게에 진열된다.

☐ ～たところ　~했더니, ~한 결과　p.264

久しぶりに故郷へ帰ったところ、昔とすっかり変わっていて残念だった。
오랜만에 고향에 돌아왔더니 옛날과 완전히 달라져 있어서 유감이었다.

D-19일 출제 예상 문법 확인하기

□ ～だけ～ ~할 수 있는 만큼 (최대한 ~하다)   p.308

明日（あした）は休（やす）みだから、今日中（きょうじゅう）に**やれるだけ**やっておこう。
내일은 쉬는 날이니까 오늘 중에 할 수 있는 만큼 해 두자.

□ ～つつある ~하고 있다(진행)   p.264

事故（じこ）にあって大（おお）けがをしたが、今（いま）は**回復（かいふく）しつつある**。
사고를 당해서 크게 다쳤지만, 지금은 회복하고 있다.

□ ～つつ(も) ~하면서(도)   p.264

ソウルの夜景（やけい）を**眺（なが）めつつ**、ディナーを食（た）べる。
서울의 야경을 바라보면서 디너를 먹는다.

□ ～てこそ ~하고서야(비로소)   p.308

親（おや）になってこそ、子育（こそだ）ての大変（たいへん）さが理解（りかい）できる。
부모가 되고서야 비로소 육아의 어려움을 이해할 수 있다.

□ ～てはいられない ~하고(만) 있을 수는 없다   p.309

もう1時間（じかん）も待（ま）っているのに、まだ来（こ）ないなんてこれ以上（いじょう）は**待（ま）ってはいられない**。
벌써 1시간이나 기다리고 있는데, 아직 오지 않다니 이 이상은 기다리고만 있을 수는 없다.

☐ **〜ても〜なくても**　~해도 ~하지 않아도　　p.265

この講義は、出席してもしなくても単位がもらえる。
이 강의는 출석해도 하지 않아도 학점을 받을 수 있다.

☐ **〜ところだった**　~할 뻔했다　　p.309

妻からの連絡がなかったら、娘を迎えに行くことを忘れるところだった。
아내로부터의 연락이 없었다면 딸을 마중하러 가는 것을 잊을 뻔했다.

☐ **〜ないでもない**　~하지 않는 것도 아니다　　p.265

このかばんは少し高いが、買えないでもない。
이 가방은 조금 비싸지만, 사지 못하는 것도 아니다.

☐ **〜ぬく**　끝까지 ~하다　　p.309

足を怪我したが、マラソンを走りぬくことができた。
다리를 다쳤지만, 마라톤을 끝까지 달릴 수가 있었다

☐ **〜ばかりだ**　~할 뿐이다, ~하기만 하다　　p.265

薬を飲んでいるのに、咳がひどくなるばかりだ。
약을 먹고 있는데, 기침이 심해질 뿐이다.

D-17일 출제 예상 문법 확인하기

☐ **～まい** ① ~하지 않겠다(부정의 의지) ② ~하지 않을 것이다(부정의 추측)   p.266

サービスも最悪だし値段も高いので、あの店にはもう行くまい。
서비스도 최악이고 가격도 비싸기 때문에 저 가게에는 이제 가지 않겠다.

☐ **～ものではない・～もんじゃない** ~하는 것이 아니다   p.310

知らない人の話を簡単に信用するものではない。
모르는 사람의 이야기를 간단히 신용하는 것이 아니다.

☐ **～ものなら** ① ~할 수(만) 있다면 ② ~했다가는   p.266

辞められるものなら今すぐにでも会社を辞めたいが、そう簡単な問題じゃない。
그만둘 수 있다면 지금 당장이라도 회사를 그만두고 싶지만, 그렇게 간단한 문제가 아니다.

☐ **～(よ)うか～まいか** ~할지 ~말지   p.310

夏休みに国へ帰ろうか帰るまいか悩んでいる。
여름 방학 때 고향에 돌아갈지 돌아가지 말지 고민하고 있다.

☐ **～ようがない / ～ようもない** ~할 수가 없다 / ~할 수도 없다   p.266

台風でバスも電車も運休になって、会社に行きようがない。
태풍으로 버스도 전철도 운전 중지가 되어서 회사에 갈 수가 없다.

D-16일 출제 예상 문법 확인하기

☐ **～(よ)うではないか・～(よ)うじゃないか**　~하지 않겠는가?, (함께) ~하자　p.310

最後の1個はじゃんけんで決めようではないか。
마지막 1개는 가위바위보로 정하지 않겠는가?

☐ **～ようになっている**　~하도록 되어 있다, ~하게 되어 있다　p.311

この携帯電話は水に濡れても壊れないようになっています。
이 휴대폰은 물에 젖어도 고장 나지 않도록 되어 있습니다.

3 품사 2개와 접속

☐ **～あげく**　~한 끝에　p.312

1時間も待たせたあげく、結局彼は来なかった。
1시간이나 기다리게 한 끝에 결국 그는 오지 않았다.

☐ **～一方だ**　~하기만 하다, ~할 뿐이다　p.267

新しいリーダーへの期待は高まる一方だ。
새로운 리더에 대한 기대는 높아지기만 한다.

☐ **～上で**　① ~하는 데 있어서, ~할 때, ~하는 경우　② ~한 후에　p.267

このイベントを開催する上で、地域住民の協力は不可欠だ。
이 이벤트를 개최하는 데 있어서 지역 주민의 협력은 불가결하다.

D-15일 출제 예상 문법 확인하기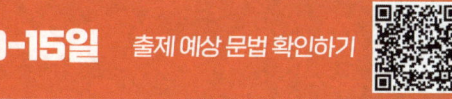

☐ **〜おそれがある**　~할 우려가 있다　　p.312

不景気で、有名大学を卒業しても就職できないおそれがある。
불경기로 유명 대학을 졸업해도 취직하지 못할 우려가 있다.

☐ **〜気味(ぎみ)**　~하는 기미, 기운, 기색, 느낌　　p.312

最近太り気味だから、ピラティスに通い始めた。
요즘 살이 찌는 느낌이라서 필라테스에 다니기 시작했다.

☐ **〜際(に) / 〜際は**　~할 때(에), ~할 즈음(에) / ~할 때에는, ~할 즈음에는　　p.313

バスが発車する際に揺れることがありますので、お気をつけください。
버스가 발차할 때에 흔들리는 경우가 있기 때문에 조심해 주십시오.

☐ **〜末(に)**　~한 끝에　　p.267

色々と考えた末に、進学せずに就職することにした。
여러 가지로 생각한 끝에 진학하지 않고 취직하기로 했다.

☐ **〜(っ)きり**　① ~한 채　② ~뿐, 만　　p.268

娘は友達に会いに行ったきり、まだ帰ってきていない。
딸은 친구를 만나러 간 채 아직 돌아오지 않았다.

D-14일 출제 예상 문법 확인하기

☐ **〜どころではない・〜どころじゃない**　~할 상황이 아니다　p.313

今日(きょう)はお客(きゃく)さんが多(おお)くて休憩(きゅうけい)を取(と)るどころではない。
오늘은 손님이 많아서 휴식을 취할 상황이 아니다.

☐ **〜にあたって**　~데 있어서, ~에 앞서　p.314

今(いま)から試験(しけん)を受(う)けるにあたって、注意点(ちゅういてん)を説明(せつめい)いたします。
지금부터 시험을 치르는 데 있어서 주의점을 설명드리겠습니다.

☐ **〜に限(かぎ)る**　~(하는 것)이/가 제일이다, ~(하는 것)이/가 최고다　p.314

暑(あつ)い夏(なつ)の仕事(しごと)終(お)わりには、冷(ひ)えたビールに限(かぎ)る。
더운 여름의 일 끝난 후에는 차가워진 맥주가 제일이다.

☐ **〜に際(さい)して**　~할 때, ~에 즈음하여　p.314

国(くに)の大切(たいせつ)なお客様(きゃくさま)を迎(むか)えるに際(さい)して、その国(くに)の文化(ぶんか)や習慣(しゅうかん)をきちんと知(し)っておかなければならない。
나라의 중요한 손님을 맞이할 때 그 나라의 문화나 습관을 제대로 알아두지 않으면 안 된다.

☐ **〜に先立(さきだ)って**　~에 앞서　p.315

大手術(だいしゅじゅつ)に先立(さきだ)って、患者(かんじゃ)の家族(かぞく)は心(こころ)の準備(じゅんび)をした。
대수술에 앞서 환자 가족은 마음의 준비를 했다.

D-13일 출제 예상 문법 확인하기

☐ **～にしては** ~치고는   p.315

初めて作ったにしては、思ったよりもおいしくできた。
처음 만든 것치고는 생각보다도 맛있게 완성되었다.

☐ **～につけ(て)** ~할 때마다   p.315

あの音楽を聞くにつけ、子供の頃を思い出す。
저 음악을 들을 때마다 어릴 적을 떠올린다.

☐ **～につれ(て)** ~(함)에 따라(서)   p.316

物価の上昇につれ、食べたいものを気軽に買えなくなってきた。
물가 상승에 따라 먹고 싶은 것을 쉽게 살 수 없게 되었다.

☐ **～にともなって / ～にともなう+명사** ① ~에 따라서 / ~에 따른 ② ~와/과 함께   p.316

地球温暖化が進むにともなって、年々気温が上昇している。
지구 온난화가 진행됨에 따라서 해마다 기온이 상승하고 있다.

☐ **～をきっかけに / ～がきっかけで** ~을/를 계기로 / ~이/가 계기가 되어   p.316

子供が生まれたことをきっかけに、車を買いました。
아이가 태어난 것을 계기로 차를 샀습니다.

4 여러 품사와 접속

☐ **〜あまり(に)** (너무) ~한 나머지 p.269

今朝は寝坊して急いでいたあまり、家に大事な資料を忘れてきてしまった。
오늘 아침은 늦잠을 자서 너무 서둘렀던 나머지 집에 중요한 자료를 잊고 와 버렸다.

☐ **〜以上(は)** ~하는(한) 이상(은) p.317

契約書にサインした以上は、成果を出さなければならない。
계약서에 서명한 이상에는 성과를 내지 않으면 안 된다.

☐ **〜一方(で)** ~한편(으로) p.317

オンラインでの売上が上がる一方で、店舗での売上は下がっている。
온라인에서의 매출이 오르는 한편으로, 점포에서의 매출은 내려가고 있다.

☐ **〜上(に)** ~한(인) 데다(가) p.318

調味料を間違えた上、材料も焦げてしまった。
조미료를 틀린 데다 재료도 타 버렸다.

☐ **〜限り / 〜ない限り** ~하는 한 / ~하지 않는 한 p.318

ドイツに住んでいる限り、ドイツのルールを守らなければならない。
독일에 살고 있는 한 독일의 룰을 지키지 않으면 안 된다.

D-11일 출제 예상 문법 확인하기

☐ **〜かというと・〜かといえば** ~하는가 하면, ~하냐 하면   p.319

歌が上手であれば誰でも歌手になれるかというと、そうではない。
노래를 잘하면 누구든지 가수가 될 수 있는가 하면 그렇지 않다.

☐ **〜からといって** ~라고 해서   p.319

日本語が話せるからといって、教えられるとは限らない。
일본어를 말할 수 있다고 해서 가르칠 수 있는 것은 아니다.

☐ **〜からには** ~하는(한) 이상에는   p.320

一度引き受けたからには最後までやってもらわないと、困りますよ。
한 번 맡은 이상에는 끝까지 해주지 않으면 곤란해요.

☐ **〜くせに・〜くせして** ~(인) 주제에, ~(이)면서도   p.320

たくさん勉強したくせに、いつも「していない」と言うからむかつく。
많이 공부한 주제에 항상 '안 했어'라고 하니까 화가 난다.

☐ **〜げ** ~한 듯, ~한 듯한 모양   p.321

さっきから怪しげな人が私の後を付いてきている気がする。
아까부터 수상한 듯한 사람이 내 뒤를 따라오고 있는 기분이 든다.

D-10일 출제 예상 문법 확인하기

☐ **〜ことか** ~한가, ~던지, ~말인가(감정)   p.321

一流企業に就職できる日をどれほど待ったことか。
일류 기업에 취직할 수 있는 날을 얼마나 기다렸던가.

☐ **〜ことに** ~하게도   p.269

驚いたことにクラスメートの田中さんは、私の遠い親戚だった。
놀랍게도 반 친구인 다나카 씨는 나의 먼 친척이었다.

☐ **(ただ)〜のみ** (그저, 단지) ~뿐, 만   p.322

私はただ、みなさんの無事を祈るのみです。
저는 단지 여러분의 무사를 바랄 뿐입니다.

☐ **〜たら〜たで・〜なら〜で** ~하면 ~한 대로   p.270

受験に失敗したら失敗したで、来年もう一度チャレンジすればいいよ。
수험에 실패하면 실패하는 대로 내년에 다시 한번 도전하면 돼.

☐ **〜だけあって** ~인 만큼   p.322

彼は世界一周した経験があるだけあって、世界の地名に詳しい。
그는 세계 일주한 경험이 있는 만큼 세계의 지명에 대해 잘 안다.

D-9일 출제 예상 문법 확인하기

☐ **〜だけに**　① ~한 만큼, ~인 만큼 ② ~이기 때문에 (더욱)　　p.270

10年も日本語を教えているだけに、あの先生の授業は分かりやすい。
10년이나 일본어를 가르치고 있는 만큼 저 선생님의 수업은 이해하기 쉽다.

☐ **〜だけましだ**　~인 것만으로도 다행이다　　p.323

この部屋は狭くて家賃も高いが、駅が近いだけましだ。
이 방은 좁고 집세도 비싸지만, 역이 가까운 것만으로도 다행이다.

☐ **〜つもりで**　~(한) 셈 치고, ~했다고 생각하고　　p.271

カラオケではいつも歌手になったつもりで歌っている。
노래방에서는 항상 가수가 된 셈 치고 노래하고 있다.

☐ **〜てたまらない**　~해서 견딜 수 없다, 너무 ~하다　　p.323

もう1年も国に帰っていないので、家族に会いたくてたまらない。
벌써 1년이나 고향에 돌아가지 않았기 때문에 가족을 보고 싶어서 견딜 수 없다.

☐ **〜てならない**　~해서 견딜 수 없다, 너무 ~하다　　p.324

この道は街灯がないので、夜は危なくてならない。
이 길은 가로등이 없기 때문에 밤은 너무 위험하다.

D-8일 출제 예상 문법 확인하기

☐ **〜というものだ**　~라는 것이다, 정말 ~다　p.324

勝手に人の物を使うなんて、図々しいというものだ。
마음대로 다른 사람의 물건을 사용하다니 정말 뻔뻔하다.

☐ **〜というものではない**　(반드시) ~라는 것은 아니다　p.325

プレゼントは高ければいいというものではなく、相手への気持ちが大事だ。
선물은 비싸면 반드시 좋다는 것이 아니라, 상대방에 대한 마음이 중요하다.

☐ **〜とか**　① ~라든지, ~라든가 ② ~라며　p.325

休日は、ゲームとか買い物とかしたりします。
휴일은 게임이라든가 쇼핑이라든가 하거나 합니다.

☐ **〜としたら・〜とすれば・〜とすると**　~라고 하면　p.326

夏休みに旅行に行くとしたらどこに行きたい？
여름방학 때 여행을 간다고 하면 어디로 가고 싶어?

☐ **〜としても・〜としたって**　~라고 해도, ~라고 하더라도　p.326

N1を持っているとしても、会話が上手だとは限らない。
N1을 가지고 있다고 해도, 회화를 잘한다고는 할 수 없다.

D-7일 출제 예상 문법 확인하기

☐ **〜とともに** ① ~와/과 함께 ② ~함에 따라 ③ ~임과/와 동시에 p.327

友人とともに沖縄旅行に行く予定を立てる。
친구와 함께 오키나와 여행에 갈 예정을 세우다.

☐ **〜とはいえ** ~라고는 해도, ~라고는 하나 p.271

体調が悪かったとはいえ、事前に会社に連絡するべきだった。
몸 상태가 나빴다고는 해도, 사전에 회사에 연락해야 했다.

☐ **〜どころか** ~은/는커녕 p.327

薬を飲んでいるのに、良くなるどころか悪化している気がする。
약을 먹고 있는데, 좋아지기는커녕 악화되고 있는 기분이 든다.

☐ **〜ないことには** ~하지 않고서는, ~하지 않으면 p.271

社長が来ないことには、会議を始めることができない。
사장님이 오지 않고서는 회의를 시작할 수 없다.

D-6일 출제 예상 문법 확인하기

☐ **～ないことはない** ~(하)지 않는 것은 아니다   p.328

ここの牛丼は、おいしくないことはないけど、家の近くにある店の方が安くておいしい。
이곳의 규동은 맛있지 않은 것은 아니지만, 집 근처에 있는 가게 쪽이 더 싸고 맛있다.

☐ **～ながら(も)** ~하면서(도), ~이지만   p.272

お酒とたばこは健康に悪いと知りながらも、辞めるのは簡単じゃない。
술과 담배는 건강에 나쁘다고 알면서도, 그만두는 것은 간단하지 않다.

☐ **～なり(に) / ～なりの** ~나름대로 / ~나름(대로)의   p.272

お金がなくても、ないなりに生活していけばいい。
돈이 없어도, 없는 대로 생활해 가면 된다.

☐ **～に関わらず・～に関わりなく** ~에 관계(상관)없이   p.273

病院に行ったことがあるかないかに関わらず、保険料を毎月払っている。
병원에 간 적이 있는지 없는지에 상관없이, 보험료를 매달 지불하고 있다.

D-5일 출제 예상 문법 확인하기

☐ **～にしても・～にしろ・～にせよ**　~라고 해도, ~라고 한들　p.328

いくらゲームが<ruby>楽<rt>たの</rt></ruby>しいにしても<ruby>睡眠<rt>すいみん</rt></ruby>もとらずにプレイし<ruby>続<rt>つづ</rt></ruby>けるのは<ruby>体<rt>からだ</rt></ruby>に<ruby>毒<rt>どく</rt></ruby>だ。
아무리 게임이 즐겁다고 해도 수면도 취하지 않고 계속 플레이하는 것은 몸에 독이다.

☐ **～にしても～にしても・～にしろ～にしろ・～にせよ～にせよ**　~(하)든 ~(하)든　p.329

<ruby>試合<rt>しあい</rt></ruby>に<ruby>出<rt>で</rt></ruby>るにしても、<ruby>出<rt>で</rt></ruby>ないにしても<ruby>朝<rt>あさ</rt></ruby>の<ruby>練習<rt>れんしゅう</rt></ruby>に<ruby>参加<rt>さんか</rt></ruby>してください。
시합에 나가든 나가지 않든 아침 연습에 참가해 주세요.

☐ **～にすぎない**　~에 지나지 않는다, ~에 불과하다　p.274

<ruby>私<rt>わたし</rt></ruby>は<ruby>冗談<rt>じょうだん</rt></ruby>を<ruby>言<rt>い</rt></ruby>ったにすぎないが、<ruby>彼女<rt>かのじょ</rt></ruby>を<ruby>傷<rt>きず</rt></ruby>つけてしまったようだ。
나는 농담을 말한 것에 불과하지만, 그녀를 상처 입혀 버린 것 같다.

☐ **～にも<ruby>関<rt>かか</rt></ruby>わらず**　~(임)에도 불구하고　p.273

ダイエット<ruby>中<rt>ちゅう</rt></ruby>にも<ruby>関<rt>かか</rt></ruby>わらず、ついケーキを<ruby>食<rt>た</rt></ruby>べてしまった。
다이어트 중에도 불구하고, 무심코 케이크를 먹어 버렸다.

D-4일 출제 예상 문법 확인하기

☐ **〜のみならず** ~뿐만 아니라   p.329

この商品は安いのみならず、質もいい。
이 상품은 저렴할 뿐만 아니라 질도 좋다.

☐ **〜半面・〜反面** ~인(한) 반면   p.330

部屋を片付けるのは面倒な半面、きれいになると気持ちがいい。
방을 정리하는 것은 귀찮은 반면, 깨끗해지면 기분이 좋다.

☐ **〜ばかりに** ~하는 바람에, ~탓에   p.330

新しい携帯を買ったばかりに、お金が一気になくなってしまった。
새 휴대폰을 산 바람에 돈이 단숨에 없어져 버렸다.

☐ **〜ばこそ** ~이기 때문에   p.331

子供の将来を思えばこそ、厳しく教育している。
아이의 장래를 생각하기 때문에 엄하게 교육하고 있다.

□ **〜ぶる**　~인 척하다, ~처럼 행동하다　　p.331

彼はいい人ぶっているが、裏では他人の悪口を言っている。
그는 좋은 사람인 척하고 있지만, 뒤에서는 타인의 욕을 하고 있다.

□ **〜もかまわず**　~도 개의치 않고, ~도 아랑곳하지 않고　　p.274

あの女性は人目もかまわず電車の中で化粧をしている。
저 여자는 남의 눈도 개의치 않고 전철 안에서 화장을 하고 있다.

□ **〜ものか・〜もんか**　~할까 보냐　　p.332

こんな店員の態度の悪い店、二度と来るものか。
이런 점원 태도가 나쁜 가게, 두 번 다시 올까 보냐.

□ **〜ものがある**　~하는 데가 있다, ~하는 점이 있다　　p.332

プロの演奏はどこか、心に響くものがあった。
프로의 연주는 어딘가 마음에 울리는 데가 있었다.

D-2일 출제 예상 문법 확인하기

☐ **～ものだ**　① ~하는 법이다, ~하는 것이 당연하다 ② ~하곤 했다(회상) ③ ~(하는)구나(감탄)　p.275

本当に強い人は弱い人を助けるものだ。
정말로 강한 사람은 약한 사람을 돕는 법이다.

☐ **～ものだから・～もので**　~이기 때문에　p.333

セール期間なものだから、ついたくさん買ってしまった。
세일 기간이기 때문에 무심결에 많이 사 버렸다.

☐ **～ものの**　~기는 하지만(역접)　p.275

大学を卒業したものの就職先が見つからない。
대학을 졸업은 했지만 일자리가 찾아지지 않는다.

☐ **～も ～ば ～も**　~도 ~하고(하거니와) ~도　p.333

どこかへ旅行に行きたいが、時間もなければ、お金もない。
어딘가로 여행을 가고 싶지만, 시간도 없거니와 돈도 없다.

D-1일 출제 예상 문법 확인하기

☐ **〜もの・〜んだもの**　~인(한)걸, ~란 말이야　p.334

だって新商品のお菓子、**おいしいんだもの**。つい食べすぎちゃうよ。
그렇지만 신상품인 과자 맛있는걸. 무심결에 너무 많이 먹어버려.

☐ **〜やら 〜やら**　~하고 ~하고, ~하며 ~하며　p.334

年末は掃除を**するやら**、年賀状を**書くやら**で忙しい。
연말은 청소를 하고 연하장을 쓰고 해서 바쁘다.

☐ **〜ようなら(ば)・〜ようだったら・〜ようであれば**　~할 것 같으면　p.276

到着が**遅れるようなら**、連絡をいただけると幸いです。
도착이 늦어질 것 같으면 연락을 주시면 감사하겠습니다.

☐ **〜ようでは・〜ようじゃ**　~해서는, ~(그러한 상태)로는　p.334

彼に話しかけられただけで**緊張するようでは**、告白なんて絶対に無理だ。
그가 말 걸어준 것만으로 긴장해서는 고백 따위 절대로 무리이다.

JLPT 합격 노하우 yuhadayo.com